东盟博览会

东盟商务与投资峰会

计超过1300亿美元，中国—东盟自由贸易区升级谈判、区域全面经济伙伴关系（RCEP）谈判取得积极进展，泛北部湾经济合作路线图制定已经完成。张高丽表示，中国政府一如既往地高度重视发展同东盟的友好合作，坚持把东盟作为周边外交的优先方向，支持东盟发展壮大，支持东盟共同体建设，支持东盟在区域合作中的主导地位，中方愿意同东盟一道，以携手建设“一带一路”，构建更为紧密的中国—东盟命运共同体为目标，进一步落实“2+7合作框架”，推动双方战略伙伴关系不断取得新的进展。塔纳萨、赛茂康、宋沙瓦、阮春福、文在焘、易小准也分别发表演讲或致辞。

演讲或致辞完毕，张高丽宣布第12届中国—东盟博览会、中国—东盟商务与投资峰会开幕。15位启幕嘉宾在台前以槌击磬，磬音中舞台前喷泉腾空而起，与主舞台大屏幕的喷泉画面形成虚实结合的水花，水花层层翻涌，组成激荡的“海浪”，显现出合作的力量。环廊屏幕上象征贸易畅通、设施联通、资金融通、民心相通的轮船、高铁、金币和笑脸依次出现，与启幕嘉宾共击彩磬（象征政策沟通）的场面遥相呼应，组成“丝路五通”的画面。开幕大会以“八音合奏，丝路共鸣”为主题，寓意中国和东盟各国借助海洋这一重要纽带，共同奏响合作强音，共谱丝路华章。开幕大会还安排了中国—东盟信息港、中小企业跨境投资与贸易合作成果展示环节。

在第12届中国—东盟博览会框架下，围绕中国与东盟重点合作领域举办系列会议和论坛活动，包括智库战略对话论坛、亚洲媒体高层论坛、职业教育论坛、药品合作发展高峰论坛、技术转移与创新合作大会、统计论坛、电力合作与发展论坛、互联互通海关合作研讨会、贸易便利化高层研讨会、工程项目合作与发展论坛、矿业合作论坛、投资合作圆桌会、市长论坛、杰出企业家论坛等。第12届中国—东盟商务与投资峰会举办的重要活动和系列论坛有泰国国家领导人与中国企业CEO圆桌对话会、中国—东盟商界领袖论坛、中国—东盟商事法律合作研讨会、商务午餐会、代言工商专题研究、建立中国—东盟电商平台等。

第12届中国—东盟博览会以海洋合作为重点，安排南宁国际会展中心、广西展览馆（农业展）、南宁华南城（轻工展）3个展区展出，展位总数4600个，其中东盟10国和区域外企业展位1296个。参展企业2207家，参展参会客商6.5万人次，采购商团组85个。博览会商品贸易成交活跃，中国方面共签订国际经济合作项目62项，涉及现代物流、新型装备制造、金融商贸、高新科技及信息软件服务等领域。

① 开幕式主席台

② 开幕式会场

②

中马合作旗舰项目
③

Services

⑤

老挝顶级产品进入中国了
Premium product of Laos is available now in China!

Malaysia
PAVILION
Officiated By
⑦

kotra

图例

●	国家首都	——	地区界
◎	城市	······	军事分界线
	国界		珊瑚礁
	未定国界		

比例尺 1:2500万

说明：本图上中国国界线系按照中国地图出版社1989年出版的1:400万《中华人民共和国地形图》绘制。

广西壮族自治区测绘局

国家测绘局地图图形审核批准号：（2004）325号

2004年5月

中国和东盟各国国旗及东盟旗

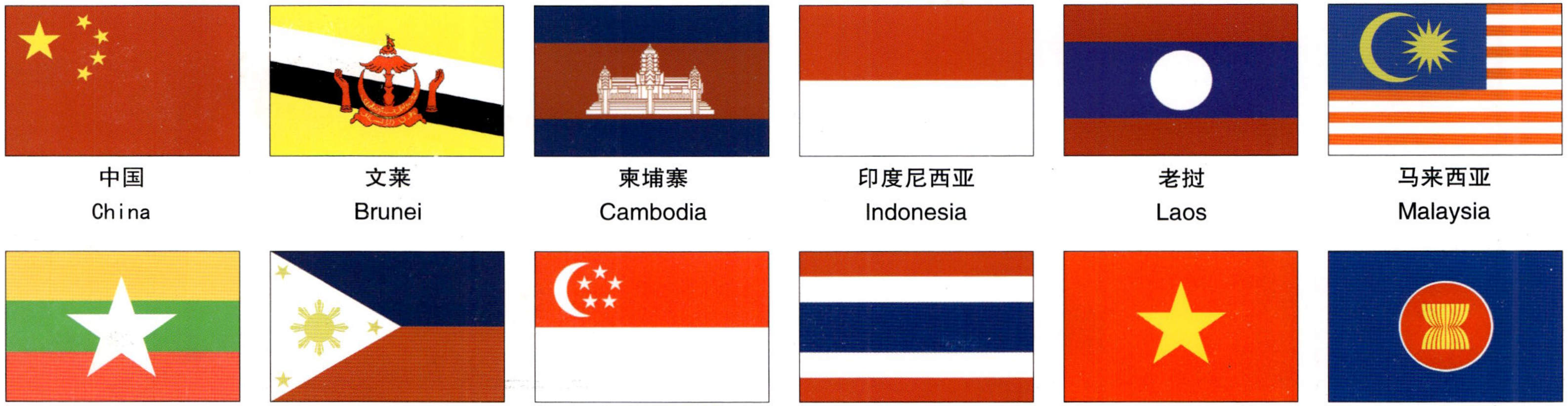

中国 China	文莱 Brunei	柬埔寨 Cambodia	印度尼西亚 Indonesia	老挝 Laos	马来西亚 Malaysia
缅甸 Myanmar	菲律宾 Philippines	新加坡 Singapore	泰国 Thailand	越南 Viet Nam	东盟 ASEAN

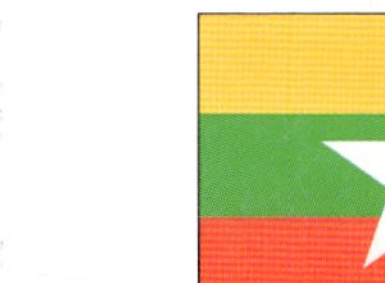

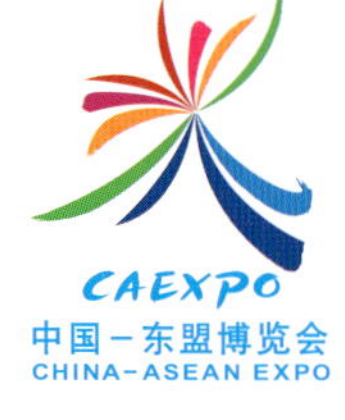

第12届中国—

第12届中国—

2015年9月18日，第12届中国—东盟博览会、中国—东盟商务与投资峰会开幕大会在广西南宁国际会展中心举行。中共中央政治局常委、中国国务院副总理张高丽，主题国泰国副总理塔纳萨，缅甸副总统赛茂康，老挝副总理宋沙瓦，越南副总理阮春福，柬埔寨国务兼商业大臣孙占托，文莱工业和初级资源部部长叶海亚，印度尼西亚贸易部部长拉蓬，马来西亚贸工部第二部长黄家泉，新加坡贸工部兼国家发展部高级政务部长李奕贤，菲律宾贸工部副部长马纳罗，东盟副秘书长林康宪，中共广西壮族自治区委员会书记、自治区人大常委会主任彭清华，中国商务部国际贸易谈判代表兼副部长钟山，中国国际贸易促进委员会会长姜增伟等，共同为博览会和商务与投资峰会启幕。世界贸易组织副总干事易小准，特邀贵宾国韩国产业通商资源部副部长文在焘，中国和东盟国家的部长、地方行政长官、金融机构负责人、商协会会长、著名企业家、经济学家，以及各界代表1000余人出席开幕大会。

当天南宁国际会展中心朱槿花厅外彩旗飘扬，红色朱槿花和“12TH”字样点缀在金色旗海中。大厅环廊装扮成泰式风格，使人仿若步入泰国大皇宫，彰显主题国泰国的风采。以海洋蓝为主色调的主舞台，凸显“海洋合作年”主题，12块大型LED屏幕围绕环廊，与舞台浑然一体，光影交错。

开幕大会首次设会场外迎宾环节。在礼宾通道右侧的展示墙上，依次显示从2004到2015的年份数字，象征着中国—东盟博览会走过的12年里程碑。

9时，开幕大会开始。开幕大会由主题国泰国商务部部长阿皮拉迪·丹达蓬和举办地中国广西壮族自治区主席陈武共同主持。彭清华、钟山、姜增伟分别代表举办地、共办方、商务与投资峰会致辞。张高丽在会上发表主旨演讲。张高丽指出，中国是东盟第一大贸易伙伴，东盟是中国第三大贸易伙伴、第四大出口市场和第二大进口来源地，双方相互投资累

1

③ 菲律宾贸工部副部长马纳罗巡视展馆

④ 中国广西壮族自治区主席陈武巡视展馆

⑤ 柬埔寨国务兼商业大臣孙占托巡视展馆

⑥ 老挝副总理宋沙瓦巡视展馆

⑦ 马来西亚贸工部第二部长黄家泉巡视展馆

⑧ 特邀贵宾国韩国举办开馆仪式

⑨ 泰国副总理塔纳萨巡视展馆

⑩ 越南副总理阮春福巡视展馆

⑪ 缅甸副总统赛茂康巡视展馆

⑫ 文莱工业和初级资源部部长叶海亚巡视展馆

⑬ 新加坡贸工部兼国家发展部高级政务部长李奕贤巡视展馆

⑭ 印度尼西亚贸易部部长拉蓬巡视展馆

⑮ 中共广西壮族自治区委员会书记、自治区人大常委会主任彭清华巡视展馆

⑯⑰ 南宁国际会展中心外景
⑱～⑳ 2015中国一东盟博览会文化展
㉑㉒ 2015中国一东盟博览会旅游展
㉓ 柬埔寨馆展出的手工艺品
㉔ 老挝馆展出的各类草药
㉕ 泰国春武里府水上市场展示
㉖ 中国一东盟博览会高新技术馆的北斗卫星导航系统展位
㉗ 韩国馆
㉘ 国际经济与产能合作展区：现代化的中国高速铁路
㉙ 中国广核集团展馆
㉚ 老挝珠宝商打造“满汉全席”，依石头本身构造、色彩打造满桌不同的菜色
㉛ 印度尼西亚猫屎咖啡豆产品展位
㉜ 新加坡的西式甜点展位
㉝～㉟ 第12届中国一东盟博览会轻工展

北斗卫星导航系统
26

Korea Pavilion
KOREA
韩国
27

中国铁路
CHINA RAILWAY
中国银行
BANK OF CHINA
28

中广核 CGN
29

30

31

32

第12届中国—东盟博览会轻工展
THE 12TH CHINA-ASEAN EXPO LIGHT INDUSTRIAL EXHIBITION
开展仪式
33

34

东南亚国
35

2015中国—东盟博览会 林木展
2015 CHINA-ASEAN EXPO FOREST & WOOD PRODUCTS EXHIBITION
2015.11.19-22 中国 · 南宁 / November 19th-22nd,2015 Nanning,China

㊱ 2015中国—东盟博览会林木展开幕式
㊲ 越南红木展品
㊳ 老挝各式木质家具展位
㊴ 广西林业展厅
㊵～㊻ 第12届中国—东盟博览会农业展

47

50

51

53

54

56

㊼ 中国香港展厅
㊽ 印度尼西亚廖内省展厅
㊾ 越南老街省展厅
㊿ 老挝乌多姆赛省展厅
51 缅甸土瓦市展厅
52 马来西亚马六甲展厅
53 文莱斯里巴加湾展厅
54 新加坡展厅
55 泰国春武里府展厅
56 柬埔寨金边展厅
57 菲律宾三宝颜展厅
58 2015中国—东盟市长论坛
59 第12届中国—东盟博览会投资合作圆桌会
60 中国—东盟信息港论坛
61 第12届中国—东盟博览会越南采购商专场贸易配对会
62 第8届中国—东盟智库战略对话论坛
63 第12届中国—东盟博览会签约仪式
64 中马“两国双园”暨马来西亚商机推介会
65 泰国副总理、总理特使塔纳萨・巴迪玛布拉功与中国企业CEO 圆桌对话会

第17届南宁国际民歌艺术节

第17届南宁国际民歌艺术节暨第12届中国—东盟博览会和商务与投资峰会开幕晚会　2015年9月17日晚在中国南宁人民会堂举行。晚会以“情牵丝路·大地飞歌”为主题，分为上篇《云上歌圩》、中篇《天下民歌》、下篇《丝路歌汇》、尾声《大地飞歌》四个篇章，用“情动天下的盛大歌圩、乐动天下的民族歌海、浪漫多彩的海上丝路”，将民族的多元文化、历史情脉、“一带一路”与南宁城市发展和美丽中国的时代脉搏相结合，将“大地飞歌”品牌嵌入历史、嵌入经典、嵌入未来。演唱会呈现以下亮点：一是运用手绘彩图的行为作为贯穿整场晚会的情感线索，在晚会结束时将各国艺术家共同描绘出“一带一路”的美丽画卷呈现给观众；二是舞美设计打破舞台框架结构，不仅将表演区域延展至后舞台及两侧副台，还将软、硬景与视频影像结合，运用空中倒膜反射现象，让观众产生时空逆转的错觉；三是歌曲演唱及包装采用阿卡贝拉等演唱方式，结合民族与现代、本土与国际歌曲的混搭；四是剧场观演模式以歌圩贯穿始终，让晚会真正回归民间民歌盛会。

在音乐呈现方面，晚会精心编排了包括《浏阳河》《山歌好比春江水》《达坂城的姑娘》《鸿雁》《小河淌水》《竹笛声声》《你不知道的事》《我比谁都爱你》《红莓花儿开》等中外优秀民歌，也安排了广西本土民歌《会郎调》《吉冬诺》和专为晚会创作的《美丽南方》《情牵丝路·中国梦》等。在视觉设计方面，晚会采用10米长、28米宽的超大LED屏，使无垠梯田、绵延群山、灿烂星空、城市街景等景致被写实地搬上舞台，以虚实结合的场景变化营造层层递进的阶梯感和流光溢彩的精彩画面。参加晚会演出歌手既有李谷一、殷秀梅、廖昌永等著名歌唱家，也有降央卓玛、哈布尔、喻越越、汪小敏等当红新秀；有中国流行民谣歌手赵牧阳，也有民族特色浓郁的安达组合、克尔曼佛拉门戈吉他乐队；既有广西实力歌手袁泉、陈春燕、刘海旋、杨历川、潘傲峰等，也有俄罗斯的“梦乐团”和马来西亚的陈永馨、泰国的天力、越南的清花等国外优秀歌手。

南宁国际民歌艺术节16年经典民歌音乐会　2015年9月18日晚在中国南宁广西体育中心体育馆举办。音乐会分“扬帆寻梦”“碧海丝路”“绿城之约”“盛世欢歌”4个篇章。开场曲由时隔16年重返南宁民歌节舞台的蒙古族“智慧之光”斯琴格日乐唱响。第二篇章“碧海丝路”是音乐会的亮点，这篇章安排了印尼的《星星索》、缅甸的《海鸥》、泰国的《相思河畔》、俄罗斯的《莫斯科郊外的晚上》等国外经典民歌，令晚会充满异域风情。其间，谈莉娜带来颇具印度风情的《热辣媚娘》，台湾歌坛传奇人物齐秦深情表现的《夜夜夜》《藤缠树》和《大约在冬季》，令观众沉浸歌声中。音乐会持续两个多小时。

“风情东南亚”晚会　2015年9月21日晚在南宁人民会堂举办。晚会以“和谐、友谊”为主题，以“欢乐、绚丽”为主调，以东盟国家经典歌舞为主体，艺术再现了东南亚各国绚丽的民族风情。晚会用90分钟浓缩展现中国及东盟国家的文化艺术精华。晚会中，缅甸舞蹈《敏阿拉巴》的细腻、柬埔寨舞蹈《孔雀》的灵动、越南独弦琴舞蹈《山水吟》的柔美、文莱男女对唱《海岛情歌》的甜蜜给观众留下深刻印象，印度尼西亚器乐演奏《安格隆》、菲律宾舞蹈《炫动的色彩》、新加坡歌曲《丹绒海角》、老挝舞蹈《美丽的老挝》等让观众目不暇接，代表广西民族特色的壮族天琴弹唱更是让到场的外宾感到惊艳。晚会在马来西亚舞蹈《恩当》的激情舞动中掀起高潮，现场观众在这支“拍手舞”的感染下纷纷随节拍舞动。晚会在中国东方演艺集团打造下，艺术水准更为专业，在演出效果更炫目。

“绿城歌台”群众文化活动　2015年9月19～20日，中国南宁结合中国—东盟博览会和商务与投资峰会的举办，在各城区、县设立歌台，开展“绿城歌台”广场文化活动，丰富文化生活，活跃节会气氛。这届歌台以“绿城歌台·丝路扬帆”为主题，围绕“一带一路”战略构想，设13个歌台，以歌会友，以歌开展文化交流。

设在民歌湖上的中心歌台，以“相约绿城·欢聚北部湾”为主题，

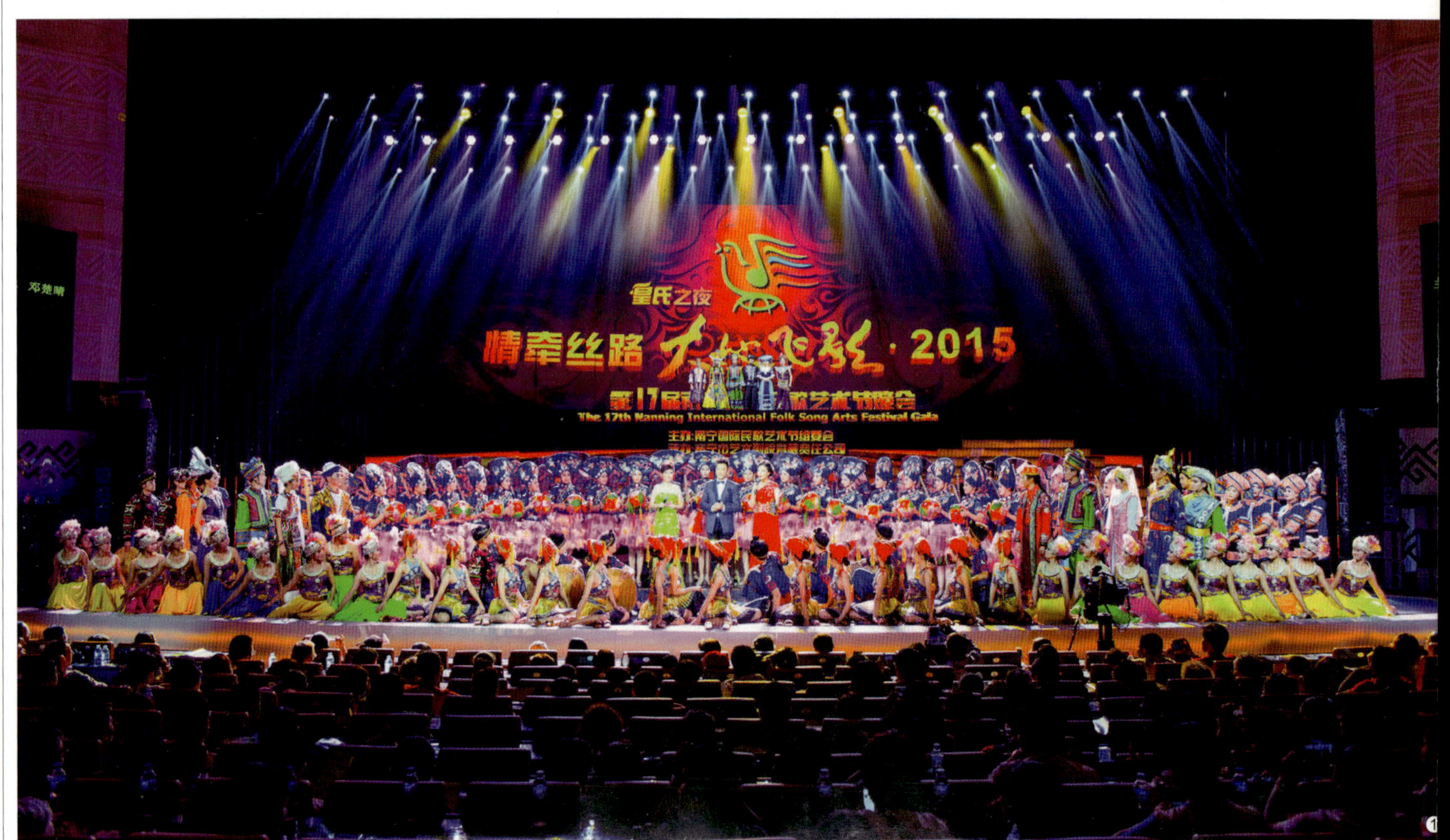

邀请本地歌手、乐队以及各地极具地域民族文化标志的节目共同向市民展现。中心歌台舞美在设计上，采用LED大屏幕作背景，在民歌湖风光中巧妙融入壮乡民族元素的舞台硬景及标志性图案，突出自然景观与人文景观的和谐统一。舞台前方为一艘航行的大船形象，寓意绿城歌台借助海上丝绸之路扬帆起航。

12个分歌台的节目在安排上采用互换形式，在大量地域特色民族歌舞的基础上，与相邻县区互换3～5个特色节目演出，丰富节目内容。演出的节目都是历届南宁市乡村社区和谐文艺大展演的获奖节目，地域文化特色鲜明，内容新颖，观赏性较强。

分歌台各有主题，有的以“青春飞扬”为主题展示青春时尚，有的以“缤纷童梦”为主题关注天真少年，有的以“城市梦想”为主题关爱外来务工者，有的以“壮乡风情”为主题展现非物质文化遗产，有的以“绿城飞歌”为主题展现邕城新风貌，有的以“壮乡歌海”为主题展现民歌。各歌台还不乏外国演员的身影，其中印度、英国、泰国、韩国、乌克兰、马来西亚、老挝等国外演出团体在各歌台轮番演出，向市民展现其浓郁的民族风情。

中国—东盟（南宁）戏剧周 2015年9月10～17日分别在南宁剧场、明星剧场、广西桂戏坊等场所举行。安排戏剧展演、主题研讨会、戏剧工作坊、艺术展览、戏剧大讲堂等六大板块活动，邀请来自越南、马来西亚、印度尼西亚、菲律宾、柬埔寨、新加坡、泰国等东盟国家的文艺院团，以及贵州省花灯剧院、福建省泉州市高甲戏传习中心、深圳市粤剧团等国内著名戏剧表演团体共同参与。

8月31日至9月3日，戏剧周首场活动——中国东盟粤曲大赛暨首届粤剧红派艺术大赛广西赛区比赛吸引了118名选手展开角逐。9月11日晚，戏剧周开幕大戏《璎珞传》在南宁剧场上演。开幕戏由南宁民族文化艺术研究院改编古印度梵剧而来，是中国粤剧艺术和印度艺术的精妙结合之作。

①~⑥ 第17届南宁国际民歌艺术节暨第12届中国—东盟博览会和商务与投资峰会开幕晚会演出场景

⑦

⑧

⑨

⑩

⑫

⑦～㉑ 第17届南宁国际民歌艺术节暨第12届中国—东盟博览会和商务与投资峰会开幕晚会演出场景

㉒～㉗ 南宁绿城歌台演出场景

㉘～㊴ 风情东南亚晚会演出场景

28
29
30
31
32
33
34
35
36
37
38
39

㊵～㊿ 中国—东盟（南宁）戏剧周演出场景

中国—东盟年鉴

ZHONGGUO – DONGMENG NIANJIAN

2016

主　　编　李海荣

执行主编　谢林城　徐远征

线装書局

图书在版编目(CIP)数据

中国—东盟年鉴．2016/李海荣主编．—北京:线装书局，2016.12

ISBN 978-7-5120-2541-7

Ⅰ.①中… Ⅱ.①李… Ⅲ.①自由贸易区—中国、东南亚国家联盟—2016—年鉴 Ⅳ.①F752.733-54

中国版本图书馆 CIP 数据核字(2016)第 316242 号

中国—东盟年鉴

2016

编　　者:《中国—东盟年鉴》编辑部

主　　编: 李海荣

主　　办: 广西社会科学院

承　　办: 广西东南亚研究会

责任编辑: 李　旻

出版发行: 线装書局

地　　址: 北京市西城区鼓楼西大街 41 号(100009)

电　　话: 010-64045283(发行部)　64045583(总编室)

网　　址: www.zgxzsj.com

经　　销: 新华书店发行

印　　制: 广西民族印刷包装集团有限公司

开　　本: 890×1240　1/16

印　　张: 31

字　　数: 1205 千字

版　　次: 2016 年 12 月第 1 版　2016 年 12 月第 1 次印刷

印　　数: 0001—2000 册

定　　价: 260.00 元

编辑说明

一、《中国—东盟年鉴》是一部国际综合性年鉴,着重收载中国和东盟各国的基本资料及区域内各国政治、外交、经济、文化、社会等方面的重要信息,旨在为海内外各界人士了解中国和东盟各国(包括国际组织)的基本情况及中国—东盟自由贸易区的建设进程提供一个窗口,以促进中国和东盟各国的相互了解和交流合作。《中国—东盟年鉴》面向国内外广大读者,面向中国—东盟博览会,为国内外读者和中国—东盟博览会与会人士提供相关资讯。

二、《中国—东盟年鉴》的编辑,坚持实事求是的科学精神,客观地反映有关各国情况,追求年鉴的科学性、权威性和实用性。

三、本年鉴从2004年起逐年编纂出版,2016年卷为第13卷。本卷年鉴着重记述2016年发生的事情并收入相关资料,其中部分内容为保持资料的完整性适当追溯历史,并收录一些历时性资料。为提高年鉴的时效,卷中大事记除记述2015年大事外,还记述2016年1~6月的大事。

四、本卷年鉴的主要栏目有:概况、动态、专题、新闻人物、大事记、文献、投资贸易指南、统计资料、附录等。"专题"为2016年卷新设栏目,将原有的发展报告、东南亚国家联盟、中国—东盟自由贸易区、区域经济合作、中国和东盟及各成员国交往与合作、重要节会6个分目收入其中。以"专题"与"概况""动态"等栏目对应更符合年鉴编纂体例。年鉴中的概况和动态信息一般作条目化处理,专题栏目中的发展报告、中国和东盟及各成员国交往与合作以及某些附属资料则采用文章体。东盟各国资料的编排,依国际惯例按国名的英文字母顺序排列;一国之内发生的事情,在同一栏目中一般按时序编排。

五、本年鉴由广西社会科学院主办,广西东南亚研究会承办。供稿者均为专事东南亚研究的社会科学工作者,文献资料主要来自国内权威机关、传媒或网站,具有一定的权威性和较高的参考价值。

六、作为资料性工具书,本年鉴内容资料的选题选材和编排、条目的内容要素和记述程序等,都依年鉴的体例予以规范。为方便读者阅读、检索,本年鉴配备双重检索系统:书前刊有详细目录,书后备有索引。

七、由于资料采集艰辛和成书时间仓促,本卷年鉴难免有所疏漏和不足,欢迎国内外各界读者批评指正,我们将在今后的编纂工作中努力改进。

本年鉴在策划和编纂过程中,得到有关领导机关和社会各界人士的大力支持和帮助,谨表示衷心感谢!

《中国—东盟年鉴·2016》主创单位及人员

主办单位 广西社会科学院

承办单位 广西东南亚研究会

编委会主任 李海荣

编委会副主任 谢林城

编委会委员（以姓氏笔画为序）

刘建军　黄天贵

顾　　问 许家康　于向东　王士录　庄国土　孙璟涛　汪新生　陈乔之　张　雪　张锡镇　贺圣达　高伟浓　曹云华　杨保筠　韩　锋　廖少廉

主　　编 李海荣

执行主编 谢林城　徐远征

副 主 编 叶建维　罗　梅　韦朝晖　农立夫　张　磊

特约编审 廖子良

发稿编辑 徐远征　罗　梅　叶建维　韦朝晖　马金案　张　磊　颜　洁

主要撰稿人（以姓氏笔画为序）

马　静　马金案　韦朝晖　云　倩　叶建维　冯海英　左华兰　刘　强
农立夫　李碧华　李小亭　李玮莉　杨　超　杨君楚　杨晓强　杨梦平
何　战　陈　文　陈红升　陈定辉　罗　梅　周明钧　林智荣　林　颖
郭泉良　张　磊　钟　梅　祝湘辉　唐　卉　秦　羽　黄　韬　黄幼霞
黄耀东　梁　薇　梁洁敏　雷小华　颜　洁

目录翻译 乔　蕊

工作人员 秋　敏　吴美华　梁就英　乔　蕊　朱莹莹

目　　录

概　　况

动　态

专 题

新 闻 人 物

大　事　记

文　献

投资贸易指南

统 计 资 料

附 录

索 引

China – ASEAN Yearbook · 2016
Contents

概　　况

中　　国

国　名

中华人民共和国(The People's Republic of China),简称中国、中或华。

国　旗

中华人民共和国国旗为五星红旗。长方形,长宽比为3:2。旗面为红色,象征革命。旗面左上方的五颗黄色五角星,象征中国共产党领导下的革命人民大团结。五角星用黄色表示红色大地上呈现光明。四颗小五角星各有一个尖角正对大五角星的中心点,表示围绕着一个中心而团结,在形式上也显得紧凑美观。

地　理

位　置　中国位于亚洲东部。地处东经73°~135°、北纬4°~53°之间。东部和南部濒临太平洋,西靠中亚大陆,西南与中南半岛和南亚次大陆相接,北面紧邻蒙古高原和西伯利亚。疆域东起黑龙江和乌苏里江交汇处,西到帕米尔高原,北起漠河附近的黑龙江上,南至南海的曾母暗沙。

面　积　中国陆地面积960万平方千米,约占全球陆地面积的1/15;海洋面积299.7万平方千米。

疆界和邻国　陆上边界漫长,从东北与朝鲜交界的鸭绿江口起,经北面、西面,到西南与越南交界的北仑河口,全长2.28万千米,依次与朝鲜、俄罗斯、蒙古、哈萨克斯坦、吉尔吉斯斯坦、塔吉克斯坦、阿富汗、巴基斯坦、印度、尼泊尔、不丹、缅甸、老挝、越南等14个国家毗邻。大陆海岸线长1.8万余千米,领海宽广,东面与韩国、日本隔黄海、东海相望,东南面和南面隔南海与菲律宾、马来西亚、新加坡、文莱、印度尼西亚等国相望。

地形地貌　地形复杂多样,地球陆地上的山地、丘陵、高原、平原和盆地等5种基本类型都有分布。山地、丘陵和比较崎岖的高原约占陆地面积的2/3。地势东低西高,呈阶梯状分布:第一级是东部的平原、低山和丘陵,海拔一般在500米以下;第二级是中部、西部的高原和盆地,海拔大多在1000~2000米之间;第三级是青藏高原,平均海拔超过4000米。第一级阶梯的东面和东南面是浅海大陆架,坡度平缓。主要山脉和山系有:东西走向的南岭山脉、昆仑山脉、秦岭山脉、天山山脉和阴山山脉,东北—西南走向的台湾山脉、长白山脉、武夷山脉、大兴安岭山脉、太行山脉、巫山山脉和雪峰山脉,西南—东南走向的祁连山脉和阿尔泰山脉,南北走向的贺兰山脉和横断山脉,以及唐古拉山、图库斯山和喜马拉雅山等弧形山系。弧形山系中的喜马拉雅山脉是全球最高大、最雄伟的山脉,高峰林立,其中中国与尼泊尔边界上的珠穆朗玛峰海拔8844.43米,为世界第一高峰。丘陵主要分布于华东、华南和东北,有东南丘陵、两广丘陵、山东丘陵和辽东丘陵等。高原分布于华北、西北和西南,主要有黄土高原、内蒙古高原、云贵高原和青藏高原,其中面积最大的是青藏高原,约占全国面积的1/4。平原主要分布于东部和中部,有东北平原、华北平原、长江中下游平原三大平原以及珠江三角洲平原、成都平原、汾渭平原、台湾西部平原等,是主要农耕区。盆地主要分布于西北部和中部,主要有四川盆地、塔里木盆地、准噶尔盆地、柴达木盆地和吐鲁番盆地。其中塔里木盆地面积最大,该盆地中的塔克拉玛干沙漠是中国面积最大的沙漠；吐鲁番盆地地势最低，最低点低于海平面155米，是中国陆地上最低的地方。

江河湖泊　江河众多，其中流域面积超过1000平方千米的河流有1500多条。属太平洋水系的河流主要有黑龙江、辽河、海河、黄河、长江、钱塘江、闽江、珠江、澜沧江等，其中长江是中国第一大河、世界第三大河，干流长6300千米。属印度洋水系的河流有怒江和雅鲁藏布江。属北冰洋水系的有额尔齐斯河。此外，还有一些内流河，其中最长的是新疆南部的塔里木河，全长2179千米。湖泊有2.48万个，其中面积超过1平方千米的天然湖泊2800多个。主要湖泊有青海湖、洞庭湖、鄱阳湖、太湖、洪泽湖等。青海湖是中国第一大湖和最大的咸水湖。

海岸海岛　大陆东部和南部濒临渤海、黄海、东海和南海，其中渤海是内海，黄海、东海和南海是边海。大陆海岸线长1.8万余千米。沿海岛屿有5000多个，其中面积超过700平方千米的有台湾岛、海南岛和崇明岛，台湾岛和海南岛分别是中国第一、第二大岛；其他较大的岛屿有舟山岛、东山岛、海坛岛（平潭岛）、长兴岛等。较大的群岛有舟山群岛、东沙群岛、南沙群岛、西沙群岛和中沙群岛。较大的半岛有辽东半岛、山东半岛和雷州半岛。

气　候　大部分地区属东亚季风气候区。全国冬季寒冷干燥，南北温差大；夏季普遍高温，降水较多。各地年平均降水量差异大，东南沿海可多达1500毫米以上，而西北部一些地方则少于50毫米。

风景名胜　重要的风景名胜有：长城，北京故宫、颐和园、天坛、明清皇室陵寝、周口店猿人遗址，河北北戴河、承德避暑山庄和外八庙，辽宁沈阳故宫，山东曲阜孔庙、孔府、孔林和泰山风景名胜区，陕西秦始皇陵、兵马俑，甘肃敦煌莫高窟，河南洛阳龙门石窟和白马寺、登封少林寺，江苏苏州古典园林，安徽黄山风景名胜区，江西庐山风景名胜区，广西桂林漓江风景名胜区，四川九寨沟风景名胜区和峨眉山—乐山风景名胜区，西藏布达拉宫，台湾日月潭，等等。

国　民

人　口　2015年年末中国全国人口137462万（不含香港、澳门两个特别行政区和台湾省人口）。按性别分，男性70414万人，女性67048万人；按城乡分，城镇77116万人，乡村60346万人。东部人口稠密，西

中国五岳名山组图：①陕西省华阴县西岳华山苍龙岭；②山东省泰安市东岳泰山；③湖南省衡阳市南岳衡山；④河南省登封县中岳嵩山三皇寨；⑤山西省浑源县北岳恒山悬空寺　（百度网）

部人口稀少。

民　族　有56个民族，即汉、蒙古、回、藏、维吾尔、苗、彝、壮、布衣、朝鲜、满、侗、瑶、白、土家、哈尼、哈萨克、傣、黎、傈僳、佤、畲、高山、拉祜、水、东乡、纳西、景颇、柯尔克孜、土、达斡尔、仫佬、羌、布朗、撒拉、毛南、仡佬、锡伯、阿昌、普米、塔吉克、怒、乌兹别克、俄罗斯、鄂温克、德昂、保安、裕固、京、塔塔尔、独龙、鄂伦春、赫哲、门巴、珞巴、基诺等族。

语　言　汉族和回族使用汉语，其他54个民族使用本民族语言。现代汉民族的共同语言是以北京语音为标准音、以北方话为基础方言、以典范的现代白话文著作为语法规范的普通话。

宗　教　宪法规定公民享有宗教信仰自由。国民信仰的宗教有佛教、道教、伊斯兰教、基督教、天主教。

资源物产

土地资源　中国耕地面积13516.34万公顷(《2014中国国土资源公报》数据)，区域分布不匀，人均土地资源占有量较少。

水资源　水能资源蕴藏量6.8亿千瓦，居世界首位。人均径流量约2200立方米，仅为世界人均径流量的24.7%。在各流域中，珠江流域人均水资源最丰富。水资源分布南方多北方少，水土资源配合欠佳。

生物资源　种类多、数量大。几乎拥有北半球的全部植被类型，有种子植物300科、2980属、2.4万种，其中被子植物2946属，占全球被子植物总属数的23.6%。有陆栖脊椎动物2070种，占全球陆栖脊椎动物种类的9.8%，其中兽类420种，鸟类约1170种，两栖类184种。海鱼约有1500种，淡水鱼约500种。

矿产资源　已发现矿种171种，其中探明储量的158种，包括能源矿产10种，金属矿产54种，非金属矿产91种，水气矿产3种。重要矿产资源有煤、石油、油页岩、天然气、铁、锰、钼、钒、钛、汞、磷、铜、钨、锑、锡、铬、铅锌、铝土、镍、稀土、银、金、菱镁、普通萤石、硫铁、钾、盐、硭硝、重晶石、石墨、玻璃硅原料、清石、高岭土等。其中钨、锑、稀土、钼、钒、钛的探明储量在世界各国中居首位，煤、铁、铅锌、铜、银、汞、锡、镍、磷灰石、石棉等位居前列。

物　产　有谷物(小麦、稻谷)、棉花、油料(油菜籽、花生、油茶籽、芝麻)、麻类、糖料(甘蔗、甜菜)、大豆、茶叶、烟叶、水果(苹果、柑橘、香蕉、葡萄、西瓜)、大牲畜、肉类(猪、牛、羊肉)、奶类、羊毛(绵羊毛、山羊

香港组图：①世界最长的室外扶梯——中环到半山自动扶梯；②香港太空馆；③香港金紫荆广场；④香港体育馆广场；⑤香港青马大桥全景

(百度网)

毛)、水产品(海水产品、淡水产品)等。其中谷物、棉花、花生、油菜籽、水果、肉类产量在世界各国中居首位,大豆、甘蔗、茶叶产量位居前列。还有松脂、中药材、桐油、生丝、漆、灵香草、八角、茴油、肉桂、荔枝、龙眼等特产。

国体政体

国　体　中华人民共和国是工人阶级领导的、以工农联盟为基础的人民民主专政的社会主义国家。社会主义是国家的根本制度。国家的一切权力属于人民,实行人民代表大会制度。

全国人民代表大会　国家的最高权力机关。常设机构是全国人民代表大会常务委员会。全国人民代表大会和全国人民代表大会常务委员会行使国家立法权。

国务院　即中央人民政府,最高权力机关的执行机关,最高国家行政机关。

中央军事委员会　全国武装力量领导机关。实行主席负责制度,对全国人民代表大会及其常务委员会负责。

最高人民法院　国家的最高审判机关。

最高人民检察院　国家的最高检察机关。

中国人民政治协商会议　由各党派、各阶层组成。宪法规定,中国共产党领导的多党合作和政治协商制度将长期存在和发展。

党　派　中国内地有9个党派:中国共产党、中国国民党革命委员会、中国民主同盟、中国民主建国会、中国民主促进会、中国农工民主党、中国致公党、九三学社和台湾民主自治同盟。其中,中国共产党是执政党,其他8个民主党派是参政党。

国家领导人

国家主席　习近平,2013年3月当选。

全国人民代表大会常务委员会委员长　张德江,2013年3月当选。

国务院总理　李克强,2013年3月任职。

中国人民政治协商会议全国委员会主席　俞正声,2013年3月当选。

国家中央军事委员会主席　习近平,2013年3月当选。

行政区划

一级行政区划　中国分为34个省、自治区、直辖市和特别行政区。即黑龙江、吉林、辽宁、河北、山西、山东、江苏、浙江、安徽、江西、福建、台湾、河南、湖北、湖南、广东、海南、云南、贵州、四川、陕西、甘肃、青海等23个省,广西、西藏、新疆、内蒙古、宁夏等5个自治区,北京、天津、上海、重庆等4个直辖市,香港、澳门2个特别行政区。

主要城市　首都北京市,位于华北平原西北端,周围被河北省和天津市所包围,是中国政治、经济、文化和国际交流中心,综合性产业城市,著名古都,重要航空港。全市面积16807.8平方千米。2015年年末全市常住人口2170.5万。其他重要城市有上海、天津、重庆、哈尔滨、长春、沈阳、大连、呼和浩特、太原、石家庄、济南、青岛、南京、苏州、杭州、合肥、福州、厦门、南昌、郑州、武汉、长沙、广州、深圳、南宁、桂林、海口、昆明、贵阳、成都、拉萨、乌鲁木齐、兰州、西安、西宁、银川、香港、澳门、台北、高雄等。

经　济

国内生产总值　2015年中国国内生产总值676708亿元,比上年增长6.9%。

产　业　第一产业包括农业、林业、畜牧业和渔业。种植业是农业的支柱,主要包括粮食作物种植业和经济作物种植业。粮食种植业主要种植小麦、水稻、玉米、薯类等作物,2015年粮食产量62144万吨,比上年增加1441万吨,增长3.3%。经济作物种植业主要种植棉花、油料(花生、油菜、芝麻、油茶)、麻类、糖料(甘蔗、甜菜)、豆类、茶叶、水果等作物。2015年第一产业产值占国内生产总值的9.0%。第二产业包括工业和建筑业。工业门类齐全,主要有矿产采选、金属冶炼及压延加工、金属制品、机械制造、化学原料及制品、医药、纺织及服装制造、家具制造、食品加工和制造等行业。第二产业在国民经济中占主导地位,2015年第二产业增加值占国内生产总值的40.5%。第三产业包括地质勘查和水利管理、交通运输仓储邮电通信、批发和零售贸易、金融保险、房地产、社会财务、卫生体育和社会福利、教育文化艺术、广播电影电视、科学研究和综合技术服务等行业。第三产业在国民经济中地位不断上升,2015年第三产业增加值占国内生产总值的50.5%,首次突破50%。

财　政　2015年全国一般公共预算收入152217亿元,比上年增加8324亿元,增长5.8%。

金　融　主要银行有中国人民银行、中国建设银行、中国工商银行、中国农业银行、中国银行、中国农业发展银行、中国进出口银行、国家开发银行、交通银行、中国光大银行等,其中中国人民银行是国家中央银行。主要保险公司有中国人民财产保险股份有限公司、中国人寿保险股份有限公司、中国太平洋财产保险股份有限公司、中国太平洋人寿保险股份有限公司、中国平安财产保险股份有限公司、中国平安人寿保险股份有限公司、新华人寿保险股份有限公司等。证券交易所有上海证券交易所和深圳证券交易所。货币名称为人民币,单位为元。2015年年末国家外汇储备33304亿美元,比上年末减少5127亿美元。年末人民币汇率为

1 美元兑 6.2284 元人民币，比上年末贬值 1.4%。

进出口贸易　2015 年货物进出口总额 245741 亿元，比上年下降 7.0%。其中：出口 141255 亿元，下降 1.8%；进口 104485 亿元，下降 13.2%。进出口顺差 36770 亿元。

交通通信

截至 2015 年年底，中国铁路营运里程 12.1 万千米，其中高速铁路运营里程超过 1.9 万千米；公路通车里程 457 万千米，其中高速公路通车里程超过 12 万千米。2015 年货物运输总量 417 亿吨，比上年增长 0.2%。全年旅客运输总量 194 亿人次，下降 4.4%。年末全国民用汽车保有量 17228 万辆（包括三轮汽车和低速货车 955 万辆），增长 11.5%，其中私人汽车保有量 14399 万辆，增长 14.4%。民用轿车保有量 9508 万辆，增长 14.6%，其中私人轿车 8793 万辆，增长 15.8%。

沿海港口主要有大连港、营口港、秦皇岛港、天津新港、烟台港、威海港、连云港、上海港、宁波港、温州港、马尾港、厦门港、汕头港、黄埔港、湛江港、北海港、钦州港、防城港、海口港、香港、基隆港、高雄港等。内河港口主要有宜宾港、重庆港、万州港、宜昌港、武汉港、九江港、芜湖港、南京港、镇江港、张家港、南通港、上海港、广州港、梧州港、贵港等。

主要机场有北京首都机场、广州花都机场、上海浦东机场、上海虹桥机场、深圳宝安机场、昆明长水机场、成都双流机场、西安咸阳机场、厦门高崎机场、桂林两江机场、重庆江北机场、大连周水子机场、天津滨海机场、杭州萧山机场、青岛流亭机场、南京禄口机场、武汉天河机场、南宁吴圩机场、长沙黄花机场、乌鲁木齐地窝铺机场、拉萨贡嘎机场、香港机场、台北桃园机场等。

2015 年年末全国电话用户 153673 万户，其中移动电话用户 130574 万户。移动电话普及率上升至 95.5 部/百人。固定互联网宽带接入用户 21337 万户，比上年增加 1289 万户；移动宽带用户 78533 万户，增加 20279 万户。互联网上网人数 6.88 亿，增加 3951 万，其中手机上网人数 6.20 亿，增加 6303 万。互联网普及率达到 50.3%。

教　育

中国实行 9 年义务教育制度。现行学制为小学 6 年；初中 3 年，高中 3 年；高等专科教育 2～3 年，本科教育 4～6 年。

2015 年全国在校学生人数：普通小学 9692.2 万人，初中 4312.0 万人，普通高中 2374.4 万人，中等职业教育 1656.7 万人，普通高等教育专科、本科 2625.3 万人，在学研究生 191.1 万人。著名大学有北京大学、清华大学、复旦大学、浙江大学、南京大学、南开大学、中国科技大学、华中科技大学、上海交通大学、武汉大学、吉林大学、中山大学等。

传　媒

中国官方新闻社为新华社。主要报纸有《人民日报》《光明日报》《解放军报》《中国日报》《参考消息》《经济日报》《中国青年报》《工人日报》《中国文化报》《中国体育报》《中国妇女报》《经济参考报》《中国政协报》《科学时报》《健康报》《中国商报》等。主要电视台有中央电视台、中国教育台等。主要广播电台有中央人民广播电台、中国对外广播电台等。

文化体育

2015 年年末中国文化系统有艺术表演团体 2052 个，有文化馆 3315 个，公共图书馆 3136 个，博物馆 2956 个，档案馆 4196 个；有线电视用户 2.39 亿户，其中有线数字电视用户 2.02 亿户。年末广播节目综合人口覆盖率 98.2%，电视节目综合人口覆盖率 98.8%。出版各类报纸 440 亿份，各类期刊 30 亿册，图书 81 亿册（张）。

2015 年全国运动员在 25 个运动大项中获得 127 个世界冠军，创造 12 项世界纪录。全国残疾人运动员在 34 项国际赛事中获得 395 个世界冠军。

医疗卫生

2015 年年末中国有医疗卫生机构 990248 个，其中医院 27215 个，乡镇卫生院 36869 个，社区卫生服务中心（站）34588 个，诊所（卫生所、医务室）195866 个，村卫生室 644751 个，疾病预防控制中心 3492 个，卫生监督所（中心）3097 个。卫生技术人员 803 万，其中执业医师和执业助理医师 300 万，注册护士 328 万。医疗卫生机构床位 708 万张，其中医院 534 万张，乡镇卫生院 121 万张。全国参加城镇基本医疗保险人数 66570 万，增加 6823 万。其中：参加职工基本医疗保险人数 28894 万，增加 598 万；参加城镇居民基本医疗保险人数 37675 万，增加 6225 万。全年资助 5910.3 万城乡困难群众参加基本医疗保险。基层医疗服务体系、重大疾病防治体系、全科医生培养基地建设加强，人均基本公共卫生服务经费达到 40 元。

科　技

中国主要科学研究机构有中国科学院和中国社会科学院。2015 年全国研究与试验发展（R&D）经费支出 14220 亿元，比上年增长 9.2%，占国内生产总值的 2.10%，其中基础研究经费 671 亿元。全年国家安排科技支撑计划课题 3574 项，“863”计划课题 2561 项。截至年底，累计建设国家工程研究中心 132 个，国家工程实验室 158 个，国家认定企业技术中心 1187 个。

全年受理境内外专利申请 279.9 万件，授予专利权 171.8 万件。截至年底，有效专利 547.8 万件，其中境内有效发明专利 87.2 万件，每万人口发明专利拥有量 6.3 件。

2015 年年末全国有产品检测实验室 31768 个，其中国家检测中心 641 个。有产品质量、体系认证机构 221 个，累计完成对 13.68 万家企业的产品认证。全年制定、修订国家标准 1931 项，其中新制定 1330 项。有地震台站 1687 个，区域地震台网 32 个，海洋观测站（点）124 个。测绘地理信息部门公开出版地图 2003 种。

历　史

中国是世界文明古国，有5000年文字记载的历史。

原始社会晚期，中原一带出现部落，其中黄河流域以黄帝、炎帝和蚩尤为首的 3 个部落比较强大。后来华夏民族尊黄帝和炎帝为共同祖先。

公元前 2070 年，夏王朝建立，是为中国奴隶社会的开端。

公元前 1600 年左右，商王朝取代夏王朝。商代，青铜冶炼和青铜器铸造技术水平较高，还出现甲骨文。

公元前1046年，周王朝取代商王朝。自此到公元前 476 年，中国经历了西周（公元前 1046 年至公元前 771 年）、春秋（公元前 770 年至公元前 476 年）两个时期。

公元前 475 年，进入战国时期，封建社会逐步确立。此时诸侯争霸，社会不安；在思想领域出现百家争鸣的繁荣局面，形成儒、法、道、墨、名、农、杂等以后长期影响中国社会的学派。

公元前 221 年，秦始皇嬴政统一中原，建立秦王朝。后又统一西南、东南地区，形成统一的多民族的中央集权国家。秦始皇实行统一文字和度量衡等措施，对后世影响极大。

公元前 206 年，刘邦建立汉王朝取代秦王朝。汉代社会经济发展较快，科学文化事业繁荣，特别是汉武帝时进入鼎盛阶段，所开辟通往西域的丝绸之路，促进了中西经济文化交流。

公元 220 ~ 589 年，历经三国、两晋和十六国、南北朝 3 个时期。这 3 个时期的特点是国家分裂和中华民族大融合。

581 年，隋王朝建立。当时，大运河凿通，促进了南北交通和经济文化交流；设立六部官制，实行科举考试制度，对此后中国政治、教育产生深远影响。

618 年，唐王朝取代隋王朝。唐代经济社会全面发展。商业繁荣，形成长安、扬州、广州等商业中心。文化发达，出现李白、杜甫等一批伟大诗人。科学进步，发明火药、雕版印刷术、天文钟等，对世界文化和科学技术的发展有卓越贡献。

907 年，唐王朝灭亡，中国出现封建割据局面，从 907 到 960 年，史称五代十国时期。

960 年，宋王朝建立。宋代（分北宋、南宋两个时期），农业和工业技术都有所发展，尤其是造船技术和指南针的发明与应用，促进了海外贸易事业的繁荣。同时，中国北方先后建立辽、金、西夏、元等政权。

1279 年，统一了北方的元消灭南宋，统一中国。元代，经济、文化继续发展。当时实行的行省制度一直沿袭至今。

1368 年，明王朝建立。明代，江南出现资本主义萌芽，朝廷派郑和率船队七下西洋，西方传教士开始进入中国传教并传播西方科学技术。

1644 年，清王朝取代明王朝。清代前期，国家强盛，经济、文化、科学技术发展；后期，朝廷腐败，国力衰弱。

1840 年，英国发动侵略中国的鸦片战争，清王朝屈服，中国开始沦为半封建半殖民地社会。

1911 年，辛亥革命爆发，清王朝被推翻。1912 年，中华民国建立。

1921 年，中国共产党在上海成立。中国共产党领导中国人民开展土地革命战争、抗日战争和解放战争，推翻压在中国人民头上的“三座大山”，取得新民主主义革命的胜利。1949 年 10 月 1 日，中华人民共和国建立。

中华人民共和国建立后，历经清匪反霸，土地改革，抗美援朝，镇压反革命，“三反”“五反”，农业、手工业和资本主义工商业的社会主义改造，“大跃进”，人民公社化，社会主义教育（“四清”），“文化大革命”等运动。1978 年中共十一届三中全会后，实行改革开放，致力于经济建设，经济快速发展，国力不断加强，社会稳定，人民生活水平不断提高。（林智荣）

文　莱

国　名

文莱达鲁萨兰国（Negara Brunei Darussalam），简称文莱。

国　旗

文莱国旗呈横长方形，长宽比为 2∶1。由黄、白、黑、红四色组成。黄色的旗地上横斜着黑、白宽条。黄色是该国传统颜色，代表苏丹至高无上，黑、白斜条是纪念两位有功的亲王。国旗中央绘有国徽。国徽呈红色，一弯新月环抱着一根棕榈树干，其上为展开的双翼，双翼之上为一顶华盖和一面旗帜，象征文莱信奉伊斯兰教和苏丹至高无上。在新月中央用马来文写着“遵照真主的旨意行事”。中心图案两侧有两只手臂，表示人民向真主祈求，人民对苏丹和政府的拥护。国徽底部的饰带上写着“和平之邦——文莱”。

地 理

位 置 文莱位于亚洲东南部的加里曼丹岛（旧称婆罗洲）的西北部。地处北纬4°2′～5°3′、东经114°4′～115°22′之间。北面濒临南中国海和文莱湾。

面 积 陆地面积5765平方千米。

疆界和邻国 东、南、西三面与马来西亚的沙捞越州接壤，并被沙捞越州的林梦分隔为不相连的东、西两部分。北面隔海与菲律宾、中国和越南相望。

地形地貌 陆地海拔在300～500米之间，地势东高西低。北部是平原，南部是丘陵，东部多为沼泽地，西部沿海为狭长平原。东南部与马来西亚沙捞越交界的阿干山海拔1808米，为全国最高峰。

江 河 主要河流有马来奕河、都东河、淡布隆河和文莱河。这些河流发源于南部山区，由南向北流入大海。马来奕河为全国最大河流，全长32千米。

海岸海岛 海岸线长约161千米。有33个岛屿，总面积79.39平方千米。大部分岛屿分布在文莱河下游或河口地区。靠近海边的地带是长满红树林的淡水沼泽，约占陆地总面积的10%。近海海底平缓，海水较浅，海面平静，素有“少女海”之称。

气 候 属热带雨林气候区。终年炎热多雨，没有明显的干旱季节。各地年平均降雨量在2500毫米以上。年平均气温28℃，各月温差不大。空气湿度较大，达到67%～91%。

风景名胜 首都斯里巴加湾市有历史悠久的水村——Kam Pong Ayer，东南亚最堂皇的清真寺——奥玛尔·阿里赛夫丁和苏丹文物纪念馆、文莱博物馆、苏丹皇宫、水晶公园等，马来奕区有陆上油井石油生产纪念碑和其他与石油生产有关的景观。

国 民

人 口 据文莱立法会第12届第1次会议2016年3月提供的数据，2016年文莱人口41.5万。71.2%的人口居住在文莱—穆阿拉区，15.4%在马来奕区，11.2%在都东区，2.3%在淡布隆区。

民 族 主要民族有20个。2011年，马来人（七大土著合称，包括文莱马来人、都东人、克达岩人、马来奕人、比沙雅人、姆鲁人和杜顺人）占总人口的65.7%，华人约占10.3%，其他种族约占24%。

语 言 主要语言是马来语，为国语。英语使用广泛。华语主要在华人中使用（多数讲闽南话，少数讲粤语）。

宗 教 宪法规定伊斯兰教为国教。大部分居民信奉伊斯兰教，少数信奉佛教、基督教、道教等。

资源物产

文莱的矿产资源主要有石油和天然气。据官方2010年公布的数据，石油蕴藏量11亿桶，天然气储量约3500亿立方米，是东南亚第三大产油国和世界第四大液化天然气生产国，产油量在东南亚仅次于印度尼西亚和马来西亚。除陆地油田外，有7个海上油田，90%石油和全部天然气出自这7个海上油田。探明储量较大、具有经济价值的矿产资源还有金、煤、汞、锑、铅、矾土和硅。

耕地面积占国土面积的5%，土壤较贫瘠。主要农产品有稻谷、咖啡、橡胶、椰子、西谷米、胡椒、甘蔗、花生、玉米、日罗东胶（口香糖的主要原料）、蔬菜、香蕉、菠萝等。森林面积46.9万公顷，有11个森林保护区，总面积2355平方千米，占陆地面积的41%，多数森林保护区为原始森林。植物资源丰富，其中以木本植物居多，有5000多种。领海有丰富的海洋生物资源，主要河流盛产鱼、虾等水产品。陆栖野生动物有象、犀牛、野牛、猿、猴、野猪、鹿、鳄鱼、巨蟒、眼镜蛇、狐蝠、松鼠、蜥蜴、犀鸟、雨燕等。

国体政体

国 体 文莱是伊斯兰教绝对君主制国家。君主（苏丹）拥有行政、立法、司法全部权力，同时也是宗教领袖。设宗教、枢密、内阁、立法、世袭等5个委员会协助苏丹理政。

议 会 称立法委员会。1962年曾举行选举。1970年取消选举，议员改由苏丹任命。1984年2月，现任苏丹宣布终止立法会，法律以苏丹圣训方式颁布。2004年7月，苏丹宣布重开立法会；9月，立法会恢复运作，由议长卡马鲁丁和21名议员（其中当然议员6人，高官议员5人，委任议员10人）组成，均由苏丹任命。2005年9月，苏丹解散立法会，重新任命30名新议员，卡马鲁丁仍为议长。2015年2月11日，苏丹任命阿都拉曼为文莱立法会新议长。

政 府 本届政府于2015年10月由苏丹宣布改组。设首相署，国防部，财政部，外交与贸易部，司法部，教育部，交通部，宗教事务部，文化、青年和体育部，内政部，发展部，卫生部，首相署能源部，工业与初级资源部等机构。苏丹担任首相、国防部部长、财政部部长兼外交与贸易部部长。

司　法　司法体制以英国习惯法为基础。一般刑事案件在推事庭或中级法院审理，较严重的案件由高级法院审理，文莱民事案件最终可上诉至英国枢密院。最高法院由上诉法院和高级法院组成，中央设有司法会议，其主要职能是代表苏丹执行司法权力，各级法院的法官都由苏丹任命。审判机关实行审判独立原则，由最高法院、高等法院、上诉法院及地方法院组成。另设宗教法院，负责审理有关伊斯兰教的案件。

党　派　1985年5月30日，文莱苏丹宣布允许政党注册，随后出现文莱国家民主党和文莱国家团结党。1988年文莱政府取缔国家民主党，现仅存文莱国家团结党；另有国民觉醒党和国民进步党两个党派，均不参政。

国家元首和政府首脑

文莱国家元首是苏丹·哈吉·哈桑纳尔·博尔基亚·穆伊扎丁·瓦达乌拉，1967年10月5日继位。兼任首相、国防部部长、财政部部长兼外交与贸易部部长。

行政区划

一级行政区划　文莱行政建置分区、乡和村三级。全国划分为文莱—穆阿拉、马来奕、都东、淡布隆等4个区。区长和乡长由政府任命，村长由村民民主选举产生。

主要城市　首都斯里巴加湾市，位于文莱—穆阿拉区文莱河畔，是文莱的政治、经济、文化、交通中心，面积100.36平方千米，人口约14万(2011年)，从17世纪起即为文莱首都，曾被列为亚洲十佳生活城市之一。其他重要城市有马来奕、诗里亚、都东和邦加。

经　济

国内生产总值　据国际货币基金组织(IMF)网站2016年4月提供的数据，2015年文莱国内生产总值117.86亿美元，人均国内生产总值28237美元。

产　业　主要产业是石油和天然气开采业，2014年石油和天然气开采业增加值约占国内生产总值的65%和财政收入的90%，出口额占出口总额的95%。日均原油产量18万～20万桶，天然气日产量3440.52万立方米。油气行业产值比2012年下降7.2%。文莱实行经济多元化战略，以减少对油气产业的依赖，重点发展重工业和轻工业、制造业、科技、电子、运输通信、餐饮业、旅游业、游乐设施、社会福利等九大项目。由于受到2015年国际油价变动的影响，文莱经济增速放缓，2015年国内生产总值比上年减少1.1%。截至2013年3月31日，全国有中小企业5486家。其中：中型企业1787家，占33%；小型企业3560家，占65%。农业基础薄弱，2011年农业产值为1.05亿美元，仅占国民生产总值的0.5%，国内稻米自给率不足3%。

文莱斯里巴加湾一瞥　(百度网)

财　政　财政收入主要依赖石油和天然气出口及公司税与政府财政收益(即政府在国内和国外投资所获得的收益)，这两项财源历年占财政总收入的比例均在96%以上。财政支出主要有固定支出、一般性项目支出、开发基金3项，其中经常支出约占财政总支出的76%。2015/2016财年(2015年4月1日至2016年3月31日)财政预算收入41.17亿文莱元；预算支出64亿文莱元，主要用于教育培训、投资、提高生产率以及居民福利保障。

金　融　不设国家中央银行，在财政部设货币局和金融局负责金融管理。全国有8家银行、5家金融公司、26家保险公司和1家证券交易公司(2006年)。银行总资产134.95亿文莱元(2003年)。货币名称为文莱元，与新加坡元实行1∶1汇率挂钩。2015年12月文莱元与美元平均汇率为1文莱元兑0.7120美元。2014年官方外汇储备约300亿美元，黄金储备30亿美元。无外债。

进出口贸易　主要出口原油、石油产品和液化天然气，进口机器、运输设备、食物、药品等。主要贸易对象是日本、英国、新加坡、泰国、马来西亚和美国。2014年，文莱进出口贸易总额188.3亿文莱元。

外国投资　至2006年9月，外商在文莱投资约65亿美元，外资主要来自英国、荷兰、日本和美国，主要投向石油勘探和开采、天然气液化工程、电力等领域。2011年文莱吸引外资12.1亿美元。主要投资来自荷兰、日本和英国。

对外投资　长期以来，文莱依靠出口石油和天然气积累大量外汇，逐年增加对外投资。至2004年年底，文莱在海外的投资累计达到500亿美元，年盈利约20亿美元。

交通通信

公路交通　文莱公路总长3127.4千米。有注册车辆14.8万辆（2011年）。

水　运　水运是重要的运输方式。主要港口有穆阿拉深水港，此外还有斯里巴加湾港、马来奕港、卢穆港等，主要供外运石油和液化天然气使用。各港口与新加坡、马来西亚、中国香港、泰国、菲律宾、印度尼西亚和中国台湾有定期货运航班。2011年有各类注册船舶273艘，各港口共装卸货物101.8万吨。

民用航空　首都斯里巴加湾市有国际机场。2013年，文莱皇家航空公司拥有10架客机，辟有18条国际航线，2012/2013财年客运量110万人次，货运量2.08万吨。

电　信　邮电通信业比较发达。建有卫星地面站3个，拥有全国性的数字交换网络。2011年固定电话用户7.98万户，互联网用户5.05万户，移动电话用户44.32万户。全国设有6个邮政局和1个邮电代理处。

教　育

文莱实行免费教育，国民享有11年（小学至高中）免费教育待遇。政府还资助出国留学。大多数学校由政府设立，另有少数教会学校和私立学校。文莱实行马来文和英文双语教育政策。2011年有各级各类学校255所，其中幼儿园、小学200所，中学38所，技术和职业专科学校11所，大学6所。在校学生75278人。各级各类学校有教师8527人。全国9岁以上人口识字率女性为95%，男性为97.5%。

教育制度主要按英国模式建立，并使用英国的教学大纲进行教学。小学学制6年，初级中学3年，中级中学2年，高级中学或大学预科2年。只有修完13年学业的青年，才有资格进入高等学校继续深造。

传　媒

文莱新闻社是官方新闻机构，创建于1959年。主要报纸：《婆罗洲公报》，日报（英文、马来文），创办于1953年，日发行量7万份；《文莱灯塔》，周报（马来文），创办于1956年，由政府的文化、青年和体育部新闻局主办，每周三出版，期发行量4.5万份；《文莱时报》，2006年7月1日创刊；马来西亚中文日报《美里日报》《诗华日报》《国际时报》和《星洲日报》设有文莱新闻版，在文莱发行。

文莱广播电视台由政府主办，创建于1957年5月，是全国唯一的广播电视台。文莱电台拥有两个广播网，一个用马来语和方言广播，一个用英语、华语和廓尔喀语广播，每天播音超过30小时。电视台从1975年起开设彩色电视频道，播放马来语和英语节目。

医疗卫生

文莱国家财政每年拨出巨额资金用于医疗卫生事业，公民享受免费医疗保健服务。医疗体系分为三级：卫生诊所、卫生中心和医院。2013年全国有6所医院，46个医疗中心和诊所，共有1134张病床。医疗机构有医生393人，牙医81人，药剂师42人，护士1915人。人口平均寿命为76.7岁，其中女性79.8岁，男性76.6岁。

科　技

文莱约有科技人员7000名（2008年）。由于科技人才有限，国内没有独立的研究机构，主要是通过与发达国家合作研究取得科技成果。

历　史

文莱建国于公元4世纪，有着悠久的历史。

从4世纪到9世纪，为独立王国时期，历400余年。这一时期，文莱国土辽阔，国力强盛，物产丰富，民众殷实。与中国的封建王朝常有往来，中国史籍称其为“婆罗国”或“浡泥”。

从9世纪中叶到10世纪后期，为室利佛逝王朝占领时期，约150年。文莱经济和社会遭到严重破坏，对外交往受到影响。

从10世纪到14世纪30年代，为恢复时期，有300余年。当时的文莱幅员宽广，人口众多，重视商业，崇尚佛教，国际贸易和交往频繁。

从14世纪中叶到15世纪初，为麻诺巴歇（又译满者伯夷）帝国占领时期，50年左右。这一时期，文莱丧失大部分领土，成为麻诺巴歇的附属国。

15世纪初，文莱国王遐旺·阿拉克·贝塔塔尔投向马来半岛南端信奉伊斯兰教的满剌加国；1414年，他娶满剌加国苏丹的女儿为妻，被该国苏丹授予穆罕默德称号，因而皈依伊斯兰教，并将文莱改为苏丹国，从而成为文莱的第一世苏丹。以后的文莱君主都使用“苏丹”这一头衔。伊斯兰教从此传入文莱。

从15世纪末到17世纪初，即第五世苏丹博尔基亚到第九世苏丹哈桑在位的100多年，文莱国力强盛，成为当时东南亚较有影响的国家。

17世纪后半期，文莱苏丹国开始进入长期衰弱时期，相继被葡萄牙、西班牙、荷兰、英国侵占，文莱苏丹对边远地区的统治名存实亡。

1847年5月，英国迫使文莱签订不平等的《英国和文莱友好通商条约》，文莱由一个独立的主权国家沦为受英国支配的半殖民地。

1888 年 9 月,文莱沦为英国的保护国。

1941 年 12 月至 1945 年 6 月,文莱被日本占领。

1946 年,英国恢复对文莱的控制。1959 年,英国同意文莱自治。

1984 年 1 月 1 日,英国放弃其掌管的文莱外交和国防权力,文莱完全独立。

1984 年 1 月 7 日,文莱加入东南亚国家联盟。

1993 年 12 月 9 日,文莱加入关贸总协定。

1994 年 4 月 15 日,文莱成为世界贸易组织成员国。

文莱独立以后,政治社会稳定,经济持续发展,人民生活富裕。在外交方面,奉行不结盟和同各国友好的外交政策,至 2013 年,已与 161 个国家建立外交关系,在 40 多个国家和国际组织设有使领馆、高级专员署或其他常驻机构。至 2013 年 6 月,驻文莱外交使团有 27 个。（马金案）

柬　埔　寨

国　名

柬埔寨王国(The Kingdom of Cambodia),简称柬埔寨。

国　旗

柬埔寨国旗呈长方形,长宽比为 3∶2。由 3 个平行的横长方形相连构成,中间是红色宽面,上下均为蓝色长条。红色象征吉祥和喜庆,蓝色象征光明和自由。红色宽面中间有白底深红线条构绘的吴哥图案;吴哥是著名的婆罗门教建筑,象征柬埔寨悠久的历史和古老的文化。

地　理

位　置　柬埔寨位于中南半岛南部。地处北纬 10°20′~14°32′、东经 102°18′~107°37′之间。西南濒临暹罗湾。

面　积　陆地面积约 18.10 万平方千米。

疆界和邻国　东部、东南部与越南接壤,东部和东北部与老挝相邻,西北部与泰国交界。陆地边界线长约 2050 千米。

地形地貌　东、北、西三面地势高,中部和南部低缓。东部、北部、西部为高原,山地环绕。中部和南部是湄公河及其支流的冲积平原。平原、高原、山地分别占陆地面积的 46%、29% 和 25%。西南地区的豆蔻山山脉有全国最高峰奥拉山,海拔 1813 米。

江河湖泊　河流纵横密布。东南亚最大河流湄公河在境内流长约 500 千米,接纳境内绝大多数河流。连接洞里萨湖的洞里萨河是第二大河流,长 155 千米。洞里萨湖(又称大湖、金边湖)是中南半岛第一大湖,也是东南亚地区最大的天然淡水湖,湖面在旱季时约 2500 平方千米,雨季时约 1 万平方千米。

海岸海岛　海岸线长约 460 千米,岸线曲折、多岬角。沿海有不少岛屿和海港。戈公岛是最大的岛屿。

气　候　属热带季风气候区。各地年平均降雨量在 1000~1800 毫米之间,年平均气温 27℃。每年 5~11 月是雨季,降雨量约占全年的 80% 以上;12 月至次年 4 月是旱季,旱季又分凉、热两季。

名胜古迹　首都金边市有王城、塔仔山、国家博物馆等。暹粒市有列入世界文化遗产名录的吴哥古迹群。西哈努克市是著名的旅游、避暑胜地。

国　民

人　口　2015 年柬埔寨人口约 1560 万。人口密度为每平方千米 86 人。城市人口约占总人口的 20%,农村人口约占 80%。

民　族　有 20 多个民族。高棉族人口最多,约占总人口的 85%。人口较多的民族还有华族、占族、卜农族、老族、泰族、马来族、斯丁族、越族等。

语　言　高棉语和法语是柬埔寨的官方语言。

宗　教　小乘佛教是国教。高棉族人绝大部分信奉小乘佛教。占族人大多数信奉伊斯兰教。

资源物产

柬埔寨矿产资源主要有金、磷酸盐、宝石和石油。土地肥沃,盛产稻谷、橡胶、胡椒、糖棕、腰果、烟草及各种热带水果。橡胶是主要出口产品。所产林木 200 余种,柚木、铁木、紫檀、黑檀、白卯、观丹木等热带林木较为有名。渔业资源丰富,洞里萨湖是东南亚最大的天然淡水渔场。西南沿海渔场经济鱼类也较多。近年来,因生态环境失衡和过度捕捞,水产资源减少。

国体政体

国　体　柬埔寨是君主立宪制国家。实行民主多党制。立法、行政、司法三权分立。国王是终身国家元首、国家军队最高司令、国家统一和延续的象征,有权宣布大赦，根据首相的提议并征得国民议会主席同意后宣布解散国民议会。

议 会 由国民议会和参议院组成。国民议会是国家最高权力机关和立法机关，每届任期5年。2013年9月，本届国会由大选中获得过半选票的人民党成立，救国党拒绝承认大选结果。经过两党努力，2014年8月5日，反对党和救国党55名议员进入王宫，向国王宣誓就职，至此，结束长达10个月的抵制国会行动，国会工作进入正轨。参议院是国家立法机关，有权审议国会通过的法案，每届任期6年。本届参议院成立于2012年3月24日，由61名参议员组成。

政 府 设有首相府、农业部、商业部、工业部、文化部、内政部、国防部、教育部、外交部、财经部、计划部、旅游部等部门。本届政府于2013年9月成立。

司 法 法院为司法机关，分初级法院、中级法院和最高法院三级。各级法院设检察官，行使检察职能。

党 派 主要有柬埔寨人民党、柬埔寨救国党、奉辛比克党等。2012年大选时有8个政党参选。

国家元首和政府首脑

国 王 诺罗敦·西哈莫尼，2004年10月29日登基。

首 相 洪森，2013年9月当选连任。

行政区划

一级行政区划 柬埔寨从2014年起分为24个省和1个直辖市。各省分别是：马德望省、贡布省、干丹省、磅湛省、磅清扬省、磅士卑省、磅同省、桔井省、波罗勉省、班迭棉芷省、暹粒省、上丁省、茶胶省、柴桢省、蒙多基里省、柏威夏省、国公省、奥多棉芷省、菩萨省、腊塔纳基里、西哈努克省、白马省、拜林省和特本克蒙省。直辖市为金边市。

主要城市 首都金边市，位于柬埔寨南部，湄公河西岸，面积290平方千米，人口120万，是全国政治、经济、文化中心。其他重要城市有暹粒、西哈努克、白马、马德望等。

经 济

国内生产总值 2015年柬埔寨国内生产总值749320亿瑞尔，约合185.02亿美元，比上年增长6.9%；人均国内生产总值1228美元，增长9.4%。

产 业 2015年，柬埔寨农林渔牧业增长1%，占GDP比重为29%，主要农产品有稻米、橡胶、玉米、木薯等。工业增长8.7%，占GDP比重为26.2%，主要行业是出口导向的成衣服装业。服务业增长9%，占GDP比重39.4%，旅游相关产业为主导产业。

财 政 2015年预算执行收入118125.3亿瑞尔，约合29.16亿美元，比上年增长12.1%，占GDP的15.76%；预算执行支出156995.29亿瑞尔，约合38.76亿美元，增长10.8%；财政赤字38869.99亿瑞尔，约合9.6亿美元，占GDP的5.19%。

金 融 2015年瑞尔与美元的汇率继续保持稳定，年平均汇率为4050∶1。年末官方外汇储备49.26亿美元，比上年增长14.77%；通货膨胀率为3%。

进出口贸易 2015年柬埔寨对外贸易总额205.34亿美元，比上年增长12.6%。其中：出口89.9亿美元，增长16.7%；进口115.44亿美元，增长9.6%。主要出口产品为服装、鞋类、大米、橡胶和木薯等，其中：服装鞋类出口71.7亿美元，增长18%，出口占比接近八成；大米出口54.48万吨，比上年增长48.1%；橡胶出口12.87万吨，增长31.6%；木薯出口36.4万吨，增长29.1%。主要进口产品为服装原材料、建材、汽车、燃油、机械、食品、饮料、药品和化妆品等。主要贸易伙伴为美国、欧盟、中国、日本、韩国、泰国、越南和马来西亚等。2015年中柬双边贸易额为44.3亿美元，增长17.95%。其中：柬埔寨向中国出口6.65亿美元，增长38.08%；自中国进口37.65亿美元，增长14.98%。

投 资 2015年投资总额46亿美元，比上年增长18%。其中：国内投资31.87亿美元，占投资总额的69.28%；外国投资14.13亿美元，占30.72%。农业领域投资额4.82亿美元，比上年增长81.89%；工业领域投资额9.19亿美元，下降67.59%；旅游领域投资额1.12亿美元，下降76.67%；基础设施建设领域投资额31.3亿美元，增长784.18%。排名前五位的外资来源国为：中国（占投资总额的18.62%）、英国（占投资总

柬埔寨贡布省典型的法式建筑 （百度网）

额的3%)、新加坡(占投资总额的2.18%)、越南(占投资总额的1.92%)、马来西亚(占投资总额的1.61%)。至2015年1月,柬埔寨政府已撤消71家开发公司,收回65.7万公顷未按法律和合同规定进行开发的经济特许地。2015年起与政府新签的特许地租赁期从原来的99年缩短到50年。

交通通信

铁路交通　柬埔寨有两条窄轨铁路。一条由金边经马德望省通往柬泰边界的波贝,与泰国境内铁路连接,全长385千米;另一条从金边通往西哈努克港,全长270千米。这两条铁路由于年久失修,运输能力有待提高。

公路交通　截至2014年底,柬埔寨已建成道路48841千米,其中一级国道2262千米、二级国道3360千米、省级道路6641千米和村公路36578千米。公路网以首都金边为中心向四面辐射。通往柬越边界的国道为:1号、2号、3号、8号、21号、72号、74号和78号;通往泰国的国道为:5号、48号、57号、62号、67号和68号;通往老挝的国道为7号;4号公路通往西哈努克港。柬埔寨现有14座跨河及跨海大桥。全国拥有汽车30万多辆。

水　运　以湄公河、洞里萨湖的航运为主。流经金边的湄公河,向北可通航老挝、泰国,向南经越南出海。有西哈努克港、金边港两个国际港口。西哈努克港是主要对外海港,可以停靠万吨级远洋货轮。金边港是最大的内河港口。

民用航空　柬埔寨主要航空公司有暹粒航空公司和吴哥航空公司。主要民用机场有金边国际机场(原名波成东机场)和吴哥机场(原名暹粒机场)。此外,西哈努克市、马德望省、腊塔那基里省、蒙多基里省、上丁省和国公省也建有简易机场。

电　信　2013年,全国有2家固定电话公司和8家移动通信公司。移动电话用户2000万户,固定电话用户42万户,网络用户386万户。

教　育

2013年,柬埔寨有幼儿园5807所(其中公立3184所,私立403所,社区幼儿园2220所),3~4岁儿童入学率20.5%,5岁儿童入学率59.9%;小学7236所,学生207.38万人;初中1239所,学生53.86万人;高中531所,学生26.63万人;高等教育学校105所(其中公立39所,私立66所),在校大学生25.37万人。

传　媒

柬埔寨发行量较大的报纸有:《柬埔寨之光报》(柬文,日报),《人民报》(人民党党报,柬文),《和平岛报》(柬文,日报),《柬埔寨日报》(英文、柬文),《金边邮报》(英文,双周报),《柬埔寨时报》(英文、柬文,周报),《高棉时报》(英文、柬文)等。影响较大的中文报纸有《华商日报》《柬华日报》《金边晚报》和《星洲日报》;较有影响的英文报刊有3家,法文报刊1家。

柬新社(AKP)为官方通讯社,成立于1980年。全国有广播电台69家,其中FM103台属国家广播电台,每天播音18小时。国家电视台(TVK)建于1984年,以播出柬语节目为主。

医疗卫生

自20世纪80年代以来,柬埔寨政府采取措施逐步建立医疗体系,城镇医疗条件略有改善,各类流行疾病的防治工作也取得进展,发病率有所下降。

历　史

柬埔寨是历史悠久的文明古国。建国于公元1世纪。在古代,历经扶南、真腊两个时期,其中9世纪至15世纪初叶的吴哥王朝国力强盛,创造了举世闻名的吴哥文明。从16世纪末叶开始,真腊走向衰落。至18世纪末,基本处于强邻暹罗的控制之下,成为暹罗的属国。

1863年8月,法国采取炮舰政策,强迫柬埔寨签订不平等的《法柬条约》,柬埔寨沦为法国的保护国。1884年6月,法国以逼宫方式获得柬埔寨的全部政治权利,柬埔寨沦为法国的殖民地。1940~1945年,柬埔寨被日本占领。日本战败后,法国重新控制柬埔寨。

1953年11月9日,柬埔寨获得独立。独立后的柬埔寨奉行积极的中立政策,经济发展迅速,成为当时东南亚较富庶的国家。

1970年3月18日,朗诺—施里玛达集团在美国支持下发动政变,推翻西哈努克亲王领导的王国政府,建立高棉共和国。同年3月23日,西哈努克亲王在中国北京宣布成立柬埔寨民族统一阵线;5月5日,成立以宾努亲王为首相、乔森潘为副首相的柬埔寨王国民族团结政府,致力于打倒朗诺政权。1975年4月17日,红色高棉攻占金边,高棉共和国垮台。

1976年1月,柬埔寨王国民族团结政府颁布新宪法,改国名为民主柬埔寨。民主柬埔寨政府大力推行合作社,取消货币,禁止商品交换,在对外事务方面,也执行一系列不适合国情的路线、政策。

1978年12月25日,越南出兵柬埔寨,扶持以韩桑林为首的金边政权。1982年7月,西哈努克亲王、乔森潘、宋双三派抵抗力量实现联合,组成民主柬埔寨联合政府。柬埔寨境内出现两个政权并立的局面。

1990年9月,柬埔寨抵抗力量三方同金边政权的代表在印度尼西亚雅加达会晤,宣布组成柬埔寨全国最高委员会。1991年10月23日,柬埔寨问题国际会议在法国巴黎举行,与会各方签署《柬埔寨冲突全面政治解决协定》。1993年5月23~28日,柬埔寨在联合国的监督下举行制宪会议大选。大选后，组成柬埔寨王国联合政府，恢复柬埔寨国名、国旗和国歌，恢复君主立宪制度，建立民主多党的政治制度和开放的市场经济制度，诺罗敦·西哈努克重新登上王位。

2004 年 10 月 29 日，诺罗敦·西哈莫尼登基，接替诺罗敦·西哈努克成为柬埔寨国王。

柬埔寨于1999年4月30日加入东南亚国家联盟。

（梁　薇）

印度尼西亚

国　名

印度尼西亚共和国（The Republic of Indonesia），简称印度尼西亚或印尼。素有万岛之国、千岛之国、水中岛国、赤道翡翠、火山之国等别称。

国　旗

印度尼西亚国旗旗面由上红下白两个相等的横长方形构成，长宽比为 3:2。红色象征勇敢和正义，还象征印度尼西亚独立以后的繁荣昌盛；白色象征自由、公正、纯洁，还表达印度尼西亚人民反对侵略、爱好和平的美好愿望。

地　理

位　置　印度尼西亚位于亚洲东南部。国土横跨赤道。地处北纬 6°至南纬 11°、东经 141°～95°之间。

面　积　陆地国土面积 190.44 万平方千米，居东南亚国家首位。

疆界和邻国　疆域辽阔，东西跨度 5300 千米，南北跨度 2100 千米。与其接壤的国家有巴布亚新几内亚、东帝汶、马来西亚，陆地边界线总长 2830 千米。隔海相望的国家有澳大利亚、新加坡、泰国、中国、菲律宾等。

地形地貌　国土由 17508 个岛屿组成。岛屿较为分散，主要有加里曼丹岛、苏门答腊岛、伊里安岛、苏拉威西岛和爪哇岛。各岛内多崎岖山地和丘陵，沿海有狭长的平原和沼泽，并有浅海和珊瑚礁环绕。加里曼丹岛，山地从中部向四面伸展，沿海平原广阔，南部多沼泽。苏门答腊岛，山脉自西北向东南斜贯，山脉东北侧为丘陵和较宽阔的沿海冲积平原，平原东部多沼泽。苏拉威西岛，大多为山地，沿海有狭窄平原。爪哇岛，北部是平原，南部是熔岩高原和山地，山间有宽广的盆地。伊里安岛，西部高山横亘，有全国最高峰查亚峰，海拔 5030 米；南部平原较宽广。由于地处亚欧大陆与太平洋板块的接触带，火山活跃，地震频繁。境内有火山 400 多座，其中活火山 120 多座，约占世界活火山总数的 1/6。爪哇岛火山最多，地震最为频繁。

江河湖泊　河流众多，水量丰沛，但都比较短小。较大的河流有爪哇岛的梭罗河和加里曼丹岛的巴里托河、卡普阿斯河、马哈坎河，其中卡普阿斯河全长 998 千米。较大的湖泊有多巴湖、马宁焦湖、车卡拉湖、坦佩湖、托武帝湖、帕尼艾湖等，其中苏门答腊岛的多巴湖为全国第一大湖。

海岸海岛　海岸线约 8.1 万千米。岛屿之间构成许多海峡与内海，主要有巽他海峡、马六甲海峡、龙目海峡和爪哇海、苏拉威西海、弗洛勒斯海、阿拉弗拉海、班达海等。内海中，除爪哇海、阿拉弗拉海为浅海外，其余多为深海，其中班达海最深处达 7000 多米。海中珊瑚礁分布甚广，总面积 2 万平方千米。主要群岛有大巽他群岛、努沙登加拉群岛（又称小巽他群岛）、马鲁古群岛和伊里安查雅群岛。

气　候　大部分地区属热带雨林气候（努沙登加拉群岛上的平原、谷地属热带草原气候），终年高温多雨，湿度大。年平均气温 25℃～27℃，温差很小，无寒暑季节变化。年平均降水量在 2000 毫米以上。爪哇岛是世界上雷雨最多的地区，有“雷都”之称。每年分旱、雨两季，一般 4～9 月为旱季，10 月至次年 3 月为雨季，但各地不完全一致。

风景名胜　首都雅加达有雅加达博物馆、印度尼西亚缩影公园、茂物大植物园、查雅安佐尔寻梦公园、拉古南动物园、波格尔植物园、独立纪念碑、独立广场等景区景点。日惹有婆罗浮屠佛塔、普兰班南寺庙群、日惹苏丹王宫、恩藏高原等景区景点。巴厘岛有古打海滩、海神庙、金巴兰海滩、努瓦角海滩、爬行动物公园等景区景点。此外，还有北苏门答腊的多巴湖及湖心岛，西伊里安的查业维查亚山，小班他群岛，爪哇的苏腊卡尔塔、喀拉喀托火山、乌绒库伦自然保护区、三宝垄、巴淡岛等景区景点。

国　民

人　口　2015 年印度尼西亚人口 2.55 亿，是世界第四人口大国。人口分布极不均衡，绝大多数居住在 5 个主要岛屿和 30 个较小的群岛上。全国人口密度为每平方千米124.88人(2013年)。人口自然增长率19‰。

民　族　有100多个民族。人口较多的民族是爪哇族、巽他族、马都拉族和马来族,其中爪哇族、巽他族分别占总人口的45%和14%,马都拉族和马来族各占7.5%。

语　言　各民族语言有200多种。官方语言为印尼语。通用英语。

宗　教　国民中,约87%信奉伊斯兰教,是世界上穆斯林人口最多的国家;6.1%信奉基督教新教;3.6%信奉天主教;2%信奉印度教;1%信奉佛教。

资源物产

印度尼西亚的石油和锡在世界上占有重要地位,是东南亚石油储量和产量最大的国家。石油储量97亿桶,已探明的天然气储量为4.8万亿~5.1万亿立方米。非油气资源锡、煤、镍、金、银等矿产产量居世界各国前列。其中:煤炭资源潜在储量900亿吨,探明储量193亿吨;镍矿资源储量13亿吨,探明储量6亿吨;铜矿资源储量6600万吨,探明储量4100万吨;锡矿资源储量146万吨,探明储量46万吨。

森林面积1.2亿公顷,其中永久林区1.12亿公顷,可转换林区80万公顷。森林覆盖率67.8%。动植物种类繁多,其中包括苏门答腊虎、象、犀牛、巨蜥、黑猴、人猿、天堂鸟、袋貂、袋鼠、食火鸡、鹦鹉、鹿、倭水牛等珍稀物种。盛产各种香料、热带林木及热带经济作物。胡椒、木棉、金鸡纳霜产量居世界各国首位,天然橡胶、棕榈油产量居世界第二位,丁香、椰子、咖啡等产量居世界前列。加里曼丹和苏门答腊的铁木,努沙登加拉的檀木,爪哇和苏拉威西的乌木、柚木驰名于世。海域、江河、湖泊盛产鱼类、贝类、海参、珍珠等。

国体政体

国　体　印度尼西亚是单一的共和制国家。立法、行政、司法三权分立。实行总统内阁制。总统任期5年。自2004年起,总统和副总统由人民直选产生。总统任命内阁,但需征得国会同意。

人民协商会议　国家最高权力机构。由人民代表会议和地方代表理事会共同组成。负责制定、修改和颁布宪法及国家大政方针,并对总统进行监督。本届人民协商会议于2014年7月9日产生,成员692名(国会议员560名,地方代表理事会议员132名)。

人民代表会议　即国会。国家立法机构。行使除修宪和制定国家大政方针之外的一般立法权。人民代表会议无权解除总统职务,总统也不能宣布解散人民代表会议;但如总统违反宪法,人民代表会议有权建议人民协商会议追究总统责任。本届人民代表会议于2014年10月20日选举产生560名新国会议员兼任人协成员,任期5年。设议长1名,副议长4名。

政　府　设有政治法律安全统筹部、经济统筹部、人民福利统筹部、内政部、外交部、国防部、司法与人权部、财政部、能源和矿产资源部、工业部、贸易部、农业部、林业部、交通部、海洋和渔业部、劳工和移民部、公共工程部、卫生部、国民教育部、社会部、宗教部、文化旅游国务部、研究技术国务部、合作社与中小企业国务部、环境国务部、妇女事务国务部、提高国家机构效率国务部、落后地区发展国务部、国家建设规划国务部、国营企业国务部、通信和信息国务部、人民住房国务部、青年和体育国务部等部门。本届内阁于2014年10月20日组成,有阁员34人。

司　法　司法机关为最高法院和最高检察院,均独立于立法和行政机关之外。最高法院正副院长由人民代表会议提名,总统任命。最高检察长由总统任免。

党　派　党派众多,主要有专业集团党、斗争民主党、建设团结党、民主党、民族觉醒党、国民使命党、福利公正党等。

国家元首和政府首脑

总　统　佐科·维多多,2014年7月当选,任期至2019年。

人民协商会议主席　西达尔托,2014年10月当选。

人民代表会议议长　塞特亚·诺凡多,2014年10月1日当选。

地方代表理事会主席　艾迪勒·费特里夏赫,2014年10月1日当选。

行政区划

一级行政区　印度尼西亚划分为2个地方特区、30个省和一个首都特区,分别是雅加达首都特区和日惹、亚齐达鲁萨兰地方特区,以及北苏门答腊、西苏门答腊、廖内、占碑、南苏门答腊、明古鲁、楠榜、西爪哇、中爪哇、东爪哇、巴厘、西努沙登加拉、东努沙登加拉、北马鲁古、南马鲁古、巴布亚、北苏拉威西、中苏拉威西、东南苏拉威西、南苏拉威西、东伊里安查亚、中伊里安查亚、西伊里安查亚、邦加—勿里洞、万丹、哥伦打洛、东加里曼丹、中加里曼丹、南加里曼丹、西加里曼丹等省。

主要城市　首都雅加达,别称“椰城”,位于爪哇岛西部,面积650.4平方千米,人口958.8万,是全国政治、经济、文化中心。其他重要城市有泗水、万隆、棉兰、三宝垄、日惹等。

经　济

国内生产总值　2015年印度尼西亚国内生产总值(GDP)11540.8万亿印尼盾,名义GDP为8617.70亿美元,比上年减少3.12%。人均国内生产总值3377

美元。

产　业　农业以种植业为主，是世界主要热带经济作物生产国。全国耕地面积8000万公顷，2015年稻谷产量7490万吨，玉米产量1300万吨，大豆产量98万吨；2014年棕榈油产量3350万吨，橡胶产量316万吨，咖啡产量5.4万吨，可可产量150万吨。

采矿业为工业支柱产业，2011年全国采矿业创收108.22兆印尼盾（约合117.9亿美元），其中石油、天然气开采占主导地位。

服务业在国民经济中的比重逐年提高。全国约有1.2万家小型超市。旅游业是印尼第三大外汇来源。2015年全国接待外国游客1001.7万人次，比上年增长5.81%。

外国投资　2015年印尼实际利用外资420亿美元。主要投资来源国为中国、新加坡、日本、美国、韩国等。

财　政　2014年财政收入1537.6万亿印尼盾，支出1764.6万亿印尼盾。

金　融　货币名称为印尼盾。2014年，印尼外汇储备1118.63亿美元。2012年银行业总资产4211万亿盾，2011年贷款总额2011万亿盾。呆账率1.53%。2003年9月，印尼央行正式加入国际清算银行。

进出口贸易　对外贸易在国民经济中占有重要地位。2015年进出口总额2929.9亿美元，比上年下降17.34%，贸易顺差75.2亿美元。其中：出口额1502.5亿美元，下降14.62%；进口额1427.4亿美元，下降19.89%。主要进口贸易伙伴是日本、中国、美国、新加坡、马来西亚等，主要出口贸易伙伴是中国、日本、新加坡、美国、泰国等。

交通通信

铁路交通　印度尼西亚铁路总长6458千米，75%在爪哇岛。其中，1～1.067米轨道5961千米（电气化线路125千米，复线250千米），0.75～1米轨道497千米。2009年旅客发送量2.07亿人次，货物发送量1892万吨。

公路交通　全国公路总长43.78万千米（2009年）。截至2014年初，高速公路里程近1000千米。公路客运量和货运量分别占全国运输总量的90%和50%。公路交通网集中在爪哇岛和苏门答腊岛。

水　运　全国水运航道21579千米，有各类港口670个，其中主要港口25个。雅加达丹绒不碌港是全国最大的国际港，年吞吐量约250万标准箱，泗水的丹绒佩拉港为第二大港，年吞吐量为204万标准箱。

民用航空　有民用机场196个，其中国际机场29个。雅加达附近的苏加诺—哈达机场为国内最大机场。截至2009年底，拥有各型号飞机737架。主要航空公司有鹰记、鸽记、狮航、曼达拉、辛巴迪等。

电　信　2014年全国有移动电话用户2.1亿户。

教　育

印度尼西亚实行九年义务教育制度。学制为小学6年，初中、高中各3年，大学3～7年。2009年全国有小学165752所，在校学生2990.1万人；初中高中50423所，在校学生1800多万人；大学3533所，在校学生479.2万人。著名大学有雅加达的印度尼西亚大学，日惹的加查马达大学，泗水的艾尔朗卡大学、泗水工学院、阿伊兰卡大学，万隆的班查查兰大学等。2012年教育预算开支286万亿印尼盾，占财政总预算的20.2%。2011年小学入学率97.58%，初中入学率87.78%，高中入学率57.85%，15岁以上人口文盲率7.19%。

传　媒

印度尼西亚有各类报刊3000多种。主要印尼文报纸有《罗盘报》《专业之声报》《印尼媒体报》《共和国日报》《革新之声报》《印尼商报》等，英文报纸有《雅加达邮报》《印尼观察家报》等，中文报纸有《星洲日报》《国际日报》《世界日报》《华文邮报》（中文和印尼文互译）、《商报》《新生日报》《千岛日报》等。

通讯社有国营的安塔拉通讯社和私营的印尼民族通讯社。有地方电视台54座，国家电视网络11个。其中影响较大的有印度尼西亚共和国电视台、教育电视台、美都电视台等。官办的印度尼西亚共和国电视台有13个分台，395个转播器覆盖印尼全境。主要广播电台有印度尼西亚共和国广播电台，各地方电台多

印度尼西亚巴厘海峡主要港口外南梦码头　（百度网）

达1800多个。

医疗卫生

2012年印度尼西亚卫生预算开支48万亿印尼盾。全国有医院1156所,妇产医院3426所,公共卫生中心8570个,卫生所23163个。婴儿死亡率为3.4%(2012年),人均预期寿命71.62岁。

科　技

印度尼西亚从事科技活动的主要是国家各部委的直属研究机构、非部级中央直属研究机构、各大学和国有企业以及私营企业的研究开发机构等。中央直属研究机构由总统直接领导,从事战略性、交叉和多学科的研究与开发,科技活动由研究与技术国务部部长统筹与协调;非部级中央直属研究机构有印度尼西亚科学院、国家核能机构、技术评价与应用署、国家航空航天研究机构等。全国拥有科技人员约5万。科技经费主要来自财政拨款。

历　史

印度尼西亚历史悠久。在古代长期处于封建割据状态,先后分为印度教王国、佛教王国两个时期。公元1世纪,佛教传入,印度尼西亚进入印度宗教文化影响时期。5世纪,出现最早的王国——加里曼丹东部的古戴王国和西爪哇的达鲁玛王国。7世纪,在苏门答腊的巨港出现强大的海上王国室利佛逝。13世纪末,拉登威查雅在爪哇建立强大的麻喏巴歇王国,统一印度尼西亚。自13世纪起,伊斯兰教逐步传入印度尼西亚。16世纪,伊斯兰教王国淡目灭掉麻喏巴歇,印度尼西亚进入伊斯兰王国鼎盛时期。

1511年,葡萄牙人为掠夺香料侵入印度尼西亚东部的马鲁古群岛。西班牙人也接踵而来。1596年,荷兰侵入。1602年,荷兰在印度尼西亚建立具有政府职能的东印度公司。1799年12月,荷属东印度公司宣布破产。1800年,殖民政府取而代之,通称“荷印政府”。1811~1816年,英国取代荷兰在印度尼西亚建立殖民政府。1816年后,荷兰逐渐恢复对印度尼西亚的殖民统治,至1903年征服亚齐,完全占有整个印度尼西亚。其间,印度尼西亚各地从未间断反抗荷兰的斗争,其中最著名的有1816~1818年马鲁古反荷起义、1825~1830年爪哇人民大起义、西苏门答腊反荷战争、1873~1903年亚齐战争等。

20世纪初,印度尼西亚出现民族觉醒运动。1927年,苏加诺等组建印度尼西亚民族联盟(1928年3月改名为印度尼西亚民族党),采取与荷兰不合作政策,争取民族独立。1942年,日本侵占印度尼西亚。1945年日本投降后,印度尼西亚爆发“八月革命”。

1945年8月17日,印度尼西亚共和国建立。1947年7月和1948年12月,荷军先后两次在印度尼西亚发动殖民战争。1949年11月,印荷双方签订《圆桌会议协定》,印度尼西亚成为联邦共和国,加入荷印联邦。1950年8月,统一的印度尼西亚共和国成立。同年8月27日,印度尼西亚加入联合国。

1954年8月,印度尼西亚宣布脱离荷印联邦。1950~1959年,印度尼西亚实行议会制;1959年起实行总统制。

印度尼西亚是东南亚国家联盟创始成员国。

(云　倩)

老　挝

国　名

老挝人民民主共和国(The Lao People's Democratic Republic),简称老挝。

国　旗

老挝国旗旗面中间平行长方形为蓝色,占旗地一半,上下为红色长方形,各占旗地的1/4。蓝色部分中间为白色圆轮,轮的直径为蓝色部分宽度的4/5。蓝色象征老挝民族热爱和平、康宁和独立的精神,红色象征革命烈士的鲜血,白色圆轮代表满月,象征老挝人民纯洁的爱国之心。

地　理

位　置　老挝地处中南半岛北部,北回归线以南,北纬13°54′~22°30′、东经100°05′~106°38′之间。

面　积　国土面积23.68万平方千米。

疆界和邻国　东邻越南,南接柬埔寨,西与泰国、缅甸交界,北同中国云南省接壤。边界线长5181千米。

地形地貌　东南亚唯一的内陆国。疆域南北长、东西窄,南北最长处1050千米,东西最宽处500千米,最窄处105千米。80%的国土为山地和高原,平原主要分布在万象以南的湄公河沿岸,地势北高南低,由西北向东南倾斜。北部海拔500～1500米，局部地区超过2000米，号称“印度支那屋脊”；大多为山地且起伏大，湄公河沿岸狭谷陡峻。有会芬高原、川圹高原、查尔平原、班班平原、康开谷地等，其中川圹高原海拔2000～2800米，为老挝最高地区。全国最高峰普比亚山，海拔2819米，屹立于川圹高原南部。中部、南部地区的东半部是长山山脉西坡的一系列中山和低山，地势和缓。山脉拥有一系列东西走向的山口和隘道，如骄诺山口、穆嘉关山口、老保山口等，为老挝与越南之间的交通要冲。山脉西侧南、北各有一片高原，北为甘蒙高原，海拔1000米，南为波罗芬高原，海拔300～1000米之间。中部、南部地区的西半部，即万象以南的湄公河沿岸，主要有万象平原、沙湾拿吉平原和巴色低地。

江　河　有流程在200千米以上的河流20多条。湄公河干流纵贯国境，在境内流长1898千米（其中老挝与缅甸界河段长234千米，老挝与泰国界河段长976.3千米），水流湍急，多险滩；南塔河、南乌江、南俄河、南吞河、宾非河、色贡河、宾汉河、色顿河、南卡定河、南坎河等13条支流，大多由东向西汇入干流。全国93%以上的地域属湄公河流域。

气　候　属热带亚热带季风气候区。各地年平均气温26℃，最凉月（12月）平均气温21℃左右，最热月（4月）平均气温29℃左右。最高气温可达40℃以上。高原地区最低气温可降至零下。分旱季（11月至次年4月）和雨季（5～10月）。近40年来，一般年份平均降雨量2000毫米，最少年份为1250毫米，最多年份达3750毫米。高原和高山地区降水较多，季节差别大。

风景名胜　首都万象市有塔銮、玉佛寺，琅勃拉邦省有国家博物馆、香通寺、迈佛寺、维春寺、光西瀑布，占巴塞省有孔埠瀑布和以瓦普神庙建筑群为主体的占巴塞文化景区。琅勃拉邦古城、占巴塞文化景区被联合国教科文组织列入世界文化遗产名录。

国　民

人　口　据2015年12月10日公布的老挝第四次人口普查结果，老挝全国总人口6472400人。人口平均密度为每平方千米27人。人口自然增长率约1.45%。人均预期寿命男性64岁，女性67岁。全国家庭总数增至120万户，家庭平均规模为5.3人。

民　族　按历史、语言、文化和地理分布状况，老挝有49个民族。实行各民族平等政策。

语　言　老挝民族分属老泰语族系、孟—高棉语族系、苗—瑶语族系、汉—藏语族系。官方语言是老挝语。部分国民也使用泰语、华语。老挝语和泰语大致可以交流。

宗　教　佛教是老挝的国教。佛教徒有440多万人，约占全国总人口的65%；寺庙5000多座，其中大乘佛教寺庙8座。信仰原始宗教的约120万人。基督教、天主教徒约12万人，教堂550多座。此外，还有部分穆斯林和巴莱教信徒。

资源物产

老挝的矿产资源主要有锡、铅、钾、铜、铁、金、石膏、煤、盐等。水力资源丰富，可开发装机容量1300万千瓦。老挝有49片国家级森林，总面积750万公顷。全国可耕地面积约78.7万公顷。主要农产品有稻谷、玉米、木薯、红薯、豆类、咖啡、烟叶、花生、水果、棉花等，咖啡出口量较大。

国体政体

国　体　老挝宪法规定：老挝人民民主共和国是人民民主国家，全部权力属于人民，各族人民在老挝人民革命党领导下行使当家作主的权力。

国　会　国家最高权力机构和立法机构，负责制定宪法和法律。

政　府　本届政府于2011年6月组成。设有18个部和3个直属机构。分别是：计划与投资部、外交部、公安部、国防部、教育和体育部、劳动社会福利部、公共工程与运输部、财政部、工业贸易部、新闻文化旅游部、农业与林业部、能源矿产部、卫生部、司法部、内务部、科技部、自然资源和环境部、邮电通信部，以及政府办公厅、国家监察署和国家银行。

司　法　最高人民法院为国家最高审判机关。最高人民检察院是国家最高检察机关。

老挝人民革命党　老挝人民民主共和国的执政党，也是老挝唯一的政党，成立于1955年，原名为老挝人民党，1972年在第二次代表大会上改为现名。2015年有基层党支部1.9万多个，党员24.6万人。本届（第九届）中央委员会于2011年3月产生，由61名中央委员组成。2014年5月老挝高官坠机事件后部分委员有所调整。中央委员会总书记朱马里·赛雅颂。

老挝建国阵线　老挝人民革命党领导下的民族统一战线组织。主席潘隆吉·冯萨，常务副主席董叶陶。

国家领导人

国家主席　朱马里·赛雅颂。2011年6月当选连任。

国会主席　巴妮·雅陶都（女）。2011年6月当选连任。

政府总理　通邢·塔马冯。2011年6月连任。

行政区划

一级行政区划　老挝划分为17个省、1个直辖市，分别是：丰沙里省、琅南塔省、波乔省、乌多姆塞省、琅勃拉邦省、华潘省、沙耶武里省、川圹省、万象省、波里坎赛省、甘蒙省、沙湾拿吉省、沙拉湾省、色公(公河)省、占巴塞省、阿速坡省、赛宋奔省,万象直辖市。

主要城市 首都万象市,位于中部万象平原南端、湄公河左岸,面积3920平方千米,2015年总人口84万,是全国政治、经济、文化中心,也是历史古城和佛教圣地。其他重要城市有琅勃拉邦、沙湾拿吉和巴色。

经 济

国内生产总值 2015年老挝国内生产总值102.32万亿吉普(约128亿美元),比上年增长7.5%。在经济结构中,农林业增长3%,占GDP的23.7%;工业增长8.9%,占GDP的29.1%;服务业增长9.1%,占GDP的39.8%。增长主要依靠水电和采矿驱动。2015年老挝人均GDP为1875美元。

产 业 农业在国民经济中仍占较大比重。2013财年农林业增加值20.21万亿基普。农林领域保持稳定增长。稻谷种植面积77.27万公顷,产量400万吨;甜玉米种植面积27.1万公顷,产量25.6万吨;薯类种植面积2.1万公顷,产量25.9万吨;蔬菜种植面积15.4万公顷,产量136.3万吨;果树种植面积4.1万公顷,水果产量75.8万吨。

工业主要有电力、采矿、有色金属冶炼、水泥、木材加工、服装、食品、制药等行业。2015年全国能源与矿产行业产值18.93万亿基普,占比12%。截至2015年12月,老挝建成发电站38座,总装机容量626.4万千瓦,年发电量333亿千瓦时。

2015年接待入境旅游者430万人次,比上年增长4%,旅游业收入6.12亿美元。全国有300多家旅游公司,其中100多家在万象。2013年,老挝万象有419家酒店,1788家宾馆和度假村,但只有3家五星级酒店。前三大游客来源国分别是:泰国、越南、中国。生态旅游参与者由上年的15%上升至20%。

财 政 2015年财政收入23.82万亿基普。预算收入25.82万亿基普(其中国内20.54万亿基普,外国援助5.28万亿基普),预算支出31万亿基普。预算赤字5.18万亿基普,占GDP的5.07%。

金 融 货币名称为基普。2015年头三季度通货膨胀率月均为1.3%,远低于上年同期4.62%的水平。全国有90%的商品需要进口,基普相对美元和泰铢升值导致通胀率下降。老挝通胀率虽低,但粮食、燃油等日常消费品价格仍较高。

进出口贸易 2015财年进出口总额80.05亿美元,比上年有所降低。其中:出口33.05亿美元,进口47亿美元。对外贸易逆差13.94亿美元。老挝与全球范围内50多个国家有贸易往来,2015年与15个国家有双边贸易协定。2015年老挝与东盟国家之间的贸易额45亿美元。

外国投资 2015年全国吸收外国投资44220亿基普,中国投资人在老挝投资60亿美元,在老挝的外国投资中排名第一。中国的合作和援助项目包括湄公河桥梁、琅勃拉邦国际机场、老挝国家体育馆、国家会议中心、党中央办公楼、灌溉系统、水电站和公路、铁路、卫星等。

交通通信

公路交通 老挝交通运输以公路运输为主。2015年全国公路总里程为51597千米,其中水泥路310千米,高级沥青路814千米。有8条国道(全长2850千米)作为与东盟国家联通的公路。2015年5月,缅老首座友谊大桥开通。至此,老挝已拥有10座跨湄公河大桥,其中跨国湄公河桥梁5座、国内跨湄公河桥梁5座。2013年,全国汽车保有量130万辆。

铁路交通 老挝第一条铁路全长3.5千米,于2008年2月20日同泰国铁路接轨,同年7月开始营运。2015年12月2日,老中铁路在万象市举行开工奠基仪式,该铁路总长427.2千米,预计耗资387亿元人民币(60.4亿美元)。

水 运 内河航道总长4600千米,其中湄公河老挝境内河段通航里程1600千米,是全国水运干道;除万象到沙湾拿吉河段可全年通航外,其余河段因水流湍急、多瀑布险滩,须分段航行。

民用航空 国营航空公司2012年6月获英国UKAS机构国际ISO9001:2008认证。国际机场有万象瓦岱机场、琅勃拉邦机场、沙湾那吉省色诺机场、丰沙里机场和巴色机场。瓦岱国际机场和琅勃拉邦机场改扩建已经完成,可起降和停靠波音747和空客320等大型飞

柬埔寨琅勃拉邦国际机场内景 (百度网)

机。现有万象—中国昆明、万象—中国南宁、万象—中国广州、万象—中国常州、万象—泰国曼谷、万象—越南河内、万象—柬埔寨金边等国际航线。2015 年 7 月 28 日正式开通云南昆明—西双版纳—老挝琅勃拉邦航线。

电 信 邮电通信部是老挝电信业的管理机关,负责电信政策的制定。电信产业运营商主要有 LTC 电信、ETL 电信、STAR 电信、Milicon 电信、SKY 电信。LTC 电信是老挝与泰国合资企业,主要从事移动和固网宽带数据通信业务的运营;ETL 电信是老挝国内唯一全资国有运营商,从事移动宽带和国家光纤专网的通信业务运营;STAR 电信是老挝与越南的合资企业,从事移动通信业务;Milicon 电信是私营企业,从事移动通信业务;SKY 电信是私营企业,从事移动通信和固网业务。2012 年 LTC 开通 4G 通信网络,是东盟地区继新加坡之后第二个开通 4G 网络的国家。

教 育

老挝普通国民教育为 12 年制,其中小学 6 年,初中、高中各 3 年。2014 年,全国有幼儿园 1802 所(私营 293 所),小学 8927 所,中学 1494 所,大学 5 所。老挝国立大学是老挝最高学府,2012 年毕业生 7794 人。另有专科院校 133 所(私营 73 所),师范学校 11 所,职业学校 134 所(私营 73 所)。老挝政府鼓励发展私立学校。从 2012 学年起开办私立大专学院,设本科课程并培养学士。国立和私立学院可开设 40 个准学士(大专)教学专业,512 个学士学位专业,57 个硕士学位专业,3 个博士学位专业。2012 ~ 2013 年老挝教育部针对职业教育与培训进行资助和扶持后,职业教育入学率上升 11.3%,其中女性学员占 1/3。老挝国内人口识字率达到 70% ~ 80%,属于中等水平,但是国内人口受教育程度多数在中等教育阶段或以下,仅有 17% 的人能够进入高等教育阶段学习,初级教育辍学率 30%,教育经费支出占 GDP 比重仅 3% 左右。老挝已宣布普及小学教育,有 1 个省和 42 个县宣布普及初中教育,全国 98.78% 的村庄有小学。

传 媒

主要老挝文报纸有《人民报》(老挝人民革命党中央机关报)、《万象时报》《新万象报》《人民军报》《青年报》等。外文报刊有英文报《万象时报》《KPL 新闻》和法文刊物《革新周刊》。巴特寮通讯社是官方通讯社。出版老挝文《巴特寮》日报。这些报纸的电子媒体发展迅速。大部分传媒由政府资金赞助。2000 年开始出现私人刊物,现有 62 家双周刊、周刊和月刊,其内容主要集中在文化和娱乐方面,如《老挝文化》《老挝探索者》《目标》等。

2014 年,老挝有广播电台 63 家,其中中央 11 家,省级 19 家,县级 33 家。老挝国家广播电台对内用老挝语广播,对外用越、柬、法、英、泰等 5 种语言广播。电视台有老挝国家电视台、老挝卫视和各省(直辖市)电视台。2008 年 4 月,老挝成立第一家民营电视台——老挝之星频道,主要介绍老挝文化和教育,属老挝民族艺术和文化促进俱乐部所有。

越南、法国和中国在老挝设有广播电台转播站。

医疗卫生

2014 年年底,老挝有公立医院 153 所,其中中央公立医院 5 所,省级医院 12 所,区域医院 4 所,县级医院 129 所和医疗中心 3 所。卫生所 892 所,私人诊所 1133 所。全国有病床 9950 张。老挝已建立农村卫生站 993 所,村药箱 5000 多个,在 102 个县设立贫困者健康基金,在 7 个省实行免费接生政策。社会保障系统每年仅能支付 85000 基普给每家合同医院。2015 年,老挝社会保障覆盖率为 30%。

科 技

2015 年 4 月 1 日正式启动实施由中国云南师范大学与老挝科技部可再生能源与新材料研究院共同承建的中国国家科技部国际科技合作专项“中国—老挝可再生能源联合实验室共建项目”。

“老挝一号”通信卫星于 2015 年 11 月 21 日 0 时 7 分在中国西昌卫星发射中心发射升空并顺利进入东经 125.5 度预定转移轨道。该卫星造价 2.6 亿美元,是中国向东盟国家出口的首颗卫星,为老挝提供卫星电视直播、无线宽带接入以及国际通信等服务。

历 史

老挝有悠久的历史。从公元 1 世纪到 14 世纪中叶,在今老挝疆域内曾先后出现过 3 个古国,即科达蒙、文单(或称陆真腊)和澜沧(亦译南掌,意为万象之邦)。1353 年,孟骚(今琅勃拉邦,澜沧的政治中心)的统治者法昂统一今老挝全境,建立澜沧王国,形成老挝历史上第一个多民族的封建国家。

18 世纪初叶,澜沧王国解体,分裂成为琅勃拉邦、万象、川圹、占巴塞等 4 个王国。从 18 世纪末叶到 19 世纪中叶,这些王国相继为暹罗所统治。1893 年,老挝成为法国保护国,法国取代暹罗的统治。1907 年,法国、暹罗签订《法暹条约》,规定老挝边界。1940 年 9 月,老挝被日本占领。

1945 年 8 月日本投降后,老挝开展独立运动,建立以佩差拉亲王为首的政府,并于 10 月 12 日宣布独立。

1946 年,法国再次入侵。1954 年 7 月,根据关于恢复印度支那和平的日内瓦协议,法国开始从老挝撤军。不久,美国入侵。1962 年,老挝成立以富马亲王为首相、苏发努冯亲王为副首相的联合政府。1964年，美国支持亲美势力破坏联合政府，进攻解放区。

1973年2月，老挝各方签署关于在老挝恢复和平与民族和睦的协定。1974年4月，成立以富马为首相的新联合政府和以苏发努冯为主席的政治联合委员会。

1975年12月，老挝人民民主共和国成立，宣布废除君主制。

1997年7月，老挝加入东南亚国家联盟。

（杨梦平）

马来西亚

国 名

马来西亚联邦（Union of Malaysia），简称马来西亚。

国 旗

马来西亚国旗呈横长方形，长宽比为2∶1。主体部分由14道红白相间、宽度相等的横条组成。左上方有一深蓝色的长方形，上有一弯黄色新月和一颗14个尖角的黄色星。14道红白横条和14角星象征马来西亚的13个州和联邦政府。蓝色象征人民的团结，黄色象征王室，新月象征马来西亚的国教伊斯兰教。

地 理

位 置　马来西亚位于北纬1°～7°、东经97°～120°之间。国土被南中国海分隔成东、西两部分。西马位于马来半岛南部，东临南中国海，西濒马六甲海峡；东马位于加里曼丹岛北部。

面 积　陆地国土面积33.04万平方千米。

疆界和邻国　陆上疆界2669千米。西马北与泰国接壤，南与新加坡隔柔佛海峡相望。东马则与印度尼西亚、菲律宾、文莱相邻。

地形地貌　西马地势南低北高，东西两侧沿岸为冲积平原，中部为山地。大汉山海拔2185米，为西马最高峰。东马沙巴州西部为沿海平原，内部为山地，克罗克山脉纵贯南北，其主峰基纳巴卢山海拔4101米，为全国最高峰，也是东南亚地区最高峰。沙捞越州沿海为冲积平原，内地为丘陵和山地。

江 河　境内河流密布，但大河很少。位于东马的拉让河是全国第一大河，卢帕河是全国最宽的河流。

海岸海岛　海岸线曲折，总长4192千米。西马西南部是著名的马六甲海峡，水道狭长，是连接太平洋与印度洋之间的重要海上通道。岛屿众多，有1007个岛屿，但大部分面积较小。著名岛屿有兰卡威岛、刁曼岛、乐浪岛、邦咯岛等。

气 候　属热带海洋性气候。内地山区年均气温22℃～28℃，沿海平原25℃～30℃。马来半岛西岸每年9～12月为雨季，西马东岸、沙巴、沙捞越等地雨季为每年10月至翌年2月。

风景名胜　吉隆坡市内主要景点有世界著名的高楼——双峰塔、苏丹亚都沙末大厦、独立广场、苏丹王宫、国家清真寺、杰姆清真寺、湖滨公园、胡姬花公园、国家博物馆、国家动物馆、天后宫、黑风洞等。槟城有圣乔治教堂、康华利斯堡、大会堂、钟楼、龙山堂、极乐寺、蛇庙、郑和庙、卧佛寺、马里安曼寺、雅哲清真寺、甲必丹武吉清真寺等。马六甲有荷兰红屋、三保山、三保庙、三保井、圣保罗教堂、古城门、葡萄牙村、马六甲文化博物馆等。沙捞越姆禄国家公园、沙巴京那巴鲁国家公园被列为世界自然遗产；马六甲和乔治市等马六甲海峡的历史城市、玲珑谷地的考古遗址被列为世界文化遗产。此外，还有兰卡威岛、刁曼岛、乐浪岛、邦咯岛、大汉山国家公园、京那巴鲁公园、尼亚国家公园、姆鲁国家公园、金马伦高原、云顶高原等旅游景区。

国 民

人 口　2015年，马来西亚人口3065.12万，人口平均密度为每平方千米93人。

民 族　有30多个民族。马来人、华人、印度人人口较多，分别占总人口的67.4%、24.6%和7.3%。少数民族主要有尼格列多族（又称矮黑人）、塞诺伊族、原古马来族、海达雅克族（又称伊班族）、陆达雅克族（又称比达育族）、米兰诺族、卡达山族、穆鲁特族、巴查乌族、印度尼西亚族等。

语 言　马来语为国语，通用英语，华语使用也较广泛。

宗 教　国民信奉的宗教主要有伊斯兰教、佛教、印度教和基督教等。伊斯兰教为国教。

资源物产

马来西亚自然资源丰富。锡矿品位高，储藏量居世界各国第二位。沿海蕴藏着丰富的石油和天然气，石油储藏量5.45亿吨，天然气储量2.35万亿立方米（截至2012年1月探明）。铁矿品位较高，含铁量超过50%，储藏量1亿多吨。此外，还有铜、金、钨、煤、铝土、锰等矿产。

动植物种类繁多,被列为世界12个最大生物多样化国家之一。森林覆盖率在75%以上,盛产热带硬木。是橡胶、油棕、胡椒、可可、椰子等热带经济作物的重要产地,橡胶、棕油、胡椒的产量和出口量居世界前列,其中棕油产量居世界首位。

国体政体

政 体 马来西亚政体为君主立宪联邦制。最高元首和州的苏丹分别是国家和州的立宪君主。宪法规定,马来西亚设最高元首作为国家权力即君主的象征。最高元首还是伊斯兰教领袖兼武装部队统帅。正、副最高元首由统治者会议从9个世袭苏丹中轮流选举产生,任期5年,轮流执政,不能连任。

统治者会议 由柔佛、彭亨、雪兰莪、森美兰、霹雳、丁加奴、吉兰丹、吉打、玻璃市9个州的世袭苏丹和马六甲、槟州、沙捞越、沙巴4个州的州元首组成,其职能是在9个世袭苏丹中轮流选举产生最高元首和副最高元首(4个州的州长没有选举权和被选举权),并对国家的政策、法律和宗教问题进行审议。

联邦议会 也称国会,是国家最高立法机构。由上议院(参议院)和下议院(众议院)组成。上议院议员任期3年,有70个议席;下议院议员任期5年,有222个议席。本届国会于2013年5月全国大选后组成。

内 阁 联邦政府采用责任内阁制,内阁是马来西亚最高行政机关,由选举中得票占半数以上的政党组成。政府首脑为总理,由最高元首任命。本届内阁于2015年7月28日进行改组,设有24个部门。

各州国家机关 各州设有州政府,享有内政独立的自主权。君主立宪制原则适用于9个有世袭苏丹的州。槟榔屿州、马六甲州、沙巴州、沙捞越州等4州州长由联邦政府任命。

司法机关 最高司法机关为联邦法院。西马、东马分别设有马来亚高级法院和婆罗洲高级法院。各州设有地方法院和推事庭。此外,还有特别军事法庭、伊斯兰教法庭和审理苏丹刑事、民事案件的特别法庭。

政 党 马来西亚注册政党有40多个,多党联盟执政一直是马来西亚政党政治的特点。现执政的国民阵线由马来民族统一机构(又称巫统)、马来西亚华人公会、马来西亚印度人国大党、人民运动党、马来西亚人民进步党、沙捞越土著保守统一党、沙捞越人民联合党、沙捞越国民党、沙捞越达雅克族党、沙巴自由民主党、沙巴人民团结党、沙巴民主党、沙巴团结党等13个政党组成。其他政党均为反对党,主要有人民公正党、伊斯兰教党、民主行动党等。2008年4月,反对党人民公正党、民主行动党和伊斯兰教党联合组成人民联盟。2015年6月16日,伊斯兰党和民主行动党断交,人民联盟分裂。2015年9月22日,反对党人民公正党、民主行动党和国家诚信党组成新联盟——希望联盟。

国家元首和政府首脑

最高元首 阿卜杜勒·哈利姆·穆阿扎姆·沙阿,2011年12月13日当选最高元首,2012年4月11日登基。

政府总理 达图·斯里·纳吉布·敦·拉扎克,2013年5月6日连任,为马来西亚第七任总理。是国民阵线主席、巫统主席。

行政区划

一级行政区 马来西亚行政区划为13个州和3个直辖区。其中包括西马的柔佛州、吉打州、吉兰丹州、马六甲州、森美兰州、彭亨州、槟榔屿州、霹雳州、玻璃市州、雪兰莪州、丁加奴州、吉隆坡直辖区和布特拉加亚直辖区,东马的沙巴州、沙捞越州和纳闽联邦直辖区。

主要城市 首都吉隆坡,位于马来半岛南部,西濒马六甲海峡,面积243.65平方千米,人口约172.5万,是全国政治、经济、文化、交通中心。其他重要城市有马六甲、槟城、古晋、怡保、新山、巴生、山打根等。

经 济

国内生产总值 2015年马来西亚国内生产总值11568.81亿林吉特,比上年增长5%。人均国内生产总值11581美元。

产 业 农业以种植业为主,渔业也有一定规模。2014年农业从业人员167.7万,产值582.5亿林吉特。工业主要有电子、汽车、钢铁、石油化工、纺织和采矿等行业,从业人员912万,产值2055.3亿林吉特。制造业发展较快,在国民经济中占有重要地位。服务业发达,从业人员535.36万,产值4617.76亿林吉特。其中,旅游业是国民经济的重要支柱。2015年外国入境游客2570万人次,比上年下降6.3%。旅游业收入约781.54亿林吉特。

财 政 2015年财政收入2352亿林吉特,财政支出约2739亿林吉特。

金 融 有商业银行35家,外资银行办事处36个,证券银行12家,伊斯兰银行20家,金融公司25家。中央银行是Bank Negara Malaysia。货币名称为林吉特。2015年年底,林吉特兑美元汇率为4.29:1。国家外汇储备953.61亿美元。

进出口贸易 2015年进出口总额1.46万亿林吉特,其中出口额7799.5亿林吉特,进口额6853.90亿林吉特,贸易盈余945.6亿林吉特。主要贸易对象是中国、新加坡、日本、美国、泰国,主要出口产品有电子电器产品、棕油、石油、橡胶及制品、液化天然气等,进口产品有机电产品、矿物燃料、机械设备、运输设备、塑料及制品等。

交通通信

铁路运输 马来西亚铁路干线纵贯马来半岛南北，主要铁路线有国际线和东海岸铁路线。铁路总长2418千米。2013年全国铁路客运量270.3万人次。

公路运输 拥有良好的公路网。连接马来半岛南北的高速公路（亦称南北大道）和穿越中央山脉的东西高速公路是马来半岛交通的主动脉。至2012年公路总长18.3万千米。2014年，马来西亚每千人汽车拥有量为395辆，其中绝大部分为私人拥有，2013年马来西亚注册机动车2381.9万辆。2015年汽车总销售量为66.6万辆。

水　运 有商务航运船4700艘，其中1000艘为国际贸易用途。全国船只注册总吨位300万吨。有港口33个，主要有巴生港、槟城港、关丹港、新山港、马六甲港、古晋港、纳闽港等，其中巴生港和槟城港是最繁忙的港口。内河运输主要集中在东马地区。2013年，马来西亚港口集装箱吞吐量2142.68万标箱。

民用航空 2013年有机场118个，其中国际机场8个，包括吉隆坡国际机场、槟城机场、兰卡威机场、哥打基那巴鲁机场和古晋机场。民航主要由马来西亚航空公司和亚洲航空公司经营。马来西亚航空公司拥有飞机89架，辟有113条国际航线。亚洲航空公司拥有飞机188架，辟有航线83条。2014年民航客运量8332.23万人次，比上年增长4.7%。

电　信 截至2014年年底，马来西亚固定电话用户441.02万户；移动电话用户4492.86万户，普及率149%；有互联网用户2014万户，普及率67.5%。

教　育

马来西亚教育法令规定政府中小学实行9年义务教育，不分种族，提供免费教育。小学学制6年，初中学制3年；高中学制4年，其中含2年大学预科；大学学制4～5年。全国有小学7084所，在校学生283万人，每18名小学生配备1名教师，小学适龄儿童入学率98.5%；中学1538所，在校生172万人，每16名中学生配备1名教师；公立高等院校20所，私立学院662所。著名大学有马来亚大学、马来西亚理工大学、马来西亚博特拉大学（原农业大学）、国际伊斯兰大学、马来西亚北方大学、国民大学等。

国家财政教育经费支出占国民生产总值的6.2%。15岁以上成人识字率99%。全国有470多个公共图书馆，藏书总量1130万册。

传　媒

马来西亚国家新闻社（简称马新社）是半官方性质的新闻机构，成立于1968年，在亚太地区设有32家分社。

全国约有50种报纸和杂志，用8种文字出版。主要马来文报纸有《马来前锋报》《马来西亚使者报》《每日新闻》和《祖国报》，主要英文报纸有《新海峡时报》《太阳报》《星报》和《马来邮报》，主要华文报纸有《南洋商报》《星洲日报》和《中国报》。

主要广播电台有马来西亚广播电台和马来西亚之声。其中：马来西亚广播电台为官办，建于1946年，拥有6个广播网，用马来语、英语、华语和泰米尔语广播；马来西亚之声建于1963年，用马来语、阿拉伯语、英语、印尼语、缅甸语、他加禄语、泰语等8种语言对外广播。主要电视台有马来西亚电视台、第三电视台、城市电视、国民电视、第七电视台、美佳电视台、寰宇电视台，有169个电视频道可供选择。其中马来西亚电视台（包括第一电视台和第二电视台）为官办，建于1963年，播放马来语、英语、华语和泰米尔语节目。

医疗卫生

马来西亚有公立医院128所（2006年，下同），病床3.09万张；县、乡级医务所2726个。2008年马来西亚人口与医生的平均比例为每1105名居民拥有1名医生。全国有医护人员15万人。2012年，每1000人拥有病床1.9张。2013年，马来西亚医疗卫生总支出占GDP的比重为4%。人口平均预期寿命男性72.7岁，女性77.3岁；婴儿死亡率3‰；人口自然增长率1.51%。

科　技

马来西亚科技体系分政府机构、高等教育研究机构和私人机构3种。内阁科学技术委员会为马来西亚

马来西亚世纪大学校园一景　（百度网）

科学技术政策的最高决策机构，由总理兼任主席，成员包括科学技术与环境部、国际贸易与工业部、教育部、财政部和人力资源部的部长。科学技术与环境部下属科研机构主要有环境局、化工局、气象局、野生动物和国家公园局、核技术研究所、微电子系统研究所、原子能许可委员会、马来西亚标准研究所、太空研究局和国家生物工艺学委员会。高等教育研究机构设在各大学中，博特拉大学（原农业大学）、科学大学、技术大学、马来亚大学、国民大学等高等院校均设有科研机构。马来西亚国家科学研究与开发理事会为协调机构，也是马来西亚政府科学技术方面的全国性顾问组织。2011 年，研究和开发开支占国民生产总值的比重为 1.0%，每百万人中有科研人员 1643 人。

历　史

距今 1 万年前的旧石器时代，马来半岛已有人类居住。

公元之初，马来半岛出现羯荼、狼牙修等古国。15 世纪初以马六甲为中心的满剌加王国统一马来半岛的大部分，伊斯兰教也因此传播开来。

16 世纪开始先后被葡萄牙、荷兰、英国占领。20 世纪初完全沦为英国殖民地。沙捞越、沙巴历史上属文莱，1888 年两地沦为英国保护地。第二次世界大战中，马来亚、沙捞越、沙巴被日本占领。战后英国恢复殖民统治。

1957年8月31日，马来亚联合邦宣布独立。1963 年 9 月 16 日，马来亚联合邦同新加坡、沙捞越、沙巴合并组成马来西亚联邦（新加坡于 1965 年 8 月 9 日退出）。

马来西亚是东南亚国家联盟创始成员国。

（韦朝晖）

缅　甸

国　名

缅甸联邦共和国（Republic of the Union of Myanmar），简称缅甸。

国　旗

2010 年缅甸政府根据 2008 年通过的《缅甸联邦共和国宪法》有关国家标志的规定，修改国旗图案。2010 年 10 月 21 日正式启用新国旗。国旗样式为长方形，比例为 16:9。由自上而下宽度相同的黄、绿、红三色横条组成，正中是一颗白色大五角星，覆盖三色横带并指向上方。黄色代表统一、智慧、欢乐和各民族亲密团结，绿色代表土地肥沃、和谐、安宁、苍翠的国家，红色代表勇敢、果决，白色代表纯洁、正直、友善和力量。白色五角星代表联邦永久长存。

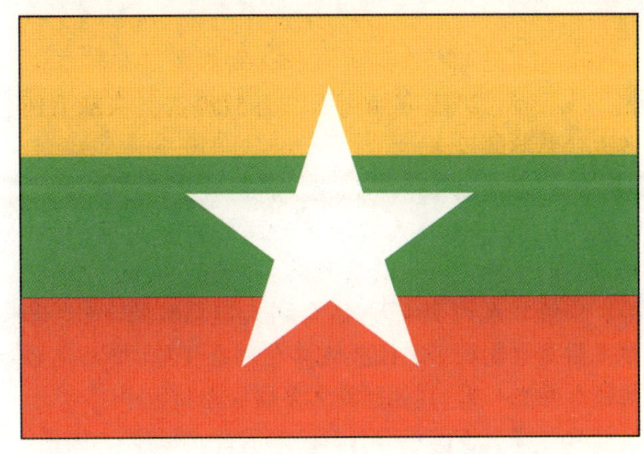

地　理

位　置　缅甸位于中南半岛西部。地处东经 92°20′～101°11′、北纬 9°58′～28°31′之间。西南濒临孟加拉湾和安达曼海。

面　积　陆地国土面积 67.66 万平方千米。

疆界和邻国　东北与中国接壤，西北与印度、孟加拉国接壤，东南与老挝、泰国接壤。陆地边界线长 5876 千米。有木姐（对中国瑞丽）、九谷镇（对中国畹町）、八莫（对中国章凤）等口岸与中国对接。

地形地貌　地势大体上是两边高，中间低，北边高，南边低。东面是掸邦高原，西面为西部山地，中部是伊洛瓦底江谷地。伊洛瓦底江的中下游地区为平原，称为中央大平原，是缅甸经济较发达的地区。大部分国土是山地和高原。

江　河　大多为南北走向。主要河流有伊洛瓦底江和萨尔温江。伊洛瓦底江发源于中国的青藏高原，纵贯缅甸南北，全长 2200 千米，注入印度洋的安达曼海，流域面积 43 万平方千米。东部的萨尔温江与伊洛瓦底江大致平行，发源于中国的唐古拉山脉，它的上游是中国的怒江。萨尔温江在缅甸境内流长 1660 千米，是缅甸第二大河，流域面积 20.5 万平方千米。钦敦江是缅甸第三大河。茵都基湖是最大的天然湖泊。

海岸海岛　海岸线长 2832 千米，均在南部。可划分为 3 段：北段是阿尔干海湾，中段是伊洛瓦底江三角洲，南段是丹那沙林海岸。面积最大的岛屿为兰里岛。

气　候　属热带季风气候区。分热、雨、凉三季。3～5 月为热季，6～9 月为雨季，10 月到次年 2 月为凉季。年平均气温 27℃，年平均降雨量 3000～5000 毫米。平原和丘陵地区炎热潮湿，山区比较凉爽。

风景名胜　主要有仰光大金塔、文化古都曼德勒、蒲甘佛塔群（有 4000 座佛塔）、波巴山、茵都基湖风景区、茵莱湖风景区、额不里海滩、昌达海滨、避暑胜地彬乌伦等。还有世界第一大石书——曼德勒碑林，世界第一大的“敏贡”大钟，古若开王朝的首都妙乌城等。2014 年 6 月，缅甸骠国 3 个古遗址列入联合国世界文化遗产名录。

国　民

人　口　2015 年缅甸人口为 5150 万。劳动力约占人口总数的 2/3。

民　族　有 135 个民族。缅族是主体民族，约占全国人口的 65%。人口较多的民族还有掸族、克钦族、钦族、克伦族、孟族、若开族、勃欧族、佤族、克耶族等。华侨华人约 164 万，占全国人口总数的 3%。印度人后裔也比较多。缅族大多居住在平原，华人主要居住在仰光一带，其他民族大多居住在山区。

语　言　各民族都有自己的语言，缅甸语为国语。缅族、克钦族、克伦族、掸族、孟族等民族有自己的文字。英语在城市常用。

宗　教　85% 以上的国民信仰佛教(小乘佛教)。男性青少年都要出家为僧一段时间。各地佛塔林立，号称“万塔之国”。佛教文化是缅甸文化的重要组成部分，佛教教义规范着缅甸人民的社会生活。部分国民信奉伊斯兰教、基督教、泛灵论、印度教等。

资源物产

缅甸是著名的“稻米之国”和“森林之国”。稻谷盛产于伊洛瓦底江三角洲和锡唐河河谷一带。2010 年，全国森林覆盖率 41%，拥有林地 3412 万公顷，出产柚木、花梨木、丁纹木、鸡翅木、黑檀木、铁木等名贵木材和竹子、藤类。矿产资源主要有石油(储量 32 亿桶)、天然气(储量 2832 万亿立方米)、宝石、玉石、锡、钨、锌、铝、铜、锑、锰、金、银等，宝石和玉石享誉世界，煤炭储量 2.7 亿吨。最好的翡翠产于克钦邦的帕敢地区。水力资源蕴藏量 1800 万千瓦。近年不断发现新的石油和天然气资源，在果敢地区发现金矿，在东北部发现铅锌矿。已耕种土地只占可耕种土地的 1/3 强。生物物种资源十分丰富。自然保护区占全国面积的 7%。

国体政体

国　体　缅甸是联邦制国家。

联邦议院　分为人民院和民族院。

联邦政府　国家最高行政机关。设有国防部、内务部、外交部、商务部等部门。

司法机关　法院、检察院均分为 4 级，第一级是最高法院和最高检察院，省邦、县、镇三级法院和检察院依次为第二、三、四级。

党　派　原有 37 个党派，2011 年又有民盟、人民民主党等政党注册。现主要有联邦巩固与发展党、全国民主联盟、若开民族发展党、民族团结党、掸族民主党、勃欧民族组织、谬族(克密族)团结协会、拉祜族发展党、克伦族人民党、全国民主力量党、果敢民主团结党。最大政党是联邦巩固与发展党，党员 1800 万。

国家元首和政府首脑

国家元首　2011 年缅甸大选后实行总统制，总统为国家元首和政府首脑。现任总统廷觉，2016 年 3 月 30 日就职。2015 年 11 月 8 日，缅甸举行总统选举；2015 年 11 月 20 日，缅甸选举委员会公布大选最终结果，昂山素季领导的缅甸全国民主联盟在 1150 个联邦议会和省邦议会议席中共获得 886 个席位，其中在联邦议会人民院获得 255 席，在民族院获得 135 席，在省邦议会共获 496 席，赢得大选。2016 年 3 月 15 日，缅甸联邦议会举行例会，选举产生新一届国家总统与第一、第二副总统。民盟资深议员廷觉获得 360 票，当选为半个多世纪以来首位民选总统。

行政区划

一级行政区划　缅甸划分为 7 个省、7 个少数民族邦和 2 个中央直辖市。7 个省和 7 个少数民族邦分别是：德林达依省、仰光省、勃固省、曼德勒省、实皆省、马圭省、伊洛瓦底省，克伦邦、克钦邦、克耶邦、掸邦、孟邦、钦邦和若开邦；2 个直辖市为内比都、仰光。

主要城市　首都内比都，面积 725 平方千米，人口 92.36 万。仰光市位于缅甸南部，面积 696.71 平方千米，人口约 600 万，是全国经济、文化中心。其他重要城市有曼德勒(缅甸古都，市区人口逾百万)、毛淡棉、勃生、蒲甘等。仰光、曼德勒、蒲甘、茵莱湖是四大古城。

经　济

国内生产总值　据政府数字推算，2015 年缅甸国内生产总值近 657.75 亿缅元。

产　业　农业在国民经济中占较大比重(增加值约占国内生产总值的 40%)，农业劳动力 1890 多万人，约占全国劳动力总数的 70%。以种植业为主，除水稻外，还种植小麦、甘蔗、玉米、花生、芝麻、棉花、豆类、油棕、烟草、黄麻等。耕地面积 1052.16 万公顷，其中水稻种植面积 806.89 万公顷。2015/2016 财年大米产量约 1400 万吨。渔业较发达，水产品出口数十个国家和地区。热带水果品种较多。畜牧业有牛、羊、猪、鸡、鸭养殖等。畜牧业和水产业以私人经营为主。工业增加值占国内生产总值的 26%，主要行业有农产品加工、油气开采、小型机械制造、纺织印染、木材加工、制糖、造纸、化肥、制药、电力、采矿等。企业超过 10 万家，职工约 500 万人。全国有 18 个工业区，职工 170 多万人；仰光莱达雅工业区是最大的工业园区，也是缅外合资的工业区。国有工业企业将逐步转交给私人经营。陆地油田有 18 个(其中蒲甘、宫达臣、坦德宾为三大油田)，海上、陆地天然气田 3 个。年发电量 60 亿千瓦时，65% 为天然气发电。与中国云南电网实现互联互通。第三产业发展较快，增加值占国内生产总值的

30%以上。旅游资源丰富，2015 年接待外国旅客约 468 万人次。排名前三位的旅游客源国是泰国、中国和日本。缅甸旅游公司是国有企业。2011 年，缅甸被评为世界第 3 最佳旅游目的地。

金　融　国有银行 5 家，较大的私人银行 19 家。货币名称为缅甸币，单位为元。汇率（浮动汇率）约为 1300 缅元兑换 1 美元（2016 年 1 月）。允许私营企业和外资进入金融领域，有 16 个外国银行办事处开展信用卡业务。外汇储备约 72 亿美元，外债约 50 多亿美元（2013 年 1 月）。缅甸东乡等 6 家银行可经营外汇业务。中国工商银行在缅甸有代表处。2015 年 1 月，缅甸议会通过《缅甸银行和金融机构法》，该法案规定银行存款准备金率为 5%，资本金不低于 200 亿缅币，对银行资本金和存款准备金等方面提出更高要求。

进出口贸易　2015 上半年外贸进出口总额 156.06 亿美元，其中出口 64.21 亿美元，进口 91.85 亿美元，贸易逆差 27.64 亿美元。2015 年，缅甸边境贸易总额为 61.4 亿美元，中缅边境的木姐口岸为缅甸最大边境贸易点。主要贸易伙伴是中国、泰国、新加坡、印度、日本和马来西亚。主要出口商品有天然气、服装、水产品、橡胶、皮革、虾类、柚木、硬木、矿产品、粮食、宝石、珍珠、水果等。2014 年大米出口 168.8 万吨，80%销往中国。进口商品有燃油、工业原料、化工产品、机械及运输设备、精炼矿物油、纺织品、一般金属及金属制品、棕榈油、电子设备及电器、塑料、药品、消费品等。2014 年，中缅贸易额达 90.5 亿美元。2014 年 4 月起，禁止原木出口。

外国投资　2015 年，外国投资额 49 亿美元。中国在对缅投资国家中居首位，累计投资额 150 亿美元，共 126 个项目。新加坡居第二位，投资额 120 亿美元，共 199 个项目。欧洲国家对缅投资总额约 60 亿美元，其中英国 40.73 亿美元，荷兰 9.89 亿美元，法国 5.41 亿美元，卢森堡 0.45 亿美元，瑞士 0.14 亿美元，挪威 0.11 亿美元。共有 43 个国家直接投资，大部分进入缅甸的油气领域，该领域共吸引外国投资 190 亿美元，投资项目 151 个。据缅甸国家计划与经济发展部下属的投资公司管理委员会数据，缅甸从 2011～2012 到 2015～2016 的 5 个财年中，共吸引外国直接投资 238.4 亿美元。从 1988 年缅甸首次批准外国投资以来，至 2015 年，缅甸投资委员会共批准 1033 家企业共 591.53 亿美元的外国投资。

交通通信

公路交通　缅甸有公路 515 条，总里程 22.21 万千米。毛淡棉—仰光—南坎的公路为主干道，路况较好。2011～2014 年进口汽车近 30 万辆（多为二手车）。仰光—内比都—曼德勒之间正在建设高速公路。主要出境公路联通中国的瑞丽、泰国的湄赛和仁廊。3.1%的人口拥有汽车，38.7%的人有摩托车。

铁路交通　铁路总里程 5800 多千米，在建铁路近 3000 千米，主要是窄轨铁路。拥有内燃机车 270 台。纵贯南北的仰光—密支那线是铁路主干线，但火车速度较慢；仰光至曼德勒有客运特快列车。新建的内比都火车站达现代化标准。

水　运　内河航道总里程 1.47 万千米，其中正常通航的 8000 千米。主要航线在伊洛瓦底江。沿江各大城市都有班轮运输。拥有各种船只 500 多艘，其中远洋货轮 25 艘。可供远洋货轮停靠的港口主要有仰光港、勃生港、实兑港、若开港、毛淡棉港等 28 个港口，其中仰光港是最大的海港。2015 年 2 月，中缅开通上海至仰光货轮直航。

民用航空　有机场 73 个，其中主要的是仰光机场、内比都机场、曼德勒机场、黑河机场、蒲甘机场和丹兑机场。仰光机场、内比都机场和曼德勒机场为国际机场。主要航空公司有缅甸航空公司、缅甸国际航空公司、仰光航空公司、曼德勒航空公司和蒲甘航空公司（后 3 家航空公司为私营）。国际直达航线联系 20 多个国家和地区，有航班通往中国的北京、昆明、广州、南宁和香港等地。国内航线有 17 条，大城市和主要旅游景点均已通航。

管道运输　石油管道 110 多千米，天然气管道 2200 多千米。2015 年 1 月 30 日，中缅油气管道全线贯通并运营。

电　信　缅甸有 3 家电信运营商：缅甸电信公司、卡塔尔电信公司和挪威电信公司。2015 年固定电话用户逾 400 万户。2008 年开通 3G 网络，国内电信网络快速发展。

缅甸仰光火车站内景　（百度网）

仰光的中央电话和电报局及邮政总局是办理国际通信的主要机构。2013 年 4 月，政府以摇号方式向民众出售 SIM 卡。至 2015 年 4 月，近 3000 万人拥有手机。3.5% 的人有电脑。上网人数约 290 万。

教　育

缅甸基础教育学制为 10 年，实行小学义务教育制度。全国有小学（1～4 年级）3.5 万所，在校学生约 500 万人，教师 15 万人；初级中学（5～8 年级）3000 多所，在校学生 200 万人，教师 5 万多人；高级中学（9～10 年级）1800 多所，在校学生约 65 万人，教师 1.6 万人。高等院校有 200 多所，2012 年以来普通高校本科由 3 年制改为 4 年制，主要大学有仰光大学、曼德勒大学和毛淡棉大学。全民识字率 94.75%。除学校教育外，还有寺庙教育，并逐步开展远程教育。仰光大学已与中国多所高校建立关系，并建有中国馆。

传　媒

缅甸国家通讯社是缅甸通讯社。

缅甸官方报纸有《缅甸新光报》《缅甸镜报》；私营报刊主要有《缅甸时报》《七日周刊》《声音周刊》《新闻周刊》等。《首都报》《曼德勒日报》《雅德那榜》报是地方报纸。杂志和期刊约有 180 种。较著名的杂志是《妙瓦底》（缅文）、《保卫》（英文）。《金凤凰》是唯一的中文期刊。中国缅文杂志《吉祥》在缅甸仰光设有分社。

全国有 6 家电视台，109 个电视转播台。境内大部分地区都能收看到电视节目。还有缅甸之声广播电台和 9 个调频电台。2013 年，中国广西人民广播电台与缅甸国家广播电视台签署合作协议。2014 年 4 月 1 日，中缅签署中国向缅甸提供电视片协议。4 月 3 日，中缅合拍电视剧《舞乐传奇》在缅甸首映。

医疗卫生

缅甸有医院 839 所（不含 14 所中医医院），其中拥有 300 张以上病床的医院 114 所。最好的医院是仰光的亚洲皇家医院和仰光市总医院。此外，还有农村卫生所 1468 所。全国有医生 2 万多人。药品高度依赖进口。

缅甸传统的民族医药是缅医和缅药。政府提倡缅医与西医相结合。

科　技

缅甸有科研机构 12 个。另有科技大学 3 所、技术学院 26 所、计算机学院 2 所、航空工程和海事学院 2 所，这些高等学院也从事科学研究。近年来，信息技术发展较快。

联邦政府科技部负责管理全国的科学技术工作。

农业科学和应用科学在国家科技事业中占有重要地位，各地重视推广先进的种植技术。工业领域不断改进技术，开发新产品。

历　史

缅甸于公元 1044 年形成统一的多民族国家。历经蒲甘、东吁、贡榜 3 个封建王朝。

19 世纪，英国殖民主义者以武力占领缅甸，并将缅甸划为英属印度的一个省。1937 年，实行印缅分治，由英国直接统辖缅甸。缅甸人民从 1920 年开始争取民族解放斗争。1932 年，我缅人党成立，开展大规模的反英运动。1942 年 5 月，日军占领缅甸，缅甸人民开展抗日斗争。1945 年 3 月举行全国总起义，缅甸光复。不久，仍被英国控制。缅甸人民继续开展民族独立运动。

1948 年 1 月 4 日，缅甸脱离英联邦而独立，成立缅甸联邦，组成以吴努为首的政府，实行多党议会制。

1962 年，奈温将军发动政变，推翻吴努政府，成立革命委员会执政。1974 年 1 月，将国名改为缅甸联邦社会主义共和国，并颁布新宪法，成立人民议会，组建以奈温为主席的社会主义纲领党。1988 年 7 月，因经济形势恶化，爆发全国性游行示威，奈温和吴山友（总统）辞职。

1988 年 9 月 18 日，时任国防部长的苏貌将军率军队接管政权，成立国家恢复法律和秩序委员会，宣布废除宪法，解散人民议会和政府机构。同年 9 月 23 日，军政府将国名改为缅甸联邦。1990 年 5 月在全国举行大选。1993 年 1 月，缅甸政府召开制宪国民大会。

1997 年 11 月 15 日，国家恢复法律和秩序委员会改名为国家和平与发展委员会。此后 10 多年来，缅甸政府奉行民族和解与合作政策，实行民族自治，国内民族矛盾逐渐缓和。2008 年 5 月，全国举行宪法公投通过新宪法。2010 年举行大选。2011 年 3 月，国家和平与发展委员会将权力移交给新的国家机构，并更改国名为缅甸联邦共和国。2012 年，举行议会补选，民盟成为最大反对党。此后，改革步伐加快。

1997 年，缅甸联邦加入东南亚国家联盟。

（张　磊）

菲　律　宾

国　名

菲律宾共和国（The Republic of the Philippines），简称菲律宾。

国　旗

菲律宾国旗呈横长方形，长宽比为 2∶1。靠旗杆一侧为白色等边三角形，中间是放射着八束光芒的黄色太阳,3 颗黄色的五角星分别在三角形的 3 个角上。旗面右边是红蓝两色的直角梯形,两色的上下位置可以调换。平时蓝色在上,战时红色在上。太阳和光芒图案象征自由;8 道较长的光束代表最初起义争取民族解放和独立的 8 个省,其余光芒表示其他省。3 颗五角星代表菲律宾的三大地区:吕宋、萨马和棉兰老。蓝色象征忠诚、正直,红色象征英勇、胆量,白色象征和平、纯洁。

地 理

位 置 菲律宾位于亚洲东南部。地处北纬 4°35′~21°08′、东经 116°55′~126°37′之间。西濒南中国海,东临太平洋。

面 积 陆地面积 29.97 万平方千米。

疆界和邻国 疆域从北到南跨度达 1000 千米。北面、西面与中国隔海相望,南面与印度尼西亚、马来西亚隔海相望。

地形地貌 陆地国土由 7107 个岛屿组成,素有“千岛之国”之称。按照地形和岛屿排列情况,菲律宾群岛通常分为吕宋岛(第一大岛,面积 4.08 万平方千米)、维萨亚群岛、棉兰老岛(第二大岛,面积 3.69 万平方千米)、巴拉湾群岛、苏禄群岛五大部分。地貌复杂多样,山地面积占陆地总面积的 2/3。群岛上横亘 7 座山脉,其中谢拉马德雷山脉最长,从北到南纵贯吕宋岛东部。最高峰是铜阜山(休眠火山),海拔 2955 米,位于棉兰老岛。最有名的平原是吕宋平原,有“菲律宾粮仓”之称。海拔最高的地区是吕宋岛北部的奔贵高原。海岸线蜿蜒曲折,总长 1.85 万千米,颇多天然良港。马尼拉湾是世界上最好的港湾之一,水域达 770 平方千米。位于棉兰老岛东面海域的菲律宾海沟深达 10540 米,为世界最深的海沟。由于地处太平洋边缘的火山地震带,常发生地震。境内有火山 50 多座,其中活火山 11 座。吕宋岛上的活火山马荣火山在 1616~1968 年间共喷发 30 余次。

江河湖泊 群岛河流遍布,最长的河流是卡拉延河。吕宋岛的内湖是最大的淡水湖。

气 候 属热带海洋性气候区。分干、湿两季:5~10 月为湿季,高温多雨;11 月至次年 4 月为干季,炎热干燥。由于国土南北跨度大和东西有山脉分隔,南部与北部、东海岸与西海岸的气候有较大差别。全国年平均气温 26.6℃。年降水量 2000~3000 毫米。东面海域是台风发源地,境内常受台风影响。

风景名胜 主要旅游景点有百胜滩、蓝色港湾、碧瑶市、马荣火山、伊富高省原始梯田等。

国 民

人 口 菲律宾人口 1.0098 亿(2015 年 8 月)。

民 族 有 80 多个民族。其中,马来族(包括他加禄人、伊洛戈人、邦班牙人、比萨亚人、比戈尔人等)约占全国人口的 85%,华人(约 150 万)、印度尼西亚人、阿拉伯人、印度人、西班牙人、美国人等族群约占 5%。还有为数不多的原住民。

语 言 有 175 种语言。通用语是以他加禄语为基础的菲律宾语。官方语言为英语。西班牙语也较流行。

宗 教 约 82.9% 的国民信奉天主教,5% 信奉伊斯兰教,少数人信奉独立教和基督教新教。华人多信奉佛教。原住民多信奉原始宗教。

资源物产

菲律宾探明储量的金属矿有 13 种,非金属矿 29 种。储量较大的金属矿有铜、金、银、铁、铬、镍和铝土,其中铜矿储量 37.16 亿吨,镍矿 1.27 亿吨,金矿 1.36 亿吨。非金属矿主要有石灰石、大理石等。地热资源丰富,估计有相当于 20.9 亿桶原油的热能资源。巴拉望岛西北部海域石油储量约 3.5 亿桶。

有可耕地 1400 万公顷,占土地总面积的 46.9%。粮食作物主要是水稻和玉米。经济作物主要有椰子、甘蔗、蕉麻、烟草、香蕉、菠萝、橡胶、咖啡、杧果、木薯等,其中椰子产量和出口量均占世界总量的 60% 以上。森林面积 1581 万公顷,森林覆盖率 41%,有红木、樟木等名贵木材。经济鱼类有 2400 多种,金枪鱼资源量居世界各国前列。开发的海水、淡水鱼场面积 2080 平方千米。

国体政体

国 体 菲律宾是共和制国家。立法、行政、司法三权分立。实行总统内阁制。总统由人民直接选举产生,任期 6 年。

国 会 国家最高立法机构。由参、众两院组成。参议院议员 24 名,由全国直接选举产生,任期 6 年,每 3 年改选 1/2,可连任 2 届。众议院议员 287 名,其中 230 名由各省、市按人口比例分配,从全国各选区选出;其余 57 个个别少数民族的政党代表,按每个政党总选票的 2% 为一个席位选举产生,但每个政党代表最多不得超过 3 个席位。众议员任期 3 年,可连任 3 届;现众议员人数已超过菲律宾宪法规定的 250 名。本届国会于 2010 年 7 月选举产生。2013 年 5 月中期选举改选半数参议员和全部众议员。

政　府　由总统、副总统和内阁成员组成。设住房和城市发展协调委员会、执行部、外交部、财政部、司法部、农业部、国防部、贸易与工业部、公共工程与公路部、教育文化与体育部、劳工与就业部、社会经济计划部、卫生部、土地改革部、警察总监、内务与地方政务部、环境与自然资源部、交通与运输部、社会福利部、预算与管理部、科技部、旅游部、能源部等部门。现任总统、副总统于2010年6月当选，内阁于同月组成，此后略有调整。

司法机构　司法权属最高法院和各级法院。最高法院拥有最高司法权，有1名首席法官和14名陪审法官，均由总统任命；下设上诉法院、地方法院和市镇法院。检察工作由司法部检察长办公室负责。

政　党　有政党100余个，大多数为地方性小党。主要政党有自由党（执政党）、基督教穆斯林民主力量党（简称拉卡斯，最大政党）、民族主义人民联盟、摩洛民族解放阵线、摩洛伊斯兰解放阵线、共产党、民主行动党、地方发展优先党、改革党、民主战斗党、民族党等。

国家元首和政府首脑

总统是国家元首、政府首脑兼武装部队总司令。现任总统罗德里戈·杜特尔特，2016年5月当选。

行政区划

一级行政区划　菲律宾划分为吕宋、维萨亚、棉兰老三大部分，行政区划为首都地区、科迪勒拉行政区和棉兰老穆斯林自治区，以及伊罗戈区、卡加延谷区、中吕宋区、南塔加罗格区、比克尔区、西维萨亚区、中维萨亚区、东维萨亚区、西棉兰老区、北棉兰老区、南棉兰老区、中棉兰老区、卡拉加区等17个地区。下设81个省和117个市。

主要城市　首都大马尼拉市，位于吕宋岛南部，人口约2000万（2009年），是全国政治、经济、文化、交通中心。其他重要城市有马尼拉、奎松、达澳、宿务、卡洛奥坎、三宝颜、帕萨伊、巴戈洛德、伊洛伊洛、卡加延德奥罗等。

经　济

国内生产总值　2015年菲律宾国内生产总值2919.7亿美元，比上年增长5.8%。人均国内生产总值2875美元。

产　业　农业以种植业为主。工业以农、林产品加工业为主，制造业发展迅速。服务业在国民经济中占较大比重，从业人员约1970.3万（2014年），约占全国就业人数的54.1%。

财　政　2015年财政收入32.65亿比索。

金　融　主要银行有首都银行、商业银行等。货币名称为比索。2015年比索与美元平均比价约为46.85∶1。国家外汇及黄金储备806.7亿美元（2015年12月），2015年末外债总额774亿美元。

对外贸易　菲律宾与150个国家和地区有贸易往来。2015年出口额586.48亿美元，进口额666.85亿美元。出口商品主要有半导体、电子产品、运输设备、服装、椰子油、铜制品、金属配件、石油产品、水果，进口商品主要有电子产品、矿物燃料、运输设备、机械设备、化工产品、塑料制品、谷物、钢铁、纺织品。

交通通信

民用航空　菲律宾航空业比较发达。全国有机场163个，在用民用机场86个。主要机场有尼诺·阿基诺国际机场、宿务麦克坦国际机场、达澳国际机场、苏比克国际机场、克拉克国际机场和拉瓦格国际机场，其中马尼拉的尼诺·阿基诺国际机场是全国最大的航空港。国内航线通达40多个城市。国际航线较多，与30多个国家签有国际航运协定。

铁路交通　铁路总里程1200千米，集中在吕宋岛。铁路网以马尼拉为中心，北达圣费尔南多，南到黎牙实比。

公路交通　公路总里程32.5万千米（2014年）。注册机动车辆808.12万辆（2014年）。

水　运　航道总长3219千米。全国有港口数百个，商船千余艘。主要港口有马尼拉、宿务、怡朗、达沃、卡加延、三宝颜等。

教　育

菲律宾的学前教育可自由选择。初等教育（即小学教育）为义务教育，学制6年（一些私立学校为7

菲律宾马尼拉一景　（百度网）

年)。中等教育(即中学教育)学制4年,免费教育但非义务教育。学位制高等教育学制一般为4年(工程学、法律、医学等专业需要至少5年的在校教育)。鼓励私人办学。全国成人识字率95.6%(2008年)。

全国有中、小学62618所(2014~2015学年),适龄儿童入学率95.24%(2012~2013学年);中学入学率64.61%(2012~2013学年)。高等教育主要由私人举办;有高等院校2180所,其中公立537所,私立1523所(2010学年);在校生总数243万人,年毕业生60多万人。著名高等院校有菲律宾大学、阿特尼奥大学、东方大学、远东大学、圣托玛斯大学等。

传 媒

菲律宾通讯社为官方通讯社。新闻出版组织有菲律宾全国新闻记者俱乐部、菲律宾新闻摄影家协会、菲律宾出版者协会等。全国有出版机构257家。广播电台1342家,电视台3010家(2014年)。在菲律宾广播电台、电视台中,除人民电视台为官办外,其余均为私人举办;所播节目主要是英语、他加禄语、华语节目。主要英文报纸有《马尼拉公报》《菲律宾星报》《菲律宾询问日报》《自由报》《马尼拉时报》和《马尼拉纪事报》,主要菲文(他加禄语)报纸有《消息报》和《菲律宾快报》,主要华文报纸有《世界日报》《商报》《菲华时报》《联合日报》和《环球日报》。

医疗卫生

菲律宾有医院1708所(其中公立640所,私立1068所,2001年),医师2983人,牙医2072人,护士5596人(2012年),助产士16948人(2012年);村镇医疗站18673个,农村医疗单位1879个(2001年)。2011年人均预期寿命71.94岁,人口出生率19‰,死亡率4.98‰。

历 史

菲律宾历史悠久。最早生活在菲律宾群岛上的居民是尼格列多人。西班牙入侵之前,菲律宾存在许多土著部落和马来族移民建立的割据王国,其中最著名的是14世纪70年代兴起的海上强国苏禄王国。

1521年,麦哲伦率领西班牙远征队到达菲律宾群岛。1531年,西班牙远征队在比萨亚群岛(今宿务港)登陆,宣布占领该群岛。1543年,入侵的西班牙军队以其国王菲律普二世名字命名该群岛,这是"菲律宾"称呼的由来。

1565年,西班牙占领菲律宾全境,并开始对其实行长达300多年的殖民统治。

1898年6月12日,菲律宾起义者借美(国)西(班牙)战争之机,宣告独立,成立菲律宾历史上第一个共和国。同年12月,美国通过美西战争后签订的《巴黎条约》占领菲律宾,菲律宾又沦为美国的殖民地。

1935年11月,菲律宾成立自治政府。

1941年12月8日,日本入侵菲律宾。

1945年,美国恢复对菲律宾的殖民统治。

1946年7月4日,菲律宾宣告独立。菲律宾独立后,自由党和国民党轮流执政。

1965年,马科斯就任第六任总统,并3次连任。

1983年8月,反对党领导人贝尼格诺·阿基诺被谋杀,导致政局动荡。1986年2月7日,提前举行总统选举,贝尼格诺·阿基诺的夫人科拉松·阿基诺在民众、天主教会和军队的支持下出任总统。

1992年6月,拉莫斯按宪制当选为菲律宾总统。

1994年6月,埃斯特拉达当选菲律宾总统。

1996年9月2日,菲律宾政府与最大的反政府组织摩洛民族解放阵线签署和平协议,其南部长达24年的战乱局面结束。

2001年1月,埃斯特拉达因受贿丑闻被迫下台,副总统阿罗约继任总统。

2004年6月,阿罗约总统获得连任。

2010年5月,菲律宾举行大选,贝尼尼奥·阿基诺三世当选菲律宾总统。

菲律宾是东南亚国家联盟创始成员国。

(陈红升)

新 加 坡

国 名

新加坡共和国(The Republic of Singapore),简称新加坡。

国 旗

新加坡国旗由上红下白两个相等的横长方形组成,长与宽之比为3:2。左上角有一弯白色新月和五颗白色五角星。红色代表人类的平等,白色象征纯洁和美德;新月象征国家,五颗星代表国家建立民主、和平、进步、公正和平等的思想。新月和五颗星的组合紧

密而有序，象征着新加坡人民的团结和互助的精神。

地　理

位　置　新加坡位于亚洲东南部的马来半岛南端。地处北纬1°09′～1°29′、东经103°36′～104°25′之间。南面为太平洋与印度洋之间的航运重要通道——马六甲海峡的东部出入口。

面　积　陆地面积714.3平方千米。

邻　国　北隔柔佛海峡与马来西亚为邻，南隔新加坡海峡与印度尼西亚相望。

地形地貌　陆地国土由新加坡岛和63个小岛组成。大部分土地为低地，这些低地已开发为市区和工业区。海岸平缓，沿岸大多经过人工改造。新加坡岛占全国陆地面积的88.5%。新加坡本岛以外的其他岛屿，较大的有大德光岛(24.4平方千米)、乌敏岛(10.2平方千米)和圣陶沙岛(3.5平方千米)，其中圣陶沙岛和乌敏岛是旅游景点，大德光岛是工业基地。

气　候　属热带海洋性气候。常年高温潮湿多雨。年平均气温24℃～32℃，日平均气温26.8℃。年平均降水量2345毫米。年平均湿度84.3%。

风景名胜　主要有牛车水、小印度、鱼尾狮公园、裕廊飞禽公园、新加坡植物园、花柏山、圣淘沙岛、乌敏岛等。

国　民

人　口　新加坡总人口553.5万(2015年)，其中公民和永久居民387万。按常住人口计算，人口密度为每平方千米7540人。

民　族　种族多元。在国民中，74.2%是华人，13.3%是马来人，9.1%是印度人，其他种族占3.3%。

语　言　马来语是国语。英语、华语、马来语和泰米尔语均为官方语言。英语是行政语言，使用最为广泛。大多数新加坡人都会讲母语、英语两种语言。

宗　教　佛教、道教、基督教、伊斯兰教在新加坡均有较大影响。各类宗教信徒约占全国10岁以上人口的86%。华人大多信奉佛教，马来人多信奉伊斯兰教，印度人多信奉印度教。

资源物产

新加坡自然资源匮乏。除在本岛中部、北部及大、小德光岛等几个岛屿有花岗石外，至今尚未发现其他矿藏。虽然四面环海，但渔业并不发达，海产品年产量仅1万余吨。

植物资源比较丰富，品种有2000多种，多属热带低地常绿植物。普遍种植热带观赏花卉胡姬花(即兰花)，品种繁多，娇美艳丽，四季盛放。所产胡姬花大量出口欧洲各国及美国、日本等国家和地区。

国体政体

国　体　新加坡是议会制国家。宪法规定，总统为国家元首，原经议会选举产生，1992年国会颁布民选总统法案，规定从1993年起总统由全民选举产生，任期由4年改为6年。

国　会　国家的立法机构。由议会和总统组成。实行一院制，任期5年。国会可提前解散，大选须在国会解散后3个月内举行。年满21岁的新加坡公民都有投票权。国会议员分为民选议员、非选区议员和官委议员。其中民选议员从全国12个单选区和15个集选区中由公民选举产生。集选区候选人以3～6人一组参选，其中至少1人是马来族、印度族或其他少数种族。同组候选人必须同属一个政党，或均为无党派人士，并作为一个整体竞选。非选区议员从得票率最高的反对党未当选候选人中任命，最多不超过6名，从而确保国会中有非执政党的代表。官委议员由总统根据国会特别遴选委员会的推荐任命，任期两年半，以反映独立和无党派人士意见。本届国会2015年9月11日选举产生，有89名民选议员，其中人民行动党83人，工人党6人。

政　府　内阁是国家行政权力机关。由总理、副总理、各部部长组成。总统委任国会中多数党领袖为总理。根据总理提名，总统任命内阁部长。总理、部长都必须是国会议员。设有国防及安全统筹部、律政部、内政部、外交部、国防部、交通部、贸工部、新闻通讯及艺术部、教育部。本届内阁于2011年5月21日组成，2012年8月1日、2014年4月29日、2015年9月28日改组。

司　法　设最高法院和总检察署。最高法院由最高法庭和上诉庭组成。最高法院大法官由总理推荐、总统委任。总检察长公署下设立法处、刑事处、民事处3个部门。总统根据总理建议任命总检察长。

政　党　注册的政党有25个。主要有人民行动党、工人党、新加坡民主党等。人民行动党从1959年至今一直保持执政地位。李光耀长期任该党秘书长，1991年吴作栋接任；2004年12月，李显龙接替吴作栋出任该党秘书长。

国家元首和政府首脑

总　统　陈庆炎，2011年9月1日就职。

政府总理　李显龙，2004年8月12日任职。2006年5月、2011年5月、2015年9月分别连任。

行政区划

新加坡是一个城市国家。在地理上分为中央区、内市区、外市区、新镇、内郊区、外郊区等6个地区。选举时分为75个选区。不设区政权机构，由中央各部直接管理各项事务。设有公民咨询委员会、民众联络所、人民协会等社区组织，担负起准地方政府的任务，作为沟通政府与居民之间的桥梁。

首　都　新加坡市，位于新加坡岛东南部，南临新加坡海峡。是东南亚最大的海港、重要商业城市和转口贸易中心，也是国际金融中心、航空中心。市容整洁美观，到处树木葱茏，绿草如茵，百花娇艳，被誉为“世界花园城市”。

经　济

国内生产总值　2015 年新加坡国内生产总值 3143.25 亿美元，比上年增长 2.8%。人均国内生产总值 49001 美元。

产　业　农业在经济中所占比重很小，产值不足经济总量的 0.1%。2009 年农业总产值 1.08 亿新元。工业化程度较高，主要行业是制造业和建筑业，2014 年产值 900 亿新元，占国内生产总值的 25%。制造业产品包括电子产品、化学与化工产品，以及生物医药、精密机械、交通设备、石油产品等，是世界第 3 大炼油中心。服务业发达。2014 年服务业产值 3018.85 亿新元，占国内生产总值的 70.4%。包括零售与批发贸易、旅游、交通与电信、金融服务、商业服务等行业。旅游业兴旺，被誉为“亚洲旅游王国”。2014 年接待外国游客 1508.6 万人次，比上年下降 3%；旅游业收入 235 亿新元。

对外贸易　2015 年进出口贸易总额 6435 亿美元。其中，进口额 2968 亿美元，出口额 3467 亿美元。主要贸易伙伴是中国、马来西亚、欧盟、美国和印度尼西亚。主要出口电子真空管、加工石油产品、办公及数据处理机零件、数据处理机和电讯设备等，进口电子真空管、原油、加工石油产品、办公及数据处理机零件等。

财　政　2014 年财政收入 606 亿新元，支出 548 亿新元，财政盈余 52 亿新元。

金　融　由金融管理局负责制定和实施各项金融政策，负责监督与管理商业银行及其他金融机构的经营活动，实际上执行着中央银行的职能，但不发行货币。拥有 1000 多家金融机构。货币名称为新加坡元。2015 年新加坡元与美元平均比价为 1.42∶1。至 2015 年，国家外汇储备 2477.47 亿美元。

外国投资　吸引外国投资是新加坡的基本国策。截至 2013 年底，新加坡共吸引海外直接投资 8376.5 亿美元，外资相对集中在金融服务业、制造业和批发零售业。欧盟、美国和日本是新加坡投资的主要来源地。

对外投资　2002～2012 年，新加坡对外直接投资总额 44627.1 亿新元，主要集中在金融服务业和制造业。主要直接投资对象国为中国、英国、马来西亚。截至 2012 年，新加坡对中国累计实际直接投资 593 亿美元，投资项目 20231 个；两国间重要合作项目有苏州工业园区、天津生态城、中新广州知识城、无锡工业园和大连港集装箱码头等。

交　通

铁路交通　新加坡的铁路交通以地铁为主，全长 109.4 千米，有地铁站 65 个。1999 年 11 月建成轻轨铁路，全长 28.8 千米，与地铁相连，设 31 个站。

公路交通　形成以 8 条快速公路为主线，众多普通道路为支线的公路网络，覆盖全岛每个角落。2007 年新加坡公路里程 3297 千米，其中高速公路 153 千米，一级公路 613 千米。2010 年底，车辆总数 94.6 万辆，其中私人轿车 58.4 万辆，货车 15.8 万辆。

水　运　新加坡港是世界最繁忙的港口和亚洲主要转口枢纽，也是世界最大燃油供应港口。有 200 多条航线连接世界 600 多个港口。有 4 个集装箱处理码头，集装箱船泊位 54 个，年集装箱处理能力 3500 万标准箱。2014 年港口处理货运总量 5.81 亿吨，集装箱吞吐量 3390 万箱。

民用航空　新加坡是亚洲地区重要的航空运输枢纽。主要有新加坡航空公司及其子公司胜安航空公司。新加坡樟宜机场连续多年被评为世界最佳机场，已开通至 60 个国家 188 个城市的航线，各国 81 家航空公司平均每周提供约 4400 班次的定期飞行服务。2014 年航班起降 34.1 万架次，客运量 5409 万人次，货运量 221.63 万吨。

新加坡城市美景　（百度网）

通　信

电　话　新加坡固定电话用户 185.9 万户，固定电话普及率 40.7%。移动电话用户 561.9 万户，移动电话普及率 123%。

互联网　政府高度重视网络基础设施建设，并将其纳入提升国家知识型经济层次和国际竞争力的发展战略。全国宽带用户 326.5 万户，宽带互联网普及率 52%。

邮　政　邮政网络有 66 处邮局，26 处投递站，32 处邮务代办所，分布在全国各主要区域。

教　育

新加坡教育发展经历两个阶段。第一阶段从 1959 年到 1979 年，偏重于普及性和职业教育，为工业化初级阶段的经济发展培养熟练劳动力。第二阶段从 1979 年至今，重点发展高等普通教育和高等职业技术教育，培养高层次专业技术人才。

实行精英教育。青少年一般必须接受 10 年正规教育，其中小学 6 年，中学 4 年。强调双语、体育、道德教育，创新和独立思考能力并重。双语政策要求学生除学习英文外，还要通晓母语。政府推行资讯科技教育，促使学生掌握电脑知识。全国有小学 170 所，中学 154 所，初级学院 14 所。大学主要有新加坡国立大学、南洋理工大学、新加坡管理大学和新加坡科技大学。此外，还有 4 所理工学院和 33 所技术/商业训练学院。

传　媒

新加坡主要有两大媒体集团：新加坡报业控股和新传媒。报业控股是私营上市公司，旗下有用 4 种语言出版的 15 家报纸，其中英文的《海峡时报》(The Straits Times)和中文的《联合早报》在新加坡颇具影响力。新传媒是一家官营公司，旗下有新传媒电视、新传媒电台、新传媒新闻网、新传媒报业、新传媒出版、新传媒制作、新传媒互动等 7 个集团。新加坡电视台有 6 个频道，并开通有线电视网和卫星电视。

医疗卫生

新加坡政府通过财政投入建立完善的社区医疗卫生中心，社区医疗服务覆盖所有居民。医疗机构分两种：一种是个人出资兴办的营利性综合全科医院，一种是政府和慈善机构建立的非营利性医院。政府推行“三重安全保健网”(即保健储蓄计划、保健双全计划、保健基金)，以确保国民都有求医受诊的能力和机会。

2007 年底，新加坡有 7 所医院、6 个专业中心、18 个医疗中心和 3 个特殊医疗研究机构，每万人拥有 18 名医生。国民平均预期寿命 82 岁。

科　技

新加坡在重要领域具备科研能力的机构有 13 个。这 13 个研究机构由两个研究理事会直接管理，其中生物医药研究理事会管理 5 个从事生物和医药研究领域的研究所，科学与工程研究理事会管理其他 8 个研究所。科学技术研究局、经济发展局、资讯通信管理局、国际企业发展局、标准及生产力与创新局等政府机构在科研体系中发挥重要作用。科学技术研究局的工作以科研院(中心)、大学、医院等公共科研机构为工作对象，着眼发展公共科研机构的科研人力资源，并为他们提供科研资金；经济发展局以公司为工作对象，负责支援公司的研究和创新项目，并为新的起步公司提供资金。国家财政科研经费支出约占国内生产总值的 2%。

历　史

新加坡古称淡马锡，公元 8 世纪建国，属印度尼西亚的室利佛逝王朝。10 世纪前后，成为繁荣的港口。13 世纪中叶，随着室利佛逝王朝的衰落，淡马锡改称信诃补罗。到 14 世纪中期，信诃补罗成为连接东西方的一个著名国际贸易港口。1350 年后，屡遭爪哇的麻喏巴歇王朝和暹罗的大城王朝侵略，于 14 世纪末灭亡并变成暹罗的属地。18～19 世纪，是马来西亚柔佛王国的一部分。

1819 年，英国殖民地开拓者莱佛士登陆新加坡。1826 年新加坡沦为英国殖民地。英国一直把新加坡作为远东转口贸易的重要商埠和在东南亚的主要军事基地。第二次世界大战期间，新加坡被日本占领。1945 年日本投降后，英国恢复其在新加坡的殖民统治。随后，新加坡人民展开各种形式的斗争，迫使英国殖民当局改变统治方式。1954 年 2 月，英国发表《伦德尔宪调查报告书》，提出在新加坡成立一个有 32 个席位的立法议会(7 席由官方委任，25 席由民众选举产生)，并在此基础上成立民选政府。1955 年，内阁式的政府成立，但重要的部长职位仍属于殖民当局。1956 年 3 月 12～18 日，在要求结束殖民统治的“独立运动周”中，20 多万新加坡居民在独立意见书上签字。在此形势下，英国政府 3 次邀请新加坡各派政治力量到伦敦谈判，讨论新加坡政治地位问题。

1958 年 4 月 18 日，英、新代表签订《关于新加坡自治宪法草案》，英国同意新加坡成立自治邦，实行内部自治，但保留国防、外交、修宪和颁布紧急法令权，并驻有军队。1959 年 5 月 30 日，举行新立法议会选举，人民行动党获胜。1959 年 6 月，新加坡成立自治邦，实行内部自治，英国保留国防、外交权利。

1963 年，新加坡与马来西亚、沙捞越和沙巴组成马来西亚联邦。1965 年 8 月 9 日退出联邦，成立新加坡共和国。

新加坡共和国是东南亚国家联盟创始成员国。共与175个国家建立外交关系。　　（罗　梅）

泰　国

国　名

泰王国(The Kingdom of Thailand),简称泰国。

国　旗

国旗呈长方形,长宽比为3∶2,由红、白、蓝三色的五个横长方形平行排列构成,上下方为红色,蓝色居中,蓝色上下方为白色,蓝色宽度相等于两个红色或两个白色长方形的宽度,红色代表民族和象征各族人民的力量与献身精神。泰国90%以上人口信奉佛教,白色代表宗教,象征宗教的纯洁。泰国是君主立宪制国家,国王至高无上,蓝色代表王室。蓝色居中象征王室在各族人民和纯洁的宗教之中。

地　理

位　置　泰国位于中南半岛中南部。地处北纬5°37′~20°27′、东经97°22′~105°37′之间。东南濒临泰国湾,西南面向印度洋的安达曼海。

面　积　陆地国土面积51.31万平方千米。

疆界和邻国　东与柬埔寨毗连,东北与老挝交界,西面和北面与缅甸为邻,南与马来西亚联邦接壤。陆地边界线长3400千米。

地形地貌　地势北高南低,由西北向东南倾斜。地形复杂,全国大体分为5个地形区:(1)北部和西部内陆山区。北部山区山脉、河流众多,是湄南河的发源地。主要山脉有登劳山、坤丹山、匹邦南山和琅勃拉邦山,平均海拔1600米,是全国地势最高的地区。清迈的因他暖峰海拔2576米,是全国最高峰。西部山区多为山岭、峡谷。(2)东北部高原。也称柯叻高原,包括东北部17个府的广大地区。整个高原由西向东南方向倾斜,构成柯叻、沙功那空两个盆地。(3)中部流域平原。包括湄南河流域以及夜功河、他真河和挽巴功河流域的中、下游地区,是泰国最大的冲积平原和水稻主产区,素有"泰国粮仓"之称。(4)东南沿海地区。包括巴真武里、差春骚、春武里、罗勇、占他武里和达叻6个府的狭小地区。(5)南部半岛。包括马来半岛的一部分以及连接半岛和大陆的克拉地峡。

海岸海岛　海岸线长2616.4千米。东南沿海海岸线曲折,近海有阁昌、阁谷、阁锡昌等岛屿。南部半岛地区西海岸为下沉海岸,大陆架狭窄,海岸线曲折破碎且多为岩岸,主要岛屿有普吉岛(全国最大岛屿,面积500多平方千米)、象岛、苏梅岛、PP岛、沙美岛、道岛和希美兰岛等;东海岸平坦开阔,多沙滩,少海湾。

江河湖泊　境内河流纵横。主要河流有湄南河和湄公河。湄南河注入泰国湾,河谷宽阔,倾斜度很小,雨季常形成水患。湄公河在境内流长930千米,部分河段水深流急,礁石起伏,交通不便。南部半岛的宋卡湖是全国最大湖泊。其他湖泊有波拉碧湖、农汉湖、公博哇丕湖、农雅湖等。

气　候　大部分地区属于热带季风气候区,全年分为热、雨、凉三季。2月中旬到5月中旬为热季,5月到10月中旬为雨季,11月、12月和次年1月、2月中旬为凉季。凉季和热季少雨,因此也合称干季或旱季。南部半岛地区属热带雨林气候区,终年炎热多雨。全国年平均降水量约1550毫米,年平均气温24℃~30℃。由于地形不同,各地的降水、气温有较大差别。

风景名胜　主要风景名胜区有曼谷、清迈、芭堤雅、普吉岛、象岛、苏梅岛、沙美岛、道岛和希美兰岛等。

国　民

人　口　2015年泰国人口6800万。约1/3的人口生活在城市。人口密度为每平方千米137.5人。

民　族　有30多个民族。泰族是主体民族,占总人口的75%。人口较多的民族还有华族、马来族和高棉族,分别占总人口的14%、3.5%和2%。

语　言　泰语为国语。分为中部方言、南部方言、北部方言、东北部方言4种方言,其中中部方言为全国通用的标准泰语。

宗　教　90%以上的国民信仰佛教,少数信奉伊斯兰教(马来族)、基督教新教、天主教和印度教。佛教为国教,对泰国的文化影响甚深。按照传统,上至国王下至百姓,男子一生中皆得出家一次,时间不等,以获得社会尊重。

资源物产

泰国主要矿产资源有钾盐、锡、褐煤、油页岩、天然气、铅锌、钨、铁、锑、铬、重晶石、宝石、石油等。其中,钾盐储量4367万吨,居世界各国首位;锡矿储量150万吨,占全世界的12%。

全国可耕地面积约占国土总面积的41%。主要农产品有稻谷、玉米、木薯、橡胶、甘蔗、绿豆、亚麻、烟叶、咖啡豆、棉花、棕榈油等，是世界大米主产国和第一出口国。水产品产量大，虾产量居世界各国首位。盛产各类热带水果，主要有榴莲、山竹、荔枝、龙眼、椰子等。

国体政体

国　体　泰国是君主立宪制国家。宪法规定：实行以国王为元首的民主政治制度；国王为国家元首和王家武装部队最高统帅，神圣不可冒犯，任何人不得指责或控告国王。国王通过国会、内阁和法院分别行使立法、行政和司法权。

国　会　由上议院、下议院组成。具有立法、审议政府施政方针和国家预算、对政府工作进行监督等职能。议员均直接来自民选。上议院议员不得隶属任何政党，不得担任阁员。下议院议员担任内阁职务须辞去议员职务。

内　阁　国家最高行政机关。政府总理来自下议院，由国会主席兼下议院院长提名，经下议院表决并获半数以上票数通过，由国会主席呈报国王任命。总理在解散议会前须得到内阁同意并报国王审批，在不信任案期间不得解散议会。设有总理府、国防部、财政部、外交部、旅游与体育部、社会发展和人类安全部、农业和合作社部、交通部、自然资源与环境部、信息技术和通讯部、能源部、商业部、内政部、司法部、劳工部、文化部、科技部、教育部、卫生部等部门。

司　法　最高司法机构为司法委员会，由8名委员组成。司法系统由宪法法院、司法法院、行政法院和军事法院构成。检察机关实行垂直领导，分为最高检察院、区域检察院、府级检察院。

国家元首和政府首脑

国　王　普密蓬·阿杜德。1946年即位，1950年5月5日加冕。

政府总理　巴育·占奥差。2014年5月22日，泰国皇家陆军总司令巴育·占奥差宣布发动军事政变，组建国家维持和平秩序委员会接管国家权力。泰国军方随即宣布由陆军司令巴育兼任代理总理。2014年8月21日，泰国国家立法议会召开会议选举临时总理，巴育以全票当选。8月25日，泰国国王普密蓬签署御令，任命国家维持和平秩序委员会主席、陆军司令巴育·占奥差为泰国第29任总理。

行政区划

一级行政区划　泰国划分为76个府（府级直辖市是曼谷）。各府分别是：素可泰、彭世洛、甘烹碧、披集、碧差汶、那空沙旺、素攀、北榄、龙仔厝、夜功、那空那育、曼谷、暖武里、巴吞他尼、阿育陀耶、北标、华富里、红统、信武里、猜纳、乌泰他尼、佛统、清迈、清莱、夜丰颂、程逸、帕夭、喃邦、喃奔、难、帕、孔敬、那空帕农、乌汶、也梭吞、庵纳乍仑、呵叻、廊开、莫拉限、吗哈沙拉堪、沙功那空、莱、黎逸、廊磨喃普、胶拉信、四色菊、素辇、猜也奔、武里喃、乌隆、春武里、罗勇、哒叻、尖竹汶、巴真武里、北柳、沙缴、来兴、北碧、佛丕、叻丕、巴蜀、惹拉、沙敦、普吉、甲米、攀牙、拉农、董里、宋卡、陶公、素叻他尼、洛坤、春蓬、博他仑、北大年。

主要城市　首都曼谷，位于泰国中部，是全国政治、经济、文化、交通中心，人口约800万，市区面积1568平方千米。其他重要城市有清迈、清莱、大城、普吉等。

经　济

国内生产总值　2015年泰国国内生产总值3952.82亿美元，比上年增长2.8%，人均国内生产总值5816美元。

产　业　农业较发达，农产品出口是外汇收入的重要来源。制造业在国民经济中占较大比重，主要工业行业有采矿、纺织、电子、塑料、食品加工、玩具、汽车装配、建材、石油化工等。旅游业发展较快，设施完善，服务质量较高。2015年泰国接待外国游客2988万人次，比上年增长20.44%，其中中国游客793.47万人次，增长91.62%。

金　融　平均汇率为34.25泰铢兑1美元。国家外汇储备1565亿美元。政府未清偿债务总额1689亿美元。

进出口贸易　据泰国海关统计，2015年泰国货物进出口总额4170.29亿美元，比上年下降8.40%。其中：出口2143.75亿美元，下降5.78%；进口2026.54亿美元，下降11.02%。贸易顺差117.21亿美元。

中国、日本和美国是泰国前三大贸易伙伴。2015年泰国对中、日、美3国分别出口237.42亿美元、200.76亿美元和240.58亿美元。其中：对美国出口增长0.70%，对中国和日本出口分别下降5.35%和7.66%，对3国出口合计占泰国出口总额的31.66%。泰国自上述3国分别进口410.66亿美元、312.36亿美元和138.64亿美元。其中：自中国进口增长6.67%，自日本和美国进口分别下降12.03%和4.91%，从3国进口合计占泰国进口总额的42.51%。中国香港是泰国最大的贸易顺差来源地，2015年泰国对香港贸易顺差额为102.58亿美元，下降10.18%。此外，对美国的贸易顺差额为101.94亿美元，增长9.47%。泰国的贸易逆差主要来自中国和日本，2015年逆差额分别为173.24亿美元和111.60亿美元，分别增长29.15%和7.08%。

据泰国海关统计，2015年泰国与中国双边货物进出口额754.74亿美元，比上年增长3.9%。其中：泰国对中国出口237.42亿美元，下降5.35%，占泰国出口总额的11.08%；自中国进口410.66亿美元，增长

6.67%，占泰国进口总额的20.26%；泰方贸易逆差173.24亿美元，增长29.15%。中国为泰国第一大进口来源地和第二大出口市场，超过日本，成为泰国的第一大贸易伙伴。

交　通

铁路交通　泰国铁路总长4451千米，主要是窄轨铁路。

公路交通　公路总长16万千米，其中国道1.79万千米。公路四通八达，各府、县都有公路相连。

水　运　湄公河、湄南河为泰国两大水路运输干线。曼谷是最重要的港口，全国95%的出口和几乎全部进口商品都在此吞吐。此外，还有廉差邦港、梭桃邑港、宋卡港和普吉港等。海运航线可达中国、日本、美国、欧洲和新加坡。

民用航空　2006年下半年投入使用的曼谷素万那普国际机场每天进出旅客超过10万人次，是东南亚地区重要的航空枢纽，国际航线可通达欧洲、美洲、亚洲和大洋洲的40多个城市。其他国际机场还有清迈机场、普吉机场和合艾机场。

教　育

泰国中小学教育学制为12年，即小学6年、初中3年、高中3年。中等专科职业学校为3年制。大学一般为4年制，医科大学为5年制。

2014年全国各级各类在校学生共1315.88万人，其中，学前教育167.85万人，小学教育486.55万人，中学教育376.80万人（初中235.44万人，高中教育141.45万人），高等教育271.45万人（学士及大专248.47万人，学士149.83万人，大学课程班5451人，硕士19.75万人，硕士课程班1442人，博士2.54万人）。

2014年全国各类高等院校166所，其中公立院校94所（综合性大学28所、皇家师范大学40所、腊察盟空理工大学9所、专业性院校7所、军事院校10所），私立院校72所（其中综合性大学41所）。著名的学府有朱拉隆功大学、法政大学、农业大学、玛希顿大学、清迈大学、孔敬大学、宋卡王子大学、易三仓大学、亚洲理工学院等。

传　媒

泰国主要泰文报纸有《泰叻报》《民意报》《每日新闻》《国家报》《沙炎叻报》《经理报》等，主要华文报纸有《新中原报》《中华日报》《星暹日报》《亚洲日报》《世界日报》和《京华中原日报》等，主要英文报纸有《曼谷邮报》《民族报》等。广播电台有230多家，其中由政府民众联络厅掌管的59家。泰国国家广播电台为官方电台，设有国际部，用泰、英、法、华、马来、越、老、柬、缅、日等语言广播。电视台主要有6家，都设在曼谷。

泰国组图：①曼谷素万那普国际机场一角；②骑大象游；③芭堤雅玻璃瓶艺术博物馆展品；④夜功府伞篷火车市场一角

（百度网）

历　史

泰国史称“暹罗”。公元1238年建立素可泰王朝，是泰国历史上第一个王朝。之后，经历泰国历史上持续时间最长的王朝——阿瑜陀耶王朝和短暂的吞武里王朝以及延续至今的曼谷王朝。

从16世纪起，泰国先后遭到葡萄牙、荷兰、英国、法国的入侵。19世纪末，曼谷王朝五世王大量吸收西方经验进行社会改革。1896年，英国、法国签订条约，规定暹罗为英属缅甸和法属印度支那之间的缓冲国，暹罗成为东南亚唯一没有沦为殖民地的国家。

1932年6月，民党发动政变，建立君主立宪政体。1938年，銮披汶执政，1939年6月改称泰国，意为“自由之地”。1941年泰国被日本占领，泰国宣布加入轴心国。

1945年，日本投降后恢复暹罗国名。1949年5月又改称泰国。

泰国是东南亚国家联盟创始成员国。

（唐　卉）

越　　南

国　名

越南社会主义共和国（The Socialist Republic of Viet Nam），简称越南。

国　旗

越南国旗为长方形，长与宽之比为3∶2。国旗旗底为红色，旗中心有一枚五角金星。红色象征革命和胜利，五角金星象征越南共产党对国家的领导，五星的五个角分别代表工人、农民、士兵、知识分子和青年。

地　理

位　置　越南位于中南半岛东部。地处北纬8°30′～23°22′、东经102°～109°29′之间。东和东南濒临南中国海。

面　积　陆地面积32.9万平方千米。

疆界和邻国　北、东、东南与中国为邻，西与老挝交界，西南与柬埔寨接壤，南面隔海与马来西亚相望。陆地边界线长3927千米。

地形地貌　地形狭长，呈S形。南北最长处约1640千米；东西最宽处约600千米，最窄处仅48千米。地势是西北高、东南低。山地和高原占全国陆地面积的3/4。有红河三角洲、湄公河三角洲两大平原，面积分别为2万平方千米和5万平方千米，是主要农业区。

江　河　河流密布，其中长度在10千米以上的有2860条。较大的河流有红河、湄公河（九龙江）、沱江（黑水河）、泸江、太平河等。

海岸海岛　海岸线长3260千米。沿海有岛屿2000多个，其中面积在10平方千米以上的20多个。较大的岛屿有盖宝岛、吉婆岛、昆仑岛、富国岛等。

气　候　属热带季风气候区。北部四季分明，多数地区年平均气温23℃～25℃。南部分为旱季（10月至次年3月）和雨季（4～9月），多数地区年平均气温26℃～27℃。空气湿润，雨量充沛，全国年平均降雨量1500～2000毫米。

风景名胜　在北方，首都河内有还剑湖、西湖、巴亭广场、胡志明陵、文庙、二征夫人庙、三岛山等景点，海防有涂山海滨风景区，广宁省有被称为“海上桂林”、列入世界自然遗产名录的下龙湾，老街省有避暑胜地沙巴。在中部，有被列入世界文化遗产名录的古都顺化，列入世界自然遗产名录的风雅洞，以及会安古城、美山占婆文化遗址等。在南方，胡志明市有旧总统府、古芝地道等景点。其他地区有芽庄海滩、大叻避暑风景区、滨海旅游胜地头顿、天涯海角名城河仙等。

国　民

人　口　2015年越南人口9170万，比上年增加97.49万，人口平均寿命73.3岁。根据越南统计年鉴公布资料，2014年越南人口9072.89万。其中：城市人口3003.54万，占总人口的33.10%；农村人口6069.35万，占66.9%；男性4475.81万，占49.33%；女性4597.08万，占50.67%。人口密度为每平方千米274人。

民　族　有54个民族，其中人口在50万以上的有京族（也称越族）、岱依族、傣族、华族（即华人）、高棉族、芒族和侬族。主体民族京族占总人口的80%以上。

语　言　各民族的通用语言是越南语。英语和华语广泛使用。

宗　教　国民受儒家思想影响较深。部分人信奉佛教、天主教、和好教、高台教等。祖先神灵崇拜在国民生活中占有重要地位。每年中国农历三月初十是祭雄王日。民间传说，雄王是越南的国祖。许多家庭都立有祖先的牌位，每逢初一、十五进香祭拜。

资源物产

矿产资源　越南已发现矿种90多种，其中探明储量40多种。重要矿产资源有煤、石油、天然气、铁、锰、铬、钛、锆、铝、铜、镍、铅锌、锡、铍、金、稀土、磷灰石、石墨、瓷土、膨润土、重晶石、宝石等，其中煤储量65亿吨，铝土储量4.5亿吨。

生物资源　动植物种类繁多。有爬行动物约300种，禽类1000多种，鱼类1000多种。陆栖野生动物主要有象、犀牛、虎、豹、熊、鹿、猴、白眉猿、孔雀、翡翠鸟、金丝鸟等。2014年，种植林面积达到22.62万公顷，其中，用材林20.26万公顷，防护林2.22万公顷，特种林1400公顷。

物　产　主要粮食作物有水稻、小麦、玉米、高粱、薯类等。经济作物有茶、橡胶、咖啡、可可、槟榔、油桐、胡椒、八角、烟草、棉花、花生、甘蔗、麻类等。药材有党参、何首乌、通草、苍耳、砂仁、桂皮、三七、巴戟、黄连等。盛产菠萝、香蕉、椰子、杧果、菠萝蜜、柚子、荔枝等热带水果和格木、柚木、楠木等名贵木材。

国体政体

国　体　越南社会主义共和国宪法规定：越南是社会主义国家，越南共产党是领导国家和社会的力量，国家一切权力属于人民，实行人民代表大会制度。

国　会　国家最高权力机关，行使国家立法权。国会代表以普选制投票产生。

政　府　国家最高行政机关。由总理、若干名副总理和有关部门组成。设有国防部、公安部、文化体育旅游部、内务部、国家银行、劳动荣军与社会部、司法部、建设部、政府办公厅、工贸部、财政部、教育培训部、外交部、农业与农村发展部、国家民族委员会、资源环境部、科学技术部、通信新闻部、交通运输部、卫生部、监察部、计划投资部等机构。

最高人民法院　国家最高审判机关。

最高人民检察院　国家最高检察机关。

越南共产党　越南社会主义共和国的执政党，也是越南唯一的政党。中央委员会总书记阮富仲，2011年1月当选。

越南祖国阵线　由各阶层组成，参政议政。

国家领导人

国会主席　阮生雄，2011年8月当选。

国家主席　国家元首，统帅武装力量，由国会选举产生。现任国家主席张晋创，2011年8月当选。

政府总理　阮晋勇，2011年8月连任。

越南祖国阵线中央委员会主席　阮善仁，2013年9月5日当选。

行政区划

一级行政区划　越南设5个直辖市和58个省，并按地域划分为6个大区：(1)红河平原11省(市)，分别是河内、海防、永福、北宁、广宁、海阳、兴安、河南、南定、太平和宁平，面积21060.0平方千米，人口2070.52万(2014年，下同)，人口密度983人/平方千米。(2)北部丘陵和山区14省，分别是河江、高平、老街、北浒、谅山、宣光、安沛、太原、富寿、北江、莱州、奠边、山罗、和平，面积95266.8平方千米，人口1166.75万，人口密度122人/平方千米。(3)中部14省(市)，分别是清化、义安、河静、广平、广治、承天—顺化、岘港、广南、广义、平定、富安、庆和、宁顺和平顺，面积95832.4平方千米，人口1952.25万，人口密度204人/平方千米。(4)西原5省，分别是昆嵩、嘉莱、多乐、多农和林同，面积54641.0平方千米，人口552.58万，人口密度101人/平方千米。(5)南部东区6省(市)，分别是胡志明、平福、西宁、平阳、同奈和巴地—头顿，面积23590.7平方千米，人口1579.04万，人口密度669人/平方千米。(6)湄公河平原13省(市)，分别是隆安、同塔、安江、前江、永隆、槟椥、坚江、芹苴、后江、茶荣、朔庄、薄寮和金瓯，面积40576平方千米，人口1751.76万，人口密度432人/平方千米。

主要城市　首都河内市，中央直辖市，位于红河三角洲平原中部，2014年面积3324.5平方千米，人口709.59万，人口密度2134人/平方千米，是全国政治、文化中心，面积第一大城市。中央直辖市还有胡志明市、海防市、岘港市、芹苴市。其他重要城市有下龙、太原、越池、南定、顺化、头顿、大叻、芽庄、河仙等。胡志明市面积2095.5平方千米，2014年人口798.19万，是全国人口最多的城市，也是最大的工商业中心；海防市是北方重要工业、港口城市，全国第三大城市；岘港市是中部港口、工业城市；下龙市是重要煤炭基地和著名旅游胜地。

经　济

国内生产总值　2015年越南国内生产总值4192.9万亿越盾，比上年增长6.68%。人均国内生产总值约4570万越盾，相当于2109美元。

产　业　农业以种植业为主。2015年稻谷产量4520万吨，比上年增产24.09万吨；水产品产量约654.97万吨，比上年增长3.4%。工业主要有能源、机械、化工、建筑材料、钢铁、纺织、鞋类加工、食品等行业。旅游业发展迅速，全年接待入境游客794.37万人次，比上年下降0.2%。

财　政　2015年财政总收入约884.8万亿越盾，财政总支出约1064.5万亿越盾。

金　融　货币名称为越南盾。2015年年末越南

盾与美元比价为22517∶1。主要银行有越南国家银行(亦称中央银行)、越南工商银行、越南农业和农村发展银行、越南投资发展银行、越南外贸银行、越南国际贸易股份银行等。

进出口贸易 据越南海关总局资料,2015年越南进出口总额3277.6亿美元,比上年增长10%。其中:出口1621.1亿美元,增长7.9%;进口1656.5亿美元,增长12%;贸易逆差35.4亿美元。外资企业进出口总额2078.5亿美元,比上年增长16.7%。其中:出口1105.9亿美元,增长17.7%;进口972.6亿美元,增长15.5%。国内企业进出口总额1199.1亿美元。

越南出口最大宗商品是各种电话及零件,出口额301.8亿美元,比上年增长27.9%。第二大出口商品是纺织服装,出口额228.1亿美元,增长率低于2014年的16.4%。第三大出口商品是计算机、电子产品及零件,金额为156.1亿美元,比上年增长36.5%。

中国是越南最大的贸易伙伴国。根据中国海关统计数据,2015年中越贸易总额958.19亿美元,比上年增长14.6%。其中:中国对越南出口661.43亿美元,增长3.8%;从越南进口296.76亿美元,增长49.1%。越南向中国出口主要商品有大米、果蔬、橡胶、煤炭等。中国仍然是越南最大的商品进口来源国。越南从中国进口的主要商品有计算机、机械设备和零配件、布料、各类钢材、化肥、燃气等。

外国投资 2015年越南吸引外资155.78亿美元,原有企业增资71.8亿美元,两项合计227.58亿美元,实际到位资金145亿美元,比上年增长17.4%。工业和建筑业仍然是外资企业投资的重点领域。

交通通信

铁路交通 越南铁路总长2530千米,主要是窄轨铁路(2128千米),有7条干线。铁路运输量占全国客货运输总量的7%左右。

公路交通 2013年公路总长21.15万千米,其中柏油和水泥路面公路10.8万千米;国道1.65万千米,省道3.76万千米,县道15.7万千米。

水　运 内河运输主要集中于湄公河三角洲、红河三角洲平原地区,有营运内河货船2130艘、客船1600艘。能够停靠万吨级以上轮船的港口有鸿基港、盖邻港、海防港、鸿罗港、岘港、归仁港、头顿港、西贡港等,全国有海轮1081艘,总吨位310万吨。

2014年全国旅客运输量30.48亿人次,其中,铁路1200万人次,公路28.72亿人次,水路1.46亿人次,航空1830万人次。

民用航空 有内排、新山一、岘港3个国际机场。至2012年10月,越南民航共有95架客机。2014年民航机场旅客运输量约1830万人次。

电　信 2014年全国电话用户1.43亿户,其中移动电话用户1.36亿户。全国互联网宽带用户约600.05万户。

越南组图:①会安古城;②河内陶瓷之路;③胡志明市中央邮局;④美奈海滩 (百度网)

教 育

越南拥有完善的教育体系。基础教育学制 12 年,其中小学 5 年,初中 4 年,高中 3 年。在高中教育阶段,还有中等职业教育。大学教育学制 3 ~ 6 年。大学后教育,分为硕士研究生、博士研究生两个阶段。2000 年宣布完成扫盲和普及小学义务教育,2001 年开始普及 9 年义务教育。

2014 ~ 2015 学年,全国有幼儿园 14179 所,幼儿教师 21.55 万人,在园幼儿 375.5 万人。小学 15277 所,在校生 754.37 万人,小学教师 39.21 万人。初中 10293 所,在校生 509.88 万人,初中教师 31.26 万人。高中 2386 所,在校生 243.99 万人,高中教师 15.20 万人。2014 年全国有高等院校 436 所,在校生 236.39 万人,大学教师 9.14 万人。其中:公立大学 347 所,在校生 205.03 万人,教师 7.41 万人;私立大学 89 所,在校生 31.36 万人,教师 1.73 万人。中专 312 所,在校生 34.97 万人,教师 1.10 万人(不包括兼职教师)。其中:公立学校 186 所,在校生 24.41 万人,教师 5800 人;私立学校 126 所,在校生 10.56 万人,教师 5200 人。越南著名高等院校有河内国家大学、国民经济大学、胡志明市国家大学、胡志明市开放大学、荣市大学、太原师范大学等。

传 媒

越南有定期出版物 563 种,报社约 150 家。主要报刊有《人民报》(越共中央机关报)、《人民军队报》(越南人民军总政治局机关报)、《大团结报》(祖国阵线中央机关报)、《西贡解放报》(越共胡志明市委机关报)、《共产主义》(越共中央政治理论月刊)、《全民国防》(越南人民军理论月刊)等。2010 年出版发行报纸、杂志 10.6 亿份,出版发行图书 2.78 亿册。

国家通讯社为越南通讯社,1945 年创立,在全国各省(市)均设有分社,驻外分社有 16 个。国家广播电台为越南之声广播电台,成立于 1954 年,对内广播用越南语及多种少数民族语言播音,对外广播用中国普通话、中国广东话、俄语、英语、法语、西班牙语、日语、泰语、老挝语、柬埔寨语、印尼语、马来语等播音。越南中央电视台成立于 1971 年,可同时播送 4 套节目。

医疗卫生

2014 年越南有医疗机构 13611 个,其中医院 1063 家,疗养和体力恢复医院 61 家,护肤医院 21 家,妇产科医院 11 家,多科防治医院 635 家,乡镇、机关、企业医务站(室)11820 个。全国有病床 29.58 万张,医生 7.18 万人,医士 5.83 万人,护士 10.2 万人,助产士 2.91 万人,高级药剂师 9300 人,中级药剂师 2.19 万人,司药员 1800 人。

科 技

越南有科学研究和技术发展组织 1150 多个,直接从事科研工作的人员约 2.2 万。全国具有大专以上文化程度的人口 200 多万,其中博士 1.4 万人,硕士 1.6 万人。2012 年国家财政科技事业经费支出 64830 亿越盾。

2014 年全国有图书馆 731 家,其中国家图书馆 1 家,其余为各省市图书馆。共有藏书 1893.2 万册。

历 史

越南境内发现多处旧石器时代、新石器时代文化遗址。主体民族越族的直接祖先,是起源于古代居住在从中国南方一直到红河三角洲地区的百越族群的一个分支——雒越。雒越人在公元前 3 世纪之前的很长时间里,就居住在今越南北部红河流域的中下游地区。有关越南的古籍中有“文郎国”“瓯雒国”的记载,反映古代雒越人原始部落社会的一些情况。

从公元前 214 年至公元 10 世纪初,今越南北部一直在中国封建王朝的管辖之下。939 年,安南人(当时中国人对越南居民的泛称)吴权赶走中国官吏,自立为王。吴权死后,安南地区出现“十二使君”(即 12 个封建主)割据纷争局面。968 年,安南人丁部领削平“十二使君”,统一安南,建立大瞿越国,随后派遣使者向中国北宋王朝请封,宋太祖封丁部领为检校太尉、交趾郡王。学术界一般将丁部领建大瞿越国作为越南建立自主封建国家的开始。

此后,越南先后经历前黎朝(980 ~ 1009)、李朝(1010 ~ 1225)、陈朝(1225 ~ 1400)、胡朝(1400 ~ 1407)、后黎朝(1428 ~ 1784)、西山朝(1788 ~ 1802)、阮朝(1802 ~ 1945)等封建朝代。1802 年,越南最后一个封建王朝的开国皇帝阮福映依惯例向中国清王朝请封。清王朝于次年封阮福映为越南国王。这是“越南”作为国名的开始。

19 世纪下半叶,越南沦为法国的殖民地。

1945 年,越南人民取得“八月革命”胜利,同年 9 月 2 日,越南宣告独立,越南民主共和国诞生。

越南独立不久,法国人卷土重来,重新占领越南,越南人民再次进行抗法战争。1954 年 5 月 7 日,越南人民赢得奠边府战役胜利,法国军队撤离越南,越南开始南北分治。20 世纪 50 ~ 60 年代,美国人支持南越政权,越南人民展开抗美战争。1973 年美国军队撤离越南。1975 年,越南南北统一。

1976 年,越南民主共和国改称越南社会主义共和国。

1995 年,越南社会主义共和国加入东南亚国家联盟。

(农立夫)

动　　态

政　　治

中共中央总书记习近平会见朱立伦主席率领的中国国民党大陆访问团

2015年5月4日上午，中共中央总书记习近平在北京会见朱立伦主席率领的中国国民党大陆访问团。习近平强调，坚持走两岸关系和平发展道路，坚持“九二共识”、反对“台独”的政治基础，坚持开展两岸协商谈判、推进各领域交流合作，坚持为两岸民众谋福祉。习近平提出五点主张。第一，坚持“九二共识”、反对“台独”是两岸关系和平发展的政治基础，其核心是认同大陆和台湾同属一个中国。第二，深化两岸利益融合，共创两岸互利双赢，增进两岸同胞福祉，是推动两岸关系和平发展的宗旨。第三，两岸交流，归根到底是人与人的交流，最重要的是心灵沟通。第四，国共两党和两岸双方要着眼大局，本着相互尊重的精神，不仅要求同存异，更应努力聚同化异，不断增进政治互信。第五，中华民族伟大复兴要大家一起来干。

中国纪念中国人民抗日战争暨世界反法西斯战争胜利70周年

2015年9月3日上午，纪念中国人民抗日战争暨世界反法西斯战争胜利70周年大会在北京天安门广场隆重举行。大会以“铭记历史、缅怀先烈、珍爱和平、开创未来”为主题。将近50个国家的首脑以及联合国秘书长潘基文出席阅兵式。参加阅兵的有大约1.2万名军人，其中包括约1000名外国军人，还有500个各类军事装备，200多架飞机和直升机。中共中央总书记、中国国家主席、中央军委主席习近平检阅受阅部队并发表重要讲话，宣布中国裁减军队员额30万。

①

②

③

④

纪念中国人民抗日战争暨世界反法西斯战争胜利70周年大会阅兵式组图：①徒步方队通过天安门广场；②由20架直升机在空中组成“70”字样通过天安门广场；③担任阅兵典礼奏唱任务的解放军联合军乐团和合唱团；④整装等待检阅　（新华网）

中国共产党第十八届中央委员会第五次全体会议

2015 年 10 月 26 ~ 29 日在北京举行。会议审议通过《中共中央关于制定国民经济和社会发展第十三个五年规划的建议》。会议认为，到 2020 年全面建成小康社会，是中国共产党确定的“两个一百年”奋斗目标的第一个百年奋斗目标。“十三五”时期是全面建成小康社会的决胜阶段，“十三五”规划必须紧紧围绕实现这个奋斗目标来制定。

·链接资料·

全面建成小康社会新的目标要求

经济保持中高速增长，在提高发展平衡性、包容性、可持续性的基础上，到 *2020* 年国内生产总值和城乡居民人均收入比 *2010* 年翻一番，产业迈向中高端水平，消费对经济增长贡献明显加大，户籍人口城镇化率加快提高。农业现代化取得明显进展，人民生活水平和质量普遍提高，国家现行标准下农村贫困人口实现脱贫，贫困县全部摘帽，解决区域性整体贫困。国民素质和社会文明程度显著提高。生态环境质量总体改善。各方面制度更加成熟更加定型，国家治理体系和治理能力现代化取得重大进展。

习近平与马英九在新加坡举行历史性会晤

2015 年 11 月 7 日下午，中共中央总书记习近平同台湾方面领导人马英九在新加坡会面，就进一步推进两岸关系和平发展交换意见。这是自 1949 年以来，台湾海峡两岸领导人的首次会面，无疑为进一步发展海峡两岸关系奠定了基础。习近平就此提出 4 点意见：第一，坚持两岸共同政治基础不动摇。第二，坚持巩固深化两岸关系和平发展。第三，坚持为两岸同胞多谋福祉。第四，坚持同心实现中华民族伟大复兴。

文莱推出“数字政府”战略

2015 年 6 月 8 日，文莱能源部部长亚斯敏在第 4 届东盟首席信息官论坛上发表讲话，称文莱政府高度重视信息通讯技术发展，并于近期推出“2015 ~ 2020 数字政府”战略。“2015 ~ 2020 数字政府”战略是采用“整体政府”模式，加强不同部门间合作，以民众和企业需求为导向，提供创新、高效的服务，并建立民众和政府双向沟通平台，使民众能够参与国家政策和其他重大公共事项决策。

文莱苏丹出席 2015 年全民开斋节活动

2015 年 8 月 5 日早上，文莱苏丹出席苏丹基金局在呇拉克斯文莱国际会议中心举办的 2015 年全民开斋节活动致御词时表示，伊斯兰教主张对具有不同能力的社群都给予关怀。苏丹希望，对具有不同能力的人士应给予不同的援助，以便让他们能过上与其他人士相同的幸福生活。“在政府方面，为了提高他们的能力，政府要为他们提供福利措施，其中包括援助金计划、引导计划、训练计划以及生活费的补助。”

文莱改组内阁

2015 年 10 月 22 日下午，文莱国家元首苏丹通过全国电视台和电台宣布新的政府内阁名单。10 月 26 日上午，文莱苏丹在奴鲁伊曼皇宫颁布委任状，新内阁宣誓就任。苏丹担任首相、国防部部长、财政部部长兼外交与贸易部部长。皇太子哈芝阿尔慕达迪比拉担任首相署高级部长，哈芝阿布巴加任内政部部长，哈芝苏尤奥斯曼任教育部部长，哈芝阿都拉曼伊布拉欣任首相署部长兼第二财政部长，林玉成任首相署部长兼外交与贸易部部长，哈芝莫哈末亚斯敏上校任能源及工业部部长，哈芝巴达鲁丁任宗教事务部部长，哈芝巴林阿都拉任发展部部长，哈芝阿里阿蓬任初级资源与旅游部部长，哈芝慕斯达法西叻任交通部部长，哈芝哈尔比少将任文化青年与体育部部长，哈芝朱卡纳因医生任卫生部部长，哈芝阿都阿兹士朱聂任国家祭司长，拿汀哈嘉哈雅蒂任总检察长。

文莱苏丹呼吁要维护伊斯兰价值观

2015 年 12 月 23 日晚上，文莱苏丹通过全国电台和电视台发表穆罕默德诞辰纪念日献辞。他指出，纪

7 月 19 ~ 21 日，文莱努洛伊曼王宫向公众开放，苏丹哈桑纳·波尔基亚率领皇室成员与民众共同欢庆开斋节。图为民众在王宫品尝免费餐饮　（新华网）

念和庆祝先知穆罕默德诞辰和伊斯兰其他重要日子,是向世人展示我们坚定维护伊斯兰价值观的立场,而我们也从奉行这些传统中受益。他强调,伊斯兰是来自真主的宗教,其唯一的宗旨是宣扬仁爱和良善,无涉暴行。伊斯兰教义不教人犯罪,正如先知穆罕默德所教诲的,伊斯兰极力维护生命、财富和尊严。

柬埔寨完成新一轮人事调整

2015年6月8日,柬埔寨参议院主席、人民党主席谢辛亲王因病在柬埔寨首都金边逝世。6月9日,赛冲当选柬埔寨参议院主席。6月14日,柬埔寨国王诺罗敦·西哈莫尼签发王令,分别赐封参议院主席赛冲和副首相兼内政部部长苏庆为亲王。6月20日,在人民党召开的中央委员会特别会议上,人民党副主席、柬埔寨首相洪森当选人民党主席;人民党中央常委、柬埔寨副首相兼内政部部长苏庆以及人民党中央常委兼秘书长、参议院主席赛冲同时当选人民党副主席。6月22日,柬埔寨国王诺罗敦·西哈莫尼签发王令,册封38名官员出任参议院主席赛冲的顾问,级别从"总局长"到"国务委员"级。西哈莫尼国王在同一份王令中也下令结束原谢辛亲王顾问团的职务。

柬埔寨两大政党领袖举行家庭聚餐

2015年7月11日晚,柬埔寨首相、人民党主席洪森与反对党救国党主席桑兰西携家人在金边的一家酒店聚餐。两家人这次聚餐的合照被洪森和桑兰西的家人放到脸书上。这次聚餐受到柬埔寨舆论的高度赞誉。有分析人士指出,此次两大政党领导人举行家庭聚餐看似私人社交,实际上是人民党与救国党的亲密接触。7月12日,桑兰西在自己的官方脸书专页上写道:11日晚上,我同洪森两家人共进了历史性的聚餐,这是我国执政党和反对党领袖全家人的一次共进餐叙。桑兰西强调,之前,执政党和反对党领袖只会互相辱骂,进行口水战。他和洪森两家共进晚餐的目的是将人民党和救国党提倡的"对话文化"渗透到人民党和救国党各个基层官员的心中,更是希望柬埔寨子孙后代继续传承和保护"对话文化"。此次聚餐是洪森与桑兰西于2015年4月14日在暹粒省出席"吴哥宋干节"新年庆典时约定的。

柬埔寨国会通过《非政府组织与协会管理法》草案

2015年7月13日,柬埔寨国会在救国党议员全体缺席的情况下,由68名人民党议员以全部赞成通过备受争议的《非政府组织与协会管理法》草案。柬埔寨首相洪森表示,制定《非政府组织与协会管理法》的目的是为了保障与保护在柬埔寨成立非政府组织与协会的自由权利,加强非政府组织、协会与当局政府的"伙伴"合作关系以及制订非政府组织与协会在主管部门进行注册或签订谅解备忘录的相关程序等。当日,救国党发言人任速万重申,救国党抵制并缺席国会的原因是担心通过该法后,国际援助伙伴停止向柬埔寨提供援助。救国党希望通过抵制国会督促执政的人民党对该法的内容三思,以国家利益为重。

柬埔寨国会第一副主席金索卡职位被撤销

2015年10月26日,数千名民众在柬埔寨国会大厦前抗议,要求柬埔寨国会主席韩桑林撤销救国党副主席金索卡国会第一副主席的职务。当天中午,有两位救国党国会议员被不名分子打伤。同时,柬埔寨部分省市、边境地区也发起反金索卡的示威活动。10月30日,在由柬埔寨国会主席韩桑林主持的国会会议上,洪森、苏庆等人民党68名议员在救国党全体议员缺席的情况下,一致表决撤销救国党副主席金索卡国会第一副主席的职务。据悉,金索卡被免职的主要原因是:违反两党国会议员领导小组于2015年10月9日达成的《联合声明》和2014年7月22日的协议,违背两党"对话文化"原则,不断辱骂攻击柬埔寨人民党及其领导人,利用与邻国的边界问题煽动种族仇视,制造混乱影响社会良好环境、公共秩序和国家安全,煽动分裂,影响社会稳定等。

桑兰西再度流亡海外

2015年11月13日,柬埔寨金边市初级法院发出通缉令,重翻7年前旧案,要将涉及"公开诽谤与煽动引发歧视罪"已被判两年徒刑的救国党主席桑兰西缉捕归案。通缉令称:桑兰西曾于2008年4月17日在金边市朗哥区朗哥分区发表不当言论,涉及公开诽谤与煽动引发歧视罪,遭到时任柬埔寨副首相兼外交与国际事务部部长贺南洪起诉。2011年,金边市初级法院宣判桑兰西上述罪名成立,判处两年有期徒刑和罚款800万柬币。2013年3月12日,中级法院决定撤出此案,但桑兰西还未执行所判徒刑。由于桑兰西尚未服刑,故指示司法机关将其缉捕归案,并送至内政部的监狱服刑。因此,2013年才获柬埔寨国王特赦回国参选的救国党党首桑兰西再度被迫流亡国外。

印度尼西亚改组内阁

2015年8月12日,印度尼西亚总统佐科宣布小幅改组内阁,更换5名主要内阁部长和一名内阁秘书。其中,印度尼西亚央行前行长达尔明·纳苏蒂安接替索菲安·查利尔担任经济统筹部部长,索菲安转任国家发展规划部部长。印度尼西亚现任总统府幕僚长卢胡特·潘查伊坦接替特佐·埃迪·普尔迪亚特诺担任政治、法律和安全统筹部部长。印度尼西亚财政部前部长里扎尔·拉姆利接替因德罗约诺·苏西洛担任海洋统筹部部长。印度尼西亚著名银行家托马斯·伦邦接替拉赫马特·戈贝尔担任贸易部部长。印度尼西亚国会前副议长普拉莫诺·阿农担任新国务秘书。

印度尼西亚举行国庆 70 周年纪念活动

2015 年 8 月 17 日，印度尼西亚政府在总统府举行国庆 70 周年纪念活动，举行庄重的升国旗仪式，并派出 13 架战斗机编队飞过总统府上空庆祝独立日。国庆主题为：以印度尼西亚 1945 年 8 月 17 日独立宣言的精神，支持政府建设国家，走向更加进步和繁荣的未来。

印度尼西亚议会审议通过开发 KF－X 战机预算案

2015 年 11 月 1 日，印度尼西亚议会审议通过印度尼西亚与韩国联合进行 KF－X 韩国型战斗机研发所需的 890 亿韩元的预算案。韩国与印度尼西亚已于 2011～2012 年联合进行 KF－X 韩国型战斗机研究开发工作，并于 2014 年 10 月签署两国 KF－X 国际联合开发基本协议。

印度尼西亚地方首长选举顺利举行

2015 年 12 月 9 日，印度尼西亚有史以来首次地方行政长官同期选举顺利举行，约 1 亿选民选出 8 名省长、35 名市长和 221 名县长，选民投票率达到 70%。印度尼西亚官方表示，将一年中的多场选举集中到同一天主要是为了节约成本并提高效率，印度尼西亚还将于 2017 年和 2018 年举行类似的选举。

老挝人民革命党九届十中和十一中全会在万象召开

老挝人民革命党九届十中全会于 2015 年 5 月 11～26 日召开，全会对中央委员一年来履职情况及党的领导工作进行总结，对 2014～2015 度经济社会发展情况、上半年预算和货币计划执行情况进行研究，提出下半年及 2015～2016 年度工作方针。对《“十大”政治报告（草案）》《党章（修订）》《宪法（修订）》《“八五”（2016～2020 年）经济社会发展计划》《10 年（2015～2025 年）经济社会发展战略》以及《至 2030 年远景规划》进行讨论并提出修改意见。十一中全会于 11 月 9～16 日召开，会议对 2015 年以来省部级党委选举换届工作、“三建”试点（三建系指老党中央政治局 2012 年 2 月 15 日颁布的政治局第 3 号“关于将省建设成为战略单位、将县建设成为全面坚强单位和将村建设为发展单位的决议”，简称“三建”）和爱国发展运动进行总结并提出下一步指导方针，对“十大”中央委员会候选人名单进行初步研究。

老挝七届国会九次和十次会议在万象召开

老挝国会七届九次会议于 2015 年 7 月 1～21 日在万象召开。会议听取并审议政府关于组织执行经济社会发展计划的工作报告、国家预算计划、2014～2015 年度货币政策执行情况及 2015～2016 年度方针计划；根据总理提议任命 7 名新部长；审议通过国家审计署、最高人民法院和最高人民检察院 2014～2015 年度工作报告；批准《预防和打击计算机犯罪法（草案）》《经营竞争法》和《教育法（修订）》，同时征求对《国会法（修订）》《省级人民议会法》及《国会和省级人民议员选举法（修订）》的意见。七届国会十次会议于 12 月 7～25 日召开，会议审议通过《宪法（修正案）》《省级人民议会法》《反人口拐卖法》《国防法》《干部公务员法》《地方管理法》等 11 部法律。听取国会常委会关于七届国会五年来工作总结报告、八届国会议员和省级人民议员选举筹备工作报告、政府关于卫星和老中铁路建设项目情况报告、“三建”试点工作报告以及在 2015 年年底参加东盟经济共同体报告等。

12 月 2 日，老挝万象举行盛大群众游行和阅兵式，庆祝老挝建国 40 周年

（百度网）

老挝庆祝建国 40 周年

2015 年 12 月 2 日，老挝人民革命党和政府在首都万象塔銮广场举行盛大阅兵和群众游行活动，隆重庆祝老挝人民民主共和国建国 40 周年，共有 49 个方队 1.5 万人参加阅兵和群众游行活动。老挝人民革命党中央总书记、国家主席朱马里主持庆典，老挝党政领导、各国驻老使节、国际机构代表、老挝退休老干部、老战士、外国老挝侨胞及社会各界群众参加庆典。中共中央政治局常委、中国全国人民代表大会常务委员会委员长张德江以及越南、柬埔寨的受邀嘉宾共同参与观礼。

老挝颁布实施《宪法》(2015 年修订版)

老挝国家主席朱马里 2015 年 12 月 15 日签发主席令,颁布实施《宪法》(2015 年修订版)。老挝《宪法》2003 年曾做过第一次修订,此次为第二次修订,将 2003 年修订的《宪法》由 11 章 98 条增至 14 章 119 条,主要增加省级议会、国家审计署和国家选举委员会 3 章并增加 21 条新条款。

马来西亚吉兰丹州通过伊斯兰刑事法案修正案

2015 年 3 月 19 日,马来西亚吉兰丹州议会三读通过伊斯兰党提呈的"2015 吉兰丹伊斯兰刑事法案"。吉兰丹州议会通过的这套伊斯兰刑事法属于修正案,其全称为"2015 吉兰丹伊斯兰刑事法(1993 年)(Ⅱ)法案"。该项备受争议的法案其实早在 1993 年已经通过并成为吉兰丹州法律的一部分,但却因诸多因素而未能全面落实。"伊斯兰刑事法"是伊斯兰国家制约刑事犯罪的基本法规,也是一套获得统治阶级认可的宗教道德与行为规范,由古代法学家们根据《古兰经》和伊斯兰圣训总结制订而成。其中包括一些不可更改的固定刑罚在非穆斯林人士中备受争议。伊斯兰刑事法的落实不仅意味着一个地区对待不同种族将分别实施两套不同的刑法,势必对国家宪政制度带来重大影响,以马来西亚华人为主的族群更担心伊斯兰刑事法将会给非穆斯林带来莫大的困扰,从而造成种族关系紧张。

马来西亚通过防范恐怖主义法案和对抗国外恐怖主义特别措施法案

2015 年 4 月 7 日,针对日益严重的恐怖主义威胁,马来西亚国会下议院在没有修改任何条文的情况下通过新的 2015 年防范恐怖主义法案和 2015 年对抗国外恐怖主义特别措施法案。在最后一轮也就是第 9 次记名投票中,法案以 79 票赞成、60 票反对获得通过。按照该新法规定,允许把嫌疑人在未经审判的情况下无限期拘留,只需由一个政府任命的五人委员会批准即可,而嫌疑人却没有权利要求司法机构核查。考虑到此项法律可能会引起争议,马来西亚政府承诺不会基于政治信仰原因而以此法针对某个人,而且新法与 3 年前政府所废除的《国内安全法》不同。总理纳吉布保证不会利用该法案来达到政治目的,而是旨在防范和打击恐怖极端活动,以确保国家安全。

马来西亚伊斯兰党举行中央代表大会

2015 年 6 月 4 ~ 6 日,马来西亚伊斯兰党举行中央代表大会,进行党内选举,1162 名代表投票选出新一届领导。支持实施伊斯兰刑法的保守派在选举中全面获胜,原任党主席哈迪阿旺击退开明派对手前霹雳州主席阿末阿旺,蝉联伊斯兰党全国主席。原任副主席端依布拉欣击败原任署理主席莫哈末沙布,当选署理主席。3 位副主席职位也同样落入保守派的手中,依德利斯阿末、莫哈末阿玛、依斯干达阿都沙末均高票当选副主席。伊斯兰党宗教司理事会主席由马弗兹出任,宗教司理事会同样由保守派掌控。会上,伊斯兰党宗教司理事会提呈议决,建议该党与民主行动党断交。6 月 6 日,在未经辩论的情况下,大会通过了与民主行动党断交的议案。

马来西亚总理改组内阁

2015 年 7 月 28 日马来西亚总理纳吉布在总理署举行新闻发布会,宣布内阁进行改组,任命内政部部长阿末扎希接替穆希丁为新任副总理,同时出任内政部部长,并更换多名部长和副部长。原副总理穆希丁、乡村及区域发展部部长沙菲益阿达、天然资源及环境部部长巴拉尼威、科艺及革新部部长依温依宾、贸易消费部部长哈山马力、马来西亚总检察长阿都干尼等遭撤职。旅游部前部长阿莎丽娜再次入阁出任首相署部长;4 名国会公共账目委员会成员也受委入阁,其中公账会主席拿督诺嘉兹兰被委任为内政部副部长。前联邦法院法官莫哈末阿班迪则取代阿都干尼担任马来西亚总检察长。此次内阁改组后,总理署部长从之前的 10 人增至 11 人,副部长则增至两人,总理署的正副部长人数达到 13 人,为历来人数最多。

马来西亚举行"干净与公平选举联盟 4.0"大集会

2015 年 8 月 29 ~ 30 日,马来西亚举行"干净与公平选举联盟 4.0"(净选盟 4.0)大集会,超过 20 万参与抗议活动的民众,穿着黄色 T 恤于 8 月 29 日下午 2 点在首都吉隆坡从四面八方游行到独立广场参加集会。这次集会由当地民间组织干净与公平选举联盟组织,提出"干净选举、政府清廉、人民拥有反抗权、巩固我国民主制度、拯救国家经济"5 大诉求。此次集会的起因是"一个马来西亚发展公司"贪腐案,参加者多为马来西亚华人。在马来西亚政坛颇具影响力的前总理马哈蒂尔也现身游行队伍中。集会者进行 34 个小时的抗议,除马来西亚本土外,世界各地超过 50 个城市的马来西亚人同步响应。此次是纳吉布总理执政 6 年来,面对的最大型示威。警察出动大批警力在独立广场外设立防线戒备。集会在 8 月 31 日凌晨结束。

马来西亚国家诚信党成立

2015 年,伊斯兰党党员因对伊斯兰刑法的实施有分歧,而分成保守派和开明派。在 6 月的伊斯兰党党选中,保守派全面获胜,新任伊斯兰党全国主席、署理主席及副主席皆来自保守派,伊斯兰党宗教司理事会主席也由保守派人选出任，宗教司理事会同样是由保守派操控大局，开明派全数被扫出领导层。于是开明派另行组织新希望运动，并向马来西亚社团注册官申请成立新党进步回教党，但申请被驳回。于是新希望团队通过接管马来西亚工人党，重新命名该党为国家诚信党，于2015年9月16日成立。10月2日，马来西亚社团注册局正式批准申请易名国家诚信党，莫哈末沙布任该党党主席。

马来西亚举行“9・16马来人尊严集会”

2015年9月16日，“马来人尊严集会”在马来西亚首都吉隆坡举行。约3万名马来人在市中心声援受侵吞公款丑闻困扰的总理纳吉布，并谴责华裔政党上月底发动反纳吉布大型示威。这场集会由马来人非政府组织联盟主席嘉马尤诺发起，由马来西亚当地亲政府的团体组织以维护“马来人尊严”为宗旨组织。参加游行的人员身穿红衫，大多是马来族年轻人，集会人群打出“马来人万岁”的横幅。游行队伍经过多个以华人为主的商业区和旅游区，部分区域已经被警方提前封锁，禁止队伍进入。警方在唐人街附近架设路障，并增派警察驻守。有示威者企图冲入，遭到防暴警察制止。双方一度爆发冲突，防暴警察发射水炮驱赶。至晚上19时许，示威群众才陆续散去，两名滋事者被捕。对于当日的游行，马来西亚副总理阿末扎希要求撤掉所有带有敏感词的标语。总理纳吉布既未支持也未反对。此次游行是马来西亚内部政治斗争扩大至社会大众的反映。

马来西亚反对党组成新联盟——希望联盟

2015年9月22日，马来西亚反对党在吉隆坡成立新联盟——希望联盟（简称希盟）。其成员党包括马来西亚公正党、民主行动党及国家诚信党。希盟期望在下届大选击败执政联盟——国阵。希盟达成一致协议，共同推举尚在狱中服刑的安瓦尔为下届大选总理人选。希盟在年内开会协调各党立场并讨论拟定共同政治纲领。

马来民族统一机构第69次党代表大会

2015年12月8～12日，马来民族统一机构（简称巫统）在马来西亚吉隆坡举行第69次党代表大会。代表马来民族统一机构340万名党员的2654位正式代表，来自21个国家的33个政党代表团一同出席大会。应巫统邀请，中共中央委员、中共甘肃省委书记王三运作为中共代表出席会议。由越共中央委员、中央民运部副部长吴氏尹清率领的越南共产党代表团也出席会议。马来西亚总理、巫统主席纳吉布・拉扎克在开幕式上发言时强调第69次党代表大会在巫统成立70周年的背景下召开的重要性，呼吁巫统内部，以巫统为首的国民阵线执政党联盟成员党之间加强团结，严格遵守党章，肩并肩迎接挑战，确保巫统的领导地位。

缅甸果敢冲突持续升温

2015年2月9日，缅甸果敢同盟军与当地的政府驻军开战并试图攻入果敢自治区首府老街，果敢地区陷入战乱，造成大量人员和财产损失，严重影响边境地区的安全与稳定。

缅甸民盟主席昂山素季修宪之路受阻

2015年2月10日，缅甸总统登盛签署颁布《为了通过2008年宪法修正案举行全民公投的法案》，批准在2015年举行全民公投，以决定是否修改现有的2008年宪法。缅甸宪法规定，总统人选本人以及其配偶、儿女、父母等家属不能是外国国籍。6月25日，联邦议会做出表决：关于修改2008年颁行的宪法中有关总统任职资格和修改宪法门槛等重要条款的修正草案，因未获得75%的支持票而未得到议会通过。这意味着民盟主席昂山素季将失去参选总统资格。

缅甸政府致力于与民地武签订全国性停火协议

2015年3月17日，代表缅甸政府的联邦实现和平工作委员会和代表少数民族地方武装的全国停火协调委员会之间第7轮全国停火协议谈判在仰光拉开帷幕，主要商讨停火协议草案。缅甸政府努力争取与所有地方武装组织集体签署全国停火协议，并致力于进入集体政治对话阶段，争取实现持久和平。10月15日，缅甸全国停火协议签署仪式在内比都举行。缅甸总统登盛、国防军总司令敏昂莱以及8个少数民族地方武装领导人在全国停火协议上签字。该协议的签署在缅甸和平进程中具有里程碑意义，并受到国际社会的肯定。

缅甸多地爆发民众游行

2015年4月6日，超过1万名政府官员、学校教师和市民，聚集在中部城市掸邦首府东枝，举行万人示威集会，支持缅甸政府与民族武装之间进行的和平进程，呼吁尽快签署“全国全面停火协议”。5月27日，数以百计的民众在仰光举行示威，抗议国际社会在有关罗兴伽人海上移民危机中向缅甸政府施加压力。6月30日，学生公会50多名大学生在仰光街头举行示威游行活动，要求修改2008年宪法中有关军方占有国会25%席位的条款，并要求军方25%议员退出议会。9月9～15日，内比都、仰光和曼德勒等部分地区相继发生佩戴黄丝带抗议活动，该活动旨在抗议军队将领到司法部门任职。10月5日，在曼德勒举办的全缅国际教师节活动中，100多名教师发起绿色彩带运动，反对军方官员进入教育部门任重要职位。

缅甸政府颁布社会民生法案

2015年5月,缅甸总统登盛签署《人口增长的卫生保护法》,该法规定部分妇女在生育之后隔3年才能再次生育。7月7日,《缅甸佛教徒女性婚姻法案》通过缅甸联邦议会审批,获得颁布。8月下旬,登盛总统签署《缅甸佛教妇女特别婚姻法案》和《转变宗教法案》,分别对申请结婚和改变宗教信仰程序做出规定。8月26日,联邦议会通过第一部《广播电视法》,该法案为开办更多私营电视台打开绿灯。8月31日,登盛总统签署《一夫一妻制法案》,该法将对一夫多妻、重婚等行为予以严惩。

缅甸政府人事调整

2015年8月12~14日,缅甸总统府相继发布通令,任命内政部、交通部、能源部部长分别兼任移民与人口部、铁道部、通讯信息与技术部部长,任命新的国防部和边境事务部部长,并任命陆军司令部8名来自克钦邦、钦邦、掸邦、勃固省等地的上校出任克钦邦、钦邦、曼德勒等8个省邦的安全和边境事务部部长。此举有利于缓和中央政府与地方民族武装的矛盾。

缅甸大选顺利举行

2015年11月8日,缅甸全国4万多个投票站同时开放,迎来大选。缅甸本次大选有包括91个政党候选人以及独立候选人在内共6038人竞选各级议会的1100多个议席。缅甸拥有5200万人口,这次选举的合法选民大约3350万人。11月20日,缅甸联邦选举委员会公布最后计票结果:民盟获得390个席位,占比79.4%,巩发党获得42个席位,占比8.5%,若开民族党获得22个席位,掸族民主党(虎头党)获得15个席位,德昂(崩隆)民族党获得4个席位。如将军方议席包括在内,民盟获得全部席位的59%,巩发党6%。

新一届联邦议会将于2016年2月1日举行首次会议,并于3月17日选举总统,其后由新总统组建政府。现任总统登盛的任期于2016年3月底结束。

菲律宾海军设立海岸监控站

2015年3月,菲律宾描丹尼斯省省会描斯戈社设立海岸监控站。该监控站由陆战队把守,已开始运作。这座海岸监控站的设立是为了支援"菲律宾全国海岸监控系统"。描丹尼斯省位于菲律宾最北端,与中国台湾隔海相望,不时发生渔业纠纷,菲律宾海岸防卫队经常以"盗渔"名目拘捕进入菲律宾24海里邻接区的中国台湾渔民。

涉嫌绑架马来西亚华人的阿布沙耶头目朱普里伏法

2015年7月16日,菲律宾军方宣布,涉嫌于5月间跨海到马来西亚绑架两名华人的恐怖组织头目之一朱普里7月14日下午在南部小镇被军方逮捕。朱普里因涉及多宗绑架及谋杀案,而被当地法院发出拘捕令通缉。朱普里涉及马来西亚华裔 Thien Nyuk Fun 与 Bernard Then Ted Fen 的绑架案。这两名马来西亚华人于5月14日在沙巴州被绑架,随后被武装分子用机动船押到苏禄省交给恐怖集团阿布沙耶。阿布沙耶成立于20世纪90年代,被美国列为恐怖组织,现已沦为靠绑架维生的盗匪团体,据悉现持有13名外籍人质,其中7人疑由朱普里的派系看管。

菲律宾参众议员等被控涉及政治分肥丑闻

2015年8月7日,菲律宾国家调查局正式向监察署提交第三批政府"优先援助发展资金"贪污弊案涉案者名单,参议员洪纳杉、内阁部长维惹蕊描等9位现任及卸任议员因涉贪被提起犯罪指控。

两年多前,菲律宾多位议员被揭发与不法商人联手,通过向虚构的非政府组织"拨款",把俗称"猪肉桶"(也称"政治分肥")的政府"优先援助发展资金"塞进个人腰包,涉案金额高达上百亿比索。涉案女商人那布礼斯一度揭发有12名现任参议员、8名卸任参议员、100名众议员以及3名政府内阁高官涉案。菲律宾国家调查局此前已向监察署提交两批涉案者名单,后由监察署向反贪法院提出控告,包括3名参议员在内的数十名被告陆续遭到警方羁押。

菲律宾司法部部长黎利马7日表示,司法部下属

11月8日,缅甸大选拉开帷幕,缅甸仰光民众排队参加投票　　(视觉中国)

的国家调查局当天正式对1名参议员、8名现任及卸任众议员等共40名涉案人员提出犯罪指控，菲律宾国家调查局已掌握充足证据指控这些人把“优先发展援助资金”拨付给女商人那布礼斯虚设的“基金会”，并从中收取回扣，因而涉嫌侵吞公款、贪污、行贿、受贿等犯罪活动。黎利马表示，监察署会对国家调查局提交的证据展开评估，并最终决定是否向反贪法院提出控告。

菲律宾众议院领袖与政府及摩伊和平小组领袖会面

2015年8月11日，菲律宾众议院领袖与政府及摩伊的和平小组领袖会面，但是没有就摩洛国基本法议案达成共识。摩洛过渡委员会向众议长贝文地发出信函，要求恢复被特设委员会删除了的摩洛国基本法议案28项要点。会谈中，双方同意继续共同通过一个有意义的摩洛国基本法，以解决菲律宾南部长期武装冲突问题。摩洛国基本法议案在众议院尚处于质询及辩论阶段。

菲律宾将重启苏比克基地

2015年8月14日，菲律宾国防部部长加斯明表示，菲律宾空军和海军将实施一项计划，重新启用面对南海的一处自由港。加斯明在两年前公布这项计划，开放位于苏比克湾自由港的海、空军营区，以便战斗机和巡防舰可以快速回应南海争议海域的任何突发事件。菲律宾2014年签署协定，允许美军部队暂时驻扎在包括苏比克湾的营区。加斯明表示，美国在这些营区驻军对菲律宾会有帮助，即使最高法院最终裁定不准美国驻军，菲律宾政府仍将很快进行基地的兴建工作。

苏比克基地位于菲律宾主要岛屿吕宋岛的西边，面对南海，距离中国控制的黄岩岛大约270千米。苏比克基地原是美军最大的海外基地之一。1991年6月皮纳图博火山爆发，邻近的克拉克空军基地报废，苏比克海军基地被火山灰掩盖。1992年美军撤离，当地将该基地改为苏比克经济特区。

新加坡腐败案数量减少

2016年4月7日，新加坡贪污调查局在“腐败解密”展览启动仪式上公布2015年该部门立案处理的腐败案统计数据，2015年新加坡贪污调查局立案处理的腐败案仅132件，比2014年有所减少，创历年来新低。其中仅有11%的案件涉及政府官员，其他案件为私人领域的行贿受贿。新加坡总理李显龙当天出席展览启动仪式。他说，新加坡被认为是世界上腐败发生最少的国家之一，领导人坚决杜绝贪腐、制定严格的法律惩治贪污、全社会形成对贪腐行为“零容忍”的文化是新加坡保持廉洁的三大秘诀。

新加坡执政的人民行动党在新一届国会选举中获胜

2015年9月12日，新加坡新一届国会选举结果揭晓，执政党人民行动党取得压倒性胜利，获得国会89个议席中的83席。反对党工人党获得6席。人民行动党的总得票率为69.86%，高于上届选举的60.14%。该党在12个单议席选区（单选区）和15个集选区赢得胜利。此次选举共设29个选区，包括13个单选区和16个集选区。集选区需候选人组成团队整体参与竞选，其中必须包括一名少数族裔代表。国会议员席位总数也从87个增至89个。此次国会选举是新加坡1965年独立以来第一次所有议席都有反对党或无党籍候选人参与竞争的大选，也是新加坡建国总理李光耀去世之后的第一次大选。

泰国前总理英拉被弹劾

2015年1月23日，泰国国家立法议会就前总理英拉的弹劾案进行投票，国会表决通过对英拉的弹劾案。当天立法议会220名成员中有219人到会参加针对英拉的弹劾投票。按照规定，只要同意弹劾的票数超过3/5，弹劾即可生效。最终计票结果显示，190人投赞成票，18人投反对票，8人弃权，3票作废。这意味对英拉的弹劾生效，英拉从即日起5年内不得从政。英拉之所以遭弹劾，主要是她为兑现2011年的竞选承诺，于就职后大力推行以高于市价四成至五成的价格向农民收购大米的计划，该计划造成泰国累计亏损8780亿泰铢，身为国家大米委员会名誉主席的英拉因此涉及渎职行为而面临刑事指控，如罪名成立，最高可判10年监禁。2014年5月巴育发动军事政变，英拉下野。

1月23日，泰国国家立法议会就前总理英拉的弹劾案进行投票，国会表决通过对英拉的弹劾案　（新华网）

泰国内阁重组并获国王批准

2015年8月20日，泰国国王普密蓬正式批准巴育总理提交的内阁重组名单，新内阁包含6位副总理。25日，泰国总理巴育主持"巴育内阁3"首次内阁会议，并明确6位副总理的分工，勉励所有内阁成员认真工作，努力解决经济问题。同时，内阁会议还授权副总理颂奇负责包括财政部在内的七大经济部门工作。

泰国新宪法草案被否决

作为临时立法机构，泰国国家改革委员会2015年9月6日就新宪法草案进行投票。结果显示247名委员中有105人赞成，135人反对，7人弃权，新宪法草案因此被否决而无法进入公投阶段。2014年5月，泰国陆军司令巴育发动政变，军政府上台执政。此次投票前，当局计划在新宪法草案获得国家改革委员会通过后举行公投，如果这一进程顺利推进，泰国有望在2016年年内举行大选。而此次否决意味着泰国宪法修订及大选日期后延。接下来，泰国全国维持和平秩序委员会即军政府将委任全新的21人委员会在30天内任命新的修宪委员会，并在180天内重新起草新宪法草案，之后再次进入立法机构投票程序。此次被否决的泰国新宪法草案提出，将为新政府设立5年"过渡期"，期间如果泰国出现政治动荡，"国家改革与和解战略委员会"有权替代民选政府执政。这一内容引起各界争议，被认为是阻碍草案通过的主要障碍之一。

越南共产党各级代表大会召开

2015年5月30日，越共中央政治局出台《关于迎接越共十二大党的各级代表大会的指示》，要求各级党委指导准备和进行各级党代会的工作以迎接越共十二大的召开。根据该项指示，2015年4～11月，越南各级党代会纷纷召开。各级党代会有4项工作内容：总结2010～2015年任期党代会决议实施情况，确定2015～2020年任期党部的目标、方向、任务；对越共十二大文件草案和上一级党代会文件草案进行讨论和提出意见，依照越共中央和上级党委的指导对上一级党委的标准、机构提出意见；进行2015～2020年任期党委选举；选出代表团参加上一级党代会。2015年9月15日至11月3日，越共中央直属的68个党部按照计划全部完成新任期(2015～2020年)党代会的召开。

越南继续大力防治贪污腐败

2015年，越南继续大力加强防治贪污腐败，取得积极效果。一是出台一系列惩治打击贪污腐败的政策机制。如越共中央政治局出台《关于加强党对于发现和处理贪污案件工作之领导的50－CT/TW号指示》；越南国会通过多部与防治贪污腐败有关的重要法律，如《刑事法(修正案)》《刑事诉讼法(修正案)》《刑事调查机关组织法》等。二是大力处理贪污犯罪案件，2015年各级调查机关起诉216起460人，各级人民检察院提起公诉266起591人；各级人民法院审判253起531人。9月28日，越南中央防治腐败指导委员会第八次会议做出决定，在越共十二大召开前集中调查和提起公诉、审判8起重点经济贪污案件，其中包括越南铁路总公司6名前官员接受日本交通技术公司为获取官方发展援助项目贿赂一案。这些重大案件的审判引起社会强烈反响。

越南第十三届国会第十次会议召开

2015年10月20日至11月27日在河内召开。会议通过《刑事法(修正案)》《刑事诉讼法(修正案)》《民事法(修正案)》《民事诉讼法(修正案)》《行政诉讼法(修正案)》《刑事调查机关组织法》《征求民意法》《网络信息安全法》等16部法律；通过关于2015年经济社会发展任务和国家财政预算执行结果和2016年经济社会发展计划、国家财政预算、中央财政分配方案等15项决议。会议审议政府、最高人民法院、最高人民检察院等机构的工作报告，包括《2015年反腐败工作报告》《预防打击违法和犯罪行为工作报告》等。

其中2015年11月25日通过的《征求民意法》规定国家组织让全国选民通过投票的形式决定国家的一些重大问题。征求民意的问题包括：《宪法》全部或《宪法》的一些重要内容；关于国家主权、领土和直接影响国家利益的国防安全、对外关系的特别重要的问题；对国家发

越共河内市代表大会主席台　　(越南之声网)

展有重大影响的特别重要的经济社会问题；国家的其他特别重要问题。越南国会常务委员会、国家主席、政府或至少 1/3 国会代表有权提请国会审核决定征求民意。国会表决是否组织征求民意。有全国至少 3/4 选民参与投票，才是符合规定的征求民意。征求意见内容获得符合规定票数的一半以上赞成为获得通过；但《宪法》规定征求民意必须获得符合规定票数的至少 2/3 赞成才能获得通过。征求民意结果由国会常务委员会向国会报告，由国会作出执行其结果的决定。

越南举办一系列纪念活动

2015 年，越南隆重举办一系列纪念活动，主要有纪念越南共产党成立 85 周年，南方解放、南北统一 40 周年，胡志明主席诞辰 125 周年，越南八月革命胜利和国庆 70 周年等。越南党和国家通过隆重举办纪念活动进行革命传统和历史教育。

外　交

中国—拉美和加勒比国家共同体论坛首届部长级会议

2015 年 1 月 8 日在中国北京开幕。中国国家主席习近平出席开幕式并发表题为《共同谱写中拉全面合作伙伴关系新篇章》的重要讲话，强调中拉论坛首届部长级会议的召开，标志着双方整体合作由构想变为现实，向世界发出中拉深化合作、携手发展的积极信号，并对促进南南合作和世界繁荣进步产生重要而深远的影响。中方愿同拉美和加勒比国家一道，以中拉论坛首届部长级会议为新起点，推动中拉关系在更高水平上实现新发展。

博鳌亚洲论坛 2015 年年会

2015 年 3 月 28 日在中国海南省博鳌开幕。中国国家主席习近平出席开幕式并发表主旨演讲，习近平指出，本届博鳌亚洲论坛年会以“亚洲新未来：迈向命运共同体”为主题，可谓恰逢其时，既有重要的现实意义，也有长远的历史意义。强调亚洲是世界的亚洲。亚洲要迈向命运共同体、开创亚洲新未来，必须在世界前进的步伐中前进、在世界发展的潮流中发展。指出迈向命运共同体，必须坚持各国相互尊重、平等相待。迈向命运共同体，必须坚持合作共赢、共同发展。迈向命运共同体，必须坚持实现共同、综合、合作、可持续的安全。人类和平与发展的事业是崇高的事业，也是充满挑战的事业。不管征程多么曲折、多么漫长，胜利总是属于那些永不放弃、百折不挠、携手前行的人们。

中国与匈牙利签署“一带一路”合作文件

2015 年 6 月 8 日，中国和匈牙利签署《中华人民共和国政府和匈牙利政府关于共同推进丝绸之路经济带和 21 世纪海上丝绸之路建设的谅解备忘录》。匈牙利成为首个与中国签署“一带一路”合作文件的欧洲国家，在共建“一带一路”方面发挥引领和先行作用。中国欢迎更多欧洲国家“向东看”，加强与中国及其他亚洲国家的互利合作，以不同形式参与到“一带一路”建设中来。

中国国家主席习近平出席上海合作组织成员国元首理事会第 15 次会议

2015 年 7 月 10 日，上海合作组织成员国元首理事会第 15 次会议在俄罗斯乌法举行。中国国家主席习近平出席会议并发表重要讲话，强调要加快步伐，切实行动，打造本地区命运共同体，共同维护成员国安全和稳定，充实务实合作内容，巩固世代睦邻友好，保持开放互鉴，在新起点上推动上海合作组织实现新跨越。

中国全国政协主席俞正声访问泰国

应泰国立法议会主席蓬贝邀请，中国人民政治协商会议全国委员会主席俞正声于 2015 年 7 月 21 ~ 24 日访问泰国，在曼谷分别会见国王御代表诗琳通公主、总理巴育、枢密院主席炳，并与立法议会主席蓬贝举行会谈。俞正声考察泰中罗勇工业园，鼓励中国企业抓住“一带一路”建设机遇，在推进中泰产能合作方面发挥积极作用。访泰期间，俞正声还赴清迈访问，会见清迈府府尹素利亚、考察国王山地开发计划农海发展中

3 月 29 日，博鳌亚洲论坛 2015 年年会之“中道圆融：凝聚善愿的力量”电视辩论在海南博鳌举行　（百度网）

心，表示中方将继续参与这一开发项目，造福当地人民。在考察崇华新生华立学校时，俞正声勉励学生们将来为中泰友好作出贡献。

中国国家主席习近平对美国进行国事访问

2015年9月22～25日，应美国总统奥巴马邀请，中国国家主席习近平对美国进行国事访问。这是继2013年美国加州“庄园会晤”以及2014年北京“瀛台夜话”之后，中美两国元首迎来的又一次“跨越太平洋”的历史性会面。访问期间，习近平主席与奥巴马总统进行深入、坦诚、建设性的会谈。习近平就下阶段中美关系发展提出重要建议，强调要推动中美关系始终沿着正确轨道向前发展。双方同意继续努力构建中美新型大国关系。双方达成广泛共识，取得一系列重要成果。

中国国家主席习近平出席第70届联合国大会一般性辩论并发表重要讲话

2015年9月28日，中国国家主席习近平在纽约联合国总部出席第70届联合国大会一般性辩论并发表题为《携手构建合作共赢新伙伴 同心打造人类命运共同体》的重要讲话。习近平强调，和平、发展、公平、正义、民主、自由，是全人类的共同价值，也是联合国的崇高目标。当今世界，各国相互依存、休戚与共，继承和弘扬联合国宪章宗旨和原则，构建以合作共赢为核心的新型国际关系，打造人类命运共同体。

亚洲政党丝绸之路专题会议

2015年10月14～16日在中国北京举行。会议以“重塑丝绸之路，促进共同发展”为主题，下设“政治引领：丝路政党新共识”“民心相通：丝路文明新对话”“经济融合：丝路国家发展新动力”三个分议题。同时，分区域举办有关对话会，还举行媒体和工商界代表对话会。30多个国家的60多个政党和政党组织以及工商界、媒体界人士约400多人参加会议。中共中央总书记、中国国家主席习近平会见出席亚洲政党丝绸之路专题会议的外方主要代表。习近平表示，加快“一带一路”建设，不仅有助于促进沿线各国经济繁荣和区域经济合作，也有助于加强不同文明交流互鉴，促进世界和平发展，是一项造福沿线国家人民的伟大事业。相信这次专题会议将为推进“一带一路”建设、促进各国共同发展做出贡献。

中国国家主席习近平对英国进行国事访问

2015年10月19～23日，中国国家主席习近平对英国进行国事访问。此访是10年来中国国家主席首次对英国进行国事访问。习近平主席在伦敦唐宁街首相府同英国首相卡梅伦举行会谈。双方积极评价中英关系发展取得的成就，就双边关系及重大国际和地区热点问题深入交换意见，达成重要共识，决定共同构建中英面向21世纪全球全面战略伙伴关系，开启持久、开放、共赢的中英关系“黄金时代”。

中国国家主席习近平出席气候变化巴黎大会开幕式并发表重要讲话

2015年11月30日，中国国家主席习近平在巴黎出席气候变化巴黎大会开幕式并发表题为《携手构建合作共赢、公平合理的气候变化治理机制》的重要讲话，强调各方要展现诚意、坚定信心、齐心协力，推动建立公平有效的全球应对气候变化机制，实现更高水平全球可持续发展，构建合作共赢的国际关系。中国一直是全球应对气候变化事业的积极参与者，将落实创新、协调、绿色、开放、共享的发展理念，形成人与自然和谐发展现代化建设新格局。

文莱继续与马来西亚保持密切交往

2015年，由于地缘关系和历史原因，文莱继续与马来西亚保持密切关系。1月21日，文莱苏丹会见到访的马来西亚柔佛州苏丹伊布拉欣。在会见中，柔佛苏丹邀请文莱苏丹出席他的加冕大典。文莱苏丹3月23日到马来西亚出席柔佛第五任苏丹的加冕大典。1月25～27日，马来西亚妇女、家庭与社会发展部部长罗哈妮率领代表团对文莱进行访问，受到文莱苏丹接见。11月，文莱苏丹出席在马来西亚首都吉隆坡举行的第27届东盟系列峰会，并访问马来西亚。

10月14日，亚洲政党丝绸之路专题会议在中国北京开幕（新华网）

文莱希望区域不同执法机构合作打击跨国犯罪

2015年1月19～30日，文莱主办一期有关国际刑警组织设备与服务认证课程的培训班，来自东盟9个国家，即文莱、柬埔寨、印度尼西亚、老挝、马来西亚、缅甸、菲律宾、泰国和越南国际刑警组织的相关人员参训。文莱首相署常任秘书兼东盟跨国犯罪高级官员会议主席哈芝哈姆丹在闭幕词中，强调加强执法合作的重要性。9月28日至10月1日，文莱首相署能源部部长哈芝莫哈末亚斯敏率团参加在马来西亚首都吉隆坡举行的东盟第10届关于跨国犯罪的部长级会议。哈芝莫哈末亚斯敏重申文莱要与所有东盟成员国和对话伙伴国携手合作打击跨国犯罪的决心。他认为，在打击跨国犯罪的所有领域，作为长远之计，东盟应采取预防、保护、合作和管控等四种措施。他说，文莱正在修订2004年人口贩运和走私法令，为推行"东盟反对人口贩运公约"和"东盟反对人口走私行动计划"铺路。

文莱苏丹与到访的印度尼西亚总统佐科会谈

2015年2月7～8日，印度尼西亚总统佐科携夫人埃利亚娜对文莱进行国事访问。文莱苏丹与印尼总统佐科举行会谈，双方对达成的协议签署谅解备忘录表示满意，并表示要继续加强双边关系。

第10届中国—东盟民间友好大会在文莱举行

2015年11月3～5日，第10届中国—东盟民间友好大会在文莱斯里巴加湾举行，东盟各国及中国的民间友好组织、民间团体和商界代表出席。中国—东盟协会会长顾秀莲应邀率团参会。大会期间，除大会和分论坛外，中国艺术家呈现的剪纸、面塑、内画、风筝等中国传统文化展示以及中国—东盟文化图片展等系列活动给与会者留下深刻印象。

11月3～5日，第10届中国—东盟民间友好大会在文莱斯里巴加湾举行

（新华网）

巴基斯坦军舰访问文莱

2015年12月15～18日，由巴基斯坦海军第25驱逐舰中队指挥官比拉阿都纳瑟尔准将率领的巴基斯坦海军两艘舰船Shamsheer号（护卫舰）和Nasr号（补给及油槽船）对文莱进行友好访问。15日，文莱国防部代部长阿都阿兹士达密准将会见比拉阿都纳瑟尔，双方对文巴之间密切双边关系表示满意。双方还讨论两国海军之间通过训练和演习加强防务联系以及未来加强海上合作事宜。随后，巴基斯坦海军代表团拜会文莱皇家武装部队司令莫哈末达威少将。18日，两艘巴基斯坦海军舰船与文莱皇家海军的Darulehsan号近海巡逻舰举行交汇演习。

文莱加强对非法入境外国人的执法工作

文莱移民及国民登记局公布的官方数据显示，2015年文莱加强对非法入境外国人的执法工作。文莱执法单位在2015年共展开93次执法行动。文莱司法部审理104宗外国人触法案件，其中有58人被判入狱，因犯罪而被遣送回国的外国公民达1738人。另外，还有755人因触犯各种移民条例、关税条例及国民登记条例被判罚款，文莱司法部年内接收罚款累计30.3万文莱元。

美国第一夫人米歇尔访问柬埔寨

2015年3月20日，美国第一夫人米歇尔·拉沃恩·奥巴马抵达暹粒，开始对柬埔寨进行为期3天的访问。米歇尔的访问以"女孩教育"为主题，体现了美国在教育等领域对柬埔寨的重视和支持。柬埔寨红十字会主席文拉妮在暹粒省和米歇尔举行会晤并同当地学生座谈，就改善和发展柬埔寨的基础教育，尤其是为女孩创造更加方便的学习条件等议题进行交流。这是美国现任总统夫人首次访问柬埔寨，约翰·肯尼迪总统夫人和克林顿总统夫人曾于丈夫卸任后访问过柬埔寨。

越南援建的柬埔寨德知工兵学校落成

2015年3月23日，柬埔寨王家军工兵司令部在磅湛省举行由越南援建的德知工兵学校办公楼落成仪式。王家军总司令波沙伦、越南驻柬埔寨武官阮英勇出席仪式。柬埔寨德知工兵学校投资总额约100万美元，项目第一阶段越南已提供30万美元的援助资金。这是2014年越南国防部为柬埔寨军队提供资助的20个工程项目之一。德知工兵学校在竣工启用后将成为柬埔寨首个具备条件为柬埔寨王家军工兵司令部培训正规军官和技术兵的学校。

柬埔寨西哈努克港与中国青岛港建立友好合作关系

2015年6月1日，柬埔寨西哈努克港与中国青岛港签署合作协议。该协议规定，双方将以友好港关系开展交流与合作，促进相互之间的贸易往来和航线建设，推进港口开发建设、运营管理及其他领域的合作。柬埔寨副首相应蔡利表示，青岛港与西哈努克港两港合作协议的签署以及柬埔寨与中国青岛在商业方面合作协议的签署，是响应中国政府“一带一路”倡议的具体体现。

柬埔寨国王西哈莫尼出席中国人民抗日战争暨世界反法西斯战争胜利70周年纪念活动

2015年8月31日，柬埔寨国王西哈莫尼在中国首都北京出席中国人民抗日战争暨世界反法西斯战争胜利70周年纪念活动。中国国家主席习近平在人民大会堂会见西哈莫尼。习近平指出，中柬是友好邻邦，是情同手足的兄弟。建交半个多世纪以来，由两国领导人共同缔造和精心培育的中柬友谊，经受住了时间和国际风云变幻考验，历久弥新。两国建立全面战略合作伙伴关系，高层交往频繁，各领域交流合作日益深化，在国际和地区事务中保持密切协调和配合。深化中柬全面战略合作伙伴关系，符合两国人民根本利益和共同愿望。中方珍视中柬传统友谊，愿同柬方保持各种形式高层接触，继续推进重点领域合作，推动两国关系持续深入发展。西哈莫尼表示，很高兴来华出席中国人民抗日战争暨世界反法西斯战争胜利70周年纪念活动。柬中传统友谊是两国老一代领导人亲手缔造，在新的历史时期，柬方将继续传承和发扬这一传统友谊，密切两国高层往来，深化两国各领域合作。

柬埔寨首相洪森访问中国澳门特别行政区

2015年10月12日，柬埔寨首相洪森首次率团访问中国澳门特别行政区。中国澳门特区行政长官崔世安在澳门礼宾府与来访的柬埔寨王国首相洪森会面，双方就加强澳门与柬埔寨多领域的合作交换意见。洪森出席当天的“世界旅游经济论坛·澳门2015”开幕式。崔世安表示，澳门自回归祖国以来，与柬埔寨从旅游到经贸等多个领域均保持很好的合作，借着洪森首相此行，希望进一步加强包括旅游、文化、人力资源培养和交流等多方面的合作。洪森表示，在“一带一路”构想中，柬埔寨与澳门都处于21世纪海上丝绸之路的必经之处，有望使澳门与柬埔寨的关系进一步拉近。洪森认为，柬埔寨与澳门具有三个方面的合作潜力：一是发展双方经贸合作；二是推动澳门企业界到柬埔寨投资；三是加强旅游合作。

柬埔寨首相洪森出席亚洲政党丝绸之路专题会议

2015年10月15日，柬埔寨首相洪森出席在中国北京举行的亚洲政党丝绸之路专题会议。中共中央总书记、中国国家主席习近平在北京人民大会堂会见洪森首相。会见后，习近平与洪森共同出席有关合作文件签字仪式。中柬双方签署5个合作文件，分别是：《兴建国家综合体育馆协议》议定书；资金提供协议；工业与橡胶投资协议；农业加工业投资与培训协议；从2016年开始中国每年购买柬埔寨10万吨大米协议。中国承诺向柬埔寨提供10亿元的无偿援助，支持柬埔寨发展经济。经中国国务院学位委员会批准，10月15日，洪森还在北京获广西民族大学授予的文学名誉博士学位。

俄罗斯总理梅德韦杰夫访问柬埔寨

2015年11月22～24日，应柬埔寨首相洪森的邀请，俄罗斯总理梅德韦杰夫对柬埔寨进行正式友好访问，这是俄罗斯总理首次对柬埔寨进行正式访问，被视为具有里程碑意义的访问。11月24日，柬埔寨首相洪森在和平大厦与到访的俄罗斯总理梅德韦杰夫举行会谈。会谈结束后，柬俄双方签署10个合作文件，涉及航空服务、金融、贸易、投资、能源等多个领域，双方所签署的文件包括：《柬埔寨王国政府和俄罗斯联邦

柬埔寨西哈努克港是柬埔寨唯一的集装箱海港　　（百度网）

政府关于航空运动服务协议》《柬埔寨金融调查研究机构与俄罗斯金融监管机构关于洗钱及恐怖分子资金筹集信息协议》《柬埔寨新闻通讯社与俄罗斯卫星新闻通讯社的合作补充协议》《柬埔寨人民党和统一俄罗斯党合作协议》《柬埔寨王国卫生部和俄罗斯联邦卫生部合作备忘录》《柬埔寨文化艺术部和俄罗斯联邦文化部谅解备忘录》《柬埔寨国家广播电台和俄罗斯卫星新闻通讯社合作协议》《柬埔寨发展理事会和俄罗斯经济发展部协调投资谅解备忘录》《柬埔寨王国可持续发展理事会和俄罗斯国家原子能公司关于和平发展核能技术合作协议》和《柬埔寨—俄罗斯促进优先投资项目协议》。

印度尼西亚举行纪念亚非会议 60 周年研讨会

2015 年 4 月 10 日，印度尼西亚外交政策协会在雅加达举行亚非会议 60 周年主题研讨会。印度尼西亚外交部亚太非总司长尤利、印度驻印度尼西亚大使辛格、南非驻印度尼西亚大使希福巴、印度尼西亚前副总统顾问戴薇和印度尼西亚政府、商业、媒体、学术界代表及外国驻印度尼西亚使节等 400 余人与会。印度尼西亚外交部亚太非总司长尤利表示，印度尼西亚作为 60 年前亚非会议的发起者与主办者，高度重视推动亚非团结自强，支持东盟与非盟等组织在地区层面加强对话合作。中国、印度、南非、巴勒斯坦等国驻印度尼西亚大使也分别发言。

第 4 届全球“新城市峰会”在印度尼西亚雅加达举行

2015 年 6 月 9 ~ 11 日，第 4 届全球“新城市峰会”在印度尼西亚首都雅加达举行，峰会主题为“抓住都市瞬间：在增长和发展中心的城市”，旨在共同探讨当今世界各类城市发展进程中面临的诸多问题。来自 50 个国家的 800 多名代表参会。会议认为，人类现在处于有史以来城市化进程最快最有影响的一个阶段，全球城市人口每周以 100 万的速度在增加，到 2030 年大约世界总人口的 60% 即 50 亿人口将生活在城市，这将是人类历史上城市人口增长最快的时期，将带来对城市服务与基础设施建设的大规模投资，新的技术能够使人们以不断创新来应对城市化带来的挑战，文化中心与公共空间能以新的方式改变城市环境。前三次“新城市峰会”分别在法国巴黎、巴西圣保罗和美国达拉斯举办。

印度尼西亚总统佐科与英国首相卡梅伦达成 4 项合作协议

2015 年 7 月 27 日，印度尼西亚总统佐科在雅加达总统府会见英国首相卡梅伦，双方同意加强两国经济合作，达成包括根除恐怖主义与跨国犯罪等 4 项合作协议。佐科表示，印度尼西亚欢迎卡梅伦率领 30 位英国企业家于 28 日与印度尼西亚企业家进行商谈，也欢迎英国在基础设施方面进行投资。卡梅伦则强调尊重印度尼西亚的领土完整。

印度尼西亚与法国建立核能源合作机制

2015 年 10 月 12 日，印度尼西亚核能源局与法国建立核能源合作机制，并与法国签署谅解备忘录。根据谅解备忘录，法国向印度尼西亚输出核能源相关技术，印度尼西亚核能源局也为此召开核能技术研讨会，促进两国核能合作。此外，印度尼西亚也希望与其他国家开展核能源合作，共同和平开发核能源。在印度尼西亚的长期能源规划中，核能已经作为国家的重要能源支柱之一。

印度尼西亚总统佐科访问美国

2015 年 10 月 26 日，印度尼西亚总统佐科访问美国并在白宫与美国总统奥巴马会晤，这是他就任总统后首次访美。其间佐科宣布印度尼西亚有意加入跨太平洋经济伙伴协定（TPP）。佐科指出，将深化和扩大两国合作，发展战略合作伙伴关系。印度尼西亚决定把数字经济作为未来经济发展首要任务之一，希望与美方开展合作。双方还同意合作应对气候变化。奥巴马表示，佐科在带领印度尼西亚朝着正确的方向前进，美国希望成为印度尼西亚的合作伙伴，美国和印度尼西亚合作伙伴关系非常符合美国的利益。

4 月 22 日，亚非国家领导人会议在印度尼西亚雅加达开幕 （百度网）

老挝担任 2016 年东盟轮值主席国

11 月 6 日，老挝正式启用 2016 年东盟轮值主席国标志、主题及网站 （百度网）

2015 年 11 月 6 日，老挝正式启用 2016 年东盟轮值主席国标志、主题及网站。老挝副总理兼外交部部长通伦 · 西苏里在启用仪式上重点阐述了东盟轮值主席国标志的意义。2016 年东盟峰会主题为“将愿景变为现实，迈向充满活力的东盟共同体”，网址为 www. asean2016. gov. la。东盟峰会标志的外圈由 10 个紧密相接的圆形图案组成，圆形则被设计成“眼睛和手牵手”的图案，10 个造型相同的圆形图案紧紧围绕在东盟会徽四周，象征着互帮互助紧密合作在一起的东盟共同体。图案中的“眼睛”代表着 2025 年东盟共同体的愿景，“手牵手”象征着东盟各成员国和谐、团结和密切的伙伴关系以及东盟各成员国通过依照 2016 年东盟峰会主题实施 2025 年东盟共同体愿景，进一步增强和繁荣东盟共同体的强烈愿望。标志中使用五种颜色，红色代表胆略和力度，黄色代表繁荣，蓝色代表和平与稳定，绿色代表增长与和谐，橙色代表温暖与幸福。

2015 年 11 月 22 日，老挝总理通邢在马来西亚首都吉隆坡闭幕的第 27 届东盟峰会上从马来西亚总理纳吉布手中接过 2016 年东盟轮值主席国金锤，老挝将于 2016 年在万象市主办第 28、29 次东盟峰会、第 11 次东亚峰会以及第 4 次东盟—美国领导人峰会等系列会议。

老挝建交国增至 138 个

2015 年 11 月 27 日，老挝与摩纳哥建交，建交国增至 138 个。至 2015 年，老挝在 27 个国家设立外交代表处 38 个。此外，老挝人民革命党也与世界 120 多个政党有联系交往。

老挝政要重点出访周边和传统友好国家

2015 年，老挝政要重点出访周边及传统友好国家，主要有：国家主席朱马里分别出访柬埔寨、中国、越南、古巴四国并出席联合国第 70 次会议；总理通邢分别出访日本、马来西亚、缅甸、越南、新加坡等国并于 6 月中下旬到中国昆明出席第 3 届中国—南亚博览会和第 23 届昆明出口交易会；国家副主席本杨分别出访缅甸、越南两国；国会主席巴妮分别出访科威特、越南、新加坡、日本、马来西亚和俄罗斯。

老挝主办地区和国际会议 20 余个

2015 年，老挝先后主办第 32 届东盟能源部长会议、第 14 次东盟海关会议、第 34 届东盟粮食安全储备委员会会议、第 8 次东盟教育部长会议、第 35 届东盟议会联盟会议、第 8 次老越柬发展三角领导人峰会、第 39 次国际湄公河委员会会议、第 25 次亚太农业统计委员会会议、第 7 次东亚植物新品种保护论坛会议以及第 12 次老挝与对话伙伴国高级圆桌会议等地区和国际性会议 20 余个。

20 余位外国政要访问老挝

2015 年，有 20 余位外国政要访问老挝，按访问时间顺序为：韩国国会议长郑义和、挪威副外长莫田·罗伦、泰国副总理兼外长塔纳萨、马来西亚国防部部长希山慕丁、越南国家主席张晋创、缅甸副总统年吞、中国军委副主席许其亮、柬埔寨副总理兼国家禁毒委主席金高然、柬埔寨副总理兼外交部部长贺南洪、泰国诗琳通公主、缅甸国防军副总司令梭温、新西兰外长麦卡利、越南总理阮晋勇、印度副总统安萨里、越南国家副主席阮氏缘、匈牙利国会主席克韦尔、朝鲜国防委员会人民武装力量部部长朴英植、保加利亚副总统波波娃、中国全国人民代表大会常务委员会委员长张德江、越共中央书记处常务书记黎鸿英、柬埔寨副总理兼国防部部长迪班、韩国总理黄教安和柬埔寨国王西哈莫尼等。

马来西亚接待来访的印度尼西亚总理佐科

2015 年 2 月 5 日，印度尼西亚总统佐科携夫人访问马来西亚，这是佐科出任总统以来第一个访问的国家。5 月 6 日，马来西亚总理纳吉布在总理署与印度尼西亚总统佐科举行双边会谈。两国讨论共同关心的海域边界课题和女佣问题，双方同意两国政府委任一名特使，负责协调各种马印尼海域边界争议问题，首阶段的会议将针对此问题进行探讨，以找出解决问题的方案。关于马印（尼）两国的渔船越界捕鱼问题，两国政府同意，如果两国渔船进入重叠领海时，两国的海事执法单位都有权驱赶相关人士离境，但不能对他们采取法律行动。关于女佣问题，两国政府同意，只设立一个输入印度尼西亚女佣的管道，以确保她们的安全和权益受到保障。两国同意继续加强经贸合作，印度尼西亚总统佐科表示，非常欢迎大马投资者到印度尼西亚投资基本建设项目，包括高速公路、铁路、码头及发电站等发展项目。他指出，印度尼西亚政府在落实削减汽油津贴后，所节省的经费，将运用在雅加达的一站式投资者服务中心上，为前往印度尼西亚的投资者提供更好的服务。两国领导人见证马来西亚国家汽车控股(普腾)公司与印度尼西亚汽车公司签署谅解备忘录，双方将联合生产“东盟汽车”。

马来西亚总理纳吉布与新加坡总理李显龙进行第6次马新双边会谈

2015年5月4～5日，马来西亚总理纳吉布携夫人与由马外交部部长、多位内阁部部长及高级官员组成的代表团出访新加坡。5月5日，马来西亚总理纳吉布与新加坡总理李显龙进行第6次马新双边会谈，探讨双边合作关系及发展进度，重点商讨隆新高铁、新马捷运系统计划及兴建友谊桥的联合工程细节。会谈后宣布，连接马来西亚首都吉隆坡与新加坡的高速铁路新加坡终点站将设在裕廊东，并对原定在2020年完工的高铁工程竣工日期进行重新评估。会谈结束后，双方签署谅解备忘录，内容涉及马新合作发展城市搜索与救援能力及互补协议、建设渡轮码头与其运作、西马与新加坡渡轮运作服务协议等。纳吉布在新期间，出席发展新加坡经济协会常年晚宴，并发表题为“马新唇齿相依的关系”的主题演讲；与驻新加坡的马来西亚人协会代表进行会面，并与新加坡商界领袖对话。

马来西亚、印度尼西亚和泰国磋商东南亚海上难民问题

2015年5月，有大批孟加拉国人和缅甸的罗兴亚伊斯兰难民，乘坐船只抵达印度尼西亚、马来西亚和泰国。为解决与此相关的问题，5月20日，马来西亚、印度尼西亚和泰国在吉隆坡举行会议，磋商东南亚海上难民问题。会议结束后，马来西亚外长阿曼和印度尼西亚外长马尔苏迪在公告中表示，马来西亚和印度尼西亚两国决定给7000名滞留在海上数星期的移民提供人道援助。马来西亚和印度尼西亚所达成的协议规定给这些海上难民提供不超过一年的临时庇护；一旦期满，这些难民必须前往其他国家寻求庇护或被遣返回国。泰国的立场尚不明确，该国外长出席吉隆坡会议，却未作出相关决定。

马来西亚总理纳吉布访问日本

2015年5月25日，马来西亚总理纳吉布访问日本。纳吉布总理与日本首相安倍晋三举行会谈，双方同意在和平稳定、确保海域开放自由、向东学习2.0政策和投资发展、加强双方文化交流、扩展两国人民交流等事宜上展开进一步合作。双方同意加强安全关系，同时就防务装备和海事安全技术转让合作开始谈判。安倍还宣布，将两国关系提升为“战略伙伴关系”。日本媒体说，马来西亚将是第一个与日本进行防务合作谈判的东盟成员国。除了武器出口，安倍还与纳吉布讨论马来西亚与新加坡之间的高速铁路建造计划。在访日期间，日本特意安排纳吉布与团员乘坐子弹火车“隼鸟号”从东京前往325千米外的仙台市，同时也听取东日本铁道公司的汇报。纳吉布还出席了与34家日本企业领袖所举行的圆桌会议，纳吉布在发言中表示，马来西亚的向东学习2.0政策，将聚焦在两国的经济合作上，特别是高科技及高端服务工业的发展上。

马来西亚总理纳吉布会见到访的日本首相安倍晋三

2015年7月25日，马来西亚总理纳吉布与到访的日本首相安倍晋三在马来西亚行政中心布特拉加亚举行会谈。双方就加强经济及安全保障领域的合作达成共识。在基础设施建设方面，日本政府正在推动日本企业争取高速铁路、水务、医疗等领域的合同。双方讨论了南海争端问题，一致认为应当依据国际法解决。并就联手应对《跨太平洋伙伴关系协议》谈判达成一致。

马来西亚与越南关系提升为战略伙伴关系

2015年8月7～8日，应马来西亚总理纳吉布邀请，越南政府总理阮晋勇和夫人及越南高级代表团对马来西亚进行正式访问。阮晋勇此访的目的是继续大

连接新加坡和马来西亚吉隆坡的新隆高铁宣传画　　（百度网）

力促进越南与马来西亚全面合作关系不断走向深入，同时扩大两国在经济、劳务、能源、农业、教育、科技、旅游、国防安全等领域的合作。马来西亚总理纳吉布在吉隆坡举行隆重仪式，欢迎越南政府总理阮晋勇一行访问。欢迎仪式结束后，马来西亚总理纳吉布同越南政府总理阮晋勇举行会谈。双方一致同意增进两国高层代表团互访，推动两国友好全面合作关系提升为战略伙伴关系，并早日制定展开战略伙伴关系内涵的2015～2018年行动计划。两国总理同意将两国关系提升为战略伙伴关系，是两国建交42年后取得突破性发展的重要里程碑，为两国关系的发展开创新纪元。关于国防安全问题，双方一致同意尽早制定国防部副部长级对话机制；签署联合巡逻机制、设立热线电话、配合搜寻救难、打击海盗等的备忘录。关于经济方面，双方一致同意在《跨太平洋伙伴关系协议》和东盟经济共同体框架内促进双边贸易合作发展；早日签署2015～2020年政府级大米贸易备忘录。双方一致同意促进油气、液化天然气、电子、食品加工等关键领域的合作；密切劳务、农业、法律、油气开采等领域的合作关系。会谈结束后，阮晋勇总理和纳吉布总理共同签署《越南与马来西亚战略伙伴关系声明》，并见证两国企业合作文件的签署仪式。阮晋勇还出席纳吉布的欢迎宴会，会见马来西亚国会下议院议长班迪卡·阿敏，会见马来西亚著名企业代表，出席同东盟企业家俱乐部成员对话会并会见旅居马来西亚越南人社团代表。

马新建交50周年之际新加坡总理李显龙发表献词祝贺

2015年8月9日，是马来西亚和新加坡两国建交50周年纪念日，也是新加坡独立50周年国庆日。新加坡总理李显龙发表献词庆祝马新两国建交50周年。他在献词中指出，马来西亚永远是新加坡的重要伙伴，马来西亚繁荣昌盛，新加坡也会同样繁荣昌盛。新加坡致力于同马来西亚维持牢固，互惠互利的伙伴关系。此外，也承诺新加坡致力于与马来西亚建立坚实和互惠互利的伙伴关系，并期盼两国共同携手为国家、人民和区域谋福祉。

中马经贸联委会第10次会议在北京举行

2015年9月8日，中国商务部部长高虎城与马来西亚贸工部部长穆斯塔法在北京共同主持召开中马经贸联委会第10次会议。会议同意启动《中马经贸合作五年规划》框架下的“经济合作工作组”。该工作组致力于“五年规划”项下各领域合作项目的推进，并提供便利，保证项目顺利实施。中马双方对“两国双园”进展情况表示满意，并同意协助解决遇到的问题和困难，确保项目加快实施。同时，中马双方对重新组建的马来西亚航空公司在北京设立办事处以及马来西亚毛燕出口中国等议题深入交换意见。中马两国将继续紧密合作，力争于2015年年底完成区域全面经济伙伴关系实质性谈判。会后，高虎城与穆斯塔法签署会议纪要。马新社、新海峡时报、南洋商报等马来西亚多家主流媒体对此次会议达成的各项成果予以关注和报道。

中马首次举行代号为“和平友谊—2015”的实兵联合军演

2015年9月17日，中国和马来西亚在马六甲海峡及其附近海域举行代号为“和平友谊—2015”的联合军演。这是中马首次举行实兵联合军演，也是中国迄今为止与东盟国家举行的规模最大的双边联合军事演习。此次演习的课题是“联合遂行非战争军事行动”，课目包括联合护航、联合搜救、联合解救被劫持船只、实际使用武器、人道主义援助与救灾行动等，中马双方组建联合特遣指挥所，带领两军陆、海、空精锐力量参演。中方主要派出包括导弹驱逐舰兰州舰、导弹护卫舰岳阳舰、和平方舟医院船等3艘主力舰艇，4架运输机和3架舰载直升机以及陆海空三军将士1160人参演。演习目的是深化中马两国全面战略伙伴关系，加强两军防务交流合作，提高共同应对现实安全威胁、共同维护地区海上安全的能力。此次演习不针对第三方，与地区局势无关。演习持续到9月22日。9月23日举行结束仪式并召开联合记者会。中方观摩团团长、解放军副总参谋长乙晓光在结束仪式上致辞说，中马双方在真诚交流中增加了解，在密切协作中增强互信，在携手奋战中增进

9月23日，“和平友谊—2015”中马实兵联合演习在马来西亚雪兰莪州梳邦空军基地举行结束仪式并召开联合记者会 （百度网）

友谊。马来西亚国防部副部长乔哈里在致辞中表示,“和平友谊—2015”联合军演以人道主义援助和救灾为主题,很好地展现了两国军队的合作。此次演习成果丰硕,不仅加强两国间的战略关系,也实现信息沟通和经验交流,增进互信与合作。希望马中双方将来能够开展更多的合作,也希望能够尽量多地举行这种演习活动。

马来西亚总理纳吉布出访美国

2015 年 9 月 24 日至 10 月 1 日,马来西亚总理纳吉布前往美国纽约出席第 70 届联合国大会,并访问美国。在美期间,纳吉布出席联合国常年大会并发表演讲,出席全球气候变化会议、南南合作高级别圆桌会议、维和领导人峰会、性别平等与妇女赋权全球领导人会议、反击“回教国”及暴力极端主义领导人峰会、MH17 联合调查参与国首脑会议等系列会议,主持第 5 届全球科学及革新咨询理事会,参加国际电信联盟成立 150 周年纪念晚宴并获奖。与荷兰、巴基斯坦、卢森堡、突尼斯等国家领袖举行双边会议。会见旅美的马来西亚人以及美国的商业领袖、基金经理和工业巨头,以吸引他们到马来西亚做生意或增加投资。

马来西亚总理纳吉布访问意大利

2015 年 10 月 1 日,马来西亚总理纳吉布携夫人抵达意大利米兰,出席米兰世博会并展开为期 3 天的工作访问,以促进马来西亚与意大利的双边关系。在意期间,纳吉布出席由米兰世博会主办方举办的大马日招待会,并参观世博会意大利馆。纳吉布主持世博会马来西亚馆美食节开幕式。纳吉布夫人罗丝玛在世博会上,为 18 名马来西亚时尚设计师时尚秀主持开幕式。

马来西亚接待正式来访的中国国务院总理李克强

2015 年 11 月 20 ~ 23 日,中国国务院总理李克强应东盟轮值主席国马来西亚总理纳吉布邀请前往马来西亚,出席第 18 次中国—东盟(10 + 1)领导人会议、第 18 次东盟—中日韩(10 + 3)领导人会议和第 10 届东亚峰会(10 + 8),并对马来西亚进行正式访问。这是李克强担任总理后首次正式访马。此次东亚合作领导人系列会议期间,中国与东盟宣布完成自贸区升级谈判。区域全面经济伙伴关系协定领导人会议联合声明提出,力争在 2016 年结束谈判。为切实推进与东盟以及东亚合作,李克强在会上宣布一系列实质性举措:为第 2 期中国—东盟基础设施合作设立 100 亿美元的专项贷款;未来 5 年为东盟国家执法部门提供 2000 人次培训;在现有向东盟 10 国提供政府奖学金名额基础上,在未来 3 年新增 1000 个新生名额等。参加完东亚系列峰会后,李克强 23 日开启对马来西亚的首次访问。马来西亚总理纳吉布当日在吉隆坡与李克强总理举行会谈。李克强在与纳吉布会谈时表示,将中方技术与成本优势同马方基础设施建设需求相对接,积极探讨开展马来西亚—新加坡高铁建设、马来西亚南部铁路建设和中马港口联盟建设等合作,抓住共建“一带一路”和两国经济转型升级的契机,以钦州、关丹和马六甲临海产业园区为平台,大力开展产能合作。加强区域互联互通,助力两国经贸往来。纳吉布则表示,马方愿尽早启动有关铁路项目合作,扩大金融合作,欢迎中国企业扩大对马来西亚投资,支持两国地方经济合作,努力实现双边经贸合作新目标。支持“一带一路”倡议和亚投行建设。李克强 23 日还出席了中国—马来西亚经济高层论坛并发表主旨演讲。在 11 月 22 日,李克强专门抽出半天时间,造访马来西亚古老的港口城市马六甲。李克强会见马六甲州元首,视察中马工业园区沙盘,参观峇峇娘惹博物馆和郑和文化馆。到访马来西亚当天,李克强在当地主流媒体上发表署名文章,用相当篇幅阐述了郑和的事迹。

中国—马来西亚经济高层论坛在吉隆坡举行

2015 年 11 月 23 日,中国—马来西亚经济高层论坛在吉隆坡举行。马中商务理事会主席黄家定主持论坛,中国国务院总理李克强出席论坛并发表演讲,马来西亚副总理阿末扎希出席论坛并代读纳吉布总理的主旨演讲。中国外交部部长王毅、国家发展和改革委员会主任徐绍史、教育部部长袁贵仁、财政部部长楼继伟、交通运输部部长杨传堂、商务部部长高虎城以及中国人民银行行长周小川,马来西亚国际贸易与工业部第二部长黄家泉、总理署部长魏家祥、马来西亚中华总

11 月 23 日,中国—马来西亚经济高层论坛在马来西亚吉隆坡举行(新华网)

商会总会长戴良业、国际贸易与工业部副部长李志亮、财政部副部长蔡志勇、马来西亚厂商公会主席杨宝康，马中商务理事会董事杨元庆、蔡国治、陈凯希、赛诺儒查曼以及马来西亚国库控股总执行长阿兹曼莫达等中马双方代表出席论坛。李克强在论坛发表题为《推动中马合作迈上新台阶》的主旨演讲中指出，当前中马都处于经济转型升级的关键阶段。中方愿同马方拓展各领域务实合作，巩固中国—东盟睦邻友好关系。加强发展战略对接。双方加强对接合作，实现互利共赢，两国企业家大有可为；希望马来西亚工商界抓住机遇，为推动中马政治、经济、文化“三位一体”关系的发展做出新贡献；要拓展交通基础设施合作。双方应把“一带一路”建设与东盟互联互通总体规划对接起来，推动基础设施、工业化等领域产能合作；进一步扩大贸易规模。中国与东盟刚刚签署自贸区升级版议定书。中方愿扩大对东盟的服务贸易往来，进一步放宽市场准入条件；深化金融领域合作，共同维护地区经济金融稳定。中方将向马来西亚提供500亿元人民币合格境外机构投资者（ROFII）额度，按照市场原则购买马来西亚国债，在马来西亚发行人民币债券；夯实人文交流根基。深化高校、智库等领域合作，扩大互派留学生规模，加强旅游合作。马来西亚工商首脑和经贸界人士500多人出席论坛。

马来西亚总理纳吉布与到访的印度总理莫迪举行会谈

2015年11月20～24日，印度总理莫迪访问马来西亚，出席东亚系列峰会。访问期间，马来西亚总理纳吉布与莫迪总理举行会谈，莫迪总理承诺加强与马来西亚的国防关系，除了建立“苏”—30战斗机论坛，还要在两国军事演习、人员培训和军事装备开发方面紧密合作，特别是在“苏”—30多用途战斗机飞行员培训、维护保养和技术保障方面加强合作。除此之外，在印度海岸警卫队和马来西亚海事执法部门的沟通及紧密联系下，两国在赛博安全、灾害应急和海事安全等领域也将拓展合作。

美国总统奥巴马访问马来西亚

2015年11月20日，美国总统奥巴马在菲律宾结束亚太经合组织领导人非正式会议之后，抵达马来西亚首都吉隆坡，出席2015年东亚峰会。美国总统奥巴马此次访问马来西亚，旨在促成签署泛太平洋合作伙伴协议。在马两天，奥巴马参加东亚峰会、第3届东盟—美国峰会以及与纳吉布总理举行双边会谈。美国总统奥巴马在东盟峰会上讲话，邀请东盟10个国家领导人在2016年访问美国。此外，奥巴马还参加东南亚青年领袖计划讲座，在会上发表演讲并与500名青年领袖会面。东南亚青年领袖计划是奥巴马一手促成的外交活动机制，以扩大美国在东南亚地区的外交活动与联系，其主旨是通过技能培训，将东盟青年培育成有效率的领袖。

缅甸总统登盛访问马来西亚

2015年3月12日，缅甸总统登盛对马来西亚进行国事访问，并于13日与马来西亚首相纳吉布举行会谈。双方就缅在马务工人员、互免签证、投资、贸易、人力资源开发、航空、促进宾馆旅游业发展以及加强银行、教育和能源领域合作等议题交换意见。

缅中两国外交部部长举行会谈

2015年4月2日，中国外交部部长王毅在北京同到访的缅甸总统特使、外交部部长温纳貌伦举行会谈。双方就3月13日缅甸军机炸弹造成中国边民伤亡事件交换意见，温纳貌伦代表缅甸政府和军队正式向中方表示道歉。温纳貌伦表示，缅方愿就赔偿事宜同中方保持沟通，并作出妥善安排。缅方还将依法追究、惩处有关责任人，并加强内部管理，不让类似事件再次发生。缅方愿同中方加强合作，共同维护缅中边境地区稳定，推动两国关系进一步向前发展。

4月2日，中国外交部部长王毅在北京同来访的缅甸总统特使、外交部部长吴温纳貌伦举行会谈（新华网）

昂山素季率缅甸民盟代表团访华

2015年6月11日，由主席昂山素季率领的缅甸全国民主联盟代表团访华。中共中央总书记、国家主席习近平会见昂山素季一行。习近平强调，中方始终从战略高度和长远角度看待中缅关系，支持缅甸维护主权独立和领土完整，尊重缅甸自主选择发展道路，支持缅甸民族和解进程，坚定不移推进中缅传统友好和务实合作。昂山素季表示，缅中两国是邻居，而邻居是不可选择的，发展两国友好关系至关重要，缅甸全国民主联盟重视缅中友好，希望通过访问深化两党关系，推动两国人民之间的友好关系向前发展。

象征缅甸—韩国友谊的仰光—达拉大桥将在5年内建成。图为规划设计图（百度网）

缅甸高级别代表团访问印度

2015年7月28日，缅甸国防军总司令敏昂莱率代表团对印度进行访问。代表团访问印度果阿船厂和印度海军基地，随后，敏昂莱与印度总理莫迪等政要举行会谈，双方就印缅边境合作、海上战略、造船技术等多领域交换意见。

缅甸总统登盛出席中国人民抗日战争暨世界反法西斯战争胜利70周年纪念活动

2015年9月3日，缅甸总统登盛到北京出席中国人民抗日战争暨世界反法西斯战争胜利70周年纪念活动，9月4日，中国国家主席习近平在人民大会堂会见登盛总统。习近平指出，在第二次世界大战中，中国是东方主战场，缅甸也是亚洲重要战场，两国人民为世界反法西斯战争胜利做出重大贡献。习近平表示，中方赞赏缅方支持“一带一路”倡议，愿同缅方密切配合，统筹推进有关项目合作，为带动缅甸经济社会发展发挥积极作用。中方也愿同缅方探讨扩大边境地区正常经贸和人文交流的措施，更好造福两国人民。中方将继续为缅甸灾后重建提供帮助。

美国总统奥巴马祝贺缅甸大选顺利举行

2015年11月12日，美国总统奥巴马与缅甸总统登盛通话，祝贺缅甸成功举办历史性的自由公正的大选，两人一致同意各党应尊重大选的结果，奥巴马称赞登盛总统推动改革的勇气，表示美国将继续与缅甸政府合作。同日，奥巴马总统也通过电话向缅甸全国民主联盟主席昂山素季表示祝贺。奥巴马赞扬昂山素季多年来为建立更为包容、和平和民主的缅甸所付出的不倦的努力和牺牲，并且表示希望选举结果将为缅甸带来更为和平和繁荣的未来。

缅甸国防军总司令敏昂莱会见日本驻缅甸大使樋口建史

2015年11月13日，缅甸国防军总司令敏昂莱会见日本大使樋口建史。敏昂莱表示，缅军不会因为大选结果或者其他情况而走回头路。未来，缅军将寻求合作，强化国家的政治路线，鼓励剩余民族武装组织签署全国全面停火协定，以达成持久和平，实现稳定和发展。缅军有强烈的愿望与下届政府联手实现国家的发展。

缅甸与韩国达成项目合作协议

2015年11月17日，缅甸建设部、铁道部与韩国进出口银行在内比都签订项目合作协议。该合作协议包含两个项目：一是建设缅韩达拉友谊大桥；二是使用韩国经济发展合作基金购买100节新火车车厢。达拉镇位于仰光河南岸，与仰光市中心遥遥相望，该地区发展较为落后，目前仅靠渡船作为交通方式。达拉友谊大桥将横跨仰光河，将仰光城区道路与仰光1号高速公路连接起来，桥长1872米，预计将用5年时间建成。

菲律宾加固仁爱礁“坐滩”军舰遭中国抗议

2015年7月13日，菲律宾海军军官对媒体称，菲海军年初开始加固仁爱礁“坐滩”军舰船体和甲板，预计年底完工。菲外交部发言人称，为保护菲人员安全及航行安全，菲律宾认为有必要维修现有设施。

中国对包括仁爱礁在内的南沙群岛及其附近海域拥有无可争辩的主权。2015年7月15日，中国外交部发言人华春莹就菲律宾对在仁爱礁非法“坐滩”军舰进行内部加固答问说，中方对菲方此做法表示强烈抗议和坚决反对。中方保留采取进一步措施的权利。1999年，菲律宾一艘军舰以“搁浅”为借口在中国南沙群岛仁爱礁非法“坐滩”。此后，中方就此持续向菲方提出抗议和交涉，要求其立即拖走该舰。菲律宾方面曾多次表示：菲是《南海各方行为宣言》签署国，不会也不愿成为第一个违反者；菲方没有拖走该舰是因为“缺少零部件”；菲方没有在仁爱礁上建设任何设施的打算。但时至今日,菲方不仅拒不履行承诺拖走该舰,反而变本加厉,不断在仁爱礁从事非法活动,企图达到永久侵占的目的。

澳大利亚向菲律宾移交两艘登陆艇

2015年7月23日,澳大利亚政府把捐赠给菲律宾的两艘重型登陆艇移交给菲律宾。在移交仪式后,菲律宾海军当局即时部署船员到这两艘重型登陆艇。菲律宾海军副上将米兰感谢澳大利亚政府,并表示登陆艇将提升菲律宾舰队的海上能力。米兰说,重型登陆艇将用来运送军人和设备,也将为人道及救灾工作提供协助。这两艘重型登陆艇在2014年11月从澳大利亚海军退役。之后,澳大利亚政府宣布将其捐赠给菲律宾。这两艘登陆艇于2015年8月抵达菲律宾。

7月23日,澳大利亚政府把捐赠给菲律宾的两艘重型登陆艇移交给菲律宾

(环球网)

菲律宾外交部副部长访问越南

2015年9月14日,菲律宾外交部副部长埃文·加西亚访问越南。加西亚副部长同越南外交部副部长邓明奎在越南政府招待所共同主持越南—菲律宾双边合作委员会第8次高官会。两国高级官员和各部委、行业代表共同出席会议。双方在会上对从2013年10月在马尼拉举行的越南—菲律宾双边合作委员会第7次会议以来的双边关系以及越菲2011~2016年行动计划进行全面的评估。双方对近期在政治、国防、安全、海洋、岛屿、经贸、农业贸易、文化、旅游、教育等领域的合作取得长足进展表示满意。当日下午,越南政府副总理兼外交部部长范平明在越南外交部会见加西亚副部长。

中国外交部部长王毅对菲律宾进行工作访问

2015年11月10日,应菲律宾外交部部长德尔罗萨里奥邀请,中国外交部部长王毅对菲律宾进行工作访问。王毅此访主要是与菲方协商中国国家主席习近平出席亚太经合组织(APEC)领导人非正式会议的访问细节。这是自2013年南海问题升温以来,中国高级别官员首次到访菲律宾,是"破冰的尝试"。

第4届亚洲—新加坡基础设施圆桌论坛

2015年4月15日在新加坡金沙会展中心举行。由新加坡国际企业发展局主办,中国国际贸易促进委员会、中资企业(新加坡)协会为支持单位。主题为"推动亚洲基础设施的创新",重点就亚洲基础设施项目融资和项目合作两个课题进行探讨。参会代表对中国倡导的亚洲基础设施投资银行建设及"一带一路"合作倡议具有较大兴趣。

2015东盟论坛在新加坡举行

2015年5月20日,由新加坡工商联合总会、新加坡国际企业发展局、新加坡大华银行等机构和企业联合举办的2015东盟论坛在新加坡举行。东盟国家政府和商业领域的代表600多人出席。新加坡贸工部部长林勋强、印度尼西亚经济部协调部长Sofyan A. Djalil和马来西亚总理署部长Y. B Senator Dato'Sri Idris Jala作论坛主旨发言。论坛就东盟经济共同体的政策更新、东盟宏观经济形势、东盟经济共同体蕴含的商机,特别是大湄公河次区域经济合作等议题进行探讨。

新加坡政府协助发展中国家培养航空业管理人才

新加坡《联合早报》2015年8月19日报道,新加坡政府将在未来3年投入更多资金,协助发展中国家培养更多的航空业管理人才,以解决全球航空业人才短缺的问题。

新加坡交通部部长吕德耀2015年8月19日在新加坡航空学院举行的全球民航领袖论坛上,与国际民航组织主席阿留签署谅解备忘录,更新这项已举办14年的发展中国家人才培训计划。新加坡将在未来3年投入约300万新元,资助300名来自发展中国家的民航管理人员到新加坡就航空管理、航空安全和保安管理进行短期研究,人数比之前多出50人。新加坡将颁发奖学金给10名民航机构官员,这比过去多出4人,让他们到新加坡航空学院修读民航管理课程。

新加坡和马来西亚就新隆高铁计划征询市场信息

2015年10月7日,新加坡和马来西亚政府就新加坡—吉隆坡高铁计划联合发出信息征询书,以评估及探询市场对这项计划的兴趣和意见，为新马两国双边会谈及接下来展开的招标工作提供参考，这也标志着这项备受瞩目的跨边界计划的实施进入新的阶段。

新加坡基础建设统筹部部长兼交通部部长许文远与马来西亚首相署部长阿都华希奥马共同领导新马两国部长级委员会，负责监督工程进度。全长约350千米的新隆高铁系统建成后从新加坡前往马来西亚吉隆坡最快只需90分钟。

新加坡与中国签署第三个政府间合作项目协议并就启动中新自由贸易协定升级谈判换函

2015年11月7日上午，中国国家主席习近平对新加坡进行国事访问期间，中国与新加坡举行合作项目签字仪式：中国国务委员杨洁篪与新加坡副总理兼国家安全统筹部部长张志贤共同签署《中华人民共和国政府和新加坡共和国政府关于建设中新（重庆）战略性互联互通示范项目的框架协议》，中国商务部部长高虎城与新加坡总理公署部部长陈振声共同签署关于建设该项目的补充协议，中国重庆市市长黄奇帆与新加坡总理公署部部长陈振声共同签署关于建设该项目的实施协议。中新（重庆）战略性互联互通示范项目的启动成为习近平访新的重要成果之一。另外，双方对启动中新自由贸易协定升级谈判达成共识，中国商务部部长高虎城与新加坡贸工部部长林勋强就关于同意启动中国—新加坡自由贸易升级谈判换函。中国国家主席习近平、新加坡总理李显龙出席签字仪式并见证签约。

新加坡与美国签订加强防务合作协定

2015年12月7~8日，新加坡国防部部长黄永宏到访美国华盛顿，与美国国防部部长卡特会面，新加坡和美国正式签订加强两国防务合作协定，进一步拓展和深化新美作为主要安全合作伙伴的防务关系。两国将在军事、政策、战略、科技以及非传统安全挑战如海盗和跨境恐怖主义威胁5个关键防务领域进行广泛合作。双方已达成共识，在人道和灾难救援、网络安全、生物安全与公共通讯方面开拓新美合作关系。双方发表联合声明称，美国将首次在新加坡短期部署P-8反潜侦察机。

泰国总理巴育会见到访的中国国防部部长常万全

2015年2月6日上午，泰国总理巴育在泰总理府会见到访的中国国务委员兼国防部长常万全。巴育表示，泰中两国关系亲密友好，两国高层来往频繁，经贸、文化及基础设施建设等各领域务实合作不断发展，泰方赞赏和支持中国的“一带一路”合作倡议，愿积极参与相关合作并从中获益。多年来，泰中两军关系发展良好，希望双方继续加强人员往来和各领域务实合作，促进两国关系全面发展。常万全表示，中泰有着亲戚般的传统友谊，两国人文关系密切，政治互信基础牢固，经贸合作前景广阔。中方一贯重视发展中泰两军关系，愿与泰方一道，保持战略沟通，深化联合训练、多边安全和国防工业等领域合作，共同维护地区安全稳定。2月6日下午，常万全与泰国副首相兼国防部长巴维在曼谷举行会谈。双方同意未来5年加强军事合作，包括开展联合军事演习。

泰国总理巴育访问日本

2015年2月8~10日，泰国总理巴育对日本进行官方访问，巴育夫妇觐见日本皇太子德仁亲王。2月9日，日本首相安倍晋三与泰国总理巴育举行会谈，并发表联合声明。声明称，日本与泰国在高速铁路网等基础设施建设领域开展合作，两国将以经济建设为中心加强关系，并确认在反恐应对上进行合作的方针。2月10日上午，巴育出席《泰日轨道运输系统发展意向书》《促进泰国在日本投资发展合作备忘录》签署仪式。

2月9日，泰国皇家海军训练舰编队抵达中国湛江，对南海舰队进行为期4天的友好访问　（中新网）

泰国皇家海军训练舰编队访问中国

2015年2月9日上午，泰国皇家海军训练舰编队抵达中国广东省湛江某军港，开始对南海舰队进行为期4天的友好访问，南海舰队在码头举行欢迎仪式。此次访华的泰国皇家海军训练舰编队由护卫舰“可拉巴厘”号、护卫舰“邦巴功”号、远洋巡逻舰“帕塔尼”号组成，有官兵、学员、地方人员等共696人。访问期间，中泰两国海军官兵相互参观军舰，双方举行体育友谊赛、甲板答谢会、军舰对公众开放参观等活动。

泰国诗琳通公主访问中国

2015年4月3～6日，应中国政府邀请，泰王国玛哈·扎克里·诗琳通公主殿下访问中国。中国人民政治协商会议全国委员会主席俞正声4月3日在北京人民大会堂会见诗琳通公主。俞正声欢迎诗琳通在中泰建交40周年之际再次访华，赞赏诗琳通长期致力于发展中泰友好事业，为增进两国人民的相互了解和友好感情作出积极贡献。诗琳通公主访问期间举办以互联互通为主题的个人摄影展，并就加强两国教育、文化、科技等领域交流与合作同中方交换意见。

俄罗斯总理梅德韦杰夫访问泰国

2015年4月7～8日，俄罗斯总理梅德韦杰夫访问泰国。梅德韦杰夫此行是25年来俄罗斯总理首次访泰。泰国政府发言人称，俄罗斯和泰国于当地时间4月8日签署5份谅解备忘录，加强在能源、投资、打击贩毒、旅游和文化等方面的合作。该发言人还称，俄罗斯还显示出购买泰国橡胶的兴趣。发言人还透露，尽管卢布贬值，但吸引俄罗斯游客前往泰国仍是两国领导人讨论的重点。

泰国总理巴育访问印度尼西亚

2015年4月19～24日，泰国总理巴育访问印度尼西亚，并出席亚洲—非洲首脑会议成立60周年以及新亚洲战略伙伴成立10周年庆祝活动和会议。4月23日上午，泰国总理巴育会晤印度尼西亚总统佐科·维多多，再次重申两国合作对地区局势和区域发展的重要性。双方将继续深化合作，确保在地区发展中保持优势。此外，双方还就渔业和海洋安全事务进行磋商，同意共同设立渔业工作组一事达成共识，希望以此对两国渔业中存在的问题进行整改，并制定长期战略方针予以跟进。就促进两国在贸易和投资领域合作一事，巴育强调，泰国民间企业对印度尼西亚经济充满信心，将继续扩大在印度尼西亚的投资。与此同时，泰政府继续推动印度尼西亚企业赴泰国投资。佐科表示，欢迎泰国企业进驻印度尼西亚，在旅游、能源等领域进行投资。

泰国总理巴育访问缅甸并出席ACMECS峰会

2015年6月22日，泰国总理巴育访问缅甸，并在内比都出席第6届ACMECS经济战略合作首脑峰会，与柬埔寨、老挝、缅甸和越南领导人共同磋商伊洛瓦底河—湄南河—湄公河三大流域5国经济合作发展战略。该会议是由泰国前总理他信2003年11月倡议举办，旨在加强东南亚大陆区域三大流域国家的经济战略互信合作，每两年举办一次。本次会议聚焦贸易投资便利化、工农业合作、交通运输互联互通、旅游业合作、人力资源发展、卫生与环境等八大领域合作。

泰国和柬埔寨拓展经济特区合作

2015年8月26～28日，泰柬边境省府府尹第5次联合会议在泰国举行，泰国内政部部长阿努蓬与柬埔寨副总理兼内政部部长共同主持会议。会议一致决定加大在贸易与投资领域的合作，扩大经济特区合作，增设4个永久性口岸，为两国民众出入境提供便利。两人在会后举行的新闻发布会上表示，此次会议取得圆满成功。阿努蓬表示，双方将进一步扩大经济特区合作，增加的邬汶叻他尼府与柬埔寨帕威寒省的冲安玛口岸、沙缴府与帕农待省质检的考丁口岸、哒叻府与朴萨省质检的塔盛口岸、武里喃府与乌东密猜质检的竹果戈口岸4个永久性边境口岸，不但可以为两国民众往来提供便利，还有助于促进边境地区的贸易和旅游业。

4月4日，泰国诗琳通公主殿下（左二）访问北京大学，在"泰学研究在中国"学术研讨会开幕式上致辞（百度网）

斯里兰卡总统访问泰国

2015年11月1～4日，应泰国总理巴育的邀请，斯里兰卡总统迈特里帕拉·西里塞纳访问泰国。斯里兰卡总统率领多部门部长级代表、商业领先人士，寻求与泰国的多项合作。11月2日，泰国总理巴育在Khu Fah建筑的绿色房间里欢迎并会见斯里兰卡总统迈特里帕拉·西里塞纳。迈特里帕拉·西里塞纳借庆祝两国建交60周年之际，将该国珍藏的舍利子，于11月2～16日送至大城府塔玛兰佛寺供奉,并将其他60颗舍利子赠送给泰国政府,以供泰国民众参拜,祈祷幸福吉祥。访问期间,巴育与迈特里帕拉一行展开政商会晤,重点议题包括推进两国宗教与文化发展、促进经贸投资、增加两国贸易额、开展区域乃至国际间合作等。两国领导人还见证多份谅解备忘录的签署以及交换建交60周年纪念邮票。此外,迈特里帕拉和泰国代表还在商业座谈会上发表演讲,分享泰国与斯里兰卡的商业信息数据。

11月2日,泰国发行泰国与斯里兰卡建交60周年邮票。图为小全张局部 (百度网)

柬埔寨首相洪森访问泰国

2015年12月18日,柬埔寨首相洪森访问泰国,参加泰柬建交65周年庆祝活动,并与泰国总理巴育进行双边会晤。在会谈中,双方强调两国应该加强各方面的合作,并在两国建交65周年之际举办各种活动,包括举行两国友好足球赛,泰国总理巴育授权泰国体育与观光部部长作为私人代表参加开幕仪式。柬埔寨则希望实况转播友谊比赛,彰显两国友谊。两国就合力打击人口贩运问题达成共识,并签署包括劳工雇用协议在内的多份协议,推动劳工合法化,解决贩卖人口和非法入境问题。在经济领域,两国总理一致同意在5年内进一步扩大双边贸易和投资额,共同推动沙缴府边境地区经济特区的发展,双方同意在海关检验和出入境运输方面提供更多便利,增加两国商品出口。泰国总理巴育指出,泰国已经做好进入东盟经济共同体的准备,希望泰柬两国进一步合作共同推动东盟全面发展。

越共中央总书记阮富仲访问中国

2015年4月7~10日,越共中央总书记阮富仲对中国进行正式访问。7日,中共中央总书记、中国国家主席习近平与阮富仲总书记举行会谈。两党总书记积极评价对方国家发展成就,就两党两国关系、国际和地区形势等共同关心的问题深入交换看法,达成重要共识。会谈后,习近平和阮富仲共同见证《中国共产党和越南共产党合作计划(2016~2020年)》以及金融、基础设施、文化、司法、税务、维和等领域合作文件的签署。习近平和阮富仲还共同出席第15届中越青年友好会见活动,共同观看中越两党理论研讨会成果展。访问期间,中共中央政治局常委、国务院总理李克强,中共中央政治局常委、全国人大常委会委员长张德江,中共中央政治局常委、全国政协主席俞正声分别会见阮富仲总书记。8日,中越发表《联合公报》。此外,阮富仲还前往中国云南省参观访问。

美国国防部部长阿什顿·卡特访问越南

2015年5月31日至6月2日,美国国防部部长阿什顿·卡特对越南进行访问。这是1995年越美两国关系正常化以来美国国防部部长第5次访问越南。5月31日,阿什顿·卡特赴越南海防市探访越南海军司令部和海警第一区司令部。6月1日上午,越南国防部部长冯光青大将与阿什顿·卡特举行会谈,双方签署《越美国防关系联合愿景声明》。这一声明是2011年越南和美国签署《促进两国国防合作备忘录》的延续深化,确定双方到2020年的合作方向。具体内容包括:合作克服战争后果(寻找失踪人员、清除橙剂/二恶英、销毁战争遗留爆炸物);进行代表团交流、对话和探访;在搜寻救援、克服天灾、参加联合国维和行动、海洋安全等领域开展合作;培训和军医合作;在多方对话论坛、东盟国防部长扩大会议上相互沟通以及在双方有需求和能力的其他领域进行合作。阿什顿·卡特此行宣布美国将向越南海洋警察部队提供1800万美元用于购买巡逻艇。6月1日下午。越共中央总书记阮富仲,国家主席张晋创分别会见阿什顿·卡特一行。

越共中央总书记阮富仲访问美国

2015年7月6~10日,越共中央总书记阮富仲对美国进行正式访问,成为首位访问美国的越共领导人。7月7日,美国总统奥巴马在白宫与阮富仲会晤,双方发表《共同愿景声明》,决心进一步深化全面伙伴关系。两国决定加强政治和外交关系,加强高层交往,扩大双边往来以继续建立互信和加强合作,同时加强经济、贸易和投资合作,深化科技、教育、培训、医疗、环境保护和执法等方面的合作。两国领导人再次重申继续加强军事和安全合作，包括在应对非传统安全威胁、确保海运安全、武器出口、海上救援等方面的合作，加强情报分享、国防技术交流等。

越南积极推进自由贸易协定谈判和签署

2015 年，越南签署两项自由贸易协定，结束两项自由贸易协定谈判。5 月 5 日，越南与韩国正式签署自由贸易协定；5 月 29 日，越南与欧亚经济联盟正式签署自由贸易协定，双方预计将向对方开放占约 90% 税源的商品市场，约占双方贸易额的 90% 以上；8 月 4 日，越南和欧洲联盟宣布基本结束自由贸易协定谈判，双方将取消超过 99% 税源的进口税；10 月 5 日，越南同另外 11 个成员国部长正式宣布《跨太平洋伙伴关系协定》（TPP）谈判结束。

经　济

中国出口退税改由中央财政负担

2015 年 3 月 3 日，中国国务院印发《关于完善出口退税负担机制有关问题的通知》。《通知》明确：从 2015 年起，出口退税（包括出口货物退增值税和营业税改征增值税出口退税）全部由中央财政负担，地方 2014 年原负担的出口退税基数，定额上解中央。同时，中央对地方消费税不再实行增量返还，改为以 2014 年消费税返还数为基数，实行定额返还。

中国国务院印发《中国制造 2025》

2015 年 5 月 19 日，中国国务院印发《中国制造 2025》，部署全面推进实施制造强国战略。这是中国实施制造强国战略第一个十年的行动纲领。《中国制造 2025》提出，坚持“创新驱动、质量为先、绿色发展、结构优化、人才为本”的基本方针，坚持“市场主导、政府引导，立足当前、着眼长远，整体推进、重点突破，自主发展、开放合作”的基本原则，通过“三步走”实现制造强国的战略目标：第一步，到 2025 年迈入制造强国行列；第二步，到 2035 年中国制造业整体达到世界制造强国阵营中等水平；第三步，到新中国成立 100 年时，中国制造业大国地位更加巩固，综合实力进入世界制造强国前列。

中韩自由贸易协定签署

2015 年 6 月 1 日，《中华人民共和国政府和大韩民国政府自由贸易协定》在韩国首尔正式签署，这是中国迄今为止对外签署的覆盖议题范围最广、涉及国别贸易额最大的自由贸易协定。该协定的签署，成为中韩两国合作进程中又一具有里程碑意义的大事。根据该协定，在过渡期后，中韩 90% 以上的商品将迎来零关税时代。

《亚洲基础设施投资银行协定》正式签署

2015 年 6 月 29 日，《亚洲基础设施投资银行协定》在中国北京签署，标志着亚洲基础设施投资银行筹建迈出具有历史意义的步伐，展示各方对成立亚洲基础设施投资银行的庄严承诺，体现各方团结合作、开放包容、共谋发展的务实行动。亚洲基础设施投资银行是一家国际金融机构。亚洲基础设施投资银行法定资本初期为 500 亿美元，以后将增至 1000 亿美元。中国国家主席习近平在北京会见出席《亚洲基础设施投资银行协定》签署仪式的各国代表团团长时指出：中国提出筹建亚洲基础设施投资银行，目的是推动亚洲地区基础设施建设和互联互通，深化区域合作，实现共同发展。亚洲基础设施投资银行将在董事会和监事会 2016 年 1 月首次会议后开始运作。

金砖国家新开发银行开业仪式系列活动

2015 年 7 月 20 ~ 21 日在中国上海举行，标志着金砖国家新开发银行正式开业。金砖国家新开发银行作为国际发展体系的新成员，与现有多边开发机构是合作互补关系，将与相关多边和双边开发机构和私营部门建立紧密的合作伙伴关系，共同促进发展中国家的

7 月 21 日，由中国、巴西、俄罗斯、印度和南非共同成立的金砖国家新开发银行开业仪式在中国上海虹桥迎宾馆举行　（中国日报网）

经济发展和全球经济复苏。

中国国务院印发《促进大数据发展行动纲要》

2015 年 9 月 5 日，中国国务院印发《促进大数据发展行动纲要》，系统部署大数据发展工作。《纲要》指出，到 2018 年年底前，中国将建成国家政府数据统一开放平台，率先在信用、交通、医疗、卫生、就业、社保、地理、文化、教育、科技、资源、农业、环境、安监、金融、质量、统计、气象、海洋、企业登记监管等重要领域实现公共数据资源合理适度向社会开放。

人民币跨境支付系统正式启动

2015 年 10 月 8 日，被市场视为人民币在全球支付"高速公路"的人民币跨境支付系统（CIPS）正式启动。系统上线运行后，将大大提高跨境清算效率，标志着人民币国内支付和国际支付统筹兼顾的现代化支付体系取得重要进展。CIPS 系统首批直接参与机构包括工、农、中、建、交五大国有银行，招商、浦发、民生、兴业、平安、华夏等股份制银行，汇丰银行、花旗银行、渣打银行、星展银行、德意志银行、法国巴黎银行、澳大利亚和新西兰银行、东亚银行等外资银行境内机构，共计 19 家。此外，同步上线的间接参与者还包括位于亚洲、欧洲、大洋洲、非洲等地区的 38 家境内银行和 138 家境外银行。

国际货币基金组织（IMF）批准人民币加入特别提款权货币篮子

2015 年 11 月 30 日，国际货币基金组织（IMF）执董会决定从 2016 年 10 月 1 日起将人民币纳入特别提款权（SDR）货币篮子，成为除美元、欧元、日元和英镑之外的第五种货币。国际货币基金组织总裁拉加德表示，人民币被纳入国际货币基金组织储备货币篮子，是中国经济融入全球金融体系道路上的一个重要里程碑。

中国粮食产量实现"十二连增"

2015 年 12 月 9 日，中国国家统计局公布的全国粮食生产数据显示，2015 年中国粮食总产量 62143.5 万吨，比 2014 年增加 1440.8 万吨，增长 2.4%。根据对国内 31 个省（自治区、直辖市）农业生产经营户的抽样调查和农业生产经营单位的全面统计，2015 年全国粮食播种面积、单位面积产量、粮食总产量和谷物产量都保持增长势头，粮食产量历史性地实现"十二连增"，为稳定向好的经济基本面增添了亮色。

文莱采取措施促进企业发展

2015 年 1 月 5 日，文莱内政部和工业与初级资源部宣布实施新的营业法规，允许企业先注册公司，再确定业务性质和营业地点。凡不涉及公共安全的小微企业，均可注册获得有效期一年的营业执照，注册成功次日便可开展经营活动，待确定营业性质、内容及地点后，于一年内向注册单位报告。鉴于企业须先在财政部注册登记，再从内政部领取营业执照，内政部在财政部办事大厅设立便民窗口，以方便手续办理。

文莱政府颁布施行 2015 年营业执照法令

针对近年来文莱使用天然气生产下滑的趋势，为了进一步发展多元化经济，在2015 年1 月1 日，文莱政府颁行 2015 年营业执照法令，其中有 9 类经营活动可以豁免营业执照，分别是：面包店；饮食店（包括饮食摊）；休闲、娱乐、住宿场所（包括电影院、台球中心、球类中心、游戏中心、儿童游乐场、武术班、音乐班、舞蹈班和旅店等）；摊贩；车行；油站（包括易燃物贮藏地点）；杂货商店；板厂和家具厂；工坊（包括裁缝店、修车厂、洗车中心、布条/广告牌制作、冷气修理、复印机修理、轮胎店、电器修理、食品加工、洗衣服务、相框制作等）。无需营业执照的生意，在开业前仍需通过其他既定程序如商业和公司注册、生产经营地点使用条件以及卫生与安全条件审核等。

文莱为摆脱经济上严重依赖石油和天然气出口的困局，积极开辟海上互联互通，加强合作开发，共建"21 世纪海上丝绸之路"。图为文莱摩拉港的集装箱码头 （新华网）

文莱佰都利银行获评最安全银行

据总部设在美国纽约的国际金融杂志 2015 年 11 月 9 日评选结果，文莱佰都利银行连续第二年获评为文莱最安全银行。据介绍，这是佰都利银行 2015 年获得的第四个国际奖项。其他三个奖项是亚洲银行及金融杂志第三次颁给该行的年度文莱最佳本地零售银行奖和第一次颁给的年度文莱最佳移动银行计划奖以及世界金融杂志颁发的年度文莱最佳金融集团奖。2014 年 12 月 10 日，佰都利银行成为文莱首家取得 PCI – DSS(支付卡数据安全标准)认证的银行。2015 年，佰都利银行营业收入 9700 万文莱元，资产总额 36 亿文莱元。

文莱苏丹新年致辞宣布经济改革措施

2015 年 12 月 31 日，根据 2015 年文莱经济的发展情况，文莱苏丹在新年致辞中宣布一系列改革新政以促进经济发展。其中包括：设立外国直接投资和油气下游产业委员会，加大招商引资力度；通过 2035 宏愿理事会草拟的《文莱 2035 愿景框架》文件，加快实现宏愿目标；设立中小企业中心，满足当地中小企业发展需求。苏丹还提出，高新新术研发应用是文莱经济发展的首要任务。

柬埔寨政府收回 65.7 万公顷经济特许地

2015 年 1 月 21 日，柬埔寨农林渔业部副国务秘书在新闻发布会上说，截至目前，柬埔寨政府已撤销 71 家开发公司，收回 65.7 万公顷经济特许地。其中，第 4 届王国政府撤销 63 家经济特许地开发公司，第 5 届王国政府撤销 8 家经济特许地开发公司。为提高经济特许地管理效率，保障开发项目的可持续发展，柬埔寨政府成立工作组对经济特许地的开发项目进行定期检查和评估。经济特许地检查和评估工作小组将继续对柬埔寨 115 个经济特许地开发公司进行评估，总面积 120 万公顷。若发现这些公司未按法律和合同规定进行开发，柬埔寨政府将撤销其执照，并收回经济特许地。据悉，2014 年，柬埔寨政府已撤销 23 家经济特许地开发公司，收回 9.68 万公顷的经营特许地。对于与政府新签协议的公司，特许地的租期从原来的 99 年缩短至 50 年。但是，如果在第 40 年至第 45 年间，开发公司若一直按法律和合同规定进行开发，则可以与政府进行谈判，以延长土地的开发期。而对于之前已获政府批准的经济特许地，柬埔寨政府将继续依照法律和合同执行 99 年的开发期。据柬埔寨促进与保护人权组织 2015 年 3 月 30 日的报告称，柬埔寨王国政府给予国内外公司共 245 处地块的经济土地特许权，土地面积共约 202.02 万公顷。其中：柬埔寨国内公司拥有 113 处地块，土地面积约 94.15 万公顷；外国公司拥有 132 处地块，土地面积共约 107.87 万公顷。在所有的外国公司中，越南公司拥有 56 处地块，是拥有最多地块的国家，土地面积约 35.03 万公顷；中国公司拥有 40 处地块，土地面积约 35.55 万公顷；马来西亚公司拥有 12 处地块，土地面积约 9.08 万公顷；泰国公司拥有 10 处地块，土地面积约 7.94 万公顷；韩国公司拥有 9 处地块，土地面积约 9.05 万公顷；新加坡公司拥有 7 处地块，土地面积约 11.21 万公顷。

柬埔寨将投入 6230 万美元参与亚洲基础设施投资银行建设

2015 年 10 月 9 日，柬埔寨首相洪森主持召开内阁会议，审议并通过《建设亚洲基础设施投资银行协议》。首相府国务秘书兼发言人派西潘会后在脸书上发布消息称，柬埔寨将投入 6230 万美元，购买 623 股，占亚投行总股权的 0.0635%。他指出，根据协议，柬埔寨将在第一阶段先投入 20%，为 1246 万美元，其余的金额在 10 年内分阶段投入。派西潘表示，投资建设亚投行，将为柬埔寨创造中期和长期的财政新来源。

柬埔寨政府收回吴哥景区管理权

2015 年 11 月 6 日，柬埔寨首相洪森在内阁会议上宣布，柬埔寨王国政府决定从周速光勋爵的公司收回柬埔寨吴哥景区的管理权，今后吴哥景区门票收入将作为国家收入的一部分，由政府统一开支，且景区内的工作人员也由政府统一管理。柬埔寨首相府国务秘书、发言人派西潘透露，政府决定成立一家公共企业负责管理吴哥景区的门票，并由旅游部、财经部等有关部委组成联合委员会来管理该公司。周速光勋爵成立的速卡酒店公司于 1999 年获得柬埔寨政府的批准，负责吴哥旅游景区门票的销售。外国游客参观吴哥古迹群的票价是 20 美元/1 天，40 美元/3 天，60 美元/1 周。吴哥旅游景区管理和保护机构(仙女机构)统计显示，2014 年，暹粒省共接待游客 502.39 万人次，其中国际

柬埔寨吴哥窟　　（百度网）

游客235.09万人次，门票收入总额5934.2万美元。

印度尼西亚境内所有交易均需使用印度尼西亚盾

根据印度尼西亚中央银行条例规定，2015年6月1日起，印度尼西亚境内出售的商品和服务价格必须以印度尼西亚盾标明，禁止同时标注外国货币和印度尼西亚盾价格，在印度尼西亚不使用印度尼西亚盾进行交易者最高罚款额为10亿盾（约合7.7万美元）。中央银行条例规定的商品和服务价格包括商品货物价格、服务费用、出租费用、货运费、餐馆菜单价目表、合约、发票、交货单及采购订单价目条款的文件、清偿证据、在电子媒体注明的货品及服务费。印度尼西亚央行此举的目的是鼓励民众使用印度尼西亚盾，提高印度尼西亚盾汇率的稳定性，改善投资环境，促进国民经济发展。

印度尼西亚取消奢侈税刺激消费

2015年，印度尼西亚经济增长趋缓。为刺激消费，带动经济增长，6月12日，印度尼西亚财政部部长班邦宣布取消奢侈品税。这一做法有望刺激印度尼西亚国内消费，通过增强民众消费能力刺激工业生产。

印度尼西亚与中国正式签署雅万高铁项目

2015年10月16日，由印度尼西亚维卡公司牵头的印度尼西亚国企联合体与中国铁路总公司牵头组成的中国企业联合体，正式签署组建中国与印度尼西亚合资公司协议，该合资公司负责印度尼西亚首都雅加达至万隆高速铁路（雅万高铁）项目的建设和运营。

印度尼西亚首都雅加达至第四大城市万隆的高速铁路，全长150千米，设计行车时速300千米，是印度尼西亚第一条高速铁路，计划于2016年1月开工，3年建成通车。届时，雅加达到万隆间的旅行时间将由现在的3个多小时缩短至40分钟以内。

10月16日，中国和印度尼西亚企业代表在印尼雅加达签约仪式现场举行雅万高铁项目建设和运营新闻发布会　（新华网）

印度尼西亚对外国人开放房产市场

由于印度尼西亚经济增长放缓再加上中央银行制定严格的首期付款条例，导致印度尼西亚房市需求疲弱，最终印度尼西亚政府决定对外国买家打开房地产市场大门。2015年年底，印度尼西亚总统佐科签署条例，允许外国人购买拥有土地所有权的房产，即先拥有30年产权，以后可再延长至50年。按照新的规定，符合购房条件的外国人，必须在印度尼西亚生活、工作或者投资。早在20世纪90年代后期，印度尼西亚法律允许外国公民在印度尼西亚购买公寓和办公用房，但对土地没有拥有权。2013年，允许外国人购买房产25年。此次调整将产权再延长25年。

老挝加强交通基础设施建设

2015年10月，老挝全国公路总里程达51597千米与2012年同期相比增长18.3%。其中：钢筋水泥路310千米，高级沥青路814千米，普通两层沥青路8272千米，碎石路19361千米，红土路22838千米。各省会城区道路均铺设沥青路面，148个县均有沥青或红土路可以通达。有8条国道（全长2850千米）作为与东盟联通的公路。但从总体上看，老挝道路交通水平低于其他东盟国家，许多道路建设标准低于东盟地区基准，难以满足东盟一体化的需求。对此，老挝公共工程与运输部已制订国家道路发展长期计划，计划投资近60亿美元用于建设123个项目，对公路实施全面升级改造。其中：国道项目54个，投资总额40亿美元；省道项目69个，投资额18美元。

随着老缅跨湄公河大桥2015年5月9日建成通车，老挝已拥有10座跨湄公河大桥。其中跨国湄公河桥梁5座（万象—廊开、沙湾拿吉—穆达汗、甘蒙—那空帕农、波乔—清莱和老缅湄公河大桥），国内湄公河5座（巴色县—喷通大桥、段孔大桥、琅勃拉邦省孟银—乌多姆塞省北本大桥、琅勃拉邦省勐南县巴坎—沙耶武里省塔德大桥、万象省萨纳坎县—沙耶武里省巴莱县大桥）。

老中铁路在万象举行开工奠基仪式

2015年12月2日，老中铁路在万象举行开工奠基仪式，老挝人民革命党中央总书记、老挝人民民主共和国主席朱马里，中国共产党中央政治局常委、全国人民代表大会常务委员会委员长张德江以及双方其他官员出席开工奠基仪式。老中铁路总长427.2千米，投资额387

亿元人民币(60.4 亿美元),计划2020 年建成。建成后将使老挝由“陆锁国”一跃变为“陆联国”,成为中国与东盟地区互联互通的关键节点,必将为老挝经济社会持续发展注入强大动力。

位于首都万象的老挝证券交易所大楼　　(百度网)

该铁路建设标准为国铁Ⅰ级、单线设计、电力牵引、客货混运。客运设计行车时速 160 千米,万荣至万象平原地段设计预留时速 200 千米,货运设计时速 120 千米。该铁路 60% 以上为桥梁和隧道,具体为:项目桥梁 170 座、69 千米,占总里程 16%;隧道 72 个 183 千米,占总里程的 43%。全线近期新建车站 33 个,初期开放 21 个,未来开放 12 个。全线主要的节点性工程为两座特大桥和 8 条隧道。其中湄公河 1 号特大桥桥长 1220 米,湄公河 2 号特大桥桥长 1436 米。8 条隧道分别为:友谊隧道(9592 米,老挝境内 2430 米)、空琅村隧道(8150 米)、努瓦山隧道(8185 米)、福格村隧道(8880 米)、卡村隧道(8005 米)、森村隧道(9405 米)、拉孟山隧道(8055 米)。

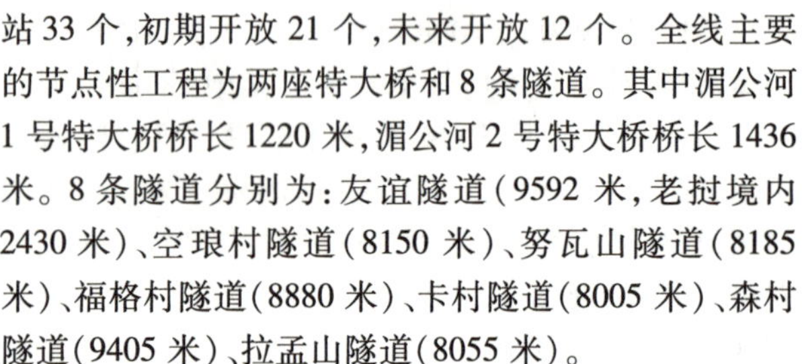

老挝新增一家上市公司

2015 年 12 月上旬,老挝 SVN 进出口贸易公司股票上市交易。至此,上市交易股票已有 5 支,仍为世界上最小的“袖珍股市”。上市 5 支股票流通数量分别为:大众外贸 1.37 亿股;大众电力 16.79 亿股;世界集团 3956.91 万股;石油贸易 2.35 亿股;SVN 进出口贸易 1.65 亿股。

2015 年,老挝股市交易始于 1 月 5 日 1399.72 点,收于 12 月 28 日 1173.63 点。股指全年最高点 1566.92(3 月 27 日),最低点 1113.09(12 月 25 日)。

马来西亚开征消费税

2015 年 4 月 1 日,马来西亚在全国范围内实行新的消费税政策,用税率为 6% 的消费税取代原有税率为 5% ~16% 不等的销售税和服务税,马来西亚也因此成为东盟国家中第 8 个实行消费税的国家。马来西亚的消费税包括零税率、豁免税率、标准税率等。除政府宣布豁免/零税率的物品或服务,其他全部物品和服务都会被征收消费税。基本民生食品如白米、糖、盐、面粉、食油等不征消费税。政府服务如护照、执照、卫生服务和教育以及运输服务如巴士、火车、轻快铁、渡轮、公路收费也不在消费税征收范围之内。马来西亚总理兼财政部部长纳吉布解释称,新消费税不是为了加重民众的负担,而是国家税制改革的一个重要举措,目的是使税收更加透明、公平、合理,并保证马来西亚在 2020 年成为高收入国家的目标能够如期实现。专家预计,在实行消费税政策后,当地商家的经营成本将上升 5% ~10%,虽然马来西亚政府一直强调在实行消费税后物价并不一定会上涨,但很多马来西亚民众还是在即将实行消费税政策的前几天,加入排队抢购日用品的行列。为缓解民众的紧张情绪,马来西亚政府也采取多种渠道进行消费税宣讲,甚至还推出专门的手机应用软件为民众的消费出谋划策。同时,政府采取发放现金及调低所得税率来协助公民应对新情况。开征消费税后,个人所得税率调低 1 ~3 个百分点,公司营业所得税也调低 1 个百分点,从 25% 降至 24%。马来西亚人民援助金从原本的 500 林吉特增至 650 林吉特,申请门槛上调至家庭月收入 4000 林吉特。

马来西亚推出 4 项税务津贴

2015 年 4 月 6 日,马来西亚投资发展局宣布 4 项新的税务津贴,主要包括:给予在未开发地区或领域的税务津贴,最高优惠可免 15 年所得税或 10 年合格资本开销免税;工业区管理津贴,最高可享有 5 年法定收入免税;提升工业自动化的资本津贴,部分行业可获得首次 400 万马币 200% 的加速资本津贴;建立主要枢纽的税务津贴,根据公司层次,前 5 年可获得 5% ~10% 的公司税免除。前三项津贴从 4 月 6 日起生效,第四项津贴从 5 月 1 日起生效。

吉隆坡人民币清算行揭幕

2015 年 4 月 14 日,中国银行在马来西亚布城香格里拉酒店举行吉隆坡人民币清算行启动仪式。马来西亚总理纳吉布、中国驻马来西亚大使黄惠康及中国银行行长陈四清出席并致辞。马来西亚交通部部长廖中莱、总理对华事务特使黄家定、财政部副部长蔡智勇、国家银行副行长诺姗霞,中国驻马使馆经商参赞吴政平、中国银行马来西亚分行总裁王宏伟等出席仪式。

纳吉布对吉隆坡人民币清算行的启动表示热烈祝贺。他说,吉隆坡人民币清算行的启动是马中双边关系发展过程中的又一里程碑,是两国亲密关系的体现,是中国参与马来西亚金融基础设施建设的重要举措,也是马中双边关系升级为全面战略伙伴关系之后取得的又一丰硕成果。吉隆坡人民币清算行的建立将进一步促进双边关系发展、提高贸易投资合作水平、推动使用人民币进行贸易投资结算。黄惠康大使在致辞中高度赞赏马来西亚政府和纳吉布总理在推动吉隆坡人民币清算行建立过程中做出的努力。吉隆坡人民币清算行的建立是中马双边关系发展的实质成果,是落实两国《经贸合作五年规划》的重要举措,体现两国领导人深化互利共赢合作的积极意愿。

马来西亚第 11 个五年计划出台

2015 年 5 月 21 日,马来西亚总理纳吉布向国会提呈马来西亚第 11 个五年计划。2016 ~ 2020 年实行为期 5 年的第 11 个五年计划,是以人民为主轴的发展计划,其主题为“以民为本拼成长”,通过采取提高生产力,通过创新增加财富,增加中产阶级人数,致力于教育及技术训练,执行绿色发展战略,加大对具有竞争力城市的投资等 6 大重点策略来达成发展目标。在第 11 个五年计划下,政府 5 年期间的发展拨款,将从第 10 个五年计划的 2236 亿林吉特,增至 2600 亿林吉特。行政拨款增至 12898 亿林吉特;年度增幅从之前的 7%,略降至 6.4%。第 11 个五年计划的总收入预计为 14079 亿林吉特,年度增幅 7.9%。根据第 11 个五年计划,吉隆坡、新山、古晋、亚庇 4 个主要城市,是重点发展的中心地区。政府计划在森美兰州打造“马来西亚宏愿谷”。政府计划 5 年创造 150 万个新的就业机会。第 11 个五年计划中,政府的目标是关注社会金字塔底层占 40% 的低收入人群,计划逐步调高他们的家庭收入,从 2014 年的每月 2500 林吉特,到 2020 年的每月 5000 林吉特;妇女劳动力参与率从 2014 年的 54% 提高到 2020 年的 59%。另外,居住在福利机构的 13 ~ 18 岁孩童,会给予教育以及技术和专业训练的机会。政府还将为中低收入家庭建造 60.6 万所房屋单位,满足中低收入人群购买住房的要求。第 11 个五年计划重视绿色环保,政府将制定更全面的天灾风险管理政策及相关的法律条文,政府绿色收益将成为所有政府部门和机构的强制性计划。

马来西亚宏愿谷项目落实

2015 年 5 月 21 日,马来西亚总理纳吉布宣布,在马来西亚第 11 个五年计划下,森美兰州将设立“马来西亚宏愿谷”发展项目。由于吉隆坡和环绕周围的雪兰莪市镇组成的巴生谷已经面临极度饱和状态,于是政府计划发展马来西亚宏愿谷,来拓展吉隆坡的发展范围。马来西亚宏愿谷坐落于森美兰州西部,规划面积 1085 平方千米,将涵盖森美兰州的汝来、芙蓉和波德申。马来西亚宏愿谷项目投资总额约 8000 亿元人民币,整个项目包括运动休闲城、生物医药与健康产业城、世界知识与大学城、高科技产业园区以及交通枢纽工程等功能板块,堪称目前世界上最大的国家级创新区域开发项目。根据计划,马来西亚宏愿谷涵盖 5 个发展区:芙蓉被规划为中央商业区;汝来、ENSTEK 及达城将成为教育及体育城;另外开拓 2469.28 公顷的新工业发展区,承接从巴生谷迁移的工业项目,嘉乐区将建设占地 404.8 公顷的巴生谷中央公园。马来西亚政府和企业界将以 PPP 模式携手合作,希望经过 20 ~ 30 年的努力,将宏愿谷建设成为大吉隆坡的一个重要组成部分,成为马来西亚第二大经济增长极。计划整体发展总值高达 6410 亿林吉特,为国内生产总值(GDP)带来 3.5% 的贡献。中国已经参与马来西亚宏愿谷项目合作,清华大学启迪创新研究院承担其中的高科技产业园区战略规划的编制,面积约 25 平方千米,是马来西亚宏愿谷的核心组成部分。马来西亚宏愿谷将是中马涉及发展数额最高、开发土地面积最大的计划。

新马来西亚航空公司投入运营

马来西亚航空公司于 2015 年 8 月 31 日停止运营,2015 年 9 月 1 日新马来西亚航空公司(简称“新马航”)开始营运。新马航是在 8 月 28 日正式获得马来西亚民航局发出的航空营运证书的。新马航总执行长克里斯托慕勒介绍,马航重组计划经历 3 个阶段,即 2015 年的“止血期”、2016 年的“复苏期”以

9 月 1 日,新马来西亚国际航空有限公司 *Malaysia Airlines Berhad*(简称 *MAB*)开始运营,总裁亲迎首班机乘客 (百度网)

及2017年之后的"成长期",预计新马航可在2018年达到收支平衡。原马来西亚航空公司连续几年亏损,其营运情况在MH370和MH17两起空难发生后更是每况愈下,马来西亚国库控股公司2014年决定将马航私有化。

马来西亚和印度尼西亚计划成立棕油生产国委员会

2015年10月6日,为应对棕榈油市场面临的挑战,马来西亚种植及原产业部部长道格拉斯和印度尼西亚海事与资源统筹部部长理查兰里在雅加达宣布成立棕油生产国委员会。该委员会的成立旨在共同推动棕榈油行业健康发展,提高棕油业的研发合作,拓展衍生品市场,开发棕油业附加价值。该委员会将制定新标准,以促进棕油业环境的可持续性建设,这种环保的发展模式将使两国数百万农民获益。两国政府同意设立一个专责小组,来推动新标准的制定和落实。此外,两国政府还同意在印尼建立一个与棕榈业相关的绿色经济区,进一步提振油棕工业和衍生产品市场,并生产环保燃料。该委员会是马来西亚总理纳吉布和印度尼西亚总统佐科会面后提出的,两国也将邀请泰国加入。该委员会的作用类似于石油输出国组织——欧佩克。

马来西亚获2015年世界旅游大奖多个奖项

2015年11月11日,在香港海景嘉福酒店举行的世界旅游大奖颁奖典礼上,马来西亚获2015年世界旅游大奖多个奖项。马来西亚被评为亚洲最佳旅游胜地,马来西亚旅游促进局获选为亚洲最佳旅游局。除此之外,马来西亚还获得以下奖项:亚洲航空公司获亚洲最佳机组奖,第一大酒店获亚洲最佳举行商务会谈和会议的酒店称号,云顶度假村获亚洲最佳主题度假村称号,邦咯岛绿中海度假村被选为亚洲最佳婚礼举办地等。

21世纪海上丝绸之路债券在马来西亚上市

2015年11月23日,中国建设银行(亚洲)机构获得马来西亚交易所的批准,将总值10亿人民币(约6.73亿林吉特)的全球首支21世纪海上丝绸之路债券,在马来西亚交易所上市。该批债券将在2017年到期,是中国建设银行支持中国"一带一路"建设的计划之一。中国建设银行(亚洲)委任马来西亚联昌国际投资银行为债券上市代理,这是马交所"豁免制度"下,第一项由中国持有银行发行的人民币债券。该债券在11月19日定价,利率为4%,11月26日发行,获得国际评级机构穆迪给予的"A2"评级,将在香港交易所双边上市。

11月23日,中国建设银行(亚洲)机构将全球首支21世纪海上丝绸之路债券在马来西亚交易所上市 (百度网)

马来西亚货币林吉特大幅贬值

2015年12月31日中午12时32分,马来西亚货币林吉特兑换美元的汇率为4.2923林吉特兑1美元,林吉特汇率在2015年大幅贬值,下跌19%,这是自1997年以来最大的年度跌幅。2015年9月出现17年来的新低,4.48林吉特兑1美元。原油价格迅速下挫、美元看涨及国内因素,是导致林吉特汇率在2015年疲弱的原因。

中马"两国双园"联合合作理事会第2次会议在吉隆坡举行

2015年1月20日,中马钦州产业园区和马中关丹产业园区("两国双园")联合合作理事会第2次会议在吉隆坡举行。中国商务部副部长高燕、广西壮族自治区副主席张晓钦和马来西亚国际贸易与工业部副部长李志亮、彭亨州州务大臣安南·雅各布共同主持会议。中国驻马来西亚大使黄惠康,中国商务部、发改委、国土资源部、广西壮族自治区人民政府,马来西亚贸工部、彭亨州政府、东海岸经济区发展理事会等"两国双园"理事会有关成员单位参加会议。双方讨论中马钦州产业园区和马中关丹产业园区的发展进程,高度评价"两国双园"建设取得的阶段性成果,并就未来两园的发展计划交换意见。本次会议的召开标志着"两国双园"合作机制不断完善,必将加快两个园区互动并进、联合开发的步伐。

缅甸发现近海深水区块天然气层

2015年1月3日,缅甸石油天然气公司、缅甸MPRL公司与澳大利亚伍德赛德石油公司及法国道达尔公司合作,在若开近海深水区发现大储量天然气层。至此,缅甸从孟加拉湾近海中部至南部均发现有天然气储藏。

缅甸银行启用电子实时结算系统

2015 年 1 月 6 日，缅甸中央银行实时电子清算和结算系统正式上线，替代手工清算和结算方式，这是缅甸银行业迈向现代化的重要一步。在启用新的电子系统后，中央银行、本地银行和外资银行都可以通过系统联结起来，实现实时自动结算。新系统与其他金融系统互通，可以进行债券、股票和其他有价证券的结算。

缅甸允许经销商进口外国红酒

2015 年 3 月 23 日，缅甸商务部通知缅甸工商联，各经销商可以从国外合法进口各类红酒。经销商在申请进口许可证时，需事先与国外供货商签订合同及向相关部门申办酒类销售执照，红酒销售时需每瓶粘贴完税标志。

缅甸通过《2015 年税收法》

2015 年 4 月 2 日，缅甸联邦议会通过《2015 年税收法》，规定除特殊商品及免征税商品外的所有国产及进口商品征收 5% 贸易税。免征贸易税商品共 102 种，主要为农副产品、特定部门用品及服务类行业等。同时，缅甸商务部对鲜花、豆类、水果、咖啡豆、胡椒、玉米、缅甸药品、畜牧水产与农村发展部允许出口的鱼类、服装、高价值水产品以及传统食品的出口将无需再申请出口许可证，并取消化工产业及其相关物资、医用手术器械（需持卫生部证明）教学用具、油墨、相关化妆品、轮胎配件、丝绸等商品的进口许可申请。

缅甸首个经济特区投入使用

2015 年 9 月 23 日，日本支援建设的缅甸首个经济特区——迪洛瓦特区正式投入使用。迪洛瓦经济特区位于仰光以南 25 千米处，规划总面积 2400 公顷，第一阶段项目面积 400 公顷，其中 250 公顷开始运营。已有包括 24 家日本企业在内的 47 家企业计划在该经济特区发展事业。

缅甸外债余额近 91 亿美元

《缅甸新光报》2015 年 12 月 1 日报道，缅甸财政部长温欣 11 月 30 日在联邦议会上表示，截至 2015 年 6 月 30 日，缅甸外债余额为 90.99 亿美元。其中，1988 年以前的外债余额为 42.66 亿美元，1988/1989 财年至 2010/2011 财年为 33.31 亿美元，2011/2012 财年以后为 15.02 亿美元。

缅甸将花费 58 亿美元实现户户通电计划

据缅甸《七日新闻》报道，缅甸将花费 58 亿美元实现户户通电计划，预计将为 720 万个家庭输电，平均每个家庭花费 800 美元。上述费用主要用于供电基础设施建设，包括线路的铺设和仪表安装。世界银行将为缅甸提供 3 亿 ~ 4 亿美元援助，其他部分由缅甸政府和电力机构自行解决，该计划从 2015 年开始至 2030 年结束。

菲律宾投资增长就业增加

2015 年，经菲律宾投资委员会等 7 个主要投资促进机构批准的投资 6869 亿比索，预计将创造 16.91 万个就业机会。菲律宾统计管理局的数据显示，2015 年经批准的投资中，菲律宾国内投资者的投资额 4417 亿比索，占总额的 64.3%；外国投资者的投资额 2452 亿比索，占总额的 35.7%。投入电力、煤气、蒸汽和空调行业的投资达 2562 亿比索，预计提供 4100 个就业机会；25% 的投资承诺来自制造业，预计提供 4.8 万个就业机会；房地产行业投资提供 2.5 万个就业机会；建筑业投资提供 1.24 万个就业机会；信息和通信投资提供 1.05 万个就业机会。

菲律宾对外贸易保持增长

菲律宾国家统计局数据显示，2015 年菲律宾进口总额 666.9 亿美元，比上年增长 2%。从产品类别看：电子产品仍是菲律宾进口的主要产品，全年进口额 202 亿美元，占进口总额的 30.2%；其次是矿物燃料和润滑油，进口额 79 亿美元，占 11.8%；第三大类是交通设备，进口额 59 亿美元，占 8.8%。从进口来源地看，中国仍是菲律宾最大进口来源地。2015 年菲律宾从中国进口总额为 108 亿美元，占进口总额的 16.2%；美国、日本次之，进口额分别是 72.2 亿美元和 63.8 亿美元，分别占 10.8% 和 9.6%。

菲律宾香蕉产业面临挑战

香蕉是菲律宾继椰子之后的第二大出口农产品，2014 年出口总量为 317 万吨，出口总值 11.4 亿美元。据菲律宾香蕉种植者和出口协会统计，2015 年 1 ~ 9 月菲律宾出口香蕉 8532 万箱，比上年同期减少 482 万箱。菲律宾虽作为世界第二大香蕉生产国，现在面临着东盟其他同伴的竞争威胁。在东盟国家中，进行香蕉出口贸易的国家有越南、印度尼西亚、缅甸、柬埔寨、老挝。菲律宾香蕉出口的主要市场是中国、日本、韩国、新西兰以及部分中东国家，这些市场正面临着竞争对手的威胁。

菲律宾消费热潮吸引国际零售商进驻

据世界银行统计，2015 年菲律宾家庭消费支出占 GDP 的 72%，领先于其他东南亚国家（泰国 53%，印度尼西亚 57%，越南 64%）。庞大的消费支出带动了菲律宾超市、商场、便利店的扩张。2012 ~ 2015 年，菲律宾大型超市增至 644 家，增长 53%；便利店增至 2270

家，增长60%。随着菲律宾国内市场吸引力日益增加，已吸引H&M、Zara、Uniqlo等国际零售巨头开始进入菲律宾。

新加坡经济增速放缓

据新加坡贸易与工业部2016年2月24日发布的数据，新加坡2015年经济增长率为2%，不及2014年3.3%的增速。其中，制造业萎缩5.2%，除化学工业外的所有领域都出现萎缩；建筑业增长放缓至2.5%；得益于批发零售贸易及金融保险领域的增长，服务业增长3.4%，但仍略低于2014年的3.6%。此外，新加坡2015年第四季度经济比上年同期增长1.8%，比第三季度增长6.2%，均好于市场预期。尽管金融保险以及批发贸易有望为新加坡的经济增长提供支持，但由于外部需求疲软，制造业前景仍然低迷。

新加坡政府推出第二个零售生产力计划

新加坡《联合早报》2015年9月23日报道，新加坡贸工部兼国家发展部高级政务部部长李奕贤在新加坡零售业研讨会上宣布正式推出新加坡政府的第二个零售生产力计划，该计划着重协助零售商提高营业额与运作效率。新加坡政府希望该计划能够帮助零售商通过国际化及在网上销售商品，扩大业务并提高营业额。新加坡政府于2011年推出第一个零售生产力计划，当时主要是协助零售商提高运作效率，包括协助他们采用新技术、提升人力资源，实施以顾客为中心的计划。根据新加坡标新局的数据，第一个计划共协助1900多家零售商，推行生产力与服务提升项目3600多个。

新加坡连续10年居全球最亲商经济体榜首

世界银行2015年10月28日公布的《2016年全球亲商报告》显示，新加坡连续10年居全球最亲商经济体榜首。这是世界银行第13年进行这项调查，排名包括189个经济体，主要显示各个经济体如何从创业、缴税、注册房地产到跨国贸易等各方面为中小企业创造亲商环境。新加坡的评分为87.34，居第1位；排名第2～9位的依次为新西兰、德国、韩国、中国香港特别行政区、英国、美国、瑞典、挪威和芬兰。

新加坡樟宜机场乘客与航班数量创新高

2015年，新加坡樟宜机场接待的乘客数量和航班起降数量再创新高。该机场全年接待乘客5540万人次，比2014年增长2.5%。航班起降数量34.63万架次，比2014年增长1.4%。12月依旧是樟宜机场最繁忙的月份，接待的乘客超过529万人次，是自1981年机场启用以来乘客流量最高的月份。

新加坡樟宜国际机场鸟瞰　　　　（民航图库）

新加坡固定资产投资连续下滑

2015年，新加坡吸引的固定资产投资连续第三年下降，投资额下降2.5%至115亿新元，为过去6年的最低纪录。由于新加坡政府在2015年重点吸引某些化学工业投资，加上美国的几项重点电子投资项目，化学工业、电子工业吸引的固定资产投资占比较大：化学工业2015年吸引的固定资产投资比上年增长近四成，共计36亿新元；电子工业继2014年吸引的固定资产投资减半后，2015年吸引的投资恢复到2013年的水平，达到33亿新元。

新加坡主权财富基金投资活跃

2015年新加坡主权财富基金投资活跃，参与投资总额达到607亿新元，比2014年增长24%。淡马锡控股2015年参与投资38个项目，投资总额325亿新元；新加坡政府投资公司（GIC）参与投资16个项目，投资总额282亿新元。亚太市场是淡马锡控股、GIC两家公司重要投资市场，其中以中国和印度为主。投资领域主要有租车行业、网上教育、网络服务等。

新加坡人海外房地产投资额大幅增长

新加坡《联合早报》2016年4月5日报道，新加坡房地产市场疲弱，越来越多投资者到国外投资房地产项目。相关数据显示，2015年新加坡对外房地产投资额287亿美元（387亿新元），比2014年的193亿美元增长49%。而从国外流入新加坡的房地产投资却大幅增长，从2014年的13.4亿美元增加到2015年的34亿美元，增长157%。瑞士银行认为，尽管新加坡投资者因国内房地产前景疲弱和要求更高收益，纷纷把目光投向海外，但从流入的海外资金急剧增加的情况来看，一些海外投资者仍视新加坡为相对安全的房地产投资地点。

泰国政府批准大型钾盐矿开发申请

2015年2月26日，泰国政府批准本国最大规模钾盐矿开发申请，泰国政府工业部矿业厅厅长素拉蓬·羌通亲自为国际石油集团有限公司颁发钾盐矿勘探许可证。国际石油集团有限公司的这份申请共包括呵叻盆地的13个区块，地处泰国富含优质钾盐资源的呵叻盆地弄颂县，占地面积208平方千米，超过此前中国明达钾盐（泰国）有限公司以及隆邦矿业有限公司申请的钾盐矿区块面积。泰国政府历史勘探数据显示，这13个区块总体含钾量超过36%，钾盐总储量13亿吨，岩盐总储量116.74亿吨，最低估值3939亿美元（以钾盐矿300美元/吨现价计算）。泰国地质专家认为，呵叻盆地钾盐层厚度仍未完全探明，实际钾盐总储量可能达到20亿吨。

泰国正式启动人民币清算服务

2015年4月22日，泰国人民币清算服务正式启动。当天，总部位于北京的中国工商银行宣布，中国工商银行（泰国）股份有限公司已在曼谷正式启动人民币清算行服务。2014年12月22日，中国人民银行与泰国银行续签双边本币互换协议，两国金融合作迈出新步伐。2015年1月6日，中国人民银行授权中国工商银行（泰国）有限公司担任曼谷人民币业务清算行。泰国人民币清算服务启动后，泰国及其相关国家商业银行可以通过在中国工商银行（泰国）股份有限公司开立的账户直接办理人民币业务，从而显著提高人民币汇划效率和使用便利，人民币资金运用渠道也得到拓宽。中国工商银行（泰国）有限公司充分利用泰国的地缘优势，在两国货币管理机构和监管机构的要求和指导下履行人民币清算行的职责与义务，为人民币的跨境使用和支付清算提供良好平台。

泰国举办2015大米会议

2015年5月20日，泰国大米会议在曼谷开幕。为庆祝泰国诗琳通公主60华诞，展会以“诗琳通公主丰功伟绩”为主题，展出诗琳通公主关注、发展农业的照片以及为提高民众生活所作出的贡献。此次会议共吸引50余国的机构和代表参加。泰国总理巴育出席会议并发表主题演讲。大米占泰国农产品出口比重的7成。泰国政府已于2015年初制定五年发展规划，政府方面将继续向农民提供积极支持，维护稻农利益。湄南河流域是泰国大米的主要产区，泰国还将在34个府开发水稻新的种植基地，并注重提高大米的品质，实施“数量、质量、价格”三方面平衡可行性发展策略。

泰国国际航空公司面临破产

经营绩效不佳的泰国国际航空公司面临破产，泰国政府决定出手整顿，包括出售飞机和资产，并削减不必要支出。泰航发布报告称，尽管2015年最后一个季度净利润达54亿铢，但全年综合经营仍亏损130亿铢。泰航2011年起出现巨额亏损，高油价及廉航加入竞争令其雪上加霜，破产传闻不断。泰国总理巴育2015年1月26日主持国有企业委员会会议后表示，政府同意泰国航空的重组计划以恢复国际航线的收益。重组措施包括削减运营成本、提升公司收益、出售非核心资产。泰国财政部拥有泰国航空51%的股份，因此泰国航空是接受改革的主要国企之一。2015年该航空公司计划削减10%的亏本航线，包括国内航线以及国际航线，接收3架新飞机并且在7月前卖掉22架旧飞机，还将进行大规模的裁员。

泰老缅打造新十字走廊联通中国—东盟

2015年8月16～20日，泰老缅经济走廊国际会议即琅勃拉邦—中南半岛—毛淡棉经济走廊暨湄渡合作国际会议在泰国程逸府召开。泰老缅经济走廊与南北经济走廊形成新十字经济走廊。从老挝著名的世界文化遗产之地——琅勃拉邦，经由泰老边境湄渡口岸，贯穿泰国中北部5个府，通往缅甸孟邦的首府毛淡棉。跨境贸易通道经由老挝，连接越南谅山与中国友谊关，再通向中国南宁；向南则延伸到马来西亚和新加坡。“泰老缅经济走廊”的概念由纳黎萱大学物流和供应链学院院长彭素博士率领的科研团队提出。一经提出

5月20日，2015泰国大米会议在曼谷开幕　　（百度网）

后，很快就受到泰国相关各府乃至老挝和缅甸官方机构和民营商家的鼎力支持，并于2015年开始实施走廊沿线基础设施增建和维修工程。这个崭新的经济走廊倡议将给泰老缅多边合作带来新的发展机遇。

中泰铁路项目奠基仪式在泰国隆重举行

2015年12月19日，中华人民共和国—泰王国铁路合作项目开工奠基仪式在泰国大城府邦芭茵县清惹克侬站隆重举行。中国国务委员王勇、泰国副总理巴金、泰国交通部部长阿空·丁披他耶拜实等中泰政要出席当天的奠基仪式，共同见证中泰铁路合作项目工程正式开工的历史时刻。该项目投资额约为122亿美元，全长约867千米的复线铁路建设，设计时速250千米，实际运行时速约180千米，是客货两用双轨标准轨铁路。这条铁路将向北连接老挝万象、直达中国昆明，向南通往马来西亚和新加坡。全线包括坎桂—曼谷、坎桂—玛塔卜、呵叻—坎桂及呵叻—廊开，共4条线路。计划在3年内完工。

2015年成为泰国清迈旅游黄金年

2015年是泰国清迈旅游业发展较好的一年，在经历近10年因酒店供大于求引发的低迷周期之后，清迈的旅游业开始进入快速发展的轨道。清迈旅游业自2013年起情况有所好转，这都得益于高票房电影《泰囧》的放映，促使清迈成为中国游客赴泰国旅游最喜爱的目的地。据泰国酒店协会统计，2015年5～10月的旅游淡季酒店平均入住率达到70%～80%，11月至次年2月的旅游旺季酒店平均入住预订率也有65%。2015年全年酒店平均入住率为80%，高于2014年的70%。中国市场是推动清迈外国游客抵达人数增长的主要力量，占当地外国游客抵达总人数的20%。2015年清迈接待国内外游客1000万人次，对清迈的酒店业者来说正是旅游的黄金年。

泰国投巨资发展太阳能产业

泰国计划投资20亿美元发展太阳能产业，截至2015年年底，泰国太阳能发电量一举超越东南亚各国的总和。据泰国工业联盟再生能源部门提供的信息，2015年泰国新增太阳能发电装机容量1200兆瓦至1500兆瓦(MW)，投资额900亿泰铢(27亿美元)。泰国希望在2036年前把太阳能发电装机容量扩大至6000兆瓦，占总发电量的比重由2014年的4%升至9%。2015年泰国太阳能发电装机容量增至2500MW～2800MW，跃居东南亚各国首位。

越南撤出10家大型公司中的国有资本

2015年9月15日，越南政府总理颁发《分批出售股份的决定》。该决定对国有企业的撤资问题作出规定。10月8日，越南政府总理作出决定要求越南国有资本投资经营总公司撤出在10家大型企业所持有的全部国有资本。这10家大型公司包括经营业绩良好的越南乳业股份公司、FPT公司、FPT电信公司等。此为越南实施国有企业重组的一项举措，旨在实现企业投资资金来源多样化，同时促进企业改善管理。如果上述10家企业撤资成功，越南政府将收回30多亿美元。

越南和乐高科技园区技术研究、转让和鉴定中心落成

2015年10月29日，越南河内市人民委员会举行和乐高科技园区技术研究、转让和鉴定中心落成仪式。和乐高科技园区技术研究、转让和鉴定中心占地2.1公顷，是越南最大的科学技术综合园区，能为200名科学家提供工作场所。该中心将成为越南的重点研究基地，也是越南与国际开展研究合作计划项目的主要基地。

越南交通基础设施继续改善

2015年，越南多项交通基础设施项目竣工。清化至芹苴1号高速公路、胡志明市到西原路段(14号国道)拓宽升级、河内—海防高速公路等重大交通工程建成并投入使用。6月25日，越南第十三届国会第九次会议通过关于投资建设龙城国际航空港的决议。这些工程将使越南交通基础设施进一步完善。

12月5日，越南政府总理阮晋勇宣布河内—海防高速公路全线通车。河内—海防高速公路全长105.84千米，途径河内市、兴安省、海阳省和海防市。公路全线按双向六车道(每道宽3.75米)设计，还有两条应急车道(每道宽3米)，设计最高时速120千米，最低时速60千米，采用智能化管理模式，是目前越南

越南河内—海防高速公路收费站　　(越南之声网)

最现代化的高速公路，把河内至海防的行车时间从之前2.5小时缩短为1～1.5小时。

越南公债接近上限

越南财政部的数据显示，截至2015年12月31日，越南公债余额占国内生产总值（GDP）比重约为61.3%，政府债务占GDP比重约为48.9%，国家的国外债务占GDP比重约为41.5%。相对于越南国会设定的65%的公债上限，越南公债正在接近上限。近几年来越南公债一直连续增长，越南财政部部长丁进勇指出，虽然公债仍在控制范围内，但是债务余额增长过快。

越南经济增长率创5年来新高

2015年，越南国内生产总值比上年增长6.68%，创5年（2011年6.24%，2012年5.25%，2013年5.42%，2014年5.98%）来新高，超额完成越南国会提出的6.2%的目标，其中工业生产复苏较快。出口和吸收外资保持增长。居民消费价格指数（CPI）比上年同期上涨2.05%，创14年来新低。这是越南稳定宏观经济和国内燃料价格下跌、粮食价格维持稳定的结果。2015年，越南经济存在的困难是宏观经济尚未稳定，经济效率、质量、竞争力仍较低，国家预算收支不平衡，公债增加，国有企业股份化进程未达到预期等。

越南国家银行零元收购商业银行

2015年，越南银行重组步伐加快，通过合并，甚至以零元收购商业银行等方式，减少近20家信贷机构。越南国家银行零元收购建筑银行、大洋银行和油气银行。通过重组，越南的银行坏账从2012年的17%下降到2015年11月底的2.72%。

越南政府两次大幅度调整越南盾汇率

越南实行与美元挂钩的联动汇率制度。2015年，受多种因素影响，尤其是美元升值以及美国联邦储备局近10年来首次加息的影响，越南盾兑美元汇率变动剧烈。越南国家银行先后两次大幅度调整越南盾兑美元汇率中间价至22547越南盾/1美元，并放宽汇率浮动幅度，由之前的±1%扩大至±3%，致使越南盾大幅贬值约5%，外汇黑市价一度达到22950越南盾/1美元。在调整汇率的同时，为稳定市场和反美元化，企业和个人的美元存款利率都被调为零。

文　化

中国6个自然保护地入选世界自然保护联盟绿色名录

2015年1月30日，据中国国家林业局消息，中国有6个自然保护地入选世界自然保护联盟（IUCN）首批绿色名录。据介绍，IUCN绿色名录于2014年首次发布，收录了中国、澳大利亚等8个试点国家的24个自然保护地，其中包括中国6个自然保护地，即陕西长青国家级自然保护区、湖南东洞庭湖国家级自然保护区、安徽黄山国家级风景名胜区、吉林龙湾群国家森林公园、四川唐家河国家级自然保护区和黑龙江五大连池国家级风景名胜区。

至2014年，中国建有2697个自然保护区、2948个森林公园、916个湿地公园，还有风景名胜区、国家地

中国自然保护区景观组图：①四川唐家河国家级自然保护区景观；②湖南东洞庭湖国家级自然保护区景观；③黑龙江五大连池国家级风景名胜区景观 （百度网）

质公园、水利风景区、海洋保护区、植物园等多种类型的自然保护地。自然保护地面积约占国土面积的18%。

中国二维码技术获得重大突破

2015年2月3日，中国《人民日报》报道：经过10多年艰苦探索，中国北京龙贝公司首创采用全新数学方法和信息技术编码，成功研发中国第一个具有完全自主知识产权的全新矩阵龙贝二维码技术，形成从根本上有别于且性能高于国外其他码制的龙贝码，位列世界领先水平。中国龙贝码的先进性和最大的优势首先表现为高安全性。它的破解率极低，表现为统计学上的“零概率事件”。其次是压缩存储能力强，单位储存量大。单位存储量为日本QR码的4倍，美国DM码的5倍。其三，超强的纠错能力。国外二维码的纠错率为25%～30%，而龙贝码可达60%以上。其四，龙贝码是全球范围内唯一可以变形的码制图形符号。此前，拥有二维码底层核心编译算法并持有国际发明专利权的国家仅有美国和日本。中国龙贝码的发明，不仅填补了中国二维码技术的空白，而且为中国新兴物联网产业的长足发展奠定全新而可靠的技术基础。

中国科学家发现一类新型非编码核糖核酸

2015年2月25日，中国科学技术大学单革教授实验室发现一类新型非编码核糖核酸，并揭示此类非编码核糖核酸的功能和功能机理。这为进一步揭示人类生命原理以及未来解释、防治一些重大疾病提供了参考。单革教授实验室发现的新型环状非编码RNA结构独特，被命名为外显子－内含子环形RNA。研究发现，此类非编码RNA可以调控其自身所在的基因的表达。这一新发现及相关研究，对探索生物进化进程以及人类防治重大疾病将产生积极作用。

中国北京、张家口获得2022年冬奥会举办权

2015年7月31日下午，国际奥委会第128次全会在马来西亚吉隆坡举行，投票选出2022年冬奥会举办城市，经过85位国际奥委会委员的投票，中国北京、张家口获得举办权。北京也将成为历史上第一个既举办过夏季奥运会，又举办冬季奥运会的城市；中国也将成为世界上第一个举办过夏季奥运会、冬季奥运会、残奥会以及青年奥运会的国家。

中国代表团在第43届世界技能大赛取得好成绩

2015年8月17日，第43届世界技能大赛在巴西圣保罗闭幕。中国代表团在历时5天的竞赛中表现出色，取得4金6银3铜、12个优胜奖的优异成绩，创造中国代表团参加世界技能大赛以来的最好成绩，实现金牌“零”的突破。世界技能大赛由世界技能组织每两年举办一届，是当今世界地位最高、规模最大、影响力最大的职业技能竞赛，被誉为“技能界的奥林匹克”，其竞技水平代表各领域职业技能发展的世界水平。中国代表团参加本次大赛的焊接、美发、汽车喷漆等29个项目的比赛。这些选手绝大多数是90后，是中国产业工人的新生代，年龄最小的只有17岁。

中国杭州获得2022年亚运会举办权

2015年9月16日，第34届亚奥理事会代表大会在土库曼斯坦阿什哈巴德举行，亚奥理事会主席艾哈迈德亲王在大会上宣布：“中国杭州获得2022年亚运会主办权”。这将是这项亚洲最具影响力的综合性运动会第三次在中国举办。杭州成为继北京、广州之后，第三个举办亚运会的中国城市。

中国新型运载火箭“长征六号”发射成功

2015年9月20日7时01分，中国新型运载火箭“长征六号”在中国太原卫星发射中心点火发射，成功将20颗微小卫星送入太空。这不仅标志着中国长征系列运载火箭家族再添新成员，填补中国无毒无污染运载火箭空白，而且创造中国航天一箭多星发射新纪录。这也是中国新一代运载火箭的首次发射，标志着中国运载火箭应用进入新纪元。

9月20日7时01分，新型运载火箭长征六号在中国太原卫星发射中心点火发射　（中国日报网）

中国药学家屠呦呦获2015年诺贝尔生理学或医学奖

2015年10月5日，2015年诺贝尔生理学或医学奖在瑞典卡罗琳斯卡医学院揭晓，爱尔兰医学研究者威廉·坎贝尔、日本学者大村智以及中国药学家屠呦呦荣获该奖项。屠呦呦因开创性地从中草药中分离出

青蒿素应用于疟疾治疗获得诺贝尔生理学或医学奖。这是中国科学家在中国本土进行的科学研究首次获诺贝尔科学奖，是中国医学界迄今为止获得的最高奖项，也是中医药成果获得的最高奖项。

12 月 10 日，中国科学家屠呦呦获得 2015 年诺贝尔生理学或医学奖 （新华网）

天河二号超级计算机系统再次位居世界第一

2015 年 11 月 17 日，在美国奥斯汀市召开的 2015 国际超级计算大会上，由中国国防科技大学研制的天河二号超级计算机系统，在国际 TOP500 组织发布的第 46 届世界超级计算机 500 强排行榜上再次位居第一，获得“六连冠”殊荣，成为世界超算级计算机历史上第一台连续 6 次夺冠的超级计算机，创造超算领域一项新的世界纪录。国际 TOP500 组织是发布全球已安装的超级计算机性能排名的权威机构，每年发布两次。位居排行榜首位的超级计算机，代表世界超算顶尖水平。天河二号连续 6 次夺冠，表明中国超级计算机研制技术继续处于国际领先水平，“中国速度”为世界瞩目。天河二号在国家超算广州中心投入运行后，为国内外近 500 家用户提供高性能计算和云计算服务，取得显著经济效益和社会效益。

第 2 届世界互联网大会在中国浙江乌镇举行

2015 年 12 月 16 ~ 18 日，第 2 届世界互联网大会在中国浙江乌镇举行。大会主题是“互联互通 · 共享共治——共建网络空间命运共同体”。本届大会有 2000 多名嘉宾与会，中外嘉宾比例约各占 50%，其中有 8 位外国领导人，近 50 位外国部长级官员。大会嘉宾来自全世界五大洲 120 多个国家和地区，包括 20 多个国际组织的负责人以及 600 多位互联网企业领军人物、互联网名人、专家学者，涉及网络空间各个领域。中国国家主席习近平出席开幕式并发表主旨演讲，强调互联网是人类的共同家园，各国应该共同构建网络空间命运共同体，推动网络空间互联互通、共享共治，为开创人类发展更加美好的未来助力。

文莱举办中国文化日暨中华大乐园——文莱营活动

2015 年 3 月 27 日至 4 月 3 日，由中国海外交流协会、文莱中华中学共同主办的中国文化日暨中华大乐园——文莱营活动在斯里巴加湾市举行。中国和文莱的 298 名中学生参与交流活动。12 名来自中国广东惠州的指导老师和学生们共同表演了舞蹈、民歌、武术节目及剪纸、书法等技艺。

两名博士生获文莱大学“名誉校长学者”奖学金

2015 年 12 月 12 日，两名正在英国攻读博士学位课程的杰出学生获颁 2015 ~ 2016 年度文莱大学“名誉校长学者”奖学金。是日，文莱大学名誉校长、文莱国家元首苏丹在伦敦会见当地文莱侨民时，向这两位博士生颁奖。获得文莱大学“名誉校长学者”奖学金的是在伦敦大学攻读比较文学的莎拉哈娜阿末加扎里和在牛津大学攻读生物化学的莫哈末法伊兹哈菲兹。该

中国文化日暨中华大乐园——文莱营首次在文莱举办，图为文艺演出场景 （中国侨网）

项奖学金是为在一流大学攻读硕士或博士学位的优秀学生而设。学成归来的学者被寄以厚望,为文莱大学、文莱的高等教育和研究、知识型经济发展以及人力资源开发做出贡献。自 2012 年以来,已有 7 名博士生(不包括本次的两人)获得文莱大学"名誉校长学者"奖学金。

文莱运动员在中国—东盟武术节取得好成绩

文莱派运动员参加 2015 年 12 月 6 ~ 9 日在中国广西南宁举行的第 3 届中国—东盟武术节,此届武术节由中国武术协会与广西壮族自治区体育局联合举办,文莱武术队表现良好,获得 4 金 9 银 8 铜共 21 枚奖牌。

柬埔寨举行《习近平谈治国理政》推介研讨会

2015 年 2 月 2 日,由柬埔寨皇家科学院和中国驻柬埔寨大使馆共同主办的《习近平谈治国理政》推介研讨会在柬埔寨首相府友谊大厦举行。柬埔寨副首相兼首相府部长宋安、中国驻柬埔寨大使布建国、柬埔寨皇家科学院院长科洛・提达、中国现代国际关系研究院院长特别助理杜艳钧、九江学院专家汪红梅等出席研讨会,柬埔寨政府公务员、议会代表、行政学院学员等约 500 人参会。据悉,柬埔寨皇家科学院计划把该书翻译成柬文版出版发行。

柬埔寨举行恭迎中国高僧本焕长老舍利仪式

2015 年 3 月 19 日,中国已故百岁高僧,弘法寺本焕长老舍利抵达柬埔寨。当天,柬埔寨佛教界举行盛大仪式,恭迎中国弘法寺本焕长老舍利在柬埔寨干拉省波也吕县波莱波廊寺永久安奉。本焕长老的舍利安奉在一座专门建造的仿隋代风格的纯花岗岩石结构舍利塔中。柬埔寨副首相应财利在安奉仪式上表示,柬埔寨 95% 的民众信仰佛教,此次迎请本焕长老舍利,不仅是柬中两国佛教界的盛事,也将进一步加深柬中两国人民之间的友谊。中国佛教协会副会长、弘法寺住持印顺大和尚表示,相信在本焕长老的加持下,中柬两国人民能够世代友好下去。据介绍,本焕长老圆寂荼毗之后,舍利无数,经过高温荼毗,顶骨、面颊骨、鼻腔骨、臂骨、腿骨都是完整的。中国各寺庙及泰国、柬埔寨都纷纷以最隆重的仪式迎请舍利永久供奉,澳大利亚、斯里兰卡、老挝、尼泊尔、印度等国也将相继与弘法寺商议迎请本焕长老舍利方案,恭请长老的舍利永久供奉。柬埔寨当地媒体称,柬埔寨恭请本焕长老舍利系列活动是中柬佛教交流史的新篇章。

3 月 19 日,中国已故百岁高僧,弘法寺本焕长老舍利抵达柬埔寨,柬埔寨佛教界以最隆重的仪式迎请本焕长老舍利到柬埔寨永久安奉 (佛教在线)

柬埔寨获得第 32 届东南亚运动会举办权

2015 年 6 月 4 日,柬埔寨接到东南亚体育联盟理事会主席颁发的授权书,授权柬埔寨举办 2023 年第 32 届东南亚运动会。柬埔寨旅游部部长兼国家奥林匹克委员会主席唐坤表示,这将是柬埔寨体育史上的一大盛事,柬埔寨必须做好包括人力资源配置、物资供应和技术装备等方面的工作,同时希望国家队运动员积极参加各项体育赛事,争取在比赛中获得优异成绩,为国争光。

柬埔寨女选手蝉联世界法式滚铁球赛冠军

2015 年 11 月 6 日,柬埔寨法式滚球女运动员高琳在 2015 年世界女子法式滚球赛上,经过 5 局的比拼,以 33 比 25 的总分战胜对手,夺得冠军,这是她在这项赛事上第二次夺冠。11 月 17 日,高琳在金边受到柬埔寨首相洪森的接见。上一届世界法式滚铁球比赛 2013 年在法国举行。2015 年 4 月,洪森在金边接见 2013 年世界法式滚铁球比赛冠军高琳,宣布授予高琳"巾帼英雄"称号,并向她颁发柬埔寨王国马哈西利武级金质勋章。

印华百家姓协会雅加达特区分会与各姓氏宗亲会联办首届敬祖大典

2015 年 3 月 23 日,由印华百家姓协会雅加达特区分会、印华百家姓协会中央理事会与各姓氏宗亲会主办的首届敬祖大典在雅加达隆重举行。此次敬祖大典,旨在弘扬华族优秀传统文化:敬祖爱国、孝顺父母、尊师敬老、爱护兄弟姐妹、关爱亲友,另外通过该平台,各姓氏宗亲们可以相互交流、沟通、联络感情、团结互助,也可让年轻一代认祖敬宗,体验敬祖仪式。

印度尼西亚举行教师联合会成立70周年庆典

2015年12月13日,印度尼西亚教师联合会成立70周年庆典在印度尼西亚朋加诺主体运动场举行,有11.5万名教师出席庆典。印度尼西亚总统佐科派人类发展与文化统筹部部长布安·马哈拉妮代为宣读其书面致辞,致辞提出希望教师不断提高自己的素质,不断提高创意、技能和专业水平,使教学更有质量,引导学生实现他们的梦想。

老挝举办第一届知识产权博览会

2015年4月24~30日,老挝第一届知识产权博览会在首都万象国际会展中心举行。此次展会由老挝科技部组织,主题为“加强知识产权的可持续发展”,旨在提高科学家、发明家、学生知识产权保护意识。

老挝宣布全国普及小学教育

2015年8月28日,老挝教育部宣布:全国18省市148个县完成扫盲,全民达到小学文化程度,实现联合国确实的“千年发展目标”。其中1个省和42个县宣布普及初中教育,全国98.78%的村庄有小学,小学净入学率接近100%。

老挝人民民主共和国1975年建立后,15~45岁人群绝大多数为文盲。经过不断扫盲、文化补习以及发展教育事业,到1984年12月,已有755633人(女399187)脱盲,占15~45岁目标人群的98.75%。万象市于2010年12月16日率先宣布普及小学教育,川圹和占巴塞省先后于2011和2012年宣布普及小学教育,赛宋本省于2015年6月12日成为最后一个宣布普及小学教育的省份。

“老挝一号”通信卫星发射升空

2015年11月21日0时7分,中国在西昌卫星发射中心用长征三号乙运载火箭成功将“老挝一号”通信卫星发射升空,卫星顺利进入东经125.5度预定转移轨道,老挝国家副主席本扬出席卫星发射仪式。该通信卫星造价2.6亿美元,由中国航天科技集团公司所属中国空间技术研究院研制,用于执行发射任务的运载火箭由中国航天科技集团公司所属中国运载火箭技术研究院研制。这是中国向东盟国家和地区出口的首颗卫星,将为老挝提供卫星电视直播、无线宽带接入及国际通信等服务。中国国家主席习近平在当天给老挝国家主席朱马里的贺电称:老挝一号通信卫星项目是新形势下中老全面战略合作伙伴关系的重要体现,开创了发展中国家在航天领域开展合作的又一成功范例,将为推动老挝经济发展、民生改善、社会进步发挥重要作用。朱马里在贺电中说,老挝一号卫星将为老挝国内外客户提供卫星通讯信息与技术服务,必将对老挝经济社会发展作出重要贡献。

11月21日0时7分,“老挝一号”通信卫星在中国西昌卫星发射中心用长征三号乙运载火箭点火发射升空 (中新网)

老挝修订《教育法》

2015年,老挝七届国会九次会议审议通过《教育法(修订)》。新修订的《教育法》由12部分、11章、79条组成,涉及修订的条款多达36条,内容涵盖学龄前儿童的教育、课外教育、义务教育和外语教学等,首次确定要从小学3年级开始进行英语教学。

老挝琅勃拉邦省香通寺获文化遗产保护优秀奖

老挝琅勃拉邦省香通寺获2015年联合国教科文组织亚太地区文化遗产保护奖之优秀奖。香通寺是老挝琅勃拉邦省乃至老挝最重要的标志性建筑之一。联合国科教文组织亚太地区文化遗产保护奖旨在表彰为保护具有历史价值的建筑而作出贡献的地方政府组织或个人,在保护地方遗产、彰显其文化价值方面所作出的努力和贡献,以推动更多文物保护计划,提高文物修复技术。

马来西亚第13届花踪文学奖颁奖

2015年7月18日,《星洲日报》主办的马来西亚第13届花踪文学奖颁奖典礼在吉隆坡城中城会展中心举行。马来西亚世华媒体集团执行主席张晓卿,香港作家潘耀明,文学评论家李瑞腾,出版界总编封德屏、胡金伦、朱亚君、于文正,作家宋芳绮,艺术家王志扬等华人文学界人士出席颁奖典礼。颁发的奖项包括马来西亚华人文学大奖、散文奖、小说奖、新诗奖、报告文学奖及世界华文文学奖。本届世界华文文学奖由余光中获得，马来西亚华人文学大奖的得主是马来西亚华文作家黄锦树。许裕全以小说《边佳兰唱本》摘下马来西亚华人小说奖首奖，戴晓姗以小说《豢养粲然》赢得马来西亚华人小说奖评审奖。马来西亚华人散文奖首奖空缺，龚万辉以作品《咖哩星球》、许怡怡以作品《高塔》、许裕全以作品《女儿鱼》获得散文奖评审奖。方路以作品《卵生乡愁》获得马来西亚华人新诗奖首奖，邢诒旺以作品《悼词》夺得新诗奖评审奖。许裕全以作品《摇滚吧！浪花》获得报告文学奖首奖，邓雁霞以作品《难民的归家之路》赢得报告文学奖评审奖。颁奖典礼上还进行了一场让文学结合书法、歌曲、朗诵及音乐，同时也融合中华文化与马来文化的跨领域舞台表演。7 月 19 日，主办方举办文学讲座，由世界华文文学奖得主余光中主讲，讲座主题为“美感经验之转化——灵感从何而来”。是日还举办一场马来西亚华人作家和国外作家的文学对话。

马来西亚雪兰莪州计划打造全马最大生物科技园

2015 年 7 月 26 日，马来西亚雪兰莪州宣布计划在未来 3 年打造全马来西亚最大生物科技工业园。政府考虑拨出 161.92 公顷土地作为开发园区，把外国先进的生物科技引进雪兰莪州。雪兰莪州政府希望开拓新科技工业项目，尤其是生物与绿色科技工业。目前，马来西亚柔佛州已有一个面积 10.67 公顷的“生物科技园”。

马来西亚华校董事联合会总会特别大会选出新领导层

2015 年 8 月 23 日，马来西亚华校董事联合会总会举行特别会员大会，华校董事联合会总会（董总）来自全国 10 个州属的 46 名代表及 30 名董总职员出席会议，推选沙捞越董联会会长刘利民出任第 30 届（2015 ~ 2019 年）董总中央委员会新任主席，陈大锦为署理主席，许海明、杨应俊、李官仁、张贤炳为副主席，傅振荃为秘书长。董总原主席叶新田、原任署理主席邹寿汉带领支持者干扰大会举行，警方出动上百人维持秩序，并严禁他们强闯会议室。9 月 14 日，马来西亚副总理阿末扎希在总理署接见董总主席刘利民、署理主席陈大锦及总秘书傅振荃等董总领袖，并移交雪兰莪州社团注册局局长诺拉芬迪签发的不吊销董总注册的信函。同时也承认以刘利民为首的董总新领导团队。10 月 11 日，董总新领导层举办会员代表大会，董总中央委员会宣誓就职，23 个华人社团出席大会。之前，董总原主席叶新田、原任署理主席邹寿汉和秘书长傅振荃的争斗风波已经 延续一年多，对马来西亚华文教育带来很大影响，马来西亚雪兰莪州社团注册局曾警告，董总如果在 9 月 6 日之前没能解决其内部纷争，则会被吊销执照。

2015 东盟花灯音乐节在马来西亚举办

2015 年 12 月 8 日，由马来西亚绿野集团主办的“2015 东盟花灯音乐节”在马来西亚雪兰莪州绿野仙踪会展广场开幕。举办东盟花灯音乐节的目的是通过文化上的交流，促进东盟国家人民之间的感情，促进区域的和谐发展。本届花灯展演共有 22 盏巨型花灯和 100 盏形态各异的灯笼组成，使用灯泡数量超过 100 万只，其中，最大花灯高 15 米，长 22 米。22 盏花灯用龙凤呈祥、郑和宝船、泰姬陵、樱花、大皇宫、狮身鱼尾和双峰塔等典型形象，代表东盟 10 国和中国、日本、韩国、印度等 14 个国家。本届花灯音乐节延续到 2016 年 2 月 22 日落幕。

马来西亚亚通集团成立亚通创新基金支持数码产业创新

2015 年 12 月 9 日，马来西亚亚通集团所成立的亚通创新基金，为首批马来西亚 6 家科技网络公司提供 1250 万林吉特投资，促进本地科技领域创新发展。这项总值为 1 亿林吉特的创新基金，由马来西亚亚通集团和马来西亚创投资本管理公司共同成立，其中 50% 资本由亚通集团投入，马来西亚创投资本管理公司投入 2000 万林吉特。该基金为创新资讯科技公司提供融资，其中 70% 供马来人申请，另外 30% 开放给其他马来西亚人，以鼓励马来西亚数码产业的创新与发展。首批提供融资

12 月 8 日，“2015 东盟花灯音乐节”在马来西亚雪兰莪州开幕　　（新华网）

的6家公司是从180家提出申请的公司中挑选出来的。

"苦"字当选马来西亚2015年度汉字

2015年12月11日，由马来西亚中华大会堂总会和马来西亚汉文化中心联合主办的"2015马来西亚年度汉字"评选揭晓仪式在雪兰莪州莎阿南举行。马来西亚汉文化中心主席吴恒灿、中华大会堂总会长方天兴等参加仪式并发言。本年度汉字评选共有来自65个国家和地区的14078位马来西亚籍人士参与投票，投票人数是历届之最。经过统计，"苦"字以16%的得票率，从"贪、税、捐、乱、跌、耻、霾、一、震"2015马来西亚年度十大汉字中胜出，当选2015年度汉字。马来西亚中华大会堂总会长方天兴在揭晓仪式上表示，今年入选的马来西亚年度十大汉字基本概括了全年马来西亚发生的重大事件和与老百姓息息相关的重要课题。"苦"字的当选说明公众对于2015年消费税的征收、物价飞涨和货币贬值等带来的影响深感不满。他呼吁民众团结一致，共度时艰，争取来年苦尽甘来。

缅甸国家大剧院举行"文化中国·四海同春"首场演出

2015年2月24日晚，由中国海外交流协会组派的2015年"文化中国·四海同春"亚洲艺术团首场演出在缅甸国家大剧院上演。著名歌唱家杨洪基、布仁巴雅尔、郭蓉与云南省红河哈尼族彝族自治州歌舞团的青年演员们同台献艺，为缅甸华侨华人献上一台充满浓郁中国民族特色的晚会。缅甸仰光省行政长官敏瑞表示，这场演出将进一步推动缅中两国友好，"愿我们的情谊万古长青。"

中缅友协向缅甸仰光大金塔赠送高峰敦煌临摹画

2015年4月5日，在中缅建交65周年之际，为促进中缅两国人民友好和文化交流，中国缅甸友好协会向缅甸仰光大金塔赠送敦煌莫高窟临摹大作——《大涅槃图》，中缅友协会长耿志远、缅中友协会长盛温昂等出席赠送仪式。由敦煌佛学书画院院长高峰用时两年创作完成的这幅《大涅槃图》是临摹敦煌莫高窟最大的一幅塑像"大涅槃"而作，画作长约6米，恢弘大气，具有很高的艺术价值。它将作为中缅友好的见证被永远收藏在仰光大金塔展厅内。

第15届菲中传统文化节在菲律宾首都马尼拉开幕

2015年3月1日，第15届菲中传统文化节在菲律宾首都马尼拉黎刹广场中国园隆重开幕。菲律宾国家文化委员会主席DE LEON、中国驻菲律宾大使馆代办孙向阳、文化参赞潘峰以及马尼拉市政府官员、华人团体代表共同出席开幕式并剪彩。菲中传统文化节的前身是菲华元宵灯谜文艺晚会，后被确定为一年一度的文化节，如今已经成为菲律宾华人一项重要的文化活动。

菲律宾大学孔子学院揭牌

2015年10月12日，菲律宾大学孔子学院揭牌仪式成功举行。中国驻菲律宾大使赵鉴华，中国驻菲律宾大使馆文化参赞潘峰，菲律宾大学校长Alfredo E. Pascual、菲律宾大学迪利曼分校校长Michael L. Tan，中国厦门大学校长朱崇实，副校长詹心丽以及在菲律宾的各界华人代表、中菲媒体记者和菲律宾大学师生100余人出席揭牌仪式。

新加坡华乐团呈献《回乡之旅》音乐会

2015年4月28日，新加坡华乐团为欢庆新加坡建国50周年，特邀3位旅居世界各地的新加坡音乐家——著名小提琴家甘宁、吹管才子郭进财和笛乐名家朱文昌回国呈现两场名为《回乡之旅》的音乐会。《回乡之旅》音乐会是新加坡艺术家对新加坡建设所表达的致谢之作，也是新加坡华乐团为新加坡建国50周年所推出的系列音乐会的精彩前奏。

新加坡主要博物馆联合推出儿童季

新加坡《联合早报》报道，2015年6～8月，新加坡国家文物局与博物馆圆桌会主办的第8届儿童季在该国各主要博物馆举行，包括新加坡国家博物馆、新加坡美术馆、亚洲文明博物馆、土生华人文化馆、集邮馆、艺术科学博物馆、马来传统文化馆、陆军博

10月12日，菲律宾大学孔子学院揭牌仪式成功举行　　（百度网）

物馆、警察博物馆在内的19家博物馆先后举办50个趣味性与教育性兼具的展览与活动，让孩子们欢乐充实地享受假期。

本次展览主打互动性和参与性。新加坡国家博物馆推出儿童主题展览，专门设计各类可以动手参与的游戏项目；亚洲文明博物馆面向5~12岁的小观众推出以“十二生肖”为主题的动物知识展览；陆军博物馆、警察博物馆、土生华人文化馆等推出角色扮演体验项目。2015年恰逢新加坡建国50周年，博物馆儿童季的组织者也希望这些“文化大餐”可以潜移默化地培养孩子们的民族自豪感和国家认同感。

新加坡上映纪念反法西斯战争胜利70周年纪录片

2015年8月15日，新加坡二战历史研究会在新加坡中华总商会嘉庚堂举办《新加坡·1942》纪录片首映会，纪念世界反法西斯战争胜利70周年。这部纪录片由新加坡二战历史研究会摄制，通过史料呈现、专家讲述再现新加坡在二战期间被日军占领的经过，是新加坡第一部比较完整介绍二战历史的纪录片。纪录片首映活动结束后，新加坡二战历史研究会公布致日本首相安倍晋三的公开信，抗议以安倍为首的日本内阁悍然修改和平宪法、执意通过新安保法案。

新加坡举办第2届媒体节

第2届新加坡媒体节于2015年11月26日~12月6日举行，为期10天，以“灵感亚洲”为主题。内容包含新加坡国际电影节、亚洲电视论坛、新加坡影汇和亚洲电视大奖四大行业活动。

泰国与中国签订协议开展天文合作

2015年1月7日，中国科学院云南天文台与泰国国家天文研究所合作协议签字仪式在泰国首都曼谷举行，中国科学院院长白春礼和泰国科技部部长 Pichet Durongkaveroj 见证签字仪式，中国科学院副秘书长谭铁牛、泰国科技部次长和诗琳通公主科学顾问等出席。泰国科技部、中国科学院、泰国国家天文研究所、中国驻泰国大使馆、东方科学仪器进出口集团有限公司和云南天文台等机构和单位的30多位相关人员参加合作协议签订仪式。围绕协议的实施，双方将在望远镜和终端等平台建设、合作观测与研究、人才培养和团队建设等方面展开合作。

1月7日，中国科学院云南天文台与泰国国家天文研究所合作协议签字仪式在泰国首都曼谷举行（新华网）

泰国位居第28届东南亚运动会金牌榜榜首

第28届东南亚运动会2015年6月5日晚在新加坡国家体育场拉开帷幕。经过12天的比赛，于16日在新加坡落下帷幕。泰国代表团以95金83银69铜的成绩位居金牌榜榜首，东道主新加坡代表团奖牌总数名列第一。

全球首家海上丝路孔子学院在泰国成立

2015年6月24日，全球首家海上丝路孔子学院在泰国曼谷博仁大学成立，中国国家汉办主任许琳，泰国教育部副部长素拉且·猜翁和中国驻泰大使宁赋魁等中泰各界代表600多人出席揭牌仪式。海上丝路孔子学院的成立，旨在提升作为海上丝路枢纽的泰国的汉语教育水准，为促进中泰两国各领域交流服务。全球首家海上丝路孔子学院由泰国博仁大学等26家教育机构合作构成，具有规模大、形式新、范围广等特点，在泰国孔子学院的发展历程中具有创新意义。

泰国发布新著作权法

于2015年8月4日生效的泰国著作权法修正案开始取代使用21年的原始法案，根据这部修正后的法案，著作权侵权者将面临更严厉的处罚。违反著作权法修正案的人，如果经法院判定有罪，必须赔偿受害者两倍的损失。该修正法案旨在保护版权所有者及版权保护技术。如加密的音乐或者印有水印保护的图片。修正法案规定，侵犯版权保护技术者，如强行获取受版权保护内容的黑客，或者为自身利益私自删除图片水印的人，将被处以1万~10万泰铢的罚款。若将受侵犯的版权保护技术用于商业用途，罚款增至5万~40万泰铢，此外还要面临3个月到两年的监禁。

泰国大城府举办世界遗产节

2015年9月4~6日，世界遗产节在泰国大城府柴瓦塔那兰寺举行。该活动旨在加强三大宗教(基督教、伊斯兰教、佛教)文化的交流,弘扬三大宗教文化和精神。活动内容和形式多样,有乘船观赏湄南河两岸人民的风土人情、欣赏音乐表演、聆听三大宗教的历史故事、著名古遗址模型建筑展览等。

2015 世界青年领袖峰会在泰国曼谷举行

2015 年 11 月 18 日,2015 世界青年领袖峰会在泰国曼谷举行。曼谷市市长素坤攀亲王、联合国前秘书长安南、诺贝尔奖得主"穷人银行"创始人穆翰默士、爱尔兰著名音乐家诗波和来自全球 196 个国家 6000 余名青年领袖们共同出席开幕式。世界青年领袖峰会致力于集合全世界优秀的年轻人,透过网络和实体会议,对环境、政治、经济、医疗、媒体、体育和信仰等全球性议题发表看法,共同探讨并解决当下世界所存在的最重要以及最迫切的问题。联合国前秘书长安南在前 5 届会议中曾 4 次担任顾问。

泰国获第 12 届亚太兰花学术大会主办权

2015 年,泰国获得第 12 届亚太兰花学术大会主办国资格。本次学术会议将于 2016 年 3 月在泰国举行。这是泰国时隔 24 年后再次获得举办该会议的资格。该会议为每 3 年举办 1 次,是亚太地区最大的、最具代表性的学术会议之一。会议内容主要是交流兰花知识、分享科研成果,还为参与者提供商贸接洽的机会。

越南在第 28 届东南亚运动会上取得好成绩

2015 年 6 月 5 ~ 16 日,在第 28 届东南亚运动会上,越南体育代表团共获 186 枚奖牌,其中包括 73 枚金牌,位居奖牌榜第 3 位。在获得的 73 枚金牌中,奥林匹克比赛项目首次获金牌 64 枚,成为越南体育史上辉煌的一页。越南体育代表团为此得到社会舆论的高度评价,许多企业提供赞助。

越南疫苗国家监管体系(NRA)达到国际标准

2015 年 6 月 22 日,在经过 14 年的准备之后,越南疫苗国家监管体系(NRA)正式通过世界卫生组织(WHO)评估,成为全球第 39 个 NRA 通过 WHO 评估的国家。这标志着越南政府对国产疫苗产品有着高质量的监管,疫苗监管体系达到国际标准,越南疫苗首次具备申请世界卫生组织预认证的资质。

越南广平省丰芽—格邦国家公园第二次入选世界自然遗产名录

2015 年 7 月 3 日,越南广平省丰芽—格邦国家公园第二次被联合国教科文组织列入世界自然遗产名录,成为目前越南达到生物多样性标准的唯一一处世界自然遗产,能够满足世界自然遗产 4 项指标中的 3 项。2003 年,风芽—格邦国家公园曾以地质地貌评价标准被联合国教科文组织列入世界自然遗产名录。该公园拥有许多溶洞、暗河和越南乃至世界红皮书中多种濒危动植物。

越南广平省丰芽—格邦国家公园一景 (越南之声网站)

越南影片《绿地黄花》上映并受到欢迎

《绿地黄花》由美籍越南人导演维克多·武制作,是首部由越南国家投资、私人制作的电影,于 2015 年 10 月正式上映后获得电影评论界好评,在一个月内创下近 800 亿越南盾的票房收入,并获得 2015 年第 19 届越南电影节最高奖"金荷花奖"。这部电影改编自越南著名儿童题材作家阮日映的同名小说,表现了 20 世纪 80 年代的越南乡村风情和色彩,讲述平淡而感人的童年故事,被誉为有史以来最受欢迎的越南心理剧,成为表现越南乡村童年生活的成功之作。《绿地黄花》公映后在越南掀起一股潮流,它在唤起人们对儿时乡村的回忆上取得巨大成功。

越南影片《绿地黄花》海报 (越南民智网)

社　　会

第 4 届中国海洋可再生能源发展年会暨论坛

2015 年 5 月 28 日在中国山东威海举办。本次年会以“规划布局、提升规模,催生蓝色能源亮点”为主题。中国国家海洋技术中心官员在会上表示,中国正在山东威海、浙江舟山、广东万山规划建设海洋能海上试验场及示范基地。其中,即将开工建设的威海海上试验场,是中国首个国家级浅海海上试验场,主要针对波浪能、潮流能发电装置模型/小比例尺样机开展实海况试验、测试和评价。舟山潮流能试验场和万山波浪能试验场已完成总体设计。舟山试验场潮流能平均能流密度为 1.5 千瓦/平方米,规划建设 3 个各具备 1 兆瓦测试能力的泊位。万山试验场年均波能密度 4 千瓦/米,将建设 600 千瓦波浪能示范区和 300 千瓦测试区。这三大海洋能试验场将作为中国海洋能发电装置试验、测试与产业孵化基地,为快速提升中国海洋能技术成熟度,推动中国海洋能产业发展提供支持。

中国首个跨境电商商品质量溯源平台正式上线

2015 年 6 月 1 日,中国首个跨境电商商品质量溯源平台在广州市南沙出入境检验检疫局正式上线。自此,经南沙自由贸易试验区进出口的跨境电商商品质量信息,可随时随地通过互联网登录广东“智检口岸”公共服务平台(http://www.gdeciq.gov.cn/)进行 24 小时全天候快捷查询。

该平台备案企业无需安装客户端软件,任何地点、任何时间均可通过互联网登录。“智检口岸”公共服务平台 24 小时远程、免费、无纸化申报,可实时查询业务流程,真正实现“零纸张、零距离、零障碍、零门槛、零费用、零时限”的“六零申报”。中国已有 190 家跨境电商企业在“智检口岸”公共服务平台备案,京东国际、1 号店、聚美优品、苏宁云商、唯品会、当当网、天猫国际等国内知名电商业务相继落户南沙。

2015 减贫与发展高层论坛在中国北京举行

2015 年 10 月 16 日,2015 减贫与发展高层论坛在中国北京举行。论坛以“携手消除贫困,实现共同发展”为主题,分两个阶段进行:第一个阶段是中国国家主席习近平发表主旨演讲,联合国秘书长潘基文发表视频致辞,有关国家元首和国际组织负责人发表演讲。第二个阶段是举办“国际发展议程与精准扶贫高级别会议”,重点围绕国际发展议程与宏观减贫战略、中国精准扶贫战略实施与国际减贫经验进行交流研讨。同时还举办社会扶贫、电商扶贫、产业扶贫、青年扶贫、乡村发展、残疾人精准扶贫等平行论坛,邀请扶贫开发的研究者、实践者和媒体人进行深入研讨。中国国家主席习近平出席论坛并发表题为《携手消除贫困 促进共同发展》的主旨演讲。习近平强调,消除贫困是人类的共同使命。中国改革开放 30 多年来,走出了一条中国特色减贫道路。中国在致力于自身消除贫困的同时,积极展开南南合作,同舟共济,攻坚克难,支持和帮助广大发展中国家特别是最不发达国家消除贫困,为各国人民带来更多福祉。

中国流动人口增速放缓

2015 年 11 月 11 日,中国国家卫生计划生育委员会发布的《中国流动人口发展报告 2015》显示,中国流动人口增速放缓,城镇之间人口流动日趋活跃。“十二五”时期,中国流动人口年均增长约 800 万人,2014 年年末达到 2.53 亿人。根据城镇化、工业化进程和城乡人口变动趋势预测,到 2020 年,中国流动迁移人口(含预测期在城镇落户的人口)将逐步增长到 2.91 亿人,年均增长 600 万人左右,其中,农业转移人口约 2.2 亿人,城城之间流动人口约 7000 万人。中国人口发展已经从生育主导转向迁移主导,地区性人口变化主要是由于迁移流动所致。

中国连续 5 年实现年城镇新增就业 1200 万人以上

2015 年 12 月 25 日,据中国人力资源和社会保障部发布的消息,中国已连续 5 年实现年城镇新增就业

10 月 16 日,2015 减贫与发展高层论坛在中国北京举行　（新华网）

1200 万人以上,"十二五"期间累计新增就业超过 6400 万人,失业人员再就业 2770 万人,城镇登记失业率保持在 4.1% 左右,低于 5% 的控制目标。

中国修改法案提倡一对夫妻生育两个子女

2015 年 12 月 27 日,中国全国人民代表大会常务委员会通过关于修改《中华人民共和国人口与计划生育法》的决定:"国家提倡一对夫妻生育两个子女。"法案将从 2016 年 1 月 1 日起生效。据预测,计划生育政策的放宽,将使中国有劳动能力人口在 2050 年前增加 3000 万。

文莱禁毒成效明显

文莱毒品管制局于 2015 年 1 月 18 日公布的统计数字显示,文莱禁毒成效明显,在全国 41 余万人口中,涉及滥用毒品的人口只占 0.1%。相关统计数字还显示,冰毒是毒品滥用者的最爱,90% 的毒品滥用活动皆涉及冰毒。2013 年文莱有 679 人因涉及毒品滥用而被逮捕,其中 83% 为男性,17% 为女性。毒品滥用者中有 58% 是无业人员。

40% 的文莱人满意文莱陆路交通体系

2015 年 2 月 21 日,据文莱交通部陆路交通局总监哈芝苏菲里公布,文莱交通部在 2012 年展开民众对交通意见的调查,9000 名受访者中,有 40% 的人满意文莱当下的交通体系。60% 的受访者也满意目前的公共交通体系,即出租汽车服务,其中 28% 非常满意出租汽车服务,因为出租车收费仅为 1 文莱元。40% 不满意公共交通体系的受访者都拥有私家车代步。90% 的文莱国民都拥有自己的私家车代步,只有少数人依赖出租汽车、公共交通。私家车车辆的数目增加,也是间接导致车祸率上升的原因之一。在调查中,只有 27% 的人不满意当下的交通体系,主要是在黄金时段,即上下班及上课和放学的时段易发生拥堵现象。

文莱失业率高企

2015 年 3 月 9 日,文莱内政部部长巴达鲁丁在文莱立法会开幕式上透露,文莱的失业率高达 9%。据文莱文化青年体育部社区宣传与培训机构提供的数据,截至 2015 年 9 月 17 日,文莱失业群体中,53% 是青年,年龄在 20 ~ 29 岁之间,他们当中 63.5% 的人只有中学学历。失业女性人数比男性多。从失业人口的地区分布看,在文莱摩拉区的失业人数最多,马来奕区和淡布隆区排第二、第三位。据文莱内政部分析,失业的主要原因是,企业雇用大批外籍客工,导致国民就业机会减少。

文莱王子婚礼隆重举行

2015 年 4 月 5 日,文莱王子阿都马力的婚礼正式启动。在奥玛尔·阿里·赛福鼎清真寺,苏丹见证了两位新人按伊斯兰教义宣誓成亲的仪式。随后在斯里巴加湾市的努洛伊曼王宫隆重举行婚庆典礼。王子婚庆系列活动一直到 4 月 15 日举行感恩和祈祷仪式后结束。除王室成员外,文莱内阁高官、国会议员、宗教领袖、各地民间团体代表、外国王室贵族和驻文莱外交使团等 6000 多人出席婚庆典礼。为庆贺王子大婚,斯里巴加湾市沿街张灯结彩,五颜六色的霓虹灯照亮夜空。市中心广场举行丰富多彩的文艺表演,包括马来民族舞蹈、圣诗演唱、武术表演等。

4 月 5 日,文莱王子阿都马力的婚礼正式启动,图为阿都马力王子与新娘拉比阿图艾达威雅在婚宴上　(新华网)

文莱举行第 4 个全国家庭日活动

从 2012 年开始,文莱把每年 5 月的第一个星期日设立为全国家庭日,2015 年 5 月 4 日是文莱第 4 个家庭日。文莱政府及相关民间组织在全国各地举行为期 3 天的活动。文莱政府表示,庆祝家庭日的目的是维护家庭和睦,强调家庭在国家发展中所发挥的重要作用。2015 年家庭日的主题是"家庭与愿景"。为庆祝全国家庭日,一家老少聚集在休闲公园、街心花园和俱乐部等场所一起唱歌、跳舞、做游戏,分享家庭的欢乐。主办单位还安排了励志讲座、亲子技巧、体育运动以及宗教活动。

文莱设立国家储蓄日引导民众降低对政府福利的依赖

文莱王储比拉在 2015 年 5 月 28 日举行的"2015 文莱金融管理局日"活动开幕

式上宣布，将每年5月28日定为文莱国民储蓄日，鼓励民众转变消费和理财观念，养成储蓄习惯，从而逐步降低对政府福利的依赖。文莱金融管理局与文莱战略政策研究中心在5月中旬合作开展的一项国民财务调查显示，被调查的1521个家庭中，34%的家庭没有收支计划，49%没有储蓄习惯，24%需借债满足日常开销，32%对信用卡逾期罚息并不了解，只有少数家庭具有较好的金融知识和理财习惯。为此，建议政府设立国家储蓄日引导民众降低对政府福利的依赖。文莱金融管理局出台新规定，要求文莱所有银行、金融公司和伊斯兰信托基金自2015年6月8日起对其所有贷款客户实施总债务清偿率的规定。其中，对于月工资净收入达到1750文元以上的贷款申请者，总债务清偿率为60%；对于月收入低于此标准者，各金融机构则根据其内部相关规定处理。文莱金融管理局出台此规定，意在降低过高的家庭负债率，帮助民众养成负责任的贷款习惯，规范金融机构贷款行为，促进信贷市场健康、可持续发展，从而保持经济和金融市场稳定。

柬埔寨巨型猪肉粽破吉尼斯世界纪录

2015年4月13日，吉尼斯世界纪录工作组在Seyda Subasi－Gamici女士带领下，前往柬埔寨暹粒省制造巨型猪肉粽的地点，观看100名厨师集体制作粽子的过程并当场做出评价。当巨型猪肉粽制成后，就被运送到吴哥景区内的斗象场展出。当天，Seyda Subasi－Gamici女士宣布柬埔寨的3.2吨巨型猪肉粽成功打破吉尼斯世界纪录，成为世界最大肉粽。随后，Seyda Subasi－Gamici女士在斗象场向暹粒省省长钦班颂颁发证明柬埔寨猪肉粽打破吉尼斯纪录的证书。据悉，制作3.2吨巨型猪肉粽耗时4日，由柬埔寨青年联合会提议制作。

诺罗敦·西哈莫尼国王获“虔诚佛教国王”称号

2015年6月3日，庆祝诺罗敦·西哈莫尼国王被世界佛教协会尊奉为“虔诚佛教国王”活动在金边王宫前举行。此次活动除柬埔寨本国政要、两派僧王、僧众外，还有来自日本、蒙古、新加坡的佛教代表团参加。西哈莫尼国王在接受证书仪式上表示，虔诚佛教是历代国王，尤其是诺罗敦·西哈努克国父和莫尼列·西哈努克国母的重要遗产。自古以来，柬埔寨国王、王室成员、国家各层领导人和全国人民，都在敬奉佛教。佛教使人平静、和平与发展。据介绍，“虔诚佛教国王”是2014年12月在日本举行的世界佛教高峰会议上命名的国际称号，主要尊奉给真正敬奉佛教，非常关心和资助世界佛教发展事业的国王。

印度尼西亚巴布亚省发生7.2级地震

2015年7月28日当地时间6时41分，印度尼西亚东部巴布亚省发生7.2级地震，震中位于巴布亚省曼伯拉莫拉亚县东南75千米处陆地，距离巴布亚省首府查亚普拉市约247千米，震源深度为49千米。

印度尼西亚强化网络安全管理

2015年8月24日，第2届印度尼西亚网络安全峰会暨首届印度尼西亚信息官全国大会在雅加达举行。印度尼西亚通讯与信息部部长鲁迪安塔拉在致辞中呼吁，面对非法网上活动的日益增加，急需采取有效措施加强全国网络安全管理。

印度尼西亚5万工人举行示威游行

由于印度尼西亚盾值急剧滑落以及国民经济增长率下降，许多工厂企业减产或倒闭，导致劳工大规模被解雇。2015年9月1日，印度尼西亚各工会组织约5万名工人在印度尼西亚全国20个省同时举行示威游行，其中包括雅加达、万丹、西爪、中爪、东爪等。游行工人要求政府调降物价和燃油价，采取有效步骤防止企业大规模解雇工人，限制外国劳工来印度尼西亚打工，提高工人最低工资标准、增加卫生保障和退休金与工作安全保障等。

印度尼西亚首次发射卫星

2015年9月28日，在萨迪什·达万航天中心，印度尼西亚国产卫星LAPAN A2/ORARI由印度PSLV C30运载火箭发射升空。这是印度尼西亚首次发射完全属于自己的卫星，设计、试验和监控工作均由印度尼西亚科学专家承担。LAPAN A2卫星是一颗对地观测卫星，基于LAPAN－Tubsat微卫星建造，星上载有一个自动识别系统，可识别印度尼西亚水域的船舶。另外还携带一台摄像机和通过业余无线电通信进行灾害管理的有效载荷。

老挝政府上调最低工资标准

2015年4月初，老挝政府将商业领域的最低薪酬从626000基普/月上调至900000基普/月。其他领域行业到2015年年底前的最低薪酬统一上调至900000基普/月。实际工资的调整幅度还将结合雇主的实际条件以及劳务人员的技能水平而定。

老挝公布第4次人口普查结果

2015年12月10日，老挝公布第4次人口普查结果：全国人口总数为6472400，其中女性3237600人，男女比例基本平衡。老挝第3次人口普查在2005年进行，当时的调查数据显示，1995～2005年的年均人口增长率为2.08%，而2005～2015年年均人口增长率降至1.45%。老挝家庭户数在2015年增加至120万，每户平均人口从2005年的5.8人降至2015年的约5.3人。老挝人口迁移变化不大，调查显示，沙湾拿吉省、万象市、占巴塞省和琅勃拉邦省人口占比分别为 15%、13%、11%和 7%,赛宋本省人口最少,只占总人口的 1%。

2005~2015 年,老挝人口密集度从每平方千米 23 人增至 27 人,与本地区其他国家相比依然较低。首都万象市是人口密集度最高的地区,达到每平方千米 209 人,而赛宋本省和川圹省人口密度最小,每平方千米只有 10 人左右。此外,调查还显示,80% 的老挝村庄有公路和电力供应,90% 的村庄有小学,农村基础设施条件明显改善。根据联合国开发计划署的统计要求,老挝每 10 年进行一次人口和居住地调查。

老挝政府开始对外籍劳工进行登记并签发临时工作签证

老挝政府决定从 2015 年 12 月 16 日至 2016 年 3 月 16 日对外籍劳工进行登记并签发临时工作签证,此举旨在有效解决非法移民问题,维护老挝社会正常秩序,同时保障外籍劳工的权益。非法移民是老挝劳务市场长期存在的实际问题,老挝政府已责成劳动与社会福利部和公安部门协同登记并签发外籍劳工临时工作签证,估计前来进行登记的外籍劳工不少于 3 万人,登记费用为每人 30 万基普/月。

老挝警方破获毒品案件 2258 起

据老挝国家禁毒委公布:2015 年,老挝警方破获毒品案件 2258 起,比上年增加 600 起,抓获贩毒犯罪嫌疑人 3346 人,其中包括 90 名外籍人。缴获海洛因 134 千克、安非他明 633 万余片、干大麻 3257 千克、冰毒 176 千克、生鸦片 49.81 千克、制毒化学物质 6690 千克以及不明粉末 1552 千克。

老挝劳动力结构发生较明显变化

2010~2015 年,老挝从事农业的劳动力从 71.3% 降至 65.3%;工业劳动力从 8.3% 升至 11.4%;服务业劳动力从 20.4% 升至 23.3%。劳动力结构发生较明显变化。

老挝急需大批外籍劳工进入劳工市场

老挝劳动与社会福利部预计,未来 5 年(2016~2020)为满足就业市场不断增长的需求,外籍劳工需求量将翻一番,尤其是高技能人才。据该部预计,未来 5 年在老外籍劳工将达 13 万人,大部分外籍劳工将从事加工业和建筑业。尽管未来 5 年会有更多老挝国民进入劳动力市场,但其人数仍不能满足加工业和建筑业这两个行业的需求。目前在老外籍劳工主要来源地为中国和越南,大部分劳工从事建筑行业。

马来西亚一站式签证服务中心在北京设立

2015 年 3 月 22 日,集签证、投资、移民、旅游、留学等服务于一体的马来西亚国家旅游文化部一站式服务中心在北京京广中心正式启动。马来西亚国家旅游文化部一站式服务中心是马来西亚国家旅游文化部为促进中马两国旅游文化交流与发展而特别设立的服务机构,旨在为中国公民提供更加便捷的签证办理以及赴马投资、移民、旅游、工作、文化推广、留学、“第二家园计划”等方面的咨询与服务。该中心设立后,游客可享受到更加便捷的签证服务。

马来西亚多个政府机构冻结聘请公务员

2015 年 4 月 22 日,为落实公务员体系瘦身计划,马来西亚 15 个政府机构开始冻结聘请公务员,包括军警部队及教育部门等。根据马来西亚公共服务局的通告,所有政府机构须推迟招聘公务员,除非申请者已进入面试阶段或准备参加就职前培训计划。一些关键职位依然开放申请。如果部门急需增添人手,依然可以通过公共服务局的批准,通过公共服务委员会招聘新人。马来西亚公务员体系瘦身计划已经实行,政府的目标是将目前 26 个政府部门每年大约新录取 3000~5000 名公务员人数减至 2000 人。

2015 年度马来西亚十大杰出青年奖评选活动揭晓

2015 年 8 月 22 日,由马来西亚国际青年商会主办,槟城文华国际青年商会协办的马来西亚十大杰出青年评选活动揭晓,颁奖典礼在马来西亚槟城举行。2015 年度马来西亚十大杰出青年奖的主题是“十杰翼彩,风华绽放”。槟州元首敦阿都拉曼,国际青年商会马来西亚总会长张纹杰、顾问苏比雅玛尼甘,马来西亚十大杰出青年评审委员会主席游文德、筹委会主席张永杰,槟城文华国际青年商会会长邱睬凌等知名人士出席颁奖典礼。大会从马来西亚 10 大领域中的 30 名符合资格的优秀青年中,选出 8 位杰出青年,槟州元首敦阿都拉曼为获奖者颁奖。获奖名单为:曾志龙获得“个人发展及成就”奖;陈翠芬获得“人道及志愿服务”奖;曾淇赐获得“商业、经济或企业”奖;冯广业获得“文化”奖;严文忠获得“儿童、世界和平或人权”奖;黄显杨获得“学术”奖;李永叶获得“医学创新”奖;林礼伟获得“科学及工艺”奖。

马来西亚香烟国产税上调

2015 年 11 月 3 日,马来西亚政府大幅度调高香烟国产税,上调幅度 40%。2014 年 11 月 1 日,马来西亚香烟国产税大幅调高 12%,导致香烟价格上涨。2015 年 4 月 1 日政府实行消费税后,当时的涨幅一律为每包上涨 0.3 林吉特。此次香烟国产税上调 40%,促使国内香烟再度涨价,主要烟草公司之一的英美烟草宣布旗下 7 个品牌香烟,11 月 4 日起涨价 3.20 林吉特,调高后每包香烟建议零售价格皆为 17 林吉特。随后,其他烟草公司也跟随其步伐,宣布调涨香烟价格。

马来西亚政府批准提高国内 17 条公路收费标准

2015 年 10 月 15 日,马来西亚国内 17 条公路过路费收费标准调高,轿车级别的涨幅最高达 100%,但不包括南北大道。马来西亚总理府部长表示,由于配合政府推行的合理化补贴政策,避免未来可能需要承担特许经营公路公司高达 10 亿马币的赔偿金,政府因此才批准公路调高收费标准。马来西亚各公路公司 6 月 12 日陆续发公告宣布收费上涨,且都在 10 月 15 日生效。如北马北海外环公路 3 个收费站同时涨价,最常被民众使用的双溪育收费站的涨幅达 140%,第一级车辆(包括轿车)的过路费从原来的 0.5 林吉特调涨至 1.20 林吉特。

马来西亚对中国游客有条件免签证

2015 年 11 月 26 日,马来西亚政府决定从 2015 年 12 月 1 日起落实中国游客免签证政策,但需满足以下 7 个条件:两人以上团体并购买获马来西亚旅游部承认的旅行社配套、每次在马来西亚停留时间不超过 15 天、须乘搭中国直飞马来西亚航班、不能申请其他签证、须持有现金及信用卡、须拥有回程机票及酒店住宿资料。若中国游客在马来西亚失踪,旅行社将被处以每人 1500 马币罚款。

缅甸泼水节期间强化安全保卫措施

2015 年 4 月 13 ~ 16 日,缅甸举国庆祝泼水节,人们沉浸在水花四溅的欢乐中。缅甸人喜欢用互相泼水的方式祝福新的一年到来,洗去烦恼,送来祝福,所以新年也叫泼水节。为保证泼水节活动顺利进行,缅甸政府出动大批警力,推出多种措施预防毒品、恐怖主义和性犯罪的发生。在历史上,泼水节期间仰光市曾发生炸弹爆炸致人死伤事件。为确保安全,警方在仰光和曼德勒的酒店、车站等场所加强对游客的安检,并要求演出组织者在每一个泼水台安装摄像头,防止恐怖分子混入人群。

4 月 13 日,在缅甸仰光,人们参加泼水节庆祝活动 (新华网)

缅甸政府关注社会福利

从 2015 年 4 月起,缅甸政府大幅度提高公务员工资,普通公务员和高级公务员的月工资增幅分别为 60% 和 100%。同时,缅甸政府在全国实行每日最低工资标准不得低于 3600 缅元。6 月 7 日,缅甸移民局正式颁发拥有两年期限的临时身份证明卡,届时如通过国民身份审核即可换发粉色身份证。从 6 月 22 日开始,缅甸通讯部对通往东盟 9 国及孟加拉、中国、日本、韩国等 8 个国家或地区的国际通话费下调至每分钟 200 缅元。

缅甸登革热疫情严重致 28 人死亡

2015 年 6 月 15 日是东盟登革热日,缅甸卫生部分别在内比都和伊洛瓦底省举行相关会议。会议透露,缅甸 2015 年登革热疫情比往年严重,截至 6 月中旬,全缅已发生 7043 例登革热病例,致 28 人死亡。

值得关注的是,包括缅甸在内的全球性登革热发病率持续增长。有关数据显示,2013 年全缅发生登革热病例 20550 例,致 85 人死亡;2014 年发生 13806 例,致 89 人死亡。

缅甸首个警察厅新闻发布中心在仰光成立

2015 年 6 月 19 日,仰光省警察部队新闻发布中心在省邦警察厅举行成立仪式,该中心是缅甸首个警察厅新闻发布中心。仰光省警察厅警长耶乃在开幕仪式上发表讲话时称,当局在仰光省警察厅设立新闻发布中心,旨在通过媒体及时将仰光省发生的各类案件向市民公布。

缅甸首家肯德基快餐店开业

2015 年 6 月 30 日,首家肯德基快餐店在缅甸仰光开业,许多缅甸市民来到肯德基店门口排队等候就餐。

菲律宾代表队在国际数学奥林匹克竞赛中获得较好成绩

2015 年 7 月 4 ~ 14 日,2015 国际数学奥林匹克竞赛在泰国清迈大学举行,菲律宾代表队获得 2 银 2 铜 1 荣誉奖的优异成绩,世界排名第 36,冠军队是美国,亚军是中国。2015 国际数学奥林匹克竞赛共有 104 个国家和地区的代表队参加,经过 10 天竞赛,菲律宾代表队排名比 2014 年的第 45 上升 9 名。这是菲律宾代表队夺得的历史最佳成绩。两名华裔学生 Adrian Reginald Sy 和 Clyde Wesley Ang 在总分42分的竞赛中,分别获得21分和19分,双双夺得银牌。另外两名华裔学生 Farrell Eldrian Wu 和 Albert John Patupat 获得铜牌,Kyle Patrick Dulay 获得荣誉奖。

菲律宾失业率降至11年来最低

菲律宾民调机构社会气象站(SWS)的一份报告显示,2015年菲律宾平均失业率降至11年来的最低点,民众对未来12个月获得工作的可能性更加乐观。SWS报告称,2015年菲律宾平均失业率为21.9%。低于2014年25.4%的平均水平,为2004年以来最低。

菲律宾获得亚行4亿美元优惠贷款

菲律宾获得总部位于马尼拉的亚洲开发银行(ADB)价值4亿美元的优惠贷款,以扩大现有有条件的现金转移(CCT)计划的覆盖范围。该计划预计为菲律宾贫困人口提供更多的医疗和教育补助。该计划给予贫困家庭现金援助,使他们的孩子能够继续留在学校,并向贫困家庭提供医疗援助。

新加坡继续成为全球生活成本最高城市

经济学人集团旗下智囊机构经济学人智库2015年3月3日发布最新调查报告称,新加坡继续位列全球生活成本最高城市榜首,中国香港和韩国首尔分列第9和第10位。

在这份2015世界生活成本调查报告中,从酒类到汽车价格,新加坡这个岛国城市都再次高于巴黎、奥斯陆、苏黎世和悉尼排在首位。该报告以纽约为基准,比较全球约140个城市的商品和服务价格,包括食品、服装、交通、私立学校和家政服务等。尽管新加坡面积小于纽约,但近年大量外国移民涌入,房地产价格创下历史新高。同时,车辆许可制使得汽车价格也比其他国家要高,而由于新加坡私人银行业扩张和诸多跨国公司以其为地区中心,当地薪资水平亦相应上涨。

新加坡推出建国50周年纪念钞纪念币

2015年8月18日,新加坡金融管理局推出一套纪念新加坡建国50周年的纪念钞,新加坡总理李显龙出席纪念钞揭幕仪式。这套金色的纪念钞包含1张面值50新元的钞票和5张面值10新元的钞票,由4位新加坡艺术家和设计师完成,其设计主要展现新加坡建国50周年取得的成就以及多元种族和谐发展的价值观和愿景。面值为50新元的钞票上印有新加坡建国总理李光耀高喊"独立"的画面。5张面值为10新元的钞票正面图案相同,背面则围绕"活力新加坡,永远的家园"这一主题,通过不同场景描绘出一个"人人机会均等、社会稳定安全、家庭稳固、公民关心社区"的新加坡。

另外,2015年4月,新加坡金融管理局还推出一套纪念建国50周年的纪念币,包括一枚面值2新元的铜镍合金币、一枚面值5新元的银币和一枚面值50新元的金币。

新加坡举办绿色建筑周推广"绿色生活"

2015年9月2日,新加坡绿色建筑周在新加坡开幕。这次活动的主题为"绿色建设,智能生活",国际绿色建筑业界人士齐聚,推动更加绿色环保、智能宜居的生活环境的建设。政策制定者、专家学者、建筑师、工程师等业界人士及建筑用户从不同视角阐释对绿色建筑的理解,分享最新研究成果,提出绿色基础设施和智慧生活的相关解决方案。活动内容有24项,其中包括国际绿色建筑大会,亚洲绿色建筑及室内装饰展,新加坡国际供暖、空调、制冷设备展以及总裁早餐对话会等。

"耀"当选新加坡2015年度汉字

2015年12月14日,新加坡《联合早报》举办的"字述一年"年度汉字投选活动结果揭晓,"耀"字当选为2015年度汉字。

2015年3月23日新加坡前总理李光耀病逝,"耀"这个字代表新加坡人对已故建国总理李光耀的惦念。2015年是新加坡建国50周年,建国总理李光耀缺席8月9日的国庆庆典,留下丝丝遗憾。

与"耀"字组成的词汇很多,还包括耀眼、闪耀和荣耀等。2015年,新加坡执政党人民行动党在9月举行的国会选举中取得耀眼成绩,得票率从上届选举的60.14%升至69.86%。7月,新加坡植物园申遗成功,成为狮城首处联合国教科文组织世界遗产。《联合早报》读者认为这是新加坡获得的荣耀。6月,新加坡主办第28届东南亚运动会,新加坡代表团体育健儿也取得耀眼成绩,共获84金73银102铜,超越1993年东南亚运动会的历史纪录,成为本届赛会获得奖牌数最多的代表团。

新加坡被推选为2015年最佳外派地点

根据汇丰银行(HSBC)对来自39个国家的22.2万名专业人士进行的大型年度调查,结果显示:新加坡是2015年全球外派人员的最佳外派地点。

调查显示,在全球市场剧烈波动的大环境下,外派人员对新加坡经济仍有信心,加上欣赏新加坡的高品质生活,因此把新加坡推选为2015年度的首选外派地点。受访者主要认为新加坡在事业发展机会、生活方式和经济稳定性这三大因素之间取得平衡,因此倾向于被派到当地发展。

新加坡家庭实际收入继续增长

据新加坡统计局公布的2015年家庭收入报告,基于劳动市场紧缩与雇主公积金缴交率提高等政策调整,2015 年新加坡家庭实际收入比上年增长 4.9%。报告指出,尽管新加坡家庭实际收入过去 5 年年均增长 3.8%,但从宏观角度来看,新加坡家庭收入实际增长速度近几年已超越生产力增长速度,若生产力不进一步提高将对新加坡市场竞争力带来负面影响。

新加坡鼓励老年人重新工作

新加坡积极应对老龄化问题,国家公务员在达到 62 岁退休年龄后还能接受重新雇用。政府也鼓励私企重新雇用 65 岁以上的劳动力。而那些有意愿、有能力继续工作的老人延长退休时间也将获得额外的退休金。另外,新加坡老年人可以报名参加活跃乐龄理事会组织的 400 多个各种各样的免费教育课程学习。新加坡活跃乐龄理事会成立于 2007 年,主要从事老龄教育、抗衰老以及协助政府应对老龄化问题,该机构积极为老年人提供机会让他们通过不断学习,以志愿者的身份重新步入社会,并为社会做出贡献。

泰国立法禁止外国人寻求代孕服务

泰国临时国会于 2015 年 2 月 19 日通过一项法律,禁止外国人在泰国寻求商业代孕服务,泰国政府希望借此终止该国的“代孕旅游业”。泰国 2014 年爆出了数起代孕丑闻,使得该国存在已久的商业代孕业一时间成为舆论焦点,最终促使当局针对商业代孕进行管制。泰国临时议会于 2014 年 8 月草拟新法案,将商业代孕列为刑事罪。议会在 11 月对该草案进行投票,结果以压倒性优势获得通过,2015 年 2 月 19 日该草案正式通过成为法律。根据该新法律,所有外国人都不能到泰国寻求代孕服务。

泰国举办多项活动庆祝诗琳通公主 60 华诞

2015 年 4 月 2 日是泰国诗琳通公主 60 华诞,诗琳通公主殿下出生于 1955 年 4 月 2 日,为泰皇的次女。泰国政府于 3 月 30 日下午发表公报称,为庆祝诗琳通公主 60 华诞,泰国王室宫务处颁布大赦令,减免服刑囚犯的刑期。按照该特赦令,可获特赦出狱的囚犯包括:服刑已超过 3 年,服刑期仅剩 1 年,身体残疾,或经确认所患疾病不适合在监狱进行治疗的囚犯;初次入狱的女性,已服超过一半刑期,年龄在 60 岁以上或剩余刑期不超过 3 年的囚犯;年龄在 70 岁以上或不满 20 岁的囚犯,在狱中表现良好,且剩余刑期不到两年的囚犯。此外,所有死刑犯将获减刑为无期徒刑,无期徒刑囚犯则改为监禁 50 年,并可根据狱中表现酌情减刑。获释监犯共 3.8 万人,另有 14 万人获减刑。同时,泰国军方为庆祝诗琳通公主 60 华诞,加紧筹备在全国各军区举办庆祝活动,并动员泰国民众身着印有诗琳通公主标志的紫色上衣,以表达对王室的敬意。泰国邮局发行诗琳通公主纪念版邮票,邮票的主色调为紫色。泰国国家银行发行背面为诗琳通公主像的 100 泰铢纸币,共发行 1000 万份。泰国财政部推出 3 款纪念币,金币 5000 枚,面值 16000 泰铢;银币 50000 枚,面值 800 泰铢;铜镍合金币 60 万枚,面值 50 泰铢。

泰国实施象牙申报法令以打击象牙非法交易

泰国一直是跨国非法交易象牙的中继国,为了洗刷这项污名,泰国 2015 年初开始实施象牙持有者必须申报的法令。4 月 22 日是泰国私人收藏象牙申报的最后一天,有 3000 人赶在期限前完成申报。泰国象牙持有者必须申报的法令于 2015 年 1 月 22 日生效,当局给收藏象牙的人和象牙艺品店 3 个月的限期,完成申报。逾期未申报的最高罚款 300 万泰铢,同时还将判处 3 年刑罚。泰国国家公园野生动植物保护部表示,3 个月来有 25000 多人完成申报,申报的象牙重达 155 吨,其中包括 23300 支整支的象牙。申报的来源包括一般民众和基金会、企业家和寺庙,有些是现任的政府要员,其中一名前政党领袖拥有 16 对象牙。泰国政府也要求未来象牙贸易商必须登记许可证,可以贩售驯化的象牙,如果非法交易野生象牙将被处 3 年徒刑和 600 万泰铢罚款。

泰国泼水节假期车祸夺 364 命

根据泰国内政部统计,2015 年 4 月 9 ~ 15 日的泼水节假期共发生 3373 起车祸,比上年同期增加近 400 起,造成 364 人死亡,比上年同期增加 42 人;受伤 3559 人,比上年同期增加 334 人。官方统计分析指出,车祸原因最多的是酒驾和超速,超过 5 成;机动车肇事最多,约占 8 成。泰国媒体都将泼水节假期称为“危险 7 日”,也就是每年车祸最多、肇事死亡率最高的假期。泰国官方统计显示,2015 年泼水节车祸死亡人数为历年最多。

泰国发生“8·17”曼谷爆炸事件

2015 年 8 月 17 日 19:00 左右,在泰国首都曼谷市中心商业区拉差巴颂十字路口(著名旅游景点四面佛附近)突然发生爆炸,造成 20 人遇难,其中 7 名中国公民(包括 5 名大陆居民和 2 名香港居民),10 名泰国人,两名马来西亚游客,1 名菲律宾人;另外还有 100 多人受伤,其中中国公民 26 人,包括大陆 19 人,香港 5 人,台湾 2 人。四面佛周围的栏杆在爆炸中被毁,数辆汽车起火,冲击波导致数十米外建筑物的玻璃破碎。事后,泰国总理巴育表达了他对遇难者的深切关注,并指示安全官员和警方进行调查,以维护公共安全。8 月 29 日,泰国警方逮捕 1 名外籍男子,怀疑他与四面佛爆炸案相关。8 月 30 日,这名嫌犯拒绝承认自己与四面佛爆炸案有关,土耳其官方同时否认此人为该国公民。泰国警方表示还将继续追查。9 月 1 日,录像中公布的黄衣男子在试图穿过泰国边境时被捕。9 月

28 日，泰国警察总署宣布 8 · 17 曼谷爆炸案告破，17 名嫌疑人，已逮捕两人，另外 15 名被通缉的嫌疑人被全力追捕中。泰国警方指出，有证据显示，爆炸事件的作案动机是对泰国打击人口贩运及偷渡行动进行报复，同时尚不排除有政治动机。这是泰国当局首次公布曼谷爆炸案的背后动机作。

泰国导游统一制服

从 2015 年 10 月开始，泰国所有地接导游强制着统一职业制服进行工作。这是泰国政府推出的新举措，以便区别合法导游和非法导游。该项举措试运行 3 个月，即从 2015 年 10 月 1 日至 12 月 31 日止，从 2016 年 1 月 1 日起，任何没有着规定制服的导游，将被罚 1 万泰铢。根据泰国法律，导游这一职业在泰国仅由泰籍人士担任，任何外籍导游都是非法的。尽管针对有些国家，外语泰籍导游数量不足，但是泰国目前并没有法律规定可为外籍导游颁发执业证书。非泰籍人士只能作为旅游协调者，并应接受相关培训，进行注册才能担任。泰籍导游与外籍旅游协调者的结合，将在一定程度上缓解泰国国内导游短缺的问题。

泰国推出半年多次往返旅游签证

泰国外交部宣布，从 2015 年 11 月 13 日起，向所有外籍游客提供半年多次往返旅游签证。该签证允许游客在 6 个月内多次出入泰国，每次在泰停留时间不得超过 60 天，签证费用为 5000 泰铢，这对于经常去泰国的游客有较强的吸引力。

越南河内砍树激起公愤

2015 年，根据 2014 ~ 2015 年河内道路两旁绿树改造替代计划，河内将在 190 条街道上砍伐并补种 6708 棵树。这一计划在执行时遭到越南国内民众的反对。河内民众不仅组织游行反对，还在社交媒体脸书（Facebook）上开设专页进行呼吁，越南知名人士纷纷在脸书上发声抗议河内伐树一事。3 月 20 日，河内人民委员会主席阮世草指示停止砍伐树木。3 月 22 日，阮世草继续要求全面监察绿树改造替代补种事宜，与此同时，部分与伐树事件直接相关的干部被暂停工作。河内的监察结果显示，2014 ~ 2015 年河内道路两旁绿树改造替代计划的制定和批准符合法律规定，旨在满足《首都法》规定的管理街道两旁绿树和城市可持续发展的要求，但是在组织开展过程中存在一些不足和缺陷，如不民主公开，不与民众商量，不征求专家意见。在被迫中止伐树之前，已经有 500 株树被砍伐。

河内民众抗议当局的砍树计划 （人民网）

越南气候变化异常

2015 年越南气候变化异常。5 ~ 7 月初，越南河内和北部、中部各省连续出现 3 场破纪录的异常高温炎热天气，河内最高气温达 40℃ 以上。6 月 13 日，河内出现极其罕见的高温暴风雨天气，风力达到 9 级，造成两人死亡，财产损失严重。广宁省则遭遇 40 年来最严重大雨洪涝灾害，7 月 23 ~ 25 日特大洪涝灾害超过 2008 年河内的特大洪灾，造成经济损失 1 万亿越南盾以上，23 人死亡和失踪，近 4000 所房屋被淹，煤矿区生产受到严重影响。7 月 31 日至 8 月 1 日，越南北部多地如莱州、奠边、南定、北江等连降大雨并引发洪涝灾害，造成重大人员和财产损失。

越南国会通过法律承认转变性别的权利

2015 年 11 月 24 日，越南国会通过《民事法（修正案）》。该法第 37 条规定："性别转变依照法律规定执行。已经转变性别的个人具有权利和义务依照户籍法律规定进行户籍改变登记，具有本法和其他相关法律规定的已经转变的性别的人身权利。"这一法律将于 2017 年 1 月 1 日生效。11 月 24 日下午，大批的越南变性人和同性恋者走上河内街头，庆祝越南国会通过法律承认变性人以及变性人的相关权利。

越南食品安全问题严重

越南农业与农村发展部把 2015 年定为食品安全年，日益严重的食品安全问题及其对消费者健康的危害引发越南社会的关注和忧虑。2015 年，越南职能部门发现多起在饲料生产、水产养殖、农产品储存保管初加工、作物种植中滥用农药、违禁品的案件。大量买卖、运输大规模不洁食品的事件也被曝光。

（周明钧、马金案、梁薇、云倩、陈定辉、韦朝晖、祝湘辉、杨超、罗梅、唐卉、李碧华）

专　　题

发 展 报 告

中国:2015 年发展回顾与 2016 年展望

2015 年是中国国民经济和社会发展第十二个五年规划的收官之年,也是中国实施“四个全面”的关键之年。2015 年,面对错综复杂的国际形势和艰巨繁重的国内改革发展稳定任务,中国按照“五位一体”总体布局和“四个全面”战略布局的总要求,牢固树立和贯彻落实创新、协调、绿色、开放、共享的发展理念,适应经济发展新常态,坚持稳增长、调结构、惠民生、防风险,扎实推动大众创业万众创新,转型升级步伐加快,改革开放不断深化,民生事业持续进步,经济社会发展迈上新台阶。2015 年,中国国内生产总值达到 67.7 万亿元,比上年增长 6.9%,在世界主要经济体中位居前列,为“十三五”时期经济社会发展、决胜全面建成小康社会奠定坚实基础。

一、2015 年发展形势回顾

(一)经济社会发展形势及特点

2015 年,中国经济工作遇到不少两难甚至多难问题,经济规模越大,增长难度随之增加,现在国内生产总值每增长 1 个百分点的增量,相当于 5 年前 1.5 个百分点、10 年前 2.5 个百分点的增量,但经济运行保持在合理区间,总体特征是稳中趋缓、稳中有进、稳中有忧,各领域分化加剧,动力转换过程中有利因素和不利因素并存。

1. 产业结构持续优化,结构性衰退和结构性繁荣并存。2015 年,中国工业内部结构调整加快,新产业、新业态、新产品增长较快,产业结构加快向中高端水平迈进。粮食产量实现“十二连增”。服务业在国内生产总值中的比重上升到 50.5%,首次占据半壁江山。高技术产业和装备制造业增速快于一般工业。单位国内生产总值能耗下降 5.6%。科技领域一批创新成果达到国际先进水平,第三代核电技术取得重大进展。高技术产业增长较快。2015 年头三季度,信息传输、软件和信息技术服务业累计比上年同期增长 31.25%,与之相关的计算机、通信和其他电子设备制造业累计比上年同期增长 17.04%。

2. 三大需求趋于平衡发展,内部分化逐步凸显。2015 年,消费增长保持稳定,投资增长速度持续放缓,出口增速换挡,三大需求趋向平衡发展。消费对经济增长的贡献率达到 66.4%,消费成为经济增长的主引擎。从三大需求内部看,分化逐步凸显,萧条与旺盛并存。在消费方面,主要是网上商品零售、通讯类商品、旅游等领域消费高速增长,而石油及制品类消费大幅衰退。在投资方面,房地产投资持续回落,月度投资已现负增长,基础设施投资保持较快增速,制造业投资缓中趋稳。在出口方面,一般贸易出口保持正增长,而加工贸易出口大幅下降,传统七大类劳动密集型产品出口优势明显下降。

3. 创新驱动发展战略持续推进,发展新动能加快成长。2015 年,中国大地创新潮涌,大众创业、万众创新的氛围逐渐形成,“互联网 +”日渐成为拉动经济增长的新引擎。在新一轮科技革命和科技创新带动下,一批新兴产业,如“互联网 +”、大数据、云计算、新型材料、机器人产业、卫星应用、3D 打印、现代服务业、网购与快递业、生物和健康服务、现代农业等蓬勃兴起。互联网与各行业加速融合,新兴产业快速增长。大众创业、万众创新蓬勃发展,全年新登记注册企业增长 21.6%,平均每天新增 1.2 万家。新动能对稳就业、促升级发挥了突出作用,正在推动经济社会发生深刻变革。

4. 区域经济增长差距显著,多速增长格局出现。继续推动东、中、西、东北地区“四大板块”协调发展,重点推进“一带一路”建设、京津冀协同发展、长江经济带发展“三大战略”,在基础设施、产业布局、生态环保等方面实施一批重大工程。制定实施促进西藏和四省藏区、新疆发展的政策措施。一些产业基础好、结构多元化、调整步伐快、开放程度高的地区，经济仍然保持良好发展势头；而一些产业结构落后单一、产能过剩行业比较集中的地区，经济下行速度较快。

5. 行业景气度差异较大，产生苦乐不均矛盾。一是部分产能过剩行业十分困难。资源类、重化工业普遍陷入困境，增速大幅下滑，煤炭、钢铁、水泥等产品产量明显下降，行业总体库存压力较大，仍处在调整探底阶段，要彻底走出困境尚需时日。二是高新技术产业快速发展。计算机通讯、新能源、新材料、医药制造等产业发展优势明显，增长速度大幅快于传统制造业。三是新兴服务业发展势头强劲。服务新业态、新模式延续近两年高增长态势，电子商务、物流快递等行业表现尤为抢眼。企业景气不均衡，分化效果明显。一方面，一些大型企业、上市企业紧抓市场、政策机遇，发挥其规模、品牌等优势，发展相对较好。另一方面，量大面广的传统企业、中小企业依然普遍面临生存难、转型难的困境。

6. 民生持续改善，收入就业指标表现较好。中国居民人均可支配收入实际增长 7.4%，快于经济增速。2014 年末居民储蓄存款余额增长 8.5%，新增 4 万多亿元。2015 年又解决 6434 万农村人口饮水安全问题。扶贫攻坚力度加大，农村贫困人口减少 1442 万人。2015 年头三季度，中国农村居民人均可支配收入比上年同期实际增长 8.1%，高于同期城镇居民人均可支配收入实际增速 1.3 个百分点。就业形势总体稳定，城镇新增就业 1312 万人，超过全年预期目标，成为经济运行的一大亮点。

7. 价格水平总体平稳，结构性通缩压力加大。受新拉涨因素不足及季节、气候因素的影响，2015 年月度居民消费价格涨幅均低于 2%，个别月份低于 1%，物价总水平平稳，居民消费价格涨幅保持较低水平。但受国内需求总体偏弱及国际大宗商品价格持续下跌影响，生产领域中原材料、燃料价格持续下降，生产者价格指数(PPI)连续 45 个月负增长，且降幅较大，工业领域结构性通缩风险较为突出。

(二)改革开放形势及特点

2015 年是中国全面深化改革的关键之年，改革在不断地深入推进，主要是进一步朝市场化的方向推进，让市场在资源配置中发挥决定性作用，政府在市场决定的前提下发挥作用，政府向市场放权，加大对国有企业的改革力度等；一系列改革方案陆续出台，与人民群众息息相关的深刻变化正在悄然发生。

——继续深入推进简政放权、放管结合、优化服务改革。取消和下放 311 项行政审批事项，取消 123 项职业资格许可和认定事项，彻底终结非行政许可审批。工商登记前置审批精简 85%，全面实施三证合一、一照一码。加强事中事后监管，优化公共服务流程。

——财税金融等重点改革深入推进。中央对地方专项转移支付项目减少 1/3，一般性转移支付规模增加。营改增稳步实施，资源税从价计征范围扩大。取消存款利率浮动上限，推出存款保险制度，建立人民币跨境支付系统。价格改革力度加大，中央政府定价项目减少 80%，地方政府定价项目减少一半以上。

——围绕民生在医疗、教育、社保等方面展开一系列改革，包括全面放开二孩政策，改善养老制度，养老金并轨，取消暂住证，身份证异地受理，中央和地方所有部门预决算公开，机关事业单位退休制度彻底终结，加快义务教育学校标准化建设，全面实施城乡居民大病保险制度，加强全科医生制度建设，加快推进重特大疾病医疗救助，取消药品政府定价，全面推行存款保险制度，供给侧结构性改革，扩大跨境电子商务综合试点，实施大气污染防治行动计划，实施股票发行注册制改革等。国有企业、农村、投融资、生态文明等领域改革有序推进，全面深化改革的成效正在显现。

2015 年，中国坚持以开放促改革促发展，努力稳定对外贸易，调整出口退税负担机制，清理规范进出口环节收费，提高贸易便利化水平，出口结构发生积极变化。外商投资限制性条目减少一半，95% 以上实行备案管理，实际使用外资 1263 亿美元，比上年增长 5.6%。非金融类对外直接投资 1180 亿美元，增长 14.7%。推广上海自由贸易试验区经验，新设广东、天津、福建自由贸易试验区。人民币加入国际货币基金组织特别提款权货币篮子。亚洲基础设施投资银行正式成立，丝路基金投入运营。签署中韩、中澳自由贸易协定和中国—东盟自由贸易区升级议定书。“一带一路”建设成效显现，国际产能合作步伐加快，高铁、核电等中国装备走出去取得突破性进展。

(三)对外贸易形势及特点

2015 年是中国外贸历史上极不寻常的一年，形势更加复杂严峻，下行压力加大。据中国海关初步统计，2015 年，中国进出口总值 24.58 万亿元，比上年下降 7%。其中：出口 14.14 万亿元，下降 1.8%；进口 10.45 万亿元，下降 13.2%。按美元计，中国进出口总值 3.96 万亿美元，下降 8%。其中：出口 2.28 万亿美元，下降 2.8%；进口 1.68 万亿美元，下降 14.1%。尽管进出口增速下降，但从国际比较看，中国出口增速仍好于全球主要经济体和新兴市场国家，占全球市场份额稳中有升，结构调整和动力转换加快，外贸发展的质量和效益进一步提高。2015 年，外贸运行主要呈以下特点：

1. 从国际比较看，中国继续保持第一贸易大国地位，出口国际市场份额稳中有升。中国出口情况仍好于全球主要经济体和新兴市场国家。据世界贸易组织(WTO)统计，2015 年 1～11 月，美国(-6.8%)、德国(-11.2%)、日本(-9.4%)、韩国(-7.4%)、中国香港(-3.1%)、印度(-17.5%)、南非(-9.5%)、巴西(-16.0%)等国家和地区出口均为负增长,比中国出口降幅(-2.5%)分别高0.6至15个百分点。中国出口国际市场份额升至约13.4%,比2014年提高1个百分点。1~11月,中国进出口比美国多566亿美元,其中出口多6672亿美元,继续保持第一货物贸易大国地位。

2. 从贸易方式看,一般贸易出口保持增长,成为拉动出口的主要力量。2015年,一般贸易出口12173亿美元,比上年增长1.2%,占外贸出口的53.5%,比2014年提高2.1个百分点;加工贸易出口7978亿美元,下降9.8%,占外贸出口35%,比2014年下降2.7个百分点。

3. 从主要产品看,机电产品出口保持增长,产品结构进一步优化。2015年,机电产品出口13119.3亿美元,比上年增长0.1%,占外贸出口的57.6%,比2014年提高1.8个百分点。其中,手机、船舶、灯具等出口分别增长8.5%、13.3%和15%。七大类劳动密集型产品出口4720亿美元,比上年下降2.7%,占外贸出口的20.7%,其中纺织品、服装、鞋分别下降2.3%、6.4%和4.8%。

4. 从经营主体看,民营企业出口保持增长,成为出口的主力军。2015年,民营企业出口10295亿美元,比上年增长1.8%,占外贸出口的45.2%,比2014年提高2.1个百分点;外资企业出口10047亿美元,下降6.5%,占外贸出口的44.2%;国有企业出口2424亿美元,下降5.5%,占外贸出口的10.6%。

5. 从主要市场看,市场多元化取得进展,对"一带一路"相关国家出口保持增长。2015年,中国对印度、泰国、越南等国出口分别增长7.4%、11.7%和3.8%。对美国、东盟出口增长3.4%和2.1%。对欧盟、日本、香港等传统市场出口分别下降4.0%、9.2%和8.7%。对俄罗斯、巴西等新兴市场出口分别下降35.2%和21.4%。

6. 新型商业模式保持快速增长。跨境电子商务、市场采购等新型商业模式正逐步成为外贸发展新的增长点。2015年,跨境电子商务增速高达30%以上。市场采购贸易方式出口增速超过70%。

(四)对外交流形势及特点

1. 全方位改善大国关系,中美、中俄、中欧关系都有不同程度的提升或改善。中美关系保持稳定,推动构建中美新型大国关系,维护地区和世界的和平与发展,意义重大。中美作为世界新兴大国和守成大国,对21世纪的国际秩序具有决定性作用,已经成为命运共同体。双方在网络安全问题上达成重要共识,承诺共同探索网络空间的国家行为准则;在气候变化问题上,双方再次确认在2014年中美联合声明基础上强化合作;在经贸领域,双方签署巨额合作订单,包括中国从波音公司购买300架飞机,进一步拓展合作空间;在一系列重大国际问题上加强沟通;在地区安全特别是南海分歧等问题上积极探索危机管控途径,降低误判和冲突风险。

中俄关系继续沿着高水平战略协作伙伴关系方向推进。双方在解决伊朗核问题、叙利亚危机、维护二战胜利成果、改进和完善国际秩序等地区和重大国际问题上加强协调;在金砖国家与上海合作组织等框架下加大合作;在应对西方战略压力方面相互借重;在推进双边经贸、科技、人文领域务实合作方面取得积极成果。

中欧关系是2015年中国外交的又一亮点。上半年,通过争取英国、德国、法国、意大利等欧洲国家支持建立亚洲基础设施投资银行,在中美竞争和中美欧三角互动中赢得主动。下半年,中欧关系进一步升温。中国国家主席习近平访问英国,开启中英"黄金时代",将中英合作推向一个新高潮。德国总理默克尔和法国总统奥朗德接踵访华,在加强双边战略协调与加大务实合作方面均取得重要成果。德法两国与中国加强合作,有助于重树国际社会对欧元的信心,推动人民币国际化,促进中欧双边投资协定谈判取得进展。中国与英国、德国、法国三大欧洲国家的外交成果,使中欧合作关系得到全面提升。

2. 进一步稳固周边国家关系。中日韩加强合作,中日关系趋向缓和,是亮点之一。2015年11月,第6次中日韩三国领导人会议在韩国首尔举行。会议期间中国国务院总理李克强分别会见日本首相安倍晋三和韩国总统朴槿惠。三国于会后发表关于东北亚和平与

5月29~30日,2015全球跨境电子商务大会在浙江省金华市金义都市新区召开。图为会议现场 (新华网)

合作的联合宣言。中日领导人会晤,反映两国关系正在逐步走出僵局,出现回稳势头,对于解决双方关系中的敏感复杂问题,推动中日关系重回正常发展轨道,具有积极作用。亮点之二是中国与东盟国家关系进一步改善和加强。中国国家主席习近平对越南和新加坡进行国事访问,对增进中国与东盟国家的合作和友谊,管控和解决中国同有关国家在南海地区的领土争议,稳定中国周边环境,发挥了重要作用。

3. 在多边外交领域上进一步树立起负责任大国形象。中国国家主席习近平出席第70届联合国大会,呼吁国际社会共同走出一条公平、开放、全面、创新的发展道路,并宣布中国将设立南南合作援助基金,增加对最不发达国家投资,免除对有关最不发达国家、内陆发展中国家、小岛屿发展中国家的政府间无息贷款债务等,充分展现了中国为推进人类命运共同体建设所具有的大国责任、大国风范和大国担当。习近平主席出席20国集团(G20)领导人第10次峰会和亚太经合组织(APEC)第23次领导人非正式会议是中国开展的重大多边外交行动。作为APEC上届东道主和G20候任主席国,中国在全球最主要经济金融合作平台和亚太地区最高层级区域合作论坛中正在发挥越来越重要和积极的作用。

2015年,中国外交在推动亚洲基础设施投资银行、金砖国家银行设立,落实"一带一路"倡议等方面,取得重大进展,极大拓展了中国的外部发展空间,提升了中国的国际影响力。

二、2016年发展展望

2016年是中国执行"十三五"规划的开局之年,是中国全面建成小康社会决胜阶段的开局之年,是一个经济和社会发展的变革之年、创新之年和转型之年。2016年中国经济主要抓住短期和中长期的主要矛盾,处理好各种关系,既要将经济增长稳定在合理区间,又要坚持不懈地推进结构性改革,为中国经济持续增长

中国工农业主要产品产量及其增减情况(2015年)

产品名称	单位	产 量	比上年增长(%)	产品名称	单位	产 量	比上年增长(%)
工业产品				大中型拖拉机	万台	68.8	6.9
纱	万吨	3538.0	4.7	集成电路	亿块	1087.2	7.1
布	亿米	892.6	-0.1	程控交换机	万线	1880.3	-12.5
化学纤维	万吨	4831.7	10.1	移动通信手持机	万台	181261.4	7.8
成品糖	万吨	1474.1	-10.3	智能手机	万台	139943.1	11.3
卷 烟	亿支	25890.7	-0.8	微型计算机设备	万台	31418.7	-10.4
彩色电视机	万台	14475.7	2.5	工业机器人	台(套)	32996.0	21.7
液晶电视机	万台	14391.9	3.8	农业产品			
智能电视	万台	8383.5	14.9	粮食	万吨	62144	2.4
家用电冰箱	万台	7992.8	-9.1	夏粮	万吨	14112	3.3
房间空气调节器	万台	14200.4	-1.8	早稻	万吨	3369	-0.9
一次能源生产总量	亿吨标准煤	36.2	0.0	秋粮	万吨	44662	2.3
原 煤	亿吨	37.5	-3.3	谷物	万吨	57225	2.7
原 油	亿吨	21455.6	1.5	稻谷	万吨	20825	0.8
天然气	亿立方米	1346.1	3.4	小麦	万吨	13019	3.2
发电量	亿千瓦小时	58105.8	0.3	玉米	万吨	22458	4.1
火电	亿千瓦小时	42420.4	-2.7	棉花	万吨	561	-9.3
水电	亿千瓦小时	11264.2	5.0	油料	万吨	3547	1.1
核电	亿千瓦小时	1707.9	28.9	糖料	万吨	12529	-6.2
粗 钢	万吨	80382.5	-2.2	茶叶	万吨	224	6.9
钢 材	万吨	112349.6	-0.1	肉类	万吨	8625	-1.0
十种有色金属	万吨	5155.8	6.8	猪肉	万吨	5487	-3.3
精炼铜(电解铜)	万吨	796.2	4.2	牛肉	万吨	700	1.6
原铝(电解铝)	万吨	3141.0	8.8	羊肉	万吨	441	2.9
水 泥	亿吨	23.6	-5.3	生猪存栏	万头	45113	-3.2
硫 酸(折100%)	万吨	8975.7	0.8	生猪出栏	万头	70825	-3.7
烧 碱(折100%)	万吨	3020.7	-1.4	禽肉	万吨	1826	4.3
乙 烯	万吨	1714.6	1.1	禽蛋	万吨	2999	3.6
化 肥(折100%)	万吨	7432.0	8.1	牛奶	万吨	3755	0.8
发电机组(发电设备)	万千瓦	12431.4	-17.4	水产品	万吨	6690	3.5
汽 车	万辆	2450.4	3.3	养殖水产品	万吨	4942	4.1
基本型乘用车(轿车)	万辆	1163.0	-6.8	捕捞水产品	万吨	1748	0.5
运动型多用途乘用车(SUV)	万辆	602.4	48.0	木材	万立方米	6832	-17.0
新能源汽车	万辆	32.8	161.2				

注释:表中数据均为初步统计数。各项统计数据均未包括香港特别行政区、澳门特别行政区和台湾省。部分数据因四舍五入的原因,存在着与分项合计不等的情况

夯实动力。

(一)经济增长进入“新常态”,稳增长仍是首要任务

2016年中国经济面临的首要挑战还是如何稳定经济运行的态势,让稳增长真正见实效,实现“十三五”良好开局。预计2016年GDP增速为6.7%左右,比2015年下降0.2个百分点,降幅略有缩小。当前基础设施投资态势正不断改善,房地产市场回暖有望保持,消费和投资呈现稳中向好态势,预计2016年经济增长将低开稳走,稳中有升,下半年经济向好特点将更加明显。

同时,进入新常态的中国经济,旧的增长引擎萎缩乏力,新的增长动力正在形成,投资、消费、出口的压力依然较大。当前企业产能过剩和去杠杆压力较大,房地产去库存压力不减,投资增速可能继续回落,下行压力较大;一些传统增长引擎遭遇困难的同时,服务业一直在迅速扩张,推动工资上涨并支撑消费,消费将继续对经济增长发挥稳定器作用,但影响消费升级的因素仍然存在;外贸在不确定中低位走稳的概率较大,同时也面临严峻挑战。

(二)经济增速的变化来自经济增长方式和经济增长动力的根本性变化,结构性改革将贯穿全年

中国经济进入新常态后,制约经济发展的主要矛盾来自结构,而非总量。中国经济发展将由主要依靠投资驱动和较多依靠出口驱动,转向主要依靠消费同时三驾马车全面驱动。如2006~2010年中国GDP增长中投资的平均贡献率高达57.8%,投资是经济增长的主要驱动力。2015年头三季度中国最终消费对GDP增长贡献率达58.4%,消费成为经济增长的主要驱动力。预计2016年及以后中国最终消费的贡献率将进一步上升,逐步提高到70%左右。

(三)三大产业对经济增长的贡献发生变化,第三产业将成为主要拉动引擎

长期以来,中国第二产业,特别是工业在GDP中占主导地位,第三产业比重较低。2010~2014年,中国第三产业占GDP的比重仅为45.8%左右,而发达国家第三产业占GDP的比重约为70%左右,很多发展中国家如印度2011年第三产业的比重为57%左右。中国第三产业比重过低,对经济增长贡献有限,2016年中国将主要依靠第三产业推动经济增长,中国新增非农就业主要依靠发展第三产业来解决,预计2016年中国第三产业增加值将占GDP的52.5%左右。

(四)改革继续深化,将发挥重要牵引作用

2016年中国在国有企业、财税、金融、社保等重要领域和关键环节的改革步伐将加快,一批具有重大牵引作用的改革举措将陆续推出,简政放权将继续深化。中国经济已进入新常态,中国的改革已迈进深水区,很多领域的改革相互关联,必须在多个领域同时推进。无论是供给侧结构性调整、企业转型升级,还是适度扩大总需求、稳定经济增长,进而培育新的发展动能,增强经济持续增长新动力,改革将发挥其重要的牵引作用。

(周明钧)

资料来源:

1.《中华人民共和国国民经济和社会发展第十三个五年规划纲要》

2.《2016年中国政府工作报告》

3.《关于2015年中国国民经济和社会发展计划执行情况与2016年国民经济和社会发展计划草案的报告》

4.《中华人民共和国2015年国民经济和社会发展统计公报》

5.《稳中有进 稳中有好——2015年中国经济发展成就述评》

6.《回顾2015年中国经济的发展轨迹展望2016中国的建设和规划》

7.《如何看待2015年的中国经济形势分析2016年中国经济走势》

8.《回顾2015中国经济及2016年经济形势分析》

9.《2015年国际形势回顾与2016年展望》

10.《2016年中国经济增长形势展望》

11.《2016年中国经济发展前景展望》

12.《2015年中国对外贸易情况》

13.《2015年国际形势与中国外交》

14.《中国对外开放新格局正在形成》

15.《中国外交面临的新的国际形势——挑战与机遇》

文莱:2015年发展回顾与2016年展望

2015年,文莱政治社会保持稳定;外交活动继续按照既定的对外政策进行;在经济方面,由于受到国际油价一再下跌的影响,经济呈下滑态势。

一、政治社会保持稳定

为保持政治社会稳定,文莱政府采取各种有力措施,取得良好效果。

(一)改组内阁

2015年,文莱进行内阁改组。文莱国家元首苏丹于10月22日通过全国电视台和电台宣布新的5年政府内阁;10月26日,新内阁宣誓就任。文莱新内阁的一个重要特点是文莱苏丹直接担任首相、国防部部长、财政部部长、外交与贸易部部长4个内阁主要职务。

(二)加强反贪污的立法和教育

文莱政府认为,政府官员特别是执法部门的贪污腐败行为将严重影响国家的政治社会稳定。为此,文莱非常重视反贪污的立法和教育,并有效打击贪污行为。

文莱政府在1981年制定反贪污第131号法令,次年,成立反贪污局,执行调查贪污犯罪行为。文莱苏丹于2015年在视察文莱皇家警察部队时重申加强打击贪污不法行为。2015年9月,文莱修订反贪污法令,对滥用职权贪污的公务员绳之以法。文莱反贪局也与教育部合作,开展防范贪污的教育,提高学生的反贪意识。

(三)加强对非法入境外国人的执法工作

文莱政府认为,文莱国内社会治安的威胁主要是来自外来人员的犯罪活动。文莱移民及国民登记局2016年1月8日公布的官方数据显示,文莱执法单位在2015年共开展93次执法行动,文莱司法部共审理104宗外国人触法案件,其中有58人被判入狱,因触犯各种罪行而被遣送回国的外国公民1738人。另外,还有755人也因触犯各种移民条例、关税条例及国民登记条例被判罚款,2015年,文莱司法部接收罚款数额30.3万文莱元。

(四)重视解决弱势群体的生活问题以保证社会稳定

文莱政府认为,只有重视解决生活问题,特别是解决弱势群体的生活问题,才能够保证社会稳定。文莱苏丹到各地探访弱势群体,了解他们的疾苦,帮助他们解决困难。2015年1月24日,文莱苏丹在斯里巴加湾市巴拉卡斯国际会议中心主持房屋钥匙的分发仪式,苏丹给贫民颁发1738套房屋钥匙,以解决他们的住房问题。

二、受国际油价影响经济下滑

2015年,国际油价不断下跌,致使一直依靠油气作为经济支柱的文莱受到极大影响。为此,文莱政府在年内减少财政预算支出,文莱第二财政部长哈芝阿都拉曼3月9日在向立法会议会提呈2015~2016年文莱财政预算支出时说,国际石油价格从2014年6月开始锐减,大大影响了文莱的国家收入。“石油、天然气是文莱的主要收入来源,也是政府各部门机构的开支来源,随着石油价格下跌,文莱政府有必要实行节约开支的政策,各政府部门及机构必须携手合作,在未来两年内节省开支,减少不必要的支出。”2015~2016财年文莱财政预算支出为64亿文莱元,比2014~2015财年支出的66亿文莱元减少2.28亿文莱元。由于油气收入在文莱2015年GDP中的贡献下跌至84.40亿文莱元(约合60亿美元),以当前价格计算跌幅超过27%,加上对经济社会发展投入减少,2015年,文莱经济出现下滑趋势,经济增长率为-1.1%。据国际货币基金组织(IMF)2016年4月12日提供的数据,文莱2016年GDP117.86亿美元,人均GDP28237美元。

尽管文莱元对美元一再贬值,2015年文莱居民消费价格指数(CPI)仍保持下降趋势,通货紧缩状况较2014年难见好转。对外贸易也受到油价下跌的严重影响。2015年5月,文莱原油、液化天然气出口额分别为3.25亿文莱元和3.42亿文莱元,比上年分别下跌23%和37.8%;两类主要商品出口总额比上年下降31.4%。

2015年,文莱继续致力于促进多元化经济发展,有些措施取得明显成效。一些行业如建筑、房地产、批发和零售贸易以及金融等继续发挥弹性作用。如在对外招商引资方面,文莱政府加大招商引资力度,发展外向型经济。中国浙江恒逸集团的炼化项目、葫芦岛钢铁集团的钢管厂项目,韩国东阳公司的挤压铝厂项目等正在筹备中,2016年,将陆续进入建设或投产期,从而带动经济增长。文莱重点招商领域为石油化工、清真产品、信息通讯、伊斯兰金融服务、航空和油田服务,并出台一系列优惠政策,如基础设施建设、税收减免、自由贸易、适当放宽劳工政策等以发展私营经济,实现经济多元化。至2015年年底,文莱经济发展局成功促成4项总值10亿文莱元的外来直接投资,即Simpor Pharma制药公司、CAE Brunei MPTC多用途训练中心、文莱甲醇公司和金钱饲料厂。这些已投入运作的企业提供484个工作机会,其中82%的工作岗位由文莱公民担任。此外,还有11个外来直接投资项目正在推动及等待批准中,这些项目涵盖制造业、农业、物流业、药剂业和水产养殖业等,投资总额达69亿文莱元。

值得一提的是,文莱金融状况良好。据文莱金融管理局(即国家中央银行)2015年12月25日公布的数据,文莱国内金融机构(包括文莱伊斯兰信托基金)2015年第三季度发出的贷款总额有所上升,贷款总额为60.38亿文莱元,比上年同期增长7.4%。其中,国内贷款占贷款总额的96.5%;外国贷款由上年同期的1.92亿文莱元升至2.11亿文莱元。不良贷款的比例有所下降。文莱金融管理局更新后的9月份统计公报显示,国内金融机构的不良贷款占总贷款额的比例是4.4%,比上年同期的7.4%减少约3%。

文莱旅游业也取得较好成效。据文莱初级资源与旅游部数据,2015年,文莱入境游客21.82万人次,比上年增长8.6%;这主要得益于中国游客比上年增加1万多人次,入境中国游客达到3.69万人次,在马来西亚之后位居第二,占文莱当年入境游客的16.9%,比2014年提高3.7个百分点。

三、对外关系:继续按照既定的对外政策,重点参与区域重大外交活动

(一)重点参与区域重大外交活动

1. 主要参与在马来西亚举办的东盟系列会议。作为东盟成员国,2015年,文莱积极参与东盟举办的各种活动。以文莱苏丹为代表的文莱内阁主要成员分别出席东盟轮值主席国马来西亚主办的东盟系列会议。

2. 与东盟各国加强友好合作关系。2015年,文莱

与马来西亚继续保持密切关系。两国领导层交往密切。11月5日，文莱苏丹赴马来西亚首都吉隆坡出席第27届东盟系列峰会并访问马来西亚，商讨继续加强两国在各个领域的合作。

文莱与新加坡交往密切。10月25~26日，新加坡外交部部长维文对文莱进行访问。文莱苏丹会见维文，重申两国之间的特殊和密切关系，并表示希望文莱与新加坡继续携手合作应对区域和全球挑战。10月27日，文莱皇家武装部队司令莫哈末达威到新加坡出席2015年亚太国土安全会议。

文莱与印度尼西亚拓展合作领域。2015年2月7~8日，印度尼西亚总统佐科对文莱进行国事访问。文莱苏丹与佐科举行会谈，双方对达成的协议签署谅解备忘录表示满意，并表示继续加强双边关系。年内，两国加强经济领域的合作。10月27日，印度尼西亚旅游部旅社代表团到文莱宣传印度尼西亚景点，希望能够吸引文莱民众到印度尼西亚旅游。12月，印度尼西亚驻文莱大使馆在文莱举办印度尼西亚创意产业展销会，向文莱市场介绍印度尼西亚的特色产品。与此同时，印度尼西亚驻文莱大使馆与文莱政府举办商业洽谈会，邀请两地商家探讨开拓经贸往来的途径。印度尼西亚与文莱2015年第二季度的双边贸易额达到8200万美元。

文莱与泰国保持友好交往。2015年2月2~3日，泰国三军总长沃拉蓬对文莱进行访问，双方探讨新的合作项目。12月5日，文莱苏丹致电祝贺泰国国王普密蓬生日快乐以及致电泰国总理巴育祝贺泰国国庆。12月19日，泰国皇家海军情报局局长帕功中将访问文莱。两国海军开展双边合作，包括开展联合演习、人员互访和专业交流。

（二）重视与美国、日本等大国的关系

文莱与美国的关系。2015年1月30日，曾担任美国商务部国际贸易司负责亚洲和中国事务的副助理司长克莱格艾仁被任命为第12任美国驻文莱大使，2月7日到任后通过电视向文莱民众打招呼说，作为奥巴马总统的个人代表，他希望加强美国与文莱之间自1845年就开始的友谊。3月17日，美军太平洋司令部副司令占士帕斯夸雷特访问文莱，并派美国技术队协助文莱空军全面操作美国S70i直升机。11月6~10日，文莱与美国之间的第21次CARAT联合演习在文莱海军摩拉基地举行。作为美国主导的“跨太平洋战略经济伙伴关系协定”（TPP）创始会员国之一的文莱，在2015年积极参与此协定的相关活动，如参加2015年7月28~31日有TPP12个国家在美国夏威夷召开的部长级会议，2015年10月5日参加在美国佐治亚州亚特兰大举行的TPP部长会议。

文莱与日本的关系。日本是文莱的主要贸易伙伴国，是文莱油气的主要出口市场（占比27.5%），从日本进口占14.7%。10月24日，日本住友商事会社通过其子公司SCTSB和VAM在沙兰比加工业园兴建文莱首家油管螺纹切割工厂和供应链管理基地。

（三）文莱与中国的关系

2015年，文莱与中国在各个领域的交流与合作进一步发展。

据中国海关总署公布的统计数据，2015年中国与文莱双边贸易总额15.1亿美元，比上年下降22.2%。其中中国出口14.1亿美元，下降19.4%；进口1亿美元，下降47.4%。由于国际油价持续下跌，导致两国贸易总额比2014年大幅下降。

据中国商务部亚洲司的数据，2015年1~12月，中国对文莱的直接投资额959万美元，比上年增长46.4%。

两国文化和教育交流持续扩大。2015年，有多名文莱学生赴中国浙江大学等院校参访、求学。中国第2批志愿者到文莱大学协助教学。11月3~5日，第10届中国—东盟民间友好大会在文莱首都斯里巴加湾市举行，来自东盟各国及中国的民间友好组织、民间团体和商界代表出席，中国—东盟协会会长顾秀莲应邀率团参会。

11月3~5日，第10届中国—东盟民间友好大会在文莱斯里巴加湾举行。图为与会代表合影（百度网）

四、2016年展望

展望2016年，文莱政治社会将继续保持稳定，按照既定的对外政策进行外交活动；经济方面，文莱首相署第二财政部长哈芝阿都拉曼伊布拉欣于2016年3月8日在文莱第12届第1次立法会会议上宣布2016~2017年财政预算案时表示，预计2016~2017财年文

莱经济增速为2.3%,但能否达到这一增长率要看国际油价变动情况。 (马 静 马金案)

资料来源:

1. 马来西亚诗华日报新闻网
2. 中国驻文莱大使馆经济商务参赞处网站

柬埔寨:2015年发展回顾与2016年展望

2015年,柬埔寨政党间的斗争不断,在人民党和救国党的磋商机制——"对话文化"模式失效后,柬埔寨人民党仍能较好地掌控全局,这充分体现出人民党作为一个老牌政党的成熟。年内,柬埔寨经济虽受到不少因素的影响,但整体上仍能平稳发展。农业、制衣业、建筑业和旅游业依然是柬埔寨四大经济支柱。外交方面,柬埔寨继续加强与中国、美国、越南等国的合作与交流。

一、2015年柬埔寨政治

(一)执政党仍能掌控大局,但面临着挑战

1. 柬埔寨人民党、救国党"对话文化"磋商机制失效,桑兰西再度被迫流亡国外。在2013年柬埔寨大选后,救国党称人民党在大选中舞弊,要求重新举行大选。救国党未能如愿后开始抵制国会,并在同年年底发起"天天示威"活动。2014年8月5日,救国党主席和副主席带领该党的55名议员进入皇宫,向诺罗敦·西哈莫尼国王宣誓就任国会议员,这标志着该党大选后持续10个月之久的抵制国会行动结束,也正式开启人民党和救国党的磋商机制——"对话文化"模式。2014年8月,人民党和救国党达成"对话文化"的七项原则,包括以诚相待、互相尊重、停止言语攻击、停止威胁恐吓、消除仇恨思想、消除种族和裙带关系政治观念、在党内推行"对话文化"等。

2015年3月14日,联合国秘书长潘基文高度评价"对话文化",称其维护了柬埔寨政治稳定,使民众安居乐业。作为两党"对话文化"的创始人,洪森和桑兰西的态度在该机制的推动和运行过程中显得尤为重要。2015年7月11日晚,洪森夫妇及桑兰西夫妇及家人在金边金宝殿酒店聚餐,这次聚餐的合照被洪森和桑兰西的家人放到脸书上。这次聚餐受到柬埔寨舆论的高度赞誉,被视作"对话文化"进一步深化的结果。可惜好景不长,2015年10月,随着柬埔寨人民党和救国党之间政治斗争的加剧,各类示威抗议不断,两党2014年达成的"对话文化"开始失效。2015年10月,洪森出访纽约和巴黎时遭到反对党组织侨民示威抗议。10月26日,支持执政党的民众发动抗议金索卡的示威,并有两名反对党议员在此次示威中被打伤。10月30日,在救国党全体议员缺席的情况下,人民党68名议员一致表决撤销金索卡的国会第一副主席职位。此时,两党的"对话文化"磋商机制正式失效。

2015年11月13日,金边市初级法院发出通缉令,重翻7年前旧案,要将涉及"公开诽谤与煽动引发歧视罪"已被判两年徒刑的救国党主席桑兰西缉捕归案。通缉令称:桑兰西曾于2008年4月17日在金边市朗哥区朗哥分区发表不当言论,涉及公开诽谤与煽动引发歧视罪,遭到柬埔寨副首相兼外交与国际事务部部长贺南洪起诉。2011年,金边市初级法院宣判桑兰西上述罪名成立,判处两年有期徒刑和罚款800万瑞尔。而后,中级法院于2013年3月12日决定从中级法院撤出此案,但桑兰西还未执行所判徒刑。由于桑兰西尚未服刑,故指示司法机关将其缉捕归案,并送至内政部的监狱服刑。因此,2013年才获国王特赦回国参选的救国党主席桑兰西再度被迫流亡国外。

2. 柬越边境相关问题成为人民党软肋。柬埔寨人民党与邻国越南有着亲密关系,而这也成为救国党攻击人民党的一个靶子。救国党主席桑兰西常因激烈且直白地抨击柬埔寨和越南的相关问题,尤其是边界问题而受到执政党的指责。2009年,由于鼓动柬埔寨与越南交界的柴桢省农民拔除界碑,反对柬越勘界划线,时任桑兰西党主席的桑兰西被迫流亡法国。2013年,得到国王特赦回国参选的桑兰西率领其新成立的救国党在大选中取得出乎意料之外的55席,直逼人民党的68席。此后,救国党更加努力地推进柬埔寨的民主进程,对柬越边境的严重关切成为救国党工作的核心之一。救国党议员时常下乡调研,尤其是柬埔寨和越南的边境省份,救国党常向人民党抛出柬埔寨和越南边境所发生的亟待解决的问题,而人民党的回答总是有顾左右而言他之嫌,几次三番,柬越边境问题就成了救国党拿捏人民党的软肋。

继2015年4月初柬埔寨特本克蒙省棉末县庄乡曾村的数公顷柬埔寨农作物被越南人喷毒药破坏的事件后,2015年5月底,柬埔寨拉达那基里省与越南接壤的乌亚道波然乡龙村内发现越南人偷挖的8个水池。当地民众对越南人偷挖水池反应强烈。他们称,村民本来就想到现场看看具体的情况,但遭到柬埔寨边防军阻止。他们甚至还质疑柬埔寨边防军是否视而不见,还是故意让越南人在此挖掘水池。6月22日,救国党议员率工作组赴该边境地区视察,后积极督促政府向国际法庭提出诉讼。7月7~9日,柬越边界工作会议在柬埔寨召开后,越南方面已承诺填平在未划定边界线地区挖掘的水池,并同意暂停兴建军事哨所。

作为对柬越边境问题的回应,2015年9月8日,柬埔寨首相洪森通过国家电视台发表电视讲话,就柬越边界问题作出全面解释。10月9日,在柬埔寨内阁会议进入正题之前,首相府官员向每位内阁成员发放了洪森首相关于柬越边界问题电视讲话文本。洪森在内

阁会议上再次强调,地图核对工作的圆满结束表明执政党柬埔寨人民党没有弄丢国家领土或割让领土给邻国。洪森说,“这些资料不仅包括核对地图的相关信息,也包括柬埔寨领土的历史问题,让我们重新学习国家的历史”。洪森的讲话,表明执政党人民党维护国家主权和领土完整的坚定决心和清白行为。

3. 柬埔寨参议院主席、人民党主席人事变动。2015年6月8日,柬埔寨参议院主席、人民党主席谢辛亲王在柬埔寨首都金边因病逝世。6月9日,人民党中央常委兼秘书长赛冲当选柬埔寨参议院主席。6月20日,在人民党召开的中央委员会特别会议上,洪森当选人民党主席,苏庆和赛冲同时当选副主席。

(二)柬埔寨政府依托网络平台,加强信息化建设

在年轻一代领导人加入柬埔寨新一届政府及网络在柬埔寨不断普及的背景下,柬埔寨人民党开始注重网络平台建设,并加强政府各部门的信息化建设。2015年11月,柬埔寨海关和税务局设立官方网站,人民尤其是商人可方便查看关于税务的问题。12月22日,柬埔寨国家警察总署开始启用金边市道路交通监控系统,200个安装在金边主要街道红绿灯处的“电子眼”正式启用。

柬埔寨首相洪森官方脸书的建设卓有成效。2015年9月,洪森官方脸书的粉丝数量约有100万人,到2016年年初,粉丝数量已超过180万人。洪森在脸书上发表的任何消息几乎每分钟都有人点赞,并且点赞人数持续增加。脸书公司提供的数据显示,2015年10月底,在世界各国使用脸书的政府官员中,洪森的官方脸书排名第10位,到2016年1月12日,洪森的官方脸书排名已上升至第1位。

(三)柬埔寨政府工作更加务实、亲民

2015年,柬埔寨政府工作向务实、亲民方向发展。2015年10月31日,柬埔寨首相洪森签署的《柬埔寨王国政府公告》指出,由于持续干旱,河流水位过低,为集中力量应对旱灾,帮助有关省份的农民解决缺水耕种旱稻问题,决定取消原定11月24~26日在金边市举行的送水节活动,其他省市的送水节活动照常举行。洪森还表示,财政部将送水节的预备资金转用于购买柴油,以帮助农民抽水灌溉农田。2015年12月27日,柬埔寨副首相兼内政部部长苏庆主持位于金边市仙市区森隆分区的柬埔寨首间和尚疗养院奠基仪式,该工程将耗资百万美元,预计于2017年竣工。建成后可容纳200~300名贫苦无依和年老患病僧侣。据金边市市长介绍,该疗养院将具备完善的医疗设备,且卫生部将派医生负责驻守,以照顾入住的僧侣。柬埔寨宗教部的报告指出,截至2014年,柬埔寨全国有僧侣57000名。

二、2015年柬埔寨经济

2015年,柬埔寨经济发展稳中有升。农业、制衣业、建筑业和旅游业依然是柬埔寨的四大经济支柱。

(一)经济发展成本上行压力增大

自2013年年底救国党领导的“天天示威”活动以来,柬埔寨各类工会陆续罢工要求涨薪和改善工人待遇。2014~2015年,人民党和救国党之间的斗争不断。这些因素都使得投资商对柬埔寨投资环境的安全性开始产生怀疑,加之柬埔寨在2014年年底通过从2015年开始大幅度上调最低工资的新政策,规定工人最低的综合月工资为147.5美元,约为2013年的两倍,劳动密集型产业投资商的成本增加,而全球金融环境不理想,欧盟和美国这两个柬埔寨制衣业的重要出口市场相继大为压低收购价,使得劳动密集型产业投资商的利润空间大为缩减,令不少投资者萌生退意,为柬埔寨劳动密集型产业的发展埋下隐患。

由于2014年各类工厂罢工频出,导致当年的部分订单推迟,而这些被推迟的订单则为2015年制衣业、制鞋业的出口总额作出了贡献。据柬埔寨国家银行报告称,2015年1~10月,柬埔寨服装出口总额49.44亿美元,比上年同期增长10.11%;鞋类出口总额4.82亿美元,增长44.3%。欧盟仍然是柬埔寨重要的成衣出口市场,2015年柬埔寨以多出0.19%的微弱市场占有率替代越南,成为欧盟第五大进口服装供应商,出口服装占欧盟市场的3.64%。由于柬埔寨工人工资比越南高,但出口的服装单价却比越南低,所以,相同条件下柬埔寨投资商的收入就比越南投资商低。占柬埔寨国内生产总值四成的制衣业和制鞋业为柬埔寨提供约

柬埔寨国家警察总署介绍,在中国公安部的协助下,柬埔寨各地安装“电子眼”行动于2015年7月13日开始实施,图为安装施工现场　(百度网)

66万个就业机会。

（二）农业收成略减，发展受限

柬埔寨农业部发布的数据显示，2015年柬埔寨稻谷总产量922.7万吨，比2014年减少约1%，这是柬埔寨稻谷产量第二年连续下降。2015年柬埔寨大米出口量53.84万吨，比上年增长近四成。中国是柬埔寨大米的最大出口市场，约占出口总量的20%；随后依次为法国占14%、波兰和马来西亚均占11%。

柬埔寨是农业国，农业的发展于国于民都至关重要。虽然近年来中国为柬埔寨的现代农业发展提供了各种支持和帮助，但是由于受灌溉系统不完善、投资条件差、市场不成熟、电费昂贵等多种因素的制约，柬埔寨现代农业水平依然不高，农业发展受到诸多限制。

（三）建筑业和旅游业在经济增长中表现出色

建筑业方面。据柬埔寨国土规划和建设部报告，2015年该部批准的建筑项目共2305个，面积768.61万平方米，投资金额33.38亿美元，比上年增长33.14%。

旅游业方面。2015年，柬埔寨共吸引外国游客480万人次，比上年增长6.1%，其中75%来自亚太地区（东盟占44.3%），18.2%来自欧洲，7.2%来自美国，其余来自非洲及其他国家，旅游外汇收入32亿美元。越南仍然是柬埔寨最大的游客来源国。蓬勃发展的旅游业为柬埔寨带来可观的外汇收入，也为当地人提供就业岗位和商机；据统计，柬埔寨旅游业共提供62万个就业机会，其中女性员工占60%。柬埔寨旅游部重点推出的新项目——农业乡村游，有望成为未来旅游业新的增长点。年内，柬埔寨金边、暹粒和西哈努克港三大机场共接待旅客647万人次，比上年增长12.9%。

（四）国家总税收增加

柬埔寨国家税务总局公布的数据显示，2015年柬埔寨国家总税收12.99亿美元，比上年增长21.76%。其中，盈利税增长27.2%，工资税增长19.6%，特别税增长16.3%。

（五）投资建设亚洲基础设施投资银行

2015年10月9日，柬埔寨首相洪森主持召开内阁会议，审议并通过《建设亚洲基础设施投资银行协议》。首相府国务秘书兼发言人派西潘会后在脸书上发布，柬埔寨将投入6230万美元购买623股，占亚洲基础设施投资银行总股权的0.0635%。他指出，根据协议，柬埔寨将在第一阶段先投入20%，为1246万美元，其余金额在10年内分阶段投入。派西潘表示，投资建设亚洲基础设施投资银行，将为柬埔寨创造中期和长期的财政新来源。

三、2015年柬埔寨外交

对柬埔寨执政党而言，2015年内忧不断，争取更多的外部支持就成为人民党的一项重要工作任务。中国、美国和越南仍然是柬埔寨的主要外交对象国。

（一）柬埔寨与中国高层互访频繁

2015年，柬埔寨与中国高层互访频繁，两国合作领域不断拓宽，中国依然是柬埔寨最大的援助国和外资来源国。4月17日，中国全国政协主席俞正声在北京钓鱼台国宾馆会见柬埔寨国王西哈莫尼和太后莫尼列；18日，柬埔寨首相洪森在金边会见到访的中国国务委员郭声琨；23日，中国国家主席习近平在雅加达会见柬埔寨首相洪森；8月31日，中国国家主席习近平在北京会见柬埔寨国王西哈莫尼；11月6日，柬埔寨首相洪森和柬埔寨副首相兼国防部部长狄班分别在金边会见到访的中国国务委员兼国防部部长常万全，双方签署《柬埔寨国防部与中国国防部合作协议》。

（二）柬埔寨与美国关系微妙

2015年，美国对柬埔寨的关注程度有所提升。3月21日，美国第一夫人米歇尔·拉沃恩·奥巴马以“女孩教育”为主题对柬埔寨进行访问，这是美国现任总统夫人首次访问柬埔寨。柬埔寨外交与国际合作部发表文告表示，米歇尔的到访主题体现美国在教育等领域对柬埔寨的重视和支持。

除第一夫人到访外，2015年柬埔寨和美国的交往核心仍在军事方面。11月15日，美国保卫者号USNS－Safeguard（T－ARS－50）和自由级濒海战斗舰沃斯堡号USS Fort Worth（LCS－3）两艘海军舰艇停泊在柬埔寨西哈努克港港口。停泊期间，柬埔寨和美国海军联合举行海上战备与训练联合演习，并一起进行海上治安巡航。

此外，美国非常关心柬埔寨救国党的发展，多数到柬埔寨访问的美国政要在常规的政府会见后都会另外与救国党的相关党员进行座谈。美国此举引起柬埔寨执政党的不满。2015年1月27日，柬埔寨外交部国务秘书屋波烈在金边会见到访的美国总统东亚事务特别助理丹尼尔·拉塞尔，双方就两国合作进行交流。在会谈中，丹尼尔·拉塞尔竟然提问柬埔寨政治问题，并要求柬埔寨当局解释为何逮捕及控制救国党成员，并询问逮捕他们是否会对柬埔寨社会造成负面影响。屋波烈在听取丹尼尔·拉塞尔提出的问题后说，柬埔寨是一个独立国家，拥有自己的主权，不应受到外国干涉。

（三）柬埔寨继续加强与越南的关系

2015年，柬埔寨深化与邻国越南的各项合作。1月16日，柬埔寨副首相兼内政部部长苏庆和越南中央政治局委员、公安部部长陈大光在金边举行会谈并签署《2015年柬埔寨内政部和越南公安部合作计划》。该合作计划包括：（1）加强公共安全领域合作，把两国边境地区建设成为和平、友好、稳定与繁荣的地区；（2）加强打击跨境犯罪合作，确保两国社会稳定和安宁；（3）增进两国部门官员互访活动；（4）越南继续支持柬埔寨的人才培训，2015年的公共安全领域人才培训计划为600人；（5）越南公安部为柬埔寨—越南公共安全友谊学校提供技术设备方面的支持。1 月 17 日，柬埔寨副首相兼内政部部长苏庆和越共中央政治局委员、公安部部长陈大光出席柬埔寨实居省柬埔寨—越南公共安全友谊学校建成剪彩仪式。4 月 8 日，越南通讯社社长阮德利在河内越南国家通讯中心总部与柬埔寨新闻社社长宋蒙尼莫举行会谈。阮德利高度评价柬新社同越通社之间的合作，并建议柬新社和越通社继续加强合作和交换有关反映两国关系以及越柬两国传统友好之情的信息。

越南对柬埔寨的军事援助逐年增多。2015 年 3 月初，由越南援建的柬埔寨坦克、装甲车修理厂在柬埔寨马德望省落成并投入运营。该修理厂投入运营之后将协助柬埔寨逐步克服军事武器和设备维护、修理工作中的困难，提高柬埔寨王家军队的训练和战备能力等。2015 年 3 月 23 日，由越南援建的位于柬埔寨磅湛省的德知工兵学校办公楼举行落成仪式。该学校是柬埔寨首个具备条件为柬埔寨王家军工兵司令部培训正规军官和技术兵的学校。

四、2016 年展望

2016 年，柬埔寨政局不会出现大的改变，人民党仍能把握全局。鉴于救国党主席桑兰西流亡海外以及救国党副主席金索卡被免去国会第一副主席职位，救国党支持者可能会继续发声支持，甚至以行动支持。在总体政局稳定的情况下，柬埔寨经济发展虽面临不少挑战，但基本能维持 7% 左右的增速。对于人民党而言，更为务实与亲民的改革应当成为未来努力的方向。2016 年是人民党的“关键年”，该党必须对过去一年所展开的各项改革工作进行检讨，以适当调整党的策略和方针，配合政府进一步发展国家经济，提高人民生活水平。（梁　薇）

资料来源

①柬埔寨《柬华日报》

②柬埔寨《金边晚报》

③凤凰网

印度尼西亚：2015 年发展回顾与 2016 年展望

2015 年，印度尼西亚的政治与社会形势稳定，新内阁执政环境好转，与此同时恐怖主义威胁形势严峻。多项经济指标不如预期，但政府的改革措施为长远发展奠定了基础。印度尼西亚外交继续奉行独立自主的原则，维护主权及国民利益的外交举措果断。

一、2015 年印度尼西亚政治与社会

随着 2014 年大选造成的政治对立趋向缓和，印度尼西亚的政治与社会形势总体可以用“平稳”来形容，但稳定的大势下仍时有波澜。

（一）佐科总统通过首年执政考验

印度尼西亚国会中的红白联盟和辉煌印度尼西亚联盟曾在多个重要议题上针锋相对，尤其是前者的强势令印度尼西亚政局一度充满不确定性。然而，双方力量对比在 2015 年出现戏剧性的变化。因临时利益而聚合的红白联盟式微甚至有瓦解之势。继建立团结党之后，专业集团党也陷入内斗并一分为二，阿贡·拉克索诺领导的一派倒向佐科总统。2015 年 9 月，国家使命党易帜加入辉煌印度尼西亚联盟，以致形势逆转，佐科一方在国会中成为多数派。在多重打击和佐科总统的竭力整合之下，红白联盟不再咄咄逼人，两个阵营看似不可调和的紧张关系出现转机，佐科总统施政迎来相对有利的政治环境。

这位新总统所受掣肘恰是来自他所在的民主斗争党，特别是党魁梅加瓦蒂。梅加瓦蒂的亲信、警察总监布迪年初获提名为印度尼西亚警察总长，有分析认为佐科总统此举实属无奈。布迪就任前被反贪委员会列为贪污嫌犯，这就再次引爆警方与反贪委员会的冲突，佐科总统随后撤销对布迪的委任。事件发生后，梅加瓦蒂在全国党代会上强调“总统来自政党，当然要执行党的政策”。尽管受到巨大压力并被认为时有妥协，但佐科总统执政仍显示出极强的独立性与特有的风格。

佐科总统雄心勃勃地实施新的治国方略，不少施政理念和做法让人印象深刻。他以身作则，在印度尼西亚官场掀起“头脑风暴”，要求官员们诚实、勤奋、善于合作。其工作内阁各部长以专业人士为主，候选人均经反贪委员会“把关”。2015 年 8 月内阁重组，统筹部部长、商务部部长、内阁秘书长等不适合担任现职的官员受到撤换。反贪机构的建设得到加强，成立专门机构负责甄选反贪委员会领导人，组建该组织新的领导层。此外，印度尼西亚新政府还出台多项帮扶弱势群体的措施，如通过发放印度尼西亚智能卡资助 1900 万名贫困学生，为特定群体发行健康和福利卡、提供人民企业贷款和修建廉租房，均赢得好评。印度尼西亚政府还采取前所未有的果敢行动，打击外国渔船在印度尼西亚境内非法捕鱼，坚决判处毒犯死刑，解散在石油贸易中造成国家重大损失的石油能源贸易有限公司以及从美国自由港公司手中收回 60% 的铜金矿开采权。

与此同时，政治和社会波澜挑战着佐科总统的声誉和驾驭形势的能力。2015 年 11 月，一份谈话录音显示，印度尼西亚国会议长塞特亚以总统佐科和副总统卡拉的名义，以延长经营许可证为条件向美国自由港公司印度尼西亚子公司索要 20% 的股份。佐科和卡拉均否认索贿且要求公开彻查。印度尼西亚国会道德委员会查证认为塞特亚违反国会高层道德准则，这

起年度最大的政治丑闻以塞特亚的辞职划上句号。佐科总统对自己的清廉形象非常自信,应对此类突发事件可能不太困难,但在另一些积重难返的问题上却陷入被动,显得有些无能为力,常年持续、不断恶化的烟霾问题就是其中之一。2015 年苏门答腊、加里曼丹等地烧芭引发的烟霾为历年之甚,令印度尼西亚经济受损达 40 亿美元,新加坡、马来西亚甚至泰国等邻国亦深受其苦、颇有微词。印度尼西亚政府低估了问题的严重性,一度拒绝国际援助,提出的解决方案又因各方利益纠葛而得不到落实,解决问题的能力和政治意愿受到质疑。

应该说,佐科总统治理下的印度尼西亚经济基础更牢固,国际影响力增加,作为区域大国的自信得以恢复。2015 年 10 月,佐科总统执政满一年之际,印度尼西亚《罗盘报》等主流媒体用较大篇幅盘点和肯定其政绩。不过,媒体的观点与民意调查结果不尽一致,据调查机构“晴雨表”的数据,佐科总统的支持率已跌至 46%。原因在于公众与媒体的评判角度不尽相同。“人气总统”佐科肩负着公众过高的期望,但却遭遇可能是 1997 年以来最严峻的经济不景气挑战。印度尼西亚政府不断出招,然而改革政策多着眼长远,立竿见影的效应不甚明显。印度尼西亚盾币值下跌、物价上涨形成的痛苦体验,使一些民众的支持热情消磨殆尽。

(二)试行地方行政首脑同期选举

在区域自治的语境下,印度尼西亚地方政治精彩纷呈,2015 年的最大焦点是地方首长选举办法的改革。印度尼西亚地方行政首脑曾由当地议会选举产生,2004 年后采取选民一人一票直选的方式。然而,印度尼西亚的省、市、县多达 542 个,各地自行决定选举时间,导致相关组织工作重复低效、财政资金耗费过大。还有的候选人利用制度漏洞,在一地落选后立即易地参选,广受舆论诟病。2015 年,印度尼西亚通过立法,明确各地同期选举的制度设计。

由于现任地方首长当选时间有先后而任期是固定的,地方选举的统一实施工作只能逐步开展,预计到 2027 年才能实现各地无差别的同步选举。作为计划的第一阶段,2015 年及 2016 年上半年届满的地方首长均安排在 2015 年 12 月 9 日改选,涉及 8 个省、34 个市和 222 个县,覆盖印度尼西亚除雅加达和亚齐之外的所有省份。印度尼西亚全国选举委员会的资料显示,共有 630 对搭档参与角逐,登记选民超过 1 亿。贿选传闻仍不时见诸报端,所幸选举波澜不惊,结果大都得到认可。

(三)多管齐下,高压反恐

印度尼西亚近几年没有出现严重的族群、宗教和利益集团冲突,警方通报的 2015 年群体冲突事件仅 53 起,低于 2014 年(65 起)和 2013 年(136 起)。对社会稳定最大的威胁来自恐怖主义组织。在印度尼西亚军警的持续高压下,印度尼西亚恐怖主义组织本已四分五裂、不成气候,而伊斯兰国组织的迅速扩散和渗透给这些组织注入了强心剂,使得印度尼西亚面临的威胁变得格外严峻。

有 9 个团体被定性为印度尼西亚恐怖主义组织,包括东印度尼西亚圣战者、佐多民兵营、安沙索拉祈祷团等,至少有两个已归入伊斯兰国组织麾下。危险性最大的东印度尼西亚圣战者由印度尼西亚头号通缉犯山多索领导,此人自称伊斯兰国在印度尼西亚的首领,率 40 余众在中苏拉威西的深山中与军警周旋。更令人担忧的是,印度尼西亚政府估计已有 384 名印度尼西亚人出境加入伊斯兰国组织,其中 46 名在叙利亚和伊拉克作战的“圣战士”已回到印度尼西亚。

印度尼西亚警方“88 反恐特遣队”一年来在爪哇、苏拉威西多地发起突袭,逮捕 10 多名涉恐嫌犯。印度尼西亚在加大打击力度的同时,多渠道防控遏制恐怖主义蔓延:一是堵,包括撤销涉恐分子的护照,禁止其回到印度尼西亚,加强对新媒体涉恐宣传信息的管控,切断恐怖主义组织的资金来源。国际反洗钱金融行动小组已将印度尼西亚从打击恐怖资金渠道不力的国家黑名单中移除。二是防,动用 15 万名警察加强对各地重要目标的保护。三是导,对欲投奔伊斯兰国但被土耳其遣返的穆斯林妇女儿童加以帮扶和教育,引导其放弃极端思想;发挥主流伊斯兰组织的影响力,开展反恐宣传。四是密切与美国、澳大利亚等国的情报合作。这些举措降低了印度尼西亚发生造成严重人员伤亡的恐怖袭击事件的可能性,使得恐怖分子只能实施小规模、以报复军警和制造恐怖气氛为目的的恐袭。

二、2015 年印度尼西亚经济

2015 年,印度尼西亚经济呈现疲态,大部分经济指标不如预期。印度尼西亚政府推出的一系列应对政策对增强经济发展后劲有积极意义,也为被阴云笼罩的经济形势抹上些许亮色。

(一)经济内外交困,增长低迷

印度尼西亚经济增长首先受到外部环境的拖累,投资者对包括印度尼西亚在内的新兴市场的资产需求受到抑制,全球经济增长放缓及大宗商品价格下跌使印度尼西亚出口乏力。从内部看,经济结构性问题积重难返,资源驱动型的发展模式长期得不到根本改变,而落后的基础设施、多变的政策以及严重的贪腐又影响着印度尼西亚对投资者的吸引力。2015 年第二季度,印度尼西亚国内生产总值比上年同期增长 4.67%,创下 6 年来新低。2015 年 9 月底,印度尼西亚盾汇率为 14700 盾:1美元,为 1998 年亚洲金融危机以来的最低值。2015 年第四季度情况略有好转,印度尼西亚盾汇率比上年同期上扬 5.88%,政府支出增长 6.37%,税收达到 439.39 万亿盾,而 2014 年同期仅

336.3万亿盾。

印度尼西亚全年经济增长4.79%，与原定5.7%的目标差距较大，也创下2009年以来的最低纪录。在推动经济增长的诸要素中，做出最大贡献的仍然是民间消费和政府支出。全年通货膨胀率为3.1%，印度尼西亚盾兑美元汇率为13392∶1。

印度尼西亚政府把当前阶段定位为经济过渡和转型期。2015年上半年政策强调落实扶持资金，提高民众购买力，加快政府预算执行进度以及加紧进行基础设施建设。大手笔之一是通过预算修正案把原定276万亿盾（约合212亿美元）的燃油补贴削减70%，节约的资金投入保障民生、乡村建设、海洋运输和信息系统建设。2015年9～12月，8轮经济振兴方案密集出台，涉及税收优惠、简化监管制度、放宽对外资限制、最低工资制度改革、电费和油价等经济运行的方方面面，用意除了扭转经济滑坡势头，更重要的是努力夯实基础、促进经济转型。其中包括简化134项政府条例，以商业领域为例，有35.5%的准证审批规定被撤销。也有一些措施引起争议，例如主要以GDP增长和通胀率确定每年最低工资标准的规定引发工人大规模抗议，但政府仍强力推行。这些政策的中长期效应可能会在2016年第二季度后逐步显现。

（二）基础设施建设全面铺开

加大基础设施建设力度已成突破印度尼西亚经济发展瓶颈的关键，是佐科政府重要的施政目标。《2015～2019年中期建设发展规划》为未来数年印度尼西亚的基础设施建设勾画出宏伟蓝图，一批重大项目在2015年奠基或动工。水坝项目方面，按照中期规划5年内应建设49座大坝，2015年年内已开工13座。交通基础设施方面，贯穿爪哇岛的双轨铁路、雅加达MRT南北线隧道、贯穿苏门答腊岛的高速公路、深水港及机场新建改建等工程全面铺开，预计2019年前大部分项目完工，届时仅爪哇岛双轨铁路就能将目前该岛铁路运力提高3倍。能源基础设施方面，爪哇岛和苏拉威西8座水电站动工或签署购电合同，这是5年内兴建3.5万兆瓦发电站工程计划的开端。

由于缺乏资金及征地难，印度尼西亚过去的基础设施建设工程往往雷声大、雨点小，施工进度很慢，工期延长现象多见，例如梭罗高速公路工程已停工10年，贾迪哥德水库项目竟弃置了50年。2015年，印度尼西亚新政引来大量投资，上半年基础建设实际投资额53亿美元，征地问题取得突破，这些工程纷纷重启。佐科政府在基础设施项目的布局上，改变以往的“爪哇中心主义”，推动各岛均衡发展，在建的217条公路中有208条在外岛，16个港口项目中的13个在外岛。这些项目能有效解决就业和贫困问题，直接助益民生，地方的配合度颇高。

（三）投资增速较快

2015年，印度尼西亚实际落实投资额约420亿美元，是原定目标的105%，比上年增长17.8%，含国内投资138亿美元（增长15%）、国外投资282亿美元（增长19.2%）。协议投资额1425亿美元，其中国内协议投资额增速达到89%，说明国内投资者对经济前景抱有很强的信心。外国资本亦然，虽然印度尼西亚仅列全球投资便利度第114名，但其丰富的自然、人力资源以及巨大的市场潜力吸引着外国投资者纷至沓来。政府也表现出前所未有的改善投资环境的坚定决心，例如把审批投资许可的时间从8天缩减到3个小时。据统计，2015年流向东盟的外资中有31%进入印度尼西亚。排名前10位的投资来源地对印度尼西亚协议投资为633亿美元，比上年增长40%。中国、日本、韩国、新加坡是印度尼西亚吸引投资的主要对象，中国对印度尼西亚协议投资额达222亿美元，位居各国之首。

从行业领域看，资本投入较多的是劳动密集型行业，比上年增长274%，之后依次是基础设施（增长226%）、农业（增长159%）、旅游（增长93%）、进口替代及矿产下游行业（增长53%）、出口导向工业（增长6%），投资唯一下降的是海洋渔业，同比降幅为54%。

印度尼西亚巴厘岛的海上高速公路 （百度网）

（四）向粮食自给自足方向迈进

印度尼西亚提出到2017年实现以大米为主的粮食自给自足的目标，考虑到粮食耕地面积有限和基础设施落后等因素，这无疑是一项艰巨的任务。印度尼西亚提高农业生产综合能力有如下主要举措：兴修水库等设施,完善灌溉系统;确保耕地面积,禁止各地将耕地转作非农业用地,并启动在苏拉威西、巴布亚、东努沙登加拉等地开垦100万公顷田地的计划;为农民提供良种、小额贷款和耕种技术的支持。

印度尼西亚的官方数据显示,2015年印度尼西亚稻谷产量7490万吨,可加工成大米4361万吨,比上年增长5.8%。以国内年均消费大米3335万吨计,尚有超过1000万吨大米富余。有媒体引述农业专家观点表示质疑,认为印度尼西亚农业耕地近年实际上不断受到挤压,面积每年缩减6万~10万公顷,加上厄尔尼诺现象造成的严重干旱影响,产量不可能如此之高。美国农业部分析认为,印度尼西亚2015年大米产量可能只有3556万吨。其他主要粮食作物收成情况是:玉米获丰收,产量1300万吨,但仍需进口300万吨;大豆产量98万吨,比上年微升2.9%,进口150万吨。这些供给缺口显示,印度尼西亚实现粮食自给自足尚需时日。

三、2015年印度尼西亚外交

佐科政府所确定的未来5年印度尼西亚外交重点是维护国家主权,保护海外公民和企业利益,大力推行经济外交以及增强印度尼西亚在地区和国际事务中的话语权。2015年,印度尼西亚外交正是以这些重点工作为目标指向。同时,在自主积极的外交理念指导下,印度尼西亚与美国、日本、中国等大国的关系保持平衡发展。

(一)维护国家主权和领土完整

打击外国渔船非法捕鱼、严惩跨国毒贩让国内外舆论对佐科总统的执政风格留下深刻印象。印度尼西亚政府还开展所谓的“边界外交”,希望尽快厘清与邻国的领土、领海纠纷。按照既定路线图,印度尼西亚加速或重启与相关国家的边界磋商,2015年举行25次边界问题会晤,包括与6个邻国的海上边界磋商和与3个邻国的陆地边界会商。取得的积极进展是,印度尼西亚与东帝汶的陆地边界已基本划定,与菲律宾就专属经济区边界线达成共识,与新加坡签订《新加坡海峡东部领海划界协议》。印度尼西亚与马来西亚马海上边界问题谈判未获实质性成果,但两国同意派出特使,努力加快解决进程。

(二)完善海外公民权益保护体系

该体系内容有设立向海外公民群发短信机制、开通使领馆24小时热线、制订海外公民归国服务标准与程序、大规模培训领保人员等。2015年,印度尼西亚的海外侨民信息数据库建成并与劳工保护与安置数据库整合,为掌握其430万海外侨民的情况和及时提供保护创造便利条件。印度尼西亚2015年从动荡地区共撤回4830名本国公民,验证了领保体系和快速救助机制的有效性。从也门一次性撤侨人数最多,达2393人,成为印度尼西亚建国以来最大的一次撤侨行动。

(三)推行经济外交

印度尼西亚加大对外宣传推介本国发展资源的力度,整合外交手段促进投资、贸易、旅游便利化,使外交直接或间接地为“有竞争力的印度尼西亚经济”建设服务。在双边或多边框架下,印度尼西亚2015年参加的经济伙伴协议谈判达37场,含印(尼)日经济伙伴协议、东盟—中国香港自由贸易协定、东盟—韩国自由贸易协定等。印度尼西亚与韩国、欧盟的全面经济伙伴关系协定谈判已经启动。非传统出口市场开发力度不减,成效显著。例如,2015年印度尼西亚对巴布亚新几内亚的出口额比上年增长32%,对安哥拉出口额增长57%。佐科总统特别指定高官任重要投资国的联络官员,以高效解决外国投资遇到的障碍。为提高旅游吸引力,印度尼西亚对75个国家的游客实行免签政策。2015年,到印度尼西亚旅游的外国游客1041万人次,比上年增加100万人次。

(四)发挥地区和国际影响力

印度尼西亚继续扮演东盟领头羊的角色,致力于维护东盟成员国团结,促进和平和解及推动一体化进程。经印度尼西亚倡议与推动,东盟秘书处的作用得到强化,东盟内部的对话机制向集约高效的方向改革。在东亚合作方面,印度尼西亚与中国共同提议东亚峰会通过《海洋合作声明》。在南太平洋,印度尼西亚以共同的美拉尼西亚文化为桥梁,拉近与相关国家的距离。现在印度尼西亚在美拉尼西亚先锋集团中的身份已从观察员国升格为准会员国,并在太平洋岛国论坛和太平洋岛国发展论坛中表现活跃。

人道、反恐、维和、气候变化等都是印度尼西亚较为积极参与的全球事务,印度尼西亚政府希望籍此打造出一个愿意为解决人类共同挑战承担责任的国家形象。人道主义援助方面,印度尼西亚接受来自孟加拉和缅甸的罗兴亚难民1800余人,为解决难民问题展开马拉松式外交。在打击极端主义和恐怖主义方面,印度尼西亚利用其在伊斯兰国家中的影响力,倡议成立伊斯兰会议组织和平与冲突解决小组,主办第4届伊斯兰学者国际会议、全球反恐论坛,与塞尔维亚、荷兰、德国和澳大利亚进行不同信仰间的对话。维和行动方面,2015年印度尼西亚共派出2840人,比上年的1837人有较大幅度增长。2015年7月,亚太区域维和会议在雅加达召开。气候变化方面,印度尼西亚承诺2030年前实现二氧化碳排放减少29%。

据统计,2015年印度尼西亚与外国签署158项政府间协议。印度尼西亚总统佐科全年参加双边和多边会晤64次,外交部部长、副部长级别的会晤多达201次。这从一个侧面反映印度尼西亚影响力的提升。不少会晤是由印度尼西亚发起或主办的,东盟秘书处网站为此刊文把雅加达称为“东盟外交之都”。截至

2015 年年底,已经有 250 个国家和国际组织在印度尼西亚首都雅加达设立代表处。

(五)与美国、日本、中国关系的新进展

1. 印度尼西亚与美国的关系。2015 年,印度尼西亚与美国关系的最大事件是佐科总统对美国的访问。虽然国内严重的烟霾问题使佐科总统缩短行程,但这并不影响此次访问本身的重要性。这是近 10 年来印度尼西亚总统首次访问美国,明显提升了两国关系的热度。佐科与奥巴马探讨宗教、反恐、投资、防务等多方面的交流与合作,如愿从美国带回 200 亿美元的投资大单。更重要的是,印度尼西亚正式表态有意加入跨太平洋伙伴关系协定(TPP),并称将强化两国的战略合作伙伴关系。对于美国而言,无论是经济潜力还是地缘政治,印度尼西亚都是其在亚太分量越来越重的"关键战略伙伴",加强两国关系是美国战略重心向亚太转移计划的一部分。

2. 印度尼西亚与日本的关系。印度尼西亚与日本双边商贸、投资、政治、人文等方面的合作交流密切。这种关系从印度尼西亚高达 87 万的日语学习者数量上即可见一斑。2015 年,佐科与安倍在日本、土耳其和马来西亚三度会面,机场、港口、铁路、公路、电站等基础设施建设合作成为双方的会谈重点。日本是印度尼西亚第二大投资来源地,对印度尼西亚基础设施投资额为 7 亿美元,协议投资额为 46 亿美元。在政治经济关系更加热络的同时,双方防务合作也在升温,内容包括开展联合军演及军事技术交流等。

3. 印度尼西亚与中国的关系。如中国驻印度尼西亚大使谢峰所说,中国与印度尼西亚关系正迎来历史最好时期,面临历史性发展机遇。在中国与印度尼西亚建交 65 周年之际,两国全面战略伙伴关系保持强劲发展势头。2015 年 3 月,佐科总统访问中国并出席博鳌亚洲论坛 2015 年年会,中国国家主席习近平时隔一年半再访印度尼西亚出席亚非领导人会议和万隆会议 60 周年纪念活动。中国与印度尼西亚副总理级高层经济对话机制启动,副总理级人文交流机制建立。高层互动和相关机制的建立与完善,使双方的战略构想、发展规划进一步契合相通,引领着两国相关领域的务实合作。在经贸领域,两国贸易额增长受制于经济大势。据中国商务部提供的数据,2015 年,中国与印度尼西亚贸易总额为 542.3 亿美元,比上年下降 14.7%。但中国仍是印度尼西亚非油气产品第一大贸易伙伴。投资合作效果显著,中国对印度尼西亚投资激增47%,全年达13.28 亿美元,雅万高铁项目创造双方务实合作的新纪录,成为中国与印度尼西亚开展互利合作的成功范例。人文交流开创新篇章,两国文化、教育、青年、学术、媒体、宗教、旅游等交流蓬勃发展。特别是在旅游领域,由于印度尼西亚对中国游客实行免签政策并加大宣传力度,2015 年到访印度尼西亚的中国游客达 112 万人次,为历年新高。

四、2016 年展望

印度尼西亚总统佐科表现出的驾驭政局能力减少了外界对他缺少政治资源和治理国家经验不足的质疑。2016 年,印度尼西亚局势将继续保持总体上的稳定,对政治和社会最大的威胁还是恐怖主义。佐科经济团队的改革措施将释放和激发更多的发展潜力,并吸引外资加速注入。印度尼西亚经济历经接连数年下探之后,有望在外围环境改善不明显的情况下迎来转折。世界银行、国际货币基金组织、印度尼西亚政府等对印度尼西亚经济增长的预测大致在 5.2% ~5.5% 之间,比2015 年的增幅高出一些。外交方面,可以预见,印度尼西亚作为地区大国的形象将进一步树立。

(杨晓强　杨君楚)

资料来源:

1. 印度尼西亚《国际日报》
2. 印度尼西亚外交部网站
3. 印度尼西亚中央统计局网站
3. 印度尼西亚安塔拉通讯社
4. 印度尼西亚《罗盘报》
5. 印度尼西亚《独立之声报》
6. 印度尼西亚《雅加达邮报》

老挝:2015 年发展回顾与 2016 年展望

2015 年是老挝"七五"计划收官之年。政治上,完成了省部级党委班子换届;经济增长 7.5%。年底,加入东盟经济共同体。展望 2016 年,老挝人民革命党将召开"十大"并选举产生新一届中央委员会,作为东盟轮值主席国将主办东盟第 28 次和第 29 次峰会等系列会议。

一、老挝人民革命党完成省部级党委班子选举换届,为"十大"召开做准备

2015 年,老挝政治方面的主要大事及特点有:

一是完成省部级党委班子选举换届工作,为 2016 年 1 月召开老挝人民革命党(以下简称老党)"十大"预做准备。全国 18 个省(市)、政府 18 个部以及中央相关机构均进行党委班子换届。13 个部和 14 个省的党委书记为新当选,是老挝人民革命党历史上省部级重要人事调整幅度最大的一次,预示着"十大"中央委员会将出现许多新面孔。

二是老挝人民革命党分别召开九届十中(5 月 11 ~26 日)和十一中(11 月 9 ~16 日)全会。十中全会对老挝人民革命党中央委员一年来履职情况以及党的领导工作进行总结,对 2014 ~2015 年年度经济社会发

展情况、上半年预算和货币计划执行情况进行研究,提出下半年及2015~2016年年度工作方针。对"十大"政治报告(草案)和党章(修订)、宪法修订、"八五"(2016~2020年)经济社会发展计划、10年(2015~2025年)经济社会发展战略以及至2030年远景规划进行讨论并提出修改意见。十一中全会对2015年以来省部级党委选举换届工作、"三建"试点(三建系指老挝人民革命党中央政治局2012年2月15日颁布政治局第3号"关于将省建设成为战略单位、将县建设成为全面坚强单位和将村建设为发展单位的决议")和爱国发展运动进行总结并提出下一步的指导方针,对"十大"中央委员会候选人名单进行初步研究。

三是七届国会分别召开九次(7月1~21日)和十次(12月7~25日)会议。九次会议听取并审议政府关于组织执行经济社会发展计划的工作报告、国家预算计划、2014~2015年年度货币政策执行情况及2015~2016年年度方针计划;根据总理提议任命7名新部长;审议通过国家审计署、人民法院和人民检察院2014~2015年年度工作报告;批准《预防和打击计算机犯罪法(草案)》《经营竞争法》和《教育法(修订)》,同时征求对《国会法(修订)》《省级人民议会法》及《国会和省级人民议员选举法(修订)》意见。十次会议审议通过宪法修正案、《省级人民议会法》《反人口拐卖法》《国防法》《干部公务员法》和《地方管理法》等11部法律,会议还听取国会常委会关于七届国会5年来工作的总结报告、八届国会议员和省级人民议员选举筹备工作的报告、政府关于卫星和老中铁路建设项目情况的报告、"三建"试点工作报告以及在2015年年底参加东盟经济共同体报告等。

四是老挝国家主席2015年12月15日发布主席令开始实施《宪法》(2015年修订版)。新修订宪法较2003年版宪法由11章98条增至14章119条,主要增加省级议会、国家审计署和国家选举委员会3章并增加21条新条款。年内,还颁布实施《打击洗钱及向恐怖主义提供资金法》《关于含酒精饮料管理法》《反对和预防暴力侵害妇女和儿童法》《治疗法(修订)》《增值税法(修订)》和《外汇管理法》等。

五是隆重庆祝建国40周年。老挝人民革命党和政府2015年12月2日在首都万象塔銮广场举行盛大阅兵和群众游行活动。老挝人民革命党中央总书记、国家主席朱马里主持庆典,老挝党政领导、各国驻老挝使节、国际机构代表、老挝党政退休老干部、老战士、外籍老挝侨胞及社会各界群众参加庆典。中共中央政治局常委、中国全国人民代表大会常务委员会委员长张德江以及越南、柬埔寨等国的受邀嘉宾共同出席观礼。参加阅兵和群众游行活动的共有49个方队1.5万人。此外,老挝还在华潘举行老党前领导人凯山诞辰95周年纪念活动,为第一代老挝人民革命党领导人修建塑像等。

二、经济社会发展喜忧参半,经济增长放缓,但GDP增长率仍达7.5%,经济面临的挑战和困难增多

2015财年是老挝"七五"计划收官之年,经济可谓喜忧参半。喜的是经济增长虽有放缓,但仍达7.5%,贫困家庭比例已减少至6.59%;忧的是财政困难依旧,除未能完成税收计划外,预算赤字、外债和外贸逆差均有所扩大,面临的挑战与困难增多。

(一)宏观经济相关数据

2015财年,老挝GDP增长速度为7.5%,国内生产总值达1023200亿基普(约合128亿美元),人均GDP1580万基普(约合1970美元)。其中:农林业增长3%,占GDP23.7%,全年稻谷产量387.2万吨;工业增长8.9%,占29.1%,其中能源矿产产值189335.8亿基普,占12%;服务业增长9.1%,占39.8%,全年入境游客430万人次,旅游收入6.72亿美元;进口关税增长8.2%,占7.4%;预算收入258150亿基普(其中国内205360亿基普,外国援助52790亿基普),预算支出310000亿基普。国家投资项目5604个,总额76260亿基普(其中内资32030亿基普,外资44220亿基普);银行全年贷款总额551110亿基普,比上年增长12.93%,相当于GDP的54.88%;广义货币(M2)增长20.31%;外汇储备比上年增加9.94亿美元;全年出口额33.05亿美元,进口额47亿美元,外贸逆差13.95亿美元。

(二)经济社会发展亮点

1."卫星上天、铁路奠基"成为2015年度老挝经济社会发展中的最大亮点。"老挝一号"通信卫星于2015年11月21日0时7分在中国西昌卫星发射中心发射升空并顺利进入东经125.5度预定转移轨道。该卫星造价2.6亿美元,可为老挝提供卫星电视直播、无线宽带接入及国际通信等服务。12月2日,老中铁路在万象市举行开工奠基仪式,老挝国家主席朱马里和中国全国人民代表大会常务委员会委员长张德江出席开工奠基仪式。该铁路总长427.2千米,预计耗资60.4亿美元。建设标准为国铁Ⅰ级、单线设计、电力牵引、客货混运。客运设计时速160千米,货运设计时速120千米,预计2020年建成。建成后将为老挝经济社会持续发展注入强劲动力。

2.电力实现跨越式发展,奠定老挝作为东盟第一大电力输出国地位。随着沙耶武里省红沙火力发电站(总装机187.8万千瓦,总投资37亿美元,由泰国投资,中国电工承建)2015年12月9日正式投入发电,老挝建成的发电站累计达到38座,总装机626.4万千瓦,年发电量333亿千瓦时。老挝还将在未来5年完成包括投资38亿美元的沙耶武里水电站(总装机128.5万千瓦)在内的15座水电站建设。到2020年,

再完成另外11座水电站建设，到2025年，老挝发电总装机容量将达到1237.6万千瓦，奠定老挝作为东盟第一大电力输出国地位。老挝全国148个县已100%通电，普及电力的村寨达85%，普及用电住户达90%，力争到2020年实现95%的住户用上电。

3.在实现联合国千年发展目标特别是减贫方面取得历史性进展，得到联合国肯定与赞扬。截至2015年11月，老挝还有贫困县23个、贫困村1439个和贫困户76604户（占全国家庭总数的6.59%），提前实现到2015年年底将贫困户比例降至10%以下的目标。与此同时，发展村增加到3577个，占村总数的42.23%；发展家庭增加到89.63万户，比2011年增加40万户，发展家庭占家庭总数的77.11%。教育方面，老挝已宣布普及小学教育，有1个省和42个县宣布普及初中教育，全国98.78%的村庄有小学。卫生方面，老挝已建立农村卫生站993所，村药箱5000多个，在102个县设立贫困者健康基金，在7个省实行免费接生政策。在农村发展方面，在148个县6531个村设立发展基金，流动资金13570多亿基普，使贫困群众发展生产有了贷款渠道。2015年，老挝村庄通路率达到84.4%，使用清洁饮水的村庄占91.65%，文化村占55.4%。这主要得益于政府自2012年以来累计在109个“三建”试点村投入2480亿基普建设943个项目，中央和省县各级部门派干部到试点村蹲点、提供技术指导和信贷扶持并帮助寻找市场，组建农村生产经营合伙组织。农业促进银行和政策银行分别为“三建”试点提供信贷447.01亿基普和3386.15亿基普。农村信贷服务小组为老挝全国2242个村104294户提供贷款33845亿基普。

4.公路桥梁等基础设施建设取得长足进展。老挝全国公路总里程已达51597千米，其中：钢筋水泥路310千米，高级沥青路814千米，铺设两层沥青8272千米，碎石路面19361千米，红土路面22838千米。已有8条国道（全长2850千米）作为与东盟国家联通的公路。鉴于许多道路建设标准尚低于东盟地区基准，老挝政府已制订公路发展规划，拟投融资近60亿美元用于国内公路123个项目的全面升级改造。老挝已拥有10座跨湄公河大桥，其中跨国湄公河桥梁5座、国内跨湄公河桥梁5座。

5.经济特区和经济专区成为吸引外商的投资洼地，首都现代化城市综合体纷纷涌现。两个经济特区和9个经济专区（总面积13500多公顷，其中工业区5个、服务区3个和贸易区3个）累计吸引投资47亿美元（实际到位资金12亿美元），入园的国内外公司420家（中资企业234家居首位），为老挝人提供1万余个就业岗位。老挝政府2015年12月23日宣布将在琅勃拉邦省宗佩县和琅勃拉邦县外围地区建设一占地4850公顷的经济特区。与此同时，首都万象市涌现万象塔銮湿地经济专区、万象中心、万象天阶国际金融产业示范区以及拉莎翁广场等一批城市综合体，万象的城市化和国际化水平提高。

（三）经济社会存在的主要问题

1.税收未能完成原定计划，税源流失严重以及税收监管机制不够健全。2015财年，老挝完成税收23.82万亿基普，仅为年度计划的91.16%。未完成税收的有万象市、沙湾拿吉省、占巴塞省、甘蒙省、琅勃拉邦省、赛松本省、琅南塔省和波乔省等8省市。税源流失严重以及税收监管机制不够健全是深层原因，如老挝国家审计署2014财年在对116个预算单位的审计中发现，被截留的国有资产收入多达7492.2亿基普。此外，还发现相关部门未按规定划分该减免或不能减免的燃油、车辆和木材出口特别提取税，这部分资金多达2.08万亿基普。

2.财政负债额升至30亿美元，达到警戒线水平。老挝预算赤字达到51840亿基普，占国内生产总值的5.07%。银行不良贷款比率从2014财年9月的2.16%升至2015财年8月的3.11%。老挝国家审计署审计发现2014年财年有118个国家投资项目（超过11460亿基普）在未经国会批准的情况下实施；有58个批准项目和43个未经批准的项目在未经正规投标程序的情况下就已执行；有36个政府投资项目（近600亿基普）的执行步骤与计划投资部批准的步骤不一致；还有382个国家投资项目（超过15.46万亿基普）未经评估便被批准。

3.毒品和社会治安形势较为严峻。与2014年相

3月28日，由中国云南建工集团有限公司与老挝吉达蓬集团共同投资建设的老挝万象国际商业旅游中心（简称万象中心）开业　（百度网）

比,2015年老挝北部偷种的罂粟面积略有增加(2014年老北罂粟种植面积为6000多公顷)。2015年头10个月,破获毒品案件近2000起(2014年1658起),抓获贩毒嫌疑人近3000人(2014年2538人),缴获安非他明500多万粒、海洛因100千克、鸦片49千克、止咳药130多千克、干大麻3000千克以及一批制毒化学药剂。同时,老挝刑事治安案件以及各地交通和火灾事故也明显增多。

三、外交多元灵活和务实,大力争取外援,积极参与东盟经济共同体建设并接任东盟轮值主席国

2015年,老挝外交更为多元灵活与务实。首先是大力开展以争取外援为中心的经济外交,2011~2015年,共争取到外国援助33.68亿美元,其中无偿援助22.7亿美元,贷款10.98亿美元。其次是积极参与东盟经济共同体建设并努力做到国际和地区互联互通,老挝于2015年11月22日正式接任2016年东盟轮值主席国。再次是继续奉行广交友、不树敌方针。随着与哥斯达黎加和摩纳哥建交,建交国增至138个。全年出访代表团(含出国培训)152个,接待外国来访代表团103个,主办东盟以及地区和国际性会议20余次。在重点巩固和发展与中国、越南两个战略伙伴关系的同时,注意维护与泰国、柬埔寨、缅甸3国的睦邻友好关系并与东盟其他成员国保持良好合作关系,大力争取联合国、欧盟、亚洲开发银行和世界银行等国际组织和金融机构的援助,不断改善与美国的关系。

(一)老挝与中国的关系

2015年是老挝与中国建交54周年,老中两党两国全面战略合作伙伴关系在多领域取得丰硕成果。

1.以老挝国家主席朱马里访问中国和中国全国人民代表大会常务委员会委员长张德江访问老挝为主要标志,两党两国高层继续保持密切交往及双方最高领导人年度会晤机制。2015年8月31日至9月6日,老挝国家主席朱马里应邀访问中国并出席中国人民抗日战争暨世界反法西斯战争胜利70周年纪念活动,中国国家主席习近平和国务院总理李克强分别会见朱马里。会谈结束后,两国元首出席两国政府间11项合作文件的签字仪式。2015年12月1~3日,张德江对老挝进行正式友好访问,受邀出席老挝国庆庆典并与朱马里共同出席在万象举行的老中铁路开工奠基仪式。

2.老中两国中央和地方继续保持密切交往的良好势头,老中两党第4次理论研讨会在中国昆明召开。老挝总理通邢应邀出席2015年6月11~16日在中国昆明举办的第3届中国—南亚博览会和第23届中国昆明进出口商品交易会,中国国家副主席李源潮在昆明会见通邢。老挝副总理宋沙瓦率团出席2015年9月18~21日在中国南宁举行的第12届中国—东盟博览会。老挝国防部部长森暖、中联部部长孙通、中宣部部长吉乔、总理府部长兼政府办公厅主任山赛、新闻文化旅游部部长波显坎、最高检察长坎山和老挝建国阵线中央常务副主席董叶陶等政要相继访问中国。中国中央军委副主席许其亮、全国人大常委会副委员长艾力更、国务院发展研究中心副主任刘世锦、中联部副部长刘洪才、国家发展和改革委员会副主任王晓涛、外交部副部长刘振文、商务部副部长高燕、中国证监会副主席刘新华、云南省省长陈豪、山东省副省长夏耕以及广西壮族自治区副主席唐仁健等中央和地方负责人相继访问老挝。2015年9月21~22日,老中两党第4次理论研讨会在中国昆明召开,中共中央政治局委员、中央宣传部部长刘奇葆和老挝人民革命党中央政治局委员、副总理宋沙瓦出席开幕式,刘奇葆做主旨报告。此次研讨会以"社会发展和治理创新"为主题,在为期两天的研讨中,中老双方代表畅所欲言,就两国社会建设的一系列重要问题进行深入讨论,达成广泛共识。

3.中国已成为老挝第一大援助国、第一大投资来源国和第二大贸易伙伴。中国已连续3年成为老挝第一大援助国。2015财年,中国向老挝提供援助15.1亿元,其中,无偿援助7亿元,无息贷款2亿元,优惠贷款6.1亿元。主要用于建设一些事关国计民生的水利灌溉、重要设施、首都万象道路改造项目以及提供财政援助等。2015年,中国对老挝直接投资额13.57亿美元,比上年增长36.2%。中老两国2015年全年贸易额27.8亿美元,下降23.1%,中国继续为老挝第二大贸易伙伴。老中合作委员会第7次会议和老滇第7次工作组会议分别于2015年5月28日和9月8日在万象和万荣举行,老中两国政府制订第二个五年经济技术合作总体规划(2016~2020年),并对老挝与中国云南省今后经贸技术合作做出部署,双方决定加快实施《中国老挝磨憨—磨丁经济合作区建设共同总体方案》。

4.老中双方在湄公河巡航、亚洲基础设施投资银行及澜沧江—湄公河对话合作机制等问题上相互支持配合。中国、老挝、缅甸、泰国等4国于2015年共开展12次(第30~41次)湄公河联巡执法勤务。4年来,在老方的大力支持及各方的共同努力下,已实现每月一次常态化全线和分段巡航,有效打击了湄公河流域贩毒、贩枪、走私和偷渡等跨国犯罪行为,维护了湄公河流域的航运安全。老挝是亚洲基础设施投资银行55个意向创始成员国之一,积极响应中方倡议并参与亚洲基础设施投资银行筹建。老方还支持中方关于召开"湄公河流域执法安全合作部长级会议"和建立"澜沧江—湄公河合作机制"的倡议,对合作打造澜沧江—湄公河国家命运共同体持高度赞同意见。

(二)老挝与美国的关系

2015年是老挝与美国建交60周年,老美关系获重大突破。一是老美两国元首实现首次会晤。老挝国家主席朱马里2015年9月出席第70届联合国大会期间,在纽约会晤美国总统奥巴马,这是1975年以来老美两国元首的首次会晤。2015年11月21日,老挝总理通邢在马来西亚吉隆坡出席第3次东盟—美国峰会期间亦与奥巴马进行会晤并邀请其出席2016年由老挝主办的第4届东盟—美国领导人峰会,奥巴马表示盼望早日与会并访问老挝,奥巴马有可能成为历史上首位访问老挝的美国总统。二是两国外交和军事部门继续保持正常对话与合作机制。美老第6次全面磋商会议和美老第10次防务对话分别于2015年6月19日和9月15~16日在华盛顿和万象举行,美方承诺将援助老挝用于清除未爆炸弹的资金每年增至1500万美元。此外,美方还表示在禁毒、卫生医疗、英语培训以及人道主义援助等方面增加对老挝的援助。老方表示将继续为美方搜寻在老挝失踪的美军人员遗骸提供合作与便利。三是美老双方于2015年2月2~3日和9月22日分别在巴色市和万象市共同主持召开湄公河下游经济可持续发展论坛和应对灾害研讨会。四是美国东南亚战争失踪士兵家属协会主席恩·吉利皮斯女士、美国科学大使杰拉尔丁·理查蒙德女士、美国副总统拜登夫人吉尔博士、美国加利福尼亚州议员德温和新泽西州议员佛兰克以及美国国家安全副顾问本杰明·罗兹等名人和政要分别访问老挝。

（三）老挝与越南、泰国、柬埔寨、缅甸等东盟成员国的关系

老挝在继续保持与东盟各成员国良好合作关系的同时,重点加强并发展与越泰柬缅4国的睦邻友好关系。

1. 老挝与越南的关系。2015年老挝与越南关系的主要特点:一是双方继续强化特殊团结和全面合作关系,老越两党中央政治局仍保持一年两次的会晤机制。越南国家主席张晋创,政府总理阮晋勇,政治局委员、书记处常务书记黎鸿英,政治局委员、公安部部长陈大光,政治局委员、胡志明市市委书记黎青海和越南国家副主席阮氏缘等分别访问老挝。此外,还有越南中央各部及省市负责人30余人相继访问老挝。老挝政府总理通邢、国家副主席本扬、国会主席巴尼、中纪委书记本通、副总理通伦和宋沙瓦以及中组部部长占西分别访问越南。此外,还有老挝多名部长和副部长访问越南。双方在干部培训、司法、纪检、新闻媒体、医疗卫生、农业科技、一站式通关、陆路货物运输、合作打击边境刑事犯罪、边境移民管制和森林管理、空中航拍、劳务以及在联合搜寻挖掘在老挝牺牲的越南志愿军遗骸等方面开展合作。二是老越边境合作委员会第24次会议、老越边界立碑混合技术委员会第16次会议和老越合作委员会第38次会议相继在万象举行。双方决定在2015年内争取完成边界密度立碑遗留问题,签订老越两国2016年合作决定及2016~2020年合作协议。三是越南对老挝经贸投资合作有新的增长。2015年,越老双边贸易额20亿美元,比上年增加7亿美元。越南国家化工集团对老挝甘蒙省矿盐开采与加工项目为越南企业年内对老挝最大投资项目,投资总额5.22亿美元。四是越南政府本财年向老挝政府提供8360亿越盾援助,越南投资发展银行向老挝提供1.76亿美元贷款,越南援助200亿基普建设万象省残疾人康复中心。

2. 老挝与泰国的关系。老挝与泰国睦邻友好合作关系进一步发展。一是老挝重视发展与泰国王室的关系。诗琳通公主应邀于2015年6月30日和12月8~9日两次访问老挝并会晤老挝国家主席朱马里,朱马里电贺泰皇88岁华诞。二是双方政府积极推进两国水陆边界联合勘界立碑。老泰、泰老合作委员会第20次会议于2015年10月25~26日在泰国清莱府举行,双方一致同意加快完成陆地边界勘察与立碑工作,对于老泰水界,双方同意以法国—暹罗地图(1/25000比例)为依据,通过协商制订技术规范,合理解决水界划分与立碑。三是加强贸易与投资合作。两国贸易主管部门2015年2月初在曼谷举行第6次合作会议,提出双边贸易额在未来3年内达到80亿美元的目标。双方计划在泰老接壤地区建立边境经济特区,首个试点建设的是穆达汉—沙湾拿吉边境经济特区。老方拟允许货物通过R3A昆曼公路从中国云南西双版纳到达泰国清孔县,以消除两国之间进出口运输障碍。泰国SCG集团公司投资100亿泰铢在老挝甘蒙省建设年产180万吨的水泥厂,于2015年3月3日举行奠基典礼,这是泰国企业年内在老挝最大投资项目。由泰国公司为主投资建设的沙耶武里水电站(投资38亿美元、装机128.5万千瓦)2015年1月26日举行第二阶段围堰施工开工仪式。由泰国公司投资建设的老挝首个火电厂——沙耶武里省红沙发电厂(投资37亿美元、装机187.8万千瓦)2015年12月9日投入商业运营。泰国在外国对老挝的投资中排名第2。

3. 老挝与柬埔寨的关系。老挝与柬埔寨关系的主要特点:一是两国元首实现互访,老挝国家主席朱马里于2015年2月26~28日对柬埔寨进行国事访问,柬埔寨国王西哈莫尼于2015年12月21~23日对老挝进行回访。老柬元首对两国传统友好关系表示满意,双方重申继续保持两国高层互访及两国各级代表团之间的正常交往,加强政治安全、边境治安、经济贸易和教育等方面的合作并取得实际成效。二是两国中央相关部门继续保持良好交往与合作势头。柬埔寨总检察长谢梁、副首相兼国家禁毒委员会主席高金然和副首相兼外交和国际合作部部长贺南洪分别访问老挝;老挝建国阵线中央常务副主席董耶托率团访问柬埔寨,双方在司法检察、禁毒、外交和宗教等方面加强合作。通邢于2015年6月18日到柬埔寨驻老挝使馆悼念去

世的柬参议院主席谢辛。三是老越柬发展三角合作不断加强。老挝于 2015 年 12 月 11 日在占巴塞省巴色市主办老越柬发展三角部长会议，与会各方同意继续实施发展三角区的总体规划，将发展重点放在经济基础设施建设、贸易和投资发展、人力资源开发以及环境保护方面。

4. 老挝与缅甸的关系。2015 是老挝与缅甸建交 60 周年，两国关系进一步加强。一是继续保持高层互访和友好合作机制。缅甸总统登盛和老挝国家主席朱马里在两国国庆互致贺电。缅甸副总统年吞及夫人应邀访问老挝，老挝国家副主席本扬在老挝与缅甸建交 60 周年之际访问缅甸，老挝政府总理通邢于 2015 年 6 月 22 ~ 23 日出席在内比都召开的第 7 次柬老缅越合作框架峰会及第 6 次三江合作战略组织领导人峰会。二是双方加强边境治安、禁毒、金融和贸易合作。年内，分别举行老缅合作委员会第 11 次会议和老缅第 5 次双边禁毒合作会议，双方同意继续加强边境治安及禁毒合作。此外，老缅两国中央银行于 2015 年 3 月在万象首次举行双边合作会议，老缅两国还于 11 月在老挝南塔省孟龙县共同举办第 1 届友谊贸易博览会。三是老缅友谊大桥（位于老挝南塔省孟龙县与缅甸大其力县之间）于 2015 年 5 月 9 日举行通车仪式，结束了老缅湄公河之间无桥相连的历史，老挝国家主席朱马里和缅甸总统登盛共同出席仪式。该桥通车将促进两国贸易、投资和旅游，且惠及越南、中国、印度、孟加拉国等周边国家。

（四）老挝与日本、澳大利亚、韩国的关系。

2015 年是老挝与日本建交 60 周年，两国决定将双方关系升格为战略合作伙伴关系。老挝政府总理通邢于 2015 年 7 月 3 ~ 5 日赴东京出席第 7 次日本—湄公河领导人峰会并对日本进行正式访问，出席两国建交 60 周年庆祝活动。日本副外相中根一幸、副外相岸田雅一、经济产业大臣直岛正行和国土交通相太田昭宏等政要年内相继访问老挝。2015 年 12 月 28 日，日本政府向老方提供 7700 万美元优惠贷款用于支持瓦岱国际机场航站楼扩建项目。据老挝媒体报道：日本自 1958 年开始向老挝提供发展援助，年均援助 8000 万至 1 亿美元，位居发达国家对老挝援助首位。日本累计援助老挝文教体育、公共卫生和小型基础设施建设项目总计 471 个，价值 3.37 亿美元，其中小学 167 所和中学 45 所。

澳大利亚仍是对老挝提供官方发展援助的主要国家之一。2015 年向老挝提供 8600 万澳元无偿教育援助，还为 49 名赴澳留学生、50 名在老挝国立大学学习的贫困生以及 20 名在琅勃拉邦苏发努冯大学学习的学生提供奖学金。2015 年 8 月，澳大利亚弗雷德 · 霍洛基金会与老挝卫生部签署关于扩大可持续综合眼科保健项目的谅解备忘录，澳大利亚政府拟向老挝追加捐赠 480 万澳元用于防盲工作。澳老两国还分别于 3 月和 11 月在悉尼和万象举行第 4 次非正式人权对话会议和第 12 次高层磋商会议，双方决定加强政治、经济、贸易、投资、教育、安全以及人权领域的合作，澳大利亚将鼓励更多的投资者前往老挝进行矿产、水电、运输、农业、旅游、工厂、法律和金融服务等方面的投资。

2015 年是老挝与韩国建交 20 周年，两国政治经济关系日趋密切。韩国国会议长郑义和及韩国总理黄教安分别于 1 月和 12 月访问老挝。黄教安访问老挝期间，两国政府签订合作框架协议，其中包括韩国对老挝 2016 年官方发展援助项目谅解备忘录以及韩国经济发展合作基金 2016 ~ 2020 年向老挝提供软贷款项目。年内，韩国政府向老挝政府捐赠 2900 万美元用于资助老挝能力建设、农村发展、医疗健康及未爆弹药清理。韩国国际合作机构分别无偿援助老挝政府 300 万美元用于万象至越南翁安港口铁路项目的可行性研究，援助老挝青年团中央 300 万美元建设 IT 中心，韩国经济合作发展基金向老挝政府贷款 8080 万美元用于开发占巴塞省色变—色南奈水电站（41 万千瓦）。截至 2015 年 11 月底，韩国企业在老挝投资达 8 亿多美元，居外国在老挝投资第 6 位。本财年双边贸易额 1.99 亿美元（老挝出口韩国 1200 万美元，韩国出口老挝 1.87 亿美元）。近年来，韩国对老挝提供无偿援助年均达到 1000 万 ~ 1200 万美元。

四、2016 年展望

2016 年是老挝选举年和“八五”计划开局之年，机遇与挑战并存。

政治上，老挝人民革命党“十大”于 2016 年 1 月中下旬举行，选举产生第十届中央委员会、中央政治局、中央书记处和新的中央总书记。老挝国会和政府亦将进行换届，产生第八届国会及第八届政府领导班子。根据新修订宪法的规定，老挝 18 个省（市）还将设立省（市）级议会。总之，老挝人民革命党、国会和政府高层人事将面临较大幅度的调整，新一届领导班子亦将面临更为繁重的内政外交任务。

经济上，力保经济增幅不低于 7.5%，实现 GDP 144.3 亿美元和人均 GDP 达 2092 美元的目标。

外交上，努力当好东盟轮值主席国，确保第 28 届和第 29 届东盟领导人峰会、第 11 届东亚领导人峰会和第 4 届东盟—美国峰会等系列会议成功举办。

（陈定辉）

资料来源：

1. *http://www. pasaxon. org. la 2015* 年全年
2. *http://www. sedthkid. la 2015* 年全年
3. *http://KPL. net. la 2015* 年全年
4. *http://vientiane Mai online 2015* 年全年
5. 中国驻老挝大使馆经济商务参赞处网站

6. 老挝资讯网

7. XinHua 老挝要闻

马来西亚:2015 年发展回顾与 2016 年展望

2015 年,马来西亚政治经济发展都面临重大挑战:政治上,由于一个马来西亚发展公司贪腐问题和实行伊斯兰刑事法问题,国内政局出现动荡。经济上,由于国际油价大幅下降以及国内货币林吉特的大幅贬值,给经济增长带来严重压力。马来西亚政府通过实行一系列发展项目,依靠国内投资需求拉动,全年经济保持 5% 的增速。外交上,马来西亚作为东盟轮值主席国,主办系列东盟和地区合作会议,并发挥重要作用。

一、政治:由贪腐引发政局动荡

2015 年初,由于 2014 年吉兰丹州实行伊斯兰刑事法的问题持续发酵,最终导致马来西亚反对党联盟——民联的分裂。而随后爆出的一个马来西亚发展公司(简称"一马公司")贪腐问题则直接影响马来西亚总理纳吉布的执政地位,引发政局动荡。

(一)伊斯兰刑事法问题持续发酵,导致民联分裂

2014 年,以民联成员党伊斯兰党执政的吉兰丹州要求在本州实施伊斯兰教刑事法,此事给马来西亚政坛带来的巨大影响一直持续到 2015 年。2015 年 3 月 19 日马来西亚吉兰丹州议会三读通过"2015 吉兰丹伊斯兰刑事法案",该法律的贯彻落实,势必更进一步推动马来西亚转变为一个纯粹的伊斯兰教国家。消息一经传出,马上引起轩然大波。马来西亚华人的反对呼声最高,属于执政联盟的马华公会和属于反对党联盟的民主行动党表达了最为明确的反对意见,31 个华人社团也发表联署宣言,坚决反对该法案。2015 年 3 月 27 日,沙捞越州民主行动党宣布退出民联。6 月 6 日,伊斯兰党全国大会在未经辩论的情况下,通过与民主行动党断交的议案。6 月 16 日,民主行动党秘书长林冠英发文告表示,该党接纳伊斯兰党大会议决,与伊斯兰党断交。此时,反对党联盟——人民联盟已经彻底分裂,结盟 7 年的民联,如今业已终结。9 月 22 日,马来西亚反对党组成的新联盟——"希望联盟"在吉隆坡正式成立。"希望联盟"成员党包括公正党、民主行动党及国家诚信党。新联盟期望在下届大选击败执政联盟——国阵。"希望联盟"也达成一致协议,共同推举尚在狱中服刑的安瓦尔为总理人选。

穆斯林人口居多的马来西亚,属于比较温和的穆斯林国家,但思想与行为偏向极端的穆斯林也不在少数,执政党巫统一直以来致力于维护马来人的利益,在一定程度上激化了其他种族的不满和抵触。若允许伊斯兰党推行伊斯兰刑事法,等于告诉全世界马来西亚已放弃世俗中庸之道。无论如何,对于此次伊斯兰刑事法案在一个地区通过,是否会引发马来西亚全国产生司法变革而在未来出现"一国两制",有待日后继续关注。

(二)一个马来西亚发展公司贪腐问题引发国内政局动荡

一个马来西亚发展公司是马来西亚总理纳吉布于 2009 年成立的政府 100% 持股的公司,马来西亚财政部是"一马公司"的唯一股东。公司的运行宗旨是通过吸引外资的方式"协助马来西亚发展能源、地产、旅游、农业等新产业",以便财富能够不分种族和民族地在一个马来西亚内平等分配。纳吉布亲自担任公司董事局主席。"一马公司"成立后,也推出过一些投资计划,如在吉隆坡建一个高端金融中心,不过该计划几无进展。但在政治花销上却毫不吝惜。其中:在 2010 年初,纳吉布授意在"一马公司"成立一个名为"一马慈善"的部门,该部门曾将 1.4 亿美元投入医院、学校或廉价屋等惠民项目以提高巫统胜选机会等。"一马公司"发展至今,非但没有吸引到任何重大投资,还欠下巨额债务,2015 年"一马公司"债务累积超过 110 亿美元。

2014 年 11 月,人民公正党班丹区国会议员拉菲兹揭露"一马公司"为一家公司管理总值 70 亿林吉特的主权财富基金,"一马公司"贪腐问题浮出水面。2015 年 7 月 3 日,《华尔街日报》报道,马来西亚调查人员通过与"一马公司"有往来的机构、银行和公司跟踪到,有近 7 亿美元流入纳吉布的个人银行账户中。此报道立刻在马来西亚国内引起轩然大波,同时受到国际社会关注。7 月 15 日,新加坡警方冻结了"一马公司"有关的账户,并对与这笔资金相关的指控展开调查;9 月 3 日,瑞士总检察长办公室对"一马公司"的两名高管展开刑事诉讼,并冻结该公司存放在瑞士银行的数千万美元资产;9 月 20 日,《华尔街日报》引述消息称美国联邦调查局已对"一马公司"涉嫌洗钱展开调查。年内,已有新加坡、美国、瑞士、卢森堡等多国就此展开调查。该案对马来西亚政局影响巨大,直接引发巫统内部矛盾,导致巫统出现分裂。"一马公司"贪腐案曝光后,之前就指责纳吉布执政不力的前总理马哈蒂尔公开要求纳吉布辞职。马哈蒂尔的政治盟友、时任副总理穆希丁·亚辛,马哈蒂尔的儿子、吉打州州务大臣穆赫里兹也在党内向纳吉布发难。7 月 28 日,纳吉布宣布内阁改组,将与自己不和的原副总理穆希丁除名,改由阿末扎希担任副总理。同样被逐出内阁的还有负责调查"一马公司"案的总检察长阿都干尼和 4 名对纳吉布丑闻"刨根究底"的要员,同时公账会成员入内阁,致使相关委员会对"一马公司"案的调查行动被迫冻结。8 月 3 日,马来西亚反贪会公布调

查结果显示汇入纳吉布个人银行账户的7亿美元来自捐款者,为政治献金,而非“一马公司”资金。8月8日,纳吉布表示接受7亿美元的捐款全是为了党的利益,是用来推动巫统,而非他个人用途。同时表示,他将让新上任的财政部副部长佐哈里组建一个特别工作队负责处理“一马公司”案件。

“一马公司”贪腐案也引起国内在野党和民众的不满。8月29日,马来西亚举行“干净与公平选举联盟4.0”(净选盟4.0)大集会,超过20万人走上吉隆坡街头和平示威,要求涉嫌挪用“一马公司”7亿美元的总理纳吉布下台。许多净选盟领袖及知名在野党政治人物纷纷现身,前总理马哈蒂尔也在集会现场出现。沙巴州的两个城市亚庇和古晋也有较小规模的集会,全球超过50个城市的马来西亚人同步响应。这是纳吉布执政6年来,面对的最大型示威。9月16日,马来人非政府组织发起“916马来人尊严大集会”,以回应民间组织“干净与公正选举联盟”(净选盟,穿黄衫)发起的反政府示威,数以万计的马来西亚执政党支持者组成“红衫军”,支持总理纳吉布政府。游行队伍经过多个以华人为主的商业区和旅游区,高呼辱骂华人的口号,演变成反华示威。双方爆发冲突,驻守的防暴警察发射水炮驱赶。至晚上19时许,示威群众才陆续散去,两名滋事者被捕。对于9月16日的游行,马来西亚副总理阿末扎希曾要求撤掉所有带有敏感词的标语,而总理纳吉布既未支持也未反对。2015年10月,马来西亚9个州的世袭苏丹要求对陷入政治丑闻的总理纳吉布展开快速、透明的调查,并称纳吉布应对腐败指控不力给马拉西亚造成了“信任危机”。

“一马公司”贪腐案的不断发酵,对马来西亚的影响是巨大的。在政治上,直接考验纳吉布的执政能力和地位,最终导致巫统的分裂。而反对党施加的压力、民众集会抗议以及反华示威的影响,都对执政党特别是巫统执政地位造成了严重压力。政局动荡不稳的影响将持续蔓延至2016年。在经济上,“一马公司”贪腐案震撼了马来西亚的投资者,对政局的担心和石油、天然气价格下跌,导致2015年林吉特兑美元大幅贬值,对经济造成巨大冲击。在外交上,“一马公司”贪腐案引起多国参与调查,对马来西亚国际形象造成不良影响。

(三)通过反恐法案,严厉打击恐怖主义

作为东盟主要的穆斯林国家,马来西亚一直奉行中庸的国策,但一些国民受到恐怖主义组织思想影响,并直接效忠于其目前位于叙利亚和伊拉克的领袖。据马来西亚警方估计,将近100名马来西亚人前往叙利亚和伊拉克加入“伊斯兰国”。因此,政府对国内任何极端言论及行为和任何涉及“伊斯兰国”的恐怖主义活动予以严厉打击,“伊斯兰国”恐怖袭击威胁也因此一直存在。2015年3月,马来西亚警方在全国逮捕3名疑似涉及恐怖组织“伊斯兰国”的嫌犯。4月,马来西亚警方逮捕17名涉嫌策划在吉隆坡发动袭击的恐怖分子。针对日益严重的恐怖主义威胁,马来西亚内政部在3月向国会提交两份反恐法案和五项法令修正案。4月7日,马来西亚议会通过《2015年防范恐怖主义法案》《2015年对抗国外恐怖主义特别措施法案》以及刑事法典。马来西亚政府称,新反恐安全法的出台对于维护国家的稳定与安全至关重要,政府需要一部特殊法律以应对来自像“伊斯兰国”那样的极端组织的威胁。同时,马来西亚加强反恐国际合作。2015年2月28日,马来西亚和印度尼西亚两国同意合作及交换情报,集中资源监督和打击国际极端组织“伊斯兰国”在本区域的活动。在3月举行的东盟国防部长会议上,马来西亚和其他东盟国家在反恐问题上达成一致,东盟10国携手合作,共同打击恐怖主义。12月17日,马来西亚国防部部长希山慕丁宣布,马来西亚已经加入由沙特阿拉伯主导的“34国联盟”,共同打击恐怖主义。政府的努力有一定成效,自2013年2月,马来西亚警方严打涉恐行动以来,当局已经逮捕193名涉恐嫌疑人。

二、经济:虽小幅下降,但全年仍获得5%的增长

2015年,国际市场变动等外部影响和国内因素都给马来西亚经济发展带来巨大压力。在外部影响因素中,国际石油和天然气价格大幅下降,给以石油和天然气作为重要出口产品的马来西亚造成巨大冲击,政府石油税收减少300亿林吉特,马来西亚政府不得不调整2015年和2016年财政预算案。欧盟、美国等发达经济体复苏缓慢,中国等新兴经济体发展增速放缓,也影响马来西亚对外贸易。相对于外部因素,国内因素对经济的影响更为巨大。首先,消费税的实行影响国内消费,对经济发展形成短期压力。2015年4月,马来西亚正式实行消费税。据调查,消费税对43%的业者造成负面冲击,只有30%的业者表示有正面影响,40%的受访商家表示在消费税实施后调整了产品或服务价格,只有5%的受访商家降价。其中受消费税影响最大的三大领域分别是物流、房地产及进出口贸易。直到7月之后,马来西亚国内消费才逐渐恢复。另一方面,政府通过消费税收入部分弥补了石油收入的下降。其次,国内政局的动荡与不确定性,影响投资者的信心。第三,受上述因素影响,马来西亚货币林吉特大幅贬值,2015年林吉特汇率下跌19%,林吉特兑美元汇率为4.2923:1,并在2015年9月达到17年来的新低,4.48林吉特兑1美元。货币贬值,造成物价上涨,生产成本上升,成为影响经济发展的最大因素。

为了保持马来西亚经济增长势头和国家持续繁荣,2015年5月21日,纳吉布总理提呈2016~2020年马来西亚第11个五年计划。在第11大马计划下,政

府在未来5年期间的发展拨款增加到2600亿林吉特，将创造150万个新就业机会。新的五年计划更关注民生经济，强调政府为人民带来进一步发展的承诺，提高人民参与国家经济发展能力，确保国家社会所有层面都能从经济繁荣中受惠。此外，2015年4月7日，马来西亚投资发展局宣布实行4项新的税务津贴，主要内容是给予在未开发地区或领域的企业最高优惠可免15年所得税或10年合格资本开销免税的税务津贴，用来吸引更多的外商投资。5月1日，马来西亚实施区域中心激励计划，鼓励外资企业到马设立运营总部。同时，政府不断研究实施更多措施支持中小企业发展，重点推动国内中小企业扩大出口贸易，刺激马来西亚经济增长。政府计划投资的包括轻轨（LRT）三号线、隆新高速铁路、柔佛州边佳兰石油与天然气中心等一批建设项目，对经济的增长具有促进作用。

经过努力，2015年马来西亚经济保持基本面稳定，经济增速虽然放缓，但全年经济增速仍达到5%。从宏观经济层面看，2015年马来西亚国民生产总值为11568.81亿林吉特，人均国民生产总值为34283林吉特；对外贸易总额为15544.27亿林吉特，其中出口8214.20亿林吉特，进口7330.07亿林吉特，贸易顺差884.12亿林吉特。截至2015年12月底，马来西亚国家银行的外汇储备为4091亿林吉特，比上年增加37亿林吉特。2015年政府财政收入1654亿林吉特，比上年增长0.8%，主要贡献来自于消费税收入。2015年固定资产投资额1867亿林吉特，比上年减少21%，但仍然超过1480亿林吉特的平均年度目标。外债8337亿林吉特（约合1922亿美元），占2015年国内生产总值的72.1%，比上年增长2%，依然维持在健康水平。2015年通胀率从2014年的3.2%降至2.1%，失业率3.2%，高于2014年的2.9%。从季度发展看，2015年马来西亚第一季度经济增长5.6%，第二季度增长4.9%，第三季度增长4.7%，第四季度增长4.5%，经济增长呈现逐渐放缓态势。

（一）农业

马来西亚农业主要依靠热带作物。2015年，受厄尔尼诺气候影响，年初的水灾和年底的干旱都影响油棕、橡胶等的产量，导致农业产值在第一季度下降4.7%，第四季度只增长1.3%。第二、第三季度则分别取得4.6%和2.4%的增长，全年农业增长1%，是三大产业中增长最少的。

棕油产业是马来西亚经济发展的主要推动力之一。2015年棕油价格一直在相对低位运行，且一度跌至6年半来最低点，比2014年价格下降9%。为此，政府采取措施加强棕油产业发展。政府计划从2015年开始的5年内为特定的棕油企业提供奖励，包括拨款2.5亿林吉特鼓励投资生产油脂化学产品、食物及健康相关增值产品；拨款450万林吉特给小园主和种植公司购买器材和机械。马来西亚和印尼在2015年10月成立棕油生产国委员会，以应对棕油市场面临的挑战。最终，马来西亚2015年共生产1996万吨原棕油，出口2620万吨棕油产品，创造632亿林吉特收入。棕油出口占马来西亚出口总额的8.1%。

2015年，马来西亚橡胶产业也受到价格下跌的影响。面对橡胶价格低迷困境，政府拨出1亿林吉特的橡胶生产奖励补贴资助35万名橡胶小园主，鼓励他们继续从事橡胶种植，确保中、上游行业有足够的原料供应。全年天然橡胶产量80万吨，比上年有所增加。橡胶行业出口额333亿林吉特，占出口总额的4.3%，其中橡胶产品出口额180亿林吉特。

（二）工业

2015年，马来西亚工业总产值增长速度为4.5%，其中采掘业增长4.7%，制造业增长4.9%，建筑业增长8.2%。制造业是马来西亚的支柱产业，2015年，马来西亚制造业获得747亿林吉特的投资，比上年增长3.9%；投资项目680个，其中主要领域石油产品、天然气、电子电器、交通设备、非金属矿产制品，分别吸引投资额为270亿林吉特、104亿林吉特、89亿林吉特、65亿林吉特、37亿林吉特。在制造业中，汽车制造业受到消费税实行、马币贬值影响，汽车产销量低于预期，新车销量仅为66万辆。电力生产方面，2015年马来西亚政府推行的电力回购政策、净电能计量政策及大型太阳能项目，有助于可再生能源规模在2020年达到2080兆瓦，占总发电量7.8%的目标，并可减少温室气体排放量达713万吨。截至2016年2月，马来西亚可持续能源发展局已批准8796项电力回购申请，涉及可再生能源规模1185.85兆瓦，其中334.03兆瓦已投入商业运作。2015年马来西亚电力生产增长2.4%。从整个制造业产品出口贸易额看，2015年马来西亚的电子电器、化学品、机械、医疗器具、服装等制造产品出口额6250.46亿林吉特，占出口总额的80%；棕油、橡胶、石油及石油产品等原产品出口额1007.8亿林吉特，只占出口总额的15%。

在建筑业方面，得益于国际油价走低，许多建材如钢铁、水泥、砖等，一切需要能源生产及制造的建材，成本也下降。加上马来西亚2015年有多项大型基建项目，包括城市运输发展、中转运输发展、交通基建网络、油气领域下游工程、采购与建筑计划及低价房产计划等，合约总值高达1740亿林吉特。虽然由于国内外经济面临严峻挑战而缓建部分项目，但一些高质量的项目仍在有序推进，使得建筑业在2015年取得8.2%的增长，是所有产业中最高的。在房地产业方面，由于受到家庭债务增高，生活成本提升，就业及收入情况持续恶化等因素影响，马来西亚房产销售放缓。2015年马来西亚房产市场成交额为1499亿林吉特，比上年减少8%，这是自2009年以来首次出现下滑。2015年的房产交易量也同步减少5.7%。房价指数(HPI)按年上升5.8%。

(三)服务业

服务业是马来西亚的支柱产业。2015年服务业获得1082亿林吉特的投资,占投资总额的58%,比上年下降29.5%;投资项目4150个,主要领域是房地产、运输、金融服务、公共事业、全球机构、贸易分销、酒店与旅游等。全年服务业增长5.1%,比2014年有所放缓,主要是受到消费税实行、马币贬值等因素的影响。2015年马来西亚服务业出口额1356.6亿林吉特,进口额1561.4亿林吉特。

金融业方面。虽然受到马币贬值的影响,马来西亚银行在2015年的发展仍然稳定。2015年马来西亚银行的市值达34.58亿林吉特,比上年增长4.05%。伊斯兰银行发展良好,2015年度收入达33.1亿林吉特,截至2015年12月31日,客户存款余额436亿林吉特,比上年同期增长6.2%。伊斯兰保险集团有限公司2015年的利润达到2.42亿林吉特。股市表现则差强人意,受国际油价暴跌、贪污丑闻、美联储加息等国内外因素影响,马来西亚股市、债市大跌。2015年8月,马来西亚股市创7年来最大跌幅,股指跌至2012年以来最低。2015年,外资从马股撤资总额195亿林吉特(约50亿美元),是2008年金融风暴以来最严重的外资流出。

旅游业方面。马航MH370事件、MH17事件、亚航印尼航班事件等多起飞机失事事件使马来西亚旅游业受到严重打击,尤其是极大地影响中国游客赴马。之后,马来西亚有关当局采取包括免除中国游客签证费及有条件免签等措施,以期吸引中国游客回流。此外,马来西亚旅游部要求旅游业者推出有创意的旅游产品和旅游景点,保持旅游产品的水准,吸引中国游客并确保所有来访游客满意。旅游业在2015年虽有所下降,但仍取得不俗成绩,全年入境旅游人数达到2570万人次,主要客源国为新加坡、印尼、中国、泰国、文莱、印度、菲律宾、澳大利亚、日本及韩国。

商品零售业方面。2015年马来西亚零售业总营业额为962亿林吉特,增长率仅为1.4%,为2010年以来新低。其中:表现最好的零售领域是服装和服饰,增长5.6%;表现最差的是百货公司,出现负增长,为-7.6%。特许经营业发展良好,2015年取得268亿林吉特的收入,比上年有所增加。

对外贸易方面。2015年马来西亚货物进出口额3759.4亿美元,比上年减少15.2%。其中:出口1999.6亿美元,减少14.6%;进口1759.8亿美元,减少15.8%;贸易顺差239.8亿美元,增长6.4%。马来西亚主要出口商品是机电产品、矿物燃料、机械设备、植物油、塑料及制品等。2015年,上述五大类商品的出口总额1347.2亿美元,占出口贸易总额的67.4%。马来西亚进口的五大类商品是机电产品、矿物燃料、机械设备、塑料及制品和运输设备。2015年,这五类商品的进口总额1015.4亿美元,占进口总额的57.7%。主要出口市场为新加坡、中国、日本、美国、泰国和中国香港;主要进口市场为中国、新加坡、美国、日本、泰国和中国台湾。

三、外交:发挥东盟轮值主席国作用,促进东盟和地区合作

2015年,马来西亚正式担任东盟轮值主席国。借此机会,马来西亚努力加强东盟国家间的政治经济合作和民众之间的交流往来,发挥其在东盟和地区合作中的重要作用。一是主办东盟峰会及相关峰会。2015年1月27~28日,马来西亚在沙巴州哥打基纳巴卢举办东盟外长非正式会议,这是马来西亚担任东盟轮值主席国以来举行的首次高级别会议。本次会议优先讨论起草《东盟共同体2016至2025年愿景》,指导东盟共同体加强对一个共同体的归属感,促进共同体的繁荣发展。3月,在吉隆坡举办首届东盟财长和央行行长会议,讨论东盟如何全力协助设立由中国倡导的亚洲基础设施投资银行。4月,第26届东盟峰会在吉隆坡举行,峰会重点讨论如何加强内联外合、缩小发展差距、推动东盟一体化的进程。8月,举办东盟系列外长会议和第47届东盟经济部长系列会议,在东盟经济部长系列会议上马来西亚鼓励东盟成员国更广泛地使用人民币作为结算货币。11月5日,第14次中国—东盟交通部长会议在

1月28日,东盟外长非正式会议在马来西亚沙巴州哥打基纳巴卢举行。图为会议开始前东盟各国外交部长合影 (百度网)

吉隆坡召开。11月20~23日。在吉隆坡举办第27届东盟峰会及相关峰会。相关峰会包括中国—东盟领导人会议、东盟与中日韩领导人会议和东亚峰会。东盟10国领导人宣布在2015年年底正式建成东盟共同体,承诺未来十年继续完善共同体建设。东盟领导人当天签署了《关于建立东盟共同体的2015吉隆坡宣言》,宣布2015年12月31日正式建成以政治安全共同体、经济共同体和社会文化共同体三大支柱为基础的东盟共同体,同时通过愿景文件《东盟2025:携手前行》,为未来10年的发展指明方向。二是提出马来西亚对东盟合作的倡议:设立单一的东盟时区;建立东盟维和部队。三是推动民众交往和东盟经济合作。如2014年12月,马来西亚吉隆坡国际机场出入境口岸新设一条东盟专用通道,来自东盟成员国的游客可以享受作为"东盟公民"的特殊待遇,快速通关。

(一)马来西亚与新加坡的关系

2015年是马新建交50周年,两国各项合作稳步推进。5月5日,马来西亚总理纳吉布访问新加坡,与新加坡总理李显龙进行第6次马新双边会谈,再次探讨双边合作关系及发展进度,并签署一份谅解备忘录。马新高铁工程是此次会议的一个重点。会谈后宣布,连接新加坡与马来西亚首都吉隆坡的高速铁路新加坡终点站将设在裕廊东。8月9日是新加坡独立50周年国庆日,李显龙总理在国庆献词中指出,马来西亚将永远是新加坡的重要伙伴,新加坡将致力同马来西亚维持牢固、互惠互利的伙伴关系。马新两国关系良好,经贸合作不断发展,马来西亚和新加坡互为对方的第二大贸易伙伴,新加坡也是马来西亚依斯干达特区最大的外国投资者。2014年马来西亚批准新加坡投资项目总值83亿林吉特。新隆高铁项目、新马捷运系统计划、兴建友谊桥联合工程等项目推进顺利。

(二)马来西亚与印度尼西亚的关系

2015年,马印两国领海又起争端。6月18日,因安巴拉特海域石油开发矛盾再次引发领海争议,一度出现两国关系史上少见的军事对峙。随后,两国外长举行会晤,同意以外交手段解决争端,形势才得以缓和。马印(尼)两国的领海问题和女佣问题一直是困扰两国关系的课题。2015年2月,印尼总统佐科上任后首访马来西亚,与马来西亚总理纳吉布举行会谈。两国领袖同意委任特使解决领海争议,同意只设立一个输入印度尼西亚女佣的管道,以确保她们的安全和权益受到保障。双方同意继续深化双边贸易及投资关系。5月12日,两国人力资源部和马印(尼)联合工作小组第12次会议也就印尼女佣薪资问题进行讨论。对于影响马来西亚多年的印尼烟霾问题,马方要求印尼政府认真解决,并在10月烟霾严重期间,与新加坡、澳大利亚共同参与印尼大型抗灾灭山火行动。马印(尼)作为东南亚最大的两个穆斯林国家,面对IS恐怖威胁,两国同意交换情报,开展合作。两国还与泰国一起合作解决罗兴亚伊斯兰教徒难民问题。

(三)马来西亚与中国的关系

马来西亚与中国关系在2015年持续深化。两国高层交往密切,年内中国国务院总理李克强访问马来西亚。在马来西亚举办的东盟系列部长级会议,中国均派部长参加,中马部长级交流加强。哥打基纳巴卢和槟城新设中国总领馆。经贸合作实现跨越发展。马来西亚仍是中国在东盟的第一大贸易伙伴,中马贸易继续在东盟国家中发挥引领作用。中马经贸联委会第10次会议在北京召开。中国对马投资实现跨越增长。2015年,中国对马来西亚非金融类直接投资额4.08亿美元,比上年增长237%。两国双园建设进展顺利,两国双园理事会第2次会议召开,招商工作顺利推进。两国金融合作进一步深化,中国银行吉隆坡人民币清算行正式启动。双方旅游合作得到加强。年内,马来西亚对中国实行团体旅游免签证政策。两国军事交流加深,中马两军首次进行名为"和平友谊-2015"的实兵联演。

(四)马来西亚与美国的关系

2015年,马来西亚与美国的关系进一步巩固和加强。双方高层交往频繁。马来西亚总理纳吉布、国际贸易及工业部部长慕斯达法、副总理阿末扎希相继访美。美国总统奥巴马、国防部部长卡特也在年内访问马来西亚。马美经贸合作进一步扩大,2015年1~11月,马美双边贸易额302亿美元,比上年同期增长10.6%。2015年马来西亚制造业领域最大外资来源地是美国,投资额41.5亿林吉特。

(五)马来西亚与日本的关系

2015年,马日关系得到提升。2015年5月马来西亚总理纳吉布访日,与日本首相安倍晋三举行会谈,双方同意加强安全关系,宣布将两国关系提升为战略伙伴关系。7月,日本首相安倍晋三访马,与马来西亚总理纳吉布会谈,双方就加强经济及安全保障领域的合作达成共识。11月,安倍再次访马出席东盟系列峰会。2015年日本在马来西亚制造业领域投资40.1亿林吉特,是马来西亚第二大外资来源地。在基础设施建设方面,日本政府正在推动日本企业争取高速铁路、水务、医疗等领域的合同。

四、2016年展望

2016年,马来西亚面临的压力和挑战不小。政治上,"一马公司"贪腐案将继续发酵,纳吉布将继续面临来自巫统内部和反对党的压力,巫统内部斗争将日趋白热化,巫统和国阵内部的力量将进行新的调整和整合。反对党将进一步分化、结盟。如何调和国内穆斯林和非穆斯林民众的关系,也考验执政者的智慧。此外,作为伊斯兰国家,如何应对IS的威胁,也是马来西亚政府需要面对的问题。

经济上，2016年马来西亚将继续面临国际石油和天然气价格疲软的压力和影响，经济增长会有所放缓。2015年马来西亚经济获得5%的增长，对已经在2015年连续贬值的货币林吉特是一剂强心剂，林吉特在2016年有望止跌回稳。消费税实施后，消费持续低迷不振，加上国际油价走低等因素影响，金融机构不断下调对马来西亚2016年经济发展的预期，从增长4.9%下调至4.8%、4.7%，最后预计增速将减缓至4.4%左右。

外交上，马来西亚将继续加强地区与区域合作，积极寻求和扩大与新兴市场国家的经贸合作。

（韦朝晖）

资料来源：

1. 中国驻马来西亚大使馆经济商务参赞处网站
2. 中国商务部网站
3. 新华网
4. 中国新闻网
5. 马来西亚统计局
6. 大马经济网
7. 南洋网
8. 星洲网
9. 光华日报
10. 诗华资讯
11. 东方网
12. 联合日报

缅甸：2015年发展回顾与2016年展望

2015年，缅甸政治聚焦于全国大选，政府调整政治措施，工作重心放在积极推进国内和平进程和努力与少数民族地方武装（以下简称"民地武"）签订全国停火协议上。经济上，积极营造良好的经济环境，更好地实施惠民工程以取得民心。外交上，继续开展大国平衡外交以维护和发展与周边国家的友好关系。

一、2015年的缅甸政治

（一）政府施政

1. 人事调整。2015年8月12～14日，缅甸总统府相继发布通令，任命内政部部长中将兼任移民与人口部部长，交通部部长年吞昂兼任铁道部部长，能源部部长辛亚昂兼任通讯信息与技术部部长；同意总统府五部部长丁乃登、通讯信息与技术部部长妙海、移民与人口部部长钦益、铁道部部长丹特等4位部长辞职；国防部副部长觉钮和边境事务部副部长丁昂奇重回国防军任职。8月17日，缅甸总统登盛任命陆军司令部的敏努艾为国防部副部长。8月24日，登盛总统分别任命陆军司令部的盛温担任国防部部长，觉遂担任边境事务部部长。8月24日，登盛总统发布16/2015号令，任命陆军司令部8人出任克钦邦、钦邦、曼德勒等8个省邦的安全和边境事务部部长。

2. 注重社会民生事业。2015年3月26日，缅甸联邦议会同意政府从2015年4月起大幅度提高公务员工资，普通公务员和高级公务员的月工资增幅分别为60%和100%。5月29日，缅甸政府公布官方人口普查结果，缅甸总人口5150万，其中27岁以下人口占50%，识字率89.5%。自6月22日开始，缅甸通讯部将通往东盟9国及孟加拉、中国、日本、韩国、泰国等8个国家或地区的国际通话费下调至每分钟200缅元。6月7日，缅甸移民局正式下发拥有两年期限的临时身份证明卡，届时如通过国民身份审核即可换发粉色身份证。自9月1日起，缅甸政府在全国境内实行每日3600缅元的最低工资标准，但不包括员工数量在15人或15人以下的小型企业。

3. 制定新法案。2015年1月中旬，缅甸联邦议会通过缅甸正式参加《禁止化学武器公约》的议案。5月，登盛总统签署一项关于限制生育的法律，该法规定部分妇女在生育之后相隔3年才能再次生育。7月7日，《缅甸种族保护法》中的《缅甸佛教徒女性婚姻法案》正式通过缅甸联邦议会审批并颁布。7月9日，缅甸政府在荷兰海牙签署《禁止化学武器公约》，成为禁止化学武器的第191个国家。8月下旬，登盛总统签署《特别婚姻法》和《转变宗教信仰法》，分别对申请结婚和改变宗教信仰的程序做出规定。8月26日，缅甸联邦议会通过第一部《广播电视法》，该法为开办更多私营电视台打开绿灯。8月31日，登盛总统签署《一夫一妻制法案》，该法将对一夫多妻、重婚等行为予以严惩。9月16日，缅甸政府颁布新的《矿业法》，该法生效后允许黄金出口。

4. 与"民地武"签署全国性停火协议。从2015年3月17日开始，缅甸政府努力争取与所有少数民族地方武装签署全国停火协议，然后进入集体政治对话阶段，争取实现持久和平。代表缅甸政府的联邦实现和平工作委员会和代表少数民族地方武装的全国停火协调委员会于2015年3月17日举行第7轮全国停火协议谈判，主要商讨停火协议草案；于7月22日举行第8轮正式谈判，主要讨论少数民族地方武装组织对全国停火协议草案做出的修改、停火协议签署人名单、将所有少数民族地方武装组织纳入停火协议等事项，双方在7月24日发表联合声明；8月6～7日举行第9次正式磋商会议。9月9日，登盛总统与少数民族地方武装领导人出席全国停火和平协议签署最终磋商会议，双方主要讨论把所有"民地武"囊括于签署协议范围及相关保障等问题。10月15日，缅甸总统登盛、国防军总司令敏昂莱以及8个少数民族地方武装领导人在全国停火协议上签字，该协议的签署在缅甸和平进程中具有里程碑意义，受到国际社会的肯定。10月16～17日，缅甸全国停火协议签署双方在内比都举行第1次全国停火协议联合执行协商会议，双方决定成立联合监督委员会和联邦和谈联合委员会。并于11月中旬举行全国停火协议联合执行协商第2次会议。为实现民族和解、结束武装冲突及启动政治对话，缅甸政府于2016年1月12日召开联邦和平大会。

（二）2015年大选顺利举行

1.大选备选及进程。2015年3月19日，缅甸联邦选举委员会颁布缅甸大选中国内观察员行为准则。3月21～22日，民盟与19个政党在仰光举行会谈，各方就有关选举法、各政党应遵守的规则、各政党之间互相分享有关选举的新闻等事宜进行商讨。4月30日，参选政党的报名工作结束。

7月8日，缅甸联邦选举委员会宣布缅甸于11月8日举行全国大选，选举产生各级议会议员。这是缅甸继2010年11月举行首次多党制大选之后再次举行大选。7月11日，联邦巩固与发展党和民盟分别在内比都举行党务干部会议，正式发出本党竞选动员令以争取在大选中获胜。7月20日，缅甸联邦选举委员会宣布议员候选人参选报名工作正式开始。7月29日，联邦巩固与发展党提名149位国会议员候选人，在仰光省所有选区中参选。8月1日，民盟公布该党的大选参选人名单，该党提名1133人竞选各级议会议员。10月12日，缅甸联邦选举委员会发布新闻公报称，由于克钦邦、克伦邦、孟邦、掸邦、勃固省等5个省邦34个镇区的400多个乡村当前处于无法实现自由公正选举的状态，决定在这些地区取消选举。

2015年11月5日，缅甸联邦选举委员会设立4万多个投票站，来自本地和欧盟等国的1.1万名观察员见证大选的全过程。11月7日，缅甸全国停止拉票活动，登盛总统发表讲话，承诺政府及军方会接受并尊重选举结果，呼吁选民积极参加投票，各方合作确保大选成功举行。11月8日，缅甸全国投票站同时开放，迎来大选。缅甸本次大选共有包括91个政党候选人以及独立候选人在内的6038人竞选各级议会的1100多个议席。缅甸拥有5150万人口，这次选举的合法选民大约有3350万人。11月20日，缅甸联邦选举委员会公布最后计票结果：民盟获得390个席位，占联邦议会总席位的79.4%；联邦巩固与发展党获得42个席位，占8.5%；若开民族党获得22个席位，掸民族（虎头党）民主党获得15个席位，德昂（崩隆）民族党获得4个席位。如将军方议席包括在内，民盟获得全部席位的59%，而联邦巩固与发展党只有6%。

新一届联邦议会于2016年2月1日举行首次会议，并于2016年3月17日选举总统，其后由新总统组建政府。现任总统登盛领导的本届政府的任期于2016年3月底结束。

2.修宪继续成为焦点议题。如何修宪继续成为缅甸举行全国大选的焦点议题。2015年2月10日，缅甸总统登盛签署颁布《为了通过2008年宪法修正案举行全民公投的法案》，批准在2015年举行全民公投，以决定是否修改现有的2008年宪法。4月10日，登盛总统与民盟主席昂山素季等缅甸政界、军界政要举行六方会谈，商谈缅甸修宪和大选等事宜。6月10日，执政党联邦巩固与发展党向议会提交《修宪法草案》。6月25日，联邦议会做出表决：关于修改2008年颁行的宪法中有关总统任职资格和修改宪法门槛等重要条款的修正草案，因未获得75%的支持率而未得到议会通过。这意味着民盟主席昂山素季将失去担任总统的资格。7月8日，联邦议会宣布投票表决结果：第436条第2款的20多项条款由于未能得到军方议员足够的支持，未能通过。附加的表格2和表格5中的条款（涉及加强省邦政府在税收、社会、商业、交通、建筑等方面的控制权）得到军方议员的赞成票，得以通过。

（三）民众游行运动频发

2015年3月5日，在缅甸勃坦及多数地区，学生举行集会要求废除国家教育法案。4月6日，超过1万名政府官员、学校教师和市民聚集在中部城市掸邦首府东枝，举行万人示威集会，支持缅甸政府与少数民族武装之间的和平进程，呼吁尽快签署“全国全面停火协议”。5月27日，数以百计的民众在仰光举行示威，抗议国际社会在有关罗兴亚人海上移民危机问题上向缅甸政府施加压力。6月30日，学生公会50多名大学生在仰光街头举行示威游行活动，要求修改2008年宪法中有关军方占有国会25%席位的条款，并要求军方25%的议员退出议会。7月12日，数百名工人走上仰光街头举行和平示威，抗议缅甸政府在6月制定的每日最低工资过低，要求提高到4000缅元。8月1日，100多位青少年走上仰光街头，打出标语“为难民伸出援手”，号召民众为遭受洪灾的难民募捐生活用品和救助款。9月9～15日，内比都、仰光和曼德勒等部分地区相继发生佩戴黄丝带抗议活动，该活动旨在抗议军队将领到司法部门任职。10月5日，在曼德勒举办的全缅国际教师节活动中，100多名教师发起绿色彩带运动，反对军方官员进入教育系统担任重要职位。

（四）备受关注的果敢冲突

2015年2月9日，果敢同盟军兵分多路，与在当地的政府驻军开战，试图攻入果敢自治区首府老街，果敢地区陷入战乱。2月14日，缅甸政府军继续在缅北果敢自治区首府老街及附近地区采取军事行动。由于果敢战事爆发，一些边民越境到邻国避难，也有不少难民来到缅北腊戌市等地。2月15日，缅甸政府军宣布解散2011年4月成立的果敢自治区政府，在果敢实施军事管制。2月17日，登盛总统签署总统令，从即日起在果敢自治区实施为期90天的紧急状态并军事接管当地一切权力。8月初，战事趋于停歇，当地民众开始返家，安置工作也逐步展开。2015年年底，果敢战事基本停息。果敢战事严重影响边境地区的安全与稳定。据缅甸官方统计，交战双方有400多人伤亡。

二、2015年的缅甸经济

2015年，缅甸制订经济增长计划，修改及完善相关经济政策，加大金融业开放力度，并通过吸引外资、扩大边境贸易等方式，实现较高的经济增长。

（一）经济政策

1. 制订本财年经济增长计划。2015年4月27日，缅甸总统登盛签署《2015～2016财年国家计划》，2015～2016财年拟定的GDP增长目标为9.3%。该计划调整各领域占GDP的比例，其中，以逐年物价为基础，将农业领域比例由28.6%降至27.5%，工业由35%提升至35.4%，服务业由36.4%提升至37.1%。同时，将消费总额定为51.45万亿缅元，人均GDP定为128.11万～140.39万缅元。

2015～2016财年，缅甸财政预算20万亿缅币（约合18.5亿美元），缅甸政府对经济社会发展薄弱环节——电力与教育增加支出额度。缅甸电力部将用2.5万亿缅币改善缅甸电力供应与分输，这是继财政、能源与国防之后缅甸政府的第四大支出。教育预算由2014年的1.1万亿缅元增至1.4万亿缅元。增加的预算用于增加5万名教师和扩大国家免费教育的范围，以及对进入技术院校学习的学生提供资金支持等。

据世界银行《2016年全球营商环境报告》，2015年全球经济体排名中，缅甸的名次比2014年上升10位，排在第167位。尽管缅甸排名有所上升，但仍是东盟排名最低的成员国。

2. 完善及修改相关经济政策。2015年4月2日，缅甸联邦议会通过《2015年税收法》，规定除特殊商品及免征税商品外的所有国产及进口商品征收5%的贸易税。7月，缅甸商务部批准部分出口商品无需再申请出口许可证，并取消部分商品的进口许可申请。12月22日，缅甸议会宣布，经由议会通过并获得总统签署的一系列法案生效，成为正式法律。这些法律包括：《缅甸公司条例（草案）》《缅甸消费税法（修正案）》《保险许可法（修正案）》《储蓄银行法（修正案）》《兽医管理法（修正案）》等。

3. 加大金融业开放力度。登盛政府上台后，开始进行大刀阔斧的金融改革。通过激烈的竞争，包括中国工商银行、澳新银行、三菱东京银行、新加坡华侨银行等9家银行在内的外资银行已在缅甸开设分行。

2015年5月15日，亚洲开发银行与缅甸政府签署协议，将为缅甸私营企业和项目提供包括贷款、投资、担保和贸易融资等服务。12月9日，缅甸首个证券交易所仰光证券交易所开业，首批6家缅甸公司上市。仰光证券交易所由缅甸财政部下属的缅甸经济银行、日本大和证券集团和日本交易所集团共同出资联合创建。其中缅甸经济银行掌握51%的股权，大和证券控股30.25%，日本交易所控股18.75%。仰光证券交易所暂时只接受缅甸投资者开设账户，全部交易均通过缅甸货币缅元完成。

4. 吸引外资。近年来，西方国家逐渐放松对缅甸的制裁，缅甸经济发展迅速，工业化步伐加快。据缅甸投资委员会统计，2015～2016财年头7个月，缅甸吸引外资37亿美元。基础设施落后依然是制约缅甸经济发展的最大瓶颈，包括最大城市仰光在内，缅甸城镇经常停电，公路、铁路和通讯设施差。此外，法律和政治上存在不确定性也是来缅外国投资者面临的挑战。为创建更好的投资环境，缅甸政府加快经济特区建设。2015年9月23日，日本支援建设的缅甸首个经济特区——迪洛瓦特区正式投入使用。12月29日，缅甸议会通过皎漂经济特区项目，项目开发面积1736.32公顷，中国中信集团与中国招商局集团、云南建工等组团中标皎漂经济特区的工业园和深水港项目。此外，缅甸本届政府接受外国援助近15亿美元，主要用于教育、卫生、农业、通讯、运输、电力、减灾、金融、能源及土建等基础设施和社会民生。

在完善法律法规保护外国投资方面，缅甸政府采取一系列举措。《外国投资法（修正案）》《缅甸公民投资法（修正案）》分别获得议会通过。缅甸投资与公司

12月9日，缅甸首家证券交易所——仰光证券交易所在仰光开业。图为开业仪式现场（百度网）

管理局数据显示，截至2015年7月底，缅甸政府与12个国家和地区签署投资保护协定。随着越来越多外企进入缅甸，财产、火灾保险等保险需求不断增加，缅甸国内的保险公司缺乏经验和资金实力，无法应对需求的增长。为满足市场需求，缅甸政府允许外国保险公司在迪洛瓦、土瓦和皎漂等经济特区内开展保险业务，但暂时不允许外国保险公司进入缅甸其他地区保险市场。

5. 继续发展边境贸易。发展和邻国的边境贸易一直受到缅甸政府的高度重视。2015～2016财年头6个月，缅甸边境贸易额30亿美元，其中缅中边贸额26亿美元。缅甸与中国、泰国、印度、孟加拉4个邻国开通的边贸口岸达15个。为进一步扩大边境贸易，缅甸计划增开缅中、缅泰及缅印共5个边境贸易口岸。

（二）宏观经济形势

缅甸改革推动了投资增长和经济环境的改善，缅甸与东盟国家的互动也在加强。但随着美元的不断走强，缅币币值持续下跌，通货膨胀、财政赤字等继续影响缅甸的宏观经济形势。

根据亚洲开发银行的报告，2015年缅甸GDP增长率为8.3%，2016年预计增长率8.2%。大量外资流入和电信行业快速发展、政府开放更多领域投资以及边境贸易发展等推动缅甸国内生产总值增长。然而，由于2015年大选支出、卫生和教育预算增加、公务员加薪及政策性调整工人最低工资标准等因素影响，缅甸的通货膨胀日趋严重。同时，当前缅甸贸易存在严重的逆差，国内对美元需求的增加，导致美元汇率上涨，使缅币持续贬值。美元兑缅币汇率由2011年的1美元兑换800缅元上升至2015年的1300缅元，4年内缅币约贬值60%。受此影响，缅甸市场上进口电脑、电视、空调、冰箱、洗衣机、手机等电器及食品、药品的销售价格从2015年4月开始普遍上涨。本届政府执政的最后一年，财政赤字达10万亿缅币，比2014年增加1万亿缅币，创5年来新高。而7～8月发生的严重洪灾，使缅甸12个省邦160万人受灾，直接损失超过2000亿缅元（约1.56亿美元）。

为有效调控市场、稳定投资环境，缅甸当局拟出售国库券解决预算赤字问题。缅甸出售的国库券面值分别为1万、10万、100万和1000万缅币，期限分为2年、3年和5年，利率为8.75%、9%和9.5%。为扩大本国货币缅元的使用，缅甸从2015年10月19日起开始收回此前向旅游业、餐饮业、免税店、航空公司、通信及其他行业公司颁发的外汇接受和使用许可证，同时对违规使用外汇者进行法律追究。

总体看，近几年缅甸的改革推动了经济发展，但是缅甸在基础设施建设、行政管理能力、人力资源开发、中小企业和农业发展等领域还面临着诸多困难和挑战。

（三）产业经济形势

据缅甸中央统计局数据，2015～2016财年上半年，缅甸对外贸易总额为156.06亿美元，其中出口64.21亿美元，进口91.85亿美元，贸易逆差27.64亿美元。出口主要以工业制成品、农林渔产品、矿产等为主，进口则以汽车、手机、原材料等为主。

电力方面。缅甸仍然是东南亚地区电力覆盖率最低的国家，全国只有30%的家庭得到电力供应，属于世界上供电率最低的国家之一。主要是低收入水平和落后的基础设施等因素制约电力覆盖。但缅甸蕴藏的发电量达10万兆瓦，是已有发电量的30倍。缅甸政府将花费58亿美元实现户户通电计划，希望在2021年将电力覆盖率提高至60%。世界银行将为这一计划提供3亿～4亿美元贷款。缅甸也将致力于开发水电和太阳能以满足国内对电力的需求。根据缅甸国家能源管理委员会制订的计划，缅甸将建设43座水电站，发电总量为42000兆瓦。

能源产业方面。缅甸天然气已开采1132.68亿立方米，占总蕴藏量的25%，有4530.72亿立方米的天然气尚未开采。此外，缅甸海域还有约5000万桶的石油蕴藏量。缅甸政府以招标方式开发20块近海油气田和18块陆地油气田。陆地油气田产气量为169.9万立方米，4块近海油气田产气量为5663.4万立方米。这些天然气和石油主要出口到中国和泰国。

旅游业方面。因2015年7月中旬以来的持续暴雨致使12个省邦受灾，多个旅游景点受到不同程度破坏，入境国际游客数量受到一定影响。

通讯业方面。据缅甸通信信息与技术部统计，缅甸5150多万人口中，手机用户已达3000多万。12月9日，由11家缅甸私营股份公司组成的股份有限公司——Myanmar National Holding Public Ltd成为继缅甸电信公司、卡塔尔电信公司和挪威电信公司之后的第四家电信运营商。持续增长的通讯业使缅甸国内对智能手机的需求高涨，包括华为、vivo、小米在内的中国智能手机生产商迅速进军缅甸市场。

农林业方面。缅甸豆类出口市场主要有印度、中国、新加坡、越南、欧盟国家等。缅甸商务部官员表示，缅甸计划在2015～2016财年（2015年4月～2016年3月）向欧洲出口绿豆10万吨，大米出口有望达到200万吨。农业占缅甸国民生产总值的30%，但由于农业生产技术落后，大多数缅甸农民的生产方式依然很陈旧，生产效率较低，缅甸政府计划在2015～2016财年建设1.62万公顷现代化机械农场。其中，1821.6公顷使用缅甸政府资金，1.23万公顷使用印度贷款，1619.2公顷使用农业发展国际基金。受国内武装冲突影响，缅甸木材出口受到严重影响，缅甸国内市场货源也很紧张。新发布的2015年全球森林资源评估报告显示，缅甸年毁林率高居全球第三位，仅次于巴西和印度尼西亚。

三、2015 年的缅甸外交

随着缅甸迈入大选年以及果敢武装冲突的升温，2015 年缅甸外交进入局势复杂多变的一年。这一年是中缅建交 65 周年，缅甸在巩固与中国传统友谊的同时，也注重发展与印度、东盟等地区大国和国际组织的关系，并加强与美国、日本等西方国家的联系。

（一）缅甸与中国的关系

2015 年，中缅两国继续维持良好的高层互访。6 月 11 日，中共中央总书记、国家主席习近平会见由昂山素季率领的缅甸全国民主联盟代表团。习近平强调，中方尊重缅甸自主选择发展道路，支持缅甸民族和解进程。昂山素季表示，发展两国友好关系至关重要，希望通过访问深化两党关系。9 月 3 日，缅甸总统登盛在北京出席中国人民抗日战争暨世界反法西斯战争胜利 70 周年纪念活动；9 月 4 日，习近平主席接见登盛总统。

两国政府的往来进一步加强。2015 年 3 月 4 日，中国外交部副部长刘振民会见缅甸驻华前大使丁乌和盛温昂一行，就双边关系和缅北局势举行磋商。3 月 9 日，由中国外交部副部长刘振民率领的中国代表团和缅甸驻华前大使丁乌率领的缅甸代表团在中缅边境的缅甸木姐市对共同维护边境地区和平和尽快使果敢地区难民安全回家等问题进行讨论。4 月 2 日，中国外交部部长王毅在北京与缅甸总统特使、外交部部长温纳貌伦举行会谈，双方就 3 月 13 日缅甸军机炸弹造成中国边民伤亡事件交换意见，温纳貌伦代表缅甸政府和军队正式向中方表示道歉。2015 年 7 ~ 8 月缅甸发生严重洪灾，中国救援队成为首支抵达缅甸的国际救援力量，同时，中国驻缅甸大使馆组织中国企业和民间团体向灾区运送物资并提供资金援助和人道主义救助。11 月 3 ~ 10 日，中国外交部亚洲事务特使孙国祥率中国观察团前往缅甸，对缅甸大选进行观察。11 月 11 日，中国外交部部长王毅在云南景洪会见前来出席澜沧江—湄公河合作首次外长会的缅甸外交部部长温纳貌伦。

（二）缅甸与美国、日本、韩国及其他西方国家的关系

1. 缅甸与美国的关系。2015 年 1 月 11 ~ 15 日，美国国务院人权特使汤姆·马利诺夫斯基率领美国政府代表团访问缅甸，与缅方举行人权对话。代表团成员有美国太平洋司令部副司令安东尼·克拉奇菲尔德、美国国防部副助理部长托马斯·哈维等军方将领。11 月 12 日，美国总统奥巴马与缅甸总统登盛通话，祝贺缅甸成功举行大选。同日，奥巴马也通过电话向民盟主席昂山素季表示祝贺。11 月 13 日，缅甸国防军总司令敏昂莱会见美国驻缅甸大使米德伟，双方就缅甸大选、全国全面停火协定等共同关心的问题交换意见。

2. 缅甸与日本的关系。2015 年 1 月 31 日，应日本首相安倍邀请，缅甸部分少数民族政党同盟领袖访问日本众议院。9 月 23 日，日本援建的迪洛瓦经济特区正式投入使用。10 月 16 日，日本驻缅甸大使樋口建史与缅甸财政部副部长林昂在内比都交换公文，决定由日方提供总额 998.5 亿日元的贷款。11 月 13 日，缅甸国防军总司令敏昂莱会见日本大使樋口建史，双方就缅甸大选、缅甸外交政策、加强两国国防关系等问题交换看法。

3. 缅甸与韩国的关系。2015 年 3 月 17 日，缅甸通讯与信息技术部与韩国进出口银行签署一项总额 5587.4 万美元的信息技术网络扩建项目贷款协议，用于扩建东芝—曼德勒、曼德勒—密支那、马圭—实兑间的高速光纤网络。5 月 20 日，“2015 韩国—缅甸论坛”在缅甸仰光开幕，缅甸商务部与韩国贸易投资促进机构共同签署促进双边贸易投资意向书。11 月 3 日，缅甸国防部部长韦伦与韩国国防部部长韩民求在马来西亚吉隆坡出席第 3 届东盟防长扩大会议时举行双边会谈，双方就加强两国军方人士的交流和国防生交换等彼此关心的问题进行讨论。11 月 17 日，缅甸建设部、铁道部与韩国进出口银行在缅甸首都内比都签订项目合作协议。

4. 缅甸与其他西方国家的关系。2015 年 3 月 27 日，缅甸副总统赛茂康和缅甸国防军总司令敏昂莱会见俄罗斯国家原子能集团公司副总经理尼古拉·斯帕斯基，双方就发展核能领域合作达成一致。10 月 30 日，缅甸国家计划与经济发展部副部长杜莱莱登和捷克驻缅甸大使雅罗斯拉夫杜雷恰克在缅甸首都内比都签署贸易与经济合作协定，两国将加强投资合作，推动两国间贸易发展，加强经济联系并促进产业合作。12 月 18 日，缅甸电力部与法国电力公司在仰光签署瑞丽江三期电站合作建设谅解备忘录。

（三）缅甸与东盟及其成员国的关系

2015 年 3 月 12 日，缅甸总统登盛对马来西亚进行国事访问，于 13 日与马来西亚首相纳吉布举行会谈。双方就缅甸在马来西亚务工人员、互免签证以及加强银行、教育和能源领域合作等议题交换意见。6 月 15 日，缅甸和泰国两国能源部部长及电力部部长在缅甸首都内比都签署双边能源合作及电力合作谅解备忘录，以进一步加强双边能源及电力合作，缅甸副总统赛茂康及泰国副总理帕蒂亚通出席签字仪式。6 月 22 日，缅甸总统登盛在内比都会见赴缅甸参加第 7 届柬老缅越峰会的越南总理阮晋勇，双方就促进能源、贸易投资、东盟国家和平与安全等 12 个领域的合作交换意见。11 月 6 日，缅甸环境保护与林业部副部长戴戴欣出席在越南河内举行的第 13 届东盟环境部长会议，并与各成员国代表讨论成立于缅甸的东盟绿色经济机构

的责任范围。

（四）缅甸与印度及其他南亚国家的关系

2015年1月29日，缅甸副总统赛茂康访问印度并与印度总统普拉纳布·慕克吉会面，普拉纳布·慕克吉表示印度在未来5年内每年将提供500万美元援助帮助缅甸边境地区发展，并计划在2016年前完成实兑格勒丹江开发项目。同时，印度将加强与缅甸在能源、电力、建筑、金融及保险领域的合作。7月28日，缅甸国防军总司令敏昂莱率代表团赴印度访问，与印度总理莫迪等政要举行会谈，双方就印缅边境合作、海上战略、造船技术等多个领域交换意见。

2015年3月24日，缅甸与巴基斯坦达成JF-17"雷电"（中国称FC-1"枭龙"）战斗机的首个出口协议。JF-17战斗机是中国与巴基斯坦联合研制的战斗机。

（五）缅甸与联合国和其他国际组织的关系

2015年1月7日，联合国驻缅甸特使李喜亮抵达缅甸，了解有关政治犯运动组织并讨论缅甸政治犯问题。7月7日，由杰拉米·道格拉斯率领的联合国毒品及犯罪问题办公室代表团访问缅甸，并拜会缅甸内政部部长哥哥中将，双方就缅甸禁毒问题交换意见。8月，缅甸遭受严重洪灾，联合国和国际人道机构对缅甸灾民进行大规模援助。10月24日，联合国成立70周年纪念仪式在缅甸首都内比都举行，缅甸副总统赛茂康出席并发表讲话。11月13日，联合国秘书长潘基文发表声明，祝贺缅甸和平举行历史性议会选举，向昂山素季及其领导的民盟的优异表现予以祝贺，并呼吁各方继续保持平静氛围。

2015年1月21日，国际救援组织"无国界医生"重启缅甸若开邦医疗工作。1月23日，缅甸与世界银行达成最终协议，世界银行将提供1亿美元无息贷款帮助缅甸实施伊洛瓦底江综合发展项目，还款期限为36年。5月15日，亚洲开发银行与缅甸政府签署协议，该协议将为缅甸私营企业和项目提供包括贷款、投资、担保和贸易融资等服务。5月28日，缅甸议会批准使用世界银行4亿美元贷款。10月11日，欧盟大选观察团前往缅甸各个选区，对缅甸大选进行全面监督。

四、2016年展望

随着缅甸2015年大选的顺利落幕，缅甸政府与少数民族武装签订全国停火协议，缅甸国内紧张的政治局势得到缓解。缅甸国内局势的稳定有助于降低缅甸转型面临的风险。因自然灾害因素的影响，2015年的缅甸经济增长势头减弱。2016年，民盟新政府上台后，必然会出台一系列新的内政外交政策，全世界也将会对此有所期待。无论缅甸内政外交出现何种变化，中缅关系大局不会变。（钟　梅　秦　羽）

资料来源：

1. 中国驻缅甸大使馆经济商务参赞处网站
2. 缅甸《全球新光报》新闻网站
3. 缅甸《镜报》新闻网站
4. 缅甸《金凤凰》日报
5. 缅甸《十一新闻》日报
6. 缅甸《今日民主》日报
7. 缅甸中文网新闻网站

菲律宾：2015年发展回顾与2016年展望

2015年，菲律宾经济增长率为5.8%，贸易稳定回升，投资稳定增长，外汇储备增加，通胀率降到最低。政治局势基本稳定，但局部矛盾仍在，随着新一届总统选举的日益临近，各种力量暗流涌动。外交上，继续实行大国平衡外交战略，借用美国及日本力量阻遏中国在南海的影响力。展望2016年，菲律宾将举行总统大选，经济将保持相对稳定的增长，外交方式不会出现根本性变化，南海问题也将因新总统的履位而扑朔迷离。

一、2015年菲律宾经济

菲律宾官方统计数据显示，2015年菲律宾国内生产总值（GDP）比上年增长5.8%，低于既定的增长目标。其中第四季度GDP比上年同期增长6.3%，增幅高于前3个季度，将全年经济增速拉高，使菲律宾的经济增长速度跻身亚洲前四名，仅次于印度、中国和越南。年内，菲律宾经济发展有以下亮点：

（一）对外贸易基本保持稳定

据菲律宾国家统计局数据，2015年菲律宾对外贸易总额1253.34亿美元，比上年微降0.28%。其中出口586.48亿美元，下降5.6%；进口666.86亿美元，增长2%。贸易逆差80.38亿美元，增长283%。日本、中国、美国分别是菲律宾前三大贸易国，贸易额分别为187.66亿美元、172.23亿美元和160.2亿美元，占对外贸易总额的比重分别为15%、13.7%和12.8%。

（二）旅游业快速发展

据菲律宾旅游部统计，2015年菲律宾接待外国游客总数达到536万人次，比上年增长10.91%。韩国、美国、日本、中国依次是2015年菲律宾前四大外籍游客来源地。其中，韩国游客134万人次，增长13.97%；美国游客77.9万人次，增长7.81%；日本游客49.56万人次，增长6.88%；中国游客49.08万人次，增长24.28%。

（三）引进外资平稳增长

据菲律宾投资署数据，2015年菲律宾投资增速基本平稳。经菲律宾投资署和菲律宾经济区管理局审批的投资金额有所增长。两家机构发布的报告指出，

2015 年菲律宾投资额 6618.3 亿比索，高于 2014 年的 6342.4 亿比索。其中，经菲律宾投资署批准的投资额为 3667.4 亿比索，比上年增长 3%。这些投资促成 358 个项目实施，建成后预计可创造 5.83 万个就业机会。年内，菲律宾投资主要来源地有荷兰（占 45%）、新加坡（占 18%）、马来西亚（占 4%）、韩国（占 4%）等。

（四）外汇储备增至 806 亿美元

据菲律宾中央银行统计，2015 年年末，菲律宾外汇储备达到 806 亿美元，比上年末增长 11.1 亿美元，但低于 807 亿美元的年度目标。菲律宾外汇储备充足，是其短期外债的 5.5 倍。仅 2015 年 12 月菲律宾外汇储备就增加 4.4 亿美元。外汇储备增加主要是因为菲律宾政府净外币存款和中央银行外汇业务及海外投资收入增多。

（五）通胀率降至 1.4%

2015 年，菲律宾通胀率仅为 1.4%，低于菲律宾政府 2% ~4% 的预计，也低于 2014 年 4.1% 的通胀率。菲律宾通胀率维持在较低水平的主要原因是国内玉米、石油和大米零售价格下降以及国际石油价格下降等。统计显示，2015 年所有商品大类的通胀率都比上年有所下降，其中，水电气和交通价格分别下降 1.3% 和 0.1%，食品价格比上年上涨 2.6%。

（六）海外劳工向菲律宾国内汇款 285 亿美元

根据菲律宾中央银行的数据，2015 年菲律宾海外劳工汇回国内的个人汇款总金额 285 亿美元，比上年增长 4.4%，占菲律宾国内生产总值的 9.8%。其中，2015 年 12 月汇款 27 亿美元，增长 4.9%，创下菲律宾海外劳工单月汇款最高纪录。菲律宾是全球劳工输出大国，约有上千万菲律宾劳工在海外工作，每年汇回大笔外汇资金支撑经济发展。

（七）车辆销量突破 30 万辆

据中国驻菲律宾大使馆经济商务参赞处信息，因石油价格下降和工资及消费水平的提升，2015 年菲律宾新车销量突破 30 万辆，比上年增长 19%，比 2005 年增长 3 倍，比 2009 年增长两倍。菲律宾新车销量增长速度在东南亚车市中排行第三，居新加坡及越南之后。

二、2015 年菲律宾政治

（一）总统选举成为政治焦点

菲律宾将于 2016 年 5 月进行总统选举。2015 年，菲律宾总统选举成为全年的政治焦点，选战激烈，各派尽出奇招，为争夺选票不遗余力。据菲律宾选举委员会的信息，截至 2015 年 12 月 23 日，有 23 人有资格参选。从民调情况看，有望角逐总统一职的有内政和地方政府前部长曼努埃尔·罗哈斯、副总统杰约马尔·比奈、女参议员格雷斯·傅和达沃市市长杜特尔特等。

另外，年初发生的武装事件让菲律宾总统选举扑朔迷离。2015 年 1 月 25 日，菲律宾警方在南部抓捕恐怖分子时与盘踞当地的反政府武装交火，44 名特警队员惨遭围攻身亡。这起事件让菲律宾总统阿基诺的名望遭受重挫，一些团体和个人呼吁阿基诺辞职下台。菲律宾参议员特里兰尼斯·圣地亚哥更宣称，有情报显示有人借机策划政变阴谋。菲律宾国防部部长加斯明 2 月 12 日也首度证实截获有人阴谋发动政变情报，但强调仍在核实。“团结民族主义联盟”临时主席、菲律宾众议员提亚戈指控特里兰尼斯散布政变阴谋传闻只是为了转移公众对政府在特警遇袭事件上所犯过失的注意力。此后，有关政变阴谋的传闻成为总统选举中不同政治力量博弈的焦点。

（二）涉贪指控再度暴露菲律宾政治分肥

2015 年，菲律宾有两项大型涉贪指控。一是阿基诺智囊涉贪案。2015 年 8 月 8 日，因涉嫌贪腐，菲律宾司法部要求菲律宾调查官办公室对包括总统阿基诺三世高级顾问在内的两名政界高官提起指控。这两名官员分别是国会前议员、目前担任阿基诺在职业教育方面最高顾问的若埃尔·比利亚努埃瓦和前军方将领、现任国会参议员格雷戈里奥·奥纳桑。菲律宾司法部官员德利马称，比利亚努埃瓦涉嫌在 2008 年担任议员期间挪用 1000 万比索（约合 22.3 万美元）农业补助资金，打入一个虚构的非政府组织名下账户。奥纳桑被指控于 2004 ~2012 年间向菲律宾政界人士和官员行贿数以百万计美元，继而从原本用于资助贫困人口的国会资金中获得多达两亿美元的好处。二是菲律宾 9 名现任及卸任议员涉贪案。菲律宾国家调查局于 2015 年 8 月 7 日正式向监察专员办公室提交第 3 批政府“优先援助发展资金”贪污弊案涉案者名单，参议员洪纳桑、内阁部长维拉纽瓦等 9 位现任及卸任议员因涉贪被提起犯罪指控。两年多前，菲律宾多位议员被揭发与不法商人联手，通过向虚构的非政府组织“拨款”，把俗称“猪肉桶”（也称“政治分肥”）的政府“优先援助发展资金”塞进个人腰包，涉案金额高达上百亿比索。涉案女商人纳布礼斯一度揭发有 12 名现任参议员、8 名卸任参议员、100 名众议员以及 3 名政府内阁高官涉案。菲律宾国家调查局此前已向监察专员办公室提交两批涉案者名单，后由监察专员办公室向反贪法院提告，包括 3 名参议员在内的数十名被告陆续遭到警方羁押。菲律宾司法部部长德利马表示，菲律宾司法部下属的国家调查局当天正式对 1 名参议员、8 名现任及卸任众议员共 40 名涉案人员提出犯罪指控，菲律宾国家调查局已掌握充足证据指控这些人把“优先发展援助资金”拨付给女商人纳布礼斯虚设的基金会，并从中收取回扣，因而涉嫌侵吞公款、贪污、行贿、受贿等犯罪活动。菲律宾总统府向公众保证，尽管内阁部长维拉纽瓦也遭到指控，但菲律宾总统阿基诺会尊重法律程序。菲律宾总统发言人陈显达表示，菲律宾司法部已履行自己的职责，维拉纽瓦部长会有机会为自己作出辩护。

（三）社会治安问题突出

据菲律宾国家警队报告数据，2015 年 1～6 月，菲律宾犯罪案件由 2014 年同期的 60.31 万件增至 88.54 万件。其中盗窃案从 8.65 万件增至 10.52 万件，劫车案从 5599 件增至 1 万件，酒后互殴、夫妇冲突等人身伤害案从 12.21 万件增至 18.29 万件，性侵案从 5069 件增至 8288 件，谋杀案由 5004 件增至 7245 件，杀人案由 4091 件增至 6607 件。社会治安问题十分突出。

三、2015 年菲律宾外交

（一）菲律宾与中国的关系

一方面，中国与菲律宾继续保持友好交往，中国外交部部长时隔 6 年再访菲律宾。应菲律宾外交部部长德尔罗萨里奥邀请，中国外交部部长王毅 2015 年 11 月 10 日对菲律宾进行工作访问。

南海问题依然是中菲关系的主要焦点。2015 年，菲律宾无视中国主权，不断挑起南海争端，如菲律宾语言文化委员会推出的新版国家地图标明黄岩岛是菲律宾领土，菲律宾领导人多次在公开场合发表关于南海问题的不正当言论。另外，在 2015 年 4 月 26 日举行的东盟外长会议上，菲律宾又极力将南海问题纳入会议内容，严重影响中菲关系正常发展。

（二）菲律宾与美国的关系

2015 年 4 月 20～30 日，菲美“肩并肩”联合军演在菲律宾境内巴拉望岛西部、阿希楠省和三描礼士省多处地点举行，美国派出 6656 名军人、76 架飞机以及 3 艘军舰，菲律宾派出 5023 名军人，澳大利亚派出 61 名军人。参加演习总兵力达到 11740 人，为近 5 年来最多。美国、菲律宾、澳大利亚 3 国还动用 92 架军机、4 艘舰艇参加演习。军演分为 3 部分：指挥所演习、实地演习和人道主义援助演习。

2015 年 11 月 17 日，美国总统奥巴马赴马尼拉出席 APEC 峰会并访问菲律宾，奥巴马访菲首场活动即聚焦军事安全，参观菲律宾海军“德尔毕拉尔”号巡洋舰，该舰是美国军事援助菲律宾的象征，因为它曾是美国海岸警卫队的巡逻舰，2011 年退役后转送给菲律宾。奥巴马还宣布美国将再向菲律宾转让一艘美国海岸警卫队巡逻舰，以提高菲律宾海军进行长期巡逻的能力。为配合奥巴马访问，美国当日宣布将于 2015～2016 年拨出 2.59 亿美元，协助菲律宾、越南、印度尼西亚和马来西亚提升海事安全能力。菲律宾得到的援助最多，为创纪录的 7900 万美元。

（三）菲律宾与日本的关系

出于与中国抗衡的战略需要，菲律宾和日本的关系越走越近。2015 年 6 月 3 日，菲律宾总统阿基诺三世开启 5 年内的第 6 次访日之旅，日本成为他任内访问次数最多的国家。6 月 3 日，阿基诺三世在日本国会发表演讲，就日本面对历史问题的态度表达了与韩国等其他亚洲国家截然不同的观点，称日本已修复了侵略战争给受害国带来的“历史创伤”。阿基诺也未要求“安倍谈话”正视历史。日本与菲律宾在经贸和军事领域的合作也不断深化。日本是菲律宾最大的经济援助国，截至 2014 年，援助额累计 3 万亿日元（约 250 亿美元）。

（四）菲律宾与东盟各国的关系

1. 菲律宾与越南的关系。2015 年，菲律宾与越南在贸易投资、外交等领域加强合作。菲律宾对越南的直接投资集中在加工制造业领域（占 71%）和农林水产领域（占 25%）。2015 年 8 月 18 日，越南工贸部驻南方代表处与菲律宾出口促进局在胡志明市联合举办越菲企业贸易合作交流会，菲律宾从事食品、包装和特许经营等领域的 15 家企业代表出席。

年内，菲律宾与越南签署新的伙伴协议，两国建立战略盟友关系。菲律宾外交部发言人表示，菲律宾与越南战略伙伴关系涵盖经济、政治、防务和海上合作等多个领域，越南是继美国和日本之后菲律宾的第三个战略伙伴。根据战略伙伴协议，在政治合作领域，两国将“增加交往频率，开展各层次的双边交流”；在防务方面，双方同意除维持每年定期举行的会议外，还要加强两军之间的合作。

4 月 20 日，代号“肩并肩”的菲美联合演习在菲律宾马尼拉的武装部队总部阿吉纳尔多军营拉开帷幕。图为菲律宾和美国士兵在开幕仪式上护送国旗　　（百度网）

2. 菲律宾与马来西亚的关系。2015 年，领土争端成为菲律宾与马来西亚关系的焦点，马来西亚拒绝菲律宾声索沙巴的要求。2015年3月30日，菲律宾外交部向马来西亚大使馆递交声索沙巴州的照会，但马来西亚不承认菲律宾对沙巴的主权。马来西亚外交部2015年7月6日强调，马来西亚不会理会任何索取沙巴主权的要求，联合国及国际社会已认可，沙巴于1963年9月16日归属马来西亚。

四、2016年展望

2016年，由于国际市场前景不明，欧美发达国家增长乏力，中国经济持续下行，但出于对菲律宾大选刺激作用和国内需求空前强劲的看好，菲律宾经济增长预期为6%，高于地区平均值。外交方面，菲律宾将继续推行大国平衡外交，并加强与美国、日本的关系。

（黄耀东　黄　韬）

资料来源：

1. 中华人民共和国驻菲律宾大使馆经济商务参赞处网站
2. 菲律宾驻中华人民共和国大使馆网站
3. 中华人民共和国商务部网站
4. 广西壮族自治区商务厅网站
5. 人民日报、中央电视台、广西日报、广西电视台等媒体网站

新加坡:2015年发展回顾与2016年展望

2015年，新加坡政治社会稳定，近两年来政府推出的建国一代援助方案、终身健保计划等惠民政策巩固了民众对执政党——人民行动党的支持，在2015年9月的全国大选中，人民行动党以69.86%的得票率赢得选举。2015年新加坡国内生产总值比上年增长2%，低于2014年3.3%的增长率．外交方面，新加坡加强与东盟国家、中国、美国的关系，积极参与东盟共同体建设。

一、2015年新加坡政治社会动态

（一）新加坡执政党——人民行动党在国会选举中获胜

在2015年9月11日的新加坡新一届国会选举中，执政党——人民行动党以压倒性优势获得89个议席中的83个，以69.9%的总得票率赢得选举。此次国会选举是新加坡1965年独立以来第一次所有议席都有反对党或无党籍候选人参与竞争的大选，也是新加坡建国总理李光耀去世之后的第一次大选。

人民行动党在新加坡已执政50多年，创造了“新加坡模式”。然而，人民行动党开始面临日益严重的挑战。2011年大选中，人民行动党首次失掉一个集选区，在87个国会席位中失去6个，全国平均得票率60.1%，为有史以来最低。自2011年大选后，人民行动党不断调整执政方式，更加注重与人民沟通，在缩小贫富差距、增加公民福利方面回应民众诉求，取得良好效果。

2015年9月28日，新加坡总理李显龙宣布新一届内阁正式成立，并于10月1日宣誓就职。此后，对内阁做出大幅调整，大力推动领导层更新，有多位年轻部长负责重要部门的工作。李显龙总理表示，新加坡已进入崭新的国家建设阶段，将面对更加复杂的挑战，政府部门将承担更多责任，政府因此需要做出相应改变。

（二）2015年腐败案数量创新低

2015年新加坡贪污调查局立案处理的腐败案132件，比上年有所减少，创历年来新低。其中仅有11%的案件涉及政府官员，其他案件为私人领域的行贿受贿。

（三）2015年新加坡家庭实际收入继续增长

据新加坡统计局公布的2015年家庭收入报告，基于劳动市场紧缩与雇主公积金缴交率提高等政策调整，新加坡家庭实际收入比上年增长4.9%。报告进一步指出，尽管新加坡家庭实际收入过去5年年均增长3.8%，但从宏观角度来看，近几年新加坡员工收入实际增长超越生产力增长。

二、2015年新加坡经济

（一）国内生产总值小幅增长

新加坡贸工部公布的数据显示，2015年第一季度，新加坡国内生产总值（GDP）比上年同期增长2.6%；由于制造业继续疲软，第二季度GDP比上年同期增长1.7%；第三季度增长1.4%；第四季度增长1.8%。全年GDP比上年增长2%，低于2014年3.3%的增长率。制造业萎缩5.2%，其中除化学工业外的所有领域增速均下降；建筑业增速放缓至2.5%，低于上年3.5%的增速；新加坡的电子工业及其他制造业尽管规模在世界份额中不大，但对新加坡而言规模不小，也随着全球整体需求减少而增速下降；得益于批发零售贸易及金融保险领域的增长，服务业增速为3.4%，但仍略低于2014年的3.6%。

（二）贸易额下降

据新加坡《联合早报》2016年2月24日报道，2015年新加坡进出口贸易总额8841亿新元，比上年减少9.5%。全年服务贸易额3892亿新元，比上年增长0.3%。

全年非石油国内出口总额比上年减少0.1%，非石油转口贸易额增长1.9%。

（三）游客数量增加，旅游业收入下滑

新加坡2015年接待外国旅客人数比上年增长0.9%，旅游业收益比上年减少7%。

据新加坡旅游局公布的旅游数据，2015年全年抵

境旅客量为1520万人次，比上年增长0.9%。商务旅游、会议、奖励旅游、大型企业会议和展览游客减少，全年旅游业收入220亿新元（156亿美元），比上年减少6.8%。

（四）固定资产投资连续下跌

据新加坡《联合早报》2016年2月3日报道，新加坡吸引的固定资产投资连续3年下降，2015年投资额115亿新元，比上年减少2.5%，为过去6年的最低纪录。

化学工业与电子业吸引的固定资产投资占比量最大。化学工业2015年吸引固定资产投资36亿新元，比上年增长近四成；电子业继2014年吸引的固定资产投资减半后，2015年吸引的投资恢复到2013年的水平，达到33亿新元。

（五）主权财富基金投资活跃

据新加坡《联合早报》2015年12月10日报道，受全球企业并购活动活跃推动，2015年新加坡主权财富基金投资活跃，参与投资总额达到607亿新元，比上年增长24%。其中：淡马锡控股参与38个投资项目，投资总额325亿新元；新加坡政府投资公司参与16个投资项目，投资总额282亿新元。上述两家企业主要投资重要经济领域，从消费复苏的趋势中获益，亚太市场是两家企业的重要投资市场，其中以中国和印度为主。例如，随着中国、印度经济的快速增长以及对出租车的需求增加，淡马锡控股2015年再度参与中国打车应用软件滴滴快的的投资，投资额20亿美元。新加坡政府投资公司向印度租车打车服务业者ANI科技公司投资5.42亿元。

（六）1000强企业总营业收入突破3万亿新元

2015年，新加坡1000强企业（S1000）营业收入总额首次突破3万亿新元大关。1000强企业只用3年时间就把营业收入总额从2万亿新元增至3万亿新元，较高的营业收入反映大型企业对新加坡经济的巨大贡献。

在2015年S1000公司中，商业和批发领域企业表现强劲，有450家公司上榜，营业额占S1000企业营业收入总额的67.73%。榜单上的商业和批发企业自2013年以来的营业总额增加4130亿新元，显示对外贸易对新加坡经济发展起着重要作用。

（七）劳动市场就业增长速度放缓

据新加坡《联合早报》2016年3月15日报道，受经济增长放缓和外籍员工政策收紧的影响，新加坡劳动市场的就业增长速度与前两年相比显著放缓。2015年新加坡整体就业人数比上年增加2.33万人（不包括外籍女佣），增幅仅为0.7%，比前两年显著放缓，2013年、2014年新加坡劳动市场的就业增长率分别达到3.7%和4.2%。

三、2015年新加坡外交

（一）新加坡与中国的关系

2015年是中国与新加坡建交25周年，两国高层交往频繁，双边贸易和相互投资稳健增长，双方各领域合作取得新的进展。

1. 两国高层交往频繁。2015年2月10日，中国国家主席习近平特使、中共中央政治局委员、中央政法委书记孟建柱访问新加坡，新加坡总理李显龙会见孟建柱。3月23日，中国国家主席习近平就新加坡前总理李光耀不幸逝世向新加坡总统陈庆炎致唁电。习近平代表中国政府和人民并以个人名义对李光耀逝世表示深切哀悼，向李光耀的亲属表示诚挚慰问；3月29日，中国国家副主席李源潮代表中方赴新加坡出席李光耀的国葬。4月10日，新加坡副总理兼国家安全统筹部部长及内政部部长张志贤到北京出席第5届中新领导力论坛。5月29～31日，第14届香格里拉对话会暨亚洲安全会议在新加坡举行，中国人民解放军副总参谋长孙建国率团出席此次会议。6月29日至7月4日，应中国国家主席习近平邀请，新加坡共和国总统陈庆炎对中国进行国事访问。8月2～3日，应新加坡外长尚穆根邀请，中国外交部部长王毅访问新加坡，新加坡总理李显龙会见王毅。8月9日，中国国家主席习近平特使、国家副主席李源潮出席新加坡建国50周年庆典活动，李源潮转交习近平主席致新方领导人的国庆贺信。10月1日，中国国务院总理李克强致电新加坡领导人李显龙，祝贺他连任新加坡共和国总理。10月3日，中国国家

5月29～31日，第14届香格里拉对话会暨亚洲安全会议在新加坡举行。图为中国人民解放军副总参谋长孙建国31日在会上发表演讲　（新华网）

主席习近平与新加坡总统陈庆炎互致贺电，热烈庆祝两国建交25周年。10月13日，中新双边合作联合委员会第12次会议在新加坡召开，中共中央政治局常委、国务院副总理张高丽与新加坡副总理张志贤共同主持会议。11月6～7日，应新加坡共和国总统陈庆炎邀请，中国国家主席习近平对新加坡进行国事访问。6日下午，陈庆炎在新加坡总统府会见习近平。两国元首一致同意将中新关系定位为与时俱进的全方位合作伙伴关系，并启动中新自由贸易协定升级谈判；7日，习近平同新加坡总理李显龙举行会谈。会谈后，习近平和李显龙共同见证两国在互联互通、贸易、"一带一路"建设、城市治理规划、教育、海关等领域双边合作协议的签署。访问期间，习近平主席在新加坡国立大学发表题为《深化合作伙伴关系 共建亚洲美好家园》的演讲，高度评价中新双边关系的良好发展势头。习近平还与新加坡荣誉国务资政吴作栋一道出席中国文化中心的落成仪式。

2. 两国经贸投资合作关系日益密切。一是两国致力于开拓合作新模式。中新建交25年来，两国一直致力于开拓合作新模式，合作项目普遍具有前瞻性和示范性。两国先后在苏州和天津推出政府间合作项目，中新双方合作建设的苏州工业园区、天津生态城项目均发挥示范效应，其亲商理念、一站式服务、城市规划与管理经验受到各地借鉴。2015年11月7日，中国国家主席习近平访新期间，两国宣布启动中国—新加坡自由贸易协定升级版的正式谈判，并签署在中国西部开展第三个政府间合作项目的协议。二是合作机制日益健全。中新两国已建立3个副总理级经贸合作机制，分别是双边联委会机制、苏州工业园机制以及天津生态城机制。此外，新加坡与中国的山东、四川、浙江、辽宁、天津、江苏、广东等7省（直辖市）也分别建有经贸合作机制。在商贸领域还有自由贸易区商谈机制、劳务合作工作组机制、服务贸易工作组机制等，这些机制为双方合作发展提供了保障。三是双方经贸投资合作取得长足进展。据中国海关统计，2015年中国与新加坡贸易额为795.7亿美元。其中：中方出口520.08亿美元，比上年增长6.47%；进口275.56亿美元。自2013年以来，新加坡已经成为中国第一大外资来源国，世界第二大人民币离岸结算中心。2015年1～8月，在"一带一路"沿线65个国家中，新加坡对华投资占沿线国家对华投资总额的82%；而中国对新加坡投资则占中国对沿线国家投资总额的35%。

3. 两国文化交流与合作不断加强。2015年11月6～7日，中国国家主席习近平对新加坡进行国事访问期间，与新加坡荣誉国务资政吴作栋一道出席中国文化中心的落成仪式。新加坡中国文化中心是2010年11月时任中国国家副主席习近平访问新加坡时与时任新加坡国务资政吴作栋共同奠基的。2015年10月，中新两国签署在新加坡设立中国文化中心的协定，新加坡中国文化中心将成为中新两国增进了解、加强交流的重要窗口和平台。

2015年11月21日，《梦笔新境——纪念中新两国建交25周年美术作品展》在新加坡中国文化中心举行。"梦笔新境"美术作品展得到中国国家美术馆和新加坡国家美术馆的支持，展出25位中国艺术家和25位新加坡艺术家的50件代表作，以纪念新加坡建国50周年和中新建交25周年。

4. 中国各省（直辖市、自治区）与新加坡的交往和合作不断加强

2015年7月16日，中国宁波杭州湾新区投资环境推介会在新加坡举行。宁波杭州湾新区管委会主任俞雷向与会的50余家新加坡企业代表介绍宁波杭州湾新区的投资环境和政策。应新加坡旅游局的邀请，云南省人民政府资政刘平率团于7月21～25日访问新加坡，举办云南省旅游推介会。8月6日，广东21世纪海上丝绸之路国际博览会秘书处在新加坡举行推介会，向与会的60余家新加坡商会和企业代表介绍2015年海上丝绸之路国际博览会的有关情况。8月18日，宁波、青岛进出口商品交易会在新加坡举行。由新加坡和中国吉林省吉林市人民政府共同开发的中新吉林食品区取得阶段性进展，食品区里出产的吉林大米2015年年底出口新加坡市场。9月29日，中国新疆维吾尔自治区乌鲁木齐市旅游经贸推介团在新加坡举行推介活动。12月4日，新加坡武汉总商会举行成立揭牌仪式。12月22日，中国东北旅游推介会在新加坡举行，中国东方航空于2015年10月开通长春—新加坡航线。

（二）新加坡与东盟国家的关系

2015年，新加坡参与东盟以下活动：2015年3月6日在马来西亚召开的第21届东盟经济部长非正式会议；3月9～11日在马来西亚吉隆坡召开的第26届东盟峰会筹备会议，与会代表重点围绕着第26届东盟峰会准备工作、会议议程等问题进行讨论，会议也就东盟2015年共同体建设蓝图的进展，东盟共同体2015年建成后的发展愿景、推动东盟对外合作，同美国建立战略合作伙伴关系的构想等问题展开讨论；3月16日在马来西亚举行的第9届东盟国防部长会议（ADMM－9）；3月21日在马来西亚吉隆坡举行首届东盟财长和央行行长会议。

2015年5月20日，由新加坡工商联合总会、新加坡国际企业发展局、新加坡大华银行等机构和企业联合举办的2015东盟论坛在新加坡举行，有600多名来自东盟国家政府和商业领域的代表出席。论坛探讨东盟经济共同体的机遇与挑战，就东盟经济共同体的政策更新、东盟宏观经济形势、东盟经济共同体蕴含的商机特别是大湄公河次区域经济合作等议题进行探讨。

新加坡支持东盟共同体建设和地区一体化进程。在2015年11月举行的第27届东盟峰会上，东盟领导人宣布将在2015年12月31日建成以政治安全共同体、经济共同体和社会文化共同体三大支柱为基础的东盟共同体，同时通过愿景文件《东盟2025：携手前行》。

（三）新加坡与美国签订加强防务合作协定

据新加坡《联合早报》2015年12月8日报道，2015年12月7~8日，新加坡国防部部长黄永宏访问美国，与美国国防部部长卡特会面，双方正式签订加强两国防务合作协定，进一步拓展和深化新美作为主要安全合作伙伴的防务关系。新加坡同意在现行协定下，让美国每隔几个月派遣主要用于海上巡逻、侦察和反潜作战行动的P-8“海神”反潜侦察机到新加坡做短期停住部署。两国将在五个关键的防务领域进行广泛合作，即军事、政策、战略、科技以及非传统安全挑战如海盗和跨境恐怖主义威胁等。其中，双方已达成共识，在人道和灾难救援、网络安全、生物安全与公共通讯方面开拓新合作领域。

四、2016年展望

2016年，新加坡政府将以更加贴近民意的方式执政，继续采取措施放缓外来移民及外籍劳工的增长，以缓解民众对人口增加带来的生存环境及质量下降的担忧。经济方面：据新加坡《联合早报》2016年3月2日报道，新加坡经过多年收入和产出迅速增长的阶段，如今正步入经济增长的结构性转折点，在无自然资源、劳动力有限和经济增长空间受限的环境下，面临着维持经济持续增长和提高人民平均收入等各方面的挑战。新加坡贸工部表示，尽管金融保险以及批发贸易有望为新加坡的经济增长提供支持，但由于外部需求疲软，制造业前景仍然低迷。此外，油价波动、私人部门建筑行业需求的下降以及人力短缺也将对相关经济领域产生影响。综合各种因素，新加坡贸工部将2016年经济增长预期维持在1%~3%之间。国际信评机构穆迪2016年3月1日发布的一份新加坡经济增长前景报告预测新加坡经济增长会继续放缓，增速为1.8%。但同时也认为，新加坡作为贸易枢纽的地位正不断提升，以及新加坡政府大力推动服务业，可支持新加坡经济增长在未来4年维持在1.5%~3.0%的范围内。穆迪认为，新加坡经济增长前景将取决于它的结构性变化所产生的相互影响，包括从制造业转向高附加值的服务业、政府提高生产力的举措，以及中国经济增长放缓和新加坡在东盟地区的作用等宏观经济因素。

（罗　梅）

资料来源：

1. 新加坡《联合早报》2015年、2016年1~3月的有关报道

2. 新加坡《联合早报》网站，http://www.Zaobao.com/相关资料

3. 中华人民共和国外交部网站，http://www.Fmprc.gov.cn/chn/相关资料

4. 中华人民共和国驻新加坡大使馆经济商务参赞处网站，http://sg.mofcom.gov.cn/index.shtml 2015年有关报道和资料

5. 新华网，http://www.xinhuanet.com/2015年有关报道和资料

6. 人民网，http://www.people.com.cn/2015年有关报道和资料

泰国：2015年发展回顾与2016年展望

2015年泰国政治热点主要是起草新宪法、推进改革及反腐败等；经济上，泰国总理巴育撤换了经济团队，推行经济刺激政策，但经济复苏仍然乏力；外交上，巴育积极参与国际事务，力求获得国际社会对泰国局势的理解与支持。

2014年7月，泰国军方颁布临时宪法，标志着泰国进入恢复民主路线的第二阶段。根据巴育上将的恢复民主路线图，第二阶段的主要任务包括组建临时政府、成立立法议会和改革委员会、成立宪法起草委员会和起草新宪法等，这些将在一年半时间即2015年年底前后完成，但实际进程则要缓慢得多。

一、政治热点

2014年政变后，巴育上将即采取一系列平息泰国政治论争和恢复社会秩序的措施：包括禁止所有政党活动；实施严格的新闻检查制度；禁止政治人士、学者和记者发表对时局的评论等，平息了喧嚣多时的街头政治，曾经势力强大的为泰党和民主党也偃旗息鼓。2015年4月，泰国取消戒严令，泰国维护国家和平与秩序委员会（以下简称维和委）随之行使临时宪法第44条赋予的权力。临时宪法第44条规定，维和委主席拥有下令阻止及镇压任何威胁公共和平秩序或国家安全行为的权力。

（一）宪法草案遭否决

泰国国家改革委员会2014年10月底确定宪法起草委员会的人选后即着手起草新宪法，计划2015年8月前后完成之后进入立法机构投票程序，如获通过，2016年年初进行全民公投，8月举行大选，再成立新内阁。

新宪法的起草侧重于对政党法、选举法、新闻审查等内容的修改，且有削弱他信势力重新执政的明显意图。2015年9月6日，泰国国家改革委员会举行会议，对新宪法草案进行投票。247名委员中有105人投赞

成票，135 人投反对票，7 人弃权，因赞成票不足半数而被否决，无法进入公投阶段。被否决的宪法草案中有一大争议条文，即新政府将有 5 年的“过渡期”，其间如果国内出现政治动荡，一个多由军人组成的“国家改革与和解战略委员会”有权替代民选政府执政。这一内容引起各界争议，被认为是阻碍草案通过的主要障碍之一。包括为泰党和民主党等一些泰国主要政党认为，宪法起草委员会具有超越立法、行政、司法的至高权力，与民主原则相违。还有一些分析认为，新宪法草案遭到否决实际上延长了军政府的执政时间，为泰国未来政局走向增添更多变数。包括红衫军在内的反对派公开质疑宪法草案的目的，认为这是军政府要继续巩固军方政治势力，阻止泰国回归民主。泰国主要政治势力围绕修宪问题的争论还在继续，新宪法草案遭到否决，显示社会各界对此仍缺乏共识。

维和委随后重新任命宪法起草委员会，国家改革委员会也宣布解散，其职能由新成立的国家改革筹备大会取代，成员均由泰国总理巴育任命。按规定，维和委要在宪法草案被否决一个月内任命新的宪法起草委员会，180 天内拟定新的宪法草案，再进入立法机构投票程序。10 月 5 日，巴育主持维和委会议，审议通过新一届宪法起草委员会 21 名成员和国家改革筹备大会 200 名成员名单。由维和委顾问米猜担任新一届宪法起草委员会主席，并于当日召开首次会议。至 2015 年年末，新宪法草案已逐项通过审议，全民公投各方面准备工作基本就绪。

（二）巴育政府一年半政绩获肯定

接管政权一年多来，泰国政府撤换了所有前任内阁部长和多名在军政府上台后态度消极的职业官僚，彻底更换他信势力强大的泰东北地区地方官员。为更有效地推进各项改革，巴育总理年内还对十多个内阁职位进行调整，多名内阁成员改任顾问。8 月 19 日，巴育宣布任命全国维和委经济顾问，曾在前他信政府中担任副总理和商务部部长的颂奇为副总理，领导内阁经济团队，负责振兴经济。

12 月 25 日，巴育总理在国务院主持政府一年半政绩报告，由 6 位副总理各用半天时间，向媒体及各部门代表说明工作成果及进展。泰国多家民调中心的调查显示，多数民众对巴育政府执政一年半的政绩表示满意，认为巴育是在认真为国家效力。曼谷大学民调中心公布的一项民调结果显示，民众对巴育政府执政一年半以来的满意度虽较此前有所下降，但依然支持巴育担任国家领导人。民众对巴育政府满意度调查得分由之前的 5.94 分下降到 5.92 分，其中在维护国家安全稳定方面得分最高，为 7.1 分；经济方面得分最少，为 5.04 分。而对巴育个人一年半以来工作满意度的平均得分为 7.24 分，较巴育政府执政一年时的 7.11 分有所上升。

（三）反腐工作继续推进

巴育政府高举反腐旗帜，对前任政府的贪腐官员进行处理，其中最引人瞩目的是针对前总理英拉的大米收购案。大米收购计划是英拉上台之初为兑现政治承诺所制定的以高出市场价格、每吨 1.5 万泰铢向稻农收购大米的政策。巴育政府认为，这项计划弊端百出，降低了泰国大米的国际竞争力，不仅使国家蒙受巨额损失，也使泰国失去全球第一大米出口国的称号。2015 年 1 月，泰国国会以英拉在大米收购计划实施中渎职为由，通过了对她的弹劾议案，使英拉 5 年内不得参政。2 月 19 日，泰国总检察长办公室就大米收购项目正式向最高法院提起针对英拉的刑事诉讼，指控英拉当政期间推行大米收购计划时违反刑法和反贪污法，造成国家财政巨大损失。如果被控罪责成立，英拉有可能被判最高 10 年的监禁。同时，泰国反贪委员会还就大米收购计划对英拉提起民事诉讼和 6000 亿泰铢的索赔。因大米收购案被国家反贪委员会索赔的还包括商务部前部长、副部长等。

5 月 19 日，政变一周年之际，泰国最高法院针对大米收购案召开第一次听证会，英拉出庭申辩。10 月 29 日，英拉出庭就大米收购案接受法庭初步审讯。泰国政府还拟颁布行政命令，没收英拉的财产作为赔偿。英拉曾通过社交账户否认自己在大米收购计划实施过程中腐败或纵容腐败，并强调推行大米收购计划是政府行为，接任的政府不能针对上届政府的行为提出民事指控，或因上届政府执行的计划而追讨经济赔偿。分析人士则认为，大米收购案如何判决可能不是最终目的，悬而不决恐怕才是最有力的政治杠杆。

（四）泰南治理初显成效

在泰南 3 府伊斯兰组织问题的治理上，泰国军政府成立由军人、警察、志愿者等多方面组成的治理协调机构，强化对泰南 3 府边境地区的安全保护，加强打击毒品犯罪和人口贩卖行为。同时，扩大对泰南的发展资金投入，促进当地经济发展。据路透社报道，2015 年泰南 3 府社会秩序有所好转，各种暴力袭击事件有所减少，治理机构与当地民众关系良好。监察泰南情况的“南部深度观察”组织说，与 2014 年相比，2015 年泰南暴力事件减少 15%。

二、经济形势

巴育政府执政后，泰国社会恢复平静，但由于受出口下降、消费疲弱、大宗商品价格走弱以及政治不稳定等不利因素的影响，经济表现差强人意，官方经济增长目标一再下调。2015 年 8 月 17 ~ 25 日，曼谷大学举行“巴育经济团队 1 周年政绩评估报告会”，来自 27 家金融机构的 59 位受访经济学家给巴育经济团队政绩评分为 5.32 分，较之前的 5.62 分有所下降。在满分 10 分的评估标准中，得分最高的是稳定泰铢汇率表现，为

5.98 分。得分最低的是推动经济增长方面，仅为 4.57 分。当月，曾在他信政府中担任副总理和商务部部长的颂奇被委任为副总理，领导军政府的经济团队，并重新启动重大项目审批和一系列惠民政策。

（一）经济刺激政策

颂奇副总理上任后，陆续出台一系列刺激经济增长的政策。首先把 10 个行业列为泰国经济增长的新引擎，包括新生代汽车、智能电子设备、医疗及健康旅游、农业及生物技术、食品、机器人技术产业、物流及航空、生物燃料、生化、数码化及医疗等。同时，推行一系列刺激经济的举措，如：推行额度 500 亿铢优惠利率贷款计划，每镇 500 万铢的生活素质改善计划，促进不足 100 万铢小型投资项目实施计划，岁末"为国购物"降税措施，通过国家专业银行实施金融扶持措施等。

1. 振兴农村经济。颂奇将振兴农村经济作为首要任务，上任后即采取一连串刺激农村经济的措施，包括每个村镇发放 500 万铢发展资金以促进村镇经济发展。由于 2015 年大米价格下跌，泰国几大重要的农村消费支出大幅减少，如何刺激 2000 万依赖农作物收入的农民消费能力回升成为改善泰国经济的重点之一。颂奇表示，泰国政府将提供约 37.3 亿美元的长期优惠贷款和现金资助来帮助这些农民寻找替代工作增加收入。

2. 吸引外国投资。巴育政府为外国投资者提供更多的税收优惠和补助，缩短对外国投资项目的审批流程。泰国投资促进委员会还通过 2015～2021 年泰国中长期投资推广策略，重点包括重新引导泰国引进改变经济结构、提高附加价值的产业，重视可持续经营，减少依赖低成本劳工。重视农业、轻工业、金属机器运输设备、电子设备、塑料造纸、服务业、环保与研发等，对约 240 种产业给予优惠待遇。同时给予节能企业设备进口免税、所得税减免 3 年等优惠。

3. 发展边境经济特区。2014 年年底泰国政府提出大力发展边境经济特区，加快与周边国家的互联互通建设，并成立以巴育总理为主席的经济特区政策委员会。2015 年 1 月 19 日，巴育总理主持召开发展经济特区政策委员会会议时表示，泰国年内要成立 5 个经济特区。经济特区以发展贸易、吸引大型公司企业进驻、建立工业区为主，推动边境贸易发展。泰国政府负责制定具体规划和相关优惠政策，投资促进委员会为进入经济特区投资的公司提供免税优惠待遇。颂奇副总理也表示，泰国的薪酬标准已无法与缅甸、柬埔寨等国竞争，因此要与邻国组成新的经济特区，未来才可以从国外雇佣更低成本的劳工。

2015 年，泰国政府推行的其他具体经济措施还包括落实数字经济发展政策、重振消费者信心、设立基金协助私人投资、企业免税 10～15 年、个人所得税减征或免税等。

（二）经济表现

2015 年，泰国国内生产总值增长率为 2.8%，较上年有所提高。增加政府财政支出、投资的改善以及家庭支出的增加是拉动经济增长的主要因素，旅游业、民间消费和服务业出口收入增加对经济增长也有促进作用。但经济复苏尚未涵盖各个部门，出口、农业仍然疲弱。

1. 旅游业快速发展。2015 年，泰国推出黄金旅游年等主题以及"泰式风俗游""12 个不容错过的旅游目的地"等旅游重点项目，均取得良好效果，超额完成预期目标。8 月 17 日，泰国首都曼谷知名旅游景点四面佛外遭炸弹袭击，造成 20 人死亡，120 多人受伤，所幸爆炸事件对旅游业影响不大。根据世界旅游业理事会公布的数据，2015 年泰国旅游收入 2.80 万亿泰铢，约占国内生产总值的 20.8%。国际旅游方面，2015 年泰国接待国际游客总人数创下 2990 万的历史纪录，比上年增长 20.4%，国际旅游收入 1.68 万亿泰铢，占泰国国内生产总值的 11.4%。其中，中国赴泰国旅游人数 790 万，年增长率创纪录地达到 71%。受益于中国游客的激增，2015 年泰国国际游客人数排名亚洲第二，仅次于中国；国际旅游收入从 2014 年全球第十位上升至第四位，成为泰国经济最重要的增长来源。

2. 进出口贸易增速减缓。由于全球经济发展缓慢，国际油价处于低位，与之相关的全球大宗商品价格普遍较低，加上农产品市场低迷，使得 2015

11 月 25 日晚，在泰国清迈兰娜公园"千人天灯盛会"现场，人们将祝福的天灯放飞到天空，祈求愿望能够实现 （百度网）

年泰国出口连续第5年萎缩。2015年泰国进出口总额4170.29亿美元,比上年减少8.45%。其中:出口2143.75亿美元,比上年减少5.78%,为过去6年来最大出口萎缩幅度;进口2026.54亿美元,减少11.02%。

3. 农业经济呈衰退态势。2015年泰国农产品价格普遍低迷,大米价格下跌10.9%,年底跌至8年来新低。橡胶下跌20.3%,砂糖下跌7.2%。价格低迷使出口额明显减少。2015年泰国大米出口量979万吨,比2014年的1090万吨减少10.7%,但出口额却减少15.2%。

巴育政府取消英拉政府为农民推行的补贴计划,包括耗资数十亿美元的大米收购计划。但随着农村经济连续第5个季度萎缩,巴育政府不得不加大对农村的投入。10月,拨付1亿美元补贴水稻种植户。2015年天然橡胶价格降至每千克30多泰铢,广大胶农利益受损引发胶农集会。为此,泰国政府成立专门委员会,采取措施扶助胶农合作社,将现有橡胶进行加工增值。泰国农业及合作社部制订方案为胶农提供补贴,同时要求政府各部门采购橡胶。

4. 私人消费增长。2015年,泰国民间消费和投资分别增长1.1%和1.0%。第三季度泰国私人消费同比增长1.8%,第四季度同比增长2.5%。私人消费增长的主要支持因素来自耐用品、半耐用品消费及服务消费的增加。同时,消费者信心增长、通货膨胀率低、油价下跌等也刺激私人消费增长。

三、对外关系

(一)积极参与东盟事务,发展与东盟邻国的关系

在多边关系方面,泰国积极参与本区域事务。2015年,泰国总理巴育出席各种东盟多边外交活动:4月23日,出席在印度尼西亚雅加达举办的亚洲—非洲峰会;4月26~28日,出席在马来西亚吉隆坡和兰卡威举行的东盟峰会及第9次印马泰三国经济区发展会议;8月9日,访问新加坡,出席新加坡建国50周年庆典;11月21日,出席第27届东盟峰会,并倡议东盟与中国加速推动自由贸易区升级版以及区域全面经济伙伴协议的密集谈判,以扩大东盟与中国之间的贸易与投资,减少贸易壁垒。

在双边关系方面,泰国与柬埔寨年内举行两国建交65周年庆祝活动。12月18日,柬埔寨首相洪森率团访问泰国,参加泰柬内阁第2次非正式联合会议及建交庆祝活动。访问期间两国总理共同主持联合会议并出席泰柬5份合作备忘录的签字仪式。两国希望在经济、能源、打击人口贩卖、旅游等领域加强合作,保持高层密切互访,进一步推动两国友好关系的发展。在经济领域,两国同意5年内实现双边贸易和投资额翻3番,共同推动沙缴府边境经济特区的发展,在海关检验和出入境运输方面提供更多便利,扩大商品出口。此外,还进一步推动在对方国家的投资、泰柬越海上旅游项目和泰柬边境旅游。在农业领域,两国致力于农产品质量的提高,促进农产品再加工、价格提升和扩大市场份额。在劳工合作方面,泰方表示进一步推动柬埔寨劳工合法化,解决贩卖人口和非法入境问题,对在泰国的柬埔寨劳工进行合法登记,享受与泰国劳工同等待遇。年内,泰国还加快泰柬跨湄公河大桥的施工进度。两国同意增加跨境货车和公交车通行的数量,由原来40辆增加至500辆,并实现2015年两国铁路通车。

2015年4月,泰国总理巴育在印度尼西亚雅加达参加亚洲—非洲峰会期间与印度尼西亚总统佐科会晤,就渔业和海洋安全事务进行磋商。两国一致同意针对非法捕鱼成立联合工作小组,重点讨论有效解决非法捕鱼问题。印度尼西亚还邀请泰国投资商投资当地的食品加工、能源以及旅游业。

泰马边境管理与交通合作顺利开展。马来西亚国防部部长希沙姆丁·侯赛因1月29~30日访问泰国并出席泰马第52次边境管理与合作会议。11月19日,巴育总理召开泰国驻马来西亚政府机构工作人员会议,表示泰国政府高度重视与马来西亚的友好外交关系,希望两国能增加交流与合作,努力改善泰国经济环境,吸引更多的马来西亚投资商到泰国南部经济特区投资,泰国还将在橡胶、石油加工、清真食品加工等产业与马来西亚加强合作。年内,泰国与马来西亚首次召开两国跨境运输会议,双方就提高两国陆路和铁路运输效率的合作方案进行协商。泰国铁路局和马来西亚铁路局还启动合艾—巴东勿沙铁路连接马来西亚高铁联程系统,乘客从马来西亚边境巴东勿沙至首都吉隆坡只需5个小时。

2015年,泰国与老挝联合解决水陆边界问题取得成效,两国边界工作联合委员会年内共召开4次会议并签署多项合作协议。

(二)泰国与中国深化交往合作

2015年是中国和泰国建交40周年,双方共同举办各种庆祝活动,各界、各层次的互访活动频繁。9月18~20日,巴育总理对中国进行正式访问,出席在广西南宁举办的中国—东盟博览会并参加中泰建交40周年庆祝活动。泰国是第12届中国—东盟博览会的主题国。10月15日,泰国副总理兼国防部部长巴逸率团访华参加10+1防长会议。同日,泰国前总理、泰国民主党主席阿披实应邀参加在北京举行的亚洲政党丝绸之路专题会。11月16日,2015中泰文化旅游友好车队以"新丝路开启新旅途"为主题,从新疆阿尔泰出发前往泰国,开启长约7000多千米跨越四季的文化交流之旅,促进"一带一路"文化建设。11月26日,应泰国空军邀请,中国空军八一飞行表演队首次在泰国进行飞行表演。12月16~20日,中国国务委员王勇

访问泰国并出席中泰经贸联委会第4次会议。

中泰双方于2014年12月签署铁路合作谅解备忘录。中泰铁路全长约845千米，分为曼谷—坎桂—呵叻段、玛塔卜—罗勇段和呵叻—廊开段，投资总额约5000亿铢，工程资金以中方投资为主。中泰高铁合作项目几经波折，开建时间也有所延迟。2015年，两国铁路合作联合委员会共召开9次会议，完成大量前期工作，达成多项共识。12月3日，双方签署政府间铁路合作框架文件。12月19日，中泰铁路项目总控制及维修中心奠基启动仪式在泰国大城府清拉诺火车站举行，标志着中泰铁路合作项目正式启动。中国国务委员王勇和泰国副总理巴金共同主持仪式，中国国务院总理李克强与泰国总理巴育互致贺信。

（三）泰国与日本加强投资合作

2015年11月19日，泰国总理巴育在吉隆坡出席东盟峰会时与日本首相安倍晋三举行双边会谈，强调泰日之间可以在城市轨道运输系统、地质资源卫星、创新研发、边境经济特区以及农产品贸易等方面深化合作。11月25～28日，泰国副总理颂奇率团访问日本，双方签署多项合作备忘录，其中最引人瞩目的是全长574千米的北碧府—曼谷—沙缴—林查班东部—西南部经济走廊铁路项目合作备忘录。泰国旅游局也与日本贸易振兴会、日本旅行业协会及朝日电视台等机构签署合作备忘录。泰国期望在2020年之前每年接待日本游客200万人次。此外，双方还签署低碳联合计入机制合作协议，日方提供技术和4.35亿泰铢资金，支持泰国4个减少温室效应计划。

（四）泰国与美国关系有所缓和

自2014年泰国再度发生军事政变后，泰美关系一度遇冷。美国多次对泰国罢免民选总理的做法表示担忧，敦促泰国尽早恢复民主制度，美国还在泰国军事政变后宣布暂时中止对其军事援助。2015年1月25日，美国国务院亚太事务助理国务卿拉塞尔访问泰国，分别与泰国副总理兼外交部部长他纳萨、前总理英拉和民主党党魁阿披实举行会谈，并在泰国朱拉隆功大学发表演讲。这是2014年泰国军事政变后美国高层官方代表首次访问泰国，表明两国关系有所缓和。在拉塞尔与他纳萨副的会谈中，双方一致同意推动两国友好关系，确保双边战略合作伙伴关系长久稳定发展，美国同时希望泰国促进和谐计划取得实质性进展。对于拉塞尔在朱拉隆功大学演讲中涉及泰国内政的内容，泰国外交部随后特别召见美国驻泰国大使馆代表，强调实施戒严令并没有给泰国及美国人民带来任何影响，泰国政府希望能与美国保持良好的外交关系。9月14日，美国新一任驻泰国大使格林·戴维斯到任，而此前美国驻泰国大使一职已空缺近一年时间。在泰国发生政变数月之后，时任美国驻泰国大使宣布离任，美国大使馆暂由级别较低的外交官担任临时代办。然而，格林·戴维斯11月25日在驻泰外国记者协会发表演讲时，批评泰国《冒犯王室法》量刑过重，遭到泰国的抗议，泰国警方12月初以"诽谤王室"罪名对格林·戴维斯展开调查。

四、2016年展望

2016年，新宪法草案公投、泰国法庭对前总理英拉在大米收购案上的刑事与民事判决、国际经济衰退对泰国经济发展造成的影响、国内各政治团体的活动以及国际社会对泰国施加压力将是巴育政府面临的五大问题，直接影响泰国政治的稳定。巴育表示，国家改革计划已进入第二阶段，还需一年半的时间为国家未来发展奠定基础，2017年举行大选后将把政权移交给民选政府。具体时间表即6－4－6－4时间表为：自2015年10月15日起，用6个月的时间起草新宪法，4个月的时间进行宪法公投，公投通过后用6个月的时间颁布相关法律，最后再用4个月的时间准备大选。新宪法草拟工作现已完成，2016年8月7日将举行新宪法草案全民公投。经济方面，公共投资将继续成为2016年泰国经济增长的主要动力，尤其是重大基础设施项目的投资。此外，旅游业仍将继续成为推动泰国经济增长的重要因素。泰国政府预期2016年GDP的增速将维持在2.8%～3.8%的区间。在外部经济不确定性加剧、外部需求低迷的情况下，泰国正努力减少经济对出口的依赖，提高国内购买力，但经济增长前景仍面临诸多挑战。政局不稳将继续拖累私人投资，高水平家庭债务使私人消费增速减缓。同时，百年一遇的干旱也极可能对2016年泰国经济造成不利影响。

（陈红升　黄幼霞）

资料来源：

1.（新加坡）联合早报网
2.（泰国）《世界日报》网
3. 新华网
4. 中国新闻网

越南：2015年发展回顾与2016年展望

2015年，越南共产党完成地方党委换届选举，越共中央为召开十二大做好新一届中央委员会人事准备；国会讨论通过多部法律，为新一届国家领导人换届选举做好各项准备。经济稳定发展，国内生产总值增速为5年来最高水平，人均GDP达到2109美元，外资企业对越南经济社会发展贡献大。对外活动频繁，积极开展双边外交和多边外交活动，大国外交是2015年越南对外关系的新亮点。2016年，越南经济发展前景看好。

一、政治：为新一届党和国家领导人换届选举做准备

（一）越共中央多次召开全会

1. 越共十一届十中全会　2015 年 1 月 5 ~ 12 日在河内举行，集中讨论、通过以下事项：一是即将向党的十二大提交的各种文件；二是对部分报告、提案提意见，让政治局采纳、完善、领导组织落实；三是对政治局委员、书记处书记进行信任投票；四是介绍补充完善 2016 ~ 2020 年任期和以后任期的政治局、书记处规划；五是选举补充中央检查委员会委员。会议还讨论其他重要事项。越共中央总书记阮富仲主持会议，并致开幕词和闭幕词。

2. 越共十一届十一中全会　2015 年 5 月 4 ~ 7 日在河内召开，主要讨论以下事项：一是十二大中央委员会人事工作安排；二是越共十二大代表的数量和出席十二大代表名额的分布；三是地方政府的组织形式；四是龙城国际航空港项目投资和其他重要事项。越共中央总书记阮富仲主持会议，并致开幕词和闭幕词。

3. 越共十一届十二中全会　2015 年 10 月 5 ~ 11 日在河内举行，讨论以下事项：一是 2015 年经济社会与国家财政预算执行情况和 2016 年经济社会发展与国家财政预算计划；二是 2016 ~ 2021 年任期的第十四届国会代表选举和各级人民代表会议代表选举的准备工作；三是越共十二大中央委员会人事准备工作和其他重要问题。越共中央总书记阮富仲主持会议，并致开幕词和闭幕词。

4. 越共十一届十三中全会　2015 年 12 月 14 ~ 21 日在河内举行，主要讨论以下事项：一是各级党委、国会代表、祖国阵线、人民团体、干部、党员和人民群众对越共十二大文件草稿提出的意见和建议；二是落实十一届四中全会关于当前党建工作紧迫问题的决议的总结报告；三是越共十一届中央委员会领导工作的总结报告；四是十二届中央委员会、政治局、书记处和十二届中央检查委员会的人事工作；五是越共十二大全国代表大会工作制度草案，将要向越共十二大提交的十二大全国代表大会选举规定草案和其他重要事项。越共中央总书记阮富仲主持会议，并致开幕词和闭幕词。

（二）完成地方党委换届选举

2015 年 9 月 15 日至 11 月 2 日，越南全国 63 个省、直辖市举行 2015 ~ 2020 年任期省、市党委代表大会，选举产生新一届省、市委领导班子。按惯例，河内市和胡志明市市委书记由十二届中央政治局委派，谅山省由中央政治局指定中央候补委员、中央检查委员会副主任陈士青担任省委书记，其余 60 个省、市委书记由党代会民主选举产生。新一届省、市委领导班子具有三个特点：一是领导干部年轻化。有很多 20 世纪七八十年代出生的干部担任省、市委重要职务，宁顺、奠边、富安、广南、岘港、坚江等省、市的年轻干部占 10% 以上。二是省、市委领导班子中女性占一定比例。有 3 位女性担任省委书记，北江、老街、北宁、富安、安沛、广宁、高平、林同、胡志明市等省、市的女领导干部占 15% 以上。三是有 38 位省委书记再次当选。

（三）第十三届国会举行第九、第十次会议

2015 年 6 月 25 日，越南第十三届国会第九次会议表决通过以下法律和决议：《国会代表和人民代表会议代表选举法》《政府组织法（修改）》《地方政府组织法》《越南祖国阵线法（修改）》《军事义务法（修改）》《国家银行法（修改）》《法律规范文本颁布法》《劳动安全卫生法》《海洋海岛资源环境法》《国家审计法（修改）》《关于实行一次性社会保险政策的决议》。

为期 31 天的第十三届国会第十次会议于 2015 年 10 月 20 日在河内举行，阮晋勇向大会作《2015 年和 2011 ~ 2015 年经济社会发展情况和 2016 ~ 2020 年经济社会发展方向和任务》的报告。

（四）隆重举行纪念抗美战争胜利和国家统一 40 周年活动

2015 年 4 月是越南抗美战争胜利、实现国家统一 40 周年。越南全国隆重举行纪念活动，其中，河内市和胡志明市的纪念活动规模较大，越南党和国家领导人参加纪念活动。

二、经济：国内生产总值增速达 5 年来最高水平

2015 年，越南政府制定灵活、主动、稳健的货币和财政政策，促进经济社会稳定发展，取得较好成效。

2015 年越南国内生产总值 4192.9 万亿越盾，比

4 月 30 日，越南抗美战争胜利 40 周年纪念游行在越南胡志明市举行　（百度网）

上年增长6.68%，高于原计划6.2%的目标。其中：农林渔业增长2.41%，低于2014年3.44%的增长水平，贡献率为0.4个百分点；工业和建筑业增长9.64%，远远高于上年6.42%的增长水平，贡献率为3.20个百分点；服务业增长6.33%，贡献率2.43个百分点。人均国内生产总值4570万越盾约合2109美元，比上年增加57美元。

农业增产。2015年稻谷产量4520万吨，比上年增产24.09万吨。

工业实现较快增长。全年工业总产值比上年增长9.8%，高于2014年7.6%的增长水平。其中，采矿业增长6.5%，加工制造业增长10.6%，电力生产与输送增长11.4%。

发展投资稳步增长。按照现行价格计算，2015年全社会发展投资到位资金1367.2万亿越盾，比上年增长12%，占GDP的32.6%。其中：国有资金519.5万亿越盾，增长6.7%；非国有资金529.6万亿越盾，增长13%；外资318.1万亿越盾，增长19.9%。

吸引外资规模扩大。从2015年年初到12月15日，新发放外商投资许可证项目2013个，注册资金155.8亿美元，与2014年相比，项目数量增长26.8%，注册资金减少0.4%。

服务业持续增长。全年商品零售与消费服务营业收入总额3242.9万亿越盾，比上年增长9.5%。其中：商品零售额2469.9万亿越盾，增长10.6%；宾馆住宿、饮食服务营业收入372.2万亿越盾，增长5.2%；旅游营业收入30.4万亿越盾，增长9.5%；其他服务营业收入370.3万亿越盾，增长7%。

对外贸易较快增长。2015年越南商品进出口总额3280亿美元，比上年增长10%。其中：出口总额1624亿美元，增长8.1%。美国是越南商品出口的最大市场，占出口总金额的20.6%，其次是欧盟市场，占19%；商品进口总额1656亿美元，增长12%。中国仍然是越南商品进口的最大市场，占进口总额的28.8%，其次是韩国，占16.7%，第三是东盟，占14.4%。

三、外交：积极开展双边和多边外交活动

2015年，越南积极开展双边和多边外交活动，尤其是与大国的双边关系成为越南对外关系的新亮点。

（一）越南与中国的关系

2015年是中越建交65周年，两党两国领导人保持密切交往，推动两国关系稳定发展

1. 中越两党总书记举行电话会谈。2015年2月11日，在中越两国人民即将迎接2015年（乙未年）传统春节之际，越共中央总书记阮富仲与中共中央总书记、国家主席习近平进行电话会谈，两党领导人表示高度重视中越友好关系的发展。阮富仲总书记代表越南共产党、国家和人民祝贺中国人民在经济建设、党建和依法治国方面取得的重大成就。中共中央总书记、国家主席习近平代表中国共产党、国家和人民祝贺越南人民在越南共产党的领导下在革新开放中取得的重大成果，并邀请阮富仲总书记尽早访华，阮富仲总书记愉快地接受了邀请。

2. 中越两党最高领导人实现互访。2015年4月7~10日，越共中央总书记阮富仲应邀访问中国。访华期间，中共中央总书记、国家主席习近平与阮富仲在坦诚友好的气氛中举行会谈，就两党两国关系和共同关心的国际和地区问题深入交换意见，达成广泛共识。中共中央政治局常委、国务院总理李克强，中共中央政治局常委、全国人民代表大会常务委员会委员长张德

越南与主要国际市场进出口情况（2015年）

国际市场	出口		进口		进出口	
	金额（亿美元）	比2014年增减（%）	金额（亿美元）	比2014年增减（%）	金额（亿美元）	比2014年增减（%）
亚洲	798.8	5.4	1350.2	11.1	2149.0	8.9
东盟	181.6	-3.7	238.3	3.7	419.9	0.4
中国	171.4	14.8	495.3	13.3	666.7	13.7
日本	141.4	-3.8	143.7	11.2	285.1	3.2
韩国	89.3	25.0	276.3	27.0	365.6	26.5
美洲	415.1	17.4	139.1	22.6	554.2	18.6
美国	334.8	16.9	78.0	23.8	412.8	18.1
欧洲	342.5	7.7	123.0	14.4	465.5	9.4
欧盟	309.4	10.9	104.5	17.8	413.9	12.5
非洲	31.4	5.9	19.7	16.6	51.1	9.8
大洋洲	33.3	-22.9	24.5	-4.9	57.9	-16.2

资料来源：越南海关总局

江,中共中央政治局常委、全国政协主席俞正声先后会见阮富仲总书记。阮富仲总书记一行还访问中国云南省。访问结束后,双方发表《中越联合声明》。

11月5~6日,中共中央总书记、国家主席习近平应邀访问越南。访问期间,中共中央总书记、国家主席习近平分别同越共中央总书记阮富仲、越南国家主席张晋创举行会谈。在与阮富仲总书记会谈时,双方一致同意秉持"长期稳定、面向未来、睦邻友好、全面合作"方针和"好邻居、好朋友、好同志、好伙伴"精神,推动中越全面战略合作伙伴关系持续健康稳定发展。两党两国领导人在友好坦诚的气氛中,就进一步深化两党两国关系及共同关心的国际和地区问题深入交换意见,达成重要共识。两国领导人共同见证党际、交通、旅游、产能、文化、铁路、能源、金融、地方等领域合作文件的签署。此外,习近平还分别会见越南政府总理阮晋勇、国会主席阮生雄。

3. 越共中央政治局委员、越南国家主席张晋创应邀到北京参加中国人民抗日战争暨世界人民反法西斯战争胜利70周年纪念活动。9月3日,中共中央总书记、国家主席习近平在北京会见张晋创。两国领导人一致认为,加强两党两国的政治关系,保持高层接触,深化互利合作,落实好两国在经济、贸易、投资领域已经签订的合作协议,扩大民间友好交流,特别是两国青年一代的交流,妥当处理好分歧,为两国关系稳定长久发展创造良好的环境。

4. 越共中央政治局委员、越南国会主席阮生雄于2015年12月23~27日应邀对中国进行友好访问。访问期间,中共中央总书记、国家主席习近平,中共中央政治局常委、全国政协主席俞正声分别会见阮生雄;中共中央政治局常委、全国人民代表大会常务委员会委员长张德江与越共中央政治局委员、越南国会主席阮生雄举行座谈,双方签订合作协议。这是中国全国人大与越南国会首次签订的合作协议。阮生雄一行还到访中国广东省。

5. 据中国海关统计,2015年中越双边贸易总额958.19亿美元,比上年增长14.6%。其中:中国对越南出口661.43亿美元,增长3.8%;自越南进口296.76亿美元,增长49.1%。中国连续12年成为越南第一大贸易伙伴,越南是中国在东盟仅次于马来西亚的第二大贸易伙伴。2015年越南对中国贸易逆差364亿美元,比上年减少74亿美元。据越南工贸部统计,2015年越南边贸总额275.6亿美元,其中中越边贸额234亿美元,比上年增长10.1%。

(二)越南与美国的关系

2015年是越美关系正常化20周年,越共中央总书记阮富仲首次访美,两国关系实现历史性的突破。

1. 越共中央总书记阮富仲访问美国。应美国总统奥巴马邀请,越共中央总书记阮富仲率领越南高级代表团于2015年7月6~10日对美国进行正式访问。越共中央对外联络部部长黄平君在阮富仲总书记结束访问美国后回答记者提问时说,阮富仲总书记访问美国取得重大成果:第一,越共中央总书记第一次正式访问美国,是具有历史意义的里程碑。美国总统奥巴马、美国政府和国会领导高规格隆重接待阮富仲,并安排内容丰富多彩的活动。阮富仲广泛接触美国各界代表,还就"新时期越美关系"议题在美国国际战略研究中心发表讲话,参加由美国贸易办公室和美国—东盟商务委员组织的商界会谈,见证越南与美国、越南与世界银行多项合作文件的签署仪式。第二,2015年是越美关系正常化20周年,两国都开展多项纪念活动。阮富仲此次访美,与美国总统奥巴马和其他美国领导人回顾越美关系正常化20年来取得的成绩和存在的问题,并展望两国关系的未来。此次访问的重大成果是双方发表了《越美关系前景联合声明》。第三,曾经敌对和当今政治制度不同的两个国家最高领导人举行会谈,互相交流,并在白宫举行记者招待会。两位领导人会谈时间原定45~60分钟,实际会谈时间95分钟。通过交流,增进了双方的相互理解。

11月12日,第15届越中(老街)国际贸易交易会开幕式在越南老街省老街市金城会展中心举行。图为展会一角（百度网）

2. 越南国会主席阮生雄应邀访问美国。2015年9月3~9日,越南国会主席阮生雄应邀访问美国。越美两国会领导人就两国立法机关密切合作深入交换意见,初步达成共识。

3. 美国是越南商品出口的最大市场,是越南最大贸易顺差来源地。2015年越南对美国商品出口总额334.8亿美元,比上年增长16.9%,

贸易顺差256.8亿美元。越南对美国出口额居第一位的是纺织服装，出口额110亿美元，比上年增长11.72%，占对美国出口总额的32.72%；第二是鞋类，出口额40亿美元，增长22.49%；第三是计算机、电子产品和零件28.3亿美元，增长33.68%。

（三）越南与日本的关系

1. 越共中央总书记阮富仲首次正式访问日本。2015年9月15～18日，越共中央总书记阮富仲率领越南高级代表团对日本进行正式访问。访问期间，阮富仲会见日本天皇，与日本首相安倍晋三举行会谈，会见日本政界、经济社会领域领导和代表。在与安倍的会谈中，双方一致同意全面推进和深化越日战略伙伴关系，加强政治互信、推进经济合作，推动双方在地区和国际问题上的合作。会谈结束后，双方发表《越日关系前景联合声明》。

2. 越南政府总理阮晋勇与日本首相安倍晋三会谈。2015年7月4日，越南政府总理阮晋勇参加在东京举行的湄公河国家与日本高级领导人会议期间，与日本首相安倍晋三举行会谈，双方一致同意加强密切配合，有效落实重大合作项目，尽早签订两国中长期农业合作协议。安倍晋三承诺，2015年首期向越南提供发展援助资金3000亿日元（相当于30亿美元），用于越南可持续发展、应对气候变化，支持经济管理和提高竞争力的项目建设。

（四）越南与俄罗斯、欧盟的关系

1. 越南与俄罗斯的关系。2015年5月9日，越南国家主席张晋创在参加俄罗斯卫国战争胜利70周年纪念活动期间，在莫斯科与普京总统举行会谈。两国领导人高度评价近年来越俄各级代表团，特别是两国高级代表团互访机制为加强两国政治互信作出的贡献。双方一致同意继续开展党际、政府、国会、中央各部门和地方的交流，为推动两国全面合作增添新动力。在国防安全合作方面，两国领导人一致同意双方密切配合，有效深化该领域的合作，首先开展军人和技术专家的培训。

2. 越南政府总理阮晋勇对亚欧国家进行工作访问。2015年5月29日至6月6日，越南政府总理阮晋勇率领越南政府代表团赴哈萨克斯坦出席越南与亚欧经济联盟自由贸易协定签署仪式，并对葡萄牙、保加利亚等国进行访问。5月29日，阮晋勇代表越南政府与俄罗斯、亚美尼亚、白俄罗斯、哈萨克斯坦、吉尔吉斯斯坦等欧亚经济联盟成员国领导人在哈萨克斯坦签署《越南与欧亚经济联盟各成员国自由贸易区协定》。

（五）越南与其他东盟国家的关系

1. 越南与马来西亚建立战略伙伴关系。2015年8月上旬，越南政府总理阮晋勇对马来西亚进行正式访问。访问期间，阮晋勇与马来西亚总理纳吉布签订《越南—马来西亚战略伙伴联合声明》，共同见证3个合作文件的签署。

2. 越南与菲律宾建立战略伙伴关系。2015年11月17日，在出席在菲律宾马尼拉举行的亚太经合组织第23次领导人非正式会议期间，越南国家主席张晋创与菲律宾总统阿基诺举行会谈，两国签署关于建立战略伙伴关系的联合声明。

四、2016年越南经济展望

2015年11月10日，越南第十三届国会第十次会议讨论通过关于2016年经济社会发展计划决议。根据这个决议，2016年越南经济社会发展总目标是保障宏观经济稳定，国内生产总值（GDP）增长率为6.7%，高于2015年6.68%的增长水平，人均GDP达到2450美元；消费价格指数（CPI）控制在5%以下；工业与服务业占GDP的比重达85%；全社会投资资金占GDP的31%；国家财政赤字占GDP的4.95%。据世界银行专家预测，2016年越南经济增长率为6.6%，接近越南政府提出的目标。

从越南国内外形势分析，2016年经济平稳发展具有许多有利条件。第一，2016年是越南新一届党政领导执政的第一年，将继续出台促进经济社会发展的重要政策和措施；第二，2015年经济高速增长为2016年的发展打下了基础；第三，外国投资者增加对越南的投资；第四，政府增加投资，国内消费市场仍然活跃；第五，作为越南重要贸易伙伴的中国、美国、欧盟、东盟、日本、韩国等国家和地区经济平稳发展，有利于越南商品出口，带动国内经济发展。越南经济发展也面临一些困难：腐败案件多；许多中小企业经营困难；国内企业竞争力弱；有些部门的行政手续还比较复杂；原油出口下降；第一季度旱情严重，影响农业发展等。

总之，2016年越南国内外有利因素多于困难条件，如果没有意外发生，经济社会还是朝着平稳方向发展，政府提出的各项经济社会指标有望实现。

（农立夫）

资料来源：

1. 越南政府网站
2. 越南共产党电子报网站
3. 越南国会网站
4. 越南共产主义杂志网站
5. 越南计划投资部网站
6. 越南农业农村部网站
7. 越南财政部网站
8. 越南海关总局网站
9. 越南旅游总局网站
10. 越南经济时报网站
11. 越南之声广播电台网站
12. 中国商务部网站
13. 中国驻越南大使馆经济商务参赞处网站。

东南亚国家联盟

东南亚国家联盟简况

2015 年是东盟发展历程中具有里程碑意义的一年。东盟各国围绕“我们的人民,我们的共同体,我们的愿景”主题,不断加强各领域合作,基本实现《东盟共同体 2009 ~ 2015 年路线图宣言》战略构想、具体目标和行动计划,东盟共同体于年底宣布建成。在对外关系方面,东盟借助 10 + 1、10 + 3、东亚峰会、东盟地区论坛等合作机制,坚持东盟核心地位,不断推进东盟—中国关系和东亚合作,加强东盟与美国、欧盟等主要国家和地区的伙伴关系,共同致力于地区的和平与繁荣,国际地位和影响力不断提高。

东南亚国家联盟(简称东盟)是亚太地区重要的地区组织,包括印度尼西亚、马来西亚、菲律宾、新加坡、泰国、文莱、越南、老挝、缅甸、柬埔寨 10 个国家,东帝汶和巴布亚新几内亚为观察员国。秘书处设在印度尼西亚首都雅加达。马来西亚是东盟 2015 年轮值主席国。东盟 10 国总面积约 444 万平方千米,人口约 6.01 亿。东盟成立的宗旨和目标是本着平等与合作精神,共同努力促进本地区的经济增长、社会进步和文化发展,为建立一个繁荣、和平的东南亚国家共同体奠定基础,以促进本地区的和平与稳定。1997 年签署的《东盟 2020 年远景》表示:要将东盟建设成为一个充满关爱的社会,一个不分性别、种族、宗教、语言及社会和文化背景,所有人都享有平等发展权的社会;东盟将成为亚太地区乃至世界上一个有效维护和平与公正的现代化组织。2013 年 1 月 9 日越南人黎良明出任东盟秘书长。

东盟的前身是马来西亚、泰国和菲律宾于 1961 年 7 月 31 日成立的东南亚联盟。1967 年 8 月 6 ~ 8 日,印度尼西亚、马来西亚、新加坡、菲律宾和泰国发表《东南亚联盟成立宣言》即《曼谷宣言》,宣告东盟成立。1976 年,上述 5 国在巴厘岛举行东盟首次首脑会议,签署《东南亚友好合作条约》《东南亚联盟协调一致宣言》(合称《巴厘第一协约》),确定东盟的宗旨和原则。1984 年文莱加入东盟,联盟成员国增至 6 个(称原东盟成员国或东盟老成员国)。之后,越南于 1995 年 7 月、缅甸和老挝于 1997 年 7 月、柬埔寨于 1999 年 4 月加入东盟,东盟在组织上实现 1994 年 5 月提出建立“东南亚 10 国共同体”的目标。2006 年东帝汶申请加入,但一直作为观察员参与东盟的相关会议。2003 年 10 月,第 9 次东盟领导人会议通过标志东盟在政治、经济、安全、社会与文化全面合作进入历史新阶段的《巴厘第二协约》,提出在 2020 年建立类似于欧盟的东盟共同体,包括政治安全共同体、经济共同体和社会文化共同体。2004 年 11 月,第 10 次东盟领导人会议通过《万象行动纲领》等一系列文件,提出进一步缩小成员国间发展差距,于 2020 年将东盟建成一个对外开放、充满活力与关爱的共同体的目标。2005 年 12 月,第 11 次东盟领导人会议通过《吉隆坡宣言》,决定制定《东盟宪章》,用法律的形式确定东盟所有准则、规定和价值观,搭建一个法律和机构框架,以加快实现东盟共同体的目标。2007 年 1 月,第 12 次东盟领导人会议通过《到 2015 年建成东盟共同体宣言》,将进程缩短为 5 年。会议还通过《东盟宪章蓝图宿务宣言》,为东盟解决内部分歧提供法律依据,同时为东盟共同体的建设指明方向。2008 年 12 月 15 日,《东盟宪章》正式生效,东盟各国的合作更加制度化。2009 年 2 ~ 3 月和 10 月,东盟分别举行第 14 次东盟领导人和第 15 次东盟领导人会议,签订《东盟共同体 2009 ~ 2015 年路线图宣言》等系列协定,强调东盟将于 2015 年如期建成“人民的共同体”。2010 年 4 月和 10 月分别举行第 16 次和第 17 次东盟领导人会议,明确一年内举行两次东盟领导人会议,其中第一次是成员国领导人会议,讨论东盟共同体建设事务,第二次是东盟与对话伙伴领导人会议,讨论东盟与对话伙伴以及区域合作问题。2011 年 5 月和 11 月分别举行第 18 次和第 19 次东盟领导人会议,签署《巴厘第三协约宣言》等协定,强调以“全球共同体中的东盟共同体”为纲领,在推动 2015 年建成东盟共同体的进程中,带领东盟进一步放眼全球。2012 年 4 月和 11 月分别举行第 20 次和第 21 次领导人会议。其中:第 20 次东盟领导人会议通过《金边宣言》《金边议程》《2015 年建立东盟无毒品区宣言》《“全球温和派行动组织”概念文件》等一系列重要文件,还就继续推动东盟一体化和东盟发展中遇到的问题等达成共识;第 21 次东盟领导人会议签署《东盟人权宣言》,建立“和平与和解机构”并决定在柬埔寨建立东盟地区排雷行动中心,同时将 2015 年 12 月 31 日定为建成东盟共同体的最后期限。2013 年 4 月和 10 月分别举行第 22 次和第 23 次领导人会议。其中:第 22 次领导人会议后发表的《主席声明》,强调加强东盟共同体建设,扩展东盟次区域合作,呼吁有关各国遵守《南海各方行为宣言》以及南海问题六条原则,要求各方保持克制,避免使用武力或武力威胁,和平解决有关争议;第 23 次领导人会议再次确认 2015 年建成东盟共同体的目标。2014 年 5 月和 11 月分别举行第 24 次和第 25 次领导人会议。其中:第 24 次东盟领导人会议后发表《内比都宣言》,表示进一步加强成员国间以及其他各方的协调合作,努力于 2015 年年底建成东盟共同体;第 25 次东盟领导人会议重点讨论东盟共同体建设的进展和东盟共同体建成后的发展愿景以及如何加强东盟自身机构及能力建设。2015 年 4 月和 11 月分别举行第 26 次和第 27 次领导人会议。

其中:第26次东盟领导人会议以“我们的人民,我们的共同体,我们的愿景”为主题,决定如期于2015年年底建成东盟共同体:第27次东盟领导人会议讨论东盟共同体2015年年底建成和未来十年的发展方向以及其他共同关切的地区和国际问题。会议期间,东盟正式宣布在2015年12月31日建成东盟共同体,各国领导人共同签署《关于建立东盟共同体的2015吉隆坡宣言》和《东盟2025吉隆坡宣言:携手前行》。

东盟建立一系列组织机构、机制来加强内部以及东盟与世界各国的合作,主要有:东盟领导人会议,东盟外长会议和东盟地区论坛以及农业和林业、经济、能源、环境、财政、通信与信息、投资、劳工、健康、法律、农村发展和减少贫困、科学与技术、社会福利与发展、打击跨境犯罪、肃毒、交通、旅游、青年、妇女工作、国防、教育、文化艺术、跨境烟雾、东盟投资区理事会、东盟自由贸易区理事会、东盟外长扩大会议、东盟经济共同体理事会议等部长级会议,部长会议下还设有高管委员会、理事会和技术工作小组。为有效处理对外关系,东盟在布鲁塞尔、伦敦、巴黎、柏林、华盛顿、东京、汉城、堪培拉、渥太华、威灵顿、日内瓦、首尔、新德里、纽约、北京、莫斯科、伊斯兰堡等地设立外交机构。2008年《东盟宪章》生效后,东盟10国均向东盟秘书处派驻大使,东盟对话伙伴国也陆续向东盟秘书处派驻大使。

2015年年底,东盟经济共同体宣告建成,标志着亚洲历史上第一次建成次区域共同体,对东盟一体化的进一步发展具有重要战略意义。东盟经济共同体建成后,东盟经济增长率将可提升至7%左右,至2020年,东盟经济总量将从2015年的2.5万亿美元提升至4.7万亿美元,世界排名将从第7跃居第4;到2030年,东盟中产阶级将增加1倍达1.63亿人,东盟吸引外资也将大幅提升。在东盟共同体框架下,东盟国家在政治安全、经济和社会文化领域一体化水平将不断提升,东盟作为一个整体在区域合作舞台上的声音更加响亮。东盟秘书长黎良明表示,东盟共同体的建成有利于东盟更积极发挥领导力,推动实现地区稳定和繁荣,造福本地区各国及其人民。

东盟共同体建成并不意味着东盟一体化进程的终结,东盟共同体未来还面临着各成员国经济发展水平参差不齐、政治体制不同、宗教多样、区域法律法规不健全、非关税贸易壁垒等问题和挑战,一体化建设仍然需要深化。现实情况表明,东盟国家很难像欧盟一样在国际舞台上用同一个声音说话,盟国没有形成共同的外交和安全政策,也尚未形成货币统一的经济货币联盟,财政政策不统一,协调规章制度缺乏,与区域外国家或集团的竞争力较弱。

东盟政治安全共同体建设

2015年,东盟各国进一步加强政治安全共同体建设:增进政治互信,维护地区和平稳定;继续加强合作,打击跨国犯罪;致力于和平解决南海问题,致力于实现地区的无核化;促进青年参与东盟事务,重视人权保护。

3月,东盟举行第9届东盟国防部长会议。与会10国国防部长签署有关维护地区和平稳定的宣言,表示将积极参与打击极端势力和恐怖组织,维护本地区的和平稳定。会议还关注共同打击马六甲海域海盗、人道主义援助等问题,就地区和世界安全情况交换意见,通过“维护地区安全稳定:为了人民和来自人民”的联合声明。4月和11月,东盟分别举行第26次和第27次领导人会议,签署《关于建立东盟共同体的2015吉隆坡宣言》和《东盟2025吉隆坡宣言:携手前行》。在第26届东盟峰会上,东盟各国就如期建成东盟共同体、制订东盟2015年后的发展愿景以及进一步发展东盟与世界其他国家和地区关系等议题达成一系列共识,同时强调将继续加快一体化进程,致力于建设一个以人为本的东盟。会议通过3项成果文件,其中《“全球温和运动”兰卡威宣言》旨在解决冲突,并保证地区和平与安全。

5月,举行第13届东盟地区论坛反恐与打击跨国犯罪会议,围绕加强国际执法合作、打击跨境毒品犯罪、推动建立境外追逃追赃简易程序、加强打击互联网暴力恐怖音(视)频合作、加强打击恐怖分子跨境活动等议题进行研讨,表示继续高度重视执法安全合作,进一步完善机制,多头并举地打击跨国犯罪,推动地区执法安全合作迈上新台阶。6月,在柬埔寨暹粒举行的第15届东盟反跨国犯罪国际会议上,重点讨论联合反

6月8~11日,第15届东盟反跨国犯罪国际会议在柬埔寨暹粒举行。图为会议现场
(百度网)

恐、反人口贩卖,打击洗黑钱、毒品流通、武器贩卖、跨国犯罪、走私、海盗和科技勒索犯罪等议题,达成共识。8月,参加第35届东盟警长会议的东盟各国警长同意就维护东盟地区安全交换信息,以应对诸如贩卖人口、贩毒、网络犯罪和恐怖主义等犯罪行为。8月,在第48届东盟外长会议上,东盟各国外长同意增强东盟在国际上的影响力,通过地区间合作与对话,共同应对跨国犯罪等问题,重申东盟继续努力建设一个政治团结、经济一体化、担负社会责任的东盟共同体的承诺。

举行东盟峰会和外长会议,就南海问题进行表态并达成相关共识,重申维护南海和平、安全和稳定及航行和飞越自由的重要性,要求全面、有效、完整地落实《南海各方行为宣言》,同时认为加快"南海行为准则"磋商进程达成共识有利于早日达成有效的准则,以和平方式解决南海争端。

落实《东南亚无核武器区条约》,并将落实条约制定的行动计划推迟5年(2013~2017)。条约签署国同意不得在本地区研发、制造或控制核武器,也不得储存、运输、使用核武器,不得进行核武器试验等,努力维持东南亚无核武器及其他大规模杀伤性武器,为全球核不扩散机制建设贡献力量。

10月,东盟以"青年在促进人权方面的作用:让人权成为现实"为主题,在马来西亚大学举办政府间人权委员会区域研讨会。与会代表认为,占东盟总人口60%以上的青年对促进东盟地区政治、经济、社会进步发挥着重要作用,呼吁赋予青年表达对社会生活意见的权利,建设性地参与国内国际领域的政策制定,注重青年的人权教育和对话,以增强其东盟意识。在第48届东盟外长会议上,各方通过《东盟政府间人权合作委员会五年工作计划(2016~2020)》,继续致力于促进和保护东盟地区的人权,鼓励东盟政府间人权委员会与东盟成员国的人权机构和利益相关者积极合作,以促进人权保护。各成员国也出台有利于保护人权的举措,如泰国对于记者的人权培训计划、新加坡关于人权的青年辩论会、马来西亚举办首次司法机构人权研讨会、缅甸主办人权计划与环境和气候变化关系研讨会等,均有效地落实《东盟人权宣言》提出的任务目标。

东盟经济共同体建设

2015年,东盟各国采取一系列措施,深化经济共同体建设。在区域经济一体化方面,进一步简化海关手续,统一标准,进一步促进服务贸易自由化和便利化,积极推进金融服务一体化。2015年3月,东盟财长和央行行长会议通过《东盟银行一体化框架协议》,规定任何两个东盟成员国均可签订双边协议,使对方银行在本国开展业务时享有与本国银行同等的权利,这是东盟在推进区域一体化进程中迈出的重要一步。东盟还制订相关措施,促进中小企业特别是微小型企业的发展。东盟各国积极推进区域贸易对话,10个成员国已进行7轮区域全面经济伙伴关系(RCEP)谈判,以解决货物贸易、服务贸易和投资等方面存在的问题。截至2015年8月,《东盟经济共同体蓝图》规定必须采取的506项措施已经完成463项,完成率达91.5%。东盟自由贸易区还将关税水平降至零或者接近零,降低了大批商品的价格,减少了区域内企业进入各国市场的难度。东盟企业及消费者已从东盟经济共同体蓝图措施中获益,这些措施包括重大关税自由化、自我认证、简化海关手续等贸易便利化措施以及相互承认区域内高技能人才流动的协议等措施。东盟整体经济实力不断上升,2014年东盟整体GDP超过2.57万亿美元,2007~2014年东盟成员国人均GDP增至4130美元,东盟成为亚洲第3大经济体和世界第7大经济体。近3年,东盟内部贸易以年均10.5%的速度增长,预计2020年内部贸易占东盟贸易总额的比重将提升至30%。2015年,东盟宣布经济共同体已经建成,但真正达到区域一体化的发展目标,实现区域内生产要素自由流动,仍存在相当距离,如何进一步深化成员国之间的经济合作成为2015年东盟各类会议讨论的重点。2015年8月,第47届东盟经济部长会议集中讨论2016~2025年发展大方向、行动计划和东盟中小型企业总体计划(2016~2025年)等议题,并达成共识。

8月4~7日,第35届东盟警长会议在印度尼西亚雅加达举行。图为与会各国警长合影 (百度网)

努力缩小成员国之间发展差距。东盟成员国发展不平衡,东盟共同体GDP近2.5万亿美元,其中印度尼西亚8800多亿美元,超过东盟共同体 GDP 总量的 1/3,新加坡 GDP 高达 3000 多亿美元,排名第 4,而老挝却不足 117 亿美元。在东盟 10 国中,新加坡人均 GDP 最高排名世界第 8,其次是文莱排名世界第 24,而缅甸、老挝、柬埔寨、菲律宾、印度尼西亚、越南排在 100 名以外。早在 2000 年东盟首脑会议就提出加速东盟一体化的倡议和缩小发展差距的目标,尤其需加快柬埔寨、老挝、缅甸、越南等东盟新成员国的经济一体化。为了推进一体化,东盟成立东盟一体化发展合作论坛,并先后举行 4 次合作对话。柬、老、缅、越 4 国也积极推进经济改革,吸引外国投资,以提升经济发展速度,增加人均收入。2015 年 9 月,举行第 2 届东盟一体化投资战略合作论坛,来自东盟与中国工商界的 200 多人共同探讨 2015 东盟一体化进程和在中国"一带一路"建设背景下投资者的投资战略与机遇。10 月,以"互联互通议程——迈向一体化的东盟共同体"为主题举行第 6 届东盟互联互通研讨会,落实 2010 年制定的《东盟互联互通总体规划》,进一步促进东盟基础设施、制度和人文三个层面的互联互通,使东盟成为充满活力、有竞争力的地区,更好地融入世界经济。此外,东盟还通过加强印度尼西亚—马来西亚—泰国增长三角、东盟东部增长区、大湄公河次区域经济合作等次区域合作机制,促进东盟成员国的平衡发展,缩小内部发展差距。

加强能源领域合作。2015 年 10 月,东盟在马来西亚举行第 33 届东盟能源部长级会议,就寻求东盟国家能源领域的广泛合作达成多项重要共识。

东盟社会文化共同体建设

2015 年,以环境保护、妇女儿童权益保障、人员互联互通、文化艺术交流等为重要内容的东盟社会文化共同体建设取得新进展。

环境保护　2015 年 10 月,东盟在河内举行第 13 次环境部长会议,重点对第 12 次会议以来本地区在环境领域各项合作协议的落实情况进行评估,讨论新的合作内容,提出在 2015 年东盟共同体建成后东盟环境领域合作的建议和措施。会议通过应对气候变化的东盟宣言,为第 21 届联合国气候变化大会做准备。第 26 届东盟峰会通过的《进一步规范应对灾害和气候变化措施的宣言》,对于促进本区域的协调持续发展具有重要作用。

妇女儿童权益保障　2015 年,东盟妇女协会及保护妇女儿童权益委员会在促进性别平等、推动妇女权利保护、关注残障儿童及慈善事业等方面做了大量工作,推动各国加强妇女儿童权益保护,构建国家福利系统,关注受害人的保护、恢复和康复,加强打击针对妇女儿童暴力等方面的法制建设。

互联互通　年内,缅甸对新加坡、泰国、印度尼西亚、文莱等东盟成员国实行免签政策,达成对菲律宾的免签协议,为成员国内部的人员往来带来极大便利,较好促进成员国民众的互联互通。为提升东盟成员国人民的东盟意识,马来西亚等国家在机场设立"东盟通道",专为成员国的游客提供便利的出入境通关服务。

统一东盟时区　年内,东盟轮值主席国马来西亚提出统一东盟时区的建议,以加强成员国政府间的合作,尤其是加强成员国间的商业联系以及资金市场、金融、股市等的管理。印度尼西亚总统佐科也表示,统一时区是东盟合作团结的象征,因此东盟国家应尽快落实。

东盟对外关系

东盟与中国关系　中国和东盟自 2003 年双边关系提升为战略伙伴关系以来,不断增进政治互信,深化务实合作。2015 年,东盟与中国关系在政治安全、经济合作和社会文化等领域的合作取得进展,基本完成"落实中国—东盟面向和平与繁荣的战略伙伴关系联合宣言的行动计划(2011 ~ 2015)"所拟定的发展目标,双边关系步入新阶段。

政治互信增进,安全合作深化。2015 年 11 月,在第 18 次中国—东盟领导人会议上,双方明确以增进互信夯实合作根基、融合发展促进共同繁荣、求同存异缩小分歧为发展大方向,充分对接各自发展战略,提升 11 个国家的整体发展水平,力争实现 2020 年建成东亚经济共同体目标,以促进东亚地区永久和平与繁荣。双方决定,共同提升安全合作水平,中国愿与东盟早日实现防长非正式会晤机制化,探讨建立中国—东盟防务直通电话,加强打击跨国犯罪、反恐、灾害管理等非

10 月 7 日,第 33 届东盟能源部长级会议在马来西亚吉隆坡举行。图为会场
(新华网)

传统安全领域的合作。10月举行的中国—东盟国防部长非正式会晤就推进中国—东盟防务安全合作、维护地区安全稳定、深化防务领域务实合作等议题达成重要共识。在与东盟成员国的双边交往中,中共中央总书记、中国国家主席习近平与越共中央总书记阮富仲在2015年内成功互访,双方达成"推进海上合作,落实双方已经达成的共识,以双边协商为正确途径,以合作开发为共同目标,妥善处理并管控好海上分歧,逐步积累共识,扩大共同利益"的共识。在习近平访问新加坡期间,双方决定将中新关系确定为与时俱进的全方位合作伙伴关系。李克强于2015年11月底访问马来西亚,促进了中马关系的发展。

互利共赢不断实现。随着中国—东盟自由贸易区升级版谈判的作用显现,双边经贸合作不断深化,中国已连续6年成为东盟第一大贸易伙伴,东盟连续4年成为中国第三大贸易伙伴,东盟还稳定成为中国的第四大出口市场和第二大进口来源地,中国—东盟贸易增速远高于中国对外贸易的平均增速。截至2015年,中国—东盟自由贸易区货物贸易近95%的产品实现零关税。中国方面提出的构建"一带一路"倡议,特别是建设21世纪海上丝绸之路与升级版中国—东盟自由贸易区的宏伟构想,成为双方合作的新亮点。2015年11月,中国商务部部长高虎城与东盟10国经贸部长,在马来西亚吉隆坡正式签署《中国与东盟关于修订〈中国—东盟全面经济合作框架协议〉及项下部分协议的议定书》,涵盖货物贸易、服务贸易、投资、经济技术合作等领域。中国—东盟自由贸易区的升级,将为双方经济发展提供新的助力,加快建设更为紧密的中国—东盟命运共同体,推动实现2020年双边贸易额达到1万亿美元的目标,并促进"区域全面经济伙伴关系协定"谈判和亚太自贸区建设进程。中国设立总规模100亿美元的中国—东盟投资合作基金,为双方基础设施建设等重大合作项目提供融资支持。中方还设立中国—东盟合作基金、中国—东盟公共卫生合作基金、中国—东盟海上合作基金,支持双方具体领域务实合作。与东盟国家接壤的中国省份同东盟的经贸关系发展迅速,2015年广西实际利用东盟国家外资额近5亿美元,比2014年增长10倍,东盟已连续14年成为广西的第一大贸易伙伴。

人文交流合作有效推进。中国与东盟国家通过互派留学生、加强相互语言和文化交流,深化双方人文交往。2014年,中国在东盟国家留学生近12万人,东盟国家在华留学生7万人;中国有关高等院校已开齐东盟国家的语种课程,双方青少年相互学习语言和文化逐步成为时尚;东盟10国共建有孔子学院30所,开辟中小学孔子课堂30个。2015年,双方人文方面的交流合作继续推进。7月,以"为大学合作带来新战略思维:中国—东盟伙伴关系的挑战"为主题的第4届中国—东盟大学校长会议在新加坡举行,有效增进了中国和东盟高校的相互了解和校际交流。8月,第8届中国—东盟教育交流周在中国贵阳举行,双方决定2016年为中国—东盟教育交流年。12月,以"异流·同源"为主题的第2届中国—东盟艺术双年展在中国南宁举行,展品集中探讨中国与东盟各国之间的历史渊源、文化传承以及文化艺术的合作与发展。

东盟与美国关系　在美国把东盟作为"亚太再平衡"战略枢纽的思想引导下,东盟与美国的关系逐步牢固。2015年,双方进一步加强在各个领域的沟通和协作。5月,美国—东盟第28次对话会议同意将双方关系提升到"战略伙伴"水平,双方重申将联合为影响该地区的全球、地区和跨国问题寻找解决方案,包括南中国海争端。11月,在吉隆坡举行第3届东盟—美国峰会,会后发表的联合声明称东盟和美国的战略伙伴关系将有利于加强和促进亚太地区的安全、繁荣与稳定,东盟国家和美国将进一步落实《实施增进东盟—美国战略伙伴关系的行动计划(2016~2020年)》,以进一步加强伙伴关系,将经济一体化、海上合作、跨国应对气候变化、新兴领袖和妇女发展机会确定为5个优先合作领域。截至2015年10月9日,新加坡、越南、马来西亚、文莱4个东盟国家已和美国就《跨太平洋伙伴关系协定》(TTP)达成一致。2015年11月5日,《跨太平洋伙伴关系协定》(TTP)正式公布。TTP实施后,成员国将逐步取消关税,最后成员国间的零关税产品超过80%。

7月28~29日,第4届中国—东盟大学校长会议在新加坡举行。图为与会人员合影　(百度网)

东亚合作　东盟是推进东亚合作、维护地区和平与发展的重要力量。2015年,东盟在东亚合作中仍然居于主导地位，并积极推进本地区各领域的合作。1月，中国—东盟中心、日本—东盟中心、韩国—东盟中心等3个秘书处第5次非正式会议在缅甸内比都举行，就联合举办旅游人力资源开发/项目、联合出版刊物、人员交流、信息经验共享等议题进行交流并达成相关共识。5月，在阿塞拜疆巴库举行第18届东盟与中日韩10+3财长和央行行长会，会议发表的联合声明承诺：将继续采取审慎措施，加强宏观经济政策协调，共同维护区域经济和金融稳定；进一步加快结构性改革，挖掘经济增长潜力，推动区域经济持续健康发展。11月，第18次东盟与中日韩10+3领导人会议决定，东盟10+3合作将继续遵循各方之间达成的宣言、协议，用和平对话而非相互指责的方式解决分歧；继续推进东亚一体化建设，深化经贸、金融、投资合作，增进区域互联互通，亚洲基础设施投资银行和丝路基金将与亚洲开发银行、世界银行等现有多边开发机构共同提高东亚地区基础设施建设融资水平；力争2016年结束《区域全面经济伙伴关系协定》(RCEP)谈判；各方在自愿、平等、互利基础上，以重大基础设施建设、工程机械、电力、建材等为重点，提升产业层次，实现可持续发展；鼓励人文交流，加强“东亚文化之都”和“东盟文化城市”间的交流互动，支持尽快签署《东盟10+3旅游合作谅解备忘录》；积极应对非传统安全挑战，携手促进东亚地区的和平与繁荣。同月，第10届东亚峰会签署《纪念东亚峰会10周年吉隆坡宣言》，各方承诺继续坚持“领导人引领的战略论坛”定位，坚持东盟的主导地位，保障大小国家平等参与地区事务，坚持各种机制协调发展，完善多层次区域合作架构，促进经济社会发展和安全对话合作。

东盟与欧盟关系　2015年，东盟与欧盟在政治安全、经济发展、人文交流各领域加强合作。2月，东盟—欧盟共同合作委员会在印度尼西亚雅加达举行第22次会议，就推动地区发展和加强亚欧合作等问题展开讨论。欧盟代表表示支持东盟正在定型的东亚地区架构中所发挥的核心作用，决定在2014～2020年阶段向东盟提供的援助金额从7000万欧元提升到1.7亿欧元；双方对在统计、大学教育、应对自然灾害、农业、移民与边境管理、推动绿色经济发展等方面取得的合作成果表示赞赏，并同意进一步推进各领域的合作。5月，双方以“发展地区及跨部门合作，加强海上安全”为主题，在吉隆坡举行的第2次东盟—欧盟海上安全合作高官对话会，一致同意加强打击有组织跨国犯罪的合作能力，共享信息和技术，依法建设地区合作机制，促进建立地区体制及国际法律框架，加强海港安全管理，提高海港、集装箱安全运输能力，为深化东盟—欧盟关系贡献力量。

第18届东盟旅游部长级会议

2015年1月25日在缅甸内比都举行。会议对旅游领域在世界局势复杂演变的背景下所取得的成果予以高度评价，对东盟落实2011～2015年阶段旅游发展战略的进展表示欢迎。会议通过包括6个主要内容的联合声明。

东盟3个中心秘书处第5次非正式会议

2015年1月25日在缅甸内比都举行。会上，东盟—中国中心、东盟—日本中心和东盟—韩国中心三个秘书处分别介绍中心的有关活动和工作成果，对三中心在过去一年的出色实践表示赞赏，并就联合举办旅游人力资源开发项目、联合出版刊物、人员交流、信息经验共享等议题进行交流，达成相关共识。

东盟—欧盟共同合作委员会第22次会议

2015年2月5日在印度尼西亚雅加达举行。会议就推动地区发展和加强亚欧合作等问题展开讨论。双方高度评价在统计、大学教育、应对自然灾害、农业、移民与边境管理、推动绿色经济发展等方面的合作成果。欧盟代表肯定东盟在融入地区和东盟共同体建设工作中所取得的成就，表示支持东盟在东亚地区合作中所发挥的核心作用。东盟赞赏欧盟将2014～2020年阶段向东盟提供的援助金额从7000万欧元增加到1.7亿欧元的决定。

第21届东盟经济部长非正式会议

2015年2月28日在马来西亚哥打巴鲁举行。会议就东盟经济共同体建设的相关问题展开讨论。与会

11月22日，第10届东亚峰会在马来西亚吉隆坡举行。图为峰会会场　（新华网）

部长深入讨论推进东盟共同体措施的执行情况以及私营企业发展和减少东盟区域非关税壁垒问题，一致认为以打造一个共同市场、统一生产基地为目标的东盟经济共同体将进一步促进东南亚地区繁荣发展。

第 9 届东盟防长会议

2014 年 3 月 16 日在马来西亚兰卡威举行。会上，各国防长就国防安全情况交换意见，通过"维护地区安全稳定：为了人民和来自人民"的联合声明。签署的宣言显示：东盟 10 国防长密切关注并谴责伊斯兰国组织（ISIS）及其他恐怖组织的残酷及暴力行为，一致同意在国内法律和国际法的框架内合作，通过交换信息、加强监控、提高民众意识等措施，共同对抗恐怖极端组织的威胁；东盟 10 国将积极参与打击极端势力和恐怖组织，实时监控极端势力的情况和发展，维护本地区的和平与稳定。此外，会议还关注打击马六甲海域的海盗、人道主义援助等相关问题，表示进一步落实建立东盟人道主义援助和灾难疏导应急机制小组的计划，以深化东盟 10 国相互援助机制。

第 19 届东盟财长会议

2015 年 3 月 21 日，第 19 届东盟财长会议暨第 11 届东盟央行行长会议在马来西亚吉隆坡举行。与会人士就推动东盟经济共同体 2015 年年底建成的措施、加强东盟区内安全、加大东盟财政体系与基础设施建设基金监管力度以及海关、关税、保险等问题展开讨论；对东盟货币与金融一体化进程，其中包括金融服务贸易自由化、资本账户自由化、资本市场发展、结算系统、决算等方面进行评价。会议通过《东盟银行一体化框架协议》，同意任何两个东盟成员国可签订双边协议，使对方银行在本国开展业务时享有与本国银行同等的权利，助力东盟进一步实现金融和经济的一体化。

第 5 次东盟一体化倡议工作组对话及域外伙伴磋商

2015 年 4 月 1 日在雅加达东盟秘书处举行。东盟一体化倡议工作组轮值主席国老挝代表和东盟秘书处代表分别介绍第二期东盟一体化倡议（IAI）工作计划落实进展、对话及域外伙伴支持 IAI 认证项目、东盟制定后 2015 年 IAI 工作计划情况。东盟认为第二期 IAI 工作计划许多项目尚待落实，东盟缩小发展差距任务依然艰巨，希望对话及域外伙伴继续支持 IAI 工作计划落实，积极参与后 2015 年 IAI 工作计划制定。与会的中国驻东盟大使杨秀萍在发言中表示，中国坚定支持东盟共同体建设，支持东盟缩小发展差距。中方将加大对 IAI 的投入，将在青年、农村电气化、贸易便利化、金融领域向 IAI 提交 4 个项目认证。

第 26 届东盟峰会及系列领导人会议

2015 年 4 月 26～27 日在马来西亚吉隆坡举行。会议通过《建设一个以人为本的东盟吉隆坡宣言》《"全球温和运动"兰卡威宣言》《进一步加强规范应对灾害和气候变化措施》等 3 份文件。会后发表的主席声明强调，东盟将继续加快一体化进程，致力于建设一个以人为本的东盟，2015 年优先推进 8 项议题，包括：2015 年年底前正式建成东盟共同体，推动制订东盟共同体 2015 年后的发展愿景，引领东盟更加贴近人民，推动区域内中小企业发展，扩大东盟内部贸易与投资，加强东盟机制建设，倡导"全球温和运动"以推动地区和平与安全，加强东盟与外部世界的联系。声明重申将在 2015 年年底如期建成东盟经济共同体。东盟将在不断变化的地区合作中继续发挥主导作用，并将继续通过"10＋1""10＋3"、东亚峰会和东盟地区论坛等各类以东盟为主导的机制，推动并加强与各对话伙伴的关系。声明还就东盟地区互联互通、防灾减灾、应对气候变化以及有关地区和国际问题等发表看法。

东盟防长扩大会扫雷行动研讨会

2015 年 4 月 29～30 日在中国南京举行。来自东盟 10 国、中国、日本、韩国、印度、澳大利亚、新西兰、美国、俄罗斯等 18 个国家及东盟秘书处的 40 多位扫雷技术专家参加。研讨会由中国人民解放军理工大学承办，以"能力、机制、行动、合作"为主题，通过交流扫雷专业技术及经验，探讨加强地区扫雷培训合作的途径

3 月 16 日，第 9 届东盟防长会议在马来西亚兰卡威举行。图为与会防长合影

（新华网）

和模式。会议期间还进行装备器材展示和模拟扫雷演练。东盟防长扩大会是亚太地区重要的多边安全合作机制,自2010年成立以来,在人道主义援助和救灾、海上安全、军事医学、反恐、维和和人道主义扫雷行动等6个领域开展卓有成效的务实合作。

第18届东盟与中日韩财长和央行行长会议

2015年5月3日在阿塞拜疆巴库举行。会议重点对全球和区域宏观经济形势、东盟与中日韩财政、金融合作等议题进行讨论。与会代表认为,全球经济形势虽有所改善,但复苏步伐缓慢,基础不牢固,仍面临诸多不确定性因素。东亚经济仍保持较快增长,但需有效应对资本无序流动、发达国家货币政策分化、油价大幅波动、高债务和高泡沫等内外部风险的挑战。对此,与会各方承诺将继续采取宏观审慎措施,加强宏观经济政策协调,共同维护区域经济和金融稳定;进一步加快结构性改革,提高经济韧性,挖掘经济增长潜力,推动区域经济持续健康发展。会议提议进一步做好清迈倡议多边化实际运行的准备,再次强调东盟与中日韩宏观经济研究办公室升级为国际组织的重要性,重申有关各方应尽快履行内部核准程序,早日完成升级进程。

第2次东盟—欧盟海上安全合作高官对话会

2015年5月4~6日在马来西亚吉隆坡举行。与会高官集中讨论地区间及部门间关于打击有组织跨国犯罪的合作框架,为维护海上安全共享信息和技术,依法建设地区合作机制,促进建立地区体制及国际法律框架,加强海港安全管理并提高海港、集装箱运输安全能力。

第13届东盟地区论坛反恐与打击跨国犯罪会间会

2015年5月14日在中国南宁举行。中国、美国、加拿大以及东盟国家的外交、执法、安全部门代表,围绕加强国际执法合作、打击跨境毒品犯罪、推动建立境外追逃追赃简易程序、加强打击互联网暴力恐怖音(视)频合作、加强打击恐怖分子跨境活动等议题展开讨论。代表们一致认为,本地区各国应高度重视执法安全合作,进一步完善机制,坚持多措并举打击跨国犯罪,推动地区执法安全合作迈上新台阶。

5月14~15日,第13届东盟地区论坛反恐与打击跨国犯罪会间会在广西南宁举行 (百度网)

第28次东盟—美国对话

2015年5月15日在美国华盛顿举行,缅甸是此次对话的联合主席国。美方称,双方重申将联合为影响该地区的全球、地区和跨国问题寻找解决方案,包括最近南中国海的局势进展。双方还讨论东盟国家走向进一步的经济一体化的努力方向。美方称:"此次富有成果的对话,可以成为美国外交政策朝向亚洲再平衡承诺的证明。"

东盟地区论坛第4次救灾演习

2015年5月25日在马来西亚亚罗士打举行。来自21个东盟地区论坛成员和8个地区与国际组织的3000多人参加为期5天的演习。演习内容包括:实兵演练、桌面推演、行动评估三部分。演习以马来西亚救灾体系为依托,参照联合国和东盟相关救灾标准,分海、陆两大救灾主题,完成道路交通事故、化学品泄漏、山体滑坡、建筑物倒塌、洪水撤离以及海上搜救和油污清理等课目。东盟救灾演习从2009年起,每两年举行一次。

第15届东盟反跨国犯罪国际会议

2015年6月8~11日在柬埔寨暹粒举行。柬埔寨副总理兼内政部部长苏庆出席并主持会议。东盟各国反恐机构代表以及中国、日本、韩国、澳大利亚、加拿大、欧盟、印度、新西兰、俄罗斯、美国和联合国毒品管制署、国际刑警官员应邀出席。会议讨论反恐和打击跨国犯罪所面临的风险和需要合作的项目。与会各方就联合反恐和反人口贩卖、洗黑钱、毒品流通、武器贩卖、跨国犯罪、走私、海盗以及科技勒索犯罪等议题达成共识。

东盟与中日韩高官会

2015年6月9日在马来西亚古晋举行。会议重点研究落实第17次东盟与中日韩10+3领导人会议成果,就10+3合作及共同关心的国际地区问题交换意见,并为10+3领导人会和外长会做准备。会议高度评价近年来10+3各领域合作取得的进展，认为各国应继续将发展经济、改善民生放在合作的优先位置，积极落实领导人达成的共识和《2013～2017年东盟与中日韩10+3合作工作计划》，努力实现2020年建成东亚经济共同体的目标。

东盟地区论坛网络安全能力建设培训班

2015年7月29～30日在中国北京举办。东盟地区论坛的17个成员国、东盟秘书处和国际电信联盟等国际组织的60多名代表参加。培训班着重就网络空间发展与挑战、提升网络安全能力建设的途径、政府和非政府行为体的作用、信息与通信技术的益处等进行学习研讨。

第35届东盟国家警察首长会议

2015年8月1～6日在印度尼西亚雅加达举行。会议以"加强合作—维护地区和平、安全与稳定"为主题，就犯罪防范工作的合作措施以及地区安全保障的挑战等议题进行磋商。印度尼西亚副总统尤素夫·卡拉在开幕致辞时高度评价东盟各成员国警察力量已履行自己的职责，确保各自国家乃至地区的和平稳定。他认为，东盟各国应制定双边和多边机制以提高本地区警察力量的活动效益，有效应对高科技犯罪和跨国犯罪等。会议还就东盟各成员国警察力量在加强合作打击犯罪的承诺方面达成重要共识。

第48届东盟外长会议及系列会议

2015年8月4～6日，第48届东盟外长会议和中国—东盟外长会、东盟与中日韩外长会、东亚峰会外长会以及东盟地区论坛外长会在马来西亚吉隆坡陆续举行。这些会议旨在总结建设东盟共同体方面的进展，为2015年11月在吉隆坡举行的第27届东盟峰会做准备。东盟轮值主席国马来西亚总理纳吉布在开幕致辞中说，第27届东盟峰会制订2015年后东盟共同体愿景，12月底建成东盟共同体，这是实现东盟"同一个愿景，同一个身份，同一个共同体"理念而迈出的巨大一步。会议总结在建设东盟共同体方面取得的进展，同意增强东盟在国际上的影响力，通过地区间合作与对话共同应对跨国犯罪等问题。会议联合公报重申继续推进共同体建设，全面推进一体化进程走向深入，推动各个领域的密切合作。各国部长再次重申东盟继续努力建设一个政治团结、经济一体化、担负社会责任的东盟共同体的承诺。其间，中方代表与东盟外长们举行会见，双方肯定中国与东盟的友好合作关系，同意将中国倡议的"一带一路"与东盟各国未来的发展战略联系起来。

第47届东盟经济部长会议及系列会议

2015年8月22日，中国—东盟经贸部长会议、东盟与中日韩经贸部长会议、东亚峰会经贸部长会议和区域全面经济伙伴关系协定部长会议等在马来西亚吉隆坡开幕。东盟各国经济部长、东盟对话伙伴国代表、东盟秘书长黎良明等出席。东盟各国经济部长进行集中讨论，寻找加快东盟经济共同体建设进程的措施。

第36届东盟议会联盟大会

2015年9月8～11日在马来西亚吉隆坡举行。与会代表围绕"以人民为核心，促进东盟共同体建设，实现人人共享的发展"的主题，就缩短东盟各国发展差距、加强大学教育、促进妇女和女孩权利保护等问题展开深入讨论，达成相关共识并通过涉及地区繁荣发展的25项决议。

8月4日，第48届东盟外长会议在马来西亚吉隆坡开幕。左图为马来西亚国际贸易和工业部长穆斯塔法·穆罕默德在开幕式上致辞。右图为开幕式会场 （百度网）

东盟经济共同体与中国—东盟产能合作高层论坛

2015 年 9 月 25 日在印度尼西亚雅加达举行。与会代表重点围绕东盟经济共同体前景、中国—东盟产能合作机遇和合作模式等深入讨论，提出以下建议：(1)大力构建"21 世纪昆(明)新(加坡)产能合作经济带"，尽快启动从昆明经万象、曼谷、吉隆坡到新加坡的高速铁路互联互通建设，以促进沿线人员往来和产能合作。(2)有针对性地设计合作方案，东盟各国经济发展水平多样，产能合作要契合中国和东盟国家经济发展实际需求。(3)坚持企业主导、商业运作原则，吸引私营部门参与，创新合作模式和融资方式，充分用好亚洲基础设施投资银行、丝路基金等融资平台。(4)中国多向东盟国家转移高新技术和产业设备，提升东盟自主产业能力。(5)增强企业的社会责任感，注重民生，回馈社会。

第 6 届东盟互联互通研讨会

2015 年 10 月 16 日在马来西亚吉隆坡举行。参与起草东盟互联互通总体规划的专家以及来自东盟互联互通协调委员会、东盟秘书处、亚洲开发银行和次区域合作安排的嘉宾，就实施东盟互联互通总体规划的成果和挑战进行交流。后 2015 愿景高级别工作组、后 2015 东盟互联互通愿景咨询机构、东盟 · 东亚经济研究所等机构代表阐述对愿景筹划工作的考量。中国、澳大利亚、欧盟、日本、韩国等东盟对话伙伴国和国际组织代表等，在发言中阐述各自对东盟互联互通的贡献和期待。

第 13 次东盟环境部长会议

2015 年 10 月 26 ~ 31 日在越南河内举行。会议对第 12 次会议(2012 年)以来本地区环境领域各项合作协议的落实情况进行评估，并就新合作内容进行讨论，提出建议和措施，以促进东盟环境领域合作。会议还讨论并通过有关应对气候变化的东盟宣言，为第 21 届联合国气候变化大会作准备。

第21届东盟交通部长会议

2015 年 11 月 5 ~ 6 日在马来西亚吉隆坡举行。马来西亚副总理扎希德·哈米迪指出，加强东盟各国间陆路、空路和海路等的互联互通，在促进东盟发展、加强经济互联互通和提升东盟竞争力方面具有重要作用。与会各方表示，"东盟开放天空"和单一航空市场、东盟高速公路网络、连接新加坡与中国昆明的铁路、发展海港系统等，将有助于促进东盟地区乃至世界贸易和旅游发展；交通领域的合作在确保东盟成为世界上重要经济体方面起着重要作用，有利于促进东盟发展、加强经济互联互通和提升东盟竞争力。会议还就《2016 ~ 2020 年吉隆坡交通战略行动计划》达成重要共识。

第 27 届东盟领导人会议及系列领导人会议

2015 年 11 月 21 日在马来西亚吉隆坡开幕。此次领导人会议签署《关于建立东盟共同体的 2015 吉隆坡宣言》，宣布 2015 年 12 月 31 日正式建成以政治安全共同体、经济共同体和社会文化共同体三大支柱为基础的东盟共同体，同时通过题为《东盟 2025：携手前行》的愿景文件，为未来 10 年的发展指明方向。除加强东盟共同体建设、深化东亚经济一体化进程以及加大国际联合反恐力度等议题之外，南海议题也再度成为各方关注的焦点。马来西亚总理纳吉布会后表示，针对南海问题的讨论，与会各国达成共识，一致认为南海问题必须以不升级紧张局势的方式进行处理，同时依据相关国际法，坚持《南海各方行为宣言》的原则，尽快达成《南海行为准则》。会议期间，东盟还与中、日、韩等对话伙伴国进行多场双边和多边对话，讨论经济合作、区域互联互通、海洋合作、环保、反恐、非法移民等议题。

第 3 届东盟—美国领导人会议

2015 年 11 月 21 日在马来西亚吉隆坡举行。会议发表的联合声明称，东盟和美国的战略伙伴关系有利于加强和促进亚太地区的安全、繁荣和稳定，东盟国家和美国将进一步落实《实施增进东盟—美国战略伙伴关系的行动计划》(2016 ~ 2020 年)，以增强战略伙伴关系，促进包括经济一体化、海上合作、跨国应对气候变化、新兴领袖和妇女发展机会等 5 个领域的合作。

11 月 21 日，第 27 届东盟峰会在马来西亚吉隆坡举行。图为会场　（新华网）

第 18 次东盟与中日韩领导人会议

2015 年 11 月 21 日在马来西亚吉隆坡举行。东盟与中国、日本、韩国在会上达成以下共识:10 + 3 合作将继续秉承和维护《联合国宪章》基本原则的宗旨,尊重国际法,遵循各方达成的宣言、协议,用和平对话而非相互指责的方式解决分歧;各国进一步采取务实合作举措,推进东亚一体化建设,深化经贸、金融、投资合作,增进区域的互联互通,亚洲基础设施投资银行和丝路基金将与亚行、世行等多边开发机构相互借鉴和补充,共同提高东亚地区基础设施融资水平。

第 10 届东亚峰会

2015 年 11 月 22 日在马来西亚吉隆坡举行。东盟 10 国领导人、中国国务院总理李克强、韩国总统朴槿惠、日本首相安倍晋三、美国总统奥巴马、俄罗斯总理梅德韦杰夫、印度总理莫迪、澳大利亚总理特恩布尔、新西兰总理约翰·基和联合国秘书长潘基文等出席。2015 年是东亚峰会成立 10 周年,会议发表《纪念东亚峰会 10 周年吉隆坡宣言》。峰会明确将中方倡议的《落实〈金边发展宣言〉行动计划》执行期延长至 2017 年,强调要继续加强能源环保、金融、教育、灾害管理、公共卫生和东盟互联互通等 6 个重点领域的合作。根据中方建议,会议将可持续增长和金融稳定列为引导性议题,讨论加强务实合作,共同维护地区经济增长势头,促进东亚经济一体化进程。会议还通过印度尼西亚、中国、美国、澳大利亚、新西兰 5 国共同倡议的《加强地区海洋合作声明》,为促进东亚峰会 18 个成员国所在地区的海洋经济可持续发展、加强海洋环境保护、维护海上安全等指明方向。

东盟地区论坛第 3 届外空安全研讨会

2015 年 11 月 30 日至 12 月 1 日在中国北京举行。会议由中国、老挝、俄罗斯、美国共同举办。来自东盟、日本、韩国、澳大利亚、新西兰、印度、巴基斯坦、欧盟等 20 多个国家、地区及联合国机构的近 100 名代表与会,就外空国家政策、军控法律手段、透明与建立信任、空间安全技术措施等问题展开深入探讨,达成相关共识。

第 2 届东盟发展论坛

2015 年 12 月 14 日,中国新华社亚太总分社和亚太日报社在香港以"以民间、行业和区域联通推动互联互通"为主题举办第 2 届东盟发展论坛。中国香港特别行政区行政长官梁振英、中国驻东盟大使徐步出席论坛开幕式并作主旨发言。印度尼西亚驻华大使苏更、印度尼西亚旅游部部长阿里夫、泰国前副总理披尼、越南旅游总局副局长河文超等东盟国家相关机构官员出席。梁振英在致辞中说,东盟和香港的经贸关系十分密切,东盟已是香港的第二大货物贸易伙伴,贸易额超越美国和欧盟,而且增长迅速。香港位于中国和东盟国家之间,是本地区的重要交通枢纽;香港与东盟正在谈判自由贸易协定,预计 2016 年内可达成协议;香港能够为推动中国内地和东盟之间的合作发挥更大的作用。徐步大使在致辞中指出,双方要抓住共建 21 世纪海上丝绸之路的历史契机,牢牢把握合作共赢的大方向,不断推动相互间合作走稳走实走深。

东盟共同体建成庆祝酒会

2015 年 12 月 23 日,东盟秘书处和印度尼西亚外交部在东盟秘书处大楼共同举办东盟共同体建成庆祝酒会暨东盟秘书处新楼沙盘揭幕仪式。东盟秘书长黎良明、印度尼西亚副外长法齐尔出席酒会并致辞。黎良明表示,东盟共同体的建成有利于东盟更积极发挥领导力,有利于推动实现地区稳定和繁荣,造福地区各国及其人民;东盟秘书处将进一步加强机制和能力建设,积极应对各项挑战,继续推进东盟一体化进程,促进东盟可持续、公平和包容性发展目标的实现。法齐尔表示,东盟成员国有坚定的决心和使命感,努力把东盟建设成为卓越的地区性国际组织,以更有效应对各项区域和全球性问题;为支持东盟秘书处能力建设,印度尼西亚政府出资为秘书处新建的办公大楼将于 2016 年破土动工,希望东盟共同体的建成和东盟秘书处的扩展将推动雅加达成为更活跃的地区发展和外交活动中心。

(陈　文　李玮莉)

12 月 14 日,第 2 届东盟发展论坛在中国香港举行　(百度网)

中国—东盟自由贸易区

中国—东盟自由贸易区的历史沿革

1991年,中国与东盟正式建立官方对话关系。同年7月,中国正式成为东盟磋商伙伴。1996年7月,中国被东盟接纳为全面对话伙伴国并出席东盟与对话伙伴国会议。1997年12月,中国与东盟首次举行东盟—中国领导人会议。会议期间,双方领导人发表联合宣言,确定东盟与中国面向21世纪的睦邻互信伙伴关系。

2002年11月,第6次中国—东盟领导人会议签署《中国与东盟全面经济合作框架协议》,确定2010年建成中国—东盟自由贸易区的目标。2003年10月,第7次中国—东盟领导人会议期间,中国正式加入《东南亚友好合作条约》,双方领导人发表《中国与东盟面向和平与繁荣的战略伙伴关系联合宣言》。2004年,在第8次中国—东盟领导人会议上,双方签署《中国与东盟全面经济合作框架协议货物贸易协议》和《中国与东盟争端解决机制协议》,中国—东盟自由贸易区进入实质性建设阶段。2005年7月,中国—东盟自由贸易区《货物贸易协议》开始实施,双方7000余种商品开始全面降税,双边贸易额持续增长。2007年1月14日,中国与东盟国家在菲律宾宿务签署中国—东盟自由贸易区《服务贸易协议》。2009年8月,中国与东盟国家共同签署中国—东盟自由贸易区《投资协议》。2003~2009年,中国—东盟关系发展全面提速,双方在包括货物、服务和投资在内的经贸潜能得到释放。

2010年1月1日,中国—东盟自由贸易区如期建成,90%的商品实现零关税。中国对东盟平均关税从9.8%降至0.1%,东盟6个老成员国对中国的平均关税从12.8%降至0.6%。中国—东盟自由贸易区成为中国对外建立的第一个自由贸易区,也是由发展中国家建立的世界上最大的自由贸易区。同年,中国—东盟自由贸易区《投资协议》开始实施。2010年10月29日,在第13次中国—东盟领导人会议上,双方领导人签署《落实中国—东盟面向和平与繁荣的战略伙伴关系联合宣言的第二个五年行动计划(2011~2015)》和《〈中国—东盟全面经济合作框架协议货物贸易协议〉第二议定书》。2011年1月1日,《〈中国—东盟全面经济合作框架协议货物贸易协定〉第二议定书》开始生效, 11月21日,中国与东盟签署《关于实施中国—东盟自由贸易区〈服务协议〉第二批具体承诺的议定书》,中国—东盟自由贸易区得到进一步发展。

2012年是《中国—东盟全面经济合作框架协议》签署10周年,也是中国—东盟自由贸易区建设10周年。2012年1月1日,《关于实施中国—东盟自由贸易区〈服务贸易协议〉第二批具体承诺的议定书》正式生效。11月19日,在第15届东盟—中国领导人会议上,双方领导人签署《关于修订〈中国—东盟全面经济合作框架协议〉的第三议定书》和《关于在〈中国—东盟全面经济合作框架协议〉下〈货物贸易协议〉中纳入技术性贸易壁垒和卫生与植物卫生措施章节的议定书》,并建立一些机构专门负责双边经贸合作事宜。会议还发表纪念《南海各方行为宣言》签署10周年联合声明。

2013年是中国与东盟签署《中国与东盟面向和平与繁荣的战略伙伴关系联合宣言》10周年,也是中国—东盟博览会举办第10年。8月29日,纪念中国—东盟建立战略伙伴关系10周年特别外长会在北京举行。9月3~6日,中国—东盟建立战略伙伴关系10周年暨中国—东盟博览会10周年成就展在广西南宁举办。10月9~15日,第16次中国—东盟领导人会议、第16次东盟与中日韩10+3领导人会议和第8届东亚峰会在文莱斯里巴加湾举办,中国与东盟国家领导人进行会晤与对话。双方领导人将建立战略伙伴关系10年来的中国—东盟合作方式提炼为"亚洲方式",并一致同意打造中国—东盟自由贸易区升级版,携手共创"钻石10年"。

2014年是中国—东盟携手共创合作"钻石10年"的开局之年,也是中国—东盟自由贸易区升级版建设取得重要进展的一年。8月26日,第13次中国—东盟经贸部长会议通过中国—东盟自由贸易区升级版要素文件,并于9月进行首轮谈判。9月16~19日,第11届中国—东盟博览会在广西南宁举办。11月13日,第17次中国—东盟领导人会议在缅甸内比都举行,会议发表《主席声明》,积极评价中国—东盟关系取得的进展,并对进一步推进各领域务实合作做出规划。年内,中国与东盟领导人还通过第17次东盟与中日韩领导人会议、2014年东盟地区论坛高官会、东盟地区论坛海上航道安全研讨会等平台进行会晤与对话。

2015年是中国—东盟自由贸易区升级版建设的重要时间节点。11月22日,经过4轮谈判后,中国与东盟签署《中华人民共和国与东南亚国家联盟关于修订〈中国—东盟全面经济合作框架协议〉及项下部分协议的议定书》。升级版《议定书》的达成和签署体现双方深化和拓展经贸合作的共同愿望和现实需求,将为双方经济发展提供新助力,有利于加快建设更为紧密的中国—东盟命运共同体,实现2020年双边贸易额达到1万亿美元的目标,并将促进《区域全面经济伙伴关系协定》(RCEP)谈判和亚太自由贸易区建设进程。年内,中国与东盟领导人还通过第12届中国—东盟博览会、中国—东盟商务与投资峰会,第18次中国—东盟、东盟与中日韩领导人会议,东盟地区论坛等平台进行沟通交流，为促进双边合作达成多项共识。

中国—东盟自由贸易区升级版谈判如期完成

2015 年 11 月 22 日，在中国国务院总理李克强和东盟 10 国领导人的共同见证下，中国商务部部长高虎城和东盟 10 国部长分别代表中国政府与东盟 10 国政府，在马来西亚首都吉隆坡正式签署中国—东盟自由贸易区升级谈判成果文件——《中华人民共和国与东南亚国家联盟关于修订〈中国—东盟全面经济合作框架协议〉及项下部分协议的议定书》（以下简称《议定书》），这标志着中国—东盟自由贸易区升级谈判全面结束。据中国商务部国际司负责人介绍，截至 2015 年 11 月，已有的中国—东盟自由贸易区零关税已经覆盖双方 90% ~95% 税目的产品，货物贸易自由化水平很高。因此，双方在此次升级谈判中，主要通过升级原产地规则和贸易便利化措施，进一步促进双边货物贸易发展。

《议定书》共 500 多页，内涵丰富，包括序言及货物贸易、服务贸易、投资、经济技术合作、未来工作计划和最后条款等章节，还包括原产地规则、原产地规则操作程序、第三批服务贸易具体承诺减让表等附件。

服务贸易是《议定书》的重要组成部分。根据 2007 年签署的中国—东盟自由贸易区《服务贸易协议》渐进自由化条款，中国在自由贸易区升级谈判中与东盟成员启动并完成第三批服务贸易具体减让承诺谈判。与前两批具体承诺相比，各国均作出更高水平的承诺，进一步提升了中国—东盟自由贸易区服务贸易自由化水平。具体而言，中国在集中工程、建筑工程、证券、旅行社和旅游经营者等部门作出改进承诺。东盟各国在商业、通讯、建筑、教育、环境、金融、旅游、运输等 8 个部门的约 70 个分部门向中国作出更高水平的开放承诺。双方的具体改进措施还包括扩大服务开放领域、允许对方设立独资或合资企业、放宽设立公司的股比限制、扩大经营范围、减少地域限制等。

在投资方面，《议定书》关于投资的内容集中于投资促进和投资便利化合作，为投资者创造稳定、有利和透明的商业环境。在投资促进领域，双方同意通过包括组织投资促进活动、增强行业互补性和促进生产网络化、举办投资相关的研讨会和信息交流等方式促进相互投资。在投资便利化领域，双方同意简化投资批准手续，促进投资相关规则、法规、政策的信息发布，并在必要时建立一站式投资中心或相关机制，为商界提供包括便利营业执照和许可发放的支持与咨询服务。

同时，双方同意在《议定书》生效后，通过协商确定时间安排，就货物贸易自由化、特定产品原产地规则、投资自由化和保护等议题进一步开展磋商。

2013 年 10 月，中国国务院总理李克强在第 16 次中国—东盟领导人会议上倡议启动中国—东盟自由贸易区升级谈判。2014 年 8 月，中国—东盟经贸部长会议正式宣布启动升级谈判。经过 4 轮谈判，在 2015 年 11 月举行的第 18 次中国—东盟领导人会议期间，双方就《议定书》内容达成一致。

《议定书》的达成和签署为双方经济发展提供新助力，有利于加快建设更为紧密的中国—东盟命运共同体，实现 2020 年双边贸易额达到 1 万亿美元的目标，并将促进《区域全面经济伙伴关系协定》（RCEP）谈判和亚太自由贸易区建设进程。

《中国—马来西亚钦州产业园区管理办法》施行

《中国—马来西亚钦州产业园区管理办法》经中国广西壮族自治区人民政府常务会议审议通过，并从 2015 年 1 月 1 日起正式实施。该管理办法主要解决园区在规划、建设、开发、运营和管理等方面无法可依的问题。

中共广西壮族自治区委员会、自治区人民政府指示由自治区法制办和园区管委会等部门牵头，充分借鉴中新苏州工业园区、中新天津生态城、中国（上海）自由贸易试验区、深圳前海自由贸易区等先进园区的立法经验，出台该管理办法。内容涉及园区管理体制和行政管理权限、园区的经济管理权限、园区的财税管理体制以及园区用地、用海的原则，园区机构设置和人事管理体制，园区社会管理职能划分、规划编制原则等。

中国—马来西亚钦州产业园区外景 （百度网）

首届中国—东盟国际时装周

2015年1月1~3日在南宁国际会展中心举行。本次时装周由中国广西国际博览事务局等单位举办。中国和东盟国家的时装设计师带来上百套个性时装、华丽晚装、可爱童装及浪漫婚纱礼服。获得2014年中国金顶奖设计师称号、享有台湾“针织女王”美誉的潘怡良携GIOIAPAN品牌拉开时装周大幕。随后，中国时装设计师刘嘉、刘思聪及杨耀基的少儿亲子装、个性时装等新品，马来西亚国宝级设计师CarvenONG的梦幻婚纱礼服，由近百名超级模特现场展示，受到观众的好评。

柬埔寨最大水电站额勒赛下游水电站竣工

2015年1月12日，由中国华电集团公司建设的额勒赛下游水电站竣工庆典在柬埔寨国公省举行，这标志着额勒赛下游水电站项目建设全面竣工。柬埔寨首相洪森、中国驻柬埔寨大使布建国、柬埔寨矿产能源部大臣瑞赛、中国华电集团公司董事长李庆奎、柬埔寨政府官员及各界群众约3000人出席竣工仪式。

额勒赛下游水电站装机338兆瓦，是柬埔寨已投产的最大的水电项目。该项目能缓解柬埔寨用电紧张情况及改善农村地区和偏远地区的用电问题。此外，项目的建设还推动当地道路等基础设施建设，给当地人民增加就业机会。

第9次中国—东盟电信部长会议

2015年1月22~23日在泰国曼谷举行。中国工业和信息化部副部长尚冰与泰国信息通信技术部部长蓬猜·鲁吉巴帕共同主持会议并作主题发言。会议支持中方提出的关于建立中国—东盟国家计算机应急响应组织合作机制的倡议，一致认为该机制是加强双方网络安全合作的重要平台。

中国与东盟在网络安全领域的合作有着良好的基础。自2006年以来，中国多次应邀参加中国—东盟电信监管理事会圆桌会议，并于2009年与东盟签署《中国—东盟电信监管理事会关于网络安全问题的合作框架》。中国国家计算机网络应急技术处理协调中心自2007年起，每年参加东盟计算机安全应急响应组(CERT)的应急演练，并邀请东盟各国CERT及其政府主管部门代表参加在中国举办的6次中国—东盟网络安全研讨会。此次中国提出的建立中国—东盟国家计算机应急响应组织合作机制，旨在为中国与东盟国家在网络安全领域的合作提供优先的信息共享和事件处理通道，有效提升全局网络安全威胁的分析预警能力，提高跨境网络安全事件处置速度，完善双方网络安全应急响应体系。具体内容包括建立联系机制、优化事件响应、加强信息和数据共享、开展能力建设、推动项目合作等。

2015中国—东盟迎新春话合作系列活动

2015年2月5日在北京举行。由中国—东盟商务理事会和东盟北京委员会主办。东盟10国驻华大使及其代表、中国有关政府部门官员和专家学者、中国和东盟知名企业家代表、行业商(协)会领袖、媒体等200多人出席系列活动。

活动内容主要有：中国—东盟商务理事会与江苏省南通市政府主办的南通市对接东盟商机推介会，中国—东盟商务理事会与马来西亚发林集团主办的东盟国际生态城推介会，主办方颁发中国走进东盟成功企业奖、东盟走进中国成功企业奖、中国走进东盟杰出企业家奖、中国—东盟经贸合作贡献媒体奖、中国—东盟首席商务专家荣誉证书等，还举行中国—东盟迎新春联谊会。

中国—东盟自由贸易区第二轮升级谈判

2015年2月3~6日，中国—东盟自由贸易区联委会第7次会议暨中国—东盟自由贸易区第二轮升级谈判在北京举行，由中国商务部、外交部、发展改革委、工业和信息化部、财政部、农业部、海关总署、质检总局、中国钢铁工业协会、广西壮族自治区人民政府、云南省商务厅等组成的中方代表团与东盟10国代表团进行谈判。谈判双方继续积极推进升级谈判进程，并召开服务贸易、投资、经济合作、海关程序与贸易便利化、原产地规则、标准、技术法规与合格评定程序和卫生与植物卫生措施等7个工作组会议，就具体领域深入交换意见。谈判取得显著进展。

1月12日，柬埔寨额勒赛下游水电站竣工庆祝典礼在柬埔寨国公省举行

(百度网)

中国—东盟海产品交易所上线交易

作为中国—东盟海上合作基金支持的首批 18 个项目之一，中国—东盟海产品交易所落户中国（福建）自由贸易试验区福州片区，于 2014 年 11 月 3 日开始试运营，并于 2015 年 3 月 6 日正式上线交易。

中国—东盟海产品交易所是中国首个与东盟进行海产品交易的市场，吸纳中国和东盟国家的海产品生产、加工、贸易企业及拥有大宗海产品和海产资源的龙头企业为会员，采取“线上交易、线下交收、人民币结算”的交易模式。预计年交易额约 1000 亿元。

中国—东盟区域发展协同创新中心成立

2015 年 3 月 16 日，中国—东盟区域发展协同创新中心第二轮组建签约仪式暨理事会第一次会议在北京举行，创新中心发展规划专家论证会议同期召开。

该创新中心是由中国广西壮族自治区人民政府主导，由广西大学牵头，协同南开大学、云南大学、西南交通大学等高校和中国外交部、中联部、商务部、中国农业银行、中国社会科学院等 6 家支撑单位、10 家核心单位和 11 家成员单位共同组建，以打造“国家急需、世界一流、制度先进、贡献重大”的中国特色新型高校智库为目标，致力于发展中国—东盟领域政治、经济、国防、外交等重大问题的合作与创新研究，培养“东盟通”特殊人才，服务国家战略制定和实施。

在签约仪式上，广西大学分别与南开大学、西南交通大学、对外经济贸易大学、中国社会科学院亚太与全球战略研究院等核心单位以及南京大学商学院、中国人民大学国际关系学院等成员单位签约。此前，云南大学、中国—东盟商务理事会等 7 家成员单位已先期签约。

中国—东盟省市长对话会

2015 年 3 月 27 日在中国海南博鳌举行。在亚洲博鳌论坛 2015 年年会期间召开。中国海南、重庆、陕西、天津、浙江杭州、江苏南京、山东青岛等 7 省、市负责人，以及文莱、柬埔寨、印度尼西亚、老挝、马来西亚、缅甸、菲律宾、泰国等 8 国 9 省（市）的负责人或代表参会。与会代表就“地方合作——命运共同体的驱动力”主题进行深入探讨。会议签署《中国—东盟省市长对话共同声明》，在推进中国—东盟地方合作和 21 世纪海上丝绸之路建设方面达成 6 点共识：一是建立完善丝绸之路经济带与 21 世纪海上丝绸之路沿线地方联动机制，加强“一带一路”沿线重点省市友好交流和务实合作。二是推进中国—东盟省市长对话的机制化建设，倡议在每年亚洲博鳌论坛年会期间举办一次对话会。三是全力参与和推动中国—东盟地方间互联互通建设，统筹协调基础设施规划，畅通海陆空联运通道，加快实现互联互通衔接，构建区域物流体系，改善通关便利化、标准规范化等软环境，共同打造畅通、快捷、便利、高效的互联互通网络。四是在海上环境保护和科研、海洋资源利用与开发、海上应急救助、防灾减灾、水下文化遗迹保护与修复等方面稳步推进合作，促进中国—东盟地方海洋合作不断深化，为共同建设 21 世纪海上丝绸之路注入更多正能量。五是鼓励和支持扩大双向投资，发展双边贸易；共同发展海洋旅游，开辟“一程多站”式的跨国邮轮航线，开发海洋观光、海岛休闲、海上运动等特色旅游项目；因地制宜、优势互补，深化在农业和渔业等领域的合作。六是推进文化、教育、科技、体育等领域的交流合作，扩大媒体交流，促进人员往来，增进了解互信，巩固双方合作的社会与民意基础。

中国—东盟创新中心落户昆明

2015 年 4 月 2 日，在中国—东盟科技伙伴计划框架下，中国首个中国—东盟创新中心依托于云南创新生物产业孵化器正式落户昆明。该中心依托昆明国家经济技术开发区的现有平台，汇集各类创新资源和要素，可开展技术、人才、项目和企业对接，促进中国和东盟国家的科技与创新合作，为研发、企业孵化、成果产业化、推广应用、科技文化交流等提供综合性的服务。已有来自北京、上海、香港、四川、重庆及云南本地的 40 多家企业入驻孵化器和创新中心，产业发展涉及生物医药、保健品、食品、新能源、现代农业、环保产品及

3 月 27 日，中国—东盟省市长对话会在中国海南博鳌举行 （百度网）

食品安全检测分析、信息技术等。

第16次中国—东盟联合合作委员会会议

2015年4月10日在印度尼西亚首都雅加达的东盟秘书处举行。由中国驻东盟大使杨秀萍和泰国常驻东盟代表查巴拉共同主持。东盟常驻代表委员会成员、东盟秘书处官员以及中国外交部、商务部、科技部、海洋局、福建省人民政府的代表参加会议。中国—东盟中心代理秘书长黄英应邀出席。双方回顾上一阶段各领域的合作,明确下一阶段合作的重点。

会上,中方与东盟代表介绍各自政治、经济和社会发展情况,重点回顾过去一年双方各领域务实合作进展,并就第17次中国—东盟领导人会议所提倡议落实情况、中国—东盟2016~2020年行动计划、中国—东盟海洋合作年、2015年东盟外长会等深入交换意见,明确双方2015年主要工作方向和重点领域。

中国与马来西亚续签货币互换协议

2015年4月17日,马来西亚国家银行发表公告称,中国人民银行行长周小川与马来西亚国家银行行长洁蒂于当天在美国华盛顿续签货币互换协议,维持1800亿人民币或900亿林吉特的互换额度,有效期为3年。该双边本币互换协议的续签,是两家央行致力于推广两国商家使用本币结算的承诺,将进一步强化马来西亚与中国的经济和金融连接,并促进双边贸易和投资活动。

2009年1月,马来西亚与中国香港金管局签署2000亿人民币(1169亿林吉特)货币合约;同年2月,与中国达成双边互换协议。当时,这项协议规模为800亿人民币或400亿林吉特,为期3年;2012年两国续签该协议。协议签署后,马来西亚国家银行将在北京设立代表处,使两国可以人民币和林吉特作为双边商贸结算货币。

第2届中国—东盟(海上丝绸之路)商务论坛

2015年4月23日在中国北京举行。由北京市商务委、北京市外办、泰国商业部、泰王国驻华大使馆、泰国投资促进委员会支持,北京助邦商务中心、北京国际经济贸易发展协会、亚洲国际贸易投资商会、东盟国际贸易促进委员会共同主办。泰国参议院前议长萨尼出席论坛活动并致辞,泰国驻中国大使馆商务处公使庄派吉、泰国投资促进委员会参赞吴永泉、老挝人民民主共和国驻华大使馆参赞萨田普塔班迪等分别就本国的投资环境和优惠政策发表主题演讲。北京市商务委副主任宋建明就促进北京与东盟各国在商务领域的合作、推动"一带一路"建设提出3点建议:一是努力扩大贸易规模;二是加强以装备为主的产业合作;三是积极搭建交流合作平台。参会代表就东盟相关国家的发展状况和贸易政策进行充分沟通。在项目洽谈对接环节,使馆与参会代表积极交流。东盟有关国家的商协会带来包括展览会、论坛与年会、产品推介会、行业对接会、采购洽谈会、东盟市场培训等六大版块项目和中方进行对接。中国—东盟行业协会商会积极互动洽谈,现场达成数十个意向合作项目。在全体与会者的见证下,北京国际经济贸易发展协会与东盟国际贸易促进委员会签订战略合作协议。

来自中国北京、吉林、江西、山西、河北、天津、广西、广东等8个省、直辖市、自治区的商协会和企业,中国贸促会相关行业分会、全国工商联相关商会等160个单位250余人参加论坛活动。

中国—东盟移动互联网创新与发展研讨会

2015年5月6~8日在中国重庆举行。会议就移动互联网行业发展、4G网络和技术融合演进、智能终端发展、移动业务创新应用及企业信息化等议题进行广泛深入交流。来自东盟10国政府主管部门、企业、研究机构的28名代表,以及中国工业和信息化部、中国信息通信研究院、重庆市经济和信息化委员会、重庆市通信管理局、中国电信、中国移动、大唐电信、TD产业联盟、腾讯、网宿科技、重庆邮电大学等近60名代表参加会议。

2015"丝路之友"中国—东南亚对话会

2015年5月15日在中国深圳举行。由中国和平发展基金会和深圳市国际交流合作基金会共同举办。中国及东南亚国家相关非政府组织、研究机构的60多名专家学者出席会议并展开对话,重点探讨各国在21世纪海上丝绸之路建设中面临的机遇与挑战。泰国前副总理、泰中文化经济协会会长颇钦,中共中央对外联络部副部长刘洪才,深圳市副市长艾学峰等出席对话会。

中国—东盟建筑行业协会中方秘书处落户中国南通

2015年5月28日,中国—东盟商务理事会与中国江苏省南通市人民政府签订《中国—东盟建筑行业合作委员会筹备备忘录》,中国—东盟建筑行业协会中方秘书处落户南通,中共南通市委书记丁大卫、中国—东盟商务协会主席普斯巴纳丹共同为秘书处揭牌。

第2届中国—东南亚民间高端对话会

2015年5月31日在印度尼西亚巴厘岛举行。中国及印度尼西亚、文莱、新加坡、柬埔寨、老挝、马来西亚、缅甸、泰国、东帝汶等11个东南亚国家的200余名代表出席。与会代表共同发表中国—东南亚民间交流合作倡议书。

第21次中国—东盟高官磋商会

2015年6月3~4日在中国北京举行。中国外交部副部长刘振民和泰国外交部副次长诺帕敦共同主持会议,东盟10国高官及东盟副秘书长出席会议。会议重点围绕中国—东盟关系发展深入交换意见,达成广泛共识。与会高官一致认为,中国与东盟国家是陆海相连的亲密邻邦,中国—东盟战略伙伴关系保持健康稳定发展势头,日益成为促进地区和平稳定与发展繁荣的重要支柱。双方同意继续牢牢把握中国—东盟关系的正确发展方向,深化政治互信,拓展务实合作,共同推进建设21世纪海上丝绸之路,积极落实"2+7合作框架",携手建设更为紧密的中国—东盟命运共同体。

高官们同意加紧制订《落实中国—东盟面向和平与繁荣的战略伙伴关系联合宣言行动计划(2016~2020)》,为2016年中国—东盟建立对话关系25周年共同举办纪念活动,加强经贸、金融和互联互通合作,探讨加强产业合作,并落实好中国—东盟自由贸易区升级版、筹建亚洲基础设施投资银行、在华举办首次中国—东盟防长非正式会晤、办好中国—东盟海洋合作年、中国—东盟教育交流周等具体倡议,为2015年11月的第18次中国—东盟领导人会议做好准备。

中国—东盟区域发展论坛·2015:"一带一路"与中国—东盟命运共同体目标学术研讨会

2015年6月16~17日在中国广西南宁举行。由广西大学主办,中国—东盟区域发展协同创新中心承办。中国和东盟的40余位专家、学者参加论坛活动并发表演讲。广西大学中国—东盟研究院院长、广西壮族自治区人大教育科学文化卫生委员会副主任委员梁颖教授,广西大学副校长商娜红教授,中国全国政协外委会委员、中国人民争取和平与裁军协会副会长、中共中央对外联络部原副部长于洪君为论坛开幕致辞并作主题发言。

中国—东盟中小企业跨境投资与贸易洽谈会

2015年6月29日,由中国银行和马来西亚中华总商会联合举办的中国—东盟中小企业跨境投资与贸易洽谈会暨马中"一带一路"经济大会在马来西亚吉隆坡举行。本次洽谈会企业对接领域包括服装服饰、食品工业、橡胶产品、木材家具、电子电器和建筑材料六大类。中国、马来西亚、泰国和新加坡等国家的200多家中小企业参会。洽谈会期间举办"一对一"客户对接活动超过300场,有意向合作率达到67%。

中国—东盟电力合作对话

2015年7月8日在中国北京举办。由中国电力发展促进会、中国—东盟商务协会和中国—东盟商务理事会主办,泰国驻中国大使馆投资处公使衔参赞吴永泉、越南驻中国大使馆商务参赞裴辉煌、缅甸驻中国大使馆商务参赞昂觉丹、马来西亚驻中国大使馆投资处参赞李耀荣以及中国电力企业联合会、中国电力发展促进会、大唐集团、中国能建集团、中国电建集团、中国长江三峡集团、中核集团、中国广核集团、华电集团、特变电工股份公司的有关负责人出席对话活动。与会者认为,电力产业是中国和东盟各国合作与发展的基础产业,一直备受各国高度重视。东盟国家经济增长对电力需求日增,东盟经济共同体建设中的一项重要内容是电力互联互通,中国与东盟国家电力合作前景广阔。

第9届中国—东盟社会发展与减贫论坛

2015年7月28~29日在老挝万象举办。主题是"金融创新与减贫"。老挝国家农村发展与减贫委员会主席本恒·多昂帕昌、中国国务院扶贫开发领导小组办公室副主任洪天云、柬埔寨农村发展部常秘哈普·沃玛里、中国驻老挝大使关华兵、东盟秘书处副秘书长艾丽西亚·德拉·罗莎贝拉等中国和东盟国家的政府官员、专家学者以及国际组织、非政府组织、企业和媒体代表共150余人出席。与会者围绕中国与东盟国家的金融政策、政府与私营部门及公民社会在提升金融服务中的作用、利用金融创新进行减贫的新方式等议题展开讨论。30日,参会代表在万象周边村庄考察老挝的农村金融项目。

第8届中国—东盟教育交流周

2015年8月3~7日在中国贵州贵阳举行。由中国外交部、教育部、贵州省人民政府主办,中国商务部、共青团中央、中国—东盟中心、东南亚教育部长组织协办。本届中国—东盟教育交流周以"互学互鉴 福祉未来"为主题。活动内容首次突破"周"的概念,分为6个重大项目、7个主体项目和15个全年其他时段异地冠名举办项目三大类。重大项目和主体活动有开幕式、中国—东盟教育高官会、中国—东盟职业教育博览会、中国—东盟教育合作与人才交流洽谈会、中国—东盟海洋合作系列活动、中国—东盟教育培训中心项目推介会暨教育培训联盟成立大会、中国—东盟幼儿教师发展论坛、中国—东盟华文教育专题研讨会等。本届交流周增加了澳大利亚、新西兰、韩国、瑞士4个特邀伙伴国。

第7届中国—东盟青年企业家论坛

2015年8月6日在老挝首都万象开幕。中国和东盟成员国的青年企业家代表共同探讨本地区在经济社会转型期的新机遇。当日下午,论坛还举办中国与东盟10国企业展览,参展企业达200余家。

中国—东盟化工和医药行业合作对话会

2015年8月18日在中国北京举行。由中国—东盟商务理事会和中国—东盟商务协会主办，中方和东盟方代表共商21世纪海上丝绸之路建设中的化工、医药行业合作事宜。中国石油和化学工业联合会、中国医药保健品进出口商会、中国中药协会、中国化学制药工业协会等负责人和东盟有关国家驻华大使馆商务参赞共35人出席本次对话会。

第14次中国—东盟经贸部长会议

2015年8月23日在马来西亚首都吉隆坡举行。中国商务部部长高虎城和东盟10国经贸部门负责人及东盟秘书长出席本次会议。会议发布联合新闻声明，声明称对中国继续保持为东盟最大的贸易伙伴感到高兴，并将敦促加速中国—东盟自由贸易区升级谈判进程，力争在2015年11月前完成，关注中国有关21世纪海上丝绸之路倡议在经贸领域落到实处的建议及加强双方经贸合作的务实措施。

高虎城就进一步加强中国—东盟经贸合作提出8条措施建议：一是促进双边经贸合作提质增效升级，努力实现领导人提出的2020年双边贸易额达到1万亿美元、至2020年的8年间对东盟新增投资额超过1000亿美元贸易投资目标；二是落实领导人共识，如期完成中国—东盟自由贸易区升级谈判；三是共同建设21世纪海上丝绸之路，加强中国—东盟互联互通合作；四是以中国在东盟国家兴建的各类经贸园区为抓手，推进双方产能和装备制造合作；五是利用好中国对东盟提供的资金，支持东盟共同体建设；六是进一步深化多种形式的地方经贸合作；七是继续发挥好中国—东盟博览会的平台作用；八是加强区域、次区域经贸合作。

中国与东盟多国铁路合作取得重大进展

2015年10月16日，中国铁路总公司与印度尼西亚4家国有企业在印度尼西亚雅加达签署协议，成立合资企业，这标志着中国企业赢得雅加达—万隆高铁项目。该合资公司将负责印度尼西亚雅加达至万隆高速铁路项目的建设和运营。这将成为印尼乃至东南亚地区的首条高铁。这一高铁项目将连接印尼首都雅加达和第四大城市万隆，未来还要进一步延伸至距万隆570千米的第二大城市泗水。这条高铁全长约150千米，按照最高时速300千米计算，高铁建成后，雅加达与万隆之间的通行时间将由2~3小时缩短为36分钟，单程票价预计为20万印尼盾(约合20美元)。

12月2日，中老铁路老挝段(磨丁—万象)举行开工奠基仪式，这段铁路预计于2020年建成。中老铁路是第一个以中方为主投资建设并运营、与中国铁路网直接连通的境外铁路项目，全线采用中国技术标准、使用中国设备。项目总投资近400亿元人民币，由中老双方按照7:3的股比合资建设。这段铁路从两国边境磨憨、磨丁口岸进入老挝境内后，向南依次经过孟赛、琅勃拉邦、万荣至首都万象邻近泰国的跨湄公河新桥，全长427.1千米，其中60%以上为桥梁和隧道。建设标准为国铁Ⅰ级、单线设计、电力牵引、客货混运，最高行车时速160千米。

12月19日，中泰铁路合作项目在泰国大城府正式启动，双方将合作建设泰国首条标准轨复线铁路。该铁路全长约867千米，设计行车时速180千米，预留时速250千米提速条件。铁路线分为曼谷—坎桂、坎桂—玛塔卜、坎桂—呵叻及呵叻—廊开4段，共经过泰国10个府，即大城府、沙拉武里府、那空那育府、差春骚府、春武里府、罗勇府、呵叻府、孔敬府、乌龙府和廊开府。2014年12月，中泰双方签署铁路合作谅解备忘录。一年来，中泰铁路合作联合委员会召开9次会议，达成多项共识，在2015年12月3日的第9次会议上签署政府间铁路合作框架文件。

中国—东盟国家企业投资风险研讨会

2015年10月28日在中国北京举行。由中国—东盟法律合作中心主办。中国法学会、中国社会科学院、北京师范大学等机构法律学者以及相关领域的企业家代表参会。与会代表就“一带一路”战略机遇与挑战、中越跨国投资法律风险防控、在缅甸投资危机处理、海外投资法律风险防控等话题，进行主题演讲和交流。

中国—东盟法律合作中心于2012年正式启动，业务由中国法学会主管，以“推动中国东盟经济与法律合作、提升跨国法律服务质量”为最重要使命，该中心已在马来西亚、泰国、菲律宾、新加坡、越南、缅甸等国家建立分中心。

东盟共同体与中国—东盟关系圆桌研讨会

2015年11月11日在印度尼西亚首都雅加达举办。由中国驻东盟使团与东盟秘书处共同主办。中国驻东盟大使徐步、东盟副秘书长穆赫坦出席研讨会并致辞。中国国际问题研究院常务副院长阮宗泽、武汉大学中国边界及海洋研究院常务副院长余敏友、广西大学中国—东盟研究院副院长梁淑红，以及上海国际问题研究院、中国南海研究院、印度尼西亚大学、印度尼西亚加扎玛达大学、泰国朱拉隆功大学等10余所高校和智库的专家学者30多人出席研讨会。与会专家学者围绕中国—东盟关系、东盟共同体、21世纪海上丝绸之路等议题进行深入研讨。

第18次中国—东盟领导人会议

2015年11月21日在马来西亚吉隆坡国际会议中心举行。中国和东盟10国领导人与会。中国国务院总理李克强与马来西亚总理纳吉布共同主持会议。与会领导人就中国—东盟合作、地区发展进行深入讨论，达成广泛共识。

李克强在发言中说，中国与东盟关系超越双边范畴，日益成为东亚地区和平、稳定与发展的重要基石。中国始终将东盟作为周边外交优先方向，将坚定支持东盟一体化，支持东盟共同体建设，支持东盟在区域合作中的中心地位。双方要明确以增进互信夯实合作根基、融合发展促进共同繁荣、求同存异缩小分歧的发展大方向，抓住难得历史机遇，充分对接各自发展战略，提升11个国家整体发展水平，力争实现2020年建成东亚经济共同体目标，促进东亚地区永久和平与繁荣。李克强就此提出5点建议：一是进一步加强中国—东盟合作发展机制化建设；二是加快经贸合作升级；三是推动“一带一路”倡议同区域国家发展战略对接；四是探索开展国际产能合作；五是共同提升安全合作水平，努力促进地区可持续发展。李克强强调，中国—东盟合作前景广阔，机遇难得。中国愿与东盟国家永远和睦相处，促进共同繁荣，为东亚乃至世界和平发展事业做出应有贡献。

会上，东盟国家领导人积极评价东盟—中国关系发展取得的成绩，赞赏中国大力推进落实《东盟—中国面向和平与繁荣的战略伙伴关系行动计划》，认为中国的发展对整个地区的稳定和发展有利。感谢中国支持东盟在区域合作中的中心地位和共同体建设，积极参与东盟互联互通整体规划的落实，以及为东盟国家发展提供的大力帮助。与会各国领导人表示，东盟高度重视并积极评价与中国建立的战略合作伙伴关系。东盟与中国之间的交往全面广泛且富有活力。双方共同利益远大于分歧。东盟各国支持中国关于举办东盟—中国建立对话关系25周年纪念活动的倡议，支持2016年确定为东盟—中国教育交流年，欢迎中方提出的共建“一带一路”倡议，期待亚洲基础设施投资银行尽早发挥作用。东盟愿同中方共同聚焦政治、经贸、互联互通、产能和文教等广泛领域合作，通过和平对话建设性妥善处理分歧，不以个别问题影响东盟与中国关系的大局，愿与中国共同努力，推动双方关系达到新的水平，共同促进地区的和平与发展。

会议取得丰硕成果：一是通过《落实中国—东盟面向和平与繁荣的战略伙伴关系联合宣言行动计划（2016～2020）》。这份文件包含近300条合作举措，涵盖政治安全、经济、社会人文、次区域合作等内容，为双方未来5年各领域合作进行全面规划。这是对东盟共同体建设的巨大支持。二是为庆祝中国—东盟建立对话关系25周年，2016年将举行系列纪念活动，包括举办纪念峰会，将2016年定为中国—东盟教育交流年等。三是东盟国家对中国关于加强国际产能合作等倡议作出积极响应，表示希望2016年能够商签中国—东盟关于国际产能合作的文件。四是落实好中国—东盟自由贸易区升级谈判后续工作，共同推动双方经贸往来再上新台阶。

中国—东盟邮轮产业经济城市合作论坛

2015年12月16日在中国福建厦门举行。来自中国和东盟国家邮轮业界代表200多人与会，会议就“21世纪海上丝绸之路邮轮产业发展”主题展开广泛交流。会议通过《中国—东盟邮轮城市共同促进邮轮经济发展倡议》。倡议内容包括：努力推动中国—东盟国家之间邮轮旅游通关便利化；共同促进中国—东盟国家邮轮业界信息共享与互通；加强中国—东盟国家各邮轮城市间人员往来与交流；共同开辟中国—东盟国家间邮轮新航线；积极建立中国—东盟各邮轮港口互为母港互送客源的合作关系；加强中国—东盟国家邮轮旅游配套产业合作与发展。

中国—东盟双边贸易额达到4720亿美元

2016年5月，中国商务部部长助理童道驰出席在中国广西南宁召开的第9届泛北部湾经济合作论坛时表示：2015年中国与东盟双方贸易总额达到4720亿美元；截至2015年年底，双边投资达到1500亿美元。中国持续成为东盟第一大贸易伙伴，东盟是中国第四大出口市场和第二大进口来源地。（颜　洁）

12月16日，中国—东盟邮轮产业经济城市合作论坛在中国福建厦门举行（百度网）

区域合作

“一带一路”建设合作

“一带一路”建设倡议的提出

“一带一路”是丝绸之路经济带和21世纪海上丝绸之路建设的简称。

丝绸之路经济带，是在中国古丝绸之路概念基础上形成的一个新的经济发展区域。新丝绸之路经济带，东边牵着亚太经济圈，西边系着发达的欧洲经济圈，被认为是“世界上最长、最具有发展潜力的经济大走廊”。共建丝绸之路经济带，是中国国家主席习近平在2013年9月访问哈萨克斯坦时提出的倡议。古老的海上丝绸之路自中国秦汉时期开通以来，一直是沟通东西方经济文化交流的重要桥梁，而东南亚地区自古就是海上丝绸之路的重要枢纽和组成部分。建设21世纪海上丝绸之路，是2013年10月中国国家主席习近平访问印度尼西亚时提出来的。这是习近平为进一步深化中国与东盟的合作，构建更加紧密的命运共同体，为双方乃至本地区人民的福祉而提出的合作倡议。2014年3月5日，中国国务院总理李克强在《政府工作报告》中提出：“抓紧规划建设丝绸之路经济带和21世纪海上丝绸之路”。

“一带一路”倡议这一跨越时空的宏伟构想，融通古今、连接中外，顺应和平、发展、合作、共赢的时代潮流，承载着丝绸之路沿线各国发展繁荣的梦想，赋予古老丝绸之路以崭新的时代内涵。“一带一路”沿线大多是新兴经济体和发展中国家，总人口约44亿，经济总量约21万亿美元，分别约占全球的63%和29%。这些国家普遍处于经济发展的上升期，开展互利合作的前景广阔。2013年中国与“一带一路”沿线国家的贸易额超过1万亿美元，占中国外贸总额的1/4。过去10年，中国与沿线国家的贸易额年均增长19%。未来5年，中国将进口10万亿美元的商品，对外投资将超过5000亿美元，出境游客数量约5亿人次，周边国家以及丝绸之路沿线国家将率先受益。“一带一路”建设必将提升新兴经济体和发展中国家在中国对外开放格局中的地位，促进中国中西部地区和沿边地区对外开放，推动东部沿海地区开放型经济率先转型升级，进而形成海陆统筹、东西互济、面向全球的开放新格局。

2015年，“一带一路”建设合作热点纷呈。3月28日，中国国家发展改革委、外交部、商务部联合发布《推动共建丝绸之路经济带和21世纪海上丝绸之路的愿景与行动》。重点服务于“一带一路”建设的亚洲基础设施投资银行于12月25日正式成立。年内，还举办“一带一路”建设的一系列国际研讨会、高峰论坛等，就中国与各国携手共建“一带一路”达成共识。

21世纪海上丝绸之路国际研讨会（泉州）

2015年2月11～12日在中国福建泉州举行。由中国国务院新闻办公室主办，新华通讯社、中国社会科学院、中国外文出版发行事业局、福建社会科学院共同承办。中国、印度、泰国、新加坡、缅甸、埃及、美国等30多个国家的200余名专家学者出席。会议以“打造命运共同体，携手共建21世纪海上丝绸之路”为主题，设3个圆桌会议，议题分别是“海上丝绸之路：价值理念与时代内涵”“共同建设、共同发展、共同繁荣”“抓住发展新机遇，拓展合作新空间”。

《推动共建丝绸之路经济带和21世纪海上丝绸之路的愿景与行动》发布

2015年3月28日，中国国家发展改革委、外交部、商务部联合发布《推动共建丝绸之路经济带和21世纪海上丝绸之路的愿景与行动》（以下简称《愿景与行动》）。《愿景与行动》从时代背景、共建原则、框架思路、合作重点、合作机制、中国各地方开放态势、中国积极行动、共创美好未来等8个方面，阐述推动共建丝绸之路经济带和21世纪海上丝绸之路的愿景与行动。

2015“一带一路”轨道交通发展与合作高峰论坛

2015年4月8日在中国上海举行。由西南交通大

2月11～12日，21世纪海上丝绸之路国际研讨会（泉州）在中国福建泉州举行
（人民网）

学和上海市社会科学院共同主办,是2015中国国际轨道交通展览会同期举办的八大论坛之一。来自中国南车集团、中国北车股份有限公司,马来西亚投资发展局,中国国家开发银行研究院、华为技术有限公司、清华大学高速铁路技术研究中心、招银金融租赁等单位的专家分别作专题演讲。

中国—东南亚民间合作倡议书发布

2015年5月31日,第2届中国—东南亚民间高端对话会在印度尼西亚巴厘岛举行,中国与东南亚国家与会代表发布中国—东南亚民间合作倡议书,倡议书提到,以切实行动支持中国与东南亚各国共建“一带一路”。

海上丝绸之路中国—柬埔寨论坛

2015年10月27日在柬埔寨金边举办。柬埔寨相关官员在论坛上表示,柬埔寨非常支持中国提出的海上丝绸之路及成立亚洲基础设施投资银行的倡议,希望中柬两国能在“一带一路”框架内实现更多基础设施项目的合作。

亚洲基础设施投资银行正式成立

2015年12月25日,历经800余天筹备,由中国倡议成立、57国共同筹建的亚洲基础设施投资银行正式成立,全球迎来首个由中国倡议设立的多边金融机构。亚洲基础设施投资银行的筹建始于2014年。截至2015年12月25日,亚洲基础设施投资银行意向创始成员国数量增加到57个,涵盖亚洲、大洋洲、欧洲、拉美、非洲五大洲,具有较为广泛的国际代表性。各方将尽快研究提出基础设施建设备选项目,为亚投行成立后尽早投入运营做好项目准备。此外,中方作为东道国,高质量地做好亚洲基础设施投资银行总部落户北京的后续工作,为亚投行的正式成立及高效运营提供可靠和有力保障。2015年3月29日,《亚洲基础设施投资银行协定》在北京举行签署仪式。各方已就亚洲基础设施投资银行的宗旨、成员资格、股本及投票权、业务运营、治理结构、决策机制等核心要素达成重要共识。根据《亚洲基础设施投资银行协定》,至少有10个签署协定的成员国已交存批准书,且其初始认缴股本的加总数额不低于认缴股本总额的50%,协定即告生效。至2015年12月25日,包括缅甸、新加坡、文莱、澳大利亚、中国、蒙古、奥地利、英国、新西兰、卢森堡、韩国、格鲁吉亚、荷兰、德国、挪威、巴基斯坦、约旦等17个意向创始成员国(股份总和占比50.1%)已批准《亚洲基础设施投资银行协定》并提交批准书,从而达到规定的生效条件。亚洲基础设施投资银行正式宣告成立,这是国际经济治理体系改革进程中具有里程碑意义的重大事件,标志着亚洲基础设施投资银行作为一个多边开发银行的法人地位正式确立。亚洲基础设施投资银行正式成立后,将启动吸收新成员工作,国际复兴开发银行和亚洲开发银行的成员均可申请加入亚洲基础设施投资银行,但新成员将以普通成员身份加入。亚投行于2016年1月16日正式开张。亚洲基础设施投资银行初期投资重点领域包括能源与电力、交通和电信、农村和农业基础设施、供水与污水处理、环境保护、城市发展以及物流等,首批贷款计划将在2016年年中左右批准。

21世纪海上丝绸之路国际研讨会(北京)

2015年12月21日在中国北京举行,由中国国际问题研究基金会和中国—东盟商务理事会共同主办。与会的东盟各国大使、参赞和中国官员、专家、企业家分别围绕中国—东盟关系与丝绸之路建设、中国—东盟自贸区升级版与区域产能合作、民心相通与丝路建设中的社会人文交流三大议题发言。

4月8日,2015“一带一路”轨道交通发展与合作高峰论坛在中国上海举行
(中新网)

中国外交部副部长刘振民出席会议并就加强中国与东盟国家在建设21世纪海上丝绸之路过程中的合作提出5点建议:一是促进互联互通;二是提升经贸合作水平;三是做好发展战略对接;四是共同维护南海和平稳定;五是加强人文交流和生态环境保护合作。

与会者就中国—东盟共同携手建设21世纪海上丝绸之路达成6点共识:第一,合作是实现各国发展的必然选择,共建海上丝绸之路是密切合作的重大举措,中国与东盟国家的合作发展有着诸多优势,也面临新挑战。面对当前世界经济增长缓慢的形势,需全面深入合作,打造地区互利合作的新格局。第二,互联互通与产能合作是共建21世纪海上丝绸之路的两大重点,互联互通与产能合作相辅相成,要通过产能合作推进东盟各国的基础设施建设,进而促进互联互通。第三,民心相通是丝绸之路建设的社会根基,人文交流可以深化双方合作,筑牢民意基础,使友好合作的薪火得以传承,中国—东盟应大力推进教育、文化、旅游、卫生、青年、媒体等领域务实合作,共同办好2016年中国—东盟教育交流年等系列活动。第四,实施《东盟2025:携手前行》愿景文件与"一带一路"《愿景与行动》有机结合,促进两者相辅相成,落实好《中国—东盟面向和平与繁荣的战略伙伴关系联合宣言》第三份行动计划(2016~2020),引领双方关系未来发展。第五,抓好早期收获项目,发挥早期收获项目的示范效应,提高各有关方合作的积极性。第六,在整个实施过程中会遇到困难和障碍,但是办法总比困难多,关键是必须要有信心,照顾彼此间的利益需求,共同努力,稳步发展。 (雷小华)

大湄公河次区域经济合作

大湄公河次区域合作发展历程

湄公河(中国境内称澜沧江)是亚洲一条重要的国际河流,发源于中国青藏高原唐古拉山,自北向南流经中国青海、西藏、云南3省(自治区)和缅甸、老挝、泰国、柬埔寨、越南5国,于越南胡志明市附近注入南中国海,全长4880千米。大湄公河次区域(GMS)位于东南亚、南亚和中国大西南的结合部,涉及中国云南、广西两省(自治区)以及缅甸、老挝、泰国、柬埔寨和越南5个国家,面积256.86万平方千米,总人口约3.29亿。

大湄公河次区域合作始于1992年,当年10月,首届GMS合作会议在菲律宾马尼拉亚洲开发银行总部召开,会议确立GMS合作的总体框架。会议文件将大湄公河次区域界定为柬埔寨、老挝、缅甸、泰国、越南和中国云南省(2005年确定广西为中国参与GMS合作的第二个省份)。会议决定每年召开一次6国部长级会议,并确定8个主要合作领域,即交通、能源、环境和自然资源管理、人力资源开发、贸易和投资、旅游、通信、禁毒等。

1992~2015年,大湄公河次区域合作经历3个发展阶段。

第一阶段(1992~1996年)为建立互信,构建合作框架阶段。主要就GMS合作的基本问题进行可行性研究及广泛磋商,建立合作框架,形成合作机制。1994年第3次GMS部长级会议确立后来成为GMS合作蓝图的项目计划,形成《大湄公河次区域经济合作——由倡议走向实施》的会议文件。1995年11月召开的第5次GMS部长级会议进一步扩充合作领域,筛选出103个优选合作项目。1995年4月,湄公河下游泰国、老挝、柬埔寨和越南4国在泰国清莱签署《湄公河可持续发展合作协定》。4国决定在湄公河流域开发和管理的一切领域,包括河流资源、河上航运、洪水控制、渔业、农业、发电及环境保护等所有可能产生跨越国界影响的领域进行合作。依照协定建立的新湄公河委员会取代原来的湄公河临委会,新湄公河委员会自成立之日起就邀请上游的两个国家——中国和缅甸加入该组织,并于1996年开始与两国定期举行对话。

第二阶段(1997~2001年)为建立战略框架和优选项目阶段。确定GMS合作优先领域,批准一批重点项目,全面展开项目可行性研究,实施优先项目。2010年11月召开的第10次GMS经济合作部长级会议确定今后10年GMS合作的5个战略重点,即加强基础设施联网、便利跨境贸易与投资、扩大私营部门的参与和竞争、开发人力资源和提高技能水平、加强环境保护和促进自然资源的可持续利用。会议确定的11个旗舰项目包括南部经济走廊、东西经济走廊、南北经济走廊、电信骨干网、电力网、便利跨境贸易与投资、私营参与和增强竞争力、人力资源开发、环保战略框架、洪水控制和水资源管理、旅游等。

第三阶段(2002~2015年)为提升和全面发展阶段。在建立首脑会议机制和召开部长级会议方面取得新进展。大湄公河次区域6国分别于2002年11月(柬埔寨金边)、2005年7月(中国昆明)、2008年3月(老挝万象)、2011年12月(缅甸内比都)和2014年12月(泰国曼谷)举行5次领导人会议,分别通过《次区域发展未来10年战略框架》《大湄公河次区域经济合作新10年战略框架》等重要文件,为次区域合作指明方向。2002~2015年先后召开15次部长级会议,审议通过多项开发规划和贸易协定,推动GMS合作向深度和广度发展。

经过20多年的发展,GMS合作在以项目为主导的合作方式下不断推进,特别是近几年来在一些重点领域取得诸多新进展。

在交通与环境领域,GMS各国合作稳步推进。2013年12月,(泰国)清孔—(老挝)会晒大桥正式通车,打破昆曼公路全线贯通的瓶颈。中国云南蒙自至河口铁路2014年竣工。2015年11月13日,中老铁路项目在北京签约。12月19日,中泰铁路合作项目在泰国大成府举行启动仪式。

在农业和旅游领域,GMS各国相互交流加深。2013年6月,次区域各国在中国广西桂林举行第31次大湄公河次区域国家旅游工作组会议和"2013年湄公河旅游论坛"。2013年10月,GMS各国在中国云南腾冲举行大湄公河次区域农业科技交流合作组第5届理事会暨农业科技合作交流研讨会。2014年3月27日,中国与柬埔寨合作建设的中柬优质蔬菜水果示范基地揭牌。2015年5月21日,越南农业与农村发展部与中国农业部在河内签署农业合作备忘录。

在贸易与投资领域，GMS成员国之间贸易与投资持续增长。2013年，中国与GMS各国间的贸易总额达到1318.08亿美元，2014年达到1886.02亿美元。中国对GMS各国投资也持续增长，2013年以来中国是越南第三大外资来源国，2015年中国是柬埔寨、老挝的第一大外资来源国，是泰国第二大直接投资来源地。

在非传统安全领域，GMS各国持续开展合作。2013年5月，中国和GMS各国在缅甸首都内比都发表禁毒合作《内比都宣言》。10月，中缅禁毒合作第11次会议在中国山西召开，中缅两国代表表示将继续巩固和加强两国在禁毒领域的全面合作，共同推进解决“金三角”毒品问题，联手打击跨国毒品犯罪活动。GMS各国继续加强湄公河流域联合执法，至2015年年底，累计联合执法37次并取得明显成效。此外，在加强疾病防控方面也取得成效。

12月19日，中泰铁路合作项目启动仪式在泰国大城府举行。图为一批工程机械在中泰铁路合作项目启动仪式上展示 （新华网）

GMS公路建设

GMS国家不断提升运输保障能力，加快出海出边出省高速公路、通口岸公路和公路运输枢纽建设，通道通过能力增强。

柬埔寨58号公路开工 2015年3月19日在柬埔寨卜迭棉芷省波比市开工。公路长174.16千米，连接班迭棉吉与奥多棉吉两省，串连两省境内诸多边境商贸城镇，是连接柬埔寨西部和北部地区的重要交通路线，对柬埔寨的经济发展与国防建设具有重要战略意义。该项目由中国政府提供1.22亿美元优惠贷款。

柬埔寨55号公路开工 2015年5月4日在在柬埔寨菩萨省开工。55号公路是菩萨省到柬泰边境的重要公路，全长182千米，工期42个月，项目预算1.33亿美元，是中国政府提供优惠贷款援建项目。

GMS铁路建设

中老铁路项目签约并开工 2015年11月13日，中老铁路项目签约仪式在中国北京举行。中老铁路是中国和老挝合作投资建设并运营、与中国铁路网直接连通的铁路项目，全线采用中国技术标准、使用中国设备。项目由两国边境磨憨/磨丁口岸进入老挝境内后，向南依次经过孟赛、琅勃拉邦、万荣至老挝首都万象，全长418千米，其中60%以上为桥梁和隧道。项目投资总额近400亿元人民币，由中老双方合资建设，中方出资70%，老方出资30%。建设标准为国铁Ⅰ级、单线设计、电力牵引、客货混运，时速160千米。12月2日，中老铁路在老挝万象举行开工奠基仪式。

中泰铁路合作项目正式启动 2015年12月19日，中国与泰国铁路合作项目在泰国大城府清惹克农火车站举行开工奠基仪式。中泰双方合作建设泰国首条标准轨铁路。中泰铁路合作项目包括修建廊开—呵叻—耿奎—玛它普和曼谷—耿奎铁路，线路全长867千米，设计时速180千米，预留时速250千米提速条件，铁路建设全部使用中国技术、标准和装备。

GMS水运航道建设

中国青岛港与柬埔寨西哈努克港深化合作 2015年6月1日双方签署《深化战略合作框架协议》和结为友好港协议，双方将以友好港关系开展交流与合作，促进相互之间的贸易交往与航线建设，进一步扩大港口开发建设、运营管理及其他领域的合作。

GMS通信合作

中国与老挝合作发射通信卫星 2015年11月21日，中国用长征三号乙运载火箭将“老挝一号”通信卫星发射升空。“老挝一号”通信卫星是中国向东盟国家和地区出口的首颗卫星，为老挝提供卫星电视直播、无线宽带接入、国际通信等服务。

GMS电力项目合作与开发

老挝北部电网工程投产 2015年11月29日，中国与老挝首个合作成功的“一带一路”电网项目——230千伏老挝北部电网工程在老挝琅勃拉邦举行投产仪式。当日，老挝国家电力公司还与中国南方电网云南国际公司签署500千伏老挝那磨—勐晖输变电工程总承包（包括设计、施工、设备等）框架协议。

中国与缅甸电力合作 2015年12月17日，中国天富电气与缅甸AMM签订战略合作框架协议，双方一致同意以各自的资源和专业技术及经验为基础，在

"一带一路"建设的框架下，以缅甸 Ngar PyaeMa - Kyune Kuu 33KV 输电线架设项目为起点，开展包括但不限于电力项目的工程咨询和设计、工程产品的采购、施工安装、运维管理和投融资等合作。

GMS 金融合作

中国建设银行云南省分行与缅甸合作社银行签署跨境贸易人民币合作协议　2015 年 1 月 15 日签署。双方决定在跨境贸易人民币结算领域加强合作，携手共谋发展。缅甸合作社银行成立于 1992 年，是缅甸第二大私人银行，2004 年改制成为大众商业银行，该行在缅甸网点遍布全国，业务品种全面。此次双方签署跨境人民币清算合作协议，将进一步完善中国建设银行在缅合作渠道，形成优势互补，进一步推动中缅边贸及跨境人民币结算进程，更好地服务中缅经贸企业，帮助企业实现跨境资金落地。

大湄公河次区域金融合作论坛　2015 年 6 月 13 日在中国云南昆明举行。来自中国、泰国、马来西亚、缅甸、老挝、GMS 商务理事会的金融专家围绕推进"一带一路"建设、提升大湄公河次区域金融合作、打造国际区域金融中心各抒己见。论坛达成《2015 年 GMS 金融合作论坛共识》，提出每年举办金融合作论坛，并作为经济走廊活动周的重要内容。

GMS 农业合作

中越签署农业合作备忘录　2015 年 5 月 21 日，越南农业与农村发展部与中国农业部在越南河内签署农业合作备忘录。该备忘录涉及两国农业领域的合作，其中包括：农业、贸易、动植物品种培育、动植物病虫害防控；农业机械设备生产；农产品加工；专家交流和信息互通等。

中国—缅甸林业贸易与投资合作信息交流会　2015 年 9 月 21 日在中国云南瑞丽召开。中国国家林业局计划财务司、中国全球环境研究所、云南省林业厅，缅甸环保林业部，中缅双方地方商务部门、海关、林业部门以及有关木业公司代表参会。中缅双方就进一步加强林业合作交换意见，签订中缅木材合作备忘录，编制中缅合作开发森林资源加工利用规划，在中缅边境建立木材加工园区，共同打击非法采伐、贸易行为等方面达成共识。

GMS 贸易与投资合作

泰国—中国(陕西)投资贸易及旅游合作洽谈会　2015 年 5 月 23 日在中国陕西西安召开。泰国政府相关部门、泰国驻西安总领事馆官员和企业代表 50 余人，中国陕西省商务、招商、旅游部门官员及企业代表 180 余人参会。洽谈会上，双方就各自的投资环境、相关政策、优势产业进行推介，展开"一对一"项目对接活动。

GMS 物流企业合作委员会第 3 次会议　2015 年 6 月 10 日在中国云南昆明召开，由云南省商务厅、GMS 商务理事会共同主办。会议围绕"一带一路"战略给 GMS 物流发展带来的机遇、昆曼公路跨境运输合作模式的创新与提升等话题展开讨论，100 多位来自中国、缅甸、老挝、泰国、柬埔寨和越南的物流协会和企业代表分析了 GMS 国家物流方面的现状和评级，并就如何抓住"一带一路"机遇开展跨境物流等问题进行探讨，达成《昆明共识》。

GMS 跨境电子商务合作平台对话会　2015 年 6 月 10 日在中国云南昆明举行，由中国商务部国际司、中国云南省商务厅共同主办。来自中国、老挝、缅甸、泰国、越南的专家学者以及电子商务企业的代表 100 多人参加会议。与会专家学者围绕促进跨境电子商务通关便利化、完善电子商务相关配套服务体系、加大跨境电子商务基础设施投资、加强成员国电子商务企业的衔接与合作等内容发表主要演讲。会议就 GMS 跨境电子商务发展现状、相关政策、合作前景、案例分析等议题进行讨论，达成诸多共识。

《GMS 跨境电子商务合作平台框架文件》付诸实施　2015 年 6 月 11 日在中国云南昆明举办的第 7 届 GMS 经济走廊论坛批准实施《GMS 跨境电子商务合作平台框架文件》。该文件规定由大湄公河次区域国家推荐各自电子商务促进机构、贸易促进机构、电子商务企业，在自愿的基础上，通过构建紧密合作网络、建立起大湄公河次区域跨境电子商务合作平台。合作平台成员可定期或不定期举行 GMS 跨境电子商务合作平台对话会等机制性会议，促进企业合作，并将合作进展及政策建议向每年举行的经济走廊论坛报告。

6 月 13 日，大湄公河次区域金融合作论坛在中国云南昆明举行　（新华网）

中国—柬埔寨合作的机遇与挑战座谈会 2015年6月26日在柬埔寨金边举行。会议就"一带一路"战略对中柬关系带来的机遇和挑战进行探讨。会议认为,"一带一路"倡议对推动中柬两国之间的贸易往来、人文交流和互信互利具有积极作用,双方在农业、工业、路桥建设、电力开发、经济特区开发建设等方面合作前景广阔。

中国广东—泰国经贸合作洽谈会 2015年9月22日在泰国曼谷举行。洽谈会旨在落实中泰两国高层互访达成的共识,搭建两地工商企业界人士交流合作平台,促进双方贸易和投资项目实质性对接。由24家广东知名企业组成的广东经贸代表团,泰国投资促进委员会、泰国中华总商会、驻泰中资企业商会、中国驻泰国使馆官员等政商界人士250人参加洽谈会。会上,中泰两国企业界人士分别介绍在泰国和中国广东的投资体会,还举办分行业对口洽谈活动,进行互动交流和对口洽谈,达成一批贸易和投资合作项目。

GMS科研合作

中国国家自然科学基金委员会与泰国国家研究理事会合作研究项目获得批准 2015年10月13日,中国国家自然科学基金委员会发布2015年度国家自然科学基金委员会与泰国国家研究理事会合作研究项目批准通知。通知指出,2015年中国国家自然科学基金委员会与泰国国家研究理事会达成合作共识,共同资助双方科学家合作研究,经过公开征集、双方分别评审及双方机构共同协商,确定6个项目获得批准。这6个项目是:太阳能水热水解及生化转化耦合制取微藻生物燃料基础研究,太阳能与生物质能互补的冷热电联供系统的热力特征及集成优化研究,木质纤维素燃料乙醇零排放生物炼制过程的基础研究,生物质催化热解齐聚异构制取高品质车用燃料的基础研究,基于轨迹特征与模式分类的间歇性可再生能源预测理论与技术,基于中泰农业生产及加工废弃物生产燃料乙醇基础研究和关键技术。上述项目分别由重庆大学、上海交通大学、中国科学院、广州能源研究所、东南大学、国网电力科学研究院承担,项目执行期限为3年。

GMS安全合作

中老缅泰启动第37次湄公河联合巡逻执法 2015年8月25日上午,中国、老挝、缅甸、泰国第37次湄公河联合巡逻执法在中国云南省西双版纳州关累港启动。此次执法行动历时4天3夜,共派出中老执法船艇4艘,人员144人。执法编队开展联合公开查缉、禁毒宣传、就船艇操纵安全进行交流合作等活动,执法船艇克服急流险滩、强对流天气、高温酷暑、能见度低、漂浮物多等不利因素,累计航行32小时、512千米。在老挝孟莫、班相果水域,中老泰缅4国联合巡逻执法编队开展水陆联合查缉、联合走访,共检查商船17艘、车辆5辆、货物1200余吨、人员85人,发放4国警民联系卡70份、禁毒宣传单50份。中老缅泰湄公河联合巡逻执法启动以来,已成功开展37次全线联合巡逻执法勤务,在"金三角"重点水域及地段开展水陆联合查缉33次,检查船只598艘、人员2582人次、货物3.34万余吨,救助商船125艘,为500余艘商船进行护航,有效打击贩毒、走私、偷渡等跨国犯罪行为,使湄公河流域安全形势逐步好转,国际航运得以恢复。

第7届GMS经济走廊活动周暨GMS经济走廊省长论坛

2015年6月10日在中国云南昆明举办。GMS国家的20余位省市长及亚洲开发银行代表和东盟秘书处高官出席。与会人士围绕"建立更加紧密和积极的长期伙伴关系"主题展开对话和深入研讨。论坛通过的《GMS省长论坛共识》,主要内容包括每年举办GMS省长论坛,形成沟通协调长效机制;加强经济走廊建设总体规划、专项规划及优选领域的对接,共同改善口岸、通道及交通便利化基础设施;扩大贸易规模,改善贸易结构,提高贸易质量;深化传统领域合作,拓展新兴领域合作,发展跨境电子商务,提升旅游合作水平等。

大湄公河次区域(GMS)第7届经济走廊论坛

2015年6月11日在中国云南昆明举行。由中国商务部、云南省政府主办,亚洲开发银行协办。本届论坛的主要任务是落实2014年大湄公河次区域第5次领导人会议精神,继续推动次区域交通走廊向经济走廊转化,积极解决在促进地方政府和企业参与次区域经济合作中面临的问题。首届GMS经济走廊论坛于

6月11日,大湄公河次区域第7届经济走廊论坛在中国云南昆明举行(人民网)

2008 年在云南昆明举行，此后由各成员国轮流担任东道主举办，本届论坛是第二次在中国举办，下届论坛于 2016 年在柬埔寨举办。

大湄公河次区域商务理事会第 6 次会议

2015 年 6 月 11 日，GMS 经济走廊活动周期间在中国云南昆明召开，由中国云南省商务厅和 GMS 商务理事会共同主办。柬埔寨、中国、老挝、缅甸、泰国、越南商界代表 100 多人出席。会议主题是“激发市场主体活力，打造 GMS 合作升级版”。各国代表围绕“一带一路”建设和 GMS 合作、GMS 产业合作和产业升级等议题发表主旨演讲，理事会各行业合作委员会负责人分别作 2014 ~ 2015 年工作报告。

会议指出：GMS 各国中小企业居多，应充分依靠各行业合作委员会抱团发展，利用委员会机制优势沟通内外有助于中国和 GMS 其他国家企业“走出去”开拓市场；加快整合理事会资源，推动 GMS 跨境电子商务平台建设；积极加强与 GMS 各国行业商协会的联系，努力为各国工商界提供高效优质服务。与会各国代表一致认为，中国提出的“一带一路”建设愿景有助于加快 GMS 地区的发展，要抢抓机遇全面加强彼此的沟通和协调，深入开展务实合作，实现 GMS 商协会、工商界的互利共赢，为“一带一路”建设愿景早日实现贡献力量。

中国与老挝签署磨憨—磨丁经济合作区建设共同总体方案

2015 年 8 月 31 日在中国国家主席习近平和老挝国家主席朱马里 · 赛雅颂见证下，中国商务部部长高虎城与老挝副总理宋沙瓦 · 凌沙瓦在北京签署《中国老挝磨憨—磨丁经济合作区建设共同总体方案》。中老两国决定在边境接壤的中国云南省和老挝南塔省建设和发展中国老挝磨憨—磨丁经济合作区。这是继与哈萨克斯坦建立中哈霍尔果斯国际边境合作中心之后，中国与毗邻国家建立的第二个跨国境的经济合作区，是两国加快开放步伐的重要举措。

大湄公河次区域经济合作第 20 次部长级会议

2015 年 9 月 9 日在缅甸首都内比都举行。会议审议 GMS 城镇化发展战略框架，通报区域投资框架合作项目规划执行计划落实情况及优先合作领域最新进展，并就如何有效推动 GMS 相关战略规划的实施，加强 GMS 合作机制与东盟经济共同体建设、“一带一路”等合作倡议的对接等议题进行探讨。本次会议的主题是“有效推动战略规划实施，实现次区域可持续和包容性发展”。柬埔寨、中国、老挝、缅甸、泰国、越南 6 个成员国的部长级政府官员，亚洲开发银行、有关国际组织及域内外相关国家的代表出席会议。

中国云南—泰国（北部）合作工作组第 5 次会议

2015 年 9 月 22 日在中国云南昆明举行，由云南省政府外事办公室和泰国外交部东亚司共同主办。双方工作成员，云南省政府官员，泰国外交部东亚司相关人员出席。会议对第 4 次会议《会议纪要》在 2011 ~ 2015 年间的执行进展情况、合作取得的成果、存在的问题进行总结和梳理，并对中国云南—泰国（北部）合作工作组机制建设、深化友城交流与合作以及推进合作机制框架下的日常合作等议题进行探讨，提出要加大对中国云南—泰国（北部）合作工作组机制的建设和维护力度，深化友城、贸易、投资、金融、电信领域合作，推进跨境运输便利化、实现滇泰货物直达，打造大湄公河跨国旅游区、推动双方旅游合作等建议。会议还就多个合作项目达成共识并签署《会议纪要》。

第 3 届中国云南—缅甸合作论坛

2015 年 9 月 28 日在中国云南昆明举行。缅甸外交部、商务部、农业与灌溉部、卫生部、克钦邦、掸邦等部门和地方官员，中国云南省有关部门和部分州市负责人参加论坛活动。双方代表就经贸、农业、交通、旅游、教育、卫生、文化、边境管理及社会公共事业等领域共同关心的问题深入交流，达成广泛共识。论坛结束时，双方签署《第 3 届中国云南—缅甸合作论坛纪要》，云南万果经贸有限公司与缅甸新一亚公司签署《合作开办缅甸蔬菜种植公司协议书》。

9 月 28 日，第 3 届中国云南—缅甸合作论坛在中国云南昆明举行。图为论坛期间签约现场（云南网）

中国云南—老挝北部合作第 7 次会议

2015 年 10 月 21 日在老挝万荣举行。中国云南和老挝北部 9 省的

200余名代表，围绕经济合作区建设、贸易和财政金融、旅游文化、交通通信、矿产能源、教育科技卫生、农林农村发展和边境口岸管理等8个领域的合作，展开深入研讨。与会代表就进一步加快推进中老磨憨—磨丁经济合作区建设，深化双边产业合作，推进中老铁路建设，加强双边检验检疫协作，推进和落实"多渠道、深层次、宽领域"农业合作，推进大湄公河次区域"金四角"旅游区建设，强化边境执法合作，携手推进互联互通，加强双方教育信息的交流和共享等诸多方面达成深度共识。中老双方有关机构和单位还签署《建设中老民间经贸文化交流中心合作协议》和《中老经典作品互译出版合作协议》。

"澜湄合作"正式启动

2015年11月12日，澜沧江—湄公河合作首次外长会议在中国云南景洪举行。中国、泰国、柬埔寨、老挝、缅甸、越南6国外长出席。会议围绕"同饮一江水，命运紧相连"的主题并就进一步加强澜沧江—湄公河国家合作进行深入探讨，在政治安全、经济和可持续发展、社会人文3个重点领域开展务实合作，达成广泛共识。会议审议通过澜湄合作概念文件，宣布澜湄合作机制正式建立，6国外长一致同意研究并尽早实施一批早期收获项目。会议发表联合新闻公报。2014年11月，中国国务院总理李克强在中国—东盟领导人会议上提出，中方愿积极响应泰方倡议，探讨建立澜沧江—湄公河对话合作机制。澜湄合作机制由此进入实质性构建阶段。2015年，6国已召开两次高官会议和一次工作组会议，在以下方面达成初步共识：一是在政治上，致力于加强互信和相互理解，维护和平与稳定；二是在经济上，实现可持续发展，促进投资和贸易，减少贫困，缩小发展差距；三是在社会文化上，加强人文交流，促进人员往来、民心相通。未来还将建立包括领导人会议、外长会议、高官会议及其他工作层面在内的多层次合作机制。目标是将澜沧江—湄公河流域6国建成一个平等互利、团结合作、发展共赢的命运共同体。 （雷小华）

中越"两廊一圈"区域合作

中越"两廊一圈"区域合作概况

"两廊一圈"是中国和越南两国领导人共同作出的在中越两国之间合作建设"两条经济走廊"和"一个经济圈"的重大决策。"两廊"是指南宁—谅山—河内—海防—广宁经济走廊和昆明—老街—河内—海防经济走廊，"一圈"是指环北部湾经济圈。"两廊一圈"涵盖环北部湾和越南北部多个省市，越南方面有老街、安沛、富寿、谅山、北江、北宁、河内、兴安、海阳、海防、广宁等省市，中国方面有云南、广西、广东和海南4省、自治区。

"两廊一圈"的提出及其启动实施是中国—东盟自由贸易区合作框架下的次区域合作的具体举措，推动"两廊一圈"建设是基于中越两国关系不断全面深入发展在经贸合作方面的具体成果，它标志着中越经济在迈向一体化方面步入实际操作层面。从中越关系、区域战略和广西、云南发展的角度来看，"两廊一圈"的提出和启动都具有积极意义，因此得到中国广西、云南和越南北部地区的积极响应，成为桂越、滇越合作的热点和主题。

2005年3月25日，中越两国"两廊一圈"专家组第1次会议在越南河内举行，会议讨论"两廊一圈"合作的可行性和具体实施方案，同意共同编制关于"两廊一圈"合作的研究报告。此次会议标志着中越两国合作建设"两廊一圈"开始从设想走向实际操作。

2006年7月5日，中越经贸合作专家组第2次会议在中国云南蒙自举行。双方就《中国—越南经贸合作专家组关于"两廊一圈"合作的研究报告》内容交换意见，对报告内容和双方下一步工作原则达成一致。通过此次会议，中越双方进一步明确"两廊一圈"合作的方向和领域。

2006年11月16日，中越两国领导人在河内签署《中华人民共和国政府和越南社会主义共和国政府关于开展"两廊一圈"合作的谅解备忘录》，双方同意在"两廊一圈"范围内的重点合作领域包括基础设施、货物和旅客运输、资源开发与加工、农业、旅游业等9个方面。两国同意首先开展在"两廊一圈"范围内交通运输、资源开发与加工、口岸建设和贸易投资便利化等领域的合作，实施条件成熟的项目，逐步带动其他领域共同发展，以实现在两国边境省份间构筑一个平台，为双方企业及第三国企业开展经贸合作创造便利条件，使"两廊一圈"成为两国经济新增长点的目标。中越备忘录的签署为全面开展"两廊一圈"合作奠定了基本框架。

2008年，中越双方将"两廊一圈"合作项目纳入《中越经贸合作五年发展规划》。

2011年10月11～15日，越南共产党中央委员会总书记阮富仲对中国进行正式访问。在此期间，双方领导人共同签署《中越2012～2016年经贸合作五年发展规划》等一系列协议，两国政府共同发表《中越联合声明》，声明强调：鼓励并为双方企业扩大长期互利合作、建设跨境合作区和"两廊一圈"合作创造有利条件。

2012年3月31日，时任中国国务院副总理李克强在海南博鳌会见出席博鳌亚洲论坛2012年年会的越南副总理黄中海，双方表示要落实好经贸合作五年发展规划，进一步加强经贸、人文等领域合作。3 月 26 日，中越两国政府签署《中国越南两国政府关于共同建设北仑河二桥协定》及其《议定书》，双方还就尽快签署两国部门间《关于建立行车许可证制度协议》以及在北仑河口地区划定自由航行区达成共识。

2013 年 10 月 13 ~ 15 日，中国国务院总理李克强访问越南。访问期间，中越两国发表《新时期深化中越全面战略合作的联合声明》，签署一系列合作文件与协议。

中越两国建设“两廊一圈”，不仅两国中央政府有共识，两国地方政府也积极响应。自 2004 年以来，广西积极响应中央政府的决策，自治区主要领导每年均出访越南，与越方领导人就扩大以“两廊一圈”合作为重要内容的“一轴两翼”和泛北部湾区域经济合作进行广泛交流，并达成重要共识。2008 年 4 月 3 日，中共广西壮族自治区委员会书记郭声琨访问越南，他在会见越南政府总理阮晋勇时表示，广西非常重视发挥与越南山水相连的优势，积极参与中越两国领导人确定的“两廊一圈”区域合作。为进一步推进中国与东盟的合作，中国广西提出以“两廊一圈”为起点和基点，共同推进以泛北部湾区域经济合作为重点的“一轴两翼”合作。“一轴两翼”是“两廊一圈”的拓展和延伸。推动“两廊一圈”和“一轴两翼”建设，为中越两国在更大范围、更宽领域、更高层次参与国际经济合作创造了新的机遇。2013 年 10 月 11 日，中共广西壮族自治区委员会书记、自治区人大常委会主任彭清华与越共广宁省委书记在越南下龙市举行会谈，双方就加强海上旅游合作和简化通关手续等事项达成共识。

中越“两廊一圈”区域合作新进展

2015 年，中越“两廊一圈”区域合作在交通、经贸、旅游以及能源合作领域取得新进展。

交通合作 中国广西交通运输部门推动货物运输企业开行东盟（越南）经广西（到苏州、郑州）至欧洲的桂蒙欧、桂新欧国际运输线路（公路 + 铁路运输）和鄂桂连接东盟的国际货物运输线路。

经贸合作 中国已连续 11 年成为越南第一大贸易伙伴，2014 年越南也跃升为中国在东盟的第二大贸易伙伴。中越双方贸易互补性很强，中国出口到越南的商品从钢铁、水泥、化工产品，到空调、彩电、手机等都已被越南人民所熟知，越南生产的水果、大米、咖啡等也已深入到中国百姓日常生活之中。

旅游合作 根据中国旅游总局发布的统计资料，2015 年头 6 个月访越外国游客为 380.46 万人次，其中中国大陆游客 81.4 万人次，居首位，显著超过第二位韩国的 55.32 万人次。中国台湾和香港游客分别为 20.93 万人次和 7199 人次，中国（包括大陆、台湾、香港）游客占访越外国游客总数的 27.1%。

能源合作 2015 年年底，由中国南方电网有限公司、中国国际电力有限公司和越南煤炭矿业集团所属的电力总公司共同出资建设的永新燃煤电厂开工建设。该项目投资总额 17.55 亿美元，建成后将有效缓解越南南部用电紧张问题。

越南边境 4 省与中国广西联合工作委员会第 7 次会晤

2015 年 4 月 25 日，越南河江、广宁、谅山和高平 4 省与中国广西壮族自治区联合工作委员会第 7 次会晤在越南河江省河江市举行。会晤中，越南河江、广宁、谅山和高平 4 省人民委员会主席与中国广西壮族自治区副主席张晓钦共同签署越南边境 4 省与中国广西壮族自治区联工委第 7 次会晤备忘录以及越南广宁省与中国广西壮族自治区的横模—峒中口岸跨桥建设项目、越南谅山省与中国广西壮族自治区边境经济合作区合作项目等合作文件。

中国云南省与越南老街省、河江省友好交往

2015 年 11 月 12 日，中国云南省副省长高树勋率领云南代表团参加 2015 年第 15 届中越（老街）国际贸易交易会后与越南老街省负责人举行工作会谈。双方就进一步加强经贸合作，加快推进中国河口—越南老街跨境经济合作区建设等进行深入磋商。12 月 25 日，中共云南省委书记李纪恒与到访的越共河江省委

12 月 25 日，中共云南省委书记李纪恒与越共河江省委书记赵才荣举行工作会谈

（云南网）

书记赵才荣在昆明举行工作会谈。双方回顾并积极评价两省友好合作关系。会谈后双方签署《中国共产党云南省委员会与越南共产党河江省委员会友好交往协议》。

中越"两廊一圈"公路建设

2015年,中越两国继续深化在公路建设方面的合作,加快公路网络对接,取得新成绩。

越南河内—海防高速公路 2015年12月5日下午,越南政府总理阮晋勇宣布河内—海防高速公路全线通车,这标志着"两廊一圈"基础设施建设取得重大进展。该高速公路全长105千米,途经河内市、兴安省、海阳省、海防市。项目于2008年5月开工,投资总额45.49万亿越南盾(约合130亿元人民币)。全线有两个大型收费站:一个在兴安,有14个收费通道;另一个在海防,有16个收费通道。在与国道交界处还有一些小型收费站,设4~10个收费通道。公路全线按一类汽车高速公路标准双向六车道设计,设计行车时速120千米,采用智能化管理模式,是越南最现代化的高速公路。

中国南宁—越南河内高速公路 2015年8月,中国广西壮族自治区交通运输厅官员表示,广西近来加快了与东盟国家的互联互通,中国广西南宁至越南河内高速公路有望5年内全线建成。

其中,越南河内至中国广西友谊关的高速公路正在分段修建,中国在这一项目上给予越南3亿美元的优惠贷款支持。至2015年年底,越南河内—北宁高速公路已修通,北宁—北江高速公路在建。预计越南河内—中国广西友谊关高速路于2020年前修通。越南芒街—河内的高速公路建设项目规划已经完成。

为加强与东盟的互联互通,广西还积极推进中越边界桥梁建设。中越北仑河二桥项目已于2014年开工。中越水口—驮隆二桥建设项目完成中越建桥协议签署,2014年11月,中国国家发展改革委员会批复项目可行性研究报告,项目初步设计业已完成并上报交通运输部。其中中方境内投资额约为1.2亿元,建设工期36个月。该项目建成后,将与现有的中越北仑河大桥实现客货分流,这对于促进中越两国互联互通、加快东兴国家重点开发开放试验区和中越(东兴—芒街)跨境经济合作区建设具有积极作用。

中国靖西—龙邦高速公路 年内开展征地工作,这标志着项目建设正式进入具体实施阶段。该公路是桂西、黔南通往越南的重要公路通道之一,线路全长28.277千米,用地面积约185公顷,项目投资总额24.5亿元,建设工期3年。

中国崇左—水口高速公路 2015年12月29日在龙州县上龙乡板汪村俘弄屯举行开工仪式。该公路是中国西南地区连接越南等国家的国际通道之一,是广西高速公路网规划"六横七纵八支线"中的重要组成部分。项目概算投资总额55.77亿元,建设工期3年。

中越"两廊一圈"铁路建设

越南老街—河内铁路 2015年11月,中越双方决定开展可行性研究。该铁路长约381千米,投资总额约44亿美元(约合280亿元人民币)。

中国南宁—凭祥高速铁路 设计行车时速为250千米,项目建议书已获中国国家发展改革委员会批复,将于2017年前开工建设。

中越滇越铁路 2015年年底,中越国际铁路共用部分——时速200千米的昆(明)玉(溪)铁路扩能改造工程从线路两端同时进行双向铺架已全线贯通。

在中国云南构建的"中越、中老、中缅、中缅印"5条出境铁路通道中,第一条中越国际铁路通道从昆明经玉溪、蒙自与中越边境口岸河口连接,2015年12月开通运营。

中越"两廊一圈"内河港口航道建设

2015年1月27~29日,中国外交部边界与海洋事务司司长与越南外交部国家边界委员会副主任在中国北京举行中越关于《北仑河口地区自由航行协定》的第4轮谈判。在经过几轮谈判达成的共识基础上,双方集中就存在不同意见的内容深入交换意见,并就一些具体内容达成共识,同时更清楚和全面地了解对方的观点。

中越"两廊一圈"沿海港口建设

中国广西钦州港第二条东南亚集装箱班轮航线于2015年3月开

12月29日,中国崇左至水口高速公路项目开工仪式在龙州县上龙乡俘弄屯举行
(广西龙州县人民政府门户网)

通。航线主要线路为中国钦州港—盐田—蛇口—越南胡志明—中国洋浦。这条航线开通之后,集装箱抵达越南胡志明港的时间将缩短至9天。航线通过接驳中海集运在中国盐田、蛇口的欧美、中东印巴、澳新、非洲等干线,使北部湾港航线布局更加完善。

中越"两廊一圈"运输便利化合作

水口—驮隆中越界河二桥　2015年9月8日上午,中国广西崇左市交通运输局、龙州县政府与越南高平省交通厅代表团就水口—驮隆中越界河二桥初步设计文本进行交接,双方还就下一步工作举行会晤。双方表示今后将进一步加强沟通和联系,加快推进水口—驮隆中越界河二桥项目前期工作,力争在2015年年底开工建设。

中越北仑河二桥　全长549米,其中中方桥长394.5米,越方桥长154.5米,跨越中越界河北仑河,全线按一级公路标准建设,设计行车时速60千米,桥面宽27.7米,桥面行车道按4车道+2辅助车道布置。中方境内投资额1.2亿元,建设工期36个月。

国际道路运输会议　2015年12月9~13日,中老、中越国际道路运输会议在中国广州召开。中国、老挝、越南3国交通、外交、海关、边防、质检等部门和边境省份交通运输主管部门及部分企业代表参加会议。与会代表经过深入细致的讨论,中越就双边国际道路客货运输线路运行、行车许可证、联络合作机制等14个问题达成共识,并分别签署中老、中越会议纪要。

中越"两廊一圈"园区建设

2015年8月7日,中越跨境经济合作区建设与管理研讨班在中国广西南宁开班。举办本次研讨班是广西落实中越两党两国领导人重要共识的一项具体行动。广西全力推进中越跨境经济合作区建设,积极参与《共同总体方案》编制,注重加强与越方相关边境省份的交流沟通,协同推进中越东兴—芒街、凭祥—同登跨境经济合作区发展。

中越东兴—芒街跨境经济合作区　2015年12月2日上午,中越北仑河二桥西侧的中国东兴—越南芒街跨境经济合作区(中方)建设指挥部正式进驻中越跨境经济合作区,实现"一线办公,靠前指挥"。

中越凭祥—同登跨境经济合作区　2015年中国广西与越南高平、谅山、广宁、河江省联合工作委员会第7次会议在越南河江省河江市举行,凭祥市与越南同登—谅山口岸经济区管理委员会共同签署"关于建立凭祥(中国)—同登(越南)跨境经济合作区定期会晤机制的备忘录"。

中越龙邦—茶岭跨境经济合作区　2015年中越龙邦—茶岭跨境经济合作区建设顺利推进。中方园区开工建设投资总额20亿元的万生隆国际商贸物流中心项目,并开通中国百色—越南高平国际道路客货运输和靖西至高平边境旅游线路。

深圳—海防经贸合作区　位于越南海防市安阳县内,占地面积800公顷。功能设置分为工业产业园区和综合配套服务园区,工业园区计划入驻企业以电子、服装为主的轻工产业,综合园区主要提供融资、研发、质检、法律咨询、报关、物流等配套服务。该合作区是经中国国家商务部批准的国家级境外经贸合作区,也是中国广东省在越南投资的最大项目,2008年10月22日在北京签约。2012年11月29日下午,首届广东国际交流合作周系列活动之"第3届中国(广东)—东盟合作论坛暨中国·越南(深圳—海防)经贸合作区推介会"成功举办,同时也标志着历经4年筹备的中国·越南(深圳—海防)经贸合作区正式启动运作。

中越"两廊一圈"贸易合作

中国是越南的最大贸易出口国,2015年越南边贸总额为275.6亿美元,其中,中越边贸额占85%,位居第一。越南对中国贸易逆差逾323亿美元。从进出口商品结构看,越南自中国进口的商品以机械设备和生产原料为主。其中:一部分原材料有90%依赖中国市场;对中国出口以农产品为主,附加值较低。2015年,越南对中国出口增速(13.7%)高于进口增速(12%)。

2015广西·龙州中越水口—驮隆商品展销会暨中越跨境合作研讨会　2015年12月22~31日在中国

在建中的中越北仑河二桥　(中新网)

广西龙州县水口镇举行。展销会期间，举办中越跨境合作研讨会，双方与会嘉宾聚集一堂，共谋发展大计。此外，还举办中越书画摄影艺术展、中越青年足球友谊赛、展销会开幕式文艺晚会。

第15届中越(老街)国际贸易交易会　2015年11月17日交易会闭幕式在越南老街省金城工业商贸区金城会展中心举行。

本届交易会共设展位750个，参展企业350家。其中：中方展位200个，参展企业106家；越方展位550个，参展企业244家。参展商品种类主要有木质家具、工艺品、食品、床上用品、水产品和生活用品等。交易会成交额200亿越南盾(折合人民币570万元)。

2015越中(芒街—东兴)国际商贸·旅游博览会　2015年12月16日在越南广宁省芒街市开幕。博览会设400多个标准展位，展出的产品有汽车、电器、食品、加工农产品、日用品、服装、纺织品、工艺品等。

中越"两廊一圈"旅游合作

中越共推跨国红色旅游　2015年12月22日在龙州中越水口—驮隆商品展销会暨中越跨境合作研讨会上，中国广西龙州县与越南高平省文体旅游局和复合县委分别签署中越跨境红色旅游备忘录，中越双方共推跨国红色旅游，加快建设"中越红色跨国旅游国际创建区"。根据双方签署的备忘录，中国旅客可随短期短程旅游团到越南高平旅游，在龙州县可一站式办理出境手续。

《中越合作保护和开发德天(板约)瀑布旅游资源协定》新一轮磋商　2015年4月23～25日，第3轮磋商在越南河内举行。8月3～10日，第4轮磋商在中国北京举行。两国外交、国防、公安、口岸、交通等部门及地方代表参加。

中国云南省红河州与越南老街省签署旅游合作备忘录　2015年9月30日，中国云南省红河州旅游发展委员会与越南老街省文化体育旅游厅在蒙自市签署红河州与越南老街省双边旅游合作备忘录。

2015年首届红河文化艺术节　2015年11月13～15日在中国云南红河哈尼族彝族自治州举办。艺术节期间，越南国家当代艺术剧团专场晚会在红河大剧院上演。越南艺术团体为观众带来一场别开生面的演出，共同唱响两国人民的友谊之歌。

2015年广西凭祥中越边关旅游节　2015年12月9日，广西凭祥中越边关旅游节暨第9届中国边境口岸城市市长论坛在凭祥开幕。

中越"两廊一圈"能源合作

2015年广西通过东兴深沟变电站向越南出口电力9162.6万千瓦时，价值575.41万美元，量值均比上年增长90%。

2015年首届红河文化艺术节开幕式晚会演出剧照　(人民网)

由中资企业投资建设的越南永新一期热电项目于2015年7月18日开工。中国投资商为中国南方电网责任有限公司和中国电力国际有限公司,投资额17.5亿美元,占项目投资总额的95%。其余5%由越南煤炭包产集团所属的Vinacomin电力总公司投资。永新一期项目装机两台,功率为1200兆瓦(每台机组600兆瓦),位于越南平顺省永新电力中心,是越南采用超蒸汽炉工艺的第一个项目。

中越"两廊一圈"农业合作

中越签署农业合作备忘录　2015年5月,越南农业与农村发展部与中国农业部在越南河内签署农业合作备忘录。合作领域包括:农业研究、技术、贸易和动植物品种的培育、追踪和疫病防控,农业机械设备的生产,农产品加工,专家交流和信息互通等。

中越"两廊一圈"环境保护合作

中国广西与越南高平签订生物多样性保护合作谅解备忘录　2015年年初,广西壮族自治区环境保护厅与越南高平省自然资源与环境厅双方就生物多样性保护合作草签《生物多样性保护合作谅解备忘录》。

在该备忘录中,双方承诺就生物多样性保护开展合作,分享信息、共同关注并承担责任,同时通过国际与省际间合作的方式,共同保护独特景观。

23位越南环境官员学习"莱西经验"促进环境保护　2015年10月23日,由中国商务部主办、中国环境保护部宣传教育中心承办的越南环境保护研修班到中国山东莱西进行考察学习。越南23位环境高级官员访问青岛新天地静脉产业园和姜山湿地,并就环境保护、环境监测工作情况进行座谈交流。研修班考察内容包括危险废物、医疗废物、一般工业固体废物、废旧家电及电子产品、报废汽车、废旧轮胎的收集、运输、综合利用与处置的专业化。越南官员表示,将借鉴莱西经验促进越南环境保护工作。　(雷小华)

泛北部湾区域经济合作

泛北部湾区域经济合作发展概况

泛北部湾区域经济合作范围　泛北部湾区域是指北部湾以及南海周边国家和地区所共同构成的空间区域,涉及越南、柬埔寨、泰国、马来西亚、新加坡、印度尼西亚、菲律宾、文莱等8个东南亚国家以及中国的海南省、广东省、广西壮族自治区、香港特别行政区和澳门特别行政区。

2006年7月20日举行的首届环北部湾经济合作论坛提出构建泛北部湾经济合作区的构想。论坛发表的《环北部湾经济合作论坛主席声明》提出:"要围绕拓展和深化中国—东盟战略伙伴关系,站在面向东亚合作的高度上,构建泛北部湾经济合作区,将环北部湾经济合作延伸到隔海相望的马来西亚、新加坡、印度尼西亚、菲律宾、文莱等海上东盟国家。密切物流、产业、贸易与投资合作,共同促进本地区加快发展。"

2007年7月出版的《泛北部湾合作发展报告》将泛北部湾区域经济合作的国家增加至9个,即中国、越南、柬埔寨、泰国、马来西亚、新加坡、印度尼西亚、菲律宾和文莱,明确中国的海南省、广东省、广西壮族自治区、香港特别行政区、澳门特别行政区属于泛北部湾区域。

泛北部湾区域经济合作战略目标　推动泛北部区域经济合作,旨在通过重点加强港口物流合作,实现产业对接与分工,促进相互贸易与投资,大力发展临海工业,联合开发海上资源,加快临海城市发展,形成一批互补互利、相互促进、各具特色的港口群、产业群和城市群,形成中国—东盟经济合作框架下的次区域经济合作。

泛北部湾区域经济合作的主要领域　经济领域主要加强交通、港口、海运、航空、环保、信息等基础设施建设,加强物流、金融、旅游、渔业、农业、资源开发与保护、投资与贸易、环境保护等各方面的合作,促进临海工业和海洋产业的发展。社会发展领域主要加强人力资源开发与培训、科技、教育、文化、医疗卫生、防灾减灾等方面的合作。

泛北部湾经济合作机制　主要有泛北部湾区域经济合作论坛(简称泛北论坛)、泛北部湾区域经济合作市长论坛(简称泛北市长论坛)、泛北部湾区域经济合作联合专家组(简称泛北合作联合专家组)等。

自2006年举办首届泛北论坛以来,已成功举办9届,成为推动泛北部湾区域经济合作的重要平台和机制。参加论坛的主体,从以政府官员为主,逐步扩展到学术界、工商届等人士广泛参与。先后有10多位中国国家领导人、100多位中国和泛北部湾国家部长级官员出席论坛。论坛取得丰硕成果,共签署20多份协议和备忘录。

首届泛北论坛于2006年7月20日在广西南宁举行,时称"环北部湾经济合作论坛"。本次论坛提出泛北部湾经济合作构想,主要成果是《环北部湾经济合作论坛主席声明》。

第2届泛北论坛于2007年7月26~27日在广西南宁举行,主要成果有《论坛主席声明》《中国—东盟港口与发展合作联合声明》《中国—东盟海运协定》和《中国—东盟航空合作框架》。

第3届泛北论坛于2008年7月30~31日在广西北海举行,主要亮点是推动成立泛北部湾经济合作联合专家组。

第4届泛北论坛于2009年8月6~7日在广西南宁举行。本届论坛是对以南宁—新加坡经济走廊为重点务实推进泛北合作认识的进一步深化。

第5届泛北论坛于2010年8月12~13日在广西南宁举行。论坛分析了中国—东盟自由贸易区建成为泛北合作带来的历史性机遇，对以南宁—新加坡经济通道建设为重点、推进泛北合作和如何通过加快产业发展和航运、港口、物流合作来深化泛北合作形成共识。

第6届泛北论坛于2011年8月18~19日在广西南宁举行。本届论坛对加强泛北各国区域联通与跨境合作、扩大跨境贸易和投资以及深化金融、旅游合作取得一系列共识。论坛发布《泛北部湾经济合作可行性研究报告》，形成《泛北部湾智库峰会宣言》，还签署一批合作协议。

第7届泛北论坛于2012年7月12~13日在广西南宁举行，本届论坛对推进泛北部湾区域城市发展合作、电子信息产业合作、产业园区合作等达成一系列共识，并签署一批合作协议。

从2013年开始，泛北论坛由每年举办一次改为每两年举办一次。原定于2013年10月24~25日举行的第8届泛北部湾经济合作论坛改为2014年5月15日在广西南宁举行。本次论坛就携手共建21世纪海上丝绸之路重点领域、金融创新、港口合作和物流网络建设、贸易投资合作、文化传播合作等达成诸多共识。

第9届泛北部湾经济合作论坛暨中国—中南半岛经济走廊发展论坛于2016年5月26日在广西南宁举行，本次论坛以“携手泛北合作，共建‘一带一路’”为主题，旨在推动泛北合作升级发展，从以海上合作为主向陆海并举延伸拓展，构建陆海联动的合作新格局。

泛北部湾经济合作市长论坛是泛北部湾经济合作的又一个重要机制。2007~2011年先后在广西北海举行4届。其主要特点是：(1)参加国家和地区的代表、专家人数较多，层次较高。第1~3届有6个国家17个城市的代表及专家学者参加，第4届有7个国家的29位市长或市长代表参加。(2)发表泛北市长论坛宣言或备忘录。(3)达成诸多共识。拓展了港口物流、旅游文化方面的合作，并期望在具体产业、具体项目上加强合作，用好相关合作基金和贷款。

泛北合作联合专家组也是泛北合作的重要机制。2008年1月4日，泛北部湾经济合作中方专家组成立暨工作会议在北京举行。此后，又分别召开4次泛北部湾经济合作联合专家组会议。2008年7月30日，泛北合作联合专家组首次工作会议在广西北海举行。2008年10月24日，泛北部湾合作联合专家组第2次工作会议在广西南宁召开，此次会议取得以下成果：一是东盟各方就泛北部湾经济合作如何开展进一步达成共识，二是确定联合专家组成员，三是通过《泛北部湾经济合作联合专家组行动计划》。2009年8月6日，泛北部湾合作联合专家组第3次工作会议在广西南宁举行，会议讨论修改《泛北部湾经济合作可行性研究报告》，通过《关于加快泛北部湾经济合作的行动建议》。2011年6月2日，泛北合作联合专家组第4次会议在广西北海举行，会议通过《泛北部湾经济合作可行性研究报告》，完成泛北部湾经济合作前期研究工作，相关各方一致同意将该报告提交中国—东盟经济高官会讨论通过。2012年7月12~13日，泛北部湾经济合作联合专家组第5次会议在广西南宁举行，会议讨论并形成《泛北部湾港口物流合作专项规划》《南宁—新加坡经济走廊陆上交通基础设施专项规划》《泛北部湾农业合作专项规划》《泛北部湾投资便利化合作专项规划》《私营企业参与泛北部湾经济合作专项规划》和《泛北部湾地区经贸合作平台建设专项规划》等7个专项规划，并通过《泛北部湾经济合作联合专家组第5次会议纪要》。

泛北部湾区域海洋合作

2015年3月28日，中国—东盟海洋合作年启动，中国国务委员杨洁篪与泰国副总理兼外交部部长塔纳萨出席仪式。2013年，中国国家主席习近平提出的“一带一路”倡议得到沿线国家和人民的支持。一年多来，在中国他有关国家的共同努力下，21世纪海上丝绸之路建设顺利进行，步入务实合作的新阶段。

2015年7月17日，中泰海洋领域合作联委会第4次会议在泰国举行。中国海洋局副局长陈连增与泰国自然资源环境部副常务秘书韦嘉出席。陈连增和韦嘉还共同出席中—泰安达曼海海洋环境预报系统的启动仪式。（雷小华）

7月17日，中泰海洋领域合作联委会第4次会议在泰国举行。图为与会代表合影（中新网）

交 往 与 合 作

中国和东盟交往与合作

东盟是中国的好邻居、好朋友、好伙伴，2003 年，双边关系提升为战略伙伴关系。中国支持东盟共同体建设，坚持把东盟作为开展周边友好外交的优先地区，愿同东盟一道，携手建设更为紧密的中国—东盟命运共同体，全面落实好“2 +7 合作框架”，增进政治互信，深化务实合作，推动双方战略伙伴关系不断取得新进展。2015 年，中国与东盟在政治安全、经济和社会文化等领域的合作都取得进展，基本完成《落实中国—东盟面向和平与繁荣的战略伙伴关系联合宣言的行动计划(2011 ~2015)》所拟定的双边关系发展目标，东盟共同体正式成立，中国—东盟关系步入起点更高、内涵更广、合作更深的新阶段，合作水平迈上新台阶，迎来新契机。

一、增进政治互信，夯实合作根基

领导人会议总揽全局。2015 年 11 月，第 18 次中国—东盟领导人会议在马来西亚吉隆坡举行，中国国务院总理李克强与马来西亚总理纳吉布共同主持会议，与各方就中国—东盟合作、地区发展进行深入讨论，达成广泛共识。李克强就深化中国与东盟合作，促进东亚地区和平繁荣提出六点建议：第一，进一步加强中国—东盟合作发展机制化建设。落实好双方战略伙伴关系第三份五年《行动计划(2016 ~2020)》和“2 +7 合作框架”(“2”指两点政治共识，即深化战略互信，拓展睦邻友好；聚焦经济发展，扩大互利共赢。“7”指政治、经贸、互联互通、金融、海上、安全、人文等 7 个重点合作领域)，推动中国—东盟 10 +1 合作在成熟轨道上稳步前行。第二，加快经贸合作升级。双方应加快中国—东盟自由贸易区升级谈判协议的达成，力争实现 2020 年双边贸易额达到 1 万亿美元的目标。尽早结束区域全面经济伙伴关系协定(RCEP)谈判，构建更为完善的地区自由贸易体系。第三，推动“一带一路”倡议同区域国家发展战略对接。继续积极推进泛亚铁路建设，争取中泰、中老铁路等重大项目尽早开工，充分发挥亚洲基础设施投资银行、丝路基金、中国—东盟投资合作基金等平台的作用，为有关项目提供融资支持。第四，探索开展国际产能合作。发挥各自比较优势，在基础设施、工程机械、电力、建材、通信、工业园区等领域开展国际产能合作，实现互利共赢。第五，共同提升安全合作水平。早日实现防长非正式会晤机制化，探讨建立中国—东盟防务直通电话。加强打击跨国犯罪、反恐、灾害管理等非传统安全领域合作。第六，努力促进地区可持续发展。继续推动海上合作。加强农业能力建设合作，共同维护地区粮食安全。建设环保信息共享平台，探讨建立中国—东盟生态友好城市发展伙伴关系，携手实现绿色发展。以 2016 年中国—东盟教育交流年为契机，深化人文交流与合作。东盟领导人表示，各国支持中方关于举办东盟—中国建立对话关系 25 周年纪念活动的倡议，支持 2016 年确定为东盟—中国教育交流年，欢迎中方提出的共建“一带一路”倡议，期待亚洲基础设施投资银行尽早发挥作用。马来西亚总理纳吉布说，“中国为推动东盟与中国合作而做出努力是显而易见的，中国对东盟一体化进程的支持也更加表明中国致力于推进地区的繁荣与发展，我们将共同制定落实好双方战略伙伴关系第三份五年《行动计划(2016 ~2020)》。马来西亚为中国参与地区合作机制建设付出的努力而深受鼓舞”。会议期间，中国与东盟就政治、经贸、互联互通、产能和文教等领域的合作达成广泛共识，双方一致同意通过和平对话建设性妥善处理分歧，不以个别的问题影响东盟与中国关系的大局，推动双方关系达到新的水平，共同促进地区的和平与发展。

高层良性互动。2015 年 4 月，第 16 次中国—东盟联合合作委员会会议在印度尼西亚雅加达举行。双方回顾上一阶段各领域的合作，明确下一阶段合作的重点。会上，中方与东盟代表分别介绍各自政治、经济和社会发展情况，重点回顾过去一年双方各领域务实合作进展，并就第 17 次中国—东盟领导人会议所提倡议

11 月 21 日，第 18 次中国—东盟(10 +1)领导人会议在马来西亚吉隆坡举行。图为会场 (新华网)

落实情况、中国—东盟2016～2020年行动计划、中国—东盟海洋合作年、2015 年外长会等议题深入交换意见，明确双方 2015 年主要工作方向和重点领域。2015年6月，第 21 次中国—东盟高官磋商在中国北京举行。双方同意继续牢牢把握中国—东盟关系的正确发展方向，深化政治互信，拓展务实合作，共同推进建设21 世纪海上丝绸之路，积极落实“2＋7 合作框架”，携手建设更为紧密的中国—东盟命运共同体，高官们同意加紧制订《落实中国—东盟面向和平与繁荣的战略伙伴关系联合宣言行动计划（2016～2020）》，为 2016年中国—东盟建立对话关系 25 周年共同举办纪念活动。2015 年 8 月，王毅在吉隆坡出席中国—东盟外长会时表示，中国—东盟合作是中国参与地区合作的主平台，中方愿就深化中国—东盟合作提出十项建议：一是设计好 2016 年中国—东盟建立对话关系 25 周年纪念活动，将 2016 年定为中国—东盟教育交流年；二是完成制订《落实中国—东盟面向和平与繁荣的战略伙伴关系联合宣言行动计划（2016～2020）》；三是设立工作组探讨商签“中国—东盟国家睦邻友好合作条约”；四是开展国际产能合作，打造中国与东盟各国经济互补发展、共同振兴的重要引擎；五是深入推进互联互通，中方愿与东盟探讨制订《中国与东盟互联互通总体规划》；六是办好 2015 年中国—东盟海洋合作年，营造海上合作新亮点；七是推进澜沧江—湄公河次区域合作，更好支持东盟共同体建设；八是尽快签署《东南亚无核武器区条约》议定书；九是加强防务安全合作，在华举行中国—东盟防长首次非正式会议。十是共同维护南海和平稳定。与会东盟各国外长表示，东盟—中国伙伴关系是东盟与伙伴国关系中最积极活跃、最富有成果的关系。东盟高度赞赏中国为推动东盟—中国关系发展做出的重大贡献，积极评价中国提出的深化双方关系十项新建议，东盟高度重视东盟—中国战略合作伙伴关系，愿与中方共建 21 世纪海上丝绸之路，加强互联互通，升级中国—东盟自由贸易区建设，深化投资、产能、教育、科技、公共卫生等领域合作，增进人文交流。东盟各国还积极评价王毅提出的维护南海和平稳定的倡议，表示东盟国家愿与中国切实落实《南海各方行为宣言》，加强“南海行为准则”磋商，将南海建设成为和平、友谊、合作之海。

维护东亚地区和平稳定。2015年6月3～4日，第21次中国—东盟高官磋商会议就南海问题深入交换意见，回顾落实《南海各方行为宣言》和“南海行为准则”磋商取得的积极进展，一致同意将继续致力于全面有效落实《南海各方行为宣言》，在协商一致基础上早日达成“南海行为准则”。会议积极评价各方已就“南海行为准则”磋商达成第一份共识文件，同意将积极落实早期收获项目，并于 2015 年 7 月举行落实《南海各方行为宣言》第 14 次联合工作组会和第 9 次高官会，此次会议就中国与东盟双方共同推动落实《南海各方行为宣言》和“南海行为准则”磋商进程达成共识。王毅在出席中国—东盟外长会时表示，中国和东盟已确定处理南海问题的“双轨”思路，即由直接当事国通过谈判协商妥善解决争议，中国和东盟共同维护南海的和平稳定。东盟各国外长同意中国提出的这一倡议，泰国外交部副次长诺帕敦表示，为了实现一个更紧密更牢固的中国—东盟战略伙伴关系，我们必须继续推动互信。没有哪一个单一问题可以统领东盟与中国的多边关系。“我们必须保持双方进行协商和合作的良好势头。”

深化非传统安全合作。2015 年 8 月，以“加强合作——维护地区和平、安全与稳定”为主题的第 35 届东盟国家警察首长会议在印度尼西亚举行。会议期间，东盟各国代表就犯罪防范工作的合作措施以及地区安全保障的挑战等议题进行磋商。中方在会上作主题发言，重点介绍 2014 年中国与东盟各国在打击涉恐偷渡、跨国犯罪、网络犯罪及推动湄公河联合巡逻执法和提升执法能力建设等领域合作取得的丰硕成果，提出中国—东盟执法安全合作部长级对话机制的倡议。中国代表团还与印尼、老挝、柬埔寨、缅甸、新加坡等代表团举行会谈，阐明中方重大安全关切问题。会议就东盟各成员国及伙伴国警察力量在加强合作打击犯罪的承诺达成重要共识，中国与东盟将不断加强在跨国犯罪等方面的合作，提升双方在湄公河的联合巡逻执法能力，确保东亚地区的安全与稳定。

二、深化经贸合作，促进互利共赢

2015 年 8 月，第 14 次中国—东盟经贸部长会议在马来西亚吉隆坡举行。中国商务部部长高虎城在会议

8 月 23 日，第 14 次中国—东盟经贸部长会议在马来西亚首都吉隆坡举行。图为与会各国经贸部长合影

（新华网）

中指出，中国—东盟经贸合作是中国与东盟关系中最具实质内容的领域之一，并就进一步加强中国—东盟经贸合作提出八条措施建议：一是促进双边经贸合作提质增效升级，努力实现领导人提出的 2020 年双边贸易额达到 1 万亿美元、至 2020 年的 8 年间对东盟新增投资额超过 1000 亿美元贸易投资目标；二是落实领导人共识，如期完成中国—东盟自由贸易区升级谈判；三是共同建设 21 世纪海上丝绸之路，加强中国—东盟互联互通合作；四是以中方在东盟国家兴建的各类经贸园区为抓手，推进双方产能和装备制造合作；五是利用好中国对东盟提供的资金，支持东盟共同体建设；六是进一步深化多种形式的地方经贸合作；七是继续发挥好中国—东盟博览会的平台作用；八是加强区域、次区域经贸合作。东盟 10 国经贸部门负责人及东盟秘书长表示，对中国继续保持为东盟最大的贸易伙伴感到高兴，敦促加速中国—东盟自由贸易区升级谈判进程，关注中方使 21 世纪海上丝绸之路倡议在经贸领域落到实处的建议及加强双方经贸合作的务实措施。

中国—东盟自由贸易区升级谈判全面结束。2015 年年底，中国与东盟结束自由贸易区升级谈判并签署升级《议定书》，双方近 95% 的产品已经实现零关税。中国政府提出的共建“一带一路”的倡议，特别是建设 21 世纪海上丝绸之路与升级版中国—东盟自由贸易区的宏伟目标，成为中国与东盟合作的新亮点。2015 年 11 月，中国商务部部长高虎城与东盟 10 国部长在马来西亚吉隆坡正式签署中国—东盟自由贸易区升级谈判成果文件——《中国与东盟关于修订〈中国—东盟全面经济合作框架协议〉及项下部分协议的议定书》，涵盖货物贸易、服务贸易、投资、经济技术合作等领域。中国—东盟自由贸易区的升级有利于促进《区域全面经济伙伴关系协定》谈判和亚太自贸区建设进程。中国设立总规模 100 亿美元的中国—东盟投资合作基金，为双方基础设施等重大合作项目提供融资支持。中方还设立中国—东盟合作基金、中国—东盟公共卫生合作基金、中国—东盟海上合作基金，支持双方具体领域务实合作。

突出“一带一路”主题，推动国际产能合作。第 12 届中国—东盟博览会、中国—东盟商务与投资峰会于 2015 年 9 月在广西南宁举行，本届展会以“共建 21 世纪海上丝绸之路——共创海洋合作美好蓝图”为主题，策划开幕大会、领导人与企业家座谈会、海洋合作成就展等一系列高层友好交流和经贸人文活动，推动各方凝聚共建共识、对接发展规划，促成优先项目合作。本届博览会首次成功举办国际产能合作系列活动，会议期间通过各类项目洽谈会成功签约的国际产能合作项目达到 34 项，涉及机械制造、汽车配件、能源建设、建材生产等领域。在投资合作方面，举办中马“两国双园”联合展区开展仪式、东盟各国投资推介会等投资促进活动。本届博览会国际合作项目签约项目更多，其中跨境商贸物流、园区建设等涉及 21 世纪海上丝绸之路的产业项目比上届增长 50%。

自中国—东盟启动自由贸易区升级谈判以来，双边贸易、投资不断增长，双边经贸合作不断深化。中国已连续 6 年成为东盟第一大贸易伙伴，东盟连续 4 年成为中国第三大贸易伙伴。东盟还是中国第四大出口市场和第二大进口来源地，中国—东盟贸易增速远快于中国对外贸易的平均增速。根据中国国家统计局《2015 年国民经济和社会发展统计公报》数据，2015 年中国对东盟货物出口总额 17221 亿元，比上年增长 3.1%，中国对东盟货物进口总额 12097 亿元，下降 5.4%。东盟还依托独特的区位优势，加强与中国接壤省区的经贸合作。最新统计数据显示，2015 年中国广西利用东盟 10 国实际外资额近 5 亿美元，比上年增长 10 倍。近年来，国家赋予广西构建面向东盟的国际大通道，打造西南中南地区开放发展新的战略支点，形成“一带一路”有机衔接的重要门户“三大战略定位”，东盟成为广西开放合作的重点。广西与东盟的贸易额稳居西部 12 个省份之首，东盟连续 14 年成为广西第一大贸易伙伴。从 2013 年开始，东盟成为广东湛江最大出口市场，湛江与东盟 10 国均保持着双边贸易关系，其中马来西亚、泰国、新加坡为前三大贸易伙伴，民营和外资企业是湛江对东盟进出口贸易的主力军。云南作为澜沧江—湄公河次区域合作在中国境内的主要区域，与大湄公河次区域国家的合作关系顺利开展，极大促进了云南对外经济贸易的发展。

9 月 19 日，21 世纪海上丝绸之路与推进国际产能和装备制造合作论坛在中国广西南宁举行（百度网）

三、推进人文交流,加强互联互通

推动教育共同发展。2015 年 7 月,以"为大学合作带来新战略思维:中国—东盟伙伴关系的挑战"为主题的第 4 届中国—东盟大学校长会议在新加坡举行,这次会议有效增进了中国和东盟高校的相互了解与友谊,加强了校际交流。2015 年 8 月,以"互学互鉴、福祉未来"为主题的第 8 届"中国—东盟教育交流周"在贵州贵阳开幕。出席交流周活动的中国教育部部长袁贵仁说,近 5 年来,中国—东盟双方教育交流合作取得可喜进展,体现了中国—东盟教育和人文交流的广阔发展空间和巨大发展潜力。

加强艺术交流合作。2015 年 12 月,第 2 届中国—东盟艺术双年展在广西南宁开幕,中国与东盟艺术家的 138 件作品揭开神秘面纱。本届双年展以"异流·同源"为主题,分架上艺术、影像艺术及行为艺术三大单元,展期 1 个月。28 日,第 2 届中国—东盟艺术双年展学术研讨会举行,来自中国与东盟的艺术家集中探讨中国与东盟各国文化,中国各地区之间地缘关系、历史渊源、文化传承以及今后的合作与发展。

推进科技创新合作。2015 年 1 月 27 日,第 8 次东盟与中、日、韩科技委员会会议在日本东京举行。会上,中国代表团提出有关科技合作的倡议,建议加强青年科学家交流,促进企业技术转移和创新合作,会议还介绍了"亚非青年科学家来华工作计划",并推介拟于 2015 年 10 月在北京举行的"东盟 10 + 3 青年科学家交流活动"。中国代表团还介绍中国主要科技创新政策和趋势,与参会代表在相关领域开展合作和交流进行探讨。

深化环保领域的合作。2015 年 9 月,中国—东盟环境合作论坛在广西南宁举行。本届论坛由"环境可持续发展对话与研修""中国—东盟环保产业合作与发展交流圆桌会""中国环保产业与技术展示"三部分组成。"环境可持续发展对话与研修"通过与东盟各国开展政策对话及学习交流活动,加强"一带一路"框架下的生态环保合作交流,提高区域环境可持续发展能力。"中国—东盟环保产业合作与发展交流圆桌会"以"助力中国—东盟环保产业合作——政府和社会资本合作模式"为主题,宣传中国与东盟环保产业合作成果,提升中国环保产品和技术在东盟国家的影响力,推动中国—东盟环保领域的务实合作。"中国环保产业与技术展示"以"推动产业合作,共谋'一带一路'绿色商机"为主题,依托中国—东盟博览会平台展示中国最新环保技术与产品、环保产业园区,促进中国企业"走出去"。

2015 年是中国—东盟交往与合作卓有成效的一年,双方实现政治、经济、文化等各领域的深入交流合作。但是,中国与东盟的合作仍然面临着各种风险和挑战。中国与东盟 10 国政治及经济发展的不平衡也给双边的合作带来挑战。近年来涉及中国与部分东盟国家的南海争端不断升温,使得双方国家的关系发展时而出现紧张态势,中国与东盟产业结构的相似性使得双方之间形成极强的竞争关系,新加坡、越南、马来西亚等国家加入以美国主导的《跨太平洋伙伴关系协定》(TPP)势必会对中国与东盟的合作产生影响。2016 年是中国和东盟建立对话关系 25 周年,中国与东盟将推进双方的自贸区升级成果尽快落地,探讨推进国际产能合作,办好建立对话关系 25 周年系列活动,共同规划展望今后 25 年中国—东盟关系的更大发展,打造更加紧密的中国—东盟命运共同体。

(李玮莉)

中国和文莱交往与合作

2015 年,中国与文莱继续在各个领域开展交流与合作。

一、中国和文莱双方政府继续保持密切关系

(一)高层领导通过相互致电促进两国密切关系

2015 年,虽然两国高层领导人没有互访和会见,但通过相互致电来促进两国的密切关系。3 月 3 日,在文莱独立 31 周年之际,中国国家主席习近平致电文莱苏丹哈桑纳尔·博尔基亚表示祝贺。习近平在贺电中表示,独立 31 年来,在苏丹陛下的卓越领导下,文莱在经济建设和社会发展方面取得了令人瞩目的成就,在国际和地区事务中发挥了积极作用。中国和文莱是友好邻邦。2014 年 11 月亚太经合组织第 22 次领导人非正式会议期间,双方举行了富有成果的会谈。中国高度重视中文关系,愿同陛下一道,继续弘扬中文传统友好,深化各领域务实合作,推动两国战略合作关系不断向前发展。同日,中国外交部部长王毅向文莱外交与贸易部部长穆罕默德·博尔基亚亲王致电祝贺。6 月 3 日,文莱苏丹致电中国国家主席习近平和国务院总理李克强,就长江沉船事故代表文莱政府和人民向中国政府和人民,特别向遇难者家属表示深切的同情和慰问。

(二)中国地方政府与文莱发展友好合作关系

2015 年 3 月 30 日至 4 月 1 日,中共广西壮族自治区委员会书记彭清华率团访问文莱,重点推动"文莱—广西经济走廊"建设。代表团拜访文莱苏丹、文莱王储比拉、工业与初级资源部部长叶海亚,与该部共同主办文方率先提出的文莱—广西经济走廊座谈会,并签署会议纪要,进一步推动该倡议向务实方向发展。5 月 3 ~ 5 日,第十、十一届全国政协副主席、全国工商联前主席、中国太平洋经济合作全国委员会名誉会长

黄孟复率团访问文莱。6月25日，宁夏回族自治区外事(侨务)办公室主任李念平率代表团访问文莱，重点推动宁夏与文莱清真产品认证互认工作。6月27日，文莱首相府第二财长拉赫曼赴北京出席《亚洲基础设施投资银行章程》签署仪式。5月26～27日，中国香港特别行政区政务司司长林郑月娥率团访问文莱，重点推动香港—东盟自由贸易区谈判进程，并寻求香港与文莱在贸易、投资、金融、旅游、教育以及人文交流等领域的务实合作。8月2日，中共海南省委书记罗保铭访问文莱，并到中国投资企业考察。9月，文莱工业与初级资源部部长叶海亚第7次赴中国广西南宁出席中国—东盟博览会，双方就积极推进广西—文莱经济走廊建设等达成重要共识。9月18日下午，在广西壮族自治区人民政府主席陈武、副主席张晓钦和文莱工业与初级资源部部长叶海亚的共同见证下，文莱交通部副常秘里扎与中国广西北部湾国际港务集团董事长周小溪签署《文莱达鲁萨兰国政府、广西北部湾国际港务集团合作意向书》。意向书提出，双方有意向签订备忘录，共同探讨潜在合作领域，将文莱达鲁萨兰国打造成东盟及东盟东部增长区航运中心。

二、中国和文莱积极开展各领域的合作

2015年，两国积极开展各领域的合作，并取得成效。

(一)经济贸易合作

1. 双边贸易增速下降。据中国海关总署公布的统计数据，2015年中国与文莱双边贸易总额为15.1亿美元，比上年下降22.2%。其中：中国出口14.1亿美元，下降19.4%；进口1亿美元，下降47.4%。据分析，由于国际油价持续下降，导致两国贸易总额比2014年下降。值得关注的是，近年来，中国台湾与文莱的贸易发展迅速，2013年双边贸易额为9200万美元，2014年达4.9亿美元，增长433%。

2. 中国与文莱经济合作取得成效。据中国商务部亚洲司提供的数据，2015年，中国对文莱的直接投资额为959万美元，比上年增长46.4%，到年底，累计投资额7911万美元；中国对文莱的工程承包额为78.97万美元，增长50倍，营业额8653万美元，增长126.4%，至年底，累计合同额131.06万美元，营业额48.95万美元。文莱对中国直接投资项目12个，比上年下降55.56%，实际投资额7258万美元，增长2.31%，至年底，累计项目1787个，实际投资额269.64万美元。2015年，在文莱进行投资建设和经营的中国企业有恒逸实业、海油工程、中海油服、国泰生物、华为公司、同仁堂、葫芦岛钢管厂等。5月6日，由中国港湾公司中标承建的文莱大摩拉岛大桥项目开工，工程包括设计和建造2.7千米4车道跨海大桥、3千米岛上4车道公路和配套电气网络、通讯网络、水供应管道网等，工期36个月，项目金额约合2亿美元。9月10日，中国建筑工程总公司与文莱发展部签署淡布隆跨海大桥CC4标段承包合同，该标段总长11.8千米，包括淡布隆区陆地高架桥、小型跨河桥、平交路口及附属设施等，工期42个月，建成后将连接海上主桥段及淡布隆区陆地。11月11～13日，中国国家开发银行行长郑之杰率领的高级代表团访问文莱，出席在斯里巴加湾举行的中国—东盟银行联合体会议，并考察由中国浙江恒逸集团与文莱财政部达迈控股公司合资近40亿美元建设的大摩拉岛综合炼油及芳烃裂解厂项目，这个石油化工项目占地约260公顷，岛上及周围地区正进行建厂前的疏浚和填土活动。投产后年生产能力为800万吨芳烃、汽油和柴油等，可满足本地市场的需求。

值得一提的是，2015年，文莱入境游客明显增多。据文莱初级资源与旅游部消息，文莱2015年入境游客达到21.82万人次，比上年增长8.6%。这主要得益于中国游客比上年增加1万多人次，入境中国游客达到3.69万人次，在马来西亚之后位居第2，占文莱当年入境游客的16.9%，比2014年提高3.7个百分点。

中国在文莱开展的经济合作得到文莱政府的赞誉。2015年1月29日，中国驻文莱大使杨健会见文莱发展部部长苏约伊时，苏约伊肯定中国企业对文莱基础设施建设所做出的贡献，希望更多中国企业关注文莱市场，与本地企业合作，共同参与房屋、桥梁、道路等重大项目建设。2月2日，文莱首相署副部长兼文莱

5月6日，由中国港湾公司中标承建的文莱大摩拉岛大桥工程项目开工 (百度网)

经济发展局局长哈芝阿里在与杨健大使会见时也说，近年来，中国企业在文莱石化、制造、通讯传媒等行业投资，为文莱经济发展做出贡献，希望将来两国企业在商品贸易、清真食品加工、运输物流、高新科技等领域进一步加强合作。

（二）各领域合作继续扩大

1. 文化和教育交流持续扩大。2015 年，有更多的文莱学生到中国参访、求学。浙江恒逸集团资助的首批 13 名文莱学生于 2014 年 2 月进入浙江大学化学工程与生物工程学院学习，并于 7 月 3 日顺利结业；第 2 批 15 名学生于 2015 年 3 月入校学习。7 月 27 日，中国驻文莱大使杨健向获得中国政府全额奖学金的两名文莱学生 Nurul Ain Shahida 和 Abdul Waie 颁发录取通知书。两名文莱学生分别被北京师范大学和东南大学录取，学习时间为 2016 ~ 2020 年，此前两人分别到北京语言大学和南京师范大学补习汉语 1 年。9 月，中国第 2 批志愿者到文莱大学协助教学。

3 月 23 日，中国文莱海上丝绸之路联合展览开幕式暨文莱海洋博物馆开馆仪式隆重举行 （百度网）

中文两国文化交流活动丰富多彩。3 月 23 日，中国文莱“海上丝绸之路”联合展览开幕式暨文莱海洋博物馆开馆仪式隆重举行。本次展览由泉州海外交通史博物馆和文莱海洋博物馆共同举办，分为“宋船之歌：泉州港与海上丝绸之路”“云帆高张：中国舟船文化”“多元荟萃：泉州宗教文化”和“文明对话：中国与文莱的交往”4 个部分，共展出瓷器、帆船模型、墓碑、拓片、图片、视频等展品 130 余件。展览吸引数万名当地观众参观。3 月 27 日至 4 月 3 日，由中国海外交流协会、文莱中华中学以及来自广东惠州的教师在文莱首次举办中国文化日暨中华大乐园—文莱营，在短短 8 天里有中国和文莱 298 名学生参与交流活动。12 名来自惠州的指导老师和学生共同表演了舞蹈、民歌、武术、剪纸、书法等。11 月 3 ~ 5 日，第 10 届中国—东盟民间友好大会在文莱首都斯里巴加湾举行，来自东盟各国及中国的民间友好组织、民间团体和商界代表出席。中国—东盟协会会长顾秀莲应邀率团参会。大会期间，除大会和分论坛外，中国艺术家呈现的剪纸、面塑、内画、风筝等中国传统文化展示以及中国—东盟文化图片展等系列活动给与会者留下深刻印象。4 日晚，参会代表和 3000 多名当地民众共同观看一场富有中国和东盟国家文化特色的盛大文艺演出，将整个活动推向高潮。11 月 14 日，来自中国美术学院的 3 位中国画家顾迎庆、陈磊、刘海勇与文莱当地 20 余位画家在斯里巴加湾热带雨林画廊进行创作交流，当地媒体对交流活动进行报道。

2. 军事交流合作得到拓展。

2015 年 1 月 19 ~ 21 日，中国人民解放军总参谋部军训部副部长马开平率领解放军代表团一行 35 人到文莱参加第 11 届文莱国际武器实用技能比武。2 月 1 日，出席第 11 届文莱国际武器实用技能比武闭幕式的解放军副总参谋长王建平在斯里巴加湾会见文莱皇家武装部队司令塔维。塔维说，文方感谢中国军队派代表队参赛并派高级别军事代表团出席开、闭幕式。文中两军关系近年不断得到新的发展，文莱军队愿进一步加强同中国军队的交流与合作。王建平表示，近年来，中文两军关系持续健康发展，在许多领域开展了广泛交流合作，中方愿继续深化拓展两军务实合作，为两国共同发展和地区和平稳定做出贡献。

（马　静　马金案）

中国和柬埔寨交往与合作

2015 年中柬友好关系继续深化。虽然年内柬埔寨国内政治局势不太稳定，政党间的斗争激烈，但毫不影响柬埔寨继续积极与中国一起发展全面深入的双边关系。年内，中柬两国高层接触频繁，经贸合作深化，人文交流活跃，多边协调密切，两国友谊历久弥坚。

一、中柬双方高层交往频繁

2015 年中国和柬埔寨两国高层频繁的交往中，最令人瞩目的应属柬埔寨国王诺罗敦·西哈莫尼应邀到北京参加纪念中国人民抗日战争暨世界反法西斯战争胜利 70 周年阅兵式。西哈莫尼国王此行除观礼外，还带来柬埔寨国家代表队参加中国的大阅兵。众所周知，西哈莫尼国王是一位虔诚的佛教徒，平日里深居简出，而此次国王亲自率队出席中国的大阅兵，足以说明中柬两国传统友谊深厚。

2015年4月23日，中国国家主席习近平在印度尼西亚雅加达出席亚非领导人会议和万隆会议60周年纪念活动时，会见同来出席会议和活动的柬埔寨首相洪森。习近平在会见中强调，当前中柬关系面临重要发展机遇，中方将坚定不移推进中柬全面战略合作，坚定不移支持柬埔寨维护稳定和发展。中柬双方要保持高层密切交往，深化执政党经验交流，发挥政府间协调委员会作用，推进传统领域合作，并在"一带一路"框架内加强基础设施互联互通合作，运营好西哈努克港经济特区。中方愿继续为柬埔寨经济社会发展提供力所能及的帮助，积极考虑加强双方在卫生、水利、应急救灾等领域合作。双方要加强人文交流。2015年中国再次接待柬埔寨百人青年团访华，将继续向柬方提供赴华留学奖学金。中方愿加强同东盟国家和湄公河流域国家的对话与合作，支持东盟共同体建设。洪森表示完全赞同习近平主席对柬中关系的评价，柬方将继续同中方一道，发展好两国老一辈领导人结下的深厚友谊。

2015年10月16日，2015减贫与发展高层论坛在中国北京举行，柬埔寨首相洪森致词。洪森说：中国帮助柬埔寨进行基础设施方面的投资，进行能力建设，发展人力资源。在这方面，中国不仅仅在自身消除贫困方面取得成功，而且也极大地推动全世界很多国家的减贫工作。他重申支持并且高度赞赏中方在推动地区发展方面所发挥的关键作用。

年内，两国高层间的交往还包括：中国全国政协主席俞正声于4月17日，在钓鱼台国宾馆会见柬埔寨国王诺罗敦·西哈莫尼和太后莫尼列。柬埔寨首相洪森于4月18日，在柬埔寨金边会见到访的中国国务委员郭声琨；11月6日在金边和平大厦会见中国国务委员兼国防部部长常万全。

二、中国仍是柬埔寨最大的贸易伙伴国

2015年，中国对柬埔寨的投资继续蝉联柬埔寨外国投资额第一位，中国投资占柬埔寨外国投资总额的18.62%。中柬进出口额44.3亿美元。其中：中国向柬埔寨出口37.65亿美元，比上年增长14.98%；进口6.67亿美元，增长38.08%。年内，中柬双方还加强经济技术方面的合作。1月26日，柬埔寨邮电部和中国工信部签署合作备忘录，旨在加强两国在电信和通信技术领域的合作。5月24日，位于柬埔寨特本克蒙省的柬埔寨漳州现代农业产业园开园，标志着以农业为一大特色产业的漳州与柬埔寨现代农业产业的合作正式启动。

作为柬埔寨支柱性产业的旅游业，在2015年接待的480万人次的国际游客中，中国游客占80万人次，排名第二。

此外，中国银行积极在柬埔寨开设营业机构，以期更好地为中柬经济交流服务。中国银行在柬埔寨已开设3家营业机构，资产总额名列柬埔寨35家商业银行的第9位，存款名列第6位，其网上银行、电话银行、ATM系统、短信通服务、人民币业务等均受到客户好评。除中国银行外，中国工商银行也在金边设立分行。

柬埔寨是57个亚洲基础设施投资银行意向创始成员国之一。2015年10月9日，柬埔寨首相洪森主持召开内阁会议，审议并通过《建设亚洲基础设施投资银行协议》。首相府国务秘书兼发言人派西潘会后在脸书上发布，柬埔寨投入6230万美元，购买623股，占亚投行总股权的0.0635%。

三、双边文化及其他交流活动

中柬两国的文化交流，无论是官方还是民间，一直都是形式多样、来往密切，为两国的民心相通打下良好基础。

2015年7月3日，中国驻柬埔寨大使馆李宁亚武官应邀到柬埔寨王家军国防大学作专题演讲，介绍中国新版国防白皮书——《中国的军事战略》。柬埔寨国防部国务秘书孟森潘在听取李宁亚演讲后表示：柬方愿与中方一道，密切高层交往，深化务实合作，共同促进两国关系再上新台阶。柬埔寨军方将领和柬埔寨国防大学教职工也纷纷表示，通过李武官的宣介演讲，他们对中国增强军事实力的和平目的有了更深的了解，希望今后能够通过自身积极参与，为增进两国两军友谊添砖加瓦。

2015年7月14日，柬埔寨文化与艺术部汉语中心

7月14日，柬埔寨文化与艺术部汉语中心和皇家艺术大学汉语中心成立

（百度网）

和皇家艺术大学汉语中心成立。据悉，自 2010 年 1 月孔子学院在柬埔寨开办汉语中心以来，已在柬埔寨各地开设 22 个汉语教学点，广泛涵盖政府、国会、参议院、军队、高校及基层社区，深受柬埔寨社会各界的欢迎与支持。据柬埔寨文化艺术部部长彭萨格娜介绍，该部已有 65 名官员报名学习汉语。

11 月 2 日，由中国政府贷款支持的连接柬埔寨和泰国边境地区的 1577 号公路工程开工典礼在柬埔寨马德望省举行 （百度网）

2015 年 10 月 28 日，柬埔寨宗教部部长孟肯一行到访中国深圳弘法寺，受到中国佛教协会副会长、海南省佛教协会会长、深圳弘法寺方丈印顺大和尚热情接待。双方深情追述中柬两国佛事交流的感人片段，并就两国世代友好进行深度交谈。

此外，由中国名著改编成的电视剧常深受柬埔寨人民的喜爱，如 2015 年 5 月在柬埔寨国家电视台黄金时段开播的译制版电视剧《三国演义》，就得到观众的热烈追捧，在柬埔寨国家电视台举办的收视问答活动中，短短一个月就收到近两万条参与短信，如此高的参与度在当地并不多见。2014 年，中国自主研发的地面数字电视传输技术在柬埔寨落地，使柬埔寨成为第二个正式采用该技术的东南亚国家，当地用户每月只需几美元，就可以收看到 70 多个电视频道，当地百姓对此交口称赞。

四、中柬两国间相互关心、支持与帮助

中柬两国友谊源远流长、基础牢固，中国一直将柬埔寨当作最重要的朋友，两国间总是互相提供支持与帮助。2015 年，中国对柬埔寨援助的项目主要有：一批军事设备（5 月 23 日交接）、柬埔寨王家军陆军综合军官学校综合楼项目（1 月竣工）、柬埔寨参议院主席办公楼（12 月 31 日动工）和实居省首个图书馆（11 月 1 日动工）。此外，由中国政府贷款支持的连接柬埔寨泰国边境地区的重要公路——1577 号公路项目于 11 月 2 日正式开工整修。该公路全长 51.798 千米，是连接 57 号公路和泰国边境地区的重要路线。还有，中国路桥工程有限公司也以 BOT 方式投资金边至西哈努克港高速公路项目，该项目将成为“一带一路”合作的早期收获之一。

中柬两国有着兄弟般的情谊，总是真切地关心着对方。2015 年 6 月 1 日，运载逾 400 名游客的中国东方之星客轮不幸发生翻覆事故，6 月 5 日，柬埔寨首相洪森向中国国务院总理李克强致唁电，以柬埔寨王国政府、人民及他个人的名义，向遇难者表示最沉痛的哀悼并向遇难者家属表示慰问。 （梁　薇）

中国和印度尼西亚交往与合作

2015 年是中国和印度尼西亚建交 65 周年，两国在“和平繁荣伙伴”主题下继续弘扬传统友谊，不断加强政治互信、经济合作、文化交流，全面深化中国与印度尼西亚全面战略伙伴关系。

一、中国与印度尼西亚的政治交流

（一）中国和印度尼西亚关系迎来历史最好时期

2015 年 3 月 25 ~ 28 日，应中国国家主席习近平邀请，印度尼西亚总统佐科对中国进行国事访问，并出席在中国海南举行的博鳌亚洲论坛 2015 年年会。

2015 年 4 月 21 ~ 24 日，应印度尼西亚总统佐科邀请，中国国家主席习近平赴印度尼西亚出席亚非领导人会议和万隆会议 60 周年纪念活动。4 月 22 日，习近平主席在雅加达会见佐科总统。习近平指出，60 年前的万隆会议在和平共处五项原则基础上，提出处理国家间关系的十项原则，为推动国际关系朝着正确方向发展，发挥了重大历史性作用。新形势下，团结、友谊、合作的万隆精神仍然具有强大生命力。习近平倡议深化亚非合作、拓展南南合作、推进南北合作以弘扬万隆精神。佐科表示，60 年前的万隆会议彰显了亚非国家的团结，印度尼西亚愿与广大发展中国家一道，积极推动建立公平合理的世界政治经济新秩序，致力于普遍的繁荣和稳定。同日，中国与印度尼西亚发表联合新闻公报，两国一致同意继续加强和完善两国各领域合作机制建设，贯彻两国政治安全、经贸、人文领域的交流，共同推动中国与印度尼西亚各领域务实合作不断取得新进展。

（二）中国和印度尼西亚双方高层继续加强对话交流

2015年7月1日，中国人民政治协商会议副主席、中国人民争取和平与裁军协会会长韩启德访问印度尼西亚。韩启德高度评价中国与印度尼西亚全面战略伙伴关系，指出中国"一带一路"倡议与印度尼西亚"海洋强国"战略高度契合，希望两国对接发展战略，深化务实合作，加强民间友好。7月25日，中国人民政治协商会议主席俞正声对印度尼西亚进行正式友好访问，在雅加达分别会见印度尼西亚总统佐科、人民协商会议主席祖尔基弗利、国会议长诺凡托和地方代表理事会副主席法洛克。俞正声介绍中国人民政治协商会议在国家政治制度中的重要作用，表示中国人民政治协商会议愿与印度尼西亚人民协商会议加强经验交流总结，共同推动两国发展，深化人民友谊。

9月17日，中国国务院总理李克强在北京中南海紫光阁会见印度尼西亚人民协商会议主席祖尔基弗利。李克强提出，中国的"21世纪海上丝绸之路"同印度尼西亚的"全球海洋支点"规划相衔接，两国应该共同开展国际产能合作，推进工业化进程，扩大合作。祖尔基弗利表示印度尼西亚愿同中国加强各领域交流，开展海上互联互通、投资、金融、能源等领域合作，推动两国间合作协议全面落实。

二、中国与印度尼西亚的经贸合作

（一）经贸合作进一步深入

2015年3月27日，中国—印度尼西亚经济合作论坛在中国北京人民大会堂举行，主题为"深化互利合作，共享发展机遇"，中国国务院总理李克强、印度尼西亚总统佐科出席论坛并发表主旨演讲。李克强指出，中国和印度尼西亚都是人口大国，市场潜力巨大，两国工业化进程处于互补性很强的发展阶段。双方要把中国的先进产能和印度尼西亚的基础设施建设和推进工业化规划相对接，把中国的资本和技术优势同印度尼西亚的市场和资源优势相结合，实现互利共赢。印度尼西亚总统佐科表示，印度尼西亚高速公路、港口、机场、电力等基础设施和产业园区建设需求旺盛，海洋经济具有很大的发展潜力，印度尼西亚政府欢迎中方企业赴印度尼西亚投资并将为其提供良好的投资环境。论坛期间，多家中国企业（或地方政府）分别与20多家印度尼西亚企业（或地方政府）签署各类合作协议共计30项，签约项目涉及电力、资源开发、轨道、港口等基础设施建设，印度尼西亚地方工业园区或自由贸易区建设，节能减排以及农业等领域，总金额近400亿美元。

2015年10月16日，由印度尼西亚维卡公司牵头的印度尼西亚国企联合体与中国铁路总公司牵头组成的中国企业联合体，正式签署组建中国印度尼西亚合资公司协议，该合资公司将负责印度尼西亚首都雅加达至万隆高速铁路（雅万高铁）项目的建设和运营。此次高速铁路项目协议的签订将进一步推进两国的务实合作。

（二）金融领域合作进一步扩大

2015年9月16日，中国工商银行（印度尼西亚）有限公司与印度尼西亚国家储蓄银行签署印度尼西亚"百万民居"房屋项目合作谅解备忘录。根据该备忘录，中国工商银行（印度尼西亚）有限公司在未来3年将向印度尼西亚国家储蓄银行提供50亿元人民币或等值10万亿印度尼西亚盾的贷款，该合作项目在一定程度上能够帮助印度尼西亚政府解决民众住房困难的问题。

11月12日，印度尼西亚风险投资公司 Convergence Ventures 宣布与百度达成合作，成为资金与战略伙伴关系。两公司的合作不仅为印度尼西亚带来中国的新技术与 Convergence Ventures 拓展未来市场的可能性，同时也为百度引进有潜力的国外创业项目到中国发展创造契机。

三、中国与印度尼西亚的安全合作

2015年，两国继续加强国防务实合作和文明互鉴，打造共同发展、共享繁荣的"海洋发展伙伴"关系。

9月19日，中国海军导弹护卫舰运城舰应邀参加印度尼西亚庆祝独立70周年国际舰队检阅活动——"托米尼2015航行"。此次活动增进了中国与印度尼

9月19日，中国海军导弹护卫舰运城舰应邀参加印度尼西亚庆祝独立70周年国际舰队检阅活动——"托米尼2015航行"（百度网）

西亚以及相关各国海军间的相互了解和信任，体现了中国与印度尼西亚两国海军间专业交流和务实合作的真诚愿望。这是中国和印度尼西亚建立全面战略伙伴关系以来，两国海军间开展的首次军事外交活动。

11月18日，由中国海上搜救中心、印度尼西亚国家搜救局首次联合举办的中国—印度尼西亚国家海上搜救沙盘演习在中国海南海口举行。演习按海上实际遇险处置过程进行场景设置，以提升中国、印度尼西亚海上搜救领域的协调合作能力。此次联合演习是中国、印度尼西亚落实双方于2015年3月签署的《中华人民共和国交通运输部和印度尼西亚共和国国家搜救局海上搜救合作谅解备忘录》的重要举措。

3月11日，中国与印度尼西亚航天合作联委会第一次会议在中国北京举行

（新华网）

四、中国与印度尼西亚的科技文化交流

（一）航天科技合作加强

2015年3月11日，中国与印度尼西亚航天合作联委会第一次会议在北京举行，此次会议标志着中国与印度尼西亚航天合作联委会机制正式建立。3月26日，中国国家航天局局长许达哲与印度尼西亚航空航天研究院主席托马斯·马尔签署《2015～2020中国国家航天局与印度尼西亚航空航天研究院航天合作大纲》，进一步明确两国未来航天合作领域和重点方向，指出在卫星遥感、卫星通信、卫星导航、卫星发射服务、航天测控、探空火箭、航天基础设施、卫星分系统及零部件、空间科学、人员交流培训、航空技术等领域加强合作。该合作大纲的签署，将全面提高两国航天合作水平，为两国未来航空领域的进一步合作打下基础。

（二）中国和印度尼西亚文化交流日趋多样化

2015年5月28日，中国—印度尼西亚人文交流机制首次会议在印度尼西亚首都雅加达召开，中国国务院副总理刘延东和印度尼西亚人力和文化发展统筹部部长普安共同主持会议。此次会议的召开，意味着两国在教育、科技、文化、卫生、媒体、青年等领域的合作将进一步深化，对增进两国人民的相互了解，巩固两国友谊具有重要作用。

2015年11月18日，在印度尼西亚首都雅加达举行由印度尼西亚阿拉扎大学孔子学院与经济学院合办的中国—印度尼西亚两国经济与金融关系学术研讨会。东盟秘书处经济一体化部官员 Ahmad Syaukat、印度尼西亚银行行政总裁 Darsono、阿拉扎大学经济学院院长 Ahmad Muslim 教授和中国银行雅加达分行行长张敏等嘉宾，以“在互利共赢中不断扩大中国与印度尼西亚经贸往来”为主题，探讨东盟与中国自由贸易协定、中国与印度尼西亚经济合作的前景及挑战等问题，并与现场的专家和学生进行互动。

2015年12月18日，印度尼西亚旅游部主办“郑和下西洋之路”旅游线路启动仪式，以吸引更多中国游客。本次启动的旅游线路以游览郑和文化遗迹为主题，旨在加强印度尼西亚和中国游客对两国友好历史往来的认识，增进两国人民之间的情谊。（云　倩）

中国和老挝交往与合作

2015年是中老建交54周年，中老两党两国高度互信互助互惠的全面战略合作伙伴关系又在多领域取得丰硕成果。

一、中老两党两国继续保持最高领导人年度会晤机制及高层密切往来良好势头

2015年8月31日至9月6日，老挝国家主席朱马里应邀访华并出席中国人民抗日战争暨世界反法西斯战争胜利70周年纪念活动，中国国家主席习近平和国务院总理李克强分别与其会谈。习近平在会谈中强调，中方愿同老方一道，在长期稳定、睦邻友好、彼此信赖和全面合作方针指引下，深入推进高度互信互助互惠的中老全面战略合作伙伴关系，打造牢不可破的中老命运共同体。朱马里完全赞同习近平关于两国关系的评价和推进老中全面战略合作伙伴关系的意见，希望双方继续保持高层密切往来，深化党建经验交流，加强在国际和地区事务中的密切协调和配合。会谈结束后，两国元首出席两国政府间11项合作文件的签字仪式，项目总价值31亿美元。中国全国人大常委会委员长张德江12月1～3日对老挝进行正式友好访问，受

邀出席老挝国庆庆典并与朱马里共同出席在万象举行的老中铁路开工奠基仪式。朱马里表示,老中铁路在老挝国庆40周年庆典之际开工,这不仅深化了老中传统友谊,也是老中命运共同体的具体体现。张德江表示,双方应以此为契机,进一步加强发展战略对接,深化利益融合,造福两国和两国人民,推动区域共同发展。

老挝政府总理通邢应邀出席6月11～16日在中国昆明举行的第3届中国—南亚博览会和第23届昆明进出口商品交易会,中国国家副主席李源潮在昆明会见通邢时说:中老是好邻居、好朋友、好同志、好伙伴,希望双方加强战略沟通,深化互联互通、资源能源、农业及人文等领域合作,推动两国经济社会发展,造福两国人民。通邢说,老方视中国的发展为自己的成绩,愿同中方加强"一带一路"框架下的务实合作。通邢还表示,老挝十分重视中国—南亚博览会和昆明进出口商品交易会这两个交流合作平台,并借助这两个平台大力促进本国的产业升级和商贸发展。老挝政府副总理宋沙瓦率团出席9月18～21日在中国南宁举行的第12届中国—东盟博览会,他对中国提出的共建21世纪海上丝绸之路,共创海洋合作美好蓝图表示高度赞赏,希望加快中国—东盟自由贸易区升级版协议谈判进程,使其早日成为现实。老挝国防部部长森暖、中联部部长孙通、中宣部部长吉乔、总理府部长兼政府办公厅主任宋赛、新闻文化旅游部部长波显坎、最高检察长坎山和老挝建国阵线中央常务副主席董叶陶等政要相继访华。中国中央军委副主席许其亮、全国人大副委员长艾力更、国务院发展研究中心副主任刘世锦、中联部副部长刘洪才、国家发改委副主任王晓涛、外交部副部长刘振文、商务部副部长高燕、证监会副主席刘新华、云南省省长陈豪、山东省副省长夏耕以及广西壮族自治区副主席唐仁健等中央和地方负责人也相继访老。老中两党第4次理论研讨会9月21～22日在中国昆明举行,中共中央政治局委员、中央书记处书记、中宣部部长刘奇葆和老党中央政治局委员、副总理宋沙瓦出席开幕式,刘奇葆做主旨报告。研讨会以"社会发展和治理创新"为主题。中老双方代表畅所欲言,就两国社会建设的一系列重要问题进行深入讨论,达成广泛共识。

二、中国已连续多年成为老挝第一大援助国、第一大投资来源国和第二大贸易伙伴

中国已连续三年成为老挝第一大援助国。2014～2015财年中国向老挝提供援助15.1亿元,其中无偿援助7亿元,无息贷款2亿元,优惠贷款6.1亿。上述援助款项主要用于建设一些事关国计民生的水利灌溉设施、重要基础设施、老挝首都万象市道路升级改造以及提供财政援助等。

中国自2008年以来对老挝投资连续增长,并排在53个对老投资国家和地区首位。2015年对老挝直接投资额13.57亿美元,比上年增长36.2%。截至2015年12月,中国在老挝投资总额达58.48亿美元(不含老方配套资金)。

中国是老挝第二大贸易伙伴。2015年中老贸易额27.8亿美元(比上年下降23.1%),其中对老挝出口12.27亿美元(下降33.3%),从老挝进口15.54亿美元(下降12.6%)。工程承包和外派劳务方面,2015年中国在老挝签订的工程承包合同额达51.6亿美元,比上年增长39.8%;承包工程项下向老挝外派劳务1.18万人,增长2.1%;劳务合作项下向老挝外派劳务459人,增长212.2%。

老中合作委员会第7次会议和老滇第7次工作组会议分别于5月28日和9月8日在老挝万象和万荣举行,老中两国政府制订第二个五年经济技术合作总体规划(2016～2020),老滇双方亦对今后经贸技术合作做出部署,双方决定加快实施两国政府批准的《中国老挝磨憨—磨丁经济合作区建设共同总体方案》,进一步促进两国经济优势互补,便利贸易投资和人员往来,推动两国产业合作,加快两国边境地区发展,造福两国边境地区和人民。

12月2日,老挝—中国(磨丁—万象铁路项目)奠基仪式在老挝万象举行
(新华网)

三、中老水电能源开发建设取得重大进展

中国长江三峡集团公司在老挝投资的南椰2水电站2015年10月举行竣工发电仪式,该电站总投资3.45亿美元,装机18万千瓦,是该集团在老挝建设的第二个 BOOT(即建设—拥有—运行—移交)水电站项目,也是中资企业在老挝建成发电的第三个 BOOT 水电站项目;南方电网公司投资建设的老挝南塔河 1 号水电站工程 11 月 6 日成功实现大江截流;由中国水电建设集团国际工程有限公司承建的老挝南俄 3 水电站 11 月 11 日正式开工,这座总装机容量为 480 兆瓦的水电站是老挝国家电力公司投资的电站中最大的一座;由中国葛洲坝集团股份有限公司承建的老挝会兰庞雅水电站 11 月 14 日竣工;由中国电建成都勘测设计研究院有限公司以 EPC 方式承建的老挝南碧水电站项目总承包合同签约仪式 11 月 18 日在万象举行;中国水电建设集团国际工程有限公司承建的老挝南坎 2 水电站项目 11 月 28 日投产发电;中国电建海外投资有限公司投资建设的南乌江流域梯级开发二级电站首台机组 11 月 29 日开始发电,这标志着总投资达 10 亿美元的一期工程进入尾声,而总投资 17 亿美元的二期工程也即将开工;南方电网的 230 千伏老挝北部电网项目 11 月 29 日正式通电移交;中国国家电网平高集团与老挝国家电力公司 12 月 17 日在万象举行老挝色贡 2 变电站至西格玛水电站输变电项目 EPC 总承包合同签约仪式;中国优惠出口买方信贷资金支持的老挝塔棉—塔博克 230KV 输变电项目竣工仪式 12 月 19 日在老挝波里坎赛省举行。多个水电能源开发项目建设取得重大进展为老挝建国 40 周年献上厚礼。

11 月 7 日,老挝博胶省南塔河 1 号水电站成功进行大江截流 (百度网)

四、中老双方在湄公河巡航、亚洲基础设施投资银行及澜沧江—湄公河对话合作机制等方面相互配合支持

中老缅泰四国 2015 年共开展 12 次(第 30 ~ 41 次)湄公河联巡执法勤务,每次巡航,老方均出动官兵、禁毒警官和执法船艇参与并配合各方在金三角核心水域和班相果水域开展水陆公开查缉,波乔省孟莫联络点已成为举办多边信息交流会的固定场所。4 年来,在老方的大力支持及各方的共同努力下,已实现每月一次常态化全线和分段巡航,有效打击湄公河流域贩毒、贩枪、走私和偷渡等跨国犯罪行为,维护湄公河流域的航运安全。老挝是亚洲基础设施投资银行 57 个意向创始成员国之一,积极响应中方倡议并支持筹建亚投行。老方还支持中方关于召开湄公河流域执法安全合作部长级会议和建立澜沧江—湄公河合作机制的倡议,对合作打造澜沧江—湄公河国家命运共同体持高度赞同意见。 (陈定辉)

中国和马来西亚交往与合作

中国与马来西亚关系在 2015 年持续深化,两国在政治、经济、文化、军事等方面的交流合作不断扩大和加强。

一、两国交往密切

2015 年 11 月 17 日,中国国家主席习近平在菲律宾马尼拉会见马来西亚总理纳吉布。中国国务院总理李克强于 2015 年 11 月 20 ~ 23 日访问马来西亚,并出席东亚合作领导人系列会议,此访进一步深化两国政治经济合作。2015 年 3 月,马来西亚前总理巴达维到中国参加博鳌亚洲论坛 2015 年年会。此外,在马来西亚举办的东盟系列部长级会议,中国均派部长参加,中马部长级交流加强。4 月 27 日,中国驻马来西亚哥打基纳巴卢总领事馆开馆;12 月 22 日,中国驻槟城总领事馆开馆。两国地方交流合作进一步加强。年内,中国广东、吉林、云南等省也组团赴马交流,其中广东省与马六甲州政府机构及企业签署 7 份涵盖经济、医疗等领域的谅解备忘录,初步投资额约 1 亿林吉特。

二、经贸合作跨越发展

2015 年,中国与马来西亚双边贸易额 973.6 亿美元,比上年下降 4.6%,其中中国对马出口 440.6 亿美元,自马进口 533 亿美元。中国继续保持马来西亚第一大贸易伙伴国、第一大进口来源地和第二大出口目的国地位。马来西亚仍是中国在东盟第一大贸易伙伴,中马贸易继续在东盟国家中发挥引领作用。2015 年 9 月,中马经贸联委会第 10 次会议在北京举行。中国对马来西亚投资实现跨越式增长。2015 年中国对马来西亚非金融类直接投资额 4.08 亿美元,比上年增长237%。2009～2015年，中国对马来西亚在制造业领域的投资额累计136亿元，143个项目，创造两万多个就业机会。这些投资项目包括钢铁原件、电子、非金属矿物产品、纺织、金属制品等。2015年两国合作的重大投资项目包括：中国铁路工程总公司和马来西亚依海控股有限公司组成联营体，以74.1亿林吉特收购"一个马来西亚发展公司"(1MDB)旗下马来西亚城项目60%的股权；中广核以23亿美元(约98.67亿林吉特)收购1MDB旗下Edra能源资产，是马来西亚最大宗企业并购交易，也是亚洲电力领域最大交易之一；中国晶澳太阳能公司2015年5月斥资3亿林吉特，设立中国以外的全球首座高性能光伏电池制造厂；中国天津致远集团注资18亿林吉特收购柏华嘉控股的特别发股和附加股，生产高端不锈钢。

三、两国双园建设进展顺利

2015年1月19日，中马双方在吉隆坡召开两国双园理事会第2次会议，为双园特别是关丹产业园区的未来发展明确方向。3月29日，马来西亚—中国关丹产业园区规划咨询评审会在广西钦州举行。《马中关丹产业园区概念性发展规划》和《马中关丹产业园区产业发展规划》顺利通过终期评审。在中马双方联合招商机制推动下，总投资约14亿美元的联合钢铁(大马)有限公司项目已具备主体工程施工条件；陶瓷龙头企业仲礼集团、湖南中科恒源科技股份公司等大批中国企业即将入驻关丹园区。此外，包括杭州杭氧集团、广西投资集团、桂林国际电缆集团、三一重工等在内的多家知名中国企业也表达了入园意向。产业园区建设发展迅速，中马钦州产业园区启动区7.87平方千米"三年打基础"目标基本实现，基本完成"七通一平一绿"，公共配套体系初步完善，已经具备成片开发和项目"即到即入园"的条件，开发建设进度超过预期，园区发展由基础设施建设转入项目入园、产城融合、功能提升的新阶段。截至2015年年底，已入园和即将入园项目共42个，投资总额226亿元，预计年产值951亿元，税收43亿元。其中：投资总额6.5亿元的港青油脂项目于2015年4月建成投产，年产值60亿元；慧宝源生物制药项目(一期)、加工贸易园(一期)即将竣工投产；维龙高压输变电设备生产基地(投资总额40亿元，一期15亿元)、弘信创业工场(投资总额约5亿元)、保利协鑫分布式能源(投资总额约9亿元)、马来西亚毛燕进口加工基地等项目即将开工建设。包括北斗卫星产业应用、中药民族药国际协同创新中心、数字口腔产业、互联网安全产业基地等11个战略性新兴产业项目签订入园协议，投资总额达190亿元。中马科技创业园、智慧产业园、创意设计园、城市综合体、高管公寓、职业教育实训基地、农民安置小区以及消防站、垃圾转运站、变电站、中小学等一批配套项目即将开工。2015年下半年，钦州市和关丹市议会达成一致意见，决定从2016年起，每年轮流举办"两市双日"活动，偶数年在关丹市举办"钦州日"活动，奇数年在钦州市举办"关丹日"活动，以促进两市国际交流与合作。

四、金融合作进一步深化

2015年4月17日，中国人民银行行长周小川与马来西亚国家银行行长洁蒂在华盛顿续签货币互换协议。同期，中国银行吉隆坡人民币清算行正式启动。12月1日，马来西亚银行与银联商务签署谅解备忘录，双方通过友好协商，同意开拓中国快速增长的银行卡支付市场。12月29日，方正与中国拉卡拉支付有限公司签署跨境网络付款合作协议，拉卡拉将委任方正旗下子公司EPP方案作为马来西亚地区的独家代理，并共同设立跨境财务平台，为双边客户提供网络财务和付款服务。2015年11月，马来西亚交易所与中国大连商品交易所签署协议，进一步深化原棕油衍生产品合作关系，拓展发展空间。

五、教育文化交流得到巩固和深化

2015年，厦门大学马来西亚分校建成，于2016年2月22日正式开学。两国文化交流频繁，2015年继《水浒传》《三国演义》之后，由马来西亚国家语文局、中国浙江出版集团、浙江古籍出版社、马来西亚汉文化中心及马来西亚翻译与创作协会联合出版，历时四年翻译完成的马来文版《西游记》出版发行。广东粤剧院"文化丝路行——广东粤剧院访马交流"、云南的交

2015年，厦门大学马来西亚分校建成。图为分校校园一景 （百度网）

响组歌《南侨颂》巡演、成都的“蓉韵文化丝路行”等文化交流活动在马来西亚成功举办。马来西亚艺术家和专家学者年内也参加在广西南宁举办的2015中国—东盟(南宁)戏剧周和第10届中国—东盟文化论坛,在福建泉州举办的第14届亚洲艺术节暨第2届海上丝绸之路国际艺术节等交流活动。2015年12月11日,由马来西亚中华大会堂总会和马来西亚汉文化中心联合主办的“2015马来西亚年度汉字”评选揭晓,“苦”字当选2015年度汉字。2015年8月18日,中国租借给马来西亚的一对大熊猫——“福娃”(兴兴)和“凤仪”(靓靓),顺利诞下一只熊猫宝宝。根据中马两国签订的《大熊猫保护合作研究协议》,中国的两只熊猫“福娃”(兴兴)和“凤仪”(靓靓)将在马来西亚生活10年。熊猫宝宝出生在马来西亚,它也是属于中国的,两年后马来西亚会将它送还给成都,并把60万美元作为给这只出生在马来西亚的熊猫的礼物。马来西亚为熊猫宝宝举行起名大赛,在全国征集熊猫宝宝名字。

六、军事交流加深

2015年9月17~22日,中马两国在马六甲海峡及其附近海域举行“和平友谊-2015”联合实兵演习,这是中马两军首次实兵联演。（韦朝晖）

中国和缅甸交往与合作

2015年,登盛政府任期即将届满,政府积极推进和平进程,试图与各少数民族武装达成停火协议。中缅关系在遭遇一系列挑战后,继续向前发展。中国积极为缅甸国内水灾灾区提供人道主义援助,推进经济合作、社会文化和民间交流合作。昂山素季访华为中国与缅甸不同的政党发展关系奠定良好基础。随着缅甸顺利完成全国大选,民盟新政府2016年3月上台,中缅仍然保持政治和经济领域的良好互动,中国对缅贸易和投资也将稳步增长。

一、双边政治关系

2015年,中缅两国继续维持良好的高层会晤和互访。4月24日,中国国家主席习近平在印度尼西亚出席纪念万隆会议60周年活动期间,会见缅甸总统登盛,双方重点谈到缅甸对“一带一路”、孟中印缅经济走廊问题,双方还探讨缅北问题政治解决的途径,希望尽快看到缅甸和平进程新局面。4月27日,中国国家主席习近平在北京会见了缅甸联邦巩固与发展党主席、联邦议会议长兼人民院议长瑞曼,重点谈到尊重彼此核心利益和重大关切,并表示在重大问题上给予对方充分理解和支持。6月10~14日,昂山素季率民盟代表团首次访问中国。11日,中国国家主席习近平会见民盟代表团。习近平强调,中方支持缅甸维护主权独立和领土完整,尊重缅甸自主选择发展道路,支持缅甸民族和解进程,坚定不移推进中缅传统友好和务实合作。民盟主席昂山素季表示,缅甸全国民主联盟重视缅中友好,钦佩中国共产党领导中国取得的巨大发展成就,希望推动两国人民之间的友好关系向前发展。昂山素季还访问北京、上海和云南三地。9月3日,缅甸总统登盛到北京出席中国人民抗日战争暨世界反法西斯战争胜利70周年纪念活动。9月4日,习近平主席会见登盛总统。

两国政府往来进一步加强。3月4日,中国外交部副部长刘振民会见缅甸驻华前大使丁乌和盛温昂一行,就双边关系和缅北局势举行磋商。3月9日,由中国外交部副部长刘振民率领的中方代表团和缅甸驻华前大使丁乌率领的缅甸代表团,在中缅边境木姐市对共同维护边境地区和平和尽快使果敢地区难民安全回家等问题进行讨论。4月2日,中国外交部部长王毅在北京同缅甸总统特使、外交部部长温纳貌伦举行会谈,双方就3月13日缅甸军机炸弹造成中国边民伤亡事件交换意见,温纳貌伦代表缅甸政府和军队正式向中方表示道歉。5月6日,缅甸总统登盛在内比都会见到访的云南省省长陈豪一行,双方就边境稳定、禁毒打拐、促进贸易及加强司法合作等问题交换意见。11月11日,中国外交部部长王毅在云南景洪会见前来出席澜沧江—湄公河合作首次外长会的缅甸外长温纳貌伦。12月3~5日,中国外交部副部长刘振民访缅,分别会见缅甸总统登盛、国防军总司令敏昂莱、民盟主席昂山素季和人民院议长瑞曼。

二、双边经济关系

(一)双边贸易与投资

据缅甸商务部贸易及消费者事务司统计,2015~2016财年头8个月,缅中贸易总额为39亿美元,其中缅甸对中国出口27亿美元,自中国进口12亿美元,缅甸对华贸易顺差15亿美元。缅甸出口产品主要是农产品,出口额8亿美元,其次是矿产品,出口额6.88亿美元。中国为缅甸第一大贸易伙伴、第一大出口市场和第一大进口来源地。截至2015年12月13日,从木姐口岸出口到中国的商品价值24.91亿美元,进口商品价值10亿多美元,贸易总额35.92亿美元。

缅甸投资与公司注册管理局公布的数据显示,截至2016年2月底,在对缅投资的国家中中国居首位,投资额150亿美元,有126个项目。新加坡居第二位,投资额120亿美元,199个项目。共有43个国家在缅投资,主要集中在油气领域,有151个开发项目,投资额超过190亿美元。进入2015~2016财年,来自欧洲国家的投资额达到60亿美元,其中英国40亿美元,荷兰9.89亿美元,法国5.41亿美元。

(二)经济技术合作

1. 双边经济技术合作顺利开展。2015年1月28日,中缅原油管道工程预试投产暨马德岛港预开港投运仪式在仰光举行,缅甸副总统年吞、能源部部长泽雅昂、中国驻缅甸大使杨厚兰、中国石油天然气集团公司负责人等出席。中缅原油管道以马德岛为起点,穿越缅甸若开邦、马圭省、曼德勒省及掸邦等4个省邦,延伸至位于掸邦北部的南坎地区。

2月初,中国建设银行云南省分行与缅甸合作社银行签署跨境清算合作协议。这是该行在继缅甸经济银行之后拓展的第二家对缅合作银行。至此,该行跨境人民币清算网络覆盖越南、缅甸、泰国、马来西亚等4国的12家银行,跨境人民币清算渠道进一步拓宽。

9月14日,中国银行在缅甸举行仰光代表处开业仪式,缅甸中央银行副行长杜钦梭乌、中国驻缅甸大使洪亮、中国银行监事长李军、缅中友好协会主席盛温昂等出席开业仪式。

12月29日,缅甸议会通过皎漂经济特区项目建设议案,该项目由中国中信集团、中国招商局集团和云南建工等组团中标。其中皎漂特区工业园占地约1000公顷,项目计划分三期建设,2016年2月开始动工,规划入园产业主要包括纺织服装、建材加工、食品加工等。深水港项目包含马德岛和延白岛两个港区,共10个泊位,计划分四期建设,总工期约20年。

2. 两国签署多项新经济合作文件。2015年2月2日,中粮集团与缅甸大米协会在仰光就缅甸对华出口大米的种类、数量和模式达成一致意见并签署备忘录,双方允诺继续大力推动完成2015年双边大米贸易工作。此前,中粮集团代表团在仰光会见缅甸商务部副部长、农业部司长及大米协会负责人,并考察缅甸大米产地、加工厂和港口。

3月下旬,由中国东部港口天津40位国有企业领导组成的代表团在缅甸与当地同行举行会议,探讨商业和贸易机会。天津国资委领导和缅甸工商联领导出席会议。缅甸工商联与中方签署16份备忘录。

4月30日,缅甸铁道部与中国机械进出口集团有限公司在内比都签署价值1100万美元的铁路机车车头购买协议。缅甸现有的377个机车车头中,200多个已超期服役。第1批3台机车车头于2015年12月运抵缅甸,其他车头将在2016年运抵缅甸,这些机车车头主要用于缅甸山区铁路的运输。

6月14日,中缅瑞丽—木姐跨境经济合作区国际研讨会在中国昆明举行,中缅双方在会上进一步达成共识,签署会议纪要。中缅瑞丽—木姐跨境经济合作区是打造瑞丽重点开发开放试验区升级版的重要突破口,将深化中缅边境地区全方位开放合作、推动中缅两国边境地区可持续发展与繁荣。

三、双边文化及其他交流活动

(一)媒体和文化体育交流与合作

中缅媒体交流合作频繁。2月13日,中国云南报业传媒集团(云报集团)与缅甸新闻网络公司在仰光签署合作协议,共建缅云出版印刷有限公司,以进一步加强滇缅新闻出版交流与合作。这是云报集团在海外投资的首个实体项目。4月8日,由环球网和中缅友好协会共同举办,中国外交部指导的“中国网络名人海上丝路行——缅甸站”活动拉开帷幕。中国网络名人代表团一行12人启程前往缅甸访问,此次出访旨在增进中国与缅甸民间友好交流。代表团成员由中国互联网上在各领域颇具影响力的人士组成,如河北省佛教协会副会长延参法师、郑渊洁、张颐武、马晓霖等。代表团成员走访仰光、内比都、曼德勒及蒲甘等4座城市。12月7日,中国云南德宏州发行第一份缅文报纸《胞波》,打造中缅文化交流平台。

两国文化体育交流活动不断开展。2015年1月

①

②

③

1月28日,中缅原油管道工程预试投产暨马德岛港预开港投运仪式在缅甸仰光举行:①庆祝开港投运仪式现场;②中国和缅甸代表共同开启进油阀门;③首艘30万吨油轮进马德岛港并向原油罐区注油　(中国日报网)

7～14 日，12 名仰光大学和东吁大学学生及一名带队老师参加为期一周的“聚集未来”中缅青年友好交流第二期活动，参访中国高校。仰光大学挑选各系成绩出色的学生参加此次活动。4 月 13、16、17 日，缅甸腊戍文教会师生一行 100 人到云南丽江师范高等专科学校进行为期 3 天的中国民族文化学习交流活动。

2 月 24 日，由中国海外交流协会组派的 2015 年“文化中国・四海同春”亚洲艺术团首场演出在缅甸国家大剧院上演。5 月 16 日，缅甸艺术家一行 12 人到访中央民族歌舞团，与部分少数民族艺术家进行交流。来访艺术家中有著名舞蹈家、器乐演奏家和歌唱家。国家一级导演、中央民族歌舞团团长丁伟向缅甸艺术家介绍该团的历史和艺术发展历程。6 月 11 日，由中共云南省委宣传部、云南省文学艺术界联合会和国际笔会中国笔会中心主办的“2015 中国・南亚东南亚艺术周暨中国・南亚东南亚作家昆明论坛”在昆明开幕。缅甸作家协会执委会委员清奈英和缅甸文学艺术家代表出席该论坛并发表讲话。7 月 23 日，缅甸广东音乐团曹国伟团长一行 8 人到访广东省侨办，双方就推动海外华社提升精神文化生活、培养文艺骨干、传承中华文化等方面进行交流。

9 月 4 日，中国文化部部长雒树刚和缅甸外交部部长温纳貌伦分别代表本国政府共同签署《中华人民共和国政府和缅甸联邦共和国政府关于互设文化中心的协定》。协定的签署将进一步两国互设文化中心的进程，为两国人文交流与合作提供一个崭新的平台。

10 月 1～7 日，中国・瑞丽第 15 届中缅胞波狂欢节在瑞丽举行。节庆活动主要有中缅民族风情大巡游、牛车彩车评选、中缅青年歌手大赛、中缅少儿才艺大赛等。10 月 1～5 日，2015 中缅・瑞丽国际珠宝文化节也在瑞丽举办，秉承“亲诚惠容、合作共赢”的节庆主题，搭建中缅珠宝文化合作交流平台，开展区域性、国际性文化经贸交流活动。

（二）宗教交流和社会援助

2015 年，中缅两国的宗教和社会慈善事业交流继续加强。

4 月 12 日，中国河北省佛教协会副会长延参法师一行参访缅甸曼德勒默哈甘达勇寺，该寺为缅甸最大的佛学院，也是缅甸佛学最高殿堂。4 月 15 日，受缅甸仰光市长邀请，延参法师一行与仰光市政府秘书长等一起参加主持仰光泼水节开幕式，并一起走上泼水台，向缅甸民众表达祝福。12 月 21～29 日，应中国云南大理崇圣寺的邀请，缅甸僧侣委员会主席班达纳古玛拉毕温达前往中国昆明、大理和北京，参加崇圣论坛和佛教文化交流活动。

年初，缅甸曼德勒缅中友好协会接待由云南省慈善总会、深圳市龙越慈善基金会和中新社等媒体组成的中国民间慈善团体访问。8 月 3 日，中国驻缅甸大使洪亮赴实皆省克雷市灾区捐赠救灾物资并发表讲话，向实皆省克雷市灾区捐献价值 30 万美元的物资，还号召在缅中国企业机构积极参加援助行动。9 月 30 日，应缅甸政府请求，为帮助缅甸抗洪救灾和灾后重建，中国政府援助缅甸的第二批救灾物资运达缅甸仰光国际机场并移交缅方。援助物资主要包括水泵、药品、蚊帐、救生衣和急救包等，总价值约 300 万美元。12 月 7 日，中国云南省援助缅甸水灾灾区的第三批救灾物资（20 万片镀锌瓦片）运达缅甸木姐并移交给缅方。（钟　梅）

中国和菲律宾交往与合作

2015 年中国与菲律宾的交往与合作在困难中不断前进。

一、政治关系：有回暖迹象

2015 年是中菲建交 40 周年，上半年，因为南海争端的发酵，中菲双方高层间政治交流几乎中断。尤其是 2015 年 1 月菲律宾外交部部长德尔罗萨里奥首次公开要求东盟国家应就中国在南海填海造地“表达立场”，并“警告”中方的行为终将对东南亚国家“构成威胁”后，中菲关系不断恶化。此后菲律宾连同越南多次在东盟会议上要求东盟对南海问题发声，为本就冷淡的中菲关系蒙上更深的阴影。2015 年下半年，中菲关系有所缓和，一是因为中菲关系长期冰冻不符合两国利益，二是因为菲律宾 2016 年迎来总统大选，成为中菲关系改善的契机，三是因为菲律宾是 2015 年第 23 次 APEC 领导人峰会的主办国，两国都希望借此机会缓解中菲的紧张局势。2015 年 11 月 10 日，应菲律宾外交部部长德尔罗萨里奥邀请，中国外交部部长王毅对菲律宾进行工作访问。菲律宾媒体形容此访为“破冰的尝试”。两国外长会谈主要涉及两点：一是确保中国国家主席习近平顺利、安全和成功地出席 APEC 峰会；二是双方同意恢复外交磋商。因此在习近平确认参加马尼拉 APEC 峰会后，中国外交部部长王毅立即访问菲律宾，并与阿基诺总统会谈并握手，被视为中菲关系缓和的标志。随后中国国家主席习近平主席参加马尼拉 APEC 峰会，虽然会上中菲两国领导人交流有限，但展现出中国负责任大国的形象，即便是中菲双方关系存在问题，仍不放弃和平解决。

二、经贸合作：稳中有升

（一）中国仍为菲律宾第二大贸易伙伴

据菲律宾国家统计局数据，2015 年菲律宾对外贸易总额 1253.34 亿美元，比上年微降 0.28%。其中，出口 586.48 亿美元，下降 5.6%；进口 666.86 亿美元，增长2%。贸易逆差80.38亿美元,增长2.8倍。中国和菲律宾的贸易额为456.62亿美元,增长2.7%,其中中国对菲律宾出口266.85亿美元,增长13.7%,中国自菲律宾进口189.76亿美元,下降9.6%。中国仍是菲律宾第二大贸易伙伴,第一大进口国。需要特别指出的是,2015年由于全球经济不景气,各国贸易额均有不同程度的下降,中国和东盟的贸易额下降1.7%,中国和菲律宾的贸易额呈逆势增长态势。

(二)投资合作不断加深

2015年,中国和菲律宾双边投资不断增长。企业合作方面,中国国电南瑞太阳能科技公司承建的菲律宾礼智岛30MW光伏电站顺利并网发电,成为菲律宾单体装机容量最大的地面光伏电站。中国能源建设集团与菲律宾康塞普森电力公司签署康塞普森电厂运行维护项目合同。菲律宾最大的商场SM集团宣布扩大中国业务,在中国成都开发首个住宅项目,建设四栋位于成都SM商场旁的住宅公寓。拥有快乐峰、超群、格林威治等多个品牌的菲律宾第一大快餐公司快乐峰集团增加对中国食品业的投资,旗下永和大王在中国拥有321家餐厅,2015年中国市场营业额占快乐峰全球市场营业额的10%。快乐蜂公司主席陈觉中表示,中国市场将是其未来业务重点之一,希望在20年内在中国开设至少1400家Dunkin'Donuts门店。中菲两国企业间的投资合作不断扩大,显示出中菲投资合作的互补性与包容性。

中国和菲律宾政府间的投资合作稳步推进。菲律宾政府向中国订购48列全新轻轨,总值超过40亿比索,从2016年开始分月交付。虽然菲律宾国内存在争论,但菲律宾仍参加中国倡议的亚投行,2015年12月30日,阿基诺总统授权菲律宾驻中国大使签署亚投行协议,菲律宾成为亚投行创始成员国。菲律宾国内不少人士认为,菲律宾参与亚投行,势必可以为菲律宾国内薄弱的基础设施建设带来新的曙光。

三、社会文化合作:不断推进

(一)旅游合作迈上新台阶

菲律宾官方数据显示,2015年,菲律宾接待中国游客数量达到49万人次,比上年增幅超过两成。菲律宾旅游部最新统计报告称,2015年,到菲律宾旅游的外籍游客总数达到536万人次,比上年增长10.91%。韩国、美国、日本、中国依次是2015年菲律宾前四大外籍游客来源地。来自韩国的游客数量达134万人次,增长13.97%;来自美国的游客数量77.9万人次,增长7.81%;来自日本的游客数量达到49.56万人次,增长6.88%;来自中国的游客数量49.08万人次,增长24.28%。统计显示,2015年菲律宾前12大外籍游客来源地中,中国游客数量增幅最大。

(二)文化交流日益频繁

1.交流主体多元化。2015年中国和菲律宾的文化交流主体多样,不仅有政府间文化交流,还有民间各组织的文化交流。从政府层面来看,菲律宾驻华使馆在北京推介菲律宾国术,以菲律宾艺术、文化、语言等元素为主题的“黎刹中心”在北京菲律宾驻华使馆内正式开馆,成为中国人民了解菲律宾历史、文化与传统的场所,加深两国人民间的理解与沟通。中国驻菲律宾大使赵鉴华与菲律宾文化艺术委员会主席小费利佩·德莱昂在菲律宾外交部会面并共同签署《2015~2018年中菲两国文化交流执行计划》,为中菲两国文化交流续写更好的篇章。在中国北京举行的中国人民抗日战争暨世界反法西斯战争胜利70周年纪念大会上,5位菲律宾侨胞受邀登上天安门城楼观礼。

2.民间交流多样化。2015年中国和菲律宾之间的民间交流频繁,上千名菲律宾华裔学生参加福建集美中文夏令营;菲律宾中华乒乓联合会和中国首都体育学院附属竞技体育学校在北京签署合作意向书,商定每年定期进行乒乓球项目互访、交流;菲律宾雅典耀大学孔子学院参与菲律宾最大公立医院菲律宾总医院的年度慈善活动,向医院捐赠一批图书及中国传统游戏器具等。中菲民间交流活动的主体包括学校、医院、民间团体、企业,活动形式丰富,种类多样。

3.交流成果丰硕。2015年7月,华侨大学第10届外国政府官员中文学习班举办毕业典礼,100名来自泰国、印尼、菲律宾三国的学员,获颁结业证书。9月中国—东盟博览会举行期间,菲律宾三宝颜市长吕明丽和中国广西壮族自治区贵港市市

4月1日,2015年“中国寻根之旅”——菲律宾华裔学生学中文夏令营开营式在福建厦门集美学村福南堂举行　(百度网)

长李新元签署缔结友好城市关系的意向书，双方同意以互利为基础，加强各方面交流与合作。（黄耀东）

中国和新加坡交往与合作

2015年是中国与新加坡建立外交关系25周年。这一年，两国高层交往密切，政治、经济、人文等各领域交流与合作成果丰硕。

一、中新两国高层保持密切交往

2015年2月10日，中国国家主席习近平特使、中共中央政治局委员、中央政法委书记孟建柱访问新加坡，新加坡总理李显龙会见孟建柱。孟建柱向李显龙总理转达习近平主席和李克强总理的亲切问候。孟建柱说，2015年是中新建交25周年，两国关系正处于快速上升期，中方愿与新方共同努力，提升中新经济贸易合作水平，深化社会治理合作，积极推进建立新的政府间合作项目。3月23日，中国国家主席习近平就新加坡前总理李光耀不幸逝世向新加坡总统陈庆炎致唁电，习近平代表中国政府和人民并以个人的名义，对李光耀的逝世表示深切哀悼，向李光耀的亲属表示诚挚的慰问；3月29日，中国国家副主席李源潮代表中国赴新加坡出席李光耀的国葬。4月10日，新加坡副总理兼国家安全统筹部部长及内政部部长张志贤到北京出席第5届中新领导力论坛。2009年以来，双方已联合举办了5届中新领导力论坛。5月29～31日，第14届香格里拉对话会暨亚洲安全会议在新加坡举行，中国人民解放军副总参谋长孙建国率团出席会议。6月29日至7月4日，应中国国家主席习近平邀请，新加坡总统陈庆炎对中国进行国事访问；7月1日，陈庆炎到访中新天津生态城，肯定这个两国政府间合作项目在新中关系发展中的重要作用。8月2～3日，应新加坡外长尚穆根邀请，中国外交部部长王毅访问新加坡，新加坡总理李显龙会见王毅。8月9日，中国国家主席习近平特使、国家副主席李源潮出席新加坡建国50周年庆典活动，李源潮转交习近平主席致新方领导人的国庆贺信。9月9～11日，中国商务部副部长高燕率中国政府经贸代表团访问新加坡。10月1日，中国国务院总理李克强致电新加坡领导人李显龙，祝贺他连任新加坡共和国总理。10月3日，中国国家主席习近平同新加坡总统陈庆炎互致贺电，热烈庆祝两国建交25周年。10月13日，中新双边合作联合委员会第12次会议在新加坡召开，中共中央政治局常委、国务院副总理张高丽与新加坡副总理张志贤共同主持会议。11月6～7日，应新加坡共和国总统陈庆炎邀请，中国国家主席习近平对新加坡进行国事访问；11月6日下午，陈庆炎在新加坡总统府会见习近平。两国元首一致同意将中新关系定位为与时俱进的全方位合作伙伴关系，并启动中新自由贸易协定升级谈判。11月7日，习近平同新加坡总理李显龙举行会谈。会谈后，习近平同李显龙共同见证两国在互联互通、贸易、“一带一路”建设、城市治理规划、教育、海关等领域双边合作协议的签署。双方对启动中新自由贸易协定升级谈判达成共识，中国商务部部长高虎城与新加坡贸工部部长林勋强就关于同意启动中国—新加坡自由贸易协定升级谈判换函。中国国务委员杨洁篪与新加坡副总理兼国家安全统筹部部长张志贤共同签署《中华人民共和国政府和新加坡共和国政府关于建设中新（重庆）战略性互联互通示范项目的框架协议》，中国商务部部长高虎城与新加坡总理公署部部长陈振声共同签署关于建设该项目的补充协议，中国重庆市市长黄奇帆与新加坡总理公署部部长陈振声共同签署关于建设该项目的实施协议。项目合作的启动成为习近平访新的重要成果之一。中国海关总署署长于广洲与新加坡财政部部长王瑞杰签署《中华人民共和国海关总署与新加坡关税局关于〈新加坡安全贸易伙伴计划〉和〈中华人民共和国海关企业信用管理暂行办法〉互认的安排》。访问期间，习近平在新加坡国立大学发表题为《深化合作伙伴关系 共建亚洲美好家园》的演讲，高度评价中新双边关系的良好发展势头。习近平与新加坡荣誉国务资政吴作栋一道出席中国文化中心的落成仪式。中国文化中心项目预算建设资金两亿元，建成后将在加强两国间的艺术与文化交流方面发挥作用。

8月3日，中国外交部长王毅与新加坡外长尚穆根在新加坡举行会谈　（百度网）

二、两国经济贸易投资合作不断加强

（一）两国致力于开拓合作新模式

中新建交25年来，两国一直致力于开拓合作新模式，合作项目普遍具有前瞻性和示范性。两国先后在苏州和天津推出政府间合作项目，苏州工业园区、天津生态城项目均发挥了示范效应，其亲商理念、一站式服务、城市规划与管理经验被各地借鉴。苏州工业园区被公认为中国最佳的工业园区之一，2014年生产总值增至2000亿元人民币。该园区将合作领域扩展到金融、研究、教育、智慧城市发展等，是中国的智慧城市试点之一。中新天津生态城已经发展成为一个充满活力的社区，建有学校、公园和邻里中心，有两万多人入住，2000多家企业在当地注册。2015年11月7日，中国国家主席习近平访新时，两国宣布启动中国—新加坡自由贸易协定升级版正式谈判，并签署在中国西部开展第三个政府间合作项目协议。

（二）合作机制日益健全

中新两国之间多层次、宽领域的合作机制日趋紧密。中国与新加坡建立3个副总理级经贸合作机制，分别是双边联委会机制、苏州工业园区机制以及天津生态城机制。新加坡还与中国7个地方政府建立省部级经贸合作机制。两国在商贸领域还有自由贸易区商谈机制、劳务合作工作组机制、服务贸易工作组机制等，这些机制为双方合作发展提供了保障。

（三）双方经贸投资合作取得长足进展

据中国海关统计，2015年中国与新加坡双边贸易额795.7亿美元，其中中国出口520.08亿美元，进口275.56亿美元。自2013年以来，新加坡已经成为中国第一大外资来源国，新加坡也是世界第二大人民币离岸结算中心。2015年1～8月，在“一带一路”沿线64个国家中，新加坡对中国投资占沿线国家对中国投资总额的82%，中国对新加坡投资占中国对沿线国家投资总额的35%。据统计，在新加坡的中资企业已超过6200家，累计投资额超过200亿美元。作为亚洲金融中心和物流中心的新加坡，成为中国企业“走出去”的重要平台。

2015年中新两国企业相互投资活动有：4月21日，中国航空企业海特集团在新加坡樟宜商业园开设的航空培训中心开业，这个耗资9530万新元打造的航空培训中心是海特集团首次在海外进行大规模投资，也是中国航空企业首次在新加坡进行重大投资，航空培训中心将成为海特集团的全球总部。7月8日，阿里巴巴集团宣布拟出资1.87亿新元认购新加坡邮政的1.08亿股新普通股，这相当于新加坡邮政现有股本的5%。完成这次收购后，阿里巴巴集团持有的新加坡邮政股份从10.23%增至14.51%。阿里巴巴集团还拟出资9200万新元，入股新加坡邮政的子公司Quantium Solutions International，认购这家公司34%的股份。这家公司在亚太地区提供电子商务物流和仓储服务，其服务网络覆盖10多个国家。新加坡邮政和阿里巴巴宣布将加强合作，两家公司将派出高层成立一个联合指导委员会，发展一个联合战略业务开发框架，进一步提高电子商务物流的效率。11月9日，中国国有工贸公司中国机械设备工程股份有限公司与新加坡腾飞集团宣布签订合资公司协议，双方将在全亚洲范围内就产业及商务园区的投资开发进行战略合作。

三、两国文化交流与合作不断加强

中国与新加坡签署有《文化合作谅解备忘录》《文化合作协定》。中新文化交流项目年均超过200个，新加坡艺术节、“春到河畔”庆典等活动已成为海外传播和推广中华文化的平台之一。2015年11月6～7日，中国国家主席习近平对新加坡进行国事访问期间，与新加坡荣誉国务资政吴作栋一道出席新加坡中国文化中心的落成仪式，新加坡中国文化中心将成为中新两国增进了解、加强交流的重要窗口和平台。

2015年11月21日，《梦笔新境——纪念中新两国建交25周年美术作品展》在新加坡中国文化中心举行。“梦笔新境”美术作品展得到中国国家美术馆和新加坡国家美术馆的支持，展出25位中国艺术家和25位新加坡艺术家的50件代表作，以纪念新加坡建国50周年和中新建交25周年。

11月21日，《梦笔新境——纪念中新两国建交25周年美术作品展》在新加坡中国文化中心举行。图为展馆内景（百度网）

两国教育交流与合作深入发展，中国15所高等院校在新加坡开办20个教育合作项目。

两国在旅游领域也有密切的交流与合作。每天有近100架航班往返于新加坡和中国30多个城市之间，2014年中新双边人员往来238.4万人次。

四、中国各省（自治区、直辖市）与新加坡的交往和合作不断加强

2015年7月16日，宁波杭州湾新区投资环境推介会在新加坡举行。宁波杭州湾新区管委会主任俞雷向与会的50余家新加坡企业代表介绍宁波杭州湾新区的投资环境和政策。应新加坡旅游局的邀请，云南省人民政府资政刘平率团于7月21～25日访问新加坡，举办云南省旅游推介会，向与会的60余家新加坡旅游业代表介绍云南省的旅游资源和市场情况。8月6日，广东21世纪海上丝绸之路国际博览会秘书处在新加坡举行推介会，向与会的60余家新加坡商会和企业代表介绍2015年海上丝绸之路国际博览会的有关情况。8月18日，宁波、青岛进出口商品交易会在新加坡举行，这是宁波市、青岛市连续第3年与新加坡中华总商会合作在新加坡举办进出口商品交易会。9月29日，中国新疆维吾尔族自治区乌鲁木齐市旅游经贸推介团在新加坡举行推介活动。10月29日，中国吉林省吉林市人民政府和星桥公司在新加坡共同举办中新吉林食品区推介活动暨吉林产品出口新加坡启动仪式。双方在推介会上签署4项谅解备忘录和协议。11月24日，中国宁夏回族自治区在新加坡举行首届枸杞推介会。12月4日，新加坡武汉总商会举行成立揭牌仪式。12月22日，中国东北旅游推介会在新加坡举行，主推独具东北特色的旅游资源和产品。中国东方航空已于2015年10月开通长春—新加坡航线，有效提升新加坡和中国东北旅客群体往来的交通条件。

（罗　梅）

中国和泰国交往与合作

2015年是中泰建交40周年，中国和泰国双边关系友好发展，高层互访频繁，经贸合作卓有成效，文化、教育、军事、旅游等方面的合作也取得新进展。两国相互尊重、友好合作的密切关系进一步加深。

一、政治互信不断加深

（一）中泰高铁项目合作取得进展

中泰双方于2014年12月签署铁路合作谅解备忘录。2015年，中泰铁路合作联合委员会共召开9次会议，完成大量前期工作，达成多项共识。1月20～21日，泰中两国就铁路发展合作项目工作框架展开首次讨论，把原本打算4年时间完成1.435米标准轨道铁路建设的工程计划缩短至两年。21日，泰国总理巴育表示，泰中高铁合作项目联合会议首轮会议取得突破性进展，并于2月11～13日在北京开会时就项目合作进行总结，3月提交泰国内阁审议批准。

6月2日，中国政府向泰国提交发展廊开—呵叻—敬开—玛达普与敬开—曼谷的中速铁路线方案，运行时速为180千米，并与中国—老挝的铁路线形成互联互通。泰国与中国政府达成共识，两国将齐心合力发展区域性铁路，实现互联互通，两国铁路发展项目将带来双赢的局面，进一步巩固双边经济和贸易合作的紧密关系，包括有效带动区域经济的成长。

11月17日，泰国内阁批准合作框架草案，中国和泰国将专门设立交通公司来管理该项目中的列车系统和列车运行，并提供保养及维修服务。中国将负责对技术要求较高的施工部分，比如隧道、桥梁的施工和铁路操作系统的建设。12月3日，中泰双方签署政府间铁路合作框架文件。中泰铁路合作项目中方预计投资额为5000亿泰铢（约合人民币897.50亿元）。项目资金来源多样，如财政预算、泰国金融机构的贷款和国际贷款等，其中国际贷款主要来自中国进出口银行，贷款利率不超过泰国国内的利率。12月24日，泰方提出希望中国在铁路建设的土建工程、列车和操作系统方面增加投资。

12月19日，中泰铁路项目总控制及维修中心（OCC）奠基启动仪式在泰国大城府清拉诺火车站举行。图为中泰铁路示意沙盘　（百度网）

12月19日，中泰铁路项目总控制及维修中心（OCC）奠基启动仪式在泰国大城府清拉诺火车站举行，标志着中泰铁路合作项目正式启动。中国国务委员王勇和泰国副总理巴金共同主持仪式，中国国务院总理李克强与泰国总理巴育互致贺信。铁路合作项目启动仪式也是中泰庆祝建交40周年的重要仪式之一。

（二）中泰建交40周年纪念活动丰富多彩

2015年7月1日，中国国务院总理李克强同泰国总理巴育互致贺电，热烈庆祝中泰建交40周年。李克强在贺电中说，中泰两国是好邻居、好朋友、好伙伴，两国人民的传统友谊源远流长。建交40年来，中泰关系保持健康稳定发展，不仅给两国和两国人民带来实实在在的利益，也为促进本地区的和平、稳定和繁荣做出积极贡献。当前，中泰全面战略合作伙伴关系的发展面临新契机。双方正以铁路合作为重点，大力推进各领域互利合作。中方愿同泰方一道，继续深化传统友谊，推动两国友好交流与合作不断取得新成果。巴育在贺电中说，泰中关系十分密切，两国文化相通，传统友谊源远流长。40年来，两国外交关系与合作不断发展，建立了全面战略合作伙伴关系。两国政府都共同致力于进一步深化各领域合作，这不仅将惠及两国人民，而且有利于促进地区和世界的稳定与繁荣。

7月27日，纪念中泰建交40周年庆典巡游和骑单车活动在泰国曼谷耀华力路唐人街隆重举行，泰国副总理威沙努、中国驻泰国大使宁赋魁、曼谷市长素坤攀亲王及潮州会馆蔡汉强等侨领出席，并在崇圣牌坊前为巡游活动击鼓开幕。泰国副总理威沙努在参加庆典活动时表示，40年前，泰国与中国政府领导人签署建交公报，确定两国加强在各领域的发展与合作，目前泰国每个府县甚至全国各地，都有华人华侨的身影。泰国诗琳通公主访遍中国多个省份，为泰国与中国的友好交往做出巨大贡献。在泰中共同庆祝建交40周年之际，希望两国能进一步加强在各领域的合作与交流。

9月18～20日，泰国总理巴育访问中国并出席在广西南宁举办的中国—东盟博览会，参加中泰建交40周年庆祝活动。泰国是第12届中国—东盟博览会的主题国。

9月29日，泰国驻华大使醍乐堃·倪勇作为泰国政府全权代表在北京签署《亚洲基础设施投资银行协定》，泰国成为该协定的第52个签署方。

10月9日，泰国外交部部长乃敦出席由中国人民对外友好协会与泰国驻华大使馆联合在北京举办的中泰建交40周年庆祝招待会并发表讲话，强调泰中两国友好关系始终朝着好的方向稳定发展。

二、经贸合作互利共赢

从2013年起，中国超越日本，成为泰国第一大贸易伙伴国。2015年，中国超越日本成为泰国第一大外资来源地。中泰双方经贸合作潜力巨大。

（一）中泰双边贸易

2015年，中国与泰国双边贸易总额754.74亿美元，比上年增长3.9%，占中国与东盟10国双边贸易总额的16.0%，是中国在东盟的第4大贸易伙伴。其中：中国自泰国进口371.76亿美元，比上年下降3.1%；对泰国出口382.97亿美元，增长11.7%。中国对泰国贸易顺差11.21亿美元。

2015年，中国对泰国出口商品主要类别包括：电气设备及其零件、机械设备及零件、钢材、光学仪器设备、自动化数据处理设备、有机化学品、塑料及制品、钢铁深加工产品、交通运输设备及备件、家具及家居用品。其中，中国对泰国出口的前5位产品是电子、机械、钢铁、塑料及其制品、钢铁制品，累计出口总额199.16亿美元，占中国对泰国出口产品总额的52.0%。电子产品出口最多，出口额86.34亿美元，比上年增长35.3%；其次是机械，出口65.15亿美元，增长3.9%；再次是钢铁，出口20.12亿美元，下降3.0%；塑料及其制品位居第四，出口14.53亿美元，增长11.5%；钢铁制品出口最少，出口额为13.01亿美元，增长8.8%。

中国从泰国进口商品主要类别包括：自动化数据处理设备、天然橡胶、电气设备及零备件、电子集成电路、塑料及制品、机械设备及零件、有机化学品、合成橡胶及制品、能源类矿产品、木薯等。其中，中国自泰国进口的前5位产品是电子、机械、橡胶、塑料及其制品、仪器设备，累计进口总额244.78亿美元，占中国自泰国进口产品总额的65.8%。电子是第一大进口产品，进口额82.90亿美元，比上年增长13.0%；其次是机械，进口额68.31亿美元，下降3.9%；再次是橡胶，进口40.08亿美元，下降21.6%；塑料及其制品位居第四，进口35.48亿美元，下降8.0%；仪器设备进口最少，进口额为18.01亿美元，增长59.4%。

（二）中泰双边贸易特点

2015年，中国与泰国双边贸易额缓慢上升，出口增速仍优于进口。两国进出口贸易的产品结构在不断优化，呈现优势互补、互利双赢的格局。机电产品在双边贸易中所占比重最大，增长稳健。电子产品是2015年双边进出口第一大产品，机械是双边进出口第二大产品。这两类产品占泰国对华出口总额的76.1%，占泰国自华进口总额的61.8%。其中，2015年中国电子产品自泰国进口的增幅为13.0%。塑料及其制品是泰国对华出口的重要产品，占泰国对华出口总额的7.3%，2015年增幅有所下降。仪器设备是2015年泰国自华进口的第五大产品，占泰国自华进口总额的5.3%。

（三）中泰双向投资

据《人民日报》报道，2015年1～8月，中国对泰国新增直接投资项目37项，与2014年同期相比实现翻番。同时,新增直接投资额107.39亿泰铢,中国因此成为泰国第二大直接投资来源地,新加坡以131.43亿泰铢的投资规模位居榜首。中国企业赴泰投资项目主要涉及替代能源、太阳能产品、导航系统、汽车制造和橡胶轮胎等领域。泰国投资促进委员会对投资来源的进一步分析显示,大量中国企业选择途经新加坡投资泰国,因此中国有可能已经成为2015年1~8月泰国最大的实际外资来源地。

2015年,中国对泰国直接投资净额8.4亿美元,比上年增长11.16%。中国企业在泰国投资的主要行业包括银行、建筑、化工、餐饮等。从整体上看,泰国对中国投资占中国吸收外资总量的比重较小,在华投资企业总体投资规模也比较小。泰国企业对华投资的行业有食品加工、银行、建材、电力与造纸等。

(四)中国赴泰旅游人次攀新高

2015年,赴泰国旅游中国游客793.47万人次,比上年增长91.62%,创下中国游客赴泰旅游新纪录,中国游客推动泰国入境游客人数整体增长逾20%,中国已经成为泰国第一大入境旅游客源国。

三、中泰文化交流日益频繁

中国与泰国文化交流活动是中泰两国传统友谊的延伸,为中泰两国之间拓宽了合作领域。2015年,中国派出1800余名汉语教师志愿者赴泰国教学,占中国赴海外志愿者总数近1/3。

2月26日,曼谷中国文化中心与泰国环球文化教育有限公司签署合作备忘录,双方决定联合进行教育培训、中国文化推广、中泰文化交流项目合作以及相关文化领域的互相交流融通。

3月2日,第2届泰中科技联合委员会会议在清迈开幕,铁路建设、青年研究员培训互换、中泰科技转移和卫生遥感4个工作小组分别进行讨论,总结过去一年以来的工作进展情况,提出未来一年的合作行动计划。会议决定继续推进铁路建设、青年研究员培训互换、中泰科技转移合作以及卫星遥感与导航技术等领域合作,并扩大至北斗卫星导航应用领域研究和新能源开发利用研究领域,使两国科技研究合作更加务实和与时俱进。

8月29日,庆祝中泰建交40周年——2015中泰旅游文化交流会在泰国普吉府举行。会议旨在进一步深化中泰两国的旅游文化交流,推动双方旅游界的密切合作,共同为游客创造更好的旅游环境。

9月21日,中国海外交流协会和泰国孔敬市政府在广西华侨学校举行中泰华文教育项目友好合作协议签约仪式,双方就互派学生、文化交流等内容签署友好合作备忘录,借此促进中泰两国文化交流和友谊发展。

11月16日,2015中泰文化旅游友好车队以"新丝路开启新旅途"为主题,从中国新疆阿尔泰出发前往泰国,开启长约7000多千米跨越四季的文化交流之旅,促进"一带一路"文化建设。

四、中泰军事合作开创新局面

2015年2月3~7日,应泰国政府副总理兼国防部部长巴逸邀请,中国国务委员兼国防部部长常万全对泰国进行正式友好访问。中方此次访问的主要目的是与泰国政府和军队领导人就加强中泰防务领域合作和共同关心的问题深入交换意见,推动两军关系进一步发展。中泰两国政府同意在未来5年内加强军事关系,包括增加情报分享及打击跨国犯罪。泰国总理巴育表示,希望借中泰建交40年的良机,加强两国在各领域尤其是军事交流与军事培训方面的合作。

10月15日,泰国副总理兼国防部部长巴逸率团访华并参加中国—东盟防长会议。

3月2日,第2届泰中科技联合委员会会议在泰国清迈开幕。图为与会人员合影(新华网)

11月26~27日,为庆祝泰中建交40周年,泰中两国空军部队举行联合特技飞行表演活动。中国八一特技飞行中队以成都J-10歼击机与泰国的狮鹰39C及F-16战斗机,在泰国呵叻府第一空军团基地举行多场特技飞行表演,同时作为两国空军首次联合训练的内容之一。这是中国空军八一飞行表演队首次在泰国进行飞行表演,成为继参加2013年莫斯科国际航展、2015年兰卡威国际海空展之后,中国空军八一飞行表演队第3次飞出国门。

(陈红升 左华兰)

中国和越南交往与合作

2015年是中国和越南建交65周年，两国举办多项富有意义的纪念活动。中越两党两国高层互访频繁，两党总书记实现互访。双方推进各领域务实合作，中越关系持续稳定发展。

一、中越两国高层会晤频繁

（一）中越两党两国最高领导人年内互访

2015年4月7～10日，越共中央总书记阮富仲对中国进行正式访问。7日，中共中央总书记、中国国家主席习近平在北京人民大会堂同阮富仲总书记举行会谈。两党总书记积极评价对方国家发展成就，就两党两国关系、国际和地区形势等共同关心的问题深入交换看法，达成重要共识。双方强调要珍惜和维护中越传统友谊，秉承长期稳定、面向未来、睦邻友好、全面合作方针和好邻居、好朋友、好同志、好伙伴精神，推动中越全面战略合作伙伴关系持续发展，更好造福两国人民。会谈后，习近平和阮富仲共同见证《中国共产党和越南共产党合作计划（2016～2020年）》以及金融、基础设施、文化、司法、税务、维和等领域合作文件的签署。8日，中越双方发表《联合公报》。

11月5～6日，应越共中央总书记阮富仲、越南国家主席张晋创邀请，中共中央总书记、中国国家主席习近平对越南进行国事访问。访问期间，习近平分别同阮富仲、张晋创举行会谈，并会见越南政府总理阮晋勇、国会主席阮生雄。习近平指出，中越同为共产党领导的社会主义国家，是具有战略意义的命运共同体，中越传统友谊应该倍加珍惜和维护。着眼未来，无论国际风云如何变幻，两党两国都需要守望相助、携手前行。要把握好政治方向，做互助互信的好同志、合作共赢的好伙伴、相亲相望的好邻居、常来常往的好朋友，确保中越关系始终沿着正确轨道前进。习近平的看法和主张得到越南党和国家领导人高度认同。越南领导人祝贺中国在建设中国特色社会主义道路上取得的辉煌成就，强调越南将坚定走社会主义道路。表示永志不忘中国人民曾经对越南人民正义事业给予的宝贵支持和无私援助，欢迎一个更加稳定、发展和强大的中国在国际事务中发挥更大作用。6日，中越双方发表《联合声明》。

（二）中越其他领导人互访

6月17～19日，越南政府副总理兼外交部部长范平明率团访问中国，与中国国务委员杨洁篪共同主持中越双边合作指导委员会第8次会议。中国国务院总理李克强会见范平明。7月16～17日，中共中央政治局常委、国务院副总理张高丽访问越南，先后会见越共中央总书记阮富仲、政府总理阮晋勇和国家主席张晋创，与副总理阮春福举行会谈。与阮春福会谈时，双方围绕增进政治互信、深化两党交流互鉴、推进务实合作、扩大人文交流等问题深入交换意见，达成诸多共识，并表示将推动各自有关部门加紧落实。双方还共同见证两国有关文化协定的签字仪式。9月3日，越南国家主席张晋创出席中国人民抗日战争暨世界反法西斯战争胜利70周年纪念活动。中国国家主席习近平会见张晋创，就加强两国关系等问题交换意见。9月15～19日，越南政府副总理阮春福率团访华并出席在广西南宁举行的第12届中国—东盟博览会、中国—东盟商务与投资峰会，中国国务院总理李克强会见阮春福。10月16～20日，中国国家安全部部长耿惠昌率领高级代表团访问越南，同越共中央政治局委员、越南公安部部长陈大光率领的越南公安部高级代表团举行会谈，双方就地区乃至世界形势进行评估，就应对有关各自国家利益和安全的各种新危险和挑战的各项措施，两部近期合作结果和今后合作方向交换意见。10月23～24日，中国全国政协副主席、中联部部长王家瑞率中共代表团访问越南，分别会见越共中央总书记阮富仲、越南政府副总理兼外交部部长范平明和越共中央对外部部长黄平君。12月23～27日，越南国会主席阮生雄率越南国会代表团对中国进行正式友好访问。中国全国人大常委会委员长张德江同阮生雄举行会谈，双方共同签署合作协议。中共中央总书记、中国国家主席习近平和中国全国政协主席俞正声分别会见阮生雄一行。

二、中越军队交往合作与执法安全合作

（一）中越军队交往合作

2015年，中越军队关系继续稳步发展，双方在高层互访、人员培训、边海防交往以及多边安全等方面开展良好合作。

4月，越南国防部部长冯光青随越共中央总书记阮富仲访华。5月15～17日，中越两军第二次边境高层会晤在中国蒙自和越南老街举行。中国国务委员兼国防部部长常万全与冯光青部长共同主持会晤，这也是中越国防部长的首次边境会晤。8月，中国人民解放军副总参谋长孙建国与越南国防部副部长阮志咏共同主持中越第8次国防部防务安全磋商。9月3日，越南人民军总参谋长杜伯巳到北京出席中国人民抗日战争暨世界反法西斯战争胜利70周年纪念活动。10月，越南国防部部长冯光青到中国参加中国—东盟国防部长非正式会晤和第6届香山论坛。年内，中越签署《两军联合国维和合作备忘录》，加强联合国维和领域合作，在北部湾海域进行海军联合巡逻，开展青年军官访问等交流活动。

举行联合反恐演练。2015年7月30日，中国云南

红河公安边防支队和越南老街省边防部队指挥部在中国河口和越南老街举行“红河1号—2015”联合反恐演练。演练采取热线直通、情报互通、联合指挥、联合封控、联合抓捕、快遣快返等合作机制，对“暴恐分子”实行联合打击。

年内，中国和越南边防力量继续开展边界联合巡逻。12月31日，中越国防部直通电话正式开通。中国国务委员兼国防部部长常万全同越南国防部部长冯光青举行首次通话。

（二）执法安全合作

2015年，中越双方进一步深化执法安全合作，通过加强合作打击跨境犯罪活动，取得良好效果。

4月16～17日，中国国务委员、公安部部长郭声琨率领中国公安部高级代表团访问越南，同越南公安部部长陈大光举行会谈。双方签署《中越两国公安部第4次合作打击犯罪会议纪要实施计划》，强调双方应继续推动两国公安部合作关系更加务实且有效发展，提高双方现有合作机制的活动效果，提高两国各级代表团互访质量，及时交换经验并配合防范打击各种犯罪，确保两国安全秩序。

举行首次副部长级安全战略对话。2015年7月30日，中国国家安全部和越南公安部首次副部长级安全战略对话在越南河内举行。中国国家安全部副部长董海舟和越南公安部副部长苏林共同主持对话会，双方就共同关心的问题分享和交换意见，评价给各自国家政治安全和稳定带来影响的地区和世界安全形势，寻求促进双方务实有效合作的措施。

开展第2届边境联合扫毒行动。2015年9月16日至11月15日，为遏制中越边境地区毒品违法犯罪活动蔓延态势，中越两国决定开展第2届边境联合扫毒行动，对跨境毒品贩运进行查缉，对危害两国的毒品犯罪团伙进行集中打击。联合扫毒行动在广西南宁设立联合行动指挥部。在这一联合行动中，双方定期通报行动进展，交流情报线索，组织联合收网行动，并根据两国联合侦办案件的需要，互派工作人员赴对方指挥部协调开展工作。行动期间，双方破获毒品案件2688起，抓获毒品犯罪嫌疑人3256名，缴获毒品3911.90千克，其中海洛因225.12千克，冰毒524.59千克，氯胺酮3053.86千克，其他毒品108.33千克，收缴枪支、涉案交通工具及财物一批。传递互涉情报线索29条。中方共破获涉中越边境地区毒品案件1623起，抓获犯罪嫌疑人1790名，其中越南籍23人，缴获各类毒品3641.24千克，收缴毒资276.8万元。在抓获的越南籍犯罪嫌疑人中，有在逃通缉犯、大毒枭邓明珠。

三、经贸关系保持良好发展势头

据中国海关总署统计，2015年中越贸易额958.19亿美元，比上年增长14.6%。其中：中国对越南出口661.43亿美元，增长3.8%；进口296.76亿美元，增长49.1%。据越南统计总局公布的数据，2015年越中双边贸易额为663亿美元，约占越南贸易总额的20%，其中越南对中国出口170亿美元，比上年增长13.7%，进口493亿美元，增长12.9%。另据越南工贸部统计，2015年越南边贸总额约275.6亿美元，比上年增长27%，其中，对中国边贸占85%，对老挝边贸占4%，对柬埔寨边贸占11%。

投资方面，2015年1月1日至12月15日，中国（不含港澳台地区）对越直接投资项目169个，注册资金6.66亿美元。

2015年5月28日，越南贸易促进局重庆贸易促进办公室揭牌成立，这是越南在中国设立的首个贸易促进机构。该机构担负着协助越南企业寻求合作伙伴、扩大越南商品对华出口、为中国企业赴越南投资提供咨询等职能。

①4月16日，越南公安部部长陈大光（前右）与到访的中国国务委员郭声琨（前左）在越南河内举行会谈并签署文件；②9月8日，第2届中越边境联合扫毒行动启动仪式在中国凭祥举行；③7月30日，中越“红河1号—2015”联合反恐演练指挥部现场 （新华网）

年内，中越宣布成立基础设施合作工作组和金融与货币合作工作组。7月15日，中越金融与货币合作工作组首次会议在越南河内召开。中国人民银行副行长易纲和越南国家银行副行长阮氏红共同主持会议。双方主要就中越两国近期宏观经济形势和货币政策、金融稳定和金融市场发展、双边贸易与投资中的本币结算以及工作组下一步工作计划等交换意见。10月15日，中越陆上基础设施工作组第一次部级会议在中国北京举行。双方主要就加强在铁路、公路、火电、水电、可再生能源等交通能源基础设施领域合作进行交流，达成多项共识。

两国旅游合作继续发展。2015年赴越的中国旅客178.09万人次，比上年减少8.5%，占赴越外国旅客的1/4。越南赴中国旅客216.08万人次，增长26.4%。

四、党建理论、人文等领域的交流与合作继续发展

中越两党继续加强治国理政经验交流。2015年6月17～18日，以"社会发展和治理创新"为主题的第11次中越两党理论研讨会在中国上海举行。中共中央政治局委员、中央书记处书记、中宣部部长刘奇葆和越共中央政治局委员、中央书记处书记、中央宣教部部长、中央理论委员会主席丁世兄出席开幕式并作主旨报告。刘奇葆作题为《中国社会建设的实践探索和主要经验》的主旨报告，丁世兄作题为《革新时期越南共产党领导社会管理与发展工作》的主旨报告。研讨会有助于对各自国家社会主义建设规律进行更深入的认识，相互借鉴彼此有益经验，继续完善社会发展与治理工作。

中越文化交流合作继续得到发展。2015年8月19日，中越友好音乐会在越南国家音乐学院音乐厅举行，这是中越两国传统民乐第一次正式举办联合音乐会；9月21～25日，河内大学举办中国文化周暨喜迎中秋系列活动，其中有书法、中文歌唱、中秋晚会等；12月，中越（东兴—芒街）国际商贸·旅游博览会期间举办中越（东兴—芒街）青年界河对歌联欢活动；12月28日，2015年中越友谊歌曲演唱大赛在越南河内举行。

青年交流在中越人文交流中发挥重要作用。2015年4月，越南青年代表团赴华参加第15届中越青年友好会见活动，其间共植青年友谊林、体验中国传统文化。11月4～9日，第16届中越青年友好会见活动在越南谅山、广宁两省和首都河内举行，两国青年代表参与一系列青年友好交流活动，并就青年企业家合作、青年与新农村建设、志愿服务运动、通过共青团的新闻媒体对年轻一代进行宣传教育等共同关心的领域分享经验。

为庆祝中越建交65周年和胡志明诞辰125周年，2015年5月17～22日，由中国人民对外友好协会、越南友好组织联合会和广西人民对外友好协会共同举办的"沿着胡伯伯足迹的红色之旅"暨"中越边民大联欢"活动在中国广西成功举行。防城港、桂林、百色、崇左市分别组织各具特色而又主题鲜明的联欢交流活动，中越双方近4000名边民群众参加联欢活动。这次联欢活动进一步增进了中越友好交流，传承和弘扬了中越两国人民的传统友谊。

广播合作方面。2015年4月27日，中国中央人民广播电台与越南之声广播电台签署合作备忘录，双方一致同意免费交换关于双方共同关心主题的新闻及专题节目，允许对方按照不转让、不编辑、不更改内容并注明来源等条件使用各自网站信息。在重大节日或两国关系重要阶段，双方将就共同关心的主题合作制作广播节目等。

教育合作方面。据中国教育部公布的数据，2015年在中国的越南留学生10031人，越南在华留学生人数按国别排序名列第11位，人数比上年稍有下降，排名与上年持平。

五、两国继续推动海上合作开发

2015年，中越继续推进北部湾合作开发。继续推动北部湾湾口外海域和海上低敏感领域合作磋商和谈判，并于12月19日正式启动中越北部湾湾口外海域共同考察海上作业。

北部湾共同渔区和北部湾渔业联合检查。2015年9月10～11日，中越北部湾渔业联合委员会第12届年会及筹备会在中国上海举行。双方根据资源专家组的建议，就2015～2016年度北部湾共同渔区渔船作业指标进行协商并达成一致，签署会议纪要。4月

9月23日，在越南河内大学的孔子学院，越南中文系学生与中国留学生一起进行书法交流

（新华网）

20~24 日中越举行北部湾渔业联合检查,在执行任务过程中,两国海警力量对在中越北部湾共同渔区进行捕捞作业的渔船进行检查与监督,宣传关于海上活动的规定和行为准则,维护共同海域的秩序。

中越海军在北部湾联合巡逻。2015 年 6 月 10 日,中越两国海军第 18 次北部湾海域联合巡逻圆满结束。中越各派出两艘舰艇参加此次巡逻。巡逻期间,双方舰艇编队适时共享海区水文气象、海空情况等信息资源,并结合巡逻任务特点组织开展灯光信号、联合搜救等科目演练。

继续推进北部湾湾口外海域及海上低敏感领域合作。2015 年 6 月 3~4 日,中越北部湾湾口外海域工作组第 7 轮磋商暨中越海上低敏感领域合作专家工作组第 7 轮磋商在越南河内举行。关于海上低敏感领域,双方就年内启动"中越北部湾海洋与岛屿环境综合管理合作研究""长江三角洲与红河三角洲全新世沉积演化对比研究"项目达成共识,并一致同意继续落实两国领导人重要共识及《关于指导解决中越海上问题基本原则协议》,积极推进海上低敏感领域合作;关于北部湾湾口外海域,为了服务于工作组关于对该海域进行划界与共同开发两个目标,双方一致同意责成联合技术专家组抓紧磋商,旨在早日提出关于在双方达成一致意见的海域进行联合考察的具体计划和方案,并按两国领导人所达成的协议,计划在 2015 年内在实地上实施。经过 7 轮磋商及湾口外海域共同考察技术专家小组 3 轮磋商,中越双方就湾口外海域共同考察方案达成一致。12 月 19 日,中国国土资源部中国地质调查局和越南自然资源与环境部测量与地图局分别在中国广州市及越南岘港市举行北部湾湾口外海域共同考察启航仪式,中国、越南两国外交、国土、测绘等部门代表出席。共同考察区域位于北部湾封口线以南。

中越海上共同开发磋商工作组继续举行磋商。2015 年 3 月 13~14 日,中越海上共同开发磋商工作组第 4 轮磋商在越南岘港举行;8 月 25~26 日,中越海上共同开发磋商工作组第 5 轮磋商在中国大连举行。双方就中越海上共同开发相关事宜坦诚深入地交换意见,一致同意遵循两国领导人重要共识和《关于指导解决中越海上问题基本原则协议》,继续推进中越海上共同开发。

六、中越边境开放合作继续推进

2015 年,中国广西、云南两省(自治区)与越南边境经贸文化、环境保护交流与合作、互联互通建设继续发展,中越边境开放合作继续推进。

4 月 24~26 日,中国广西与越南广宁、谅山、高平、河江边境四省联合工作委员会第 7 次会晤在越南河江省举行。5 月 8 日,中越双方就建设水口河二桥的设计方案等全部达成一致意见。8 月 6 日,中国广西防城港市防城区与越南广宁省平辽县政府就加固维修峒中—横模口岸桥问题达成共识并各自上报本国外交部,中国、越南两国外交部于 12 月 18 日批准该项目。

5 月 28 日,越南老街省工贸厅与中国云南省商务厅共同主持举办越南老街省第一届农产品、水海产品及手工艺品进出口促进推介会。本次推介会吸引中国云南的 47 家企业和越南坚江、南定、太平、大叻、老街等省的 60 余家企业参加。参展推介商品主要有大米、水果、鱼类食品、木制家具及手工艺品等。11 月 12~17 日,第 15 届中越(老街)国际贸易交易会开幕式在越南老街省老街市金城商贸工业区会展中心举行。本届交易会以"合作友谊·融入发展"为主题,集贸易、投资、旅游及文化交流于一体,设展位 700 多个,其中中方展位 200 个。参展商品主要有日用品、服装、家电、木工艺品、机械设备等。交易会期间还举办中国云南省与越南老街省经贸合作会谈、企业推介等活动。

12 月 16~22 日,主题为"合作友谊、共同发展"的 2015 中越(东兴—芒街)国际商贸、旅游博览会在越南广宁省芒街市举行。内容为科技经济成果展、商品展、商贸旅游投资促进会、中越界河对歌、跨境自驾游、中越国际高尔夫友谊邀请赛等系列活动。越南参展企业约 150 家,设 400 个展位,中国参展企业 80 家,设 100 个展位。12 月 17 日,中国广西东兴市人民政府和越南广宁省芒街市人民委员会正式允许双方游客自驾车出入境,在启动实施自驾车出入境当天,越南与中国旅游企业双方各 10 辆自驾车办理入境越南广宁芒街市和中国广西东兴市旅游的手续,车手们进入对方国家后,按照指定路线进行为期一天的自驾游活动。

广西与越南高平省加强合作推进生物多样性保护。5 月 12 日,中国广西环境保护厅与越南高平省资源环境厅共同签署《生物多样性保护合作谅解备忘录》。作为落实大湄公河次区域第 4 次环境部长会议成果的重要后续行动之一,这是大湄公河次区域 7 个跨境生物景观热点地区中的首个跨境合作谅解备忘录。广西靖西—越南高平被选取为生物多样性廊道项目实施点,在推动广西邦亮长臂猿国家级自然保护区成立等方面取得积极成效。

边境通关执法协作方面。6 月 10~11 日,中国南宁海关代表团赴越南谅山市和与广西边境相接的越南谅山、广宁、高平 3 省海关局举行第 2 次边境会谈,就进一步推进中越边境海关行政互助与协作、口岸管理、跨境缉私等达成合作事项。经中越协商并履行报批程序,自 2015 年 7 月 1 日起,延长东兴—芒街、友谊关—友谊口岸通关时间,即人员通关时间从原来的每天 08:00~20:00调整为 08:00~21:00,货物通关时间由原来的 8:00~17:30 调整为 8:00~19:00,以方便人员及货物通行。

(李碧华)

重要节会

第 12 届中国—东盟博览会

第 12 届中国—东盟博览会招商招展

2015 年 3 月 1 日，中国—东盟博览会秘书处在官方网站发布第 12 届博览会招商招展公告，明确展会举办时间、主题、主题国、贵宾国以及展览的行业设置、专题设置、专业展举办时间、参展费用、参展报名时间、报名方式、参展优惠办法、其他精彩活动等。3 月 16 日，第 12 届中国—东盟博览会高官会确定"共建 21 世纪海上丝绸之路——共创海洋合作美好蓝图"的主题，并一致同意将按照 21 世纪海上丝绸之路和中国—东盟自由贸易区升级版建设的需要办好这届博览会，使展会在服务 21 世纪海上丝绸之路建设中发挥更大作用。同时，确定进一步提升和优化展览内容和服务功能，使参展商品与其上下游产品之间、商品贸易与投资项目之间、投资项目与配套服务之间相互贯通；参展商品突出展示与海洋合作有关的品类；进一步推进"一主多专"办展格局，除了提升原有的东盟咖啡食品展、农业展、轻工展、文化展、林木展办展效益，还首次在桂林举办旅游展，首次在东盟国家办展，分别于 4 月、5 月举办泰国展、印度尼西亚展。4 月，中共广西壮族自治区委员会书记、自治区人大常委会主任彭清华在对韩国进行友好访问期间，通过会见会谈、举办推介会、接受专访等形式，宣传推介博览会和广西沿边金融综合改革和投资发展商机。7 月 29 日，中国国务院新闻办公室举行中国—东盟经贸合作情况暨第 12 届中国—东盟博览会、中国—东盟商务与投资峰会新闻发布会，向 35 家中外媒体记者介绍在共建"一带一路"新形势下，中国与东盟的经贸合作情况及第 12 届中国—东盟博览会、中国—东盟商务与投资峰会突出"一带一路"主题、推动国际产能合作、融入全球价值链三大亮点。8 月 18 日，第 12 届中国—东盟博览会和中国—东盟商务与投资峰会组委会在北京举行会议，提出要充分发挥博览会和峰会的平台作用，不断完善办会机制，更好地服务周边外交，服务"一带一路"战略。9 月 2 日，第 12 届中国—东盟博览会合作伙伴关系新闻发布会在南宁举行，包括连续 10 年成为博览会战略合作伙伴的孔家钩窑、综路传媒等 61 家单位与博览会共同结成首席合作伙伴、战略合作伙伴和行业合作伙伴。

9 月 17 日，中国—东盟博览会办事机构举办新闻吹风会，向媒体介绍"两会"有关情况：一是继续保持展会高规格。中共中央政治局常委、中国国务院副总理张高丽，泰国副总理塔纳萨，缅甸副总统赛茂康，老挝副总理宋沙瓦，越南常务副总理阮春福，柬埔寨国务兼商业大臣孙占托，以及 11 国多部门的部长、东盟秘书处副秘书长林康宪、世界贸易组织副总干事易小准，中国与东盟及周边国家外交使节，各国商协会会长、知名企业家、社会各界知名人士将参会。二是知名企业踊跃参展。申请展位超过规划展位数的 21%，2207 家参展企业共安排展位 4600 个，其中东盟国家和区域外企业安排展位 1296 个，印度尼西亚、老挝、马来西亚、缅甸、泰国、越南6 个东盟国家继续包馆。三是展会专业化水平进一步提升。博览会期间将举办论坛、会议、经贸投资促进活动 81 场。四是采购商投资商团组增多。到会采购商、投资商团组 85 个，涵盖各重点行业以及中国和东盟 10 国、区域外国家。五是围绕海上丝绸之路建设内容多。围绕该主题共举办高层论坛 27 场，涉及国际产能合作、信息港、电子商务、港口城市合作、经济走廊合作、环保、矿业、电力、教育、文化、药品安全、金融、体育、新闻、健康、旅游、城市管理、保险等多个领域。六是受到中外媒体高度重视。截至 9 月 17 日，共有 22 个国家和地区的 205 家媒体、1226 名记者（不含直播人员）报名参加"两会"的新闻报道，其中东盟国家媒体 65 家、98 名记者。

第 12 届中国—东盟博览会开幕大会

2015 年 9 月 18 日，第 12 届中国—东盟博览会、中国—东盟商务与投资峰会开幕大会在广西南宁国际会

9 月 18 日，第 12 届中国—东盟博览会、中国—东盟商务与投资峰会开幕大会在广西南宁国际会展中心举行 （中国网）

展中心举行。中共中央政治局常委、中国国务院副总理张高丽，主题国泰国副总理塔纳萨，缅甸副总统赛茂康，老挝副总理宋沙瓦，越南副总理阮春福，柬埔寨国务兼商业大臣孙占托，文莱工业和初级资源部部长叶海亚，印度尼西亚贸易部部长拉蓬，马来西亚贸工部第二部长黄家泉，新加坡贸工部兼国家发展部高级政务部长李奕贤，菲律宾贸工部副部长马纳罗，东盟副秘书长林康宪，中共广西壮族自治区委员会书记、自治区人大常委会主任彭清华，中国商务部国际贸易谈判代表兼副部长钟山，中国国际贸易促进委员会会长姜增伟等，共同为博览会和商务与投资峰会启幕。世界贸易组织副总干事易小准，特邀贵宾国韩国产业通商资源部副部长文在焘，中国和东盟国家的部长、地方行政长官、金融机构负责人、商协会会长、著名企业家、经济学家以及各界代表1000余人出席开幕大会。

当天南宁国际会展中心朱槿花厅外彩旗飘扬，红色朱槿花和“12TH”字样点缀在金色旗海中。大厅环廊装扮成泰式风格，彰显主题国泰国的风采。以海洋蓝为主色调的主舞台，凸显“海洋合作年”主题，12块大型LED屏幕围绕环廊，与舞台浑然一体，光影交错。

开幕大会首次设会场外迎宾环节。在礼宾通道右侧的展示墙上，依次显示从2004到2015的年份数字，象征着中国—东盟博览会走过12年光辉历程。

9时，开幕大会开始。开幕大会由主题国泰国商务部部长阿皮拉迪·丹达蓬和举办地中国广西壮族自治区主席陈武共同主持。彭清华、钟山、姜增伟分别代表举办地、共办方、商务与投资峰会致辞。张高丽在会上发表主旨演讲。张高丽指出，中国是东盟第一大贸易伙伴，东盟是中国第三大贸易伙伴、第四大出口市场和第二大进口来源地，双方相互投资累计超过1300亿美元，中国—东盟自由贸易区升级谈判、区域全面经济伙伴关系（RCEP）谈判取得积极进展，泛北部湾经济合作路线图制定已经完成。张高丽表示，中国政府一如既往地高度重视发展同东盟的友好合作，坚持把东盟作为周边外交的优先方向，支持东盟发展壮大，支持东盟共同体建设，支持东盟在区域合作中的主导地位，中方愿意同东盟一道，以携手建设“一带一路”，构建更为紧密的中国—东盟命运共同体为目标，进一步落实“2+7合作框架”，推动双方战略伙伴关系不断取得新的进展。塔纳萨、赛茂康、宋沙瓦、阮春福、文在焘、易小准也分别发表演讲或致辞。

演讲或致辞完毕，张高丽宣布第12届中国—东盟博览会、中国—东盟商务与投资峰会开幕。15位启幕嘉宾在台前以槌击磬，磬音中舞台前喷泉腾空而起，与主舞台大屏幕的喷泉画面形成虚实结合的水花，水花层层翻涌，组成激荡的“海浪”，显现出合作的力量。环廊屏幕上象征贸易畅通、设施联通、资金融通、民心相通的轮船、高铁、金币和笑脸依次出现，与启幕嘉宾共击彩磬（象征政策沟通）的场面遥相呼应，组成“丝路五通”的画面。开幕大会以“八音合奏，丝路共鸣”为主题，寓意中国和东盟各国借助海洋这一重要纽带，共同奏响合作强音，共谱丝路华章。开幕大会还安排中国—东盟信息港、中小企业跨境投资与贸易合作成果展示环节。

东盟国家政要巡视博览会展馆

2015年9月17～18日，率团出席第12届中国—东盟博览会的东盟各国政要陆续巡视展厅展馆。泰国副总理塔纳萨在中国广西壮族自治区人大常委会副主任杨道喜的陪同下，巡视泰国“魅力之城”展馆，出席泰国商品展厅开展仪式并参观展厅。塔纳萨希望参展商要充分利用博览会平台推介产品和树立形象，促进经贸往来；希望泰国通过博览会平台，更好展现泰国在贸易、投资、科技、文化、旅游等方面的优势，更好地融入中国—东盟自由贸易区的发展。老挝副总理宋沙瓦在中国广西壮族自治区人大常委会副主任高雄的陪同下，巡视老挝商品展馆和“魅力之城”乌多姆塞省展区。宋沙瓦详细询问参展商品展示及企业情况，希望参展商要充分借助博览会平台，将红木、银器、啤酒等特色产品推广到中国乃至世界各地；在“魅力之城”展区，宋沙瓦了解到乌多姆塞省将通过博览会平台推介当地旅游资源时，称赞博览会办得务实、很有成效。

9月18日，第12届中国—东盟博览会会展中心外景　　（广西新闻网）

印度尼西亚贸易部部长拉蓬在中国广西壮族自治区人大常委会副主任王跃飞的陪同下，巡视展厅展馆并参加印度尼西亚“魅力之城”廖内省展厅的开馆仪式。在印度尼西亚商品馆，拉蓬详细询问参展商布展参展情况，并不时拍摄展出商品，与商家合影互动。拉蓬表示，印度尼西亚参加博览会，将会提高本国产品的知名度，在中国和世界各地找到更多商机。越南副总理阮春福在中国广西壮族自治区副主席张秀隆的陪同下，巡视越南商品馆和“魅力之城”老街省展区。阮春福与参展商越南平仙鞋业和越日鞋业的负责人热情交谈，并为企业写下祝福语。缅甸副总统赛茂康在中国广西壮族自治区政协副主席沈北海的陪同下巡视缅甸馆，为“魅力之城”土瓦市展区开馆剪彩，并参观中国高新技术展馆。赛茂康鼓励参展商要充分借助博览会平台，找到更多更大的商机；在中国高新技术展馆，赛茂康在与沈北海交谈中表示，广西的经济发展迅速，农业技术具有明显优势，希望继续深化双方友好交流，进一步拓展合作领域，提升合作水平。文莱工业与初级资源部部长叶海亚在中国广西壮族自治区政协副主席彭钊的陪同下，巡视“魅力之城”斯里巴加湾展区、先进技术展厅、文莱商品展厅等。叶海亚希望能借助博览会平台，进一步推进文莱与中国在农业、医疗、旅游、基础设施、工业科技等领域的交流和合作，促进经贸投资伙伴关系的深入发展，实现互利共赢。柬埔寨国务兼商业大臣孙占托在中国广西壮族自治区政协副主席赖德荣的陪同下，巡视柬埔寨商品展馆和“魅力之城”金边展区。孙占托希望双方能进一步加强合作，扩大大米、水果等绿色产品在中国的市场份额。新加坡贸工部兼国家发展部高级政务部长李奕贤在中国广西壮族自治区政协副主席刘君的陪同下，巡视“魅力之城”展区和新加坡商品展馆。李奕贤表示愿与中方在航运与贸易、旅游服务业等方面加强合作，希望参展商通过博览会找到更多商机。马来西亚国际贸易及工业部第二部部长黄家泉一行在中国广西壮族自治区政协副主席刘正东的陪同下，巡视“魅力之城”马六甲展区和马来西亚会馆。黄家泉、刘正东共同为马六甲展区开馆，参加马来西亚会馆开馆仪式，为博览会马来西亚专刊揭幕。

第 12 届中国—东盟博览会经贸活动成效

2015 年 9 月 21 日，第 12 届中国—东盟博览会、中国—东盟商务与投资峰会在中国南宁闭幕。闭幕新闻发布会提供的资料显示，围绕“共建 21 世纪海上丝绸之路——共创海洋合作美好蓝图”主题举行的经贸活动成果丰硕。一是参展参会踊跃。企业申请展位总数 5563 个，超过规划展位数 21%。实际参展企业 2207 家，展位总数 4600 个，其中东盟 10 国和区域外企业安排展位 1296 个（比上届增长 2.9%）。印度尼西亚、老挝、马来西亚、缅甸、泰国、越南继续包馆。为期 4 天的博览会参展参会客商达 6.5 万人次。二是采购商投资商团组增多。采购商团组 85 个，比上届增长 5%，其中有组织的专业采购商数量比上届多 2500 人。三是展会专业化水平进一步提升。博览会期间共举办论坛、会议、经贸投资促进活动 84 场次。四是围绕海上丝绸之路建设内容多。围绕该主题共举办高层论坛 27 场，涉及国际产能合作、信息港、电子商务、港口城市合作、经济走廊合作、贸易便利化、环保、矿业、电力、教育、文化、智库建设、药品安全、金融、体育、新闻、健康、旅游、城市管理、保险等多个领域。五是全球价值链得到很好融入。博览会的合作区域由服务“10＋1”向服务 RCEP 及“一带一路”沿线国家拓展，一批区域全面经济伙伴关系及“一带一路”沿线国家的团组和企业积极参会参展；首次举办国际组织实质性业务活动——贸易便利化暨纪念 WTO 成立 20 周年高层研讨会。六是经济合作持续升温。博览会期间，中国方面共签订国际经济合作项目 62 项，涉及现代物流、新型装备制造、金融商贸、高新科技及信息软件服务等领域，呈现出以下四个特点：一是“一带一路”效应明显，涉及 21 世纪海上丝绸之路产业项目 20 项，比上届增长五成多；二是中国与东盟经贸合作日益成熟，中国与东盟国家签约合作项目 15 项，其中中国对东盟国家投资项目 7 项；三是签约项目结构明显优化，第一产业及第三产业项目比重上升，高端制造业快速增长，低端产业比重下降；四是世界经贸合作平台效果显现，实现与美、日等国相互投资。

9 月 19 日，第 12 届中国—东盟博览会国际经济合作项目集中签约仪式在南宁隆重举行
（百度网）

第12届中国—东盟博览会展区设置

2015年第12届中国—东盟博览会以海洋合作为重点，安排南宁国际会展中心、广西展览馆（农业展）、南宁华南城（轻工展）3个展区的展出，分商品贸易、投资合作、先进技术、服务贸易、"魅力之城"五大专题。

商品贸易专题　南宁国际会展中心、广西展览馆、南宁华南城3个展区均有安排。

南宁国际会展中心展区：(1)东盟商品展区，主要展示食品及饮料、生活消费品、大宗原材料、服务业产品；(2)工程机械及运输车辆展区（室外展区），主要展示工程机械、运输车辆、物流机械；(3)食品加工与包装机械展区，主要展示通用机械、包装机械、加工机械；(4)电力设备及新能源展区，主要展示新能源发电设备、输配变电设备、电气自动化设备、电线电缆、新能源技术及应用；(5)电子电器展区，主要展示通信设备、绿色家电产品；(6)建筑材料展区，主要展示门窗幕墙产品、卫浴产品、新型建材。

广西展览馆（农业展）：(1)渔牧产品，主要展示水产品及海产品原料、水产及海产设备、水产及海产深加工食品、禽畜产品等；(2)优质水果，主要展示名特优水果产品、果蔬制品等；(3)绿色农产品，主要展示绿色无公害农产品、粮油产品、绿色包装食品、有机包装食品、饮料酒水等；(4)咖啡产品，主要展示马来西亚、越南、泰国等东盟品牌咖啡产品；(5)茶产品，主要展示红茶、绿茶、黑茶、白茶、黄茶、青茶、保健茶等各类茶叶及茶具。

南宁华南城（轻工展）：(1)日用消费品，主要展示塑料制品、文教用品、日用杂品及清洁用品、橱具用品；(2)工艺礼品，主要展示工艺美术品、珠宝首饰、美术陶瓷；(3)家居装饰品，主要展示家居挂饰、贴饰、摆件、小五金；(4)电子消费品，主要展示生活家电、影音视听产品、个人电子消费品。

投资合作专题　在南宁国际会展中心国际经济合作展区、投资合作展示区展示。内容包括国际工程承包、劳务合作、资源开发、信息科技、能源开发、基础设施建设、园区招商、中国和东盟产业园区、境外经济合作区、跨境经济合作区、保税区、互联互通、海上合作、金融合作、物流合作、口岸合作、港口合作等。中国铁路总公司等高铁相关企业以中国铁路"走出去"为重点参展，推动中国与东盟互联互通、高速铁路项目的合作，拓展轨道交通装备国际市场。

先进技术专题　在南宁国际会展中心开展，主要展示中国和东盟在现代农业、海洋科技、节能环保、新能源、电子信息、创新医疗技术等领域的合作成果。围绕"中国—东盟海洋合作年"，先进技术专题增设"海洋科技"展览及专场技术对接会；为突出国际产能和装备制造合作内容，先进技术专题在展览和活动中重点推介中国高铁装备和北斗卫星系统应用，推动中国高铁、航天等优势产能及装备"走出去"与东盟合作。

服务贸易专题　在南宁国际会展中心开展，主要展示企业金融服务、旅游服务及文化合作等内容。安排有金融支持中国企业投资东盟系列活动、泛北部湾股权投资论坛等专题活动。

"魅力之城"专题　11个主办国推介具有代表性的本国城市，分别为：中国香港、文莱斯里巴加湾、柬埔寨金边、印度尼西亚廖内省、老挝乌多姆赛省、马来西亚马六甲、缅甸土瓦市、菲律宾三宝颜、新加坡、泰国春武里府、越南老街省等。

2015中国—东盟博览会旅游展

2015年5月29～31日在中国广西桂林国际会展中心举办。由中国国家旅游局、广西壮族自治区人民政府主办，广西旅游发展委员会、中国—东盟博览会秘书处、桂林市人民政府承办。包括东盟10国在内的50个境外国家和地区、中国29个省（自治区、直辖市）、中国广西14个市的代表团以及欧美、亚太地区的近800家旅游企业和近300名海外商家前来参展参会，吸引观众15万人次。文莱出任旅游展主宾国。

5月29日，2015中国—东盟博览会旅游展在广西桂林开展　　（中新网）

展区总面积2.3万平方米，展位1000个。展览内容：(1)旅游形象类：国家/地区旅游局及旅游组织、艺术与遗产中心、会议与展览中心、机场与机场服务公司、专列与豪华火车运营公司、船渡服务、信用卡与设备供应商、预定系统、技术支持与设备供应商、专业媒体、旅游专业协会、旅游交通工具、游艺设备等。(2)旅游商品类：旅游纪念品、旅游食品、旅游时尚用品等。(3)旅游消费类：航空公司、旅游目的地、旅行社、酒店、特色餐厅、酒吧、车辆租赁公司、文化中心、博物馆、高尔夫球场、度假营地、景点(景区)等。(4)旅游科技类(指挥旅游电子信息技术):智慧旅游城市概念和设施、智慧旅游示范城市建设成果及模拟场景体验、智慧旅游解决方案与信息技术供应商、旅游电子产品、智能旅游实物展示、旅游电子信息设备(旅游与云计算、物联网、移动通讯等结合的新技术)等。

展会期间,中国广西的南宁市、防城港市、桂林市雁山区、恭城瑶族自治县,陕西的汉中市,越南广宁省等先后举办专场旅游推介会,推介优势旅游资源及特色线路。中国桂林、防城港市和越南下龙市签署国际旅游合作备忘录,共同打造国际黄金旅游线路。

2015 中国—东盟博览会文化展

2015 年 5 月 29 ~ 31 日在中国广西南宁国际会展中心举办。缅甸驻南宁总领事馆总领事敏吞、老挝驻南宁总领事馆总领事刁彭·班忠帕妮、泰国驻南宁总领事馆总领事琶姹妮及 7 个府的行政长官、越南驻南宁总领事馆商务领事处商务领事赵翠娥等东盟嘉宾出席开幕式。中国广西壮族自治区副主席李康出席开幕式并与东盟 10 国嘉宾共同为文化展启幕。

本届文化展将“展”“会”“论坛”“活动”有机结合,举办包括文化合作洽谈会暨文化项目推介会、泰国风情节、韩国礼仪文化主题系列活动、景德镇市文化旅游(南宁)推介会、中国—东盟茶仙子大赛、中国—东盟好少年礼仪大赛等系列活动和“玩转文化展·好礼赢起来”互动活动。450 多家中外文化单位、企业参展,室内展示总面积 2.5 万平方米(标准展位 1500 个),集中展示符合中国—东盟文化产业市场需求的特色文化产品。中国的山西、内蒙古、宁夏、甘肃、山东、四川、浙江、江西、广东等 18 个省、自治区相关单位参展,重点展示本地区文化产业发展成果、非物质文化遗产及文化项目、与东盟文化交流合作成果等。此外,还专设国际文化展区,展示东盟国家、日本、韩国等国家的特色文化展品,包括越南的木雕根艺、老挝的花梨木摆件及家具、马来西亚的传统工艺品、韩国的时尚饰品等。作为第 12 届中国—东盟博览会主题国的泰国,还举办泰国风情节暨庆祝中泰建交 40 周年系列活动,向观众展示独特的泰国风情和传统手工艺品,推介旅游文化。

第 12 届中国—东盟博览会农业展

2015 年 9 月 18 日,第 12 届中国—东盟博览会农业展开展仪式暨第 5 届中国—东盟优质水果推介活动开幕式在中国广西南宁举行。中国、东盟各国以及非洲、南太平洋岛国的官员、采购商代表等出席仪式。农业展设室内标准展位 600 个,展品包括渔牧产品、水果、咖啡、绿色农产品、茶产品五大系列,企业重复参展率达到 60%。东盟及区域外国家企业使用展位近 100 个。展览期间,主办方还举办 2015 中国—东盟农资产业合作高峰会议、中国—东盟优质水果推介活动、第 6 届东盟与中日韩粮食安全合作战略圆桌会、食品与包装机械对接会、中外客商对接洽谈活动等专业活动,为参展参会企业提供更多资讯,创造更多商机。

第 12 届中国—东盟博览会轻工展

2015 年 9 月 18 日在中国—东盟商品交易中心南宁华南城开幕。展区以南宁华南城会展中心 A、B 馆为中心馆,展览面积 1 万平方米(614 个标准展位),其他场馆展区面积 30 多万平方米。展区设日用消费品、工艺礼品、电子消费品、家居装饰品四大展区,展品囊括家用纺织品材料、家用电器、家居饰品与礼品、文体保健用品、日用消费品、工艺产品、旅游用品等。越南、泰国、缅甸、印度尼西亚、柬埔寨、老挝、马来西亚等东盟国家和巴基斯坦、土耳其、哈萨克斯坦、吉尔吉斯斯坦、格鲁吉亚、俄罗斯等“一带一路”沿线国家以及日本、韩国等 25 个国家和地区的 500 多家企业报名参展。展会期间,华南城内还举办南宁·东南亚国际旅游美食节、首届亚洲国际家居(南宁)展览会、车世界汽车交易会、泰国文化节、东盟民俗文化节、嘻哈文化节等系列文化主题活动。

第 12 届中国—东盟博览会轻工展开展仪式　　(广西新闻网)

第 12 届中国—东盟博览会林木展

2015 年 11 月 19 日在中国广西南宁开幕。中国国家林业局、广西壮族自治区的政府官员以及老挝、马来西亚、缅甸、泰国、越南等东盟国家驻南宁总领事馆官员、林业企业代表等出席开幕式。250 家企业参展。展会历时 4 天。展区面积近两万平方米，主要展示红木家具、人造板及木结构、林业装备、花卉苗木、特色经济林产品、林业先进技术等中国与东盟林木业贸易投资合作最密切的相关产品。展会期间，还举办第 5 届中国（南宁）林产品国际贸易论坛、中国—东盟人造板合作发展大会、中国—东盟国际木文化论坛等专业论坛以及木旋现场演示、第 4 届全国高职高校学生木作技艺竞赛等活动。

2015 中国—东盟博览会泰国展

2015 年 4 月 2～4 日在泰国曼谷举办。泰国商务部常务次长朱迪玛、中国驻泰国大使宁赋魁、中共广西壮族自治区委员会书记彭清华，泰中文化促进委员会主席披尼等出席开幕式。展会由中国—东盟博览会秘书处、泰国商业部国际贸易促进厅、中国广西壮族自治区商务厅联合主办，设展位 200 多个。中国银行、武汉光谷、北斗控股集团等知名企业参展参会，展品涵盖机械设备、轻工工艺、食品、化工、电子电器、建筑材料、医药保健等诸多领域。展会期间，还举办多个专场推介会、客商对接会等系列商贸促进活动。

2015 中国—东盟博览会印度尼西亚展

2015 年 5 月 8～10 日在印度尼西亚雅加达举办。中国广西壮族自治区主席陈武、印尼贸易部国内贸易司总司长斯丽·奥古斯蒂娅、中国驻印尼大使馆公参王立平以及中国印尼双方政府相关要员和商界领袖参加开幕式。此次展览具有如下特点：一是较好地为企业走向“一带一路”市场、扩大国际合作朋友圈搭建了广阔、直接的平台。展区共设展位 151 个，参展企业 85 家。中国参展企业和机构主要来自北京、上海、浙江、江苏、广东、安徽、天津、山东等经济强省（市），著名企业包括中国—东盟技术转移中心、中国铝业香港有限公司、南南铝业股份有限公司、太平保险、中国重汽运力、广西投资集团、东风柳汽、两面针、广西建工集团、玉林制药、柳州化工股份有限公司等。二是展览内容丰富，特色鲜明。既有机电产品、轻工工艺、五矿化工、食品土畜、医药保健、纺织服装、建筑材料等符合印尼市场需求的中国优势产业和特色商品以及印尼特色食品饮料、家具家居、手工艺品等行业的商品贸易，也有投资合作；既有实物展览，也有形象展示。三是采购商云集。这次展览邀请到众多有实力的中国和印尼采购商到会采购，并取得较好成效。印尼 JIN JAYA 商贸公司现场达成多笔订单，柳州针功夫有限公司与印尼雅加达、巴厘岛客商达成多个销售代理意向，多家印尼投资企业与广西建工集团对接房地产及基建项目。四是经贸促进活动务实，服务周到。展览期间先后举办 3 场贸易对接会等商贸促进活动，20 多家机械设备、化工和建筑材料企业有效对接。五是媒体高度关注。中国中央电视台报、印尼《罗盘报》、印尼贸易部官网、印尼商报、千岛日报、印尼国际日报、印华日报、印尼星洲日报、讯报等均密集报道此次展览。

第 12 届中国—东盟博览会系列会议和论坛

第 8 届中国—东盟智库战略对话论坛 2015 年 9 月 15～16 日在中国南宁举行。由中国社会科学院、广西壮族自治区人民政府联合主办，广西社会科学院和广西国际博览事务局共同承办。论坛以“一带一路”与中国—东盟命运共同体建设为主题，围绕“一带一路”与中国—东盟命运共同体建设的路径选择、“一带一路”与中国—东盟产能合作、“一带一路”与中国—东盟互联互通等议题展开。100 多位智库机构和高校的专家学者参加论坛活动。

9 月 15～16 日，第 8 届中国—东盟智库战略对话论坛在广西南宁举行

（中新网）

通过对话交流和探讨协商达成中国—东盟智库《南宁共识》。马来西亚驻世界贸易组织前大使苏普若玛尼宣读《南宁共识》，共识主要包括 3 个方面：一是“一带一路”建设契合沿线国家的共同需求，是促进沿线各国和平发展、实现共同繁荣的合作共赢之路。二是中国与东盟的合作在“一带一路”建设中举足轻重，深化中国与东盟的合作，共同建设丝绸之路经济带和 21 世纪海上丝绸之路，对打造中国—东盟自由贸易区升级版和构建更为紧密的中国—东盟命运共同体具有重要意义。三是中国与东盟智库的交流合作是“一带一路”建设的重要内容，“一带一路”建设和项目落地迫切需要各国智库的深入研究和积极效力。

第10届中国—东盟文化论坛 2015年9月16日在中国南宁开幕。中国文化部党组成员、中央纪委驻文化部纪检组组长王铁，广西壮族自治区副主席李康，中国—东盟中心、东盟秘书处有关领导以及东盟各国文化部官员、驻华使领馆代表出席开幕式。论坛以“新常态、新合作——东盟共同体建成后的‘10＋1’文化合作”为主题，探讨文化领域如何助力推动中国与东盟国家共建21世纪海上丝绸之路以及如何促进中国—东盟命运共同体建立。论坛期间还开展“戏海丝路”2015中国—东盟（南宁）戏剧周大联欢、稻作文化（那文化）论坛等活动。

中国—东盟环境合作论坛 2015年9月16～18日在中国南宁举办，由中国环境保护部与广西壮族自治区人民政府、东盟秘书处联合主办。由环境可持续发展对话与研修、中国—东盟环保产业合作与发展交流圆桌会、中国环保产业与技术展示三部分组成。东盟各国和东盟秘书处的高级官员，联合国环境规划署、亚洲开发银行等国际合作代表以及中国环保部、各省（自治区）环保及有关部门官员、学者和企业界代表200多人出席。与会代表围绕“环境可持续发展对话与研修”主题，对中国—东盟环境保护合作共建海上绿色丝绸之路，打造区域环境合作共同体展开探讨。

首届中国—东盟残疾人论坛 2015年9月17日在中国南宁开幕。中国残联、广西等有关部门负责人、中国驻东盟大使，中国—东盟中心秘书长，中国康复研究机构、残疾人社会保障及就业方面的专家学者以及东盟秘书处代表、东盟成员国残疾人事务部门部长级官员，东盟残疾人机构、国际助残组织代表等嘉宾出席。论坛以“促进残疾人平等参与和融合发展”为主题。与会代表围绕主题着重从三个方面作探讨：一是面向未来的中国—东盟残疾人事务合作与交流，重点就如何开展残疾人事务合作与交流进行探讨，并倡议建立合作交流机制；二是残疾人社区康复与辅具服务，重点就残疾人康复训练和先进辅具设计、制造服务开展交流，促进各国辅具企业合作交流；三是中国—东盟残疾人就业创业职业技能培训合作交流，重点交流各国对残疾人就业创业提供的扶持政策和技能培训情况。

聚焦中国—东盟博览会亚洲媒体高层论坛 2015年9月17日在南宁举行，由亚洲新闻联盟主办，中国日报社与中国—东盟博览会秘书处承办。中国“一带一路”建设研究专家、“一带一路”沿线16个亚洲国家和地区的专家学者、亚洲主要媒体高层出席。论坛以“亚洲新闻联盟与海上丝绸之路之实践”为主题，旨在解读中国“一带一路”合作倡议与最新进展，共同探讨如何充分发挥亚洲主流媒体在21世纪海上丝绸之路建设中的宣传优势，强化中国—东盟命运共同体意识，营造良好的舆论环境。

中国—东盟职业教育联展暨论坛 2015年9月18日由中国教育部、广西壮族自治区人民政府在南宁联合主办。东盟10国及英国、法国、新西兰、韩国、东帝汶等特邀国的代表团成员，中国各省（自治区、直辖市）代表和70多所高校代表、职业教育专家等400多人出席并参加开幕仪式。联展暨论坛活动以“合作培养人才，助推‘一带一路’”为主题，旨在通过组织中国—东盟政府、学校、企业等方面开展职业教育全方位交流，搭建国际多边务实可持续合作平台。活动分三大类11个项目：联展类，安排职业院校学生技术技能展、职业教育实训教学装备展等；论坛类，安排会见会晤、百校洽谈推介会、高峰论坛、校长企业家论坛、教育官员对话会等；项目类，安排桂港现代职业教育发展中心揭牌奠基、首届桂港台职业院校学生烹饪技能大赛、广西高校东盟国家优秀留学生表彰晚会等。

第3届中国—东盟药品发展合作高峰论坛 2015年9月18～19日由中国食品药品监督管理总局、广西壮族自治区人民政府在南宁联合主办。论坛以“合作共赢——共创中国—东盟药品合作发展新局面”为主题，突出“合作发展”话题，旨在通过该论坛分享各自最新监管政策和要求，寻求监管链条的彼此衔接，求同存异，增信释疑，共同保障和推动中国和东盟医药产业发展。东盟各国代表和世界卫生组织、欧盟等国际组织代表，中国有关部门、单位和制药企业代表等400多人应邀参加。与会代表分别介绍本国药品监管最新动态，就“药品审评审批制度改革”“仿制药”和“产业发展合作”等议题进行演讲和讨论。

9月16日，第10届中国—东盟文化论坛在广西南宁开幕 （新华网）

第3届中国—东盟技术转移与创新合作大会　2015年9月17～21日由中国科技部和广西壮族自治区人民政府在南宁共同主办。以“锐意创新·聚智共赢”为主题,安排包括中国—东盟技术转移与创新合作大会高层合作论坛、东亚峰会新能源论坛、中国—东盟博览会先进技术展、中国—东盟技术对接洽谈会、泰国产业合作推介会、中国—东盟科技创新政策研讨会等6项重要活动。中国科技部副部长曹健林以及泰国、越南、柬埔寨、印度尼西亚、老挝、缅甸等国家科技主管部门官员出席,并为中国—东盟科技创新政策研究中心、中国—东盟创新中心揭牌。

首届中国—东盟统计论坛　2015年9月18～19日由中国国家统计局与广西壮族自治区人民政府在南宁共同举办。中国和东盟国家统计部门的代表围绕“开展官方统计合作,支持中国—东盟经济社会发展”的主题,广泛交流统计经验和优秀实践案例,探讨统计服务社会经济发展的新领域和新途径,共同描绘统计合作愿景和美好未来。

中国—东盟电力合作与发展论坛　2015年9月18～20日由中国电力企业联合会、中国电力发展促进会、中国—东盟博览会秘书处在南宁共同举办。中国国家能源局、广西壮族自治区、电力集团公司的代表以及印度尼西亚、马来西亚、泰国、越南、新加坡等东盟国家的商贸投资、能源电力部门、电力企业的代表出席。论坛以“互联互通,共建电力新丝路”为主题,就东盟各国在电力基础设施建设的前景规划、投资需求、产业政策等进行对话与交流,并就中国与东盟在电力规划、技术创新发展、清洁能源利用等方面的合作展开深入讨论。论坛期间,还举办印度尼西亚基础设施、能源电力投资建设项目推介和马来西亚热电站项目、新能源项目推介活动等。

中国—中南半岛国际经济走廊合作发展圆桌会　2015年9月18日由中国—东盟中心、广西壮族自治区人民政府、中国—东盟博览会秘书处在南宁联合举办。中国有关机构以及柬埔寨、老挝、缅甸、马来西亚、新加坡、泰国、越南等7个国家和国际组织的交通、计划、投资等部门的近100名代表出席。会议以“联通·合作·共赢”为主题,围绕中国—中南半岛国际经济走廊(南宁—新加坡)合作发展前景与新机遇,合作范围与重点领域,沿线产业合作与跨国(境)经贸园区建设等议题进行深入探讨。

中国—东盟互联互通海关合作研讨会　2015年9月18日由中国海关总署和广西壮族自治区人民政府在南宁共同举办。东盟成员国海关,中国香港海关、澳门海关,世界海关组织亚太地区情报联络中心、联合国亚太经济社会等区域组织代表以及有关国家驻华海关专员等60多人参加。研讨会围绕落实“一带一路”海关高层论坛西安倡议,就中国—东盟自由贸易协定中原产地规则和海关程序的实施与升级、中国—东盟海关通关便利化合作以及执法合作等内容进行研讨和交流。会议通过《中国—东盟海关互联互通合作研讨会共识》。会上,中国与越南、老挝分别签订海关合作文件。

第12届中国—东盟博览会贸易便利化暨纪念WTO成立20周年高层研讨会　2015年9月18日由中国—东盟博览会组委会在南宁主办。中共广西壮族自治区委员会常委、自治区人民政府副主席唐仁健,中国商务部副部长王受文,WTO副总干事易小准,海关总署副署长孙毅彪,国家质检总局副局长梅克保,上海WTO事务咨询中心总裁王新奎以及东盟10国和韩国经贸主管部门负责人、中国海关总署、中国国家质检总局、世界贸易组织官员等代表出席。研讨会以“贸易便利化暨纪念WTO成立20周年”为主题,围绕各国对WTO贸易便利化的接受和实施情况、WTO贸易便利化对推动国别经济一体化的作用、WTO贸易便利化与亚洲区域一体化进程的相互促进等3个主要议题展开交流探讨。

第6届东盟与中日韩粮食安全合作战略圆桌会　2015年9月19日由中国农业部在南宁主办。中国、东盟各国、日本、韩国农业主管部门代表以及世界粮食计划署等国际组织、国内农业部门、相关企业代表围绕“降低粮食生产损耗,优化粮食价值链”的会议主题,分享各国在促进粮食生产,降低粮食生产及产后损耗方面的经验,讨论“农业科技提高粮食生产能力”“粮食价值链的优化与减损”相关内容。中国广西壮族自治区委员会副书记危朝安、柬埔寨农林渔业部副国务秘书赛万提出席开幕式并致辞,中国、文莱、日本、柬埔寨等11个国家的代表分别作主旨发言。

中国—东盟农资产业高峰会议　2015年9月19日在南宁举行。会议是在中华全国供销合作总社的指导下,由中国—东盟博览会秘书处、中华全国供销合作总社农业生产资料局、广西壮族自治区供销合作联社、中国—东盟农资商会和中国农业生产资料流通协会等单位联合举办。中国和东盟国家的近200名代表与会。

第6届中国—东盟工程项目合作与发展论坛　2015年9月19日由中国广西科协、中国—东盟博览会秘书处、东盟工程科技院、广西科技大学、香港工程师学会、香港科技协进会、澳门土木及结构工程师学会等单位在南宁联合举办。来自中国、马来西亚、泰国、新加坡、缅甸及中国香港、澳门等国家和地区工程界的知名专家学者、企业代表、学会代表等200多人出席。论坛以“船舶与海洋工程”为主题,围绕船舶及海洋工程装备产业、港口机械产业、海洋石化等产业,就海洋船舶工业、海洋工程建筑业、海洋交通运输业、海洋油气业、海洋砂矿业、海洋化工业、海洋电力和海水利用等问题进行交流。中国、马来西亚、缅甸、新加坡等国家的知名专家学者作专题报告。出席论坛的中外专家还推动工程项目经贸洽谈，有 10 家企业和团体达成合作意向，其中 4 家企业和团体正式签订项目合同，合作项目总金额 2700 多万元。

中国—东盟矿业合作论坛　2015 年 9 月 19 日由中国国土资源部、中国商务部、中国国际贸易促进委员会和广西壮族自治区人民政府在南宁联合举办。中国国土资源部副部长汪民、柬埔寨矿产能源部国务秘书迪·缇那、老挝能源矿产部副部长西纳万·苏发努冯、马来西亚自然资源与环境部拿督穆罕默德·安里·宾·穆罕默德以及来自印度尼西亚矿产与煤炭司、缅甸矿业部、越南地质矿产总局的嘉宾出席开幕式。论坛以“加强矿业合作，促进海上丝绸之路经济发展”为主题，安排了中国—东盟矿业形势发展国家论坛、中国—东盟地学研究合作论坛、矿业政策研究及矿业投资保护论坛、地质环境保护论坛以及矿业项目签约、推介、洽谈会等一系列专题活动。主办方还组织相关企业开展项目对接洽谈。中国、泰国、柬埔寨、菲律宾、澳大利亚的地质勘查队以及矿业公司在论坛期间达成签约项目 9 项，项目总金额 3.48 亿元。

第 12 届中国—东盟博览会投资合作圆桌会　2015 年 9 月 19 日由中国商务部投资促进局在南宁主办。东盟各国投资促进机构的近 60 名代表与会。圆桌会以“加强临港产业及物流园区合作，推进 21 世纪海上丝绸之路建设”为主题，就“以国际产能合作为契机，以东博会为合作交流平台，促进临港产业及物流园区合作，推动海上丝绸之路建设发展”交换意见。各方还就 2016 年需推动的行业、产业重点议题进行讨论。

中国—东盟商事法律合作研讨会　2015 年 9 月 19 日由中国贸促会、东盟 10 国国家工商会在南宁联合举办。中国贸促会副会长尹宗华、中国广西壮族自治区高级人民法院院长罗殿龙、菲律宾工商总会会长蔡聪妙、新加坡工商联合总会主席张松声、老挝国家工商会副会长道文·帕查莎翁、缅甸工商会联合会副会长佐敏温、泰国工业联合会副主席宋悦·唐米拉、马来西亚全国工商总会理事安娜·宾·莎莉以及东盟各国工商会、企业和法律专家等近 200 位代表出席。研讨会以“深化区域法律合作，助推‘一带一路’建设”为主题，发布《中国—东盟法律合作共同宣言》，中国贸促会商事法律服务中心与菲律宾国家工商会联合会、缅甸工商会联合会分别签署《商事联合调解合作协议》并邀请东盟法律专家开展投资东盟法律风险防范和争端解决法律培训。

中国—东盟市长论坛　2015 年 9 月 19～20 日由中国市长协会、中国—东盟博览会秘书处在南宁联合举办。150 多名中国和东盟的市长、专家学者、商协会和企业负责人参加。论坛以“‘一带一路’区域互联互通，城市合作共赢”为主题，就“互联互通—城市发展的机遇和挑战”“‘一带一路’中国—东盟命运共同体的城市伙伴关系建设”两个议题开展讨论，达成《2015 中国—东盟市长论坛南宁共识》。

第 2 届中国—东盟杰出企业家论坛　2015 年 9 月 20 日在广西南宁举行。来自中国和东盟国家的数百名政商界精英围绕“海上丝路开新局，东盟万企创商机”的论坛主题，共同探索“一带一路”建设新形势下的发展机遇，共寻商机，谋求抱团发展。柬埔寨国民议会参议院外交、国际合作、媒体及资讯部政务部副部长吉金叶，越南国家基金会主席、越南总理顾问阮达诺出席论坛开幕式。

第 11 届桂台经贸文化合作论坛　2015 年 9 月 21 日在南宁开幕。中国台湾地区政商知名人士，台湾农会、渔会和台商代表，广西有关机构代表等 350 人参加。论坛以“共享发展机遇 共创合作双赢”为主题，举办桂台农业合作高峰恳谈会、现代农业合作论坛、渔业合作论坛、农产品加工与贸易合作论坛、休闲农业与乡村旅游文化创意合作论坛等 5 场专题活动。与会代表围绕服务“一带一路”、广西“双核驱动”战略和“美丽广西·生态乡村”建设，研讨交流桂台现代农业种植、养殖、加工和生态休闲农业等对接合作优势，共创两地农业互利双赢。广西壮族自治区主席陈武、中国国务院台湾事务办公室副主任龚清概，台湾新党主席郁慕明、二十一世纪基金会执行长孙明贤、台湾渔会理事长黄一成等出席论坛开幕式并致辞，中国国民党原荣誉主席连战向论坛发来贺电。

9 月 21 日，第 11 届桂台经贸文化合作论坛在南宁开幕　（广西新闻网）

（张　磊）

第12届中国—东盟商务与投资峰会

中国—东盟商务与投资峰会概况

2003年10月，时任中国国务院总理温家宝在印度尼西亚巴厘岛举行的第7次中国—东盟(10+1)领导人会议上提出，每年举办中国—东盟商务与投资峰会和中国—东盟博览会，作为推动中国—东盟自由贸易区建设的一项实际行动。这一建议得到东盟各国领导人的积极响应，并写入主席声明。2004年11月，第1届中国—东盟商务与投资峰会和第1届中国—东盟博览会在中国广西南宁市国际会展中心举行。

中国—东盟商务与投资峰会由中国贸促会、中国商务部和广西壮族自治区人民政府共同主办，东盟工商会、中国—东盟商务理事会、文莱国家工商会、柬埔寨总商会、印度尼西亚工商会馆、老挝国家工商会、马来西亚全国工商总会、缅甸工商会联合会、菲律宾工商会、新加坡工商联合总会、泰国工业联盟、越南工商会协办，中国—东盟商务与投资峰会秘书处承办。其宗旨为推动中国与东盟的全面经济合作，推动中国—东盟自由贸易区的建设，搭建中国与东盟各国政府宣传经贸政策的平台，促进中国与东盟工商界的了解与合作，促进政府、学术界和企业界之间更广泛的互动和对话，表达工商界对政府的意愿。至2015年，已举办12届中国—东盟商务与投资峰会和中国—东盟博览会。自2014年起，中国—东盟商务与投资峰会和中国—东盟博览会开幕式合并举办。

2015年9月18～19日，以“共建21世纪海上丝绸之路——共创海洋合作美好蓝图”为主题的第12届中国—东盟商务与投资峰会在广西南宁国际会展中心举行。9月18日，第12届中国—东盟商务与投资峰会在广西南宁与第12届中国—东盟博览会合并开幕，中共中央政治局常委、国务院副总理张高丽在开幕式上发表主旨演讲。除开幕式外，本届峰会还举办泰国国家领导人与中国企业CEO圆桌对话会、中国—东盟商界领袖论坛、中国—东盟商事法律服务合作研讨会、商务午餐会、代言工商专题研究、建立中国—东盟电商平台等6项重要活动及系列论坛。

中国—东盟信息港论坛

2015年9月13～14日由中国国家互联网信息办公室、国家发展和改革委员会、广西壮族自治区人民政府在南宁联合举办。以“互联网+海上丝绸之路——合作·互利·共赢”为主题，设“中国—东盟信息港：规划和设想”“跨境电子商务发展”“加强交流合作 繁荣网络文化”“打击网络犯罪”等多个主题。中国和东盟10国的280多位代表参加。其间，与会代表共同为中国—东盟信息港基地揭牌；中国国家互联网信息办公室与老挝邮电部签署《网络空间合作与发展谅解备忘录》，中国与印度尼西亚达成广泛的合作意向。综合论坛各方意见，中国就中国—东盟网络空间合作提出八点倡议：一是共享网络空间发展成果，携手建设更为紧密的中国—东盟命运共同体，共同建设21世纪海上丝绸之路，为本地区人民带来更多福祉；二是共同打造中国—东盟信息港，推动区域网络信息基础设施建设，促进互联互通，建立互联网经济区域共同市场，广泛吸纳各方共同建设、共同发展，实现互利互惠、合作共赢；三是充分尊重各国网络主权，推动建立多边、民主、透明的国际互联网治理体系；四是切实维护网络安全，防范网络攻击，维护公民合法权益；五是共同打击网络恐怖主义活动，不让网络成为恐怖主义的温床；六是共同打击网络犯罪，打击窃取信息、侵犯隐私等行为；七是加大未成年人网络保护力度，营造安全、健康的网络环境；八是通过互联网深化经贸、人文、技术等各领域合作，让网络化、信息化更好地引领未来、驱动发展。

首届中国—东盟保险合作与发展论坛

2015年9月16日在中国南宁举办。中国保监会副主席陈文辉、广西壮族自治区副主席蓝天立以及来自柬埔寨、新加坡、泰国、越南等8个东盟国家的保险监管机构负责人，中国保险行业协会、中国保险学会、相关保险公司负责人等业界代表参加。与会代表们一致认为，近年来中国保险业实现快速稳定发展，保险监管改革不断取得重要突破，对新兴市场乃至国际保险监管改革均具有重要的借鉴意义；中国—东盟保险合作

9月16日，首届中国—东盟保险合作与发展论坛在中国南宁举办　(百度网)

机制的建立，翻开了保险合作的新时代，保险领域开展的务实合作将成为中国—东盟经贸关系中的新亮点。

中国—东盟中小企业跨境投资与贸易合作洽谈会

2015 年 9 月 18 日由中国银行与广西壮族自治区人民政府在南宁联合举办。东盟 10 国和中国香港特别行政区、澳门特别行政区的 80 多家企业以及中国内地 500 多家企业代表参加洽谈活动。各方开展一对一洽谈活动 800 多场、视频对接会 80 余场，洽谈领域涉及木材加工、建筑材料、清真食品、农产品、养殖业、电子电器等。

中国陕西经贸旅游推介会

2015 年 9 月 17 日，由中国陕西省副省长王莉霞率领的商务、旅游、果业等部门和西安、宝鸡、咸阳三地及有关企业负责人组成的 200 多人代表团，在南宁举行专场经贸旅游推介会，推介陕西省的历史文化旅游资源和特色优势产业，以扩大与广西的交流合作成果，拓宽和务实推进两省（自治区）在经贸、旅游等领域的深入合作和在“一带一路”建设中实现联动发展、互利共赢。广西壮族自治区人大常委会副主任荣仕星以及广西商贸、旅游等相关机构负责人，企业代表等出席推介会。

韩国贸易投资说明会

2015 年 9 月 18 日由韩国产业及贸易通商部在中国南宁举办。韩方在说明会上围绕中韩两国投资合作和自由贸易区（FTA）的发展情况，推介新万金韩中经济合作区及韩国国家食品产业园区，并具体介绍韩国的投资政策、贸易政策、产业布局和交通物流等。有关专家集中就中韩 FTA 的主要内容、应用方案及期待效果，并对非关税壁垒应对策略进行说明。100 多家中国企业参加说明会。

第 12 届中国—东盟博览会东盟产业园区招商大会

2015 年 9 月 18 日由中国商务部投资促进事务局在南宁举办。作为第 12 届中国—东盟商务与投资峰会期间举办的重要投资促进活动，大会以“国际产能合作为契机，促进临港产业及物流园区合作”为主题开展重点招商。新加坡、越南、柬埔寨、老挝、缅甸等东盟国家的临港产业、物流园区代表与会，分别介绍各自园区情况，发布园区招商引资项目，并与中国的钢铁、建材、轨道交通、电力、船舶等企业现场对接与洽谈。中国广西东兴国家重点开发开放试验区代表、泰国相差产业园区代表对各自园区的综合投资环境进行专场推介。

中国河北省优势产能暨投资东盟国家重点行业推介会

2015 年 9 月 18 日在南宁举行。印度尼西亚工商会馆中国委员会副秘书长许再山、中国河北省政协副主席郭华、广西壮族自治区政协副主席高枫以及 100 多名印度尼西亚、老挝、柬埔寨、泰国等国家政府机构、商务机构及近百家企业代表出席。

21 世纪海上丝绸之路与推进国际产能和装备制造合作论坛

2015 年 9 月 19 日由中国国家发展和改革委员会、外交部和广西壮族自治区人民政府在南宁共同举办。中国国家发展和改革委员会副主任宁吉喆发表主旨演讲，中国商务部对外投资和经济合作司司长周柳军、老挝计划投资部副部长本达维、缅甸外交部副部长丁乌伦、柬埔寨商务部国务秘书春达拉分别致辞。中国以及泰国、印度尼西亚、马来西亚、越南等东盟国家的政府官员，世界银行、亚洲开发银行、亚洲基础设施投资银行等国际金融机构代表，中外研究机构、学术团体、企业代表等 300 多人参加。与会代表重点对中国与东盟国家开展国际产能与装备制造合作的现状与前景、重点领域、实现路径等议题进行深入探讨。

中国—东盟电子商务峰会

2015 年 9 月 18 日在中国南宁举行。设“中国—东盟互联网 + 新经济”“中国—东盟跨境电商新基地”“中国—东盟经贸信息港展望”和“中国—东盟创新创业新机遇”4 个议题。中国和东盟国家的政要、经济专家以及阿里巴巴集团、京东集团、苏宁云商等中国及东盟国家著名电商代表 500 多人与会。峰会促成包括广西“互联网 + ”产品二维码中心建设、广西商务厅与苏宁云商战略合作、东兴市与京东集团华南区关于电子商务进农村示范工程战略合作等一批重大合作项目落户广西。

9 月 18 日，2015 中国—东盟电子商务峰会在广西南宁举行　（中新网）

国际产能合作项目洽谈对接会

2015年9月18日由中国国家发展和改革委员会在南宁举办。中国及东盟国家的知名企业代表、产业园区和投资促进机构代表等200多人参会。泰中罗勇工业园区、柬埔寨西哈努克港经济特区、印度尼西亚工业园区、缅甸明加拉产业园、菲律宾三宝颜市特别经济区以及老挝、马来西亚、新加坡等东盟国家产业园区代表参与洽谈，涉及工程机械、电力、建材、有色、钢铁、轻纺等行业，达成合作意向30多项。

中国驻东盟国家使领馆经商参赞与企业家交流会

2015年9月18日由中国商务部亚洲司、中国—东盟博览会秘书处、中国广西壮族自治区商务厅在南宁共同举办。中国—东盟博览会秘书处副秘书长陈海、中国驻文莱大使馆经济商务参赞处主任方家文、中国驻柬埔寨大使馆经济商务参赞处商务参赞宋晓国、中国驻印度尼西亚大使馆经济商务参赞处公使衔参赞王立平、中国驻老挝大使馆经济商务参赞处商务参赞赵文宇、中国驻马来西亚大使馆经济商务参赞处商务参赞吴政平、中国驻缅甸大使馆经济商务参赞处商务参赞蒋寅刚、中国驻菲律宾大使馆经济商务参赞处商务参赞金远、中国驻新加坡大使馆经济商务参赞处公使衔参赞郑超、中国驻泰国大使馆经济商务参赞处商务参赞张佩东、中国驻越南大使馆经济商务参赞处商务参赞许启崧、中国驻东盟使团经济商务参赞处商务参赞谭苏富以及中国工商银行、中国中车株洲电力机车有限公司代表出席并发言。

会上，参赞们从东盟国家的国情、税收状况、政策、产业、市场需求、渠道、劳务等方面的问题与企业代表进行讨论，重点就中国企业与东盟国家开展国际经济合作、国际产能合作、装备制造业“走出去”等领域需要注意的事项提出意见和建议。中国中铁股份有限公司、中国水利电力对外公司、中国机械进出口（集团）有限公司等中国知名企业代表就国际产能合作、装备制造、工程承包、金融、能源环保、先进技术等与商务参赞进行互动交流。

泰国领导人与中国企业CEO圆桌对话会

2015年9月18日在中国广西南宁举行，是第12届中国—东盟商务与投资峰会框架下的重要活动。由中国商务部、中国贸促会、广西壮族自治区人民政府共同主办。泰国副总理塔纳萨·巴迪玛布拉功、中国贸促会会长姜增伟、中共广西壮族自治区委员会副书记危朝安等中泰双方政府高官、工商界人士近250人出席。围绕“深化中泰经贸合作 实现共同发展”主题，中国银行、中国建筑股份有限公司、中国铁建股份有限公司、中国国际能源集团控股有限公司、中国机械进出口（集团）有限公司、中国广核集团有限公司等6家中方企业负责人就能源、金融、交通基础设施等领域与泰国领导人进行对话交流。

第5届中国—东盟商界领袖论坛

2015年9月17日由中国国际贸易促进委员会、广西壮族自治区人民政府、中央电视台在南宁联合举办。马来西亚东海岸经济特区发展理事会CEO艾萨克·约翰、新加坡工商联合总会主席张松声、中国国际能源集团控股有限公司董事局主席吴国迪、中国社会科学院亚太与全球战略研究院研究员陆建人等中国和东盟政府代表、工商界领袖、企业代表、专家学者200多人，围绕“共建21世纪海上丝绸之路”主题，就互联互通、产能合作、贸易服务等展开深入讨论。

中国与东盟投资环境及投资便利化研讨会

2015年9月19日在中国南宁举行。中国和东盟国家的市场准入主管机构代表，有关高等院校、研究机构的专家学者和企业代表等100多人参会。中国国家工商总局副局长刘俊臣、柬埔寨商务部国务秘书长欧克·普拉契、老挝工业与贸易部副部长宋吉·金塔米、中国广西壮族自治区副主席黄日波分别致辞，广西、海南、广东等省（自治区）工商局负责人、企业代表在会上交流发言。与会代表重点就2016年中国—东盟工商论坛议题进行研讨，并审议《第2届中国—东盟工商论坛南宁共识》（草案）。

第7届中国—东盟金融合作与发展领袖论坛资本市场论坛

2015年9月19日由华融证券与广西壮族自治区金融工作办公室

9月19日，第7届中国—东盟金融合作与发展领袖论坛在广西南宁举行。图为论坛上的签约仪式　（广西日报）

在南宁联合举办。近200家金融部门、金融机构和企业代表800多人出席。本届论坛以“中国—东盟财富管理”为主题。中共广西壮族自治区委员会书记、自治区人大常委会主任彭清华,中国人民银行副行长范一飞,柬埔寨国家银行行长谢振都,老挝国家银行副行长瓦塔纳·达拉莱,缅甸中央银行副行长钦索乌,泰国中央银行储备管理司司长安彭·萨曼尼重要嘉宾和有关金融机构负责人、企业代表分别发表主题演讲。

柬埔寨投资和商业前景推介会

2015年9月17日由柬埔寨商业部在中国广西南宁举办。以“柬埔寨投资潜力和商业前景”为主题,围绕加强柬中两国在中国—东盟自由贸易区建成后的经贸合作,尤其是进一步推进柬埔寨与中国在基础项目投资建设、农业科技合作、产品研发、文化交流等领域的互利合作,推动双边经济合作向纵深发展等议题展开研讨。会上,柬埔寨相关部门负责人重点介绍柬埔寨国情及投资政策、旅游业发展、对外经济政策等,希望通过中国—东盟博览会的平台,与中国扩大互利务实合作。

中马“两国双园”暨马来西亚商机推介会

2015年9月19日由中国广西壮族自治区人民政府、马来西亚投资发展局、马来西亚彭亨州政府、马来西亚东海岸经济特区发展理事会在中国南宁联合举办。旨在扩大中国—马来西亚“两国双园”的影响力和知名度,加强中马钦州产业园区和马中关丹产业园区政策的宣传和推介,推动更多项目落户园区,促进双方合作互利共赢。中国商务部投资促进事务局、马来西亚外贸发展局、中马钦州产业园区管理委员会、马中关丹产业园合资公司、中国广西壮族自治区商务厅等两国经贸部门负责人以及投资促进机构、商协会、重点企业代表等约400人出席。会间,两园还举行重大项目签约仪式。

广西东兴国家重点开发开放试验区专场推介会

2015年9月19日在中国南宁举办。中国和东盟国家相关部委、地方政府和东兴试验区的代表等约200人参会。会上签约项目18项,项目总投资127.58亿元,涉及生态农业、新能源、旅游文化、体育运动、林业开发、互市贸易、商贸物流、食品加工等多个领域。

(张　磊)

第17届南宁国际民歌艺术节

第17届南宁国际民歌艺术节演唱会

2015年9月17日,第17届南宁国际民歌艺术节、中国—东盟博览会和中国—东盟商务与投资峰会开幕晚会在中国南宁人民会堂举行。晚会以“情牵丝路·大地飞歌”为主题,分为上篇《云上歌圩》、中篇《天下民歌》、下篇《丝路歌汇》、尾声《大地飞歌》四个篇章,用“情动天下的盛大歌圩、乐动天下的民族歌海、浪漫多彩的海上丝路”将民族的多元文化、历史情脉、“一带一路”与南宁城市发展和美丽中国的时代脉搏相结合,将“大地飞歌”品牌嵌入历史、嵌入经典、嵌入未来。演唱会呈现以下亮点:一是运用手绘彩图的行为作为贯穿整场晚会的情感线索,在晚会结束时将各国艺术家共同描绘“一带一路”的美丽画卷呈现给观众;二是舞美设计打破舞台框架结构,不仅将表演区域延展至后舞台及两侧副台,还将软、硬景与视频影像结合,运用空中倒膜反射现象,让观众产生时空逆转的错觉;三是歌曲演唱及包装采用阿卡贝拉等演唱方式,结合民族与现代、本土与国际歌曲的混搭;四是剧场观演模式以歌圩贯穿始终,让晚会真正回归民间民歌盛会。

在音乐呈现方面,晚会精心编排包括《浏阳河》《山歌好比春江水》《达坂城的姑娘》《鸿雁》《小河淌水》《竹笛声声》《你不知道的事》《我比谁都爱你》《红

第17届南宁国际民歌艺术节演唱会剧照　　(南国网)

莓花儿开》等中外优秀民歌,也安排广西本土民歌《会郎调》《吉冬诺》和专为晚会创作的《美丽南方》《情牵丝路·中国梦》等。在视觉设计方面,晚会采用10米长、28米宽的超大LED屏,使无垠梯田、绵延群山、灿烂星空、城市街景等景致在舞台上呈现,以虚实结合的场景变化营造层层递进的阶梯感和流光溢彩的精彩画面。参加晚会演出歌手既有李谷一、殷秀梅、廖昌永等歌唱家,也有降央卓玛、哈布尔、喻越越、汪小敏等当红新秀;有中国流行民谣歌手赵牧阳,也有民族特色浓郁的安达组合、克尔曼佛拉门戈吉他乐队;既有广西实力歌手袁泉、陈春燕、刘海旋、杨历川、潘傲峰等,也有俄罗斯的"梦乐团"、马来西亚的陈永馨、泰国的天力、越南的清花等国外优秀歌手。

南宁国际民歌艺术节16年经典民歌音乐会

2015年9月18日在中国南宁广西体育中心体育馆举办。音乐会分"扬帆寻梦""碧海丝路""绿城之约""盛世欢歌"4个篇章。开场曲由时隔16年重返南宁国际民歌艺术节舞台的蒙古族"智慧之光"斯琴格日乐唱响。第二篇章"碧海丝路"是音乐会的亮点,这个篇章安排印度尼西亚的《星星索》、缅甸的《海鸥》、泰国的《相思河畔》、俄罗斯的《莫斯科郊外的晚上》等国外经典民歌,让观众充分领略异域风情。谈莉娜带来颇具印度风情的《热辣媚娘》,台湾歌坛传奇人物齐秦深情表现的《夜夜夜夜》《藤缠树》和《大约在冬季》,令观众沉浸歌声中。音乐会持续两个多小时。

"风情东南亚"晚会

2015年9月21日在南宁人民会堂举办。以"和谐、友谊"为主题,以"欢乐、绚丽"为主调,以东盟国家经典歌舞为主体,艺术再现东南亚各国绚丽的民族风情。

晚会用90分钟浓缩展现中国及东盟国家的文化艺术精华。缅甸舞蹈《敏阿拉巴》的细腻、柬埔寨舞蹈《孔雀》的灵动、越南独弦琴舞蹈《山水吟》的柔美、文莱男女对唱《海岛情歌》的甜蜜给观众留下深刻印象,印度尼西亚器乐演奏《安格隆》、菲律宾舞蹈《炫动的色彩》、新加坡歌曲《丹绒海角》、老挝舞蹈《美丽的老挝》等让观众目不暇接,代表广西民族特色的壮族天琴弹唱更是让到场的外宾感到惊艳。晚会在马来西亚舞蹈《恩当》的激情舞动中掀起高潮,全场观众在这支"拍手舞"的感染下随节拍舞动,晚会演出效果炫目。

"绿城歌台"群众文化活动

2015年9月19~20日,中国南宁结合中国—东盟博览会和中国—东盟商务与投资峰会的举办,在各区、县设立歌台,开展"绿城歌台"广场文化活动,丰富文化生活,活跃节会气氛。这届歌台以"绿城歌台·丝路扬帆"为主题,设13个歌台,以歌会友,以歌促进文化交流。

设在民歌湖上的中心歌台,以"相约绿城·欢聚北部湾"为主题,邀请本地歌手、乐队以及各地极具地域民族文化标志的节目共同向市民展现。中心歌台舞美设计,采用LED大屏幕作背景,在民歌湖风光中巧妙融入壮乡民族元素的舞台硬景及标志性图案,突出自然景观与人文景观的和谐统一。舞台前方为一艘航行的大船形象,寓意绿城歌台借助海上丝绸之路扬帆起航。

12个分歌台的节目在安排上采用互换形式做法,在大量地域特色民族歌舞的基础上,与相邻县、区互换3~5个特色节目演出,丰富节目内容。演出的节目都是历届南宁市乡村社区和谐文艺大展演的获奖节目,地域文化特色鲜明,内容表现新颖,观赏性较强。

分歌台各有主题,有的以"青春飞扬"为主题展示青春时尚,有的以"缤纷童梦"为主题关注天真少年,有的以"城市梦想"为主题关爱外来务工者,有的以"壮乡风情"为主题展现非物质文化遗产,有的以"绿城飞歌"为主题展现邕城新风貌,有的以"壮乡歌海"为主题展现民歌。各歌台还不乏外国演员的身影,印度、英国、泰国、韩国、乌克兰、马来西亚、老挝等国外演出团体在各歌台轮番演出,向市民展现其浓郁的民族风情。

中国—东盟(南宁)戏剧周

2015年9月10~17日分别在南宁剧场、明星剧场、广西桂戏坊等场所举行。安排戏剧展演、主题研讨会、戏剧工作坊、艺术展览、戏剧大讲堂等六大板块活动,邀请越南、马来西亚、印度尼西亚、菲律宾、柬埔寨、新加坡、泰国等东盟国家的文艺院团以及贵州省花灯剧院、福建省泉州市高甲戏传习中心、深圳市粤剧团等国内戏剧表演团体共同参与。

8月31日至9月3日,戏剧周首场活动——中国—东盟粤曲大赛暨首届粤剧红派艺术大赛广西赛区比赛吸引了118名选手展开角逐。9月11日晚,戏剧周开幕大戏《璎珞传》在南宁剧场上演。开幕戏由南宁民族文化艺术研究院改编古印度梵剧而来,是中国粤剧艺术和印度艺术精妙结合之作。 (张 磊)

东盟国家重要展会

文莱国际石油天然气展会

2015年10月1~2日在文莱白拉奕国际会展中心举行。日本、韩国、马来西亚、泰国、新加坡、印度尼西亚、澳大利亚、越南、缅甸、中国、菲律宾、印度、美国等10多个国家和地区的企业和众多的专业观众参展观展。展会展览面积超过2500平方米。展览主要为:(1)机械设备,包括石油钻具、油井设备、离岸设备、离岸平台、分离设备、油罐设备、物探设备、遥控监测设备、制冷设备、维修保养设备等;(2)仪器仪表,包括阀门、定位器、温度感应器、稳定器、记录器、气体计量仪表等;(3)技术服务,包括测绘、提炼、提纯、精制、分离、液化、质量检测、污染控制防护、流量流速控制等技术以及计算机数据管理和油库工程、电气工程、工程顾问等;(4)其他展品,包括滤网、筛网、钢铁架构、安全系统、报警系统、操作进程控制系统、管道线路保护系统、实验及模拟系统、险情控制系统、紧急停工系统等。

第 10 届柬埔寨国际进出口商品博览会

2015 年 12 月 15 ~ 18 日由柬埔寨国家商业贸易部在金边钻石岛国际会展中心举办。柬埔寨国务大臣兼商业部部长孙占托、中国驻柬埔寨大使馆宋晓国参赞出席开幕仪式。该博览会是柬埔寨规模最大的进出口贸易国际性展会,也是柬埔寨、越南、缅甸、老挝、泰国为促进湄公河区域性经济互补发展而举办的国际性展会。展会展示内容主要有:(1)消费电子,包括视听产品、数码通信产品、IT 产品等;(2)家用电器,包括日用家电、厨卫家电、健康护理家电等;(3)家居用品,包括布艺、地毯窗帘、床上用品、居室卫浴餐厨纺织品、成衣及时装饰品、纺织辅料、个人护理用品、美容美发用品、家居家具、器皿及餐厨用品、小五金、灯饰、钟表眼镜、妇婴用品、宠物用品、酒店用品等;(4)礼品工艺品,包括工艺美术品、礼品、陶瓷工艺品、树脂工艺品、水晶玻璃金属工艺品、园艺及户外用品、节日婚庆用品、民俗及宗教用品等;(5)办公用品,包括打印复印扫描速印机设备、标签条码票据打印机、考勤设备、门禁设备、办公耗材等;(6)体育及休闲用品,包括运动休闲服饰、旅游户外运动装备、健身器材、儿童娱乐设施、康体娱乐设施、瑜珈用品、体质检测仪器等。中国福建、云南、澳门的上百家企业参展参会。

印度尼西亚国际农业展览会

2015 年 11 月 11 ~ 14 日在印度尼西亚雅加达举办。展览仅室内展厅的展出面积就有近 3 万平方米。来自各国的 500 多家农业企业和组织参展参会,专业观众 2.7 万人次。展览内容主要有:(1)农用机械,包括拖拉机、收获机、插秧机、微耕机、旋耕机、场上作业机械、耕整种植机械、植保机械、小型动力机械、排灌及节水灌溉设备等;(2)园艺机械,包括草坪机、割灌机、油锯、喷雾器、除雪机、碎枝机、劈木机、园艺工具及配件等;(3)农副产品加工机械,包括种子加工设备、粮油加工处理设备及棉麻加工机械、食品加工机械、果蔬深加工机械、畜禽屠宰及加工机械、保鲜及运输贮藏设备等;(4)农资产品,包括种子、化肥、农药、除草剂、杀鼠剂、有机生长物、植保用具等。

马来西亚国际家禽畜牧产业展览会

2015 年 9 月 21 ~ 23 日在马来西亚吉隆坡会展中心举行。两年一届,是东南亚最大的国际家禽畜牧行业展会。本届展会有美国、法国、英国、德国、西班牙、意大利、荷兰、加拿大、澳大利亚、新西兰、中国、日本、韩国、新加坡和越南等国家和地区的近 400 家厂商参展,8000 多名专家、学者及专业观众到会。展览汇集展示众多家禽畜牧产业及肉类加工的前沿技术和产品,主要有:畜牧水产养殖技术及设备、优良品种、先进育种技术和胚胎基因技术及工程、产品冷藏冷冻及加工技术与设备、包装技术及设备、疫病防治技术与设备、兽药疫苗产品及生产设备、饲料添加剂技术及加工设备、粪便处理及再利用技术与设备、孵化及其他养殖设备、禽畜产品加工技术及设备、畜牧行业微机控制系统及软硬件等。

第 3 届缅甸国际矿业展览会

2015 年 11 月 26 ~ 28 日由缅甸联邦工商业联合会在仰光举办。28 个国家的 177 家企业参会,中国、泰国、韩国、德国、印度、新加坡等国组团参展,展区面积 1 万多平方米,吸引专业观众 3000 多人。展览内容主要有:化验设备、轴承、皮带传送机、斗轮铲、压缩机、输送机及系统、破碎机及研磨机、挖掘机、钻机及钻孔设备、干燥机、自卸车、电动机及发电机、发动机及配件、勘探设备、爆破、浮选机及设备、齿轮及传动装置、分级机,长壁开采设备、防喷管及防喷设备、选矿设备等。

菲律宾亚洲食品饮料展

2015 年 9 月 3 ~ 6 日,亚洲地区规模最大的食品专业展——菲律宾亚洲食品饮料展由菲律宾 LNAmanagement group 展览公司在马尼拉世贸中心举办。展会安排美食节、国际食品峰会、食品配料、烘焙博览会、酒店用品设备及食品加工设备展等活动。主展区展出面积 1 万多平方米。来自 30 个国家和地区的 400 多家企业参展,观众 4 万多人次。展品主要有:农副产品、蔬菜、水果、禽、水产品、冷冻食物、熟食品以及糖果、巧克力、奶酪、饼干、面包等烘焙产品,还有乳制品、休闲食品、方便食品、健康食品、调味品、食品添加剂及原材料、饮料、酒精饮料、咖啡、茶及茶具等。

第 5 届新加坡亚洲海事展

2015 年 4 月 21 ~ 23 日由 Seatrade 和新加坡海事基金会在新加坡金沙会展中心联合举办。来自 60 多个国家和地区的 1.4 万名代表参加。展会期间举办新加坡海事周、亚洲海事全球论坛、海工海事论坛等。本届展会首次安排两项重要活动:一是海洋工程日活动,主要围绕海工论题提供多样化研讨会以探讨市场需求中的重要课题;二是亚洲海事国际论坛,主要推介首次亮相亚洲的全球四大权威海事机构。展览内容:船级社和船舶登记、甲板设备、教育和培训、离岸设备和服务、人事和船员、港口和码头、安全和救援、船舶建造、船舶修理和改造、IT 与导航、报警监控系统、计算机系统与服务、电子海图显示和信息系统、推进机械、发动机及零部件、螺旋桨系统和设备、涡轮增压器、船舶操作、压载水处理系统、泵阀、起重机等。

新加坡亚洲海事展每两年举办一次。与 2007 年首届亚洲海事展相比，第 5 届的专业观众人数增长 88%。

新加坡国际家具展览会

2015 年 3 月 13～16 日在新加坡樟宜国际博览中心与第 31 届东盟国际家具展览会同期举办。来自 102 个国家和地区的 466 家参展商、118 个采购团参加，参展观众 2.1 万人。展会现场成交额 2.97 亿美元，展后期望成交额 33 亿美元。展览内容主要有：(1)家具类，主要有仿古董家具、卧室家具、铁艺家具、钢木家具、儿童家具、定制家具、饭厅家具、花园/户外家具、家庭娱乐、厨房家具、客厅家具、应时家具、办公室家具/系统；(2)家具制作材料，主要有竹藤、玻璃、皮革、大理石、金属、塑胶、白藤、石头、铁丝、藤、木材；(3)软式家具及家居装潢，主要有地毯毛毯、窗帘卷帘、家具组件、装饰配件、布料、家居工艺品、灯饰、沙发、地板、木线、墙板铺设材料；(4)家具五金，主要为家具辅料、家具配件区；(5)酒店家具及酒店用品等。

新加坡国际家具展览会始于 1981 年，每年一届，主要面向欧美和南亚市场，是亚洲首个专业家具采购平台和以设计为主导的展览会。

第 32 届东盟(泰国)国际机械展览会

2015 年 5 月 13～16 日在泰国曼谷国际贸易展览中心举办。由泰国工业部、东盟国际贸易投资商会、泰国投资促进委员会等机构共同支持举办。展览会总展出面积约 32000 平方米，来自澳大利亚、奥地利、比利时、中国、英国、芬兰、法国、德国、香港、印度、以色列、意大利、日本、韩国、马来西亚、葡萄牙、俄罗斯、新加坡、斯洛文尼亚、西班牙、瑞典、瑞士、塔希提岛、中国台湾、泰国、荷兰、菲律宾、土耳其、英国、美国、越南等近 40 个国家(地区)的 1600 家企业参展。展品主要包括：(1)金属切削机床、特种加工机床及专用设备、加工中心、刀具和磨具、检验和测量设备、金属加工设备、钣金加工、模具及模具生产及配件；(2)焊接工业自动化、焊接设备与材料；(3)手动工具、电动工具及配件；(4)工业自动化和机器人技术；(5)液压/气动设备、支持和辅助设备和系统；(6)空压机、减速机、紧固件和附件、泵、阀门、管件和一般硬件；(7)塑料和橡胶加工机器和配件；(8)物流与运输设备；(9)清洗设备及配件等车间设备。此次展览会展出近 4000 项新设备及新技术。共 4.2 万名专业观众到场参观，其中，有 3465 位海外观展商，海外买家比上年增长 15%。展览会同期举办多场会议、论坛等相关活动。

东盟(泰国)国际机械展览会始于 1984 年，每年一届，是东南亚最大、最权威的工业机械及金属加工机械的专业性展会。

越南第 24 届国际工业博览会

2015 年 10 月 20～23 日在越南河内讲武国际会展中心举办。由越南工贸部、计划投资部、建设部、交通运输部、科学技术部、国防部、河内市等联合主办，越南展览中心承办。越南、韩国、中国、日本、新加坡、德国、泰国、古巴、捷克、印度、法国、马来西亚、印度尼西亚、俄罗斯等 20 个国家和地区的团组参加。设“五金工具展”“数控机床与金属加工展”“工业自动化展”“焊接与切割技术设备展”“冶金技术设备展”等多个专业展。室内展览面积 1.15 万平方米，室外面积 4000 平方米。观众近 7 万人次，其中专业观众高达 70%。展示内容涉及自动化设备、工程机械、建筑机械、石油采炼设备、流体机械、化工机械、电厂设备、矿山机械、物流设备、医疗机械、制药机械、环保机械、食品加工、包装机械、农牧渔业机械、塑料机械、橡胶机械、电缆及设备、缝纫机械、服装机械、机电设备、造纸机械、印刷机械、包装机械、金属加工机械、电子电气机械、光电子、工业电器、激光设备、工业控制仪器仪表、工具模具、风机电机、锅炉与原动机、气体压缩与分离设备等。

博览会始于 1991 年，每年一届，是越南乃至东南亚地区规模最大和最具影响力的工业展览会，也是越南工业领域面向世界的一个重要窗口和经贸交流合作平台。

第 25 届越南国际贸易博览会

2015 年 4 月 15～18 日在越南河内讲武国际会展中心举办。由越南工贸部、计划投资部联合主办。越南副总理黄忠海出席并主持剪彩仪式。来自阿尔及利亚、澳大利亚、孟加拉、比利时、柬埔寨、古巴、捷克、英国、印度尼西亚、以色列、意大利、日本、肯尼亚、韩国、老挝、马来西亚、尼泊尔、波兰、俄罗斯、新加坡、南非、西班牙、瑞士、泰国、中国等 28 个国家和地区的 288 家外国企业和 312 家越南国内企业参加。博览会设标准展位 720 个。展示内容包括：(1)礼品工艺品；(2)家纺及服装；(3)家用电器及视听产品；(4)印刷包装技术设备及广告器材；(5)休闲用品；(6)各类生产加工机械装备及环保技术与设备；(7)水处理、节能降耗、烟气净化、循环经济与废弃物处理技术及设备等。博览会专业观众 2 万多人次，普通观众 1 万多人次，现场签订的合同总金额 6 亿多美元。博览会期间还举办出口促进论坛，着重推介越南最新经贸、投资情况和促进出口的政策。

越南国际贸易博览会始于 1991 年，每年举办一届，是越南国家级的重要展会。（张 磊）

新 闻 人 物

屠呦呦

2015 年 10 月因发现中药青蒿素可以有效降低疟疾患者死亡率而获诺贝尔生理学或医学奖；2016 年 2 月入选"感动中国"2015 年度人物。中国中医研究院终身研究员兼首席研究员，青蒿素研究开发中心主任，博士生导师、药学家。女。1930 年 12 月 30 日生于浙江宁波。1955 年毕业于北京医学院（今北京大学医学部）药学系，分配到卫生部中医研究院（现中国中医科学院）中药研究所工作。1956 年对有效药物半边莲（Lobelia chinensis Lour.）进行生药学研究；后来，又完成品种比较复杂的中药银柴胡（Stellaria dichotonia L. var. lanceolata Bge.）的生药学研究。这两项成果被相继收入《中药志》。1959～1962 年参加卫生部全国第 3 期西医离职学习中医班，系统地学习中医药知识，并参加北京市的炮制经验总结，从而对药材的品种真伪和道地质量，以及炮制技术有了进一步的感性认识。此后，又参加卫生部下达的中药炮制研究工作，是《中药炮炙经验集成》一书的主要编著者之一。1969 年，中国中医研究院接受抗疟药研究任务，屠呦呦任科技组组长。1969 年 1 月开始，她领导课题组从系统收集整理历代医籍、本草、民间方药入手，在收集 2000 余方药基础上，编写以 640 种药物为主的《抗疟单验方集》，对其中的 200 多种中药开展实验研究，历经 380 多次失败，1971 年发现中药青蒿乙醚提取物的中性部分对疟原虫有 100% 抑制率。1972 年，她和同事在青蒿中提取到一种分子式为 C15H22O5 的无色结晶体，一种熔点为 156℃～157℃ 的活性成分，他们将这种无色的结晶体物质命名为青蒿素。1973 年，屠呦呦合成出双氢青蒿素，以证实其羟（基）氢氧基族的化学结构，但当时她却不知道自己合成出来的这种化学物质以后被证明比天然青蒿素的效果还要强得多。1977 年 3 月，她以"青蒿素结构研究协作组"名义撰写的论文《一种新型的倍半萜内酯——青蒿素》发表于 1977 年第 3 期《科学通报》。1978 年，"523"项目科研成果鉴定会最终认定青蒿素研制成功，按中药用药习惯，将中药青蒿抗疟成分定名为青蒿素。1979 年获国家发明奖。1986 年，青蒿素获得一类新药证书（86 卫药证字 X－01 号）。

1979 年，屠呦呦任中国中医科学院中药研究所副研究员，1980 年被聘为硕士生导师。1981 年 10 月，在北京召开的由世界卫生组织等主办的国际青蒿素会议上，她以首席发言人的身份作《青蒿素的化学研究》的报告，获得高度评价。1985 年任中国中医科学院中药研究所研究员。1992 年"双氢青蒿素及其片剂"获一类新药证书（92 卫药证字 X－66、67 号）和全国十大科技成就奖。同年，她针对青蒿素成本高、对疟疾难以根治等缺点，发明双氢青蒿素（抗疟疗效为前者 10 倍）。1995 年出席全国劳动模范和先进工作者表彰大会，被国务院授予"全国先进工作者"称号，同年以中国政府代表团代表的身份出席第四届世界妇女大会，并再次出席全国科学技术大会；2001 年被聘为博士生导师。2009 年出版《青蒿及青蒿素类药物》一书。2011 年 11 月 15 日，在中国中医科学院于北京举行的 2011 年科技工作大会上被授予中国中医科学院杰出贡献奖。2015 年 10 月获得诺贝尔生理学或医学奖，是第一位获得诺贝尔科学奖项的中国本土科学家、第一位获得诺贝尔生理学或医学奖的华人科学家。这是中国医学界迄今为止获得的最高奖项，也是中医药成果获得的最高奖项。2015 年 12 月 7 日下午，她在瑞典卡罗林斯卡医学院用中文发表《青蒿素的发现：传统中医献给世界的礼物》的主题演讲。2016 年 2 月 14 日，入选"感动中国"2015 年度人物。

屠呦呦主要论著有：《半边莲的生药学研究》《银柴胡》《中药鉴别经验的学习心得》《一种新型的倍半萜内酯——青蒿素》《青蒿素（Arteannuin）的结构和反

应》《抗疟新药——青蒿素》《中药青蒿素化学成分的研究》《中药青蒿的化学成分和青蒿素衍生物的研究》《青蒿及青蒿素类药物》等。

潘建伟

入选“2015 中国科学年度新闻人物”。2016 年 1 月，作为多光子纠缠及干涉度量项目第一完成人获国家自然科学奖一等奖。

著名物理学家、中国科学院院士。中科院量子科学实验卫星先导专项首席科学家。中国科学技术大学量子隐形传态研究项目组主持人。中国科学技术大学教授、博士生导师，常务副校长。第五届中国青年科技工作者协会会长。1970 年3 月11 日生于浙江东阳，原籍浙江磐安。1995 年毕业于中国科学技术大学理论物理专业，先后取得理论物理专业学士、硕士学位。1996 ~ 1999 年在奥地利维也纳大学攻读博士，师从 Anton Zeilinger 教授。研究领域为量子物理、量子信息、量子通讯。1999 ~ 2003 年，在 Anton Zeilinger 团队先后任博士后和高级研究员并担任 Co – PI。2001 年，在中国科学技术大学任教授。2002 ~ 2007 年，被教育部聘为“长江学者奖励计划”特聘教授。2005 年起，在合肥微尺度物质科学国家实验室任量子物理与量子信息研究部主任。2008 年获欧洲研究委员会资助（ERC ResearchGrant）。2008 年在上海浦东创建中国科学技术大学量子工程中心。2010 年 12 月起在中国科学技术大学任国际合作交流推进委员会主任。2012 年 7 月起任教育部量子信息与量子科技前沿协同创新中心主任。2014 年 1 月任中国科学院量子信息与量子科技前沿卓越创新中心主任。

2002 年获德国洪堡基金索菲亚奖（Sofija Kovalevskaja Award）（属于科研基金）。2003 年获奥地利科学院施密德奖（Erich Schmid Prize）；此奖为奥地利科学院授予 40 岁以下青年物理学家的最高奖，两年一度，每次一人。2004 年，获德意志研究联合会尼托研究基金诺特尔奖（Emmy Noether Research Award）（属于科研基金）。同年获欧盟玛丽 · 居里杰出研究奖（Marie Curie Excellent Research Award）（属于科研基金），并获德国洪堡基金索菲亚奖（Sofija Kovalevskaja Award）（属于科研基金）。先后获第 8 届中国科学院杰出青年称号、第 15 届中国十大杰出青年称号和欧洲物理学会菲涅尔奖（Fresnel Prize）、中国科学院杰出科技成就奖、第 6 届中国青年科学家奖。2008 年 11 月当选为发展中国家科学院通讯院士。2011 年当选为中国科学院院士（数学物理学部）。2012 年当选为发展中国家科学院院士。2012 年 8 月 1 日在第 11 届量子通信、测量和计算国际学术大会上，获国际量子通信奖。是获得国际量子通信奖这一荣誉的首位华人物理学家。2013 年 10 月 30 日，获香港何梁何利基金科学与技术成就奖。

王恩东

2015 年 12 月 7 日当选中国工程院院士。2016 年 1 月入选“2015 中国科学年度新闻人物”。

中国浪潮集团首席科学家、执行总裁。1966 年 6 月生于山东济南。1991 年清华大学硕士研究生毕业，工程技术应用研究员。现任高效能服务器和存储技术国家重点实验室主任，中国计算机学会副理事长，中国电子学会云计算专家委员会副主任，国家 863 计划先进计算主题专家、973 项目“云计算基础应用技术研究”首席科学家。是经国务院批准享受政府特殊津贴专家，百千万人才工程国家级人选，万人计划科技创新领军人才，国家特支计划科技创新领军人才。2007 年，作为高端服务器总设计师，他和他的团队开始研发中国第一台 32 路高端容错服务器，至今已在 CPU 间数据传输等核心技术环节取得质的突破，所提出的“双翼可扩展紧耦合大型服务器体系架构”在全球首次实现只需 1 级跳步的 64 路系统，性能和可靠性均达到国际先进水平。所主持研制的中国首台 32 路通用高端容错计算机系统已形成系列产品，在金融、电力等多个行业成功应用，使中国成为世界上第三个掌握这一核心技术的国家，为该领域自主创新、技术进步和产业发展作出突出贡献。从此，高端服务器领域终于有了“中国创造”。浪潮的高端服务器做出来之后，在性能上完全可以替代 IBM、惠普的产品，而且价格要便宜很多。作为课题负责人，他先后完成 9 项 973、863 等课题，发表论文 22 篇，出版专著 3 种，授权中国和美国发明专利 24 项。获国家科技进步一等奖 1 项（排第一位）、二等奖 2 项（均排第一位）、三等奖 1 项（排第二位），省部级科技进步奖 7 项。

雷军

2015 年 10 月 15 日，以 920 亿元财富列《2015 胡润百富榜》第五位，财富比上年增长 1 倍。10 月 23

日，以895亿元财富列《2015胡润IT富豪榜》第三位。10月26日，以132亿美元列《2015年福布斯中国富豪榜》第四位。12月27日入选“2015中国十大新闻人物”。

中国IT企业家，小米科技创始人、董事长兼首席执行官，中国金山软件公司董事长，中国大陆著名天使投资人。1969年生于湖北仙桃。1987年考入武汉大学计算机系。受《硅谷之火》中创业故事的影响，在大学四年级的时候首次创业，开始与同学王全国、李儒雄等人创办三色公司。在三色公司工作期间，与王全国合作编写第一个正式作品BITLOK加密软件并组建黄玫瑰小组；还用PASCAL编写免疫90，此产品获得湖北省大学生科技成果一等奖。读完大学的雷军便开始闯荡计算机市场。1992年与同事合著《深入DOS编程》一书。在接下来的两年里，涉猎广泛，写过加密软件、杀毒软件、财务软件、CAD软件、中文系统以及各种实用小工具等。1992年初加盟金山公司，先后出任金山公司北京开发部经理、珠海公司副总经理、北京金山软件公司总经理等职务。1998年8月，担任金山公司总经理。2000年底，金山公司股份制改造后，出任北京金山软件股份有限公司总裁。在金山工作的16个年头，完成金山的IPO上市工作。2007年12月20日辞去金山CEO职务。2011年7月11日，出任金山软件董事会董事长一职正式接掌金山软件。

2010年4月，与原Google中国工程研究院副院长林斌（曾参与微软亚洲工程院创建并任工程总监）、原摩托罗拉北京研发中心高级总监周光平（主持设计“明”系列手机）、原北京科技大学工业设计系主任刘德、原金山词霸总经理黎万强、原微软中国工程院开发总监黄江吉和原Google中国高级产品经理洪峰六人联合创办小米科技，并于2011年8月公布其自有品牌手机小米手机。如今小米公司已有产品一代小米手机、小米1S、小米2、小米2S、小米2A、红米手机、红米Note、小米盒子、小米3、小米电视、小米电视2、小米平板、小米路由器、小米移动电源、小米随身wifi、米键等诸多数码产品及配件产品。截至2013年8月最新一轮融资，小米估值超过100亿美元。2013年12月26日成立北京小米支付技术有限公司，公司注册资本5000万元，公司法定代表人及董事长为雷军。投资的企业和项目包括卓越网、逍遥网、尚品网、乐讯社区、UC优视、多玩游戏网（欢聚时代）、拉卡拉、凡客诚品、乐淘、可牛、好大夫、长城会等20多个，并成立天使投资基金顺为基金。

1998年，雷军被武汉大学聘为名誉教授。他在武汉大学设立“腾飞奖学金”，后来又在原设立并颁发了八年的“腾飞”计算机奖学金14万元的基础上，继续在母校设立总额达36万元的武汉大学“雷军计算机奖学金”，奖励计算机学院品学兼优的学生。

1999年和2000年、2002年先后三次被评为中国IT十大风云人物之一。2000年底，被聘为北京市政府顾问。2002年任863计划——软件重大专项课题，桌面办公套件负责人。2003年任863计划——计算机软硬件技术课题，网络游戏通用引擎研究及示范产品开发负责人。2005年获选成为中国游戏十大风云人物之一。2012年12月获“2012CCTV中国经济年度人物新锐奖”。2013年3月获英国《财富》杂志“全球十一位颠覆商业规则的创新者”奖。2013年12月，入选十大财智领袖人物。2013年12月，获第14届中国经济年度人物评选·年度人物奖。2014年2月首次以280亿元财富进入“胡润全球富豪榜”，跃居大中华区第57名，全球排名第339位。

申磊

2015年12月11日被评为“影响中国”2015年度行业领军人物。

中国新型互联网平台理财范网站创始人、首席执行官，清华大学博士。1988年1月生于中国四川绵阳。2006年考入厦门大学。在校期间获第6届“挑战杯”全国大学生创业计划竞赛金奖，第11届“挑战杯”全国大学生课外学术科技作品竞赛三等奖，第2届全国大学生节能减排大赛二等奖；先后获两项国家专利。2010年被保送至清华大学精密仪器系专业攻读博士。2011年，与校友姜博文、杨文韬、李一芃、翁晓奇、陈文共同创办大学生社交网站“师兄帮帮忙”。这是一款针对大学生的校园社交应用软件，核心功能是如师妹（女性）求助，师兄（男性）提供帮助。2011年12月“师兄帮帮忙”获知名天使投资人王利杰的天使投资。2012年3月“师兄帮帮忙”获著名风险投资机构IDG资本投资。2013年12月“师兄帮帮忙”获国内某知名教育机构战略投资。2014年1月创办互联网金融平台“理财范”。这是一个面向金融消费者的在线理财服务平台，通过电脑、手机APP等通道为金融消费者提供理财产品信息及直

接购买服务,旨在打造一个高收益、低门槛、安全透明的互联网金融服务平台。2014 年 3 月理财范互联网金融平台上线,并完成第一个项目融资。

高秋玲

被评为 2015 年中国旅游十大新闻人物。女。1987 年生于武汉。中国武汉市普爱医院护士。为庆祝结婚周年纪念,高秋玲与丈夫一起到泰国普吉岛旅游。4 月 10 日下午2:15,高秋玲在珊瑚岛海滩游泳时,发现有人溺水,便奋不顾身抢救溺水者。她的救人义举赢得在场中外游客的赞许,游客们将这感人一幕上传互联网,网友们纷纷为这位中国姑娘点赞。武汉市普爱医院对在泰国勇救溺水者的高秋玲授予"普爱先锋·无国界救援护士"称号,赞扬高秋玲的行为体现了救死扶伤的人道主义精神,展现了超越种族、超越国界的大医情怀。高秋玲在普爱医院工作 5 年,是医院"优秀护士",她定期参加医院的举办"道德讲堂"等一系列的精神建设活动,争做道德先锋。2015 年,中国中央电视台、健康报、人民网等多家媒体对高秋玲的事迹给予报道,引起强烈反响。高秋玲还获时代楷模 武汉精神践行者、湖北省优秀护士、荆楚楷模、中国好人等称号。

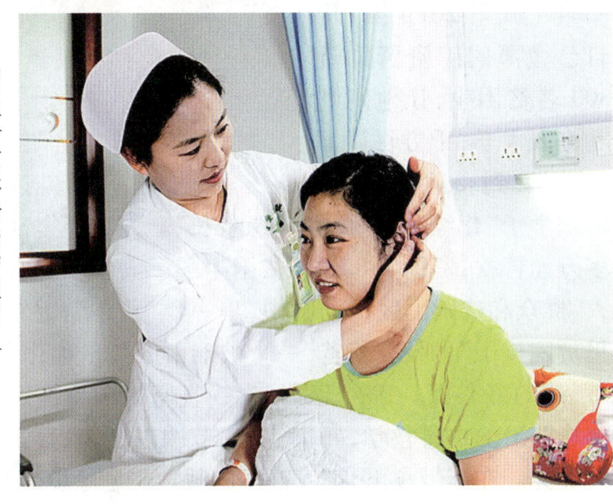
高秋玲(左)精心护理病人

杜润生

2015 年 10 月 9 日在北京逝世,享年 102 岁。中国共产党内资深农村问题专家,中国农村改革重大决策参与者和亲历者,被誉为"中国农村改革之父"。山西太谷人。1913 年 7 月 18 日生。原名杜德。1932 年 10 月参加共产党的外围群众组织抗日反帝同盟会和社会科学家联盟。1934 年考入北平师范大学文史系。1936 年夏加入中国共产党。1949 年中华人民共和国成立初期,任中共中央中南局秘书长兼政策研究室主任,中南区军政委员会土地改革委员会副主任。20 世纪 80 年代,先后任国家农业委员会副主任,中共中央书记处农村政策研究室主任,国务院农村发展研究中心主任。1982 ~ 1986 年连续 5 年主持起草关于农村改革的 5 个"中央一号文件",对于家庭承包责任制在中国农村的推广和完善发挥了不可替代的重要作用。是全国人大财经委员会委员,中国农学会名誉会长,中国农业经济学会理事长,中国合作经济学会会长,中国国土经济学研究会理事长,中国民生研究院高级顾问,中国人民大学兼职教授等。曾获第 4 届中国发展百人奖终身成就奖。主要著作有:《中国农村经济改革》《现代科学领导大全》《中国农村的选择》《思考与选择:关于中国农村改革和发展问题研究》《中国的土地改革》等。

郎平

2015 年 2 月 1 日获 2014CCTV 体坛风云人物最佳教练奖。2016 年 2 月 14 日当选"感动中国"2015 年度人物。中国著名女子排球运动员、教练员。女。身高 1 米 84,与美国名将弗罗拉·海曼、古巴名将米雷亚·路易斯并称为 20 世纪 80 年代世界女子排球界"三大主攻手",有"铁榔头"之称。1973 年进入北京工人体育馆少年体校排球班练习排球,1976 年进入北京市业余体校,同年入选北京市排球队;1978 年入选国家集训队。1978 年随中国队获第八届亚运会女排比赛银牌。1979 年获第 2 届亚洲女子排球锦标赛冠军。1981 年获德国不来梅国际排球邀请赛冠军,个人获得最佳攻球手奖;同年还获得第 3 届世界杯女排赛冠军,个人获优秀运动员奖。1982 年获第 9 届世界女排锦标赛冠军,第 9 届亚运会女排比赛金牌。1983 年在世界超级女排赛上获得冠军。1984 年获第 23 届洛杉矶奥运会女排比赛金牌。1985 年入选世界十佳运动员。1985 年退役,进入北京师范大学外语系攻读英语专业。1987 年赴美国新墨西哥大学留学,并取得体育管理系现代化专业硕士学位,后在国外打球。1989 年带领意大利摩迪那俱乐部女子排球队获意大利杯赛冠军。1990 年回到国家队,带领中国女子排球队获第 11 届女子排球锦标赛亚军。1991 年率新墨西哥州大学女子排球队获美国东部地区女子排球赛冠军。1995 年被聘为中国女排主教练,同年率队获得世界杯女子排球赛第三名。1996 年率

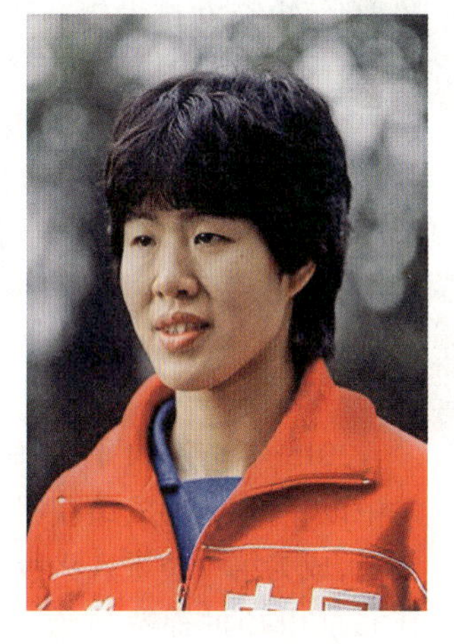

领中国女排夺得亚特兰大奥运会银牌。1996 年获国际排联颁发的世界最佳教练奖。1997 年率国家队获第 9 届亚洲女排锦标赛冠军。1998 年夺得第 13 届世界女排锦标赛亚军,第 13 届亚运会排球比赛金牌。1999 年赴意大利执教摩德纳俱乐部,率意大利摩德纳女子排球队在 2000 年获意大利女排联赛冠军。2001 年夺得欧洲女排冠军联赛冠军。2002 年再夺得意大利联赛和杯赛双料冠军。1999 年入选新中国体育五十星。2002 年 10 月,由知名排球教练、运动员和记者组成的评委会以 100% 的赞成票,入选排球名人堂,成为亚洲排球运动员中获此殊荣的第一人。2005 年被聘为美国女排主教练。2008 年北京奥运会,率领美国女排夺得银牌。2009 年回国执教广东恒大女排,带领恒大女排获得 2009 ~ 2010 赛季全国女排联赛甲 B 冠军、2011 ~ 2012 赛季全国女排联赛甲 A 冠军、2012 ~ 2013 赛季全国女排联赛甲 A 亚军。2012 年被国际奥委会授予"妇女和体育"贡献奖,以表彰其"在推动女性对体育的参与及女子体育运动的发展方面作出的杰出贡献"。2013 年 4 月 25 日被任命为新一届女排国家队主教练。2014 年带领年轻中国队最终时隔 16 年再夺女排世锦赛亚军。2015 年 8 月 22 日至 9 月 6 日,带领中国队在女排世界杯赛上以 10 胜 1 负积 30 分的战绩时隔 12 年第四次夺得世界杯冠军,并直接晋级 2016 年里约奥运会,这是郎平作为主教练所得到的第一个世界冠军,也是郎平执教生涯的首个世界三大赛冠军,中国女排的第八个世界冠军。

苏炳添

2015 年 5 月 31 日在国际田联钻石联赛美国尤金站中以 9 秒 99 的成绩获得季军并再次打破百米全国纪录,成为第一位进入 9 秒关口的亚洲选手。8月23日,在北京田径世锦赛男子 100 米半决赛上再次跑出 9 秒 99 的成绩,成为首位进入世锦赛百米决赛的亚洲运动员。8 月 29 日,和队友莫有雪、谢震业、张培萌代表中国队在男子 4 × 100 米预赛中以 37 秒 92 的成绩打破亚洲纪录,决赛又以 38 秒 01 的成绩夺得亚军。

中国男子短跑运动员。1989年8月29日生于广东中山。2006 年 12 月进入广东省田径队。2009年以 10 秒 28 的成绩夺得全国田径锦标赛百米冠军。2010 年在广州亚运会 4 × 100 米接力决赛中,和队友以 38 秒 78 刷新全国纪录和赛会纪录。2011 年再夺全锦赛百米冠军并以 10 秒 16 打破 13 年前周伟创造的全国纪录。在 2012 年伦敦奥运会上,苏炳添成为中国首位晋级奥运会男子百米半决赛的短跑选手。曾入选第 2 届世界广府人十大杰出青年和 2015 年中国十佳运动员。2016 年 1 月获得 2015 年 CCTV 体坛风云人物年度突破奖和最佳组合奖。

莫振高

2015 年 9 月,被中国中央电视台和光明日报社联合主办的 2015"寻找最美教师"大型公益活动评为"最美教师"。2016 年 2 月,被评为"感动中国"2015 年度人物。

中国广西都安瑶族自治县高级中学原校长,中学高级教师,全国先进工作者,全国教书育人楷模,感动广西十大新闻人物之一。壮族。1957 年生于广西都安。1972 年 8 月参加工作。1975 年到广西民族学院(现广西民族大学)中文系学习。2015 年 3 月 9 日因心脏病逝世,享年 58 岁。生前被学生们亲切地称为"校长爸爸",连续 35 年(截至 2011 年)用自己微薄的工资资助近 300 名贫困生,让他们顺利进入大学;千方百计筹资助学,到企业、工地为贫困学子"化缘",被称为"化缘校长"。先后筹集 3000 多万元善款,资助 1.8 万名贫困生圆了大学梦。在家人、群众和贫困山区孩子眼中,是一个"总是惦记着山里贫困孩子"的校长爸爸,一个被瑶山的孩子称作"莫爷爷"的好心人。1996 年以来,一直坚持肩挑两个以上毕业班的主科教学,每周上 10 节课以上,且教学成绩优异。在其带领下,都安高中的教学质量稳步提升,学校被评为全国教育系统先进集体、广西示范性高中以及全国语文、数学、英语教学先进集体。1996 年被评为广西壮族自治区劳动模范,2000 年 5 月被评为全国先进工作者,2006 年入选"感动广西十大新闻人物",2007 年入选广西规范化管理十佳校长,2011 年被评为全国教书育人楷模。

阿都拉曼

2015 年 2 月 11 日被文莱苏丹委任为文莱立法会新议长,是文莱立法会的第 3 任议长。资深政府官员。1966 年到政府部门工作,从基层做起,在文莱 1984 年独立之前曾担任代国务秘书。在独立后,被任命为文莱发展部部长,任期为 1984 ~ 1986 年。1986 年调任教育部部长。1989 ~ 2005 年,担任工业与初级资源部部长。2005 ~ 2010 年,调回教育部任部长。

巴林

2015 年 1 月 27 日获新加坡总统陈庆炎颁授杰出服务勋章(Distinguished Service Order),以表扬其在促进新、文两国警方联系与合作中所作出的贡献。新加坡警察部队 26 日在一份文告中说,巴林的贡献是巩固了两国的安全和稳定。文莱警察总监。1978 年加入警队,2013 年 8 月任现职。

克蕾斯洪

2015 年 8 月 15 日获得文莱苏丹颁赐 SNB 勋章。医生,文莱国家牙科中心顾问。1963 年生。已在文莱国家牙科中心服务 30 年,坚守工作岗位,为国家、为民众服务。此前,已拥有 P. I. K. B、P. S. B 勋章。是 16 名获颁赐勋章的有功人士之中唯一的华裔。

谢辛

2015 年 6 月 8 日在柬埔寨首都金边因病逝世,享年 83 岁;6 月 19 日,柬埔寨国王诺罗敦·西哈莫尼亲自为其主持国葬仪式。柬埔寨参议院原主席,柬埔寨人民党主席。1932 年 11 月 4 日生于柬埔寨柴桢省罗铭赫县。幼时曾在寺庙出家为僧,后考取佛教中学。1951 ~ 1954 年参加高棉反殖民统治解放运动。1970 ~ 1975 年任解放区乡长、县长。1976 年当选民主柬埔寨人民代表大会常务委员会委员,柬埔寨共产党东部大区第二十区党委书记。1978 ~ 1979 年任柬埔寨救国团结阵线副主席。1981 年起,先后担任柬埔寨内政部长、柬埔寨建设团结阵线主席、柬埔寨国会主席。1991 年 10 月 17 日当选柬埔寨人民党主席。1993 年 10 月 25 日当选柬埔寨王国第一届国会主席。1999 年 3 月 11 日担任第一届参议院主席,并于 2006 年与 2012 年两度连任。曾多次临时受命代理国家元首或过渡政府首脑。1993 年 11 月 9 日,被国王诺罗敦·西哈努克御封为亲王。2009 年 12 月 21 日被封为五星大将,并先后获得国王赐予的国家建设高级勋章。与严萱女士结婚,育有 4 男 3 女。

金索卡

2015 年 10 月 30 日在柬埔寨救国党全体议员缺席的情况下,被柬埔寨国会的 68 名柬埔寨人民党议员表决罢免国会第一副主席职务。(柬埔寨国会规定超出“50% +1”的国会议员投赞成票,即 63 名议员赞成,国会的议案就可通过。)柬埔寨救国党副主席。柬埔寨人权党原主席。2005 年因批评政府领导人被捕,被监禁于白梳监狱;2006 年 1 月 17 日获释。2007 年 1 月 17 日成立柬埔寨人权党,任党主席。2012 年,人权党与桑兰西党合并成立柬埔寨救国党,任副主席。在 2013 年 7 月的柬埔寨全国大选中,人民党和救国党分别获得国会 68 席和 55 席,但随后救国党称人民党在大选中舞弊,拒绝承认大选结果,要求重新选举,并在 2013 年 12 月开展针对人民党的“天天示威”活动。这场政治僵局持续了 10 个月。2014 年 7 月 22 日,金索卡当选柬埔寨国会第一副主席,后遭部分群众反对,有数千名民众在柬埔寨国会大厦前抗议,要求柬埔寨国会主席撤销其国会第一副主席职务。

桑兰西

2015 年 11 月 13 日被柬埔寨金边市初级法院通缉,被迫第三次流亡海外。柬埔寨桑兰西党原主席。出身于政治世家,父亲桑萨里曾任柬埔寨副首相。1965 年桑兰西辗转到法国巴黎定居,获得多个经济和金融学位,并在一些法国投资公司中担任高级职务。1981 年参加西哈努克亲王组织的奉辛比克运动,成为该组织最早的成员之一。1992 年参与组建奉辛比克党并返回柬埔寨。1993 年,奉辛比克党在柬埔寨第一次全国大选中获胜,桑兰西当选柬埔寨暹粒省国会议员,并出任财政部长。1994 年 10 月,由于政见分歧,在国会对奉辛比克党的不信任投票中投下不信任票,因此被罢免财政部长职位。1995 年 5 月退出奉辛比克党,成立高棉民族党,并任主席。1998 年,高棉民族党更名为桑兰西党。在当年举行的柬埔寨第二届国会选举中,桑兰西党获得 14% 的选票和议会席位。但是在政府权力分配的最后阶段,被大选盟友奉辛比克党背弃,沦为国会反对党。2003 年大选中,桑兰西党获得 22% 的国会席位。桑兰西党再度与奉辛比克党联手,共同抵制大选结果,阻止洪森组建新一届政府,制造了长达一年的政治僵局。最终奉辛比克党再次与人民党合作,桑兰西党继续被排除在政府和国会领导机构之外。2005 年 2 月,桑兰西被柬埔寨国民议会以诽谤、应受法律制裁为由剥夺议员豁免权,随后离开柬埔寨流亡国外。2006 年初他公开发表声明,撤回对洪森的指控后,被柬埔寨国王诺罗敦·西哈莫尼特赦。2009 年,又因鼓动柬埔寨与越南交界的柴桢省农民拔除界碑,反对柬越勘界划线而被迫再次流亡法国。2010 年 9 月,在桑兰西缺席的情况下,柴桢省法院以伪造公文、传播不实信息罪判处他 10 年监禁。2012 年桑兰西党与柬埔寨人权党合并为柬埔寨救国党,桑兰西任主席。2013 年柬埔寨第五届国会大选之前,他再次被国王西哈莫尼特赦回国参选。所领导的救国党在 2013 年大选中获 55 席,但随后该党抵制选举结果,与人民党展开为期10个月的政治对立。2014年8月，两党和谈，柬埔寨结束政治僵局。

黄惠忠

被2015年福布斯华人富豪榜列为第22名，世界富豪榜第142名。印度尼西亚华人。祖籍福建晋江。1940年生于印度尼西亚中爪哇省三宝垄。经营印度尼西亚针记集团，是中亚银行的最大股东。20世纪70年代中后期起，和兄长黄惠祥不断扩大集团的经营范围，如今针记集团已发展成为涵盖房地产、银行、烟草、通讯、电子、棕榈种植等多领域的庞大商业帝国，其主要资产为印度尼西亚最大的私有银行中亚银行(Bank Central Asia)。据《亚洲周刊》2012年发布的"亚洲银行300排行榜"披露，中亚银行总资产435亿美元，年利润12亿美元，资产回报率和股东权益回报率分别为2.8%和25.8%，在亚洲银行中居118位，在印度尼西亚排名第三。

梅加瓦蒂

2015年4月9日在斗争民主党于巴厘岛举行的第4次全国大会上再度当选党主席。印度尼西亚历史上第一位女总统，世界百名权威女性之一，被印度尼西亚人昵称为"梅佳"。1947年1月23日生于中爪哇日惹，是印度尼西亚独立运动领导人、前总统苏加诺的长女。1965年高中毕业后进入帕查查兰大学农业学院学习。1967年梅加瓦蒂19岁时，苏加诺被苏哈托领导的军人政权推翻，至此苏加诺一家告别政坛。1970年苏加诺去世以后，梅加瓦蒂进入印度尼西亚大学攻读心理学，两年后辍学。1984年开始政治生涯，担任印度尼西亚民主党雅加达中央区分会主席。1987年当选国会议员。1993年和1996年，先后两次当选印度尼西亚民主党总主席，后因受苏哈托排斥、打击退出该党。1998年10月创立印度尼西亚斗争民主党并任主席。1999年6月，所领导的斗争民主党在大选中获胜，同年10月21日当选印度尼西亚第8任副总统。2001年7月23日，被印度尼西亚人协特别会议任命为印度尼西亚第5任总统，任期至2004年。

鹏·萨玛勒

老挝百岁僧王，2015年10月7日圆寂。万象翁德寺举行纪念法会，为其法体诵经祈福。12月20日，在老挝万象为其举行隆重国葬，采用老挝最高规格祭祀仪式，老挝国家主席、总理及多位国家高层出席国葬仪式，同时出席的还有东南亚及世界各国的高僧、宗教代表、信众1万多人。

老挝佛教协会前任主席，住世修行88年。1916年4月10日生。15岁出家，20岁受比丘戒。2010年被泰国马哈朱拉隆功大学授予荣誉博士学位，后又分别被泰国马哈马库佛教大学、越南佛教大学授予荣誉博士学位。2011年1月担任老挝佛教协会主席，在世界佛教界有着广大影响。任职当年，曾到中国广东四会六祖寺访问，与六祖寺方丈大愿大和尚结下深厚的跨国友谊，并与六祖寺和大愿方丈保持密切联系，是中老两国佛教文化交流的重要人物。2015年中国—东盟佛教文化节在广西举办，经由中国国家宗教局批准，鹏·萨玛勒赴广西交流佛教文化并亲自为此次文化节签署倡议书。随后于5月21日赴广西合山与广大信众共同庆生，合山灵岩寺禅义法师携四众举办僧王庆百岁生日浴佛法会，大愿方丈亲自为其主法祈福。

布莱恩·陶·沃拉

凭借最新书籍《Demonstra》获得科幻诗歌协会年度诗集奖(the Science Fiction Poetry Association's Book of the Year Award)。美籍老挝人。1973年1月1日生于老挝万象，出生3天后被名为约翰·沃拉的美国飞行员收养，继而赴美。1991～1997年就读于美国俄亥俄州韦斯特维尔的奥特拜因学院，主修非西方文化的宗教、哲学。在大学期间参加社区服务，通过写作和社区服务获得超过20个奖项。写作天赋在童年时期就已显现，但专业从事写作始

于1991年。早期作品主要发表在奥特拜因学院的文学杂志和校刊上,用诗歌向公众展现老挝的风土人情。后期作品出现在超过100家刊物上,并出版6本专著。部分作品在澳大利亚、加拿大、苏格兰、英格兰、德国、法国、新加坡、中国、韩国、巴基斯坦等国家出版;诗歌被翻译成西班牙语、法语、德语、韩语、泰语、塔加洛语、孟加拉语和老挝语。诗歌元素通常包括科幻素材和老挝历史,风格多变,受到多位现代和当代作家的影响,如卡夫卡,豪尔赫·路易斯·博尔赫斯,塞缪尔·贝克特等。后期创作主要受到他出国旅行的影响,尤其是2002~2003年在亚洲、欧洲、埃及的旅行。是第一个获得美国国家艺术基金会学术奖金的美籍老挝人,也是专业的恐怖作家协会的第一位老挝成员。2012年作为老挝的奥运文化代表出现在伦敦夏季奥运会上。

阿末扎希

出任马来西亚副总理。1953年1月4日生于马来西亚霹雳州。马来西亚华人养子。从政之前,曾担任一家银行和国民投资机构董事并任马来西亚银行行业主席。1995年在霹雳州赢得选举,成为议会议员。1996年当选巫统青年团团长。1999年再次当选国会议员,2000年进入巫统最高理事会。2004年马来西亚大选后,被马来西亚总理巴达维任命为旅游部副部长。2008年马来西亚选举后,担任总理署部长。在2009年4月的内阁改组中,被任命为国防部长。2013年担任内政部部长。2015年在内阁改组中,被任命为副总理。

莫哈末沙布

出任新成立的马来西亚国家诚信党主席。1954年10月14日生于马来西亚。曾是马来西亚伊斯兰党党员。1982年开始参加槟城议会选举,1990年在吉兰丹州选举中当选为议员。1999年在吉隆坡选举中也当选为议员。他的演讲能力很强,是伊斯兰党中开明派的代表人物,曾任该党副主席。2011年在该党党选中,当选署理主席。2015年,伊斯兰党在马来西亚吉兰丹州落实伊斯兰刑事法。2015年6月4日,在伊斯兰党举行的中央代表大会上进行党内选举,支持实施伊斯兰刑法的保守派在选举中全面获胜,作为反对实施伊斯兰刑法的开明派代表,莫哈末沙布落选。于是,他和其他开明派一起,组织新希望运动,通过接管马来西亚工人党,于2015年9月16日成立国家诚信党,莫哈末沙布被推选为党主席。

黄锦树

2015年获得马来西亚第13届花踪文学奖马华文学大奖。马来西亚旅台作家。1967年生于马来西亚柔佛州,祖籍福建南安。1986年赴中国台湾留学,台湾大学中文系毕业,先后获淡江大学中文硕士学位和台湾清华大学中文博士学位。现为台湾暨南国际大学中文系教授。作品主要有小说集《梦与猪与黎明》(1994年)、《刻背》(2001年)、《南洋人民共和国备忘录》(2013年)、《犹见扶余》(2014年)、《鱼》(2015年)等。另著有论文集《马华文学与中国性》(1998年)、《谎言与真理的技艺》(2003年)、《文与魂与体》(2006年)、《华文小文学的马来西亚个案》(2015年)等。曾获第18届中国时报文学奖小说首奖、第7届联合文学新人奖推荐奖等。其作品笔锋锐利,尤其是20世纪90年代发表的一些评论,其中涉及马华文学发展以及马华文化现象的,在马华社会中引起较大反响,有人把当时的这种反应统称为"黄锦树现象"。时至今日,"黄锦树现象"所造成的部分影响依然深刻。

许裕全

2015年获得马来西亚第13届花踪文学奖3个奖项。马来西亚华人作家。1972年生于马来西亚霹雳州。毕业于中国台湾成功大学企业管理系。读大学时开始写作,曾获得成功大学凤凰树文学奖新诗首奖,全台学生散文奖第四名。他的散文和新诗最早收入《马华当代诗选(1990~1994)》《赤道形声:马华文学读本Ⅰ》。2005年出版作

品《猪头看过来》，2009 年出版作品《宝贝，猪头一下嘛！》，2011 年出版作品《山神水魅》。其作品文字或庄严细腻，或诙谐风趣。作品中的亲情书写，则哀而不伤，泪中带幽默，感人至深。曾获得过多项国内外文学奖项，其中包括第 9 届花踪文学奖散文推荐奖、新诗佳作奖，第 1 届游川短诗创作奖首奖，第 1 届海鸥年度文学奖散文组特优奖，第 22 届梁实秋文学奖散文创作类文建会特别奖，第 3 届海鸥年度文学奖散文组特优奖，第 3 届星云文学奖散文特优奖，第 32 届联合报文学奖短篇小说评审奖，第 33 届中国时报文学奖新诗首奖，第 11 届花踪文学奖马华小说首奖，第 13 届花踪文学奖马华小说奖首奖、散文奖评审奖和报告文学奖首奖。

黄兹梁

在 2015 年东南亚运动会上独揽 4 金。马来西亚跳水运动员。1993 年 11 月 19 日生于马来西亚槟城。8 岁开始练习跳水。2010 年参加广州亚运会双人 10 米跳台跳水比赛夺得银牌。2014 年参加英联邦运动会，夺得男子个人 3 米跳板金牌，男子个人 10 米跳台金牌。2015 年参加新加坡东南亚运动会夺得男子个人 3 米跳板金牌，男子个人 10 米跳台金牌，男子双人 3 米跳板金牌，男子双人 10 米跳台金牌。

廷觉

2015 年 11 月当选为缅甸新一届联邦议会议员。2016 年 3 月 15 日当选新一届缅甸总统。1946 年 7 月 20 日生于仰光省关乾贡镇区。缅族，有孟族血统。父亲是民盟重要成员、著名作家、诗人敏都温；夫人杜素素伦是民盟中央委员会成员；岳父吴伦是民盟创始人之一。与昂山素季同学于仰光达贡第一高中。1962 年进入仰光大学经济学院学习，先后获得经济学学士和硕士学位。1971 ~ 1972 年到英国伦敦大学计算机学院深造，回国后取得计算机硕士学位。先后在缅甸工业部下属重工业公司、计划和财政部下属对外经济关系司任职。1992 年辞去政府公职，加入缅甸全国民主联盟。是昂山素季被软禁期间能帮助其与外界取得联系的少数几个人之一，也是昂山素季最信任的人。

曼温凯丹

2015 年当选缅甸民族院克伦邦妙瓦底镇区议员。2016 年 2 月 3 日当选缅甸民族院议长。律师。民盟成员。1953 年生于依洛瓦底省兴实达镇区。是 1947 年 7 月与昂山将军同时遇刺身亡的革命先辈曼巴凯的外孙。克伦族。信仰基督教。1975 年毕业于仰光大学，获得法学学士学位。1988 年前任克伦文学文化协会理事。1990 年加入克伦同盟党，2013 年加入全国民主联盟。

罗德里戈 · 杜特尔特

2015 年年底宣布竞选下一届菲律宾总统。菲律宾达沃市市长。1945 年 3 月 28 日生于菲律宾莱特省马阿辛市。1972 年在马尼拉的圣贝达法学院取得律师资格后，跟随其父维森特踏上政坛。1986 ~ 1988 年，担任菲律宾南部棉兰老岛最大城市达沃市代理市长，1988 年正式当选市长。此后，担任达沃市长长达 20 多年，并曾担任国会众议员。在治理达沃市时树立了铁腕打击犯罪的硬汉形象，在其治下，治安成为达沃市引以为傲的城市名片。2015 年年底宣布参选总统。在竞选时坚称，将以铁腕手段打击全国范围的犯罪活动。

曼努埃尔 · 罗哈斯

2015 年 7 月 31 日被菲律宾总统阿基诺三世提名代表执政的自由党竞选下届总统后宣布参选。

出身于菲律宾政治世家，祖父是菲律宾摆脱美国殖民统治独立后的首任总统，父亲曾任菲律宾参议员。2010 年总统大选中主动放弃竞选总统，把自由党总统候选人宝座拱手让给阿基诺三世，阿基诺三世后来成功当选总统，而其本人竞选副总统败给比奈。在阿基诸三世内阁中先后任交通部部长、内政部部长等职。

李光耀

2015年3月23日因病医治无效逝世，享年91岁。3月29日下午14时，在新加坡国立大学文化中心举行国葬。新加坡前总理，前内阁资政。1923年9月16日生于新加坡。祖籍中国广东大埔。1941年毕业于新加坡莱佛士学院。1940～1950年先后在伦敦经济学院、剑桥大学和中殿律师学院学习，1950年获中殿律师学院律师资格。1954年11月参与创建新加坡人民行动党，并任秘书长。1955年当选立法议会（1965年12月改称国会）议员。1959年6月任新加坡自治政府总理。1965年8月9日新加坡退出马来西亚联邦成立共和国后，担任新加坡共和国总理，直至1990年11月27日。1991年9月任总理公署高级部长。1994年10月担任新成立的国际儒学联合会名誉理事长。1997年1月任内阁资政（总理公署），2001年11月连任。2011年5月14日，宣布不再担任内阁职位。重视并致力于发展与中国的友好关系，1976年以来多次访问中国，为中新关系发展作出了重要贡献。

陈庆炎

2015年6月29日至7月4日对中国进行国事访问。新加坡总统。1940年2月生于新加坡。祖籍中国福建厦门。新加坡国立大学物理学学士、美国麻省理工学院理科硕士、澳大利亚阿德莱德大学数学博士。曾任新加坡国立大学数学系讲师、校长，新加坡华侨银行主席兼首席执行官，以及新加坡教育部政务部部长、贸工部部长、财政部部长、教育部部长、国防部部长、副总理兼国防及国家安全统筹部部长等职。2005年退休后任新加坡报业控股集团主席和新加坡政府投资公司副主席兼执行董事等。2011年8月就任总统，任期6年。

李显龙

2015年10月1日连任新加坡总理。1952年2月10日生于新加坡。曾就读于英国剑桥大学和美国哈佛大学，获公共行政学硕士学位。1971～1984年在新加坡武装部队服役，获准将军衔。1984年12月当选国会议员，之后历任新加坡国防部政务部部长、全国经济委员会主席、贸工部代部长和贸工部部长。先后兼任新加坡贸工部政务部部长、国防部第二部长、金融管理局主席和财政部部长。1990年11月担任新加坡副总理。2004年8月出任新加坡总理，2006年和2011年连任新加坡总理。曾多次访华。2014年9月11～18日对中国进行正式访问，9月16日率团到中国广西南宁参加第11届中国—东盟博览会和主题国相关活动，11月9日到北京出席亚太经合组织第22次领导人非正式会议。在2015年9月11日的新加坡新一届国会选举中，其所在的执政党人民行动党以压倒性优势获得89个议席中的83个，以69.9%的总得票率赢得选举；9月28日，新加坡新一届内阁正式成立，李显龙连任总理。

傅海燕

2015年9月28日出任新加坡文化、社区及青年部部长。新加坡新一届内阁中唯一的女部长。1964年生于新加坡。祖父傅无闷是新加坡著名报人，父亲傅超贤是新加坡前总理李光耀的新闻秘书。大学毕业后先后在银行等部门工作。踏入政坛前，在新加坡港务局工作了11年，并成为负责东南亚和日本区域事务的总裁。之后投身政界被委以重任，先是担任新加坡国家发展部政务部部长，后兼任教育部高级政务部部长。2012年升任总理公署部长兼内政部第二部长及外交部第二部长。

谢国民

2015年福布斯富豪榜泰国首富。正大集团董事长。泰籍华人，祖籍广东澄海。1939年生于泰国。1964年加入正大（卜蜂）集团，1970年任集团总裁，1989年起至今任泰国正大国际集团董事长，并为卜蜂国际集团主要股东。正大集团是世界上最大的农牧工商一体经营公司，集农、工、商综合经营的国际性大财团，有“世界三大饲料厂”之称，以总资产超过35亿美元和年营业额50亿美元跻身世界500强企业行列，在全球拥有超过50家公司及企业，并率先在中国大陆投资，在京、沪、粤、琼、

湘、川等省份投资企业达30余家。1993年被聘为港事顾问,中国复旦大学校董。以其精明能干和富于创新的经营策略享誉世界,被《亚洲金融》杂志评为亚洲最杰出企业家,被泰国国王亲自授予泰国法政大学商业荣誉博士学位,以表彰其对泰国经济发展的贡献。2015年6月4日,《福布斯》公布2015年泰国富豪榜前50名,谢国民以4800亿泰铢(144亿美元)资产排名第一,相比上年增长25%。

布斯帕空

2015年4月17日因病去世。泰国足球运动员,曾是泰国国脚,退役后担任教练。1963年生于泰国。执教过多支泰国劲旅,曾率BEC特罗萨萨纳获得过亚冠亚军,并率武里南联在亚冠中击败过恒大。2002～2003赛季,率领BEC特罗萨萨纳打进亚冠决赛,决赛中两回合1:2不敌阿联酋劲旅阿尔艾因,屈居亚军;在2009年、2011年分别率蒙通联和武里南联获得泰超冠军。先后3次当选泰超最佳主帅。2012年3月21日,在亚冠小组赛中,率领武里南联以2:1击败中国恒大,打破东南亚球队亚冠改制后从未战胜过中国俱乐部的纪录。

朗嘎拉姆

2015年出演纪念邓丽君逝世20周年的MV《我只在乎你》;参加中国浙江卫视《中国好声音第四季》比赛,进入那英组四强,全国16强。10月,受邀担任泰国旅游宣传大使。泰国华裔女歌手。1999年4月30日生于泰国甘烹碧府。就读于中国音乐学院附中。7岁开始听邓丽君的歌。2013年6月,接受泰国某访谈节目邀请,录制《Smila as Teresa》,并演唱歌曲《月亮代表我的心》。2014年1月,以"邓丽英"为艺名参加BTV环球春晚的录制,并演唱歌曲《小城故事》。2015年1月1日,参演CCTV3《开门大吉》跨年代特别节目,演唱《无与伦比的美丽》《我只在乎你》;3月14日,北京电视台纪实频道《纪实天下》播出以她为主题的纪录片《你的笑容这样熟悉》。同年,接受中国国际广播电台(CRI)泰语部专访,并录制《泰国小邓丽君教你做木瓜沙拉》;8月,接受腾讯视频《约吧好声音》节目组外景导演的采访;9月,与长宇、关诗敏、晨悠组合参加腾讯视频《重返好声音》的录制,现场演唱邓丽君的《但愿人长久》。因为声音和容貌与邓丽君神似,被称为"小邓丽君"。

普提查·克瑟辛

2015年主演《猎爱百计》《丑小鸭之天生绝配》《我要成为超级巨星》,并获得年度泰国之星魅力男星奖。泰国主持人,演员。1986年7月3日生于泰国叻丕府。毕业于宣都实皇家大学。2008年以泰国GMM Channel频道《O:IC》节目主持人、Chill-FM89电台DJ进入演艺圈。2012年首次出演电视剧《世界的交汇点第二季》中的中尉一角。随后演出不断。因拥有帅气的相貌和完美身材以及迷人的微笑,被粉丝称为"梨涡男神"。

阮氏映圆

在2015年世界游泳锦标赛法国站和俄罗斯站分别夺得1银1铜,在2015年世界军人运动会中夺得1金1铜。越南游泳运动员。1996年11月9日生于越南芹苴。少年时代被选拔进入越南第九军区四号国防体育中心训练。在第28届东南亚运动会上获得8枚金牌并打破8项赛会纪录。2014年被授予大尉军衔。2015年获得二级劳动勋章。

陈何莲芳

2015年3月18日在法国巴黎以应用褐藻糖胶(fucoidan)治疗癌症研究课题获得第17届欧莱雅—联合国教科文组织"世界青年女科学家奖学金"。是越南首位获得该奖学金的女科学家。越南胡志明市国家大学下属国际大学医学系教师。目前正和同事进行的纳米技术应用研究有可能开启新型治疗方法,该方法能把药物准确送到癌症细胞位置而不影响到其他细胞。

大　事　记

2015 年

1 月

1 日　马来西亚开始接任东盟轮值主席国。

△越南医疗保险法修改补充若干条款法、就业法、关税法修改补充若干条款法、婚姻家庭法、植物保护和检疫法、验证法、海关法、建设法、公共投资法、内地水路交通法修改补充若干条款法、环境保护法、外国人在越南出入境居住法、企业破产法等 13 部法律正式施行。

2 日　中国"蛟龙"号载人潜水器首次在西南印度洋中国多金属硫化物勘探合同区执行下潜科考任务。

5 日　越南共产党第十一届中央委员会第十次会议在河内召开。中央政治局向会议提交十二大政治报告草案、评估经济社会发展五年计划任务落实情况和新的五年计划方向任务报告草案呈文、革新 30 年若干理论和实践问题总结报告草案等。

9 日　中国国家科学技术奖励大会在北京举行。有 318 项成果、8 位科技专家和 1 个外国组织获 2014 年度国家科学技术奖励。

12 日　中共中央军委主席习近平批准，中国空军两架伊尔—76 飞机执行对马来西亚紧急救灾援助物资空运任务。

14 日　越南"零饥饿"国家行动计划启动。启动仪式上，联合国开发计划署常驻越南协调员普拉蒂巴·梅赫塔称：联合国承诺通过计划继续协助越南实现零饥饿目标。

15 日　中国人民对外友好协会与越南驻华使馆在北京共同举办庆祝中越建交 65 周年招待会。中国全国人大常委会副委员长吉炳轩、越南副总理兼外交部部长范平明出席招待会。

△越南国家主席张晋创会见由李小林会长率领的中国人民对外友好协会代表团。

△越南原子能院与美国西屋电气公司在河内签署美国协助越南核电项目发展的人力资源培训合作协议。美国参议院已于 2014 年 7 月 22 日批准美国和越南签订的《民用核合作协议》。

17 日　泰中人才交流协会成立暨泰中人才交流信息网启动仪式在曼谷中国文化中心举行。

18 日　中共中央总书记、中国国家主席习近平，中国国务院总理李克强，全国人大常委会委员长张德江，分别与越共中央总书记阮富仲、越南国家主席张晋创、政府总理阮晋勇、国会主席阮生雄互致贺电，庆祝中越建交 65 周年。

20～21 日　美国国务院亚太事务助理国务卿丹尼尔·拉塞尔率团访问菲律宾，与菲方开展双边会谈，其中关于中菲南海争端问题引起多方关注。

23 日　泰国立法议会对前总理英拉大米渎职的弹劾案获通过，英拉在未来 5 年内被禁止从政。

24 日　越南—美国第 7 次政治与防务安全磋商在河内举行。

26～27 日　中国—印尼高层经济对话第 1 次会议在北京举行。会议就落实两国领导人达成的共识，并就双方经贸和投资等重大合作议题深入交换意见。

29 日　马来西亚民航局局长爱兹哈尔丁通过马来西亚广播电视台宣布，马来西亚航空公司 MH370 航班失事，推定机上 239 名乘客和机组成员全部遇难。

△中、美、澳等多国有关方面紧急开展失联的 MH370 航班搜寻。

△中共中央政治局委员、中央政法委书记孟建柱在北京会见泰国司法部部长派汶·昆差耶。

29～31 日　越南副总理兼外交部部长范平明应菲律宾外交部部长艾伯特·德尔·罗萨里奥邀请，访问菲律宾并与菲高层共同主持越菲战略伙伴工作委员会第 1 次会议。

2 月

1 日　出席第 11 届文莱国际武器实用技能比武闭幕式的中国人民解放军副总参谋长王建平会见文莱皇家武装部队司令塔维。

△中共中央发布《关于加大改革创新力度，加快农业现代化建设的若干意见》，强调"围绕建设现代农业，加快转变

农业发展方式”。

△中国海关披露:2014 年中国与东盟贸易总额 4803.94 亿美元,比上年增长 8.3%,增速高于全国外贸平均增速 4.9 个百分点,与东盟贸易额占中国对外贸易总额的 11.16%。

2 日 越南共产党 440 万党员庆祝建党 85 周年。

3 日 中共中央致电越共中央,祝贺越南共产党成立 85 周年。

△印度尼西亚总统佐科在雅加达会见中国国家主席特使、中共中央政治局委员、中央政法委书记孟建柱。孟建柱转达习近平主席致佐科总统的口信并表示,中国印尼两国是密不可分、守望相助的邻邦,中方视印尼为周边外交的首要方向,中国支持印尼在东盟和国际事务中发挥更大作用。值两国建交 65 周年,中方愿与印尼方共同落实好两国领导人达成的共识,实现中国建设 21 世纪海上丝绸之路倡议同印尼打造海洋强国战略的对接和融合。

5 日 泰国总理巴育在曼谷会见中国国家主席特使、中共中央政治局委员、中央政法委书记孟建柱。孟建柱转达习近平致巴育的口信及中方领导人对巴育的亲切问候,表示在中泰两国建交 40 周年之际,中方愿同泰方保持高层密切往来,加强战略对话,稳步推进铁路、经贸、能源、教育等重点领域合作。

6 日 泰国总理巴育会见访泰的中国国务委员兼国防部部长常万全。

8 日 中国钦州—马来西亚关丹集装箱国际班轮航线正式开航。

9 日 马来西亚总理纳吉布在吉隆坡会见中国国家主席特使、中共中央政治局委员、中央政法委书记孟建柱。孟建柱转达习近平致纳吉布的口信及中国领导人的亲切问候,指出中马是亲密朋友和可靠伙伴,中方将积极支持马方做好东盟轮值主席国相关工作,不断增进双方政治互信,拓展务实合作,稳步推进“两国双园”经济建设,在涉及国家重大利益问题上相互理解、相互支持。

△满载 284 名游客的中国广西籍邮轮“北部湾之星”号,从中国北海港首航驶往马来西亚关丹港,开启广西“海上丝绸之路”新旅程。

△泰国皇家海军训练舰编队抵达中国湛江港,开始对中国南海舰队进行为期 4 天的友好访问。

△印度尼西亚总统佐科访问菲律宾。

△为期 3 天的第 12 届东盟陆军总司令非正式会议在马来西亚吉隆坡召开。

10 日 新加坡总理李显龙会见到访的中国国家主席特使、中共中央政治局委员、中央政法委书记孟建柱。孟建柱向李显龙总理转达习近平主席和李克强总理的亲切问候,指出在双方建交 25 周年之际,要共同努力,不断提升经济贸易合作水平,深化社会治理合作,积极推进建立新的政府间合作。

11 日 中共中央总书记、中国国家主席习近平与越共中央总书记阮富仲互通电话,互致春节问候,共祝两国人民新春快乐,共祝两党、两国友好合作 65 年。

12 日 缅甸总统登盛邀请国内少数民族地方武装和政党人士共度联邦节,并与 4 个地方武装领导人签署和平与民族和解承诺书。

17 日 缅甸国家电视台晚间新闻报道:总统登盛签署总统令,即日起在果敢自治区实施为期 90 天的紧急状态,由政府武装接管当地一切权力,应对近期与果敢民族民主同盟军的激烈冲突。

26 日 法国总统奥朗德访问菲律宾,与菲总统阿基诺三世进行会谈并共同发表《加强菲法伙伴关系联合宣言》。

27 日 第 4 次越南—英国战略对话在河内举行。对话内容涉及融入国际化轨道、国防安全及全球性问题等。

3 月

2 日 以色列国防部总参谋长 Dan Harel 访问越南,与越方签署防务合作备忘录。

3 日 中国国家主席习近平致电文莱苏丹哈桑纳尔·博尔基亚,祝贺文莱达鲁萨兰国独立 31 周年。

△“把握中泰企业投资发展契机”研讨会在曼谷举行。来自泰国政商界专家和在泰国投资的中国企业代表,就中国企业扩大在东盟共同体投资发展建言献策。

△美国负责军控与全球安全事务的副国务卿罗斯·高戈特莫勒访问越南。

5 日 中国外交部副部长刘振民在北京会见到访的缅甸驻华前大使丁乌和盛温昂一行,双方就中缅双边关系和缅北局势交换意见。

6 日 柬埔寨副总理兼国防部部长狄班大将率高级军事代表团对越南进行工作访问,落实两国国防部之间的合作协议。越南国防部部长冯光青与狄班签署双方合作计划与议定书。

△第 21 届东盟经济部长非正式会议在马来西亚举行。与会部长重申努力推动东盟经济共同体在 2015 年年底投入运行的决心。

9～11 日 第 26 届东盟峰会筹备会议在马来西亚吉隆坡举行。会议重点围绕峰会准备工作、议程以及共同体建设蓝图进展、发展愿景、与美国建立战略合作伙伴关系构想等问题展开讨论。

11 日 越南国家副主席阮氏缘访问缅甸。缅甸总统登盛、副总统年吞分别会见阮氏缘。

13 日 缅甸军机炸弹落入中国境内,造成云南省耿马县孟定镇大水桑树村正在甘蔗地作业的无辜平民 5 死 8 伤。当晚,中国外交部副部长刘振民紧急召见缅甸驻华大使帝林翁,就缅军机炸弹造成中方人员死伤提出严正交涉。

13～14 日 中越海上共同开发磋商工作组在越南岘港举行第 4 轮磋商。

14 日 中国中央军委副主席范长龙与缅甸国防军总司令敏昂莱就缅军机炸弹落入中方境内并造成中方人员伤亡事件紧急通话。范长龙明确要求缅军高层严格管控约束部队，绝不能再次发生此类事件，否则中国军队将采取坚决果断措施保护人民生命财产安全。

16 日 第 12 届中国—东盟博览会高官会在中国南宁举行。会议确定 2015 年“两会”于 9 月 18～21 日在南宁举行，主题为“共建 21 世纪海上丝绸之路——共创海洋合作美好蓝图”。

△第 9 届东盟国防部长会议在马来西亚举行。会议签署关于《维护地区安全稳定造福于各国人民的联合声明》。

△印度尼西亚旅游部部长阿里夫表示，印尼将允许包括中国、韩国、俄罗斯、日本在内的 25 个国家公民免签入境，以促进旅游业发展。

17 日 为期 5 天的海空展在马来西亚兰卡威举行。中国首次派出歼—10 战斗机的八一飞行表演队参展。

△缅甸政府与少数民族地方武装举行和谈，争取签订全国停火协议。

21 日 首届东盟财长和央行行长会议在马来西亚吉隆坡闭幕。会议共同主席、马来西亚第二财政部部长胡斯尼在闭幕会上表示，东盟正在全力协助设立由中国倡导的亚洲基础设施投资银行。

22 日 中共中央委员会致电老挝人民革命党中央委员会，热烈祝贺老挝人民革命党成立 60 周年。

23 日 中国国家主席习近平就新加坡前总理李光耀不幸逝世向新加坡总统陈庆炎致唁电，代表中国政府和人民并以个人名义，对李光耀逝世表示深切的哀悼，向李光耀的亲属表示诚挚的慰问。3 月 29 日，中国国家副主席李源潮代表中方出席李光耀的国葬。

24 日 中国全国人大常委会委员长张德江在北京与到访的泰国立法议会主席蓬佩举行会谈。次日，中国国家副主席李源潮会见蓬佩一行。

25 日 印度尼西亚共和国总统佐科·维多多应中国国家主席习近平邀请，对中国进行国事访问并出席博鳌亚洲论坛 2015 年年会。次日，习近平与佐科会谈，中国印尼双方发表《关于加强两国全面战略伙伴关系的联合声明》。中国国务院总理李克强、全国人大常委会委员长张德江也分别会见佐科一行。

26～29 日 博鳌亚洲论坛 2015 年年会在中国海南博鳌举行。来自五大洲 49 个国家和地区的 1772 位政、商、学界人士围绕“亚洲新未来：迈向命运共同体”主题进行深入探讨。

27 日 中国国家主席习近平在海南会见出席博鳌亚洲论坛 2015 年年会的马来西亚总理纳吉布。

28 日 为期 5 天的各国议会联盟第 132 届大会在越南河内举行。

△中国国家发展改革委、外交部、商务部联合发布《推动共建丝绸之路经济带和 21 世纪海上丝绸之路的愿景与行动》。

△博鳌亚洲论坛举办共建 21 世纪海上丝绸之路分论坛暨中国—东盟海洋合作年启动仪式，中国国务委员杨洁篪、泰国副总理兼外交部部长塔纳萨出席并讲话。

31 日 缅甸政府与少数民族地方武装历经 16 个月谈判终有结果，双方达成全国停火协议。

4 月

1 日 中共广西壮族自治区委员会书记、自治区人大常委会主任彭清华率广西代表团访问文莱。文莱苏丹哈桑纳尔·博尔基亚会见彭清华。

△泰国总理巴育宣布，经国王批准废除戒严令法令，在全国解除戒严。

2 日 中国国家副主席李源潮在北京会见缅甸总统特使、外交部部长温纳貌伦。

△中国—东盟博览会泰国展在曼谷开幕。这是中国—东盟博览会举办以来首次在东盟国家办展。

3～6 日 泰王国玛哈扎克里·诗琳通公主访问中国。

6 日 首次澜沧江—湄公河对话合作外交高官会在北京举行。会议以“六个国家，一个命运共同体：建立澜沧江—湄公河对话合作机制，促进次区域可持续发展”为主题。中国外交部副部长刘振民和泰国外交部副次长诺帕敦共同主持会议，柬埔寨、老挝、缅甸、越南高官与会。

7～10 日 应中共中央总书记、中国国家主席习近平邀请，越共中央总书记阮仲富对中国进行正式访问。习近平与阮富仲举行会谈，共同见证《中国共产党和越南共产党合作计划（2016～2020 年）》以及两国金融、基础设施、文化、司法、税务、维和等领域合作文件的签署，共同出席第 15 届中越青年友好会见活动并与两国青年代表合影留念。

9 日 中共中央政治局常委、中国国务院副总理张高丽在北京会见到访的泰国副总理兼国防部部长巴威一行。

10 日 第 16 次中国—东盟联合合作委员会会议在印度尼西亚雅加达东盟秘书处举行。会议回顾过去一年双方各领域务实合作进展情况，并就第 17 次领导人会议倡议落实情况、2016～2020 年行动计划、海洋合作年、外长会等议题深入交换意见，明确主要工作方向和重点领域。

19～21 日 世界经济论坛（WEF）第 24 届东亚峰会在印度尼西亚雅加达举行。

20 日 第 31 次美菲“肩并肩”联合军演在菲律宾多地举行。演习长达 10 天，投入兵力 1.17 万人，为 5 年来规模最大的一次。

21 日 应印度尼西亚共和国总统佐科·维多多邀请，中国国家主席习近平赴印尼出席亚非领导人会议和万隆会议 60 周年纪念活动。22 日，习近平在会议上发表题为《弘扬万隆精神推进合作共赢》的讲话。

△老挝人民革命党中央总书记、国家主席朱马里在万象会见到访的中国中央军委副主席许其亮。

△中国国家副主席李源潮在北京会见柬埔寨奉辛比克党主席诺罗敦·拉那烈。

△中共中央政治局委员、中央书记处书记、中宣部部长刘奇葆在北京会见由中央委员、中宣部部长吉乔率领的老挝人民革命党代表团。

24～28 日 第 26 届东盟峰会及外长会等系列会议在马来西亚举行。峰会发表的主席声明因涉及南海问题遭中方反对。28 日，中国外交部发言人洪磊说，中方坚决反对个别国家出于一己之私绑架整个东盟和中国—东盟关系并破坏中国与东盟的友好合作大局，敦促有关国家与中方相向而行，维护南海和平稳定和中国—东盟关系大局。

25 日 越南河江、广宁、谅山、高平 4 省与中国广西联合工作委员会第 7 次会议在越南河江市举行。

27 日 中共中央总书记、中国国家主席习近平在北京会见缅甸联邦巩固与发展党主席、联邦议会议长兼人民院议长瑞曼率领的巩固与发展党代表团。

27～28 日 亚洲基础设施投资银行筹建会议第 4 次代表大会在北京举行。会议决定在 2015 年年中完成亚洲基础设施投资银行章程的签署，在年底前正式成立亚洲基础设施投资银行。

30 日 越南在首都河内举行阅兵游行，庆祝战争结束 40 周年。

5 月

1 日 为期 6 天的缅甸少数民族地方武装组织领导人会议在缅北的邦康举行。包括克伦民族联盟、克钦独立军、佤联军等在内的 12 支少数民族地方武装首领或代表与会。4 日，总统登盛在例行广播讲话中重申，将争取实现和平，促进经济发展。

3～5 日 中国全国政协副主席、全国工商联前主席、中国太平洋经济合作全国委员会名誉会长黄孟复率团访问文莱。

4 日 中国国务院总理李克强在北京会见到访的马来西亚陆路公共交通委员会主席赛·哈密德。

5 日 中国国务院总理李克强、全国政协主席俞正声在北京分别会见马来西亚上议院议长阿布·扎哈尔。

△越南工贸部部长武辉煌、韩国产业通商资源部部长尹相直分别代表本国政府，在越南河内签署《越南—韩国自由贸易区协定》。该协定成为越南单独与伙伴国签署的首个自由贸易协定。

6 日 日本和菲律宾海岸警卫队在马尼拉湾举行首次联合海上演习，中国、澳大利亚、越南的海岸警卫队官员作为观察员到演习现场观摩。

7 日 泰国总理巴育在曼谷会见到访的中国国务委员杨晶。

△率团访问印度尼西亚的中国广西壮族自治区主席陈武在雅加达分别会见印尼副总统尤素夫·卡拉和经济统筹部部长索菲安·贾里尔。

8 日 中共中央政治局常委、中央书记处书记刘云山在北京会见到访的马来西亚华人公会总会长、政府交通部部长廖中莱率领的代表团。

△中国全国政协副主席、中共中央对外联络部部长王家瑞在北京会见到访的马来西亚华人公会总会长、交通部部长廖中莱率领的代表团，就两党两国务实合作深入交换意见。

8～10 日 应俄罗斯联邦总统普京邀请，中国国家主席习近平出席卫国战争胜利 70 周年庆典并访俄。两国元首在莫斯科举行会晤，就中俄关系和彼此关心的重大国际和地区问题充分交换意见，一致同意中俄要共同维护第二次世界大战胜利成果和国际公平正义，推进丝绸之路经济带建设同欧亚经济联盟建设对接。

10 日 日本海上保安厅“八岛号”海警船抵达越南岘港的仙沙港，开始为期 5 天的对越首次访问。

11 日 缅甸总统登盛在内比都会见到访的中国国务委员杨晶。

△菲律宾武装部队总参谋长卡塔庞率大批记者登上南沙群岛的中业岛，被中国外交部发言人华春莹以事实证明谁才是真正的规则破坏者和麻烦制造者进行谴责。中方敦促菲方停止一切侵犯中国主权和权益、影响地区和平稳定的挑衅行动。

12 日 新加坡《联合早报》报道，美国航母战斗群于 10 日在南海与马来西亚军方进行海上演习，以支持美国第七舰队安全合作目标。

14 日 日本媒体报道，一直在非洲索马里海域执行打击海盗任务的日本海上自卫队 P3C 侦察机在返日途中降落越南，与越南军方进行防卫方面的交流。

14～16 日 应中国国务院总理李克强邀请，印度共和国总理纳兰德拉·莫迪对中国进行正式访问。

15 日 为期 3 天的中越两军第 2 次边境高层会晤在越南老街举行。会晤期间，中国国务委员兼国防部部长常万全与越南国防部部长冯光青举行第 2 阶段会谈，签署会晤纪要并联合会见双方记者。

16～17 日　中国东南亚研究会第 9 届年会暨“历史与现实：中国与东南亚和平发展与共处共生”学术研讨会在中国河南郑州大学举行。

18 日　中国中央军委副主席许其亮在北京会见到华出席第 2 届中马防务安全磋商的马来西亚国防部秘书长拉希姆一行。

18～20 日　中国中央统战工作会议在北京召开。中共中央总书记、中国国家主席、中央军委主席习近平出席会议并发表重要讲话，强调巩固发展最广泛的爱国统一战线，为实现中国梦提供广泛力量支持。

19 日　缅甸副总统赛茂康在内比都会见中共中央对外联络部副部长陈凤翔。

△中国国务院印发《中国制造 2025》，部署全面推进实施制造强国战略。这是中国实施制造强国战略第一个十年的行动纲领。

20 日　亚洲基础设施投资银行创始成员国在新加坡举行会议，深入探讨亚投行运营政策以及协议章程草案，决定于 6 月底前完成章程签署。

23 日　中国国家主席习近平在北京出席中日友好交流大会并发表重要讲话，强调中日双方应该本着以史为鉴、面向未来的精神，在中日四个政治文件基础上，共促和平发展，共谋世代友好，共创两国发展的美好未来，为亚洲和世界和平作出贡献。

24 日　中国国务院副总理刘延东开始对孟加拉国进行正式访问。

25 日　东盟地区论坛第 4 次海上搜救演习在马来西亚吉打州亚罗士打举行。中国派出 28 艘舰艇、4 架直升机参与此次为期 5 天的演习。

28 日　中国国务院副总理刘延东开始对印度尼西亚进行正式访问。中国—印尼副总理级人文交流机制首次会议在印尼雅加达举行。双方在教育、科技、文化等领域签署合作交流协议。刘延东在会议上宣布，中国将在 2015～2017 年间为印尼培训 100 名卫生专业技术人员。

△美国参议院军事委员会主席约翰·麦凯恩对越南进行工作访问。

29 日　中国—东盟博览会文化展在中国南宁开展。展会举办系列文化活动。

△中国—东盟博览会旅游展在中国桂林开幕。东盟、美国、德国、日本、埃及等 50 个国家和地区，中国国内 29 个省份的 52 个城市组团参展参会，专业参展商 700 多家。

29～31 日　第 14 届香格里拉对话会暨亚洲安全会议在新加坡举行。来自亚太及区域外国家和地区的国防部长、政府官员及专家学者就亚太安全议题展开讨论，并举行双边或多边会晤。

31 日　以“加强民间交流、共建‘一带一路’”为主题的第 2 届中国—东南亚民间高端对话会在印度尼西亚举行。会议通过《中国—东南亚民间交流合作倡议书》，呼吁建设中国—东南亚命运共同体。

6 月

1 日　美国国防部部长阿什顿·卡特一行访问越南。越南国防部部长冯光青与卡特进行会谈，双方签署《防务关系共同愿景的联合声明》。

△《中华人民共和国政府和大韩民国政府自由贸易协定》在韩国首尔正式签署。

2～5 日　菲律宾总统阿基诺三世对日本进行国事访问。这是阿基诺三世上任 5 年来第 6 次访日。

3～4 日　文莱苏丹哈桑纳尔、越南国家主席张晋创和政府总理阮晋勇分别致电中国国家主席习近平、国务院总理李克强，对中国长江翻船事故表示关切。

△第 21 次中国—东盟高官磋商在北京举行，中国外交部副部长刘振民与泰国外交部副次长诺帕敦共同主持，东盟 10 国高官和东盟副秘书长出席。

10～14 日　应中国共产党邀请，昂山素季率缅甸全国民主联盟代表团访华。

12 日　印度尼西亚总统佐科于 6 月 9 日正式签署对包括中国在内的国家和地区游客免签规则，使原计划 4 月实行游客免签政策的法律障碍得以最终解除。

△菲律宾国家电视台播出一部针对南海问题的纪录片，借公众人物之口就南海问题发表混淆视听的言论，公开挑起、煽动民众反华情绪。

12～16 日　第 3 届中国—南亚博览会暨第 23 届中国昆明进出口商品交易会在昆明举办。中国国家副主席李源潮、马尔代夫总统亚明、老挝总理通邢、孟加拉国议长乔杜里、越南副总理黄忠海等出席。印度为这届中国—南亚博览会主题国，泰国为这届交易会的主宾国。其间，越南政府副总理黄忠海分别会见中国国家副主席李源潮和云南省省长陈豪。

17～18 日　以“社会发展和治理创新”为主题的第 11 次中越两党理论研讨会在中国上海举行。

17～19 日　应中国国务委员杨洁篪邀请，越南政府副总理兼外交部部长范平明访问中国，与杨洁篪共同主持中越双边合作指导委员会第 8 次会议。18 日，中国国务院总理李克强在北京会见范平明。

22 日　美菲年度联合海上战备训练与日菲联合搜救演习同时在菲律宾巴拉望举行。

22～23 日　第 7 届柬、老、缅、越峰会暨第 6 届伊洛瓦底江—湄南河—湄公河经济合作战略峰会在缅甸内比都举行。

23 日 中国国家主席习近平应约与印度尼西亚总统佐科通话。习近平强调,中国和印尼是真诚相待的好朋友、好伙伴,中方建设21世纪海上丝绸之路构想与印尼方打造全球海洋支点规划高度契合。

△东盟—印度联合合作委员会第15次会议在印度尼西亚雅加达东盟秘书处举行。会议评估近期东盟—印度合作关系和确定进一步推动双方合作关系的各项措施。

△越俄核电基础设施基地合作研讨会在越南河内举行。双方讨论制订2015~2017年越俄核电基础设施基地发展合作计划。

23~24 日 第7轮中美战略与经济对话以及第6轮中美人文交流高层磋商在美国华盛顿举行。

24~25 日 越南政府副总理兼外交部部长范平明访问印度尼西亚,与印尼外交部部长蕾特诺·马苏德共同主持越南—印尼双边合作委员会第2次会议。

25 日 由于军方议员反对,缅甸联邦议会有关竞选国家领导人资格的修宪草案未能通过。

26 日 第6次越老安全与打击犯罪合作会议在老挝万象举行。

△越南通讯社报道,越南政府正式批准与俄罗斯在索契签署的有关联络通信、信息技术及大众传媒领域的合作协定。

27 日 泰国中华总商会、泰国潮州会馆、中国驻泰国大使馆在曼谷联合举办泰华各界庆祝中泰建交40周年大会,泰国总理巴育、中国驻泰大使以及泰华社团代表1200人出席。

27~28 日 第4届世界和平论坛在中国北京举行。中国国家副主席李源潮出席论坛开幕式并发表主旨演讲。

29 日 《亚洲基础设施投资银行协定》在北京签署。亚投行57个意向创始成员国财长或授权代表出席签署仪式,其中已通过国内审批程序的50个国家正式签署协定。

△应中国国家主席习近平邀请,新加坡共和国总统陈庆炎对中国进行为期5天的国事访问。30日,陈庆炎及夫人徐美娟参观国家典籍博物馆展览,向中国国家图书馆捐赠新加坡图书300多册。

30 日 中国泰国铁路合作联合委员会第5次会议在泰国呵叻举行。

7 月

1 日 中国全国政协主席俞正声在北京会见老挝建国阵线中央常务副主席董叶陶。

△菲律宾副总统杰约马尔·比奈宣布组建名为统一民族联盟的反对党。该党纲领包括创造更多就业岗位、提振旅游业、发展农业、提供有效率的医疗保健、教育和交通服务,减少贫困。

1~3 日 落实《南海各方行为宣言》第14次联合工作组会议在马来西亚吉隆坡举行。会议制定"准则"磋商第二份共识文件、名人专家小组《职责范围》以及"中国和东盟国家应对海上紧急事态外交高官热线"概念文件。

3 日 中国国家主席习近平在北京与新加坡总统陈庆炎举行会谈。两国元首同意双方要总结经验、规划未来,进一步增强政治互信,保持高层密切交往势头,深化经贸和金融领域合作,扩大人文交流合作,共同推动中新关系上升到新高度。

4 日 第7届日本与湄公河流域国家峰会在日本东京举行。柬埔寨首相洪森、老挝总理通邢、缅甸总统登盛、泰国总理巴育、越南总理阮晋勇出席峰会。峰会发表名为"新东京战略2015"的共同文件。会后日方宣布在3年内向湄公河流域国家提供7500亿日元援助湄公河基础设施建设等政府主导项目。

6~10 日 越共中央总书记阮富仲正式访问美国并与美国总统奥巴马举行会谈,成为首位访问美国的越共领导人。双方发表《越南—美国关系愿景联合声明》。

8 日 中共中央军委副主席许其亮、国务委员兼国防部部长常万全在北京分别与到访的老挝国防部部长森暖·赛雅拉举行会见和会谈。

9 日 中共中央军委副主席许其亮在北京会见到访的柬埔寨副首相兼国防大臣迪班。

△中国铁路装备首个海外制造基地——位于马来西亚的东盟制造中心建成投产。马来西亚因此成为东盟首个拥有轨道交通装备产品制造能力的国家。

15 日 中国国家主席习近平函贺文莱苏丹哈桑纳尔69岁生日。

16~17 日 越南国家主席张晋创、政府总理阮晋勇在河内分别会见应邀访越的中共中央政治局常委、中国国务院副总理张高丽。越方领导人表示,越方愿同中方一道,促进两国发展战略对接,加强产能合作、地方合作、人文交流等,妥善管控好海上分歧。

17 日 美军太平洋舰队司令斯科特·斯威夫特访问菲律宾武装部队总部并与菲武装部队总参谋长艾里贝里会面。

21 日 中国全国政协副主席、中共中央对外联络部部长王家瑞在北京会见万赛·蓬沙万率领的老挝人民革命党中组部代表团,双方就中老关系和各自党建有关问题深入交谈。

△法新社报道,菲律宾总统阿基诺三世在20日提交国会的2016年国家预算计划中,强调要加强海军的军事实力建设,计划将军费增加到5.52亿美元。

21~24 日 应泰国立法议会主席蓬佩邀请,中国全国政协主席俞正声对泰国进行正式友好访问。俞正声分别会见泰国国王御代表诗琳通公主、政府总理巴育、枢密院主席炳,并与蓬佩举行会谈。

23 日　越南政府总理阮晋勇率高级代表团对泰国进行正式访问。阮晋勇与泰方领导人共同主持召开越泰第三次联合内阁会议。双方签署多项重要文件,其中包括“迈入第五个十年的越泰关系:面向加强型战略伙伴关系”的越泰联合内阁会议《联合声明》。

25 ~28 日　应印度尼西亚人民协商会议主席祖尔基弗利邀请,中国全国政协主席俞正声对印尼进行正式友好访问。俞正声分别会见印度尼西亚总统佐科、人民协商会议主席祖尔基弗利、国会议长诺凡托和地方代表理事会副主席法洛克。

27 日　中共中央政治局委员、中央政法委书记孟建柱在北京会见越共中央委员、中央内政部副部长阮尹庆率领的越共中央内政部代表团。

29 日　中国与东盟国家在天津举行落实《南海各方行为宣言》第 9 次高官会。

30 日　中国全国政协副主席、中共中央对外联络部部长王家瑞在北京会见由越共中央委员、越南政府民族委员会副主任农国俊率领的越南党政干部考察团,双方就加强治国理政经验交流交换意见。

8 月

1 日　越南海军在越南庆和省金兰湾军港举行“海防”号和“庆和”号潜艇升旗仪式,标志着越南第二批基洛级潜艇正式入列。

2 ~3 日　应新加坡外交部部长尚穆根邀请,中国外交部部长王毅访问新加坡并与新加坡总理李显龙举行会晤。

3 日　文莱苏丹哈桑纳尔会见到访的中共海南省委书记、省人大常委会主任罗保铭。

△中国广西壮族自治区主席陈武在南宁会见率越南地方外办主任代表团访华的越南外交部常务副部长胡春山一行。

4 ~6 日　第 48 届东盟外长会议、第 16 届东盟与中日韩外长会、第 5 届东亚峰会外长会和第 22 届东盟地区论坛外长会等系列会议在马来西亚吉隆坡举行。

6 ~8 日　美国国务卿克里对越南进行正式访问。

7 日　缅甸政府与少数民族地方武装之间第 9 轮关于全国停火协议草案和谈在仰光结束,双方未能签署协议。会后发表的联合新闻公报称,除可参与签署协议的武装组织范围有待商榷外,双方已就其他内容达成共识。

9 日　中国国家主席习近平特使、国家副主席李源潮出席新加坡建国 50 周年庆典活动,并转交习近平致新方领导人的国庆贺信。

10 日　印度尼西亚总统佐科在雅加达会见中国国家主席习近平特使、中国国家发展和改革委员会主任徐绍史。

△中国人民解放军副总参谋长孙建国访问越南,并与越共中央政治局委员、国防部部长冯光青举行会见。

12 日　印度尼西亚总统佐科宣布内阁重组名单,多名内阁部长被更换,其中包括贸易部部长、经济统筹部部长、政治法律安全统筹部部长、海洋统筹部部长、国家发展规划部长等。

13 日　缅甸执政党联邦巩固与发展党宣布,解除该党主席瑞曼和总书记貌貌登的职务,任命巩发党原副主席泰乌为主席,总统府原部长丁乃登为总书记。

15 日　文莱苏丹哈桑纳尔分别致电中国国家主席习近平和国务院总理李克强,就天津发生“8・12”特别重大火灾事故表示诚挚慰问。

17 日　泰国曼谷市中心发生爆炸事件,造成包括中国公民在内的 19 人死亡,100 多人受伤。

18 日　第 12 届中国—东盟博览会和中国—东盟商务与投资峰会组委会会议在北京举行。会议提出要充分发挥博览会和峰会的平台作用,不断完善办会机制,更好地服务周边外交,服务“一带一路”建设。

△缅甸反对党全国民主联盟领袖昂山素季对媒体表示,民盟将与遭解职的执政党联邦巩固与发展党主席瑞曼结盟。

19 日　泰国内阁会议审议通过 4 项措施,对 17 类非必需品实施进口禁令。被禁商品主要有燃料、耐用品、消费品、车辆和运输设备等。

22 ~25 日　第 14 次中国—东盟经贸部长会议、第 18 次东盟—中日韩经贸部长会议、第 3 次东亚峰会国家经贸部长会议和第 3 次区域全面经济伙伴关系协定部长级会议等东亚经贸部长系列会议在马来西亚吉隆坡举行。

26 日　路透社报道称,美国太平洋司令部司令哈里斯访问菲律宾并与菲律宾国防部部长以及陆军司令等人会面。

28 日　3 艘中国执法船艇完成联合巡逻执法任务后靠泊云南省西双版纳州关累港,标志着中老缅泰第 37 次湄公河联合巡逻执法圆满完成。

31 日　中共中央总书记、中国国家主席习近平在北京会见出席中国人民抗日战争暨世界反法西斯战争胜利 70 周年纪念活动的柬埔寨国王西哈莫尼,并与老挝人民革命党中央总书记、国家主席朱马里举行会谈。

△中国全国人大常委会副委员长沈跃跃应邀出席越南驻华使馆举办的越南国庆 70 周年招待会,并与越南驻华大使阮文诗就中越关系等交换意见。

9 月

1 日　在美国纽约出席第 4 届世界议长大会的中国全国人大常委会委员长张德江会见越南国会主席阮生雄。

3 日　柬埔寨国王西哈莫尼、老挝国家主席朱马里、缅甸总统登盛、东帝汶总统鲁瓦克、越南国家主席张晋创、泰国副总理兼国防部部长巴维等东南亚国家领导人出席在北京举行的纪念中国人民抗日战争暨世界反法西斯战争胜利 70 周年大会和胜利大阅兵。

4 日　中国国家主席习近平、国务院总理李克强分别在北京会见出席中国人民抗日战争暨世界反法西斯战争胜利 70 周年纪念活动的缅甸总统登盛。李克强当日还会见泰国副总理兼国防部部长巴维。

12 日　新加坡国会选举结果揭晓，执政党人民行动党以压倒性优势获得 89 个议席中的 83 个，以 69.9% 的总得票率赢得选举。此次国会选举是新加坡独立以来第一次所有议席都有反对党或无党籍候选人参与竞争的大选。

13 日　由中国互联网信息办公室、国家发展和改革委员会与广西壮族自治区人民政府共同主办的中国—东盟信息港论坛在南宁开幕。开幕式上，中国与东盟 10 国代表共同为中国—东盟信息港基地揭牌。论坛期间，中国互联网信息办公室与老挝邮电部签署《网络空间合作与发展谅解备忘录》。

△中泰铁路合作联合委员会第 7 次会议在泰国曼谷举行。双方就可行性研究、详细设计、工程总承包以及线上合资方案、融资方案、政府间铁路合作框架协议等问题进行充分磋商，达成多项共识。

15 ~ 16 日　越共中央政治局委员、政府副总理阮春福对中国进行正式访问。中共中央政治局常委、中国国务院总理李克强和中共中央政治局常委、中国国务院副总理张高丽分别与阮春福举行会谈。

△第 8 届中国—东盟智库战略对话论坛在中国南宁举行。中国和东盟各国的 100 多名专家学者出席。与会专家围绕“一带一路”与中国—东盟命运共同体建设的主题以及“一带一路”与中国—东盟命运共同体建设的路径选择、“一带一路”与中国—东盟产能合作、“一带一路”与中国—东盟互联互通 3 个议题进行研讨。

15 ~ 18 日　越共中央总书记阮富仲访问日本。

17 日　中共中央政治局常委、中国国务院副总理张高丽在南宁分别会见前来出席第 12 届中国—东盟博览会和中国—东盟商务与投资峰会的泰国副总理塔纳萨、缅甸副总统赛茂康和老挝副总理宋沙瓦。

17 ~ 22 日　根据中国与马来西亚年度交往计划，两国军队在马六甲海峡及其附近区域举行“和平友谊 - 2015”联合实兵演习。

18 ~ 21 日　第 12 届中国—东盟博览会和中国—东盟商务与投资峰会在广西南宁举办。博览会以“共建 21 世纪海上丝绸之路——共创海洋合作美好蓝图”为主题，继续设置商品贸易、投资合作、服务贸易、先进技术、“魅力之城”五大专题，泰国担任主题国。

21 日　中国国务委员兼国防部部长常万全在北京会见到华进行中缅两军第 2 次战略安全磋商的缅甸国防军副总司令兼陆军司令梭温。

23 ~ 24 日　越老柬三角发展区贸易促进及便捷化协定第 3 轮谈判在老挝占巴塞省举行。

26 日　第 13 届世界华商大会在印度尼西亚登巴萨市召开。本届世界华商大会由印度尼西亚中华总商会主办，世界各地的 3000 多名嘉宾参会。

27 日　应美国国防部的邀请，越南国防部副部长阮志咏率越南人民军高级代表团赴美进行越南—美国第 5 次国防政策对话。

28 日　泰国警察总署宣布“8 · 17”曼谷爆炸案告破。该爆炸案是人口走私集团对泰国政府打击人口走私后实施的报复行为，嫌疑人共有 17 名。

30 日　第 7 届东盟与中日韩打击跨国犯罪部长级会议在马来西亚吉隆坡举行。与会各国代表就打击恐怖主义、人口贩卖、走私军火和贩毒、海盗、高科技犯罪、洗钱等犯罪活动展开讨论。

10 月

1 日　中国国务院总理李克强致电新加坡领导人李显龙，祝贺其连任新加坡共和国总理。

△越共中央总书记阮富仲、国家主席张晋创、政府总理阮晋勇、国会主席阮生雄分别致电中共中央总书记、中国国家主席习近平，国务院总理李克强，全国人大常务委员会委员长张德江，祝贺新中国成立 66 周年。

3 日　新加坡总统陈庆炎与中国国家主席习近平互致贺电，热烈庆祝两国建交 25 周年。

8 ~ 10 日　应中国外交部部长王毅邀请，泰国外交部部长敦 · 巴穆威奈对中国进行访问。其间，中国国务院总理李克强会见敦 · 巴穆威奈。

10 日　由中国和马来西亚联合主办的第 12 届中国国际中小企业博览会在广州开幕。

12 日　缅甸内政部发布行政命令：即日起，将早前宣布将签署全国停火协议的克伦民族联盟、全缅学生民主阵线、掸邦军(南部)等 3 支民族武装从非法组织名单中除名。

13 日　中国全国政协主席俞正声在北京会见到访问的柬埔

寨参议院第二副主席狄诺。

△中新双边合作联合委员会第12次会议在新加坡举行。

15日 中共中央军委副主席范长龙在北京会见出席中国—东盟国防部长非正式会晤及香山论坛的马来西亚国防部部长希沙姆丁。

15~16日 中国与东盟10国防务部门领导人及东盟副秘书长在北京举行中国—东盟国防部长非正式会晤。中国国务委员兼国防部部长常万全围绕"迈向中国—东盟命运共同体,加强防务安全合作"的主题,就推进中国—东盟防务安全合作提出5点倡议。

16日 印度尼西亚国企联合体与中国铁路总公司牵头组成的中国企业联合体在雅加达正式签署组建中国印尼合资公司协议。该公司将负责雅加达至万隆高速铁路(雅万高铁)项目的建设运营。

19~20日 中国与东盟10国在中国成都举行落实《南海各方行为宣言》第10次高官会,并举行第15次联合工作组会议。

20日 中国全国政协主席俞正声在北京会见到访的越南祖国阵线中央委员会副主席裴氏清。

△中国全国人大常委会副委员长、中国国际交流协会副会长张宝文率团访问文莱,与文莱立法会议长拉赫曼举行会晤。

△中国越南经贸合作委员会第9次会议在北京召开。

22日 由中国提供贷款援助柬埔寨建设的水净华新桥(也称柬中友谊桥)竣工通车。桥梁全长720米,横跨金边洞里萨河,沟通柬北部与东北部。

23日 中国—东盟执法安全合作部长级对话在北京举行。会议以"安全促发展"为主题,下设"地区安全和反恐形势""应对非传统安全风险""重大设施和项目安全"3个议题。中国、东盟各国和澳大利亚、俄罗斯执法安全部长、警察首长,东盟秘书处、上海合作组织、国际刑警组织等国际组织负责人以及东盟各国驻华使节出席会议。

27日 由中国—东盟商务协会、中国—东盟商务理事会和柬埔寨商业部共同主办的"海上丝绸之路"中国—柬埔寨论坛在金边举行。

27~28日 第8次越南—柬埔寨边境地区合作与发展会议在越南胡志明市举行。越南副总理兼外交部部长范平明与柬埔寨副首相兼内务大臣韶肯共同主持会议。

11月

3~5日 第10届中国—东盟民间友好大会在文莱斯里巴加湾举行。东盟各国及中国的民间友好组织、民间团体和商界代表出席。中国—东盟协会会长顾秀莲应邀率团参会。

△东盟国防部长会议和第3届东盟防长扩大会议在马来西亚吉隆坡举行。

5~6日 应越共中央总书记阮富仲、越南国家主席张晋创邀请,中共中央总书记、中国国家主席习近平对越南进行国事访问。其间,习近平分别同阮富仲、张晋创举行会谈,并会见越南政府总理阮晋勇、国会主席阮生雄。6日,中国与越南发表《中越联合声明》。

△日本防卫相中谷元访问越南,考察越金兰湾海军基地,并与越南国防部部长冯光青就让日本海上自卫队舰船停靠南海重要通道金兰湾的越南海军基地等达成共识。

6日 柬埔寨首相洪森、副首相兼国防大臣迪班在金边分别会见到访问的中国国务委员兼国防部部长常万全。迪班表示,柬方坚定支持中国在南海问题上的政策主张。

6~7日 应新加坡共和国总统陈庆炎邀请,中国国家主席习近平对新加坡进行国事访问。其间,习近平分别与陈庆炎、李显龙、吴作栋等进行会见、会谈并共同出席相关活动,两国元首一致同意将中新关系定位为与时俱进的全方位合作伙伴关系,并决定启动中新自由贸易协定升级谈判。

8~9日 缅甸举行全国大选,昂山素季领导的全国民主联盟以70%的选票赢得大选。

10日 应菲律宾外交部部长德尔罗萨里奥邀请,中国外交部部长王毅对菲律宾进行工作访问。

12日 中泰两国空军航空兵部队在泰国空军呵叻基地举行代号为"鹰击-2015"的联合训练。训练持续至月底结束。

13日 老挝政府副总理宋沙瓦·凌沙瓦与中国国家发展和改革委员会主任徐绍史在北京分别代表两国政府签署政府间铁路合作协定,标志着中老铁路项目开始进入实施阶段。

15日 中国国家主席习近平在土耳其安塔利亚会见出席二十国集团(G20)领导人第10次峰会的印度尼西亚总统佐科。习近平指出,2015年是中国印尼建交65周年,两国在对接发展战略、深化务实合作方面取得新的积极成果,中方对此表示满意。

17日 菲律宾总统阿基诺三世与越南国家主席张晋创在马尼拉签署战略伙伴协议。

18日 缅甸总统府发布总统登盛签署的总统令,宣布缅甸政府取消对掸邦北部果敢自治区的军事管制。

18~19日 亚太经合组织(APEC)第23次领导人非正式会议在菲律宾马尼拉举行。会议发表《亚太经合组织第23次领导人非正式会议宣言》。

20日 中老缅泰第40次湄公河联合巡逻执法结束。

20～23日　第27届东盟峰会及系列会议在马来西亚吉隆坡举行。22日，东盟10国领导人共同签署《2015年建成东盟共同体吉隆坡宣言》和《东盟迈向2025年吉隆坡宣言：团结奋进》，宣布东盟共同体于2015年12月31日正式成立，同时设立2025年东盟发展路线图。

21日　中国与老挝合作的老挝一号通信卫星在中国西昌发射成功。

25日　第9届中国—东盟成员国总检察长会议在中国南宁举行。与会代表围绕"国际追逃追赃合作"的主题，分享各自国家在追逃追赃合作方面的有效做法和成功经验。会后，中国最高人民检察院检察长曹建明与东盟成员国总检察长签署《联合声明》。

△东盟2015年投资报告指出，2014年东盟吸引外来投资1362亿美元，连续第三年实现增长，成为发展中国家和地区最大的外商直接投资目的地，东盟内部投资额共计244亿美元，同比增长26%。

30日　越南与韩国的自由贸易协定通过韩国国会批准。

12月

1日　中共中央总书记、中国国家主席习近平向老挝人民革命党中央总书记、国家主席朱马里致亲署函，祝贺老挝人民民主共和国成立40周年。

△中国外交部发言人华春莹主持例行记者会指出，菲律宾单方面提起并执意推动南海仲裁，是披着法律外衣的政治挑衅，其实质不是为了解决争议，而是企图否定中国在南海的领土主权和海洋权益。在领土主权和海洋权益问题上，中国不接受任何强加于中国的方案，不接受单方面诉诸第三方的争端解决办法，这是中国作为主权国家和《联合国海洋法公约》缔约国的权利。

△越南维和中心与中国维和事务办公室在河内联合举行参加联合国维和行动研讨会。

1～3日　受中共中央和习近平总书记委派，中共中央政治局常委、全国人大常委会委员长张德江出席老挝人民民主共和国成立40周年庆典活动并对老挝进行正式友好访问。

2日　越欧自由贸易协定谈判正式结束，越南总理阮晋勇与欧盟委员会主席让—克洛德·容克共同见证《越欧自由贸易协定谈判正式结束声明》的签署。

3日　中国广西北部湾银行与越南农业与农村发展银行在中国广西凭祥签订边贸结算合作协议。

6～9日　由中国武术协会与广西壮族自治区体育局联办的第3届中国—东盟武术节在广西柳州举行。

7日　到访美国的新加坡国防部部长黄永宏与美国国防部部长卡特会面并发表联合声明，声明称美国将首次在新加坡短期部署P－8反潜侦察机。次日，中国外交部发言人华春莹表示，美方加强军事部署、推动地区军事化的行动，不符合地区国家的共同和长远利益。

8日　缅甸联邦议会通过政府与8支民族武装签署的全国停火协议。

9日　缅甸首个证券交易所——仰光证券交易所开业，首批6家公司上市。

14～21日　越南政府邀请中国援越抗美老战士访问越南，中国人民友好协会组织中国援越抗美老战士代表团前往。

16～20日　中国国务委员王勇赴泰国主持中泰贸易、投资和经济合作联合委员会第4次会议并出席中泰铁路合作项目启动仪式。

17日　欧洲议会表决通过关于正式批准2012年签署的越南—欧盟全面合作伙伴协定。

△俄罗斯卫星网消息称，俄罗斯为越南海军建造的第5艘基洛级636型潜艇启运越南金兰湾。

△第3届东盟灾难管理部长级会议和第4届东盟灾难管理及紧急反应协定缔约方会议在柬埔寨金边举行。

19日　中泰铁路合作项目启动仪式在泰国大城府举行。中国国务院总理李克强与泰国总理巴育互致贺信，中国国务委员王勇和泰国副总理巴金代表两国政府共同出席启动仪式。

△首届中国—东盟民族文化论坛预备会在中国南宁举行，会议确定2016年起每年举办一届论坛。

△越南自然资源与环境部测绘局和中国国土资源部地质调查局分别在越南岘港及中国广州举行北部湾湾口外海域共同考察启航仪式。

21日　菲律宾总统阿基诺三世在建军80周年纪念活动上表示，菲将在3年内将军费增加至839亿比索。

23～27日　应中国全国人大常委会委员长张德江邀请，越南国会主席阮生雄率越南国会代表团对中国进行正式友好访问。

28日　由广西社会科学院和广西档案馆共同主编的《中越友谊的历史见证——阮文追学校资料选编》在南宁首发。该书是继《南宁育才学校资料选编》《桂林育才学校资料选编》之后推出的又一部反映越南学校搬迁到中国办学的史料。

31日　东盟轮值主席国马来西亚外长阿尼法发表声明称，东盟共同体当日正式成立，成为东盟历史上最为重要的里程碑。

△中越国防部直通电话正式开通并完成首次通话。

△由中国驻越南大使馆和越中友好协会合作编纂的《中越建交65周年专刊》在越南河内首发。专刊集中展示中越建交65年来，在政治、经济、人文领域交往重要时刻的珍贵照片与文章，成为中越"同志加兄弟"友好历史的缩影。

△缅甸皎漂特别经济区项目评标及授标委员会宣布，中国中信组团中标缅甸皎漂特区工业园项目和深水港项目。

△菲律宾在北京签署加入《亚洲基础设施投资银行协定》。至此,亚洲基础设施投资银行57个意向创始成员国全部签署《亚洲基础设施投资银行协定》。

2016年1~6月

1月

2日 中国外交部发言人华春莹就中国南沙群岛永暑礁新建机场校验飞行活动答记者问时表示,中国对南沙群岛及其附近海域拥有无可争辩的主权,中方不接受越方对中国政府征用民航飞机对南海机场进行校验试飞的无理指责。

4日 印度《经济时报》报道称,印度出资在越南胡志明市建设的一座卫星监测站即将启用。印度空间研究组织将把该站点与在印度尼西亚、文莱的站点连接起来,形成卫星监测和追踪站。

6日 中国政府征用的两架民航客机先后从海口美兰机场起飞,成功降落南沙永暑礁新建机场后返场,完成对南海机场的校验试飞。

6~9日 搭乘450名船员的俄罗斯联邦海军舰队访问越南岘港。

8日 2015年度中国国家科学技术奖励大会在北京召开。

△越南工贸部边贸司发布消息称,2015年越南边贸总额275.6亿美元,比上年增长27%,越中边贸额占边贸总额的85%,越老占4%,越柬占11%。

11日 越南通讯社报道称,阮晋勇总理正式批准越南2020年和2030年愿景国际经济一体化总体战略。

12日 缅甸联邦和平会议开幕,标志着首轮全国和平政治对话启动。缅甸总统登盛、副总统赛茂康、联邦议会议长瑞曼、国防军总司令敏昂莱、全国民主联盟主席昂山素季和少数民族武装领导人及政府部长、政党代表参加开幕式。

△菲律宾最高法院宣布,菲律宾与美国2014年4月签署的《加强防务合作协议》"不违宪"。此举为美军重返菲律宾打开大门。

△中国—东盟教育交流年工作磋商会在泰国曼谷举行,标志着中国—东盟教育交流年正式启动。

14日 印度尼西亚雅加达遭到多起爆炸袭击,导致至少6人遇难。印度尼西亚总统佐科谴责袭击是"恐怖主义行径"。

16日 亚洲基础设施投资银行在北京正式开业。

△中国台湾地区领导人选举投票结束,民进党候选人蔡英文、陈建仁当选台湾地区正、副领导人。

17日 为期5天的越中陆地边界联合委员会第6次会议在越南胡志明市举行。

18~26日 老挝人民革命党举行第十次全国代表大会。685名党员代表与会。大会选举产生69名中央委员,其中政治局委员11名。本扬·沃拉吉当选老挝人民革命党中央委员会总书记。

19日 中国国家统计局发布消息:2015年中国国内生产总值达到67.67万亿元,比上年增长6.9%;居民人均可支配收入2.2万元,实际增长7.4%;粮食总产量6.21亿吨,增长2.4%;规模以上工业增加值增长6.1%。

21日 印度尼西亚首条高速铁路——雅加达至万隆高铁开工建设。中国国家主席习近平在致佐科总统的贺信中指出,合作建设雅加达至万隆高铁是中国与印尼双方达成的重要共识,也是双方战略对接的重大早期收获。

21~29日 越南共产党举行第十二次全国代表大会。1510名党员代表与会。大会选举产生新一届领导集体。阮富仲继续当选中央总书记。

22日 越通社报道称,东盟10国旅游部长正式启动旅游推广10年计划,力争到2025年实现旅游业对东盟经济的贡献率增长15%。

24日 中国海军152舰艇编队3艘军舰抵达雅加达港,开始对印度尼西亚进行为期5天的友好访问。雅加达港站是中国海军此次环球访问的最后一站。

25~26日 美国国务卿克里先后访问老挝、柬埔寨。

△"去激进化和对抗暴力极端主义"国际会议在马来西亚吉隆坡举行。

26日 日本天皇明仁对菲律宾进行国事访问。

26~30日 习近平总书记特使、中共中央对外联络部部长宋涛出访老挝、越南。老挝人民革命党中央总书记本扬、越南共产党中央总书记阮富仲分别会见宋涛。

27日 国际货币基金组织宣布2010年份额和治理改革方案正式生效。中国开始成为国际货币基金组织第三大股东。

28日 马来西亚上议院以表决方式通过《跨太平洋伙伴关系协定》。

△正在执行环球访问任务的中国海军152舰艇编队应印尼海军请求,在爪哇海域与印尼海军举行联合演练。

30日 美国海军"威尔伯"号导弹驱逐舰违反中国法律,擅自进入中国西沙领海。中国守岛部队和海军舰机当即采取应对行动,对美军舰进行识别查证并迅即予以警告驱离。中国国防部新闻发言人杨宇军指出,美方此举严重违法,破坏了有关海域的和平、安全和良好秩序,也不利于地区和平稳定。

2月

1日　缅甸第二届联邦议会人民院第一次会议举行。缅甸全国民主联盟中央执行委员会成员温敏当选议长，联邦巩固与发展党帝昆秒当选副议长；人民院440个席位中，军队占110个，民盟占255个。会上，第一届联邦议会议长瑞曼与温敏举行交接仪式。

△中国人民解放军战区成立大会在北京举行。中共中央总书记、国家主席、中央军委主席习近平分别向东部战区、南部战区、西部战区、北部战区、中部战区授旗并发布训令。

2～5日　日本副首相兼财务大臣、金融担当大臣麻生太郎访问缅甸。其间，麻生与缅甸总统登盛会谈，表示要加强两国在经贸等领域的合作关系。

3日　中国外交部发言人陆慷表示，中方对朝鲜发射卫星表示严重关切，希望朝方保持克制，不要采取可能导致半岛局势进一步紧张升级的行动。他还重申，作为近邻，中方绝不会允许半岛生乱、生战，绝不会允许任何国家在推动半岛无核化的大目标中夹带私货。

△中共中央政治局委员、中央政法委书记孟建柱在北京会见到访的马来西亚副总理兼内政部部长扎希德。

3～6日　应中国国务委员杨洁篪邀请，柬埔寨副首相兼外交国际合作部大臣贺南洪访问中国。杨、贺共同主持中柬政府间协调委员会第3次会议。

4日　文莱、马来西亚、新加坡、越南参加包括美国在内的12个环太平洋国家贸易部长在新西兰奥克兰举行的《跨太平洋伙伴关系协定》签字仪式。

△中新社马尼拉报道，菲律宾国防部部长加斯明当日透露菲律宾将提供境内8处军事基地供美军选择使用。

5日　越南《经济时报》报道称，欧盟公布越南—欧盟自由贸易区协定全文，该协定于2018年正式生效。

15～16日　美国—东盟领导人峰会在美国加利福尼亚州举行，会后发表的峰会联合声明内容涉及贸易、海事安全和反恐等。

17日　“东盟—印度关系：新范式”论坛在印度举行。

18日　中国中远、中海两大航运企业合并而成的中国远洋海运集团有限公司在上海挂牌成立。

22～26日　中国3艘军舰停泊柬埔寨西哈努克省港口，开始在高龙岛、高龙撒冷岛、竹岛之间的海域与柬海军举行首次联合训练演习。

24日　澜沧江—湄公河合作第3次高官会在中国海南三亚举行。会议就澜沧江—湄公河合作首次领导人会议的相关安排、成果文件等进行讨论。

△首届“东盟＋3”毒品监控网络工作组会议在泰国曼谷举行。东盟10国和中、日、韩以及联合国毒品和犯罪问题办公室、东盟秘书处的100多位代表出席。会议落实各方达成的共识，共同建立“东盟＋3”区域性反毒信息共享机制。

26～27日　东盟外长非正式会议在老挝万象举行。会上，东盟外长就有效落实东盟共同体2025年愿景的方式和方法以及第27届东盟峰会上通过的3个蓝图进行讨论。会议还就南海地区相关问题达成共识，认为各方应根据国际法和平解决争端。

28日　应中国外交部部长王毅邀请，新加坡外交部部长维文对中国进行正式访问。

29日　中共中央总书记、中国国家主席习近平在北京会见越共中央总书记阮富仲特使、越共中央对外部部长黄平君。

3月

1日　中国全国政协副主席王家瑞在北京会见越共中央总书记阮富仲特使、越中央对外部部长黄平君。

△中国国务委员杨洁篪在北京会见新加坡外交部部长维文。

△第7次越南—新加坡防务政策对话在新加坡举行。

3日　第22届东盟经济部长非正式会议在泰国清迈举行。会议重点讨论老挝2016年东盟轮值主席国优先目标，东盟经济部长经济工作小组所提出的建议，以促进融入地区及促进东盟与中国、韩国、日本、印度、澳大利亚和新西兰等6个国家《区域全面经济伙伴关系协定》谈判等进程；更新东盟与各伙伴国的贸易自由协定，为东盟经济部长与欧盟委员会贸易总司代表团磋商会做好筹备工作等问题。

4日　以“为女企业家提供便利条件，推动东盟经济共同体发展”为主题的第2次东盟女企业家论坛在越南河内举行。

8～9日　东盟工会理事会与东盟雇主联盟在泰国曼谷举行首次磋商会。国际劳工组织亚太地区局、国际工联亚太区域组织等组织的53位代表出席会议。

9日　中国与老挝合作的老挝一号通信卫星在万象卫星地面站举行在轨交付仪式。

9～10日　以“亚洲合作对话：前行之路”为主题的亚洲合作对话第14次外长会在泰国曼谷举行。

14日　第13届东盟国家武装部队首脑非正式会议在老挝万象举行。东盟各国同意通过加强协作，应对传统及非传统安全领域的挑战。

15日　缅甸联邦议会经投票选举全国民主联盟资深成员廷觉为总统，仰光省行政长官、退役中将敏瑞为第一副总统，民盟议员亨利班提育为第二副总统。

△中国外交部发言人陆慷在例行记者会上表示，中国3月15日至4月10日通过云南景洪水电站向湄公河下游实施

应急补水。柬埔寨外交与国际合作部对中国政府的决定表示欢迎。

△新加坡金融管理局宣布与中国人民银行续签双边货币互换协议，协议期3年。

16日 亚太地区规模最大的海事专业展——2016新加坡亚太海事展开幕。

17日 第13届东盟新闻部长会议、第4届东盟—中日韩新闻部长会议分别在菲律宾宿务举行。

△新加坡海军RSS Endurance 207号军舰抵达越南金兰国际港，开始对越南的正式访问。这是越南金兰国际港开港运行后首次迎来外国船舰。

17～18日 第18次东盟—印度高官会在越南河内举行，双方通过东盟—印度2016～2020年行动计划。

18日 越南人民军总参谋长杜伯巳大将在河内会见到访的美国太平洋舰队司令、海军上将斯科特·斯威夫特一行。杜伯巳强调，越南高度重视与美国的全面合作关系，海军合作是两国防务合作关系中的亮点之一。

21日 越南—俄罗斯两军第2次副部长级防务战略对话在莫斯科举行。

22～25日 以"亚洲新未来：新活力与新愿景"为主题的博鳌亚洲论坛2016年年会在中国海南博鳌举行，来自62个国家和地区的2100多名嘉宾参加论坛活动。

23日 中国国务院总理李克强在海南三亚主持澜沧江—湄公河合作首次领导人会议，并与泰国总理巴育、柬埔寨首相洪森、老挝总理通邢、缅甸副总统赛茂康、越南副总理范平明等其他与会国家领导人一起，围绕"同饮一江水，命运紧相连"的会议主题，就推进澜沧江—湄公河合作机制建设、加强次区域国家全方位合作、促进地区一体化进程等深入交换意见。

24日 缅甸第二届联邦议会第一次会议通过新政府18位部长名单。

△中国发布跨境电子商务零售进口税收新政策。自2016年4月8日起，跨境电子商务零售进口商品将不再按邮递物品征收行邮税，改按货物征收关税和进口环节增值税、消费税，以促进跨境电商健康发展。

中越《关于延展司法合作谅解备忘录的协议》在北京签署。

26日 中共中央总书记习近平致电祝贺洪秀柱当选中国国民党主席，希望国共两党以民族大义和同胞福祉为念，继续坚持"九二共识"、反对"台独"，巩固互信基础，加强交流互动，共同维护两岸关系和平发展、台海和平稳定，同心为实现中华民族伟大复兴而努力奋斗。

27～31日 应越南国防部部长冯光青大将邀请，中共中央军委委员、国务委员、国防部部长常万全上将对越南进行正式友好访问。28日，中越两军在谅山举行第3次边境高层会晤；30日，常万全、冯光青在中国凭祥共同主持中越两军第3次边境交流活动总结会议。

30日 中国国民党在台北举行党主席就职典礼，洪秀柱正式接任国民党主席。

31日 为期两天的第4届核安全峰会在美国华盛顿举行，包括中国国家主席习近平在内的50多个国家和国际组织领导人应邀出席。

4月

1日 中国驻越南大使馆、驻越媒体、中资机构和留学生代表同越南人民一起，在安平县盛兴、朗达两个中国烈士陵园祭奠长眠于此的243名中国援越抗战烈士英灵，深切缅怀和铭记他们为中越友谊所做的伟大贡献。

△第4届东盟法院院长会议在越南胡志明市举行。

3日 第20届东盟财长会议在老挝万象举行。

△越南第十三届国会第十一次全会选举陈大光为新一任越南国家主席。

4日 柬埔寨国会通过由首相洪森提出的内阁改组方案。根据方案，外交与国际合作部、邮电部、公共工程与交通部、商务部、林渔业部、农村发展部、城市规划、建设和土地管理部、礼仪宗教部任命新部长。

△为期11天的"肩并肩"联合军演在菲举行，美国、菲律宾及澳大利亚3国共派出近万名兵力参加，日本自卫队首次应邀派观察员参与。

5～6日 应缅甸外交部部长昂山素季邀请，中国外交部部长王毅对缅进行正式访问。

5～7日 泰王国玛哈扎克里·诗琳通公主殿下访问中国。

6日 中国成功将首颗微重力科学实验卫星——实践十号返回式科学实验卫星发射升空。

△中国全国人大常委会委员长张德江在北京会见到访的泰国公主诗琳通。张德江表示，中泰两国是好邻居、好兄弟、好伙伴，各领域交流与合作密切。

△中共中央政治局常委、中央书记处书记刘云山在北京会见老挝人民革命党中联部部长顺通率领的老挝人民革命党代表团。

7日 中国东南亚安全部门反恐对话在北京举行。

△越南第十三届国会第十一次会议选举越共中央政治局委员、副总理阮春福担任新一任政府总理。

△马来西亚政府首次举行公开销毁查获的象牙活动，以显示打击野生动物盗猎与野生动物制品走私犯罪行为的决心。活动共销毁象牙9.55吨。

11日 中国—东盟建立对话关系25周年国际研讨会在北京

举行。

△中国决定继续对澜沧江—湄公河下游国家实施应急调水，直至枯水期结束。

12～15日 印度尼西亚海军举行代号为“科摩多—2016”的联合演习。中国、美国、俄罗斯、法国、澳大利亚等16个国家海军的48艘舰艇、8架直升机和4架固定翼飞机参加演习。

14～15日 美国国防部部长卡特访问菲律宾。卡特先后与菲律宾总统阿基诺三世、国防部部长加斯明举行双边会议。美国《纽约时报》网站报道此次访问时称，美国将在马尼拉以北的前克拉克空军基地部署200名飞行员、机组人员以及5架“雷电”攻击机、3架搜索救援直升机和1架运送特种作战部队的运输机。

18日 中国—文莱经贸磋商第4次会议在文莱斯里巴加湾举行。

△缅甸国家顾问昂山素季在新年电视讲话中表示，将推动修改宪法，实现国家民主。这是昂山素季就任国家顾问一职后首次公开发表的重要政治主张。

△2016亚洲防务展在马来西亚吉隆坡开幕。中国国家国防科技工业局组织3家军贸企业以“中国防务”国家展团形式参展。

21～23日 中国外交部部长王毅先后访问文莱、柬埔寨和老挝。

24日 东盟防务高级官员会议在老挝万象举行。会议重点讨论如何提升成员国之间防务合作，探讨开展其他可合作的新领域。

26日 中国和印度尼西亚副总理级对话机制第5次会议在北京举行。

26～28日 应越南教育培训部邀请，中共贵州省委书记、省人大常委会主任陈敏尔率代表团访问越南。

27～28日 第22次中国—东盟高官磋商在新加坡举行。会议围绕推进中国—东盟关系和东亚区域合作进行讨论，并为年内中国—东盟建立对话关系25周年纪念峰会重大活动预做准备。

28日 亚洲相互协作与信任措施会议第5次外长会议在北京举行。中国家主席习近平在开幕式发表题为《凝聚共识，促进对话，共创亚洲和平与繁荣的美好未来》的重要讲话，强调坚持和践行共同、综合、合作、可持续的亚洲安全观，凝聚共识，促进对话，加强协作，推动构建具有亚洲特色的安全治理模式，共创亚洲和平与繁荣的美好未来。

30日 中国政府网发布《国务院关于印发全面推开营改增试点后调整中央与地方增值税收入划分过渡方案的通知》。

△中国公安机关从马来西亚押解97名电信诈骗犯罪嫌疑人（大陆65人，台湾32人）回国。这些犯罪嫌疑人共涉及特大跨境电信诈骗案100多起。

5月

1日 由文莱与新加坡联合主持的联合海上安全及反恐演习分阶段在文莱、新加坡举行。演习为期10天，有18个国家的3000名海军和特种部队官兵参与。

3～4日 老挝人民革命党中央总书记、国家主席本扬对中国进行正式友好访问。中共中央总书记、中国国家主席习近平，国务院总理李克强，全国人大常委会委员长张德江，中央书记处书记刘云山分别与本扬举行会谈。

3～6日 日本外相岸田文雄先后访问缅甸、老挝、越南3个东南亚国家。在越南期间，岸田文雄与越南有关部长签署文件，向越方提供210亿日元贷款，协助越南进行基础设施建设，同时还决定提供总额8.9亿日元的无偿援助资金，帮助越南培训行政官员。

5日 越南国家主席陈大光在河内会见中国驻越南大使洪小勇。陈大光在会见中强调，越南党、政府和人民始终重视对中国关系，发展越中两党两国和人民的友好合作关系是越南对外政策的优先方向。

7～8日 东盟与中日韩高官会、东亚峰会高官会、东盟地区论坛高官会等系列会议分别在老挝琅勃拉邦举行。会议为下半年举行的东亚合作领导人系列会议和系列外长会预做准备。

9日 中国印尼高层经济对话第2次会议在雅加达举行。

9～10日 中国国务委员杨洁篪访问马来西亚。马来西亚总理纳吉布、外交部部长阿尼法和国防部部长希沙姆丁先后与杨洁篪举行会晤。马来西亚外交部部长在会晤后公开表示，两国同意根据《南海各方行为宣言》解决相关问题，同意加快完成《南海行为准则》制订。

10日 越军报网站报道，2015～2020年任期的越南中央军委成员名单确定，越共中央总书记阮富仲任中央军委书记，越南国防部部长吴春历任中央军委副书记，越南国家主席陈大光、政府总理阮春福、越军总政主任梁强、国防部副部长阮志咏4人任军委常委。军委成员共23人，其中7人为留任，其余均为新任。

13日 中国国家副主席李源潮在北京会见到访的泰国王孙女帕查拉吉迪雅帕公主。

△越共中央总书记阮富仲在河内会见到访的中共中央政治局委员、上海市委书记韩正。

△第4届中泰农产品贸易合作指导委员会会议在北京举行。会上，中泰双方就已签署合作谅解备忘录的第二项100万吨大米贸易合同进行讨论。

△越南越通社报道，越南国家主席陈大光会见到访的日越关系特别大使杉良太郎。

16 日 中国—东盟中心与文莱外交与贸易部在文莱首都斯里巴加湾联合举办中文投资贸易洽谈会。

19 日 经双方商定,中泰两国海军在泰国举行“蓝色突击－2016”海军陆战队联合训练。联训以人道主义救援为课题,分为海上输送及进驻、海上联合训练、陆上联合训练和总结回撤4个阶段,时间持续到6月10日。联训目的在于促进两国海军友好交流与务实合作,提高共同应对非传统安全威胁与挑战的能力。

19～20 日 第3届俄罗斯—东盟纪念峰会在俄罗斯索契举行,以纪念双边对话伙伴关系20周年。峰会发表索契宣言,提出将研究在欧亚经济联盟和东盟之间建立自由贸易区。在南海问题上,宣言主张尽快通过《南海行为准则》。

23 日 中国铁路总公司总经理盛光祖率队访问马来西亚。

23～25 日 美国总统奥巴马对越南进行为期3天的访问。此行为奥巴马任内首次访问越南,也是1995年两国关系正常化以来第三位访越的美国总统。23日,奥巴马与越南国家主席陈大光会谈后共同主持召开新闻发布会通报会谈结果,奥巴马宣布将全面解除对越南武器禁运。

24 日 中共中央军委副主席许其亮在北京会见马来西亚海军司令卡马鲁扎曼。

△中越两国在中国南宁联合举办《中越陆地边界勘界议定书》《关于中越陆地边界管理制度的协定》《关于中越陆地边境口岸及其管理制度的协定》执行情况总结会,中国外交部副部长刘振民、越南外交部副部长黎怀忠出席会议并作主旨发言。

25 日 以“促进防务合作,实现活跃的东盟共同体”为主题的东盟国防部长会议在老挝万象举行。

△中国国务委员兼国防部部长常万全对老挝进行正式友好访问,并出席第6次中国—东盟防长非正式会晤。在防长会晤发言中,常万全就推进中国和东盟的防务安全合作提出建议。

26 日 第9届泛北部湾经济合作论坛暨中国—中南半岛经济走廊发展论坛在中国南宁举行。论坛集中讨论东南亚—中国经济走廊建设与发展和中国—东盟港口城市合作网络两个主题。来自东盟和中国的500名代表参加论坛活动。

△第9届东盟教育部长会议、第3届东盟与中日韩教育部长会议、第3届东亚教育部长峰会分别在马来西亚吉隆坡举行。

29 日 日本《朝日新闻》报道,日本海上自卫队扫雷母舰“浦贺”号与扫雷艇“高岛”号停靠越南金兰湾的国际港。

30 日 菲律宾国会参、众两院召开联席会议,宣布罗德里戈·杜特尔特为新一届菲律宾总统,马里亚·罗夫雷多为副总统。

△中国全国科技创新大会、中国科学技术协会第9次全国代表大会在北京举行。

31 日 应中国外交部邀请,文莱外交及贸易部无任所大使哈嘉玛诗娜公主对中国进行正式访问。中国国家副主席李源潮在北京会见哈嘉玛诗娜公主。

6 月

1 日 中国人民对外友好协会和文莱驻华大使馆在北京联合举办招待会,庆祝中文两国建交25周年。

△新加坡《联合早报》报道,柬埔寨国防部部长迪班在会见到访的越南国防部部长吴春历后说:“柬埔寨有非常明确的立场,我们呼吁(南海)纠纷的所有相关各方坐下来互相和平地谈判,外人不应插手。”

△菲律宾候任总统杜特尔特在记者会上表示,其在就任后菲方将奉行独立外交政策,在处理中菲关系时不会依赖长期盟友美国,而是自主决定菲中关系方向。

△中国外交部部长王毅与加拿大外长迪翁举行首次中加外长年度会晤。

3 日 中国国家主席习近平在北京与柬埔寨国王西哈莫尼举行会谈。双方一致同意,巩固睦邻友好,深化互利合作,推动中柬全面战略合作伙伴关系不断向前发展,给两国人民带来更多福祉。

△由中国驻东盟使团主办的中国—东盟建立对话关系25周年研讨会在印度尼西亚三宝垄举行。印尼、泰国、马来西亚、新加坡、柬埔寨、菲律宾等东盟国家和中国的30位专家学者参加研讨。

3～5 日 第15届香格里拉对话会在新加坡举行。中国中央军委联合参谋部副参谋长、海军上将孙建国在出席对话会期间,分别会见新加坡国防部部长黄永宏、泰国武装部队最高司令宋迈、文莱国防部副部长阿齐兹、柬埔寨副首相兼国防大臣迪班、越南国防部副部长阮志咏、老挝国防部副部长兼总参谋长苏温。

4 日 以“建立具活力的东盟共同体——化愿景为现实”为主题的东盟第15届社会文化共同体理事会部长级会议在老挝琅勃拉邦举行。会议着重讨论东盟共同体形成后未来10年的努力目标。

6～10 日 由文莱首相府部长兼外交与贸易部第二部长林玉成、首相府能源与工业部部长亚斯敏共同率领的文莱政府高层代表团一行访问中国广西,以加快推进文莱—广西经济走廊建设。

7 日 日本防卫相中谷元访问泰国并与泰国看守政府副总理兼国防部部长巴维举行会谈。在南海问题上,双方一致认为应依据国际法和平解决争端。此外,双方还同意促进合作,包括由日本自卫队帮助泰国军队提高能力。

8 日 中国外交部发言人洪磊在回答记者提问时,敦促菲律宾立刻停止推进仲裁程序的错误举动,回到通过双边谈判解决中菲在南海的有关争议的正确道路上来。

9日 中国与东盟国家在越南举行落实《南海各方行为宣言》第12次高官会。

12日 越南国家主席陈大光对老挝进行国事访问。

12～17日 第4届中国—南亚博览会在中国昆明举行。

13～14日 中国—东盟国家外长特别会议在中国云南玉溪举行。会议回顾和总结中国—东盟对话关系发展经验,并对双方关系未来发展进行展望,为年内召开的中国—东盟建立对话关系25周年纪念峰会作准备。

14日 中国全国人大常委会副委员长张平在北京会见由努拉·玛巴尼率领的泰国宪法法院代表团一行。

△中国全国政协副主席齐续春在北京会见柬埔寨参议院外委会主席迪拉西。

△第3次东南亚地区经济合作与发展组织论坛在越南河内召开,东盟各国及国际组织的200名代表出席。

15～16日 应柬埔寨国王西哈莫尼邀请,越南国家主席陈大光对柬埔寨进行国事访问。

16日 越共中央政治局委员、越南祖国阵线中央委员会主席阮善仁在河内会见中国驻越南大使洪小勇。阮善仁在会见中表示,越南党、政府和人民非常重视越中全面战略合作伙伴关系。

16～18日 第13届中国—东盟博览会越南展在河内举行。此次展览是中国—东盟博览会年内在东盟国家巡展的第一站。

17日 应越南国防部请求,中国海军派出4艘舰艇前往北部湾海域,协助搜救失事的越南一架空军飞机、一架海警飞机及机组人员。

18日 美国海军第七舰队司令部官网发表消息称,“斯坦尼斯”号和“里根”号航空母舰打击大队当天在菲律宾海上组成双航母编队并展开作战演习。

20日 中共中央政治局常委、中央纪委书记王岐山在北京会见柬埔寨国务大臣兼反腐败委员会主席翁仁典。

△柬埔寨首相洪森在金边出席柬埔寨国家行政学院毕业典礼时说,即将公布的南海仲裁案结果是“出于政治动机”,柬埔寨不会支持这样的结果,也不会支持菲律宾单方提出的南海仲裁案的结果,呼吁有关方面通过双边谈判解决分歧。

22日 第4次东盟儿童论坛在越南河内举行,东盟各国儿童代表与东盟成员国负责社会福利和发展事务的高官代表出席。

△以“东盟无国界:生态旅游集群和旅游走廊的发展战略路线图”为主题的2016东盟生态旅游论坛在老挝占巴塞省召开。东盟10国旅游部官员、东盟秘书处副秘书长林康宪、联合国世界旅游组织亚太区主任徐京及东盟国家旅游公司代表出席论坛。

22～24日 第10届中国—东盟社会发展与减贫论坛在中国桂林举行,中国和东盟10国的政府官员、专家学者及国际组织代表等150多人出席。会议围绕“一带一路”与中国—东盟减贫合作的主题展开讨论。

23日 中国国务委员兼国务院秘书长杨晶在北京会见马来西亚总理府秘书长兼高铁公司主席阿里·哈姆萨一行。

25日 中国载人航天工程长征七号运载火箭在海南文昌航天发射场点成功发射。

26日 泰国《曼谷邮报》披露,泰国海军采购委员会已批准从中国购买3艘总价值11亿美元的潜艇。

26～28日 中国国务委员杨洁篪访问越南,并与越南政府副总理兼外交部部长范平明共同主持召开越中双边合作指导委员会第9次会议。

27日 中共中央政治局常委、国务院副总理张高丽在北京会见泰国副总理颂吉。张高丽表示,中泰两国是亲密友好邻邦和可信赖的合作伙伴,在各领域务实合作中取得丰硕成果。

△马来西亚总理纳吉布公布内阁人事调整方案,更换多名部长。

△以“教育与领导”为主题的第2届东盟—中国青年领袖交流会在柬埔寨暹粒举行,东盟10国和中国的青年代表236人参加。

27～28日 2016年夏季达沃斯论坛在中国天津举行。

△中越双边合作指导委员会第9次会议在越南河内举行。

28日 柬埔寨人民党在金边举行建党65周年庆典,1万名党员及支持者出席庆典仪式。

28～29日 印度尼西亚国会批准年度国防预算增加到82.5亿美元,比1月通过的预算案军费开支增长近10%。其中,南海纳土纳群岛军事设施升级和扩建列为新增拨款项目。

29日 中国外交部发言人洪磊就菲律宾南海仲裁案仲裁庭声称将在近期公布所谓最终裁决发表谈话,不接受任何强加于中国的南海争端解决方案。

30日 杜特尔特正式就任菲律宾第16任总统,菲律宾新内阁成员同时宣誓就职。

△中国国家主席习近平致电杜特尔特,祝贺其就任菲律宾总统。

△越共中央致电中共中央,祝贺中国共产党成立95周年。

△中国全国政协副主席马飚在北京会见应中国人民对外友好协会邀请来华访问的越南友好组织联合会主席武春鸿一行。

(马金案 冯海英)

文　献

重要文件

中华人民共和国和印度尼西亚共和国关于加强两国全面战略伙伴关系的联合声明

（2015 年 3 月 26 日，北京）

一、应中华人民共和国主席习近平邀请，印度尼西亚共和国总统佐科·维多多于 2015 年 3 月 25 日至 28 日对中国进行国事访问并出席博鳌亚洲论坛 2015 年年会。

二、访问期间，习近平主席同佐科总统在亲切友好气氛中举行会谈，就双边关系及共同关心的国际地区问题广泛深入交换意见，达成重要共识。国务院总理李克强、全国人大常委会委员长张德江也分别会见佐科一行。

三、两国元首对两国关系发展表示满意并强调，中印尼建立全面战略伙伴关系以来，政治互信不断加深，务实合作成果丰硕，人文交流日益密切。两国关系持续深入发展符合两国人民共同利益，也为地区和平稳定和世界发展繁荣作出重要贡献。双方应共同努力，使两国全面战略伙伴关系在新形势下更加体现主权平等、相互尊重、相互信任、互利互惠、团结协作的特性。

四、两国元首一致认为，中国和印尼在地区和多边层面拥有广泛共同利益，在维护地区和平稳定、促进世界繁荣发展、全面推动南南合作、应对全球性议题方面是重要合作伙伴，应加强战略沟通与协作。

两国元首一致同意未来双方将重点加强以下领域合作：

政治、防务和安全领域

五、双方同意继续保持高层交往势头，加强两国领导人间互动沟通，做好两国关系顶层设计，及时就双边关系和共同关心的问题交换意见，增进互信，扩大共识。两国元首一致同意将尽快商签《中印尼全面战略伙伴关系未来五年行动计划》。两国元首一致同意，作为中印尼全面战略伙伴关系重要组成部分，双方应积极推动各领域可行、互利的具体合作项目。

六、双方强调将充分发挥由中国国务院国务委员分别与印尼政治、法律和安全统筹部长、经济统筹部长牵头的中印尼副总理级对话和高层经济对话、两国外交部长牵头的政府间双边合作联委会等各领域、各层级交流合作机制作用，统筹协调两国各领域合作，为中印尼全面战略伙伴关系向纵深发展做好科学设计和总体规划。两国元首支持建立由中国负责人文交流事务的副总理和印尼人类发展与文化统筹部长牵头的中印尼副总理级人文交流机制。

七、双方同意进一步加强司法、执法领域合作，加强在打击跨国犯罪、禁毒、反贪、追逃追赃、网络安全、出入境管理以及执法能力建设领域务实合作，承诺在情报信息交流、案件协查、缉捕和遣返犯罪嫌疑人等方面相互支持。双方将尽快签署中国公安部和印尼警察总部关于打击跨国犯罪的有关合作文本。双方愿在力所能及范围内继续在执法培训和技术装备等方面相互支持。

八、双方认为，恐怖主义是人类公敌。双方将在情报交流、联合侦讯、网络反恐、去极端化等领域加强合作，共同应对恐怖主义威胁。双方将积极在提高各自反恐能力建设方面相互支持。

九、双方积极评价两国防务合作成果，承诺将进一步加强军事高层交往，用好防务安全磋商、国防科技工业合作联委会、海军对话等机制，提升联演联训、军工军贸、军舰互访、人员培训、多边安全等领域合作水平。双方一致鼓励建立两国其他军种间的对话平台。

十、两国元首表示，双方将在涉及彼此核心利益的重大问题上继续给予对方坚定支持，继续奉行和平共处五项原则，相互尊重主权、独立和领土完整。习近平主席表示，中国支持印尼政府为维护国家统一和领土完整所作努力。佐科总统重申，印尼坚定奉行一个中国政策，支持中国和平统一事业。

贸易、投资和经济发展领域

十一、双方认为，习近平主席提出的建设“21 世纪海上丝绸之路”重大倡议和佐科总统倡导的“全球海洋支点”战略构想高度契合。双方同意发挥各自优势，加强战略交流和政策沟通，推动海上基础设施互联互通，深化产业投资、重大工程建设等领域合作，推进海洋经济、海洋文化、海洋旅游等领域务实合作，携手打造“海洋发展伙伴”。

十二、双方欢迎中印尼高层经济对话首次会议于 2015 年 1 月 26 日在北京举行，承诺积极落实中印尼经贸合作五年发展规划，尽快签署《中华人民共和国和印度尼西亚共和国经贸合作五年发展规划优先项目清单》，共同推动两国经贸和投资合作长期、健康、平衡、可持续发展。双方同意落实中国—东盟自由贸易区有关协议，以改善全面市场准入条件。双方欢迎中国国家发展和改革委员会与印尼经济统筹部签署《中印尼经济合作谅解备忘录》。

十三、中方将鼓励企业扩大进口印尼产品，为印尼企业来华举办贸促活动提供便利。双方同意扩大双向投资规模，鼓励各自企业到对方国家投资，支持探讨重签中印尼投资保护协定，并按照双方法律规定保护投资者合法利益。双方欢迎中国国家开发银行与印尼国有企业部签署共同支持中国优质企业与印尼国有企业的合作谅解备忘录。

十四、双方同意深化基础设施与产能合作，鼓励两国企业在铁路、公路、港口、码头、机场等基础设施领域，在电力、光伏、钢铁、有色金属、造船、建材等产能领域开展交流与合作。双方同意就比通经济特区等项目保持密切沟通，深入探讨具体合作设想和方式。双方欢迎中国国家发展和改革委员会与印尼国有企业部签署《中印尼基础设施与产能合作谅解备忘录》和《中印尼雅加达—万隆高铁合作谅解备忘录》。

十五、双方支持两国企业就印尼第一期1000万千瓦燃煤电站租赁运营开展合作。中方欢迎印尼未来五年电站发展规划，同意鼓励中国企业寻找互利投资机遇。印尼方欢迎中方参与印尼下一阶段3500万千瓦电站建设，并愿与中方积极探讨在电网规划、建设、运营和维护方面合作。双方同意使用环保、可持续技术开展电站建设互利合作。

十六、双方承诺将加快推进中印尼综合产业园区建设，并尽快成立两国政府间协调委员会。印尼方表示将尽快出台园区配套优惠政策，为更多中国企业根据印尼法律法规入园提供保障和便利，加快推进园区建设。

十七、双方同意发挥两国能源论坛作用，尽早召开第五次中印尼能源论坛，加强中印尼海陆油气资源开发、炼化、储存以及煤炭、电力等领域合作，探讨水电、太阳能、风能等清洁能源领域合作，尽早签署《中华人民共和国政府和印度尼西亚共和国政府关于和平利用核能协议》，推动中印尼能源合作向更多层次、更宽领域发展。

十八、双方同意用好中印尼农业联委会机制作用，加强在杂交水稻种植、经济作物开发、农业技术交流、动物疫病防控、食品安全等领域合作，探讨建立农业合作产业园区和水稻合作生产园区。加强两国检验检疫合作，促进两国农产品贸易顺利发展。

十九、中方将继续通过双多边金融渠道为印尼基础设施和大项目建设提供融资支持。双方同意在两国双边本币互换协议执行层面加强合作，并探讨进一步扩大本币结算规模。双方积极评价亚洲基础设施投资银行对于促进区域互联互通和经济发展的重要意义，表示将与有关各方共同努力将亚投行打造成专业高效的基础设施投融资平台。

二十、双方同意将积极开展税务合作，共同为加强全球税收合作，打击国际逃避税，帮助发展中国家和低收入国家提高税收征管能力而努力，为两国投资和经贸往来提供有利的税收环境。双方欢迎签署中印尼避免双重征税协定议定书及谅解备忘录。

二十一、双方同意加强两国航空运输合作，以促进中印尼经贸、旅游合作及人文交流。

海上、航天、科技领域

二十二、双方积极评价两国海上合作取得的长足进展，认为应继续用好两国海上合作委员会机制和中印尼海上合作基金，加快推进“海事卫星地面站建设”“中印尼国家联合海上搜救沙盘推演”和“中印尼海洋与气候中心建设”等项目，并继续加强在航行安全、海上安全、海上搜救、海洋科研环保等领域务实合作。欢迎中国交通运输部和印尼国家搜救局签署《中印尼海上搜救合作谅解备忘录》。

二十三、双方充分肯定中印尼航天合作联委会机制在推动两国航天合作中的重要作用，欢迎中国国家航天局和印尼航空航天研究院签署《2015~2020中印尼航天合作大纲》，进一步明确两国未来航天合作领域和重点方向。双方同意将继续加强在卫星遥感、卫星通信、卫星导航、卫星发射服务、航天测控、探空火箭、航天基础设施、卫星分系统及零部件、空间科学、人员交流培训、航空技术等领域的合作，全面提高两国航天合作水平。印尼方愿继续根据印尼国家法律和双边协议为中方测控船只赴印尼海域执行测控任务提供便利。中方愿在探空火箭能力建设方面与印尼方进行合作。

二十四、双方同意在两国政府间科技联委会框架下，积极推进共建中印尼技术转移中心、生物技术联合实验室、遥感卫星数据共享与服务平台、青年科学家交流等合作，并探讨核电技术交流、科技创新政策等领域合作。

文化、社会领域

二十五、2015年是中印尼建交65周年。双方同意将“和平繁荣伙伴”作为纪念两国建交65周年的主题。两国元首一致同意共同规划并举办庆祝活动，总结有益经验，深化双方相互了解与信任，传承并发扬两国传统友谊。

二十六、双方认识到文化中心对传播本国文化，加深相互了解具有积极作用，愿尽早商签互设文化中心谅解备忘录，并于时机成熟时启动相关文化中心建设。双方还将探讨新签两国政府文化合作协定和文化交流执行计划，不断密切两国文化交流。

二十七、双方一致认为青年是两国关系的未来，加强青少年交流有利于传承两国传统友谊和中印尼全面战略伙伴关系的长远可持续发展。双方同意继续开展每年向对方国家派遣100名青年访问交流项目，中方将继续邀请印尼优秀青年代表来华参加东盟青年干部培训班。

二十八、双方同意在有关双边教育合作协议框架下，加强在学生交流、语言教学、高等教育和职业培训等领域务实合作，加快商签互认高等教育学位学历协议。印尼方积极评价孔子学院在汉语传播方面的重要作用。中方欢迎在北京和广州建立印尼研究中心。印尼方邀请中方派员赴印尼参加印尼艺术和文化奖学金项目和高级别外交官培训。中方将继续通过多种渠道向印尼提供奖学金，欢迎更多印尼学生来华求学深造。

二十九、中方欢迎印尼政府近期宣布给予中国公民免旅游签证待遇。两国同意进一步开展旅游合作，力争两国公民年度往来早日突破200万人次。双方同意推进文化遗产旅游合作。为此，印尼邀请中国游客赴印尼体验“重走郑和路”旅游新项目。双方同意致力于通过中印尼旅游合作联合工作组探讨互利项目和倡议，并在多边场合讨论旅游议题时加强磋商，协调立场。双方将积极推进中国大熊猫赴印尼合作研究项目和印尼科莫多巨蜥赴中国合作繁育项目。

三十、双方将进一步扩大两国媒体、智库、高校、研究所等机构交流合作，办好“感知中国”“中印尼关系研讨会”等交流活动，继续邀请印尼宗教人士访华。

国际和地区事务

三十一、双方认为，中印尼在维护亚洲及世界和平、稳定与繁荣方面拥有共同利益，担负共同责任。双方支持世界多极化和国际关系民主化，主张推动国际秩序和国际体系朝着公正合理的方向发展。双方认为，国际社会应通过对话与合作，消除贫困，缩小南北差距，促进各文明、文化和宗教间和谐与合作，实现共同繁荣。

三十二、双方重申联合国在维护全球和平稳定和促进共同发展方面发挥重要作用，致力于同国际社会一道加强联合国体系，使其能在有效、合理的多边基础上解决全球问题。双方均认为联合国成立70周年意义重大，愿在联合国系列纪念活动中保持沟通协调。中国和印尼一致认为，联合国改革应该是全方位和多层面的，也应是全面、透明、包容、平衡的，需遵循《联合国宪章》有效、负责地予以推进，应充分尊重该组织的政治性及其作为政府间、全球性民主国际组织的特性。双方支持对安理会进行改革，以更好地履行《联合国宪章》赋予的维护国际和平与安全的职责。安理会改革应增加发展中国家代表性和发言权，并通过民主、耐心的政府间谈判，协商寻求兼顾各方利益和关切的全面解决方案，推动改革朝有利于维护联合国整体利益和会员国团结的方向发展。

三十三、双方认识到中国和印尼在联合国维和行动中的重要作用，欢迎各自扩大参与联合国维和行动的努力。中方欢迎印尼方提出的“维和愿景4000”。双方同意推进在维和方面的合作。

三十四、双方一致认为，万隆会议是亚非国家自主举办的历史性国际会议，树立了发展中国家联合自强、反殖反霸的伟大旗帜，在和平、独立、社会公正基础上推进世界秩序建设。会议倡导“团结、友谊、合作”的万隆精神，至今仍对国际关系具有指导意义。中国支持印尼举办万隆会议60周年相关纪念活动，愿与印尼方密切配合，推动亚非各国增进互信，深化南南合作，实现共同发展。

三十五、中方祝贺东盟将建成亚洲地区首个次区域共同体，重申支持东盟共同体建设，支持东盟在东亚合作中的主导地位，支持东盟为地区和平、稳定与繁荣作出更大贡献。中方将继续为东盟一体化建设进程提供力所能及的支持和帮助，愿同包括印尼在内的东盟国家加强在中国—东盟、东盟与中日韩(10+3)、东亚峰会、东盟地区论坛、其他由东盟主导的机制等区域合作机制内的合作，共同维护东亚和平、发展与繁荣。

三十六、关于南海问题，双方重申致力于全面有效落实《南海各方行为宣言》，并在协商一致的基础上尽早达成“南海行为准则”。双方强调通过磋商和谈判以和平方式解决南海分歧和争议的迫切必要。

三十七、双方高度评价中国—东盟战略伙伴关系发展，认为中国与东盟合作不仅促进了中国和东盟国家的经济社会发展，也为地区和平、稳定与繁荣作出积极贡献。印尼方欢迎中方在中国—东盟“2+7合作框架”内的各项提议和倡议。双方致力于加强中国和东盟间的政策协调和务实合作。

三十八、双方高度评价2013年、2014年分别在印尼巴厘岛和中国北京举办的亚太经合组织(APEC)领导人非正式会议在实现茂物目标、区域经济一体化、互联互通、经济创新发展与改革、可持续公平增长等方面取得的重大务实成果。双方一致同意在APEC内加强协作，共同推动亚太自贸区建设，落实《十年期互联互通蓝图》《经济创新发展、改革与增长共识》等会议成果，为亚太长远发展和共同繁荣作出积极贡献。

三十九、中方欢迎印尼担任环印度洋联盟2015年至2017年主席国。作为联盟对话伙伴国，中方相信印尼将引领联盟在海上安全、贸易投资便利化、渔业管理、灾害风险管理、学术科技、旅游文化交流等六大优先领域有效开展深度合作。

四十、双方一致同意在二十国集团、亚欧会议等多边组织中加强合作，积极考虑相互支持各自候选人竞选国际组织职位，就重大国际问题经常性交换意见，加强在气候变化、多哈回合谈判、能源和粮食安全、国际金融机构改革和全球经济治理等重大全球性问题上的沟通协调，共同维护发展中国家利益。为此，印尼方表示将支持中方主办2016年二十国集团峰会。中方欢迎印尼方在联合国框架内在维护国际和平与安全方面发挥更大作用。

四十一、会谈结束后，习近平主席和佐科总统共同出席了两国有关合作文件的签字仪式。

中越联合公报

一、应中国共产党中央委员会总书记、中华人民共和国主席习近平的邀请，越南共产党中央委员会总书记阮富仲于2015年4月7日至10日对中华人民共和国进行正式访问。

访问期间，中共中央总书记、中国国家主席习近平与阮富仲总书记举行会谈。中共中央政治局常委、中国国务院总理李克强，中共中央政治局常委、全国人大常委会委员长张德江，中共中央政治局常委、全国政协主席俞正声分别会见阮富仲总书记。在友好、坦诚的气氛中，双方相互通报了各自党和国家的情况，就新形势下进一步加强两党两国关系及共同关心的国际和地区问题深入交换了意见，达成广泛共识。除北京外，阮富仲总书记还前往云南省参观访问。

双方一致认为，访问取得了圆满成功，为推动中越关系稳定健康发展，维护两国人民根本利益作出了重要贡献，也对促进本地区和世界的和平、稳定、合作与发展产生了积极影响。

二、双方对各自国家的社会主义建设事业取得的历史性重大成就感到高兴，强调坚持共产党的领导和具有本国特色的社会主义发展道路，是符合两国人民根本利益的正确选择。双方将继续努力，相互借鉴，推动中国改革开放和越南革新事业向前发展，不断为社会主义建设事业注入新活力。

越方高度评价中共十八大以来中国各项事业取得的重大进展，衷心祝愿并相信中国人民在中国共产党坚强领导下，一定能协调推进全面建成小康社会、全面深化改革、全面依法治国、全面从严治党，胜利实现建成富强民主文明和谐的社会主义现代化国家目标。

中方高度评价越共十一大以来越南人民在越南共产党领导下全面推进革新事业取得的巨大成就，衷心祝愿并相信越南人民一定能实现越共十一大提出的各项目标任务，圆满完成现代化、工业化事业，胜利实现把越南建成民富、国强、民主、公平、文明的社会主义国家目标。

三、值此中越建交65周年之际，双方回顾了两国人民在争取民族解放时期和推进社会主义革命与建设事业进程中并肩携手、相互支持、相互帮助的优良传统。中越作为重要邻邦,一致认为两国政治制度相同、发展道路相近、前途命运相关,两国发展互为重要机遇。

双方总结了中越关系发展的重要经验和启示:中越传统友谊由毛泽东主席和胡志明主席等双方老一辈领导人亲手缔造,是两党两国和两国人民的宝贵财富,应珍惜、维护并发扬光大;中越两国拥有广泛共同利益,这是两国关系的大局所在,双方应始终坚持相互尊重、坦诚协商、求同存异、管控分歧;中越政治互信是双边关系健康稳定发展的基础,双方应加强高层交往与沟通,从战略高度引领双边关系向前发展;中越互利合作给两国人民带来实实在在的利益,有助于促进地区的和平、发展与繁荣,应予全面深化和加强。

四、双方重申,中越将继续坚持并努力落实好"长期稳定、面向未来、睦邻友好、全面合作"方针和"好邻居、好朋友、好同志、好伙伴"精神,始终牢牢把握中越关系发展方向,推动中越全面战略合作伙伴关系不断向前发展。

双方一致同意,重点在以下领域深化合作:

——通过灵活方式,继续保持两党两国高层密切接触的优良传统,就国际地区形势和双边关系重大问题及时交换意见,不断深化战略沟通,巩固政治互信,加强对中越关系发展的引领和指导。

——继续发挥好中越双边合作指导委员会等两党两国间交流合作机制的作用,统筹推进合作,协调解决问题,服务于两国人民利益。实施好《落实中越全面战略合作伙伴关系行动计划》,推动两国各领域务实合作取得新进展。

——落实好两党合作计划,继续办好理论研讨会,推进两党对口部门交流合作,就党的建设、经济社会发展、国家治理等加强经验交流,深化党政干部培训合作。积极推动中国全国人大和越南国会、中国全国政协和越南祖国阵线之间的友好交流合作。

——落实好《中越 2012～2016 年经贸合作五年发展规划》,推进落实重点合作项目清单和双方业已签署的各项经贸合作协议。促进双边贸易稳定、平衡、可持续增长,中方鼓励中国企业扩大进口越南有竞争力的商品,双方积极研究商签《中越边境贸易协定》(修订版)。尽快协商并确定跨境经济合作区建设共同总体方案,切实推进基础设施互联互通项目。推进农业、制造业、服务业等产业和科技、医疗、检验检疫等领域合作。中方支持中国企业赴越投资兴业,也愿为越南企业来华开拓市场创造更便利条件。越方将为中国企业在越投资经营提供必要的便利条件。

双方宣布正式成立基础设施合作工作组和金融与货币合作工作组。同意加强上述两个工作组同海上共同开发磋商工作组协调配合,共同推进各领域合作全面发展。

——加强在外交、国防、执法和安全等领域交流合作。继续做好年度外交磋商,拓展两国外交部间交流合作。保持两军高层接触和防务安全磋商,加强两军边防友好交往,妥善管控分歧,深化军队党务和政治工作经验交流,加强人员培训合作,继续举行海军北部湾联合巡逻和军舰互访活动。深化安全和执法领域合作,加强安全对话,有效落实双方业已签署的合作机制和合作协议,加强在反恐、禁毒、打击电信诈骗、出入境管理、边境管控、网络安全等领域合作,保护对方国家驻在本国的机构、企业和人员安全。

——扩大双方新闻、文化、教育、旅游等各领域及两国地方间的友好交流与合作,继续办好中越青年友好会见、人民论坛等民间交流活动,积极推进互设文化中心工作,加强两国媒体交流和记者互访,深化双方研究机构和专家学者间友好交流,切实加强中越友好宣传,不断增进两国民众之间的相互了解和友谊。

——继续发挥好中越陆地边界联委会作用,落实好两国陆地边界有关法律文件,尽早签署《合作保护和开发德天瀑布协定》和《北仑河口自由区航行协定》,共同维护边境地区稳定和发展。发挥好中越陆地边境口岸管理合作委员会作用,加强双方边境口岸基础设施建设和管理,提升两国边境口岸开放合作水平。加强双方边境省(区)合作,促进两国边境地区共同发展。

五、双方就海上问题坦诚交换意见,强调恪守两党两国领导人达成的重要共识,认真落实《关于指导解决中越海上问题基本原则协议》,用好中越政府边界谈判机制,坚持通过友好协商和谈判,寻求双方均能接受的基本和长久解决办法,积极探讨不影响各自立场主张的过渡性解决办法,包括积极研究和商谈共同开发问题。共同管控好海上分歧,全面有效落实《南海各方行为宣言》,并在协商一致的基础上早日达成《南海行为准则》,不采取使争议复杂化、扩大化的行动,及时、妥善处理出现的问题,维护中越关系大局以及南海和平稳定。

双方一致同意,推进海上共同开发磋商工作组工作,加强低敏感领域合作,稳步推进北部湾湾口外海域划界谈判,积极推进该海域共同开发,年内尽早启动北部湾湾口外海域共同考察。

六、越方重申坚定奉行一个中国政策,支持两岸关系和平发展与中国统一大业,坚决反对任何形式的"台独"分裂活动。越南不同台湾发展任何官方关系。中方对越方上述立场表示赞赏。

七、双方同意继续加强在联合国、亚太经合组织、中国—东盟等多边框架内的协调与配合,共同维护和促进世界的和平、繁荣与发展。中方支持越方成功主办 2017 年亚太经合组织领导人非正式会议,越方祝贺中方成功主办 2014 年亚太经合组织领导人非正式会议。双方同意加强地区互联互通建设合作,促进地区共同发展。

八、访问期间,双方签署了《中国共产党和越南共产党合作计划(2016～2020 年)》《中华人民共和国和越南社会主义共和国引渡条约》《中华人民共和国政府和越南社会主义共和国政府关于中越联合勘探北部湾海上油气资源税收问题的协议》《中华人民共和国国防部与越南社会主义共和国国防部联合国维和领域合作备忘录》《中华人民共和国国家发展和改革委员会和越南社会主义共和国计划投资部关于成立基础设施合作工作组的谅解备忘录》《中国人民银行与越南国家银行金融与货币合作工作组工作大纲》《中国中央电视台与越南电视台合作拍摄电视专题片谅解备忘录》等合作文件。

九、越共中央总书记阮富仲对中共中央总书记、中国国家主席习近平以及中国共产党、政府和人民所给予的隆重、热情和友好的接待表示衷心感谢,邀请中共中央总书记、中国国家主席习近平尽早对越南进行正式访问。中共中央总书记、中国国家主席习近平对此表示感谢并愉快地接受了邀请。

2015 年 4 月 8 日于北京

中华人民共和国与印度尼西亚共和国联合新闻公报

（2015年4月22日　雅加达）

一、应印度尼西亚共和国总统佐科·维多多邀请，中华人民共和国主席习近平于2015年4月21日至24日赴印尼出席亚非领导人会议和万隆会议60周年纪念活动。

二、习近平主席同佐科总统在会议期间举行会晤。习近平主席忆及自2013年就任国家主席以来两次到访印尼，感谢佐科总统和印尼人民的热烈欢迎和友好接待。佐科总统也忆及他2014年10月执政后5个月内两次访华，显示了两国友好关系和紧密合作的重要性。佐科总统对中方的热情友好接待表示感谢。

三、两国元首就中印尼建交65周年互致祝贺，一致同意在“和平繁荣伙伴”主题下办好相关庆祝活动，弘扬两国传统友谊，深化民众相互了解，打造面向未来、世代友好的中印尼关系。

四、两国元首一致认为，深化中印尼全面战略伙伴关系符合双方共同利益。双方将加快制定《全面战略伙伴关系未来五年行动计划》，推动两国关系继续向更广领域和更深层次发展。

五、两国元首一致同意继续加强和完善两国各领域合作机制建设，逐步将现有的中印尼副总理级对话、高层经济对话和即将建立的副总理级人文交流机制打造成引领两国政治安全、经贸、人文领域合作的“三驾马车”，推动中印尼各领域务实合作不断取得新进展。

六、两国元首重申将全面对接中方建设“21世纪海上丝绸之路”战略构想和印尼方“全球海洋支点”发展规划，加强政策协调、务实合作和文明互鉴，打造共同发展、共享繁荣的“海洋发展伙伴”。

七、两国元首同意，双方应落实好中印尼高层经济对话第一次会议达成的共识。双方同意共同努力，争取实现双边贸易额到2020年突破1500亿美元。双方同意努力减少关税和非关税贸易壁垒，加强两国贸易部门交流，通过尽早商签《中印尼果蔬产品检验检疫互认合作协议》增进货物贸易领域的合作。双方同意将共同实施好中国商务部与印尼工业部签署的两国政府关于中国—印尼综合产业园区的协定。中方愿为印尼商品扩大进入中国市场准入，鼓励中国企业扩大对印尼投资。印尼方同意加紧制定有关配套政策，优化投资环境。中方愿在印尼出口商品设计研发、提供中国市场机遇和规则信息等方面给予技术支持。

八、中方重申将积极参与印尼铁路、公路、港口、码头、水坝、机场、桥梁等基础设施和互联互通建设，并愿意通过多种方式对相关项目提供融资支持。双方承诺积极落实《中印尼经贸合作五年发展规划》，尽快签署优先项目清单。两国元首欢迎中国国家发展和改革委员会和印尼国有企业部签署《关于开展雅加达—万隆高速铁路项目的框架安排》。

九、双方同意进一步发挥各自优势，在电力、高铁、有色金属、造船、建材等产能领域进行深度合作，实现互利共赢。两国元首欢迎中国国家发展和改革委员会同印尼经济统筹部就产能优先项目清单进行对接，争取尽快实现“早期收获”。

十、两国元首同意鼓励更加有效执行双方2009年3月签署并于2013年10月续签、有效期为3年的双边本币互换协议。两国元首同意加快使用本国货币以推进两国贸易和投资。两国元首肯定双边本币互换协议通过确保短期流动性保障金融市场稳定的重要意义。

十一、两国元首一致同意不断提升防务、安全、反恐、执法等领域合作水平，推动海上、航天、科技战略性务实领域合作取得更多实实在在成果，不断充实中印尼全面战略伙伴关系内涵。

十二、两国元首重申愿意尽早商签互设文化中心谅解备忘录和互认高等教育学位学历协议。

十三、两国元首同意鼓励两国更多公民赴对方国家旅游。印尼方提出希望两国游客往来数量到2020年达到1000万人次。双方同意在对方国家更多开展旅游推介活动。中方欢迎印尼方开发“重走郑和路”综合旅游项目。双方同意加强在向游客提供优质安全服务方面的合作，支持恢复对导游和翻译进行中文培训，鼓励两国旅游单位参加在对方国家举办的旅游展会，加强旅游领域统计数据和信息共享。

十四、两国元首重申将继续加强在地区和国际事务中协调与配合，就地区热点和全球性议题保持密切沟通，促进亚洲及世界和平发展，建立互利共赢的新型国际关系，共同维护广大发展中国家利益。

十五、中方重申支持东盟共同体建设，支持东盟在地区事务中发挥主导作用，愿同包括印尼在内的东盟国家在中国—东盟、东盟—中日韩、东亚峰会等区域合作框架内加强对话沟通与务实合作，共同维护东亚和平、发展与繁荣。

十六、中方赞赏和支持印尼方主办亚非领导人会议和万隆会议60周年纪念活动，预祝相关活动取得圆满成功。两国元首一致认为，在新时期弘扬万隆精神、深化亚非合作和南南合作具有重要历史意义。中国和印尼愿与亚非各国一道，传承和弘扬万隆精神，共同开创亚非合作、南南合作及南北对话与合作新局面，更好造福亚非人民和世界人民。

中华人民共和国和缅甸联邦共和国联合新闻稿

应中华人民共和国主席习近平邀请，缅甸联邦共和国总统登盛于2015年9月2日至4日来华出席中国人民抗日战争暨世界反法西斯战争胜利70周年纪念活动。习近平主席会见登盛总统，就进一步推进两国全面战略合作伙伴关系，深化各领域务实合作和友好交流深入交换意见，并达成重要共识。李克强总理也会见了登盛总统。

中缅双方高度评价中缅传统“胞波”友谊，一致认为建交65年来，两国始终秉持和平共处五项原则精神，推动双边关系在相互信赖、互利共赢的基础上取得长足发展。双方重申坚持以两国人民根本利益为重，坚持从战略高度和长远角度出发，牢牢把握中缅关系发展正确方向，继续弘扬风雨同舟、患难与共的合作传统，相互扶持、守望相助，促进各自国家稳定和发展。

缅方对中方在缅甸遭遇特大洪涝灾害后提供的及时有效援助表示衷心感谢。中方愿继续为缅甸救灾和灾后恢复重建提供力所能及的帮助，也愿继续支持缅甸经济社会发展和民生改善。

缅方对近期天津港火灾爆炸事故遇难和受伤人员表示哀悼和慰问。

双方同意保持高层互访传统，密切党、政、军、群和地方之间的友好交往和务实合作。本着平等互利的原则,推动经贸合作持续发展。在"一带一路"和孟中印缅经济走廊合作框架下,统筹推进港口、公路、铁路等基础设施互联互通合作。发挥好中缅农业合作委员会、中缅政府间电力合作机制等作用,加强农业、电力、产能、金融等领域合作,促进共同发展,惠及两国民生。

双方同意继续办好中缅建交65周年系列庆祝活动,落实好缅甸百人青年团访华等交流项目。开展多种形式的人文交流,扩大民间往来,加强文化、教育、媒体、体育、卫生、宗教等领域友好交流合作,不断增进两国人民之间的友好感情。

中方表示,支持缅甸走符合本国国情的发展道路,真诚希望缅甸保持政局稳定,经济发展,民族和睦,社会和谐。缅方感谢中方为推进缅甸和平进程发挥的积极作用,欢迎中方继续为此发挥建设性作用。双方将继续加强边境管理合作,共同维护中缅边境和平安宁。

2015年9月4日于北京

中华人民共和国外交部关于应菲律宾共和国请求建立的南海仲裁案仲裁庭关于管辖权和可受理性问题裁决的声明

(2015年10月30日)

应菲律宾共和国单方面请求建立的南海仲裁案仲裁庭(以下简称"仲裁庭")于2015年10月29日就管辖权和可受理性问题作出的裁决是无效的,对中方没有拘束力。

一、中国对南海诸岛及其附近海域拥有无可争辩的主权。中国在南海的主权和相关权利是在长期的历史过程中形成的,为历届中国政府长期坚持,为中国国内法多次确认,受包括《联合国海洋法公约》在内的国际法保护。在领土主权和海洋权益问题上,中国不接受任何强加于中国的方案,不接受单方面诉诸第三方的争端解决办法。

二、菲律宾滥用《公约》强制争端解决机制,单方面提起并执意推动南海仲裁,是披着法律外衣的政治挑衅,其实质不是为了解决争端,而是妄图否定中国在南海的领土主权和海洋权益。在2014年12月7日中国外交部受权发表的《中华人民共和国政府关于菲律宾共和国所提南海仲裁案管辖权问题的立场文件》中,中国政府已指出仲裁庭对菲律宾所提出的仲裁明显没有管辖权,并阐明了中国不接受、不参与仲裁案的法理依据。这一立场是清晰的、明确的,不会改变。

三、作为主权国家和《联合国海洋法公约》的缔约国,中国享有自主选择争端解决方式和程序的权利。中国始终坚持通过谈判和协商解决与邻国间的领土争端和海洋管辖权争端。20世纪90年代以来,中国和菲律宾多次在双边文件中确认通过谈判和协商解决双方之间的有关争端。《南海各方行为宣言》明确规定,由直接有关的主权国家通过友好磋商和谈判,以和平方式解决它们的领土和管辖权争端。这一系列文件表明,中国与菲律宾早已选择通过谈判和协商解决双方在南海的争端。菲律宾违背这一共识,损害国家之间互信的基础。

四、菲律宾和仲裁庭无视仲裁案的实质是领土主权和海洋划界及其相关问题,恶意规避中国于2006年根据《公约》第298条有关规定作出的排除性声明,否定中菲双方通过谈判和协商解决争端的共识,滥用程序,强行推进仲裁,严重侵犯中国作为《公约》缔约国的合法权利,完全背离了《公约》的宗旨和目的,损害了《公约》的完整性和权威性。作为《公约》缔约国,中国坚决反对滥用《公约》强制争端解决机制的行径,呼吁各方共同努力,维护《公约》的完整性和权威性。

五、菲律宾企图通过仲裁否定中国在南海的领土主权和海洋权益,不会有任何效果。中国敦促菲律宾遵守自己的承诺,尊重中国依据国际法享有的权利,改弦易辙,回到通过谈判和协商解决南海有关争端的正确道路上来。

中越联合声明

一、应越南共产党中央委员会总书记阮富仲、越南社会主义共和国主席张晋创邀请,中国共产党中央委员会总书记、中华人民共和国主席习近平于2015年11月5日至6日对越南进行国事访问。

访问期间,习近平总书记、国家主席分别同阮富仲总书记、张晋创国家主席举行了会谈,并会见了越南政府总理阮晋勇、国会主席阮生雄。两党两国领导人在友好坦诚的气氛中,就进一步深化两党两国关系及共同关心的国际和地区问题深入交换意见,达成了重要共识。

双方一致认为,访问取得了圆满成功,为巩固中越传统友谊、深化全面战略合作、促进本地区乃至世界的和平、稳定与发展作出了重要贡献。

二、双方对两国在符合本国国情的社会主义建设事业中取得的历史性伟大成就感到高兴,同意加强相互交流和借鉴,推动中国改革开放和越南革新事业向前发展,为各自社会主义建设事业注入新活力。

中方衷心祝愿越南共产党2016年初成功召开第十二次全国代表大会,相信在越南共产党领导下,越南人民将胜利实现既定目标,把越南建设成为民富、国强、民主、公平、文明的社会主义国家。

越方衷心祝愿并相信中国人民在中国共产党领导下,一定能协调推进全面建成小康社会、全面深化改革、全面依法治国、全面从严治党,胜利实现建成富强民主文明和谐的社会主义现代化国家目标。

三、双方回顾了中越建交65年来两党两国关系发展历程,一致认为由毛泽东主席和胡志明主席等老一辈领导人亲手缔造和精心培育的中越友谊是两国人民共同的宝贵财富,双方应共同继承、维护和发扬,落实好"长期稳定、面向未来、睦邻友好、全面合作"方针和"好邻居、好朋友、好同志、好伙伴"精神,牢牢把握中越友好的正确方向,加强战略沟通,增进政治互信,在相互尊重、平等互利基础上推进各领域合作,管控好和妥善处理分歧,推动中越全面战略合作伙伴关系健康稳定发展。

四、双方认为,两党两国高层保持经常接触,对增进政治互信、推动双边关系发展具有重要作用,同意通过双边互访、互派特使、热线电话、年度会晤、多边场合会晤等灵活多样的方式保持高层交往,及时就两党两国关系中的重大问题交换意见。

五、双方认为,中越均处在经济社会发展的重要时期,双方视对方的发展为自身发展的机遇,同意发挥好中越双边合作指导委员会的统筹协调作用,重点推动以下领域合作:

(一)执行好两党合作计划,深化两党中央各部门和地方特别是接壤各省(区)党组织间交流合作,继续办好理论研讨会,实施好此访期间签署的两党干部培训合作计划(2016~2020年)。积极推进中国全国人大与越南国会、中国全国政协与越南祖国阵线之间的友好交流合作,促进两国民间友好交流。

(二)落实好两国外交部合作议定书,保持两部领导经常交往,继续举办年度外交磋商,加强两部对口司局交流,实施好两部干部培训工作。越方愿为中国在越南岘港设立总领馆提供便利。

(三)保持两军高层交往,用好两军防务安全磋商、边境高层会晤机制和国防部直通电话,加强两军在边防友好交流、人员培训、军事学术研究、海军北部湾联合巡逻和军舰互访等领域交流合作,深化联合国维和及军队党务政治工作方面经验交流。加强两国海警的海上执法合作,共同维护北部湾海域和平稳定,推动中国海警局与越南海警司令部签署合作备忘录。深化执法安全合作,继续办好两国公安部合作打击犯罪会议和中国国家安全部与越南公安部副部级安全战略对话,加强在反恐、禁毒、打击电信诈骗、出入境管理、边境管控、网络安全等领域合作,开展国内安全保卫、联合追逃、非法就业管理方面的经验交流。

(四)加强两国间发展战略对接,推动"一带一路"倡议和"两廊一圈"构想对接,加强在建材、辅助工业、装备制造、电力、可再生能源等领域产能合作。加紧成立工作组,积极商签跨境经济合作区建设共同总体方案,推进中国在越前江省龙江、海防市安阳两个工业园区的建设并积极吸引投资,督促和指导两国企业实施好中资企业在越承包建设的钢铁、化肥等合作项目。

用好中越经贸合委会机制,积极研究续签《中越经贸合作五年发展规划》,加紧修订《中越边贸协定》,推动双边贸易平衡、稳定、可持续发展,努力实现2017年双边贸易额1000亿美元目标。加强在《农产品贸易领域合作谅解备忘录》框架下的合作,鼓励双方企业扩大农产品贸易合作,欢迎两国有关部门和地方探讨设立贸易促进机构。

用好基础设施合作工作组和金融与货币合作工作组,推动有关领域合作不断取得积极进展。实施好河内轻轨二号线(吉灵—河东)项目,加紧制定老街—河内—海防标准轨铁路线路规划,推进云屯—芒街高速公路等基础设施互联互通合作。

深化海关合作,共同打击跨境走私行为,继续探索促进边境口岸通关便利化的合作措施,加强两国边境口岸基础设施建设和管理,提升两国边境口岸开放合作水平。

(五)扩大科技、教育、文化、旅游、新闻等领域合作。用好两国科技合作联委会机制,积极推进技术转移、科学家交流等合作,探讨建立联合实验室。争取于2017年建成越中友谊宫并投入使用,早日在对方国家设立文化中心,办好河内大学孔子学院。加强两国媒体交流,加大对中越友好的宣传力度。继续办好中越青年友好会见、人民论坛等活动,2016年在越举办第三届中越青年大联欢。

六、继续发挥好中越陆地边界联合委员会作用,落实好此访期间签署的《北仑河口自由航行区航行协定》和《合作保护和开发德天瀑布旅游资源协定》,总结两国陆地边界三个管理文件实施五年来的情况。加强两国边境省区合作,促进边境地区发展。

七、双方就海上问题坦诚交换意见,强调恪守两党两国领导人达成的重要共识,认真落实《关于指导解决中越海上问题基本原则协议》,用好中越政府边界谈判机制,坚持通过友好协商和谈判,寻求双方均能接受的基本和长久解决办法,积极探讨不影响各自立场和主张的过渡性解决办法,包括积极研究和商谈共同开发问题。

双方宣布于2015年12月中旬启动北部湾湾口外海域共同考察海上实地作业,认为这是双方开展海上合作的重要开端。双方将稳步推进北部湾湾口外海域划界谈判并积极推进该海域的共同开发,同意加大湾口外海域工作组谈判力度,继续推进海上共同开发磋商工作组工作,加强低敏感领域合作,宣布启动中越长江三角洲与红河三角洲全新世沉积演化对比合作研究项目。

双方同意共同管控好海上分歧,全面有效落实《南海各方行为宣言》,推动在协商一致的基础上早日达成《南海行为准则》,不采取使争议复杂化、扩大化的行动,及时妥善处理出现的问题,维护中越关系大局以及南海和平稳定。

八、越方重申坚定奉行一个中国政策,支持两岸关系和平发展与中国统一大业,坚决反对任何形式的"台独"分裂活动。越南不同台湾发展任何官方关系。中方对此表示赞赏。

九、双方同意继续加强在联合国、亚太经合组织、中国—东盟等多边框架内的配合,共同维护与促进世界的和平、繁荣与发展。中方支持越方成功主办2017年亚太经合组织领导人非正式会议。

十、访问期间,双方签署了《中国共产党与越南共产党干部培训合作计划(2016~2020年)》《中华人民共和国政府与越南社会主义共和国政府关于北仑河口自由航行区航行的协定》《中华人民共和国政府与越南社会主义共和国政府关于合作保护和开发德天瀑布旅游资源的协定》《中华人民共和国政府与越南社会主义共和国政府关于互设文化中心的协定》《中华人民共和国政府与越南社会主义共和国政府关于越南老街—河内—海防标准轨铁路线路规划项目可行性研究换文》《中华人民共和国国家发展和改革委员会与越南社会主义共和国工业贸易部关于促进产能合作的谅解备忘录》《中华人民共和国商务部与越南社会主义共和国计划投资部关于越中友谊宫项目优化设计谅解备忘录》《中国共产党广西壮族自治区委员会与越南共产党广宁省委员会关于建立友好地方组织的交流协议》《中国共产党云南省委员会与越南共产党老街省委员会关于开展地方党委友好交往协议》等合作文件。

十一、习近平总书记、国家主席对阮富仲总书记、张晋创国家主席以及越南共产党、政府和人民所给予的隆重、热情和友好接待表示衷心感谢。

2015年11月6日于河内

中华人民共和国和新加坡共和国
关于建立与时俱进的全方位合作伙伴关系的联合声明

(2015年11月7日,新加坡)

应新加坡共和国总统陈庆炎的邀请,中华人民共和国主席习近平于2015年11月6日至7日对新加坡进行国事访问。此访标志着中新两国为庆祝建交25周年实现互访。访问期间，习近平主席会见陈庆炎总统、李显龙总理，就双边关系以及共同关心的地区和国际问题坦诚友好地深入交换意见，达成广泛共识。

双方一致认为，自中新1990年10月3日建交以来，双方始终从战略高度和长远角度规划两国关系发展方向，使之紧密契合两国的独特优势和发展需求。多年来，两国开展了领域广泛、层次多样、务实创新的全方位合作，双边关系前瞻性和与时俱进的特点突出。值此中新建交25周年的重要里程碑时刻，双方一致同意建立中新与时俱进的全方位合作伙伴关系，推动两国关系迈向更高水平。

双方高度评价两国老一辈领导人奠定的友好交往传统，同意在相互理解和信任的基础上，进一步密切高层交往与合作。新方继续奉行一个中国政策。

双方强调，双边关系正处在重要历史节点上，双方应以此为契机，在业已取得的成果上不断向前迈进。新加坡欢迎中方"一带一路"倡议，这一倡议契合本地区发展需要。双方将继续开辟符合两国发展需要的合作新领域和新内容，为两国和两国人民带来更大福祉。双方达成以下具体合作共识：

一、充分发挥现有年度中新双边合作联合委员会等副总理级政府间合作机制对两国各领域合作的规划和指导作用，统筹中新全领域合作。

二、经济合作是双边关系的重点领域之一，新加坡和中国将通过投资促进委员会等平台继续鼓励和推动双边经贸投资。新加坡欢迎中国企业以新加坡为平台"走出去"。双方将鼓励两国企业在"一带一路"倡议和东盟互联互通总体规划下，探索开拓第三方市场的合作模式。

三、根据习近平主席与陈庆炎总统达成的共识，中新两国就中国—新加坡自贸协定升级谈判进行了联合研究。基于联合研究，中新自贸协定升级应是全面的、平衡的和互惠的，包括货物贸易、服务贸易和投资等要素。中国和新加坡同意启动中新自贸协定升级谈判，并力争于2016年内结束谈判。

四、推动中新苏州工业园区和中新天津生态城项目发展，认可园区的先行者角色，将其成功和创新经验向中国其他合适的项目推广。继续办好新方同中国地方政府建立的7个地方经贸合作机制以及中新广州知识城、新川创新科技园区、中新吉林食品区、中新南京生态岛等企业主导、政府支持的合作项目，不断为新加坡参与中国地方发展注入新活力。

五、双方全力支持在中国西部地区的第三个政府间合作项目发展，认为这一项目以"现代互联互通和现代服务经济"为主题，契合"一带一路"、西部大开发和长江经济带发展战略，将成为又一个高起点、高水平、创新型的示范性重点项目。双方同意选择重庆直辖市作为项目运营中心，将金融服务、航空、交通物流和信息通信技术作为重点合作领域，确定项目名称为"中新(重庆)战略性互联互通示范项目"。该项目将形成合作网络，推动西部地区的发展。双方将全力支持该示范项目取得成功。双方同意给予该示范项目必要的创新举措，包括但不限于政策和机制创新，并将与中国全面深化改革相一致。双方有关政府部门将对示范项目的规划和实施予以积极支持。

六、保持金融合作快速上升势头。中国正大力推动对外产能合作。新方愿同中方进一步探讨提升在新中国金融机构融资服务能力的方式方法，共同将新打造成区域产能合作的金融支撑平台。扩大人民币在双边贸易和投资中的使用，用好在新加坡人民币清算行平台，稳步推进跨境人民币业务，探讨双方在金融监管等领域开展交流合作。未来，中国和新加坡将开展证券监管机构间的定期高层对话，共同探讨监管合作和产品开发，强化两国资本市场合作。

七、加强两国在交通运输和信息通信领域合作。深化在海运、航空和信息通信产业的合作。在中国—新加坡民航合作框架下，探讨进一步扩大中新航权安排的可能性，增强两国国际航空港地位，增进双方人员往来，拓展和深化经济合作，加强人文交流。

八、推动两国社会治理交流与合作持续向纵深发展。共同办好中新社会治理高层论坛，不断增进两国官员在应对社会治理挑战时的相互理解和合作。

九、进一步推进两国领导人才培训合作，继续办好两国官员互访交流与培训项目。探讨开展中新干部培训机构间交流与合作。全面落实两国政府《中高级官员交流项目的框架协议》。办好中新领导力论坛。

十、通过双边创新合作联委会机制加强科技创新合作。在创新政策、前沿技术研究、产业技术开发、成果转化等方面开展全方位合作，服务两国产业发展。继续开展中新联合研究计划，推进在上述领域的合作。

十一、进一步加强文化合作。在《文化合作谅解备忘录》执行计划指导下，探讨开展两国文化产业合作。新加坡欢迎新加坡中国文化中心成立。

十二、进一步推动两国生态环境保护和水处理合作。根据中新部门间环境合作和水处理合作谅解备忘录，重点开展环境执法、城市水环境管理、水处理和环保企业协作、绿色发展以及绿色金融等领域的合作。

十三、推进农业及食品安全交流与合作。共同加强现代农业管理人才培训。加强质检领域合作。拓展在质量管理、进出口食品安全等方面的务实合作。

十四、推进中新两国海关在贸易便利化、海关执法等领域合作。

十五、加强执法安全合作，共同打击腐败、洗钱等跨国犯罪。双方将根据各自法律，在司法互助和追赃等事务上相互给予大力支持。深化反恐合作，加强两国在双边和多边领域反恐信息交流合作。推动两军交流合作健康稳定向前发展，继续推进双方在高层交往、机制磋商、人员培训、联合训练、专业交流和多边协调等领域合作交流。

十六、不断拓展教育合作新领域和新模式，共同推动中国—东盟教育交流合作实现新发展。

十七、加强在地区和国际事务中的沟通与配合。中方祝贺东盟共同体即将建成，将继续支持东盟在地区架构中的中心地位，支持东盟发展壮大并在东亚合作中发挥核心和主导作用。新方于2015年8月接任中国—东盟关系协调国。中方愿同新方密切合作，以明年中国—东盟建立对话关系25周年为契机，同其他东盟国家一道，推动中国—东盟战略伙伴关系取得更大发展，维护地区和平与稳定。

十八、中方欢迎新方成为最早支持亚洲基础设施投资银行创建的意向创始成员国之一，并积极参与亚投行协定的起草工作。作为亚洲基础设施投资银行意向创始成员国，中方愿同新方与其他亚投行意向创始成员国一道，推动亚投行尽早正式成立并投入运作，为本地区基础设施发展和互联互通建设提供融资支持。新方支持人民币纳入国际货币基金组织特别提款权货币篮子。

十九、进一步加强在联合国、世界贸易组织、亚太经合组织、亚欧会议、亚洲合作对话等地区和国际机制中的协调与配合，共同维护地区和世界繁荣稳定。

二十、本声明涵盖双边合作诸多领域，但不排除随着时间推进，加入双方共同决定的其他合作领域。

澜沧江—湄公河合作首次外长会联合新闻公报

一、2015 年 11 月 12 日，澜沧江—湄公河合作（以下简称澜湄合作）首次外长会在中国云南省景洪市举行。中国外交部长王毅、泰国外交部长敦・巴穆威奈、柬埔寨副首相兼外交国际合作大臣贺南洪、老挝副总理兼外交部长通伦・西苏里、缅甸外交部长吴温纳貌伦、越南副总理兼外交部长范平明出席会议。各国外长就推进澜湄合作深入交换意见并达成广泛共识。

二、外长们一致认为，澜湄六国山水相连，人文相通，自然和人力资源丰富，发展潜力巨大，合作前景广阔。六国加强合作，有利于促进各成员国经济社会发展和可持续增长，缩小湄公河次区域国家间发展差距，推进东盟共同体建设和一体化进程，造福地区民众。

三、外长们满意地注意到，为落实第 17 次中国—东盟领导人会议提出的澜湄合作倡议，各方分别于 2015 年 4 月和 8 月举行了第一次和第二次高官会，为建立澜湄合作机制进行了富有成果的讨论。

四、外长们一致承诺，将本着协商一致、平等互利、统筹协调、尊重《联合国宪章》和国际法原则，致力于深化次区域国家间互信和睦邻友好，推动经济和可持续发展，促进社会人文交往，包括扩大贸易投资，改善互联互通，促进水资源合作，将澜湄合作机制建设成为各方共商、共建、共享的次区域合作平台。

五、外长们一致同意，澜湄合作将秉持开放包容精神，与大湄公河次区域经济合作（GMS）、东盟—湄公河流域开发合作（AMBDC）和湄公河委员会（MRC）等现有次区域合作机制相互补充，协调发展，共同推进区域一体化进程。

六、外长们对澜湄合作概念文件表示欢迎，决定在政治安全、经济和可持续发展、社会人文三大重点领域开展务实合作，共同打造更为紧密、互利合作的澜湄共同体。

七、外长们建议未来建立多层次的澜湄合作架构，提议于 2016 年各方方便时举行澜湄合作首次领导人会议。

八、外长们讨论了中国和湄公河国家提出的澜湄合作早期收获项目，涉及水资源管理、扶贫、公共卫生、人员交流、基础设施、科技等领域合作。各方期待有关项目尽早实施，给地区人民带来实惠。

九、外长们一致同意，澜湄合作项目及其资金来源将由相关国家政府通过协商确定，同时不排斥其他金融机制和国际机构提供资助。

十、外长们对澜湄合作机制启动表示满意。湄公河国家外长们衷心感谢中方对湄公河国家代表团的盛情款待和为此次会议所做的周到安排。

落实中国—东盟面向和平与繁荣的战略伙伴关系联合宣言的行动计划（2016 ~ 2020）

（2015 年 11 月 21 日第 18 次中国—东盟领导人会议通过）

本《行动计划》旨在落实于 2003 年 10 月 8 日在印度尼西亚巴厘岛签署的《中国—东盟面向和平与繁荣的战略伙伴关系联合宣言》，以加强和提升 2016 年至 2020 年间中国和东盟战略伙伴关系、睦邻友好和互利合作。本《行动计划》同样旨在应对未来 5 年将出现的地区和全球挑战。

本《行动计划》以中国和东盟 1991 年建立关系以来取得的重要成就及《行动计划（2011 ~ 2015）》的成功落实为基础，推动建设一个和平、稳定、融合、繁荣和充满关爱的东盟共同体，并为东盟共同体后 2015 年愿景作出贡献。

本《行动计划》还确认中国支持东盟在不断演变的地区架构和所有东盟主导的机制和论坛中的中心地位。

中国和东盟将根据各自承担的国际法义务和国内法律、法规和政策，努力开展合作。

1. 政治与安全

1.1　经常性高层接触、访问和互动

1.1.1　加强经常性高层接触，充分利用各种机会就中国—东盟关系和共同关心和关切的国际和地区问题交换意见。

1.2 政治对话和合作

1.2.1　通过中国—东盟领导人会、中国—东盟外长会、中国—东盟高官磋商和中国—东盟联合合作委员会以及东亚峰会、东盟与中日韩、东盟地区论坛和东盟防长扩大会等其他以东盟为主导的平台，深化中国—东盟磋商与合作；

1.2.2　深化现有中国—东盟合作，进一步探讨东盟领导人关注的各项倡议中的合作领域，如中方提出的中国—东盟“2 + 7 合作框架”、建设中国—东盟命运共同体等。

1.3　《东南亚友好合作条约》

1.3.1　坚持《东南亚友好合作条约》的宗旨和原则，以促进地区和平、安全和繁荣，增进相互之间的信心和信任，包括支持东盟举办评估该条约落实进展的研修班和研讨会等。

1.4　《东南亚无核武器区条约议定书》

1.4.1　支持东盟根据《东南亚无核武器区条约》保持东南亚无核武器区的努力，包括通过落实《加强东南亚无核武器区条约的行动计划（2013 ~ 2017）》；

1.4.2　加强《东南亚无核武器区条约》（《曼谷条约》）缔约国和拥核国就解决签署和核准条约议定书未决问题的努力。

1.5　《南海各方行为宣言》和制订“南海行为准则”

1.5.1　通过定期举行落实《南海各方行为宣言》高官会和工作组会等，推进全面有效完整落实《南海各方行为宣言》，维护地区和平稳定，增进在南海的互信、对话与合作；

1.5.2　共同加强实质性讨论，以在协商一致基础上早日达成“南海行为准则”；

1.5.3　根据落实《南海各方行为宣言》指针，开展经同意的合作项目和活动以及早期收获项目，以促进相互信任和信心；

1.5.4　包括 1982 年《联合国海洋法公约》在内的普遍认可的国际法原则，继续共同合作，促进海上安全，维护南海

和平稳定,包括确保南海航行和飞越的安全和自由;

1.5.5 自我克制,不采取使争议复杂化、扩大化和影响和平与稳定的行动。由相关方根据包括1982年《联合国海洋法公约》在内的公认的国际法原则,通过直接相关主权国家友好磋商和谈判,以和平方式解决领土和管辖权争议,不诉诸武力或以武力相威胁;

1.5.6 提升互信,加强信任建设,鼓励各方依据《南海各方行为宣言》的精神避免海上不测事件;

1.5.7 遵守包括《联合国海洋法公约》在内的公认的国际法原则和国际海事组织的其他相关法律文书;

1.5.8 在海洋科研、海洋环保、航行和交通安全、搜救行动、海上遇险人员的人道待遇、打击跨国犯罪等领域推进合作与对话,推进军队官员合作。

1.6 人权

1.6.1 支持东盟落实《东盟人权宣言》《关于通过东盟人权宣言的金边声明》《世界人权宣言》《维也纳宣言和行动纲领》及其他全体东盟成员国加入的相关人权宣言和文书;

1.6.2 通过地区对话、研讨会、研修班、教育宣传活动、最佳实践交流和其他能力建设倡议等共同促进和保护人权和基本自由。其中包括支持东盟政府间人权委员会和东盟妇女儿童权益促进与保护委员会的工作。

1.7 非传统安全

1.7.1 在10+1、10+3打击跨国犯罪部长会、高官会及《中国与东盟非传统安全领域合作谅解备忘录》等其他关于加强非传统安全领域合作的框架下增加互访与合作,加强执法和安全对话;

1.7.2 尽可能通过互访、培训、研修班、研讨会、视频会议等,促进中国和东盟有关部门在应对自然灾害、反恐、打击网络和跨国犯罪等非传统安全领域促进信息共享、经验和最佳实践交流和能力建设;

1.7.3 加强东盟和中国在打击人口贩运方面的能力建设,加强中国和东盟成员国相关部门之间的信息交流合作,有效预防和打击人口贩运,起诉犯罪分子,保护受害者,包括开展受害者支持项目,协助并遣返受害者回国;

1.7.4 在应对偷渡、贩运人口及相关跨国犯罪巴厘进程("巴厘进程")等涵盖人口贩运来源国、中转国和目的地国的地区论坛框架下,推进地区合作,参与相关活动;

1.7.5 探讨适当整合本《行动计划》和"巴厘进程"中的活动的可能性,如能力建设和有关部门间信息交换等,确保有关活动相互补充,互不重复;

1.7.6 通过交流最佳实践和经验及能力建设等途径,在禁毒、刑事法医技术、边境管理、反洗钱、包括反恐怖融资在内的反恐、国际经济犯罪和网络犯罪侦查等领域合作提升能力,探讨进一步推进合作。包括根据各自法律,在取证、调查犯罪所得去向、资产追缴、缉捕调查逃犯等领域推进合作,鼓励相互间达成有关双边法律安排;

1.7.7 通过适当利用现有地区和国际设施和机制等途径,加强中国和东盟执法部门之间的合作和协调,包括海上执法机构根据各自法律法规在打击海上跨国犯罪方面的合作;

1.7.8 依据国内法和政策,加强刑事侦查和起诉方面的合作;

1.7.9 加强中国和东盟警察院校和执法部门及院校之间的互访交流;

1.7.10 促进具体领域专家及学者间的联系和互访,支持在非传统安全领域开展共同研究,分享研究成果;

1.7.11 通过中国—东盟总检察长会议,在包括相关司法和检察机构在内的部门间适当加强法律事务合作;

1.7.12 通过东盟地区地雷行动中心加强合作,应对本地区地雷和其他战争遗留爆炸物带来的人道主义问题,包括适当对中心给予资金和技术支持;

1.7.13 加强打击极端主义合作。

1.8 军事交流和合作

1.8.1 在东盟防长扩大会框架下,包括通过中国—东盟防长非正式会晤,在人道主义援助与救灾、海上安全、反恐、维和、军事医学及人道主义扫雷等领域增进对话,加强务实合作,以增进相互信任和信心,维护地区和平稳定;

1.8.2 继续加强高层军事人员及专业团组、院校交流,大力开展联合训练和适当层次人员交流。

2. 经济合作

2.1 中国—东盟自贸区

2.1.1 执行中国—东盟自贸区各项协议及中国—东盟自贸区升级版协议成果,以进一步加强中国—东盟关系,促进中国和东盟成员国间贸易平衡,力争实现领导人提出的到2020年双方贸易额达1万亿美元、双向投资达1500亿美元的目标;

2.1.2 积极落实贸易促进措施,应对非关税壁垒;

2.1.3 监测中国—东盟自贸区协议执行中出现的问题,通过磋商,友好、建设性地加以解决;

2.1.4 通过优化中国—东盟中心的作用和鼓励有效利用中国—东盟自贸区商务门户网站,协助双方企业用好中国—东盟自贸区各项协议带来的有利条件,促进中国与东盟间贸易、投资和旅游;

2.1.5 通过加强专门技能交流和经济技术合作,积极开展贸易投资便利化、交通基础设施互联互通建设和人力资源开发合作;

2.1.6 探讨在中国和感兴趣的东盟国家间建立经贸合作区的可能性,发挥好中国—东盟博览会、中国—东盟商务与投资峰会、中国西部国际博览会、中国昆明进出口商品交易会等中国与东盟间各类贸易投资促进活动的平台作用,通过用好中国—东盟投资合作基金等,促进相互了解合作,扩大双向贸易投资;

2.1.7 同中国—东盟商务理事会和东盟商务咨询理事会相协调,通过研讨会及其他双方同意的活动,促进中国和东盟商会及行业协会间的交流与合作;

2.1.8 考虑采取具体措施,对食品和农产品进行安全检查。

2.2 金融

2.2.1 通过开展防火演练完善操作指南,开发经济评估与政策对话框架等,进一步加强清迈倡议多边化的操作性和有效性,深化各方在清迈倡议多边化机制下的合作;

2.2.2 支持10+3宏观经济研究办公室发展壮大,增强其经济监测和地区宏观经济和金融形势分析质量,加强其机构能力建设,保障清迈倡议多边化机制有效决策和运行,积极支持10+3各方开展经济评估和政策对话;

2.2.3 支持亚洲基础设施投资银行根据《亚投行章程》

成立和运营，支持亚投行同世界银行、亚洲开发银行等多边金融机构开展合作，促进地区互联互通建设；

2.2.4　支持亚洲债券市场倡议对培育本地区本币债券市场作出贡献，允许域内大量储蓄用于满足本地区投资需求，促进本币债券的发行，扩大对本币债券的需求，改善债券市场监管框架和相关基础设施，继续探讨从双边层面做起，最终发展并转型形成一个综合性方案，以推进地区结算基础设施建设，促进地区跨境证券交易；

2.2.5　继续在10+3框架下就如何加强本地区金融合作进行研究，探讨加强金融合作的未来重点领域；

2.2.6　探讨开展贸易本币结算；

2.2.7　通过适当发挥中国—东盟银行联合体作用等促进银行和金融领域的人力资源开发和能力建设；

2.2.8　通过金融素养能力建设和技术支持、有效的中介和分配渠道、各种金融工具、消费者权益保护、适用的国家及其他现有信用担保机制以及加强监管机构和利益相关者对话等途径，促进个人和中小企业更方便地获取金融服务和产品，提升金融包容性，实现可持续发展；

2.2.9　加强合作改善地区金融基础设施建设。

2.3　粮食、农业和林业

2.3.1　通过磋商、培训和最佳实践共享，继续在10+3框架下加强农业方面的对话和信息交流；

2.3.2　进一步落实《中国和东盟关于食品和农业合作的谅解备忘录》以及《中国和东盟关于加强卫生和植物卫生合作的谅解备忘录》；

2.3.3　继续落实《10+3大米紧急储备协议》，定期举办10+3粮食安全合作战略圆桌会议，探讨加强粮食安全战略合作的途径和机制，提升区域粮食安全水平；

2.3.4　通过包括实施“中国—东盟粮食综合生产能力提升行动计划”等途径，加强在农作物、畜牧业、林业及渔业领域的合作，加强先进适用技术交流和能力建设；

2.3.5　通过开设农业科技和食品安全培训课程，加强研发合作；

2.3.6　推动负责任的捕鱼活动，打击非法、未经申报和不受管制的捕鱼，重点旨在维护渔业资源的可持续性，确保粮食安全，推动减贫，提升本地区人民和经济体的福祉；

2.3.7　在早期预警、疫情监测与疫苗研发等方面进行信息与技术经验交流，完善动植物疫病防控系统和疫情通报制度，加强跨境动植物疫病防控合作；

2.3.8　在林区管理领域，包括野生动植物保护、落实《濒危野生动植物种国际贸易公约》(CITES)等野生动植物相关的多边协议方面，探讨提出可能的合作倡议。

2.4　海上合作

2.4.1　继续在包容互利的原则基础上，通过相关平台加强关于海上合作的对话和交流，包括进一步探讨中方提出的建设21世纪海上丝绸之路等倡议；

2.4.2　使用现有中国—东盟合作资源，在海洋经济、海上互联互通、海洋科技推广应用、海洋环保、海上安全、海洋人文交流等领域开展合作项目。

2.5　信息通信技术

2.5.1　通过中国—东盟信息通信部长会议等机制，继续加强政策对话与交流；

2.5.2　进一步落实《中国—东盟信息通信技术合作的谅解备忘录》及《落实中国—东盟面向共同发展的信息通信领域伙伴关系北京宣言的行动计划》；

2.5.3　落实中国—东盟国家计算机应急响应组织合作机制，优化网络安全事件响应流程，推进信息和数据共享，开展能力建设和项目合作等；

2.5.4　共同完善中国和东盟信息和通信基础设施互联互通；

2.5.5　在发展农村通信、推广网络和电子商务应用等领域加强合作；

2.5.6　支持落实《东盟信息通信技术总体方案2020》。

2.6　科技与创新

2.6.1　通过中国—东盟科技部长会、中国—东盟科技联委会及东盟—中日韩科技高官会等机制，构建更紧密的科技创新合作关系；

2.6.2　大力实施中国—东盟科技伙伴计划，包括通过建设联合实验室等开展联合研发；通过中国—东盟技术转移中心和卓越中心网络进行技术示范、推广和转移；通过东盟国家杰出青年科学家来华工作计划等，开展能力建设和人员交流；

2.6.3　加强中国—东盟农业合作、学术交流和科研；

2.6.4　加强新能源与可再生能源技术交流与合作，探讨制订一份新能源与可再生能源行动计划。

2.7　航天合作

2.7.1　鼓励和平利用外空，并根据国际法和参与国国内法规在空间技术及其应用方面进行技术转移、联合技术研发和能力建设等合作。

2.8　交通

2.8.1　通过中国—东盟交通部长会议及其他相关机制，进一步加强政策对话与交流；

2.8.2　继续落实《中国与东盟交通合作谅解备忘录》和《中国—东盟海运协定》，发挥亚洲基础设施投资银行等机构的作用，并考虑适当使用中国发起的中国—东盟基础设施专项贷款，开展交通基础设施互联互通合作；

2.8.3　继续支持落实《东盟交通战略计划(2011～2015)》及其后续战略计划；

2.8.4　加强海上运输和海港开发合作，推进港口城市间的合作，完善中国和所有东盟成员国的互联互通；

2.8.5　加强航空和海上搜救合作；

2.8.6　支持《中国—东盟航空运输协定》及其议定书早日顺利实施，加强中国和东盟全面民航合作；

2.8.7　继续开展中国—东盟航空合作，以最终建立一个自由和稳固的航空服务框架，支持中国—东盟自贸协议升级；

2.8.8　继续推动改善昆曼公路使用，加快完成泛亚铁路缺失段建设，尽早实现中国—东盟铁路基础设施互联互通；

2.8.9　进一步加强交通领域人力资源开发合作。

2.9　旅游

2.9.1　通过东盟与中日韩旅游部长会议加强政策对话和合作，就落实《东盟与中日韩2013～2017旅游合作工作计划》和《东盟成员国政府与中日韩政府关于加强旅游合作的备忘录》加强合作；

2.9.2　加强中国和东盟各级旅游主管部门和旅游企业

之间的联系和合作，鼓励交流旅游相关数据和信息，鼓励联合开发旅游产品，并开展相关合作项目；

2.9.3 鼓励相互派员参加年度东盟旅游论坛、中国国际旅游交易会等旅游相关活动；

2.9.4 根据《东盟旅游战略计划（2016～2020）》促进包容性旅游发展；

2.9.5 鼓励合作，探讨在紧急情况和危机下如何加强协调，减少意外情况对旅游业的影响；

2.9.6 加强中国—东盟中心在支持地区旅游中的作用；

2.9.7 为东盟各国培训旅游管理专业人才。

2.10 能源、矿产合作

2.10.1 通过地区论坛和研讨会等途径，加强关于能源，特别是水电、矿产和地质科学方面的政策交流与对话，共享清洁能源开发，特别是水文学、水电、煤炭和清洁煤技术、天然气发电、最新矿物勘探和保护技术及地热能等方面的信息和经验；

2.10.2 加强能源合作，鼓励投资于资源和勘探、发电、在中国和感兴趣的东盟国家间进行电力贸易和联通、石油和天然气下游工业、可再生和替代能源、和平利用民用核能等领域的基础设施建设，在尊重各国国内强制性标准的同时，对安全、环境、健康和国际公认的能源资源安全标准给予认真和应有的关注，实现互利；

2.10.3 在开发诸如生物能、水电、风能、太阳能、清洁煤技术、天然气发电、氢和燃料电池等新能源和可再生能源资源和技术方面加强信息共享、联合研发和技术交流；

2.10.4 促进节能合作，在提高能效和能源保护方面分享最佳实践，开展能力建设，尽可能探讨进行节能政策联合研究；

2.10.5 鼓励双方企业积极参与并投资矿产资源勘探与开发，实现互利，同时确保环境保护和可持续发展；

2.10.6 通过开展联合研究、实施能力建设项目、建设数据库、进行信息交流及共享经验，加强地质和矿业合作，实现互利；

2.10.7 加强可持续矿业领域的研发、经验分享和能力建设合作。

2.11 质检

2.11.1 落实《中国—东盟关于加强卫生与植物卫生合作的谅解备忘录》；

2.11.2 定期举行中国—东盟质量监督检验检疫部长会议，增强各层级相关部门间的交流与合作；

2.11.3 继续开展中国国家质量监督检验检疫总局和东盟标准和质量咨询委员会之间的定期对话，加强质检合作网站建设，促进信息共享，探索并开展联合研究和能力建设项目。

2.12 海关

2.12.1 通过中国—东盟海关署长磋商会及协调委员会会议等，深化海关领域的交流与合作；

2.12.2 继续落实《中国—东盟海关合作谅解备忘录》指定领域中的合作项目和活动；

2.12.3 通过海关技术开发及信息通信技术在海关中的应用，推进中国—东盟贸易便利化合作；

2.12.4 支持推进《世界贸易组织贸易便利化协定》生效的努力及其实施，推进贸易便利化合作，加快货物通关速度；

2.12.5 推进实施《世界海关组织全球贸易安全与便利标准框架》，包括考虑分享最佳实践和经验，适时开展“经认证的经营者”互认项目。

2.13 知识产权

2.13.1 通过中国—东盟知识产权局局长会议等加强政策对话与交流；

2.13.2 继续落实《中国—东盟知识产权合作谅解备忘录》；

2.13.3 加强知识产权领域合作，在知识产权的创造、取得、运用、商业化、保护、管理和执行方面加强能力建设、技术支持和知识产权专业人才培训。

2.13.4 加强在遗传资源和传统知识保护领域的信息和最佳实践共享。

2.14 中小企业合作

2.14.1 支持落实《东盟中小企业发展战略行动计划（2016～2025）》，包括分享最佳实践和经验，在中小企业发展领域开展能力建设，举办研讨会、研修班、专题报告会等；

2.14.2 加强中小企业主管部门包括相关利益攸关方之间的政策磋商和专业交流，务实推进中小企业合作；

2.14.3 支持中国和东盟国家中小企业支持机构加强联系，开展中小企业贸易投资、人员培训、工业园区建设等方面合作；

2.14.4 加强在贸易、农业、旅游等传统领域的中小企业合作，探讨相关合作新领域；

2.14.5 鼓励东盟成员国积极参与“中国国际中小企业博览会”，鼓励双方参与其他相关贸易展会和活动，促进双方中小企业拓展市场。

2.15 产业合作

2.15.1 适当加强生产设备升级合作，特别是先进技术、绿色和创意产业等领域的合作，提高生产力；

2.15.2 加强双方互利产业部门供应链联系，鼓励形成产业集群；

2.15.3 鼓励就关键技术及其在商业创新中的应用进行交流，推进创新合作；

2.15.4 鼓励必要时就中国和东盟间贸易问题进一步加强合作磋商。

3. 社会人文合作

3.1 公共卫生

3.1.1 通过中国—东盟卫生部长会议、中国—东盟卫生发展高官会及其他相关机制加强政策对话与交流；

3.1.2 落实《中国—东盟关于卫生合作的谅解备忘录》，通过中国—东盟公共卫生合作基金等支持有关合作项目；

3.1.3 在新发、再发传染病防控领域，特别是早期发现、报告、防控、治疗等方面深化合作，开展技术、人员和经验交流，增强应对能力；

3.1.4 在准备应对流行性感冒和新发传染病方面开展合作；

3.1.5 加强在慢病防控领域的交流与合作，降低慢病负担，提高本地区人民的健康状况和生活水平；

3.1.6 促进非传染性疾病，包括精神健康方面的信息及专业知识交流与合作；

3.1.7 推进职业病医疗领域的交流，包括职业病的诊断、治疗和预防；

3.1.8 根据各国的优先领域和国内规定，加强传统医学、补充/替代医学合作，重点加强其保护、发展及与医疗保健制度的结合；

3.1.9 加强卫生保健领域合作，包括通过使用信息通信技术持续促进公共卫生发展、健康城市建设和可持续卫生管理；

3.1.10 继续在培训卫生行政和专业人员方面开展合作。

3.2 教育

3.2.1 加强合作，增加高层教育部门互访。充分利用"中国—东盟教育交流周"和中国—东盟中心开展全方位、多层次和宽领域的交流与合作，推动双方人文交流；

3.2.2 继续促进双方学生交流和对东盟国家提供中国政府奖学金工作，包括实施"双十万学生流动计划"，鼓励适当建立机制，便利学位互认；

3.2.3 继续深化高等教育机构间的务实合作，重点是适当在人才培养、学生交流、联合研究、语言教学等方面加强合作；

3.2.4 推进学校和职业教育机构间的合作和交流；

3.2.5 继续促进在语言、文化、艺术和文化遗产领域的青年交流，以增进了解，加深友谊；

3.2.6 继续利用相关教育机构举办各层次、各领域的专业人才培训课程；

3.2.7 通过中国—东盟思想库网络促进和鼓励学术交流及共办学术会议；

3.2.8 探讨通过增加汉语教师人数，在包括技术和职业学院的各院校中推进汉语教学。

3.3 文化

3.3.1 继续加强文化主管部门间的政策沟通与交流，鼓励中国—东盟中心为促进文化交流进一步发挥作用；

3.3.2 落实《中国与东盟文化合作谅解备忘录》和《中国—东盟文化合作行动计划(2014～2018)》；

3.3.3 在文学、图书馆、档案材料、博物馆、表演艺术、视觉艺术、艺术教育和其他相关公共文化设施及文化/创意产业方面积极开展交流与合作；

3.3.4 鼓励和支持历史遗迹、考古和文化遗产保护部门、博物馆、档案馆、图书馆及文化机构之间开展合作；

3.3.5 合作开发文化产品市场，大力发展文化/创意产业；

3.3.6 努力相互支持对方主办高水平的传统/现代文化艺术活动；

3.3.7 联合保护并推广民族和传统节日，鼓励和支持传统体育运动方面的交流与合作；

3.3.8 继续举办中国—东盟文化论坛，探讨共同主办该论坛的方式；

3.3.9 通过交流举办大型活动经验等方式，加强文化领域人力资源开发和培训合作；

3.3.10 推动文化、传统及现代艺术、文化遗产和新兴文化产业(如数字媒体和网络游戏)领域的专家和专业技能交流；

3.3.11 鼓励东盟成员国已有的中国文化中心促进常态化文化交流合作。

3.4 人力资源和社会保障

3.4.1 落实人力资源开发计划，开展公务员培训，鼓励在人力资源市场建设、劳动力市场信息、职业技能开发、劳动法律法规及社会保障政策等方面交流经验并开展合作；

3.4.2 继续通过10+3劳工部长会议和10+3公务员负责人会议加强政策交流、对话和技术合作；

3.4.3 鼓励公共和私营部门参与人力资源开发和交流；

3.4.4 探讨建立中国和东盟间社会福利和社会保障合作机制，可包括在上述领域开展政策、信息和经验交流；

3.4.5 加强社会福利合作，特别是通过支持分享社会福利和保障政策方面的经验和研究，在老年人、残疾人、妇女儿童福利方面加强合作；

3.4.6 推进政府机构和残疾人组织间关于残疾人事务的信息交流、经验共享和培训合作，包括加强残疾人士家庭和社区扶助措施等；

3.4.7 通过10+3社会福利和发展部长级会议，继续加强政策交流、对话和技术合作；

3.4.8 推进合作，消除针对妇女儿童的暴力活动。

3.5 减贫合作

3.5.1 推进有关部门之间的交流与合作，落实相关减贫倡议，包括中国—东盟社会发展与减贫论坛和中国提出的"东亚减贫合作倡议"；

3.5.2 加强10+3村官能力建设合作，进一步加强10+3国家农村社区发展；

3.5.3 继续为东盟国家举办一系列减贫政策与实践研讨会，提供减贫与农村发展专业学位，加强减贫领域人力资源开发合作；

3.5.4 通过10+3农村发展和消除贫困高官会，继续加强政策交流对话和技术合作；

3.5.5 推动减贫主管部门通过人员互访、知识共享、信息交流及联合研究建立合作关系；

3.5.6 根据东盟国家需求，提供减贫政策咨询和技术支持，参与减贫项目设计和国家减贫战略制定；

3.5.7 通过鼓励中国和东盟成员国相关机构探索土地利用、规划、开发和管理方面的信息和技术交流，支持农村和社区发展。

3.6 环境合作

3.6.1 通过完成制订和有效落实《中国—东盟环境合作战略(2016～2020)》，继续推进环境合作，通过中国—东盟环境合作论坛等加强环境领域高层政策对话，通过中国—东盟环保合作中心推进环境合作；

3.6.2 支持落实中国—东盟环境保护技术与产业合作框架，加强环境友好技术交流与合作，探讨依托中国—东盟环保技术和产业合作示范基地开展示范项目的可能性，支持中国和东盟实现绿色和环境可持续发展；

3.6.3 在城市和农村环保管理领域加强对话和经验交流，落实城乡环境合作示范项目，提高地区生活环境质量，探讨建立生态友好城市发展伙伴关系；

3.6.4 探讨开展环境数据和信息共享合作，包括适时探讨建立环境信息共享联合平台的可能性；

3.6.5　加强环境能力建设和宣传教育合作，实施联合培训课程、联合研究、人员交流等项目，提升地区环境管理能力与水平，提高地区公众环境意识；

3.6.6　开展协同效应领域合作，如在大气和水质管理、健康和环境保护及管理等方面开展联合研究、能力建设及经验分享；

3.6.7　推进合作，使东盟人民享有清洁用水、清洁空气、基本医疗和其他社会服务，过上健康有益的生活，造福东盟乃至国际社会；

3.6.8　以实现环境可持续性为目标推进环境保护合作；

3.6.9　探讨可能的合作倡议，支持东盟生物多样性中心；

3.6.10　推进合作，作为东盟气候变化工作组《东盟联合应对气候变化行动计划》下的补充活动；

3.6.11　在东盟遗产公园等生物多样性优先保护区管理、落实《生物多样性公约》等生物多样性相关多边环境协议等方面探讨可能的合作倡议。

3.7　媒体合作

3.7.1　通过中国—东盟新闻部长会议，继续加强政策沟通与对话；

3.7.2　加强中国和东盟国家主流媒体间交流和讨论，促进双方记者交流互访，加强新闻报道合作，拓展新闻报道领域，增加内容深度；

3.7.3　加强新闻网络合作；

3.7.4　推进电影出品合作，为电影和电视节目联合制作和交流以及电视节目市场营销提供便利；

3.7.5　鼓励互办并积极参与对方举办的影视节展及相关贸易活动；

3.7.6　促进电视、电影和广播技术人员和专业人员之间的交流与合作；

3.7.7　联系并鼓励主流媒体为中国—东盟关系树立积极的国际形象。

3.8　灾害管理合作

3.8.1　有效落实《中国—东盟灾害管理合作谅解备忘录》；

3.8.2　在灾害管理、防灾减灾、灾害风险监测和预警、救灾和恢复方面加强技术合作，开展应急响应和救援技术培训，交流实践、经验和信息；

3.8.3　加强地震海啸预警合作；

3.8.4　通过项目和专家交流，完善灾害管理软硬件设施；

3.8.5　继续支持落实《东盟灾害管理和紧急响应协议》第二阶段工作计划(2013～2015)及后续工作计划，继续与东盟灾害管理人道主义救援协调中心开展合作，推进灾害管理能力建设；

3.8.6　通过信息共享、经验知识交流、举办紧急医疗服务管理和支持研修班和培训课程等，促进紧急医疗服务能力建设。

3.9　地方政府合作和民间交流

3.9.1　促进双方地方政府，包括省市长之间的对话、互访和经验交流；

3.9.2　通过妇女、青年等不同人群间的交流项目，老年人事务和积极老龄化等领域的合作以及民间友好组织继续推进民间交流；

3.9.3　通过东盟—中日韩青年事务部长会议、中国—东盟青年营、大湄公河次区域青年交流项目(澜沧江—湄公河青年交流项目)等平台和项目促进民间交流，鼓励双方用好中国—东盟青少年交流活动中心、中国—东盟青年联谊会、中国—东盟妇女培训中心等其他平台和项目；

3.9.4　鼓励中国和东盟地方政府在改善欠发达地区人民生活水平方面开展合作；

3.9.5　探讨在中国和东盟成员国间建立姐妹城市/省区网络。

4. 互联互通

4.1　加强东盟互联互通合作，包括开展能力建设，为《东盟互联互通总体规划》和东盟后2015互联互通议程提供资源；

4.2　继续加强东盟互联互通协调委员会和中国—东盟互联互通合作委员会中方工作组之间机制建设，以促进合作，开展旗舰项目，加强东盟互联互通；

4.3　加强合作，适当通过公私合营和其他方式调动私营资本，鼓励为建设基础设施提供可持续和高效的投资，促进地区基础设施发展；

4.1.4　通过对接《东盟互联互通总体规划》、东盟后2015互联互通议程和中国“一带一路”倡议中的共同优先领域，探讨完善中国和东盟间的互联互通的途径。

5. 东盟一体化倡议及缩小发展差距

5.1　通过加强基础设施建设、人力资源开发、信息与通信技术和区域及次区域发展，落实“东盟一体化倡议”第二份工作计划及其后续文件，为东盟缩小各成员国发展差距和一体化的努力加强资金和技术支持与援助。

6. 湄公河流域和次区域发展合作

6.1　继续加强澜沧江—湄公河合作、大湄公河次区域合作、东盟—湄公河流域开发合作框架下以及湄公河委员会机制下各领域合作，包括执法安全、交通、可持续发展、环保和气候变化、信息通信、水质、水资源的可持续使用和管理、健康、旅游、粮食和农业等领域，支持东盟共同体建设；

6.2　通过加强农业、交通、基础设施、信息通信技术、自然资源、旅游及中小企业等东盟东部增长区重点发展领域的合作，以及向东盟东部增长区方案和项目提供技术和资金支持，落实《中国—东盟东部增长区经济合作框架》。

7. 国际和地区事务合作

7.1　东亚合作

7.1.1　继续就包容、基于规则的地区架构开展讨论协调，支持东盟推行《东盟宪章》和《东南亚友好合作条约》《东亚峰会互利关系原则宣言》(“巴厘原则”)等其他东盟相关法律文书中规定的准则和原则，推动建立更加基于规则的区域架构；

7.1.2　通过包括有效落实《2013～2017年10+3合作工作计划》等，继续支持以东盟—中日韩合作作为主渠道，以东盟作为主要驱动力，实现建立东亚共同体的长远目标；

7.1.3　密切合作，以东盟为驱动力，加强东亚峰会“领导人引领的战略论坛”地位，就共同关心的战略、政治和经济等广泛议题开展对话合作，以促进地区和平、稳定和经济繁荣；

7.1.4　通过东亚论坛、东亚思想库网络、中国—东盟思想库网络、东盟东亚经济研究中心及其他机制，推进东亚共同利益，应对共同挑战。

7.2　推进温和运动

7.2.1　支持《关于全球温和运动的兰卡威宣言》的原则，促进和平与安全，坚持法治，推动可持续、包容性发展、均衡增长和社会和谐；

7.2.2　鼓励不同信仰、不同文明之间的对话，通过“全球温和运动”及将温和主义作为全面抗击极端主义和暴力行为的一项核心价值等倡议，进一步在全球和地区层面促进包容和理解。

7.3　跨区域合作

7.3.1　继续在亚太经合组织及亚欧会议中保持合作；

7.3.2　积极推动亚洲合作对话进程；

7.3.3　加强在二十国集团相关事务中的合作；

7.3.4　进一步促进在77国集团加中国等南南合作框架下，以及东亚—拉美论坛、亚非会议和亚非新型战略伙伴关系等其他跨区域框架下的对话及机制建设。

7.4　在联合国的合作

7.4.1　继续就联合国改革、影响国际和平与安全的事务、反恐、气候变化和发展议程等共同感兴趣和关心的问题在联合国加强合作；

7.4.2　加强中国和东盟国家各自常驻联合国代表之间的密切沟通和协调。

7.5　在其他国际组织中的合作

7.5.1　推进世界贸易组织事务合作，包括但不限于确保全面平衡落实“巴厘一揽子协定”的所有内容，制订“后巴厘工作计划”，以全面完成多哈发展议程，使多边贸易体系更加符合发展中和最不发达国家的优先需求。

8. 东盟机制建设

8.1　支持东盟落实好东盟秘书处和其他东盟机构及部门的能力建设措施，特别是在组织发展和项目管理方面，以加强对所有以东盟为中心的机构的支持。

9. 落实安排

9.1　本《行动计划》的落实将由中国和东盟成员国通过中国—东盟合作基金和其他资金等提供适当资金支持；

9.2　中国和东盟有关部门和机构将共同制定具体的工作方案和项目，落实本《行动计划》提出的各项行动和措施；

9.3　《行动计划》的评估将由相关中国—东盟各领域部长级会议、中国—东盟高官磋商、中国—东盟联合合作委员会等合适机制执行。该《行动计划》落实进展报告每年将由中国—东盟外长会向中国—东盟领导人会议提交。

中华人民共和国和马来西亚联合声明

一、应马来西亚总理达图·斯里·穆罕默德·纳吉布·宾·敦·阿卜杜尔·拉扎克邀请，中华人民共和国国务院总理李克强于2015年11月20日至23日赴马来西亚出席东亚合作领导人系列会议并对马来西亚进行正式访问。

二、访问期间，李克强总理同纳吉布总理举行会谈。双方回顾了近年来中马关系发展成就，特别是对2014年5月两国领导人在北京签署联合公报后中马全面战略伙伴关系发展取得的成果表示欢迎。

三、双方重申致力于在相互尊重的基础上发展积极、全方位的中马伙伴关系，推进两国政治、经济、人文、安全等领域合作，进一步提升中马全面战略伙伴关系水平，服务于两国人民的利益和福祉。

四、双方强调，相互信任和理解作为提升建设性紧密关系的基石十分重要。加强两国领导人以及各个层级包括执政党、立法机构、政府部门、非政府组织、私营部门间密切交往将推动两国关系向全方位和战略方向发展。双方将继续发挥好两国外交部战略磋商等双边交流机制作用，就共同关心的问题交换意见，推动两国关系持续发展。

五、马方欢迎中方提出的共建丝绸之路经济带和21世纪海上丝绸之路（“一带一路”）合作倡议，双方同意在该框架下加强发展战略对接，推进务实合作。

六、中方认为，在过去五年，马来西亚政府和经济实现良好转型，全球竞争指数排名持续上升。马方新经济模式和国家转型计划中的项目管理和金融监管原则将促进符合双方利益的项目快速落实。

七、双方认为两国加强产能和装备制造合作潜力巨大，对于推动双边贸易增长、促进共同发展具有重要意义，同意进一步发挥各自优势，加强产能领域的合作。双方欢迎两国签署《关于加强产能与投资合作的协定》。

八、双方同意继续推动“两国双园”协调发展，共同探讨推进钢铁、船舶、通讯、电力、轨道交通等重点领域合作。

九、为促进两国经贸合作，双方同意根据两国经贸合作五年规划，进一步扩大双边贸易规模，积极鼓励和支持双向投资，促进民营企业的参与，支持两国中小企业和服务机构之间合作。

十、基于深化合作的良好意愿，双方欢迎中国商务部和马来西亚贸易与工业部签署《关于进一步推进中马经贸投资发展的合作计划》，相信该计划将进一步提升两国经济合作水平。

十一、双方欢迎在日益增长的跨境贸易、投资和资金流动中扩大两国本币使用，密切金融合作，包括货币互换和跨境抵押安排、人民币和马币间直接交易、在吉隆坡指定人民币清算行以及向马方提供500亿元人民币合格境外机构投资者（RQFII）额度等，以促进两国间日益紧密的经济联系。

十二、双方同意促进市场主体准入和知识产权尤其是商标领域合作，共同支持知识产权权利相关的市场活动，促进双方信息和理念交流，便利知识产权权利人和潜在合作伙伴开展知识产权活动。双方欢迎两国签署《关于政府市场主体准入和商标领域合作谅解备忘录》。

十三、双方同意进一步提升两国农业合作水平，召开第五次农业联合工作组会议，加强两国棕榈油贸易合作，欢迎签署《马来西亚输华棕榈油质量安全的谅解备忘录》。

十四、双方同意根据两国海洋科技合作协议，召开中马海洋科技合作联委会第三次会议。双方欢迎建立中马联合海洋科研中心，推动海洋科技合作。

十五、双方同意加强包括航天领域在内的科技合作，欢迎两国政府尽快签署空间合作及和平利用外层空间的协定，推动双方开展遥感、全球导航及其他卫星技术应用合作。

十六、双方领导人积极评价两国防务和军队建设领域的良好合作，包括成功举行2014年12月两军首次联合桌面推演和2015年9月两军首次联合实兵演练，相信未来两国防务合作将取得更加丰硕的成果。

十七、双方同意进一步加强执法安全合作，增进两国执法安全部门间的友好交往，开展执法安全磋商，实施好刑事司法协助条约。

十八、双方重申将全面落实两国政府高等教育学位学历互认协议。鉴于基础教育合作十分重要，两国将继续推动在该领域开展合作。双方同意进一步加强人文和媒体等领域合作，开展青年代表团互访，欢迎中方在马来西亚设立文化中心。双方愿鼓励更多本国民众赴对方国家参观旅游，进一步增进人员往来。

十九、双方领导人高度评价马方主办2015年东亚合作领导人系列会议取得的成果。中方对马方成功主办东亚合作领导人系列会议和东盟共同体宣布建成表示祝贺，积极评价马担任东盟轮值主席国期间为中国—东盟关系发展所做的贡献。双方支持发展中国—东盟战略伙伴关系，进一步增进战略互信，提升中国—东盟自由贸易区水平。

二十、双方重申根据国际法公认原则维护南海和平、安全与稳定及航行自由的重要性。

二十一、双方强调，各直接有关的主权国家应根据包括1982年《联合国海洋法公约》在内公认的国际法原则，通过友好磋商和谈判以和平方式解决分歧和争议，各国应保持克制，避免采取使问题复杂化或导致局势升级的行动。

二十二、双方重申致力于全面有效落实《南海各方行为宣言》，并同其他东盟国家一道，争取在协商一致的基础上早日达成“南海行为准则”。

二十三、中方对马方在李克强总理和代表团访问期间给予的热情友好接待表示感谢。

2015年11月23日于吉隆坡

亚洲基础设施投资银行协定

本协定签署国一致同意：

考虑到在全球化背景下，区域合作在推动亚洲经济体持续增长及经济和社会发展方面具有重要意义，也有助于提升本地区应对未来金融危机和其他外部冲击的能力；

认识到基础设施发展在推动区域互联互通和一体化方面具有重要意义，也有助于推进亚洲经济增长和社会发展，进而为全球经济发展提供新动力；

认识到亚洲基础设施投资银行（以下简称“银行”）通过与现有多边开发银行开展合作，将更好地为亚洲地区长期的巨额基础设施建设融资缺口提供资金支持；

确信作为旨在支持基础设施发展的多边金融机构，银行的成立将有助于从亚洲域内及域外动员更多的亟须资金，缓解亚洲经济体面临的融资瓶颈，与现有多边开发银行形成互补，推进亚洲实现持续稳定增长；

同意成立银行，并遵照本协定所做出的如下规定进行运作：

第一章 宗旨、职能和成员资格

第一条 宗旨

一、银行宗旨在于：

（一）通过在基础设施及其他生产性领域的投资，促进亚洲经济可持续发展、创造财富并改善基础设施互联互通；

（二）与其他多边和双边开发机构紧密合作，推进区域合作和伙伴关系，应对发展挑战。

二、本协定中凡提及“亚洲”和“本区域”之处，除理事会另有规定外，均指根据联合国定义所指的属亚洲和大洋洲的地理区划和组成。

第二条 职能

为履行其宗旨，银行应具备以下职能：

（一）推动区域内发展领域的公共和私营资本投资，尤其是基础设施和其他生产性领域的发展；

（二）利用其可支配资金为本区域发展事业提供融资支持，包括能最有效支持本区域整体经济和谐发展的项目和规划，并特别关注本区域欠发达成员的需求；

（三）鼓励私营资本参与投资有利于区域经济发展，尤其是基础设施和其他生产性领域发展的项目、企业和活动，并在无法以合理条件获取私营资本融资时，对私营投资进行补充；并且，

（四）为强化这些职能开展的其他活动和提供的其他服务。

第三条 成员资格

一、银行成员资格向国际复兴开发银行和亚洲开发银行成员开放。

（一）域内成员是指列入附件一第一部分的成员及依照第一条第二款属亚洲区域的其他成员，其余则为域外成员。

（二）创始成员指已列入附件一、在第五十七条规定的日期当日或之前签署本协定并在第五十八条第一款规定的最终日期前已满足所有成员条件的成员。

二、国际复兴开发银行和亚洲开发银行成员，如未能依照第五十八条规定加入银行，可依照第二十八条规定经理事会特别多数投票同意后，遵照银行决定的加入条件成为银行成员。

三、不享有主权或无法对自身国际关系行为负责的申请方，应由对其国际关系行为负责的银行成员同意或代其向银行提出加入申请。

第二章 资本

第四条 法定股本

一、银行法定股本为壹仟亿美元，分为壹佰万股，每股的票面价值为拾万美元，只供成员依照本协定第五条的规定认缴。

二、初始法定股本分为实缴股本和待缴股本。实缴股本的票面总价值为贰佰亿美元，待缴股本的票面总价值为捌佰亿美元。

三、理事会可依照第二十八条规定，在适当时间按适当条件，经理事会超级多数投票同意后，增加银行的法定股本，包括实缴股本和待缴股本之间的比例。

四、本协定凡提及“美元”及“$”符号均指美利坚合众国的法定支付货币。

第五条 股本认缴

一、每个成员均须认缴银行的股本。认缴初始法定股本时，实缴股本与待缴股本之间的比例应为2∶8。依照第五十八条规定获得成员资格的国家，其初始认缴股份数按本协定附件一执行。

二、依照本协定第三条第二款加入的成员，其初始认缴股份数应由理事会决定；若其认缴将使域内成员持有股本在总股本中的比例降至百分之七十五以下时，除非理事会依照

第二十八条规定经超级多数投票通过,否则不予批准。

三、理事会可以应某一成员要求,依照第二十八条规定,经超级多数投票通过,同意该成员按照确定的条件和要求增加认缴;若其认缴使域内成员持有股本在总股本中的比例降至百分之七十五以下时,除非理事会依照第二十八条规定经超级多数投票通过,否则不予批准。

四、理事会每隔不超过五年对银行的总股本进行审议。法定股本增加时,每个成员都将有合理机会按理事会决定的条件进行认缴,其认缴部分占总增加股本的比例应与此次增资前其认缴股本占总认缴股本的比例相同。任何成员均无义务认缴任何增加股本。

第六条　对认缴股本的支付

一、依照第五十八条获得成员资格的本协定签署方,其初始认缴股本中实缴股本分五次缴清,每次缴纳百分之二十,本条第五款中特殊规定的除外。第一次缴付应在本协定生效后三十天内完成,或在第五十八条第一款规定的批准书、接受书或核准书递交之日或之前缴付,以后发生者为准。第二次缴付在本协定生效期满一年内完成。其余三次将相继在上一次到期一年内完成。

二、除本条第五款规定之外,对初始认缴中原始实缴股本的每次缴付均应使用美元或其他可兑换货币。银行可随时将此类缴付转换为美元。如若到期未能完成缴付,则相应的实缴和待缴股本所赋予的权利,包括投票权等都将中止,直至银行收到到期股本的缴付。

三、银行的待缴股本,仅在银行需偿付债务时方予催缴。成员可选择美元或银行偿债所需货币进行缴付。在催缴待缴股本时,所有待缴股份的催缴比例应一致。

四、本条提及的各种缴付的地点由银行决定,但在理事会举行首次会议之前,本条第一款所指的首次付款应支付给银行的托管方,即中华人民共和国政府。

五、就本款而言,被认定为欠发达国家的成员在缴付本条第一款和第二款所规定的股本时可选择以下任一方式完成,即:

(一)可全部使用美元或其他可兑换货币,最多分十次缴付,每次缴付金额相当于总额的百分之十,第一次和第二次缴付的到期日参照第一款规定,第三次至第十次的缴付应在本协定生效两年内及之后每满一年内相继完成;或者

(二)每次缴付中,成员可在部分使用美元或其他可兑换货币的同时,使用本币完成其中不超过百分之五十的缴付,并按照本条第一款规定的时间完成每次缴付,同时此类缴付应符合以下规定:

1. 成员应在本条第一款规定的缴付时间向银行说明其将用本币缴付的金额比例;

2. 依照本条第五款规定完成的每次本币缴付金额应由银行按照与美元完全等值的金额计算。首次缴付时成员可自行确定应缴付金额,但银行可在付款到期日前九十天内做出适当调整,以使所缴付金额与按美元计算的金额完全等值。

3. 无论何时,只要银行认为一个成员的货币已大幅贬值,该成员应在一段合理期限内向银行缴付额外的本币金额,以确保银行账面持有的该成员以本币认缴股本的价值不变。

4. 无论何时,只要银行认为一个成员的货币已大幅升值,银行应在一段合理期限内向该成员退付一定数量的本币金额,以调整银行账面持有的该成员以本币认缴股本的价值。

5. 银行可放弃本项第 3 目赋予的偿付权利,成员可放弃本项第 4 目赋予的偿付权利。

六、银行接受任何成员使用该成员政府或其指定的存托机构所发行的本票或其他债券缴付该成员依照本条第五款第(二)项规定的以本币缴付金额,前提是银行在经营中不需要使用上述金额的成员货币。上述本票或债券应为不可转让、无息并可应银行要求按面值见票即付。

第七条　股份缴付条件

一、成员初始认缴股份应按面值发行。其他股份也应按照面值发行,除非理事会在特殊情况下依照第二十八条规定经特别多数投票通过,决定以其他条件发行股份。

二、股份不得以任何形式进行质押或抵押,且仅可以向银行转让。

三、成员股权债务应仅限于其所持股份发行额中未缴付部分。

四、成员不因其成员地位而对银行的债务负责。

第八条　普通资本

本协定中"普通资本"一词包括以下内容:

(一)依照本协定第五条规定认缴的银行法定股本,包括实缴股本和待缴股本;

(二)银行依照第十六条第一款授权筹集的资金,此类资金的兑付承诺适用本协定第六条第三款的规定;

(三)因使用本条第(一)、(二)项资金发放贷款或担保的偿付所得,或使用上述资金进行股权投资或依照第十一条第二款第(六)项批准的其他类型融资的所得收益;

(四)使用前述资金发放贷款或依照第六条第三款的兑付承诺所做担保获得的收入;

(五)银行收到的其他不属于本协定第十七条规定的特别基金的其他任何资金或收入。

第三章　银行业务运营

第九条　资金使用

银行资金仅可依照稳健的银行原则用于履行本协定第一条和第二条所规定的宗旨和职能。

第十条　普通业务与特别业务

一、银行的业务包括:

(一)本协定第八条提及的,由银行普通资本提供融资的普通业务;

(二)本协定第十七条提及的,由银行特别基金提供融资的特别业务。

两种业务可以同时为同一个项目或规划的不同部分提供融资。

二、银行的普通资本和特别基金在持有、使用、承诺、投资或作其他处置时,在任何时候、各个方面均须完全分离。银行的财务报表亦应将普通业务和特别业务分别列出。

三、任何情况下银行普通资本都不得用以缴付或清偿由特别基金担负或承诺的特别业务或其他活动发生的支出、亏损或负债。

四、普通业务直接发生的支出由普通资本列支;特别业务发生的支出由特别基金列支。其他任何支出的列支由银行另行决定。

第十一条 业务对象及方法

一、(一)银行可以向任何成员或其机构、单位或行政部门,或在成员的领土上经营的任何实体或企业,以及参与本区域经济发展的国际或区域性机构或实体提供融资。

(二)在特殊情况下,银行可以向本款第(一)项以外的业务对象提供援助,前提是理事会依照第二十八条规定经超级多数投票通过:1、确认该援助符合银行的宗旨与职能以及银行成员的利益;2、明确可以向业务对象提供的本条第二款规定的融资支持类别。

二、银行可以下列方式开展业务:

(一)直接贷款、联合融资或参与贷款;

(二)参与机构或企业的股权资本投资;

(三)作为直接或间接债务人,全部或部分地为用于经济发展的贷款提供担保;

(四)根据特别基金的使用协定,配置特别基金的资源;

(五)依照第十五条的规定提供技术援助;

(六)理事会依照第二十八条规定经特别多数投票通过决定的其他融资方式。

第十二条 普通业务的限制条件

一、银行依照本协定第十一条第二款第(一)、(二)、(三)、和(四)项从事的贷款、股权投资、担保和其他形式融资等普通业务中的未收清款项,任何时候都不得超过普通资本中未动用认缴股本、储备资金和留存收益的总额。但理事会有权依照本协定第二十八条规定,经超级多数投票通过后,根据银行的财务状况随时提高上述对银行普通业务的财务限制,最高可至普通资本中未动用认缴股本、储备资金和留存收益总额的250%。

二、银行已拨付股权投资的总额不得超过当期相应的银行未动用实缴股本和普通储备资金总额。

第十三条 业务原则

银行应依据下列原则开展业务:

(一)银行应按照稳健的银行原则开展业务;

(二)银行业务应主要是特定项目或特定投资规划融资、股权投资以及第十五条规定的技术援助;

(三)银行不得在成员反对的情况下,在该成员境内开展融资业务;

(四)银行应保证其从事的每项业务均符合银行的业务和财务政策,包括但不仅限于针对环境和社会影响方面的政策;

(五)银行审议融资申请时,应在综合考虑有关因素的同时,适当关注借款人以银行认为合理的条件从别处获得资金的能力;

(六)银行在提供或担保融资时,应适当关注借款人及担保人未来按融资合同规定的条件履行其义务的可能性;

(七)银行在提供或担保融资时,应采取银行认为对该项融资和银行风险均适宜的融资条件,包括利率、其他费用和还本安排;

(八)银行不应对普通业务或特别业务中银行融资项目的货物和服务采购进行国别限制;

(九)银行应采取必要措施保证其提供、担保或参与的融资资金仅用于融资所规定的目标,并应兼顾节约和效率;

(十)银行应尽可能避免不均衡地将过多资金用于某一或某些成员的利益;

(十一)银行应设法保持其股权资本投资的多样化。除非出于保护其投资的需要,否则银行在其股权投资项目中,对所投资的实体或企业不应承担任何管理责任,也不应寻求对该实体或企业的控制权。

第十四条 融资条件

一、银行在发放、参与或担保贷款时,应依照本协定第十三条规定的业务原则及本协定其他条款的规定,订立合同明确该贷款或担保的条件。在制定上述条件时,银行应充分考虑保障银行收益和财务状况的需要。

二、当贷款或担保对象本身并非银行成员时,如银行认为可行,可以要求该项目执行所在地的成员,或者银行接受的该成员某个政府机构或其他机构,为贷款本金、利息和其他费用的按期如约偿还提供担保。

三、任何股权投资的金额不得超过董事会通过的政策文件所允许的对该实体或企业进行股权投资的比例。

四、按照有关货币风险最小化的政策规定,银行可以使用一国的本币为银行在该国的业务提供融资。

第十五条 技术援助

一、在符合银行宗旨和职能的情况下,银行可提供技术咨询、援助及其他类似形式的援助。

二、如遇提供上述服务的费用无法补偿时,银行可从其收益中支出。

第四章 银行资金

第十六条 一般权力

除本协定其他条款中明确规定的权力外,银行还应有以下权力。

(一)银行可以根据相关法律规定在成员国或其他地方通过举债或其他方式筹集资金。

(二)银行可以对其发行或担保或投资的证券进行买卖。

(三)为推动证券销售,银行可为其投资的证券提供担保。

(四)银行可以承销或参与承销任何实体或企业发行的、目的与银行宗旨一致的证券。

(五)银行可以将其业务经营未使用资金进行投资或存储。

(六)银行应确保在银行发行或担保的每份证券的外观上标有显著字样,声明该证券并非任何政府的债务;如该证券确实是某个特定政府的债务,则应做如实表述。

(七)根据理事会通过的信托基金框架,在信托基金的目标与银行宗旨和职能一致的前提下,银行可接受其他相关方的委托,成立并管理该信托基金。

(八)银行可以在理事会依照本协定第二十八条规定经特别多数投票通过后,以实现银行宗旨和职能为目的,成立附属机构。

(九)在符合本协定规定的前提下,银行可行使为进一步实现其宗旨和职能所需的适当的其他权力,并制定与此有关的规章。

第十七条 特别基金

一、银行可以接受与银行宗旨和职能一致的特别基金,此类特别基金属银行资源。特别基金的所有管理成本均应从该基金支出。

二、银行接受的特别基金的使用原则和条件应与银行的宗旨和职能一致,并符合就此类基金达成的相关协议。

三、银行应根据成立、管理和使用每个特别基金的需要制定特别规章。该规章应与本协定中除明确仅适用于普通业务的规定以外的所有条款保持一致。

四、"特别基金资源"一词应指所有特别基金的资源，包括：

(一)银行接收并纳入特别基金的资金；

(二)根据银行管理特别基金的规章，用特别基金发放或担保的贷款所得，及其股权投资的收益，归属该特别基金；

(三)特别基金资金投资产生的任何收入；及

(四)可由特别基金支配使用的任何其他资金。

第十八条 净收入的分配和处置

一、理事会至少每年都应在扣除储备资金之后，就银行净收入在留存收益或其他事项以及可分配给成员的利润(如适用)之间的分配做出决定。任何将银行净收入分配用作其他用途的此类决策应依照第二十八条规定以超级多数投票通过。

二、上一款中提及的分配应按照各成员所持股份的数量按比例完成，支付的方式和货币应由理事会决定。

第十九条 货币

一、银行或任何银行款项接受方所接受、持有、使用或转让的货币在任何国家内进行缴付时，成员均不得对此施加任何限制。

二、当根据本协定需要以一种货币对另一货币进行估值，或决定某货币是否可兑换时，该估值或决定应由银行做出。

第二十条 银行偿债的方式

一、银行从事普通业务时，若其所发放、参与或担保的贷款出现拖欠或违约，或其所投资的股权或依照第十一条第二款第(六)项做出的其他融资出现损失，银行可采取其认为适当的措施。银行应保持适当的拨备水平以应对可能发生的损失。

二、银行普通业务发生的损失，应当：

(一)首先依照本条第一款的规定处置；

(二)其次，由净收入支付；

(三)第三，从储备资金和留存收益中支付；

(四)第四，从未动用实缴股本中支付；

(五)最后，从可依照第六条第三款的规定进行催缴的待缴股本中适量缴付。

第五章 治理

第二十一条 治理结构

银行应设立理事会、董事会、一名行长、一名或多名副行长，以及其他必要的高级职员与普通职员职位。

第二十二条 理事会：构成

一、每个成员均应在理事会中有自己的代表，并应任命一名理事和一名副理事。每个理事和副理事均受命于其所代表的成员。除理事缺席情况外，副理事无投票权。

二、在银行每次年会上，理事会应选举一名理事担任主席，任期至下届主席选举为止。

三、理事和副理事任职期间，银行不予给付薪酬，但可支付其因出席会议产生的合理支出。

第二十三条 理事会：权力

一、银行一切权力归理事会。

二、理事会可将其部分或全部权力授予董事会，但以下权力除外：

(一)吸收新成员和确定新成员加入条件；

(二)增加或减少银行法定股本；

(三)中止成员资格；

(四)裁决董事会对本协定的相关解释或适用提出的申诉；

(五)选举银行董事并依照第二十五条第六款决定须由银行负担的董事和副董事的支出及薪酬(如适用)；

(六)选举行长，中止或解除行长职务，并决定行长的薪酬及其他任职条件；

(七)在审议审计报告后，批准银行总资产负债表和损益表；

(八)决定银行的储备资金及净收益的配置与分配；

(九)修订本协定；

(十)决定终止银行业务并分配银行资产；及

(十一)行使本协定明确规定属于理事会的其他权力。

三、对于理事会依照本条第二款授予董事会办理的任何事项，理事会均保留其执行决策的全部权力。

第二十四条 理事会：程序

一、理事会应举行年会，并按理事会规定或董事会要求召开其他会议。当五个银行成员提出请求时，董事会即可要求召开理事会会议。

二、当出席会议的理事超过半数，且所代表的投票权不低于总投票权三分之二时，即构成任何理事会会议的法定人数。

三、理事会应按照规定建立议事程序，允许董事会在毋须召集理事会会议的情况下取得理事对某一具体问题的投票表决，或在特殊情况下通过电子方式召开理事会会议。

四、理事会及董事会在授权范围内，可根据银行开展业务的必要性或适当性，设立附属机构、制定规章制度。

第二十五条 董事会：构成

一、董事会应由十二名成员组成，董事会成员不得兼任理事会成员，其中：

(一)九名应由代表域内成员的理事选出；

(二)三名应由代表域外成员的理事选出。

董事应是在经济与金融事务方面具有较强专业能力的人士，并应根据本协定附件二选举产生。董事所代表的成员包括选其做董事的理事所属成员以及将选票委派给其的理事所属成员。

二、理事会应不定期审议董事会的规模与构成，并可依照第二十八条规定以超级多数投票形式，适当调整董事会的规模或构成。

三、每名董事应任命一名副董事，在董事缺席时代表董事行使全部权力。理事会应通过规则，允许一定数量以上成员选举产生的董事任命第二名副董事。

四、董事和副董事应为成员国的国民。不得同时有两名或两名以上董事同属一个国籍，也不得同时有两名或两名以上副董事同属一个国籍。副董事可参加董事会会议，但只有代表董事行使权力时才可以投票。

五、董事任期两年，可以连选连任。

(一)董事任职应持续至下任董事选定并就职。

(二)若在董事任期截止日前一百八十天以上时，董事职位出缺，须由选举该董事职位的相关理事根据附件二选出一名继任者,完成余下任期。此类选举须相关理事经半数以上所投投票权表决通过。若在董事任期截止日前一百八十天或以下时董事职位出缺,可由选举该董事职位的理事以上述同样方式选出一名继任者。

(三)在董事职位出缺期间,其副董事应代表董事行使除任命副董事之外的所有权力。

六、除非理事会另有决定,董事与副董事任职期间,银行不付薪酬,但银行可向其支付参加会议产生的合理支出。

第二十六条 董事会:权力

董事会负责指导银行的总体业务,为此,除行使本协定明确赋予的权力之外,还应行使理事会授予的一切权力,特别是:

(一)理事会的准备工作;

(二)制定银行的政策;并以不低于成员总投票权四分之三的多数,根据银行政策对银行主要业务和财务政策的决策,及向行长下放权力事宜做出决定;

(三)对第十一条第二款明确的银行业务做出决定;并以不低于成员总投票权四分之三的多数,就向行长下放相关权力做出决定;

(四)常态化监督银行管理与业务运营活动,并根据透明、公开、独立和问责的原则,建立以此为目的的监督机制;

(五)批准银行战略、年度计划和预算;

(六)视情成立专门委员会;并

(七)提交每个财年的经审计账目,由理事会批准。

第二十七条 董事会:程序

一、董事会应根据银行业务需要,全年定期召开会议。董事会在非常驻基础上运作,除非理事会依照第二十八条规定经超级多数投票通过,另行做出决定。董事会主席或三名董事提出要求,即可召开董事会会议。

二、当出席会议的董事人数超过半数,且其代表的投票权不低于成员总投票权的三分之二时,即构成任何董事会会议的法定人数。

三、理事会应订立规章,允许没有董事席位的成员,在董事会审议对该国有特别影响的事项时,可指派一名代表出席会议,但无投票权。

四、董事会应建立议事程序,允许董事会通过电子方式召开会议或者通过非会议方式对某一事项进行投票。

第二十八条 投票

一、每个成员的投票权总数是基本投票权、股份投票权以及创始成员享有的创始成员投票权的总和。

(一)每个成员的基本投票权是全体成员基本投票权、股份投票权和创始成员投票权总和的百分之十二在全体成员中平均分配的结果。

(二)每个成员的股份投票权与该成员持有的银行股份数相当。

(三)每个创始成员均享有六百票创始成员投票权。

如成员不能依照第六条足额缴付其任何到期的实缴股份金额,在全部缴清之前,其所能行使的投票权将等比例减少,减少比例为到期未缴金额与该成员实缴股份总面值的百分比。

二、理事会进行投票时,每名理事应有权行使其所代表成员的投票权。

(一)除本协定另有明确规定,理事会讨论的所有事项均应由所投投票权的简单多数决定。

(二)理事会超级多数投票通过指:理事人数占理事总人数三分之二以上、且所代表投票权不低于成员总投票权四分之三的多数通过。

(三)理事会特别多数投票通过指:理事人数占理事总人数半数以上、且所代表投票权不低于成员总投票权一半的多数通过。

三、在董事会投票时,每名董事均有权行使选举其担任董事的理事所拥有的投票权,以及任何根据附件二将投票权委派给其的理事拥有的投票权。

(一)有权代表一个以上成员投票的董事可代表这些成员分开投票。

(二)除本协定另有明确规定外,董事会讨论的所有问题,均应由所投投票权的简单多数决定。

第二十九条 行长

一、理事会通过公开、透明、择优的程序,依照第二十八条规定,经超级多数投票通过选举银行行长。行长应是域内成员国的国民。任职期间,行长不得兼任理事、董事或副理事、副董事。

二、行长任期五年,可连选连任一次。理事会可依照第二十八条规定经超级多数投票通过,决定中止或解除行长职务。

(一)若行长职位不论任何原因在任期结束前出缺,理事会应任命一名代理行长暂时履行行长职责,或依照本条第一款的规定,选举一名新行长。

三、行长担任董事会主席,无投票权,仅在正反票数相等时拥有决定票。行长可参加理事会会议,但无投票权。

四、行长是银行的法人代表,是银行的最高管理人员,应在董事会指导下开展银行日常业务。

第三十条 银行高级职员与普通职员

一、董事会应按照公开、透明和择优的程序,根据行长推荐任命一名或多名副行长。副行长的任期、行使的权力及其在银行管理层中的职责可由董事会决定。在行长出缺或不能履行职责时,应由一名副行长行使行长的权力,履行行长的职责。

二、根据董事会批准的规章,行长负责银行所有高级职员与普通职员的组织、任命与解雇,上述第一款规定的副行长职位除外。

三、在任命高级职员和普通职员及推荐副行长时,行长应以确保效率与技术能力达到最高标准为重要前提,适当考虑在尽可能广泛的区域地理范围内招聘人员。

第三十一条 银行的国际性

一、银行不得接受可能对其宗旨或职能产生任何损害、限制、歪曲或改变的特别基金、贷款或资助。

二、银行及其行长、高级职员和普通职员不得干预任何成员的政治事务,也不得在决策时受任何成员政治特性的影响。决策只应考虑经济因素。上述考虑应不偏不倚,以实现和落实银行的宗旨和职能。

三、银行行长、高级职员和普通职员在任职期间,完全对银行负责,而不对任何其他当局负责。银行每个成员都应尊重此项职责的国际性,在上述人员履行职责时,不得试图对其施加影响。

第六章 一般规定

第三十二条 银行办公室

一、银行总部设在中华人民共和国北京市。

二、银行可在其他地方建立机构或办公室。

第三十三条 沟通渠道:存托机构

一、每个成员都应指定一个合适的官方实体,以便银行通过该实体与成员就本协定下的任何问题进行沟通。

二、每个成员都应指定其中央银行或其他经成员与银行双方认可的类似机构作为存托机构,银行可将其持有的该成员货币资金及银行的其他资产存托于该机构。

三、银行可依照董事会决定将其资产存托于上述存托机构。

第三十四条 报告与信息

一、银行的工作语言为英语,银行在做出所有决定和依照本协定第五十四条规定进行解释时,应以本协定英语文本为准。

二、成员应向银行提供银行为履行职能而合理要求成员提供的信息。

三、银行应向其成员发送包括经审计账目报表的年度报告,并应公布上述报告。银行还应每季度向其成员发送银行财务状况总表及损益表,说明其业务经营状况。

四、银行应制定信息披露政策,以推动提高业务透明度。在银行认为对履行其宗旨与职能有益的情况下,可公布相关报告。

第三十五条 与成员及国际组织的合作

一、银行应与所有成员保持紧密合作,并在本协定条款范围内以其认为合适的方式,与其他国际金融机构及参与本地区经济发展或银行业务领域的国际机构紧密合作。

二、为实现与本协定一致的宗旨,经董事会批准,银行可与此类组织缔结合作安排。

第三十六条 指称

一、本协定中凡提及“条款”或“附件”,除非另外说明,皆指称本协定的条款和附件。

二、本协定中对具体性别的指称,同等适用于任何性别。

第七章 成员退出和资格中止

第三十七条 成员退出

一、任何成员均可随时以书面形式通知银行总部退出银行。

二、自通知指明的日期起,但该日期不得早于银行收到该通知之日起六(6)个月内,该成员退出即应生效,该成员之成员资格即应终止。但在退出最终生效前,该成员可随时以书面形式通知银行撤回其退出意向通知。

三、正在履行退出程序的成员对其在递交退出通知之日对银行负有的所有直接与或有债务继续负有责任。如退出最终生效,则该成员对银行在收到退出通知之日以后开展业务所引发的债务不承担任何责任。

第三十八条 成员资格中止

一、成员如不履行其对银行的义务,理事会可依照第二十八条规定经超级多数投票通过,中止其成员资格。

二、中止满一年后,该成员的银行成员资格自动终止,除非理事会在此一年内依照第二十八条规定经超级多数投票通过,同意恢复该成员的成员资格。

三、在成员资格中止期间,该成员除退出权外,无权行使本协定规定的任何权利,但将继续承担其全部义务。

第三十九条 账目清算

一、在成员资格终止之日后,该成员继续对其对银行的直接债务承担责任,并对成员资格终止前与银行所签订的贷款、担保、股权投资或依照第十一条第二款第(六)项规定的其他融资方式(以下简称“其他融资”)合同中尚未偿清部分形成的或有债务承担责任。但对成员资格终止后银行开展的贷款、担保、股权投资或其他融资不再承担债务责任,也不再分享银行收入或分担其支出。

二、在终止成员资格时,银行应依照本条第三款和第四款规定,对回购该国股份做出安排,作为与其清算账目的一部分。为此,股份回购价格应是该国终止成员资格当日银行账面所显示之价值。

三、银行依照本条回购股份时,应按照以下条件进行:

(一)在该国、其中央银行或其机构、单位或行政部门作为借款人、担保人或其他合同方仍对银行的股权投资或其他融资负有责任时,银行应从应付给该国的股份回购资金中予以扣除,并在此类债务到期时有权用所扣款项做出抵偿。但不得对该国因本协定第六条第三款规定的待缴股份所形成的或有负债扣留款项。因回购股份而应付给成员的款项,在任何情况下都只能在该国终止成员资格六个月之后方予支付。

(二)按照本条第二款规定的股份回购价格回购股份时,当应付给成员国的金额超过本款第(一)项中所指的到期应偿还贷款、担保、股权投资和其他融资的负债总额时,超出部分可在收到该国的相应股票凭证后随时支付,直至该国收回其股份回购的全部款项。

(三)付款使用的货币,由银行综合考虑其财务状况后决定。

(四)在成员资格终止之日,该国仍持有的对银行任何未偿清贷款、担保、股权投资或其他融资,如蒙受损失且损失金额超过资格终止当日银行计提的损失准备金金额,应银行要求,该国应交还确定回购金额时如考虑上述损失而应相应减少的回购金额部分。此外,该国应依照本协定第六条第三款继续对该国认缴股份中未缴付部分承担缴付责任,其应缴付款额,与银行决定股份回购价格时如出现资本亏损且要求所有成员缴付待缴股份情况下的款额相同。

四、如银行在任何国家终止成员资格后的六个月内,依照本协定第四十一条终止业务,该国的一切权利应依照本协定第四十一至四十三条中的规定予以确定。对上述规定而言,该国仍应被视作成员,但无投票权。

第八章 银行业务中止与终止

第四十条 业务暂时中止

在紧急情况下,董事会在等待理事会做出进一步考虑和采取进一步行动之前,可暂停发放新的贷款、担保、股权投资和依照第十一条第二款第(六)项开展的其他形式的融资业务。

第四十一条 业务终止

一、依照第二十八条规定,经理事会超级多数投票通过决议,银行可终止银行业务。

二、业务终止后,除有序变卖、保护和保存资产以及清偿债务相关的活动外,银行应立即停止一切活动。

第四十二条 成员债务与债权支付

一、银行终止业务后,所有成员应继续承担对银行待缴股本的认缴责任以及因成员货币贬值导致的债务，直至债权人的所有债权，包括或有债权，都已全部清偿为止。

二、持有直接债权的所有债权人应首先从银行资产中得到偿付，然后从银行应收款项或未缴及待缴股本金中偿付。在对持有直接债权的债权人进行任何偿付之前，董事会应根据自身判断做出必要的安排，确保所有直接债权和或有债权持有人按比例得到偿付。

第四十三条 资产分配

一、基于各成员认缴的银行股本分配资产，必须：

（一）在对债权人的所有负债清偿完毕或做出安排之后方可进行；

（二）理事会依照第二十八条规定，经超级多数投票通过，决定进行上述分配。

二、银行向成员分配资产，应与各成员持有的股本成比例，并应在银行认为公正平等的时间和条件下生效。各种资产类型间的分配比例不必一致。任何成员在结清对银行的所有债务之前，无权获得资产分配。

三、任何成员依照本条获得资产分配时，其对所分配资产享有的权利，应与分配前银行对这些资产享有的权利相同。

第九章 法律地位、豁免权、特权及免税权

第四十四条 本章目的

一、为使银行能有效地实现其宗旨，履行其所担负的职责，银行在各成员境内享有本章所规定的法律地位、豁免权、特权及免税权。

二、各成员应迅速采取必要的行动，使本章各项规定在其境内生效，并将已采取的行动通知银行。

第四十五条 银行法律地位

银行具有完整的法律人格，特别是具备以下完整的法律能力：

（一）签订合同；

（二）取得与处置动产和不动产；

（三）提起和应对法律诉讼；

（四）为实现宗旨和开展活动采取的其他必要或有用的行动。

第四十六条 司法程序豁免

一、银行对一切形式的法律程序均享受豁免，但银行为筹资而通过借款或其他形式行使的筹资权、债务担保权、买卖或承销债券权而引起的案件，或者与银行行使这些权力有关的案件，银行不享有豁免。凡属这类案件，在银行设有办公室的国家境内，或在银行已任命代理人专门接受诉讼传票或通知的国家境内，或者在已发行或担保债券的国家境内，可向有充分管辖权的主管法院对银行提起诉讼。

二、尽管有本条第一款的各项规定，但任何成员、成员的任何代理机构或执行机构、任何直接或间接代表一个成员或成员的机构或单位的实体或个人、任何直接或间接从成员或成员的机构或单位获得债权的实体或个人，均不得对银行提起诉讼。成员应采用本协定、银行的细则及各种规章或与银行签订的合同中可能规定的特别程序，来解决银行与成员之间的争端。

三、银行的财产和资产，不论在何地和由何人所持有，在对银行做出最后裁决之前，均不得施以任何形式的没收、查封或强制执行。

第四十七条 资产和档案的豁免

一、银行的财产和资产，不论在何地和由何人所持有，均应免于任何行政或司法的搜查、征用、充公、没收或任何其他形式的占用或禁止赎回。

二、银行的档案及属于银行或由银行持有的所有文件，不论存放于何地和由何人持有，均不得侵犯。

第四十八条 资产免受限制

在有效实施银行宗旨和职能所需范围内，并在遵照本协定规定的情况下，银行的一切财产和资产不受任何性质的限制、管理、管制和延缓偿付的约束。

第四十九条 通讯特权

成员给予银行的官方通讯待遇，应与其给予其他成员的官方通讯待遇相同。

第五十条 银行高级职员和普通职员的豁免与特权

银行的全体理事、董事、副理事、副董事、行长、副行长及高级职员和普通职员，包括为银行履行职能或提供服务的专家和咨询顾问，应享有以下豁免和特权：

（一）对于其以公务身份从事的行为应享有法律程序的豁免，除非银行主动放弃此项豁免，且其持有的官方文件、文档和记录不可侵犯；

（二）若其不是所在国公民或国民，则其在入境限制、外国人登记要求和国民服役方面享有豁免权，并在外汇管制方面享有该成员给予其他成员同等级别的代表、官员和职员的同样的便利；

（三）在差旅期间享受的便利应与该成员给予其他成员同等级别的代表、官员和职员的待遇相同。

第五十一条 税收免除

一、银行及其根据本协定拥有的资产、财产、收益、业务和交易，应免除一切税收和关税，并应免除银行缴纳、代扣代缴或征收任何税收或关税的义务。

二、对银行给付董事、副董事、行长、副行长以及其他高级职员和普通职员，包括为银行履行职能或提供服务的专家和咨询顾问的薪资、报酬和费用不予征税。除非成员在递交批准书、接受书或核准书时，声明该成员及其行政部门对银行向该成员公民或国民支付的薪资和报酬保留征税的权利。

三、对于银行发行的任何债券或证券，包括与此有关的红利和利息，不论由何人持有，均不得因下列原因而征收任何种类的税收：

（一）仅因为此类债券或证券是由银行发行而加以歧视；或

（二）仅以该项债券或证券的发行、兑付或支付的地点或所使用的货币种类，或因银行设立办公室或开展业务的地点为行使税收管辖权的唯一依据而征税。

四、对于银行担保的任何债券或证券，包括有关的红利和利息，不论由何人持有，均不得因下列原因而征收任何种类的税收：

（一）仅因为此类债券或证券是由银行担保而加以歧视；或

（二）仅以银行设立办公室或开展业务的地点为行使税收管辖权的唯一依据而征税。

第五十二条 放弃豁免

一、银行可自行决定在任何情况或事例中，以其认为最有利于银行的方式和条件，放弃本章赋予其的任何特权、豁免和免税权。

第十章 修改、解释和仲裁

第五十三条 修改

一、本协定只有在理事会依照第二十八条规定经超级多数投票通过决议后方可进行修改。

二、虽有本条第一款的规定,但对以下各项的修改须经理事会全票通过后方可进行:

(一)退出银行的权利;

(二)第七条第三款和第四款规定的对负债的各种限制;及

(三)第五条第四款规定的关于购买股本的各项权利。

三、有关本协定的任何修改建议,不论是由成员还是董事会提出,均应送交理事会主席,再由其提交理事会。相关修订一经通过,银行应以正式函件形式通知所有成员。该修订也将于正式函件发出之日起三个月后对所有成员生效,但理事会在正式函件中另外有规定者不受此限。

第五十四条 解释

一、成员与银行之间或成员之间在解释或实施本协定规定发生疑问时,应提交董事会决定。如董事会审议的问题与某个成员有特殊关系而董事会无该成员国籍的董事时,该成员有权派代表直接参加董事会会议,但该代表没有投票权。该代表的权利应由董事会规定。

二、董事会做出本条第一款下的决定后,任何成员仍可要求将问题提交理事会讨论,由理事会做出最终裁决。在理事会做出裁决之前,如果银行认为必要,可根据董事会的决定行事。

第五十五条 仲裁

在银行与已终止成员资格的国家之间,或者在银行通过终止银行业务的决议之后银行与成员之间发生争议,应提交由三名仲裁员组成的法庭进行仲裁。仲裁员中,一名由银行任命;一名由涉事国家任命;除双方另有协定外,第三名由国际法院院长或银行理事会通过的规章中规定的其他当局指定。仲裁员以简单多数做出决定,该仲裁决定为最终裁决,对双方均有约束力。双方在程序问题上有争议时,第三名仲裁员应有权处理全部程序问题。

第五十六条 默许同意

除本协定第五十三条第二款所列情况之外,银行采取任何行动前,如需征得任何成员同意,应将拟议中的行动通知该成员。如该成员未在银行通知中规定的合理时间内提出反对意见,即应视为业已获得该成员的同意。

第十一章 最后条款

第五十七条 签署和保存

一、本协定由中华人民共和国政府(以下简称"保存人")保存,本协定附件一所列各国政府应在2015年12月31日前完成签署。

二、保存人应将本协定经过核定无误的副本寄给所有签署方及其他已成为银行成员的国家。

第五十八条 批准、接受或核准

一、本协定须经签署方批准、接受或核准。批准书、接受书或核准书应于2016年12月31日之前向保存人交存,或如有必要,在理事会依照本协定第二十八条规定经特别多数投票通过的稍晚日期之前向保存人交存。保存人应及时将每次交存及交存日期通知其他签署方。

二、在本协定生效日之前交存批准书、接受书或核准书的签署方,在协定生效之日成为银行成员。任何其他履行本条第一款规定的签署方,在交存批准书、接受书或核准书之日起成为银行成员。

第五十九条 生效

至少有十个签署方已交存批准书、接受书或核准书,且签署方在本协定附件一列出初始认缴股本的加总数额不少于认缴股本总额的百分之五十,本协定即告生效。

第六十条 首次会议和开业

一、本协定一经生效,每个成员均应任命一名理事,保存人应即召集首次理事会会议。

二、在首次会议上,理事会应:

(一)选举行长;

(二)依照本协定第二十五条第一款规定选举银行董事,考虑到成员数量和尚未成为成员的签署方数量,理事会可决定,在最初不超过两年的时间内,选举较少数量的董事。

(三)对银行开业日期做出安排;及

(四)为准备银行开业做出其他必要安排。

三、银行应将其开业日期通知各成员。

本协定于2015年6月29日在中华人民共和国北京签署,仅一份正本,交存保存人;文本分别以英文、中文和法文写成,同等作准。

重要论文和研究报告

打造中国—东盟自贸区"升级版"问题与方向

魏 民

中国—东盟自贸区谈判始于2002年,2010年1月1日建成。近10年来,双方先后签署《货物贸易协议》《服务贸易协议》和《投资协议》,并相互实施全面降税,使中国与东盟度过了经贸关系发展的"黄金十年"。中国与东盟双边贸易额从2002年的548亿美元增长到2013年的4436亿美元,增长8倍,中国连续5年是东盟最大贸易伙伴,东盟已成为中国第三大贸易伙伴、第四大出口市场和第二大进口来源地。中国—东盟自贸区"升级版"建设将推动双边合作创造更加辉煌的"钻石十年"。

一、中国—东盟自贸区"升级版"的提出

打造中国—东盟自贸区"升级版"(简称"升级版")是李克强总理在2013年9月第10届中国—东盟博览会上提出的。"升级版"的主要内容是:更新和扩充中国—东盟自贸区的内容和范围,在已有自贸区的基础上进一步降低关税,削减非关税壁垒;开展新一轮服务贸易承诺谈判,推动投资领域的实质性开放,提升贸易和投资便利化;并开展包括建立亚洲互联互通融资平台,积极推动金融、环保和海洋等多个领域的合作。中国与东盟力争到2020年双边贸易额达到1万亿美元,今后8年新增双向投资1500亿美元。

在2013年10月9日举行的第16次中国—东盟领导人会议上,李克强总理提出各方凝聚两点政治共识和推进7个领域合作的"2+7"合作框架。其中7个合作领域之一就是启动中国—东盟自贸区"升级版"进程,这是继第10届中

国—东盟博览会后，中国再次提出“升级版”。

2014 年 8 月 26 ~ 27 日，东亚经贸部长系列会议在缅甸首都内比都举行。此次中国—东盟经贸部长会议通过了升级谈判要素文件，并正式宣布启动升级谈判。同年 9 月 23 ~ 24 日，中国—东盟自贸区联委会第 6 次会议暨中国—东盟自贸区首轮升级谈判在越南河内举行，双方重点讨论中国—东盟自贸区升级谈判的工作安排，并召开投资、经济合作、原产地规则和海关程序与贸易便利化 4 个工作组会议，就升级谈判工作计划达成共识，并在多个领域取得积极进展。2015 年 2 月 3 ~ 6 日，中国—东盟自贸区联委会第 7 次会议暨中国—东盟自贸区第二轮升级谈判在中国举行，谈判双方继续积极推进升级谈判进程，并召开七个工作组会议，就具体领域深入交换意见，谈判取得显著进展。中国与东盟正本着互利共赢的原则，共同推进自贸区“升级版”谈判，力争在 2015 年年底前完成谈判，实质性提升贸易投资自由化和便利化水平，把中国—东盟自贸区打造成反映时代特征，更大程度惠及双方企业和人民，更全面、更高质量的自贸协定。

在美国主导的跨太平洋伙伴关系协议（TPP）谈判有望达成协议以及中国周边不确定因素增加的背景下，建设中国—东盟自贸区“升级版”有利于拓展和深化中国与东盟的全面战略合作伙伴关系；有利于中国加快实施“以周边为基础的自由贸易区战略”“形成面向全球的高标准自由贸易区网络”；有利于增强中国的地区影响力，对中国正在进行的新一轮对外开放格局也会产生战略性、决定性的影响。

二、打造“升级版”的主要考量

“升级版”是在世界经济格局深刻变化的背景下提出的。全球金融危机后，世界经济增长乏力，有效需求不足。中国与东盟经贸关系处于结构转型过程中，未来七、八年这一地区将呈现大量的合作商机。此时提出打造中国—东盟自贸区“升级版”，扩大《中国与东盟全面经济合作框架协议》范围，将显著改善中国和东盟的市场条件，进一步平衡双边贸易，为“钻石十年”注入新希望。

（一）中国—东盟自贸协定已不适应双边经贸关系快速发展的要求

十年前启动的中国—东盟自贸区，协定水平相对较低，贸易投资自由化、便利化水平明显滞后于双边经贸关系快速发展的需要。自贸协定所涵盖的范围和内容也不能适应经济全球化和区域经济一体化发展的新趋势和新要求。

中国—东盟自贸区主要存在以下不足：首先，利用率不高，其优惠政策被企业利用的水平最高只能达到 20% 左右，主要障碍是一些便利化措施落实不到位，交易成本高；其次，投资、服务市场开放度低，许多领域如知识产权、政府采购、技术与环境问题的开放没有涉及；再次，在互联互通和金融服务等经济发展环境方面还存在融资、法规等瓶颈限制。

中国—东盟自贸区“升级版”谈判即是着眼于实质性提升贸易投资自由化和便利化水平的新举措，将在现有框架基础上进一步提升双边贸易自由化程度，降低关税与非关税壁垒，缩短敏感行业准入过渡期，降低或取消相互投资的准入门槛，加强区内基础设施和信息互联互通、跨国金融服务以及产业合作，形成较高水平的区域经济一体化新格局。中国已承诺将与东盟展开以“准入前国民待遇”加“负面清单”模式为基础的投资协定谈判，在未来 3 年提供 3000 万元人民币，支持自贸区框架下的经济技术合作，并与东盟国家推进建设跨境经济合作区和产业园区，在自贸区规则与标准协同、产业对接、中小企业合作等领域加强研究与合作。升级后的中国—东盟自贸区将成为拉动区内经济增长的强大引擎。

（二）中国—东盟双边经贸关系需要注入新动力

中国—东盟自由贸易区建成 5 年多来，双边经贸关系发展到了必须升级和深化的节点：

1. 双方的货物贸易还有进一步降税的空间。目前，中国与东盟 93% 的产品已经实现了零关税。但还有相当数量的敏感产品不包含在内，过去的敏感产品有些已不再敏感，需要重新梳理，“升级版”将减少敏感及高敏感产品清单数量，降低甚至取消这类关税。

2. 中国对东盟的直接投资快速发展需要重新定义自贸区内涵。中国—东盟自贸区的建立，虽然极大地促进了双边贸易关系的发展，但在推动东盟国家形成现实的产能，为其带来就业和产业升级等效用方面还差强人意。随着中国企业“走出去”步伐加快，中国—东盟的投资关系日益发展成为双边经贸关系的主要内容。2012 年，东盟是中国企业在国外投资的第一大市场，非金融类直接投资较上年增长了 52%。并且，中国企业从承包工程为主，开始向投资基础设施建设、水电、通信、矿产等战略性产业转变。面对这些变化，将中国—东盟自贸区定格在货物贸易层面已不合时宜，自贸区需要从单纯的双边货物贸易关系转变为以商品、服务与投资贸易，特别是以投资为基础的综合合作关系。

3. 服务贸易是未来双边经济发展的重点领域。过去 10 年，中国—东盟自贸区基本完成了传统领域的合作，互联互通、金融合作、货币互换等是下一阶段合作的重点。“升级版”是针对扩大互补性做出的新尝试。

（三）提升中国与东盟的双边关系

周边外交是中国外交的首要，东盟又是中国周边外交的重点。近年来，全球政治和经济重心向亚太转移，美国实施“亚太再平衡”战略，东盟的地缘政治地位凸显，成为各方争取和拉拢的对象。中国一贯支持东盟在东亚合作中的主导地位，近来又从多方面加强了对东盟的支持力度，包括：稳步推进大湄公河、泛北部湾等次区域经济合作，支持东盟主导区域全面经济伙伴关系（RCEP）谈判，并进一步提出与东盟建立命运共同体的目标。通过更多的经贸互惠安排，东盟经济与中国经济可更好地融合在一起，形成利益共同体、责任共同体和命运共同体。中国提出建设“21 世纪海上丝绸之路”的倡议主要也是面向东盟，打造中国—东盟自贸区“升级版”是推进“21 世纪海上丝绸之路”的应有之义。

中国与东盟关系的压舱石是经济关系。在整个外部经济环境趋于不稳定，经济下行压力增大的情况下，双方的经济关系仍在继续深化，中国对东盟的重要性日益凸显。中国是亚洲的经济强国，东盟十分重视同中国的关系。虽然东盟 10 个成员国在处理同大国关系问题上各有打算，但是“东盟 10 国建设共同体的决心不变，区域合作将会继续向前推进，东盟会倍加重视与中国的合作关系”。同时，中国通过互联互通和“一带一路”等建设，也在进一步加强双边经济运行的内在合作机制建设。“升级版”是中国—东盟提升双边关系的战略构想，是打造双边关系“钻石十年”的重要举措。中国与东盟经济融合可以更好地提升各自的经济地位，增强亚太在世界格局中的分量和发言权。

（四）有利于推进东亚经济一体化进程

打造中国—东盟自贸区"升级版"是加快推动东亚区域经济一体化进程的战略要求。当前中俄蒙加快了经济战略合作步伐，合作前景广阔；中日韩三国自贸区谈判正在进行中，并共同参与了 RCEP 谈判；东盟在加强自身一体化建设的同时，也积极推进与地区大国的自贸区建设以及 RCEP 谈判。中国—东盟自贸区是东亚地区最早开始建设的自贸区，完善升级该自贸区，不仅是中国和东盟当前经济发展的客观需要，也有利于 RCEP 的建设，有利于加速推进东亚经济一体化进程。

目前正在进行的 RCEP 谈判是以东亚地区为主体的经济合作。中国和东盟是重要的参与方，日本、韩国、澳大利亚、新西兰和印度也是其成员。RCEP 的基础是 5 个东盟 10 + 1 自贸区，即中国—东盟自贸区，日本—东盟自贸区，韩国—东盟自贸区，澳大利亚、新西兰—东盟自贸区和印度—东盟自贸区。当年中国率先与东盟谈判自贸区，带动了这些国家与东盟自贸区的建设。现在，参鉴日本、韩国、澳大利亚、新西兰等国在 RCEP 谈判中提出的一些新标准，并在中国和东盟"升级版"谈判时主动尝试这些新标准，也将为双方在 RCEP 中的谈判奠定良好的基础。在世界主要经济体加快推进区域经济一体化的背景下，打造中国—东盟自贸区"升级版"，能够促进东亚经济一体化与全球区域经济一体化势头同步推进，使东亚在国际经济合作中处于更加主动的地位。

三、"升级版"建设面临的主要问题

尽管中国—东盟商定共同致力于"升级版"的建设，但当前东盟面临的一些实际困难，会影响"升级版"的进度。

（一）东盟优先建设东盟共同体，分散对"升级版"的关注

东盟的目标是在 2015 年建成东盟共同体。东盟经济共同体将建立统一市场，其中包括关税减让、深度自由化和扫除贸易、服务障碍等便利化措施，现大多数均已实现。据越通社报道，马来西亚国际贸易与工业部部长慕斯塔法·穆罕默德透露，目前东盟各国已完成东盟经济共同体建设 84% 的工作量。至 2015 年年底，除了部分例外情况，东盟十国之间都将互撤关税。

但是，剩余的工作是东盟共同体建设中较为困难的。就商品贸易来说，要完全自由化最困难的部门是农业。在消除非关税贸易壁垒、保护知识产权和服务业开放和标准认证等方面，东盟仍有很大的差距。东盟国家间还普遍存在非关税壁垒，如新加坡对来自东盟其他国家的进口大米有严格的"进口许可"要求。除此之外，进一步提高互联互通水平、加强东盟政策执行力以及加大对欠发达成员国支持力度也是东盟推动经济一体化进程中亟须解决的问题。东盟经济共同体未能达成的各项目标将被列入正在制定的《2015 年后续阶段东盟经济展望》。要真正实现经济一体化，将这一地区建成商品、服务、投资、劳动力、资本都能自由流通的单一市场和生产基地，东盟还有很长的路要走。

2015 年是东盟较为繁忙的一年，不仅要专注自身共同体建设，还要牵头完成 RCEP 谈判。并且，东盟国家中有 4 个是 TPP 成员，TPP 谈判正在争取于 2015 年达成协议。在这些宏大目标方面的努力，一定程度上会分散东盟对中国—东盟自贸区"升级版"建设的关注。此外，还有国家认为 RCEP 谈判已在进行，建设"升级版"的必要性不强。

（二）个别国家担心进一步开放会给本国产业带来冲击

中国与部分东盟国家的产业结构较为相似，尤其是在一些劳动力密集的产业上竞争仍然非常激烈。泰国、菲律宾、马来西亚、印尼等国家与中国的出口相似指数都在 0.8 ~ 1 之间（越接近 1，表明贸易结构越趋同）。从贸易商品结构来看，东盟许多国家对中国的出口都集中在机电、矿产品、化工产品等领域，在拓展欧美、日本、韩国等外部发展空间上，东盟许多国家又与中国存在较强的竞争和替代性。

中国对新加坡、印尼、越南等国存在大额贸易顺差。以印尼为例，2014 年中国与印尼的贸易顺差为 145.37 亿美元。印尼国内民族主义思想占上风，有人把自贸协定特别是中国—东盟自贸协定看作是对印尼经济的威胁，认为中国和印尼之间存在不平等交换，抱怨印尼过分依赖少数出口市场和未加工出口产品。对此，印尼近年来采取重要措施进行工业化，目的是鼓励矿工对自然资源进行加工，禁止未加工矿产品的出口，引导国内和国际资本投资于矿产品加工和提炼等下游行业。印尼新政府过多考虑国内的民族情绪，可能给"升级版"建设带来挑战。

其他东盟国家对与中国合作的态度也不一致。中南半岛国家除泰国较为发达外，柬埔寨、老挝、缅甸和越南等国的制造业有大量空白，技术工人缺乏，基础设施落后，有开放的紧迫感，很期待与中国合作。但是，中国在老挝、柬埔寨、缅甸的先行优势正在受到来自东盟其他国家的挑战。

（三）地区经济发展面临的内外不确定性增强

受欧美等主要经济体经济复苏乏力的影响，东盟的经济增速也在放缓，除柬埔寨、老挝、越南等国外，大多数东盟国家经济增长低于预期。经济结构改革压力增大，国内保守主义倾向上升，不利于贸易与投资的进一步自由化。2014 年下半年以来，部分东盟国家政局动荡，政治变数增多势必对经济一体化进程产生影响。持续多年的泰国政坛纷争已在很大程度上影响到泰国经济，特别是旅游业，也削弱了泰国在东盟共同体建设中应发挥的引领作用。2015 年缅甸将举行大选，2016 年越南将会产生新的领导人，这些都会带来新的变数。

2014 年布伦特原油价格下跌了 49%，对东盟国家的经济造成不同程度的影响。泰国、菲律宾及印尼等东盟主要石油进口国节省了大笔开支，但石油净出口国马来西亚却损失严重。马来西亚是亚洲最大的石油和天然气出口国，经济在很大程度上依赖原油、棕榈油和橡胶的出口。原油产业占马来西亚财政收入的 1/3，在原油等大宗商品价格下跌的形势下，马来西亚财政收入大幅缩水，经济前景变得黯淡。受油价持续下跌影响，2014 年第四季度，马来西亚货币林吉特遭遇了亚洲金融危机以来最大的单季跌幅（下跌 6.2%），币值跌至 4 年新低。文莱经济也高度依赖石油和天然气的对外贸易，能源贸易占据文莱国内生产总值的 66% 和出口收入的 93.6%。

2015 年东盟国家的经济增长前景将受制于全球经济不确定性的影响。美国退出量化宽松政策以及国际原油价格下跌对东盟经济增长的双重影响将进一步显现。

（四）来自中国国内的阻力和难度加大

从经济层面看，过去中国与东盟商谈自由贸易区，主要内容是关税减让。但由于当前双方关税已大幅削减，自贸区升级谈判将超越关税议题，向技术性贸易壁垒、卫生与植物卫生措施、原产地规则、海关手续和贸易便利化等更深入议

题拓展。简言之,“升级版”内容正在“升级”,有些新的贸易规则和领域是过去未触及的,新领域的开放必然会遇到新的阻力。此外,由于涉及的部门增多,各部门利益诉求不同,协调谈判的难度也会随之增大。

从政治层面看,中国与东盟谈判一直奉行“多予少取”的原则。过去中国与东盟国家关系顺畅,在谈判中有所让步也“合情合理”,但近年来与东盟个别国家的关系有所恶化,谈判也需要兼顾国内民众的情绪。

四、“升级版”建设的方向

“升级版”是在中国与东盟战略合作伙伴关系不断加强的背景下,为实现各自经济转型升级而提出的重大举措。中国是最大的发展中国家,而东盟是中小国家的结合体,中国与东盟的合作应在互利互惠的基础上,为双方战略伙伴关系找到新的契合点、更多的利益共同点和经济增长点。在东盟将主要精力集中于自身共同体建设的情况下,中国宜主动设计“升级版”的主要内容,兼顾双方利益,引领合作方向。

(一)以投资为主线建设“升级版”,推进与东盟的全方位合作

中国—东盟自贸区已着力解决了贸易开放的问题,“升级版”建设应将重点转移到投资领域来。近年来,中国对外投资飞速发展,2013 年对外直接投资首次突破千亿美元,达 1010 亿美元,成为全球第三大对外投资国。2014 年,中国对外投资实际已超过吸引的外资,成为净对外投资国。

与此相呼应,中国企业“走出去”的意愿和力度也空前加大,投资领域从传统的资源行业向消费性需求产业多元发展。东盟凭借地缘优势成为中国企业“走出去”的首选。据《南洋商报》报道,中国有六成企业计划对外投资首选东南亚地区。产业链不健全和缺乏配套支持降低了中国企业的竞争力。与日韩相比,中国对东盟的投资还有很大的提升空间,产业的深度合作还有待加强。

产业合作将成为中国—东盟经贸合作新的发展方向。“升级版”建设要与各自产业结构的调整升级相结合,形成错位竞争,实现互利共赢。针对东盟地区产业发展水平差异大的现实,要采取差异化的产业合作政策。制定投资领域新的优惠措施延伸产业链,带动中国企业“走出去”,这既是中国发展的需要,也是东盟的需要。东盟不甘心定位于资源型贸易地位,而是希望通过与中国合作,实现自身的经济结构转型和升级。“升级版”建设要兼顾中国和东盟经济转型的双重需求,要把加强中国与东盟产业合作作为推动双方相互投资规模不断扩大和打造“升级版”的重要举措。

未来 10 年,中国对外投资额将高达 1.25 万亿美元,“中国投资”将成为推动全球经济发展的一支可观力量。东盟在电子商务、旅游、房地产、汽车、基础设施建设和“蓝色经济”等六大领域具有引资优势,可凭借其开放的投资环境、宽松的投资政策及人力成本优势吸引更多的中国投资。

(二)借力“一带一路”,突破自贸区升级的瓶颈

“21 世纪海上丝绸之路”和中国—东盟自贸区“升级版”是中国与东盟当前经济合作的重要内容,二者相辅相成,互为支撑。“21 世纪海上丝绸之路”突出“政策沟通、道路联通、贸易畅通、货币流通、民心相通”的合作内核,中国—东盟自贸区“升级版”将在金融、基建、海上渔业等方面促进合作全面升级,二者在目标和方向上有很多一致的地方。东盟国家对“升级版”的主要期待也是这些方面,包括基础设施建设和互联互通、金融服务海洋合作等方面的合作以及来自中国的更多投资。推进中国与东盟在这些领域的合作,不应孤立展开,应作为产业合作的配套,随着产业合作的深入逐渐完善。

中国与东盟建设“升级版”恰逢“一带一路”建设开始实施的重要时刻,可以借力“21 世纪海上丝绸之路”,突破在基础设施、跨国金融服务、海洋合作等方面的瓶颈。

1. 基础设施建设对于促进双方贸易投资起着关键作用。近年来,中国投入大量资金推动与东盟国家的互联互通建设,但由于中国与部分东盟国家间的客货运输协定还不完善,部分区域的物流交通呈现出“通而不畅”的现象,贸易货物运输、人员交往成本仍然较高,成为自贸区升级中亟待突破的瓶颈。

东盟共同体建设中提升互联互通水平是东盟国家的关注重点,东盟为此制定了涵盖基础设施建设、机制构建和人文交流三个层面的《东盟互联互通总体规划》。中国也一直通过各类项目和伙伴关系,积极帮助东盟提升互联互通水平。中国—东盟互联互通合作正朝着机制化方向发展。2012 年 11 月,中国—东盟互联互通合作委员会召开第一次会议,明确了机制及承担的主要工作和目标,标志着双方的互联互通进入一个崭新阶段。在缅甸曼德勒召开的第 13 次中国—东盟交通部长会议上,中国与东盟又商定将在“一带一路”框架下,联合推进铁路、公路、水运、航空等基础设施在建和新建项目,提升中国与东盟全方位互联互通合作水平。2014 年,东亚领导人系列会议将促进中国与东盟基础设施投融资合作作为重要经济议题之一,亚洲基础设施投资银行和丝路基金的设立更是把互联互通的重要性提升到了前所未有的高度。

2. 跨国金融服务能力不足困扰自贸区升级。东盟国家政治、经济发展不平衡,各国间银行金融政策体系、法制建设水平差异较大,已经严重制约中国与东盟之间的经济往来,形成了新的“金融门槛”。此外,东盟国家间还没有健全的外汇合作机制,给金融外汇交易造成更大风险。在中越、中老、中缅边境,每年上百亿元的边境小额贸易基本依靠“地摊银行”形成的汇率进行汇兑,给中国与东盟各国的贸易往来和金融安全埋下了诸多不稳定因素。

当前,中国正下大力气推动银行“走出去”,服务于中国—东盟经济合作的需要。中国倡导发起成立亚洲基础设施投资银行,东盟国家已全部是亚投行的成员,也必将是主要受益方,亚投行将为东盟国家的交通、油气管道、电网、信息网等关键基础设施的建设提供更灵活的资金支持。中国政府新设立了 400 亿美元的“丝路基金”,为包括东盟在内的沿线国家的基础设施建设、产业合作等提供投融资支持。中国已决定启动中国—东盟投资合作基金二期 30 亿美元的募集,中国国家开发银行也将设立 100 亿美元的中国—东盟基础设施专项贷款,贷款将以基础设施合作、能源和自然资源为核心。中国—东盟还连续举办 5 届“中国—东盟金融合作与发展领袖论坛”,为中国—东盟之间的金融合作与货币自由流通奠定了基础截至目前,通过广西、云南等试点地区的中国—东盟跨境贸易人民币结算量累计超过 5000 亿元。人民币已对马来西亚林吉特、新加坡元、泰国铢、菲律宾比索、印尼盾和越南盾实现互换,中国—东盟正朝着扩大本币结算的“去美元化”方向迈进。

3. 海洋合作在中国提出共建"21 世纪海上丝绸之路"之后迎来巨大的发展空间。东盟 10 国中有 9 国临海,中国也是海洋国家,"21 世纪海上丝绸之路"将使中国—东盟自贸区合作向多方面、多层次深化发展,受到东盟国家的普遍欢迎。2015 年是中国—东盟海洋合作年,双方可依托海上丝绸之路商贸物流大通道,大力发展海洋石油、化工、旅游等产业合作,形成海洋产业集群,成为带动双边经济发展的重要引擎。

(三)主动塑造中国—东盟双边关系

东盟主要是中小国家,当前中国快速发展并提出许多区域性的举措和倡议,东盟对中国的意图还不能完全明白和接受。要考虑东盟的承受能力,进行必要的整合和突出重点,并做好增信释疑工作。让东盟明白中国意在履行作为地区大国的责任,为地区提供更多的公共产品,而不是要对东盟进行资源性掠夺。中国最近提出的建立亚投行的倡议,曾引起周边国家对中国的疑虑,有人担心中方会借此破坏地区秩序和国际经济格局,架空已有的国际经济机构。"升级版"建设要打消东盟在此方面的顾虑,使其全心全意与中国共谋发展。要区分已有的地区合作机制和新倡议的功能不给外界造成混乱。"多予少取",进一步调动东盟的积极性,对一些不发达国家,可以提供"早期收获",令其先感受到实惠。注意纠正与一些国家的贸易失衡问题同时兼顾其诉求,一个更加平衡的贸易关系和不断增长的投资局面才符合双方共同利益。

随着美国"亚太再平衡"战略的推进,东南亚成为中美角力的重点地区。美国利用同盟关系加紧在该地区建立战略支点,一些国家处于安全上依靠美国,经济上离不开中国的矛盾地位。经营好与此类个别国家的关系,对地区其他国家有示范意义。

(四)打造好中国—东盟命运共同体的"旗舰"工程

当前中国与东盟已启动"升级版"谈判。"升级版"的定位方面,要立足实际、适应形势变化和需求,打造符合中国—东盟经贸关系特点和现实的自贸区内涵;要在标准和规则方面进行一些尝试,为适应自贸区建设的潮流和中国参加地区性自贸协定谈判探路;同时兼顾东盟国家的多样性以及发展阶段的差异,追求大家都能认可的水平和模式。

"升级版"和 RCEP 谈判都计划于 2015 年年底完成。由于 RCEP 的 16 个成员国的差异较大,很可能在许多敏感问题和新议题上难以达成一致,给中国—东盟的升级谈判预留了空间,双方可以在劳工、就业、环境、知识产权保护、政府采购、竞争政策、国有企业以及产业政策等更高标准的规则上展开磋商并寻求共识。可以预料,"升级版"的谈判难度会超过中国—东盟自贸区的初级阶段。而且,现阶段中国与东盟关系复杂,不像当年谈判自贸区时矛盾小、分歧少,谈判有可能遇到一些难以预料的障碍,需要双方超越分歧,共同推动。

(作者系中国国际问题研究院副研究员,原载《国际问题研究》2015 年第 2 期)

中国—东盟关系:新的启航

徐 步 杨 帆

2015 年 12 月 31 日,东盟正式建成政治安全、经济和社会文化三个共同体。这是东盟发展进程中新的里程碑,也为中国—东盟关系发展掀开新篇章。站在历史新的起点上,中国和东盟应顺应时势,抓住机遇,应对挑战,全面深入推进互利务实合作,打造更加紧密的"中国—东盟命运共同体"。

一、中国—东盟合作成果丰硕

自 1991 年开启对话进程以来,中国和东盟各国携手共进、开拓创新,走出一条睦邻友好、互信互利的合作共赢之路。双方关系定位实现从对话伙伴到战略伙伴的跃升,双向贸易投资额快速增长,各领域务实合作硕果累累。

(一)政治安全合作不断深入

完善对话机制,做好战略筹划。中国同东盟在谋求各自发展中有共同追求,在实现地区和平稳定上有共同利益,在国际和地区事务中有共同语言。自 2003 年中国—东盟建立战略伙伴关系以来,中国高度重视并致力于深化同东盟的睦邻友好合作关系。在东盟的对话伙伴中,中国第一个加入《东南亚友好合作条约》,第一个与东盟建立战略伙伴关系,第一个明确支持《东南亚无核武器区条约》,第一个确定同东盟建立自贸区。双方已建立起一套完整的对话合作体系,包括领导人、部长、高官等各个层次。双方领导人互访频繁,中国领导人出席了历届中国—东盟领导人会议,并在东亚合作领导人系列会议等多边场合定期会晤。双方建立了外交、经济、交通、海关署长、总检察长、青年事务、卫生、电信、新闻、质检、打击跨国犯罪和执法安全合作等部长级会议机制。在高官及工作层面,双方在 20 多个领域建立了合作对话机制。2015 年 11 月,双方达成《落实中国—东盟面向和平与繁荣的战略伙伴关系联合宣言的行动计划(2016 ~ 2020)》,为中国—东盟关系未来 5 年发展规划蓝图。多层级交往及务实合作为双方增进互信提供重要平台,为双方关系健康稳定发展奠定坚实政治基础。

借力安全合作,提升互信水平。近年来,安全合作成为中国与东盟合作应对地区非传统安全威胁的重要内容,双方军事防务交流合作不断拓展,在中国和东盟 10 + 1、东盟地区论坛、东盟防长扩大会、东盟和中日韩 10 + 3 等框架下开展了形式多样的交流活动。2011 年,中国同东盟举行首次防长交流。2015 年,双方首次在华举行中国—东盟防长非正式会晤和中国—东盟执法安全合作部长级对话。自 1997 年起,中国同东盟每两年举行一次打击跨国犯罪部长级会议,双方还签署《关于非传统安全领域合作谅解备忘录》。在此机制下,双方在打击贩毒、非法移民、海盗、恐怖主义、武器走私、洗钱以及国际经济、网络犯罪等跨国犯罪方面密切合作。中国公安部通过举办近百场禁毒执法、刑事技术、海上执法、案例研讨、出入境管理、网络犯罪侦查等培训或研修项目,培训了大批东盟成员国执法官员。2015 年 11 月,在出席第 18 届中国—东盟领导人会议期间,李克强总理建议共同提升安全合作水平,争取早日实现防长非正式会晤机制化和执法安全合作部长级对话机制化,建立中国—东盟防务直通电话,设立中国—东盟执法学院,并建议在未来 5 年为东盟国家执法部门提供 2000 人次培训,同时加强双方在打击跨国犯罪、反恐、灾害管理等非传统安全领域的合作。

管控南海问题,努力妥处分歧。2002 年 11 月,中国同东盟国家签署《南海各方行为宣言》(下称《宣言》),显示双方共同致力于加强睦邻互信伙伴关系,维护南海地区和平与稳定的决心。2011 年 7 月,中国与东盟国家就落实《宣言》后续行动指针达成一致。2012 年,中国与东盟国家两次就"南海行为准则"(下称"准则")问题举行非正式磋商。2013 年,中国与东盟国家正式启动"准则"磋商。2014 年，中国与东盟国家举行多轮落实《宣言》高官会和联合工作组会议，正式通过"准则"磋商第一份共识文件，同意建立中国—东盟国家海上联合搜救热线平台和外交部应对海上紧急事态高官热线平台，作为"准则"磋商的"早期收获"。2015 年 11 月，在第 10 届东亚峰会上，李克强总理提出解决南海问题五点倡议。截至 2015 年 12 月，中国已与东盟国家举行 10 次落实《宣言》高官会和 15 次联合工作组会，达成"准则"磋商第二份共识文件和名人专家小组《职责范围》。目前，双方正根据落实《宣言》第 10 次高官会达成的"重要和复杂问题清单"和"'准则'框架草案要素清单"两份开放性文件继续稳步推进相关工作。

（二）经贸合作蓬勃发展

加强发展战略对接。中国和东盟国家正处于发展建设的关键时期，通过深化双方合作来促进各自发展，符合有关各方共同利益。中国正着手实施经济社会发展第十三个五年规划，将围绕全面建成小康社会的目标，通过实施创新、协调、绿色、开放、共享五大发展新理念，引领未来发展行动。东盟已发布《东盟共同体愿景 2025》及政治、经济和社会文化三个共同体发展蓝图，面临着加快发展、缩小差距、改善民生等紧迫任务。未来 5 年，是中国与东盟及东盟 10 国进一步对接发展战略、提升国家整体发展水平、力争实现 2020 年建成东亚经济共同体目标的难得历史机遇。据统计，2014 年，中国与东盟贸易额为 4804 亿美元，同比增长 8.3%。2015 年 1 ~ 9 月，中国与东盟进出口总额达 3423.78 亿美元，其中中国对东盟出口总额 2035.11 亿美元，进口总额 1388.67 亿美元。中国已连续 7 年成为东盟第一大出口目的地和进口来源地，而东盟目前是中国第二大进口来源地、第三大贸易伙伴和第四大出口市场。截至 2015 年 8 月，中国与东盟累计相互投资超过 1500 亿美元。东盟国家还是中国重要的海外承包工程市场和劳务合作市场。截至 2015 年 9 月底，中国企业累计在东盟国家签订承包工程合同总金额 2227 亿美元，完成营业额 1571.8 亿美元。2015 年 9 月末，在东盟国家工作的中国各类技术劳务人员共有约 16.8 万人。新加坡、马来西亚、老挝、印尼、越南是中国在东盟国家开展承包合作的主要国家。中国支持本国企业到东盟国家开展投资合作，继续推动在东盟国家设立产业、经贸合作区，同时也欢迎东盟国家在中国设立产业园区。中新苏州工业园区、天津生态城等项目，已成为中国和东盟国家经贸合作的典范。

升级自贸区建设。东盟是中国在发展中国家最大的贸易伙伴，也是中国企业实施"走出去"战略的主要地区。中国—东盟自由贸易区是中国对外商谈的第一个自由贸易区。2010 年 1 月，自贸区全面建成，中国与东盟双边贸易额迅速增长。自贸区惠及 19 亿人口，贸易额达 4.5 万亿美元，双方对超过 90% 的产品实行零关税，中国对东盟平均关税从 9.8% 降到 0.1%，东盟 6 个老成员国对中国的平均关税从 12.8% 降到 0.6%。2014 年 9 月，中国—东盟自贸区升级谈判启动。2015 年 11 月，中国—东盟自贸区升级版《议定书》签署。通过对原有协定的完善和提升，为双方经贸关系注入新动力，这将有力推动实现 2020 年双边贸易额达 1 万亿美元的目标。中国和东盟的 GDP 总量近 13 万亿美元，占亚洲 GDP 总量的近 60%。双方贸易、投资和产业合作日益密切，已形成你中有我、我中有你、相互依存的发展格局。中国—东盟自贸区升级展现了发展中国家互利互惠、合作共赢的良好模式。

全面用好中国—东盟博览会平台。2003 年 10 月，温家宝总理在第 7 次中国—东盟领导人会议上倡议，从 2004 年起每年在中国广西南宁举办中国—东盟博览会。这一倡议得到了有关各国领导人的普遍欢迎。博览会由中国商务部、东盟 10 国经贸主管部门及东盟秘书处共同主办，以"促进中国—东盟自由贸易区建设、共享合作与发展机遇"为宗旨，内容涵盖商品、服务贸易和投资合作。博览会已成功举办 12 届，并同期举办中国—东盟商务与投资峰会等系列论坛活动，成为中国—东盟开展全方位经贸合作的重要平台。2015 年中国—东盟博览会以"共建 21 世纪海上丝绸之路——共创海洋合作美好蓝图"为主题，首次举办国际产能合作系列活动，以带动产能和装备制造业合作、技术转移和金融服务等领域合作。随着经济融合不断加深，中国与东盟在农业、信息通信技术、人力资源开发、投资、湄公河流域开发、交通、能源、文化、旅游、公共卫生和环境等 11 个重点领域开展了务实合作。中国支持《东盟互联互通总体规划》的实施，探讨设立中国—东盟互联互通合作中小项目库，使用好 100 亿美元优惠贷款和 100 亿美元中国—东盟基础设施专项贷款。中国政府已设立 30 亿元人民币的中国—东盟海上合作基金，以鼓励与扶持重点合作项目的启动和建设。

（三）人文社会领域合作成果显著

文化交流活动大幅增多。随着中国—东盟战略伙伴关系不断深化，中国和东盟就加强社会文化交流与合作达成多项重要共识和具体规划，开展形式多样的各类活动。2005 年，中国与东盟签署《文化合作谅解备忘录》，确立双方文化合作框架。2012 年，首届中国—东盟文化部长会议在新加坡举行，规划了双方文化合作方向。2014 年，举办"中国—东盟文化交流年"活动，以"同享文化、共创未来"为主题，开展了 20 项优先活动，涵盖文体、影视、旅游、青年等各领域，体现中国与东盟全方位人文交流的特点。同年举办了第 2 届中国—东盟文化部长会议，签署《中国—东盟文化合作行动计划（2014 ~ 2018）》，为未来 5 年的双方文化合作规划方向，标志着双方文化合作交流进入全方位发展阶段。近年来，中国与东盟通过举办研讨会、人员交流、展演展览等多种文化交流活动，极大地促进了双向文化交流，展示了中国和东盟独特和多元的文化，打造出中国—东盟文化论坛等许多辐射面广、有影响力的文化品牌。

教育合作进入新阶段。中国和东盟国家现有互派留学生 18 万人。双方正在积极落实"双十万学生留学计划"，即到 2020 年，双方将实现在对方国家各有 10 万名左右留学生的目标。中国政府决定向东盟国家提供 1.5 万个政府奖学金名额。中方已经举办 8 届"中国—东盟教育交流周"，建立了中国—东盟教育交流平台。中国开设所有东盟成员国的语言专业，在天津国际汉语学院建立中国—东盟汉语和文化教育基地。中国在东盟国家建立了 29 所孔子学院、15 个孔子课堂和中国文化中心。中国政府已建立 10 个中国—东盟教育培训中心，涉及多个行业领域。中国与东盟国家职业教育机构和学术院校间交往不断扩展，在天津大学设立中国—东盟工程技术大学合作与交流网络秘书处，为双方合作与交流提供更多平台。在出席第 18 届中国—东盟领导人会议期间，李克强总理宣布中国与东盟商定将 2016 年确定为"中国—东盟教育交流年”,倡议在此框架下举办第二届教育部长圆桌会。李总理还宣布,将在现有向东盟 10 国提供政府奖学金名额基础上,在未来 3 年新增 1000 个新生名额。

人文领域交流内容更丰富。中国与东盟国家将促进青年、妇女、学者、外交官、智库和媒体间交流作为增进相互了解和信任的重要支撑。东盟在华留学生活动、中国—东盟残疾人论坛、双方媒体互访、东盟驻华大使访谈等多种形式的活动收效明显。旅游也是中国与东盟密切交往的重要领域。2015 年,中国和东盟国家双向旅游有望突破 2000 万人次。中国和东盟国家创新交流途径,提高对方对自身旅游市场的了解,与主要旅游媒体和企业合作开发新的旅游产品,并为旅游从业者举办能力建设研讨会。在出席第 18 届中国—东盟领导人会议期间,李克强总理倡议中国与东盟国家建立旅游部门间交流机制。

绿色发展理念日益受到重视。中国和东盟在水资源治理、气候变化、生物多样性保护、环保技术等方面合作进展良好。2009 年,中国与东盟通过了《中国—东盟环保合作战略(2009 ~2015)》,确定了合作重点领域。2010 年,中国政府批准组建中国—东盟环保合作中心,中心于 2011 年在北京正式启动并通过《中国—东盟环境保护合作行动计划(2011 ~2013)》。根据该计划,中国—东盟环境合作论坛迄今已举行 5 届,就开展环境保护、实现可持续发展进行深入讨论。为共同应对公共卫生方面的挑战,中国和东盟国家建立中国—东盟公共卫生合作基金,在跨境传染病监测、禽流感等问题上加强沟通对话与交流。在出席第 18 届中国—东盟领导人会议期间,李克强总理倡议于 2016 年举办首届中国—东盟卫生合作论坛。

二、深化中国—东盟合作面临新的机遇和挑战

经过 25 年持续对话与深入合作,中国与东盟积累了厚实的政治互信基础。中国始终坚持睦邻、安邻、富邻的周边外交方针,尊重东盟各国自主选择的发展道路和价值观,支持东盟按照自己的方式处理纷争,反对外部势力干涉东盟内部事务。东盟国家奉行一个中国政策,支持中国和平统一,在涉及中国主权等重大原则问题上照顾中方关切。在恪守互相尊重、互不干涉内政原则的基础上,双方的政治和战略互信不断提升。中国与东盟业已建立的多层面、全领域、完善的对话合作机制,大大促进双方的相互了解和相互信任,为中国—东盟关系的整体健康发展打下坚实基础,提供可靠保障。在南海等敏感问题上,中国倡导与当事各方通过直接协商和谈判和平解决争端,并倡导在争议解决前由相关方共同开发。目前,中国与东盟国家正致力于全面有效落实《宣言》及稳步推进“准则”磋商。在各方的共同努力下,“准则”磋商已取得积极进展,各方同意在协商一致基础上早日达成“准则”,并就“早期收获”达成重要共识。这些努力和成果显示了双方以友好谈判协商方式解决敏感争议问题的信心和决心。

“一带一路”倡议及国际产能合作为双方经贸合作注入新的活力。中国与东盟国家地理相近,经贸往来密切,制造工业领域互补性强,具备产能合作的良好基础。中国是工业大国,220 多项工业产品产量居世界第一,在产能领域有装备、技术、施工、资金、管理经验等优势。东盟国家正在积极推进工业化和城镇化,对引进设备、技术、资金有迫切需求。中方可与东盟在电力、工程机械、建材、通信等更多领域开展国际产能合作。东盟是中国落实“一带一路”倡议的重点和优先方向。在互联互通方面,东盟国家需要进一步提升基础设施建设和互联互通水平。中国倡议建立的亚洲基础设施投资银行、丝路基金等机制将为东盟国家互联互通建设提供长期、低成本融资服务。这将充分发挥金融对基础设施建设、产能合作的关键支持作用。双方在“一带一路”框架下促进双方产能合作,有利于中国优势产能转移,也有利于东盟国家加快工业化进程,提升东盟产业在全球的竞争力。

东盟共同体建成及中国—东盟自贸区升级版为实现双方经贸融通增添助力。东盟共同体将助推东盟国家政治、经济、人文一体化程度进一步提升,有利于形成一个人口总量达 6 亿、经济总量达 2 万亿美元的具有竞争力、区域经济高度融合的单一市场和生产基地。东盟经济共同体将促进域内货物贸易、服务贸易、资本和人员的自由流动,东盟经济增长有望换挡提速。根据 2015 年 11 月东盟发布的投资报告,东盟吸引外资总额连续 3 年实现增长,成为发展中国家和地区最大的外资投资目的地,也为中国—东盟经贸关系发展创造新机遇。从区域经济一体化的角度看,东盟经济共同体的建成有利于提升东盟内部市场的一体化水平,将进一步推动区域全面经济伙伴关系协定(RCEP)的谈判过程。2015 年 11 月,中国与东盟签署的自贸区升级版《议定书》涵盖货物贸易、服务贸易、投资、经济技术合作等领域,体现双方深化和拓展经贸合作关系的共同愿望和现实需求,中国和东盟之间的经贸投资及技术合作将进一步得到提升。

不断扩大的民间交往构筑起双方民心相通的重要桥梁。深化民间交往是中国和东盟的共同意愿,双方对开展社会文化领域合作态度积极。教育、文化、公共卫生、环境保护等民间交往议程与普通民众切身利益密切相关,是培育中国与东盟世代友好的重要途径。以人为本、福祉共享、包容和谐是东盟社会文化共同体的基本特征和构成要素,根据《东盟共同体愿景 2025》,社会文化共同体将是东盟未来 10 年的建设重点,这将为中国—东盟进一步深化社会文化合作营造新契机。

与此同时,中国与东盟国家深化合作仍面临着一些复杂因素,需予以妥善应对。

一是东盟一体化进程仍然任重道远。东盟领导人在各种场合多次强调,共同体的建设是进行时,不是完成时,宣布建成共同体后,东盟仍有很多工作待完成。东盟各国政治社会体制、发展阶段等不尽相同。如何缩小成员国间最大相差逾 50 倍的经济和收入差距,是东盟一体化进程所面临的最大问题。东盟奉行不干涉内政、协商一致、照顾各方舒适度等原则,在推进一体化进程中存在执行力和有效监管不足等问题。一些东盟国家正在经历经济社会转型,国内政治局势复杂动荡,政治人物不得不更多关注国内问题,难以集中精力推进区域一体化。印尼科学院一项民调显示,印尼约 80% 的民众不了解东盟经济共同体将对本国经济会产生何种影响。很显然,东盟共同体的利好消息远未真正释放,这将制约中国与东盟的务实合作。

二是区域贸易自由化不同速推进带来复杂影响。2015 年 10 月,《跨太平洋伙伴关系协定》(TPP)结束实质性谈判,协定内容涉及成员间投资、服务、电子商务、政府采购、知识产权、劳工、环境等领域更高水平的相互开放。TPP 协定成员国 GDP 总计占全球经济约 40%,协定实施将对全球经济贸易产生重大影响。与此同时,RCEP 谈判也取得积极进展,有

望于2016年达成一致。谈成后的RCEP将成为世界上涵盖人口最多、成员构成最多元、经济发展水平差异最大、发展最具活力的自贸区。东盟10国均为RCEP的谈判方，其中又有4国同时是TPP谈判成员国，印尼、泰国等近期也表达了加入TPP的意愿。本地区不同自由贸易安排加速推进，在给本区域带来贸易和投资便利化的同时，也给区域原有的经贸安排包括中国—东盟自贸区及东盟经济共同体建设带来复杂影响。东盟各国不得不平衡TPP和RCEP间的关系，这分散各国建设经济共同体的注意力，对中国和东盟着力推进的中国—东盟自贸区升级版及中国—东盟经贸关系也带来不确定影响。

三是域外大国加大介入对本地区政治安全合作的冲击上升。东盟奉行大国平衡政策，已与中国、日本、韩国、美国、俄罗斯、印度、澳大利亚、新西兰、加拿大、欧盟共10个国家或组织建立对话伙伴关系。域内外大国在给东盟带来合作机遇的同时，也对东盟维持其对东亚合作进程的主导地位带来挑战。自2009年高调宣称"重返亚洲"以来，美国不断加大对本地区的政治、军事和经济投入，不断增强其对东亚合作进程的影响力。美国突出政治及安全议题，竭力操控东亚对话合作进程。由于美国大肆煽动蛊惑，少数域内国家又着眼于一己私利，东亚以发展经济为核心的合作进程已在相当程度上受到干扰。有学者认为，数量众多的对话伙伴国正逐渐把东盟变成另一个交锋和斗争的平台，东盟主导和东盟中心在实践中正逐渐变成东盟协调和大国平衡。中国致力于同东盟聚焦经济发展与务实合作，但已明显受到域外大国及域内一些国家的干扰。可以说，东盟力求平衡与其他对话伙伴国的关系，甚至谋求以一方牵制另一方，使东亚合作的势头受到损害。

四是个别地区国家炒热南海问题，人为抬高了地区安全紧张局势。一些东南亚国家急于推动南海争议的多边化、国际化，甚至试图使之成为东盟会议及东亚合作领导人系列会议的焦点问题。中国政府一直强调："南海问题只是中国与部分东盟国家之间的问题，不是中国与东盟之间的问题；只是中国与东盟国家合作当中的一个局部问题，不是中国与东盟关系的全部。"但由于少数东盟国家在某些域外大国的支持下肆意炒作挑事，南海问题已经对中国—东盟关系产生不良的溢出效应。个别国家滥用东盟协商一致等原则，不时阻挠中国与东盟的具体合作，成为中国—东盟关系健康发展的破坏性因素。

三、对进一步发展中国—东盟关系的建议

2016年既是东盟共同体建成后的第一年，又是中国—东盟建立对话关系25周年，也是中国—东盟教育交流年。在这样一个具有重要意义的年份，中国和东盟应携起手来，密切合作，全力推动中国—东盟关系换挡提速，使之不断取得新进展。

第一，继续提升政治安全互信。政治安全互信是巩固和深化双方合作的重要基石。随着美国推进"亚太再平衡"战略以及日本等国对本区域介入加大，南海问题变得更加复杂难解，对中国—东盟关系造成负面影响，从而影响中国和东盟的区域合作。在这样的背景下，继续增强政治安全互信变得尤为重要。中国应努力增强东盟国家对中国周边睦邻友好政策的认识和理解，继续推进"中国—东盟国家睦邻友好合作条约"的商签进程，为双方关系提供法律和制度保障。对南海等敏感问题，中国与东盟国家应推进落实《宣言》和"准则"磋商，妥善管控分歧，推动务实合作，共同维护南海的和平稳定。

第二，切实加强发展战略对接。《东盟共同体愿景2025》及政治、经济、社会文化三大共同体发展蓝图等纲领性文件全面规划了东盟的发展方向。中国应更好地将建设"21世纪海上丝绸之路"倡议，同东南亚各国及东盟整体发展战略对接起来，依托中国—东盟"2+7"合作框架，尽快落地"早期收获"项目，对中国—东盟合作产生带动和辐射效应。2016年，东盟将修订《东盟互联互通总体规划》，而中国已在东盟合作框架下提出制定《东亚互联互通总体规划》，两者完全可互为促进补充，有效形成合力，推动区域互联互通水平迈上新台阶。

第三，深入挖掘产能合作潜力。东盟是中国优势产能"走出去"的优先承接地。中国同东盟开展国际产能合作既服务于中国国内经济转型升级，也契合东盟国家发展需要，有利于把东盟后发优势转化为经济增长的动力。双方应继续以综合产业园区等为抓手和平台推进中国—东盟产能合作，找准机会集中建设一批装备制造、矿业冶金、通信科技等产业园。中国的铁路、通信、核电、水泥、平板玻璃等产业技术和装备先进，具有国际竞争力，在东盟市场上可以大有作为。

第四，充分发挥次区域合作优势。中国倡导成立的澜沧江—湄公河合作机制是中国同东盟有关国家进行次区域合作的新机制。它有利于发挥有关国家区位及互补优势，是对中国—东盟整体合作的有益补充与拓展。有关国家将在2016年举行首次领导人会议，有关方应尽快将相关合作理念落到实处，打造中国—东盟合作新亮点。同时要进一步落实好《大湄公河次区域经济走廊战略行动计划》，继续推进泛北部湾经济合作、中国—东盟东部增长区等次区域框架下务实的贸易投资合作。

第五，不断丰富人文交流内涵。筹划好2016年"中国—东盟教育交流年"各项活动，深化中国与东盟教育交流合作。稳步推进"双十万学生留学计划"，加强智库和学者间交流，搭建中国—东盟科研合作平台，推进成立中国—东盟海洋学院。进一步发挥中国—东盟社会文化主管部门引领作用，推出贴近中国—东盟关系发展实际情况的务实合作项目。进一步发挥中国—东盟青年联谊会、中国—东盟青年营、中国—东盟青年事务部长会议等机制作用，扩大面向双方青少年的文化交流活动。

2013年10月，国家主席习近平在印度尼西亚国会发表题为《携手建设中国—东盟命运共同体》的重要演讲，全面阐述中国对东盟政策，明确了中国—东盟关系长远发展目标，首次提出中国愿同东盟国家共建"21世纪海上丝绸之路"。同月，国务院总理李克强在出席第16次中国—东盟领导人会议时，提出包含"深化战略互信、聚焦经济发展"这两点政治共识和政治、经贸、互联互通、金融、海上、安全、人文7个重点合作领域的中国—东盟合作框架。"海丝"倡议与"2+7"合作框架是新形势下中国—东盟关系的主轴，勾画了中国—东盟合作向前迈进的蓝图。面对中国—东盟合作的新机遇和新挑战，双方应牢牢把握中国和东盟合作共赢的大方向，不断将中国—东盟合作做深走实。

（作者徐步系中国驻东盟大使，杨帆系武汉大学中国边界与海洋研究院助理研究员，原载《国际问题研究》2016年第1期）

从东盟自由贸易区到东盟经济共同体：东盟经济一体化再认识

周玉渊

从20世纪90年代开始，随着欧洲一体化的加速、北美自由贸易区的建立以及中国、印度等周边大国经济的快速发展，东南亚国家的经济面临着严峻的外部压力。在这一背景下，东盟的重心逐渐从早期的政治安全合作转向区域经济合作。1992年，东盟国家签署东盟自由贸易区协定(AFTA)，这是东盟一体化进程中的一个标志性事件，一方面这一协定使东盟的合作开始呈现出一定的约束力特征，另一方面则开启了东盟功能性合作的序幕。在1997年吉隆坡峰会上，东盟通过了《东盟展望2020》，声明将东盟建设成为一个稳定、繁荣和富有竞争力的地区，实现经济的均衡发展、削减贫困和社会经济差异。2003年巴厘峰会上，东盟通过《巴厘第二宣言》，提出在2020年之前建立东盟共同体的目标。2006年，在吉隆坡召开的东盟经济部长会议上，东盟国家主张将东盟经济共同体的实现目标提前至2015年，并尽快制定《东盟经济共同体蓝图》。在2007年第12届东盟峰会上，东盟制定了《东盟经济共同体蓝图》，东盟经济共同体的目标是要把东盟建设成为一个商品、服务、投资、技术工人和资本自由流动的地区。建成后的东盟经济共同体将具备以下特征：一是单一市场和生产基地；二是经济上有竞争力的地区；三是经济平衡发展的地区；四是完全融入全球经济的地区。2009年3月，东盟出台《东盟共同体路线图宣言》，同意加速实现东盟经济共同体。2011年，东盟通过《全球国家共同体中的东盟共同体巴厘宣言》，2012年4月通过《东盟共同体建设金边议程》，2013年通过《东盟共同体2015展望的斯里巴加湾宣言》，2014年通过《2015年实现东盟共同体的内比都宣言》。由此而言，东盟经济共同体已经成为东盟经济一体化的核心目标和手段。

当今的东盟被认为是欧盟之外最成功的地区组织。2015年建立东盟经济共同体的目标更让外界充满期待，然而各种问题也随之而来。关注度最高的是2015年东盟能否实现东盟经济共同体的目标？其次还包括其他一系列问题，如东盟经济共同体对东盟一体化和成员国经济有何影响？能否推动东盟地区治理功能发生实质性变化？能否推动东盟实现类似欧盟的政治一体化进程？东盟经济共同体面临着什么样的问题和挑战？本文通过对这些问题的思考，试图通过梳理东盟经济职能的转型和决策的实践水平来认识和反思东盟的经济一体化进程。

一、东盟经济一体化决策的理论解释

在相当长的时间内，由于对主权的敏感，东盟国家对一体化一直比较谨慎。即使在东盟经济共同体目标提出后，东盟也表示东盟的一体化不是要效仿欧盟模式。虽然东盟在发展过程中一直面临着各种质疑，但是经过几十年的发展，东盟已经向世界提供了另一种相对成功的地区主义模式。当前，东南亚经济的快速发展使东盟研究再次兴起，与早期对“东南亚奇迹”的研究不同，当前的研究更多关注东南亚经济的体系特征，即研究东盟作为经济合作和一体化进程的倡导者和推动者的作用。作为主要由政府推动的经济一体化模式，东盟的经济决策以及相应的制度保障发挥着核心作用。因此，理清东盟经济决策转型和发展的原因是理解东盟经济共同体实践后果的重要前提。冷战后，东盟经济转型主要有两种理论解释：现实主义和政治经济学。

(一)现实主义的解释

现实主义的基本论断是，东盟经济一体化，包括东盟自由贸易区和东盟经济共同体的重大经济决策，是东南亚国家对国际和区域经济格局现实的反应。在政治层面，一方面，东盟希望通过新的倡议和计划如东盟自由贸易区为成员国提供新的政治目标和合作抓手，巩固对东盟的认同，另一方面，由于东盟国家间的分歧，东盟在亚太经济合作组织(APEC)中有被边缘化的危险，因此东盟国家更需要新的合作倡议来提升东盟的凝聚力和相关性。在经济层面，东南亚国家的经济对外依存度很高，区域内相互依存度却很低。冷战结束后，国际政治和经济格局发生了重大变化，欧洲和北美区域一体化的加速，东欧、拉美、海湾国家以及苏联的前加盟共和国等转移和降低了欧美大国对东南亚的重视程度，对东盟经济构成了重大的挑战。东盟自由贸易区正是为应对这一现实而提出的。保罗·鲍尔斯指出，“东盟决定建立东盟自由贸易区和转向经济共同体建设根源于东盟对资本和投资竞争力的担心”。虽然东盟自由贸易区在促进区内贸易上的作用其实非常有限，但海伦·奈瑟杜雷认为，区域贸易自由化举措能够成为应对20世纪90年代外来直接投资不断降低问题的有效工具。“东盟自由贸易区是东盟试图通过单一市场的‘胡萝卜’来吸引外资的重要工具”。而威廉·琼斯则将东盟经济转型的原因归结于冷战后复杂的经济环境，认为这是由对出口市场、外来投资以及维持东盟作为一个地区组织的相关性的需要推动的。简单而言，东盟自由贸易区是东南亚国家对冷战后面临的外部经济挑战的反应，而东盟经济共同体很大程度上则是对1997年东南亚金融危机的反应。东南亚金融危机暴露了东盟经济治理的脆弱性，但同时又为地区合作带来了重要机遇。东盟一方面迫切需要通过提出新的倡议和合作举措来提升自身的相关性和经济治理的能力，另一方面，更能体现其经济现实主义特征的是，东盟与被其视为重要地区竞争者的中国开始加强合作。东盟经济共同体正是在这一背景下诞生的。“全球化带来的挑战、东南亚金融危机后的缓慢恢复、中国和印度的快速崛起促使东盟决定建立东盟经济共同体来应对这些挑战。”综上，东盟重大的经济决策很大程度上是东盟国家试图通过合作来应对外部挑战和压力的反应。然而，自身的实力和经济模式又决定了东盟的区域经济合作不是要推动保护主义，相反，是将其作为一个加强与外部国家合作的跳板，最终服务于本地区的经济战略和国家发展。

(二)政治经济学的解释

现实主义给出的是一种结构层面的解释，其关注的是外部和顶层(政府)因素。相比之下，市场自由化和民主化等内部和底层因素则是政治经济学关注的重点。政治经济学也承认外部因素和压力在推动东盟决策上的作用，但他们强调国内层面的因素尤其是商业利益集团才是决定国家间合作动力增强并最终决定了区域经济合作形式的重要因素。理查德·斯塔布斯认为，从20世纪80年代末开始，“东南亚主要国家经历着从经济民族主义向自由开放主义的转变，这是导致东盟决定建立东盟自由贸易区并能够取得进展的关键因素”。海伦·奈瑟杜雷也认为，东盟自由贸易区是东南亚国家自由开放主义胜出经济民族主义的结果，但同时他指出，东盟自由贸易区在开始的3年内停滞不前的原因是经济民族主义依然非常强盛。因此，东南亚国家内部不同利益集团间的博弈才是真正影响东盟国家间互动和东盟决策形成的要因。在东盟自由贸易区的建设上，最初东盟国家存在三种不同的意见：一是泰国提出的东盟自由贸易区，新加坡对此积极支持；二是印尼起初对自由贸易区比较谨慎，包括在东盟自由贸易区的完成时间上印尼也提出了自己的关切和主张；三是马来西亚提出的东亚经济组织则是主张建立一个集团性质的地区合作组织。这种利益和认知分歧塑造着东盟国家对东盟自由贸易区和东盟经济共同体的不同考虑。如奈瑟杜雷就认为，马来西亚最终支持自由贸易区并不是以真正的地区自由贸易为目的，而是将其视为培育本国企业的发展工具。

上述解释从不同维度和视角即全球化和国内政治角度来理解东盟的经济决策，即世界和地区政治经济格局很大程度上塑造着东盟经济一体化的方向，而东南亚国家自身的经济形态和利益诉求则决定着东盟经济决策的本质和形式。简言之，前者决定了东盟必须加强经济一体化合作，后者则决定东盟如何进行合作。

二、东盟经济职能的转型

从东盟自由贸易区的提出，到东盟经济共同体的提出，东盟外部和内部环境的变化推动着东盟作为一个经济组织也发生了重大的变化。首先，东盟政策的政治色彩逐渐淡化，开始回归到经济议题本身。其次，东盟正在从早期的经济工具发展到构建复合经济共同体阶段。再次，机制化合作正在成为区域经济合作的新常态。最后，东盟从本地区合作的推动者发展成为东亚经济合作的推动者，成为联接东亚大国、构建地区经济合作网络的重要结点。

（一）作为一个成功的经济组织的东盟

从东盟成立到东南亚金融危机的30年间，东盟更多地被视为一个政治安全组织。东盟自由贸易区的设想在初期也更多地被解读为冷战结束后东盟维持自身相关性的需要。然而，1997年东南亚金融危机的爆发极大地推动东盟向经济组织转型的进程。一方面，东盟在金融危机中的低效促使东盟国家意识到加强东盟的经济职能刻不容缓。1997年12月，正是危机最严重时候，东盟领导人通过了《东盟2020展望》，呼吁东盟国家间加强合作，相互支援的共同体。金融危机后，东盟国家间经济合作的意愿和制度建设，尤其是金融一体化进程开始明显增强和推进。1999年，东盟在东盟秘书处设立东盟预警进程机构，后来扩大为宏观经济与金融预警办公室，并于2003年制定了《东盟货币与金融一体化路线图》。2001年，东盟领导人峰会得以机制化。另一方面，东盟从之前加强内部合作来应对和防范其他经济体转向开放的地区主义，注重加强与周边国家尤其是大国的合作。金融危机加速了东盟作为一个经济组织的转型，而2007年《东盟宪章》的出台以及随后《东盟经济共同体蓝图》的制定和实施则促使东盟正在成为一个成功的经济组织。在东盟层面，东盟国家通过越来越制度化的框架和功能性合作项目将差异化显著的东南亚各国联系起来，这一成功的地区主义范式已经得到了国际社会的广泛认可。而且，制度化的合作安排正促使东盟从一个“共识型”的合作组织发展成为一个“一体化灵活推进”的组织。在东亚层面，东盟通过各种地区间合作安排确立了其在各类型机制中的“中心”地位，很大程度地塑造着东亚地区的一体化进程。

（二）地区经济合作机制更加完备

表1　东盟自由贸易区与东盟经济共同体比较

东盟经济决策		东盟自由贸易区	东盟经济共同体
决策环境	外部因素	80年代经济衰退；地区一体化引发的贸易保护主义；国际社会的支持；投资流向中国、印度	东南亚金融危机；IMF等国际金融机构药方的失效；双边自由贸易协定的影响；中国、印度等竞争压力
	内部因素	进口替代战略转向出口导向；民主化进程；合作收益预期；地区事务领导权（泰国、印度尼西亚）	市场自由化逐渐占据上风；私有行业诉求增强；地区政策攸关方扩大（利益集团、企业、公民社会、智库）
	东盟因素	东盟方式；东盟扩大；政治精英倡议（泰国、新加坡）；东盟相关性	东盟方式；经济合作惯性；东盟相关性
决策机制	决策机构	东盟峰会；东盟经济部长会议（AEM）	东盟峰会；东盟经济部长会议
	决策方式	共识	共识
	机制保障	东盟贸易争端解决机制；WTO贸易争端解决机制	东盟－X
决策执行	主要目标	政治层面：东盟认同与相关性； 经济层面：吸引投资；经济发展工具	单一市场和制造业基地；有竞争力的地区；均衡发展的地区；与世界经济充分关联的地区
	工具保障	AFTA－CEPT	《东盟商品贸易协定》《东盟综合投资协定》《东盟服务业框架协定》《东盟矿业合作行动计划》《东盟单一空运市场协定》《东盟区域互联互通计划》《东盟一体化倡议行动计划》等
	完成年限	原东盟6国（2010），新成员国（2015）	2015年
	执行情况	2010年1月，原东盟6国所有CEPT减税清单中的商品已经取消关税；新东盟四国（CLMV）降低到0～5%	2008～2011年政策平均执行率为67.5%（东盟记分卡）。主要问题：服务自由化、贸易便利化、技术人员自由流动

地区经济合作工具的逐渐增加反映了东盟一体化的进展。东盟自由贸易区最初主要关注关税减免，主要机制是《共同有效优惠关税协定》(CEPT)，而在东盟经济共同体目标的驱使下，东盟在贸易和投资便利化、人员自由流动、金融一体化、互联互通、东盟竞争力和海事合作等诸多领域开始进行实质性的合作。较之东盟经济共同体早期合作工具的单一性，当前的合作工具更加复合多元。

东盟自由贸易区原计划从1993年1月1日起的15年内建成，1994年东盟经济部长会议决定将自由贸易区建成时间缩短为10年即到2003年建成。根据东盟自由贸易区的主要机制《共同有效优惠关税协定》，东盟自由贸易区建成后，东盟内部的关税必须降低到5%以下，东盟新成员国最晚则可以推迟到2008年。1998年12月东盟第6次首脑会议又将原东盟6国的自由贸易区启动时间提前一年。1999年11月在马尼拉召开的第3次东盟首脑非正式会议上，东盟领导人同意将原东盟6国实现零关税的时间从2015年提前到2010年，新成员国则从2018年提前到2015年。2003年1月，在《CEPT－AFTA 消除进口关税协定的修改框架》签署后，原东盟6国同意取消清单中60%商品的关税，在《共同有效优惠关税协定》框架下，原东盟6国的平均关税从1993年的12.76%已经降到了1.51%，东盟自由贸易区事实上已经建成了。

与东盟自由贸易区相比，2007年《东盟经济共同体蓝图》的制定标志着东盟地区经济合作进入全面发展阶段，其中重要的标志是地区经济协定和法律的完善。2009年，为了实现建立单一市场和生产基地的目标，东盟国家签订了《东盟商品贸易协定》(ATIGA)，该协定于2010年生效并取代了《东盟自由贸易区—共同有效优惠关税协定》，成为东盟在经贸合作领域一份重要的法律文本。在投资、服务业、交通和矿业合作等核心领域，东盟也制定了合作协定和行动计划(见表1)。经济协定和相关法律一方面是经济合作深化的需要，另一方面则为经济一体化进程提供了法律和制度保障。20世纪90年代之前，东盟国家间很少签订经济协定，而且签署的经济协定要么没有实施，要么因为成员国的不遵守而沦为一纸空文。90年代之后，签订的经济协定数量开始增加。而经济协定的密集签订则是在2000年之后。目前，东盟国家共签署了184份经济协定，其中137份(74.5%)已经生效。绝大多数签署并生效的协定属于第一支柱(即单一市场和生产基地)。在这些协定中，2000年以后签订的有108项，80年代之前只有33项。这些经济协定涵盖了几乎所有行业和领域，标志着东盟经济决策范围的扩大和经济治理能力的提升。与政治安全协定相比，更容易看出90年代以来东盟经济职能的转型(表2)。总体而言，与东盟早期的经济合作相比，东盟经济共同体时期东盟国家的经济合作更加立体和全面、内容更加务实具体，国家间互动的层次、涉及的部门、行业和人员更加多元，这些复合多元的经济合作工具为东盟经济共同体的推进提供了重要保障。

表2　　东盟经济和政治安全协定数　　单位：个

类型	~70年代	80年代	90年代	2000年以后	总计
经济	4	29	26	108	167
政治安全	5	6	5	14	30

(三)东盟经济决策的开放程度有所增强

东盟经济一体化的一个重要结果是越来越多的非政府行为体被纳入东盟经济决策进程中。东盟早期的经济决策很大程度上是出于维持东盟相关性的政治目的，是东盟领导精英决策的产物。然而，随着各种经济合作政策的制定以及经济互动程度的加深，利益集团、学界和智库、非政府组织、企业乃至个人与东盟经济一体化的关系也逐步增强，这些行为体通过不同途径参与并试图影响东盟经济决策的制定和执行。

私有企业被视为是东盟经济一体化的发动机。“虽然制定地区一体化政策框架的是东盟政府，但一体化只能通过东盟企业家的决定和行动才能实现。”然而，在东盟的经济一体化决策中，私有企业尤其是中小企业的声音和利益很大程度上并没有受到重视。一方面，各成员国国有企业主导着国家的地区经济一体化政策，这往往导致国家保护主义。如马来西亚和印度尼西亚对敏感产业的补贴和进口配额限制等保护国内产业的措施；菲律宾虽然降低了关税，但却通过更高的技术障碍等非关税性障碍来保护本国产业；老挝和柬埔寨通过海关部门、不同机构、标准和程序对贸易进行保护。另一方面，私有企业对东盟经济一体化的态度也相当尴尬。东盟独特的运作模式即“先决定再讨论”等于一开始就将私有企业排除在外。在后期的谈判过程中，东盟国家政府又缺乏有效意愿和机制保障私有企业参与这一过程，这又给私有企业参与东盟一体化进程带来了很大的障碍，“尽管有些私有企业者认为东盟经济共同体能给自己带来收益，但更多的则持谨慎和批评的态度”。更尴尬的是，大多数东盟国家的中小企业对东盟协定的认知水平非常低。高昂的管理成本、较低的优惠幅度、复杂的原产地规则、经济结构的同质性又导致东盟国家很少会利用东盟自由贸易区的关税优惠政策。比较而言，新加坡的中小企业对东盟一体化持积极态度，马来西亚、泰国和菲律宾的大型企业能较好地理解东盟的相关政策，所以对一体化的态度更加正面。相比之下，相对落后的柬埔寨和越南更关心国内问题，对东盟地区政策和法律的批准和国内化进程比较缓慢。目前，“东盟私有企业对东盟经济一体化的认识程度还非常低，而且也缺乏相关机制来促进东盟商界和公共部门更好地理解东盟的经济问题”。

自2007年《东盟宪章》制定以来，东盟通过东盟人民大会、东盟公民社会大会和东盟人民论坛等平台建立了与东盟公民社会的机制联系。这些机制平台通过自身声明和与东盟的对话机制来参与和影响地区经济的发展。东盟经济一体化的一个重要目标是实现以人为中心的发展，东盟的一体化进程是否促进了地区内人民福祉的改善，这是东盟公民社会关注的核心议题。以此为核心，东盟公民社会还关心移民劳工、贸易问题、采掘业、环境、气候变化和气候正义、农业、信贷和微金融等诸多问题，这些问题与东盟经济共同体建设关注的议题高度一致。然而，现实中，东盟公民社会参与并影响东盟事务的能力依然受到严重限制。其中一个重要的原因是东盟公民社会认为，经济发展很大程度上意味着对人和自然的破坏，这与东盟经济共同体目标下东盟国家现行的经济政策和主张相冲突。例如，东盟内的一些公民社会组织如贸易替代组织就担心东盟现行的贸易和投资政策对地区人民和社会产生不利的影响。“公民社会应该研究并仔细审查东盟的贸易协定，并加强与政治领导人的对话来纠正不公平的贸易政策。地区内的公民社会有责任提升与政策制定者互动的能力,因为东盟经济政策最终影响的是我们的生活。"为此,贸易替代组织指出,东盟的贸易政策制定应该更加开放包容,应该更多地听取公民社会组织的声音,应该为东盟政策的制定提供最大化的讨论空间,即在国家和地区层面,通过对话等形式允许更多的利益相关方参与其中,应该实行更加有效的机制来规范商业实践活动。

智库是东盟经济一体化的重要参与者。与公民社会的批评式参与不同,智库对东盟经济事务的参与更多的是建设性的。东盟的智库在影响东盟法律和政策文件的制定上发挥着非常重要的作用。2003 年《巴厘第二宣言》提出建立东盟经济共同体的目标后,在第二轨道外交层面,东盟的智库如东盟国际战略研究所、新加坡东南亚研究所以及印尼战略与国际问题研究中心在东盟经济共同体和东盟政治安全共同体建设方面都提供了建议。新加坡东南亚研究所围绕东盟经济共同体出版或发表了大量的著作和论文,如《实现东盟经济共同体:综合评估》《实现 2015 东盟经济共同体目标:成员国及商业部门面临的挑战》《东盟经济共同体记分卡:成效与认知》《东盟经济共同体:工作进展》和《东盟 2030:致力于建设一个无国界的经济共同体》等。这些研究分析和评估了东盟经济共同体建设中的各种问题,并提出了相应的政策建议。例如,东盟经济共同体记分卡已成为东盟秘书处以及东盟国家认识和反思共同体政策和执行的重要参考。

(四)东盟在东亚地区经济合作中"中心"地位的建立

东盟经济职能转型的另外一个重要成果是东盟作为一个经济组织在东亚乃至全球的重要性增强。具体表现在三个方面:一是东盟国家自身经济的较快增长,东盟作为一个整体的活力明显增强。自 2005 年以来,东盟国家经济的增长率总体维持在 5% 以上,贸易额在 1993 ~ 2013 年间从 4300 亿美元增长到 25000 亿美元,而区内贸易额从 820 亿美元增长到 6090 亿美元,增长 7 倍。2000 ~ 2013 年是东盟吸引外资最好的一段时期,其中地区内投资年增长率达到 25%,外部投资为 13%。2013 年东盟吸引外部投资达到 1220 亿美元,比 1995 年增加近 5 倍。与 1997 年金融危机相比,东盟国家很快从 2008 年的金融危机中恢复,这反映当前东盟经济抵御风险能力的提升。二是东盟在地区经济合作安排中的中心或纽带优势。目前在东亚地区存在着由美国推动的跨太平洋伙伴关系协议(TPP),中国倡议的亚太自贸区(FTA-AP)、中日韩自贸区以及各种双边自贸区谈判。这些自贸区倡议和实践对东盟而言是重要的外部压力。为了增强东盟的话语权、降低投资转移的风险、避免被边缘化,东盟必须加快自身的一体化建设,充分利用自身的集体优势,建立东盟在东亚一体化中的中心地位。事实上,在 2010 年 TPP 进入谈判阶段之前,东盟自由贸易区是亚太地区唯一正在进行实质性谈判和执行的地区性一体化框架。2012 年 11 月,东盟启动了其作为核心的区域全面经济伙伴关系(RCEP)谈判。区域全面经济伙伴关系正是东盟主导区域经济一体化合作,推动建立以东盟为中心的一体化框架的重要尝试。三是域外大国间的复杂竞争关系相对提升了东盟的地位。东盟所谓的"中心"地位很大程度上是由域外大国间的竞争关系塑造的。从中国—东盟自贸区到"东盟 +3""东盟 +6"乃至 FTAAT、TPP,虽然东盟在推动区域一体化上的真实效率与其所谓的"中心"地位并不完全相符,但是域外大国也意识到,离开东盟,在亚太地区推行由各自倡导的地区性合作框架也是不可能的。东盟事实上已成为美国、中国等域外大国推动各自的地区合作设想以及沟通和协调彼此利益和主张的重要平台。"特别是 2011 年后,美国总统至少每年都会访问东南亚并参加东亚峰会,东盟发挥着为中美两国参与地区多边合作和国家间磋商提供平台的重要作用。"

三、东盟经济共同体与东盟的转型实践

从东盟自由贸易区到东盟经济共同体,从东南亚经济合作到东亚一体化,东盟的经济职能和"中心"地位已经得到了外界的认可。作为当前东盟在经济领域最重要的决策,东盟经济共同体是理解东盟转型实践的重要内容。那么,东盟经济共同体进展如何?东盟经济共同体建设如何影响当前以及 2015 年后的东盟经济合作?本部分将对东盟经济共同体的实践进行评估。

(一)东盟经济共同体举措的执行情况

为了有效及时执行东盟经济共同体的政策倡议,东盟建立了一体化监督机制,即东盟经济共同体记分卡。2012 年 3 月,东盟秘书处发布了《东盟经济共同体记分卡:地区经济一体化的进展/阶段一(2008 ~ 2009)和阶段二(2010 ~ 2011)》。东盟记分卡跟踪和评估东盟经济共同体四个支柱以及各种举措的执行进展情况,明确执行差距及面临的挑战。记分卡将东盟经济共同体的举措分为三类:一是成员国对东盟经济共同体蓝图中有具体时间规定的责任和承诺的批准、接受、转化为国内法律、规定和行政程序的执行情况;二是东盟战略规划中的协定或承诺以及重大目标的执行情况;三是为东盟经济共同体提供统计指标。根据这一记分卡,截至 2011 年 12 月底,东盟前两个阶段(2008 ~ 2011 年)的 277 项措施已经完成了 187 项,执行率为 67.5%。2014 年 8 月,第 46 届东盟经济部长会议和第 12 届东盟经济共同体理事会召开,根据会后公布的文件,东盟经济共同体 2013 年之前应完成的 229 个重点项目已经完成 82.1%。在 2015 年 4 月召开的第 26 届东盟峰会上,东盟宣称已经全部执行了东盟经济共同体记分卡设定的 2008 ~ 2015 年间的 458 项举措,相比于全部 506 项措施,执行率达到了 90.5%。

表 3　东盟协定执行情况(2008 ~ 2011 年) 单位:个

支柱	第一阶段(2008 ~ 2009 年)		第二阶段(2010 ~ 2011 年)		所有措施(2008 ~ 2011 年)	
	全部执行	未全部执行	全部执行	未全部执行	全部执行	未全部执行
单一市场和生产基地	61	4	53	55	114	59
	93.8%		49.1%		65.9%	
有竞争力经济区	22	10	31	15	53	25
	68.7%		67.4%		67.9%	
均衡发展	3	0	5	4	8	4
	100%		55.5%		66.7%	
融入世界经济	5	0	7	2	12	2
	100%		77.8%		85.7%	

资料来源:ASEAN Secretariat, ASEAN Economic Community Scorecard, Charting Progress Toward Regional Economic Integration, Phase I(2008~2009) and Phase II(2010~2011), pp. 8~15

相对于早期东盟经济决策和承诺的执行情况，东盟经济共同体记分卡的统计以及具体项目的进展说明，东盟在执行东盟经济共同体蓝图上已经取得了巨大的进步。然而，如果从一些关键行业或东盟国家优先关切的领域来看，这一执行率仍非常不容乐观。其中，第一支柱（即单一市场和生产基地）的执行率是四个支柱中最低的，如果从商品、资本、投资、服务和人员流动这五个最核心的领域来看，执行率则只有57.6%，其中商品、服务和资本自由流动的比率更低，这三者合计就有53项没有被充分执行，其中非关税性障碍问题尤为突出。据《全球贸易警报》（Global Trade Alert）2014年的数据，从2009～2013年，东盟国家的非关税性保护措施不仅没有下降，反而呈增长趋势。经济实力更强的国家反而实施更多的保护措施。另外，在服务贸易一体化上，东盟的劳工输出国和接收国在制定强制性移民劳工保护协定上存在着明显分歧，而在更敏感的金融行业，进展则更加缓慢（见图1）。

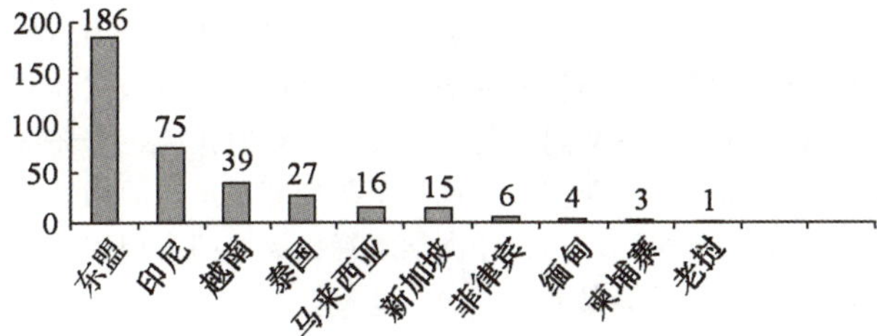

图1　东盟国家非关税保护措施（单位：个）

数据来源：Global Trade Alert database，http://www. globaltradealert. org，cited from Jenny D. Balboa and Ganeshan Wignaraja，"ASEAN Economic Community 2015：What is next?"，*Asia Pathways：A blog of Asian Development Bank Institute*，December 12，2014；http：//www. asiapathways－adbi. org/2014/12/asean－eco－nomic－community－2015－what－is－next/# sthash. PWvUwRFu. dpuf

同时也必须指出，东盟经济共同体记分卡的统计结果并不能真实反映东盟经济一体化的程度。因为这一记分卡只关注东盟成员国批准条约的数量，并没有跟踪这些条约的执行情况。同时，这些数据基本上全部由各国政府负责提供，是否提供、提供何种数据都由政府说了算。从这个意义上讲，记分卡更多反映的是成员国的协定批准和执行情况，而没有真正反映出东盟经济共同体建设的实质进展，如作为一体化最大相关者的企业是如何利用并受益于一体化进程的，这些都没有明确。东盟研究所的一篇报告对记分卡机制也提出了质疑，认为目前的监督机制过于关注政治动机而忽视企业等在一体化中的收益；记分卡的"关税灯"机制会起到误导作用，认为相关政策目标的实现就意味着一体化目标的实现。而事实是，成员国通过了某项政策如竞争政策或法律并不意味着这一政策就能发挥立竿见影的效果。同时，根据东盟商业咨询理事会的调查，东盟经济共同体蓝图中比较重要政策的执行情况与东盟企业家的预期之间存在着很大差距，其中投资保护、关税程序简化以及非关税障碍的透明化是问题最严重的几个领域。

（二）东盟经济共同体的实质进展

东盟经济共同体蓝图的实施取得了积极进展。在第一支柱，2010年，《东盟商品贸易协定》签订生效。截至目前，东盟内部贸易的70%执行了零关税，超过10%的关税为5%。然而，东盟自由贸易区对地区内的贸易增长的贡献并不明显。以东盟一体化7个优先行业为例，只有电子行业的区内贸易占总贸易的比重超过了10%，汽车行业约6%，而其他五个行业（农产品、橡胶、木材、渔业、纺织及相关）都在2%以下。服务业是东盟国家的重要支柱，占东盟国家国内生产总值的比重基本都超过了40%。服务业也是东盟吸引外资最多的行业，2009年，服务业吸引外资占东盟全部外资的比重为50.6%。目前东盟已接近完成第9轮（倒数第二轮）服务贸易协定谈判。在东盟服务业框架协定下，东盟国家金融部长签订了第6轮金融服务业执行协定，包括建立东盟银行业一体化框架。然而，"相比于WTO的服贸协定承诺，东盟服贸协定取得的进展微乎其微"。因为东盟国家在服务业开放问题上依然非常谨慎，它们对自由化的冲击并不确定，而且担心国家会失去对重要行业如金融业的控制，当然还有国内利益的因素。投资合作是东盟经济一体化的一个重要目的。2009年，东盟国家签订《东盟全面投资协定》（ACIA）代替了之前的《东盟投资区协定》（AIA），这一协定的目的是将东盟打造成为单一的投资目的地，提升东盟作为一个整体的投资能力，促进并保护投资的自由化和便利化。然而，这一过程并不顺利。直到2012年3月，所有国家才完成对《东盟全面投资协定》的国内批准程序（主要是因为泰国和印尼的拖延）。在技术工人的自由流动上，虽然东盟签订了《相互认证安排》（MRA）来保障东盟内技术工人的流动，但国家间的利益和顾虑仍存在着明显的不同。新加坡和马来西亚愿意利用这一协定，鼓励其他国家技术工人到本国就业，然而，其他国家由于担心人才外流，则会通过政策和法规加以限制。同时，在移民劳工的权益保护上，劳工输出国和输入国在是否制定具有约束力的地区规章上也存在明显分歧。基础设施是吸引外资和提升地区竞争力的一个重要条件，也是一体化程度的重要反映。东盟在交通、能源上达成了一些重要倡议和政策，包括《东盟互联互通总体规划》《东盟网络通讯科技总体规划》等，这些计划也引起了包括中国、美国、日本和印度等大国的兴趣，大国的积极参与为这些政策和项目的执行提供了重要机遇。

在第二支柱，东盟制定了多个地区性竞争扶持工具，提升成员国的竞争意识和政策制定水平，包括制定并评估东盟知识产权行动计划（2011～2015）、建立商标行动小组确保有商标的各项举措能够得到有效执行、发布《欧盟—东盟航空合作宣言（JDEAAC）》、制定东盟通讯管理者理事会合作框架、起草《公司伙伴关系的东盟原则》等。在第三支柱，在日本、德国和美国等国的支持下，东盟高度重视《中小企业行动计划2010～2015》，通过加强与东盟商业资讯理事会的资讯合作来支持中小企业发展项目，在世界银行的支持下起草了第一份《东盟经济均衡发展框架》。在第四支柱，东盟大力加强与伙伴国的自由贸易区谈判，目前区域全面经济伙伴关系已经进行了五轮谈判，东盟—香港自贸区开始进入谈判阶段。

（三）东盟经济共同体决策对东盟经济的影响

自1998年金融危机以来，除了2009年经济增幅的大幅降低，东南亚国家总体上实现经济稳步增长。2010年，东盟国家GDP平均增长率达到7.8%，除文莱外，所有国家的增长率都超过6%，新加坡更是达到14.5%；2011年和2012年的增长率分别为4.7%和5.7%；除越南外，新东盟国家基本上都维持7%的增长。2011年，东盟人均GDP达到5581美元,比2000年增长近1倍,地区内商品贸易额从2004年的2609亿美元增加到2011年的5982亿美元,增长1倍多。但地区内贸易占全部商品贸易的比重基本没有发生大的变化,2004年为24.3%,2011年为25.0%。相比于贸易,地区内投资增速明显,2000年,地区内投资额为8.5亿美元,只占东盟吸收投资额的3.9%,但2011年地区内投资已增长到约263亿美元,地区内投资占全部投资比重增加到23%。

根据对东盟经济共同体的可计算一般均衡(CGE)模型分析,在东盟国家完全消除关税和非关税障碍、实现五个服务行业的自由化、贸易成本降低5%以及AEC带来投资变化的前提下,东盟经济福利将实现当前标准5.3%的增长,竞争政策将使东盟六国的人均收入增长26%~28%。类似的研究认为,假设关税完全消除,减少相当于20%关税的服务贸易障碍以及降低20%的进出口时间成本的情况下,其对东盟经济的影响表现在:一是关税减免对除了柬埔寨的东盟国家GDP的影响非常小,因为东盟国家的关税已经很低。二是服务贸易自由化将促使印度尼西亚、马来西亚、菲律宾、新加坡、泰国和越南的GDP出现快速增长。三是时间成本的降低将极大促进东盟国家尤其是老挝、缅甸和越南的GDP增长。总体上,东盟经济共同体对东盟而言都将是一个重要的机遇,虽然各国获利程度不同,但东盟国家都能从中获得收益。以马来西亚为例,根据马来西亚经济月刊《依斯干达观察》的预测,东盟经济共同体将会给马来西亚的服务业带来更多的投资,技术人才的流动将补充本国产业发展的需求,促进本国服务业的发展。“东盟经济共同体即将到来,它不仅会带动成员国GDP的增长,更会提高贸易水平和劳工的流动。对马来西亚而言,东盟经济共同体将会给其带来更多的机会。投资者们已经瞄准了旅游业、教育和医疗护理上的投资机遇。”对印尼的民意调查显示,印尼民众总体上对东盟经济共同体持支持态度,认为其对国家、社会和经济能带来积极影响,当然,不同的利益和关切决定了成员国对不同行业和领域一体化进程的态度和行为是不一样的,这既是东盟经济共同体目前的重要现实,更是考验东盟经济共同体推动国家改革和变化能力的重要动力来源。

(四)东盟经济共同体:东盟政治改革的动力来源

根据新功能主义的“外溢效应”解释,某一经济领域的具体合作能够促进其政治领域合作的发展。从政治经济学的角度来看,经济合作或市场的力量将对国际政治和国内政治产生重要影响,能够瓦解阻碍市场运作的机制,并建立起市场所需的制度。一体化是经济制度的创造者,并推动着政治制度的变革。从东盟自由贸易区建立开始,东盟在经济一体化进程中制定了具体明确乃至有法律约束力的一揽子条约和机制。这些条约和机制为东盟国家间的合作提供了重要的制度保障,成为推动东盟国家间合作惯性的重要工具。更重要的是,制度化的经济合作回应了20世纪90年代末东南亚金融危机后东盟面临的严重相关性质疑。然而,东盟的经济共同体建设并没有打破长期以来东盟赖以生存的政治法则,即“东盟方式”,东盟地区一体化和共同体的建设仍让步于国家主权和自主权。恪守东盟方式是各界对东盟批评的核心。无论是人权、安全领域还是经济共同体的约束力等各种问题,似乎最终都能从东盟方式中找到根源。然而,制度的变革往往是在某一进程达到临界点时才发生,从东盟自由贸易区的争端解决机制,到东盟经济共同体的东盟—X方式,再到东盟国家间的近300项经济合作安排,东盟在经济合作中的制度建设正在不断完善,而这些制度在某种意义上正改变着成员国的国内经济政策和行为,尽管东盟经济共同体所蕴含的自由化和开放主义力量相对比较温和。东盟经济共同体目标的实现会不会成为东盟政治机制改革的一个临界点?经济一体化的决策水平和效率、政策的执行、争端的解决和对损害地区利益的行为的处罚以及经济一体化的深入推进都是对东盟传统决策方式和行为准则持续的考验,深层次的一体化加剧了进一步机制改革的需要。

四、结语

从政治安全组织向经济组织的转型是冷战结束后东盟发展的一个重要特征。然而,在相当长的一段时间内,东盟的这一转型在外界看来更多的只是为了维持东盟作为一个地区组织的相关性。东盟自贸区从提出到谈判的早期实践正是东盟国家间围绕地区利益与国家利益、自由主义与保护主义、新地区主义与旧地区主义争论非常激烈的阶段。1997年的东南亚金融危机很大程度上终结了这一争论。自此之后,以开放合作、加速东盟一体化进程、构建以东盟为中心的地区合作安排为主要特征的新地区主义成为东盟国家的基本共识。东盟经济共同体的提出标志着东盟作为一个经济组织的转型。这一现实直接挑战了早期有关东盟的相关性和政治经济学解释,当前,经济学解释已经回归为理解东盟经济一体化的主要视角。

如何理解东盟的经济转型或者如何评价东盟作为一个经济组织的作用是当前东盟研究的一个重要内容。动态地看,东盟作为一个成功的经济组织已经得到了国际社会的广泛认可,具体表现在东盟地区经济合作的机制工具日趋完善,东盟经济决策的开放性逐渐扩大,东盟对成员国国内政策的影响力度较之前明显增强,东盟在东亚地区合作安排中的中心地位也得以确立。作为当前东盟最重要的经济决策和实践,与早期东盟协定的执行情况相比,东盟经济共同体无论是在协定和举措执行还是在实质性合作方面都取得了巨大的进展。同时,大量研究表明,东盟经济共同体能够为东盟国家带来巨大的经济收益,东盟国家总体上对东盟经济共同体持积极和支持态度。另外,东盟经济共同体的建设过程伴随着东盟贸易争端解决机制等具有约束力的制度建设和东盟—X等一体化推进方式的创新,这些新的变化正成为推动东盟前进乃至变革的重要基础。

当然,东盟经济共同体的建设依然面临很大挑战。一方面,东盟经济协定和条约的国内法律程序批准或接受过程依然面临着比较大的压力,东盟成员国的国家利益和产业保护意识依然非常强大;同时,不断壮大的非政府组织和公民社会团体的批评和质疑,也将成为影响东盟经济决策社会化的重要因素。另一方面,协定和安排的制定与如何落地执行是两回事。在非关税障碍、服务业开放、技术工人自由流动、劳工保护、对中小企业的重视程度、公民社会的参与意愿等问题上,东盟依然面临着严峻的挑战。即使是东盟也承认,2015年启动东盟经济共同体的目标将很难完全实现。鉴于此,东盟明确了当前的紧迫任务:(1)快速推进东盟经济共同体中重要且具有重大影响的项目。(2)加强东盟经济共同体在东盟中小企业、公民及其他利益群体中的传播力度。更重要的是,要尽快出台东盟经济共同体2015后议程,为2015年东盟经济共同体未能实现的目标提供方案。这事实上再次表明,东盟的经济共同体建设本质上依然是过程导向的,东盟经济共同体建设很大程度上只是东盟高度经济一体化的起点。

(作者系上海国际问题研究院助理研究员,原载《当代亚太》2015 年第 3 期)

东盟经济共同体建设的进程与成效

王　勤

2015 年年底,东盟将宣布东盟共同体正式建成。东盟共同体包括了政治安全共同体、经济共同体和社会文化共同体,其中经济共同体是东盟共同体的基石。自 2007 年东盟经济共同体进程正式启动后,该共同体的建设已历时 8 年,东盟经济共同体的建设历程和总体进展自然引人关注。

一、东盟经济共同体建设的历程

东盟的区域经济一体化,经历了从特惠贸易安排到自由贸易区、再向经济共同体迈进的发展历程。自 1978 年起,东盟特惠贸易安排实施了 15 年的时间。1993 年东盟自由贸易区的进程正式启动,2010 年 1 月 1 日东盟自由贸易区如期正式建成。2003 年 10 月,各国同意建立东盟共同体,2007 年 1 月东盟将实现共同体的时间表从 2020 年提前至 2015 年。

早在 1997 年 12 月,东盟宣布的“2020 年东盟远景目标”,就计划在 20 世纪的前 20 年实现范围广泛的一体化。在 1998 年 12 月的第 6 次东盟首脑会议上,东盟发表《河内宣言》和《河内行动计划》,提出加强在宏观经济政策、金融市场、自由贸易区、产业政策、统一货币、农业与粮食安全、基础设施、对外经济关系等广泛领域的合作。2002 年 11 月,在柬埔寨金边举行的第 8 次东盟领导人会议上,新加坡总理吴作栋正式提出在 2020 年建立“东盟经济共同体”(简称 AEC)的构想。他指出,东盟经济共同体的建立,将使东盟成为一个拥有 5 亿多人口的单一市场。2020 年是建立东盟经济共同体的恰当时机,到那时东盟自由贸易区计划已经得到全面落实。

2003 年 10 月,在印尼巴厘岛举行的第 9 次东盟领导人会议上,通过了第二个《东盟协调一致宣言》。各国同意在 2020 年建立东盟经济共同体,加速推进自身区域经济一体化。在此次会议,时任泰国总理他信建议将实现东盟经济共同体的时间表提前至 2015 年,这一建议得到新加坡的支持,其他成员国也同意对其可行性进行研究。根据实现东盟经济共同体的行动计划,东盟将全面推进和落实自由贸易区、服务贸易协定和投资区计划。各国确定在 2010 年之前率先实施 11 个领域的一体化,这 11 个领域包括木材、橡胶、汽车、纺织、电子、农业、资讯科技、渔业、保健产品、航空以及旅游等。该经济共同体的目标,不仅是要建成单一的市场,而且要成为具有竞争力的生产基地,向全球推出“东盟制造”的品牌。

2004 年 11 月,在老挝举行的第 10 次东盟领导人会议上,各国领导人同意加快东盟经济共同体的行动计划,确定东盟经济共同体的目标是建成一个稳定、繁荣、具有高度竞争力的单一市场和生产基地,实现区域内货物、服务、资本和熟练劳动力的自由流动;确定原有 6 个成员国在 2007 年之前率先实施上述 11 个领域的一体化,新成员国将在 2010 年前实现这一目标。

2007 年 1 月,东盟通过了《东盟提前在 2015 年建立共同体宿务联合宣言》,确定将实现东盟共同体的时间表从 2020 年提前至 2015 年。2007 年 11 月,在第 13 次东盟首脑会议上,东盟通过了《东盟经济共同体蓝图宣言》(Declarationon the ASEAN Economic Community Blueprint),该蓝图确定东盟经济共同体的发展目标、时间表和具体措施。东盟经济共同体的目标是:(1)创造一个单一市场与生产基地,包括促进商品、服务、投资、资本、技术工人的自由流动,重点发展优先一体化部门行业;(2)形成一个具有竞争力的经济区域,包括制定竞争政策、保护消费者机制、加快区域基础设施建设;(3)区域经济均衡发展,包括加速中小企业发展、推动东盟区域一体化倡议行动计划;(4)融入全球经济,包括采取一致方式处理对外经济关系、提升全球供应链的参与度。

东盟经济共同体建设将分阶段实施,2009 年前,将实施短期内落实的优先项目,如 2008 年起,东盟 6 国推行“东盟单一窗口”,以简化货物通关手续;到 2011 年,各成员国将落实现有的各项行动计划;2012 ~ 2015 年,各成员国的相关领域都可提出有助于实现总蓝图目标的愿景。在区域经济整合中,东盟将尽可能灵活采用“东盟 - X”的方式,即让一些成员国率先实施某些领域的开放,加速区域经济整合,其他成员国可在日后跟上。截至 2013 年年底,东盟经济共同体蓝图所规定必须采取的 279 项措施中已完成 229 项,完成率达 82.1%。据报道,除新加坡外,印尼称其完成率已达 80%,越南称其完成率达 90%,是完成工作量最多的两个国家。

2015 年,东盟区域经济整合已进入最后的攻坚阶段,至今仍未能落实的措施主要涉及如农业、航空业以及服务业等敏感领域。根据东盟经济共同体的时间表,在 2015 年和 2018 年前将制定一般产品和敏感产品的关税减免时间表,2015 年将逐步把外国资本在服务业的持股比例上限提高到 70%,并实现在会计、建筑师、牙医、医生、工程师、护士、勘测技术人员和旅游等 8 个专业人才资质的互相认可,以建成包括区域内商品、服务、资本和劳务自由流动的经济共同体。

总之,从“东盟自由贸易区”到“东盟经济共同体”,实现商品、服务、资本和技能劳动力的相对自由流动,它标志着东盟区域经济一体化向更高的层次迈进。与自由贸易区相比,建立经济共同体的实质是形成一个共同市场。在这一共同市场内,它要求包括商品、资本和劳动力等生产要素可以自由流动。不过,由于东盟各成员国的发展水平、政治制度、社会形态和法律体系均不相同,决定了东盟经济共同体是一个有限的共同市场。

二、东盟经济共同体蓝图的目标和措施

2007 年 11 月,在第 13 次东盟首脑会议上,东盟通过了《东盟经济共同体蓝图》,它确定了东盟经济共同体的发展目标、时间表和具体措施。该蓝图提出了东盟经济共同体建设的四大支柱、17 个领域和 176 项优先行动,这四大支柱是单一市场和生产基地、具有竞争力的经济区域、区域经济均衡发展和融入全球经济。到 2015 年,将东盟经济共同体打造为商品、服务、投资、资本和技能工人自由流动的经济区。

(一)单一市场和生产基地

建立单一市场和生产基地,是东盟经济共同体建设的首要目标和任务。“东盟经济共同体蓝图”提出,单一市场和生产基地建设,包括了商品、服务、投资、资本和技能劳动力的自由流动,还涉及 12 个优先一体化部门、食品、农业和林业,并提出一系列相应的政策和措施。

1. 商品贸易自由化。商品要素的自由流动是实现单一市场和生产基地目标的基础，也是建设全球生产中心和全球供应链的重要环节。虽然通过自由贸易区建设，东盟已经在削减关税方面取得显著成果，但削减非关税壁垒和贸易便利化的进展较慢。在关税削减方面，东盟将修订共同有效优惠关税协定的条款，除了需要分阶段削减关税的特殊产品，取消所有产品的进口税。东盟6国（文莱、印尼、马来西亚、菲律宾、新加坡和泰国）被列入敏感和高度敏感产品清单的产品须在2010年之前取消进口税，东盟新成员国（柬埔寨、老挝、缅甸和越南）的产品须在2015年之前取消进口税，一些被列入该清单但允许有一定灵活性的产品须在2018之前取消进口税；2007年之前东盟6国必须在12个优先一体化部门取消产品关税，2012年之前新成员国必须取消优先一体化部门的产品的进口税；完成敏感产品清单中剩余产品的逐步取消关税过程，分阶段实施列入一般性例外清单的产品。在非关税削减方面，增强非关税措施的透明度，规定在2010年前东盟5国（文莱、印尼、马来西亚、新加坡和泰国），2012年之前菲律宾，2018年之前东盟新成员国消除所有非贸易壁垒。在原产地规则方面，简化操作认证程序，调整共同有效优惠关税的原产地规则。在贸易便利化方面，评估东盟区内贸易促进条例和合作机制，加快关税结构、关税分类和海关估价一体化，建立东盟电子关税，简化海关手续；建立东盟单一窗口服务，2008年前东盟6国实现单一窗口服务，新成员国在2012年前实现单一窗口服务。

2. 服务贸易自由化。东盟经济共同体蓝图指出，服务贸易自由化是实现东盟经济共同体的重要环节。在现有服务贸易自由化的框架下，加快服务业部门和行业自由化的步伐。2010年取消空运、电子东盟、医疗保健和旅游业等4个优先服务行业的所有限制，2013年取消物流业的所有限制，到2015年取消服务贸易其他行业的所有限制；根据《服务贸易总协定》（GATS）的服务贸易分类清单（W/120）的分类体系，安排每两年服务贸易自由化的行业数量；放宽外资在服务贸易部门的持股比例，2008年、2010年分别允许4个优先服务行业的外国参股等于或超过51%，等于或超过70%，2008年、2010年、2013年物流业分别允许外国参股等于或超过49%，等于或超过51%，等于或超过70%，2008年、2010年、2015年其他服务行业分别允许外国参股等于或超过49%，等于或超过51%，等于或超过70%；到2015年，逐步取消世界贸易组织（WTO）有关服务贸易方式的市场准入限制；实施《相互承认协议》，2008年之前完成建筑服务、会计服务、测绘和医生的相互承认，2009年完成牙医的相互承认，2012年之前完成其他专业服务业的相互承认，并于2015年完成；通过东盟－X的模式推进金融服务业自由化，允许各成员国先行，其他国家随后加入。

3. 投资自由化。该蓝图提出，在现有东盟投资区框架协定下，建立开放、自由和透明的投资体制，实施国民待遇和最惠国待遇，逐步减少和取消资本进入优先一体化部门的限制，减少和取消投资限制与其他障碍。在东盟投资区内，制造业、农业、渔业、林业和采矿业及其附属产业均要对外开放，外资享有国民待遇。除一些被东盟成员国列入临时例外清单和敏感产品清单，但这些临时例外清单也应按照一定的时间表逐步取消。同时，重新审查东盟投资区协议框架，在现有《东盟投资区协议》和《东盟投资保证协议》基础上制定东盟全面投资协议，为所有投资者提供投资保障措施。例如，投资者与国家之间的纠纷解决机制，资金、利润和股息等转移或汇回本国，没收和补偿的承诺范围的透明度，全面的保护和安全保障，冲突中损失的赔偿机制等；推行更加透明、统一和可预测的投资规章制度、政策和程序，协调投资政策，实行高效和精简的投资审批程序，避免区内投资的双重征税，设立一站式的投资中心，建立覆盖所有商品和服务的数据库，加强相关政府机构和部门间的合作；促进东盟内部投资、鼓励区内跨国企业的工业互补、区域集群和生产网络投资项目。

4. 资本流动自由化。为促进东盟区域资本流动的自由化，该蓝图提出区内资本流动自由化的方向、原则和措施。在资本流动自由化方向上，实现东盟资本市场有关债务证券、破产条件和分配规则等标准的统一，加速实施有关相互承认营销专业人员的合格证书、教育和经验的相互承认协议，在证券发行所需要的语言和管辖法律方面取得更大的灵活性，增强预扣税结构促进东盟债券发行内投资者数量的扩大，建立兑换和债券市场的联系；在资本流动自由化原则上，确保有序的资本账户自由化与各成员国的发展水平保持一致，确保各成员国对资本流动自由化引起的宏观经济不稳和系统性危机有足够的预防措施，确保所有成员国能够共享资本流动自由化带来的利益；在资本流动自由化措施上，在可能和适合的条件下取消或放宽资本账户的管制，取消或放宽对资本流动的管制，加快资本市场发展。

5. 技能劳动力流动自由化。在东盟经济共同体内，允许劳动力的有限度的流动，主要是技能劳动力的自由流动。该蓝图提出，对于各成员国参与到跨国界贸易投资相关活动的专业人员和技术工人，加速其签证和工作签证的发放；2015年前，推进区域技术人员流动的制度化和标准化建设；加强东盟大学网络成员的合作，扩大学生和教职员工的区域内流动性；加快为区内优先一体化服务行业所需要的职业技能培训和资质确认，从2010年到2015年扩展到其他服务行业；通过各成员国促进技能培训和提高就业机会，加快各国间劳动市场的信息网络建设。

6. 优先一体化部门、食品、农业和林业。根据优先一体化部门的路线图，各成员国应加快实施具体的措施，每半年进行1次审核，监测这些优先部门自由化的进展，以确保其按时完成；通过与相关利益者特别是私有部门的对话或协商，确认特殊产业发展计划或措施。与此同时，在东盟共同有效优惠关税下，促进农、林业产品关税减让计划的实施；开发和应用渔场质量管理系统，建立农药安全使用、饲养环境、卫生条件、药品生产质量管理的规范体系。2015年前，实施与国际标准相适应的农业、食品和林业产品的卫生和植物检疫措施，建立园艺产品、农产品、动物的安全和质量标准；通过双边或多边合作，加强区域农业合作机构的战略联盟关系。

（二）具有竞争力的经济区域

东盟经济共同体蓝图提出，具有竞争力的经济区域建设包括竞争政策、消费者保护、知识产权、基础设施、税收和电子商务6个领域，并提出一系列相应措施。（1）竞争政策。在2015年前，东盟将竞争政策引入所有成员国，建立负责竞争政策的相关机构或部门的合作网络，在2010年前制定区域性竞争政策指导方针。(2)消费者保护。建立东盟消费者保护统筹委员会,加强东盟区内消费者的保护。(3)知识产权。实施东盟知识产业行动计划和版权合作计划,保持各国知识产权保护执行部门间的联系与合作。(4)基础设施。进一步加快基础设施建设,推动运输多元化和便利化,优先完成新加坡—昆明铁路线和东盟高速公路网项目,放宽水运和航空部门限制,建立东盟单一的水运、航空市场,推动各成员国信息基础设施建设,2010 年前加速各国信息基础设施的高速连接,加速东盟电网和泛东盟燃气管道建设(东盟电网计划包括 14 个电力联网工程,泛东盟燃气管道计划包括 7 个燃气联网工程),加大可再生能源的基础设施的投资。(5)税收。在 2010 年前,东盟各成员国应达成避免双重征税的双边协议。(6)电子商务。通过实施《电子东盟框架协定》,为电子商务提供法律基础,使东盟区内网上商品贸易(电子商务)成为可能。

(三)区域经济均衡发展

东盟经济共同体蓝图提出的"平衡区域经济发展",包括中小企业发展和东盟区域一体化倡议两大领域。(1)中小型企业发展。东盟国家的中小企业在各国经济发展中具有重要的地位,也是区域经济发展的主体之一,但多数国家中小企业发展滞后。该蓝图提出,要加快实施《东盟中小型企业发展政策蓝图(2004 ~ 2014)》,通过政府的资金、技术、人力、市场等政策扶持,增强中小企业的竞争力和活力,促进中小企业的联网发展,提高中小企业在区域生产和销售网络的参与度,扩大中小型企业的融资活动,从而缩小东盟成员国经济发展的差距。(2)东盟区域一体化倡议。2000 年 11 月,东盟区域一体化倡议正式启动,它聚焦缩小东盟区内的发展差距、东盟与区外国家的发展差距。该倡议提出,通过基础设施建设、人力资源发展、信息通讯技术、区域化的能力建设、能源、投资环境、旅游、减少贫困和提高生活质量等优先发展领域,缩小成员国之间的发展差距,加速后进国家的经济融合,使得这些国家能够分享区域经济一体化所带来的利益,从而推动东盟成员国以统一的步伐发展。东盟经济共同体蓝图提出,要积极实施东盟区域一体化倡议,为东盟新成员国的国有企业、私营企业提供制定和实施技术协助和能力建设方案的平台,为印—马—泰增长三角、文—印—马—菲等次区域经济合作创造有利条件;东盟 6 国要继续加强对东盟区域一体化倡议项目的支持,利用东盟的对话伙伴和国际组织(如亚洲发展银行、世界银行等),为东盟区域一体化倡议的有效实施提供支持;发挥政府社会管理职能,调整经济社会政策来减轻区域化带来的影响,并对区域经济一体化的社会经济影响进行周期性评估。

(四)融入全球经济

随着经济全球化加速发展,各国经济相互依赖,生产国际化程度不断提高。为了增强东盟的国际竞争力,保持东盟作为全球供应链重要环节的地位,确保区内市场对国外资本的吸引力,东盟要注重与国际经济运行规则的接轨,保持与区外经济的协调一致,提升在全球供应链的参与度。在处理国际和区域经济事务中,东盟要占据主动的地位,各成员国应保持"东盟向心力",坚持双边自由贸易协定、全面经济伙伴关系协定和东盟共同体的承诺,在处理区内外经济关系中采取一致的立场和措施。另一方面,提升东盟在全球供应链的参与度。东盟要积极采用国际生产与流通的标准和惯例,同时为东盟后进国家制定一揽子的技术支持计划,开展区域经济技术合作,提升其参与全球和区域供应链的能力。

三、东盟经济共同体建设的总体进展

随着东盟区域一体化进程的加速,东盟经济共同体建设全面展开,涉及经济共同体建设的四大支柱、17 个领域和 176 项优先行动均已取得不同程度的进展。2015 年 3 月,东盟经济共同体建设的相关项目完成率为 88%。在 506 项记分卡的目标项目中,完成 458 项,占总体的 90.5%。

(一)单一市场和生产基地建设初见成效

单一市场和生产基地,是东盟经济共同体建设的重中之重,也是实现区域内商品、服务、资本和技能劳动力相对自由流动的关键。近年来,东盟积极实施关税和非关税减让措施,促进贸易便利化,扩大服务贸易的开放,放宽投资部门的限制,并加快专业人才资质互相认可,由此区域经济一体化的贸易和投资效应逐步显现。

在东盟区域内,关税和非关税壁垒逐步取消,单一窗口制度的建立,促使贸易成本大幅降低,带动了区内贸易迅速扩大。2008 年 12 月,东盟成员国签署了《东盟商品贸易协定》,并于 2010 年 5 月生效。2001 ~ 2008 年,东盟成员国的平均共同有效优惠关税税率从 4.81% 降至 1.89%,最惠国(MFN)关税税率从 9.42% 降至 8.28%。东盟 6 国已取消 99.65% 的货物进口关税,其他 4 国已将 98.86% 的货物进口关税税率降至 5% 以下。过去 10 年间,东盟内部贸易成本下降约 15%。由此,东盟区内贸易的规模迅速扩大,且快于东盟总贸易和区外贸易的增长。据统计,2000 ~ 2014 年期间,东盟的区内贸易额从 1668.46 亿美元增至 6083.18 亿美元,增长 2.6 倍;东盟的区外贸易额从 5891.52 亿美元增至 19205.99 亿美元,增长 2.3 倍;东盟进出口贸易额从 7559.98 亿美元增至 25289.17 亿美元,增长 2.3 倍。2014 年,东盟区内贸易占总贸易额的比重为 24.1%。

东盟加快了区域服务贸易自由化的进程,逐步取消服务贸易的限制,促进了区内服务贸易的自由化。自 1996 年起,东盟区域服务贸易自由化的谈判已进行了 9 轮,取得了一系列成果。2014 年,东盟签署《东盟服务框架协议第九个一揽子计划》。在现有《东盟服务贸易框架协议》的基础上,东盟力争在 2015 年前达成《东盟服务贸易协议》。东盟至少有 80 个服务部门行业向外资开放,放宽了对外资股权的限制。到 2015 年前,东盟国家要达到至少 70% 的服务部门向外资开放。东盟区域服务贸易自由化的加速发展,促进了区域服务贸易规模的扩大。据统计,2005 ~ 2011 年期间,东盟区内服务贸易额从 212.77 亿美元增至 443.72 亿美元,占服务贸易总额的比重从 8.1% 升至 8.4%;2000 ~ 2011 年期间,东盟接待的区内游客人数从 1590 万人次增至 3770 万人次,占接待游客总数从 40.7% 升至 46.5%。

随着东盟经济共同体的建设进程,区内生产要素流动加快,投资部门的限制放宽,区内外的投资大量涌入,区域化的投资效应逐步显现。在原有"东盟投资框架协议"的基础上,2008 年 12 月东盟成员国签署了《东盟全面投资协议》,2014 年签署了《东盟全面投资协定的修正议定书》,逐步放宽或取消投资限制,主要涉及制造业、农业、渔业、林业、采矿业和服务业等领域。据统计,2000 ~ 2014 年,东盟吸收的外国直接投资(FDI)总额从 209.55 亿美元增至 1361.81 亿美元,增长 5.5 倍;吸收的区外 FDI 总额从 201.02 亿美元增至 1118.04

亿美元,增长4.6倍;吸收的区内FDI总额从8.53亿美元增至243.77亿美元,增长27.5倍。与此同期,东盟吸收的区内FDI占总额的比重从4.1%升至17.9%。

此外,为了实现区域专业人士和技能工人的相对自由流动,东盟的专业人才资质的互相认可逐渐展开。2014年,东盟已签署《会计服务业相互承认协定》。2015年前,东盟要实现在会计、建筑师、牙医、医生、工程师、护士、勘测技术人员和旅游等8个专业人才资质的互相认可。

(二)东盟区域的国际竞争力逐渐显现

东盟经济共同体建设的另一支柱,是提升区域经济的国际竞争力。近年来,东盟创建具有竞争力的经济区域侧重于塑造竞争的政策环境和营商环境,各国相继出台竞争法、成立东盟消费保护合作委员会,实施东盟知识产权行动计划,签署避免双重征税的协议,加快基础设施的建设,并已初见成效。根据东盟共同体进展的监测体系,测量东盟区域竞争力的指标包括国际竞争力指标、科技投入指标和科技产出指标,国际竞争力指标以国际竞争力评价机构的世界各国竞争力排名来评估,科技投入指标以理工类大学毕业生数、研究与开发支出和每百万人口中拥有研发人员数来衡量,科技产出指标主要以制成品的技术密集度来测定。

从权威性国际竞争力评价机构每年公布的国际竞争力的世界排名看,世界经济论坛公布的2001年和2015年全球竞争力排名分别为:柬埔寨从第107名升至第90名,印尼从第57名升至第37名,马来西亚从第37名升至第18名,菲律宾从第53名升至第47名,新加坡从第10名升至第2名,泰国从第35名升至第32名,越南从第64名升至第56名。瑞士国际管理发展学院公布的2000年和2015年世界各国竞争力排名分别为:印尼从第46名升至第42名,马来西亚从第25名升至第14名,菲律宾从第38名降至41名,新加坡从第2名降至第3名,泰国从第34名升至第30名。

从科技投入指标看,各国的研究与开发支出占GDP的比重分别为:文莱0.04%(2004年)、柬埔寨0.05%(2002年)、印尼0.08%(2009年)、老挝0.04%(2002年)、马来西亚0.63%(2006年)、缅甸0.16%(2002年)、菲律宾0.11%(2006年)、新加坡2.28%(2011年)、泰国0.21%(2007年)、越南0.19%(2002年);各国每百万人口拥有研发人员数分别为:文莱286.3人(2004年)、柬埔寨17.4人(2002年)、印尼89.6人(2009年)、马来西亚364.6(2006年)、缅甸18.4人(2002年)、菲律宾78.5人(2007年)、新加坡7333.2人(2011年)、泰国311.5人(2007年)、越南115.9人(2002年);2000~2009年期间,东盟国家平均科技论文数从403.6篇增至844.2篇;2000~2006年,东盟国家平均居民专利申请数量从320.2项增至719项。

从科技产出指标看,2004~2011年期间,东盟国家平均高技术产品占出口产品的比重从25.85%升至29.17%。其中,文莱从10.22%升至66.02%,柬埔寨保持在0.29%,印尼从27.04%降至25.43%,老挝从1.01%升至17.26%,马来西亚从56.79%降至50.01%,缅甸从0.62%升至1.94%,菲律宾从54.67%降至30.76%,新加坡从67.05%降至59.04%,泰国从32.54%升至34.86%,越南从8.28%升至9.07%。

(三)区域经济发展差距仍较明显

由于东盟成员国资源禀赋差异,发展阶段不同,经济差距较大,东盟经济共同体的建设一直致力于缩小成员国间的发展差距,实现区域经济的均衡发展。从东盟6国和东盟4国的人均GDP、区内贸易比重和吸收FDI比重变化的比较,可以考察近年东盟先进国家与后进国家经济发展差距的变化。

从东盟6国与东盟4国的GDP总量看,2008~2014年期间,东盟国家的GDP总量从1.5万亿美元增至2.57万亿美元。其中,东盟6国从1.37万亿美元增至2.29万亿美元(其比重从91.3%降至89.1%),而东盟4国从1342.53亿美元增至2805.58亿美元(其比重从8.9%升至10.9%)。再从东盟6国与东盟4国人均GDP看,东盟国家人均GDP从2577美元增至4135.9美元,增长0.6倍。其中,东盟6国从3273美元增至5005.1美元,增长0.53倍;东盟4国从813美元增至1709.6美元,增长1倍。因此,按世界银行的标准,2014年新加坡(5.6万美元)和文莱(4.1万美元)属于高收入国家,马来西亚(1.08万美元)、泰国(5436.1美元)属于上中等收入国家,印尼(3900.5美元)、菲律宾(2816美元)、越南(2054.8美元)、老挝(1727.7美元)、缅甸(1277.7美元)、柬埔寨(1104.5美元)属于下中等收入国家。可见,虽然东盟4国均已脱离低收入国家,进入下中等收入国家行列,但东盟6国与东盟4国经济的发展差距仍十分明显。

从东盟6国与东盟4国进出口贸易的比重看,2000~2013年期间,东盟国家进出口贸易从7591.01亿美元增至25115.17亿美元,增长2.3倍。其中,东盟6国从7529.15亿美元增至21990.88亿美元,增长1.9倍;东盟4国从61.86亿美元增至3124.29亿美元,增长49.5倍。与此同期,东盟6国贸易占东盟进出口贸易的比重从99.2%降至87.6%,东盟4国从0.8%升至12.4%。再从东盟6国与东盟4国的区内贸易比重看,2000~2013年期间,东盟的区内贸易额从1668.46亿美元增至6085.58亿美元,增长2.6倍。其中,东盟6国从1647.14亿美元增至5513.09亿美元,增长2.3倍;东盟4国从21.32亿美元增至572.49亿美元,增长25.9倍。与此同期,东盟6国区内贸易占东盟区内贸易的比重从98.7%降至90.6%,东盟4国从1.3%升至9.4%。可见,东盟4国进出口贸易和区内贸易的扩大均要快于东盟6国,所占比重也随之上升。

从东盟6国与东盟4国吸收的FDI比重看,2000~2014年期间,东盟国家吸收的FDI从235.41亿美元增至1361.81亿美元,增长4.8倍。其中,东盟6国从218.62亿美元增至1233.95亿美元,增长4.6倍;东盟4国从16.79亿美元增至127.86亿美元,增长6.6倍。与此同期,东盟6国吸收FDI占东盟吸收FDI的比重从92.9%降至90.6%,东盟4国从7.1%升至9.4%。再从东盟6国与东盟4国吸收的区内FDI比重看,2000~2014年,东盟国家吸收的区内FDI从7.62亿美元增至235.41亿美元,增长29.9倍。其中,东盟6国从4.61亿美元增至216.36亿美元,增长45.9倍;东盟4国从3.01亿美元增至27.41亿美元,增长8.1倍。与此同期,东盟6国吸收区内FDI的比重从60.5%升至88.8%,东盟4国从39.5%降至11.2%。由此可见,东盟4国吸收的FDI快于东盟6国,所占比重也随之上升。不过,东盟4国吸收的区内FDI增长缓慢,所占比重趋于下降。

(四)融入全球经济的进程加快

东盟经济共同体建设的最终目的是增强自身的经济实

力,提升国际竞争力,进一步融入到全球经济。近年来,东盟坚持开放、包容和合作的原则,在经济共同体建设的同时,积极扩大对外经济关系,参与全球生产网络的产业分工,推进双边或多边自由贸易区谈判,并取得显著的成效。从东盟与区外的贸易、投资和其他经贸合作形式看,各成员国与区外经贸关系依然是东盟经济发展的重要推动力。2000～2014年期间,东盟的区外贸易额从5891.52亿美元增至19205.99亿美元,占东盟贸易总额的比重仅从77.9%降至75.9%。2014年,除东盟区内,东盟的主要贸易伙伴是中国、欧盟、日本、美国、韩国、中国台湾、中国香港、澳大利亚和印度,其贸易额占东盟进出口贸易的61.6%;与此同期,东盟吸收的区外FDI总额从201.02亿美元增至1118.04亿美元,增长4.6倍。2014年,除东盟区内,东盟的主要外资来源地是欧盟、日本、美国、中国香港、中国内地、澳大利亚、韩国、中国台湾和加拿大,其投资额占东盟吸收FDI总额的64.9%;尽管东盟接待的区内游客数量增幅大大快于东盟区外游客数量,但区外游客仍是各成员国旅游客源的重要来源地。2000～2011年期间,东盟接待的区外游客从2320万人次增至4350万人次,增长87.5%。

随着新的国际产业分工的进一步深化,以"产品内分工"为主的生产网络迅速形成,东盟成为以跨国公司为主导的全球生产网络的重要节点。作为全球重要的制造业生产和出口基地,东盟成为世界上最大的集成电路和电子元件、第二大办公自动化设备和通讯器材以及化工、汽车、医药、纺织、成衣等重要出口地区。国际金融危机之后,全球生产网络正处于调整和重塑中,东盟国家借助全球供应链调整和重组的时机,加大了基础设施投资,消除货物和服务贸易的障碍,推进贸易投资便利化,强化与全球供应链的对接,依托全球供应链推动产业集群的形成。同时,一些后起国家利用比较成本优势,吸引跨国公司在当地投资设厂,承接部分劳动密集型产业和工序的转移,成为跨国公司的区域零部件供应商和组装厂。

此外,在东盟经济共同体建设的同时,东盟积极推进双边或多边自由贸易谈判,建立由东盟为主导、与自贸协定合作伙伴形成区域全面经济合作伙伴协议。2012年11月,覆盖东盟与中、日、印、韩、澳、新16国的自由贸易区建设正式启动,并将于2015年年底建成。与此同时,东盟各成员国与区外国家签署一系列双边或多边自由贸易协定。截至2015年3月,东盟各成员国正在协商中的自由贸易协定为61个,已达成自由贸易协定的为103个,总数达164个。

四、结语:东盟经济共同体任重道远

自1978年起,东盟区域经济一体化历时30多年,经历了从特惠贸易安排到自由贸易区、再到经济共同体的过程,基本实现了从低级的区域化形式逐步向更高的区域化形式过渡和发展。尽管2015年年底东盟将宣布建成经济共同体,但东盟要真正实现区域内生产要素自由流动的目标仍然任重而道远。

首先,东盟经济共同体的实质是一个共同市场。根据区域经济一体化的发展程度,当代区域化的主要形式包括特惠贸易安排、自由贸易区、关税同盟、共同市场、经济同盟和完全经济一体化。东盟区域经济一体化从特惠贸易安排这一最初形式开始,其后进入自由贸易区发展阶段,再迈进经济共同体时代。东盟建立经济共同体的实质是形成一个共同市场,东盟经济共同体蓝图的发展目标和战略措施,基本上围绕共同市场的发展目标和开放领域展开。在东盟经济共同体的框架下,它要求区域内实现商品、服务、资本和劳动力等生产要素的自由流动。

其次,东盟经济共同体是一个有限的共同市场。由于东盟各成员国的发展水平、政治制度、社会形态和法律体系均不相同,决定了东盟经济共同体是一个有限的共同市场。东盟经济共同体主要依据具体的区情和国情,制定和规划其共同市场的发展蓝图,实施共同市场发展的步骤和措施。从目前东盟经济共同体实行的共同市场相关规划和实际运作看,一些成员国关税减让中仍存在例外清单的产品,敏感产品取消关税滞后,非关税壁垒削减受阻;各国的服务贸易部门仍为有选择和有限地开放,服务提供方式自由化仍保留限制措施,市场准入和国民待遇方面自由化也有局限;尽管各国放宽了对外商投资部门的限制,但一些国家敏感部门仍有诸多约束,金融服务业开放相对较慢,区内资本市场尚未完善;东盟区内劳动力的自由流动仅限于专业人员和技能工人,专业人才资质的互相认证进展缓慢。因此,东盟经济共同体难以与当时欧洲共同市场的模式相提并论。

最后,东盟经济共同体建设任重道远。尽管2015年年底东盟将宣布经济共同体的建成,但要真正达到东盟经济共同体的发展目标,实现区内商品、服务、资本和劳动力等生产要素的自由流动,仍存在着相当一段距离。如果说新的国际经济形势和地缘政治格局是推进东盟经济共同体前进的外在因素,那么东盟致力于增强综合经济实力和提升国际竞争力则是其内在动因。当然,东盟成员国发展水平和制度的差距、内部合作和协调机制不完善,将会制约这一区域性制度安排的效能。此外,各国经济高度依赖区外市场,也直接影响区域经济一体化的总体效应。

(作者系厦门大学教授,原载《南洋问题研究》2015年第4期)

东盟政治—安全共同体建设:成就与问题

赵海立

2009年2月,东盟国家领导人在第14届首脑会议上通过了《东盟共同体路线图2009～2015》,就如期在2015年建成东盟共同体提出了战略构想、具体目标和行动计划。东盟共同体由三大支柱构成,即政治—安全共同体、经济共同体和社会—文化共同体。因此,路线图为这3个支柱都设计了相应的蓝图。现在,预期已至,东盟共同体的建设是否已经实现它在蓝图中所规划的目标呢?本文仅以东盟政治—安全共同体的建设为考查对象,试图对这一问题进行回答,以揭示其取得的成就和存在的问题。

一、东盟政治—安全共同体蓝图的基本特征

"东盟政治—安全共同体蓝图"是《东盟共同体路线图2009～2015》的一个重要组成部分,它包含145项行动纲领。蓝图指出,东盟政治—安全共同体建设的目的在于提升东盟在政治与安全方面的合作水平,确保东盟人民以及成员国能够和平相处,同时与世界其他各国共处于正义、民主与和谐的环境中。这样的共同体具有3个关键特征:

第一,它是一个拥有共同价值和规范且以制度为基础的共同体。该特征体现了东盟在政治发展上合作的目的,即通过强化民主、加强善治与法治，促进并保护人权与基本自由，在适当考虑东盟成员国权利和义务的情况下，最终建立具备共享价值与规范并以制度为基础的共同体。在塑造与共享规范的过程中，东盟期望能在共同体的各成员之间根据良善的准则规范来达成共同标准；巩固与强化东盟的团结、一致及和谐；并且在东南亚建立一个兼顾和平、民主、包容、参与及透明的共同体。

第二，它是一个能在地区复合安全上承担共同责任，具有凝聚力、和平、稳定且具活力的区域。此特征说明了东盟在本地区安全上的要求。东盟强调"复合安全"原则，它不只思考"传统安全"的要求，而是更多地考量经济、社会文化和环境保护等非传统安全领域。为此，东盟应主要致力于预防冲突或信心建立、预防性外交和冲突后和平的恢复等重要方面的工作。

第三，它是一个能在日益一体化与相互依存的世界中保持活力和外向性的区域。该特征要求东盟与其他行为体之间培育与维持友善且互惠的关系，以确保东盟人民与成员国处于和平、公正、民主与和谐的环境中。因此，东盟将持续秉承外向型的发展战略，并在区域及国际上扮演重要角色以促进东盟共同利益。东盟将运用并维持其中心地位与作为主要驱动力的积极角色，在开放、透明、且具有包容性的区域架构下，支持东盟共同体在2015年建成。

根据这3个关键性特征，蓝图对东盟政治—安全共同体进行了详细规划。

二、东盟政治—安全共同体建设的成就

在《东盟宪章》和《东盟政治—安全共同体蓝图》的框架下，东盟成员国之间、东盟与其对话伙伴之间互动频繁，不仅建立起实施共同体发展所必需的机制和规范，而且在促进成员国的政治发展，加强地区的和平、安全与稳定，推动对外合作与和谐等方面都取得重大成就，基本上完成了蓝图所设定的任务。

（一）组织与机制建设

为推动政治—安全共同体建设，东盟首先要做的，就是完善其现有的组织与机制，或创建新的组织机构与机制，以履行专门的功能。

根据东盟宪章，东盟领导人峰会是东盟最高决策机构，下设东盟协调理事会、东盟共同体理事会和东盟秘书处。共同体理事会由政治—安全共同体理事会、经济共同体理事会和社会—文化共同体理事会组成。在这3个理事会中又下设各自专门性的部长机构。同时，东盟还设置了常驻东盟代表委员会，由东盟10个成员国各派1名大使级代表组成。而在各成员国，东盟则都设立了驻该国的秘书处。

东盟协调理事会是东盟的总体协调机构，成立于2008年12月15日，由东盟外长组成，每年举行两次会议；宪章使得东盟秘书长的职能得到了提升，宪章规定东盟秘书长由东盟峰会任命，是东盟的高级行政长官；东盟政治—安全共同体理事会是专门负责东盟政治—安全共同体事务的协调、确保东盟峰会相关决议的实施，以实现东盟政治—安全共同体目标的机构。它成立于2009年4月10日。该理事会包括东盟外长会议、东南亚无核武器区委员会、东盟防长会议、东盟司法部长会议和打击跨国犯罪部长会议。该理事会每年至少召开两次会议。常驻东盟代表委员会于2009年5月21日成立，例会至少每月1次，它的职责范围主要是支持各理事会的工作，参加其会议，协调东盟相关部门的工作。东盟政府间人权委员会于2009年10月23日正式启动，其职能在于协调东盟成员国之间在人权事务上的合作，全面促进东盟人权的保护，每年至少召开两次会议。东盟防长扩大会议是由东盟防长会议倡议而创建的，其宗旨是增强东盟与亚太地区有关国家间的互信与合作，共同应对跨国非传统安全挑战。第一次防长扩大会议2010年10月12日在河内召开。该会议最初每3年召开1次，后改为每两年1次。东盟防长扩大会议是东盟防长会议的衍生物，而防长会议开始于2006年，它虽非专门为政治—安全共同体所设，但在共同体发展中起着不可替代的作用。

当然，东盟外交部长机制仍然在东盟日常运行和政治—安全共同体建设中起着核心作用。东盟成员国的外交部长们除是外长会议和东盟地区论坛的成员外，还有两个新的"头衔"，即东盟政治—安全共同体理事会和东盟协调理事会的成员。

为加强海事合作，东盟从2010年起，每年举办1次东盟海事论坛，并在2012年邀请其对话伙伴参加海事问题对话与合作，形成东盟海事论坛扩大会议。首次扩大会议于2012年10月在马尼拉召开。

（二）政治发展合作与规范建设

东盟在政治发展方面的合作最显著的成就主要体现在人权的促进与保护方面。

东盟政府间人权委员会成立后，立即制定了2010～2015年工作计划以及2010～2011年人权工作的优先项目与行动。更重要的是，从2010年第3次会议开始，该委员会着手起草《东盟人权宣言》。经过两年多的工作，宣言草案在2012年7月先是被提交到第45次东盟外长会议审议，然后在11月召开的第21届东盟峰会上，领导人通过了这个宣言并签署了通过该宣言的金边声明。宣言为东盟的人权合作搭起一个规范性的框架，以利于推进东盟的人权保护与人权发展。

《东盟人权宣言》通过后，人权委员会工作的重点转向宣言的宣传与普及，并讨论利用其他法律武器保护人权的可能性。为落实宣言，人权委员会与东盟相关部门进行了卓有成果的协商，并与东盟促进与保护妇女儿童权益委员会进行了适当的功能对接。他们共同举办研讨会与磋商会，同意开展联合行动和人权信息共享等。不仅如此，人权委员会还加强对外关系，发展与其他人权组织的合作，如联合国人权委员会、开发计划署、儿童基金会、难民署以及联合国人口基金、生殖权中心等。

人权委员会设有人权基金，以支持东盟的人权促进与保护事业；而且，委员会注重人权的专题研究，如东盟企业的社会责任与人权、移民与人权等。

除人权保护外，东盟在政治发展方面的合作还体现在打击腐败方面。在东盟的努力下，其所有成员国目前都是《联合国反腐败公约》的缔约国。

东盟的规范建设成就，主要体现在以下几个方面：

《东盟宪章》是东盟共同体建设最基本的法律依据，然而，由于宪章的属性决定了它的原则性更胜于可操作性，就必须制订相应的实施细则以便落实宪章，这也是共同体路线图所要求的。为此，东盟成立了落实《东盟宪章》高级法律专家组对此事负责。2010年4月8日，东盟外长会议在越南河内签署了《东盟宪章争端解决机制议定书》，该议定书，连同

2009 年 10 月签署的《东盟优先权与豁免权协议》，显示了东盟向"建立以制度为基础的共同体"转型的决心，并将大大促进《东盟宪章》的实施。不仅如此，2012 年 4 月，东盟协调理事会第 10 次会议上还通过了《东盟宪章解释的议事规则》，从而进一步提高了《东盟宪章》的可操作性。

《东南亚友好合作条约》是东盟的另一个重要规范。在经过 1987 年、1998 年和 2010 年 3 次修订后，它向所有主权国家和由主权国家组成的地区组织开放。到 2014 年初，该条约的缔约方总数达到 32 个，其中就包含欧盟这样的区域组织以及联合国安理会的 5 个常任理事国。

东盟也认识到南海问题是威胁地区安全与稳定的一个重要因素，因此，2002 年 11 月东盟与中国签署《南海各方行为宣言》。各方集体承诺促进南海地区的和平、稳定与互信以及依据国际法和平解决争端。此后，东盟不断强调落实这个宣言的重要性，并与中国进行相关合作。2011 年 7 月 21 日，东盟—中国部长级会议正式签署落实《南海各方行为宣言》指针；2012 年 7 月 20 日东盟发布"海南问题六原则"；2014 年 5 月 10 日东盟外长会议罕见地发布《关于南海当前进展的声明》，这是东盟集体支持和平、稳定与法治原则并确保东盟的团结与信任的反映。可见，南海问题是东盟外长会议的经常性议程。

东盟致力于本地区的无核化。早在 1995 年 12 月，《东南亚无核武器区条约》就得以签署，1997 年 3 月 27 日生效。该条约还包含一个议定书，预备让美国、俄罗斯、英国、法国和中国等 5 个核武国家加入，目的在于让其承认并支持东南亚无核武区地位。该条约为缔约国间加强合作，维持东南亚无核武及其他大规模杀伤性武器提供了坚实的基础，也显示了东盟为全球核不扩散机制所做出的努力。为落实该条约，东盟在 2007 年制定了为期 5 年的《加强东南亚无核武区条约实施行动计划》（2007～2012 年），2013 年，东盟又将该行动计划延长 5 年（2013～2017 年）。另外，东盟还多次把有关该条约的决议提交到联合国大会审议，从而成为联合国的决议。然而，可惜的是，尽管东盟与上述核武国家进行了多次的磋商，但由于法国、俄罗斯和英国方面的因素，核武国签署《东南亚无核武器区条约议定书》的问题仍悬而未决。不过，随着老挝 2011 年 11 月、文莱 2014 年 2 月加入国际原子能机构，东盟所有成员国都已经是国际原子能机构的成员。

（三）东盟地区和平与安全建设

第一，信心建立、预防冲突与防务合作。东盟建立信心、预防冲突与防务合作的机制主要依赖东盟地区论坛和东盟防长会议。

东盟地区论坛建立于 1994 年，是对共同感兴趣与关心的政治与安全事务进行建设性对话与协商的平台。它也致力于在亚太地区建立信心，开展预防性外交。1994 年 7 月论坛成立之初，与会国有 18 个，现在它有 27 个参加者。东盟地区论坛采取渐进与发展的手段应对本地区的安全挑战。它设定了 3 个阶段的发展进程，即建立信任措施、开展预防性外交和探讨解决冲突的方式等。目前，论坛正在迈向预防性外交阶段，其标志是 2011 年 7 月《东盟地区论坛预防外交工作计划》的通过。该计划对预防外交的概念、目标、原则和实施进行了概括，并说明了其机制。建立信心措施的形成是基于政府官员和论坛成员间的定期讨论。他们的定期互动促进了透明度、互信和相互理解。不仅如此，论坛正转向以行动为导向的机制，以实际行动检验信心与预防外交的成果。2010 年 7 月 23 日的第 17 届论坛通过了落实其愿景声明的河内行动计划，作为开展与实施务实行动的政策指针。行动计划确立了 6 个未来工作的基础，即减灾、反恐与打击跨国犯罪、海洋安全、核不扩散与裁军、维和行动与防务对话。为指导这些先行领域的合作，相关的工作计划大都已经制定。因亚太地区自然灾难频繁，东盟论坛先后举行了多次减灾领域的演习，如 2009 年 5 月在菲律宾的演习、2011 年 3 月在印尼的演习、2013 年 5 月在泰国的演习。到 2013 年 7 月第 20 届东盟论坛举办时，又有两项预防外交的关键性成果获得，一个是《迈向预防外交意向书》通过，另一个是 2014 年 3 月，有关预防外交培训资源问题的圆桌会议召开。此时，东盟地区论坛已经深化了非传统安全领域的合作，如网络安全、生物安全、外层空间安全、核检验（核法证学）、海洋环境保护等。另外，论坛也与其他东盟主导的机制与框架一起工作，推动相互配合，避免重复工作。这些机制与框架包括东盟灾害治理委员会、东盟扩大会议专家组、打击跨国犯罪高官会议、东盟海事论坛和东盟灾害人道主义援助协调中心等。

东盟国防部长会议 2006 年 5 月成立，是东盟内部最高的防务机制，其召开的年度会议便于各国防长对当前的防务问题与安全挑战进行讨论并交换看法。据此，可以增加防务的透明度与开放度，从而增强彼此的信任与信心。在共同体蓝图发布后，东盟的防务合作进一步加强。2010 年 5 月，防长会议签订了《加强东盟防务合作以求地区稳定与发展联合宣言》。2011 年 5 月又签署了两项新的倡议，即创建东盟维和中心网络，制订东盟防务产业协作意向书。随后，马来西亚作为产业协作意向书的提出者于 2012 年 4 月 18 在吉隆坡主办了第 1 届防务产业协作会。泰国于 2012 年 9 月在曼谷主办了第 1 届东盟维和中心网络会议。2013 年，东盟第 7 次防长会议又决定建立东盟防务互动计划和后勤支持框架。这两个项目分别于 2014 年 3 月与 4 月在文莱启动。2014 年 5 月第 8 次防长会议通过《建立直接通讯链意向书》，目的是在紧急状态下推动东盟的快速反应合作，特别是与海洋安全相关的事务上的应急合作。当然，它同时也是实际的信任与安全塑造的手段。

另外，为了使东盟各成员国的防务政策更加透明，并深化相互之间的理解，熟悉所处的安全环境，东盟秘书处在 2013 年首次发布《东盟安全概览 2013》小册子，主要介绍东盟及其成员国对地区和平、安全与稳定所做出的贡献，也展现各国的安全与防务政策。

第二，争端解决机制建设。东盟虽然在《东盟宪章》和《东南亚友好合作条约》中规定了解决冲突的基本原则，但是东盟却没有切实可操作、可执行的治理机制。所以，东盟努力在这个方面有所突破，并把建立东盟和平与和解研究所作为先行的工作。2012 年 11 月，在第 21 届东盟领导人峰会期间，东盟和平与和解研究所正式启动，成为东盟研究和平行动、争端治理与解决的主要机构。

第三，非传统安全合作。在非传统安全领域，东盟确定了 8 个优先合作领域，包括恐怖主义、毒品走私、人口贩卖、武器走私、海盗、洗钱、国际经济犯罪和网络犯罪等。为强化这些方面的合作，东盟已经制定并实施了某些反恐与打击跨国犯罪的规范，如《东盟打击跨国犯罪宣言》《东盟打击跨国犯罪行动计划》和《东盟打击跨国犯罪行动计划工作进程》

等。同时，东盟建立起打击跨国犯罪部长会议作为其讨论与跨国犯罪相关事务的最高机构。它每两年集会一次，但其高官会议则每年都应召开。打击跨国犯罪高官会议与所有东盟的对话伙伴就地区所关心的跨国犯罪威胁事务进行磋商，并支持东盟在阻止跨国犯罪上发展未来的务实合作。

在反恐方面，东盟与所有对话伙伴发表了反恐合作的联合宣言。为落实这些联合宣言，东盟与这些对话伙伴还制定了行动计划。同时，《东盟反恐公约》在2007年得以签署，2011年5月生效。到2013年1月，所有东盟成员国都批准了该公约。公约为打击、预防和遏止恐怖主义提供了一个区域合作框架。另外，2009年11月东盟打击跨国犯罪部长会议还通过了《东盟反恐综合行动计划》。

早在1972年，东盟就已经认识到日益增大的毒品威胁以及合作打击这种威胁的重要性，并为此采取了一系列行动。为促进共同体建设，东盟拟到2015年实现本地区的无毒品化目标。到时，东盟承诺禁止非法毒品的生产、加工、运输与使用，以降低其对社会的消极后果。为达此目标，2009年11月东盟制定了《打击非法毒品生产，贩运和使用工作计划(2009~2015)》。在2012年4月的第20届峰会上东盟领导人又通过了《2015东盟无毒品宣言》。2013年9月3日，东盟在文莱召开禁毒部长级会议，呼吁更好地平衡治疗康复手段与法律强制手段之间的关系。随着2015年临近，部长们认识到有必要启动后2015议程，东盟将继续承诺在本区域打击毒品危害。

在全球化和地区互联互通的愿景下，东盟认识到有必要加强在移民方面的区域协调与合作，强化边境治理与安全，打击拐卖人口或人口走私。东盟在移民事务上的合作通过每年举行的东盟移民情报论坛、移民局局长与外交部领事司司长会议得以机制化。在《移民事务合作行动计划》的指导下，东盟进行信息与经验的分享，共同应对挑战。从2009年1月起，东盟启动移民和边境管理项目。此外，东盟还发布了在人口走私案件上进行法律合作的东盟手册。2011年7月，东盟地区贩卖人口刑事司法进程报告也正式启动。在2009年底，东盟开始探寻制订《东盟打击人口走私公约》的可能性。该公约草案以及《打击人口走私地区行动计划》终于在2014年完成起草，等待2015年东盟峰会的审议及批准。

在网络犯罪方面，东盟通过建立专门的工作组来予以打击。打击网络犯罪工作组成立大会于2014年5月在新加坡举行。

第四，司法合作。在《东盟共同体路线图》启动前，东盟已经在许多领域进行了司法合作，如编制东盟政府法律部门目录、建立东盟权威性的法律信息部门、在成员国之间交换司法领域的访问学者等。为进一步加强该领域的合作，东盟在1986年启动东盟司法部长会议机制，讨论相应问题，并指导东盟高级司法官员会议在各司法领域的工作，如刑事司法互助、引渡罪犯、反恐、海洋安全、沿海及海洋环境保护、贸易自由化法律服务、东盟贸易法律的协调以及民商事务司法互助等。这些方面的合作，使得东盟正成为法治化的政府间国际组织。

在2011年第8次司法部长会议的倡议下，强化成员国间法律信息网络的研讨会于2012年6月在金边召开。2013年12月，检查东盟成员国贸易法协调性情况的第五工作组会议在万象召开。2013年《东盟司法互助条约》正式生效。2014年1月，该条约框架下的第五次检察总长会议在马来西亚举行。此外，东盟首次优秀法院和司法合作论坛2014年3月在新加坡举办。4月，关于东盟成员国法律与法规颁布问题的地区性研讨会在雅加达举行，与会者相互了解各自的司法制度，如法律的制订、条约批准和实施程序等。

第五，减灾合作。东盟在减灾合作方面，有着丰富的机制，如东盟地区论坛和东盟防长扩大会议中都有相应的功能。在这些机制框架下，不仅制定有相应的行动计划，设置有专门的专家组，而且实施了多次减灾演习。更重要的是，在2008年5月缅甸遭受热带风暴“纳尔吉斯”袭击后，东盟与联合国、缅甸政府很快成立了一个3方核心小组以协调赈灾。这个小组的成立，被视为国际社会为援助缅甸灾民所取得的一个突破，其实也是东盟角色扩展的一个突破。3方核心小组一直工作到2010年7月。此间，他们一方面协调救灾，另一方面还制订了缅甸2009~2011年灾后复苏计划。

第六，东盟共同体意识建设。《东盟宪章》生效后，东盟已具有法人资格。然而，如果要建立以此为基础的共同体，还必须构建相应的共同体意识。于是，东盟首先确立了一套象征符号以表现其独特的身份。2010年4月，东盟协调理事会第6次会议通过了关于“东盟”名称、盟徽和盟歌的使用准则。2011年5月，理事会第8次会议又通过了东盟旗帜的使用准则。这对于东盟符号的推广以及东盟意识的形成意义重大。常驻东盟代表团为提升东盟意识、打造东盟共同体开展多种多样的活动，参与的对象有各个层次的个体与团体。另外，东盟政治—安全共同体理事会在2013年9月对政治—安全共同体蓝图进行第二次修订时，特别强调要在各种相关行为体间推动东盟政治—安全共同体意识，鼓励他们参与并对共同体的实现做出贡献。当然，东盟框架下每年召开的各个领域的众多官方会议，也是构建东盟共同体意识的重要渠道。

(四)东盟与外部的安全合作

东盟与外部的安全合作主要通过东盟地区论坛、东亚峰会、“10+1”“10+3”和东盟防长扩大会议等机制加以实施。在实施的过程中，东盟的各个部门都发挥其各自的功能，力求在地区安全的构建中起核心作用。

从前文可知，参与东盟地区论坛机制的成员已经达到27个，所以它的功能不仅局限于东盟成员国内部的互动，而且在于扩展与外部的安全合作与对话。不仅如此，东盟地区论坛正使合作的水平不断提高，变成以行动为导向的论坛。其活动正迈向多样化，从学术会议到一般工作营，从沙盘推演到实地演习等。另外，论坛的合作领域也正逐渐扩大并日益深化。如在反恐与打击跨国犯罪合作中，它就注意到网络安全与网络恐怖主义、生物安全与生物恐怖主义的威胁。于是在2013年7月金边第19届东盟地区论坛上，外交部长们发表了确保网络安全的声明，重申更加紧密的区域合作，在信息使用和通讯技术安全上，呼吁制定相应的工作计划以指导这方面的合作。在生物恐怖主义方面，论坛已经制定了一套最佳方案进入疾病监控系统。东盟地区论坛作为一个长期由东盟主导的地区机制继续对不断发展的地区构建做出了它应有的贡献。

为加强与对话伙伴在防务与安全问题上协商与合作，东盟于2010年10月启动了东盟防长扩大会议。防长扩大会议最初同意在海洋安全、反恐、人道主义援助与减灾、维和行动以及军事医疗等5个领域进行务实合作,2014年后又把人道主义排雷行动作为其第六个合作领域。为方便这些领域的合作,每个合作领域都在2011年成立了专家组。专家组由东盟成员国与对话伙伴共同担任主席。专家组成立后,他们分别召开会议并启动各自的合作行动。合作主要在务实层面。2012年军事医疗工作组于7月在日本东京,海洋安全工作组于9月在马来西亚兰卡威分别进行了模拟演习。2013年6月17~20日,东盟防长扩大会议的务实合作达到一个新高度,各参与国第一次共同在文莱举行人道主义援助和减灾、军事医疗演习。反恐演习于2013年10月间在悉尼进行,海洋安全的实地训练也于2013年9月在印尼进行。演习的成功凸显了扩大会议务实合作的积极意义。它提供了一个良好的平台通过交换或联合训练以建立军队之间的联系,也可增强灾害治理的可操作性。2014年,所有专家组第一周期的行动结束。2014~2017年是第二周期,6个专家组的新主席(合任)与工作计划都已就位。这些专家组使得东盟的对外安全务实合作得以稳步快速地推进。

2009年11月18日,东盟打击跨国犯罪部长级会议第四次扩大会议召开,同意在“10+3”框架下寻求综合与协调的方法打击跨国犯罪,在8个优先领域(恐怖主义、毒品走私、人口贩卖、武器走私、海盗、洗钱、国际经济犯罪和网络犯罪)深化合作。部长们还原则上同意运用“10+3”合作基金研究如何有效实施《10+3打击跨国犯罪工作计划》。该计划由2007年11月第3次扩大会议通过。其实,东盟与对话伙伴国之间在打击跨国犯罪方面,几乎每年都有相应的对话与协商,而且制订了相关的工作计划。

截至2014年5月16日,共有78个主权国家、1个地区组织,包括10个东盟对话伙伴,已经向东盟委派了大使。东盟也在第三国建立了43个东盟委员会,协助协调与运用东盟方式处理与所在国的关系。为继续有效地处理、发展与开拓东盟的对外关系,2014年5月东盟外长在内比都通过《东盟对外关系指南》。

三、东盟政治—安全共同体建设存在的问题

总体而言,到2015年,东盟基本上实现了《东盟政治—安全共同体蓝图》的要求,然而,由于蓝图本身内容所限,东盟政治—安全共同体建设的成就与外界所想象的结果存在一定的差距。

(一)建构主义导向的共同体建设模式

建构主义理论强调国际关系的状态取决于相互之间共有文化的建构。如果相互之间形成的是敌对型文化,国际关系必定时常面临战争的威胁;如果相互之间是友好型文化,国际关系才能实现持久和平与安全。东盟政治—安全共同体的建设显然属于此类模式。这一点已经由此方面专家阿米塔·阿查亚的研究得以充分解释。在他看来,东盟这种安全共同体建立在规范、态度、实践以及合作习惯的基础上,形成对和平行动的共同理解,再通过维护和平的机制以及外交技巧,抑制成员国之间通过武力解决冲突的能力,以前通过战争手段追求利益的情况现在被依靠和平手段追求利益所取代。因此,这种共同体既不同于集体安全,也有别于军事结盟。在这里,避免战争不是由法令支持的法律义务,而是变成了一种社会习惯。这种解释得到许多中外学者的认可。有学者指出,东盟所推动的共同体是“一种柔性的安全框架进程。其核心特征是建立安全对话机制、推广对话及和平解决争端理念、增强东盟的话语和智慧贡献、确立东盟在这一安全框架中的道德和规范优势”。它在本质上强调的是通过沟通与对话,以减少分歧、增强互信,从而实现构建共同安全的目的。从上述东盟政治—安全共同体建设的具有做法来看,基本上印证了学者们的判断。

既然东盟政治—安全共同体建设具有建构主义的特征,那么,在东盟成员国间建构共有的和平文化与习惯必然是一个漫长的过程。也就是说,期待到2015年年底形成这种文化是相当不现实的。正因如此,东盟早在2013年4月第22届领导人峰会期间,就责成东盟共同体理事会开始计划后2015的东盟愿景。他们可能认识到,即使当前的路线图得以全面落实,这个安全共同体也并不那么“安全”,甚至连成员国之间,如2011年泰国与柬埔寨因领土争端所引发的军事冲突也无法立即避免。

目前,东盟共有文化集中体现在“东盟方式”上,其背后依然是《东盟宪章》和《东南亚友好合作条约》所呈现的基本原则,即主权平等、领土完整和不干涉他国内政原则。至于所谓互利共赢、尊重与保护人权原则,有时则与主权原则有一定的出入,无法得到同等程度的认可。

因此,当共同体建设在涉及到主权问题时,无论在蓝图规划还是在实践中,东盟都无法有实质性的突破。此时,“东盟可能只有两个选择:一是有限的参与,即只讨论成员国允许其讨论的问题,而且只发挥建言者的角色;二是选择沉默,如对泰国军事政变的失声”。这应该是东盟共同体的总体运作状态和特征,它限定了其发展所能达到的高度。

(二)共同体机制与机构的有效性问题

东盟在政治—安全共同体建设中设置了多种多样的机制与机构,如前文已经介绍的东盟领导人峰会、东盟地区论坛、东盟海事论坛、东盟防长扩大会议以及各类委员会等,但通过东盟秘书处编制的年度报告可以看出,这些机制与机构的运作似乎集中于开会,除逐渐增加的演习外,很少看到其对东盟共同面对的现实政治与安全问题进行实质性的处理。类似应对缅甸风灾所设置的“3方核心小组”及其实质性工作在东盟实践中并非具有普遍意义。这种现象说明,东盟共同体层面的机制和机构几乎没有任何超越成员国主权之上的决策权限和独立执行的能力。

东盟在论及东盟政府间人权委员会的议事规则时,对这一点表述得十分明白。东盟文件指出,建立东盟人权机构并不是要使其成为“独立的监督者”,东盟人权机构会像其他东盟机构一样,也采用协商和共识的运作方式,恪守所有国家的主权平等原则,通过友好商讨和劝说的方式来培育好的想法和建设性举措。在这种情况下,东盟各成员国通过共同体的机制与机构进行观点与信息交流,对共同面对的政治与安全问题进行磋商,形成一个共同的解决问题的意向,对外发表相应的声明或宣言,但具体执行及监督、奖惩等,则主要依赖成员国自身自觉的行为。这使得东盟共同体的许多协定、宣言、声明很容易沦为一纸空文,直接影响到东盟政治、安全合作的效率和结果。

(三)争端解决机制问题

即使东盟政治—安全共同体建成,也不意味着其内部没有争端。共同体存在的意义是使争端得以和平地解决。因此,在共同体内部应设置有争端解决机制。《东盟宪章》中确有“争端解决机制”一节,《东南亚友好合作条约》中也设置有

高级委员会来处理争端,但值得注意的是,这两方面的可操作性都存在问题。基于此,泰国与柬埔寨在因柏威夏寺争端引发冲突时,双方宁愿选择区域外第三方介入也不求助于东盟相关机构。从 2008 年新一轮柏威夏寺冲突爆发以来,东盟虽然也举行过特别会议,发表过相关的声明,但仅限呼吁和支持双边谈判。甚至要派遣停火观察员也需冲突双方的邀请。

其实,东盟在设计政治—安全共同体蓝图时就已经认识到这个问题,蓝图要求"若有必要可考虑增设额外的机制以强化既有的和平解决争端模式"。据此,在 2010 年 4 月,东盟签署了《东盟宪章争端解决机制议定书》以实现这个要求。它跨越了经济争端领域,具有准司法属性,且可操作性更强,分别对斡旋、调解、调停及仲裁程序进行了详细设计。然而,可惜的是,这一议定书至今都没有得到东盟全部成员国的批准,因而无法生效。

(四)东盟共同体的"政治性"十分有限

从名称上看,东盟政治—安全共同体强调的应该是两个方面,即政治层面与安全层面。然而,从蓝图的内容来看,它显然更偏重于安全部分。确实,它的曾用名中根本没有"政治"字样,最先就被称为"东盟安全共同体"。

蓝图要求推动成员国的政治发展,并把"民主、法治、善治、人权"作为目标,然而,在设计相关行动时,特别是涉及民主化的行动时,并没有实质性的内容。即使是"选举观察"这样的活动,也主张"自发性"的参加。缅甸 2010 年大选引发世人的关注。东盟在 2010 年 7 月召开外长会议时达成共识,希望缅甸邀请东盟派遣选举观察团。但是,缅甸选举委员会随后宣布不让外国记者采访大选,也不邀请外国的选举观察团。这令东盟相当尴尬。不过,在 2012 年的补选中,缅甸开放反对派参加选举,罕有地邀请了东盟和西方国家的观察团观选,以显示选举的公开、公平性。

派团观察选举尚且如此困难,所以,当泰国发生军事政变时,东盟只有保持沉默。近些年来,东盟某些国家的政治确实有所进步,但东盟的推动作用相当有限。

(五)东盟成员国实力差距较大,影响共同体建设

东盟各成员国政治制度多样,意识形态各异,发展阶段不同,且相互之间存在着不同形式的争端,这为东盟政治—安全共同体建设设置了重重障碍。

共同体的建设不是一句空话,需要的是人员、物质和金钱的大量投入。因此,对于那些弱小国家而言,能否承担起此项负担还是个问题。比如,作为东盟的轮值主席国,应该主办各种多如牛毛的会议,单是此项开支就非小数。东盟领导人峰会对这种情况非常明确,多次主张缩小成员国的差距,但因缺乏相应的措施,效果并不显著。

四、结语

在东盟共同体的三大支柱中,政治—安全共同体的建设应该是最为困难的。主要影响因素是它常常会涉及到成员国的主权问题。在主权观念没有较大转变的情况下,共同体的政治性就很难体现,区域权威的建立因此会非常困难。这对东盟如此,对欧洲共同体的建设同样如此。不过,欧盟国家有关主权的观念已经与过去相比有较大的变迁,在更大范围内实现主权的转移,这样的现实正日益为其成员国民众所接受。

尽管如此,东盟政治—安全共同体的建设成就依然是令人鼓舞的。它已经具备了法人资格,完善了相关机构,制定了行为规范,强化了东盟意识,并在非传统安全合作中取得巨大的实质性成就。

(作者系厦门大学副教授,法学博士,原载《南洋问题研究》2015 年第 4 期)

东盟社会文化共同体:现状与前景

沐 鸿

东盟于 2003 年提出社会文化共同体(CASCC)的构想后,通过一系列协定和文件积极推进其建设。2015 年年底,东盟将宣布建成东盟社会文化共同体。目前,东盟社会文化共同体蓝图规划的 339 项行动计划已实现逾 90%,可望成为三大共同体建设中最先完成的一个。

一、东盟社会文化共同体建设的背景

2003 年 10 月,东盟第九次首脑会议通过《东盟国家协调一致宣言 II》,各成员国一致同意到 2020 年建成东盟共同体的构想,它包括"东盟经济共同体""东盟安全共同体"后改为"政治安全共同体"和"东盟社会文化共同体"三大支柱。2007 年 1 月 13 日,第 12 届东盟首脑会议通过《宿务宣言》,提出将东盟共同体建成时间从 2020 年提前到 2015 年年底。2007 年 11 月 20 日,第 13 届东盟首脑会议签署了《东盟宪章》,提出加强开发人力资源,鼓励社会各部门参与,增强东盟大家庭意识,并设立了专门负责东盟社会文化事务的理事会。

2009 年是东盟推进社会文化共同体建设进程的关键一年,3 月 1 日,东盟发布《东盟社会文化共同体蓝图》,确立东盟社会文化共同体的建设目标、基本特征、构成要素和具体措施。该蓝图提出东盟社会文化共同体将"建立身份认同、建设关爱分享的社会、达到以人为本、激发人们的社会责任感作为最重要的目标,并促进东盟区域的长久稳定和团结,尊重各国的差异,力求在社会层面上促进各国差距的缩小"。

在 2013 年 10 月的第 23 届东盟首脑会议上,东盟发布《东盟社会文化共同体蓝图(2009 ~ 2015)中期报告》。该报告以《东盟社会文化共同体蓝图(2009 ~ 2015)》为建设标准,订立关联性、效果、效率、可持续性和影响 5 个评估标准,全面和系统地评估东盟社会文化共同体建设的进展,从区域和国家层面考察东盟社会文化共同体建设的成效,并对东盟社会文化共同体建设的未来进行展望。

在东盟区域一体化进程中,东盟何以将社会文化共同体建设与政治安全共同体和经济共同体相提并论?从解释战后全球性区域一体化的区域主义理论的演变看,区域主义理论经历了从"旧区域主义"到"新区域主义"的发展过程。20 世纪 80 年代以来,随着全球性区域一体化的热潮,出现新的区域化理论,提出诸如非传统收益的经济一体化理论、"轮轴—辐条"双边主义理论、多维视角的经济一体化理论等新区域主义理论。新区域主义理论认为,区域一体化与"区域意识"密切相关,区域意识越强,区域融合度就越高。"新区域化"是一个包括文化、安全、经济政策和政治制度等在内的从"异质"到"同质"的过程,区域化需要由某种程度的"文化同质"来启动,安全上的对立会导致经济上的分野,经济政策的相容性也同样重要。因此,东盟共同体的政治安全、经济、社会文化三位一体正是新区域主义理论思潮的产物。

东盟社会文化共同体建设，是由该区域多元社会和多元文化的区情所决定的。东盟各成员国有不同的种族、语言、宗教信仰和民族文化，是世界上民族、宗教与文化最为丰富和复杂的地区。在此背景下，东盟区域一体化必须首先确立各成员国民众对东盟的认同感和归属感，清除区域整合中涉及社会文化的负面阻碍因素，以得到区内民众的广泛支持。另一方面，东盟各成员国地理位置相近，历史经历和社会文化方面也有许多相似和联系，东盟需在区域内最大限度地整合社会文化资源，使各成员国在区域整合中获得社会文化利益的最大化。在东盟区域一体化进程中，相对于政治安全和经济发展，社会文化是区域一体化的更高层面。在某种意义上，尽管东盟区域政治安全一体化和经济一体化取得了一定成就，但区域社会文化一体化更为重要和紧迫，它是东盟共同体建设的民众认同和社会基础，社会文化共同体的建设势必有利于促进政治安全共同体和经济共同体的发展。

从东盟外部而言，东盟需要通过社会文化共同体建设来强化东盟作为一个区域组织在国际事务中的地位。东盟地处两大洲和两大洋之间，地理位置十分重要，一直是大国角逐的热点地区。东盟由多元种族和多元文化的成员国组成，这来自于外来移民与文化的冲击和影响。当前，全球性区域经济一体化已经超越了单纯的经济范畴，兼有政治、外交、社会和文化方面的战略意义。域外大国通过更加优惠的贸易和投资条件将成员国的经济利益紧密联系在一起，经济利益的融合又加强了成员国之间的政治、外交关系，并扩大其社会文化的影响，形成各种利益共同体。东盟成员国意识到需要加速社会文化方面的建设，用同一个声音说话，团结一致、共同努力，增强整体凝聚力，才能使东盟作为一个融合度更高的区域组织来更全面和更积极地参与国际事务，在全球议题上拥有话语权，不断提升东盟的国际影响力。

二、东盟社会文化共同体建设的蓝图

2009 年 3 月，东盟公布《东盟社会文化共同体蓝图》，确立了东盟社会文化共同体的建设目标和措施，其建设目标是“推动东盟共同体的建设，建立一个以人为本、有社会责任感、以实现东盟各国人民和国家间的团结、稳定和统一，塑造共同的身份、建立一个有共同关怀、福祉共享、包容与和谐的社会，增强和改善本地区人民的生活和福利”，具体有 6 大目标，具体措施则有 339 项。

（一）社会文化共同体建设的目标任务

《东盟社会文化共同体蓝图》提出东盟社会文化共同体建设的六大目标任务如下：

1. 人类发展。东盟社会文化共同体建设把人类发展放在第一位，优先推动教育发展，注重投资人力资源开发，加强妇女、青年、老人、残疾人的创业技能和公务员能力的培养，促进劳动体面性，促进信息、通信技术和应用科学技术的便利获得。

2. 社会福利和社会保障。通过加强医疗保健、控制传染病、减缓贫苦来确保社会福利和保障，促进形成健康的生活方式，建立社会安全网络，提升抗灾和灾后恢复能力，加强粮食安全和保障，远离毒品，促进东盟形成一个安全、稳定和无毒的环境，提升人们的生活幸福程度。

3. 社会正义和公民权利。它包括劳动力、社会福利和妇女儿童三大方面的发展，目标是致力于推动社会公正，使东盟区域内的民众能够享受平等的权利和福利，特别是弱势和边缘化人群如妇女、儿童、老人、残疾人和外来劳工。

4. 确保环境可持续发展。东盟要积极参与应对全球环境的挑战，实现区域可持续发展的目标，基于经济与社会发展推动建设干净和绿色的环境，促进各种资源的可持续发展、管理和保护。在解决全球环境问题的同时，注重东盟跨境环境管理和污染防治，通过环境教育促进可持续发展和公众参与，促进无害环境技术，提高东盟城市生活质量，协调环境政策和建设基础数据库。

5. 建立东盟身份认同。东盟的身份是该区域的利益基础，这是区域的集团人格、特点、价值观和信仰以及作为一个东盟共同体的愿望。东盟将立足于统一的多元化精神，促进不同层次社会的共同意识和价值观，促进东盟的共同体意识，促进东盟文化遗产的保护和文化产业的创造力，参与社会共同体的构建。

6. 缩小发展差距。在东盟加强合作，减少发展差距，特别是东盟 6 个老成员国（文莱、印度尼西亚、马来西亚、菲律宾、新加坡和泰国）和东盟 4 个新成员国（柬埔寨、老挝、缅甸和越南）间在社会层面的发展差距，加大在区内欠发达地区的开发投入。通过各种次区域合作框架解决社会发展问题，如文莱—印度尼西亚—马来西亚—菲律宾的东盟东部增长区、大湄公河次区域、伊洛瓦底江—湄南河—湄公河合作战略、印度尼西亚—马来西亚—泰国增长三角、越南—老挝—柬埔寨—泰国东北部—缅甸的沿东西经济走廊、东盟—湄公河流域发展合作计划、柬埔寨—老挝—越南发展三角、柬埔寨—老挝—泰国翡翠三角和柬埔寨—老挝—缅甸—越南合作计划等。

（二）社会文化共同体建设的资金体系

1. 资金来源。东盟社会文化共同体建设的资金来源分为区内、区外两大部分，前者为东盟自身规划设立的区域资金项目和在成员国层面吸收的资金，后者则通过与国际组织和伙伴国家的合作来拓展资金来源。(1)区内具体包括：①东盟区域特殊预算和基金。一是促进东盟发展运作的预算和基金，来自成员国国家预算的支持和捐赠，如东盟人道主义援助合作中心、东盟基金等；二是专项基金，如东盟科学技术基金、东盟雾霾基金等。②区域项目和会议的资金。它包括成员国的资金，相关国家担负的会议主办费用。③对成员国项目进行的现金和实物援助。(2)区外具体包括：①支持区域和国家层面的多年计划项目或一次性活动，如东盟—联合国艾滋病规划署流行病预防、东南亚泥炭地森林持续管理和东盟紧急传染病援助基金。②通过专家、顾问和其他人力资源来提供技术支持，如东盟与联合国国际减灾战略和牛津饥荒救济委员会减灾计划。③利用与区外伙伴的信任纽带建立支持特殊项目的基金，如日本资助建立的东盟文化基金、韩国资助建立的东亚青年交换基金。

2. 资金应用。2009 ~ 2012 年，东盟社会文化共同体建设所收到的赞助占获赠资金总额的 55.64%，大约有 62400 万美元在区域内流动。东盟根据捐赠基金数量和项目的不同规模，对合作项目采取基金配对的手段，更加青睐给予短期且小型的战略性项目以全额基金支持，并对特定优先部门长期和短期项目进行率先分配，如青年、教育和环境领域等。东盟注重全面拓展资金支持的运用范围，通过举办自上而下的东盟会议和定期区域会议，确保东盟社会文化共同体蓝图的工作得到区域和国家的支持，包括对国家性工程和项目的支持，对文化、信息、科学、技术、青年、环境、灾难管理、健康和传染性疾病等重点领域的区域方案和项目的以及跨部门议题的资金支持。

（三）社会文化共同体建设的管理机制

1. 建设管理机构和部门。东盟社会文化共同体建设的管理机构和部门主要有：（1）东盟秘书处。它是东盟的常设机构，在东盟各委员会间具体指导和协调工作，对相关计划的开展进行传达，其下设项目执行机构和相关工作组，并在对应成员国设立执行小组。（2）东盟社会文化共同体管理委员会。它是对东盟社会文化共同体建设负责的最高机构，负责联系东盟成员国领导人、加强各成员国合作、确保蓝图执行、为实施优先项目合作获得财政支持、定期回顾总结发展情况。（3）社会文化共同体职能管理部门。下设中期报告官方工作小组，主要职责是通过召开区域和国家分析会议，编写东盟社会文化共同体发展中期报告，总结建设中区域和国家层面的情况；另有东盟社会文化共同体高级办公委员会、东盟社会文化共同体合作会议、东盟社会文化共同体部门等。

2. 发挥各机构和部门的作用。东盟社会文化共同体的建设注重平等有效地发挥各机构和部门的作用，同时与建设高效的项目机制相结合，运用结果导向管理方法，使相关机构和部门在核心行政系统之内高效选择项目与合作。各机构和部门主管采取责任制，确保完全行使相应国家和工作的任务计划，围绕蓝图目标采取一致行动。东盟在区域内建立相关策略和计划的沟通平台，根据需求提供多层次的指导和相关议题的最新信息，还把项目与知识管理系统、计划管理系统和其他利益相关者的合作关联起来，提供符合实际的更有效的数据和信息分享平台，增加各成员国获得的便利性，促进资源的整合与协同发展。项目机制中最突出的是始建于2007年、完善于2012年的东盟监督系统和计分制度，它围绕东盟社会文化共同体的六大发展目标设立了28个量化指标，分为人类发展、社会福利和保障、社会公平和权利、确保环境可持续性和缩小发展差距5类，通过国际、区域和国家三个层面的数据搜集，对蓝图的进展、成果和影响进行有效跟踪、解释、评估和反馈。

三、东盟社会文化共同体建设的成效

根据《东盟社会文化共同体蓝图（2009～2015）中期报告》，以2013年6月28日为主要官方文件资料截止日期，以2013年6月20日为措施执行的截止点，在东盟社会文化共同体蓝图建设的6大目标和339项具体措施中，共有293项已获得实施，完成率为86.4%。在区域层面，东盟在发展内容和措施上均取得新进展；在国家层面，各成员国为实现东盟社会文化共同体的目标作出了积极的贡献。

（一）人类发展指标

东盟在人类发展的216项行动计划中，执行61项，完成57项。虽然人类发展任务的推动最为缓慢和艰难，但在提高幸福感、生活水平和提供平等发展机会仍取得有效成就，教育方面的体现最显著。东盟建立大学联盟系统和科技专用基金，旨在大力发展教育的基础上，在区域内共享高等教育资源，提升教学质量；通过东盟证书认证框架首创包含教育、劳动、服务等部门的跨平台认证体系。自东盟社会文化共同体进程启动以来，东盟各成员国的人类发展指标均有所提升（见表）。2005～2011年，东盟平均成人完成教育年限由6.4年升至6.8年，东盟6个老成员国由7.5年增加至8年（2010年数据），东盟4个新成员国由4.6年增加到5年（2010年数据）。其中，东盟6个老成员国和东盟4个新成员国青年预期教育完成年限在原来13年和9.7年的基础上都有所增加。在初等教育入学率上，东盟整体由2000年的88.9%上升至2010年的93.9%；2000～2010年，东盟的成人识字率由92%升至96.9%，其中东盟6个老成员国接近100%，东盟4个新成员国由81%增至92%。因此，东盟在人类发展中以教育为核心，而教育发展也带来了就业、生产率、劳动者保障的进

表　东盟社会文化共同体的人类发展指标（2005～2013年）

	年份	文莱	印度尼西亚	马来西亚	菲律宾	新加坡	泰国	柬埔寨	老挝	缅甸	越南
教育指数	2005	0.672	0.559	0.651	0.608	0.667	0.569	0.478	0.385	0.343	0.470
	2010	0.678	0.594	0.671	0.610	0.759	0.608	0.495	0.422	0.371	0.509
	2013	0.692	0.603	0.671	0.610	0.768	0.608	0.495	0.436	0.371	0.513
健康指数	2005	0.877	0.752	0.825	0.730	0.927	0.806	0.726	0.685	0.670	0.844
	2010	0.892	0.772	0.838	0.742	0.951	0.828	0.782	0.722	0.687	0.854
	2013	0.901	0.782	0.846	0.749	0.959	0.837	0.799	0.743	0.695	0.861
工资指数	2005	1.000	0.623	0.777	0.588	0.958	0.701	0.443	0.507	0.459	0.534
	2010	0.993	0.658	0.798	0.609	0.989	0.727	0.480	0.543	0.534	0.569
	2013	0.991	0.679	0.814	0.628	0.995	0.739	0.504	0.570	0.557	0.588
性别不平等指数	2005	—	0.551	0.290	0.458	0.137	0.405	0.552	0.568	—	0.332
	2010	—	0.508	0.269	0.430	0.094	0.379	0.494	0.542	0.459	0.329
	2013	—	0.500	0.210	0.406	0.090	0.364	0.505	0.534	0.430	0.322
人类发展指数	2005	0.830	0.696	0.738	0.622	0.835	0.656	0.491	0.484	0.436	0.561
	2010	0.837	0.723	0.758	0.641	0.864	0.680	0.518	0.520	0.479	0.590
	2013	0.852	0.684	0.773	0.660	0.901	0.722	0.584	0.569	0.524	0.638

注：“—”为数据暂缺

资料来源：根据联合国开发计划署数据库、东盟数据库编制

步。2009～2011年，东盟6个老成员国的失业率由3.84%降至3.02%，区域性的熟练技工的工资差异也有所下降，反映了熟练技工的人数或素质的上升。

（二）社会福利和社会保障

在社会福利和社会保障的94项目标任务中，东盟完成了91项，完成率达97%。据2011年东盟公布的实施联合国千年发展目标进展状况，东盟在消除贫穷、饥饿和疾病方面均有较大进展。2005～2010年，东盟人类发展指数由0.635升至0.657，绝对贫困人口比重由32.8%降至15.3%左右，尤其是印度尼西亚和越南由40%降至20%以下。东盟人口预期寿命由2008年的平均71.07岁升至2010年的71.57岁，婴儿死亡率由2000年的36%降至2010年的22.7%，特别是东盟4个新成员国的婴儿死亡率下降迅速。2000～2010年，东盟的疾病发生率下降明显，疟疾由每10万人345.3例降至189例，肺结核则由164.3例降至133.1例。作为艾滋病高发区，老挝的艾滋病发病率由2000年的每100人超过1.5例降至2011年的接近0.5例。

（三）社会正义和公民权利

在社会正义和公民权利的28项行动计划中，东盟完成21项，完成率为78%，成员国共签订了15个代表性的协议，主要集中于2010年和2012年，以"推动和保护妇女和儿童权益"最具代表性。东盟加强关注弱势和边缘群体，包括儿童、老人、妇女、劳工、移民、残疾人，重视保护和发展他们的权益，着力促进性别平等。东盟建立了促进和保护妇女儿童委员会和老龄人协会，第19届东盟首脑会议将2011～2020年宣布为残疾人10年期，2010年起东盟设立了东盟儿童论坛。同时，东盟加强网络平台建设，包括东盟老龄化研究网络、东盟家庭发展网、倡导企业家精神的东盟专家网等。

（四）确保环境可持续发展

在确保环境可持续发展上，东盟共达成24项具体协议。对蓝图环境行动计划的执行有三个方面：(1)加入国际性的环保公约。所有成员国参与联合国气候变化条约和《东京条约》，大多数成员国还批准了关于有害垃圾行动的《巴塞尔公约》、管理有害化学物品的《斯德哥尔摩公约》、保护臭氧层的《维也纳公约》和关于放射性物质的《蒙特利尔条约》。(2)制定东盟的环境保护评估指标和标准，运行综合性的东盟环境运行指数，各成员国还在2009年就空气质量良好标准的关键指数达成统一，在区内共享天气预报和气候监控的信息，对海洋文化遗产领域和遗产公园的标准也达成一致。(3)落实政策和项目执行。2013年，东盟提出可持续消费和生产比环境可持续发展更重要的新概念，并建立东盟高级环境办公室，主导建设东盟10年可持续消费和生产框架项目；成员国在各类教育课程中融入环境教育的要素；发起环境可持续城市、低碳社会和环境可持续交通项目等奖项，促进示范效应；多数东盟成员国采取了海岸线综合管理策略，出台了东盟海洋水质管理指导方针和监管指南，提出了东盟水质量问题和解决方法。2005～2010年，东盟区域人口获得改善的饮用水的比例由70.78%升至74.4%，民众获得改善的卫生设施的比例由63.61%上升至69.15%。

（五）建立东盟身份认同

东盟各成员国在达成身份认同意识的目标上形成了高度一致，确保了行动计划的完整性和持续性，完成50项任务中的48项，占比约96%，还达成14项成果协议。东盟主要以"人"为中心建立身份认同意识，旨在使民众了解东盟区情及其成员国国情，通过多样化的信任和能力培养活动，更深入地认识和了解东盟，主要有四方面措施：利用主流媒体、商业频道及网络和新媒体作为沟通与互动的工具，促进东盟意识的传播；通过东盟艺术节、东盟城市文化展、东盟学习测验课程、东盟角和东盟纪念日等活动，提升民众对东盟的身份认同和对各国丰富文化遗产和传统的认识；以教育为主要手段，把青年人作为主要目标对象，在中小学课程中融入东盟知识，在高等教育中有针对性地开展旨在深入探究东盟政治、经济、社会和文化等各方面的学习课程；发挥青年人在参与能动性、利用信息和交流技术和分享创意的激情和潜质，鼓励青年人投入实践活动，培养他们成为骨干力量。

（六）缩小发展差距

根据中期报告，此项是蓝图中唯一100%完成的目标任务。缩小发展差距的成果主要体现为两个"东盟一体化倡议"(IAI)工作计划，分别为"东盟一体化倡议(2002～2008)"和"东盟一体化倡议(2009～2015)"。通过两个IAI工作计划的实施，东盟6个老成员国和4个新成员国间在发展差距缩小上取得一定的成就。2005～2010年，东盟6个老成员国和4个新成员国的人类发展指数差距由25%缩小到22.9%，婴儿死亡率的差距由3.7倍缩小至2.5倍，人口预期寿命的差距由2.1岁缩小至1.8岁，成人识字率的差距由17.2%降至7.1%，获得改善的饮用水人口比例的差距由25.37%降至13.65%，获得改善的卫生设施人口比例的差距由31.87%降至25.95%。2000～2010年，东盟6个老成员国和4个新成员国的贫困率(每日生活费在1.25美元贫困线下的贫困人口比例)差距由15个百分点缩小至1.4个百分点。

四、东盟社会文化共同体发展的前景

近年来，东盟社会文化共同体建设取得较快进展，在人类发展、社会福利和社会保障、社会正义和公民权利、环境可持续发展、建立东盟身份认同和缩小发展差距等六个方面成效显著。但是，东盟社会文化共同体建设依然存在目标与现实的差距，主要有五个问题，东盟已经发现和正视了这些问题，提出了相关对策，并处于积极的解决过程中。

一是资金支持问题。包括项目执行部门无基金自主权、审批进程缓慢和项目本身高度依赖捐赠者、资金预算和实际所需缺口较大的问题。东盟将进一步优化预算分配管理系统，分类管理资金，按领域和项目的关键性排序，合理配置资金资源，建立制度化的捐赠协调机制。

二是人力资源问题。存在对技术专家资质认同不一致、工作人员素质参差不齐、某些部门人力资源不足的问题。东盟将更加重视人力资源，通过训练课程，提升工作人员的意识和业务水平，建立可流动的工作队伍，形成规范一致的工作方法，培养良好的工作文化氛围。

三是跨部门合作问题。跨部门议题的合作仍存在障碍，导致资源分配时滞和工作低效，出现重复性工作。东盟将对各部门的权利和义务更清晰有效地界定，同时加强协作，不断完善合作机制和网络，优化配置各项资源，选择优先合作的范围和项目，提高效率。

四是监督系统问题。监督和计分制度的某些部分(如指标、算法和评估方法)过于复杂，标准模糊，数据整合不完全；东盟数据库无法监督成员国所有的资源分派、花费和流向问题;在一些监督领域难以设立指标和进行量化评估。东盟将精简监督体系,统一相关指标、算法和评估方法,保证指标和数据的准确编译和及时处理,形成实时监督信息共享平台。

五是计划修正问题。相关纲领和行动计划存在碎片化现象;执行时在区域和国家层面时存在落差;仍有 9.37% 的行动计划不受东盟相关部门的直接控制。东盟将紧扣中期报告的行动计划,根据其目标和意义进行审核、重定或整合,强化优先顺序,更严谨地考虑各成员国的差异,促进协同一致。

在即将到来的 2015 年年底,东盟社会文化共同体的发展将有新的战略定位,主要是紧密联系着两个发展目标,即在 2015 年年底东盟共同体正式建成和推进 2015 年后在全球层面的发展进程。对于前者,东盟将继续稳步加快社会文化共同体的建设步伐,在建立一个以人为本和具有社会责任的社会文化共同体的同时,建立一个区域市场更加融合统一的经济共同体和一个更和谐和稳固的政治安全共同体,保持东盟的区域中心地位;对于后者,东盟将全球层面上的发展提上日程,在建设东盟社会文化共同体中适应快速变化的全球和区域发展环境,应对日益复杂化的地缘状况。

(作者系厦门大学硕士研究生,原载《东南亚纵横》2015 年第 8 期)

如何认识和理解东盟
——包容性原则与东盟成功的经验

张蕴岭

东盟是亚洲最有成就的区域合作组织。按照规划,到 2015 年年底,"东盟共同体"将成为现实。由东盟到东盟共同体,是一个很大的跨越。为何东南亚地区能够成功发展起来区域合作组织?究竟该如何认识和理解"东盟方式"?这不仅是现实性的问题,也是理论性的问题。所谓现实性,是指如何对待东盟和如何发展与东盟的关系;所谓理论性,是指要从东盟的发展中探求区域合作发展的内在逻辑。本文拟从如何认识和理解"东盟方式""以东盟为中心"和东盟共同体建设三个方面进行系统分析,力求提出一些有深度的观点。

一、如何认识"东盟方式"

1961 年,泰国、马来西亚(当时叫马来亚,尚未与新加坡分治)和菲律宾作为发起国成立了"东南亚联盟",这被认为是东南亚区域合作的开始。不过,次年,由于马来亚与菲律宾发生领土争端以及马来西亚与新加坡分治,该联盟陷于瘫痪。1967 年,东南亚推动区域合作的动力再现,泰国、马来西亚、新加坡、菲律宾和印尼五国外长签署《曼谷宣言》,成立"东南亚国家联盟",简称"东盟",取代原来的"东南亚联盟"。此后,东盟不断扩大,先后有文莱、越南、老挝、缅甸和柬埔寨加入,到 20 世纪末,东盟已有 10 个成员国,实现了整个东南亚地区的联合。目前,还有其他国家要求加入。

东盟的发展是一个奇迹。在一个分裂、战乱、动荡与落后的地区,通过开展区域合作,实现了地区的稳定、和平、合作与发展,这在东亚地区是史无前例的。而且,东盟作为一个区域合作组织,在聚拢东亚其他国家参与区域合作方面发挥了特殊的作用。

东盟学习欧洲联盟的经验,但并未照抄欧洲的做法和模式,而是根据自身的特点和需要,创建了独特的"东盟方式"。东盟成立依据的是一份宣言(《曼谷宣言》),其内容只有一页纸的篇幅,它不是宪章,也不是条约,只是共识,是共同的承诺。"东盟方式"的内涵被称之为"不写下来的规范,非正式的理解";所依托的是"六大原则",即尊重主权和相互依存,不干涉内政,不使用武力,避免使双边问题在地区层面对抗,协商一致的决策过程和谨慎处理敏感问题。概括而言,"东盟方式"的内涵主要包括:

其一,渐进推动东盟的扩大与提升,坚持将东盟事务放在东盟框架之下解决,以增强本地区内部的凝聚力。东盟的价值不在于实现地区的高度一体性(或者单一性),而在于在保持多样性的前提下,推进协商与合作。"东盟方式"的贡献在于:以合作为出发点,创建"协商与一致的文化";通过每年组织上千次各种各样的会议,构建广泛和多层次的"沟通渠道与网络";通过坚守不干涉原则,创建"安静外交与冲突管理机制"。东南亚地区曾被称为"亚洲的巴尔干"。冷战结束后,欧洲的巴尔干地区经历了战乱,而东南亚地区却实现了和平转变,靠的就是这些创造性。东南亚是世界上差异化最大的地区之一,区内各国在政治体制、发展水平、种族和宗教等诸多方面存在多样性。东盟的作用不是要把它们统一起来,而是在合作框架下实现和谐共处。维护多样性是东盟开展合作的基础,而通过合作实现共同发展则是各成员国一致的追求。因此,东盟的发展进程被认为是亚洲包容性文化的具体体现。

其二,坚持以经济发展为基础,通过东盟机制逐步推进区域内的市场开放,改善发展的综合环境。自 20 世纪 70 年代中期起,东盟开始把推动内部市场开放、优化内部发展环境作为合作的重点。1977 年,东盟开始启动"特惠贸易安排"(PTA),并在进程中不断对其内容进行修改,以提高东盟内部市场的开放程度。1992 年,东盟提出建立"东盟自由贸易区"(AFTA),并计划用 15 年的时间建成,届时将区域内部的关税降至 0~5%。东盟自贸区的建设从执行共同有效普惠关税方案(CEPT,简称"普惠关税方案")开始,而普惠关税方案又根据成员国的发展水平,实行了快速减让(又分为 10 年和 7 年)与常速减让(又分为 10 年和 15 年)的分步走办法。东盟根据自身发展的需要和可行性,不断加快市场开放的速度。1994 年,东盟决定把建成自贸区的时间由 15 年缩短至 10 年。1997 年亚洲金融危机爆发后,东盟的经济发展遇到极大的困难,在此情况下,东盟各成员国没有退回到保护主义,而是提出了加速开放的战略,老成员国承诺到 2000 年完成降税目标,对新成员国(越、老、柬、缅)则给予 3~8 年的缓冲期。1999 年,东盟又决定 6 个老成员国到 2015 年,新成员国到 2018 年完全实现零关税。东盟这种"蛙跳式"的推动方式,也不失为一种进取型的推进战略。这是因为,一方面,东盟内部差别大,有些成员国经济欠发达,必须走一步看一步,根据情况和需要制定加速计划;另一方面,内部和外部情况变化迅速,必须根据形势的变化及时进行调整,"趁热打铁",不断以新进程推动开放进程深化。

东盟开展经济合作的方式不是靠动员内部资源开展集体项目建设,而是采取推动市场开放、改善区内市场环境、增强区内对外部资源投入的吸引力的方法。事实上,东盟作为发展中国家的联合体,内部可动员的资源有限,其最大的资源是市场潜力,因此,市场开放本身可以创造资源。特别是在发生金融危机之后，东盟是靠加速开放来增强吸引力和创建活力的。事实证明，这种做法促进了资本向东盟的回流，加快了其经济恢复和增长的步伐，对东盟国家走出危机发挥了重要作用。

东盟改善发展环境，不仅仅依靠推动市场开放（包括货物贸易、服务贸易和投资领域），还通过大力推动经济合作。东盟开展经济合作，一靠成员国内部，二靠拓展外部。东盟提出了互联互通计划，并为此制定了落实的“行动计划”。互联互通计划不仅包括建设相互连接的基础设施，也包括相关法规的互联互通和人员流动。但是，由于本身资源有限，东盟只是为此设立了一个10亿美元的基金，用于推动项目，而建设项目还要依靠成员国自身和吸收外部资源，特别是推进与外部的合作。

经过上述努力，东盟由一个经济落后的地区发展成为一个具有活力和吸引力的地区，尤其是一些新成员国，实现了持续的高增长，有的已较快走出了低收入国家行列，跨入中等收入国家行列的门槛。

其三，构建具有东盟特色的共同体。东盟共同体的建设确立了符合本地区实际的定位，而不是照抄已有的模式。2003年10月，东盟正式宣布将于2020年建成东盟共同体。东盟共同体不是像欧洲那样建立一个单一的组织，而是由“经济共同体”“安全共同体”和“社会文化共同体”三个框架组成。“共同体”一词的词意本来是指“和合共处”的一种形式，并没有组织上的定式。欧洲的联合是一种模式，东盟则是另一种模式。在东亚展望小组关于建立东亚共同体的报告里，东亚共同体的架构是由几个支柱（政治、经济、金融）来支撑的，并不是由一个单一的区域组织来统领。事实上，尽管东盟把建成共同体的时间定在2015年，但2015年只是要达到一些基本目标，完成框架的构建。至于共同体建设本身，则是一个没有终点的长期进程。在这一进程中，各个方面都会深化，对于结构和组织形式也会适时调整。东盟共同体的建设强调舒适度，即各方的接受程度，亦即可行性。这一点非常重要，因为超出接受能力的进程，要么会造成成员国之间的分裂，要么会导致半途而废。

东盟共同体的建设是一个“自然的发展进程”，它建立在40年建设经验的基础上。东盟于2007年制定了《东盟宪章》，这是东盟合作进程的一个重要转折。东盟的成立是以“志同道合”为基础的，而有了宪章则不同，它意味着用法律的形式确立了东盟这个组织的地位、目标和原则。宪章规定，东盟是一个具有法律地位的区域组织，成员国应当严格遵守宪章的规定，在本国法规与宪章有冲突时要以宪章为准绳，从而保障成员国都在相同或相似的法律框架下推进一体化进程；东盟可以作为一个整体对外交往，并与其他国家和组织签署重要协议；东盟拥有行之有效的运作机构，具有集体决策权力。《东盟宪章》的制定表明，东盟已由一个松散的合作平台发展为具有法律地位和决策效力的区域合作组织。这是东盟由开展功能性合作走向共同体建设的一个基础。

东盟的发展经验表明，进行区域合作是实现地区稳定、和平与发展的有效途径。东南亚地区本来没有开展区域合作的历史，而通过渐进的合作进程，成员国逐步培养了合作精神，构建了“共享文化”和“共享利益”的基础，提升了区域的作用和影响力。在东盟的发展进程中，怀疑甚至批评的声音一直相伴而生。批评者认为，东盟提出的项目和计划太多，但缺乏行之有效的落实机制。这在很多情况下是事实，特别是东盟缺乏集体资源，缺乏向区内提供公共产品的能力，主要依靠外来资源。东盟的成功靠的是战略设计和“韧性决心”。战略设计的意义是制定推进目标，把目标作为行进动力，特别是后一个方面，是东盟推动合作进程的一种方式。所谓“韧性决心”，就是坚持不懈，面对复杂和困难的情况时，既具有忍耐性，又具有决断性，坚持不后退，继续推进合作进程。以推进东盟共同体战略为例。该战略起先是在1997年12月的东盟峰会上提出的，当时，整个东盟正陷入空前的危机之中，面对巨大的困难，东盟推出了面向未来的《东盟2020年愿景》规划，以此提升信心；对外则邀请中日韩开展对话，构建东亚“10+3”对话合作框架，以合作应对危机。此后，构建东盟共同体成为东盟行进的主方向。东盟于2000年提出“东盟一体化”倡议，于2003年签署《东盟协调一致第二宣言》（亦称《巴厘第二协约》），正式宣布到2020年建成东盟三大共同体。2007年，东盟各国决定把建成共同体的时间提前至2015年。这些举措体现了东盟成员国推进区域合作的决心和勇气。

对于东盟发展本身的研究，可以有不同的角度。例如，其“软机制”特性对落实达成的共识或者提出的计划缺乏约束性，从而使落实的实际效果大打折扣，导致“说得多，做得少”。但是，也可以从另一种角度来理解，即如果是“硬机制”，差别很大的10国将很难在制定计划上取得共识，进而使整个发展进程陷入僵局。以接纳缅甸为例。东盟的“安静外交”还是对缅甸的政治稳定转型起到了积极作用的，避免了因压力过大而产生“政策逆反”或者激起国家内乱。当然，东盟本身是有缺陷的，例如，尽管其不干涉内政原则保证了成员国的自主性，但是一些成员国自行其是，对他国和东盟的利益造成损害，对此，东盟几乎无能为力。另外，东盟的“舒适性原则”虽然为成员国提供了灵活的空间，但也往往使东盟落实行动议程的成效大打折扣。

二、如何认识“以东盟为中心”

“以东盟为中心”是东盟发展对外关系与开展对外合作的一个基本原则。“中心”原则大体上有两个基本含义：一是维护东盟的核心地位，二是坚持东盟的主导性作用。这两个方面不可分割，目的是维护东盟的核心利益，保证其在对外合作中不被分化和瓦解。

东盟作为一个区域组织，在拓展对外关系时始终坚持两个战略基线：一是构建由自身打造的地区力量平衡网，通过构建外部力量的平衡和制约，来防止任何一种力量，尤其是大国力量垄断地区事务，防止因力量失衡而在本地区发生殃及自己、损害自身利益的冲突或战争。二是在推进区域合作机制的建设中，始终保持由东盟出面推动、东盟与各方进行协商的架构。这样做有两个重要含义：其一，东盟作为一种集体力量，以为本地区创建安全环境为己任。在这种创建中，东盟不是用自己的硬实力与大国抗衡，而是利用自己的“软实力”，即区域组织的力量与大国周旋，利用大国力量平衡争取自己的主动性。其二，东盟发挥导向作用，但并不固执己见，而是作为协调中心，吸纳各方的意见，形成基本共识，这种共识有一个基本前提，那就是东盟自身同意，对自己有利。

东盟的这种以自我为中心的操作，看似有些自私和霸道，但事实上，它不过是一种务实和技巧的选择。其实，坚持以东盟为中心对于东亚地区的合作来说也有着特殊的意义，那就是在其他国家不能合力推动的情况下，东盟就成了真正的“驭手”了。当然，有时这也会对东亚地区的合作进程产生不利的影响，即东盟在重要的问题上可能会犹豫不决，缺乏推动落实共识的实际手段，在某些情况下甚至拖后腿。尽管如此，其他国家依然认可和接受东盟，甚至等待东盟发挥作用。在这方面，“区域全面经济伙伴关系”的推出就是一个很好的例证。中日两国在推进东亚自贸区进程上出现分歧，中国力推以“10+3”为基础，日本则坚持以“10+6”为基础，在此情况下，只能由东盟发挥作用，提出推进方案。但是，从2006年到2011年，东盟迟迟不做决断，只是到了美国推进“跨太平洋伙伴关系协定”(TPP)取得进展，4个东盟成员国参加TPP，东盟和东亚合作面临巨大挑战的情况下，东盟才在2011年提出构建RCEP的计划。该计划一经提出，立即得到中日韩和印度、澳大利亚、新西兰的支持。东盟为RCEP提出了指导原则，并出面组织谈判议程。这样，东盟的“中心地位”得以确立。

坚持和确保以东盟为中心的最好体现是其推动的“10+”框架。这个框架既包括东盟推动的东盟—对话伙伴国机制，也包括东盟与多个国家分别构建的自贸区以及“10+3”“10+6”(目前是RCEP)自贸区框架。各个层次的“10+”对话框架及自贸区框架，都由东盟作为设计者，形成东盟优先(东盟自己先开会)、以东盟为基础(会议在东盟国家召开)和东盟主导(由东盟设计会议议程)的结构。在国际关系和区域秩序的构建上，像东盟这样能在区域合作中发挥主动性和建设性的尚无他例。

东盟对话伙伴机制的建立体现了“以东盟为中心”的战略。东盟先后确立了10个对话伙伴国：澳大利亚、加拿大、中国、欧盟、印度、日本、新西兰、俄罗斯、韩国和美国。应该说，建立对话伙伴国机制是东盟发展对外关系的一个创造，它有别于传统的结盟关系，也不同于不结盟关系，是其开展平衡外交的一个手段。不仅于此，东盟还利用这一机制与对话伙伴国发展起了多样性的合作，而对话伙伴国也利用这个机制拓展了与东盟的合作关系。

构建“10+1”自贸区使东盟的中心地位得到进一步加强。本来，与东盟构建自贸区是中国的提议。但是，东盟坚持以“东盟+”框架来构建，把它作为“10+1”对话机制下的合作内容。在中国—东盟自贸区的构建中，中国把东盟作为一个整体进行谈判，这对东盟意义非凡。事实上，在此之前，东盟作为一个整体与外部并没有达成实质性的自贸区协议。当然，把东盟作为一个整体来对待，对中国也是求之不得的，此举可以使谈判变得“简单”，因为与一个整体谈判，显然要比与10个差别很大的成员国分别谈判容易得多。东盟与中国构建自贸区的成功，增强了其拓展“10+1”自贸区框架范围的信心，助其积极推动与日本、韩国、印度、澳大利亚与新西兰以及欧盟(正在谈判)构建自贸区。把推动市场开放与开展经济合作融为一体的自贸区建设，大大丰富了东盟与对话伙伴国关系的内容，深化了与对话伙伴国的关系，也为东盟发挥“进程设计者”的作用，维护东盟的中心地位积累了经验。

其实，在上述机制的构建过程中，东盟并不具备居高临下、掌控方向的能力。在很多情况下，都是对方推着东盟往前走。例如，在中国—东盟自贸区的构建中，中国提出的许多创意，都得到了东盟方面的理解和支持。因此，“以东盟为中心”并不等于一切都由东盟说了算——实际上，东盟也不具备这个能力，而是让东盟更有参与合作的自信。与东盟开展合作，获取东盟的理解和支持非常重要，而要得到其理解和支持，则必须充分考虑到其特殊的利益关注和接受能力。例如，中国提出的“早期收获”计划，就考虑到了东盟欠发达国家出口农产品的比较优势，提出谈判内容可先易后难、分步推进(先货物贸易，后服务贸易和投资领域)，对欠发达成员给予照顾等，就是充分考虑了东盟的利益关注和新成员参与合作的能力。中国提议与东盟共同建设博览会平台，就是考虑到为双方，特别是东盟国家提供商品展示平台，扩大交流渠道等。当然，中国也有自己的利益考虑。这里所要强调的是，理解和认可东盟的中心地位，对于合作方来说，重要的就是充分考虑东盟方面的特殊利益关注；而从东盟方面来说，则是要把握住进程的主导权，让合作伙伴考虑和照顾自身的利益关注。东盟这样做非常必要，因为其内部无论是发展水平还是利益关注差别都很大，如果东盟不能体现其整体与差别利益的均衡，它自身就失去了内聚力。

东盟地区论坛是东盟构建以己为中心的大国平衡战略的重要机制。东南亚地处海陆要冲，是各种力量博弈的重点地区。冷战结束、两极格局解体后，国际局势和国际关系发生重大转变。面对新形势，东盟于1992年决定启动地区政治与安全对话，次年的第26届东盟外长会议安排了东盟6个成员国、7个对话伙伴国、3个观察员国和2个来宾国外长就开展安全对话进行协商，各国外长同意在1994年启动东盟地区论坛机制，就地区政治安全问题进行对话与协商。此后，东盟地区论坛每年在东盟国家召开，成为地区最有影响的安全对话合作机制。目前，该机制已有23个成员国，不仅包括亚太地区的国家，也包括欧盟。东盟地区论坛是官方合作机制。按照设计，该机制的功能将逐步提升，合作内容将逐步深化。其发展进程被分为三个阶段：“建立信任措施”，“开展预防性外交”和“探讨解决冲突的方式”。截至2011年，东盟地区论坛实施100多个建立信任措施的项目。2011年的第18届外长会议通过《ARF预防性外交工作计划》，表明它准备进入第二个阶段，即“开展预防性外交”阶段。为了维护东盟在东盟地区论坛中的中心地位，一直以来，东盟地区论坛作为东盟外长会议的后续议程，由东盟当年的主席国主持，主要的议题和规划设计均由东盟秘书处负责。

当今世界和地区的安全问题复杂多变，安全力量格局发生了重要的调整和转换，新的矛盾和战略竞争加剧。东盟一直把握住两个要点：一是就危及安全的重要问题展开官方对话与讨论；二是使论坛成为加强交流、缩小分歧、凝聚共识的平台，避免成为争斗的场所。做到这些很不容易，因为地区安全问题不像经济关系那样存在市场机制的内在联系，而往往是国家利益和力量的博弈和争斗，寻求共同的利益基础和构建合作机制都涉及到复杂的因素。因此，尽管东盟地区论坛一直坚持开展活动，但并没有按照原定的构想使合作的机制和功能得到显著提升。从特征上讲，东盟地区论坛是一个由中小国家集团主导的国际安全对话合作机制，尽管东盟基本上掌控了其发展方式和节奏，使大国参与而不是主导，对大国力量进行“软制衡”，但是，一些大国还是可以突然推出自己的议程，有时候还会与东盟的个别成员国联手提出本不属于设定议题的问题。

事实上,维护东盟的中心地位,最大的挑战是其自身内部的向心力和凝聚力问题。鉴于东盟本身的限制,它并不能完全掌控成员国的自我行动,也不能限制成员国发言的自由。例如,2010 年越南利用主席国的便利,把南海争端问题作为主要议题,美国时任国务卿希拉里·克林顿就南海问题挑动是非,攻击中国;2012 年菲律宾坚持把本国的立场塞进地区会议公报等,就损害了东盟地区论坛对话、协商与合作的基本精神。如何让东盟地区论坛的进程转入具有效力的预防性外交阶段,对东盟来说是一个考验。在构建以东盟为中心的经济开放合作框架中亦如此。一些成员国尽管参与和支持东盟的整体构建,但是在很多情况下,并不受东盟整体议程的限制。例如,新加坡就单独与许多国家签订了自贸区协议,步子迈得很大;再如,在美国主导的 TPP 谈判中,新加坡和文莱是发起国,马来西亚和越南积极参加,这对东盟的中心地位原则是一个很大的冲击,也是对东盟共同体,特别是经济共同体建设的一个巨大冲击。

东盟的大国平衡战略也受到美国"重返亚洲"战略的冲击。美国是超级大国,在亚太和东亚有着重大的利益和影响力。本来,东盟一些国家企图通过拉美国介入地区事务来平衡中国,但是,美国的"重返"战略使得力量的天平向美国倾斜,东盟一些国家(如菲律宾和越南)借机拉美国与中国对抗,把东盟的整体平衡战略给肢解了。事实上,美国的过度介入和重塑主导权的努力对东盟的整体团结和发展是一个威胁,使得一些进程难以按东盟的核心设计发展。在世界与地区力量格局发生重大转变的新形势下,东盟如何找到自己的新位置,如何运用自己的集体力量维持地区力量平衡,如何维护地区合作的大框架与利益均衡,使自己处在"四两拨千斤"的中心位置,对它来说是一个新的考验。在复杂剧变的东亚和亚太地区,东盟如何维护和进一步加强其中心地位,还有很多未知数。不过,东盟肯定会努力的,因为若不如此,其本身的发展就会受到更大的挑战。

当然,值得思考的是,从东亚区域合作的角度来认识,以"东盟为中心"也提出了一个东亚区域合作的目标和架构问题。从目标来分析,如果东亚合作的最终目标是建立单一的区域合作机制,那么,其路径就可能只有两个选择:一是实现东盟的扩大,即吸收其他国家参加,将其扩展成一个以东亚地区为基础的大东盟,如果这样,东盟就只剩一个名称,而其内涵和结构都会发生变化,因此,东盟恐怕不愿意让像中国这样的大国加入。另一种选择是东盟解体,东南亚国家融入到更大的区域合作组织中,如果这样,以东盟为中心也就无从谈起了。也许,这正是东盟所担心和极力要避免的。如果这两个选择都不现实,那么就要思考和设计一个包容的东亚区域合作大框架,既可以保持东盟的存在,又可以让东亚区域合作机制得到发展。

其实,东盟坚持以己为中心所构建的也是一个具有很强包容性的框架。以 RCEP 为例,其目标是建设一个包含 16 个国家的大市场,推动一个包容的大框架,东盟以一个区域组织的定位参与并发挥领导作用。尽管东盟在 RCEP 的设计和谈判中保持了中心地位,发挥了主导性作用,但是,RCEP 所创建的是一个参与者平等与共享的开放大市场,也就是说,东盟市场将被融入到一个更大的市场框架之中。东亚的金融合作也基本上如此,由 13 个国家组成的东亚货币储备基金也没有设立单独的东盟机制。显然,对于功能性大区域机制的构建,东盟并不反对,也许,东盟所排斥的是那种能稀释掉东盟的统和的东亚地区制度性构建。这为我们构建未来东亚区域合作的目标和框架提供了一种视角,比如,把东亚共同体作为一种宽松的包容性地区合作目标和框架,其中仍然可以容许东盟存在,并使其保持"中心地位",发挥积极的作用,这样,也许东盟会对其给予更大的支持。

三、如何认识东盟共同体

按照规划,到 2015 年年底东盟共同体就要建成了。实际上,东盟共同体是一个"大厦",由三根支柱支撑:经济共同体、安全共同体与社会文化共同体。这样的设计是独一无二的,是区域合作制度建设的一个创新,也是东盟包容性原则的一个很好的体现。

建立经济共同体不是要建立超国家的区域管理机制,而是建立单一市场和单一生产基地,也就是说,在自贸区的基础上进一步提高市场开放程度,进一步改善经济发展的环境,加强区域生产网络的链接,降低产业链运营的成本,以促进区内经济的全面发展。东盟经济共同体的基本特征是:一个单一的市场和生产基地,一个极具竞争力的经济区,一个经济平衡发展的经济区以及一个与全球经济接轨的经济域。而一个单一市场和生产基地主要体现在商品、服务、投资、资本和技术工人的自由流动上。东盟经济共同体的建设不是遵循传统的关税同盟(成员国实行对外一致的关税水平)→共同市场→经济共同体的路径,而是根据东盟的具体情况另辟蹊径。东盟经济共同体是在东盟自贸区(包括东盟投资区、经济合作、各种形式的协调)的基础上发展的,实际上是一个升级版的自贸区。2015 年是东盟建设经济共同体的时限,届时必须完成一系列必要的指标,但它不是最后的期限——这与欧洲方式很不相同——在此之后还会不断深化。事实上,东盟内部存在着巨大的差别,而东盟作为一个组织并没有为欠发达成员提供援助的资源,这在很大程度上使东盟内部缺乏很强的"共享认同"感。特别是,共同体建设自上而下的认同和推动方式,使得民众对共同体的认知比较弱,许多国家的民众并不知道经济共同体会给他们带来什么好处。而当年欧盟建立统一大市场时,除了进行完备的立法准备,还花了很大的气力进行社会宣传和公民教育,以让民众对其有充分的了解和理解,从而获得民众最大限度的支持。与欧盟相比,迄今,东盟在普及有关东盟共同体的宣传和教育方面所做甚少。

根据《东盟社会文化共同体行动计划》,社会文化共同体的目标主要包括:共建社会关爱,共同应对贫困、平等和发展问题;提高人力资源的竞争力,推动建立社会保障体系,以应对经济一体化带来的社会影响;推动可持续发展和良好的环境治理;提升社会凝聚力的基础等。社会共同体的基础是相互理解、睦邻友好和共同的责任,保护人权及社会正义。而文化共同体的基础是尊重多样性发展,加强相互交流、借鉴和学习。东盟社会文化共同体建设不是推行共同的社会政策、共同的文化与价值观,而是发展互助合作的精神、相互尊重与学习的精神,建立一个和睦共处、相互支持、共享安康的地区。东盟社会文化共同体的一个突出特征是,其内容不仅涉及社会公平问题和文化认同问题,还涉及环境和生态保护等问题,强调把东盟建成一个可持续发展的地区。

安全共同体的目标是维护地区的共同安全,但它不是通过加强东盟组织的集体维护能力来实现,而是靠加强内部协调、降低发生冲突的风险、消除或削减危及安全的因素来达到。东盟安全共同体的建设坚守尊重国家主权、互不干涉内政和不使用武力的原则，致力于创建内部的和平环境，如非核化、避免军备竞赛、不使用武力和不以武力相威胁、和平解决争端、培养和平意识与责任等。显然，东盟安全共同体所创建的地区安全，并不是以集体的安全力量解决对安全的威胁，或者通过成员国让渡国家的安全管理权、提升集体的管理权来解决，而是通过集体达成共识、对危及和平的行为进行规范来实现。

东盟的安全涉及对外关系，因此，如何处理好与外部国家的关系，特别是与大国的关系特别重要。东盟采取对话合作、力量平衡的战略，即与外部国家进行政治与安全对话，开展协商与合作，构建以东盟为中心的大国力量平衡机制，消除外部力量在本地区发生对抗与战争的可能。东盟制定了《东南亚友好与合作条约》和《东南亚无核条约》。东盟的所有对话与合作伙伴国都需要签署这两个条约，承诺遵守条约的原则。

由“盟”到“共同体”，是一个历史性的转折。这是因为，一则，共同体的建设有了经成员国签署的法律文件——《东盟宪章》。《东盟宪章》从起草(2004 年)到通过(2007 年)，历经 3 年，先是成立名人小组就宪章的框架与原则提出建议，后由高官提出宪章草案交由首脑会议讨论通过，最后再由各成员国签署。鉴于宪章已经过各国议会批准，落实宪章应是各成员国必须履行的法律义务。二则，东盟由此具备了法人身份，成为代表成员国的国际组织。这样，其他国家就可以向东盟派驻大使，发展与东盟的关系，从而使东南亚地区“有一个稳定的地区秩序”。三则，构建支持东盟共同体发展的管理制度，使其有一个“内聚性的制度框架来管理”，变成一个“更有效率的组织”。

东盟共同体的建设按照“东盟方式”进行。它不像欧洲统一大市场建设那样，需要制定几百项法律，把每一个方面的问题都用法律的形式加以规范，凡事都要“依法办事”。东盟共同体建设是靠落实成员国达成共识的建设指标，各成员国都为完成这些指标做出具体的努力。当然，一个挑战性的问题是，到 2015 年年底，当东盟宣布建设共同体的指标基本达到时，人们会看到一个与以前不同的东盟吗?

四、结语

其实，真正了解和理解东盟不易，因为东盟的发展并没有一个明晰的定式，“东盟方式”也处于发展的进程之中，具有“足够的灵活性”。基于本地区的特点，东盟必须找到聚合点，为各方接受，这正是“东盟方式”的内核。欧盟由法德两国共同推动，实际上是大国领导;它采取加权投票的决策方式，实际上是按规模和实力来决定重大事务;它依靠法律来夯实合作，实际上是靠超国家的区域法律来进行治理。而东盟却实行“大小国家一律平等”，靠协商来形成“集体共识”，靠政治承诺来落实计划，靠“道德与责任”来进行治理。正如新加坡的许通美大使所说，欧洲联合走的是非民主的道路，而东盟合作走的才是民主的道路。因为，在东盟，大国不能领导，东盟无论干什么都需要充分考虑各成员国的利益和意愿。在东盟成员国中，中小国家多，发展差别大，东盟的吸引力在于它的“灵活”与“包容”。我们常说，信赖是合作之基，其实，信赖也非与生俱来，而是克服不信赖的结果。在东盟的发展进程中，信赖与不信赖并存。但是，东盟之所以能够吸引所有的东南亚国家参加，是因为各国对东盟合作进程的信赖，是因为各国都有一个共识:只有东盟才能使东南亚走向和平与发展，在此基础上，各方才能从参与中得到好处。因此，尽管东盟发展本身存在诸多问题，但成员国都有一个基本共识，那就是尽可能合力维护东盟的存在，并且不断取得进步。也许，在外人眼里东盟所取得的许多进步有些“令人失望”，但是，对于东盟成员国来说，任何小的进步都是难得的。

东盟缺乏强有力的落实机制和惩罚机制，因为它主要的定位就是一个推动合作的组织，而不是一个超国家的管理组织，即便是建成了共同体，东盟的这一特性也会继续存在。东盟实行“舒适性原则”，也就是说，推进合作的进程要使成员国感到“舒适”。“舒适性原则”的本质是要考虑到成员国的差别，能把所有的成员聚拢起来，特别是能够让那些欠发达的成员不掉队，这也就是“包容性原则”。但“舒适性原则”会导致一些成员国对落实计划缺乏诚意，从而使实际落实的效果大打折扣。从未来发展看，按“东盟方式”建设的共同体也会面临“令行”和“规守”的问题。特别是，面对新的发展形势和对外关系格局，东盟需要发挥更强的作用，让地区获得新的发展活力，使地区保持稳定和团结。不过，这些问题只能在发展中逐步找到适宜的解决方式。

(作者系中国社会科学院研究员、学部委员、国际研究学部主任，原载《当代亚太》2015 年第 1 期)

东盟对华的身份定位与战略分析

聂文娟

一、导言

中国与东盟的关系在过去的 20 多年间取得了突飞猛进的发展:从 20 世纪 90 年代的发展起步到 21 世纪前十年的“黄金十年”，目前正在努力迈向“钻石十年”。作为中国周边外交的优先方向，东盟关系到中国整个周边外交乃至整体外交战略的大局，其重要性不言而喻。也正是在此背景下，客观中立地探讨东盟的对华态度问题就显得格外重要。毕竟中国与东盟关系的发展不仅取决于中国一方的积极推动，也取决于东盟国家的配合。基于此，本文将在更深层面上关注东盟对华的身份定位与战略选择，尝试回答以下问题:在东盟看来，中国到底是朋友还是敌人，抑或其他?东盟对华的战略选择，是对抗制衡还是顺从合作(搭便车)，抑或其他?换言之，东盟对华的身份定位如何?其对华战略体现出哪些特征?

二、东盟对华的身份定位:朋友还是敌人?

在东盟对华的身份定位与战略认知问题上，现有观点可大致分为三种:一是朋友或合作者身份论，其对应的战略是顺从合作;二是敌人或对手身份论，其对应的战略是对抗制衡;第三种观点强调身份的不确定性，或者说是一种“既……又……”的表述性分析，在对外战略上则提出了走中间路线的两面下注战略。

(一)朋友身份与顺从合作论

中国东南亚问题专家翟昆指出，在东南亚，中国作为“合作者”形象已经确立，与之相对应，国际社会，包括东盟内部也有一批学者对中国与东盟的关系持比较乐观积极的态度，其中以康灿雄和迈克尔·瓦提裘提斯为代表。康灿雄从长时段的历史视角出发，强调了中国作为东亚地区友善的地区领导者和地区稳定者的角色身份，并提出，历史上，只有中国在软弱时才会导致亚洲的动荡，而当中国强大和稳定时，东亚地区关系将会呈现比西方更为等级化、更为和平和更为稳定的格局。康灿雄尽管承认中国和一些国家存在领土争端，但认为中国并不具有修正主义或帝国主义的企图，基于此，包括东南亚在内的东亚国家对中国采取的也不是制衡，而是一种顺从合作行为。瓦提裘提斯同样强调了双方在历史上的友好关系，并指出在东南亚国家看来，中国尽管有些自负，但仍是一个友善的合作伙伴。他以中泰关系为例，论证了这一分析。

这种朋友身份论的分析主要强调了中国与东南亚国家交往进程中的和平合作意象，尤其是指出了中国文化传统中所具有的和平性质，但是从逻辑上而言，从历史推及未来仍然具有很大的不确定性。正如新加坡前总理李光耀所认为的，老一辈的中国领导人在和平崛起上的立场是令人信服的，但是关于未来中国年轻的一代能否继续坚持这一立场，则令人担心。实际上，东盟国家内部也普遍存在着对于未来中国崛起后战略意图不确定性的担忧。东盟前任秘书长鲁道夫·C. 塞韦里诺曾指出，在评价中国对于其国家生活的作用时，在处理与中国双边关系的细节上……东盟各国自然会各有不同。但是东盟各国与中国打交道时，在一些基本见解上是共同的。其主要的共同关切之一是中国这个巨大的邻居，可能随着经济政治和军事实力不断增加，演变为地区霸主。

另外，对于东南亚国家而言，出于以下几个因素的影响，对中国的担忧甚至恐惧可能在很长一段时间内都将难以消除。

第一，中国经济实力的不断发展以及随之而来的在政治、军事乃至文化领域实力的全面提升。中国是一个巨大的市场且购买力日益提升，正在把东南亚国家吸纳进其经济体系中来。在东盟国家看来，随着中国实力的不断增强，中国的东南亚战略变得日益简单，即告诉这个地区的国家“跟着我共同发展”。在政治和外交上，“中国告诉我们（东南亚国家——笔者注），国家无论大小，都是平等的，中国不是霸权国家。但是，当我们做了中国不喜欢的事，他们就说你让 13 亿人不高兴了……所以，请搞清楚你的位置”。

第二，南海争端所引发的地区不稳定乃至地区冲突的风险。南海问题本质上并不是中国与东盟双方的事项，而是中国与部分东盟成员国之间的双边争端，但在东盟国家看来，这些问题的解决事关中国的战略意图以及中国处理与东盟国家关系的准则，因此它们同样对此问题表示了高度关注。尤其是近年来，随着南海问题的不断升温，当中国在南海问题上的立场逐渐被解读为“越来越强硬”和“说一套做一套”时，“几乎所有的东盟领导人都对该问题表示了不同程度的担忧”。塞韦里诺曾于 2013 年 5 月明确指出，很长一段时间以来，东盟国家都认为中国的崛起有利于该地区的福祉，这种良好关系促进了双方在基础设施、投资和援助领域的扩大，但随着实力增强和影响力的扩大，中国在海洋争端上开始采取强硬立场，曾经被东南亚国家视为“友善”的中国现在逐渐被视为“威胁”。

第三，东南亚部分国家内部政治变革与社会转型逐渐深入，政治体制逐步向多元民主体制调整和过渡。近年来，在东盟政治、经济和社会文化一体化进程的不断推动下，东盟国家社会民众思想观念的交流不断扩大，越南、缅甸和柬埔寨等国的政治改革进程加快，原有的反对党以及一批非政府组织、利益团体以及各种公民社会团体构成了一股新的政治力量，政治话语权不断增强，而这些新的政治力量对中国存有一定的不了解和不信任，甚至对中国“只跟（原有）政府打交道”的方式持有一定的不满。在这种情况下，中国的形象在主观和客观上在一定程度上被负面化。

基于此，我们认为，在东盟对华的认知中，过于强调“朋友身份”或“友善形象”，甚而引申出东盟对中国的顺从合作行为，有过于乐观之嫌。

（二）敌人身份与对抗制衡论

与朋友身份相对应，一部分学者认为中国是东盟的对手或潜在敌人，对东盟构成了严重的安全威胁，因此东盟国家别无选择，只能与区域外大国、尤其是美国结盟以制衡中国的崛起。当然，美国政府、智囊团和学者对这一观点的支持最为强烈。兰德公司的一份报告指出，东盟国家对中国的认知受到双方实力差距、中国不断增强的南海诉求、中国不断增强的军事实力等因素的影响，同时也受到历史上中国对东南亚输出革命、中越战争以及东南亚大量存在的华侨华人问题等因素的制约。该报告进一步指出，中国对东南亚潜在的威胁包括两大方面：传统的军事威胁以及在维持地区秩序名义下更为隐蔽和巧妙的挑战。换言之，一个侵略性和追求霸权的中国可能通过武力方式或逐步推进、逐步蚕食的“萨拉米香肠战术”来寻求领土的扩张，强迫东盟国家乃至美国和日本接受中国的政治诉求。

这种敌人身份论的分析主要强调了中国与部分东盟国家领土争端的零和性，进而推导出强大的中国将会寻求武力的使用。这种分析从逻辑上固然有可取之处，但与东盟国家的实践却大相径庭。

首先，在东盟国家看来，南海领土争端不是中国与东盟关系的全部。如菲律宾总统阿基诺在 2011 年访华时曾指出，“南海问题不是菲中关系的全部，不应影响双边关系的发展，不应影响两国各领域友好合作”。在 2014 年 11 月 22 日召开的第 5 届香山论坛上，菲律宾少将尽管提出了与此不同的权利主张，但也仍然表示，中菲友好关系源远流长，有几千年的历史，“菲律宾始终认为西菲律宾海（即南中国海——笔者注）不是中菲关系的全部”。越南领导人也表达了类似的立场。越南总理阮晋勇曾在与中国领导人会见时指出，越中在南海问题上存在不同观点，双方应认真落实两国领导人达成的共识，从战略高度，本着同志加兄弟的精神，通过谈判协商，妥善解决彼此的分歧，不使其影响两国关系大局。正是由于南海问题不是中国与东盟关系的全部，因此，简单从领土争端的争议性就推导出双方的敌人身份显然是不充分的。

其次，值得注意的是，当前“中国威胁论”的声音在东南亚国家的主流话语体系中几乎消失。2004 年 10 月，东盟时任秘书长王景荣在“中国工商领袖论坛”上明确表示，“中国的崛起对东盟不是一个威胁，而是一个难得的经济发展机遇”。在 2006 年召开的中国—东盟建立对话关系 15 周年纪念峰会上，“中国机遇论”更是得到了与会各界的认同。菲律宾时任总统阿罗约也表示，当中国刚刚崛起时，人们有很多疑虑和担忧，但经验表明，中国在维护和促进亚太地区的稳定与经济发展方面，发挥着重要的战略性作用。对于东盟而言,中国的快速发展是一个巨大机遇。

最后,与制衡论相反,大多数东盟国家明确反对与美国结盟以制衡中国的战略考虑。如在新加坡看来,倘若中国没有表现出恣意的侵略扩张,新加坡不鼓励也不支持"遏制中国"或明显的"反华联盟"。由于近年来南海问题逐步升温,越南与美国的军事合作交流呈现出突飞猛进的态势,但越南方面仍保持了一定的克制和谨慎,既避免过度刺激中国,也避免造成外界有关越美联手围堵中国的认知。越南外交政策始终坚持"三不"原则,即不建立军事同盟、不设外国军事基地、不结盟对抗其他国家。国际危机小组(ICG)的一份报告也指出:"越南希望美国的介入是'有限的',既能对中国起到一定的防范作用,又不至于使这一平衡向美国倾斜。"

总之,敌人身份论明显具有夸大中国威胁的意向,在很大程度上也与东盟国家的实践大相径庭。

(三)身份不确定论及两面下注战略

与朋友、敌人身份论相比较,东南亚许多学者更加认同身份不确定论,即中国既不是东盟的朋友,但也不是东盟的天然敌人。以伊恩·斯托里、郭清水和丹尼·罗伊为代表的许多东南亚研究学者基于战略环境的不确定性,提出了对华的两面下注战略。斯托里是最早提出两面下注战略的学者之一。他在2002年的一篇有关新加坡对华政策的文章中首次指出,东盟国家对中国崛起的反应是一种两面下注政策,"旨在维护亚太地区的权力平衡,并对中国形成有限的威慑"。罗伊指出,传统理论视角仅仅通过制衡或搭便车这种非此即彼的方式来描述东盟国家对崛起中的中国的政策反应,这显然是不充分的。在他看来,东盟国家的首要战略是两面下注,这意味着"针对未来可能出现的安全威胁,提出多种战略选择"。他进一步强调,制衡战略和两面下注战略都是一种反对霸权统治的努力,但前者针对的是已感知到的确定或严峻的威胁,而后者针对的则是一种未来可能出现的安全威胁。泰国的对华政策就是一种典型的两面下注战略,即"与中美同时保持着良好的关系"。新加坡国立大学东亚研究中心的一份研究报告也指出,东盟国家作为中等国家,其对华的重要战略之一就是两面下注。"东盟对中国未来的意图和动机都不确定,因此它们针对中国的崛起采取了两面下注战略,即与其他大国尤其是美国维持着一种亲密的关系。"郭清水的研究则进一步指出,成功实行两面下注战略需要满足以下条件:(1)没有面临明确的威胁;(2)不以意识形态划线;(3)大国之间没有零和博弈。换言之,高度不确定性是两面下注战略成功运行的前提。

两面下注战略主要从战略不确定性出发,强调了东盟国家对华战略的综合性与复杂性,与东盟国家的外交实践也较为相符,但其不足之处体现为以下方面:

首先,两面下注概念界定的模糊性。斯托里主要从东盟国家联美制中的角度进行概念界定;而罗伊则强调了与中美两个大国同时保持友好关系的"中间立场";郭清水则主要是从不确定性角度进行考虑,他认为,东南亚国家这一战略的目标与其说是防范一个侵略性的中国所带来的风险,不如说是防范国际体系中的不确定性所滋生的多重潜在风险。

其次,两面下注战略操作的广泛性。在两面下注战略的操作性方面,不同的学者显然表现出了不同的倾向性。如吴翠玲认为,两面下注是一种区别于制衡或搭便车这种明确性行为的选择,它避免和某一方缔结明确的联盟协议,从而保持了选择的灵活性和开放性。而罗伊则认为,两面下注战略可能包括也可能不包括制衡策略。在他看来,目前东南亚国家的两面下注战略包括了低水平制衡行为,其中,新加坡和菲律宾所践行的是公开的低水平制衡,而越南、马来西亚和印尼则践行的是一种隐蔽或更为克制的制衡。

综上,相对于制衡论或合作论,两面下注的观点目前获得了较大程度的认可。但如上所述,由于其概念的模糊性以及操作上的广泛性,该研究的严谨性被大打折扣。本文认为,这种缺陷正是来自于该观点对于身份问题的忽视或简单化处理,这种"既……又……"的模糊身份定位使其战略选择呈现出了多样性和广义性,进而也带来了众多歧义。

本文的创新之处在于:首先,打破朋友或敌人这种二元身份的禁锢,并摒弃了不确定论对身份问题的悬置,从另外一种理论视角考察了东盟国家对中国的身份定位;其次,本文在更广阔的框架内考察了两面下注战略,而不是仅仅局限于这一战略;最后,在邻居大国这一身份定位的基础上,对东盟对华的整体战略进行了另外一种视角的梳理。

三、东盟对华的身份定位:邻居大国

(一)身份定位的划分类型

身份定位反映的是行为体之间的关系距离或者亲疏差异。关系距离的划分方式有多种,如亚历山大·温特在其著名的国际政治社会理论中,把国家间的身份关系分为敌人、对手和朋友,这是一种从相互认同的角度进行的角色划分,从敌人到朋友,行为体之间的正向认同呈现出不断增强的趋势。另外,关系距离也可从行为体之间互动的频度和强度来进行划分,如此一来,对国家行为体而言,国内关系、邻国关系、区域内关系和区域外关系的差序格局就呈现出来。这种互动力度的划分与角色身份的区别在于,它在很大程度上打破或重组调整了温特所谓的角色行为规范的意涵。换言之,邻国关系中可能包括美加朋友式的互动,也可能包括朝韩敌人式的互动等。另外,基于大国在国际体系中的核心位置,大国关系在国家的社会互动中同样占据重要位置,但大国关系的具体排序因不同国家而异。诸如在非洲某些国家,与法英美中大国的关系互动力度甚至可能高于国内的关系互动,而在欧盟内部的诸多国家,与美中的关系互动力度则低于区域内关系的互动。在东盟内部,对不同的国家而言,这一关系格局也会有所差异。

从性质上来划分,东盟与中国的关系既是一种邻国关系,也是一种大国关系。邻居国家是基于"中国与东盟国家或山水相连,或隔海相望",这一地理事实,大国关系则是基于中国是"当前世界第二大经济体"并有望"在20年后成为世界第一大经济体"这一现有事实乃至发展态势。邻居大国关系日益成为东盟对华身份定位中不得不面临的一个客观事实。正如越南领导人阮富仲所言:"中国是个巨大的邻居,不管我们喜欢与否,我们不得不比邻而居。我们无权选择。"新加坡国立大学郑永年教授也指出:"对中国的邻居来说,和中国的关系必须建立在'你不可选择你的邻居'这个简单的原则之上。"与朋友或敌人的身份定位不同,邻居大国这一身份定位具有特有的行为规范意涵。

(二)邻居大国关系的规范内涵

首先需要明确邻居关系最抽象的模型。在社会学中,邻居关系具有一个历史演变的过程。人类早期处于狩猎时代,居无定所。与此相关的氏族结构实行财产公有制度,因而未能形成邻居关系。进入农业社会后，稳定居住成为人类生活的一种基本形态。在定居生活的情景下，农业社会家庭的一个基本特点是家庭内部成员聚居在固定的土地以及土地之上的特定空间建筑内，空间的相互隔离和财产的彼此独立直接导致了邻居的产生。邻居之间具有一定的边界线，在西方以栅栏或者矮树篱笆为表象，而在中国则表现为院墙。邻居之间的关系互动体现在对公共物品的享用、共同安全保障以及在最重要的农耕问题上进行约定和调节。在对外联系上，由邻居关系组成的最小单位村庄往往通过一条大路和外界联系，他者的进入也只能经由这条大路。

个体间的邻居关系对我们思考东盟与中国的邻国关系以及东盟的“邻居外交”带来如下启示：

第一，利益分明、规则明确是邻居之间互动的第一性规则。它强调的是互不侵犯，每个邻居都是独立的权利主体，都有一定的私密及安全需求。邻居之于我是不应该侵犯的，但恰恰因为他邻近于我，因而邻居之于我又极有侵犯的可能，所以界定规则，保持安全距离，做到“远而不疏”“近而不狎”成为东盟与中国邻居间关系第一性规则的要义所在。这意味着在具体的外交实践中，东盟与中国的关系将是一种“不远不近”的“非敌非友”关系。

第二，协作互助是邻居关系的第二性规则。邻居之间必须有更为积极和紧密的互动关系，这是因为，为了界定规则、明确权责，双方就必须进行良性互动，否则双方都将时刻处于“草木皆兵”的惊慌状态。另外，邻居关系的地缘相邻性注定了双方存在着广泛的利益交汇空间，诸如公共资源的管理、地区性安全威胁的防范等。正如孟子所谓的“乡田同井，出入相友，守望相助，疾病相扶持”的邻里和睦状态。同时，这种地缘相邻性也大大减少了双方进行经济活动的成本，毕竟“舍近求远”不是一种理性的选择。第二性规则意味着东盟将进一步加强与中国的互动，既寻求一些重大问题的解决，同时也会在一些共有利益领域展开广泛合作。

第三，他者的介入是补充和完善邻居关系的第三性规则。他者之于邻居关系，有两大重要特征：一方面，他者既有必要也必然会介入邻居关系；另一方面，这一介入又不可避免地具有一定的有限性。必然介入是因为任何邻居关系都是更广阔社会或共同体中的一部分，它必将与外界产生互动，这给他者的介入提供了契机；他者的介入也具有一定的积极意义，正如在个体的邻居关系中，社会公共权威的介入既为邻里关系提供了最基本的价值规范和道德底线，同时也是邻居关系强有力的保障。而他者介入的有限性也是难以避免的，这是因为在客观上，邻居关系具有天然的排斥性。在个体的邻居关系中，邻里关系的和谐合作最终依赖的是邻居个体间的灵活与创新，而不是社会公共权威的严加管控。邻人作为邻居的主人，从具体情况和自身利益出发，会制定被小集体认为是更贴切的规则，真正的邻居规则由此诞生。而最为重要的是，邻居之间形成了大量的不成文规则或潜规则，这可能是社会公共权威的规则规范无法企及的领域，甚至可能与社会公共权威的规则规范相违背。在主观认同上，他者在邻里关系中的介入始终被视为“外来户”，具有一定的文化陌生性，他者必须经过一段较长的时间才能融入当地的风俗习惯。另外，邻居也会对他者不可避免地会占用村庄的公共物品以及对当前邻里关系的改变存在一定的担忧。在具体的外交实践中，这一规则意味着东盟与中国的邻居关系始终是在国际社会或其他大国等他者在场的情况下进行的，而且对于东盟与中国正常的邻居关系而言，美国等大国的在场有其积极意义，当然也有其不可避免的局限性。

当邻居间实力出现明显的不对称时，即中国这样的“大户”或大国地位越来越突出时，对东盟而言，邻居的上述关系规则不会产生实质性的改变，恰恰是更加突出强调了这些规则的要义。基于生存利益考虑，东盟在与大国为邻时会更加强调安全距离，以共有的规则和规范来削弱或代替权力的作用。倘若双方能较好地界定权责，建立规则，那么便会出现互帮互助的和睦相处状态；而倘若第一要义难以实现，作为弱方的东盟自然会诉求于美国等他者的介入来进行平衡，即通常所谓的“远交战略”。

值得注意的是，与模棱两可的两面下注战略相比，“远交战略”包含以下几个应有之义：第一，“远交”但不“近攻”。通过远交追求的是与中国这一邻国建立一种合理健康的邻居关系，而并非“与邻为敌”。邻居的地缘相邻性决定了其难以成为完全意义上的朋友，这也决定了邻居一旦成为完全意义上的敌人，则其代价将会十分高昂，因此，“近而不狎”“远而不疏”的安全距离是东盟邻居外交的真谛所在。第二，“远交”而非“远媾”。换言之，东盟与美国等他者的互动同样是有限度的，他者介入程度过深会造成邻居关系紧张，造成适得其反的效果。另外，如前所述，他者天然具有的陌生性也决定了其介入的有限性。第三，“远交战略”只是一种手段，其真正目的在于服务于近邻外交。该战略在表面上会造成一种大国平衡或者两面下注的表象，但实际上东盟与中国的邻居关系在其中起着更为根本性和主导性的作用，邻里关系的好坏决定了美、日、印等他国介入的程度，他国的介入也只是邻居外交的另一种呈现形式而已，对此，不可本末倒置。

三、东盟的对华战略：邻居大国外交

一旦将东盟对中国的身份定位为邻居大国时，这一身份定位就会在更深层面上影响到其对华战略设计，具体而言，包括以下几个方面。

（一）安全距离

东盟在对华关系中将越来越奉行一种“安全距离”外交。值得注意的是，此处的距离是一个中性词汇，如前所述，它指的是一种“不近不远”的关系距离。部分学者把东盟国家与中国的关系分为三类，即“纠纷派”，由与中国有领土纷争的菲律宾、越南、马来西亚和文莱组成；“亲中派”，由柬埔寨、缅甸和老挝组成；而新加坡、泰国和印尼则组成了所谓的“中立派”。如此一来，在东盟邻居大国的整体外交战略框架下，“亲中派”可能会在中长期拉开与中国的关系距离；“纠纷派”将在近期与中国保持一种斗而不破的底线思维，并可能在中长期拉近与中国的关系距离；“中立派”的对华政策即使有所波动，也将维持大体格局。尤其是由于“中立派”的对华政策符合邻居外交安全距离的理性逻辑，所以将获得越来越多东盟国家的认同，也将成为东盟国家对华政策的主导话语。正如当2012年召开的东盟外长会议因成员国在南海争端问题上所持立场存在分歧，45年来首次未能发表闭幕联合公报时，在此危急时刻，印尼外长马蒂在随后的36小时内先后与菲律宾、越南、马来西亚、新加坡和柬埔寨五国外长举行会谈，并向他们转达了印尼提出的东盟关于南海争端的六项基本原则性共识，这一中立立场获得了其他成员国的认同，并由东盟轮值主席国代表正式对外宣布。

事实上，从历史角度看，东盟国家对华关系围绕着安全距离呈现远近波动的特征表现得更为明显。例如，在越南学者看来，冷战后的十余年间越南的对华关系呈现出了过多的顺从特征。苏东剧变后，在阮文灵领导后期和杜梅领导时期（1991～1997），越南想让中国担当起领导社会主义、反对帝国主义的责任，在1990年9月2日越南独立日这一天，其党政领导人没有在国内参加庆祝活动，而是飞往成都与中国领导人进行秘密会晤。“越南人深知这一时间、地点和参加者的选择都表明了对中国的迁就和顺从。”中国方面则委婉拒绝了越南的提议。但在随后的10年间，越南方面仍希望在意识形态的基础上发展与中国的关系。越南方面一度也希望获得中国的安全保障或缔结某种形式的军事同盟，但这同样遭到了中国的拒绝，中国方面的回答是两国“是同志而不是盟友”。在黎可漂领导时期（1997～2001），越南学者认为在边界问题上越南再次向中国做了重大的让步。在农德孟领导的早期（2001～2011），越南又向中国抛出了橄榄枝，称与中国的关系为“同志加兄弟”（胡志明时期中越关系的用语），但这一用语遭到了中国的冷遇。2002年中国方面提出了中越关系为“好邻居、好朋友、好同志、好伙伴”，以代替“同志加兄弟”的提法。在此形势下，越南国内对华的认知逐渐发生了微妙的变化，2003年7月，越共中央委员会通过了“新形势下保卫祖国战略”，不再以意识形态为标准，实用主义成为越南外交政策的基本策略。此后，越南与日本、印度和美国等国家关系的发展进程大大加快。近年来，中越两国因海洋纠纷摩擦不断，中越关系似乎呈现出渐行渐远的趋势。但作为邻居，中越关系显然不会走得太远，正如有越南高官所说：“越南采取尊重中国的外交政策，是因为我们同一个大国相比邻，不能长期同中国处于紧张状态。”近日来，越南领导人阮富仲关于战争可能性的言论引发了各界关注和媒体热议，但仔细推敲，其言论只不过是反映了邻居外交的理性演绎，“中国是个巨大的邻居，不管我们喜欢与否，我们不得不比邻而居。我们无权选择”。“很多人问我如果发生战争怎么办。我们应该为所有的可能做好准备”。但“越南不想要战争，将尽力避免”。阮富仲的言论表明，在意识形态的狂热退却后，越南的对华政策目前乃至近期都将处于“界定利益、明确规则”的阶段，在此阶段，越中关系将会出现一定的波折，甚至将会挑战安全距离的红线，但作为邻居，双方必将会为维持这一安全距离而共同努力，尤其是当经历了这一艰难困苦的阶段，双方的关系也将打开邻居外交中合作互助的新篇章。

（二）多边接触

作为邻国，东盟与中国在多个领域展开接触与合作。在传统安全领域，东盟与中国一道寻求地区热点问题的和平解决，维护地区的安全稳定。在非传统安全领域，东盟与中国在各个领域展开了有效合作。东盟前秘书长素林曾说，在东盟的所有对话伙伴国中，中国与东盟建立起的合作机制最多、范围最广。马来西亚外交部长阿尼法也评价道：“在所有对话伙伴当中，东盟与中国之间的功能性合作也许是最积极的。”

当然，对东盟而言，中国的“大户”、大国地位使其在一定程度上也采取了“远交”策略，即欢迎其他大国或区域外国家加入到本地区的合作进程中来，在多边的框架内与中国进行接触合作。这种多边接触有两层含义，既包括把中国纳入现有的多边合作框架中，也包括把他国纳入中国与东盟的双边合作框架中。例如，在20世纪90年代早期，中国对多边国际机制尤其是安全机制存有疑虑，但东盟通过循序渐进的方式逐渐引导和劝说中国加入到东盟地区论坛这一多边主义的框架中来。李光耀曾在1996年明确指出，应该鼓励中国加入到国际合作中来，一直以来，新加坡就致力于把中国纳入各种各样的全球和地区的多边安全和经济合作框架中来。国内有学者也指出，“从某种意义上说东盟是中国多边主义外交的引路人”。另一方面，在地区事务上欢迎他者的有限介入在东盟内部也基本取得了共识。东盟前秘书长王景荣认为，关于未来，“我们会和中国一起考虑，如何使这个状态（自20世纪70年代以来该地区的和平宁静状态）持续下去，如何与地区外的相关国家——美国、俄罗斯、澳大利亚、印度——接触，使未来可以预测并且对大家都有好处”。塞韦里诺也认为，尽管东盟国家对美国在该地区的安全作用分歧很大，但是不管怎样，它们都将美国永久考虑在其战略和安全计划之内。新加坡外交部长尚穆加姆也指出：“美国介入亚洲已经成为这一地区和平与繁荣的支柱和基石……说到美国以亚洲为轴心，其实美国一直就在亚洲，并扮演着重要角色。我们欢迎美国继续存在，更欢迎美国加强已经持续了数年的关注。”

如前所述，与两面下注的模糊战略不同，东盟国家通过多边形式实行的“远交战略”明确了三大原则——“远交”但不“近攻”“远交”而非“远媾”以及“远交服务于近邻”，这一原则可以进一步阐释为“不反中”“不亲美”“对华关系高于对美关系”。东盟国家的这一立场在南海问题上得到了体现。东盟轮值主席国缅甸总统发言人吴耶突强调：“东盟国家之间、东盟一些国家与中国之间有分歧，都是地区内的问题，应由东盟国家和中国自己解决，地区外国家只能提供建议。”在2014年8月召开的东盟外长会议上，美国国务卿克里高调提出了“冻结南海行动”的倡议，对此，东盟秘书长黎良明直言，东盟各国外长没有讨论这一提议。美国遭遇的这一冷遇反映出包括菲律宾和越南在内的东盟各国在与美合作上持有一定的保留态度。国内有学者对此总结道，在南海问题上，“平衡中国”只是手段，其真正目的在于防止中国的单边行为和谋取在南海的绝对优势，促使中国遵守“东盟规范”，并以符合东盟利益的方式与其共同管理南海争端。换言之，东盟国家的“平衡中国”只是希望与中国在多边的框架内树立其适当可行的行为规范，恰当维护双方之间的安全距离，并非为了制衡或遏制中国。在此意义上，东盟的对华邻居外交恰恰是其多边外交的深层指向。

（三）规范引导

在东盟的对华邻居外交中，最高的战略目标是要在一定程度上引导中国这一大国的认知理念和行为规范。在国际体系强弱互动的双边关系中，对于弱势的一方，要维护自身生存、捍卫自身利益，理论上有三种选择方案：（1）增强自身的硬实力；（2）通过联盟或者前文所提到的“远交”策略，尽管二者有所差异，但其共同之处都在于增强自身的附属力量；（3）在防范和抵制的更高层面上，弱者应对强者进行一定的引导，即弱者对强者的“反领导”。相对于第一和第二方案，第三方案的影响更为持久，也更为深刻，甚至更为安全。毕竟它是通过“软实力”改变强者的观念认同，从而引导强者自愿按照弱者的目标利益来行事。在毗大国而居的邻居关系中，对弱者而言，第三方案不但不会减弱，在一定程度上反而显得更为必要。而在东盟的具体实践中，这一规范引导的战略目标主要以“东盟中心主义”的形式呈现出来。

东盟中心主义指的是东盟寻求在地区机制建设中的主导地位，东盟在这一方面已经取得了一定的成就，而且在未来它也将继续为此努力。正如在2010年的东盟外长会议上，东盟各国领导人主要讨论了关于东盟在新的国际社会中应该扮演的角色，他们更多地使用诸如“东盟中心地位”和“东盟的主导作用”等词汇。而对于未来，素林表示，今后10年将更具挑战性，东盟需要比以往更加有效地维护自身的中心地位。塞韦里诺显然也支持这一立场，在他看来，“在东亚的区域外交中，东盟扮演着‘默认’中心的角色，目前似乎不存在对这一角色的替代。东盟利用这种情形占据了区域外交进程中的‘驾驶员座位’”。的确，目前在东亚地区的政治格局中，东盟已经建立起一系列以自我为中心的地区合作机制。2011年，东盟第19次领导人会议提出了《东盟地区全面经济伙伴关系(RCEP)框架》，再次引起了各方关注，目的是要在东盟成员与其5个自贸(FTA)伙伴之间达成一个现代、全面、高质量、互利的，涵盖货物贸易、服务贸易、投资、经济技术合作、知识产权、竞争、争端协调及其他问题的经济伙伴协议，尽管该计划的实施面临着重大挑战，但显然，它再次凸显了“建立一个东盟通过设定原则来主导的进程”的战略意图。

除了形式上的机制主导权以外，更重要的是，东盟也致力于主导该地区的议程设置与规范制定，并逐渐把这些规范延伸到东盟与中国的关系中。自成立以来，东盟陆续推出多项重要文件，这些文件已成为东盟成员国之间以及东盟与中国之间的处事准则。例如，在南海问题上，东盟就坚定表达了要影响中国的立场。新加坡外交部长尚穆根指出，在南海问题上，“亚细安必须保持中立，但那并不意味着保持沉默，我们不能保持沉默”。而在实践中，经过东盟多年的努力，中国也已经接受了东盟国家的多项提议，包括“根据公认的国际法和现代海洋法，包括《联合国海洋法公约》所确认的基本原则、法律制度，通过和平谈判解决争议”；“以循序渐进方式稳步推进《南海各方行为准则》的商谈”。王毅外长新近提出“赞成并倡导以‘双轨思路’处理南海问题”，这一立场在一定程度上也是向东盟一贯主导的多边主义立场靠拢。

四、结语

本文从“毗邻而居”是东盟国家不得不面对的客观事实出发，提出邻居大国的身份定位恰恰是中国与东盟关系中最基本、最本质的因素。

邻居大国的身份定位意味着东盟的对华战略设计将围绕以下三个方面展开：保持安全的距离、多边形式的接触以及规范观念的引导。首先，安全距离是维持正常邻居关系的前提条件。因此，东盟部分国家在中长时期内的对华政策将会有所波动，但不会超出邻里关系安全距离的红线。其次，多边接触是实现安全距离的形式和手段。接触与合作表现了东盟与华协作互助、寻求共同解决共同问题的一面，多边形式则体现出东盟对中国大国邻居的防范心态。与两面下注的模糊战略不同，多边形式下的远交战略明确了三大原则：“远交”但不“近攻”、“远交”而非“远媾”以及“远交服务于近邻”。最后，规范引导是东盟对华的最高战略目标所在。对东盟而言，一方面要保持东盟在该地区机制建设中的中心地位，另一方面要通过议程设定和观念塑造来影响中国的行为规范。

对中国而言，认识到东盟对华政策中邻居大国战略的本质所在，也将给我们带来以下启示：首先，对东盟与中国的关系保持一个清醒的预期，即对中国与缅甸、柬埔寨等国未来可能出现的问题要有充分的准备，同时对中国与越南、菲律宾等国未来关系的走向也不必过分悲观。其次，对东盟的多边接触策略，中国应采取积极参与的原则，毕竟这是弱者对强者的一种交往之道；而对于中国，则应学会带着多边主义的枷锁“起舞”，这很大程度上是中国不断崛起的“必由之路”。最后，针对东盟规范引导的“反领导”策略，中国也应强化自身的话语权建设，如何运用国际社会的观念语言或者东盟的小国话语来讲述中国自身的故事，是中长期中国大国外交建设中的迫切任务。

（作者系外交学院讲师，原载《当代亚太》2015年第1期）

大国竞争与中国对东南亚的经济外交

王箫轲　张慧智

前言

冷战结束以后近20年的时间里，东南亚地区一直致力于自身的经济发展与区域整合，中国对东盟的经济外交取得了显著成果，双方建立了密切的经济联系。但随着美国2009年加入《东南亚友好合作条约》和强势介入东南亚地区事务以及日本高调加强与东南亚的外交与经济联系，大国在东南亚地区的竞争开始凸显。在新的形势下，中国经济外交开始面临不小的挑战，也显示出经济外交本身的局限性。

学界对于中国与东南亚关系的研究主要集中在经济合作与政治安全问题两个方面。大部分学者认为中国对东南亚采取了卓有成效的经济政策，成功地发展了同东盟国家的经济、政治关系，使之上升到战略伙伴关系。同时，也有学者认为，中国与部分东南亚国家的矛盾呈激化趋势，东盟国家对中国战略意图的担心随着中国日益崛起而增加。已有研究揭示了中国与东南亚国家之间不均衡关系的现状，一些学者对于经贸关系发展必然带来政治关系改善的预期显得过于乐观。现实的东亚局势证明，经贸关系发展并没有使中国与东南亚国家政治关系取得重大进展，反而自美国重返亚洲以来，南海周边局势被不断激化，中国的“自我克制”政策面临重大挑战。

有研究人员认为，目前亚太地区力量对比中，“中国的重点和优势是经济，美国的重点和优势则是军事安全”。中国经济实力的崛起尚无法挑战美国的地区战略主导地位，但在东亚地区的经济影响却日趋显现。这就为中国在东南亚地区开展经济外交创造了条件。经济外交以外交手段谋求扩大经济利益，又以经济手段弥补政治、军事外交的不足。采取经济外交有利于中国充分发挥经济方面的优势，同时避免与霸权国的正面冲突，并达到一定的政治、安全目的。本文拟在考察美国、日本加强对东南亚外交攻势的基础上，分析中国对东南亚经济外交面临的挑战，并提出调整和改进的对策。

一、美日加强对东南亚的外交攻势

从奥巴马第一任期开始，美国就开始加强在亚太地区的战略存在，实现所谓的“战略再平衡”。奥巴政府从2009年开始,主动接近东南亚国家并努力提升与东南亚国家的关系,在安全上强化同盟体系,在政治上积极参与地区事务,在经济上加强贸易、投资和开发援助。

奥巴马政府采取了一系列具体的政策与行动加强对东南亚的外交攻势,首先就是以东盟为切入点,寻求改善与整体东南亚地区的关系并加强影响力。2009 年 7 月,美国正式加入《东南亚友好合作条约》,并表示将“致力于和东南亚国家建立面向未来的伙伴关系”。2010 年 6 月,美国在东盟总部所在地印尼雅加达建立驻东盟专任使团,美国第一位常驻东盟大使戴维·卡登走马上任。美国与东盟还正式建立了年度峰会机制,会议议题涉及经贸、反恐、地区安全等。在东盟的支持下,美国于 2011 年成功加入东亚峰会,进一步加强了对泛东亚地区事务的介入。

美国与东南亚国家间的关系也明显升温,巩固了与新加坡、泰国和菲律宾三个传统盟友/准盟友间的关系,加强了与印尼、马来西亚、越南等非盟友国家的合作,并积极接触了缅甸、柬埔寨等长期敌对的国家。美国在 2011 年《国家军事战略报告》中,重申将加强与菲律宾、泰国、越南、马来西亚、巴基斯坦、印尼以及新加坡等国家的军事关系。从 2009 年开始,美国主动打破僵局,改变禁运、孤立等措施而采取接触政策,使美缅关系出现重大突破。美国总统还首次访问柬埔寨,加大了对柬埔寨的援助力度,允许美国的投资与贷款进入柬埔寨,并且与柬埔寨举行了双边和多边的军事演习。

总体看来,美国重返东南亚表现出更加制度化和更加全面性的特点。在政治上,美国将东盟成员国常驻华盛顿大使组成华盛顿委员会,负责东亚和太平洋事务的助理国务卿每月都与东盟华盛顿委员会举行会议。在军事上,太平洋司令部从 2011 年开始向美国驻东盟使团派出联络官,以实现多国安全信息分享,参与防卫事务相关论坛。在经济上,美国启动“湄公河下游行动计划”,提高美国在湄公河下游地区的参与度;开启美国—东盟商务论坛,以扩大与东盟的经济往来和加强经济融合。在文化交流上,积极推广美国—东盟奖学金项目,以提高东盟国家青少年的英语能力,促进当地教育和教学水平的提高。

在美国重返东南亚的同时,日本也高调地强化其在东南亚地区的存在。2006 年,安倍晋三第一次当选首相时,当时的外相麻生太郎就提出了“自由与繁荣之弧”计划,即把欧亚大陆外围兴起的新兴民主国家联合起来开展外交,建立“自由与繁荣之弧”。这其中就包含了东南亚的柬埔寨、老挝和越南。2012 年安倍再次当选首相后,日本开始实施“自由与繁荣之弧”计划,高调再次进入东南亚,副首相、外相、首相先后访问东南亚。一方面推广所谓的“价值观外交”,把日美欧共享的“普遍价值”渗透到东南亚;一方面继续加强与东南亚国家的经济联系,保持并扩大日本在东南亚的影响力。

2013 年 1 月,安倍在印尼访问期间,发表“日本东南亚外交新五原则”,其中最突出的就是所谓的“价值观外交”,即日本要与东盟共同巩固并扩大自由、民主、基本人权等普遍价值观,试图以此来拉拢东南亚国家。同时,日本还加大了对东南亚经济外交的力度。日本为湄公河流域国家提供了约 6000 亿日元的官方发展援助,并支持企业在泰国、印尼等地兴建大规模的制造基地。对于传统上和日本很少有交集的国家,日本此次更是异乎寻常地主动和活跃。安倍称“我们愿举官民之力,支持正在推进民主化的缅甸的国家建设”,免除了缅甸 5000 亿日元债务,同时提供约 1000 亿日元的官方发展援助。在越南,日本帮助受挫的越南银行部门走出困境,并开始帮助提高越南海军的能力。在菲律宾,日本提高了对菲援助金额,答应提供 10 艘巡逻舰来帮助提升菲律宾的海上力量。日本与这些国家对话的议题也扩展到更广泛的军事战略合作、军事情报和技术交流甚至军备销售领域。

二、中国对东南亚的经济外交

与美日加强东南亚外交一样,中国长期以来也十分重视与东南亚国家的关系。在冷战结束以后,中国和东盟国家关系得到全面恢复和改善。东盟拥有人口众多的消费市场,同时也是丰富的原材料产地。推动与东盟的经济合作,发展同东盟国家的友好关系对于中国发展经济、稳定周边环境有着重要的现实意义。不过,历史和现实的原因限制了中国与大部分东南亚国家发展更加密切的政治、安全合作关系,中国主要是通过经济合作来发展与东南亚国家的关系。

20 世纪 90 年代初期,中国对参与东南亚区域经济合作持谨慎态度,但中国与东盟间的贸易关系在这一时期快速起步。1990 年到 1997 年,中国—东盟双边贸易额由 60 亿美元增长到 243 亿美元。1997 年东南亚金融危机的爆发成为中国与东盟之间深化合作的重要转折点,中国积极参与 IMF 的救助计划,对泰国、印尼等国提供超过 40 亿美元的援助,坚持人民币不贬值,遏制了金融危机的进一步恶化,为东盟国家克服金融危机和恢复本国经济做出了巨大贡献。中国在此次危机中的表现树立了一个负责任大国的形象,得到东盟国家的赞誉,双方信任关系大为增强。以此次危机为契机“10 +”机制正式建立,中国也与东盟建立了睦邻互信伙伴关系。

1997 年以后,中国与东盟在“10 +”框架内的经济合作快速发展。2000 年“10 + 3”财长会议上达成进行货币合作的“清迈倡议”,中国开始与泰国等国逐步建立地区内货币互换机制。2002 年,中国与东盟签署《全面经济合作框架协议》。2003 年,中国率先加入《东南亚友好合作条约》,与东盟建立面向和平与繁荣的战略伙伴关系。2006 年,中国—东盟确定农业、人力资源开发、投资等十大重点合作领域。2010 年,中国—东盟自由贸易区如期建成,标志着中国对东盟的经济外交取得重大突破。2012 年,双边贸易额达到 4000.93 亿美元,中国连续四年是东盟的第一大贸易伙伴,东盟继续为中国的第三大贸易伙伴。

经济外交一般包含两个实质性内容:其一,它是以本国经济利益为目的制定和实施的对外交往政策与行为;其二,它是以国家经济力量为手段或依托,为实现和维护本国战略目标或追求经济以外的利益而制定和实行的对外交往政策与行为。中国对东南亚的经济外交也包括以上两方面的内容,一方面,中国通过扩大与东盟的经贸关系,有效地实现了经济利益。特别是自贸区建成后,双边贸易额年均增长超过 20%,东盟有望在 2016 年成为中国第一大贸易伙伴。另一方面,中国对东盟的经济外交自然地承担了化解中国威胁论,降低中国崛起过程中的安全风险的使命。1997 年和 2008 年两次金融危机中,中国对东盟的援助和支持,极大地改善了双边信任关系,一定程度上缓和了中国与东盟有关国家在南海问题上的摩擦。

中国对东盟的经济外交在实现共享经济发展,获得经济利益方面取得了较大成功。但在缓和安全摩擦、构筑深层次政治信任关系方面成效有限。从根源上讲,这是由于经济合作的外溢效应是有限的,中国的经济外交不能够提供安全方面的公共产品,一些东盟国家在安全上反而是依靠美国。中国与越南、菲律宾等国甚至还存在着安全竞争关系,在安全矛盾没有完全解决的前提下,经济依赖的深化会增大这些国家的担忧,担心继续配合中国的安抚政策会对未来维护自身核心安全利益造成负面影响。这就使得中国经济外交的效果在实现非经济目标方面会大打折扣。

2008年以后,随着中国实力的进一步增强,周边国家愈发感觉到中国在改变地区/国际格局,尤其是那些借重美国实现安全的国家变得更加忧虑。2009年10月,新加坡资政李光耀公开表示,欢迎美国在东亚发挥影响力,以平衡中国的地区经济影响力和潜在的战略影响。2009年《越南国防政策》白皮书指出,中国南海领土争端引发的紧张局势是令人关注的问题。2010年7月,印尼也表示,中国的军事扩张是一个事实,中国的强大加深了亚洲地区的猜疑。与此相呼应的是,美国和日本借机"重返"东南亚,中美日在东南亚地区的竞争不可避免,中国的经济外交也面临着更加严峻的挑战。

三、大国竞争对中国东南亚经济外交的影响

在"亚太再平衡战略"框架下,美国对东南亚的重视程度明显上升,出台政策的频率也更加密集,日本对东南亚的关注度也在明显提高。与之相对应的是,随着美国东南亚战略的重新布局,中国与部分国家在南海问题上频频出现摩擦。无论是从美日政策出台的初衷,还是相关政策实施的后果来看,两国"重返"东南亚都有着明显的中国指向。

第一,美日"重返"东南亚必然会增加大国在本地区的竞争行为,中国与东南亚国家的经济合作将面临着强有力的竞争对手。美国"重返亚太"是力图在政治、军事、经济、软实力等各方面综合介入,奥巴马政府将发展、外交、防务并列为对外政策的三大支柱,在东南亚发起的"湄公河下游行动计划"就体现了奥巴马政府对发展问题的重视。在2012年的美国—东盟峰会上,奥巴马与东南亚领导人发起一项倡议,要扩大美国与东南亚10国之间的贸易和投资,并为亚洲国家与跨太平洋战略经济伙伴关系协定(TPP)的衔接铺平道路。东南亚国家也普遍希望在全球经济低迷之时,美国能更积极地参与东南亚地区的经济发展,拉动东南亚经济增长。日本在2008年前一直是东盟最大贸易伙伴国,在东南亚的援助、投资颇具规模。为了与中国竞争,日本近年来加紧对东南亚的投资。2012年前3个月,在对越南进行投资的26个国家和地区中,日本排名第一,占新批以及增资资金总额的88.8%。与此同时,主要用于基础设施建设的日本官方发展援助也在增长。美国和日本加强与东南亚的经济联系客观上会与中国形成竞争关系,但这种经济领域的竞争是在市场机制下进行的,并不会必然导致敌视现象的出现,协调好的话反而有助于促进区域经济的融合。经济领域的良性竞争能使各方都受益,但如果中美日就区域合作主导权出现竞争甚至出现政治战略层面的竞争,则会给地区局势带来严峻挑战。

第二,大国竞争使得南海安全局势更加复杂,中国经济外交的安抚效果将会受到严重削弱。中国对东盟的经济外交遵循"10+"框架,维持了东盟在区域经济合作中的中心地位,自贸区的建立也为东盟国家的贸易发展创造了有利条件。因此,中国对东盟的经济外交关注东盟的核心利益,一定程度上安抚了东盟对于中国崛起的不安心理。但是,美日高调"重返"东南亚则使这种安抚效果大打折扣。美国助理国务卿丹尼·拉塞尔提出,将在美国亚太再平衡战略中加大接触和介入东南亚的力度,实现东南亚和东北亚的平衡。同时,将在依靠军力等"硬实力"的基础上,兼顾经济、能源、教育、价值观等领域,以产生重大和持久的影响。与此同时,日本也在加大对东南亚的经济投资、发展援助和公共外交,这些都不可避免地对中国的安抚策略产生冲击。

第三,大国竞争推动东盟各国更倾向于使用"大国平衡"政策,中国经济外交的优势逐渐受到削弱。东盟出于自身利益的考虑,经常借助于各大国来平衡某一时期力量特别突出或者试图谋取主导权的国家。东盟曾在APEC中联合中国反对美日的贸易自由化主张,限制了美国对APEC的主导。而如今中国经济的崛起和军事力量的发展使得东盟开始把制衡的对象转向中国,美日的"重返"则契合了东盟的这种需求。此次美日"重返"东南亚提供了更具优惠的经济合作条件,不仅强化与原有盟国或保持良好关系国家间的经济合作,还着手与之前拒之千里的缅甸、柬埔寨开展经贸合作。对于这些行为,东盟国家自然乐见其成,其对中国经济外交的冲击也已经开始彰显。

四、中国经济外交的调整方向

在今后相当长的时间内,东盟各国还会更加明显地感受到中国经济力量、军事力量对地区格局的改变,美日也会继续推进"重返"东南亚战略。中国目前的安全政策难以令东盟大部分国家满意,一些国家会选择依赖或借重美国力量来制衡中国。那么,中国除了要增强自身军事力量,提高安全自给能力,也应当继续大力推动和改进对东南亚的经济外交,以经济力量平衡美国对东南亚地区的安全影响。

第一,中国应当着重提高经济外交的能力,最大限度发挥经济外交的效力。经济外交既涉及到贸易、金融等专门的经济部门,同时也属于外交行为的范畴,需要跨部门的协调合作,中国在这方面还存在很大的改进空间。中国商务部设置了几乎和外交部同样庞大的国别司局,人民银行和财政部也设立了国际司,但外交部却一直到2012年才成立国际经济司。由其他部门主导经济外交行为不仅容易缺少战略视野和全局规划,更容易因部门利益影响整体外交战略的决策和执行。中国要有效地开展经济外交,还需要国家安全委员会这样的机构发挥强有力的统筹、协调功能,抑制部门利益对外交战略的干扰,增强最高领导人对外交全局的掌控。

中国也应当对在东南亚的具体经济外交行为进行评估和改进,提高经济外交的效力。2011年"密松水电站事件"以后,中国在东南亚投资所造成的"环境与社会问题"引起了高度关注。中缅油气管道工程也遭到当地居民和一些非政府组织的反对,这其中既有环保方面的考虑,也有这些工程没有直接使当地居民获利的原因。随着东南亚地区经济发展、政治转型和公众意识的提高,中国政府应当加强引导"走出去"企业在社会公益活动和环境保护等方面予以更多的关注和投入;也要借鉴发达国家的援助经验,寻求投资与援助项目朝更有利于改善当地民生方向转变,以帮助实现经济关系的可持续发展。

第二,中国对东盟的经济外交应当抓住各方的利益契合点,加强积极共赢的合作。中国与东盟国家在边境共同开发和交通能源联通方面具有独特的合作优势,这种条件是其他域外国家所不具备的。中国与东盟国家边境地区的次区域经济合作对于双方边民而言具有重要意义,但也面临着走私、贩毒、跨境洗钱等诸多挑战。进一步加强边境贸易管理,保证其健康快速发展应当是中国对东盟经济外交的一个重要方面。另外,推进中国与东盟国家交通能源的互联互通对扩大自由贸易区贸易和投资规模具有极大的促进作用,中国应当进一步加快公路、铁路、电力、水路和油气管道的互联互通建设,推动跨国经济走廊建设、大湄公河次区域合作和泛北部湾经济合作。

美日加快"重返"东南亚对中国造成竞争的压力,但并不意味着中美、中日不存在合作的可能性。中日韩在"10+3"框架内的竞争也被广泛提及,但结果却促进了东亚区域经济合作的快速发展。美国也很重视在缅甸、柬埔寨问题上与中国的合作,中美对外经济合作也各有优势,具备合作的潜力,前提在于美国是否愿意与中国共享合作带来的利益。在菲律宾、越南等与中国存在安全利益冲突的国家实现中美合作的难度要更大,中国对这些国家开展经济外交,要灵活地运用正面与负面经济手段,既要加强长期接触以促进沟通互信,也要灵活使用与制裁相关的经济手段。

第三,中国有必要向东南亚国家提供更多的公共产品,为国家赢得信赖,改善形象,增加亲和力。提供公共产品是一种双向获利的行为,从长远的历史角度看,其最终成本和收益还是基本一致的。中国已经通过建立自贸区的形式加大对东盟的投资和贸易,借助较快的经济增长速度向东南亚提供广阔的出口市场,并通过"10+"机制支持东盟在区域经济合作中的中心地位。这些基本上形成了制度性的公共产品,尽管其效果是使东盟获得了贸易顺差,但直观上看则是互利互惠的。因此,中国有必要通过更加直接的方式提供能使普通民众直接获益的公共产品。

对于东南亚国家来说,中国具有资金、技术上的优势和长期兼容并蓄的对外开放政策,不仅要通过直接的援助和技术支持使成员国的政府受惠,同时还应在教育、医疗、社会保障等建设上使成员国的普通民众受惠。一方面中国可借鉴中国—东盟自贸区"早期收获计划"的成功经验,把贸易、金融、基础设施建设等优势领域作为供给区域性公共产品的优先方向,通过一定的让利措施使东南亚国家感受到区域合作带来的益处。另一方面,中国应当积极推进对东南亚地区的发展援助,并借鉴欧洲的社会发展性援助经验,强调平等的伙伴关系和自身能力建设,加强对教育、人口、健康等社会领域的援助,向受援国普通民众展现中国的善意和责任。

五、结语

随着东亚地区在国际格局中的分量日益加重,具有重要战略地位的东南亚也日益吸引大国的注意。除了美国、日本,印度、澳大利亚、俄罗斯和欧盟等都想在本地区发挥影响力。这种错综复杂的环境给中国推进与东盟区域合作带来了一些影响,但是大部分东南亚国家愿意和中国在经济领域长期进行互惠合作,也不希望美国的"亚太再平衡"为这一区域带来更多的冲突和紧张。经济外交以互惠共赢的经济利益为主要目标,相比政治外交、军事外交而言具有更为软性的特点,中国应当继续合理有效地利用经济外交战略来服务于整体的东南亚外交。

(作者王萧轲系吉林大学讲师、张慧智系吉林大学教授,原载《东南亚研究》2015 年第 1 期)

大国汇聚亚洲与经略周边——21 世纪海上丝绸之路建设的认知与建议

谷源洋

一、世界大国汇聚亚洲是看中了亚洲的重要战略地位及其经济蓬勃发展的趋势。

自 2007 年美国先后爆发次贷危机和金融危机以来,美国开始进行反思,而反思的结果是:美国提出了全球经济失衡是导致金融危机的根源,要求全球经济再平衡,目的是防止经济全球化导致权力分散化,但经济全球化是不可违逆的大趋势;奥巴马提出了"出口倍增计划",吸引国内外投资,重振国内制造业,创造就业岗位,但实际执行结果并不理想;美国提出了签订"跨太平洋伙伴关系协定"(TPP),把美国同亚洲紧密联结起来,但谈判遇到众多障碍,即便是最终达成共识,也不是美国早先设想的"高标准原版的 TPP"。

为实现上述既定目标,美国实施硬实力与软实力相互兼容的"亚太再平衡"战略。希拉里·克林顿曾宣称"美国未来的政治将取决于亚洲,美国外交方略最重要的使命之一将是把大幅增加的投入锁定在亚洲地区"。尽管美国全球战略重心东移受到多方面的牵制,但美国"重返亚洲"或"亚太再平衡"战略并非权宜之计。美国国防部部长哈格尔在 2014 年新加坡香格里拉亚太安全对话会议上公然宣称,美国减少军事支出,但不会减少对亚太地区的军事投入。世界其他大国也都抱着不同的目的和心态将其外交政策向亚洲倾斜,印度积极推进"向东看、向东行动"的外交政策;俄罗斯把参与亚洲事务提升为国家战略;欧盟同亚洲国家展开了定期的"亚欧首脑峰会";安倍上台以来访问了东南亚各国,大搞政治经济外交。世界大国汇聚亚洲,究其原因主要是看中了亚洲的重要战略地位及其经济蓬勃发展的大趋势。

亚洲地域面积约占世界陆地面积的 1/3,人口约占世界总人口的 3/5,堪称世界第一大洲。二战以来,由于众多因素的综合作用,亚洲率先涌现出一批跳跃式发展的国家和地区,被国际社会誉为亚洲"新兴工业经济体"及"准新兴工业经济体"。特别是中国在 20 世纪 70 年代末、越南在 80 年代中、印度在 90 年代初开始的经济变革,促进了各自经济的腾飞,为东亚乃至亚洲的持续高速增长发挥了"拉动效应"。在 1997~2007 年的 10 年里,亚洲国家和地区克服了金融危机的负面影响,成为全球经济发展最快和最具活力的地区。

21 世纪谁主沉浮?有人说是"亚洲的世纪",而奥巴马则宣称是"美国的世纪"。然而,国际社会却普遍看好亚洲,对其发展远景抱有乐观的期待,并预言 21 世纪世界经济发展的热浪将继续吹向亚洲地区。统计数字显示,2010 年,亚洲对世界经济增长的贡献率超过 50%;亚洲区域内贸易占到对外贸易总额的 52.6%。中国、印度等亚洲新兴经济体业已替代日本成为亚洲经济发展的引擎,以日本为领头雁的"雁行模式"早已不复存在。邓小平曾说过"中印两国不发展起来就不是亚洲世纪。真正的亚太世纪或亚洲世纪,是要等到中国、印度和其他一些邻国发展起来,才算到来"。2012 年 1 月中旬,印度总理辛格对到访的中国国务委员戴秉国表示:"印中合作将改变世界。"许多国家看到了中印崛起的势头及其崛起的重要性,并给予了积极的评价。美国《商业周刊》认为,世界从未见过这两个占全球 1/3 人口的国家在同一时刻崛起,中国和印度拥有改变21世纪全球经济的实力和活力。哈佛大学校长劳伦斯·萨默斯甚至说,中印的崛起有可能与文艺复兴和工业革命并列成为过去1000年3大重要经济事件。

中国、印度这两个大国的相继崛起,提升了亚洲在全球经济中的地位。日本《福布斯》月刊曾发表李光耀撰写的题为《世界经济的中心是亚洲》的文章,印尼《雅加达邮报》发表的马来西亚总理纳吉布·拉扎克的文章称“21世纪属于亚洲”,亚洲开发银行行长黑田东彦则认为“亚洲世纪无疑是可信的”。伴随经济持续快速发展,亚洲特别是东亚地区人民生活水平不断提高,贫困人口逐步减少,亚洲人正在成为“富裕世界”的一部分。约翰·奈斯比特在《亚洲大趋势》一书中指出,150年来,西方享受了进步与繁荣,而亚洲却遭受贫困与饥饿。现在,亚洲正走上经济复兴的道路,这将使他们重新得到他们以前文明所拥有的辉煌和荣耀。

近年来,亚洲经济的支柱力量——新兴经济体面临资金撤离、货币贬值、国债收益率提升、经济向下滑行等压力,然而,虽然渣打银行的报告指出一些主要新兴经济体发展减速令人担忧,但包括中国、印度、印度尼西亚在内的几个较大的新兴经济体稍加改革就会触动经济振兴。在2014年达沃斯世界经济论坛上,各方的关注点仍聚焦亚洲,有人指出35%的全球出口在亚洲,65%的全球进口也在亚洲;有人认为,亚洲全要素生产率高于拉美、非洲和中东欧地区,不少国家并不缺乏创新,服务业外包始于印度,韩国三星公司是创新的领先企业,中国的阿里巴巴、百度、腾讯等的创新能力不亚于发达国家。

更为重要的是亚洲新兴经济体针对存在的经济“瓶颈”正在加速推进改革、调整与转型的步伐;亚洲新兴经济体具有不可忽视的后发优势和现实优势,包括家庭储蓄率高、工业化提速、收入增加、购买力上升和创新能力趋强、经常项目和资本项目顺差、外汇储备膨胀、通货膨胀总体可控;美联储退出QE对亚洲新兴经济体影响不大,资金撤出趋势得以扭转;美英等国经济复苏力度趋强,使亚洲新兴经济体出口增加。鉴于上述多种因素,亚洲新兴经济体不可能“从天上掉到地上”而“一蹶不振”,出现持续性大倒退的概率不大,崛起依旧是难以逆转的大趋势。亚洲开发银行预测,2014年、2015年亚洲新兴经济体和发展经济体的增长速率为6.3%与6.4%,远高于发达经济体平均增速及发展经济体增长的平均值。按汇率计算,到2020年,亚洲将成为世界最大的经济区域。

2014年9月18日,中国国家主席习近平在印度世界事务委员会所作《携手追寻民族复兴之梦》的演讲中强调:“我们所处的时代,国际格局正在发生前所未有的深刻调整,其中一个重要趋势就是亚洲在全球格局中的地位不断上升。中印两国作为世界多极化进程中的两支重要力量,作为拉动亚洲乃至世界经济增长的有生力量,又一次被推向时代前沿。”印度总理莫迪则指出,印中两国是“两个身体、一种精神”,认为两国应该以“英寸到英里”的精神推动印中关系向前发展。然而,在美国涉足、干涉亚洲事务,日本等国挑战中国国家核心利益的形势下,亚洲地区出现了复杂的政治和安全形势,东盟推行的大国实力均衡化战略受到冲击。

二、中国对亚洲地区的外交政策以突出“经略周边”为重点

在上述内外环境变化下,中国作为亚洲“大家庭”的重要成员,外交战略重心应着眼于和立足于充满增长动能的亚洲。不同之处是美国“重返亚洲”抑或“亚太再平衡”战略是以军事为主轴,利用中国与部分亚洲国家存在的海上主权争议,制造政治分歧和扩大矛盾,强化军事同盟,加强同亚洲国家的军事、政治、安全与经济联系。而中国对亚洲邻国的外交政策则是以突出“经略周边”为重点,旨在构建中国与亚洲国家相互开放的新模式,不断提高相互开放的水平。

中共十八届三中全会通过的《中共中央关于全面深化改革若干重大问题的决定》提出了“加快同周边国家和区域基础设施互联互通建设,推动丝绸之路经济带、海上丝绸之路建设,形成全方位开放新格局”的要求,使中国“经略周边”的总体思路和规划越来越清晰:一是加速推动上海合作组织向纵深合作发展,《杜尚别宣言》已把上合组织定性为“开放性的国际合作组织”,既要以安全合作为主导,又要大力推进经贸合作和人文合作;二是建设面向俄罗斯、中亚、西亚和欧洲国家的陆上“丝绸之路”经济带;三是加速推动中韩、中日韩自由贸易区以及区域全面经济伙伴关系(RCEP)三大谈判;四是建立中巴、中印缅孟经济走廊以及中国—新加坡经济走廊;五是推动21世纪海上丝绸之路(下简称海上丝绸之路)建设。上述各项“经略周边”的举措业已先后启动,并取得实质性进展。“一带一路”或陆海并进的“丝绸之路”建设则是当今时代崭新的“经略周边”的理念,越来越引起沿线国家的关注和支持。

三、21世纪海上丝绸之路建设的认知与建议

2014年9月,中国国家主席习近平出访中亚和南亚4国,拉开了“一带一路”大国外交序幕,打破了海上丝绸之路较为沉闷的局面。但国内外人士对海上丝绸之路建设的认知度不尽相同。现简述笔者的看法和建议:

1. 海上丝绸之路建设是一项长期、复杂的系统工程,建设路径及其合作领域宽泛,涉及的地域空间很广,要经过许多国家,既牵涉到中国与相关国家经济、政治和安全关系的政策协调,也涉及到如何按照国际分工原则,对经济资源进行有效利用和合理配置。因此,海上丝绸之路建设难度大、问题多,不可急于求成,只能循序渐进和分阶段实施。

2. 海上丝绸之路建设是中国实行“以邻为伴、以邻为善,愿意把中国的发展惠及到周边国家”外交政策的具体体现,因而必须秉承平等包容、友好协商的精神,虚心待人,尊重沿线区域已有的秩序,促进更大弹性的合作,必须突出共创“利益共同体”和“命运共同体”。“不为控制而为共同利益”是中国倡议的丝绸之路建设与美国提出的所谓“新丝绸之路”的本质区别所在。

3. 海上丝绸之路建设迫切要求中国要多了解周边。长期以来,中国对周边国家缺乏深入系统的研究,有些研究甚至不如欧美国家,导致中国对周边的历史了解不深,影响了彼此之间的交流。中国史学界可“学术先行”,在国家社会科学基金等支持下深入探讨中国周边国家从古至今历史演变进程,不同国家不同时期的历史特点以及周边国家与中国的交往。不仅要研究周边国家历史演变进程,更重要的是应立足现实、联系现实,从历史的角度研究有争议的问题,旨在服务于海上丝绸之路建设。

4. 海上丝绸之路建设涉及的周边地区暂不应包括东北亚国家,而是指“向南的周边国家”,包括东南亚国家、印度、巴基斯坦、孟加拉、斯里兰卡等南亚国家,可以将西亚作为海上丝绸之路的延伸地带。国内的海南、广西、广东、香港特别

行政区、澳门特别行政区、福建、云南等省、自治区、特别行政区与海上丝绸之路建设关联性强，其中云南省可以通过大湄公河次区域合作与海上丝绸之路紧密联结起来，通过建立中巴、中印缅孟经济走廊、中新经济走廊以及泛亚铁路把“一带一路”两条丝绸之路建设衔接和贯通起来。

5. 海上丝绸之路建设涉及海洋经济合作、海洋安全合作以及海洋历史文化交流等众多领域，但基本属性定位于跨区域经济合作，是以经济合作为主线，是中国“经略周边”的对外开放新战略。因此，不宜把海上丝绸之路建设“政治化”，在实践中，多做有利于海上丝绸之路建设的言与行。

6. 海上丝绸之路建设的重要内容是通过海上互联互通，把中国与海上沿线国家和地区临海港口及其城市联通起来。世界银行的研究报告证实，基础设施建设投入与 GDP 增长具有正相关的联系，但基础设施建设耗资巨大。据亚洲开发银行(亚行)测算，2010 ~ 2020 年，亚洲各成员国需要基础设施投资 8.22 万亿美元，用于区域性基础设施建设资金为 3000 亿美元。这些潜在投资从哪里来？首先需要准确把握“让中国的发展惠及到周边国家”的尺度，要大体搞清楚海上基础设施互联互通等项目的需求量有多大？投入资金需要多少？中国究竟能够拿出多少钱？在明确上述问题的基础上尚需做好投资的“成本与效益”专题研究与分析。

7. 自 1992 年以来，中国大约将 8.5% ~9% 的 GDP 用于基础设施建设，经过几十年国内外“道路联通”业已积累了丰富的经验，不仅拥有了基础设施建设资金和技术的双重优势，而且造就了一支优秀的、能干的建设队伍，能够缩短工程项目建设工期，节约成本，其造价远低于发达国家。由于沿线国家多为新兴经济体和发展中国家，普遍存在基础设施建设资金缺口。因此，中国领导人在多个场合表示愿意通过设立专项优惠贷款、成立专项基金，给亚洲国家基础设施建设提供融资支持。2013 年 10 月，中国国家主席习近平在访问印度尼西亚时提出了建立开放型亚洲基础设施投资银行(下简称为亚投行)的倡议，在北京 APEC 会议期间，习近平主席又提出设立丝路基金。“银行 + 基金”旨在用以弥补亚洲发展中国家在基础设施投资中存在的巨大资本缺口，为亚洲地区基础设施建设提供融资服务，提升各国经济发展的基础保障，推动区域经济一体化的进程。亚洲开发银行资本金总额虽高于亚投行 500 亿美元的起始资本金，但满足不了亚洲区域内基础设施投资的需要，因此，建立亚投行是对亚行的有益补充而并非是替代，两行之间的关系应是互补和伙伴关系，开展相互间共同融资合作与配合。

中国作为成立亚投行的倡导者及其重要的参与方，需要加大国家投资的力度，需要调动私人资本积极参与。最近几年，中国基础设施投资中只有不到 0.03% 来自私人资本。这不仅仅是中国存在的问题，亚洲其他国家用于基础设施的投资约占 GDP 的 7.2%，其中私人投资仅为 0.2%，远低于拉丁美洲和加勒比地区的 1.9% 和 1.6%。因此，解决亚洲基础设施投资的瓶颈，各国不能仅仅依靠财政投资，必须调动社会融资积极参与，这就是 APEC 北京财长会议提出的“PPP”融资模式，为此，相关国家政府之间需要签订保障私人用于海上基础设施建设的投资协定。

二战后建立起的国际金融体系始终由发达国家主导，国际货币基金组织总裁由欧洲人把持，世界银行行长则由美国人垄断，日本早在 20 世纪 60 年代就已建立了由其主导的亚洲开发银行及海外经济协力基金。当今的国际金融体系早已不符合世界格局变化的现实，新兴市场国家强烈要求国际货币基金组织和世界银行进行改革，但这两大金融组织的改革总是滞后于时代变化。在现行国际货币体系中，美元长期享有“过度特权”，因而美国国会对 IMF2010 年改革方案持拖延消极态度。在上述背景下，中国建立开放型的亚投行的倡议得到了广泛的积极响应。中国应根据自身的经济规模与能力，力争在亚投行投资股权中占有较大比重，以期发挥重要作用。美国为维护“美元霸权”地位和继续享受美元“过度特权”，不仅自己抵制而且试图拉拢某些国家破坏亚投行的建立和运作，但从国家利益考虑，澳大利亚、韩国、日本等国均有可能陆续加入亚投行。

8. 海上基础设施互联互通是海上丝绸之路建设的重中之重，但海上“道路联通”并不是海上丝绸之路建设的全部内容。海上丝绸之路建设似应包括海底资源共同开发、海洋科学研究、海洋环境保护、海上航运安全、海上渔业合作、海上旅游观光、海上救援、沿海城市友好合作及人文交流等。

广义的海洋经济合作是海上丝绸之路建设的基石，但经济合作与文化交流需要相互兼顾，不可顾此失彼。古代丝绸之路通过“以货易货”方式，丰富了农耕文化，促进了古代农业经济的繁荣和发展，带动了中国同沿线国家文化、政治、哲学、宗教、艺术等领域的交流与互动，为促进世界文明的发展与繁荣做出了贡献。当今，加强中国与丝绸之路沿线城市友好合作及人文交流更是不可或缺的内容。英国史学家汤普森认为“文化不是奢侈品”“文化存在的价值有两种，一是内在价值，像博物馆、美术馆、剧院和图书馆等可以丰富人们的内心生活，还可以传播人文主义精神；二是实用价值，例如游客游览文物古迹、参观博物馆可以增加当地的就业岗位和经济效益”。当今的文化交流既包括文化艺术演出和文化教育交流，也包括物质文化交流、制度文化交流与价值观文化交流。国之交在于民相知、民相敬、民相亲，“民心相通”能影响人、感召人。因此，不管是现在还是未来，中国与丝绸之路沿线国家之间的关系都应以友爱精神为基调，加强国民间的彼此接触与交流，进行文化和思想的沟通，通过坦诚交流，凝聚共识，消除疑虑，增强互信，“共创”和“共享”丝绸之路建设成果，造福于人民。

9. 自改革开放以来，中国与海上丝绸之路沿线国家的合作有了良好的基础，经贸合作规模越来越大。2012 年，中国与海上丝绸之路沿线各国贸易总额为 6900 亿美元，占中国对外贸易总额的 17.9%；中国企业对沿线国家非金融类直接投资 57 亿美元，占中国企业对外投资的 7.4%；中国企业在沿线国家承包工程营业额 422 亿美元，占中国对外承包工程总营业额的 37.9%。上述 3 组数据均高于丝绸之路经济带。但是，中国与海上丝绸之路沿线国家签定货币互换协定的数量较少，规模不大，需要加大相互间“货币流通”力度。

海上丝绸之路建设的重要领域是促进中国与海上丝绸之路沿线国家的贸易便利化、自由化，“两化”与海上“互联互通”形成正相关的联系。因此，海上丝绸之路建设虽不等同于中国—东盟自由贸易区，但海上丝绸之路建设的溢出效应能够带动各相关方货物贸易、服务贸易及投资的大幅提升，不断更新和扩充中国—东盟自由贸易区协定的内容和范围，实现 2015 年双方双向贸易额达到 5000 亿美元、2020 年达到 1 万亿美元以及双向投资从 1200 亿美元增至 1500 亿美元的目标。正如有学者所说,中国—东盟自由贸易区功能与作用的提升,不仅是双方经济关系的"数量增长",更重要的是体现了双方"政治关系质量的升级",利于深化中国—东盟全面战略伙伴关系。

10. 海上主权争议是海上丝绸之路建设最大的政治和安全障碍,涉及东海与南海主权争议,涉及穿越印度洋引起印度的疑虑,涉及来自海洋霸权国家的阻挠。然而,在海上丝绸之路建设过程中,中国需要把周边外交与大国外交紧密联系起来,妥善处理和协调中国与大国的地区关系。

首先,需要妥善处理海上丝绸之路建设同印度"向东看、向东行动"两者之间的关系,把两个带有矛盾的概念和理念对接起来,以期形成良性互动。但两个概念和两种理念能否对接及如何对接,哪些方面能够对接,哪些方面不可对接,尚需做深入研究。

其次,需要做好中国与美国在南海乃至亚洲问题上的政策沟通与协调。美国对南海主权争议采取的政策立场已经发生变化,具有明显的倾向性、偏袒性和挑衅性,对中国打出了3张牌:中国单方面改变海上现状;中国违逆国际法理和规则;中国破坏海上自由航行。中国应对这3张牌的力度显得不够,声音不强,有关方面应组织力量,撰写出有分量的系列文章予以反击,从被动转为主动。尽管中美两国在南海问题上的政策选项有分歧、有矛盾、有斗争,但也并非完全对立,因此,中国依然需要多做美国的工作,通过"一轨"和"二轨"等多种途径进行反复沟通,力争把海上丝绸之路建设的阻力降到最低程度。但中国与美国的政策沟通与协调能够取得何种效果存在不确定性,需要冷静观察和处理。

再次,需要妥善处理中国与东盟4个声索国对南海的主权争议。海上形势复杂多变,主权之争将是一场长期的斗争,不能期望在短期内化解。因此,海上丝绸之路建设称之为"21世纪海上丝绸之路"建设。在海上主权纷争长期僵持的局势下,相关方出现矛盾和冲突难以避免,但"和缓"与"管控"比矛盾和冲突更为重要。

"搁置争议、共同开发"是国际上通用的在划定海上主权之前所采取的临时性措施,其实质就是在不放弃主权的前提下,维持海上主权争议现状。南海是海上丝绸之路建设的重要载体,各相关方需要逐渐落实"搁置争议,共同开发"的重要原则。中国与越南经过谈判协商,双方已同意在北部湾湾口外有争议海域先进行"低敏感领域"的"共同开发"。为使海上主权纷争局势有所缓和,可以考虑积极参与和推动"南海各方行为准则"谈判。

11. 海上丝绸之路建设不是中国单方面的国家战略选择,涉及到众多国家的利益,必须做好国内和国际两个协调。虽然相关沿线周边国家普遍关注海上丝绸之路建设,但对中国此举的战略意图存在差异,因而,我们既要知己更要知彼,紧密保持与相关国家的"政策沟通",深入了解相关国家对海上丝绸之路建设怎么看,怎么想,有针对性的化解他们的一些疑虑。只有中国和相关沿线国家取得越来越多的共识,海上丝绸之路建设才能得以启动和展开。为此,中国驻相关沿线国家使馆、商务处、记者站以及国内有关联的省市、自治区应加强海上丝绸之路建设的调研工作,及时反映海上丝绸之路建设的商机和存在的问题。

尽早出台中国早已提出的"海上合作基金"的使用办法,利用海上合作基金开展中国与东盟国家的联合研究,发展好海上合作伙伴关系,以共建海上丝绸之路。这种联合研究与探讨应是有组织的安排行为,以中国与东盟国家学者和企业家为主体的联合研究可先行一步,彼此间进行坦率和富有建设性的交流。

在中国南方沿海地带选择一个省(市、自治区)与境外相关国家组建海上丝绸之路建设联席会议制度,发挥双方积极性,共同协商和做好建设规划编制、项目审定、资金支持、人才培养等各项工作。

12. 国内各有关省、自治区应结合所处区域地位及对外经济合作条件等,在充分调研的基础上制定切实可行的参与海上丝绸之路建设的规划方案。海上丝绸之路建设分为国内段与国外段,两段的规划与建设要同时并进,但首先要把国内段的建设做好,以带动国外段的建设。

13. 海上丝绸之路建设的核心内容是发展海洋经济,最为重要的是必须要有与海洋经济相关联的互补性产业合作项目的支撑,推进海上商品流、资金流、人才流、信息流的互联互通,并逐渐降低"四流"的成本,提高海洋经济合作效益。因此,海上丝绸之路建设必须树立以相关方企业为中心,以发展项目为重点的发展思路。各专题研究应突出各方需要的海洋发展项目,没有企业参与项目开发就无法形成具有规模的海上物流、人流、资金流和信息流。为调动和便于企业参与海洋经济建设,建议成立"海上丝绸之路建设咨讯公司"。

14. 海运是外贸货物运输量最大的交通方式,占世界贸易量的95%。伴随海上丝绸之路建设的逐步展开,相互贸易合作的拓展,海上货物运输物流会出现一个大发展的局面。为适应这种发展局面的需要,我们有必要提前做好三件大事的预案:一是在中国北部、中部和南部建立三大符合国际标准的自由港,自由港不同于自由贸易区,实行的是生产要素的完全自由流动;二是以股份公司形式,与海上沿线国家组建海上运输船队,共同推动海运事业的发展;三是在海上沿线主要交通要道和港口,与相关国家协商建立多个物流中心,推动国际物流大通道建设。

15. 海上丝绸之路建设需要本着"求同存异、平等互利、包容互鉴、合作共赢"的精神,协调和处理好亚洲区域经济合作和亚太跨区域经济整合的关系。当今世界各大洲涌现出林林总总的区域经济合作实体,据WTO统计,90%以上的国家参加了不同称谓的区域合作,呈现出"大中套小""大小并联""相互重叠"的经济整合态势。各国签署的双边、多边、次区城及区域自由贸易协定都有利于消除关税和非关税壁垒,推进贸易自由化、便利化,因此,不宜将已签署的和继续增加的自由贸易协定或建立的自由贸易区说成为"碎片化"和"意大利面条碗效应"。

从区域经济合作理论看,区域经济合作实体即"块状经济体"具有排他性,表现为其成员国必须在所属区域范围之内;成员国相互给予的优惠待遇,域外国家不能享受。以美国为主导的北美自由贸易区和以德法为轴心的欧盟,区域外国家都是不能加入的。这就是"区域发展优先"原则,但这一原则并不妨碍区域合作整体和个体实行"开放的地区主义",积极发展与其他地区和国家的全面经济合作,甚至可与域外国家和地区签署自由贸易协定和建立自由贸易区。美国不是亚洲国家,但历来反对亚洲区域经济合作不包括美国,因而美国以它是亚太国家为由主导了"跨太平洋伙伴关系协定”(TPP)的谈判,寻求对美国占优势的贸易安排,试图打破亚洲区域经济合作的布局。

从 TPP 设置的规则分析,有的同中国的现行政策相矛盾,有的对中国不公平,有的是在短期对中国不利,但长期看则是中国所需要的。由于中国的进出口贸易总额现已跃居世界首位,处于从世界贸易大国向贸易强国的转化之中,因而国际贸易越自由化和便利化就越对中国有利。因此,TPP 的“高标准规则”与中国追求的方向并不矛盾。我们需要做的工作是上海自由贸易区在试验过程中应逐渐缩减“负面清单”的范围,不断扩大对外开放度,让中国企业能够逐渐适应 TPP 的高标准规则,甚至可以提出比 TPP 更高标准规则的要求,营造对我国更为有利的贸易和投资环境。但中国作为亚洲的重要成员,可以对 TPP 缺乏包容性、透明性和实施歧视性以及美国试图通过 TPP 替代和削弱亚洲区域内合作的意图提出批评。

当今,亚洲区域经济合作形势已不是 20 世纪 80 年代前的状况,已经形成了多层结构、互为补充的区域合作格局。进入 21 世纪以来,亚洲区域内贸易额从 8000 亿美元增加到 3 万亿美元,亚洲同世界其他地区的贸易额从 1.5 万亿美元增加到 4.8 万亿美元,充分表明亚洲区域合作具有凝聚力和吸引力。因此,虽然亚洲一些国家加入 TPP 谈判,但绝不会放弃亚洲区域内合作。由东盟倡导的区域全面经济伙伴关系协定(RCEP),与以美国主导的 TPP 是两个不同的协定概念,但两个协定都反映出强化或超越 WTO 的价值取向,不同成员国之间的经济规模、结构与文化差异,决定了不同成员国加入谈判的复杂性和利益多元化。因此,亚洲有些国家既是 TPP 的谈判国,也是 RCEP 的谈判国,不应将两者置于对立地位,引起所谓“经济冷战”。

然而,亚洲区域经济合作与亚太区域经济合作毕竟是不同的两个区域合作概念,不应将亚洲区域经济合作说成是亚太区域经济合作。亚洲区域整合需要依靠亚洲国家自己,今后要多谈亚洲区域经济合作,强化亚洲区域经济合作,以亚洲区域合作为优先,着力搞好中韩自由贸易区、中日韩自由贸易区以及区域全面经济伙伴关系 3 大谈判,以推动海上丝绸之路建设。中日韩 3 国签署自由贸易协定或建立自由贸易区,其难度大、障碍多、费时长,但政治上的阻力和歧见终究抵挡不住经济利益的诱惑。中国与韩国即将正式签署中韩自由贸易区协定,一旦中日韩 3 国对建立东亚自由贸易区或“东亚共同体”达成共识并建立,那么,向南与向北两条海上丝绸之路就可与陆地上丝绸之路经济带联接和贯通起来,进而形成世界上跨度最大、涉及面最广、影响力最强的陆海并进的“丝绸之路”网络市场体系,推动国际经济政治格局由量变转向质变的进程。

(作者系中国社会科学院荣誉学部委员,原载《东南亚纵横》2015 年第 1 期,收入本书时标题有改动)

“一带一路”与“全球海洋支点”:中国与印尼的战略对接及其挑战

张 洁

顺利推进“一带一路”倡议,中国在自身谋篇布局的同时,必须准确把握沿线国家的发展需求,做好战略对接。印尼扼守“21 世纪海上丝绸之路”(下文简称“一路”)的战略通道,又是东南亚国家的领头羊,必然成为“一路”建设中的重点合作国家。实现与印尼的战略对接,需要中国在历史与文化情境下,从政治、经济、安全等多维度理解印尼的“全球海洋支点”战略,以海洋为核心,开展经济合作,维护地区安全,管控双边的潜在冲突,最终实现互利共赢。

一、海洋对印尼国家形成与经济发展的重要性

海洋对印尼国家形成和民族复兴具有特殊意义,这由天赋的自然条件与悠久的历史经验所决定,同时也是新近印尼提出的“全球海洋支点”战略的深厚基石。正如印尼总统佐科在就职演说中强调,“我们必须兢兢业业,重塑印尼作为海洋大国的辉煌。大洋大海、海峡海湾是印尼文明的未来。我们疏忽海洋、海峡和海湾已经太久了。现在,到了我们恢复印尼‘海上强国’称号,像祖辈那样雄心壮志,‘称雄四海’的时候了”。

印尼是世界上最大的群岛国家,作为主权独立与领土统一的现代国家,印尼的现代版图经历了漫长的历史过程。早在西方殖民者到达之前,印尼群岛就已经出现了诸多的强大王国。这些国家中,一类是爪哇岛上以传统灌溉农业为经济基础的政权;另一类是海上商业大国,如室利佛逝、满者伯夷以及后期的亚齐王国等。它们利用得天独厚的地理位置,从事海上商业活动,以港口经济为重要支撑,国际贸易成为国家税收的充足来源。正如马六甲苏丹曼苏尔在 1468 年写道:“我们已经认识到,为了掌握绿色的海洋,人们必须从事商业和贸易活动,即使他们的国家是贫困的……祖祖辈辈的生活从来没有像今天这样富裕过。”

但是,从 16 世纪初开始,印尼进入了长达四百多年的殖民地时期。随着王国的式微与殖民统治的建立,殖民者为了获得高额利润,严格控制印尼群岛的自然资源和海上贸易,群岛原有的贸易网络被破坏,港口城市衰落。正如西方学者在研究中指出,根据 1677 年的报告,爪哇人“除了对于海的全然无知以外,现在根本没有他们自己的船只”。到 20 世纪初,印尼的经济活动主要以橡胶、蔗糖、咖啡等种植业为主,曾经引以为豪的航海精神被逐渐淡忘。

1945 年独立后,印尼对海洋重拾关注与当时争取印尼领土领海统一和捍卫主权的努力密切相关。从苏加诺到苏哈托时期,印尼政府努力让国际社会承认印尼作为群岛国家的法律地位。为此,印尼修改了 1939 年荷兰殖民政府颁布的《领海和海域条例》,发表了《1957 年 12 月 13 日声明》并于 1960 年以国内法律形式加以确认,从而将领海的计算方式从过去的 3 海里改变为 12 海里,使印尼的领土面积从过去的 200 万平方千米增加到 520 万平方千米。面对美国、英国、荷兰和新西兰等国家的反对,印尼展开了国际斗争,最终随着《联合国海洋法公约》的制定,印尼的主张获得了国际承认。对此,印尼前总统苏哈托曾表示,“印尼是岛国,有自己的特点和风格。因此必须制定特殊的条例来具体规定领土范围,因为这项政策涉及印尼国家民族的统一和团结问题……在确定群岛国家的概念时,我们强调了统一领土、统一民族和统一国家的原则”。

虽然海洋问题在政治上取得了成就,但是在海洋经济开发方面,印尼却长期处于落后状态,海上安全问题也没有得到很好的解决。海洋经济包括渔业、造船业、油气开发、海洋旅游等诸多方面。据统计,印尼海洋蕴含的经济潜力可以达到年均 1.2 万亿美元,而目前已经被开发的资源不足 10%。

印尼的海洋捕捞能力有限，渔业生产设备较为陈旧，技术水平相对很落后。此外，造船业也有待进一步发展，目前生产的500吨位左右的船只居多，使用的船只多为旧船和进口二手船，急需提高高吨位船舶制造能力。作为世界上最大的海岛国家，印尼有1324个港口和码头，但基础设施陈旧，限制了进出口吞吐量的增长。同时，国内岛屿间缺乏联接。印尼东部的一些岛屿，如马鲁古和北马鲁古，还处在相对自给自足的半孤立状态，没有从全国生产和分配中受益而且由于商品运输成本增加，以至于商品在国内的成本高于直接进口。例如，中国的橙子、大蒜和澳大利亚的牛肉等都比本土产品便宜。印尼最东部省份巴布亚的水泥售价是爪哇岛的10倍。而计划中兴建中的一些国际港口，则工程耗资庞大，无法靠国家财政拨款完成。因此，印尼内外联通的商业运输航道急需打通。此外，在海上安全方面，印尼长期面临走私、非法捕捞、海盗等非传统安全问题，主要的海上力量也多用于治理各种非传统安全挑战。因此，加强海洋经济开发，加快海上通道建设以及强化海上力量建设，成为印尼新总统面临的当务之急。

二、印尼国家新战略："全球海洋支点"

虽然印尼是世界上最大的群岛国家，但是国家整体发展方向长期偏重于陆地。佐科担任总统后，提出建设海洋强国和"全球海洋支点"战略，是对印尼发展方向的大调整。这一战略的定位是打开区域和全球经济发展的大门，主要内容包括重树海洋文化，维护和管理海洋资源，构建海上高速公路，发展海洋外交以及加强海上防卫能力五个方面。

"全球海洋支点"战略的形成是渐进的，至今还在完善之中，一些提议仍缺乏具体的阐述。2014年5月，在总统选举辩论中，佐科首次提出有关构想，即将印尼最西端的岛屿——苏门答腊岛的巴拉宛与最东端的岛屿——巴布亚的梭隆连接起来，以促进物资交流。当选总统后，佐科宣布成立新的海事统筹部，统筹4个相关部门：海事与渔业部、旅游部、交通部、能源及矿业部，以提高国内渔业生产量，并协助240万渔民发展。印尼学者廖建裕认为，"全球海洋支点"战略包括了经济、政治、外交、军事、文化等多个维度，其中又以两个层面为主，一个是经济，另一个是政治及军事。尤其是经济层面，新成立的海事统筹部下属的四个部门都与经济有关。

笔者认为，"全球海洋支点"战略是印尼在原有经济发展规划基础上的增量改革。事实上，在2011年印尼政府宣布《2010～2025年加速与扩大印尼经济建设总规划》中，就提出了印尼未来15年加快经济建设的三大纲领，并且以建设六大经济走廊为重点，根据经济走廊计划，印尼将在国内主要岛屿上建立经济和商业中心群，以带动和发展当地经济。经济走廊主要分布在各岛海岸线上，通过高速公路连接起主要岛屿的经济中心。其目的是通过经济走廊建设，集中起各自优势，以形成整体经济发展合力。从2010～2030年，经济走廊基建工程共需投入资金约9327亿美元，主要用于建设铁路、公路、港口、发电站、自来水工程以及连接运输道路等。

"全球海洋支点"战略延续了原有的经济发展规划，但更加突出强调海洋的重要性，在基础设施建设方面优先规划海上基础设施，如海上高速公路、深海港、航运业和海洋旅游业等。佐科政府推出了一项名为"Nawacita"的计划，列出了未来5年基础设施建设的优先项目，包括在全国范围内建设2000千米的道路，维修和升级苏门答腊、爪哇、加里曼丹、苏拉威西及巴布亚五大岛屿的道路，建设10个机场、10个港口、10个工业园区。佐科还推出一项扩充港口设施的计划，以改善物流成本过高的问题。

印尼国内对于"全球海洋支点"战略有赞成也有反对。赞成者认为，这是发展印尼的大好机会，可以减少国内经济发展不平衡问题，使东部落后地区获益，从而平息东部地区的不满。反对者则认为，发展海运不一定能降低物价，政府应该将重点放在改善陆路交通。此外，印尼船只不足，资金短缺，不适合发展海上之路。

印尼的新战略本身具有内向性，以关注国内经济和海洋利益为主，但其影响会不可避免地外溢。迄今，已经引起国际社会，尤其是周边国家的不同反应。一方面，印尼的战略需要资金、技术等方面的外援，但是选择中国、日本、美国还是其他国家，则耐人寻味。迄今大国博弈的影子若隐若现。2015年3月，佐科总统访问日本，日本同意增加在印尼的投资。美国海军部长马布斯也对印尼的新战略表示欢迎，并愿意与印尼加强海上合作。此外，一些学者还认为，新战略的实施会加强印尼与周边国家的关系，因为印尼若要融入世界贸易链条，必须加强与周边国家的合作。但是，另一方面，周边国家对印尼强化海上权益和提升海上防御能力表示担忧，尤其是佐科政府"沉船政策"，重拳打击非法捕鱼活动。在2014年11月至2015年3月期间，印尼海洋渔业部炸沉了18艘来自越南、泰国、马来西亚、巴布亚新几内亚以及菲律宾的非法渔船。2015年5月，印尼官方在数个港口同时炸毁41艘据称在印尼海域非法捕鱼的外国渔船，其中有5艘来自越南，2艘来自泰国，11艘来自菲律宾，1艘来自中国，从而引发了一轮地区外交风波。

三、"一带一路"与"全球海洋支点"：中印尼的战略耦合与对接

印尼的"全球海洋支点"战略引起中国国内的广泛关注，并作为与中国提出的"一带一路"倡议的战略对接，写入了2015年3月发布的《中国与印尼关于加强两国全面战略伙伴关系的联合声明》当中，而学术界和媒体也对"全球海洋支点"战略开展了连续性的研究和报道。

中国对印尼新战略的重视主要有两大原因。第一，中国对印尼的认知和定位发生了新变化。自复交以来，中国与印尼双边关系发展稳定。2005年，两国建立了战略伙伴关系。近年来，两国首脑会晤频繁，继2012年3月时任印尼总统苏西洛访华后，2013年10月习近平主席访问印尼，中印尼双边关系提升为全面战略伙伴关系。2014年11月，印尼总统佐科参加APEC会议并与习近平主席进行了会晤。2015年3月，佐科再次访华。最重要的是，关于建设"21世纪海上丝绸之路"的倡议正是习近平主席在2013年访问印尼时首次提出的，这充分体现了中国在周边外交中对印尼的高度重视。

第二，印尼的"全球海洋支点"战略与中国的"一带一路"倡议存在高度对接的可行性。中国的"一带一路"倡议将基础设施互联互通作为建设的优先领域，在海上以重点港口为节点，共同建设通畅、安全、高效的运输大通道。尤其是21世纪海上丝绸之路重点方向是从中国沿海港口过南海到印度洋，延伸至欧洲；从中国沿海港口过南海到南太平洋。而如上文所述，印尼的"全球海洋支点"战略也是以海上基础设施建设为重点，并且提出在未来五年，将投资约58亿美元建

设24个海港，并扩建现有的雅加达丹戎不碌港。为筹措建设资金，印尼鼓励外国投资者参加港口基础设施建设，并且表示将向中国设立的丝路基金和亚洲基础设施投资银行等寻求融资支持。此外，中国与印尼在产业投资、重大工程建设等领域存在巨大的合作空间，政府间已经达成推进海洋经济、海洋文化、海洋旅游等领域务实合作的意向，同意携手打造“海洋发展伙伴”。

四、中印尼战略对接面临的挑战与应对之策

在推动中国与印尼战略对接的同时，也要充分认识对接存在的挑战与风险。首先，印尼国内的不确定性。佐科内阁是一个少数党政府，新政府面临“朝小野大”的困境，新政府的施政很可能遭到反对派的阻挠，未来在立法推动改革时，势必面对反对派的刁难。同时，佐科在民主斗争党内还得面对党主席梅加瓦蒂的掣肘，在内外夹攻下，佐科的计划可能会碰到很大的阻力。

其次，大国平衡战略或许会使中印尼合作出现曲折。印尼试图在对外关系中平衡中国、美国、日本等国，这样既可以保持本国外交政策的独立性，也可以争取更多的外交空间。印尼的大国平衡战略增加了中国对印尼投资的竞争性与复杂性，并有可能影响中印尼关系。例如，2015年3月，佐科在访问中国之前，先访问了日本，分别与中、日两国签署了有关海上合作、基础设施建设投资等合作协议。不仅如此，印尼在访日期间，还明确表示中国主张的南海断续线不符合国际法。紧接着，印尼财政部长又声称，印尼要争取成为亚洲基础设施投资银行总部所在国。

再次，南海问题或将对中国与印尼关系构成潜在挑战。在与中国对低调处理两国在南海专属经济区的争议达成默契的同时，印尼声称在南海问题上保持中立并积极充当调停者。印尼采取这样的立场至少出于两方面的考虑，一是因为东盟是印尼的外交基石，虑及维护东盟团结，印尼试图协调东盟立场，以共同的声音和力量与中国对话。二是鉴于中国海上实力的迅速增长，印尼也希望通过促成中国与东盟签订《南海行为准则》，在南海问题上约束中国。

但是，值得注意的是，印尼国内对于南海问题存在不同声音，尤其是军方对中国还是具有相当的疑虑。2014年10月，印尼武装力量总司令在新加坡的一场演讲中表示，中国不断增加的军事力量将会影响东南亚地区的稳定。2015年7月，印尼宣布计划兴建一个新的军事基地，以维护靠近南中国海的边境地区的安全。此外，印尼意识到中美竞争对本地区安全的影响，还积极发展多边与双边防务外交，建立了广泛的军事合作网络关系。例如，印尼在2015年3月与日本签署了防务合作协议，内容包含如何与日本自卫队在“搜救行动、人道援助及网络防御”等方面的合作。

那么，面对以上挑战，中国与印尼如何才能实现发展战略的对接与互利共赢呢？

其一，中国应充分理解印尼的海洋情怀与民族独立性，在处理与印尼关系中要有战略定力与耐力。除上文所述海洋对印尼的重要性外，中国在处理印尼关系时还需要理解，印尼具有强烈的民族独立性。万隆精神是理解印尼外交政策的一把钥匙，这点对于中国理解印尼对华政策的多面性尤为重要。印尼外交政策具有明显的独立自主性，奉行不结盟，在处理大国关系中，力图保持平衡战略。印尼尤其以东盟领导人自居，力图为自身和东盟争取最大化的外交空间和利益。虽然在长达30多年的苏哈托时期，印尼政府在意识形态上倾向西方，但是也从来没有成为美国军事同盟的一分子。印尼对领土与主权的独立性与完整性尤为敏感。苏联曾主张马六甲海峡“国际化”和“通行无阻”，印尼和马来西亚则分别宣布把领海从3海里扩大到12海里，以确保对马六甲海峡的主权。2004年，美国借口安全问题，试图派兵进入马六甲海峡，对此印尼和马来西亚都表示坚决反对。

对中国来说，在处理对印尼关系时要学会换位思考，理解印尼从强调自身国家利益和维护东盟团结出发，既与中国积极合作，也存在一定防范的心理。尤其是近年来，中国战略界和学术界加强了对印尼的研究，强调印尼作为中国周边外交中“战略支点”国家的重要性，但是，中国同时需要充分理解和尊重印尼的国家独立性，只有从历史的维度客观认识和准确把握印尼的外交特性，才能实现中印尼关系平等、稳定发展。

其二，处理好继承与发展的关系。加强发展战略的耦合与对接，并非是另起炉灶、从头做起，而是应该把中印尼两国已有的合作项目落实到位，稳步推进。近年来，中国与印尼的经济合作进展顺利，中国已是印尼最大的贸易伙伴国和最大的非油气产品出口市场。此外，尽管中国对印尼的投资存量还比较小，但是直接投资成倍增长。面对目前出现的“一带一路”投资考察热潮，中国应该慎重行为，认真落实已经签署的投资项目，避免过度商讨或承诺投资项目，损害中国对外投资的信誉度，也避免盲目投资带来更多的风险。

其三，加强对印尼的国别研究，在合作中加强管理，防范投资风险。2014年10月，中国农业部办公厅发布了关于加强印尼远洋渔业项目管理的通知，意在进一步规范中印尼两国捕捞渔业合作秩序。应该说，这也是针对印尼新政府采取强硬措施打击非法捕捞的一个回应，即在对外维护本国渔民合法权益的同时，对内也要做好自我管理与约束工作。此外，印尼的国内政策法规众多，据不完全统计，仅涉及渔业的法规就有二十多部，包括法律、政府条例、总统条例、总统令等多种。在具体规定当中也具有印尼的本国特色，例如，根据《水产法31/204》第73条，渔业公务员、海军军官和海上警察都有权对渔业违法犯罪活动进行调查处理。该法第69条还规定，渔业公务员、渔业执法船可以配备武器。因此，在对外投资中，要充分预估印尼存在的许多不确定因素，如过于激进的改革，狭隘的民族主义情绪、既得利益集团的反对、长期存在的社会军警化问题、渔业执法的公平效率问题等，从而趋利避害，减少投资风险。

（作者系中国社会科学院副研究员，原载《当代世界》2015年第8期）

“一带一路”视野下中国—东盟合作的机遇、瓶颈与路径
——兼论中泰战略合作探路者作用

周方冶

2013年9月和10月，习近平主席在出访中亚与东南亚期间，先后提出共建“丝绸之路经济带”与“21世纪海上丝绸之路”的重大倡议，引起国际社会广泛关注。在“一带一路”建设的发展规划中，东南亚占据至关重要的枢纽地位。2015年3月，国家发改委、外交部、商务部联合发布《推动共建丝绸之路经济带和21世纪海上丝绸之路的愿景与行动》（以下

简称《共建愿景》）明确指出，丝绸之路经济带将重点畅通“中国至东南亚、南亚、印度洋”；21世纪海上丝绸之路重点方向将是“从中国沿海港口过南海到印度洋，延伸至欧洲；从中国沿海港口过南海到南太平洋”。这意味着，随着“一带一路”建设深化落实，东南亚很有可能迎来新一波发展浪潮，中国—东盟合作也将迎来新机遇和新挑战，有待各方积极应对。本文将对此加以探讨和分析。

一、“一带一路”建设开拓中国—东盟合作战略机遇

中国—东盟合作在过去的“黄金十年”中取得显著成效，相继签署了全面经济合作框架协议、货物贸易协定、服务贸易协定、投资协定，并建成中国—东盟自由贸易区，成为全球最大的发展中国家自由贸易区。中国—东盟双边贸易总额增长10倍，年均增长达23.6%。中国连续多年成为东盟的最大贸易伙伴，而东盟则成为中国的第三大贸易伙伴。

2013年10月，李克强总理在第16次中国—东盟领导人会议上，着重阐述了中国—东盟“2+7合作框架”，从而为开启中国—东盟合作“钻石十年”描绘了发展路线图。中国—东盟合作开始进入全方位、多领域、深层次的发展新阶段。

不过，由于国际金融危机深层次影响继续显现，全球经济复苏缓慢，中国—东盟合作也在一定程度上受到拖累。统计显示，2014年中国—东盟双边贸易总额为4801.25亿美元，同比增长8.23%，部分国家对华贸易呈现低速增长甚至是负增长；新增双向投资总额为121.8亿美元，其中东盟国家对华新增直接投资63亿美元，同比下降24.53%，中国在东盟国家新增直接投资58.8亿美元，小幅增长2.5%。这就意味着，如果要达成2020年中国—东盟双边贸易总额1万亿美元，双向投资总额1500亿美元的发展目标，还需要为中国—东盟合作提供新的增长动力与发展契机。

作为推动亚欧非大陆沿线各国开放合作的宏大经济愿景，“一带一路”建设的贯彻与落实，必将为进一步深化中国—东盟合作提供战略机遇，从而切实推进中国—东盟自贸区升级版的发展与完善。具体来看，这主要体现在以下方面。

（一）“一带一路”建设将为东盟国家的基础设施互联互通提供资金、技术、人才等全方位支持，有助于东南亚发挥战略通道优势，推动沿线地区社会经济发展，从而为进一步深化中国—东盟合作提供硬件保障

东南亚地处战略要冲，坐拥沟通两洋连接亚非欧的区位优势，但是，相对落后的基础设施互联互通建设，却在很大程度上限制了东南亚有效发挥战略通道作用，不仅延缓了东南亚国家社会经济发展与东盟一体化进程，而且阻碍了东西方经济文化的交流与合作。

以铁路建设为例，早在1995年，马来西亚总理马哈蒂尔就在第五届东盟领导人会议上提出修建一条从马来半岛南端的新加坡，经马来西亚和中南半岛5国，延伸到中国云南的“泛亚铁路”的倡议，并得到东盟各国领导人与中国政府的积极响应。但是，时至今日，“泛亚铁路”东盟通道建设依然停留在纸面规划，并未得到有效落实。

事实上，即使曾被誉为“四小虎”的泰国，其铁路建设也差强人意，更遑论发展水平相对落后的其他中南半岛国家。据统计，泰国现有铁路总里程4363千米，仅比70年前增加了1000多千米，并有3755千米依然为单线；铁路车辆设备老旧，线路缺乏管理维护，致使运营效率低下且安全堪忧，客运与货运时速仅为50千米/小时与29千米/小时，而且事故频发，呈逐年上升趋势。与此相比，印尼作为东南亚地区大国，其铁路建设更是乏力。据统计，从1980年到2012年，印尼铁路总里程从6458千米降至4684千米，并且设备线路老化现象严重。

从成因来看，东南亚地区基础设施互联互通的建设步伐明显落后于社会经济发展，主要是面临市场狭小、融资困难以及技术与人才储备不足等客观因素影响。基础设施互联互通建设投资大、施工难、收益慢，规模经济效应明显，因此对东南亚的中小国家而言，很难在缺乏外力支持情况下启动相关建设。

“一带一路”建设，将为东盟国家的基础设施互联互通建设提供战略契机。在市场方面，“一带一路”贯穿亚欧非大陆，一端是包括中国在内的活跃的东亚经济圈，另一端是发达的欧洲经济圈，中间广大腹地国家经济发展潜力巨大，从而为东南亚地区的战略通道建设提供了广阔市场前景预期；在资金方面，“一带一路”框架下创设的亚洲基础设施投资银行与丝路基金，都将为东盟国家的基础设施互联互通建设提供有效融资渠道；在技术与人才储备方面，中国不仅有能力提供全方位支撑，还将通过技术转让与人才培养，协助东盟国家经由“干中学”方式充实技术与人才储备。

东盟国家在“一带一路”框架下开展基础设施的互联互通建设，不仅能在短期内有效刺激沿线各国经济增长，而且在中长期也将有利于切实改善东盟国家互联互通的硬件条件，发挥东南亚地区的战略通道优势，促进东盟一体化进程，并为进一步深化中国—东盟合作提供硬件基础设施方面的有效保障。

（二）“一带一路”建设将为东盟国家产业结构调整提供发展契机，有助于推动创造性产业转移，并在此基础上形成更公平、合理、高效的区域产业分工体系，从而为打造中国—东盟自贸区升级版创造有利条件

作为全球最大的“南南型”区域合作组织，中国—东盟自由贸易区自2002年成立以来，制造业内部关税持续下降，从1990年的0.576降至2010年的0.017，年均降幅达到16.24%，从而有力推动中国—东盟双边贸易增长；与此同时，中国—东盟区域内产业空间布局也发生明显变化，从2002年到2010年，中国制造业产值在区域内所占比重以年均2.39%的速度递增到88.17%，东盟国家制造业产值所占比重则逐年下降。

从资源优化整合的角度来看，现有的区域产业分工体系的确是在一定程度上提高了资源配置的有效性，从而切实推动了中国与东盟各国社会经济发展；但是，这种产业链的延伸与资源优化整合，更多是基于市场化尤其是跨国公司的中短期成本—收益考虑，因此很容易产生企业市场化短期行为与国家战略性长期诉求的配对错位，并在中长期形成结构性发展瓶颈。

长期以来，中国与东盟各国都主要参与跨国公司的产业链，并处在价值链低端，所获得的产业附加值普遍很低，难以有效分享资本与技术红利。在工业化起步阶段，依托跨国公司产业链的区域产业分工体系表现出强劲活力，有效支撑了东亚经济持续繁荣与增长；但是，随着东亚地区特别是中国成为全球制造中心，区域产业分工错配的负面影响日益凸显，并在很大程度上引发了结构性的发展不平衡问题，从而

不仅影响到中国与东盟各国的产业结构调整与升级，而且成为进一步深化中国—东盟合作的瓶颈障碍。

2008 年，美国发生“次贷危机”，此后演变成扩及全球的金融危机和经济危机，从而在根本上动摇了长期以来东亚与美国之间“危险的平衡”，东亚地区生产扩张不能再主要靠美国市场的需求。这就使得东亚地区不得不进行调整，努力开拓内部市场和其他市场，大力调整生产结构和拉动内需，转变发展方式。对于中国—东盟合作而言，这既是困难重重的挑战，也是构建更加公平、合理、高效的区域产业分工体系的重要契机。

依托“一带一路”建设，将有利于沿线各国开展经济发展战略的积极沟通与有效对接，并通过有针对性的双多边贸易与投资便利化安排，有序引导跨国产业链的合理布局，在宏观层面主动化解市场行为与国家战略的结构性错配，尤其是切实改变传统的替代性产业转移模式，摒弃市场化短期行为的低成本、高污染、产能过剩的跨国产业投资，积极推进创造性产业转移，从而在互利共赢的投资建设过程中，为打造中国—东盟自贸区升级版创造有利条件。

（三）“一带一路”建设将为中国与东盟国家提供更广泛、丰富、多元的人文交流与合作平台，有助于深化各国民众相互理解与认同，推动命运共同体意识的形成与发展，从而为中国—东盟合作夯实民意基础。

从区域合作理念来看，亚太地区与欧洲地区存在显著差异，后者的合作思想源自区域主义认同，而前者的合作思想则是开放环境下的市场联系与合作。作为引导亚太区域合作的核心理念，“开放的区域主义”并不是传统意义上的区域主义概念，而是一种新的基于利益考量的合作理念。这使得亚太地区的双多边合作普遍呈现利益导向的弹性架构，很容易在求同存异的前提下开展务实合作，但却很难形成有约束力的规范支撑。

对于中国—东盟合作而言，灵活务实的弹性架构曾在“黄金十年”的起步阶段发挥过重要作用，有力助推了经贸交流与合作。但是，随着中国—东盟合作步入“钻石十年”的深化阶段，弹性架构的缺陷开始日益显现，难以在推进全面合作，尤其是在重点和敏感领域合作中形成有效支撑，因此需要依托命运共同体意识进一步夯实民意，并在此基础上，构造更具执行力与稳定性的合作架构。

近年来，中国通过积极主动的双多边合作，为周边国家展现了独特的文化观、价值观、义利观、近邻观以及和平观，从而为命运共同体意识注入了深厚文化内涵。不过，命运共同体存在于各种复杂交错的关系之中，依托的是基于共同利益的合作共处。因此，命运共同体意识的形成与发展，还需要东盟各国各阶层民众的共同参与，从而在互学互鉴基础上，形成兼容并蓄的理解与共识。

“一带一路”建设将为中国与东盟各国提供领域更广泛、资源更丰富、形式更多元的人文交流与合作平台。文化交流、学术往来、人才交流合作、媒体合作、青年与妇女交往、志愿者服务等，都将成为传承与弘扬丝绸之路友好合作精神的重要载体，并将为增进各国各阶层民众的认知与认同，促进命运共同体意识的形成与发展，提供必要前提与有利条件，从而为进一步深化中国—东盟合作奠定坚实的民意基础。

二、“一带一路”建设面临中国—东盟合作发展瓶颈

作为横跨亚欧非覆盖 60 多个国家和地区的宏大战略构想，“一带一路”建设旨在促进经济要素有序自由流动、资源高效配置和市场深度融合，推动沿线各国实现经济政策协调，开展更大范围、更高水平、更深层次的区域合作，共同打造开放、包容、均衡、普惠的区域经济合作架构。因此，随着“一带一路”建设的推进和落实，势必引起从大国博弈到周边关系，从国家权力到国民利益的深层次、全方位、跨领域的结构性调整。这将使得中国—东盟合作面临的诸多瓶颈难题，很有可能在短期内进一步加剧，从而影响区域合作的发展步伐。具体来看，主要表现在以下方面：

（一）战略互信缺失

对于中国—东盟合作而言，最主要的发展瓶颈就是缺乏战略互信，使得很多互利共赢的计划和项目都停留在口头或纸面，难以得到贯彻落实。近年来，中国始终坚定不移地走和平发展道路，积极推动地区多边安全机制建设，并明确提出了“共同、综合、合作、可持续”的新亚洲安全观，从而一定程度上改善了中国与周边国家的战略互信。但是，作为全球第二大经济体，中国综合国力的强势提升，还是在客观上引发了地区秩序与大国均势的深刻调整。这就使得国力与中国相去甚远的东盟国家将很容易受到传统的大国平衡意识影响，进而在对华合作尤其是战略合作方面有所保留，难以形成有效对接与积极互动。

20 世纪前 10 年，作为地区大国博弈主线，中美关系基本呈现相互兼容、互不干涉的并存格局。2008 年金融危机后，中美经济走势的反差日益明显，从而改变了美国对东亚战略格局的基本判断，转而采取“亚太再平衡”战略，力求遏制中国发展态势，巩固美国在东亚的战略主导地位。菲律宾、越南等东盟国家更是在美国的挑动和支持下，再次掀起南海主权争端，从而在一定程度上对中国—东盟合作产生了负面影响。

“一带一路”建设将为中国打通直入印度洋的战略大通道，从而在根本上瓦解美国构筑的东亚战略包围网，因此必将引起美国明显的应激反应，使得中美两国在东亚地区的战略博弈进一步加剧。与此同时，日本、印度、俄罗斯等大国也将更加积极主动地参与东亚地区的战略博弈，以期在地区新秩序的构建过程中占据有利地位，从而更多地分享东亚经济增长的发展红利。从长期看，东亚地缘政治格局的多极化发展趋势，将有助于构建更加公平、合理、有序的地区新秩序，从而为中国—东盟合作提供有利环境，但在短期内，多国博弈的复杂利益纠葛将会延缓新形态的大国均势形成，使得东盟国家更多采取待价而沽的观望态度，从而影响中国—东盟合作的前进步伐。

（二）治理能力不足

“一带一路”建设为中国—东盟合作的深化发展提供了重要契机，也对各国的治理能力提出了更高要求。无论是基础设施互联互通，还是贸易与投资便利化，亦或人文交流与合作，都需要进行有针对性的体制改革与机制创新，以有效应对建设过程中的各类现实诉求。这就使得东盟各国普遍面临的治理能力不足问题将会表现得更为突出，并有可能因为改革开放诉求，引发新旧利益集团的政治权力冲突。

对东盟国家而言，治理能力取决于多重因素影响，但就体制机制改革而言，最根本的影响因素在于利益结构板结引起的保守化与不作为。从国家整体来看，基于对外开放诉求的体制机制改革将产生可持续的发展红利，从而足以在中长

期弥补改革产生的相关成本，但是，对于不同群体而言，改革开放的成本—收益分布并不均衡。通常情况下，更具市场竞争力的新兴利益集团，尤其是新兴产业集团将在改革开放过程中获得更多的发展红利，因此会对改革开放持积极态度；与此相对，掌握国家政治主导权的既得利益集团，尤其是传统产业集团、城市中产阶级以及行政官僚集团等，更可能倾向于放缓改革开放步伐，以争取更长的改革适应期用于转嫁成本。

从中长期来看，"一带一路"建设将为新兴利益集团提供自下而上倒逼改革，甚至直接掌权主导改革的重要外部动力，从而有助于切实推动东盟国家的治理能力提升，为深化中国—东盟合作提供有利条件；但从短期来看，无论是保守派既得利益集团有意或无意的政治不作为，抑或是新旧利益集团权力博弈引发的政治动荡，都有可能使得相关国家治理能力进一步下降，从而影响中国—东盟合作的深化发展。

（三）多元文化冲突

"一带一路"建设尤其是交通基础设施的互联互通，一方面将有效促进中国—东盟合作的人员跨国跨地区流动，从而有利于区域资源整合，另一方面也将显著提升区域内多元文化的交流与碰撞，从而加剧摩擦，甚至引发冲突。

东南亚自古就是多族群、多宗教并存的多元文化地区。近现代以来，东盟各国先后开始工业化进程，并普遍形成了城乡分化、地区分化的不平衡发展格局，从而使得原本就相对复杂的文化版图，进一步产生了现代城市文化与传统乡村文化的结构性分野。不过，由于长期以来交通基础设施建设相对落后，因此东南亚地区未曾经历过多元文化的大碰撞、大冲突、大融合，而是在彼此间保持着一定的距离与隔阂，形成了相当微妙的多元文化平衡格局。

不过，随着"一带一路"建设对东南亚地区交通条件的有效改善，超大规模的人员流动将会在根本上突破多元文化间的距离与隔阂，进而将所有多元文化主体都卷入区域一体化进程。这就使得东南亚社会特别是相对传统的乡村社会，很可能面临前所未有的多元文化冲击，尤其是在中国特色社会主义文化与西方民主文化都依托互联互通建设开始大规模进入东南亚腹地后，多元文化的摩擦与冲突很可能会变得更加频繁。

从中长期来看，随着多元文化的相互沟通、理解与认同，将会为区域一体化发展提供更加坚实的共识基础；但在短期内，多元文化碰撞引发的摩擦与冲突将呈上升趋势，如果缺乏及时有效的疏导，就会妨碍命运共同体意识的形成与发展，从而影响中国—东盟合作的发展进程。

三、"一带一路"建设推动中国—东盟合作路径创新

对于中国—东盟合作而言，"一带一路"建设一方面提供了重要战略契机以及中长期的可持续发展路线图，但另一方面也对有效克服发展瓶颈提出了更高要求，并在客观上增加了难度。因此，及时总结中国—东盟合作经验，积极创新进一步深化合作的发展路径，也就成为当前的重要课题，迫切需要中国与东盟各国共同努力。本文认为，以下发展路径有待加强探索与实践。

（一）"以双边推动多边，以多边巩固双边"的交互式发展路径

东盟各国在族群构成、宗教文化、经济水平、政治体制、安全认知尤其是对华安全认知方面都存在明显差异，再加上各国在东盟一体化进程中形成的"协商一致"传统，使得中国—东盟合作的多边磋商面临诸多障碍，难以在短期内取得突破性进展。

对此，可以考虑采取双边与多边相辅相成的交互式发展路径。一方面，依托"一带一路"建设，积极推进与部分东盟国家的双边探路者合作，并以此为战略支点，通过样板效应引导和激励其他东盟国家参与合作，从而形成以双边促进多边的"以点带面"态势。另一方面，通过中国—东盟合作的多边磋商平台，将双边探路者合作中取得的相关成果多边化和机制化，从而有效降低双边合作的不确定性，避免因对象国政治或安全因素变化引起双边合作进程倒退。

（二）"以项目创新规则，以规则引导项目"的滚动式发展路径

中国—东盟合作的进一步深化发展，需要参与各方积极进行体制改革与机制创新，以形成更加契合区域合作发展需要的运行规则。但从目前来看，规则创新面临两方面难题：一是破除各国原有体制机制的运行规则，将会在利益集团板结化影响下，面临系统惰性阻碍，难以形成"破旧"合力；二是构建新的运行规则，将会面临新规则的合理性与可行性质疑，尤其是在无法照搬西方现成规则的情况下，很难形成"立新"共识。

对此，可以考虑采取立足项目建设推动规则创新的滚动式发展路径。首先，依托"一带一路"建设的大型基建项目红利，激发各国新兴利益集团的革新诉求，从而形成瓦解系统惰性的中坚力量；其次，在项目建设过程中，针对新规则的合理性与可行性进行反复验证，并加以及时修正与调整；最后，将验证有效的新规则融入既有体系，以引导新项目建设，从而形成"项目—规则—项目"的良性循环。

（三）"以互信促进共生，以互鉴塑造共识"的浸润式发展路径

中国—东盟合作的可持续发展需要夯实命运共同体意识的民意基础，但在东南亚多元文化并存且存在微妙平衡的复杂环境下，任何自上而下的共识建构，尤其是外来文化掌握主动权的共识建构，都很难取得理想成效，甚至有可能引发本土文化的不满情绪与抵制行动。

对此，可以考虑采取在共识构建过程中有序引导本土文化积极性与主动性的浸润式发展路径。一方面，贯彻"求同存异"原则，在"一带一路"建设的文化碰撞中，坚持自我克制与互谅互让，努力提升中国特色社会主义文化与本土文化的互信关系，从而为和谐共生营造良好氛围；另一方面，通过人文交流与合作，为满足本土文化的发展诉求积极提供支持，切实提高本土文化精英的开放性与包容性，并在此基础上鼓励其主动参与和发起多元文化间的互学互鉴，从而为自下而上塑造命运共同体意识创造有利条件。

四、中泰战略合作发挥"一带一路"建设探路者作用

针对"一带一路"建设，习近平主席明确提出"以点带面，从线到片，逐步形成区域合作"的工作思路。于是，选择适当的战略支点国家，通过双边合作发挥探路者作用，从而为其他沿线国家参与合作提供激励样板与可靠路径，也就成为"一带一路"建设起步阶段的关键议题。

在东盟各国中，泰国拥有与众不同的优势条件，将有利于发挥"一带一路"建设的探路者作用。首先是区位优势。泰国地处"一带一路"交汇点，在陆上是中国经中南半岛进入

印度洋的丝绸之路经济带的交通要道，在海上是中国经南海进入印度洋的21世纪海上丝绸之路的重要节点，具有连通"一带"与"一路"的重要地缘价值，有利于跨国资源整合。其次是经济优势。作为曾经的"四小虎"，泰国早在20世纪90年代就已跻身中等收入国家行列。尽管在1997年亚洲金融危机后经济增长放缓，但工业化水平还是明显高于除了新加坡和马来西亚以外的其他东盟国家，具有较强的产业转接潜力，有利于在"一带一路"建设中积极参与区域产业分工体系调整。再次是文化优势。泰国信奉佛教，坚持兼容并蓄的多元文化传统，并在此基础上稳妥地解决了华人问题，具有很强的开放性与包容性，有利于命运共同体意识的形成与发展。

对于深化中国—东盟合作而言，在"一带一路"框架下积极推进中泰战略合作，将有助于探索和完善突破现有发展瓶颈的有效路径，从而有力推动区域合作稳定、有序、可持续发展。具体而言，中泰战略合作的探路者作用主要体现在以下方面。

（一）有助于促进多极化的地缘政治格局，改善战略互信水平

作为东南亚唯一的非殖民地国家，泰国外交具有很强的自主性和自信心，并信奉"大国平衡"传统的可靠性与有效性。因此，尽管是美国军事上的"非北约主要盟国"，并被视为对华遏制包围网的重要组成环节，但在改善对华关系方面，泰国却始终站在东盟国家的最前列，从而在中美两国间形成了建设性的动态平衡。一方面，泰国在总体上对中美两国保持"等距离"外交，努力避免引起任何一方反弹；另一方面，在不触碰双方战略底线的情况下，通过"小步走"方式改善与其中一方的合作关系，并以大国均势的微妙失衡为契机，促使另一方做出积极回应，同步改善对泰合作关系。得益于"平衡—失衡—再平衡"的动态平衡机制，泰国不仅赢得了更有利的生存环境与发展空间，而且也在一定程度上为改善中美战略互信提供了有利条件。

近年来，东亚地缘政治格局的多极化日趋明显，中美战略博弈进一步加剧，从而使得东盟国家在原先中美均势格局下形成的"安全上靠美国，经济上靠中国"外交基本方略开始变得不合时宜，需要加以修正和调整，以有效应对多极化趋势。但是，新形态的大国均势格局尚在多国博弈过程中，并有可能在相当长时期处于地区秩序的转型阶段，因此，如何准确定位中小国家与大国的合作关系，以切实保证本国收益最大化和风险最小化，也就成为东盟国家现阶段外交政策调整面临的普遍难题，并将在很大程度上影响到区域合作的发展步伐。

中泰战略合作的成功经验，将为东盟国家提供在多极化的地缘政治格局下构建中小国家与大国合作关系的定位基准与参考路径。这一方面有助于引导东盟国家积极参与地区新秩序的创制与完善，切实提高中小国家在区域合作中的话语权，降低大国战略博弈对中小国家权益可能产生的负面影响；另一方面也有助于激发中小国家外交中建设性的动态平衡机制，切实改善相关国家在区域合作中的战略互信水平，促进多极化时代地区新秩序的形成与发展。

（二）有助于创新互利共赢的合作机制，提高协同治理能力

通过项目合作推动规则创新，首先要满足两个前提条件，一是合作双方都要有深化改革开放的决心与能力，二是项目选择要具有较高的外溢性和牵引力，否则将很难取得预期成效。就此而言，在"一带一路"建设与中国—东盟合作相关的项目规划中，基于中泰战略合作框架的中泰铁路合作具有相对较高的契合性与可行性，有助于切实发挥探路者作用。

从深化改革开放的决心与能力来看，泰国在经历近10年的新旧利益集团"权力—利益"博弈后，国内各阶层民众的改革共识与发展预期都有明显提高，既得利益集团的保守立场也开始软化和松动。这就在很大程度上降低了体制机制改革面临的系统惰性阻碍。2014年5月，军人集团高举"和解"与"改革"旗号政变夺权，赢得国内民意的广泛支持，从而为进一步深化改革开放，并在中泰战略合作框架下形成更加紧密的双边协调与互动，提供了有利条件与权力保证。

从项目选择的外溢性与牵引力来看，作为泛亚铁路的重要组成部分，中泰铁路合作的外部效应主要体现在三方面：一是在收益群体方面，有助于提高中心城市对边远农村的辐射作用，使得泰国农村有机会获得更多发展资源，弥合城乡与地区分化，惠及各阶层民众尤其是沿线农村中下层民众，从而为体制改革与机制创新提供坚实的民意基础。二是在关联产业方面，有助于形成全方位多领域的链式反应，从建筑与建材行业，到金融与人力中介服务，到沿线物流、通讯、仓储等关联服务，再到依托沿线工业区开发形成产业集群建设，都将获得互利共赢的发展契机，从而为泰国产业结构调整提供外部动力。三是在协同治理方面，有助于引起两国领导层的高度重视，切实提高部门间的跨国沟通、协调与执行效率，从而为改善治理能力提供有利条件。

（三）有助于拓展人文交流与合作方式，增进区域发展共识

得益于泰国社会的开放性与包容性，尤其是在历久弥新的中泰友好交往过程中，泰国本土文化对中国传统文化进行了广泛借鉴与吸纳，使得两国文化具有较高的共轭性，因此在构建区域发展共识过程中，相较于其他国家，中泰两国更易于实现"求同存异"的文化共生关系，并在此基础上积极开展互学互鉴的文化交流与合作。

此外，对命运共同体意识的形成与发展而言，最关键也是最难的是具象化，也就是将抽象观念落实到具体形式，从而使对象国民众能在近距离的直观感受中，理解和把握命运共同体的核心本质，切实避免因语言和文化差异产生误解。泰国市民社会发展水平较高，而且拥有相对完善的社会组织网络，有助于在文化交流与合作过程中推进渠道开拓与形式创新，并在实践中加以检验、筛选和调适，从而为正在萌发的命运共同体意识提供更有效的具象化载体。

（作者系中国社会科学院副研究员，原载《南洋问题研究》2015年第3期）

"一带一路"与中国—东盟互联互通：机遇、挑战与中越合作方向

冯氏惠

在历史上，中国与东南亚地区早有紧密的互联互通关系，从而奠定了当代中国与东盟合作的坚固基础。冷战结束后，随着世界与区域经济深化融入以及人类多元文化交流的

趋势，中国与东南亚伙伴关系迅速扩大发展，形成互助、互补、互利新局面。东南亚在古代丝绸之路上曾经占据重要位置，而今天在中国提出的“一带一路”倡议尤其是21世纪海上丝绸之路建设中也会占据不可缺少的地位。中国国家主席习近平2013年10月在印度尼西亚提出21世纪海上丝绸之路构想和中国国务院总理李克强出席2013年中国—东盟博览会的讲话都明确体现这些意义。最近两年，“一带一路”倡议越来越成为热门的研究题目，吸引各国众多学者和政策研究者的关注，以充分了解“一带一路”的构想内涵、实现部署、合作项目、可行进展等实在问题。

一、“一带一路”与中国—东盟互联互通的机遇

中国与东盟关系已经历了“黄金十年”，联通深入、合作紧密、效果巨大，达成了不少共同利益的对接协定及框架，为建立双方伙伴关系奠定了坚固的基础。2015年3月，中国国家发展和改革委员会、外交部、商务部发布的《推动共建丝绸之路经济带和21世纪海上丝绸之路的愿景与行动》的“政策沟通、设施联通、贸易畅通、资金融通、民心沟通”合作重点符合中国和东南亚各国发展战略的愿望和计划。在新背景下，“一带一路”与中国—东盟互联互通有如下一些重要机遇。

（一）中国与东盟合作机制日益发挥实在效率

在国际与区域融入、合作趋势，尤其在中国改革开放取得越来越大成就以及东南亚地区重要地位日益突出的背景下，中国和东盟更重视促进全面合作关系，并且，共同建立许多成熟、有效并涵盖了经济、政治、安全、海洋、人文等的合作机制和框架，主要有《中国与东盟全面经济合作框架协议》（2002年11月）、中国加入《东南亚友好合作条约》（2003年10月）、东盟10+1和10+3对话机制、中国—东盟自由贸易区（2010年如期建成）等。10多年来，这些合作机制及框架已经为中国与东盟促进全面合作发挥了非常重要而巨大的作用。其中，中国—东盟自由贸易区既给中国开辟了广泛的国外市场，又给东盟各国带来了潜力最大的合作伙伴。当前，伴随着东盟共同体建设和区域全面经济伙伴关系框架（RCEP）建设，中国和东盟就在致力于打造并在2015年年底前完成中国—东盟自由贸易区升级版谈判，从而使中国与东盟在经济上更紧密地联系在一起。21世纪初至今，中国与东盟合作，尤其在贸易领域上不断扩大发展，不断连接畅通。2012年，中国与东盟双边贸易额达4001亿美元，是10年前的6倍，中国是东盟的最大贸易伙伴，东盟是中国的第三大贸易伙伴。截至2013年6月底，中国对东盟国家直接投资累计近300亿美元，约占中国对外直接投资的5.1%。东盟已成为中国对外直接投资的第四大经济体。同时，东盟对中国投资累计超过800亿美元，占中国吸引外资总额的6.6%，成为中国第三大外资来源地。上面所提到的无疑会为“一带一路”互联互通创设更为合理、公正的秩序，并将源源不断地为双方合作创造机制性动力以及实在的良好合作条件。

（二）中国经济实力不断强大

中国壮大崛起的经济、快速发展的基础建设、迅速上升的国际贸易、驱动创新的科技等各方面为“一带一路”建设提供了十分坚固的基础。据统计，2014年，中国国内生产总值达636463亿元，外汇储备38430亿美元，货物进出口总额264334亿元（出口143912亿元、进口120423亿元），这为“一带一路”建设提供了非常有利的前提。当前，中国经济总量在世界上排名第二，为建立亚洲基础设施投资银行（AIIB）和丝绸之路基金创造了可靠的条件。当前，中国在世界上已开辟了广大的外贸市场并成为许多地区和国家最大而重要的经贸伙伴；中国现有众多大企业已成为东盟国家交通、住宅建筑领域上的投资大承包者，为“一带一路”的“设施联通”和“贸易畅通”合作目标奠定了坚固、长期的基础。同时，东南亚华人华侨及其经济实力是中国巨大而可靠的潜力，为“一带一路”建设发挥着非常重要的作用。华人华侨主要集中在东南亚，人数大概有2400万，占世界华人华侨总数的80%。东南亚华人华侨除了对中国经济发展做出极大贡献，还成为中国与东盟各国建立互联互通关系十分重要的桥梁。此外，中国国际与地区地位及角色越来越得到提高，从而说服力、影响力也同样日益强化。中国本身的实力为“一带一路”预备达成的中国—东盟对接目标提供了充足条件。

（三）互联互通是东盟各国经济发展的共同需求

2013～2014年，东盟致力于落实东盟一体化工作计划（2009～2015年）的各项内容。为了促进内部以及区域经贸活动，东盟各国都需要互联互通以达到贸易及投资便利化、金融服务、基础设施连通等目标。在中期和长期发展战略上，东盟需要的基础设施建设资金特别庞大，而世界银行和亚洲开发银行已经很难满足亚太地区基础设施建设融资达到万亿美元的缺口。按测算，亚洲开发银行的东盟基础设施投资基金只能提供千亿美元规模，而印度尼西亚一国就提出了1600亿美元的融资需求。由此能看得出，在提供资金方面，中国所创立的亚洲基础设施投资银行和丝绸之路基金非常符合东盟各国基础设施建设的需求。根据《筹建亚洲基础设施投资银行备忘录》，亚洲基础设施投资银行的法定资本为1000亿美元，初始认缴资本目标为500亿美元左右，中国出资50%。若亚洲基础设施投资银行能够充分发挥良好运作机制，同时，满足亚洲基础设施建设的需求，那么，东南亚的港口、桥梁、道路都可以更为顺利地建设、连通。“一带一路”与中国—东盟互联互通由此当然更为容易实现。除了基础设施建设领域，东盟各国都愿意与中国扩大及促进投资贸易合作关系，成为中国全面而具有潜力的经贸战略伙伴。反过来，中国也把东盟当作畅通亚欧、连接世界的重要桥梁，换句话说，东盟就是“一带一路”与中国—东盟互联互通的首选和不可缺少的基地。

二、“一带一路”与中国—东盟互联互通的挑战

（一）中国自身的挑战因素

1. 亚洲基础设施投资银行的优势还在等待效果。亚洲基础设施投资银行现吸收了57个国家参加，其中东南亚是最积极的地区，显示亚洲基础设施投资银行的积极角色和巨大吸引力。不过，亚洲基础设施投资银行还面对着不少问题：亚洲基础设施投资银行法定资本为1000亿美元，中国出资50%，东盟大部分国家经济实力不够强大，出资比率低，而贷款需求却大。这样，虽然中国财政收入巨大，但也不能大范围地进行同样支持与赞助所有的经济实力微弱的东盟国家，导致中国对外经济策略有可能遇到难题，甚至产生内部不同的处理想法与举措。还有，亚洲基础设施投资银行的运作机制效率，包括出资比率、利润分享、贷款条件、结算规定等还要进一步明确。许多东盟国家提出疑问：亚洲基础设施投资银行有没有平等、透明地对待各国，中国周边外交的“惠”方针能不能同样覆盖东盟？这些疑问会影响到东盟内部及东盟与中国之间的关系，由此对“一带一路”倡议产生负

面影响。这是现实的问题,要求中国全面而仔细的筹备。再次,一部分中国交通基础设施建设企业在国外投资的项目质量不好、效率不高,引致吸收投资的国家不满意、不信任,这会直接影响“一带一路”建设所要达到的“设施联通”目标。并且,从亚洲基础设施投资银行或丝绸之路基金借款的这些企业会不会拿到利润,会不会对中国—东盟互联互通目标造成困境呢?

2. 中国地区发展差距。中国在将来还长期面临着一个尖锐问题,就是地区发展的差距,对“一带一路”建设进程造成不协调、不同步、不稳定的可能,同时,对各省市参与“一带一路”建设的愿望、理念产生负面影响,造成难以避免的障碍。这会导致两种可能:一是虽然愿意参加“一带一路”的不发达地区受到政府支持,但碰到资金缺口而造成项目进度缓慢的可能性很大;二是依赖中央政府支持而缺少积极性、主动性、刻苦精神等的现象随时可能出现。这对“一带一路”建设进程都会产生负面影响,阻碍各项目的步伐和效果。举个例子,中国发达的沿海地区尤其是“龙头”的大城市北京、上海、天津、广州、深圳等既很愿意、又有条件参与并促进“一带一路”建设的进程。反过来,参与“一带一路”建设的中西部贫困地区,如西藏、新疆、甘肃、云南、陕西、贵州等省区会碰到诸多困难,对地方政府和人民的意愿产生负面影响。

3.“一带一路”还欠缺具体计划。中国对“一带一路”的共建原则、框架思想、合作重点及机制已经提出了相当明确的构想,其中有针对性地提出“五通”,即“政策沟通、设施联通、贸易畅通、资金融通、民心相通”的合作重点,同时,肯定促进沿线各国经济繁荣与区域全面合作,加强不同文明交流互鉴,促进世界和平发展,造福世界各国人民。不过,直到目前,中国与参加“一带一路”建设的沿线国家还没有具体合作项目或计划。“一带一路”遵循“共建”的原则,就是每个地区和国家应该主动提出合作意向及具体项目,但作为提倡者,中国应该提早划定具体合作计划及项目。这也是中国对东盟在内的区域对接,互联互通构想应该发挥的作用。再次,与“一带一路”直接有关的中国省市区尤其是沿海及沿边地区如广东、广西、云南等省区也还没有体现出带头性的角色,没有规划出与东盟合作具体项目。这当然对“一带一路”互联互通的良好意图造成一定程度的障碍。

(二)地区潜隐的挑战因素

1. 中国与东盟之间的政治信任还要进一步提升。笔者认为,区域安全和政治信任正成为实现“一带一路”互联互通、构建中国—东盟命运共同体的尖锐考验,最突出的就是海上争端与冲突,对中国与东盟的互相信任有很不利的影响。近几年来,南中国海连续发生不利于地区安全的事件,引致“陆稳海动、陆缓海紧”的趋向。这局面给东南亚国家带来极大的担忧及恐惧,同时给中国造成很多麻烦,更不良的影响就是伤害双边友好和信任,对中国和东盟民众的心态产生负面影响,对“一带一路”互联互通无疑会产生障碍,使得“一带一路”所要达成的构建中国—东盟命运共同体的美好目标难以实现。这需要中国与东盟各国加强合作处理好这些问题。因为没有互相真实的信任,就不能彻底达成目标,“一带一路”与中国—东盟互联互通构想也就很难实现。

2. 东盟各国发展差距。东盟各国经济实力不平衡,其中有的国家发展水平相当低,有些国家经贸投资环境恶劣、生产条件落后、技术水平不高、管理方式不先进等,对实现“一带一路”互联互通目标造成两种困境:一是缺少资金的国家会跟不上“一带一路”建设进程的步伐,不仅使得合作项目受到损失,而且还阻碍“一带一路”的统筹计划,使“互联互通”进展缓慢;二是发展落后的国家不能接受或不能满足中国和其他国家的合作项目要求。这将对“一带一路”建设进程、互联互通目标产生负面影响。

3. 东盟内部的不利因素。东盟正在致力于落实东盟一体化工作计划,截至2014年7月,在政治和安全共同体建设方面,东盟已经完成了原定完成的32项工作中的28项。但从总体上看,东盟还是一个松散、没有约束机制的组织,因此,各国之间的经济、政治等关系是松散、不紧密的,这将在一定程度上对东盟内部对接以及对“一带一路”互联互通产生障碍。再者,部分东盟国家政局动荡影响了其对外交政策的稳步制定和执行,在一定程度上也会对今后“一带一路”倡议的实施产生负面影响。

三、“一带一路”与中国—越南合作方向

可以肯定,促进与中国全面、有效的合作是越南政府和人民的愿望。越南与中国在政治、经贸、文化等各方面的实际合作交流已明确证明这一论点。中国提倡的“一带一路”战略日益吸引越南学者的关注,但目前,由于“一带一路”战略刚出台,越南学者对中国政府关于此战略的正式文献了解不多,因此,研究结果不够完备,意见也有不同。以下笔者对中国实现“一带一路”构想提出个人的初步探索和建议。

(一)关于共建“一带一路”的倡议

从中国国家主席习近平提出共建“一带一路”构想(2013年9月和10月)至今,时间很短,而世界情况变化十分复杂与快速。虽然中国在2015年3月28日发布的《推动共建丝绸之路经济带和21世纪海上丝绸之路的愿景与行动》充分阐释了“一带一路”共建原则、思维框架、合作重点、合作机制、地区位置、中国行动等内容,但“一带一路”建设的详细安排和具体部署尤其是对东南亚各国的统筹计划还没有明显制定出来。“一带一路”建设是一个跨区域的重大战略,关系到世界上发展程度不一的许多国家以及中国国内发展不协调的各省市的利益和发展计划。由此,中国在促进“一带一路”建设当中更要重视如下几个方面:

第一,既要进一步深入思考“一带一路”的完备内容、具体计划、稳妥步伐、长远预测,又要及时规划出与包括东盟在内的每个国家的具体合作项目和部署。因为“一带一路”上的每一个环节发生问题均会对其进程产生严重影响与障碍。同时,东盟各国政府也要主动把本国对“一带一路”建设有关的合作项目提出来并与中国和在东盟内部进行探讨、商量、推动。

第二,既要切实考量东盟各国参加“一带一路”的实力与经贸合作基础、国际安全和生态环境、文化相处程度等问题,又要具体划定中国内地省市区及企业参与“一带一路”规划的地位与实力。因为统筹“一带一路”建设规划由中国政府决定,但具体合作项目是由中国各省(市)区及企业直接实行的。省市的地位和主导行业定位不准,就不能发挥地方的具体优势,影响“一带一路”战略总体目标的落实效果;选择不准企业的优势和实力,就不能推动其发挥作用,对“一带一路”建设的进程产生负面影响。

第三,应该更多地与东盟在实现重点合作项目的每个阶段深入交流意见、探讨政策、磋商办法,以促进务实和有效果的合作。当前,东盟大部分国家对"一带一路"的认识存在着几类状况:了解不够全、分析不够充分、认同不够、行动不够统一等,这不利于"一带一路"与中国—东盟互联互通建设的启动与部署。

(二)关于落实"一带一路"背景下的越中合作关系

东南亚在中国所提倡的共建"一带一路"战略尤其21世纪海上丝绸之路建设中具有重要的地位与作用,因为东南亚是"一带一路"从中国延伸到非洲及欧洲不可缺少的桥梁。同时,东南亚各国也可以通过"一带一路"扩大国际经贸合作,促进自身国家的发展。在新的背景下,越中两国的全面密切关系对彼此相互有利,促进双方经贸合作是越南切实的愿望。关于这个方面,笔者提出几个建议:

1. 坚定不移地维护越中两国的宝贵传统友好关系。在过去很长时间里,越中真诚、友好关系已为两国应对种种困境与挑战起到了巨大而实在的作用。两党两国政府以及两国人民不断诚心诚意培植与促进越中友好情谊,建立全面战略合作伙伴关系。为共建"一带一路",两国一定要坚定切实遵守两党对两国关系所提出的"十六字"方针和"四好"精神(好邻居、好同志、好朋友、好伙伴)。这不是一个空白的口号,而是改善和促进越中关系的重要价值因素。不坚定严格、诚心地按照上面提到的"方针"与"精神"来维护、发展越中全面合作关系,越南和中国在磋商共建"一带一路"上将会碰到困难。

2. 尽力做好已达成的合作项目。越南与中国签订了贸易、投资、基础建设、教育科技等方面的合作项目,其中有不少项目对越南经济社会发展起着巨大作用。越南希望能够改变越南与中国的贸易逆差状况,把大量产品出口到中国,同时,改善双方边贸机制;越南期望中国企业既要加强对越南的投资,重点为交通基础设施及农业生产领域,又要不断地提高承包的交通基础建设工程的建设质量,因为目前由中国承包商施工的一些交通设施建设工程质量较差(包括首都河内的交通工程),不仅影响建设工程长期质量,也影响老百姓的日常生活。另外,越南与中国应该继续促进跨境经济合作区建设,如加快成立越南老街省与中国云南省、越南芒街与中国东兴市等跨境经济合作区,这不仅对改善双方边境地区人民生活发挥作用,对"一带一路"建设也有好处。笔者认为,抓紧做好上面提到的事项对"一带一路"的建设目标将发挥着务实而巨大的作用。

3. 加强交流磋商,努力找出共同点。目前,中国政府关于"一带一路"战略的落实计划、部署及措施还不够全面、具体,指导性的文件还没完备,并且,越南能接触到的有关资料也不多,导致越南对"一带一路"战略各方面的了解还不够清晰、齐全。因此,越南与中国应在各层面加强交流和磋商,以加深了解、加强认同、统一行动,实现双赢合作。尤其是双方应该真诚地提出在"一带一路"建设过程中将遇到的障碍、困难的可能性以及商量处理难题的办法,最终目的是相互了解、相互协助,渡过困境。

4. 加强政治、安全互信。众所周知,政治、安全互信对共建"一带一路"起着决定性作用,参与"一带一路"合作的沿线国家与地区都要互相信赖、互相支持。最近几年,越南与中国的关系呈现波浪起伏的状况,导致两国人民心里不安,对两国之间经贸等各方面的格局产生了负面影响。我们绝不能让政治与安全问题伤害越中两国悠久友好的传统关系。要提高越中两国的政治安全信念,应对"一带一路"建设遇到的种种挑战。在新背景下,我们还要进一步强调,越南和中国在任何情况下都要坚定越南共产党和中国共产党对两国关系所确定的"十六字"方针和"四好"精神,通过和平谈判、遵守国际法律原则来处理、化解存在的差异,千万不要制造紧张、不和谐而损害信任的状态。这样,两国对"一带一路"的合作计划才能顺利磋商、落实。笔者相信,越中两国人民一直珍重胡志明主席和毛泽东主席等老一辈领导人建立、培植和保持越中"同志加兄弟"的友谊关系。和平、诚心、正当、温和地处理两国关系存在的尖锐问题也就是中国在实现共建"一带一路"战略中所坚定的中国特色周边外交理念:"亲、诚、惠、容"政策,为达成共建"一带一路"目标奠定坚固基础。

总的来说,由中国提倡的共建"一带一路"战略是一个长期性、跨国性的目标,要求中国与东盟在内所有参加"一带一路"合作的国家和地区下大力气,加深了解、增强信赖、诚心诚意实现互利互补、共赢的大目标。据中国的观念,丝绸之路经济带和21世纪海上丝绸之路是"长期成为中国对外战略的两个大突破口",也是中国实现"中国梦"的重要渠道。中国国家主席习近平说:"中国梦要实现国家富强、民族复兴、人民幸福,是和平、发展、合作、共赢的梦",习近平主席的论述"深刻阐明了中国梦是和平、发展、合作、共赢的梦,不仅造福中国人民、而且造福各国人民,与各国人民美好梦想是相通的思想"。相信为实现"中国梦"和"一带一路"重大战略,中国一定会更加提高自己的国际责任,塑造美好的大国形象,提升各国对中国的信赖,使"一带一路"建设顺利达成目标。

(作者系越南社会科学翰林院副教授,原载《东南亚纵横》2015年第10期)

"一带一路"战略与华侨华人的逻辑连接

王子昌

2013年9月中国国家主席习近平在哈萨克斯坦提出"建设丝绸之路经济带"倡议,同年10月习近平主席在印度尼西亚提出与东盟建设"21世纪海上丝绸之路"的战略构想,两个倡议合在一起,就是我们今天我们所熟知的"一带一路"倡议。由于这一倡议涉及中国的经济、政治、外交等方面的长远规划,因此在中国也被称为"一带一路"战略(在本文中,有的地方使用"一带一路"倡议,有的地方使用"一带一路"战略,二者的意思是一样的)。"一带一路"倡议提出之后,中国的学术界纷纷就这一倡议的战略意义、应该关注的问题和可资利用的资源进行研究和发表自己的看法。

在谈到可资利用的资源问题时,华侨华人研究领域几个专家的看法引起了笔者的关注。其原因一是因为自己的研究兴趣使然,笔者承担了教育部华侨华人研究基地重大研究课题,该课题主要研究新时期华侨华人在中国经济走出去中的作用,有人将"一带一路"倡议解读为中国企业"走出去"战略的升级版,笔者自然关心这方面的研究和话题,关心这一倡议对华侨华人的影响以及华侨华人如何助推这一倡议的实现;二是与自己的调研和思考有关。出于课题研究的需要,笔者近年来多次到东南亚一些国家进行调研,发现在中国企业走出去的过程中(不仅是走出去,而且还包括走出去后一系列的经营活动),华侨华人很多时候并没有起到应有的作用。不仅如此，在遇到一些问题时，当地华侨华人还经常被当地一些民众作为他们发泄怨气的替罪羊。因此在阅读相关专家关于"一带一路"战略与华侨华人相联系的文章时，笔者特别注意并提醒自己，在解读"一带一路"战略的意义和影响时要尽可能地全面，以免在出现问题时，我们缺少思考和应对的预案。

在阅读专家们关于"一带一路"战略和华侨华人有关的文章和观点时，笔者也发现，时下，人们对"一带一路"战略的解读主要是从这一战略要求的视角下进行的，而很少从战略的本质和精神解读"一带一路"战略及其可能为中国企业带来的机会，更没有从其实施遇到的问题分析其可能为华侨华人带来的不利影响。本文将从三个角度，梳理和分析"一带一路"战略对华侨华人的不同影响。文章将分三个部分，第一部分首先叙述相关学者从战略要求角度解读"一带一路"战略建立的"一带一路"战略与华侨华人的逻辑连接，第二和第三部分介绍笔者从本质和精神以及可能遇到的问题角度解读"一带一路"战略与华侨华人的逻辑连接。

一、动员华侨华人参与"一带一路"战略实施

落实和实施"一带一路"战略，华侨华人能够做什么？这是从需求角度解读"一带一路"战略提出的问题。对于这一问题，华侨华人研究专家曹云华教授和刘宏教授在 2015 年接受中国社会科学报的访谈时进行了解答，下面就以这篇访谈为样本，分析两位专家从需求角度解读"一带一路"战略与华侨华人的逻辑连接。

第一，利用华侨华人的桥梁作用为"一带一路"战略增信释疑。曹云华教授提出要"充分调动华侨华人作为中外沟通桥梁和民间外交使者的角色，为中国提出的新丝绸之路构想在国外落户生根增信释疑"。

首先，中国的"一带一路"战略需要这样一种桥梁。"一些国家的政府和人民对中国提出的'一带一路'构想并不理解和支持，存在较多顾虑。需要借助他们及其开设的媒体，宣讲'一带一路'构想之意义、互利性、光辉前景等，加强相关国家和地区对中国新丝绸之路建设倡议的认同与支持"。

其次，华侨华人为何能起到这一桥梁作用？这是因为华侨华人既了解中国国情，又熟悉住在国国情和社会经济形势，与当地社会有着千丝万缕的关系，还由于他们人数众多，有着各种各样的组织。

"目前海外华侨华人已超过 6000 万人，分布在全球 198 个国家和地区。另外，还有 3000 多万归侨侨眷生活在中国各地。有较大影响力的各类华侨华人社团逾 2.5 万个，全球华文学校近两万所，数百万学生在校接受华文教育，海外华文学校教师达数十万"。一些事例表明，华侨华人确实在这方面能够起到重要作用。最近的一个事例是澳大利亚华人对该国富商帕尔默的辱华行为的抗议。

2014 年 8 月 18 日，在澳大利亚广播公司一档节目中，澳大利亚富商帕尔默指责中国企图抢占澳大利亚的港口来盗取自然资源，并把中国称为要"接管这个国家"的"杂种"。澳洲华人举行大规模游行要求帕尔默道歉，帕尔默随后不得不为自己的言行郑重道歉。这一事件表明，当地华侨华人确实可以依靠自己的力量(人数和组织)来起到以正视听的作用。

第二，华侨华人以其经济资本和其智力资源直接参与中国的"一带一路"战略建设。

全球华商企业资产总规模约 5 万亿美元，遍布全球的华侨华人在世界各国各行各业分布广泛，他们中不少人掌握着先进的科学技术，这将有助于中国实现经济转型升级、结构调整、区域平衡和创新型国家建设。

"目前中国'千人计划'引进的近 3000 名海外高层次人才中，94% 以上是华侨华人"。作为中国现代社会经济发展的重要智力资源，广大华侨华人在开拓国际经济科技合作、推动祖(籍)国慈善捐赠事业等方面发挥着巨大作用，可直接参与到"一带一路"的建设事业中。

第三，国务院侨办需要通过各种机制动员华侨华人，激励他们参与中国的"一带一路"战略实施。

在一般情况下，华侨华人可能不会自发地宣传和参加"一带一路"战略的实施，需要通过国务院侨务办公室的工作，需要"通过加强政策制定等多种方式，组织与协调相关活动，使华侨华人与住在国主流媒体和非政府组织加强接触，并鼓励华侨华人有意识地通过媒体、网络等平台，提高其学术研究成果转化率，借助公共外交等方式积极引导国外媒体、智库等有关中国的公共舆论，加强国外公众对中国所倡导的'一带一路'战略构想的全面认识"。

第四，华侨华人并不是一个实体，而是有其差异性的。具体的部门做工作时必须对此做出区分。"华侨是中国公民，政治上认同中国，而海外华人则是外国公民，他们与中国的联系主要是文化和经济领域。还有一部分海外华人，虽然在种族上是华人，但其政治、文化和族群认同已完全当地化，对中华文化不一定认同"。

通过以上对两位专家观点的引述，可以归纳出从需求角度解读"一带一路"战略与华侨华人的逻辑连接：中国的"一带一路"战略是一个国家大战略，它既需要海外华侨华人大力宣传这一战略，也需要他们以其经济资本和智力资源投身其中。要能很好地利用这一资源，单靠其对中国的认同(华侨)或对中华文化的认同(华人)是不够的，国务院侨办需要通过多种形式和活动，调动他们的积极性。

二、设计战略实施机制，让更多中国企业走出去

"一带一路"战略的本质和精神是什么？"一带一路"可能给华侨华人带来什么样的机会？对第一个问题，目前的研究谈得比较少。张蕴岭教授在其相关文章中，谈到了这一点，他认为"从更深的层次上来认识'一带一路'是我国作为上升大国坚持不走传统大国争霸、称霸的老路，而走开放、发展、合作与共赢的新的和平发展道路的体现。为何要借用丝绸之路这个词？因为，古丝绸之路所代表的精神，也可以称之为'丝绸之路精神'，可以最好地体现这些理念和原则"。但对"一带一路"战略如何具体地体现这一点，张教授却并没有予以展开分析，笔者将沿着这一思路进一步分析，找到其与华侨华人的逻辑连接。

第一，是对历史上丝绸之路本质与精神的解读与分析。历史上的丝绸之路—包括陆上丝绸之路和海上丝绸之路—是相关国家的和平交往之路、共同致富之路、文明交流与融合之路。

历史上的丝绸之路不是帝国靠坚船利炮打出来的侵略与征服之路，它是商人为了自己的利益，不顾生命危险，船载马驮探索开辟出来的；商人的财富不是靠强取豪夺，而是通过沟通有无，满足人们的众多需要；在这条路上，也有官员和军队，但军队和官员不是为了侵略和征服，而是为了传播信息和文化；在互通有无的过程中，不同的文明相互交流和融

合，表现在语言、服饰、建筑、制度、行为模式以及价值观念的吸收和融合。

今天我们提倡“一带一路”，不是因为怀旧，而是历史上的“一带一路”跟我们的和平发展道路的逻辑恰好契合：中国要走和平发展之路。

第二，是对和平发展之路进一步展开的具体要求。中国政府在多年以前就提出中国将走一条与西方一些发达国家靠武力侵略和征服崛起不同的和平发展道路，中国学者也纷纷著文对这一立场和表态进行演绎和分析，从逻辑上论证其可能性。但可能逻辑上是一回事，而对实际上如何做到这一点，并没有给出具体的实施计划。中国“一带一路”战略的提出，可以说很好地弥补了中国和平崛起言说中缺失的一环：中国将通过参与相关国家的基础设施建设，换取资源和市场。在这一计划和战略实施中，资源不再是拿回中国，而是就地转化为产品用于当地国家的基础设施建设，市场也不是拿中国国内生产的产品去挤占，而是销售本地生产的产品。这是一种新的经济发展思路，它可能无法再用 GDP 衡量中国的经济发展，而可能需要用人均可支配收入这一标准。这样的一种思路既可以减少中国自然资源的损耗，减少污染，也可以减少商品输入和输出可能导致的国际经济冲突。由于当地国家需要，也可以减少竞争可能带来的其他冲突，在此过程中，不仅可以为当地政府带来税收，也可以为当地社会创造就业，为当地社区创造便利，真正地实现中国和其他国家之间的共同和平发展。

第三，是通过机制设计，建立起“一带一路”战略与华侨华人的逻辑连接。“一带一路”不仅是一种倡议，而且是一系列具体措施，其核心是通过亚洲基础设施投资银行和丝路基金参与相关国家的基础设施建设，带动中国企业走出去。具体设想和建议是在具体基础设施项目招投标时，要求施工单位由中国企业、当地国企业和其他成员国的企业组建联合公司，共同承担项目的实施工作。亚投行和丝路基金不是一种发展援助，而是一种贷款，中国作为亚投行和丝路基金的发起方和主导方，在银行和基金运作时，以中国企业某种形式和程度的参与作为获得贷款的附加条件，是可以的，也是可行的，这样就会给一大批中国企业和企业家创造机会。

中国的企业十分需要这样的机会。随着中国的日益强大，越来越多的中国企业开始走出国门，到国外进行投资，以争取更大的发展空间。鼓励中国企业走出去，通过参与国际竞争，提升中国企业的竞争力，也是中国进一步改革开放战略的一部分。但由于是后来者，经验不足，中国企业在投资国外时遇到各种各样的问题，如市场的开拓问题、投资的风险和收益问题等。如果没有一个稳定的机制作为依托，单个企业甚至一个国家可能难以应对。如果把亚投行和丝路基金作为一种以政府为依托的、多个国家联合的利益共享与风险共担机制设计，那么这种机制就可以为中国企业走出去提供强大的支撑。首先它解决了中国企业走出去的市场开拓问题。在亚投行和丝路基金运作时，具体项目由当地国提出，中国企业只是作为重要的一方参与就可以了，这样就不需要中国企业到处去跑项目和市场。如果做得好，打出了品牌，建立了信誉，随后的市场在某种程度上也有了保障。其次是投资经验的积累。通过参与亚投行和丝路基金建设项目，可以为中国企业投资国外积累经验，这些经验包括如何与外国政府打交道、如何与外国企业合作、如何融入当地社会等，这些经验将有助于更多的企业走出去。

在进行具体项目建设时，章程可以要求项目施工方必须是中国企业、当地国企业和第三方成员国企业组建的联合公司。一方面，这是亚投行和丝路基金设计的逻辑要求。亚投行和丝路基金不是中国一国说了算的金融机构，而是多国参与的多边金融组织，因此在运营时，可以也应该要求中国企业、当地国企业和第三国企业组成联合公司参与，以示其共赢和开放性。另一方面，这也是为了有利于中国更好地走出去。投资国外不仅仅是将钱投出去就完了，还有经营和收益的问题。要让经营和收益落到实处，就必须解决和当地企业以及第三成员国企业之间的关系问题，解决好中国企业和当地政府、当地社区的关系问题。现阶段中国企业在国外遇到的一个主要问题就是没能很好地平衡中国企业、当地企业、当地政府利益和社区利益，这也给第三国势力恶意挑拨中国企业和当地社会之间的矛盾提供了机会。如果通过亚投行和丝路基金的机制设计，在事前就中国企业、当地企业和第三国企业在利益分割方面达成共识，就可以通过利益将三方捆绑在一起，减少以后中国企业在经营和利润分割时可能遇到的麻烦，有利于中国企业走出去并创造良好的效益。

归纳以上的分析“一带一路”战略是中国和平发展道路的具体展示，这一战略的具体实施，将带动更多的中国企业走出去，将可能使更多的中国人走向海外。

三、分析战略实施可能给华侨华人带来的不利影响

落实“一带一路”战略，通过亚投行和丝路基金，解决“一带一路”沿线国家基础实施建设资金的不足和基础设施的落后问题，同时解决中国的资金过剩和制造业产能过剩问题，从逻辑上讲，一举两得，不应该产生矛盾和问题，应该皆大欢喜。但从既有多边金融体制倡议的起步艰难和中国企业走出去的实践来看，事情并不像逻辑推理那样一帆风顺，反而遇到种种问题，而这些问题有可能在“一带一路”项目具体实施时直接冲击到当地的华侨华人，给当地华侨华人带来不利影响。

2010 年中国政府就提出了设立上海合作组织银行倡议，各方之间为此进行了多次磋商，但几年过去了，磋商未获得实质进展，其主要障碍来自各国对所持投票权的比例存在严重分歧。2013 年金砖国家开发银行正式成立，但迄今各方也未就“金砖结算货币”或本币自由兑换等问题达成一致。

从目前的情况看，亚投行将是“一带一路”战略实施的一个核心机制。“一带一路”战略的三大战略意图——通过周边建设拉动西部发展、实现中国与周边国家的“五通”（政策沟通、设施联通、贸易畅通、资金融通、民心相通）、带动人民币国际化都在很大程度上要依赖于其具体的机制设计。从目前相关的报道和研究看，亚投行的机制如何设计已经是一个各方争夺的焦点。

从目前透露的信息看，各方围绕亚投行的争夺主要涉及以下几个关键问题，第一是出资比例问题。出资比例问题不仅仅意味着出多少钱的问题，它还意味着投票权和利益的分配权问题，因此是各国斗争的一个焦点。依据媒体的报道，亚投行的出资比例依照两个大的原则，先是按地域进行分配，亚洲国家 70%（或 75%），非亚洲国家 30%（或 25%），接下来是按照 GDP 和人口进行分配。按照这两个原则和目前 57 个创始成员国计算，中国出资比例最低都会超过 33%。这和 1945 年国际货币基金组织成立时美国在其中所占的比

例持平，远远高于美国今天所持有国际货币基金组织的17.76%的份额。目前关于此事的进展是各国的财政官员和专家就相关事宜进行谈判。按照程序，然后是就谈判达成的章程提请各国的国会批准。如果最后亚投行按照这样的比例出资成立，中国高额的出资难免会让人产生中国操控亚投行的联想，这也将大大增加华侨华人在国外解释中国“一带一路”战略时的难度和压力。如果将来亚投行实施的具体项目出了问题，当地民众也更容易将矛头对准中国，将怨气转移到当地华侨华人身上，给华侨华人造成不利影响。

第二是亚投行用哪种货币结算的问题。用什么货币进行结算将是亚投行筹建过程中面临的最核心问题，其重要性可能超过上面我们所分析的出资比例问题，包括成员构成、出资比例乃至投票权。因为使用何种货币结算关系到“一带一路”战略实施的成效。

中国提出“一带一路”战略，从国际大战略的角度讲，就是要破除和消解美元的一统天下，破解美国利用对美元的发行权利对中国人民劳动财富的实际剥削。从“一带一路”战略的实际目的看，如果能用人民币作为结算货币，就意味着通过亚投行的融资和投资的众多项目将众多国家的经济和中国经济捆绑到了一起，因为中国经济的稳定、增长直接决定了人民币的稳定和升值，而人民币的稳定和升值又直接决定着这些国家很大一部分基础实施投资的实际收益和这些国家相关公司的实际利润，这样就形成了这些国家和中国之间真正的利益共同体、命运共同体，而这正是“一带一路”战略要达到的目标，如果真的能达成这一目标，华侨华人的生活环境无疑将会得到很大的改善。如果使用美元作为结算货币或使用其他折中的结算工具，那么“一带一路”战略的成效就要打很大的折扣。这个问题很重要，也很难解决。

2013年金砖国家开发银行正式成立，但迄今各方也未就“金砖结算货币”或本币自由兑换等问题达成一致，确定使用何种货币的难度可见一斑。现在亚投行有50多个成员国，其协调难度更大。

第三是争端解决机制。亚投行本质上也是一家多边的金融机构，成员之间的纠纷在所难免，同贷款国出现纠纷也难以避免。因此，设计一个合理和完善的争端解决机制，不管是从投资本身的角度，还是从华侨华人的角度分析，都有着特别重要的意义。中国是亚投行的倡导国和主要出资国，没有很好的争端解决机制，不能很好地化解可能出现的问题，不仅难以保证投资的收益，还可能招致当地相关方的怨恨，当地的利益方还很可能把怨气发到中国政府身上，并进而把当地的华侨华人当方便的替罪羊。2012年缅甸莱比塘铜矿事件爆发时当地一些的民众反华情绪和口号证明笔者的逻辑分析并不是杞人忧天。

2012年11月19日，在缅甸第二大城市曼德勒以北约180千米的蒙育瓦镇莱比塘铜矿外发生了群众抗议事件，约两百名僧人和500名民众堵住公司营地大门，他们要求停止开采铜矿，增加对搬迁民众的补偿，甚至有人提出了要参与铜矿开采的中国企业撤出缅甸，有些人甚至高呼“这是我们的土地，不是中国人的”“不要做中国人的奴隶”等反华口号。莱比塘铜矿是由中国公司和缅甸公司合作开发的一个项目，按照“一带一路”的标准，在性质上可以归入丝路基金的经营范围。该项目在利益的分割方面涉及的因素并不是太复杂，但由于没有事先规定相应的争端解决机制，只能通过谈判重新进行利益分割。重新分割利益，难免一些人以各种借口趁机漫天要价，这也是直到2015年1月，还有人在利用此事制造事端的一个重要原因。

以上是笔者结合既有的文章、观点和自己的分析，提出的“一带一路”战略与华侨华人的三种可能的逻辑连接。从叙述和分析可以看出，观察的视角不同，思考的切入点不同，“一带一路”战略与华侨华人的逻辑连接也有所不同。从战略的需求出发，我们看到的主要是华侨华人如何服务于“一带一路”战略；从“一带一路”的精神和本质出发，我们看到的主要是“一带一路”战略可能给中国企业带来的机会，对华人移民(华侨)的积极影响；从其实施可能遇到的现实问题分析，我们应该想到“一带一路”战略实施可能给当地华侨华人造成的不利影响。基于以上的分析，本文想要提出的是：“一带一路”战略是一个大战略，无论是从战略需要的角度考虑，还是从该战略的本质和实施机制的角度分析，华侨华人都是该战略中一个十分重要的组成部分，需要仔细谋划。

（作者系暨南大学教授，原载《东南亚研究》2015年第3期）

中国—东盟减贫合作：特点及深化路径

鞠海龙　邵先成

新世纪以来，中国对东盟国家开展系列减贫国际合作项目，取得有目共睹的成绩。面向未来，“一带一路”倡议将进一步深化中国—东盟减贫合作，为东盟部分国家的贫困群体带去福音。

一、东盟部分国家贫困的状况与原因

在东盟十国中，柬埔寨、老挝、缅甸、菲律宾、越南、印度尼西亚等国经济发展水平较低。这些国家建设起步普遍较晚，或多或少都有国内政治动荡、政治腐败的经历，多数存在基础设施不完善、农业生产技术落后、教育水平较低等致贫因素。其中，农业人口的贫困、高失业率以及较大的贫富差距是这些国家贫困状况的直观体现。

(一)贫困的现状

东盟各国的经济发展水平极不平衡。统计数据显示，文莱、新加坡、马来西亚的人均国民生产总值(GDP)在2012年都超过了10000美元，泰国也达到了5391美元。根据世界银行2008年确定的每人每天消费1.25美元的国际贫困线标准，新加坡、文莱、马来西亚在2012年已经没有贫困人口，泰国的贫困人口比例也只有0.04%。因此，在东盟的减贫国际合作中，基本不涉及新加坡、文莱、马来西亚和泰国。但柬埔寨、老挝、越南、菲律宾、印尼、缅甸的贫困状况却极为堪忧。根据数据统计以及国际贫困线标准，2012年，柬埔寨人均GDP为977美元，贫困率为28%；老挝人均GDP为1394美元，贫困率为31%；越南人均GDP为1596美元，贫困率为14%；菲律宾人均GDP为2565美元，贫困率为23%；印尼人均GDP为3578美元，贫困率为16%。缅甸人均GDP为861美元，在东盟十国中最低，贫困状况也最为突出。

农业不发达和农业人口的贫困是东盟部分国家的重要特点之一。以2011年东盟国家的人口统计为例，老挝的农业人口约为459.1万人，占总人口比重为71.90%；柬埔寨约为926.3万人，占总人口比重为63.79%；越南约为5526.4万人，占总人口比重为62.91%；缅甸约为3208.8万人，占总

人口比重为53.14%；印尼约为9017.6万人，占总人口比重为37.26%；菲律宾约为3127.4万人，占总人口比重为32.64%。庞大的农业人口基数背后是低下的人均日GDP。2011年，越南农业人口的人均日GDP为0.99美元，柬埔寨为1.07美元，老挝为1.44美元，缅甸为1.69美元，菲律宾为2.26美元，印尼为3.29美元。显然，农民是东盟国家贫困人口比较集中的群体。

城市化、工业化是东盟国家经济发展的必经之路。在此过程中，失业和贫富分化往往不可避免。东盟最落后国家的贫困突出地表现为农业人口的贫困，而经历着城市化和工业化的国家则面临着失业率升高或贫富分化严重的问题。国际社会一般以7%为失业率警戒线。以2013年为例，菲律宾的失业率为7.3%，印尼为6%，缅甸为3.5%，越南为1.9%，老挝为1.4%，柬埔寨为0.3%。经济发展相对不错的菲律宾和印尼的失业率已超过或临近警戒值。基尼系数是国际社会用来综合考察居民内部收入分配差异状况的一个重要指标，基尼系数越大收入分配越不平均，国际上通常把0.4作为贫富差距的警戒线。以2008年为例，柬埔寨的基尼系数为0.379，印尼为0.350，老挝为0.367，越南为0.434，菲律宾为0.464。较高的失业率和基尼系数显示，经济发展不一定能够为东盟国家贫困人口带来直接红利。

（二）贫困的原因

从发展的角度考察，东盟部分国家的贫困状况主要是与其基础设施、科技和教育水平以及国内政治环境等因素有关。

在经济发展过程中，东盟部分国家面临的最急迫的问题是缺乏各类基础设施。仅以与经济发展密切相关的交通为例，柬埔寨铁路总长仅655千米，且是分别建于1931年和1960年的两条处于瘫痪状态的铁路。老挝全国只有3.5千米的铁路且没有高速公路。菲律宾号称21.6万千米的公路中有60%为乡村土路，1200千米铁路中可运营的仅400多千米。

技术和资金短缺严重制约了东盟部分国家的农业发展，导致农业产量低下。柬埔寨由于多年战乱及政府财政匮乏，其农田水利等基础设施落后，农业仍处于粗放式、广种薄收的落后局面。老挝农业基础设施不完善，缺乏必要的农业发展资本，抗自然灾害能力弱，农产品产量波动性较大，其单位面积产量在东南亚国家中最低。缅甸缺乏完善的农作物良种繁育和推广体系，新品种繁育缓慢，而且农业生产投入严重不足，农业基础设施发展滞缓，且化肥、农药的需求缺口非常大。

教育水平落后使东盟部分国家无法发挥人力资源优势。由于教育财政预算严重不足，东盟部分国家只有小学入学率有一定保证，中学入学率和大学入学率都相当低。柬埔寨2011年的小学净入学率为95.2%，中学净入学率为27.6%；老挝2012年的小学净入学率为95.2%，中学净入学率为34.7%；缅甸2012年的小学净入学率为84.6%，中学净入学率为47.5%。相对发达的菲律宾2011的小学净入学率为89.9%，中学净入学率为60.9%；印尼2012年的小学净入学率为92.5%，中学净入学率为70.8%；越南2011年的小学净入学率为95.3%，2008年的中学净入学率为83.1%。虽然越南的中学净入学率在上述国家中是最高的，但越南大学以上学历的人数只占劳动力总数的2.3%。

战乱、内部政治斗争和腐败导致部分东盟国家经济发展缓慢。越南、柬埔寨、老挝、缅甸在过去几十年曾面临着战乱或内部政治斗争。战乱导致生产停止甚至倒退，而内斗则使领导层无法将精力放在经济发展上，政策变幻无常。菲律宾、印尼曾因内部政治斗争和腐败发展缓慢，近年已大有改观。

从东盟部分国家贫困的状况及相关原因可以看出，东盟国家中最需要国际减贫援助的是柬埔寨、缅甸、老挝三国，其次是菲律宾、越南、印尼。就减贫项目而言，最急需的项目是以交通、能源为主的基础设施建设以及与农业有关的技术与资金支持。

二、中国—东盟减贫合作的重点与平台

中国对东盟的减贫国际合作主要集中在柬埔寨、老挝两国，重点支持的领域主要是基础设施建设。中国是柬埔寨官方发展援助的主要捐助国之一。2000～2009年，中国对柬埔寨的官方援助合计4.65亿美元，占柬埔寨所有援助的7%。其中，仅2009年一年的援助就达1.147亿美元。中国与老挝的减贫合作主要是基础设施援建，援建工程包括宏掌火电站，南槛2、南槛3水电站，230千伏欣合—朗勃拉邦输变电线路工程，塞坎曼2水电站等。按照项目设计预期，这些电力项目的完成不仅会大大缓解老挝国内供电不足的问题，而且还将产生良好的经济和社会效益。

农业人口是东盟欠发达国家贫困的主体，也是中国参与东盟减贫国际合作的主要对象。1996～2002年，中国政府先后无偿帮助柬埔寨各省农村打水井1000口，解决了25万农村居民的饮水问题。2002年，中国同东盟签署了《农业合作谅解备忘录》，将杂交水稻种植、水产养殖、生物工艺、农场产品和机械等方面列为中国与东盟在农业科技方面长期合作的重点。此后，中国不但先后举办了几十个技术培训班，为东盟国家培养了一批农业科技人才，而且还实施了中国—东盟粮食综合生产能力提升计划、中国—东盟农村发展推进计划，帮助东盟部分国家的农业发展。

为了推动减贫国际合作，中国于2007年开始组织召开中国—东盟社会发展与减贫年度论坛以及一系列有针对性的减贫研修班、合作论坛或研讨会。其中主要的有2011年举办的中国—东盟农村扶贫政策与实践研修班、中国—东盟旅游促进减贫研讨会，和2013年、2014年在南宁举办的老挝发展与减贫官员研修班等。

在亚洲开发银行下设立的中国减贫与区域合作基金是中国与东盟减贫国际合作的主要资金平台之一。该基金于2005年成立，由中国出资，中国与亚洲开发银行共同推进，其宗旨是支持亚洲开发银行在亚太地区发展中国家的减贫、区域合作和知识共享。其后，中国先后出资4000万美元用于支持发展中国家的减贫与发展，相关项目中有27个项目重点支持东盟或东盟成员国。

此外，中国还通过亚洲减债计划和无偿援助等方式直接支持东盟部分国家。2002～2010年间，中国先后多次做出免除柬埔寨所有到期债务，免除老挝到期无息贷款债务，免除缅甸到期无息贷款债务等决定。中国的减债行动减轻了大湄公河次区域经济落后国家的债务负担。2015年，中国将向东盟欠发达国家提供30亿元人民币无偿援助，主要用于支持中南半岛国家的减贫合作。

三、中美日参与东盟减贫合作的差异

除了中国之外，美国、日本、澳大利亚、英国、印度等国也

是东盟减贫国际合作的参与国。其中,美国和日本从 20 世纪 50 年代起就开始参与东盟减贫。早在 1957 年,美国就通过联合国湄公河下游调查协调委员会参与东盟减贫。越南战争结束后,美国仍然通过国际机构和跨国公司在该地区发挥影响。奥巴马政府宣布"重返亚洲"后,对东盟减贫合作表现出浓厚的兴趣。2009 年 7 月,美国国务卿希拉里·克林顿同湄公河流域国家召开首届美国—湄公河下游国家部长会议,提出《湄公河下游倡议》,旨在促进柬埔寨、老挝、泰国和越南之间在卫生、环境、教育和基础设施方面的整体合作和能力建设。其后,美国在卫生领域投入了超过 1.4 亿美元,在环境领域投入 6900 多万美元,在基础设施领域投入 900 多万美元。

日本早期对东盟国家的减贫合作与其恢复和东南亚国家外交关系,促进日本的经济发展以及提升日本的地区影响力的战略目标有关。这一期间,日本一方面希望通过经济外交,改善与东盟各国的政治关系;另一方面也通过与东南亚国家建立结构性经济相互依赖关系奠定东亚经济"头雁"的地位。进入 21 世纪,日本参与东盟减贫合作的工作发展迅速。2000 年,日本在亚洲开发银行设立日本扶贫基金,开始对经济发展水平较低的成员国提供减贫项目。2000 ~ 2014 年间,日本扶贫基金先后对菲律宾、缅甸、柬埔寨、印尼、越南、老挝等国提供了大量的减贫资金。其中,对菲律宾拨款金额达 4080 万美元,缅甸 2800 万美元,柬埔寨 2244 万美元,印尼 1745 万美元,越南 1653 万美元,老挝 1136 万美元。

从项目倾向角度考察,日本扶贫基金对东盟国家的项目拨款主要流向医疗卫生和农业、资源领域。以 2004 ~ 2014 年的项目拨款流向为例,日本基金投入医疗卫生及社会保障项目为 13 个,农业和自然资源 9 个,多领域项目 6 个,教育和金融领域 5 个项目,其余领域各 1 个。

2009 年,日本倡议建立日本—湄公河峰会,并承诺向湄公河下游国家提供 5000 亿日元的政府开发援助,用于经济发展、环境保护、基础设施、民生改善等一揽子援助计划。2012 年,日本又宣布提供 6000 亿日元,用于支持湄公河下游地区的发展。2013 年底举行日本—东盟特别峰会期间,日本还分别向越、缅、老三国提供 960 亿日元、630 亿日元和 104 亿日元的政府开发援助。

中国与美日等国在参与东盟减贫合作上存在诸多不同。其中,比较显著的差异主要体现在项目选择和政治附加条件两个方面。在项目选择上,中国侧重于道路、桥梁、发电厂等大型基础设施建设。美国和日本则侧重于医疗卫生、环境保护、水资源管理、教育等方面。在附加条件方面,美国和日本的援助常与人权、政治改革、经济改革、环境等政治条件相关,而中国则从不附加政治条件。

中国的减贫合作侧重受援国的长远利益和基础工作。项目选择重在道路、桥梁、发电厂等大型基础设施建设。这些项目一般是在受援国倡议规划中具有关键性的作用,对当地减贫具有基础性作用。例如,柬埔寨的优质稻米因贮存能力和后期加工能力不足一直无法实现高经济附加值。2014 年,中国进出口银行向柬埔寨提供 3 亿美元的贷款,用于提升稻米贮存和后期加工能力。同年,中国还帮助柬埔寨修建了 11 条道路和 4 座大桥。这些基础设施建设为柬埔寨农业经济的发展提供了长远支持。

与中国不同,美国、日本参与东盟减贫合作多立足于发达国家的标准,强调环境保护、资源管理、医疗卫生、教育等领域。例如,美国与东盟减贫合作最新的项目文件——《湄公河下游倡议》就包含了降低亚洲森林内的废气排量项目、《湄公河下游倡议》特殊用途英语计划项目等。日本的减贫政策与其对外政策密切相关。根据拨付对象的投入额度,日本扶贫基金支付金额最多的国家是相对发达的菲律宾,而像老挝、柬埔寨等严重贫困的国家则只有菲律宾的一半不到。

由于美国和日本主要立足于发达国家的标准实施减贫计划,因此各类减贫项目的政治附加条件也相对复杂。这与中国不附加任何政治条件的减贫援助形成鲜明对比。对此,受援国的评估报告曾明确指出:中国从未像其他援助国一样因为柬埔寨的人权、腐败或者政治改革等问题而减少对柬埔寨的支持。中国的援助基本是基于柬埔寨的需求,而且不附加任何限制性条件。与中国相反,美国、日本等国在参与东盟减贫时常常在提供援助时附加各类政治条件。2008 年缅甸曾以干涉内政为由拒绝美国 300 万美元经济援助的计划。2014 年,美国国务院再次宣称帮助缅甸建设一个具有民主机制的以及参与政务的公民社会,提倡人权并增强法治是美国援助缅甸的重点之一。

除了对受援国附加政治条件,美国还以发达国家的环保标准影响和压制其他援助国的减贫项目。以湄公河流域的水电站建设为例,2009 年以来,美国以解决水危机和应对气候变化的名义开始干预该项目的进展。2012 年 7 月,美国向湄公河委员会提供 100 万美元的援助,专门用于研究湄公河上游水电站项目对湄公河生态环境的影响。2013 年 7 月,美国国务卿克里公开以湄公河开展的基础设施建设应该获得所有相关国家的同意为由反对中国在湄公河上游建设水坝的规划。其后,美国官员又以大规模的水电站建设将严重破坏湄公河的渔业和食品安全,损害民众生活和水资源的供给等理由大肆宣扬中国"大坝威胁论",这种旨在激起受援国对中国不满和疑虑的做法是一种带有明显政治色彩的行为。

减贫合作的社会政治效益既体现在对受援国的实际帮助上,也体现在受援国民众和社会团体对援助项目的理解和反应。对于东盟大多数发展中国家而言,贫困(尤其是与人类生存权直接相关的赤贫)是减贫最需关注的内容。柬埔寨、老挝、缅甸等东盟国家的贫困大多属于这一类。从受援国获益的角度考察,中国侧重于农业、基础设施建设的减贫项目对东盟部分国家的帮扶意义更大,民众虽然短期收益不明显,但是长期受益的效果更好。

"仓廪实而知礼节"。从人类社会发展的一般规律考察,一个国家从贫困走向发展,再到发达不仅需要相当长的时间,而且需要经历经济发展—社会发展—政治发展的渐进过程。从这个角度理解问题,对贫困国家提出高层次的政治文明的要求是违反人类社会发展的一般规律的。美国、日本在向东盟国家提供减贫援助时附加政治条件,尤其是将发达国家的人权标准,甚至发达国家都无法杜绝的腐败问题与减贫项目挂钩等做法显然是强人所难或别有用心。

民众与社会团体的反应是政府受益之外检验减贫社会政治效益的另一个重要指标。虽然在政府层面,中国的减贫援助相对于美国和日本拥有明显的优势,但是在民众和社会团体层面美国和日本减贫政策优势却相对明显。例如,中国对东盟减贫合作的主要项目是基础设施,主要的合作对象和受益对象都是当事国的政府,民众虽然也会受益,但是直接效应不明显。因此,中国—东盟减贫项目存在基层连接不足的问题。以中国在柬埔寨援助的国家7号公路为例,道路基础设施的建设并未实现通过创造当地就业机会减少贫困的预期。

与中国的项目效应不同,美国和日本的项目选择和实施过程会更直接地与当地民众接轨。例如,日本扶贫基金在2012年为菲律宾提供的三个减贫项目——贫困地区儿童早期教育、住房、农业——均通过与受益人直接面对面的方式加以实施。美国国务院2014年总结对缅甸减贫合作的报告详细阐述的对孕产妇和新生儿的医护服务、社区供水系统等项目均为直接与民众相关的项目。美国和日本直接针对东盟民众提供的减贫援助使当地民众可以直接感受到来自它们的帮助,项目的推进对国家形象的推广也有更直接、正面的作用。

四、深化中国—东盟减贫合作的思路

国际减贫合作是中国周边外交的重要内容,也是中国加强与周边国家政治、经济、社会关系的重要举措。面向未来,中国"一带一路"倡议在推动中国与东盟国家关系发展的同时,也将为中国—东盟减贫国际合作带来新的机遇。将减贫合作纳入"一带一路"倡议不仅需要高效把握新时期的战略机遇,继续发扬我国既有政策的优势,也要弥补以往政策的不足。基于此,中国与东盟国家减贫国际合作要考虑增加和强化如下工作。

(一)在亚投行和丝路基金中设立减贫优先项目

"一带一路"建设的优先领域之一是基础设施互联互通。中国发起成立的亚洲基础设施投资银行和丝路基金为中国与东盟国家的国际减贫合作奠定了坚实的资金基础。当前,制约东盟部分国家发展的一个重要原因是基础设施过于落后。而建设资金不足又是导致基础设施落后的直接原因。如果中国在亚投行和丝路基金中设立减贫优先项目,使相关资金使用向减贫相关项目倾斜,则有助于解决东盟部分国家基础设施建设资金匮乏的问题,为东盟部分贫困国家的发展带来福音。

(二)建设中国—东盟减贫合作教育培训综合平台

人口素质是一个国家经济发展的基础,也是东盟部分国家最终脱贫的最根本动力。针对东盟部分国家中学、大学入学率偏低的情况,中国可以实施有针对性的教育与培训减贫计划。教育计划主要致力于基础教育,以提高东盟部分国家普遍的教育水平。培训计划则针对东盟部分国家的经济发展状况和产业发展的具体情况,创设专门的技术培训机构,以提高劳动人口的技能,增加普通民众的就业能力。

(三)重视民生工程,加强基层人文交流

中国传统的减贫合作主要通过与受援国政府的合作开展。这种合作在实践过程中存在经济效益大、社会效益小、政治效益容易被社会效益抵消的不足。面向未来,中国的减贫合作应借鉴美国、日本以参与东盟减贫合作拓展社会政治效益的思路,在坚持不附加政治条件的前提下,加大对民生项目的投入和相关项目的正向宣传。

(四)进一步发挥中国—东盟自由贸易区效能

中国—东盟自由贸易区现阶段主要以商品贸易为主。中国与东盟国家间还存在贸易不平衡现象,特别是在与东盟欠发达国家的贸易中,中国都是处于顺差地位。目前,中国正在积极推动打造中国—东盟自贸区升级版,可参照东盟部分国家的经济发展指标,降低敏感产品和服务的关税与非关税壁垒,进一步降低或取消相互投资的准入门槛,加快人流、物流、资金流、信息流区内无障碍流通,为东盟国家创造出新的发展空间,从而惠及广大贫困群体。

"一带一路"倡议的重点之一在于创造一个与周边国家共同发展的合作框架和平台。中国与东盟国家的减贫合作就是这一共同发展战略的有益组成部分。过去几十年,中国对东盟部分国家的减贫合作支持了东盟部分国家的发展。面向未来,减贫合作将在"一带一路"倡议框架下,为中国与东盟国家关系的更进一步发展奠定更加扎实的基础。

(作者鞠海龙系暨南大学教授、邵先成系该校博士研究生,原载《国际问题研究》2015年第4期)

从整体上把握中国海洋安全

——"海上丝绸之路"西太平洋航线的安全保障、关键环节与力量配置

张文木

21世纪以来,随着新兴经济体崛起步伐加快及陆上资源开发形势总体趋紧,海洋成为包括中国在内的世界主要大国关注的焦点。进入2010年以后,从"天安舰事件"起,围绕黄岩岛和钓鱼岛领土归属的危机事态相继爆发。2015年9月19日,日本参议院全体大会表决通过了以解禁集体自卫权为核心内容的安保相关法案,表明围绕中国东部西北太平洋海域所呈现的持续紧张态势已隐然有连锁发力的趋向。对此,依据中国的地缘政治特点,对海上安全环境进行整体判断与思考,是十分必要的。2013年,中国政府提出"一带一路"战略构想。2015年3月28日,中国国家发展和改革委员会、外交部和商务部经国务院授权发表《推动共建丝绸之路经济带和21世纪海上丝绸之路的愿景与行动》文件,明确"21世纪海上丝绸之路重点方向是从中国沿海港口过南海到印度洋,延伸至欧洲;从中国沿海港口过南海到南太平洋"。鉴于"海上丝绸之路"所涉海域过于遥远,本文仅限于讨论"海上丝绸之路"的西太平洋一线。东海和南海则是这条线上的两条主要起航线。

一、在"一带一路"框架中认识中国国防新常态

2013年9月和10月,习近平主席在出访哈萨克斯坦和印度尼西亚期间,先后提出了"丝绸之路经济带"和"21世纪海上丝绸之路"的倡议,二者结合在一起构成了完整的"一带一路"战略。习主席从大战略角度将海洋问题纳入"一带一路"的构建之中,这极大地丰富了"丝绸之路"的内涵,海洋安全成为未来中国国家安全的重要支点。

从定位来看,"一带一路"是带动中国外交各子战略的总体部署。因此,只有首先深刻把握"一带一路"的内涵,才有可能理解其他战略。就本质而言,"一带一路"是一种具有哲学高度因而高于一般战略的世界观(国际观),它是当年毛泽东的"三个世界"、邓小平的"三个面向"和党的十七大以来所提出的"统筹国内国际两个大局"等思想的继承和发展。正是有了当年的"三个世界"思想和政策,才有了"我们的朋友遍天下"的国际环境,今天在看待与把握"一带一路"时同样需要有这种大思路。

但在现实中,人们却对"一带一路"存在着两种误读,具体表现为:一是经济层面的产品输出或所谓的"输出过剩产

能”问题；二是军事层面的海外基地拓展问题。

首先来看第一种误读。有人认为，“一带一路”是要处理中国国内的产能过剩问题，即把过剩的产能输出去。这种看法是很不准确的，是以往殖民时代“转移危机”的做法，绝对无法反映“一带一路”的思想。这种认知实际上是出于一种西方式的居高临下的心理，是一种殖民扩张的思维。而习主席所提出的“一带一路”是以“命运共同体”为依托的，这意味着中国与“一带一路”沿线国家是在一个阵营和一个平台上的，各方形成的是一种合作性的互通有无的平等合作模式。因此，中国在对外宣传时应注意强调上述合作原则，在适当情况下应该多借鉴毛泽东时期的对外宣传艺术，加强宣传的政治性。非洲和拉美国家对于殖民扩张很反感，今天的中国不能在这些地区重复欧洲殖民主义老路。目前欧洲部分国家舆论将“一带一路”政策丑化为历史上的匈奴扩张，这还是戴着帝国主义的视镜看待“一带一路”，需要中国以实际行动做好增信释疑的工作。

应当注意的是，2013 年 3 月习主席在出访非洲时曾专程赴坦赞铁路中国专家公墓凭吊，并于 2015 年 6 月参观了遵义会议遗址，其用意绝不仅仅是回忆本身，而是要从老一代革命政治家的实践经验中汲取实现中华民族伟大复兴的思想和智慧。将坦赞铁路与 20 世纪初沙俄在中国修建的中东铁路相比较可以看出，前者体现出毛泽东的反帝反殖的外援理念，是用政治手段获得第三世界的友谊；而后者则遵循的是绝对的市场经济逻辑，其结果只能是帝国主义的扩张。同样是铁路，坦赞铁路帮中国收获了半个多世纪的中非友谊，而沙俄在中国修建的中东铁路却让中俄结了半个多世纪的怨。关于坦赞铁路，有人说毛主席不懂市场经济，即中国修这条铁路吃亏了。但事实并非如此，后来中国进入联合国“主要是第三世界兄弟把我们抬进去的”，如果按市场经济原则，这样的外交成就账该怎么算？讲政治，就是指钱要花在刀刃上。习主席在非洲凭吊坦赞铁路中国专家公墓寓意深远，因为这条铁路表达的是一种不同于帝国主义和殖民主义、并可以体现共产党人理念的世界观和国际观。习主席说我们在“一带一路”中要算大账，要有正确的义利观，这些都可以从坦赞铁路所体现的精神中得到解释。所以，不能把“一带一路”简单表述为过剩产能输出；即便要将过剩产能输出，也是要义先利后，互通有无，注重长远利益，其目的就是再造“我们的朋友遍天下”的形势。

通俗来说，外交的任务就是让我们的朋友——这个不能没有——越多越好，让我们的敌人——这个肯定得有——越少越好，为国家发展创造一个良好的外部环境。这是“一带一路”的政治“大账”。在诸多“朋友圈”中，除了传统友好国家，中国外交今后的重点将是加强与第三世界的友谊。留意观察习近平自当选国家主席以后的出访国家可以看出，第三世界国家是重点，其中还包括南太平洋小国。2014 年 11 月 28 日，习近平在外事工作会议上强调：“要坚持国际关系民主化，坚持和平共处五项原则，坚持国家不分大小、强弱、贫富都是国际社会平等成员，坚持世界的命运必须由各国人民共同掌握，维护国际公平正义，特别是要为广大发展中国家说话。”将这一讲话内容与“一带一路”战略结合起来，就会产生一种在新的形势下与世界人民、尤其是与第三世界人民同呼吸、共命运的感觉。

其次是关于建立海外基地问题。既然海上未来风险最大，“海上丝绸之路”当然要考虑海外基地问题，但若因基地问题与沿途国家结怨，尤其是那种需要相当长时间才能化解的像沙俄在中东铁路上与中国结的那种大怨，那就得不偿失了。现在有些国家也邀请中国去建设基地，其中既有友谊的成分，也有希望通过外交制衡抵消来自他国压力的考虑，对此我们不能期望过高。事实上，中国目前尚不具备与其他大国在远离本土的地方进行长期抗衡的实力。即便是有合同做保障，也会随着国家或其政治领导人利益考量的变化而发生转变。利益问题的最终解决需要依靠军事力量，而军事的成败则取决于补给线的远近，过于遥远的地方，比如南太平洋、南印度洋、北极和南极等，中国可以显示一下自身存在，但要实行实际的地区控制就十分困难。

当年沙俄将阿拉斯加出售给美国就体现了这个道理。从莫斯科到阿拉斯加距离遥远，当时的沙俄根本无力与统一后的美国在此相抗衡，如能早些转让给美国还能与其结下友谊，共同对付英国，否则就会在英国之外再与美国结怨。1853 年克里米亚战争爆发之初，沙俄东西伯利亚总督穆拉维也夫正式向沙皇尼古拉一世提议将阿拉斯加出售给美国。南北战争结束之后，俄美就此加速商谈，双方于 1867 年 3 月 30 日最终以 720 万美元成交，正式签订了售购阿拉斯加的协议。对此，地缘政治学的奠基人哈尔福德·麦金德解释说，“任何可能的社会变革，似乎都不会改变它和它的生存的巨大地理界线之间的基本关系。它(俄国)的统治者明智地看到它的力量的局限性，所以放弃了阿拉斯加”。同样的案例也曾发生在英国身上。1940 年 9 月 27 日，在德意日三国签订同盟条约、英国已在大西洋和太平洋毫无应对之力的情况下，丘吉尔首相于当月请求美国提供武器，罗斯福总统同意向英皇家海军转让 50 艘超龄驱逐舰，作为交换，丘吉尔也将本已无法控制的从纽芬兰到特立尼达之间 8 个海军基地的使用权“以 99 年为期租与合众国”。丘吉尔明白，武器新旧不重要，重要的是可以由此引导美国与英国结盟，而没有这一点，英国将遭受更为惨重的失败。

基地问题同样如此。只有在国家资源补给乃至作战力量半径能够覆盖的地方才应纳入考虑范围。当然，任何一个基地都有个控制半径问题，有的半径小，有的半径大。比如，印度洋的控制半径可达全球，因为在此竞争的国家都是英美这样的世界一流的海权大国。地缘政治和资源政治的统一是当代地缘政治的基本特征。环保的压力使石油成为当今世界政治中重要性几近粮食和水的“硬通货”。石油供应依赖于海运，这就是印度洋海权权重不断增大的重要原因。控制半径取决于国家战略能力，而国家战略能力则取决于目标与本土的距离——钓鱼岛在中国的控制半径之内，但如果南海距离再远一些的话，中国对其控制力就会同比下降。中国在东海的主要竞争对手是日本，钓鱼岛是其南下航线上的重要基地；中国在南海岛屿半径上的对手主要是美国，这是美国进入印度洋的海上生命线。这也是在太平洋战争后期，美国专力打通进入印度洋的南海通道，而将结束东北亚战争的任务留给苏联的原因。最危险的情况是控制半径上有两个以上的等量对手，太平洋战争中日本失败的重要原因就是 1941 年底对华作战半径拉得过长，并在中国之外又徒增美国这一对手。

二、“海上丝绸之路”安全保障及其关键环节

自秦汉开通以来，“海上丝绸之路”就一直是沟通东西方

经济文化交流的重要桥梁，而东南亚地区自古就是“海上丝绸之路”的重要枢纽和组成部分。习近平主席基于历史，着眼于现实，为进一步深化中国与东盟的合作，构建更加紧密的“命运共同体”，提出了建设 21 世纪海上丝绸之路的战略构想。以下将着重讨论东海和南海这两条主要起航线及其安全保障问题。

两条主线路意味着两个战略方向。毛泽东同志说：“任何过程如果有多数矛盾存在的话，其中必定有一种是主要的，起着领导的、决定的作用，其他则处于次要和服从的地位。因此，研究任何过程，如果是存在着两个以上矛盾的复杂过程的话，就要用全力找出它的主要矛盾。捉住了这个主要矛盾，一切问题就迎刃而解了。”在这一起航线上的两个方向中，我们必须找出其中的主要矛盾。

笔者认为，目前东海和南海出现诸多难以解决的问题，其根源在于台湾问题的牵制。如果中国完成了台海统一，台湾岛和海南岛之间就会对中国东南经济黄金地带形成一个宽阔的拱卫海区，这样，南海问题的解决也会相对容易得多。因此，台湾问题就成为中国海洋安全战略中的瓶颈，是中国在西北太平洋面对的诸多矛盾中的主要矛盾。抓住了这个主要矛盾，也就抓住了中国海洋安全战略的核心，找到了解决西北太平洋海权问题的抓手。

战略是布势的学问，其主要任务是制造一种迫使“敌我矛盾”向有利于我方转化的形势，对手在这种形势中进退维谷并不得不与我合作。上策是把敌人转化成自觉的朋友，这是最高目标；中策是将对手转化为中立立场；下策的无奈之举才是消灭敌人。毛泽东当年从延安撤走时曾说：“我军打仗，不在一城一地的得失，而在于消灭敌人的有生力量。存人失地，人地皆存；存地失人，人地皆失……我们要以一个延安换取全中国。”今天的东海和南海问题也是布局天下和城池得失的问题，前者是主要矛盾，后者是次要矛盾。

东海问题与南海问题在矛盾性质上是截然不同的。中国与日本在东海的矛盾是围绕太平洋战争后所建立的雅尔塔和平体系的“敌我矛盾”；南海矛盾则是雅尔塔体系中反法西斯力量间的“人民内部矛盾”，各国之间的矛盾源于胜利国家间的战后利益分配不合理或对领土认知的差异，这些矛盾对雅尔塔和平体系不具颠覆性质。任何一个国际体系都有一个被镇压对象，日本法西斯势力是雅尔塔体系在亚洲的镇压对象。当年日本联合德国和意大利法西斯打破了以欧洲为中心的凡尔赛体系，建立了以德、意、日为主导的轴心国体系，因此雅尔塔体系是战胜轴心国的结果。当前日本修改和平宪法中的关键条目说明，其对雅尔塔体系是敌视的，目的是要在远东恢复轴心国体系及与此相关的所谓“大东亚共荣圈”。日本的这一需求对雅尔塔和平体系具有颠覆性质，其一旦得势就会谋求以前的势力范围，如菲律宾、马六甲乃至关岛。这也是它在东亚盟友很少、很孤立的原因。

在上述矛盾图谱中，如果我们错将南海当作主要矛盾并列为战略方向，就会在日本这个对手之外平添美国和南海国家这些曾与中国并肩战斗国家的矛盾，这样就会犯“‘为渊驱鱼，为丛驱雀’，把‘千千万万’和‘浩浩荡荡’都赶到敌人那一边去，只博得敌人的喝彩”的错误，将本不愿紧跟美国、遑论日本的南海国家推向美国，并使其与日本形成南北战略互动，这将使中国解决台湾问题面临的形势变得更为复杂和困难。

中国与美国的矛盾比较复杂，但也有逻辑可寻——目前中美之间更多的是一种雅尔塔体系内部利益分配不合理的矛盾，与雅尔塔体系之外的中日矛盾相比性质不同。雅尔塔体系是二战结束后确定的国际性法权安排，在这一总体安排下，各国的利益纠葛升级为“冷战矛盾”，且服从于雅尔塔矛盾，这与中国在抗战时期的阶级矛盾服从于民族矛盾类似。当前，日本要为轴心国体系“翻案”的行为则属于颠覆雅尔塔体系的“敌我矛盾”，这使得雅尔塔体系内部的“冷战矛盾”要服从于体系之外的“敌我矛盾”，对于中国而言，这意味着南海矛盾要服从于东海矛盾。

这些矛盾的复杂性在于，美国为了自身的既得利益无原则地与当年处于“敌我矛盾”中的日本捆绑到一起，以共同对付雅尔塔体系中曾经的盟友（如中国和苏联），这是对雅尔塔体系的严重背叛。尽管中美曾是冷战中的对手，但只要美国还没有彻底与雅尔塔体系决裂，中国还是应该尽量要将其挽留在雅尔塔体系的大格局中，尽管它部分地背叛了这个体系。从这个意义上说，中美矛盾不是绝对的矛盾，中国与日本是绝对矛盾。而在美国建立的冷战体系这一次级矛盾中，中国与美国及其盟友日本的矛盾成为了主要矛盾，日本要利用冷战中的美国“翻案”，而美国则更多的是借助日本获利。

分清了这两类矛盾，我们就能看到，中国、美国和南海国家与日本之间的矛盾是绝对矛盾。以台湾问题为例。虽然美国在冷战期间曾实际控制着台湾地区，但它只是想借此敲诈中国大陆。日本则不同，它的真实意图是想让台湾地区重回 1895 年的《马关条约》之中，变成自己的一部分。1972 年中国与日本正式建交时，在中日《联合声明》中日本只是表示“理解和尊重中国在台湾问题上的立场”，但这并不代表其承认中国大陆对台湾地区的主权。这说明日本仍觊觎被中国视为核心利益的台湾地区。反之，美国则承认台湾地区是中华人民共和国的一部分。如果无视日本坐大，也会伤及美国的利益。因距离遥远，首先受到伤害的肯定是中国，美国在一定程度上放纵日本以遏制中国，目的是让日本自甲午战争以后再次充当美国称霸道路上的“战略清道夫”。

自 21 世纪上半叶乃至近二三十年内，中国东海战略的核心利益及相应的海洋战略目标是台海统一，对这个目标最为敏感，介入和干扰程度最大的也是日本。当前，国内有学者对日本的实力进行了高估。其实，日本目前在东亚政治崛起的条件已不是远未成熟而是每况愈下——在朝鲜实质性拥有核武器后，从相当程度上牵制了日本南进的势头；在日本南部还存在着美国在冲绳的占领权以及中国大陆对台湾地区的主权对日本南进的拦截。从地缘政治角度看，中国在东亚占据主体板块，海岸线绵长，防御纵深辽阔，这些对日本都是绝对性的战略优势。况且，当今东海的战略态势已与当年甲午海战时大为不同，在中远程导弹和潜艇技术高度发达的今天，日本拥有优势的海洋技术的使用效果在靠近中国大陆的海面上已大打折扣，日本的海战能力也会随着近陆距离的增大而大幅递减。因此，中国从东海方向突破不仅有较大的胜算，而且胜利后遗留的难以迅速消解的副作用（消化战果难度，这是战争指挥员在评估战争得失时必须考虑的重要参数）也小得多。

另外，在南海激化矛盾只能加强对手的力量，弱化自身的实力，或许可以得到一些“坛坛罐罐”，却可能因此失去了

“大势”。如前所述,围绕南海的矛盾多是反法西斯战争胜利国内部战后利益协调出现的问题。在南海爆发冲突最符合美国乃至日本的战略利益,它们在这一地区本来朋友不多或没有朋友,一旦中国与南海国家矛盾激化,后者就可能都会投入美国怀抱并产生与日本联手的冲动,这样中国就犯了“为渊驱鱼”“为丛驱雀”的错误。更重要的是,它容易导致目前尚存且有利于亚洲和平的远东雅尔塔体系发生分裂。从地缘政治角度来讲,该地区相对封闭,对中国而言,它既不与印度洋直接相连也不畅通太平洋,巴士海峡与马六甲海峡都受到美国的控制,同时又是美国海权的核心利益所在。依中国目前的实力,若在南海方向突破可能会取得一些胜利,但事后遗留下的副作用要比东海大且极难以消化,消除这些负面影响的时间也要长得多。

有观点认为,南海石油资源丰富,因而具有较高的战略价值。但笔者认为,仅从石油资源角度考虑南海问题并不属于国家战略层面而属公司层面考虑的“坛坛罐罐”问题。战略是谋势的学问。资源的控制权只能在“形势”即国际体制中才能存在,不谋体制性的大势,资源的控制权是不可持续的。古人有“守险不守陴”的说法,险,势也;陴,城也。无势则城不保,资源控制同理。如果将三海连为一体观察,则南海对中国的西太平洋谋势不具有纲举目张或关键“抓手”的意义,却有配合和策应主要方向的作用。

更重要的是,中国在东海和南海面临的问题涉及的并不是一个而是两个主要对手,即日本和美国,而后者更是世界头号海权强国。日本的战略目标是打通经台湾海峡进入南海的战略通道,在这一目标下,台湾地区便是日本尽管非法但却是至今不愿放弃的核心利益。如果说台湾地区位于日本地缘战略的核心利益线上,那么,它于美国则只具有战略利益而无核心利益。美国的战略核心利益线在中、南太平洋海区,即从夏威夷到关岛、菲律宾,再到马六甲一线。在西太平洋海区,美国的关键目标是马六甲海峡,这是其不容他人染指的核心利益。至于东北亚,成熟的美国政治家——比如20世纪前半叶的两位罗斯福总统——则不会对其倾注太多的资源。但在台湾问题没有彻底解决的前提下,中国如果将海洋战略的重点转向南海,就必然会在东海和台湾问题存在的同时又在南方增加一个更强大的对手。这是目前日本右翼势力及台湾地区的“台独”分子最乐观其成的形势。

明乎此,我们对于“海上丝绸之路”存在的问题及其任务就有了清晰的判断,即中国的目标不是为争夺几处岛屿的“坛罐小利”,而是为布势天下,其抓手就在东海。

不仅如此,东海还是关乎中国整体安全的重要海域。东海北接朝鲜半岛,朝鲜半岛居高临下,从东南方向包卷中国东北大平原。从朝鲜西进,便可进入一马平川的中国东北地区。当年日本占领朝鲜半岛后接着就进入中国东北,进而威逼京畿且直取中原,控制中国东部达八年之久。我们说东北事关中国全局安全,这是因为与山区和海上相比,在东北大平原可以形成成建制的、可持续的和大规模的装备制造及由此装备的集团军力,而没有成建制装备的大规模制造和递进及相应军力,就不能全局性地控制中国。日本先是以朝鲜为跳板占领了中国东北,继而造成持续八年的侵华战争,除本土外,日本能够长时期侵华的能力生成点就在于朝鲜半岛继而占据了中国平原面积最大的东北地区。

1945年日本战败前夕,身处陕北的毛泽东注意到了东北的重要性。5月31日,毛泽东在中共七大上作关于政治报告讨论的结论时明确指出:“东北四省极重要,有可能在我们的领导下。有了四省,我们即有了胜利的基础。”9月17日,毛泽东复电周恩来,表示完全同意力争东北的方针,指出:“东北及热河、察哈尔控制在手,全党团结一致,什么也不怕。”1948年年底辽沈战役后,东北已稳操共产党手中,接下来夺取中原已有胜算;淮海和平津战役的胜利,则使共产党夺取全国胜利已无悬念。

毛主席在1937年撰写的《祭黄帝陵文》一文中说:“琉台不守,三韩为墟。”“三韩”即朝鲜半岛。同样的道理,“三韩”不保,中原为墟。朝鲜对于中国东北安全而言是关键。1949年年初,从西柏坡准备进京的毛泽东风趣地将此行比喻为“进京赶考”。毛泽东在回答周恩来“我们应当都能考试及格,不要退回来”的话时说:“退回去就失败了。我们绝不当李自成,我们都希望考个好成绩。”与李自成进驻北京的当年即面临多尔衮率八旗军进逼山海关的形势相似,新中国成立后不久,美国便于1950年6月27日出兵朝鲜。然而,抗美援朝战争的胜利彻底杜绝了新中国重蹈李自成因忽视或失控于“关外问题”而功败垂成的任何可能。值得一提的是,在朝鲜问题上,毛泽东一改隋、唐远征为援助的方式,借苏联的支持出兵协助朝鲜,一举将“关外问题”远远推到“三八线”以南。中国的东北和华北地区由此获得稳定并持续至今。毛泽东在抗美援朝(乃至抗美援越)战争中实现中国地缘政治利益的经验,对于当前构建“一带一路”,推进其中的战略利益,仍具有巨大的指导意义。

三、“三海一体”:从整体上把握中国海洋安全环境

笔者在研究中国海权的初期曾把海权置于很高的地位,那是因为当时中国海权尚处于起步阶段,需要矫枉过正。在笔者2014年出版的《论中国海权》(第三版)和《印度与印度洋——基于中国地缘政治视角》两部著作里,鉴于中国海上力量已有长足推进,这一立场已适度回调。在上述两书中,笔者提出绝对的制海权要依托于绝对的制陆权,反之,绝对的制陆权也要依托于绝对的制海权。在陆权和海权的边际地带,制陆权可以反作用于制海权,同样,制海权也可以反作用于制陆权。占据较大版图的制陆权可以在较大范围内影响(反作用于)周边的制海权,同样,占据较广阔海域的制海权也可以影响(反作用于)制陆权。比如,在印度洋地区,因占领了印度半岛,近代英国在此地区所拥有的制陆权要比当代美国更大;同样,由于拥有广阔海域的制海权,近代英国曾使陆权霸主沙俄帝国多面受敌,疲于应对。马汉也曾论述过海权与陆权的这种相互作用关系,但他并没有从整体上予以强调,更没有形成理论概括,而且出于美国国情的需要,马汉更多强调的是远海。

陆权与海权的作用与反作用理论告诉我们,尽管中国海权起步较晚,但自然条件相对于英国和美国还是有比较大的优势,中国东接西北太平洋、南近北印度洋,因超大的近海大陆板块,特别是具有中远程导弹打击技术,使得当代中国对两海有着强大的反作用力以及由此形成的较强的近海制海能力。西方国家因距离印度洋太远,因此产生了“岛屿链”思维,但这实属无奈之举。这是因为,最有效的制海权一般都有依托大陆板块的条件,并由此获得可持续的巨量资源跟进,而在远海建立岛屿链则需要巨大的资源支持。英国和美国要控制或占领印度洋,需首先从大西洋经过地中海和太平

洋，而中国进入印度洋遑论太平洋则可就近直达，如果中南半岛国家同中国建立了紧密合作关系，则中国可在该地区更加主动。这种地缘政治中的大陆板块优势，使得中国在相当程度上弥补了被西方人所认为的海权不足。有利的地理位置，使中国在处理海洋事务中远比西方国家有更从容的时间。

然而，尽管中国接海面积巨大，但外部势力能从海上深入中原的地段却不多。中世纪和近代对中国政治冲击最大的蒙古人和英国人都曾试图从西南方向进入中原，但因地形的原因，他们都没有成功。英国人只能从沿海东进。东进南海后，中国的东南山地使他们不得不继续北上由东海入侵中国。这说明，台湾海峡以北的“东海—黄海”海域是中国海洋防御中最脆弱的地带。

有人认为，印度对中国安全构成了重大威胁，事实并非如此。当前的中印实控线在毛泽东时代就已稳定下来，而且受到喜马拉雅山地形的影响，中国和印度在（以1950年印度共和国成立后的版图为限）千余年的历史中几乎没有发生过战争——仅在1962年发生过历时月余的边境冲突。现在一些同志不理解中国在1962年打进藏南为什么不占领，这是因为地理条件不允许。中国的资源在海拔四五千米的西藏高原上难以形成大规模的持续顺畅的调度，由北而南居高临下的地形可使大部队一泻千里地进去，却不能自由地顺利返回，更不能持久地占领。正因此，当年亚历山大和成吉思汗打到印度河都放弃南下进入印度平原，理解了这一点——如果能重温一下三国时曹操占领汉中又主动撤回秦岭一线的经验——也就能理解1962年中国军队打入藏南又迅速撤回固守的原因了。

黄海、东海和南海事实上是一个整体。历史经验表明，黄海动则台海动，台海动则中国动，中国动则东亚动。近代以来，远东均势格局的决定性转折——如1895年的甲午海战和1950年的朝鲜战争——都是从黄海开始的。对此，日本军事历史学者司马辽太郎解释说：“谁控制了黄海，谁就主导了在东北亚大陆说话的话语权。”

中国加强在黄海的战略力量的目的在于从侧翼保护台湾地区，因为如前所述，对台湾地区安全具有颠覆性的危险来自日本的军国主义势力。台湾海峡是西北太平洋海权的关键环节，中国国土东界应在台湾地区的东海岸。中国实现台海统一后，制海范围就可直推至台湾地区以东的深海区，并对台湾地区以北的宫古海峡和南边的巴士海峡施加影响。如此，中国黄海、东海和南海的海上国防力量就可以形成合力，并使中国海南岛、台湾岛和辽东半岛得以联动，形成“如身之使臂，臂之使指，莫不制从”之势。因此，唯有将黄海、东海和南海视为一体并使之相互呼应，久拖不决的南海问题才能得到顺利解决。照此逻辑，从“三海一体”的视角看，在不远的将来，将并排于中国东部海域的北海舰队、东海舰队和南海舰队三大海上力量合成一体并编为“西太平洋舰队”实属必要。

在海上作战力量体系中，台湾地区与中国大陆统一以及捍卫东海、南海海域的中国主权已成应有之义，同时又不至将其力量伸展过远，需大体维持在远东雅尔塔体系安排范围之内。只要通过坚持不懈地努力，在不远的将来，切实将中国海上实际控制线前移至台海东界——这原本就是中国领土的东界，届时台湾地区和平回归就是可以想象的。台湾地区与中国大陆统一意味着中国有效的安全边界真正推至西太平洋深海海域，有了深海，中国的核潜艇才可发挥终极反击作用，航母建设才能大步向前迈进，大陆的经济建设成果才能得到有效保卫。

朝鲜半岛位于中国黄海的北翼，而黄海的安危事关东海的稳定乃至台湾地区的安全，台湾地区的安危更是事关中国在西北太平洋的海上安全。如果将中国大陆沿岸和西北太平洋衔接的“三海”（即黄海、东海和南海）视为一个连续的整体，我们就会发现，辽东半岛犹如人的肩膀，黄海犹如连接肩膀的上臂，南海部分则相当于下臂，海南岛相当于手掌，而位于东海的台湾地区则是连接和联动上下臂的肘关节。黄海失，则台湾地区不保；台湾地区局势失控，中国在南海就不能持续发力。由此，台湾地区就成了中国在西北太平洋制海权有效发挥的关键环节。

在台湾海峡的南北两段中，北面是中国贯通西北太平洋制海权的主要矛盾所在，而钓鱼岛及其附属岛屿则是主要矛盾的主要方面。也就是说，不管是对日本还是对中国而言，控制了钓鱼岛及其附属岛屿就接近控制了台湾地区，而控制了台湾地区，也就控制了沿中国大陆海岸的西北太平洋的制海权的关键环节。台湾地区回归是实现西太制海权的关键，鉴于日本对台湾地区野心不死，东海黄海一线是解决台湾问题的关键区域，因此其中钓鱼列岛的主权回归则成为破局的关键环节。

现在人们常说要在新的起点上与美国建立新型大国关系。新的起点当然应该包括中国实现“两个一百年”战略目标所需要的最起码的地缘政治及海上安全环境安排：“三海”安全牵涉中国实现“两个一百年”最低的安全环境，如果台湾问题能够解决，“三海一体”也就顺理成章了。南海舰队和东海舰队通过台湾地区的连接就可从容地进入太平洋并实现台海的最终统一。当前，美国和日本放缓了在东海的炒作，因为它们需要使南海的局势更加复杂化，以使美国增加盟友，日本也希望将中国的力量牵制在南海，在增加其盟友的同时还可减轻其无法负担的东海压力。

四、海上博弈及中国主要对手分析和策略运用

如前所述，中国在“海上丝绸之路”上有相当的利益需要保护，对此，我们需要根据不同的矛盾性质确定海上博弈的策略和节奏。

中国在东海要保卫的是经过浴血奋战获得、并由雅尔塔体系赋予的包括台海统一在内的海权和主权利益。这既合人情又合法理。人情基于历史权利，即台湾地区及钓鱼岛自古就是中国的领土；法理即由德黑兰会议相关文件（1943年）、《开罗宣言》（1943年）、《雅尔塔会议公报》（1945年）以及《波茨坦公报》（1945年）等一系列文件确定的日本必须无条件服从的雅尔塔体系及其赋予中国的权利。这是目前亚洲和平的法理基础。从这个视角看，目前中国在海上的对日本右翼势力的斗争具有很强的正义性。得道多助，是中国东海斗争的天然优势；日本当前的弱势则在于它失道寡助。目前日本国内政治的一系列右翼化举动，包括议会新近通过的新安保法案，既不合人情，更不合（雅尔塔）法理。

遵循几何学“两边之和大于第三边”的原理，在国际博弈中，没有一个大国具备足够的实力可以同时与两个以上的大国对抗。历史上不乏这样的案例。19世纪初，拿破仑领导法国与英国作战，曾取得过辉煌的胜利，法国继而于1912年轻

率地深入俄国，其后3年便战败；20世纪40年代，德国在希特勒的统治下与英国作战，并控制了西欧，1941年德国侵略俄国，其后又是3年便败；同期的日本与中国开战，初期取胜，1941年底又与美国开战，其后还是3年便败；20世纪50年代在朝鲜战场上，美国同时与中国和苏联对阵，美国3年便败；60年代在越南战场上，美国还是同时与中国和苏联作对，最终还是以惨败告终；勃列日涅夫时期的苏联与中美同时作对，导致了苏联的最终解体；21世纪初，小布什政府确定了7个所谓的“邪恶轴心”，其结果导致美国由此衰落。

因此，中国安全环境的好坏不在于冲突热点的多少，而在于是否陷入两面作战的境地。由此观察，目前中国开创的地缘政治形势还是相当有利的，因为中国周边2/3的地区即北部、西部和西南方向是稳定的，1/2的地区即整个北部的局势在较长时间内也不会发生大的变动。只要不出现毛泽东曾反复告诫的避免“两线作战”的困局，只要目标不是过于遥远，中国是握有胜算的，这也是我们在东海敢于斗争的历史唯物主义前提。

那么，东海的破局点何在呢？笔者认为，应当在钓鱼岛一带，因为这里的对手（日本）力量最弱、最孤立，也最反动（反雅尔塔和平体系之动）。目前国际上、特别是东亚地区几乎没有国家支持日本在钓鱼岛的主张，日本外交在此地区备受孤立。钓鱼岛距离日本本土近1000千米，离中国大陆近400千米，根据前述海陆边际地带海权与陆权作用与反作用的原理，中国大陆对东海具有巨大的反作用力，这将极大地抵消日本在该海域海权的技术优势。自菲律宾挑起南海事端以来，舆论的焦点日渐向南转移，这是因为美国和日本都会鼓动它们所掌握的舆论将中国的战略重心推向对其有利的南海。中国若在南海发力，其结果是将所有的竞争对手们推聚到美日一边，而中国的力量将因同时应对东海的日本和南海的美国而遭到分散，这对中国是极其不利的。

1972年1月6日，毛泽东同周恩来和叶剑英谈外事工作时说：“其实这个公报（指正在拟订中的《中美联合公报》——笔者注）没把基本问题写上去。基本问题是，无论美国也好，中国也好，都不能两面作战。口头说两面、三面、四面、五面作战都可以，实际上就不能两面作战。”送走尼克松后，7月24日，毛泽东在与周恩来、姬鹏飞和乔冠华等谈国际问题时，再次叮嘱：“在两个超级大国之间可以利用矛盾，就是我们的政策。两霸我们总要争取一霸，不两面作战。”毛泽东“不能两面作战”的策略思想在当前海上军事斗争中仍有巨大的指导意义，值得我们认真研究。

前几年，日本政要曾多次宣称日本已具备核打击能力，但朝鲜发展出核武器对日本的核力量造成了严重对冲。从捍卫雅尔塔和平体系的角度看，日本的核问题对亚洲和平更具危害性。由此而论，目前的朝核谈判应向东北亚扩大，应将日本的核问题纳入其中，将谈判议题从“朝核问题”扩大为“东北亚核问题”。

我们应该借鉴“抗美援朝”模式以应对未来的东海冲突，即将其限制在非国家作战层面。当时中国的援朝部队被称为“志愿军”，这为后来改善中美关系留有了余地。如果将未来可能出现的这类斗争保持在非国家层面，就可为日本的盟国美国在中日可能出现的冲突中保持中立立场以及冲突后中日关系的改善留有余地。根据历史经验，美国在非核心利益上不会为日本遑论台湾地区做出什么大的牺牲。

与中南半岛相比，东北亚离美国的从北美洲到马六甲的海运主干线和利益较远，因而对其实际利益的影响并不大。因此，当1950年底中国人民志愿军进入朝鲜后，美国立即采取了限制战争的措施，为此撤回了不愿收缩战线的麦克阿瑟将军。1954年，美国与台湾地区签订了《共同防御条约》，却不愿为后者的防御做任何牺牲。事实上，对于美国来说，为了台湾地区自身的利益而与中国大陆发生战争，是不大可能的选项。1972年尼克松总统改善与中国的关系，事前最不知情的就是视美国为盟友和靠山的日本和台湾地区当局。以史为鉴，我们可以试想，如果未来中日间真的在东海发生冲突，很难想象美国能为日本做出多大的牺牲。类似的例子还有越南战争。越南战争是美国下的赌注最大，时间最长而理想主义最少的战争。结果又如何呢？结果还是1969年尼克松上台后迅速从越南撤军并与中国和解，美国曾向南越政权做出的承诺最终沦为空谈。由此，我们就不能不对当今美国对日本的承诺多打些折扣。

退一步说，即便有意愿，今天的美国也失去了帮助日本的能力。20世纪50年代，美国制造业产值占全球的比重高达40%左右，自60年代开始，美欧开始了“去工业化”浪潮，进入80年代，生产“外包”成为趋势，2009年，美国在全球制造业产值中的份额跌破20%，2010年继续跌至19.4%（当年中国为19.8%）。2008年美国制造业增长率为1.7%，2009年猛跌至-18.7%。2010年美国服务业在国内生产总值（GDP）中所占比重达70%左右，狭义上的制造业产值在美国GDP中所占比重由20世纪90年代中期的17%强降至目前的12%左右。其中可能还有相当比例的军火生产。实体经济的产品更多是由第三世界国家提供的，美元的走势依靠国际石油交易的总量支撑。如果世界大宗产品交易使用美元结算，美元就会坚挺；反之，则疲软。目前石油仍是世界大宗产品交易中居首位的商品，如果石油继续使用美元进行交易，美国国内的金融财阀就会拿出一部分收益资助为石油美元而战的政府决策，但前提是美国必须能控制住中东的局势。如果失败，就不能保证石油交易持续使用美元，美国政府就会因得不到金融财阀的支持而不得不面对越来越多且可能造成政府工作难以正常运转的“财政悬崖”。

实体经济是国家的根本，但这恰恰是美国的弱项，也是金融财阀所需要的弱项。唯其如此，美国政府才能对财阀的资产形成严重依赖。奥巴马总统认识到了这个问题，在上台之初就提出“再工业化”政策，但事实证明，该政策推行所遇到的国内压力极大，主要是来自金融财阀的压力，其最明显的例证就是素有美国“汽车之城”的底特律政府的破产。美国实体经济疲软不振，就得继续依赖石油美元，为了维持石油美元地位，就需要依靠持续不断的战争。而在人类历史上，依靠对外战争拉动国内经济的国家还没有成功的先例，在新一届美国总统大选即将到来之际，下任总统面临的国内财阀要求资产保值的压力将持续上升，所以也会动用一切力量遏制中国。最近，出现了美国与古巴恢复外交关系以及伊朗核协议的最终达成等一系列进展，今后两年还会陆续出现美国与一些热点国家的和解，这些都是美国将力量向中国汇集的征兆。

理解了这些，也就理解了为什么习主席说中国要有强大的实体经济的原因。中国目前的形势比较有利，国际金融资本大量涌入亚投行的现象说明，美国的金融资本有流入中国的趋势，这是因为中国经济的发展有利于其资产保值并在保值的同时伺机扰乱中国金融秩序、制造金融继而政治动荡。因此，中国国家战略能力应包括驾驭国际资本运作的知识和能力。社会主义革命之初，中国曾拒绝外来资本；新中国成立后、特别是改革开放后中国学会了如何驾驭国内资本；亚投行成立后，国际资本纷纷涌入，这迫使中国还要学会如何驾驭国际金融资本。否则，在国际资本对世界政治仍发挥巨大作用的历史条件下，在国际资本冲击日益严峻的情况下，中国就无法应对国际金融资本的挑战。

五、简短的结论

分清敌友不仅是中国社会主义革命的首要问题，同样也是中国社会主义建设时期理解国际关系的首要问题。分清了敌友，在纷繁复杂的事务中就抓住了主要矛盾，整个事件进程的链条就掌握在自己手中，形势就会朝着有利于自身的方向发展。

技术的优劣只能在特定的环境中显示。19 世纪末，黄海对于中国而言还是远海，日本和美国所具有的海洋军事技术优势可以在此显现出来。但当前中国已具备远程导弹打击能力，日本和美国的海洋军事技术在近海已在相当大的程度上为中国的大版图所释放出的巨大国防张力所抵消。中国政治经济的辐射范围已可覆盖周边，周边国家与中国有着深厚的历史渊源，在地缘政治上对中国也有着较大的依存需求，因此，它们始终与美、日遏制中国的“冷战”政策保持相当的距离。一般而言，它们不会为美国和日本而与中国彻底决裂。从地缘政治角度看，只要不到远处扩张，天时、地利、人和这几方面中国都占据优势。

风已起于青苹之末。美国正在将其力量向远东集结，对中国的挑战正在来临。第二次世界大战前夕，天要“下雨”，英国首相张伯伦忙着“躲雨”，而苏联领导人斯大林则在雨前积极“插秧播种”。结果是“雨停”的时候，苏联已实现了相当的战略利益，尤其是苏联当时要解决且是最紧迫的地缘政治利益；而英国则将“老本”赔了个精光。殷鉴不远，对此，我们要有预案。

（作者系北京航空航天大学战略问题研究中心研究员，原载《当代亚太》2015 年第 5 期）

论中菲南海仲裁案之“无效性”

高圣惕

一、前言

菲律宾于 2013 年 1 月 22 日援引《联合国海洋法公约》（UNCLOS，下文简称《公约》）第 287 条及附件七之规定，向中国驻菲大使馆递交外交照会启动仲裁程序，声称提出仲裁之目的在于“寻求西菲律宾海争端和平及永久之解决”。针对南海“九段线”（或称“U 形线”“断续线”）所包络海域靠近菲律宾的部分（所谓“西菲律宾海”），菲方主张属其专属经济区（EEZ）及大陆架，要求仲裁庭确认之，并提出五大诉求。

第一，中国仅能依据《公约》主张其在南海的海域权利，即仅能主张领海、毗连区、EEZ 及大陆架。因此，中国以“九段线”作为海域主张的外部界线违反《公约》。第二，美济礁、西门礁、南熏礁与诸碧礁在海水高潮时没入水下，不得视为《公约》第 121 条所规范的岛屿或岩礁，这 4 个海中地物皆不位于中国的大陆架之上。美济礁及西门礁属于菲律宾大陆架的一部分。中国对于这 4 个海中地物的占领以及在其上建筑人工岛屿的行为违反《公约》，应予制止。第三，黄岩岛、赤瓜礁、华阳礁及永暑礁应被视为《公约》第 121 条第 3 款所规范的岩礁，仅能主张领海。中国在这 4 个岩礁周围 12 海里外，还违法行使海域管辖权。中国应停止在黄岩岛及赤瓜礁邻近海域妨碍菲方渔船捕捞作业，同时停止在这 4 个岩礁上及周围海域进行其他违反《公约》的行为。第四，菲律宾在南海有权自其群岛基线向西主张 12 海里领海、200 海里 EEZ 以及大陆架。中国在菲方 EEZ 及大陆架内主张及开发（生物及非生物的）天然资源并阻止菲方开发，违反《公约》。第五，中国在菲方 EEZ 之内及之外的海域妨碍菲方行使《公约》所赋予的航行自由权及其他权利，应停止此类非法行为。

针对菲方启动仲裁，中国已于 2013 年 2 月 19 日正式表示拒绝参与。中国主张 2006 年依据《公约》第 298 条所做的书面声明（简称 2006 年声明）涵盖了菲方提交仲裁之争端，排除了仲裁庭之管辖权。由于中国不配合仲裁程序，《公约》附件七所载“当事国不配合”的备案条款由此启动，由 5 名仲裁员组成的仲裁庭于 2013 年 6 月 25 日组建。仲裁庭决定使用常设仲裁法院作为本案的书记官处，并要求菲方在 2014 年 3 月 30 日提交诉状充分说明仲裁庭对本案涉及的争端是否具备管辖权、菲方提出的诉求是否具备可受理性以及本案的实体部分等法律问题。菲律宾依据仲裁庭的要求提交了诉状，基本维持 2013 年照会架构，要求仲裁庭审理并宣判下列申诉：(1) 中国在南海区域的海域权利，如同菲方，不得超越《公约》规范及容许的范围；(2) 中国以所谓的“九段线”作为南海主权权利、管辖权及历史性权利主张的外部界线，其超越《公约》容许中国主张海域管辖权的法律及地理限度部分违反《公约》，无合法性；(3) 黄岩岛不得拥有 EEZ 及大陆架之权利；(4) 美济礁、仁爱礁及渚碧礁为低潮高地，不得拥有领海、EEZ 及大陆架，亦非以占领或其他方式而可主张领有之地物；(5) 美济礁及仁爱礁属于菲律宾 EEZ 及大陆架的一部分；(6) 南熏礁及西门礁（包括东门礁）为低潮高地，不得产生领海、EEZ 及大陆架，但其低潮线可作为决定鸿庥岛与景宏岛的领海基线之用；(7) 赤瓜礁、华阳礁及永暑礁不得拥有 EEZ 及大陆架；(8) 中国违法干涉菲方在其 EEZ 及大陆架中针对生物及非生物资源的享有及行使主权权利；(9) 中国未能阻止其国民及所属渔船在菲方的 EEZ 内对生物资源进行开发捕捞之行为，此系违法；(10) 中国违法妨碍菲方渔民在黄岩岛为求生计而进行的传统捕鱼行为；(11) 中国未能在黄岩岛及仁爱礁克尽对海洋环境的保护及保全之《公约》义务；(12) 中国在美济礁的占领及建设行为：(a) 违反《公约》对于建筑人工岛、设施与结构的规定；(b) 违反中国对于海洋环境的保护及保全的《公约》义务；(c) 违反《公约》，构成违法侵占；(13) 中国执法船在黄岩岛周边海域以危险的方式航行，几乎碰撞在该海域航行的菲方船舶，违反《公约》之义务；(14) 自菲方于 2013 年 1 月启动仲裁时起，中国违法地恶化并扩大下列（及其他）的争端：(a) 在仁爱礁及周边水域妨碍菲方的航行权；(b) 阻止菲方驻守仁爱礁人员的换防及运补；(c) 危及菲方驻守仁爱礁人员的健康及福祉。

为了声援菲律宾，美国国务院在 2014 年 12 月 5 日发表了《海洋界限第 143 号——中国在南海的海洋主张》，质疑中国三种使用南海“九段线”的“可能”海洋主张的合法性。同日，越南外交部也就南海仲裁案向仲裁庭提出声明，支持菲方在此案的立场。12 月 7 日,中国政府提出《中华人民共和国政府关于菲律宾共和国所提南海仲裁案管辖权问题的立场文件》(以下简称立场文件),主张仲裁庭对本案缺乏管辖权,并表示立场文件的提出不代表中国参与及接受仲裁。立场文件非属中国的答辩状,仲裁庭亦未将立场文件当成中国的答辩状。在此情况下,仲裁庭根据仲裁规则第 25 条,要求菲方在 2015 年 3 月 15 日前回答 26 个问题,作为菲方"追加书面论点"。仲裁庭也要求中国收到菲方"追加书面论点"后,在 2015 年 6 月 16 日前回应。中国未于 6 月 16 日前回应。仲裁庭在 7 月 7 ~ 13 日于海牙举行本仲裁案的第一次庭审,审理立场文件所质疑的管辖权及可受理性问题以及其他管辖权及可受理性问题。值得注意的是,日本、越南、马来西亚、印度尼西亚及泰国派员旁听整个庭审程序。根据常设仲裁法院在 7 月 13 日发布的第 6 号新闻公报,仲裁庭将在 2015 年年底前公布对于本案管辖权及可受理性问题的判决。

菲律宾公开表示,本仲裁案旨在绕过中国 2006 年声明,而将两国争端"未被排除的部分"提交仲裁解决。鉴于本案仲裁庭管辖权极为有限,菲律宾单方提交部分争端的做法恐怕丝毫不能解决任何中菲之间的南海争端。为论证此点,须回答两个问题:第一,倘若菲律宾在本仲裁案第二阶段"实体审理"中败诉,是否代表菲方丧失对中国表达抗议或采取反制行为的国际法依据?第二,若菲方胜诉,中国持续进行遭本案质疑的各类行动,是否丧失国际法依据?

基于对菲方 2013 年照会的研究,答案似应为否定。该两问题实涉及本案判决解决争端的效力,必须严肃面对。本文将仔细讨论菲中两国在"实体审理"败诉的情况下,仍有哪些法律论点可将"其争议性作为的持续"合法化,以规避执行判决的义务,并主张其行为不违反判决。为便利讨论,暂将菲方诉状的申诉分成四类,再将中菲双方的可能论点放入各类中呈现。贯穿这些论点的法理依据,是《公约》第 296 条的"既判力"原则及其"限制"。

二、既判力原则与南海仲裁案"提交"及"未提交"争端

《公约》第 296 条规定:"1. 根据本节具有管辖权的法院或法庭对争端所作的任何裁判应有确定性,争端所有各方均应遵从。2. 这种裁判仅在争端各方间和对该特定争端具有拘束力。"《公约》附件七的第 11 条以及本案程序规则第 26 条复述了"既判力"这个"一般法原则"。依据以上规范,判决要具有确定性及拘束力,有两个必要条件:该争端已提交仲裁,争端在仲裁庭管辖权范围内。仲裁庭接获的争端有时会被认为超越其管辖范围,被告遂提出初步反对,主张仲裁庭对原告提交的争端缺乏管辖权。因此,仲裁庭须先解决"是否具备管辖权"的争端,否则仲裁庭则不得审理争端之实体问题。不被仲裁庭管辖权涵盖的争端,若根本未被提交仲裁,当然不可能被仲裁庭所解决,亦为"既判力"所不能及。

中菲南海仲裁案情况比较复杂。中菲两国在南海的海上争端,实蕴含多层次、具因果关系的法律争端,从核心到外层分别为:(1)两国针对黄岩岛及所谓"卡拉延群岛"等海中地物的领土主权争端;(2)两国基于各自主张领土主权的岛礁产生的海域主张,呈现大幅重叠,因而产生海洋划界争端;(3)在海洋划界争端中计较各自海域范围大小时,菲方对于中国主张领土主权的岛礁的法律地位(究属岩礁、岛屿,抑或低潮高地、水下地物)有所质疑而产生争端;(4)在海洋划界争端中,中国可能拿"九段线"当成海域管辖范围外部界限,作为谈判时提出的"起价",此不被菲方接受,其遂质疑"九段线"的合法性,因而产生有关"九段线"合法性的争端;(5)由于中国可能以历史性权利作为支撑"九段线"合法性的基础,菲方便质疑中国在"九段线"内历史性权利的合法性,产生争端;(6)由于两国在所谓"西菲律宾海"部分海域主张重叠引发的划界争端尚未解决,因此产生层出不穷的海上执法维权行为的冲突。

前段所述第 3 ~ 6 类争端属于"表面争端",展现于菲方提呈仲裁庭的 14 点申诉。但中菲间的"核心争端",即领土主权争端与海洋划界争端,不但超出仲裁庭管辖权范围,且亦未被菲方提交仲裁。那么,仲裁庭若可裁决"表面争端"的实体问题,中菲南海海上冲突是否真能烟消云散?如果不能,败诉方持续其未遭判决肯定的争议行为,理由何在?或者,未提交的"核心争端"实为菲方诉状所提中菲海上冲突的真正原因,而"表面争端"并非原因,

只是结果?"既判力"原则能否剖析这种情况?

依据郑斌教授的阐释,"既判力"原则有两种效果:第一,"既判力"范围所及之处,有其确定性;第二,法院或仲裁庭最终审判之结果,对于争端双方皆有拘束力。但是,这个原则不能无限上纲,"其拘束力范围,仅限于该争端之当事国,以及该项争端,亦即当事国及争端的同一性。"从《公约》第 296 条的文字看,任何由具备管辖权的仲裁庭做出的判决,除对争端各方及特定争端具有拘束力外,皆无法律拘束力。换言之,"既判力"原则旨在避免其他国家及其他争端受到判决拘束。针对不被"既判力"涵盖的争端,判决对诉讼当事国既无权威性,亦无拘束力。

基于以上"既判力"原则及其限制的分析,就中菲南海仲裁案而言,不管哪一方胜诉,败诉方受质疑的维权执法行动的法律理由皆未遭剥夺。理由在于:败诉方就其与胜诉方在南海的"核心争端"中所采取的立场及法律论点,并未提交仲裁,不可能受判决影响,更不可能被宣判为违法。败诉方遵守判决的义务,不包括调整其领土主权与海洋划界争端所持之立场,因而可继续保持其主张,且并不违反判决。由这种不受判决影响的领土主权与海洋划界主张所支撑的维权执法行为,亦不违反中菲南海仲裁案的判决,反倒符合"既判力"的"限制"。以下将逐点提出败诉方(不论是菲律宾还是中国)的可能主张,以资证明。

(一)申诉第 1 ~ 2 点所述之"九段线"合法性争端

1. 菲方作为败诉方的可能主张。倘若菲方就申诉第 1 ~ 2 点败诉,菲方并未失去持续谴责及反制中国南海"九段线"的法律理由。可以预期的是,菲方将继续对抗中国此项主张。

第一,菲方可能主张由于仲裁庭无权解决中菲在南海的领土主权争端,而此项争端涉及黄岩岛及"卡拉延群岛"当中所有海中地物及岛礁,因此仲裁庭的判决不可能影响或否定菲方对这些海中地物的主权主张,包括"卡拉延群岛"当中够资格被视为"岛屿"的海中地物。依据《公约》第 121 条,这些"岛屿"可以拥有领海、EEZ 及大陆架。同理,本仲裁庭的判决也不可能肯定中国在同一海域中的所有领土主权主张。基于"陆地支配海洋"原则,从菲方的角度而言,本仲裁庭的判决自然不能解释为肯定中国在"西菲律宾海"中有权使用相关岛屿以主张领海、EEZ 及大陆架。既然中国在"西菲律宾海"不能主张任何《公约》所规范之海域,"九段线"作为

中国在南海的管辖海域主张的外部界线，仍存在合法性的缺陷。

第二，中国在 1948 年首次公布绘有南海"U 形线"的官方地图，也就是《南海诸岛位置图》，即便其为中国的"领土主张"，还是不能因本仲裁案的判决合法化，因为本仲裁庭的判决不能肯定中国在南海"九段线"内的领土主权主张。既然中国主张主权的这些岛礁与海中地物，也被菲律宾、越南、马来西亚等国所主张，那么"九段线"作为中国领土主张的合法性便依然有争议。换言之，即便中国在本仲裁案中胜诉，也不能肯定"九段线"对南海诸岛主权主张的合法性。倘若中国不删除南海"九段线"，菲方便可合法持续其抗议及抵制的作为。

2. 中国作为败诉方的可能主张

倘若菲方就申诉第 1 ~ 2 点获得胜诉，中国可能仍然不愿在地图中删除其南海"九段线"。不过，中国毋需质疑判决的法律拘束力，通过"解释"判决拘束力的"涵盖范围"，也可在中国官方地图中合法维持南海"九段线"。

第一，中国可能主张，仲裁庭既然无权解决中菲在南海的领土主权争端，就不能将判决解释为否定中方在 1948 年提出的比菲方更早、范围更全面的领土主权主张。既然《南海诸岛位置图》彰显了中国对于南海诸岛的领土主权主张，那么该地图中的"U 形线"作为中国"领土主张"的代表，其合法性便不能被本仲裁案的判决所质疑或否定。如此，中国于官方地图持续使用"九段线"，在法律上站得住脚。

第二，关于更新版的"U 形线"，作为中国在南海海域主张的外部界线，中国仍可合法使用。原因在于："U 形线"的某一部分（中越之间）曾在中国与南海周边国家完成海洋划界的情况下遭移除；而"U 形线"的其他部分，未来在中国与南海周边国家完成海洋划界后，亦可望被移除。换言之，更新版的南海"U 形线"或其移除，皆与海洋划界协议的整体安排有关，或构成海洋划界一揽子交易的条件之一。也就是说，"U 形线"的维持问题，系"关于"《公约》第 74 条及第 83 条之"适用"。如此，"U 形线"的合法性争议可被《公约》第 298 条第 1 款（a）（1）所涵盖，遂被 2006 年中国声明所排除，本仲裁庭对此争端无管辖之余地。

关键的法律问题是对《公约》第 298 条第 1 款（a）（1）中"关于"的解释。依据 1969 年《维也纳条约法公约》第 31 ~ 32 条的条约解释原则，对于被解释的文字应依据其"普通意义"判断之。"关于"的英文为 concerning，其普通意义为：（1）跟特定事物有关联（relation to 或 relating to）；（2）对特定事物有影响力（affecting）（3）对特定事物有其重要性（being important to）。因此，跟《公约》第 74 条及 83 条的适用"有关联""有影响力"或"有其重要性"的争端，皆应解释为跟《公约》第 74 条及 83 条的适用"有关"的争端，这种争端便被《公约》第 298 条第 1 款（a）（1）所涵盖。值得注意的是，《公约》第 74 条及 83 条明文涉及由当事国自行完成的划界"协议"。有人可能质疑，是否这两个条文也涵盖藉由第三方司法解决所完成的划界"判决"，如由国际海洋法法庭（ITLOS）或是由国际法院（ICJ）所判决的划界案？这个问题已由国际海洋法法庭在孟加拉国与缅甸海洋划界案中给予肯定回答。

不论是国民政府公布的"十一段线图"，还是后来中华人民共和国政府公布的"十段线图"，皆与中国及南海周边国家的海洋划界极有关联。在国民政府公布的"十一段线"中，中国海南岛与越南之间有两段断续线，而这两段断续线在中华人民共和国政府公布的"十段线"中已移除。有观点认为，移除该两段断续线很可能跟白龙尾岛主权转移给越南有关。如果该判断正确，那么这两段断续线的意义与中国的领土主张直接有关，而与中国的海域主张则无直接关联。不过，中国转移白龙尾岛主权给越南，增加了越南在北部湾海洋划界中的谈判筹码，对于中越海洋划界有间接的影响。如果该判断不正确，那么这两段断续线在中越完成北部湾划界前被中国删除，则显示一种可能——中国先前或许把这两段断续线当成暂时性的海域主张，在谈判桌上可以妥协，也可以拿利益来交换。换个角度看，在中越完成北部湾划界之后，中国倘仍坚持先前两段断续线海域主张，会非常尴尬，也会引起误会。无论如何，中国海南岛与越南之间的两段断续线应视为跟中越海洋划界有其关联，有其影响力和重要性，也就跟中越海洋划界"有关"。此外，"十段线"包括台湾与菲律宾、日本之间各 1 段断续线。台湾与菲、日均尚未进行海洋划界。因此，这两段断续线是单方绘制的台湾与菲、日的暂订海域管辖界限，当这些海域划界完成谈判之时自然失去存在之必要。因此，客观公正地说，"十段线"显然与中国和南海周边国家的海洋划界谈判或最后协议之达成有关联。

综上，不管仲裁庭最后做出何种判决，其判决皆不能裁决仲裁庭无权过问的事项，也因此不能被解释为否定"九段线"作为中国南海海域主张外部界线的合法性。因此，即便菲方胜诉，中国依然可继续使用"九段线"作为南海海域主张的外部界线，且并不违反判决。

（二）申诉第 3 ~ 9 点所述"海中地物法律地位争端"及"中国侵犯菲方 EEZ 争端"

1. 菲方作为败诉方的可能主张。倘若菲方在申诉第 3 ~ 9 点被判败诉，菲方如欲继续抗议中国"不法行为"，可能主张以下法律论点：

即便申诉中所提及的 9 个海中地物均可满足《公约》第 121 条对于"岛屿"所设条件而拥有领海、毗连区、EEZ 及大陆架，这些海域主权及主权权利、管辖权依据本判决也不能归于中国享有，因为中国对于这些海中地物不具领土主权，同时本判决不能被解释为肯定中国对这些海中地物的领土主权。事实上，中国在"西菲律宾海"的领土主权主张（黄岩岛及南沙群岛）一直被菲律宾、越南、马来西亚等国质疑，而本仲裁庭不具备解决这种主权争端的权限，基于"陆地支配海洋"原则，中国在"西菲律宾海"的海域主张遂不可能获得本仲裁庭的认可。本判决也不能被解释为中国跟菲律宾在"西菲律宾海"存在 EEZ 及大陆架主张重叠的划界争端，因为判决不能被解释为中国在此拥有 EEZ 及大陆架。因此，在这一片广大的菲方 EEZ 海域，中国眼见菲方对该海域生物及非生物资源行使主权权利，仍欠缺干涉的法律依据。同理，中国之国民及所属渔船在此菲方 EEZ 海域中开发及捕捞之行为皆属非法，中国执法船对于其国民及渔船提供庇护亦属非法，菲方自然有权依据国际法及《公约》对于中国提出抗议并进行反制。

2. 中国作为败诉方的可能主张。倘若中国在菲方申诉第 3 ~ 9 点被判败诉，中国可继续保持其被菲方申诉谴责之主张，并可在不违反仲裁庭判决的条件下提出以下法律主张：

第一，中国可能主张菲方此数点申诉毫无实益及意义，因为中国根本没有使用菲方申诉第 3～7 点提及的 9 个海中地物来主张 EEZ 及大陆架。中国在南沙群岛海域主张 EEZ 及大陆架的依据是南沙群岛的整体，而非其中的单个海中地物。此外，南沙群岛中至少有 12 个海中地物满足“岛屿”的条件，因此依据《公约》第 121 条第 3 款亦可拥有 EEZ 及大陆架。换言之，菲方申诉第 3～7 点根本不能产生任何“争端”供仲裁庭审判。

第二，即便中国确实尝试使用菲方申诉第 3～7 点所指 9 个海中地物来主张领海、EEZ 及大陆架，在不被仲裁庭认可的情况下，仲裁庭仍不能忽视一项事实，即“中国还使用南沙群岛当中满足岛屿条件的海中地物来支持此类海域主张”。由于本仲裁庭无权否定中国在南海对“九段线”内所有海中地物的领土主权主张，也包括南沙群岛中至少 12 个满足“岛屿”条件的地物的领土主张，那么依据“陆地支配海洋”原则，本仲裁庭的判决亦无权否定中国在所谓“西菲律宾海”的 EEZ 及大陆架海域主张的合法性。

第三，既然中国在所谓“西菲律宾海”无可否认地拥有 EEZ 及大陆架，那么中菲两国在“西菲律宾海”就存在 EEZ 及大陆架主张互相重叠所生的海洋划界争端。此项争端之存在，即便是本仲裁庭的判决也不能否定。

第四，由于本仲裁庭无权就海洋划界争端做出判决，那么在本仲裁案的判决公布后，中菲在“西菲律宾海”仍然存在重叠海域主张，并不存在 EEZ 及大陆架的海洋界线。

第五，在所谓“西菲律宾海”，菲方申诉第 8～9 点所述的中菲海上冲突不会因仲裁判决而消失。此类海上冲突反映的是中菲两国互相排斥的 EEZ 及大陆架主张产生的划界争端，在“核心争端”（领土主权及海洋划界争端）未获解决前，这种海上冲突自然将延续下去。中国即便作为本仲裁案的败诉方，仍有权援引在南海无可争辩的 EEZ 及大陆架的海域管辖权及主权权利，并以此海域权利将菲方所述的干涉行为和保护行为合法化，只要这些干涉和保护行为发生于南沙群岛中满足“岛屿”条件的地物周围 200 海里以内海域。附表 1 可以证明，菲方申诉所指出的中菲所有海上冲突均发生于此类海域。

（三）申诉第 10～11 及 13 点所述之黄岩岛附近水域争端

1. 菲方作为败诉方的可能主张。倘若菲方在其申诉第 10～11 及 13 点败诉，菲方仍可能持续抗议并反制中国在黄岩岛周边海域从事的此类行为，菲方将主张此类对抗行为于法有据，且不违反仲裁庭判决。

第一，既然中菲之间对于黄岩岛及其领海的主权争端并不在本仲裁庭管辖权范围之内，菲方对于此项领土主权之主张不可能被此判决否定或影响，本判决遂不能被解读为认同中国对黄岩岛及其周边水域享有主权。

第二，既然仲裁庭之判决不能影响菲方此项领土主权主张，那么依据《公约》，中国在黄岩岛周边海域仅可行使“无害通过权”，因中国应被视为“非沿海国”。依据“无害通过权”的规定，任何非沿海国无权妨碍沿海国的渔船及渔民在其领海内进行捕鱼行为，包括传统捕鱼行为。因为这样的妨碍行为根本不符“通过”（passage）的概念。此外，依据《公约》第 19 条第 2 款的规定，如此妨碍行为，因与“通过”无直接关联，应视为妨碍作为沿海国的菲律宾和平、良好秩序或安全的行为。若中国未来又采取菲方申诉第 10 点所指之妨碍行为，菲方当然有权依据《公约》中关于“无害通过权”的相关规定，反制中国不属“无害通过”的行为。

第三，从菲律宾的角度来看，中国的船舶，无论是执法船或是渔船，通过黄岩岛周围海域时，仅享有“无害通过权”，中国的执法船无权干涉菲方执法船在菲方领海中行使菲方主权及执行菲方法律，包括针对中国渔船的执法行动。中国渔船在菲方领海本来就不享有捕鱼权，否则违反《公约》第 19 条对于“无害通过”的限制规定。若中国渔船在菲方领海做出有损海洋环境之事，依据《公约》第 21 条第 1 款，菲方执法船更有权采取执法行动。因此，在菲方领海内，中国执法船倘若庇护该国渔船违反菲方法律之行为，或是干涉菲方执法船针对中国违法渔船所进行的执法行动，显然违反国际法。菲方政府自然有权抗议并采取反制。这种反制行为并不违反仲裁庭针对菲方申诉第 11 点所作对中国有利的判决。

第四，既然中国在菲方领海（黄岩岛周围海域）中仅享有“无害通过权”，那么中国执法船妨碍菲方执法船通行的行动必然被视为一种妨碍菲律宾和平、良好秩序或安全的行为，原因是中国执法船此种行为不能被视为与该船舶之“通过”有直接关联。即便仲裁庭对于菲方申诉第 13 点的判决有利于中国，菲方亦可如此将其反制行为合法化。

2. 中国作为败诉方的可能主张。倘若中国在菲方申诉第 10～11 及 13 点败诉，中国应该也不会停止其遭指责的行为。

第一，鉴于本仲裁庭无权解决中菲对黄岩岛的领土主权争端，那么中国对于黄岩岛及其领海的领土主权主张的合法性不可能被本仲裁庭的判决所挑战或否定。在黄岩岛领海中，中国作为“沿海国”的法律地位不能被本判决所撼动，而菲方作为一个“非沿海国”仅享“无害通过权”。依据《公约》第 19 条第 2 款对于“无害通过权”的限制规定，菲方渔船通过黄岩岛周围海域时不得捕鱼。即便菲方基于习惯国际法能享有所谓的“传统捕鱼权”，由于中国为“持续的反对者”（persistent objector），亦对中国无拘束力。因此，中国阻止菲方渔船在黄岩岛周围的中国领海进行捕鱼行为，于法有据，且不可能违反本仲裁庭针对菲方申诉第 10 点的判决。

第二，中国可能主张，此项判决唯有基于一项前提，中国才可能接受，那就是“黄岩岛周围海域系中国的领海”。如此，中国有可能愿意遵守《公约》存在的相关规定，来保护及保全其领海内的海洋环境，也有可能愿意修正其违反《公约》的作为。反之，中国应该不可能接受以“中国在黄岩岛周围海域内系非沿海国”作为前提的判决。中国可能主张，本判决不可能被解释为否定中国对于黄岩岛及其领海主权主张的合法性，理由同前。中国拒绝被视为黄岩岛周围海域中的非沿海国，也于法有据。特别是当中国被本判决指示去“要求在黄岩岛周围海域内的中国渔船遵从菲方执法船的执法行为”的情况下，中国将认为，仅享有“无害通过权”的菲方执法船没有此种权利。因此，中国被菲方申诉第 11 点所指责的行为仍将继续发生，且于法有据。

第三，中国可能指出“中菲两国有一持续进行的领土主权争夺战发生在黄岩岛及其领海”。此项争端被本仲裁庭忽视，因为菲方不但在诉状中不提，也不在口头辩论中说明。不管菲方采取何种行动，是由平民出手，还是由官员动手，藉由渔船或执法船行动，用飘风快艇，还是瘫痪的庞然巨物，中国都不会改变坚决维护领土主权完整的目标。中国反制行为应遵守的国际法规范是习惯国际法以及《联合国宪章》中“自卫权”的限制规范。由此明显可见,菲方申诉第13点所构成的争端业已被中国2006年声明排除于本仲裁庭管辖权范围之外,因为此项争端在本质上属于《公约》第298条第1款(b)所指的军事行动所涉之争端。既然本仲裁庭无权审理此类争端,那么本仲裁庭的判决不可能被解释为否定中国进行相关军事行动。倘若中国尔后决定采取军事行动来维护黄岩岛及其领海主权,这种行为不可能违反不涉及军事行动的本判决。

(四)申诉第11~12及14点所述之美济礁、仁爱礁海上争端

1. 菲方作为败诉方的可能主张。关于中菲之间在美济礁及仁爱礁所发生的海上冲突,也就是菲方申诉第11~12及14点所提出的指责,倘若菲方败诉,菲方应不会停止对中国相关行为的抗议及反制。

第一,菲方可能主张,本仲裁庭的判决不能被解释为肯定中国在“西菲律宾海”对领海、EEZ及大陆架海域主张的合法性。基于本仲裁庭管辖权的局限性,判决不能被解释为肯定中国对南沙群岛整体或是当中满足“岛屿”条件的海中地物的领土主张。基于“陆地支配海洋”原则,中国在“西菲律宾海”的海域主张欠缺法律基础。因而,本仲裁庭的判决不能推翻菲方的主张(即中国在“西菲律宾海”不享有领海、EEZ及大陆架)。由于美济礁跟仁爱礁属低潮高地,没有拥有领海的资格,这两个海中地物位于菲方在“西菲律宾海”的EEZ及大陆架上,构成菲方大陆架之一部分。另一方面,这两个低潮高地并不位于中国的大陆架上,中国在这里没有主张EEZ及大陆架的权利。进步说,本仲裁庭的判决也不能被解释为否定菲方对于“卡拉延群岛”的主权主张,因此菲方基于“卡拉延群岛”也有权利自这些岛屿延伸大陆架,进而涵盖这两个低潮高地(详见附表1)。

第二,中国在“西菲律宾海”没有“沿海国”的法律地位,在美济礁无权享有EEZ及大陆架之相关主权权利及管辖权,不能基于《公约》第60条及第80条的规定建造人工岛屿、设施和结构。另一方面,本仲裁庭的判决不能否定菲方在“西菲律宾海”作为EEZ沿海国的法律地位,菲方对于美济礁享有建造人工岛屿、设施和结构的主权权利。此种权利,依据《公约》第60条第1款及第80条,也包括“授权和管理建造、操作和使用”可能干扰菲方在该海域内“行使权利的设施和结构”。中国在美济礁所建造的工事可能妨碍菲方在其EEZ海域内行使沿海国主权权利,菲方依《公约》有权拒绝之,并适用菲方国内法予以管理。对于菲方申诉第12点所指责中国之事,菲方倘若持续反制行为,在法律上站得住脚。

第三,关于菲方申诉第11点及第12点中所述中国在美济礁及仁爱礁未能对海洋环境履行保护及保全的法律义务,菲方指责中国的重点在于中国执法船在菲方EEZ内“妨碍”菲方执法船对中国渔船破坏海洋环境的行为进行执法。从菲方的角度来看,中国作为一个非沿海国,在菲方的EEZ中,依据《公约》第58条第3款有义务“适当顾及”菲方的主权权利,并(要求中国国民)遵守菲方所制订的相关法规。当中国渔船的捕鱼行为危及菲方EEZ内海洋环境之时,菲方依据《公约》第56条第1款(a)和(b)有权逮捕及处罚这些渔民。菲方此类EEZ主权权利不可能被本仲裁庭的任何判决所否定。即便本仲裁庭做出对中国有利的判决,也不能被解释为剥夺菲方此项权利,或是免除中国此项义务。

第四,针对菲方申诉第14点,菲方可主张其EEZ及大陆架应延伸至仁爱礁。因此,依据《公约》第60条及第80条,菲方在仁爱礁之上有排他的主权权利来建造人工岛屿、设施和结构,也当然有权在仁爱礁放置任何比人工岛屿、设施和结构更不具持久性的物体。因此,菲方对于目前搁浅在仁爱礁的菲方军舰享有排他的主权权利,包括基于《公约》第60条第2款及第80条可行使的涉及“海关、财政、卫生、安全和移民的法律和规章方面的管辖权”。菲方当然有权干涉中国船舶危及其坐滩军舰上人员健康及安全的行动,即便仲裁判决有利于中国,也不能被解释为剥夺菲方此项排他性的主权权利及管辖权。

2. 中国作为败诉方的可能主张。倘若仲裁庭就菲方申诉第11~12及14点所提出的争端判中国败诉,中国应该也不会停止在美济礁、仁爱礁及其附近水域受菲方指责的行为。

第一,中国可能主张本仲裁庭的判决不能被解释为否定中国在南海的EEZ及大陆架权利主张的合法性,因为仲裁庭的管辖权有限。此外,中国基于南沙群岛整体以及位于南沙群岛当中满足“岛屿”条件的海中地物,皆可主张EEZ及大陆架,如此产生的海域管辖范围可达美济礁及仁爱礁(详见附表1)。因此,这两个海中地物,即便被视为低潮高地,仍属于中国EEZ及大陆架的一部分。就这两个海中地物而言,中国系沿海国。即便仲裁庭做出有利于菲方的判决,也不能否定中国此项合法权利。

第二,美济礁及仁爱礁,作为低潮高地,坐落于中国及菲方各自主张的EEZ及大陆架的重叠范围内。鉴于本仲裁庭无权管辖中菲EEZ及大陆架主张重叠部分的划界争端,判决当然不能被解释为否定这两个低潮高地属于中国的EEZ及大陆架。

第三,既然本仲裁庭的判决不能否定美济礁属于中国的EEZ及大陆架,中国依据《公约》第60条第1~2款及第80条的规定,可以合法行使沿海国的相关主权权利及管辖权。因此,中国持续占领美济礁及在其上所进行的建设,并不违反《公约》。

第四,关于菲方申诉第11点及第12点中所述中国未能在美济礁及仁爱礁海域恪尽对海洋环境的保护及保全之《公约》义务,菲方重点是指责中国执法船“妨碍”菲方执法船对伤害海洋环境的中国渔船执行菲方相关法规。从中国的角度来看,这些中国渔船是在中国的(而非菲方的)EEZ及大陆架中捕鱼。针对中国渔船可能伤害海洋环境的行为,中国应该愿意行使相关主权权利及管辖权,尤其是依据《公约》第56条第1款(b)(3)予以处罚。不过,针对所谓中国执法船(在中国的EEZ及大陆架内)“妨碍”菲方执法船执法的这一部分,中国应该会继续主张其作为的合法性,因为在中国的EEZ及大陆架内,唯有中国享有针对自然资源的“开发、养护和管理”的排他性主权权利。此外,中国对于所属EEZ内海洋环境的保护及保全享有管辖权,自然有理由主张对于本国渔船行使相关管辖权。在中菲EEZ及大陆架主张重叠的海域,要求中国政府命令中国渔船顺从菲方执法船、接受菲方执法船执行菲方国内法,并非降低两国紧张关系的做法,反而将使两国海域主张重叠争端恶化及扩大。

第五,关于所谓中国执法船“妨碍”菲方执法船在美济礁

及仁爱礁执法,中国可能主张本仲裁庭对中国不利的判决不能被解释为否定中国执法船"妨碍公务"行为的合法性,因为中国在2006年声明中已排除《公约》附件七的仲裁庭对于当事国依《公约》第297条第3款行使主权权利或管辖权的执法行为所致争端的管辖权。值得注意的是,被《公约》第297条第3款(a)所涵盖的争端,包括涉及沿海国在其EEZ内所享主权权利的争端以及"行使"此类主权权利所涉及的争端。基于中国2006年声明、《公约》第298条第1款(b)以及《公约》第297条第3款(a),既然本仲裁庭无权审理此类争端,那么仲裁庭的判决也就不能被解释为否定中国在"此种争端"中所持法律主张的合法性。因此,中国执法船继续"妨碍"菲方执法行为,其本身便是一种(中国的)执法行为,不能被解释为违反仲裁庭判决。

第六,针对菲方申诉第14点,中国若败诉,可能主张如下法律论点。首先,本仲裁庭的判决不能否定仁爱礁为中国EEZ及大陆架的一部分,因而依据《公约》第60条第1款(c)及第80条,针对可能妨碍中国在该EEZ及大陆架海域内行使沿海国主权权利的设施和结构,中国在仁爱礁有权"管理"其建造、操作和使用。对于比设施和结构更不具持久性的物体,因其可能妨碍中国在该EEZ及大陆架海域内行使沿海国主权权利,中国同样可以行使《公约》第60条第1款(c)及第80条所赋之权:该种比设施和结构更不具持久性的物体,在缺乏中国政府的授权之下,本就无权放置于此,不论其为有意驶入或是无意"搁浅"。显然,菲方搁浅在仁爱礁上的军舰可成为中国"管理"的客体。其次,依照《公约》第60条第2款,对于可能妨碍在该EEZ及大陆架海域内行使沿海国(中国)主权权利的设施和结构,中国可行使专属管辖权,包括"移民法规"的管辖权。因此,中国管制菲方"搁浅"军舰的人员换防及补给,皆于法有据。

三、结语

菲方某些申诉看似单纯,实蕴含极其险恶之深意,如果要求仲裁庭判断中国所占领的9个海中地物的法律地位(第3~7点),便是希望仲裁庭判断中国是否在所谓"西菲律宾海"拥有EEZ及大陆架。依菲方观点,要判断中国在"西菲律宾海"拥有之管辖海域"仅"需检视中国"目前占领"的海中地物,亦即南沙群岛遭他国窃占的其他岛礁均不算数,均不能为中国产生领海、EEZ及大陆架。若仲裁庭接受此种前提,其判决将被菲律宾、越南、马来西亚、美国、日本等解读为"否定"中国对相关外国窃占岛礁的领土主权,这些遭窃占的岛礁对于中国在南海的海洋划界将变得毫无意义。如此,等于仲裁庭间接否定中国自20世纪30年代以来在南海远早于菲方的领土主权主张。了解中国南海领土主张与南海历史的人都知道,不可能要求中国接受以这样既错误又不公平的前提为基础所建构的仲裁判决。因此,菲方在本仲裁案所提出的申诉,不但不利于缓解中菲南海冲突,反倒将进一步加深两国矛盾。综合前文之讨论,由菲律宾单方启动的中菲南海仲裁案诡异之处颇多,经对其深入分析,可得出如下结论:

第一,在南海地区,就所谓"西菲律宾海"部分海域而言,中菲两国的争端非常复杂,分成好几个层次。从核心部分到外层部分,依次为:(1)领土主权争端;(2)海洋划界争端;(3)岛礁的法律地位争端;(4)"九段线"(作为海域主张外部界线)的合法性争端;(5)中国在"九段线"内使用历史性权利的合法性争端;(6)由于两国划界争端尚未解决而产生的海上执法维权行为的冲突。

附表1　　菲方提交仲裁的9个海中地物

菲方对相关海中地物的定性	菲方申诉所指海中地物	地理坐标	与太平岛(10°23′N,114°22′E)之距离(海里)	与中业岛(11°06′N,114°17′E)之距离(海里)	与西月岛(11°05′N,115°02′E)之距离(海里)	在菲方14点申诉中的位置
低潮高地(依据《公约》第13条)	美济礁 Mischief Reef	9°52′~9°56′N,115°30′~115°35′E	17~78	114	91~93	4~5,12,14
	西门礁 McKennan Reef	9°54′N,114°28′E	42	91	101	6
	南熏礁 Gaven Reef	10°10′~10°13′N,114°13′~114°15′E	7~9	56~58	75~77	6
	渚碧礁 Subi Reef	10°54′~10°56′N,114°04′~114°07′E	21~22	31~32	63~65	4
	仁爱礁 Second Thomas Shoal (Ayungin Reef)	9°39′~9°48′N,115°51′~115°54′E	90~91	125~128	99~104	11,14
岩礁(依据《公约》第21条第3款)	赤瓜礁 Johnson Reef	9°42′N,114°17′E	49	98	110	7
	华阳礁 Cuarteron Reef	8°51′~8°52′N,112°50′~112°53′E	143~145	181~182	211~213	7
	永暑礁 Fiery Cross Reef	9°30′~9°40′N,112°53′~113°04′E	86~114	120~143	153~181	7
	礼乐滩 Reed Bank	11°06~11°55′N,116°2′~117°20′E	128~193	121~181	71~132	

本仲裁案相关海中地物的经纬度,详见"南海诸岛标准地名表",南沙群岛在线,http://www.nansha.org.cn/islandsdatabase/3.html

本表各海中地物与太平岛、中业岛、西月岛之距离,根据美国国家海洋和大气管理局(National Oceanic and Atmospheric Administration)网站计算器计算而得,参见http://www.nhc.noaa.gov/gccalc.shtml

第二，菲方精心挑选部分争端提交仲裁。具体而言：(1)中菲南海领土及海洋划界争端，作为两国在此区域的"核心争端"，实为菲方诉状所述中菲海上执法维权冲突的真正原因，基于这些原因，菲方质疑"九段线"以及中国在"九段线"内主张历史性权利的合法性，更质疑中国所占领之岛礁的法律地位；(2)这些"核心争端"已被中国2006年声明排除于本仲裁庭管辖范围之外，菲方遂主动表示不将这些争端提交仲裁；(3)在这种情况之下，菲方只能将"核心争端"以外的，或是由核心争端引起的"表面争端"，提交仲裁。

第三，基于"既判力"原则及此原则之"限制"，针对菲方精心挑选"提交"与"未提交"仲裁的争端，可知：(1)中菲两国就"核心争端"所持论点及立场并不属于仲裁庭司法解决的客体，不会受到判决影响(增强或减弱)；(2)不管仲裁庭针对"表面争端"实体审理的判决如何，中菲两国就"核心争端"的各自立场及论点皆不受"既判力"影响；(3)若适用"既判力"原则的"限制"至中菲南海"表面争端"的任何实体判决以及未提交仲裁的"核心争端"，不论哪方胜诉，败诉方皆有权持续其既有行为；(4)败诉方"依然故我"，表面上虽不符判决要求，但就内涵而论，却"不违反"判决，且于法有据。

第四，不少学者认为，中国在南海仲裁案采取的不配合仲裁程序、不执行仲裁判决的政策印证了菲律宾及美国所描绘的"中国威胁"。然而，本文可证明：即便菲方在实体审理阶段被判败诉，菲方也无须执行判决，而且于法有据。因此，"不执行判决"非中方所独有，而是一种普遍现象。中方拒绝参加"菲方稳赚不赔"的仲裁，是完全可以理解的。然而，这种"不执行判决"绝非违反《公约》第296条，而是因为本仲裁案判决法律拘束力(或是"既判力")的范围有限，不涉及中菲两国的"核心争端"。

第五，菲方表示，其对中国单方面启动强制仲裁，将两国争端特定部分提呈司法解决，有助于两国南海复杂争端的最后解决，此系误导舆论。"不执行判决"的真正意涵及理由牵涉复杂及专业的法律论述，三言两语难以说清，但明显可见的是：中菲南海仲裁案恐将增大两国人民彼此间的误解，中国与南海周边国家亦将愈加互不信任。面对菲律宾政府精心设计的仲裁诉求，中方必须慎重对待，依据《公约》及相关国际法文件，向国际社会做出有理有利的阐释。

（作者系台湾海洋大学教授，原载《国际问题研究》2015年第5期）

"水外交"视角下的中国和下湄公河国家跨界水资源合作

张 励 卢光盛

随着各国经济开发的需要和气候变化的影响，国家间在跨界水资源开发、水航道开辟、水电项目合作上的矛盾激烈程度已远远超出以往水平，并影响到了相互间的国家关系、地区稳定和国际动向。近年来，中国与下湄公河国家(缅甸、老挝、泰国、柬埔寨、越南)的跨界水资源合作项目日益增多，但双方就此所产生的分歧也频频出现。这不但影响双方跨界水资源项目的正常展开，更对双边关系的稳定、大湄公河次区域合作水平的提升、中国西南周边的安全产生负面影响。因此，研究中国通过"水外交"来加强与下湄公河国家合作中应有的"水权力"，消除双方的分歧以及进一步促进跨界水资源项目的顺利展开具有重要意义。

一、"水外交"的学理探索

(一)"水外交"研究的发展

迄今为止"水外交"研究经历了铺垫期和初步探索期两个发展阶段。2010年前为"水外交"研究的铺垫期。国内外学界多从生态、技术等角度切入，对国家间的水资源冲突进行分析，为"水外交"研究奠定了基础。但这个阶段从国际关系角度探讨如何运用"水外交"来解决国家间水问题，防止水权益被绑架等课题的研究成果并不多。2010年后为"水外交"研究的初步探索期。国内外学术界开始对"水外交"进行专门性的研究，例如，美国塔夫斯大学水外交项目主任Shafiqul Islam教授等著的《水外交：一种管理综合河流网络的协商方式》，加拿大滑铁卢大学Indianna D. Minto - Coy博士的《水外交：在勘探和疏通水源中发挥双边合作关系》，法国民事防务高级委员会副主席、法国苏伊士环境集团安全事务副总裁弗兰克·加朗(Franck Galland)的《全球水资源危机和中国的"水资源外交"》，中国社会科学院李志斐副研究员的《水资源外交：中国周边安全构建新议题》等，同时有关"水外交"议题的会议也在各地召开。"水外交"研究的第二阶段比第一阶段更具有针对性，但从研究深度来看尚处于起步期，对"水外交"的内涵、特点、属性等探讨不深，且就中国对周边水外交的案例分析也不够全面。

(二)"水外交"的定义与属性

到目前为止，学界对"水外交"还没有一个权威的解释。Shafiqul Islam教授认为，"水外交是在科学论证以及对社会约束条件保持敏感性的基础上，形成的一种水问题解决新形式"。Indianna D. Minto - Coy博士则认为，"水外交是通过谈判、交易和交换途径来缓和与解决国家间水资源准入及使用冲突上的一种方式"。上述研究已经从不同角度对"水外交"的概念进行解释。本文认为"水外交"的定义要解决实施对象以及实施路径两个重要问题，因此本文尝试将"水外交"定义为："水外交是一国政府围绕(跨界与非跨界)水合作项目和'软水产品'的开发和利用问题，通过技术和社会层面的举措来进行解决的外交实施方式"。

"水外交"的基本属性主要包括地域属性、社会属性、技术属性和捆绑属性。地域属性指"水外交"的实施对象在地缘上一般具有共同河流。该属性不适用在地缘上没有跨界河流关系的水合作作用对象以及"软水产品"作用对象。社会属性是指"水外交"需要对对象国国内水资源开发政策、区域外大国水资源开发竞争、水资源开发沿岸社会民众风俗、水资源非政府组织与媒体行为等社会因素进行关注。技术属性指"水外交"注重例如水资源动态信息、水产品技术开发等技术面的操作方式。捆绑属性是指"水外交"在实施过程中，通过合作成员国间的谈判、协商、妥协等行为为促进水源开发、经济利益提升、国家间关系巩固，最终促成跨界水合作利益共同体的形成并在合作中掌握主动权。

二、中国与下湄公河国家跨界水合作的发展及问题案例分析

湄公河流经中国、缅甸、老挝、泰国、柬埔寨、越南六国，是典型的跨界河流，因此该河流符合上文所探讨的"水外交"分析对象。随着中国经济发展需求及耗能水平的日益增加，国内水资源开发利用要求也随之上升，其中湄公河中国境内段(澜沧江)是中国解决内需的重点开发河流之一。此外，该

河流也是中国处理同缅老泰柬越五国关系，在大湄公河次区域乃至东南亚地区发挥重要影响力所不可忽视的重要一环。因此，湄公河无论对中国的内在需求还是外在发展来说都意义深远。但近年来中国在湄公河跨界水资源合作上问题不断，饱受争议，例如2010年湄公河干旱、2011年“10·5”湄公河惨案、水电开发站引起的环境破坏争议等，再加之区外大国和部分非政府组织的推波助澜，中国在湄公河跨界水资源合作上面临着严峻的挑战，这急需通过“水外交”来进行解决。本部分首先对中国与下湄公河国家跨界水资源合作的发展做一简要回顾，在此基础上以问题案例的形式来探讨中国与下湄公河国家在跨界水合作上所存在的不足。

（一）中国与下湄公河国家跨界水资源合作的发展

中国与下湄公河国家的跨界水资源合作主要围绕航运开发、水电项目以及中国同湄公河委员会的部分合作三方面展开。一是在航运方面，2000年中国、缅甸、老挝、泰国四国签署《澜沧江—湄公河商船通航协定》，次年澜沧江—湄公河国际航道正式通航。2011年“10·5”湄公河惨案发生后，中老缅泰四国共同签署了《关于湄公河流域执法安全合作的联合声明》和《湄公河流域执法安全合作会议纪要》，之后四国多次实行湄公河联合巡逻执法，直至2014年11月为止，一共进行联合巡逻执法29次。二是在水电开发上，更多是在双边合作框架下展开。中国与老挝在老挝北宾、巴莱开展水坝工程合作；中国与柬埔寨在柬埔寨柴阿润和松博开展水电项目合作等。三是中国与湄公河委员会的部分合作。1996年中国和缅甸成为湄公河委员会的对话伙伴国。2002年中国与湄公河委员会签署《关于中国水利部向湄委会秘书处提供澜沧江—湄公河汛期水文资料的协议》。2008年中国又与湄公河委员会续签该协议。2010年，中国开始向湄公河委员会提供位于中国境内的允景洪、曼安水文站特枯情况下的旱季水文资料，并于同年4月在泰国华欣出席湄公河委员会首届峰会，宣布中国将继续本着“平等协商、加强合作、互利共赢、共同发展”的原则增进沟通，加强互信；拓宽合作平台，加强发展领域合作；推进减灾合作，保护发展成果；开展水电开发合作，促进可持续发展；加强技术交流和人员互访。2014年4月，中国又参加在越南胡志明市举行的湄公河委员会第二届峰会，声明中方愿以“亲、诚、惠、容”理念为指引，以湄公河为纽带，本着互利合作、共同发展的原则，进一步深化战略沟通与互信，推进次区域经济一体化进程，共建“发展共同体”和“命运共同体”，并愿在水电开发、防灾减灾、应对气候变化和能力建设等领域进一步与湄委会加强合作，推动实现湄公河流域的强劲、包容、可持续发展。

（二）中国与下湄公河国家跨界水资源合作中的问题案例分析

中国与下湄公河国家在跨界水资源合作上的问题涉及面较广，情况也较为复杂。这些问题既有内部引起的，也有外部所导致的。因篇幅所限，本文围绕其中比较典型的三个问题案例进行分析：

1. 湄公河委员会的弱制度性与中国加入湄公河委员会之争。湄公河委员会弱制度性和中国是否加入湄公河委员会是影响中国与下湄公河国家跨界水资源合作的内部核心问题。第一，湄公河委员会的弱制度性使其在解决跨界水资源争端上的效果不明显，弱制度性具体表现在各成员国利己主义优先，运行资金来源单一，执行易受外来压力影响等。首先，湄公河委员会更像是一个讨论机构与投资引进机构，在涉及具体水问题上各成员国总是把自身的国家利益放在流域的共同管理之上。除了成员国国家战略利益先行，各下湄公河国家对湄公河的开发利益也不同，例如老挝主要关注水利设施发展，缅甸注重农业、水电开发与航运功能，泰国注重农业灌溉与水电开发，柬埔寨重视渔业发展与水电开发，越南则侧重农业种植。因此，湄公河委员会各成员国在该委员会中主要是发挥着“看门人”的作用，他们的重要任务是来监督和保障本国在各自湄公河流域内的战略利益与开发项目得以顺利实施，强调本国流域内的开发权利。其次，湄公河委员会的资金来源单一性决定其无法真正做到独立、自主并展开有效管理。湄公河委员会自1995年以来一直获得欧洲发达国家的支持，80%经费都由其提供，发达国家参与地区事务的意味浓重。在执行具体事务过程中，为了维护机构的正常运作，不得不考虑资金来源方的利益，因此这种资金来源的单一性注定其在判断和执行中具有一定的偏颇性和软弱性。最后，湄公河委员会的决策也易受外来影响。湄公河委员会的决策理应是独立而不受影响的，但是在实际操作中并非如此。例如，美国以帮助下湄公河国家建立水资源综合管理为名，积极介入湄公河委员会事务，在湄公河委员会探讨老挝沙耶武里大坝是否建设中，美国就施加压力，并发表相关声明。第二，中国是否加入湄公河委员会的争论影响湄公河跨界水资源合作问题的顺利解决。下湄公河国家认为中国应加入湄公河委员会，并在此框架内就湄公河开发问题进行商讨。他们认为中国不加入湄公河委员会是有意规避下湄公河国家严密审查其筑坝计划的表现。但中国却有其自身的顾虑，首先，中国对上述的湄公河委员会的弱制度性有所质疑。其是否能不受外来影响，公开、公正地判断、商讨和安排湄公河跨界河流中的事务，值得商榷。另外，中国加入湄公河委员会的动力与压力不足。由于湄公河委员会的弱制度性，中国更加愿意用双边渠道、大湄公河次区域合作框架等对湄公河跨界开发中的问题进行商讨和解决，湄公河委员会并非中国解决跨界水资源问题的唯一途径。最后，中国担心加入湄公河委员会后会影响湄公河境内段的水资源开发以及成为湄公河委员会的“少数派”。

成员利益博弈，支持资金单一以及判断与执行易受外来影响等各种因素的影响，导致湄公河委员会无法成为一个具有良好公信力，并能够公平、独立实施综合水资源管理的第三方机构。内部利益的分歧影响了解决湄公河跨界河流争端的难度和有效性，又给区域外国家介入湄公河地区事务提供了突破点。因此，对中国而言，该组织缺乏一定的吸引力，从而更倾向于用双边交流以及其他更稳定的区域合作机制对湄公河跨界水资源开发问题进行实质性的讨论与解决。

2. 下湄公河国家对跨界水资源合作中水流量、泥沙运输问题的担忧。下湄公河国家对跨界水资源合作中水流量、泥沙运输等问题的担忧是影响中国与下湄公河国家跨界水资源合作的内部重要议题。下湄公河国家由于受到部分区域外国家、非政府组织、媒体的片面宣传影响以及出于与中国实力差距过大的担忧，在同中国进行跨界水资源合作时易产生误解：一是下湄公河国家对湄公河水流量的担忧。下湄公河国家认为中国的小湾和糯扎渡电站的配套水库较大，库容超过电站水库存量的一半，担心中国可能会在雨季将水“入库”，并在旱季控制放水，从而对下游的正常用水造成严重影响，甚至战略威胁。此外对水流量方面的另一个担忧是湄公河水流量的减少会导致海水倒灌，并影响越南的农业发展。2010年越南一些地区出现河流干涸，甚至海水倒灌现象。面对严重灾情，少数当地媒体认为中国在湄公河上游修建水坝导致旱情加重。越南顺化农林大学网站甚至刊文称，中国境内的水电工程对河流进行拦截，这是导致越南及周边国家主要河流水量减少的原因。越南《青年报》网站也发布消息称，1986年以来，中国在湄公河上游至少建设了8座水电站。水电站在旱季拦截河水，导致河流枯竭，饮水困难。雨季到来后，水坝蓄足水后开始大规模泄洪，导致洪涝灾害。二是下湄公河国家担心中国截留湄公河中的泥沙。下湄公河国家认为泥沙在形成河岸、岛屿，提供营养物质等方面起着重要的作用，他们担心泥沙会在中国大坝内沉积，无法流入自己境内的河段。有研究认为，柬埔寨洞里萨湖生态系统拥有独特的水文环境，水稻、鱼类产量极高，河水中的泥沙是湖底沃土的重要来源，如今却可能被拦在中国境内河段的堤坝中。

下湄公河国家对跨界水资源开发中水流量及泥沙运输的担忧并非没有根据，上游的大坝建设与蓄水会导致水量减少、海水倒灌、破坏生态系统等问题，但是发生问题的上游流域是否指的都是“中国流域”，上游问题又是否都是“中国问题”，值得商榷。例如以越南海水倒灌为例子，其指责中国建造大坝所致，但是越南作为湄公河最后的出海口，其上游五个国家中任何一个国家的水坝蓄水过多都会造成越南的水量减少。在老挝建造沙耶武里水坝过程中，越南官方也指出，这项工程将对湄公河下游的捕鱼区造成严重破坏，迫使部分沿河居住的民众弃村，也会让越南境内水流量大减，导致湄公河三角洲海水倒灌和盐化问题。此外，日渐上升的全球气温和不断抬升的海平面也在一定程度上造成了越南海水倒灌的问题。同样，柬埔寨洞里萨湖生态系统破坏问题也是如此，上游四国带来的泥沙减少都会带来严重影响，并非全是“中国问题”。总之，下游国家出于自我发展的担忧，加上有些外界不实信息的干扰，便导致其以偏概全，认为全是“中国问题”，这给共同开发和解决跨界水资源问题带来挑战。

3. 区域外大国在湄公河跨界水资源开发中的介入对中国产生的负面影响。上述两个案例比较而言，此问题的引发虽来自外部，但对中国与下湄公河国家跨界水资源合作的负面影响却不可小觑，它大大增加了湄公河跨界水资源问题解决的难度，其中以美国和日本最为典型，澳大利亚和韩国也较为积极。一是美国积极借助“湄公河下游行动计划”与“湄公河下游之友”，通过不断扩大湄公河区域内的成员国，增加区域外国家的成员数量，建立双边技术交流关系，增大资金力度等方式来介入湄公河跨界河流开发事务。首先，美国不断扩大区域内成员国，却单方面将中国排除在外。2009年，美国同湄公河流域国家召开首届“美国—湄公河下游国家部长会议”，启动了“湄公河下游行动计划”，开展同老挝、柬埔寨、泰国、越南有关综合水资源合作管理的建设，单方面将中国与缅甸排除在外。2010年缅甸民主改革开始后，美国开始将缅甸纳入到“湄公河下游行动计划”之中，2011年美国又邀请缅甸代表团以观察员的身份参与“湄公河下游之友”行动计划。其次，美国不断增加区域外国家的介入数量。例如，在2014年6月于缅甸仰光召开的“湄公河下游之友”高官会上，除了有美国、柬埔寨、老挝、缅甸、泰国和越南，还邀请日本、韩国、澳大利亚、新西兰、欧盟，并就未来五年合作方向进行讨论。此后在2014年8月举行的第七届美国与湄公河下游国家外长会议上，日本、韩国、澳大利亚、新西兰等各国外长、欧盟对外政策高级代表、亚洲开发银行高级代表以及世界银行高级代表等再次出席。欧盟、澳大利亚及世界银行等承诺在可持续管理水源、环境影响评估等领域上继续协助湄公河国家。欧盟决定将2014～2020年向湄公河国家提供的援助款项增加两倍。此外，美国和湄公河国家建立了技术交流关系，并增大资金力度。2009年7月，美国在参与“东盟区域论坛”期间促成密西西比河委员会与湄公河委员会建立“姐妹河”合作关系，以交流在水旱灾管理、水供应和食品安全及水力发电等领域的经验。2010年5月“姐妹河”计划整合启动后，美国还赞助柬埔寨、老挝、泰国和越南的专业人员对美国进行3个星期的访问，探讨有关湄公河水源灌溉、渔业养殖、水力发电等问题并审议管理湄公河下游盆地的新措施。二是日本通过提供援助、建立会议交流和设立相关行动计划来增强其在湄公河开发中的介入力度。2009年日本承诺在未来3年向湄公河下游国家提供5000亿日元的援助用于基础设施建设、环境保护等，同年又建立“日本—湄公河峰会”，并将2009年定为“日本—湄公河交流年”。2010年日本召开第5届“湄公河—日本高级官员会议”，提出将提供技术与援助促进湄公河流域的可持续发展。同年日本又与下湄公河国家举行会议，探讨建立“绿色湄公河”计划。2012年日本就上述的2009年援助计划续资6000亿日元，用于支持未来3年湄公河下游地区的发展。2013年日本又在“日本—东盟特别峰会”上向越、缅、老三国分别提供960亿日元、630亿日元和104亿日元的政府开发援助。三是其他国家对湄公河事务也日益关注。澳大利亚推出湄公河流域水资源计划，并与湄公河委员会和其他机构开展广泛合作。韩国政府也于2011年启动“韩国—湄公河国家外长会议”机制，与柬埔寨、老挝、泰国、越南等领导人会晤，通过了《关于建立韩国—湄公河全面合作伙伴关系，共同繁荣文明的汉江宣言》，提出要创造“湄公奇迹”，并就包括水资源保护等内容进行合作。

美日澳韩等区域外大国通过建立双边合作会议机制，增加援助与资金投入，设立双边技术交流纽带，将区域问题国际化，提供以水资源为核心的教育、医疗等相关配套服务等方式在湄公河跨界水资源管理事务上积极介入。他们采用政府与民间相结合，经济效益与绿色环保齐注重的方式，吸引了当地政府与民众的积极参与，以美国为代表的“湄公河下游行动计划”经过5年的经营，对中国产生一定的负面影响。在2014年8月的第7届美国与湄公河下游国家外长会议上，参会的各位部长就一致认为，“湄公河下游行动计划”在成立5年后已成为美国和湄公河国家的有效合作机制，并一同通过环境与水源、粮食安全、互联互通等六大合作支柱应对共同发展挑战。区域外大国多样化、持续化的介入行动增加了下湄公河国家的离心力，削弱了中国在湄公河地区的周边战略实施效果，更给中国与下湄公河国家跨界水资源问题的解决带来阻力。

三、中国对下湄公河国家“水外交”实施不足的原因

中国虽未形成一套完整、全面的“水外交”系统，但从以往中国对下湄公河国家的水资源合作和相关问题的处理上来看，中国对下湄公河国家的“水外交”已具雏形，在项目合

作、危机公关、应对外来压力方面也都已经具备一定的经验，但由于中国“水外交”仍处于起步阶段，其本身还存在着一些不足。以下不足的存在使得中国在湄公河跨界水资源合作上的问题难以得到有效解决。

（一）中国“水外交”的目的性困惑

中国“水外交”的目的并不是单纯、临时性地处理对外水争端问题，而是要发挥维护“国内经济发展—国家主体安全—周边关系稳定”的政治经济作用。从中国参与湄公河跨界水资源开发的过程来看，自20世纪70年代末中国对外开放政策确立，到寻求西部省份发展，再到国内水电需求的增加，中国在此背景下逐步加强了湄公河水电开发、航运贸易等。因此，湄公河跨界水资源开发的最初目的是寻求国内经济的发展，国际方面的目的性并不占主要地位。但随着对内水利设施建设、对外水电项目合作等规模的进一步加大，中国对湄公河水资源的开发利用开始引起下湄公河国家的担忧与误解。对于1993年和1997年湄公河水位的异常下降，2008年湄公河洪水的发生，2010年湄公河部分流域出现的大面积干旱以及2013年末出现的水位激增等问题，下湄公河国家都把主要原因归罪于中国在上游的过度开发，并给中国在湄公河地区的对外水电项目投入带来重大损失。因此，中国此时的湄公河跨界水资源开发已经不单纯是经济问题，而变成了可能影响自身国家安全和与周边国家关系稳定的对外关系问题。因此，中国在实施“水外交”时，要明确其目的是维护“国内经济发展—国家主体安全—周边关系稳定”三者的统一，在制定对应策略时应始终考虑这三方面因素，而不是在出现跨界水资源合作项目损失时，围绕经济问题去全面挽回损失，在出现航运安全问题时，则又以其为中心。

（二）中国“水外交”的实施主体困境

中国“水外交”涉及到国内经济发展、国家周边安全、区域合作提升、航运航道运行、水利项目发展、生态环境保护等众多问题，且牵涉到外交部、水利部、环境保护部、次区域主体云南和广西等诸多行为体。由于它们的职责、分工不同，众多行为体在一同介入处理某个问题时，可能造成分工不明或者分歧，减少有效性和合作性。中国在面临湄公河跨界水资源合作中的水利项目开发、航运合作、环境问题等突发事件时，便很难及时有效地召集相关部门和专家进行研究、公关、发布信息，所采用的应急解决方案也可能缺乏完整性和一定的说服力，将会使中国在湄公河跨界水问题处理上处于被动局面，打乱中国周边外交布局的脚步，甚至影响中国与下湄公河次区域国家间关系的发展。因此，需要完善“水外交”的实施主体分工，明确主次职责，将各点连线，再形成全面的网络。

（三）中国“水外交”进攻与防御层面的有限性

中国“水外交”在进攻与防御层面虽然取得了一定成效，但还有进一步发展的空间。第一，从“进攻层面”来考量，中国同下湄公河国家跨界水资源的开发合作主要依托于对水利设施、航运项目等大型基础设施类项目的大量投入，对涉及民生及环境领域的项目的投入虽然近年有所增加，但同美国、日本相比仍十分有限。美国、日本等国在水资源开发过程中特别关注相关群体的受益问题，因此以水资源为核心把周边的环境、教育、医疗、技术等相关领域都作为重点领域进行投资，例如，2010年美国在“湄公河下游行动计划”中提供1.87亿美元用于湄公河流域环境、卫生等方面开发。2012年日本对其建立的“绿色湄公河”计划续资6000亿日元，用于湄公河下游地区的可持续发展。他们以较少的投入获得了下湄公河国家普通民众的更多关注，而中国在此方面则面临较大压力。第二，从“防御层面”来考量，中国主要依托自身媒体与政府发布相关信息，尽管公布的信息属实，却使对方缺乏信任感。下湄公河国家一直对中国水文资料的有限公布表示疑虑。

四、关于推进中国对下湄公河国家“水外交”的几点思考

中国如无法彻底解决同下湄公河国家在湄公河跨界水资源开发中的困境，那么无论对于国内的水电开发、次区域合作水平的提升，还是西南周边的安全、利益共同体的建设，都将带来不可估量的影响。因此，中国必须借助“水外交”解决好区域内成员国的利益分歧和误解问题以及区域外大国的恶意介入问题，但最首要的是要先完善好自身的“水外交”体系。

（一）完善中国“水外交”体系以确保跨界水资源问题的有效解决

中国要以湄公河跨界水资源问题为出发点，结合国内水电开发需求、周边外交战略布局等各种考量因素，集政府、专家、学者、社会团体等各个力量就“水外交”进行探讨，明确维护“国内经济发展—国家主体安全—周边关系稳定”三者统一的实施目标，理清以某个职能部门为主的领导机构（例如外交部），完善其他部门（例如水利部、环境保护部等）和次区域主体（云南和广西）的分工体系，同时形成以高校、研究机构、国内非政府组织为成员的智囊团体，尽快落实解决湄公河跨界水资源问题的具体举措。同时中国在湄公河地区推行“亲、诚、惠、容”周边外交的过程中，要将其与“水外交”相结合，并作为周边外交的亮点之一来发展。

（二）建立湄公河水资源合作利益共同体以作为解决跨界水资源争端的交流新平台

湄公河委员会的弱制度性及该平台对中国缺乏吸引力而导致的水争端问题可通过构建湄公河水资源合作利益共同体来解决。一是构建水资源合作利益共同体的交流平台以加强问题解决的执行力和公平性。中国可利用好与下湄公河国家现存的水安全利益共同点和水资源开发交汇点，借助原有的大湄公河次区域合作平台，在其中设立一个涉及水资源经济开发、水资源安全等方面议题的论坛，每年通过定期交流、共同协商，做出交易和妥协，最终促成问题的执行和解决。同时还要借助会谈中的多次、多层博弈形成一种相对理性和公平的交易机制和结果，最终实现多方利益的相互捆绑，提升相互间的依存度。此外，由于维持该论坛的资金来源于会议六方，因此也将不存在由于资金单一性而导致处理问题有所偏颇的可能。二是构建水资源合作利益共同体的共同主旨。造成湄公河委员会内部利益分歧和水问题总是悬而未决的另一个原因是没有一个共同、明确的主旨，各国没有坦诚相见。2014年4月中国在湄公河委员会第2届峰会就提出愿以湄公河为纽带，本着互利合作、共同发展的原则，进一步深化战略沟通与互信，推进次区域经济一体化进程，共建“发展共同体”和“命运共同体”。同样在构建水资源合作利益共同体的交流平台过程中，要继续推行这种观念，以利益共同体为出发点，结合各成员国各自开发的需求，开诚布公地就实施原则、目标等进行探讨，形成一个统一而受

到相互认可的主旨,那么在执行过程中就会降低猜疑,增强执行力度,实质性地解决问题。

(三)借助“水资源综合管理”和第三方评估机构以消除下湄公河国家对水流量、泥沙问题的担忧

下湄公河国家对水流量及泥沙问题的担忧主要因为对于中国如何开发水资源的原则不清,对于中国公布的水文数据存在质疑所致。部分非政府组织、区域外国家、媒体也正是利用了这一点而进一步鼓吹,使这些国家更为担忧。因此,中国首先可把“水资源综合管理”纳入到今后的湄公河开发过程中。该项管理原则是联合国在全球水资源合作中极为强调的原则,同时也是湄公河委员会在开发湄公河水资源项目中所遵循的规则,但湄公河委员会在具体项目执行过程中却也无法真正做到平衡这三者之间潜在的紧张关系。因此,中国在今后的湄公河跨界水资源开发过程中,将“水资源综合管理”原则与对下湄公河国家的水利设施、航运建设等相结合,使中国在湄公河开发利用过程中真正做到社会、经济、环境的三者平衡,减少甚至消除下湄公河国家对中国原有的质疑和误解,加强“水外交”的实施效果。其次,中国可借助第三方水利和环境评估机构来发布相关的数据与信息。以往中国过度依赖自身媒体与政府发布相关信息,这是引起下湄公河国家对中国产生不信任危机的一个重要原因。因此,中国在湄公河推行水利建设及其他相关项目时,下湄公河国家抱着一种抵触的心态,不愿相信事实真相,再加上部分西方政府、非政府组织和媒体的片面宣传,更使下湄公河国家离心力增大。因此,中国要借助国际上知名的水利、环境等第三方评估机构对中国在湄公河上游的水利设施、下游的水利合作以及以往出现的水问题进行评估并公布,这能在一定程度上化解相互间的不信任危机,为解决水问题创造有利的条件。

(四)实施积极有为的“水外交”对外策略以应对区域外大国的介入

区域外国家在湄公河跨界水资源开发上持久、全面的介入,给中国顺利解决与下湄公河国家的水资源问题带来了难度,因此,中国要改变过于保守的“水外交”思想,实施积极有为的“水外交”策略。第一,中国要以水资源综合开发为核心,利用好自身在资金、技术、地缘等方面的优势,本着互利共赢的原则在水利项目开发、航道运行、河岸保护、水资源配套设施、水流域周边社区的教育与卫生等方面采取全面的、针对性的行动,以加深同下湄公河国家国间的联系,获得对方国政府、各界精英以及民众的认可。第二,中国可借助政府、公司、民间团体等各种媒介加强同下湄公河国家政府、水产品生产投资公司、沿岸社区居民、环境评估机构等各个主体的沟通与交流,增进相互间信任,让下湄公河国家在水资源合作中逐渐消除对中国的误解,改变对中国原有的错误印象,保证水问题的顺利解决。第三,中国要加强同在湄公河水资源问题上具有共同利益的区域外国家的合作。例如,虽然欧盟参与了美国“湄公河下游之友”计划,但其中部分欧洲国家并不真正喜欢“美湄合作”,更有一些欧洲学者向中国学者指出美国在湄公河玩政治手段。所以中国可以通过与部分欧洲国家等建立合作伙伴关系来抑制美国、日本、澳大利亚、韩国等国家在湄公河跨界水资源开发中的行动。

(作者张励系云南大学博士研究生、卢光盛系云南大学教授)

中国企业“走出去”的风险与控制

——从综合安全视角审视中国的“一带一路”建设

卢国学

“一带一路”政策的实施,必将使更多的中国企业走出国门,参与到相关国家的经济活动和国家建设之中。然而,我们在预估中国企业“走出去”获得潜在收益的同时,不能忽视现实的各种安全风险。这其中既包括因国际形势变化所带来的地区政治安全风险,也包括那些长期影响地区经济和社会发展的各种非传统安全风险。尽管这两类安全风险性质不同,表现形式也不一样,但从风险控制的角度看,它们之间却存在着一定的必然联系。从综合安全的视角来审视中国企业“走出去”的安全风险,将有效提升中国与“一带一路”沿线国家对安全风险的管控能力,增强相关国家与中国开展区域合作的政治意愿,提升“一带一路”建设的边际效益,保障“一带一路”建设的稳步推进。

一、中国企业“走出去”的机遇与条件

“一带一路”沿线有近 60 多个国家,总人口约 44 亿之多,经济总量约为 21 万亿美元,分别占全球的 63% 和 29%。这些国家总体而言基础设施薄弱,且正处于经济发展的上升期,有广阔的合作空间。在当前整个世界经济需要新的驱动之时,中国提出“一带一路”战略,不仅是出于中国自身的发展需要,也能极大地促进相关国家的经济发展。不难发现,在“一带一路”沿线上,即便是英、法、德这样的发达国家以及韩国、智利、墨西哥为代表的少数新兴经济体国家,其国内基础设施也面临着更新换代的问题。而对于更多的发展中国家而言,基础设施的改善不仅会带来经济与社会发展的良性循环,有助于摆脱贫困、加快工业化进程、吸收利用外国资本,还可以加速融入区域产业链和供应链体系,获得宝贵的发展机遇。“一带一路”建设对沿线国家的经济与社会发展都具有非常重要的现实和长远意义。

当前,东南亚地区、中东欧地区以及拉美地区区域一体化的发展诉求强烈,区域内改善基础设施和互联互通的需求也非常巨大。中国政府正在不断推动与这些地区的双边基础设施合作。作为“一带一路”建设重要行为体的中国企业,必将迎来一个向外部发展的大好机遇。数据显示,2014 年中国对外承包工程业务完成营业额 1421.1 亿美元,合人民币 8000 亿元,同比增长 3.8%;业务规模稳中有升,新签合同额 1917.1 亿美元,约合人民币 1.2 万亿元,同比增长 11.7%。在“一带一路”政策的刺激下,我国企业对外投资目前呈现出三个特点:一是对外投资和承包工程涉及的专业领域已经扩展到包括矿产、房地产、工业制造、农业开发、垃圾及污水处理、纺织、装备制造、太阳能、风力发电等多个领域。二是对外承包工程作为货物、技术和服务贸易的综合载体,在自身快速发展的同时,也带动了国内原材料、设备出口以及运输、电信、金融、航空、保险等相关行业的发展。三是在基础设施建设领域,过去多以房建为主的海外承包项目,现在正加速向港口、机场、高速公路、铁路等能源、交通项目转移,参与了很多国家的港口、铁路规划和投资项目。可以说这也是未来几年中国企业在“一带一路”建设中的基本特征。

基础设施建设和互联互通既是经济增长的条件,又是经济增长的结果,二者具有相互促进的效应。作为当前全球第

二大经济体，长期以来中国不仅积极参与、推动与邻近国家和区域的互联互通建设，也一直寻求与全球经济伙伴之间形成低成本、高效率、稳定可预期的互联互通环境，积极参与国际基础设施建设和互联互通合作。如2010年10月，在越南首都河内举行的第17届东盟领导人会议上，通过了东盟地区互联互通总体规划，这被看作是2015年建成东盟经济、政治安全和社会文化共同体的全面合作行动纲领。东盟的互联互通总体规划提出后，中国随即设立了总规模100亿美元的"中国—东盟投资合作基金"，并宣布提供250亿美元信贷，从公路、铁路、水运、电力、通信、人力资源培训等众多领域，全面参与东盟国家互联互通项目建设。从总体上看，中国在"一带一路"建设中不仅有参与相关国家互联互通的政治意愿，也有其自身的条件与优势。

第一，人力资源方面的优势。对于中国这个发展中大国来说，丰富的劳动力资源依然是生产力中最为活跃的部分。与发达国家相比，中国的劳动力优势来自于更低的人力成本、本地采购成本、资本投入成本以及政府的激励政策。除此之外，人力资源优势还包括拥有一定生产技能和专业知识的优势、短期内能够创造人力资本的优势以及伴随着互联互通的推进而产生的人力资源外包优势。可以说，作为全球第一的人口大国，中国近14亿人口的经济体不仅具有巨大的市场容量，还能为"一带一路"建设提供充足的劳动力资源。而作为全球制造业大国，中国的劳动力大都具备从事各项生产活动的丰富经验和专业技能，这在企业的前期投入和后期培养方面，相较于其他发达国家和发展中国家都具有相对优势。

第二，物资设备与技术管理能力优势。目前，在能源、通信、公路、铁路、机场、港口等大型基础设施的装备制造业，中国已经处于世界领先水平，甚至在某些关键技术上已经超越了发达国家，成为国际公认的制造业大国，具有强大的基础设施供给能力。这与"一带一路"建设的强大需求形成了明显的供求关系。可以说，在基础设施建设方面，从项目的设计规划到专业设备的采购安装、从项目的施工运营到相关设备的售后服务、技术人员培训，中国企业均可以满足对方的需求。不仅如此，在多年的海外工程建设中，企业的管理层也积累了丰富的国际经验，管理能力和水平不仅比那些亟待建设的发展中国家强，即便是对那些需要更新基础设施的发达国家来说也具有相当大的优势。

第三，财力优势。"一带一路"建设，资金是关键。如果没有资金，很多基础设施项目只能是纸上谈兵。中国作为目前全球第二经济大国，拥有大量的外汇储备，在更多中国企业"走出去"的进程中，金融机构的支持力度也在不断加大，可以说达到了前所未有的力度。英国《经济学人》指出，没有中国的参与，不少国家显然难以完成耗资巨大的相关工程。如在推动亚太地区互联互通建设方面，尽管世界银行和亚洲开发银行也做出多年的努力，但由于资金规模问题，难以满足该地区未来10年高达8万亿到9万亿美元的巨额资金需求。2014年10月24日，在中国的倡议下21个首批意向创始成员国在北京签约成立亚洲基础设施投资银行；同年11月8日，在APEC北京会议期间，中国宣布出资400亿美元成立丝路基金。这一切都充分显示了中国利用自身雄厚的财力优势推动"一带一路"建设的决心。

第四，国内政治制度与决策机制方面的优势。改革开放以来，中国的综合国力迅速提升，社会发展取得了令人瞩目的巨大进步。世界很多发展中国家，甚至包括一些发达国家都在探索"中国成功之谜"。许多外国政治家、学者看到了中国特色社会主义的优越性，看到了中国特色社会主义政治制度对世界的重要贡献，研究探讨中国经验已成为当今世界新的热点。中国特色的社会主义政治制度，不仅在中央政府决策上更容易形成统一意志，在决策机制上也具有快速、高效和务实性的特征。这使得中国政府在经济持续低迷的情况下，仍能为"一带一路"的互联互通建设以及推动区域经济一体化提供各种公共产品的一个重要原因。

第五，地缘、幅员优势。这是中国在"一带一路"建设方面一个尤为重要的优势。中国幅员辽阔，拥有广阔的陆地和领海。从地理位置上看，中国位于亚洲东部，太平洋西岸，同14个国家陆路接壤，与8个国家海上相邻。"一带一路"的互联互通建设，从根本上讲就是使沿线国家建立起更加便利的贸易、交通、通讯、资金流动以及人文交流等相互流通的网络，使区域经济向更深层次、更高层级方向发展，为区域合作乃至全球的经济、社会发展搭建更加广阔的合作平台。中国这种优越的地理位置和广阔的幅员面积，使其在"一带一路"建设中具有独特的优势和条件。目前，随着中国"一带一路"建设的实施以及欧亚国家的积极参与，原本基于亚洲及太平洋地区的互联互通建设，正在向欧亚大陆腹地及大西洋国家延伸，其地缘、幅员优势也将逐渐得到体现。

二、中国企业"走出去"面临的挑战与风险

现代企业的经营活动都不得不考虑收益和风险的两种可能。特别是随着市场经济的发展和经济全球化的推进，跨国企业面临的市场环境越来越复杂，所面临的风险也较以往更加严峻，更具隐秘性和摧毁力。"一带一路"建设，旨在打破原有点状、块状的区域发展模式，从海陆至空间，从纵向到横向，贯通我国东中西部和主要沿海港口城市，进而连接起亚太和欧洲两大经济圈，实现沿线国家和地区全方位、立体化、网络状的互联互通。"一带一路"政策下的互联互通建设，不仅会改变中国区域发展的现有格局，也会通过欧亚经济的再整合重塑世界的政治经济版图。在这样一场大的变革面前，中国企业的海外投资势必面临以"跨国公司扩张为标志的经济全球化加速"和"国有经济强化为标志的经济民族主义兴起"为时代背景的双重挑战以及因地缘政治环境转变所引发的地区政治安全风险和诸多非传统安全风险。

第一，中国企业"走出去"将面临时代性的挑战。客观地讲，今天的跨国公司都是在第二次世界大战后极力摆脱战前殖民特征的基础上，才重新确立了在全球经济活动中重要地位的。这种专注于商业活动的"弱政治"尝试，极大地降低了跨国公司打通地理边界的限制，从而也极大地推动了经济全球化的蓬勃发展。跨国公司经营活动，在较为成熟的市场经济国家之间是很容易按照国际商法、国际惯例而得到应有的保护，但是一些新兴经济体国家和市场经济尚不成熟的发展中国家对战前跨国公司的不良行为记忆犹存。当国外的一些"新鲜事物"通过跨国公司这一载体传播到东道国后，一时间难以让所有的社会群体都快速适应和接受。一旦排斥、拒绝的力量积攒到一定程度，就会衍生出威胁跨国公司经营的种种风险。另外，二战后兴起的民族独立运动，更加强调国与国之间的平等关系，更加注重民族经济的发展。在这种形

势下，一些新独立的国家奉行民族主义的经济政策，通过各种手段削弱境外跨国公司对本国经济的影响，部分国家甚至采取激进手段，把跨国公司在本国的资产国有化。新独立民族国家政策上的不稳定性，改变了跨国公司的商业环境，也给跨国企业的经营带来新的挑战。"一带一路"建设中的中国企业，无疑也摆脱不了这些带有时代性的特征，对其所从事的跨国经营活动，如在能源、基础设施项目方面，东道国政府的态度往往较为谨慎，甚至有限制中国建材和人员进入等贸易保护主义现象的出现。

第二，中国企业"走出去"将面临地缘政治环境变化的冲击。众所周知，自古以来，"一带一路"沿线就是全球贸易的传统线路，也是东西方文明的交汇区域。今天的"一带一路"与古代的丝绸之路相比，覆盖面更广，路线更长。因此，所面临的国际环境也更加错综复杂。"一带一路"是一个多边外交的大舞台，这里不仅涉及本地区的国家，也涉及在本地区具备影响力的国家，还包括一些全球性和区域性的国际组织机构，如国际道路联盟、联合国教科文组织、东南亚国家联盟、南亚区域合作联盟、独立国家联合体等。而从地缘角度看，"一带一路"两端是当今全球经济最活跃的两个"引擎"，即欧盟地区和亚太地区，而"一带一路"沿线的大部分国家都处在两个引擎之间的"塌陷地带"。经济与社会共同发展既是"一带一路"沿线各国的普遍诉求，也是驱动世界两大经济发展"引擎"持续运转的动力，而这两方面的因素叠加在一起，使"一带一路"建设在呈现出巨大商机的同时，也成为引发欧亚大陆地缘政治、经济格局变化的一个重要因素。

冷战结束后，有关丝绸之路的复兴越来越受到国际社会的普遍重视。特别是在世纪之交"一带一路"沿线的发展前景更是引起了世界性的关注。早在 1995 年，欧洲联盟委员会就提出了"欧洲—亚洲交通走廊"方案，以致力于建设欧洲—黑海—高加索—里海—中亚的运输通道。此后，在有关国际组织机构，如亚洲开发银行、联合国经社理事会和联合国开发计划署的筹划和倡议下，一些国家也都曾提出过自己的战略设想，如日本的"丝绸之路外交"（1997 年）、美国的"新丝绸之路计划"（1999 年）以及由俄罗斯、印度、伊朗三国发起的"北南走廊计划"（2000 年）等。尽管这些设想都因种种原因没有得到有效的推进，但一个不可争辩的事实是，"一带一路"沿线是当今世界主要国家战略构想当中的一个重要区域。而在这样的区域内出现的任何风吹草动，都会触动一些大国的战略神经，如果这些国家依旧用传统的战略思维来判断"一带一路"建设，就很容易陷入"控制与反控制""制衡与反制衡"的思维怪圈。事实正如新加坡国立大学东亚研究所所长郑永年所说"现有的国际秩序决定了对中国'走出去'的'一带一路'战略会有三种反应：既得利益者反对；发展中国家需要资本扶持；还有一些中间力量则是持怀疑态度。"香港城市大学政治经济学教授保罗·卡马克也认为："中国经济的崛起和扩张后再走出去，必然会提升中国在东南亚甚至亚洲地区的地缘政治影响力，美国和日本一定会感觉到挑战。"不难发现，在中国"一带一路"建设正在有序推进之时，某些大国就以平衡地区力量为由加紧在全球范围内部署军事力量；一些国外媒体在大肆宣扬"中国威胁论"的同时，有意把中国的"一带一路"建设与"马歇尔计划""珍珠链战略"相提并论；有些国家甚至还为此提出了"安保钻石构想""季风航路构想"等来防范中国。可见，在"一带一路"建设中，中国企业不得不时刻面对这些因地缘政治环境变化所带来的冲击。

第三，中国企业"走出去"将面临各种非传统安全因素的影响。在传统的地区政治及军事安全问题日益突出的同时，"一带一路"沿线还面临着各种非传统安全方面的威胁。除了全球共同面临的恐怖主义、武器扩散、跨国犯罪、走私贩毒和非法移民、海盗等非传统安全威胁之外，本地区还长期面临经济及金融、生态环境、地质灾害、资源能源、信息通讯以及公共卫生等方面的安全威胁。据统计，仅在环太平洋沿岸地区，就有活火山 512 座，占全球活火山数量的 80 %，而地球上 90% 的地震以及 81% 最强烈的地震都在这一地区发生。在公共卫生安全方面，这一地区同样也是全球的高发地和重灾区。据世卫组织统计，近 10 年来在全球爆发的十大传染病疫情中，这一地区就先后出现过 6 种，其中就包括非典、禽流感、手足口病、疯牛病、登革热、猪流感等。

正是基于现实中的各种安全挑战，近年来在中国出口信用保险公司（简称"中国信保"）所发布的《国家风险分析报告》中，把企业在海外面临的风险划分为四个维度，即政治风险、经济风险、商业环境风险和法律风险。而一些行业机构和专业部门乃至具体的涉外企业，它们也都根据当地的实际情况以及投资、合作领域，对企业的安全风险做出了符合自身需要的风险评估和分类，如 2014 年受商务部委托，中国对外承包工程商会在其研发的《境外企业项目外源风险管控评价体系》中就界定了境外企业的六大风险，即政治风险、恐怖主义和社会风险、经济风险、法律风险、环境风险和医疗卫生风险。应该说，这些风险分类，都是根据多年来中国企业从事海外经营的实际经验逐渐积累和总结出来的，它将在我国企业"走出去"、推进"一带一路"建设的过程中发挥重要的指导作用。

三、"一带一路"建设中的风险控制

如前所述"一带一路"建设是在经济全球化和经济民族主义兴起的大背景下，重塑区域经济版图的战略性问题。这就要求中国企业在考虑海外投资过程中不仅要照顾到经济、经营上的风险，更要看到因地缘政治经济环境的变化所引发的国内政治、国际关系以及各种突发事件所带来的安全风险。从某种意义上说"一带一路"建设面临的安全风险具有一定的综合性、复杂性和多变性，它需要"一带一路"沿线国家和相关企业具有全局意识，从政治、经济、法律、文化、社会等综合安全视角来控制这些风险。

"综合安全"，是一种全方位、多层次、内容广泛的安全。现在人们关注的"综合"安全，在上述界定的基础上，还有两层特殊的含义，即从安全内涵上看，综合安全需要同时容纳传统安全与新安全的内容；从行为主体观察，综合安全需要把范围扩展到比国家更大的层面。有鉴于此，综合安全视角下的"一带一路"风险控制，有必要从以下五个方面入手。

第一，培育合作理念。"一带一路"建设所面临风险具有综合性，因此，它的风险控制也有必要"从民族国家的层级，转移到后民族国家集团的层级，并进而转移到全人类的层级"。在传统的区域合作理念中，人们总是习惯于从地区的"权力结构""区域内国家的制度与体制""国际制度与机制"以及"文化建构"等视角来推动区域合作。

"权力结构"合作理念，认为区域内国家之间发展的"不均衡性"决定合作状况要受国际权力结构的影响与制约，权力结构不同,国家的行为也会不同。另外,主张用"权力结构"来分析区域合作者也大都承认,国家并不是"权力结构"中的唯一影响因素。"传统的以国家权力为基础的国际权力结构为由众多行为体所构成的新的、更为复杂的国际权力结构所代替应是历史发展的必然趋势。"也就是说,在综合安全视角下,安全合作的主体除了主权国家这一行为体,那些全球性的或者区域性的国际组织机制也将参与到合作的"权力结构"中来。而主张从区域内"国家的制度与体制"入手来控制安全风险的人则认为,不健全的国内体制或体制差异性是地区合作难以深度发展的主要根源。这种合作理念基于两种理论依据:一种是以"民主和平论"为依据,认为西方式的自由民主制是确保"民主国家"之间进行合作的基本前提,但不能保证与"非民主国家"之间的合作关系。这种理论多以亚太地区为例,认为亚太地区符合西方标准的民主国家并不多,难以出现冷战后欧洲出现的普遍民主化以及所谓能"抑制冲突、确保和平"的内部民主体制,因而地区内相互之间的合作也是难以实现的。另一种理论依据就是"民主转型期理论",认为"制度是可以人为设计的,相对于早期民主国家制度自然生长的发展模式,现在的民主转型国家必须进行有效的制度选择,在宪政体制上形成制度性妥协,最大限度地减少转型期出现的各种政治冲突与不确定性"。"国际制度与机制合作"理念,是从成本和收益的比较视角来解释区域合作的,主要强调制度、机制的本体性,其结论是:如果缺乏诸如法律、条约、组织等硬性机制及形成条件,合作前景就会黯淡。而改变这种局面的途径,也必须通过完善制度、克服制度缺陷来实现。而"文化建构"理念,则把"文化"和"观念"因素看作是"地区特性"的一部分,并成为地区合作乃至对整个国际关系产生重大影响的变量,强调区域内行为体身份、角色的转变,重视交流、互动的作用,目的是使行为体从"对抗性理念"转变为"合作性理念"。

笔者认为,目前对于"一带一路"沿线的国家来说,所面临的最突出问题是地区的和平与发展问题。前者侧重传统的地区政治安全领域,而后者则是更多地体现在经济社会进步及如何应对各种非传统安全方面。在这两大问题领域下,"一带一路"建设既有地区经济利益冲突特点,也有地缘战略控制的特征。有鉴于此,地区内各国都有必要从战略合作理念来统合"一带一路"的风险控制与经济合作。

所谓战略合作理念,就是从国家安全和发展的长远利益出发,通过调整和改变国家的内外政策来解决问题的合作理念。这种合作理念首先解决有关各方在合作中"判断"和"定位"问题,即"我是谁""他是谁""我要做什么""他要做什么"以及"别人怎么看""别人怎么做"等。在这一基础上,各方就可根据自身的战略目标设定不同的合作框架与合作领域,避免使合作陷入僵局。战略合作的理念可使区域内所有国家都能参与到区域合作中来,而不至于导致一些中小国家因与大国之间的特殊关系而对其本国利益造成损害;不仅能够把具体的问题放到更加广泛的领域来综合考量,也能够把各国眼前的利益与长远的利益结合起来;不仅可以有效防止突发事件对区域合作造成的冲击,也可以避免区域合作出现"因小失大""得不偿失"的后果。2005 年,美国副国务卿和贸易谈判代表佐利克就主张以务实态度对待中国、用"利益攸关方"来定位中美关系,这实际上就是战略合作理念在大国关系中的具体应用。从"一带一路"建设所面临风险的综合性上看,战略合作理念有必要成为今后指导沿线及相关国家参与合作的最高理念。

第二,加强大国之间的协调与沟通,增强政治互信。大国关系是地区乃至全球安全稳定的基石,它决定着国际安全的基本走势,当然也是决定着"一带一路"建设能否顺利推进的重要因素。大国之间保持沟通,既可以消除彼此间的误解和对立,又可以使区域内的其他国家把主要精力投入到本国的经济建设和社会发展当中。与"一带一路"沿线地区有传统利益关系的大国,在维护地区安全稳定、实现合作共赢方面都负有更大的责任。另外,目前在"一带一路"沿线还存在多种不同规模、不同功能的多边合作机制,这为相关国家开展平等对话做出了制度性安排。尽管这些机制之间也存在协调不够、隐形竞争等问题,但它毕竟为有关国家开展平等对话提供了渠道和平台。因此,无论是地区性大国还是全球性大国,都应摒弃冷战思维,在涉及地区安全与稳定的重大问题上,相互尊重各方的合理关切,理性处理立场差异和利益纷争,坚持相向而行,形成良性互动,才能开拓共赢之路,建立和平稳定的国际安全新格局。

政治互信,是国际政治交往中的基本立足点和最高境界。国家之间有了良好的政治互信,各种问题就很容易解决。我们不得不承认,"一带一路"沿线几乎具备了导致国际关系趋于紧张和对立的所有因素。这些因素既有因权力、实力消长而引发的疑虑和恐惧,也有因文化与习俗的不同而产生的错觉;既有政治制度和意识形态的不同而导致的认知差异,也有因地理位置邻近而产生的竞争关系;既有大国间因安全困境所激发的防范与遏制,也有中小国家对大国未来走向的不确定感。因此,可以说尽管"一带一路"建设中会面临各种错综复杂的安全风险,但最根本的问题就是互信问题。近年来,尤其是在中国成为全球第二大经济体后,中国在亚洲的地位不断提升,地缘上的优势又使中国的影响力迅速地辐射到邻近地区,这就很可能与一些国家的地缘战略利益产生碰撞。因为在传统的国际关系理论上,新兴大国的崛起往往会增强特定国际结构中的不确定性,必然会引发霸权国和周边国家的"疑惧之心"和强力反弹,导致常态下的国家关系骤然陷入结构性的安全困境之中。而在缺乏互信的安全困境中,地区内部的主导权之争、海域划界和海上领土的主权之争以及因历史问题造成的民间感情因素等都很容易被激发,从而更容易引发地区政治安全形势的剧烈变化。

第三,用经济、法律手段应对企业面临的经济风险。企业的法律风险,是指企业在经营中未按照法律规定或合同约定行使权利、履行义务、疏于法律审查、逃避法律监管所造成的经济纠纷和涉诉给企业带来已发生或潜在的重大经济损失。企业的风险,主要是商业风险和法律风险,而商业风险往往在一定程度上就是法律风险,或最终以法律风险的形式表现出来。因此,法律风险已成为企业走向失败的重要原因之一。我们应该承认这样一种现实,"一带一路"沿线上的国家大多数是发展中国家,帮助这些国家逐步完善市场经济体系和国内的法律体系,也是我们"一带一路"建设的一个基本责任和出发点。尽管当下一些到海外投资或承包项目的中国企业,往往会在一些法律不健全的国家通过与当局搞好关系来寻求庇护、规避风险,但这确属情势所迫而并非长久之策。尤其是在那些政局不稳的地区和领导人更迭频繁的国家,政府被暴力推翻也屡见不鲜。中国企业结交一派的结果，就是得罪其他派别力量，从而使工程人员成为反对派的攻击目标。要是在所有地区都寄望与权力媾和来摆平一切，最终也会让自己陷入窘境甚至险境。因此，用经济、法律手段处理跨国企业面临的风险和纠纷，是中国跨国企业必须掌握的国际通行手段和基本技能，中国企业还要本着“传、帮、带”的合作理念，增强法律意识，按照市场的经济规律以身作则，为“一带一路”沿线国家树立遵法、守法的典范。除此之外，为了更加有效地应对各种经济风险，中国还要推动建立、完善投资担保机制，发挥保险对风险的转移功能。不仅要充分利用类似世界银行的“多边投资担保机构”这样现有的国际投资担保机构来分担风险，还可以推动建立专门针对“一带一路”建设的投资担保机构，如同建立“亚投行”一样，是否可以考虑建立“亚投保”（亚洲基础设施投资保险公司）。这样，不仅会对具体的风险防控做出更为及时、有效的反应，也能有效中和“一带一路”沿线高风险的危害。

第四，以国企带动民企，因地制宜、有针对性地选择进入国际市场的模式。企业的国际化是一个循序渐进的发展过程。它不仅取决于对方市场的接纳程度，也表现为跨国企业对国外市场的认识过程。从历史经验来看，跨国企业的各种进入模式各有利弊，也各有不同的风险。因此，企业开拓国际市场到底选择何种进入模式，必须结合本企业的全球发展战略以及企业拥有的资源条件，针对不同的目标市场环境来综合考虑“一带一路”建设是国家间的一种政策行为，毫无疑问，在“一带一路”政策下“走出去”的中国企业都承担着一定的国家责任和义务。但与大型国有企业相比，民营企业“走出去”最为人关注的是缺乏足够的风险意识和抵御风险的能力。在目标国家市场规模、竞争结构、政治和经济环境以及企业自身的核心竞争力水平尚不明确的情况下，国企应该是“一带一路”建设中的中坚力量，而民营企业起码应该在国企的项目框架下参与其中。这不仅是因为，国企体量大、抵御各种风险的能力强，更因为国企更能代表国家行为，更好地贯彻国家的战略意图。而对于目标市场国家来说，对国企的诚信度基本等同于对国家的诚信度。如果仔细研究始于20世纪五六十年代的日本政府开发援助（ODA）就不难发现，当时ODA作为日本政府的政策行为，既有经济援助的特征和进入国际市场的初始动机，也有长远的政治外交上的战略考虑，甚至很大程度上可以说是日本外交政策与发展战略的反映。美国研究日本ODA的专家丹尼斯·雅斯托莫指出“日本是唯一一个将援助作为外交手段而加以高度重视的国家。”日本的ODA包括“双边援助”和“对国际机构出资”两大部分，其中双边援助又分为“无偿援助”和“政府贷款”两个部张“无偿援助”包括无偿资金援助和技术援助。但到了20世纪90年代中期以后，日本经济状况急剧恶化，特别是亚洲金融危机发生后，日本政府全面压缩政府开发援助的金额而决定转为主要向民间企业提供担保。也就是说，日本的ODA政策，在战后不同的历史时期有它不同的特征和进入国际市场的模式。除此之外，就现阶段国内的一些中小企业来讲，由于缺乏系统的法律培训和对投资环境的了解，有的企业甚至把在国内的一些“恶习”带到海外，盲目追求经济效益，缺乏对当地劳工权益的保护意识、遵法守法意识、环境保护意识以及尊重当地民俗、民风的意识等，进而招致当地民众的仇视，引发劳资纠纷，结果不是被当地政府翻脸课以重罚，就是项目被终止，甚至酿成流血冲突事件，给中方人员带来不必要的安全风险。2015年发生在在缅甸北部的中国伐木工人被抓事件，就是一个很好的例证。

第五，以非传统安全合作为突破口，化解“一带一路”建设中的安全风险。综观全球，我们都不难发现，当今世界除了传统的地区政治及军事安全问题，面临的另一个安全问题便是来自非传统安全领域。正如加拿大国防部长彼得·麦凯在2012年的香格里拉对话会议上所言：“虽然世界各地仍可见区域和国与国之间的敌对状态，但最常见也最令人担忧的挑战实际上并非来自国家，也与传统意义上的安全威胁大相径庭。”从这个意义上讲，当前国际安全方面最应该也是最需要加强合作的应该是在非传统安全领域。

从长远来看，非传统安全合作有着巨大的合作空间，具体表现在以下三个方面：一是世界各国对于加强区域内的非传统安全合作都表现出强烈的合作愿望。非传统安全问题具有多样性、高发性、跨国性以及与地区政治安全问题的紧密关联性等特点，这些特点使得任何一个国家都无法单独有效应对。从近年来世界各地频繁发生的恐怖袭击事件、大型地质灾害事件以及流行性传染病等诸多的非传统安全事件上，我们无不感受到来自国际社会加强国际合作的呼声和各国积极携手应对的意愿。二是目前国际上应对非传统安全威胁的公共产品与有效的合作机制严重欠缺。一方面，与在传统的地区政治安全领域大国愿意向其盟友、重要地区提供安全公共产品（如战区导弹防御系统、国际导弹防御系统）不同，目前还没有一个大国愿意提供非传统安全领域的国际公共产品。而根据联合国《通向实现联合国千年目标的路线图》报告，在全球公共领域需要集中供给公共产品，其中就包括应对非传统安全威胁的公共产品等。但这种公共产品目前无论在全球范围还是在区域范围内都明显不足，尤其是在当前有些国家政局动荡以及全球经济危机背景下，发达国家用于这方面的财政预算常常会受到来自国内力量的制约。另一方面，虽说目前国际上存在很多合作机制，但很多国际组织机构都是把非传统安全合作作为附加的议程，而且很多都是论坛性质。这样，由于缺少专门的合作机制，在一些实质性合作过程中，往往又受到传统的地区政治安全因素的冲击，导致合作关系很不稳定，在应对大规模非传统安全危机时往往有力不从心之感。三是很多发展中国家都期待大国能够在地区事务中发挥作用。从近年来应对非传统安全问题的实际效果上看，综合实力强、幅员辽阔的大国在抵御诸如金融危机、地质灾害、粮食安全等非传统安全的能力方面远比中小国家强。而在大国中，中、美、俄、澳、日等国在应对非传统安全威胁方面都拥有各自的优势，尤其是中国，不仅在地缘上与非传统安全高发区紧密相邻，在人力、物力、财力方面的综合优势也使它不仅自身具备抗击各种非传统安全威胁的水平，更具备向周边国家实施快速援助以及灾后重建的能力，这也是近年来国际社会一致呼吁和期盼中国在国际事务中发挥更大作用的重要原因。而经过近年来的防灾合作和对外援助实践，中国在周边国家已经打下了良好的民间基础，对中国的国际形象也颇具好感，这已经成为一些国家在制定对华政策过程中一个不可忽视的“正能量”。正是基于这样的认识，笔者认为开展非传统安全合作能为化解地区内的安全困境找到合理的切入点，进而增进地区内各国的政治互信。而通过加强非传统安全合作，也有利于区域内传统安全问题的解决，推动和保障“一带一路”建设的顺利推进。

总之,在当前国际政治、经济及安全环境下,“一带一路”建设将极大地促进欧亚大陆之间的互联互通,它不仅会给中国企业带来机会,也将给沿线各国带来巨大的发展机遇。放眼全球,当今世界无论是发达国家,还是发展中国家,谁能够创造更加便利的贸易和投资环境,谁就能争取到更多的发展机会。尽管在“一带一路”建设中中国企业“走出去”将面临各种各样的安全风险,但机会绝对不会出现在抱怨与畏缩之中,而在于如何积极行动。只要我们能够统揽全局、分清主次,从综合安全的视角管控风险,就能够有效保障“一带一路”建设的顺利推进。

(作者系中国社会科学院副研究员,原载《东南亚研究》2015 年第 6 期)

论 文 摘 要

《基于 OCA 指数法的中国—东盟货币合作研究》 储星星(云南大学)、韩博(云南省社会科学院)撰,载《东南亚南亚研究》2015 年第 1 期。指出最优货币区理论一直是研究区域性货币合作的重要理论基础,OCA 指数法作为最优货币区理论的定量研究方法,是判断区域货币合作可行性的主要依据。通过深入分析中国—东盟现有的经济合作成果,并利用 1995 ~ 2013 年的数据,检验宏观经济变量对中国—东盟货币合作成本的影响,可以发现,贸易开放度对中国—东盟货币合作成本的影响并不显著,其他变量对中国—东盟货币合作成本呈显著的正相关关系。

《东南亚的“区域治理”及其效果》 张云(广东技术师范学院)撰,载《东南亚南亚研究》2015 年第 1 期。指出东南亚的区域治理是“全球治理”理念在东南亚地区进行区域社会实践的过程,也是一个发展不均衡的区域性国家间联盟“国际社会”化的过程。治理的视角使得研究的方法不再是简单的案例分析或者是由果索因的推理分析,东南亚的区域治理有其自身的历史渊源,同时又有国际社会化、连结性和同质化等特征。东南亚的区域治理的进程是渐进式的,是与东南亚区域国际社会化的过程紧密地交织在一起的。东南亚的区域治理可用这样一句话来总结:是对当代各种区域整合模式的抗拒,也是对东南亚合作特色的坚持。

《缅甸独立前族际关系析论》 钟贵峰(赣南师范学院)撰,载《印度洋经济体研究》2015 年第 1 期。指出历史上,缅甸多民族国家族际关系紧张,族际矛盾突出。在长期的殖民统治下,英国殖民者对缅甸采取“分而治之”“以夷制夷”的政策,人为制造族际矛盾,使缅甸的族际关系问题更加凸显,族际冲突成为常态。文章将独立前缅甸纷繁复杂的族际关系划分为良性、中性和恶性关系三种类型,这对认识、理解和解读后来的缅甸民族问题具有重要的参考意义。

《东盟五国外国直接投资与制成品出口贸易相互关系分析》 苏颖宏(厦门城市职业学院)撰,载《亚太经济》2015 年第 1 期。指出对东盟五国外国直接投资(FDI)流入和制成品出口之间相互关系进行实证研究,结果表明:除泰国外,东盟四国 FDI 流入和制成品出口贸易存在长期稳定的均衡关系。新加坡和马来西亚出口贸易拉动 FDI 流入,属于出口导向型投资;泰国 FDI 增长对出口贸易有促进作用,是投资推动型出口。东盟五国 FDI 与制成品出口贸易相互冲击存在明显的区域差异。

《关于建立中越老泰缅跨境旅游圈的构想》 赵明龙(广西社会科学院)撰,载《东南亚纵横》2015 年第 1 期。指出中国、越南、老挝、泰国、缅甸是大湄公河次区域合作(GMS)成员国,跨境民族众多,旅游资源十分丰富,加强这一区域的跨国旅游合作,既是中国参与国际合作题中应有之义,也是推进中国与东盟人文交流的重要内容。文章论述了这一旅游圈沿江、沿路旅游带开发的思路,提出提高认识,形成共识、合作共建沿江沿路旅游基础设施、加强跨境旅游合作机制、合作开辟跨境旅游热线、合作共建、简化出入境手续等推进措施。

《菲律宾诉中国南海仲裁案管辖权问题剖析——结合中国〈立场文件〉的分析》 罗国强、陈昭瑾(武汉大学)撰,载《现代国际关系》2015 年第 1 期。指出菲律宾不顾中国反对,将中国诉至国际仲裁庭,通过“分解—重组—包装”方式,意图绕开中方依据《联合国海洋法公约》(简称《公约》)作出的书面声明范围,提出了复杂的 13 项诉求(后因菲律宾刻意在正式书状中加入有关海洋环境的诉求而增加到 15 项)。中国的《立场文件》从三个方面对菲律宾的仲裁申请进行管辖权抗辩,但未针对菲律宾诉求做出具体分析和回应。菲律宾的仲裁申请既不满足诉前义务,也不符合《公约》的管辖权规定。菲律宾的 15 项诉求可被划分为五种类型:中国“南海九段线”的效力;涉案岛礁的法律地位;自然资源开发;海洋环境保护;中国在南海行使管辖权。以上诉求在本案中均具有不可接受性,而海洋环境保护诉求的凭空加入更是暴露了菲方底气不足、为确立管辖权而不择手段的滥诉行径。仲裁庭对本案应当没有管辖权。中国在出台《立场文件》后,还应针对案件的几个关键时间节点,做更为全面的法律应对准备。

《国际法院裁决:柏威夏寺问题的终结》 〔泰国〕曾安安(北京大学)撰,载《东南亚研究》2015 年第 1 期。指出根据柬埔寨的要求,2013 年 11 月 11 日,海牙国际法院对柏威夏寺周边地区的领土纠纷做出判决,使柏威夏寺问题再次成为热点。尽管国际法院的裁决已经出来,但该问题似乎并未获得彻底解决,该问题依然是两国人民十分关注的热点,且对两国之间的关系有比较大的影响。在对该问题隐藏的若干因素进行分析后,文章认为该问题未能彻底解决的原因包括两国人民的思想差异、过度民族主义及国内政治斗争等因素。

《东南亚华文教育的过去、现在与未来:国家间关系的视角》 曹云华(暨南大学)撰,载《东南亚研究》2015 年第 1 期。指出东南亚华文教育的发展有其自身的规律,但是,我们不能不承认,国家间关系是促进当前东南亚华文教育出现热潮的主要推手,日益提升的中国—东盟经济贸易关系为东南亚华文教育的发展提供了坚实的物质基础，不断深化的中国与东南亚国家的人文交流则为东南亚华文教育提供了源源不断的动力。展望未来，东南亚华文教育将会有一个更加美好灿烂的明天。

《东盟在区域族裔宗教问题治理中的角色拓展》 章远（华东政法大学）撰，载《世界民族》2015 年第 1 期。指出随着全球范围内宗教复兴，宗教已经成为国际交往中日益不可忽视的政治要素。在多族裔交汇区域，宗教问题与族裔问题常常超越主权边境交织在一起，使政治局面更为复杂。相对而言，在跨境族裔宗教问题上国内政治力量难以形成有效的全局性解决对策。而与外部政治势力相比，本地区的区域性政府间组织在应对同一地区内部发生的族裔宗教问题上有地缘优势和一定的政治亲近优势。尽管东盟强调不干涉原则，但是长期以来东盟对东南亚发生的族裔宗教性事件并非绝对无所作为。文章在分析东南亚族裔宗教问题特质与发展情况的基础上，结合东盟参与地区族裔宗教问题治理中角色拓展脉络，提出东盟要实现未来建立地区安全共同体的愿景，应当在本地区族裔宗教问题上扮演比当前更为积极和负责任的角色。

《越南油气产业发展现状、问题与新动向》 刘才涌（厦门大学）撰，载《南洋问题研究》2015 年第 1 期。指出作为东南亚第三大产油国的越南，其油气产业在经历长期高速增长后，成熟油田产量下降明显、新油田产量低于预期、国内原油加工能力滞后、石油产销盈余逐渐减少，供需矛盾日渐突出，问题日益显现，近年来发展处于停滞调整的阶段。在政府新的能源战略规划下，越南油气产业发展出现向深海进军，积极开发新油气资源；采用新技术，减缓成熟油田产量下降速度；积极追逐海外油气资源等新的动向。这既带来中越海上冲突增大的可能性，也增大双方走向共同开发南中国海油气资源的可能性。

《中国的周边区域观回归与新秩序构建》 张蕴岭（中国社会科学院）撰，载《世界经济与政治》2015 年第 1 期。指出历史上中国与周边构建了稳定的关系结构与秩序，至近代，由于中国的衰落，传统的关系与秩序崩塌。新中国的建立结束了百年衰落的下行线，开始逐步重建周边关系与秩序，但长期受到多种因素的制约，以周边为基础的区域观并没有确立起来。改革开放后，特别是冷战结束以后，中国采取新的措施逐步与周边国家实现关系正常化，形成愈益密切的经济关系，利用不断提升的实力和影响力，推动地区关系向良性的方向发展，并且在调整中构建新的地区发展和安全秩序。对中国来说，构建秩序的目标不是为了获取霸权，也不是要建立以己为中心的势力范围，而是为了一个稳定、和平、合作、发展的地缘区域综合环境。在此基础上，中国的周边区域观开始回归，命运共同体成为中国构建新周边关系与秩序的重要载体。中国与周边国家关系以及周边地区秩序的变化要放在历史转变长进程中来认识和考察。

《东南亚华文教育的过去、现在与未来：国家间关系的视角》 曹云华（暨南大学）撰，载《东南亚研究》2015 年第 1 期。指出东南亚华文教育的发展有其自身的规律，但是，我们不能不承认，国家间关系是促进当前东南亚华文教育出现热潮的主要推手，日益提升的中国—东盟经济贸易关系为东南亚华文教育的发展提供了坚实的物质基础，不断深化的中外人文交流则为东南亚华文教育提供了源源不断的动力。东南亚华人教育今后发展应坚持如下方向：一是非意识形态和非民族主义化；二是本土化，包括华人教师和华文教材的本土化以及华文教育纳入本地的国民教育体系；三是区域化和全球化。展望未来，东南亚华文教育将会有一个更加美好灿烂的明天。

《中国—东盟汇率协调机制的实证分析及政策选择》 唐俊（桂林电子科技大学）撰，载《云南社会科学》2015 年第 2 期。指出随着全球经济的迅速发展，推进中国和东盟各国之间的经济持续和稳定发展的桥梁是区域货币金融合作。但中国—东盟自由贸易区的发展状况表明，制约区域经济长远发展的是中国—东盟自由贸易区各成员国之间的汇率制度安排的缺失。因此，必须通过建立和完善中国—东盟汇率协调机制来促进中国—东盟自由贸易区各成员国经济的和谐发展。

《中国—东盟命运共同体建设问题探析》 赵铁、林昆勇、陈林（广西大学）撰，载《广西社会科学》2015 年第 2 期。指出中国与东盟共建中国—东盟命运共同体，是中国—东盟关系开创“钻石十年”新局面的必然要求。中国—东盟命运共同体建设的动力内在地来自中国和东盟各国的根本利益和长远发展目标；影响因素包括中国—东盟经济合作的制度化发展、双方合作提供的范本以及利益交换关系存在潜在的不稳定性、具体合作政策和标准规范上可能存在的分歧等。应将中国—东盟命运共同体建设提升到国家战略层面来推进：把握准确方向，明晰合作目标；加强战略沟通，深化互利合作；以渐进的方式，协同推进建设；全面深入把握，真诚携手合作。

《历史与现实的碰撞：泰国军事政变》 陆建人（广西大学）撰，载《广西大学学报（哲学社会科学版）》2015 年第 2 期。指出泰国位于东南亚中南半岛，是东盟 10 国的第二大经济体，至今实行君主立宪制。泰国有着不同于东南亚或世界其他国家军事政变频发的一些特点，其主要原因是：在泰国，军队历来有凌驾于政府之上的传统；军队内部的争权夺利也是导致军事政变的因素；军队发动政变的直接原因往往与其地位和利益受到损害或威胁有关；军事政变也与军方长期形成的政治“使命感”和政治倾向有关。由此也可看出，泰国的“街头民主”所引发的动乱，其实也是导致这类不成熟民主举动被军事政变所终止的原因。

《马来亚共产党及其武装斗争的兴起与沉寂》 于洪君（中共中央对外联络部）撰，载《当代世界与社会主义》2015 年第 2 期。指出马来亚共产党曾是国际共产主义运动中最活跃的力量之一，他们领导的革命武装斗争前后持续 40 余年，在东南亚地区乃至全世界产生了重大影响，20 世纪 80 年代末走向衰落和沉寂。依据近年来国内外披露的新材料、原马共领导人的回忆录和专家学者的研究成果，可以清晰地看到马共的成立及其初期活动、早年参与抗日战争、战后和平发展之路、重新开展武装斗争、与中苏等国共产党的党际联系、党内的矛盾与纷争、最终选择和谈并放弃武装斗争的原委和脉络。

《社会中的马来西亚国家：意象与实践》 庄礼伟（暨南大学）撰，载《东南亚研究》2015年第2期。指出文章以第13届国会选举之后马来西亚政治、经济、社会诸领域的状况为主要依据，对作为意象的马来西亚国家和作为实践的马来西亚国家进行考察，进而展开以下两方面的论证：(1)马来西亚国家各组成部分的实践过程如何形塑着马来西亚国家的主导原则与主导功能；(2)马来西亚国家建构与政治制度化的不足及其出路。

《新加坡国家治理模式的主要特点、做法及启示》 崔翔（中共中央对外联络部）撰，载《当代世界与社会主义》2015年第2期。指出新加坡国小民寡、资源匮乏、族群多元、强邻环伺，自建国起就一直秉持强烈的忧患和危机意识。自独立以来，新加坡以应对生存危机为动力，以"有用"为标准，打破条框限制，广泛吸收各方所长，在政治、经济、社会治理以及核心价值体系建设等方面探索出了行之有效的治理道路，构建起具有新加坡特色的国家治理模式。但是，在全球化、信息化时代，新媒体技术的蓬勃发展与广泛应用也给新加坡的国家治理带来新挑战。

《越南社会主义过渡时期：理论沿革及其与中国的比较》 潘金娥（中国社会科学院）撰，载《科学社会主义》2015年第2期。指出依据马克思列宁主义关于过渡时期的观点，越南共产党把本国的发展阶段定位为社会主义过渡时期，而中国共产党则把本国的发展阶段定位为社会主义初级阶段，这是中越两党把马克思主义理论与本国具体实践相结合过程中，根据不同国情特点和要求而做出的不同表述。越南社会主义过渡时期的目标任务等同于中国的新民主主义时期+社会主义初级阶段。

《越南军事检察制度评析》 张进红（中国政法大学）撰，载《南洋问题研究》2015年第2期。指出越南宪法明确规定军事检察机关是国家检察机关体系的组成部分，从根本上保证军事检察机关在国家政治生活中的地位。根据越南现行法律规定，军事检察机关按地域分级设立，在任务职权范围内具有一般监督权、调查权、公诉权、审判监督权和执行监督权等权能，并负担开展预防犯罪法制教育之义务。各级军事检察院实行检察长负责制，上级军事检察院检查、监督和领导下级军事检察院工作。军事检察人员的构成涵盖现役军人、国防员工或文职人员。无论是在权利行使上，还是在人员管理和职能保障方面，均具鲜明的独立特色。

《越南的中国外交研究综述(1993~2013)》 〔越南〕黄松兰（北京大学）撰，载《东南亚研究》2015年第2期。指出文章探讨从1993年到2013年间越南对中国外交的研究状况。越中关系正常化以后，特别是随着1993年中国研究中心的成立，包括中国外交在内的中国研究在越南进入一个新阶段。越南不仅成立专门的研究机构，研究队伍也不断壮大，后备人才培养方面也取得不小进展，与此同时涌现出不少关于中国外交的研究成果。然而，至今尚没有专门的文章总结越南的中国外交研究。文章分析1993年以来越南出版的关于中国外交的研究成果，分为中国总体外交政策、对外关系和越中关系三个类别，分析各自的特点，并介绍研究机构、队伍与人才培养等方面的情况。

《中国的周边外交：困境与出路——以中缅关系为例》 曹云华（暨南大学）、刘鹏（云南财经大学）撰，载《印度洋经济体研究》2015年第2期。指出中国国力的增强并没有使中国的周边外交有明显的改善，当前中国与周边国家的关系存在3个主要问题：经济与安全分裂、传统安全与非传统安全分裂、制度化水平低。中国周边外交中存在的问题既与中国的外交结构有关，也与冷战后国际关系的格局有关。中国外交中存在的一元主体对多元主体问题和美国对国际合法性的掌握是导致中国周边困境的原因。"一带一路"倡议的提出为主动建构中国的周边外交和周边秩序提供了平台。在"一带一路"的构建过程中，成员国资格、议题选择、行为主体确定等因素都应为解决中国的周边困境提供助力。

《东盟10国华文微型小说创作扫描》 凌鼎年（世界华文微型小说研究会）撰，载《世界华文文学论坛》2015年第2期。指出在中国提出"一带一路"建设倡议的大背景下，从文学角度切入，研讨、推进中国与东盟10国的文化关系，促进、发展与这10个国家的文学与文化交流，是十分必要而有意义的。东南亚国家的华人与国内的联系很多，生活习惯、文化认同与大陆也比较接近，用中文写作的也不少，并且还有不少中文写作的民间组织，尤其是中文微型小说创作蔚为可观。期待多做研究，多做沟通，多做交流，以推动东盟国家的华文文学创作。

《浅谈印度尼西亚四大风物传说的文化内涵》 潘明（中山大学）撰，载《东南亚南亚研究》2015年第2期。指出风物传说是反映印尼文化与社会一种独特的文学形式，是我们深入了解印尼悠久历史、多彩文化的一扇窗口。《多巴湖的传说》《南海娘娘》《覆舟山的故事》和《香水河》是印尼的四大风物传说，它们从精神信仰、婚姻形态和价值取向三方面折射出印尼古代的历史文化和社会状况。四大风物传说反映印尼人民笃信"万物有灵"的原始信仰，也反映古代印尼人民的婚姻状况与演变历史。同时，四大风物传说也将印尼人民诚实守信、忠贞宽容的民族价值取向展现得淋漓尽致。通过分析印尼的四大风物传说，可以小见大，更深入地了解印尼古代社会与文化。

《泰国多元化外语教育的演变、特征及其走向》 谭晓健（云南大学）撰，载《东南亚纵横》2015年第2期。指出泰国外语教育的历史最早可追溯到13世纪初立国之时，在以后的历史发展进程中逐渐显示出多元化的特征。19世纪中叶泰国民族主义兴起以后，开始关注国家、民族、语言等问题，并逐渐形成自己的语言及语言教育政策，也形成了多元化的外语教育政策。泰国的外语教育从古到今始终在一个比较开放、包容的社会环境中向多元化发展。

《20世纪60年代以来的越柬老华人海外移民》 康晓丽(中共厦门市委党校)撰,载《东南亚南亚研究》2015年第2期。指出根据越南、柬埔寨和老挝以及其华人海外移民接收国的双向统计数据推算,20世纪60年代以来,越柬老华人海外移民的数量接近百万,越柬老华人移民大多是因为印支战争而移民的。90年代以来,一些接受过高等教育的专业人才因为经济方面的原因而选择移民。总体而言,越战后,越柬老华人海外移民的动因相对复杂,这也反映了海外华人移民的一些基本特点。

《缅甸政治发展对中缅关系的影响》 刘务(云南财经大学)撰,载《印度洋经济体研究》2015年第2期。指出中缅关系近年来经历了缅甸政治转型、缅北民族冲突、西方国家与缅甸关系改善带来的考验,西方国家与缅甸关系的改善对中缅关系的冲击趋于弱化,而缅甸国内政治的发展对中缅关系的影响更趋复杂。尽管中缅关系大体上保持稳定发展的态势,但是缅甸国内诸多政治因素,如缅甸主要政治组织目标的变化、舆论情势的发展、缅北民族冲突等问题将成为影响中缅关系的重要因素。

《普密蓬国王与泰国伊斯兰教》 孟庆顺(中山大学)、〔泰国〕谢金凤(中山大学)撰,载《世界宗教文化》2015年第2期。指出普密蓬国王作为佛教徒和泰国宗教的最高维护者,在尊重伊斯兰文化、支持伊斯兰宗教活动的同时,赞成对伊斯兰教管理制度根据现实需要予以改革。他关心泰国穆斯林的经济发展,扶持伊斯兰学校,尊重穆斯林的文化和宗教习俗。通过对泰南穆斯林物质生活和精神需求的关注,国王赢得了泰南穆斯林的爱戴,一定程度上缓解了泰南的社会矛盾,在促进民族融合、国家团结方面发挥了不可替代的重要作用。

《元朝周达观出使柬埔寨及今日意义》 蔡贻象(温州大学)撰,载《公共外交季刊》2015年第2期。指出中国元朝周达观在真腊(今柬埔寨)考察居住1年多,并写成《真腊风土记》,详细记录了真腊的社会政治、经济、风俗、物产等,有非常重要的史料价值。应该深入挖掘周达观历史资源,使温州成为海上丝绸之路的重要节点,周达观的历史遗产也可以助力更多温州的企业和民间组织走到柬埔寨去,扩大温州的国际影响力。

《东南亚华商资产的初步估算》 庄国土、王望波(厦门大学)撰,载《南洋问题研究》2015年第2期。本文初步研究结论为:至2008年,东南亚的华商企业资产总额约1.5万亿美元。其中,华商大企业的资产9506亿美元,中小企业3994亿美元,外来华资1557亿美元。由于各国的中小企业的数据不全,该部分可能被低估或大大低估。如以国别分,则新加坡为5986亿美元(占39.77%),泰国3853亿美元(占25.6%),马来西亚1812亿美元(占12.04%),印度尼西亚1866亿美元(占12.4%),菲律宾797亿美元(占5.3%)。上述东盟5国占据东南亚华商资产的95%。即使扣除中国大陆华资的77.85亿美元,也在1.49万亿美元以上。

《国际性区域合作中的政府行为研究——以中国—东盟为例》 吴凡(广西大学)撰,载《学术论坛》2015年第3期。指出在经济全球化的背景下,日益增加的国际区域合作对政府行为理论研究提出新要求。在推行全球共同市场构建的同时,重新审视政府行为的作用,政府行为在国际性区域合作中的作用成为研究热点,国际性区域合作中政治因素也从"地下"上升到"地表"。文章从中国—东盟自由贸易区这一国际性区域合作的国际背景出发,对国际区域合作中最具代表的欧洲联盟和北美自由贸易区的政府行为特点进行研究,在借鉴欧盟和北美自由贸易区经验的同时,提出完善政府间合作机制的对策建议,以实现中国—东盟国际性区域合作的有效治理。

《论中国—东盟自贸区商贸纠纷解决之商事调解及其作用发挥》 张显伟(广西民族大学)、钟智全(广西社会科学界联合会)撰,载《学术论坛》2015年第3期。指出:在中国—东盟自由贸易区商贸纠纷解决的实践中,商事调解机制发挥着实实在在的重要作用。但该机制及运作也的确存在着制约作用发挥的诸多障碍,有必要采取赋予涉东盟商事调解机构应有的法律地位、整合涉东盟商事调解机构提升调解人员的专业技能、支持涉东盟商事调解机构的商事调解活动及其结果等多种举措激发涉东盟商事调解机制更好地发挥其定纷止争功效。

《中国—东盟互联互通发展路向与合作策略》 李红、许露元(广西大学)撰,载《广西社会科学》2015年第3期。指出当前,中国—东盟互联互通合作呈现出进程加快、领域拓宽、空间扩展三大发展路向。未来,中国—东盟互联互通可采取如下合作策略:加强国际道路的建设,放大通道功能;深化中国与东盟产业互联互通,延展合作网络;促进跨境人口便利流动,畅旺人文交流。

《中国—东盟自贸区框架下的跨境经济合作区建设》 马继宪(武汉大学)撰,载《国际经济合作》2015年第3期。指出经济全球化与区域经济一体化共同发展是当今世界经济发展的重要特征。中国—东盟自由贸易区于2010年1月1日正式建成。自由贸易区建成后,如何进一步丰富和拓展自由贸易区建设内涵,提升中国—东盟经贸合作关系,推动东亚经济一体化进程是必须面对的重要课题。跨境经济合作是实现区域经济一体化的重要途径。跨境经济合作区是当前推动区域经济一体化的重要基点和支撑,在中国—东盟自由贸易区框架下,加强中越(广西)跨境经济合作区建设具有重要战略意义。

《新加坡与中国政治发展路径的比较分析》 李路曲(上海师范大学)撰,载《政治学研究》2015年第3期。指出新加坡与中国都是后发展国家,两者在文化传统、体制形式、发展模式等方面具有很大的相似性,而且都是当代较为成功的发展案例。将中国与新加坡进行直接比较,有利于阐明中国政治发展模式的向度以及治理方式变革的速度和深度，当然也有利于阐明发展中存在的问题。从政治发展进程来看，两国都是先进行政治理性化建设，然后是理性化与民主化并进。新加坡的政治发展在坚持其理性化和政治稳定的基础上从强国家向体制内的多元民主发展，中国几乎与新加坡在同一时期开始了民主化进程，不过中国更加注重政治稳定，并在这一过程中始终以政治理性化建设为主，当然中国的政治理性化建设正在为民主化即中国特色的协商式民主的发展创造条件。

《马来西亚联邦政治与砂拉越地方文教权》 〔马来西亚〕吴益婷（马来亚大学）撰，载《南洋问题研究》2015 年第 3 期。指出第二次世界大战后，多数东南亚国家都以欧美政治体制为管理国家的模式。马来西亚采用英国的联邦和国会制。联邦制的采纳，主要是为了让马来亚和北婆罗洲的不同族群和势力在享受一个大政治共同体的同时，也可保留本身的文化和宗教特色。但是独立半世纪后，联邦政府的权力不断扩张，地方政府的管辖权一再收缩，导致地方精英和社会出现不满的声音，甚至要求脱离联邦，成为独立国家。文章记录了独立时期，砂拉越这个多元种族的社会，少数地方精英如何借助联邦精英的支持，巩固本身的统治权；而联邦精英又如何透过他们所扶持的地方领袖，削弱不符联邦精英利益和议程的少数族群文化和权益。研究成果是，以压制和削弱地方宗教、文化和教育权益来满足统治精英对国家的想象，表面上可以获得一时的平静，实际上是累积不满，酝酿分离运动。

《东盟产业集群发展的现状与特点》 林丽钦（厦门城市职业学院）、王勤（厦门大学）撰，载《东南亚研究》2015 年第 3 期。指出随着东盟工业化进程的加速发展，东盟各国产业集群逐步形成与发展，其比较优势和竞争优势也逐步显现。东盟较有竞争力的产业集群都有跨国公司的参与，跨国公司的投资带动了产业集群的发展，而产业集群又吸引了更多跨国公司的投资。跨国公司与东盟产业集群的互动，促进了各国的经济发展、产业调整和技术进步。

《东盟的旅游从业人员相互认证机制建设》 胡爱清（暨南大学）撰，载《东南亚南亚研究》2015 年第 3 期。指出随着东盟区域旅游合作进程的加快，以东盟整体力量应对全球旅游市场竞争成为区域各国的一种共识，但国际化旅游从业人员素质参差不齐成为制约东盟旅游共同体建设的重要瓶颈。东盟通过国际化旅游从业人员相互认证机制建设，以区域公共产品理论为指导，通过协商达成共识，共同制定区域内国际化旅游从业人员的相互认证机制，并建立配套的职业标准课程和规范的资格认证体系，提升区域内国际化旅游从业人员的素质，以满足旅游业发展需求，促进区域内旅游人才的双向流通。

《论印度尼西亚矿业投资环境及其相关法律制度——以中国企业投资为视角》 唐新华（广西职业技术学院）、邱房贵（梧州学院）撰，载《东南亚纵横》2015 年第 3 期。指出作为东盟最大经济体的印度尼西亚拥有丰富的矿产资源。近年来，印度尼西亚政府颁布了一系列吸引外商投资矿业的优惠政策，从政治、经济、社会文化和法律等方面来不断改善投资环境，为外商投资提供了充分保障。当然，目前印度尼西亚也存在一些影响外商投资矿业的因素。因此，中国企业在投资印度尼西亚矿业之前，应当客观分析投资环境，科学评估投资风险，全面把握矿业投资的相关法律制度，理性做出投资选择，这样才能规避投资风险实现和维护好自身的海外投资利益。

《泰国的农业合作社及其发展经验》 李有江、杨傲宁（云南师范大学）撰，载《东南亚南亚研究》2015 年第 3 期。指出农业合作社的组建和运作是世界各国解决农村问题的重要手段之一。在现代化进程中，泰国政府为促进农业的发展，积极倡导组建了 4000 多家农业合作社。泰国的农业合作社在泰国农业经济发展过程中发挥非常重要的作用。泰国的农业合作社在选种、农业技术、廉价化肥的提供、产品的深加工以及产品的销售等方面都给予社员很大的帮助。此外，泰国的农业合作社在利益的分配方面也形成一套比较完善的制度，使得农业合作社能够保持长久发展。

《新时期以来中越贸易的特征、障碍及改善途径》 杨珂（云南大学）、范淑萍（红河学院）撰，载《广西社会科学》2015 年第 3 期。指出自 2000 年以来，中国和越南双边贸易进入快速增长的新时期，在两国各自贸易中的地位不断提升，商品结构具有较强的互补性。但越方逆差持续存在且不断扩大、贸易结构过于集中、受政策的影响波动较大及政治纷争等问题仍阻碍着中越贸易的进一步发展。对此，可通过如下途径来改善：中越双方正确认识逆差问题；越南积极引导出口导向和进口替代工业的发展；加强双边产业合作；保持贸易政策的持续性和稳定性；妥善解决争端，以经济补偿换取政治主权。

《东南亚国家对美国"亚太再平衡"战略的认知差异分析》 张学昆（上海交通大学）撰，载《国际论坛》2015 年第 3 期。指出东南亚是美国推行"亚太再平衡"战略的重点区域，为此奥巴马政府一方面加强对该地区的资源投入和战略注意力，一方面更深度地介入南海争端等地区热点问题，以期在中国崛起的背景下加强在东南亚的存在和影响力，并积极塑造有利于美国的地缘政治格局。致力于区域一体化建设的东盟国家对美国的"亚太再平衡"战略却有着不同的认知和反应，或热切，或谨慎，或摇摆。文章认为，主要有三个因素引发了认知差异：中美在东南亚的战略竞争、南海岛礁的主权争端、大陆东南亚和海洋东南亚的地缘差异。东南亚国家对"亚太再平衡"战略的认知差异不但扩大了东盟内部在外交和安全问题上业已存在的分歧，而且还影响到它们各自与中美两国的关系以及地区格局的演变。

《菲律宾南海政策的转型》 林恺诚（暨南大学）撰，载《世界经济与政治论坛》2015 年第 3 期。指出菲律宾阿基诺三世执政后，利用相对有利的国内、国际环境，迅速调整南海政策，"亲美制华"成为菲律宾南海政策转型后的最终方向。菲律宾坚持单边付诸国际机制，拉拢域外大国牵制中国，将彻底破坏南海地区原有的博弈模式，打破利益分配等式的均衡，为南海地区的和平与稳定注入更多不确定因素。然而，菲律宾新的南海政策并未达到预期目的。面对中国提出的"21 世纪海上丝绸之路"倡议,利益驱动的政策惯性将促使阿基诺三世政府重新评估和衡量中菲关系,再次回到合作和管控分歧的轨道上来。

《缅甸国际角色的定位与演变趋势分析》 项皓、张晨(苏州大学)撰,载《印度洋经济体研究》2015 年第 3 期。指出国际角色是对外决策分析中的一个重要概念,一国的国际角色包含角色认知和角色扮演两部分。国际角色拥有深刻的国内和国际根源,根据国内根源的紧迫性程度和国际根源的限制性层次,可以将国际角色的组合划分为四种类型。近些年缅甸开始的改革进程,一方面重塑缅甸的身份认同和民族主义,另一方面也在推动缅甸积极融入到国际大环境中。通过国际角色的定位来认识缅甸,可以得知缅甸将在世界上扮演什么样的角色,不仅取决于其国内的能力和意愿,也受到国际体系如东亚二元格局的影响。缅甸的国际角色在不断演变当中,缅甸国内政策的选择和调整给了其国际角色转换的潜力和空间。

《泰国对南海争端的态度表现、成因、趋势和影响》 邵建平、刘盈(红河学院)撰,载《东南亚研究》2015 年第 3 期。指出作为南海争端的"局外人",泰国反对南海问题复杂化和扩大化,反对南海问题影响中国—东盟整体关系的发展,希望争端各方能够和平解决争端。同时,自 2012 年开始接替越南成为中国—东盟关系协调国后,泰国在南海问题是否应该东盟化问题上开始"走钢丝"。泰国对南海争端的态度与其国家利益密不可分。总体来看,泰国对南海问题的态度有利于南海局势的和平与稳定,有利于争端国家之间危机管控能力的提升。但是,泰国追求东盟在南海问题上形成共同立场以与中国开展集团式谈判的态度和行为会加剧南海争端东盟化。展望未来,泰国对南海问题的态度将会在保持一定的延续性的基础上追求在中国与东盟之间的平衡。

《印度尼西亚与南海海上安全机制建设》 李峰、郑先武(南京大学)撰,载《东南亚研究》2015 年第 3 期。指出南海及其邻接周边是海上安全机制云集之地。对印度尼西亚而言,后冷战时期南海争端的凸显时值其谋求并巩固区域大国地位的关键时期。此间印尼逐渐在东南亚安全区域主义中发挥核心作用,即通过安全机制建设通联区域安全秩序内外建构,调处南海争端并建构相应安全机制成为印尼塑造区域安全能力的重要途径。文章通过对印尼独立主持的"处理南中国海潜在冲突研讨会"的案例分析,指出该安全机制对南海争端具有针对性;其形成与运作综合了印尼的国家与区域安全观,是印尼实践安全战略与政策、协调区域主义与大国角色的工具,对南海海上安全机制以及印尼建构区域安全机制具有协同补充作用。

《中国对东南亚国家政党外交:历史得失与政策启示》 贾德忠(北京外国语大学)撰,载《国际论坛》2015 年第 3 期。指出自新中国成立以来,东南亚国家是中国的重要外交方向,其中政党外交发挥着特殊作用。文章回顾了毛泽东时期、邓小平时期、后冷战时期中国对东南亚政党外交的历史得失,从中国的特殊政治制度、中共的意识形态和历史条件、东南亚国家特殊政党政治生态、中国和东南亚国家的复杂关系等方面分析了中国开展对东南亚国家政党外交的基本政治条件,并从政治观念与国家利益、政党外交与政府外交、制度化途径与领袖魅力等三组平衡关系出发对中国同东南亚的政党外交提出政策建议。

《"海丝文化圈"中泉籍菲华作家的南洋想象与闽南书写》 王伟(泉州师范学院)撰,载《世界华文文学论坛》2015 年第 3 期。指出古今海上丝绸之路所形成的共同历史记忆,已积淀为当代泉籍菲华作家从事文学活动的文化情结与精神指向,直接构成其进行文学创作的主要叙事内容与情感动力机制,也为菲华文学在海内外的承传播撒创设良好的传播生态。若以柯清淡等人为代表的泉籍菲华作家为例,其在"故乡"与"异乡"、文化认同与现实身份两极徘徊,最终在跨文化的主体间性交往中达成想象性的和解"海丝文化圈"中泉籍菲华作家所塑造之"南洋文学"中的"文学闽南",与现实地理空间有关但并不完全等同,其在相当程度上成为多重话语力量的博弈场域。缘此,海外华文文学关于海丝文化的审美体认与现实书写,创造了不同于历史主流叙事的别样话语,在另一向度上丰富发展了海丝文化记忆。

《简析泰国皇家学术院在泰国标准语发展中的作用》 朱蒙(上海外国语大学)撰,载《东南亚研究》2015 年第 3 期。指出泰语是泰国的标准语,泰国皇家学术院作为泰国在语言规划和语言政策方面最具权威性的官方研究机构,对泰语的发展起了重要作用,其地位相当于法国的法兰西学院和西班牙的塞万提斯学院。文章主要从泰语标准的规范、新词汇的认定、泰语的宣传和保护以及对国家语言政策的制定提供依据等方面简要分析泰国皇家学术院对泰语的发展所起的作用。

《都市中的熟人社会——缅甸曼德勒华人的生存场域、社会交往及其与缅人的族群关系》 钟小鑫(云南大学)撰,载《东南亚研究》2015 年第 3 期。指出曼德勒为缅甸第二大城市,它既是缅甸地理意义上的中心,也是缅北地区政治、经济与文化的中心。近年来,随着曼德勒华人的日益增多,华人与当地主体族群——缅人的关系成为曼德勒最重要的族群关系之一,而这种关系并非总是处于友好和谐的状态,甚至时而可以体会到这座城市中的反华情绪。作者通过田野调查发现,曼德勒华人在都市的法理空间中,践行熟人社会的社会交往方式是导致出现这种紧张族群关系的重要原因之一。综合曼德勒华人与缅人两个群体的表述,揭示日常生活中曼德勒华人的熟人社会的社会交往方式,为理解曼德勒华人的境遇及缅华关系提供一种新的视角。

《从"了解"到"认同"——东盟大学生"东盟意识"实证分析》 李尔平(广西师范学院)、甘日栋(南宁市政府发展研究中心)撰,载《广西社会科学》2015 年第 3 期。指出调查显示,东盟大学生对东盟及其成员国有基本的了解,对东盟持有较高的认同感。但东盟意识在不同国家的表现存在差异,越南、老挝、柬埔寨等国大学生的东盟意识较强,缅甸、新加坡的较弱,其他成员国居中。同时,尽管东盟意识在各国强弱不同,但大学生均希望该地区在经济、教育与社会事务方面加强合作。

《泰国民族国家建构模式探究——基于民族国家构成要素的分析》 阳举伟、何平(云南大学)撰,载《东南亚南亚研究》2015 年第 3 期。指出近代以来,如何找到一条适合建构民族国家的道路,成为许多非西方国家关注的焦点。作为东南亚近现代民族国家建构较为成功的例子,分析泰国的民族国家建构模式具有重要意义。从民族国家建构的视角来看,朱拉隆功改革为泰国现代民族国家的建构提供了重要基础,而拉玛六世提出的"三位一体"的"民族、宗教与君主"民族国家建构思想则在泰国现代民族国家建构的过程中发挥了重要作用。不过,在泰国多民族国家民族建构的过程中,因泰国政府采取并实行部分不当的民族政策与措施,泰国也因此出现了一些民族问题。

《中国—东盟海洋合作:进程、动因和前景》 蔡鹏鸿(上海国际问题研究院)撰,载《国际问题研究》2015 年第 4 期。指出中国—东盟海洋合作发展呈现三大走向,从次级层次的合作向以战略性合作为重点方向发展,合作领域和项目由分散走向集聚,合作方式在多边和双边层次上并行推进。20 多年来,中国与东盟在海洋合作方面取得了令人瞩目的成绩,但在推动新一轮海洋合作之际还需关注困难和挑战,如政治上的信任赤字、有限的合作层次、一方积极主动另一方消极被动的单向行动等问题。推动海洋合作是中国与东盟增强互信、化解分歧的共同要求。中国和东盟国家应在合作共赢精神指引下,努力使海洋合作成为中国—东盟战略伙伴关系新的支柱。

《区域公共产品视角下的东盟旅游合作研究》 胡爱清(暨南大学)撰,载《东南亚纵横》2015 年第 4 期。指出区域组织如何促进成员国之间密切合作是区域研究的重点。文章以东盟旅游合作进程为研究对象,运用区域公共产品理论分析东盟在缺乏霸权国家主导和硬机制运行的背景下如何形成集体行动,有效供给区域公共产品。东盟旅游合作的动力在于全球旅游竞争环境变化催生了东盟各国对区域公共产品的需求,唯有依靠区域合作才能突破自身旅游发展瓶颈。文章对东盟区域旅游公共产品供给动力、合作机制建设和障碍进行深入分析,认为以东盟旅游部长会议为核心的协商一致对话合作机制、最大程度满足成员国旅游发展需要的包容性公共产品选择机制、以外部性特征为驱动的区域外国家渗透参与机制保证了区域旅游公共产品生产的稳定性,但区域内国家发展程度不一、资金缺乏和旅游市场激烈竞争也削弱了旅游公共产品合作供给的信心。

《"21 世纪海上丝绸之路"背景下中国对东盟基础设施投资研究》 钟书琰(暨南大学)撰,载《东南亚纵横》2015 年第 4 期。指出"21 世纪海上丝绸之路"的提出,为中国对东盟的基础设施投资提供了新的机遇。在这一背景下,文章通过对东盟各国能源、交通以及通讯等基础设施行业的现状和需求进行分析,提出推进海上基础设施投资,完善评估和监管机制,充分利用新融资渠道并以差异性投资规避投资风险等对策建议。

《"21 世纪海上丝绸之路"的内涵与风险》 朱翠萍(云南财经大学)撰,载《印度洋经济体研究》2015 年第 4 期。指出海上丝绸之路建设是中国与沿海利益相关国突破"集体行动"的困境,理性地寻求在利益汇合点"共商、共建、共享"的区域经济合作。由于受海权因素、大国因素和安全因素影响而变得具有地缘政治意义,面临政治、经济和安全"三大风险"。推进海上丝绸之路建设"务实"与"共建"是关键。各国只有相互借力,共担风险,才能共享利益。

《1988 年以来缅甸少数民族武装民族政治目标变化初探》 刘务(云南财经大学)撰,载《世界民族》2015 年第 4 期。指出 1988 年以来,缅甸主要少数民族武装的民族政治目标有巨大变化,大都放弃了为之长期奋斗的民族自决、独立建国的目标,转而寻求在联邦国家内部的高度自治。此种变化的原因,除了缅甸中央政府推动的以增强国家认同为核心的民族国家构建以及中央政府与少数民族武装富有成效的互动,邻国的推动也发挥了重要作用。

《越南共产党党内民主与纪律关系的几个理论问题》 陈元中(广西民族大学)撰,载《当代世界与社会主义》2015 年第 4 期。指出在马克思主义政党的民主集中制原则中,民主与纪律的关系是其本质内涵。因此,越南共产党把深刻认识和正确处理党内民主与党的纪律的关系,作为贯彻落实民主集中制原则的核心问题,在党内民主与党的纪律的内涵以及两者的辩证关系、党的纪律工作中的民主价值和实现党内民主的党内法规保障等问题上,有其独到的理论认识。

《安全利益视角下族群认同与国家认同的困境——以文莱在加入马来西亚问题上的选择为例》 庞卫东(河南牧业经济学院)撰,载《南洋问题研究》2015 年第 4 期。指出族群认同与国家认同既有冲突性又有共生性,族群认同不会自动转化为国家认同。在多族群国家,为使族群认同上升为国家认同,除了在尊重多元文化的基础上,解决经济失衡、消除剥夺心理,还需要重视安全利益在族群认同向国家认同转化中的作用。外部安全威胁、有利于族群认同向国家认同的转变,而内部安全威胁、则有可能导致国家认同的分裂。在文莱是否加入马来西亚问题上,安全利益产生了重大影响。

《开放经济下的高增长奇迹:重建后柬埔寨经济评析》 王志刚(广西外国语学院)撰,载《东南亚研究》2015 年第 4 期。指出和平重建后的柬埔寨在过去的 20 年间保持高速的经济增长。对外开放是驱动柬埔寨经济高增长奇迹的决定性因素,高美元化则在宏观经济的稳定和经济的对外融合中发挥着重要作用。但由于经济增长过程中制度供给的不足和国家治理能力的滞后,柬埔寨经济也有着明显的脆弱性。因此,柬埔寨应当致力于改善经济增长的制度性环境,才能修复经济的脆弱性,实现经济的可持续增长。

《试论印尼的"全球海洋支点"战略构想》 刘畅(中国国际问题研究院)撰,载《现代国际关系》2015 年第 4 期。指出印度尼西亚总统佐科2014年10月就任后不久即提出“全球海洋支点”战略构想，这表明印尼国家发展战略已经开始从以往的重视陆地转向重视海洋。海洋基础设施建设和捍卫海洋主权是印尼“全球海洋支点”战略构想的两条主线。恰当的提出时机、对发展需求的理性分析、较为坚实的民意和合法性基础以及印尼国家的较好国际形象，为该战略构想的实行提供了有力支持。这一战略构想的实施有助于印尼提升国家竞争力，拓展与主要大国的关系，并将对区域发展起到引领作用。

《新加坡的北极事务参与及其对中国的启示》 何光强（华中师范大学）、赵宁宁（武汉大学）、宋秀琚（华中师范大学）撰，载《东南亚研究》2015年第4期。指出在“北极热”全球化浪潮中，“精英小国”新加坡虽远离北极，但近年来积极争取参与北极事务，已逐渐成长为北极治理中的后起之秀。在新加坡政府积极推动下，双边和多边渠道被灵活应用于新加坡的北极事务参与，其国内各界也实现北极事务参与上的联合协同，使新加坡自身优势与北极治理需求得到有效对接，堪称“海洋新加坡”的重要开拓。这反映出北极的新加坡影响与新加坡的北极贡献两种视角下新加坡的北极国家利益观，涉及环境安全、可持续发展、政治影响与经验技术推广等方面。新加坡北极事务参与中的利益明确、言行相顾、国内协同和以人为本等成功经验，为同样作为域外利益攸关方的中国北极事务的参与提供了诸多启示。

《印度尼西亚的中等强国战略及其对中国的影响》 戴维来（安徽大学）撰，载《东南亚研究》2015年第4期。指出作为正在崛起的新兴中等强国，印度尼西亚对外战略的重心是通过推行中等强国外交，积极参与国际和地区合作机制，广泛拓展多边外交舞台，提升印尼的国际地位和国际影响力，将印尼真正打造成为一个地区领袖国家，也就是扮演东盟的核心角色，成为东盟的“共主”和东盟地区的“代言人”。从更长远的目标出发，印尼是要跻身世界十大强国行列，实现与大国平起平坐的夙愿，赢得国际社会的真心尊重。印尼中等强国战略对中国完善周边外交布局、改善周边环境具有重要作用。如何处理好与印尼的双边关系，考验着中国外交的智慧，也将对中国周边外交工作产生重要启示。

《印尼新总统佐科的海洋强国梦及其海洋经济发展战略试析》 吴崇伯（厦门大学）撰，载《南洋问题研究》2015年第4期。指出印尼新任总统佐科·维多多在国际和国内不同场合多次表示，印尼具备发展海洋经济的巨大潜力，要通过建设“海上高速公路”，将印尼打造成海洋强国，这已成为印尼新的国家战略。为此，新政府多措并举发展海洋经济、打造海洋强国，但印尼要实现这一目标面临多方面的挑战。印尼建设海洋强国理念和中国提出的建设21世纪海上丝绸之路倡议高度契合，双方可以积极开展合作，实现中国建设“21世纪海上丝绸之路”倡议同印尼打造“海洋强国”战略的对接和融合。

《越南的南海政策及中越关系走向——基于国际法与区域外大国因素的分析》 赵卫华（复旦大学）撰，载《太平洋学报》2015年第4期。指出近年来，越南的南海政策正在发生微妙的变化。越南通过对南海诸岛法律地位的调整，和东盟各国基本达成一致立场，同时也赢得美、日、印等国的支持。虽然越南声称此举是希望与各国建立战略信任，以维护区域内的和平与安宁，但其真实目的是想通过操弄《联合国海洋法公约》某些条款、以中国的领土和海洋权益为筹码来联合东盟国家和区域外大国，从而达到其利益最大化的目标。“981事件”是越南为检验其政策调整成效与中国展开的第一次交锋。该事件后，中越关系斗争性的一面有所上升，但双方的实力对比和在南海问题上的态度，决定了中越关系总体和平稳定的大趋势在未来几年内难以根本改变。

《东盟视角下汉语国际教育专业本科人才培养模式研究》 易丹（广西科技大学）撰，载《广西社会科学》2015年第4期。指出基于教学理念的转变，教育部将“对外汉语”本科专业更名为“汉语国际教育”，并且人才培养定位为应用型、复合型、创新型和国际化的专门人才。东盟视角下的汉语国际教育专业本科人才培养模式，是以东盟为“出口”导向的应用型人才培养模式，在培养目标、培养规格、培养过程以及教育评价方面，不但要体现出人才输出面向东盟的倾向，也要体现出本土化特色。

《变动中的缅甸政局与中缅关系分析》 蔡鹏鸿（上海国际问题研究院）撰，载《国际关系研究》2015年第4期。指出缅甸即将迎来新一轮大选，这不仅是让现政府和执政党接受选民的检验和评判，而且也是缅甸政治改革能否顺利进入新阶段的考验，自然会对中缅关系的发展产生影响。缅甸前期政改取得进展是缅甸自身政治发展的成果，而不是外来因素促成，同缅甸军人实际上拥有的开放和包容战略有关，他们经长期谋划，精心制定宪法，使之成为国家政治发展方向的政治动力。缅甸近年来继续受到美国和西方压力以及国内少数民族地区动乱的纷扰，具有改变现状、同中国维护良好关系的愿望。因此，中国应该因势利导，继续实施对缅睦邻友好政策，加强务实合作，共同建设休戚与共的利益共同体和命运共同体。

《全球化背景下新加坡宗教和谐的机遇与挑战》 张文学（清华大学）撰，载《东南亚研究》2015年第4期。指出新加坡地处东南亚重要交通枢纽，东西文明交汇，国土虽小但种族、宗教多元。由于特殊的地缘政治等因素，新加坡政府在处理种族、宗教问题上十分注重和谐，而全球化的进程对新加坡维持宗教和谐局面既是机遇也是挑战。文章分析了新加坡宗教如何与时代紧密结合，把握全球化所带来的发展机遇，同时也考察了新加坡宗教自身如何应对全球化所带来的新挑战，总结新加坡政府、宗教团体、社会三层面的经验，以期为中国宗教的和谐发展提供参考。

《新加坡华人基督教的发展现状、原因及趋势》 张晶盈（华侨大学）撰，载《世界宗教文化》2015年第4期。指出随着19世纪新加坡的开埠，西方基督宗教逐渐传入并对当地社会文化产生影响。新加坡华侨华人的传统信仰结构渐被打破，华侨华人的宗教信仰呈现多元性特征。近几十年来，新加坡华人基督宗教徒的增长趋势加快，成为华人宗教信仰构成中仅次于佛教的第二大宗教，这是新加坡社会环境因素和基督教自身内部因素综合作用的结果。

《论中国—东盟区域性合作发展的文化根基》 王贤（广西民族大学）撰，载《广西社会科学》2015 年第 5 期。指出共同的文化根基是促进中国—东盟区域性国际合作的重要因素。长期以来，儒家文化是构筑中国—东盟文化根基的思想共核；大量“同源异流”跨境民族的存在是延续中国—东盟文化根基的重要保障；语言文字的“共性”是巩固中国—东盟文化根基的重要载体；华人“南移”所构成的“大华人”生活圈是发展中国—东盟文化根基的现实基础。促进中国—东盟区域性国际合作的发展，我们必须以包容的心态对待“异质”文化。

《东盟经济共同体建设与发展评述》 王伟（中国社会科学院）撰，载《亚太经济》2015 年第 5 期。指出 2012 年第 21 届东盟峰会上，与会的东盟 10 国领导人决定将东盟共同体建设的最后期限设为 2015 年 12 月 31 日，成立近半个世纪的东盟即将在 2015 年年底迎来其一体化进程中又一里程碑意义的节点。东盟共同体的提出有其特定的战略目标和合作背景，规划细则也在历次峰会中得到持续完善。以建立一个单一市场和生产基地为核心的东盟经济共同体，在东南亚地区复杂多样的现实背景下，将面临着内部结构和外部环境的双重挑战。

《地缘政治视角下的 21 世纪海上丝绸之路通道安全》 谢博、岳蓉（贵州师范大学）撰，载《东南亚纵横》2015 年第 5 期。指出 21 世纪海上丝绸之路是中国推动与亚非国家命运共同体建设的重大战略举措。要保证海上丝绸之路建设顺利进行，保障沿线海上通道安全是首要前提。海上丝绸之路途经东南亚和北印度洋两大地缘政治区域，通道周边地缘安全局势复杂。综合而言，海上丝绸之路面临着霸权国家战略遏制、沿线国家战略干扰、沿线地区冲突及海盗活动等三方面安全威胁。加强海上力量、打造战略支点、构建安全合作机制将是保障 21 世纪海上丝绸之路安全的有效战略对策。

《“一带一路”倡议与中国—东盟命运共同体建设》 陆建人（广西大学）撰，载《创新》2015 年第 5 期。指出中国在提出“一带一路”建设倡议的同时，也提出建设“中国—东盟命运共同体”的倡议。这两者息息相关，相辅相成。中国—东盟命运共同体本质上不是实体，而是对双方基本价值观、发展观的认同。建设中国—东盟命运共同体的过程，就是加强彼此认同感的过程。“一带一路”建设倡议是打造中国—东盟命运共同体的重要途径，通过“一带一路”建设，中国和东盟双方将获得更多的共同利益，增加更多的认同感，结成命运共同体。

《关于泰国司法化的诸种不同观念》 〔英国〕邓肯·麦卡戈（利兹大学）撰，杜洁、杨茜（成都学院）译，载《东南亚研究》2015 年第 5 期。指出文章主要研究 2006 ~ 2014 年间泰国司法化的政治问题，并审视此极端争议期间司法被卷入政治的诸种形式。文章从 2006 年国王的两次重要演讲以及知名学者、社会批评家提拉育·汉密的诠释切入，细究几项具有持久政治影响的关键司法判决，包括 2006 年的大选无效案、2007 年的取缔泰爱泰党案、2008 年和 2014 年的亲他信·西那瓦的沙马·顺达卫和英拉·西那瓦两位总理被免案、2008 年他信受到数项腐败指控并被判罪名成立以及 2010 年的司法扣押他信资产案等。文章提出以下几个问题：司法化必定意味着保守主义者千方百计要剥夺从政者的权力并破坏选举政治吗？法官们是为泰国社会工作还是同某些既得利益集团结盟？在泰国语境下，司法能动性越强，是否就越能推进社会与政治领域的进步？文章认为，泰国的“司法化”是一个复杂的社会现象，对不同的法庭在不同的情况下以及不同的时间做出的判决，都必须仔细斟酌，辨明其各自所起的作用。

《论越南的政治问责双轨制》 王若磊（中共中央党校）撰，载《科学社会主义》2015 年第 5 期。指出政治问责制是现代政治中一项重要的控权制度，来保证统治者对被统治者负责。不同于西方国家，社会主义一党执政国家中存在如何同时对握有实质执政权的执政党和形式执政权的政府进行问责的难题。越南的政治问责双轨制改革为解决此问题提供了可能的方案和有益的启发。这种双轨制背后是社会主义国家中存在的“双重代表制”，但仍要处理好代议机关问责和党内问责之间的关系。

《宪政民主化道路上的马来西亚政党制度》 张榕（北京外国语大学）撰，载《东南亚纵横》2015 年第 5 期。指出马来西亚政党制度独具特色，代表不同族群的政党结成联盟，在竞争中合作，并不断发展演变。这种独特的制度有其复杂的成因，但也存在着一些问题，文章从政治和法律角度进行研究，解读马来西亚的政党制度与宪政相关制度的关系，并对其政党制度发展做出展望。

《20 世纪中后期以来泰国发展模式变革的进程、路径与前景》 周方冶（中国社会科学院）撰，载《东南亚研究》2015 年第 5 期。指出冷战期间，泰国在军人集团主导下先后进行两次发展模式变革，有力地推动了社会经济跨越式发展。20 世纪 90 年代初，随着城市中产阶级的政治崛起，泰国再次进行发展模式变革，但是，照搬西方的“选举民主体制——全面自由化道路”发展模式未能取得预期成效，反而引发危机。进入 21 世纪，泰国新资本集团在农民群体支持下推动新一轮发展模式变革，结果在存量改革困境下，引发了严重的政治冲突与社会分裂。2014 年，泰国军方再次发动政变，强行接管改革主导权。泰国要构建稳定、有序、可持续的发展模式，必须首先完善协商机制，并在此基础上依托中泰战略合作契机形成兼顾各方利益集团的发展共识。

《东盟管理争端机制及其效用分析》 周士新（上海国际问题研究院）撰，载《国际关系研究》2015 年第 5 期。指出东盟的成立不仅源于东南亚各国应对冷战时期美苏之间的激烈博弈，而且源于各国之间存在着严重的领土主权争端。东盟自成立以来，通过了一系列关于应对各成员国领土主权争端的政策文件，并提出相应的组织程序和运行规范。然而，迄今为止，东盟各成员国或者没有启动过东盟管理和解决争端机制,或者未批准有可能对自己具有强制力的文件。东盟成员国在维持地区安全局势总体稳定的情况下,通过多年的双边外交谈判,或者通过诉诸东盟外争端解决机制,特别是国际法院,解决了相互间的领土主权争端。东盟管理和解决争端机制存在着启动难、专业性弱、程序烦、决策政治性强和无执行力等缺点,无法得到东盟成员国的重视和尊重。东盟争端管理机制在南海问题上的适用性不强,但中国需要借鉴和利用东盟国家关于管理领土主权和海洋权益争端的经验和教训,在南海领土主权争端中获得更多的话语权,争取对自己有利的和平环境。

《印度尼西亚海洋划界问题现状、特点与展望》 刘畅(中国国际问题研究院)撰,载《东南亚研究》2015 年第 5 期。指出印度尼西亚的海洋划界问题关系到印尼的核心利益,印尼从 20 世纪 60 年代末就开始与相关国家谈判,迄今至少还有 5 个比较重大的问题需要解决。印尼在处理海洋划界问题时,注重《联合国海洋法公约》的作用、谈判定力较强以及乐于参加国际海洋合作这三个特点得到较为明显的体现。印尼总统佐科提出的"全球海洋支点"愿景一方面展示了印尼在海洋划界谈判中维护本国国家利益的决心,另一方面也加大了解决问题的难度。

《东盟国家的工伤保险制度》 张协奎(广西大学)、刘伟(广西政法管理干部学院)、黎雄辉(江苏省灌南县人社局)撰,载《广西大学学报(哲学社会科学版)》2015 年第 5 期。指出在中国—东盟自由贸易区迅速发展和中国—东盟劳务输出日益增加的背景下,研究东盟国家的工伤保险制度具有重要的理论意义和现实意义。从缴费机制、待遇给付和工伤预防等方面对东盟国家的工伤保险制度进行分析发现,东盟国家的工伤保险制度具有从特定阶层扩大到普通劳动者、参保对象不覆盖小企业及灵活就业人员、重工伤给付而轻工伤预防和职业康复等特点,并且发现东盟国家当前的工伤保险发展水平呈三级梯状分布。结合当前国内外实际情况,东盟国家推进工伤保险制度的发展,首先要大力发展经济,奠定工伤保险制度发展的物质基础,其次要建立三位一体的工伤保障机制,再次要建立符合本国国情的工伤保险制度。

《解读新加坡老年社会福利:基于中央公积金制度之外的思考》 周薇(南京师范大学)、黄道光(南京市人力资源和社会保障局)撰,载《东南亚研究》2015 年第 5 期。指出在不少人的眼中,新加坡的社会保障制度即是中央公积金制度,老年人的各种保障都源于此,这其实是一种误读。国内学界对新加坡养老保障的研究也多是基于中央公积金制度的分析。作者基于在新加坡的几年学习和生活经历,在本文中尝试解析中央公积金制度之外的老年社会福利。文章在探讨新加坡老年社会保障六大理念的基础上,分析了在快速人口老龄化背景下,政府、基层社区和各类社会福利性组织所提供的福利及服务。总体来讲,新加坡老年社会福利以补缺型社会福利为主体,且无法和社会救助完全分开,在发挥政府作用的同时,充分调动社会力量参与其中,帮助需要帮助的老年人。此外,新加坡政府也鼓励老年人为社会再做贡献,参加各类志愿者团体,参与社交活动,积极融入社会。

《论柬埔寨的祖先神信仰》 钟楠(洛阳解放军外国语学院)撰,载《东南亚纵横》2015 年第 5 期。指出柬埔寨社会有"波罗蜜"神灵、"涅达"神灵和宗祖神灵三大神灵体系。祖先神能够跨体系地出现在这三大神灵体系中,体现了其在整个神灵体系中的重要地位。三大神灵体系中的祖先神既有区分又有重合。其中,祖神波罗蜜能够"附体"人类,是法力最强大的祖先神;祖神涅达是涅达神中重要的组成部分,具有强大的区域职掌能力;宗族祖先神则主司家族和行业内个人的行为规范。一些具有跨区域或家族影响力的祖神涅达及宗族祖先神常常会被归入波罗蜜神体系中,从而被赋予更大的神力。柬埔寨祖先神崇拜具有融合性、功利性、民族性、外源性等特点,是最能彰显柬埔寨人族性的文化内容。

《苏哈托时期印度尼西亚的林业政策》 李雯(天津市社会主义学院)撰,载《东南亚研究》2015 年第 5 期。指出苏哈托时期,印度尼西亚政府主要推行伐木特许权制、发展木材加工业和实施工业林种植计划等三项林业政策。以促进经济增长为导向的林业政策使印度尼西亚一度成为原木和胶合板出口大国,但亦导致加重森林滥伐,忽视外岛森林部族的利益。苏哈托时期的林业政策是特定政治经济制度结构的产物,既服务于"新秩序"时期推行的粗放型经济增长方式,又是以苏哈托为代表的爪哇军事精英及其商业盟友、环境保护主义者、地方森林部族等理性人博弈的结果。苏哈托时期的林业政策是后苏哈托时期林业政策的逻辑起点,后来的印尼政府致力于寻求经济社会发展与生态文明建设的协调统一。

《南海问题与东盟"安全共同体"构建》 葛红亮(广西民族大学)撰,载《国际关系研究》2015 年第 6 期。指出东盟在 2003 年第 9 届峰会召开后拉开了构建"安全共同体"的序幕。经过 10 多年的努力,东盟在构建"安全共同体"进程中已取得规范和制度性的丰硕成果,并逐渐重视在实践层面落实这些规范和制度。在"东盟安全共同体"建设进程中,南海问题地位突出,是东盟落实规范塑造和分享、机制建设、海上安全合作等共同体构建举措的重要抓点。然而,这并不意味着东盟对南海问题的参与都有益于"安全共同体"构建。虽然东盟在南海问题上的态度渐趋务实,但东盟在南海问题上的相关原则和认知对南海局势的挑战仍然存在。为应对这些挑战,中国在以倡导形式提出"双轨政策"后,应在政策落实上推出主导性的具体举措,为中国和东盟共同维护南海地区和平与安全创造和强化有利的地区环境。

《新时期印度尼西亚反恐困境和策略》 吕美琛(广西警察学院)撰,载《东南亚纵横》2015 年第 6 期。指出近 10 年来,印度尼西亚不断加大警察执法和军事打击本国恐怖主义的力度,一些大的恐怖组织被瓦解,近 5 年没有出现大规模伤亡的恐怖事件,但是随着中东"伊斯兰国"运动的兴起,在互联网社交媒体的支持下,激进思想、言论和恐怖主义行为有卷土重来之势;印度尼西亚还面临着在押极端分子的大量释放、针对警察复仇恐怖活动的威胁;印度尼西亚政府采取对非暴力恐怖的极端主义舆论加强管控、进一步加强国际反恐合作、提供政治不满因素的政治解决渠道、加强重点人员监控等综合措施把反恐斗争引向深入。

《缅甸国际直接投资环境分析》 薛紫臣(山东大学)、谢闻歌(中国社会科学院)撰,载《现代国际关系研究》2015年第6期。指出登盛政府执政以来,外国对缅甸直接投资呈现出良好的发展态势,投资规模稳步扩大,投资来源和投资领域更加多元化。这得益于缅甸社会相对稳定、宏观经济平稳快速发展和投资环境的改善。但是,缅甸市场经济仍处于初始培育阶段,存在基础设施落后、技术人才短缺、政府治理能力不强、政治不稳定风险较大等制约因素。缅甸改革开放的新形势和投资环境的新变化,使中国对缅直接投资面临着更大的挑战,因此中国企业对缅投资应契合缅甸国家经济发展战略,投资主体和投资方式应多样化,投资项目应照顾到缅甸民众的关切。

《新加坡会展业成功因素分析及经验借鉴》 黄玉妹(厦门理工学院)撰,载《亚太经济》2015年第6期。指出新加坡自20世纪70年代明确会展业的定位和发展思路,通过实施政府主导战略、市场化战略、专业化战略、品牌化战略和国际化战略,来发展会展经济。中国会展业可从新加坡获得相关启迪:优化管理体制、加强会展产业培育、强化会展品牌建设、推进会展国际化、完善法律法规等,促进中国会展业跨界融合,以内涵式发展替代外延式发展。

《新加坡智库的现状、特点与经验》 韩锋(中国社会科学院亚太与全球战略研究院)撰,载《东南亚研究》2015年第6期。指出新加坡作为东南亚地区小国取得了骄人成就,而其立国之本主要是靠智慧,其中各种智库发挥了非常重要的作用。新加坡综合性国际问题智库主要有东南亚研究所、东亚研究所、防务与战略研究所、南亚研究所、政策研究所、新加坡国际事务研究所等。新加坡多数著名智库都属于政府部门设立的研究机构,有着政府需求、依托大学、分工合作、专业开放等共同特点。总体来讲新加坡智库运作都比较成功,主要经验可以归纳为定位准确、高管参与、独立管理、人才为先等几个方面。新加坡智库的各种经验和教训对中国目前培育和建设新型智库应该具有参考和借鉴意义。

《越南对外直接投资:发展历程与投资领域》 覃丽芳(南宁市社会科学院)撰,载《东南亚纵横》2015年第6期。指出越南实行革新开放后,经济得到持续快速发展。20世纪80年代末,越南企业就开始探索对外直接投资问题。1999年以后,在国家政策的支持下,越南对外直接投资迅速发展。至今,越南对外直接投资的对象国主要是老挝、柬埔寨等具有比较优势的国家以及美国、新加坡、中国、韩国、日本等与越南经贸往来密切的国家。主要投资领域包括油气开采、农作物种植、通讯网络建设等。

《“海洋石油981”事件回顾》 姜寓(解放军外国语学院)撰,载《红河学院学报》2015年第6期。指出2014年5月初,隶属于中国海洋石油总公司的“海洋石油981”钻井平台在中国南海进行钻井作业,越南方面无理冲击干扰中方作业,越南国内更于五月中旬发生针对华企的打砸抢暴力事件,造成中国人员伤亡和财产损失。此次事件产生起因是越南方面妄图侵占中国西沙群岛、维护其在南海非法攫取的海洋利益、转嫁社会矛盾、挑唆民族主义情绪以及域外大国的挑唆,这一事件对越南经济、政治、社会稳定产生负面影响,中国在此次事件中彻底认清越南的真面目,坚决捍卫主权利益。

《越南加入东盟20年:回顾与展望》 金丹(广西大学)撰,载《红河学院学报》2015年第6期。指出2015年是越南加入东盟20周年,也是越南主动融入地区经济和地区合作的20周年。加入东盟后,政治上,越南致力于发挥东盟新成员国代言人和领袖的作用;经济上,越南积极扩大与东盟各国的贸易合作;外交上,越南努力发挥好东盟与域外大国桥梁、纽带作用。展望未来,越南将继续发挥积极、主动和负责任的东盟成员作用。

《透视革新开放前后越南社会万象和人生百态的窗口——读〈越南当代小说选〉》 于向东、高昂(郑州大学)撰,载《东南亚纵横》2015年第6期。指出《越南当代小说选》使人们对越南当代文学有了进一步了解,有助于中越文化交流和文学研究的丰富。作者们对各个小说人物形象的塑造和小说情节的设计,展现出越南战争时期和战后革新开放时期的社会面貌。作品运用多种文学艺术手法,通过对平凡的越南民众生活的描述,折射出真实的越南社会并引发人们对人性和人生的思考。

《后苏哈托时期印度尼西亚华人的政治生态:变化与延续》 谢泽亚(广西民族大学)撰,载《东南亚纵横》2015年第6期。指出1998年,苏哈托政府的倒台和“新秩序时期”的结束开启了印度尼西亚民主化改革的新里程。印度尼西亚主流社会逐渐接纳华人,认可其拥有平等的政治权力。同时,华人逐步走向政治舞台,参政意识从弱到强,参政态度从冷漠到热情,参政人群从精英阶层过渡到大众,国会议员和各级政府公职中出现越来越多的华裔身影,华人在印度尼西亚政治发展中所扮演的角色越来越重要。

《中国—东盟自贸区运行绩效及持续发展路径》 张晓钦(同济大学)撰,载《现代国际关系》2015年第7期。指出中国—东盟自由贸易区建设启动以来,对双方深化经济联系和开展各领域务实合作产生了积极效果,但自贸区运行也存在一定问题。自贸区的持续发展需以深化互利共赢的经济联系为基本条件,基本途径是通过构建本区域主导的产业价值链,形成垂直分工体系,增强中国作为区域内大国最终产品市场提供的能力,增进区域经济一体化发展的内生动力。

《对越南非传统安全状况的分析——以2013年的情况为例》 卢矜灵(广西民族大学)撰,载《东南亚纵横》2015年第7期。指出近年来,越南在经济快速增长的同时也伴随着国内非传统安全形势的变化,2013年越南毒品犯罪、恐怖主义活动、拐卖人口犯罪、信息安全等非传统安全问题时有发生,越南采取相关措施应对非传统安全问题并取得积极的成果。

《缅北冲突对东南亚局势的影响及对策思考》 唐骏、陈月丰(广东省东南亚研究会)撰,载《东南亚纵横》2015年第7期。指出2014年年底,缅甸克钦、果敢等地冲突再起,也使缅北地区引来众多关注。缅北持续不断的冲突与乱局由来已久，在国际地缘政治深刻变化的背景下，民族矛盾、政治局势、变革进程以及外部势力的介入等都使缅北局势日益复杂，并对中国国家利益带来新的冲击和挑战，以全局视野、主动态势协调处理好缅北问题，对中国与缅甸关系的发展和中国边境安全意义重大。

《民主改革以来印度尼西亚的反腐败工作》　武政文、张友国（首都师范大学）撰，载《东南亚纵横》2015 年第 7 期。指出民主改革以来，印度尼西亚各届政府都把反腐败工作当作所必须进行的一项重要任务。印度尼西亚在反腐败工作中采取制度反腐、社会反腐以及廉政教育等手段来治理腐败。虽然印度尼西亚的腐败得到一定遏制，但是效果并不显著。印度尼西亚的历史传统、政治制度设计加之金融危机以及印度尼西亚内部社会不稳定，都对该国的反腐败工作产生消极的影响。由于腐败根基较深，印度尼西亚的反腐败之路任重而道远。

《马来西亚的国防外交策略与中马安全合作前景》　谷名飞（广西大学）撰，载《东南亚纵横》2015 年第 7 期。指出长期以来，马来西亚就有"经济目标优于国防和安全目标"的传统，在自力更生的基础上，马来西亚的国防外交战略也非常倚重双边和多边的军事合作。在当前国际和亚太局势发生重要变化的时期，中国和马来西亚在诸如南海问题、反恐问题上存在合作空间。

《中国—东盟自由贸易区仲裁解决机制探析》　周丽（钦州学院）撰，载《广西社会科学》2015 年第 8 期。指出中国与东盟签订的《中国—东盟全面经济合作框架协议争端解决机制协议》为中国—东盟自由贸易区提供了法律保障，有效促进了双方在经贸领域的合作。该协议中仲裁机制是作为一项解决争端的核心机制来设计和制定的，但实施中可以发现其仍然存在诸多不足之处，未能在争端解决实践中发挥应有的价值，其需要扩大适用范围、完善仲裁员制度、设立常设仲裁庭、积极发展行业仲裁，才能更好地解决贸易争端，降低交易风险和成本，发挥制度对实践的引导作用。

《老挝人民革命党对社会主义的认识与实践》　王璐瑶（中共中央对外联络部）撰，载《当代世界》2015 年第 8 期。指出 2015 年是老挝人民民主共和国成立 40 周年。40 年来，老挝人民革命党带领老挝人民不断探索社会主义建设发展规律，逐步形成了一条具有自身特色的向社会主义过渡的道路。

《东盟与联合国伙伴关系的演进：动力溯源与议程选择》　周士新（上海国际问题研究院）撰，载《东南亚纵横》2015 年第 8 期。指出东盟与联合国发展关系是地区与国际形势演进以及双方促进地区与国际和平与发展的现实需要。双方关系由来已久，当前东盟已经成为联合国大会的观察员，联合国是东盟的对话伙伴，双方建立了全面伙伴关系，在相互关心的多个领域开展卓有成效的协调与合作，呈现出多种鲜明的特征，体现东盟与联合国对外工作的优先选择。随着双方关系的深入发展，东盟与联合国在加强政治与安全对话、应对共同的全球性挑战、增强人道主义援助效率以及促进双方秘书处协调等问题上的合作正进入新的历史阶段，对促进地区整合和国际合作将做出更加重要的贡献。

《东南亚防务外交的演变与发展前景》　邢瑞利、谭树林（南京大学）撰，载《东南亚纵横》2015 年第 8 期。指出防务外交在东南亚实践中有较长的发展历史。冷战时期，双边防务和军事合作长期在东盟成员国中占据主导地位。冷战后初期，国际环境发生巨变，东南亚地区防务合作呈现出由双边向多边扩大的趋势。进入 21 世纪，东盟防长会议及其扩大会议等多边防务外交机制发展迅速。东南亚多边防务外交的兴起是地区权力结构调整、中国崛起、香格里拉对话出现、地区军备竞赛等外力因素和早期东盟及东盟地区论坛一系列防务合作安排、印度尼西亚和越南推动等内部因素综合作用的结果。应客观看待东南亚防务外交的发展前景，同时关注其对东南亚地区多边安全合作进程及中国国家安全的影响。

《"21 世纪海上丝绸之路"背景下的中国—东盟博览会公共外交》　李尔平（广西师范学院）撰，载《广西社会科学》2015 年第 9 期。指出中国—东盟博览会通过新闻媒体的报道、"魅力之城"的设置、展会期间和之后开展人文交流活动等形式促进"21 世纪海上丝绸之路"公共外交的实施。参展客商与留学生人数增长且对南宁的满意度较高、南宁市民对东盟的了解与友善感增强、广西知名度提升等信息，反映中国—东盟博览会的公共外交成效已初显。将来可从扩大专业媒体在海上丝绸之路南段各国的影响力、重视留学生的教育与传播作用、延长公众开放日、深化人文交流等方面推动中国—东盟博览会公共外交在服务"21 世纪海上丝绸之路"战略中发挥作用。

《对泰国军政府实行民主的探讨》　〔泰国〕刘嘉玲（北京大学）撰，载《东南亚纵横》2015 年第 9 期。指出 2014 年 5 月泰国军政府上台后，承诺将维护国家的和平稳定，促进社会和解，治理国家和进行全方位改革。而今，军政府关于 3 个阶段泰国民主路线图如期实施，但政府仍面临几个问题，如时间有限、经济未见好转、改革的阻力和矛盾等。作者认为，泰国能否走出"政变、还政于民、政治动荡、政变"的恶性循环，从目前情况看有待观察。

《万隆会议与东南亚区域主义发展》　郑先武（南京大学）撰，载《世界经济与政治》2015 年第 9 期。指出万隆会议（即 1955 年亚非会议）进程源自两次亚洲关系会议，经由科伦坡国家会议倡议而正式启动，直至第 2 次亚非会议夭折而最终结束。东南亚国家在万隆会议进程中扮演了至关重要的角色，并使自身的议题成为共同的核心关注，以至于这一进程中表现出明显的"东南亚特征"，从而对东南亚区域主义的孕育和发展产生重要的历史性和规范性影响。从历史看，万隆会议进程不但在很大程度上满足东南亚的区域需求、塑造印度尼西亚的区域领导地位，而且框定了东南亚国家与域外大国的关系、增进东南亚区域认同的建构，从而推动东南亚区域主义的孕育和发展。从规范看，万隆会议进程不但采用协商一致的共识性决策程序，形成二战后区域合作特定的“亚洲方式”，而且将不干预、主权平等、和平相处、不结盟、非正式等“核心规范”作为国际关系的“基本行为准则”；两者与会议所奉行的“求同存异”原则及会议所凝聚的“团结、友谊、合作”氛围共同构成泛亚洲主义框架内跨区域合作进程中著名的“万隆精神”，统称为“万隆规范”，并成为此后东南亚区域主义尤其是东盟框架内“东盟方式”和“东盟规范”的核心来源，从而促进“万隆规范”的“东盟化”。这显示出亚洲区域主义与东南亚区域主义在经验和规范上的互动和共生关系。

《新加坡对外政策走向评析》 张弛（国防大学）撰，载《当代世界》2015 年第 9 期。指出新加坡长期以来奉行务实主义的对外政策，在依赖其认为是“善意的强权”——美国提供军事保护的同时，谋求大国平衡以实现利益最大化。新加坡内政外交已经制度化，自 1990 年吴作栋出任总理以来，该国就开始向后李光耀时代过渡，因而其政策具有连贯性和稳定性，新加坡国父李光耀逝世也不会对新加坡对外政策和中新关系带来大的冲击。

《中越跨国婚姻纠纷问题探析》 覃晚萍（广西民族大学）撰，载《广西社会科学》2015 年第 9 期。指出中越跨国婚姻数量大且呈多样性和复杂性，其纠纷的产生不可避免。解决中越跨国婚姻纠纷存在的法律困境是：因当事人没有明确被告身份导致法院立案难；因离婚诉讼文书不能及时送达导致诉期长；因婚姻缺乏合法性导致纠纷难以获得法律保障。对此，可从加大法律宣传力度、防范涉越婚姻纠纷的产生，严格审查跨国婚姻当事人的身份，对一方下落不明的跨国婚姻离婚诉讼应予以特别规定，完善相关跨国婚姻法律法规、强化法律的可操作性等方面防范和解决中越跨国婚姻纠纷问题。

《中国—东盟区域经济一体化的社会资本支撑体系建设研究》 金丹（广西大学）撰，载《广西社会科学》2015 年第 10 期。指出中国与东盟具有共同的发展理念和地区共识、文化认同、多层次的区域合作网络和完善的合作制度与规范，这些社会资本要素对中国与东盟双方增强互信、开展合作、促进区域经济一体化发挥了重要作用。因此，加强与东盟各国在文化传统等方面的交流与合作，提升“文化认同”的社会资本；形成合作共识，充分发挥政府作为区域经济一体化的重要推动作用；重视网络社会资本的构建，发展不同形式的跨国非政府网络；加强与东盟各国之间的协商，解决历史遗留问题，增强区域归属和互信，培育区域社会资本，有助于中国—东盟区域经济一体化进程的顺利推进。

《21 世纪海上丝绸之路建设的有效路径：中国—东盟旅游合作》 邓颖颖（海南省社会科学院）撰，载《东南亚纵横》2015 年第 10 期。指出 21 世纪海上丝绸之路建设是一项以经济合作为主导，以人文交流为重要支撑的宏伟工程，其突出特征是多元化与开放性。旅游作为国家之间、文化之间、民众之间交流的重要方式，作为兼具经济功能、社会功能和文化功能的重要领域，具有综合性和开放性的特征。东南亚地区是 21 世纪海上丝绸之路建设的重点，基于中国与东盟旅游发展的基础及中国—东盟旅游合作存在雄厚的现实基础，中国—东盟旅游合作是 21 世纪海上丝绸之路建设的有效路径。

《关于湄公河流域源资源开发的几点思考——基于生态资源保护的视角》 徐海燕（复旦大学）、白帆（广西社会科学院）撰，载《东南亚纵横》2015 年第 10 期。指出澜沧江—湄公河是从中国出境后流经国家最多，对周边关系影响最大的河流，水能资源和生态资源是其流域的两大优势资源，但对前者的开发和后者的保护长期未能协调兼顾，水能开发不断酿成生态环境恶化。文章试图从生态资源保护的视角探讨湄公河流域的能源开发问题，提出挽救湄公河生态资源的根本出路在于，改变过去一味追求发展大中型水电站和在河流主干道上修建拦河大坝的传统做法，把水能资源利用纳入发展小水电的轨道，同时，大力开发该流域极为丰富的太阳能、风能和生物能资源，运行多种新能源并行的开发机制。

《菲律宾土地改革：进程、成效与展望》 仇志军（全国农业技术推广服务中心）撰，载《世界农业》2015 年第 10 期。指出过去 70 余年，菲律宾各届政府不断尝试用和平的方式实施土地改革，即由政府出资并购由地主阶层持有规模较大的土地，并无偿分配给农民，但进展缓慢。近 30 年来，得益于《综合土地改革法》和《综合土地改革计划延长与改革》法案的实施，菲律宾土地改革取得了实质性进展，全国已有 88% 的土地分配到农民手中。制约这项工作进展的主要因素是地主阶层强烈反对、政府并购资金短缺及政府部门工作效率低下等。预计菲律宾土地改革将在 2016 年之后基本完成。

《印度尼西亚种植业及其与中国合作研究》 朱增勇、曲春红（中国农业科学院）撰，载《世界农业》2015 年第 10 期。指出印度尼西亚是“一带一路”东南亚区域的关键一环。种植业是印度尼西亚最重要的农业产业，是东盟稻谷、玉米、大豆、棕榈、木薯等作物最大的生产国，棕榈油、橡胶和可可产量居世界前列。种植业目前还以分散的小农生产为主，主要分布于爪哇岛，同时该地区也是主要人口聚集地，交通基础设施较完善。由于水利等基础设施匮乏，稻谷、玉米和大豆等仍然具有很大的提高潜力。印度尼西亚粮食进口量较大，粮食安全问题仍是政府需要解决的首要问题，中印尼两国在种植业领域具有广泛的合作潜力。通过产学研结合，基于农业科技合作，进行全产业链的投资合作，可以带动两国农产品贸易的稳步提高，为保障两国的粮食安全做出贡献。

《“一带一路”战略下中国—东盟农业互联互通合作研究》 曹云华、胡爱清（暨南大学）撰，载《太平洋学报》2015 年第 12 期。指出中国—东盟自由贸易区合作进程加快，农业合作走在最前端，随着双边及多边农业合作协议的签署，中国与东盟农业合作不断深化，但双边农业合作基础仍显单薄，需全面升级，以不断完善中国—东盟农业互联互通基础设施、制度和人员互通等保障机制。文章以中国—东盟农业互联互通合作为研究内容，运用区域公共产品理论分析双边农业互联互通合作的动力、合作进程及内容，探讨影响中国—东盟农业互联互通合作的主要挑战，认为中国积极谋求区域农业合作，与东盟共建海上丝绸之路经济带，以基础设施、投资、贸易、技术及政策互通为合作路径，有利于形成区域一体化合作机制,提升区域农业合作平台,促进双边合作共赢。

《TPP 和 RCEP 双轨竞争自由化下 CAFTA 的建设》 刘均胜(中国社会科学院)撰,载《国际经济合作》2015 年第 12 期。指出作为两个巨型自贸区(FTA),跨太平洋伙伴关系(TPP)和区域全面经济伙伴关系(RCEP)同时在亚太构建,这标志着该地区的一体化进入到双轨竞争自由化阶段,格局将因此而发生重大改变。在双轨竞争自由化形成上,TPP 从规模小但标准高的 FTA 开始,经历了不断扩容,而 RCEP 的启动很大程度上是受到 TPP 的刺激。二者在基本构成、议题范围、开放程度、经济效应和构建路径上存在很大的不同。为了规避双轨竞争自由化带来的冲击,中国应该以深化中国—东盟自贸区(CAFTA)为切入点,积极推动 RCEP 的建设。

《马泰与马越共同开发案的比较研究》 何海榕(武汉大学)撰,载《太平洋学报》2015 年第 12 期。指出泰国湾与南海具有一定相似性。越南和马来西亚既是泰国湾的沿海国,也是南海争端国。马泰和马越共同开发都是泰国湾争议海域共同开发的成功案例。二者的争议性质、共同开发的背景和目的相似,但是谈判的过程、共同开发区的大小、"先存权"问题的处理、共同开发制度等相异。将二者进行比较研究,有利于把握争议海域共同开发的一些规律和特征,从中得出一些启示,为未来南海共同开发提供一些可行性的建议。

重要研究成果题录

东盟国家形势回顾与展望

"2014 年南亚地区经济发展形势",陈利君、刘曼撰,载《东南亚南亚研究》2015 年第 1 期。

"东南亚地区形势 2014 ~ 2015 年回顾与展望——专家学者访谈录",东南亚纵横编辑部撰,载《东南亚纵横》2015 年第 1 期。

"2014 年东南亚政治、安全和外交形势综述",齐欢撰,载《东南亚南亚研究》2015 年第 1 期。

"东南亚地区形势:2015 年",邓应文撰,载《东南亚研究》2015 年第 2 期。

"2014 年菲律宾政治、经济与外交形势回顾",鞠海龙、邵先成撰,载《东南亚研究》2015 年第 2 期。

"2014 年缅甸政治发展",王子昌撰,载《东南亚研究》2015 年第 2 期。

"缅甸:2014 年回顾与 2015 年展望",钟梅、刘强撰,载《东南亚纵横》2015 年第 2 期。

"2014 年越南政治、经济与外交综述",许梅撰,载《东南亚研究》2015 年第 2 期。

"越南 2014 年经济表现及 2015 年展望",吴逸清、姚艳燕撰,载《东南亚纵横》2015 年第 2 期。

"2014 年印尼政治、经济、外交形势回顾与 2015 年展望",李皖南撰,载《东南亚研究》2015 年第 2 期。

"印度尼西亚:2014 年回顾与 2015 年展望",杨晓强、杨君楚撰,载《东南亚纵横》2015 年第 2 期。

"2014 年新加坡、政治、经济与外交",胡安琪撰,载《东南亚研究》2015 年第 2 期。

"老挝:2014 年回顾与 2015 年展望",陈定辉撰,载《东南亚纵横》2015 年第 2 期。

"柬埔寨:2014 年回顾与 2015 年展望",梁薇撰,载《东南亚纵横》2015 年第 2 期。

"东盟:2014 年回顾与 2015 年展望",林颖、陈文撰,载《东南亚纵横》2015 年第 3 期。

"文莱:2014 年回顾与 2015 年展望",马静、马金案撰,载《东南亚纵横》2015 年第 3 期。

"菲律宾:2014 年回顾与 2015 年展望",黄耀东撰,载《东南亚纵横》2015 年第 3 期。

"新加坡:2014 年回顾与 2015 年展望",罗梅撰,载《东南亚纵横》2015 年第 3 期。

"泰国:2014 年发展回顾与 2015 年展望",陈红升撰,载《东南亚纵横》2015 年第 4 期。

"越南 2014 年报告与 2015 年前 8 个月经济发展态势",农立夫撰,载《东南亚纵横》2015 年第 8 期。

"2014 ~ 2016 年缅甸旅游业发展分析与展望",黄爱莲、俞渊、杨慧月撰,载《东南亚纵横》2015 年第 8 期。

东盟国家政治

"泰南分离主义与极端主义:工具化与结合的趋势",李捷、周鹏强撰,载《南洋问题研究》2015 年第 1 期。

"东盟领导地区整合能力的限度分析",周士新撰,载《东南亚南亚研究》2015 年第 1 期。

"缅甸新政府族际关系治理探析",钟贵峰撰,载《东南亚研究》2015 年第 1 期。

"印度尼西亚新任总统佐科·维多多",骆永昆撰,载《国际研究参考》2015 年第 1 期。

"私人安全公司与东南亚海上安保",邢瑞利、郑先武撰,载《东南亚南亚研究》2015 年第 2 期。

"马来西亚政治海啸:第 13 届国会选举分析",辉明撰,载《南洋问题研究》2015 年第 3 期。

"政党政治与昂山之死:再论缅甸'7·19'事件",姜帆撰,载《东南亚南亚研究》2015 年第 3 期。

"试论政党制度化与政治发展的关系:以泰国为例",高奇琦、张佳威撰,载《南洋问题研究》2015 年第 4 期。

"印度尼西亚的中等强国战略及其对中国的影响",戴维来撰,载《东南亚研究》2015 年第 4 期。

"印度尼西亚海洋划界问题:现状、特点与展望",刘畅撰,载《东南亚研究》2015 年第 5 期。

"伊斯兰国与基地组织在东南亚、南亚的扩张比较",杨凯撰,载《东南亚研究》2015 年第 5 期。

"阿基诺三世治下的菲律宾经济社会情况",杨超撰,载《东南亚纵横》2015 年第 9 期。

"全国民主联盟与缅甸的政治转型",郭继光撰,载《当代世界》2015 年第 9 期。

东盟国家外交

"美菲同盟强化及中国的应对思考",陈邦瑜撰,载《东南亚纵横》2015 年第 1 期。

"2011 年以来日本对缅政策的调整及影响",李艳芳撰,载《东南亚南亚研究》2015 年第 1 期。

"从'亚太再平衡'战略看美菲军事同盟关系",宋清润撰,载《国际研究参考》2015 年第 1 期。

"菲律宾与马来西亚关于沙巴的主权纠纷",郭剑、喻常森撰,载《南洋问题研究》2015 年第 2 期。

"越南在中国东南亚外交突破中的价值探析",陈翔撰,载《红河学院学报》2015 年第 2 期。

"美日同盟与东盟:亚太秩序大较量",苗吉、李福建撰,载《世界经济与政治论坛》2015 年第 2 期。

"从'亚太再平衡'战略看美泰军事同盟关系",宋清润撰,载《国际研究参考》2015 年第 2 期。

"美国与印度尼西亚'全面伙伴关系'评析",仇朝兵撰,载《美国研究》2015 年第 2 期。

"欧盟东南亚政策论析",任琳、程然然撰,载《欧洲研究》2015 年第 3 期。

"2008 年以来美国国际开发署对缅甸的援助活动",韩凝撰,载《东南亚南亚研究》2015 年第 3 期。

"东盟国家在国际冲突管理中的行为选择",曾晓祥撰,载《世界经济与政治论坛》2015 年第 4 期。

"日本安倍政府的东盟外交:基于现实主义外交的理论视角",陈友骏撰,载《东南亚纵横》2015 年第 4 期。

"21 世纪以来印度与缅甸经济关系发展研究",殷永林撰,载《东南亚纵横》2015 年第 4 期。

"理解和平共处五项原则的传播——国际规范扩散的视角",袁正清、宋晓芹撰,载《国际政治研究》2015 年第 5 期。

"美泰同盟的合作形式、机制及其前景",曹筱阳撰,载《东南亚研究》2015 年第 5 期。

"试评近年日本对缅甸官方发展援助政策",韩召颖、田光强撰,载《现代国际关系》2015 年第 5 期。

"围绕菲美加强防务合作协议(EDCA)的菲律宾南海战略转向及其美国因素",杨超撰,载《东南亚纵横》2015 年第 6 期。

"佐科治下印度尼西亚的外交政策:回归务实和民族主义",于志强撰,载《东南亚纵横》2015 年第 7 期。

"越美关系新动向及其影响",蔡鹏鸿撰,载《当代世界》2015 年第 8 期。

"菲律宾对华政策演变及其未来走向",陈庆鸿撰,载《国际研究参考》2015 年第 9 期。

"奥巴马政府对印度尼西亚的公共外交",仇朝兵撰,载《太平洋学报》2015 年第 11 期。

"越南和日本:相互需求性很强",潘金娥撰,载《世界知识》2015 年第 19 期。

"东南亚形势与东盟共同体的建成",韩锋撰,载《世界知识》2015 年第 24 期。

东盟国家经济

"越南油气产业发展现状、问题与新动向",刘才涌撰,载《南洋问题研究》2015 年第 1 期。

"菲律宾政府的 FTAs 和 RTAs 政策选择初探",沈红芳、李志龙撰,载《南洋问题研究》2015 年第 2 期。

"货币国际化路径研究——以东盟国家美元化为例",何曾、梁晶晶撰,载《东南亚纵横》2015 年第 2 期。

"浅析全球化时代的东南亚汽车产业",蒋芳婧撰,载《东南亚纵横》2015 年第 2 期。

"越南推进农村土地改革的经验及启示",叶前林、何伦志撰,载《世界农业》2015 年第 2 期。

"迈向东盟经济共同体的泰国服务业",邹春萌撰,载《南洋问题研究》2015 年第 3 期。

"迈进共同体时代前夕的东盟经济",王勤撰,载《东南亚纵横》2015 年第 3 期。

"越南腐败对企业发展影响的研究——基于世界银行企业问卷调查的实证分析",黄寒撰,载《东南亚研究》2015 年第 3 期。

"越南的腰果产业",唐仕华、凌青根、邓志声撰,载《世界农业》2015 年第 3 期。

"东盟区域旅游竞争力分析:优势、劣势及提升策略",董海伟撰,载《东南亚纵横》2015 年第 4 期。

"印尼海外侨汇治理及其对策研究",沈燕清撰,载《南洋问题研究》2015 年第 4 期。

"印尼与'海上丝绸之路'建设",许培源陈乘风撰,载《亚太经济》2015 年第 5 期。

"菲律宾土地私有制与农业规模化变迁启示",毛铖撰,载《亚太经济》2015 年第 5 期。

"东盟国家贸易便利化措施研究",刘主光、艾雨婷撰,载《东南亚纵横》2015 年第 6 期。

"新加坡自由贸易协定简述:贸易规则与产业导向",李振宁撰,载《东南亚纵横》2015 年第 6 期。

"泰国有机农业的发展与经验借鉴",〔泰国〕Nareerut Seerasarn、尹昌斌、尹婷婷、崔艺凡撰,载《世界农业》2015 年第 7 期。

"印度尼西亚农村金融联结制度的实践及启示",李延敏、焦倩雯撰,载《世界农业》2015 年第 8 期。

"缅甸农业发展现状与中缅农业合作探析",刘祖昕、赵跃龙、石彦琴、李树、高云撰,载《世界农业》2015 年第 9 期。

"印度尼西亚种植业及其与中国合作研究",朱增勇、曲春红撰,载《世界农业》2015 年第 10 期。

"泰国与日本大米的营销策略研究",俎文红撰,载《世界农业》2015 年第 12 期。

"缅甸农业发展现状及中缅农业合作战略思考",张芸、崔计顺、杨光撰,载《世界农业》2015 年第 12 期。

"越南农业利用外国直接投资及其对中国的启示",〔越南〕NGUYEN THUC HUY、夏云、谭砚文、熊启泉撰,载《世界农业》2015 年第 12 期。

东盟国家社会

"分权化背景下的印尼海外移民治理研究",沈燕清撰,载《东南亚研究》2015 年第 1 期。

"新加坡养老金改革及对我国的启示",李京桦撰,载《东南亚南亚研究》2015 年第 2 期。

"东南亚环境治理模式的转型分析——以'APP 事件'为例",张云撰,载《东南亚研究》2015 年第 2 期。

"区域性安全公共产品供给的'湄公河模式'——以湄公河流域联合执法安全合作机制为例",雷珺撰,载《南洋问题研究》2015 年第 3 期。

"东南亚国家跨境烟霾治理评析"，程晓勇撰，载《东南亚研究》2015 年第 3 期。

"新加坡版权侵权行为研究"，马治国，张磊撰，载《广西大学学报(哲学社会科学版)》2015 年第 6 期。

"劳动力跨国就业与东盟的社会保障一体化"，吴伟东，吴杏思撰，载《东南亚纵横》2015 年第 7 期。

"越南渔监力量初探"，李华杰撰，载《国际研究参考》2015 年第 7 期。

"柬埔寨非政府组织的发展及其社会影响"，周龙撰，载《东南亚纵横》2015 年第 8 期。

"泰王国不动产征收法律制度研究"，周喜梅撰，载《广西社会科学》2015 年第 6 期。

东盟国家文化、教育

"砂拉越华族族群母语教育与文化传承的维护：以古晋中华第一中学之兴办为个案研究"，曹淑瑶撰，载《东南亚研究》2015 年第 1 期。

"'经营'与'制作'——《星洲日报》青少年创作版与马华文学思潮嬗变"，易淑琼撰，载《世界华文文学论坛》2015 年第 1 期。

"战后马华文学场域的流动与影响——以《南洋商报》副刊为个案"，〔马来西亚〕曾维龙撰，载《世界华文文学论坛》2015 年第 1 期。

"迟开的花朵：缅甸'五边形诗社'华文诗歌浅论"，肖成撰，载《世界华文文学论坛》2015 年第 2 期。

"马宁与战前新马文艺的渊源"，肖怿撰，载《世界华文文学论坛》2015 年第 2 期。

"论冰谷散文集《岁月如歌》的苦难书写"，陈大为撰，载《世界华文文学论坛》2015 年第 2 期。

"东南亚、南亚地区的'一语两名'及'一语两文'现象"，钱伟撰，载《东南亚南亚研究》2015 年第 2 期。

"南岛语民族的起源与东南亚现代南岛语系诸民族的形成"，何平撰，载《广西大学学报(哲学社会科学版)》2015 年第 2 期。

"神圣与世俗的跨越——从马尼拉黑耶稣节看菲律宾民间天主教节日"，霍然撰，载《世界宗教文化》2015 年第 2 期。

"试析菲律宾和新加坡的'多官方语言'现象及语言政策"，钱伟撰，载《东南亚研究》2015 年第 3 期。

"试论东南亚五国的'一国多语'现象及语言政策的历史演变"，钱伟撰，载《东南亚纵横》2015 年第 3 期。

"泉籍东南亚华文作家创作中的'原乡'情结"，古大勇撰，载《世界华文文学论坛》2015 年第 3 期。

"泉籍印华作家黄东平创作主题综论"，翟勇撰，载《世界华文文学论坛》2015 年第 3 期。

"奋斗与守望：泉籍菲华作家小说中的人物创造"，戴冠青、李莉撰，载《世界华文文学论坛》2015 年第 3 期。

"'越南苏武'黎光贲及其在华诗作《思乡韵录》"，牛军凯撰，载《东南亚研究》2015 年第 4 期。

"越南高校人才引育政策评价"，董维春、邓春英、刘晓光撰，载《东南亚纵横》2015 年第 4 期。

"越南民族源自神农传说之探析"，韦凡州撰，载《世界民族》2015 年第 5 期。

"泰国谚语的夫妇伦理规范研究"，杨丽周撰，载《东南亚纵横》2015 年第 5 期。

"缅甸僧侣的社会网络与资本累积——一个村落寺庙住持的人类学研究"，白志红、钟小鑫撰，载《世界宗教文化》2015 年第 5 期。

"结构主义视角下的中越月亮神话比较"，梁珍明撰，载《东南亚纵横》2015 年第 5 期。

"印度尼西亚孔教：中国儒教的宗教化、印尼化"，王爱平撰，载《世界宗教文化》2015 年第 5 期。

"华南民间信仰的建构与海外传播——新加坡蔡府王爷信仰的案例"，陈景熙撰，载《世界宗教文化》2015 年第 5 期。

"越南古代女诗人胡春香喃字诗歌的人文意识"，祁广谋撰，载《东南亚纵横》2015 年第 5 期。

"越南汉语教学发展的现状及问题探讨"，曾小燕撰，载《东南亚纵横》2015 年第 5 期。

"东南亚各国保护非物质文化遗产的措施"，王红撰，载《东南亚纵横》2015 年第 6 期。

"越南北传佛教戒律的传承与当代弘扬概述"，〔越南〕阮氏锦撰，载《世界宗教文化》2015 年第 6 期。

"东南亚宗教的转型与创新——第四届东南亚宗教研究高端论坛综述"，司聃撰，载《世界宗教研究》2015 年第 6 期。

"越南科举考试中体现的本国文化烙印"，钟珂撰，载《东南亚纵横》2015 年第 7 期。

东盟国家历史

"缅甸日据时期'缅克冲突'探析"，李贵梅撰，载《东南亚研究》2015 年第 1 期。

"越战时期美国与菲律宾的同盟关系——以美菲两国围绕菲律宾出兵越南问题的交涉为例"，吴浩撰，载《南洋问题研究》2015 年第 2 期。

"安南属明时期官员考述"，李标福撰，载《红河学院学报》2015 年第 2 期。

"越南古代以及中世纪的海外贸易史——越南学者黄英俊博士的一些观点介绍"，顾卫民、钱盛华撰，载《海交史研究》2015 年第 2 期。

"郑和访问满剌加次数考"，时平撰，载《南洋问题研究》2015 年第 2 期。

"1898 年后美国对菲律宾领土政策的决择及实践"，王胜撰，载《东南亚研究》2015 年第 3 期。

"越南史学界对文郎国与安阳王的认知悖论"，左荣全撰，载《东南亚南亚研究》2015 年第 3 期。

"越南阮朝初期建都的选址之争"，韩周敬撰，载《东南亚南亚研究》2015 年第 3 期。

"阿罗约时期菲美安全合作及其影响"，代帆、张博撰，载《东南亚研究》2015 年第 4 期。

"浅析越南阮攸的左江流域印象"，张惠鲜撰，载《东南亚纵横》2015 年第 5 期。

"从《暹罗馆译语》看明清时期中泰贡赐关系"，刘俊彤撰，载《东南亚纵横》2015 年第 5 期。

"历史上广西北部湾地区与东南亚地区的海上交往"，吴小玲撰，载《学术论坛》2015 年第 7 期。

“西贡堤广肇帮圣母庙初探”，耿慧玲撰，载《海洋史研究》2015 年第 7 辑。

“占婆亡国后顺城地区土地状况与奴隶制度——以十八世纪潘陀浪王宫中文档案为中心的研究”，张桦撰，载《海洋史研究》2015 年第 7 辑。

东南亚华人华侨

“近年越南华人数量的估算与分析”，覃翊撰，载《南洋问题研究》2015 年第 1 期。

“从《南洋商报》讣告文本看战后转型期新马华人家庭形态与社会网络”，薛灿撰，载《东南亚研究》2015 年第 1 期。

“17 ~ 19 世纪中国东南沿海居民移居越南问题研究”，徐芳亚撰，载《东南亚纵横》2015 年第 1 期。

“论印尼的庇护主义传统与华人”，彭慧撰，载《南洋问题研究》2015 年第 2 期。

“谁是佛教徒？佛教徒是谁？——马来西亚华人佛教信仰探析”，〔马来西亚〕陈爱梅撰，载《世界宗教文化》2015 年第 2 期。

“由槟城‘分离运动’到新加坡会议——战后初期英国对马来亚华人决策轨迹分析(1945 ~ 1949)”，孙志伟撰，载《南洋问题研究》2015 年第 2 期。

“后苏哈托时期的印尼华人参政——以几次大选和地方选举为例”，廖小健、吴婷撰，载《南洋问题研究》2015 年第 3 期。

“中缅关于华侨双重国籍问题交涉过程的历史考察(1954 ~ 1960)”，冯越撰，载《东南亚研究》2015 年第 4 期。

“当代印度尼西亚棉兰华社发展的新态势——基于华人社团与社团领袖的考察”，杨宏云撰，载《东南亚纵横》2015 年第 4 期。

“新加坡华族文化的建构与彷徨——以新谣运动与七月歌台为例”，彭慧撰，载《世界民族》2015 年第 5 期。

“砂拉越华人移民及其分布格局探析(1830 ~ 1930)”，王颖、王元林撰，载《东南亚研究》2015 年第 5 期。

“印尼华人家庭语言使用与文化认同分析——印尼雅加达 500 余名新生代华裔的调查研究”，沈玲撰，载《世界民族》2015 年第 5 期。

“略论广宁侨民在马来西亚的生根与镶嵌”，广府华侨文化肇庆篇课题组撰，载《东南亚纵横》2015 年第 6 期。

“试论抗战时期‘南侨机工’的人数与构成”，夏玉清撰，载《东南亚纵横》2015 年第 6 期。

“从全球视野角度分析近代广宁人移居马来西亚”，广府华侨文化肇庆篇课题组撰，载《东南亚纵横》2015 年第 8 期。

“新加坡华人宗教信仰现状及前景”，沈庆利、叶枝梅撰，载《国际研究参考》2015 年第 8 期。

“发挥东盟国家华侨华人在‘一带一路’中的桥梁作用”，盛毅、任振宇撰，载《东南亚纵横》2015 年第 10 期。

中国与东盟关系

“中国与印尼关系：命运共同体的历史意蕴”，吴前进撰，载《国际关系研究》2015 年第 2 期。

“新型的中国—东盟关系：利益共同体与命运共同体”，曹云华撰，载《当代世界》2015 年第 3 期。

“菲律宾在南海主权争端上的话语权动员”，方天建撰，载《东南亚南亚研究》2015 年第 3 期。

“布热津斯基访华与中越华侨争端的公开化”，周聿峨、郑建成撰，载《东南亚研究》2015 年第 3 期。

“中国—东盟禁毒命运共同体建设问题研究”，张晓春撰，载《广西社会科学》2015 年第 4 期。

“中菲礼乐滩油气资源‘共同开发’的前景分析”，李金明撰，载《太平洋学报》2015 年第 5 期。

“争议领土主权归属仲裁证据规则研究——基于证据分量视角分析中菲南海主权争端”，张卫彬撰，载《太平洋学报》2015 年第 6 期。

“沿边金融综合改革试验区下构建中国—东盟泛人民币区理论初探”，李智撰，载《创新》2015 年第 6 期。

“海关环境对 CAFTA 区域内出口的影响研究”，刘主光、张微撰，载《创新》2015 年第 6 期。

“积极推进中国—东盟命运共同体建设”，林昆勇撰，载《东南亚纵横》2015 年第 7 期。

“中国—东盟自由贸易区物流业发展合作的法律冲突处理机制分析”，黄谟媛撰，载《东南亚纵横》2015 年第 7 期。

“南海争端司法化中的美国因素”，曹群撰，载《当代世界》2015 年第 8 期。

“中国对东盟投资风险的美国因素”，王勇辉、马越撰，载《东南亚纵横》2015 年第 9 期。

“印度尼西亚佐科政府的‘全球海洋支点战略’及中国与印度尼西亚合作的新契机”，林梅撰，载《东南亚纵横》2015 年第 9 期。

“‘一带一路’与中国—东盟命运共同体建设”，李文撰，载《东南亚纵横》2015 年第 10 期。

中国与东盟经济合作

“大国竞争与中国对东南亚的经济外交”，王箫轲、张慧智撰，载《东南亚研究》2015 年第 1 期。

“中国—东盟自由贸易区背景下中国与东盟货物贸易竞争力的研究”，郭柳、张应武撰，载《东南亚纵横》2015 年第 1 期。

“中国与东盟的贸易变迁：1992 ~ 2012”，叶刘刚、白福臣、尹萌撰，载《东南亚研究》2015 年第 1 期。

“国际合作中敏感性和脆弱性的关系和规律探究——以中国—东盟经贸数据为量化分析样本”，张彦撰，载《太平洋学报》2015 年第 1 期。

“中越农业互补性与贸易提升策略研究”，孙华撰，载《世界农业》2015 年第 1 期。

“打造中国—东盟自贸区‘升级版’：问题与方向”，魏民撰，载《国际贸易问题》2015 年第 2 期。

“相互依赖能源合作模式下的中印(尼)能源合作”，崔巧、朱新光撰，载《东南亚南亚研究》2015 年第 2 期。

“中国与马来西亚经贸关系分析”，陆建人撰，载《创新》2015 年第 2 期。

“后危机时代全球金融治理发展对中国—东盟金融监管合作的启示”，罗传钰撰，载《东南亚纵横》2015 年第 2 期。

“碳排放下中泰水果贸易影响因素和贸易潜力的实证研究”，颜小挺、祁春节撰，载《东南亚纵横》2015 年第 2 期。

"印尼海洋经济的发展及其与中国的合作",杨程玲撰,载《亚太经济》2015 年第 2 期

"中国—东盟自由贸易区电子商务发展对策研究",彭赞文撰,载《学术论坛》2015 年第 2 期。

"中国与东盟农产品贸易策略探讨",朱烈夫、陈伟撰,载《世界农业》2015 年第 2 期。

"中国与新加坡双边贸易的实证分析",钱耀军、李娴撰,载《东南亚纵横》2015 年第 3 期。

"中国文化产品开拓泰国市场的可行性研究",余海秋撰,载《东南亚纵横》2015 年第 3 期。

"中国—东盟自由贸易区升级版背景下中国—东盟货物贸易发展路径",李建伟、吕玲玲、黄悦琛、甘慧露撰,载《东南亚纵横》2015 年第 3 期。

"新形势下广西与东盟旅游合作路径探析",钟智全撰,载《东南亚纵横》2015 年第 3 期。

"论印度尼西亚矿业投资环境及其相关法律制度——以中国企业投资为视角",唐新华、邱房贵撰,载《东南亚纵横》2015 年第 3 期。

"中国与东盟贸易提升研究评述",宁凌、程璐撰,载《东南亚纵横》2015 年第 4 期。

"中国—东盟经贸关系的影响因素及金融业对策",郭可为撰,载《亚太经济》2015 年第 4 期。

"新丝路倡议下印尼投资的新机遇及策略",林梅、王艺蓉撰,载《亚太经济》2015 年第 4 期。

"2004~2013 年马来西亚中资企业的投资及其影响",周堃、陈丙先撰,载《东南亚纵横》2015 年第 4 期。

"马来西亚'新经济模式'视角下中国企业 FDI 产业选择探析",詹小颖撰,载《东南亚纵横》2015 年第 5 期。

"中国对东盟国家直接投资的出口效应国别差异分析",黄宁撰,载《东南亚纵横》2015 年第 6 期。

"云南省与东盟农产品产业内贸易研究",杨珂、张利军撰,载《东南亚纵横》2015 年第 6 期。

"中国对东盟区域投资问题研究",欧阳华撰,载《广西社会科学》2015 年第 7 期。

"'互联网 + 资本'背景下面向东南亚的视听产业融合发展探析",刘峰、吴德识撰,载《广西社会科学》2015 年第 7 期。

"中国—东盟贸易便利化实证研究",阮思阳、黎冬凌、李宇薇、章颖撰,载《东南亚纵横》2015 年第 8 期。

"中国与马来西亚产业内贸易测算及影响因素的实证研究",刘志雄、张凌生、朱剑华撰,载《东南亚纵横》2015 年第 9 期。

"'一带一路'背景下中国—东盟电器产品贸易前景展望",黄炜、曹丹、胡刚翔、陈强、陈焕鑫撰,载《东南亚纵横》2015 年第 10 期。

"中国—东盟非关税壁垒强度变动趋势及影响因素分析——兼论中国—东盟自由贸易区贸易自由化路径选择",魏格坤撰,载《东南亚纵横》2015 年第 10 期。

"广西企业利用中国—东盟自由贸易协定的情况调查",韦倩青、杨帆撰,载《东南亚纵横》2015 年第 10 期。

"越南环境影响评价制度对我国对越投资影响的若干法律分析",邱房贵、植文斌撰,载《广西社会科学》2015 年第 11 期。

"广西北部湾经济区与越南北部三省经济合作边界效应研究",张帆、杜宽旗、阮有仲撰,载《广西社会科学》2015 年第 11 期。

"中国与马来西亚农产品产业内贸易研究",范文娟、朱宏登撰,载《世界农业》2015 年第 11 期。

"从产业协调看中国与东盟农业合作发展的新动力",翁鸣撰,载《国际经济合作》2015 年第 11 期。

中国与东盟政治、外交合作

"缅甸在中国周边外交中的地位与中缅关系的新发展",张党琼撰,载《东南亚南亚研究》2015 年第 1 期。

"缅甸政局发展态势(2014~2015)与中国对缅外交",贺圣达撰,载《印度洋经济体研究》2015 年第 1 期。

"越南与中国东南亚外交突破的关系",陈翔撰,载《世界经济与政治论坛》2015 年第 2 期。

"不对称结构和本体性安全视角下的中缅关系:依赖与偏离",孔建勋、包广将撰,载《东南亚研究》2015 年第 3 期。

"跨境民族地区健康保障制度探索——以中国与老挝跨境民族地区为例",张楠撰,载《东南亚研究》2015 年第 3 期。

"中越边境地区跨境非法婚姻探析——云南省文山州富宁县跨境非法婚姻现状调查",马洪波撰,载《红河学院学报》2015 年第 3 期。

"南沙油气资源开发的法律困境与对策研究——以中越南沙油气开发之争为例",郭冉撰,载《广西大学学报(哲学社会科学版)》2015 年第 4 期。

"泰国巴育政府及其对华关系",张锡镇撰,载《当代世界》2015 年第 4 期。

"印度尼西亚公民在穗涉毒犯罪初探",潘玥撰,载《东南亚研究》2015 年第 4 期。

"中国与东盟小多边安全机制的构建现状——从公共产品供给的视角",王勇辉、余珍艳撰,载《世界经济与政治论坛》2015 年第 4 期。

"建交与护侨:中泰就 1945 年'耀华力路事件'的交涉",夏玉清撰,载《东南亚研究》2015 年第 4 期。

"略论中国境内印支难民的法律地位",方卫军撰,载《国际论坛》2015 年第 5 期。

"2014 年中国在东南亚地区领事保护状况、问题及改善对策研究",卢文刚、黎舒菡撰,载《东南亚纵横》2015 年第 5 期。

"中越哈尼族跨境流动与边疆稳定研究",卢鹏撰,载《红河学院学报》2015 年第 6 期。

"议会选举后缅甸的政局走向及中缅关系发展",宋清润撰,载《当代世界》2015 年第 12 期。

中国与东盟文化、教育交流与合作

"中国—东盟民族体育文化交流研究",尹继林撰,载《广西社会科学》2015 年第 1 期。

"中国—东盟视阈下我国主流媒体报道中的广西形象构建——基于《人民日报》广西报道的分析",庄严撰,载《广西社会科学》2015 年第 1 期。

"中国—东盟体育合作共同体的构建研究",张兆龙、张

明亚、康厚良、秦尉富、尹继林、李乃琼撰，载《东南亚纵横》2015 年第 2 期。

"CAFTA 建成后广西对东盟法律交流的回顾与展望"，蔡德仿、苏金锐撰，载《创新》2015 年第 3 期。

"中国与东南亚共享非物质文化遗产保护制度研究——以'一带一路'战略为制度构建机遇"，高轩、冯泽华撰，载《东南亚研究》2015 年第 4 期。

"泰国汉语教育与中华语言文化传播"，王玲玲撰，载《南洋问题研究》2015 年第 4 期。

"中国民族文化的国际传播——面向东南亚的实践与经验"，张九桓、姚遥、王启龙、周鑫宇、陈雪飞撰，载《公共外交季刊》2015 年第 4 期。

"'一带一路'战略背景下推进滇缅教育合作的现状、挑战与前景"，刘静撰，载《印度洋经济体研究》2015 年第 4 期。

"中国—东盟技术转移平台建设及发展模式研究"，胡华、梁光琦、苏浩撰，载《东南亚纵横》2015 年第 5 期。

"中国—东盟背景下广西广告产业发展研究"，黄露撰，载《广西社会科学》2015 年第 5 期。

"赴泰汉语教师的交际困扰及对策"，郑继娥、董海芹撰，载《东南亚纵横》2015 年第 6 期。

"中国—东盟视角下广西外语翻译人才培养研究"，黄丽鋆撰，载《广西社会科学》2015 年第 6 期。

"语言资源理论视阈下广西面向东盟的语言产业发展研究"，陈颖撰，载《广西社会科学》2015 年第 6 期。

"公共外交视角下的泰国政府官员中文学习项目"，吕挺、崔丽丽撰，载《东南亚纵横》2015 年第 7 期。

"古代中国与东南亚关系与文学交往研究述评"，冯小禄、张欢撰，载《东南亚纵横》2015 年第 7 期。

"高职教育服务'一带一路'战略社会功能探析——以中国—东盟农业互联互通为例"，胡爱清撰，载《东南亚纵横》2015 年第 8 期。

"云南、广西与东盟开展教育交流合作的策略和举措对贵州省的启示"，张成霞撰，载《东南亚纵横》2015 年第 9 期。

"院校层面的广西—东盟高等教育区域合作研究——以广西大学为例"，张艳红、黎佳撰，载《东南亚纵横》2015 年第 9 期。

"教育合作:巩固和拓展中国—东盟命运共同体的人文基础"，祁亚辉撰，载《东南亚纵横》2015 年第 10 期。

中国与东盟区域、次区域合作

"中国(南宁)—新加坡经济走廊交流合作机制建设研究"，韦朝晖、罗梅撰，载《东南亚纵横》2015 年第 1 期。

"中国—新加坡经济走廊交通基础设施建设探析"，林智荣、覃娟撰，载《东南亚纵横》2015 年第 1 期。

"中国(南宁)—新加坡经济走廊的产业发展"，杨超、黄耀东撰，载《东南亚纵横》2015 年第 1 期。

"'海上丝绸之路经济带'建设与华南经济圈的创新发展论略"，廖杨、尹青林、匡梦叶撰，载《创新》2015 年第 5 期。

"从'一带一路'看中国沿边经济发展与合作的特点与问题"，田春生撰，载《广西大学学报(哲学社会科学版)》2015 年第 5 期。

"区域合作行为、国家间信任与地区性国际公共产品供给——孟中印缅经济走廊推进难点与化解"，杨怡爽撰，载《印度洋经济体研究》2015 年第 6 期。

"RCEP 框架下货物贸易自由化阻力及对策分析"，冯晓玲、高一鸣撰，载《亚太经济》2015 年第 6 期。

"区域经济一体化的演化脉络及对 CAFAT 的启示"，张晓钦撰，载《亚太经济》2015 年第 6 期。

"21 世纪海上丝绸之路背景下中国—东盟经贸合作研究"，王俊桦、张建中撰，载《东南亚纵横》2015 年第 7 期。

"建设 21 世纪海上丝绸之路战略下深化广东省—新加坡合作研究"，覃辉银撰，载《东南亚纵横》2015 年第 7 期。

"'一带一路'战略背景下广西与越南贸易的引力模型分析"，陆小丽撰，载《东南亚纵横》2015 年第 9 期。

"地缘经济视域下广东省参与'一带一路'建设的战略框架"，林恺铖撰，载《东南亚纵横》2015 年第 9 期。

"新形势下对建设昆明—万象经济走廊的构想"，梁茂林、骆华松、左宝琪、李君撰，载《东南亚纵横》2015 年第 9 期。

"中国与东盟合作参与'一带一路'建设的金融支撑体系构建"，张家寿撰，载《东南亚纵横》2015 年第 10 期。

"共享'一带一路'机遇 加强陕西省与东盟的合作"，任宗哲撰，载《东南亚纵横》2015 年第 10 期。

"马来西亚全力支持和参与'一带一路'建设"，〔马来西亚〕廖中莱撰，载《当代世界》2015 年第 11 期。

"澜沧江—湄公河下游五国期待'澜湄机制'"，宋清润撰，载《世界知识》2015 年第 22 期。

"澜沧江—湄公河流域其他主要次区域合作机制有哪些"，秋千撰，载《世界知识》2015 年第 22 期。

中国与东盟国家比较研究

"兴边富民背景下中越跨境民族农民政治认同研究——基于对广西海村京族的调研与思考"，陈锋撰，载《广西社会科学》2015 年第 2 期。

"越老古朝国家治理体系与能力建设透视"，仲松阳撰，载《当代世界与社会主义》2015 年第 2 期。

"中越两国国防安全教育政策及其实施效果之我见——以滇越边境民族地区为例"，龙倮贵撰，载《红河学院学报》2015 年第 3 期。

"新加坡离岸保险及对中国的借鉴"，许闲、董博、房至德撰，载《亚太经济》2015 年第 3 期。

"中越清明节传说及节俗之比较"，陈丽琴撰，载《广西师范大学学报(哲学社会科学院版)》2015 年第 4 期。

"欧盟与东盟的公共外交比较及对中国的启示"，谷名飞撰，载《公共外交季刊》2015 年第 4 期。

"东盟国家农村社区治理模式及对中国的启示"，周玉婷撰，载《世界农业》2015 年第 6 期。

"越南农业科技政策及其对中国农业科技政策制定的参考意义"，〔越南〕HA NHAT DUY(夏一维)撰，载《世界农业》2015 年第 6 期。

"中缅财务报表列报具体会计准则之比较"，蒋峻松撰，载《东南亚纵横》2015 年第 7 期。

"中越结婚法律制度的比较及启示"，覃晚萍撰，载《东南亚纵横》2015 年第 8 期。

投资贸易指南

中国投资贸易指南

自由贸易试验区外商投资备案管理办法(试行)

(中国商务部公告 2015 年第 12 号)

为进一步扩大对外开放,推进外商投资管理制度改革,在自由贸易试验区(以下称自贸试验区)营造国际化、法治化、市场化的营商环境,经全国人大常委会授权,国务院决定在自贸试验区对外商投资实行准入前国民待遇加负面清单的管理模式。为落实改革外商投资管理模式的相关要求,规范自贸试验区外商投资备案管理工作,现公布《自由贸易试验区外商投资备案管理办法(试行)》,自发布之日起 30 日后实施。

中华人民共和国商务部
2015 年 4 月 8 日

自由贸易试验区外商投资备案管理办法(试行)

第一条　为进一步扩大对外开放,推进外商投资管理制度改革,在中国(广东)自由贸易试验区、中国(天津)自由贸易试验区、中国(福建)自由贸易试验区、中国(上海)自由贸易试验区(以下简称自贸试验区)营造国际化、法治化、市场化的营商环境,根据《全国人大常委会关于授权国务院在中国(上海)自由贸易试验区暂时调整有关法律规定的行政审批的决定》《全国人大常委会关于授权国务院在中国(广东)、中国(天津)、中国(福建)自由贸易试验区以及中国(上海)自由贸易试验区扩展区域暂时调整有关法律规定的行政审批的决定》、相关法律、行政法规及国务院决定,制定本办法。

第二条　外国投资者在自贸试验区投资《自由贸易试验区外商投资准入特别管理措施(负面清单)》以外领域,外商投资企业设立、变更(以下统称投资实施)及合同章程备案,适用本办法。法律、行政法规和国务院决定另有规定的,从其规定。

投资实施的时间对外商投资企业设立而言,为企业营业执照签发时间;对外商投资企业变更而言,涉及换发企业营业执照的,投资实施时间为企业营业执照换发时间,不涉及换发企业营业执照的,投资实施时间为变更事项发生时间。

第三条　自贸试验区管理机构(以下简称备案机构)负责自贸试验区外商投资事项的备案管理。

备案机构通过商务部外商(港澳台侨)投资备案信息系统(以下简称备案系统),开展自贸试验区外商投资事项的备案工作。

第四条　外国投资者在自贸试验区投资设立企业,属于本办法规定的备案范围的,外国投资者在取得企业名称预核准通知书后,可在投资实施前,或投资实施之日起 30 日内,登录自贸试验区一口受理平台(以下简称受理平台),在线填报和提交《自贸试验区外商投资企业设立备案申报表》(以下简称《设立申报表》)。

第五条　属于本办法规定的备案范围的外商投资企业,发生以下变更事项的,可在投资实施前,或投资实施之日起 30 日内,在线填报和提交《自贸试验区外商投资企业变更事项备案申报表》)(以下简称《变更申报表》),办理变更备案手续:

(一)投资总额变更;

(二)注册资本变更;

(三)股权、合作权益变更或转让;

(四)股权质押;

(五)合并、分立;

(六)经营范围变更;

(七)经营期限变更;

(八)提前终止;

(九)出资方式、出资期限变更;

(十)中外合作企业外国合作者先行回收投资;

(十一)企业名称变更;

(十二)注册地址变更。

其中,依照相关法律法规规定应当公告的,应当在办理变更备案手续时说明依法办理公告手续情况。

第六条　备案管理的外商投资企业发生需审批的变更事项,应按照外商投资管理的相关规定办理审批手续。

第七条　自贸试验区内于本办法实施前已设立的外商投资企业发生变更,或自贸试验区外的外商投资企业迁入,且属于本办法规定的备案范围的,应办理变更备案手续,并缴销《外商(港澳台侨)投资企业批准证书》。

第八条　外国投资者或外商投资企业在提交《设立申报表》或《变更申报表》时承诺,申报内容真实、完整、有效,申报的投资事项符合相关法律法规的规定。

第九条　外国投资者或外商投资企业在线提交《设立申报表》或《变更申报表》后,备案机构对申报事项是否属于备案范围进行甄别。属于本办法规定的备案范围的,备案机构应在3个工作日内完成备案，通知外国投资者或外商投资企业。不属于备案范围的，通知外国投资者或外商投资企业按有关规定办理审批手续。

第十条　备案机构应即时在备案系统发布备案结果，并向受理平台共享备案结果信息。

第十一条　收到备案完成通知后，外国投资者或外商投资企业可向备案机构领取《外商投资企业备案证明》（以下简称《备案证明》）。领取时需提交以下文件：

（一）企业名称预先核准通知书（复印件）；

（二）外国投资者或其授权代表签章的《设立申报表》，或外商投资企业或其授权代表签章的《变更申报表》；

（三）外国投资者、实际控制人主体资格证明或身份证明（复印件）。

第十二条　自贸试验区外商投资企业应在每年6月30日前登录备案系统，填报《外商投资企业投资经营情况年度报告表》。

第十三条　备案机构对自贸试验区外国投资者及外商投资企业遵守外商投资法律法规规定情况实施监督检查。备案机构可采取定期抽查、根据举报进行检查、根据有关部门或司法机关的建议和反映进行检查，以及依法定职权启动检查等方式开展监督检查。

第十四条　备案机构的监督检查内容包括：外国投资者或外商投资企业是否按本办法规定履行备案程序；外商投资企业投资经营活动是否与填报的备案信息一致；是否按本办法规定填报年度报告；是否存在违反外商投资法律法规规定的其他情形。

第十五条　经监督检查发现外国投资者或外商投资企业存在违反外商投资法律法规规定的情形的，备案机构应以书面通知责成其说明情况，并依法开展调查。经调查确认存在违法行为的，责令其限期整改；情节严重的，备案机构应取消备案，并提请相关部门依法予以处罚。

第十六条　外国投资者、外商投资企业在备案、登记及投资经营等活动中所形成的信息，以及备案机构和其他主管部门在监督检查中掌握的反映其诚信状况的信息，将纳入商务部外商（港澳台侨）投资诚信档案系统。

商务部与相关部门共享外国投资者及外商投资企业的诚信信息。对于备案信息不实，或未按本办法规定填报年度报告的，备案机构将把相关信息记入诚信档案，并采取适当方式予以公示。

诚信信息共享与公示不得含有外国投资者、外商投资企业的商业秘密、个人隐私。

第十七条　自贸试验区外商投资事项涉及国家安全审查、反垄断审查的，按相关规定办理。

第十八条　外商投资的投资性公司、创业投资企业在自贸试验区投资，视同外国投资者，适用本办法。

自贸试验区内的外资并购、外国投资者对上市公司战略投资、外国投资者以其持有的中国境内企业股权出资、外商投资企业境内再投资，应符合相关规定要求。

第十九条　香港特别行政区、澳门特别行政区、台湾地区投资者在自贸试验区投资《自由贸易试验区外商投资准入特别管理措施（负面清单）》以外领域的，参照本办法办理。

第二十条　本办法自发布之日起30日后实施。

关于进一步扩大自动进口许可证通关作业无纸化试点的公告

（中国海关总署　商务部公告2015年第35号）

为进一步推进通关作业无纸化改革工作，促进贸易便利化，海关总署和商务部决定在前期中国（上海）自由贸易试验区（以下简称“上海自贸区”）改革试点的基础上，扩大自动进口许可证通关作业无纸化试点。现就有关事宜公告如下：

一、自2015年8月1日起，试点海关由上海自贸区相关海关扩展至包括天津、福建、广东3个新设自由贸易试验区和宁波、苏州2个国家级进口贸易促进创新示范区在内的十个海关，分别为天津、上海、南京、宁波、福州、厦门、广州、深圳、拱北、黄埔海关。试点范围为实施自动进口许可“一批一证”管理的货物（原油、燃料油除外），且每份进口货物报关单仅使用一份自动进口许可证。

二、对满足试点条件的，企业可依据《货物进出口许可证电子证书申请签发使用规范（试行）》（商办配函〔2015〕494号）申请电子许可证，根据海关相关规定采用无纸方式向海关申报，免于交验纸质自动进口许可证。海关将通过自动进口许可证联网核查方式验核电子许可证，不再进行纸面签注。

三、因海关和商务部门审核需要、计算机管理系统故障、其他管理部门需要验凭纸质自动进口许可证等原因，可以转为有纸报关作业或补充提交纸质自动进口许可证。

四、自动进口许可货物通关无纸化应用试点以外事项，按照《货物自动进口许可管理办法》（商务部　海关总署令2004年第26号）、自动进口许可证联网核查系统公告（商务部　海关总署公告2013年第2号）和海关深入推进通关作业无纸化改革工作有关事项公告（海关总署公告2014年第25号）执行。

海关联系方式：全国海关热线电话12360。

特此公告。

中华人民共和国海关总署
中华人民共和国商务部
2015年7月29日

2015年农产品进口关税配额再分配公告

（中国国家发展改革委　商务部公告2015年第16号）

根据《农产品进口关税配额管理暂行办法》（商务部、国家发展和改革委员会令2003年第4号，以下简称《暂行办法》）、《2015年粮食进口关税配额申领条件和分配原则》和《2015年棉花进口关税配额申领条件和分配原则》（国家发展和改革委员会公告2014年第22号，以下简称《分配原则》）、《2015年食糖进口关税配额申请和分配细则》（商务部公告2014年第66号，以下简称《分配细则》）中的有关规定，现将2015年农产品进口关税配额再分配的有关事项公告如下：

一、持有2015年小麦、玉米、稻谷及大米、食糖、棉花进口关税配额的最终用户，当年未就全部配额数量签订进口合同，或已签订进口合同但预计年底前无法从始发港出运的，均应将其持有的关税配额量中未完成或不能完成的部分于9月15日前交还所在地的省（自治区、直辖市、计划单列市）发展改革委、商务主管部门。

国家发展改革委、商务部将对交还的配额进行再分配。

对最终用户9月15日前没有交还且年底前未充分使用的配额，国家发展改革委、商务部在分配下一年农产品进口关税配额时按比例相应扣减。

二、获得本公告第一条所列商品2015年进口关税配额并全部使用完毕（需提供进口报关单复印件）的最终用户，以及符合《分配原则》《分配细则》中所列申请条件但在年初前分配时未申请2015年进口关税配额的新用户，可以向所在地省（自治区、直辖市、计划单列市）发展改革委、商务主管部门提出农产品进口关税配额再分配申请。

三、申请者需在9月1日至15日以书面形式向所在地省（自治区、直辖市、计划单列市）发展改革委、商务主管部门递交关税配额再分配申请。相关商品申请格式见附件。

四、各省（自治区、直辖市、计划单列市）发展改革委、商务主管部门对申请者的申请进行初步审核后，于9月1日开始将符合条件的申请通过农产品进口关税配额计算机管理系统分别进行申报，并于9月20日前将申请按时间顺序汇总后，以书面形式分别上报国家发展改革委、商务部。

五、国家发展改革委、商务部按照网上申报的顺序对用户交回的配额进行再分配。10月1日前将关税配额再分配的结果通知到最终用户。

当符合条件的申请数量总和小于关税配额再分配量时，每个申请者的申请均可获得满足；当符合条件的申请数量总和大于关税配额再分配量时，根据《分配原则》《分配细则》中的有关规定，按照先来先领的原则进行再分配。

六、再分配关税配额的有效期等其他事项按照《暂行办法》《分配原则》《分配细则》执行。

七、小麦、玉米、稻谷及大米、棉花进口关税配额的再分配，由国家发展改革委会同商务部以及各省（自治区、直辖市、计划单列市）发展改革委组织实施；食糖进口关税配额再分配，由商务部以及各省（自治区、直辖市、计划单列市）商务主管部门组织实施。

中华人民共和国国家发展改革委
中华人民共和国商务部
2015年8月6日

关于终止原产于印度尼西亚和泰国的进口核苷酸类食品添加剂反倾销措施的公告

（中国商务部公告2015年第38号）

2010年9月21日，商务部发布年度第56号公告，决定自2010年9月24日起，对原产于印度尼西亚和泰国的进口核苷酸类食品添加剂实施反倾销措施，实施期限为5年。

2015年1月20日，商务部发布年度第4号公告，宣布上述反倾销措施将于2015年9月23日到期。自该公告发布之日起，国内产业或代表国内产业的自然人、法人或有关组织可在该反倾销措施到期日60天前，以书面形式向商务部提出期终复审申请。

在公告规定的时限内，核苷酸类食品添加剂国内产业未提出期终复审申请，商务部亦决定不主动发起期终复审调查。鉴此，自2015年9月24日起，对原产于印度尼西亚和泰国的进口核苷酸类食品添加剂所适用的反倾销措施终止实施。

中华人民共和国商务部
2015年9月23日

中国商务部　海关总署公告2015年第76号公布《2016年出口许可证管理货物目录》

依据《中华人民共和国对外贸易法》《中华人民共和国货物进出口管理条例》和有关规章，现公布《2016年出口许可证管理货物目录》（以下简称目录），自2016年1月1日起执行。2014年12月31日商务部、海关总署发布的《2015年出口许可证管理货物目录》同时废止。有关事项公告如下：

一、列入目录的货物有48种，分别属于出口配额或出口许可证管理。

（一）属于出口配额管理的货物为：活牛（对港澳出口）、活猪（对港澳出口）、活鸡（对港澳出口）、小麦、小麦粉、玉米、玉米粉、大米、大米粉、甘草及甘草制品、蔺草及蔺草制品、滑石块（粉）、镁砂、锯材、棉花、煤炭、原油、成品油（不含润滑油、润滑脂、润滑油基础油）、锑及锑制品、锡及锡制品、白银、铟及铟制品、磷矿石。

出口本款所列上述货物的，需按规定申请取得配额（全球或国别、地区配额），凭配额证明文件申领出口许可证。其中，出口甘草及甘草制品、蔺草及蔺草制品、镁砂、滑石块（粉）的，需凭配额招标中标证明文件申领出口许可证。

（二）属于出口许可证管理的货物为：活牛（对港澳以外市场）、活猪（对港澳以外市场）、活鸡（对港澳以外市场）、冰鲜牛肉、冻牛肉、冰鲜猪肉、冻猪肉、冰鲜鸡肉、冻鸡肉、矾土、稀土、焦炭、成品油（润滑油、润滑脂、润滑油基础油）、石蜡、钨及钨制品、碳化硅、消耗臭氧层物质、铂金（以加工贸易方式出口）、部分金属及制品、钼、钼制品、天然砂（含标准砂）、柠檬酸、青霉素工业盐、维生素C、硫酸二钠、氟石、摩托车（含全地形车）及其发动机和车架、汽车（包括成套散件）及其底盘等。其中，对向港、澳、台地区出口的天然砂实行出口许可证管理，对标准砂实行全球出口许可证管理。

出口矾土、稀土、焦炭、钨及钨制品、碳化硅、锰、钼、柠檬酸、氟石的，凭货物出口合同申领出口许可证。消耗臭氧层物质的货样广告品需凭出口许可证出口。企业以一般贸易、加工贸易、边境贸易和捐赠贸易方式出口汽车、摩托车产品，需申领出口许可证，并符合申领许可证的条件；企业以工程承包方式出口汽车、摩托车产品，需凭中标文件等相关证明材料申领出口许可证；企业以上述贸易方式出口非原产于中国的汽车、摩托车产品，需凭进口海关单据和货物出口合同申领出口许可证；其他贸易方式出口汽车、摩托车产品免予申领出口许可证。

（三）以边境小额贸易方式出口以招标方式分配出口配额的货物和属于出口许可证管理的消耗臭氧层物质、摩托车（含全地形车）及其发动机和车架、汽车（包括成套散件）及其底盘等货物的，需按规定申领出口许可证。以边境小额贸易方式出口属于出口配额管理的货物的，由有关地方商务主管部门（省级）根据商务部下达的边境小额贸易配额和要求签发出口许可证。以边境小额贸易方式出口本款上述以外的列入《2016年出口许可证管理货物目录》的货物，免于申领出口许可证。

（四）铈及铈合金（颗粒 $<500\mu m$）、锆、铍、钨及钨合金（颗粒 $<500\mu m$）的出口免于申领出口许可证，但需按规定申领两用物项和技术出口许可证。

（五）我国政府对外援助项下提供的目录内货物不纳入

出口配额和出口许可证管理。

二、对玉米、大米、煤炭、原油、成品油、棉花、锑及锑制品、钨及钨制品、白银等货物实行出口国营贸易管理。

自 2016 年 1 月 1 日起，暂停对润滑油(27101991)、润滑脂(27101992)和润滑油基础油(27101993)一般贸易出口的国营贸易管理，实行出口许可证管理。企业凭货物出口合同申领出口许可证，海关凭出口许可证验放。其他贸易方式下出口管理仍按商务部、发展改革委、海关总署 2008 年第 30 号公告执行。

三、加工贸易项下出口目录内货物的，按以下规定执行：

(一)以加工贸易方式出口属于配额管理的货物，凭配额证明文件、加工贸易企业注册地商务主管部门的《加工贸易业务批准证》和货物出口合同申领出口许可证。其中，出口以招标方式分配配额的货物，需凭省级商务主管部门的《加工贸易业务批准证》、配额招标中标证明文件、海关加工贸易进口报关单和货物出口合同申领出口许可证。

(二)以加工贸易方式出口属于出口许可证管理的货物，凭加工贸易企业注册地商务主管部门的《加工贸易业务批准证》、有关批准文件、海关加工贸易进口报关单和货物出口合同申领出口许可证。其中，以加工贸易方式出口石蜡、白银的，需凭省级商务主管部门的《加工贸易业务批准证》、海关加工贸易进口报关单、货物出口合同申领出口许可证，申领白银出口许可证还需加验商务部批件；加工贸易项下出口成品油(不含润滑油、润滑脂、润滑油基础油)免于申领出口许可证，加工贸易项下出口成品油(润滑油、润滑脂和润滑油基础油)需按商务部、发展改革委、海关总署 2008 年第 30 号公告执行。

(三)加工贸易项下签发的出口许可证有效期，按《加工贸易业务批准证》核定的出口期限(以下简称核定期限)确定，但不应超过当年 12 月 31 日。如核定期限超过当年 12 月 31 日，加工贸易企业需于原出口许可证有效期内申请换发下一年度出口许可证，有关发证机构收回并注销原证，扣除已使用的数量后，按核定期限签发下一年度出口许可证，并在备注栏中注明原证证号。

四、为实施出口许可证联网核销，对不属于“一批一证”制的货物，出口许可证签发时应在备注栏内填注“非一批一证”。在出口许可证有效期内，“非一批一证”制货物可以多次报关使用，但最多不超过 12 次。12 次报关后，出口许可证即使尚存余额，海关也停止接受报关。属于“非一批一证”制的货物为：

1. 外商投资企业出口货物；

2. 加工贸易方式出口货物；

3. 补偿贸易项下出口货物；

4. 小麦、玉米、大米、小麦粉、玉米粉、大米粉、活牛、活猪、活鸡、牛肉、猪肉、鸡肉、原油、成品油、煤炭、摩托车(含全地形车)及其发动机和车架、汽车(包括成套散件)及其底盘。

消耗臭氧层物质的出口许可证管理实行“一批一证”制，出口许可证在有效期内一次报关使用。

五、为维护对外贸易秩序，对目录内部分货物实行指定口岸报关出口。

(一)甘草出口的报关口岸指定为天津海关、上海海关、大连海关；甘草制品出口的报关口岸指定为天津海关、上海海关。

(二)镁砂项下产品“按重量计含氧化镁 70% 以上的混合物”(海关商品编码为 3824909200)的出口不再指定报关口岸，镁砂项下其他产品的出口指定大连(大窑湾、营口、鲅鱼圈、丹东、大东港)、青岛(莱州海关)、天津(东港、新港)、长春(图们)、满洲里为报关口岸。

(三)稀土出口的报关口岸指定为天津海关、上海海关、青岛海关、黄埔海关、呼和浩特海关、南昌海关、宁波海关、南京海关和厦门海关。

(四)锑及锑制品出口的报关口岸指定为黄埔海关、北海海关、天津海关。

(五)对台港澳地区出口天然砂的报关口岸限定于企业所在省的海关。

中华人民共和国商务部
中华人民共和国海关总署
2015 年 12 月 29 日

中国商务部公告 2015 年第 78 号 公布《2016 年进口许可证管理货物分级发证目录》

根据《货物进口许可证管理办法》(商务部令 2004 年第 27 号)、《重点旧机电产品进口管理办法》(商务部、海关总署、质检总局令 2008 年第 5 号)和《2016 年进口许可证管理货物目录》(商务部、海关总署、质检总局公告 2015 年第 75 号)，现发布《2016 年进口许可证管理货物分级发证目录》(见附件)，并就有关问题公告如下：

一、2016 年实行进口许可证管理的货物共 2 种，由商务部和有关地方商务主管部门(以下简称地方发证机构)负责签发相应货物的进口许可证。

(一)商务部负责签发重点旧机电产品的进口许可证。

(二)地方发证机构负责签发消耗臭氧层物质的进口许可证。

二、在京中央企业申领的进口许可证由商务部签发。

三、发证机构应严格按照《货物进口许可证管理办法》、《重点旧机电产品进口管理办法》、《2016 年进口许可证管理货物目录》和《进口许可证签发工作规范》(商配发〔2007〕360 号)等有关规定签发进口许可证。

本目录自 2016 年 1 月 1 日起执行。《2015 年进口许可证管理货物分级发证目录》同时废止。

中华人民共和国商务部
2015 年 12 月 31 日

中国商务部公告 2015 年第 79 号 公布《2016 年出口许可证管理货物分级发证目录》

根据《货物出口许可证管理办法》(商务部令 2008 年第 11 号)和《2016 年出口许可证管理货物目录》(商务部、海关总署公告 2015 年第 76 号)，现发布《2016 年出口许可证管理货物分级发证目录》(见附件)，并就有关问题公告如下：

一、2016 年实行出口许可证管理的货物共 48 种，由商务部、商务部驻各地特派员办事处(以下简称特办)和有关地方商务主管部门(以下简称地方发证机构)负责签发相应货物的出口许可证。

(一)商务部负责签发以下 6 种货物的出口许可证：小麦、玉米、棉花、煤炭、原油、成品油(不含一般贸易方式出口润滑油、润滑脂及润滑油基础油)。

(二)特办负责签发以下21种货物的出口许可证:活牛、活猪、活鸡、小麦粉、玉米粉、大米、大米粉、甘草及甘草制品、蔺草及蔺草制品、滑石块(粉)、镁砂、锯材、锑及锑制品、锡及锡制品、白银、铟及铟制品、磷矿石、钨及钨制品、铂金(以加工贸易方式出口)、钼、天然砂(含标准砂)。

(三)地方发证机构负责签发以下22种货物的出口许可证:冰鲜牛肉、冻牛肉、冰鲜猪肉、冻猪肉、冰鲜鸡肉、冻鸡肉、矾土、稀土、焦炭、成品油(仅限一般贸易方式出口润滑油、润滑脂及润滑油基础油)、石蜡、碳化硅、消耗臭氧层物质、部分金属及制品、钼制品、柠檬酸、青霉素工业盐、维生素C、硫酸二钠、氟石、摩托车(含全地形车)及其发动机和车架、汽车(包括成套散件)及其底盘。

二、在京中央企业申领的出口许可证由商务部签发。

三、为维护正常的经营秩序,对以下出口货物实行指定发证机构发证,企业出口此类货物,须向指定发证机构申领出口许可证。

(一)以陆运方式出口的对港澳地区活牛、活猪、活鸡出口许可证由广州特办、深圳特办签发。

(二)广州特办、海南特办负责签发本省企业对台港澳地区天然砂出口许可证,福州特办负责签发本省企业对台天然砂出口许可证;福州特办负责签发标准砂出口许可证。

四、自2016年1月1日起,企业以一般贸易方式出口润滑油、润滑脂及润滑油基础油的,由省级地方商务主管部门凭出口合同签发出口许可证;以承包工程、境外投资、加工贸易、外资企业出口及边境贸易等方式出口的,仍按照商务部、发展改革委、海关总署2008年第30号公告相关规定执行。

五、发证机构应严格按商务部公布的《货物出口许可证管理办法》、《2016年出口许可证管理货物目录》和《出口许可证签发工作规范》(商配发〔2008〕398号)等有关规定签发出口许可证。

本目录自2016年1月1日起执行。《2015年出口许可证管理货物分级发证目录》同时废止。

中华人民共和国商务部

2015年12月31日

外商投资产业指导目录(2015年修订)

(中国国家发展改革委　商务部令第22号)

《外商投资产业指导目录(2015年修订)》已经国务院批准,现予以发布,自2015年4月10日起施行。2011年12月24日国家发展和改革委员会、商务部发布的《外商投资产业指导目录(2011年修订)》同时废止。

中华人民共和国国家发展改革委

中华人民共和国商务部

2015年3月10日

鼓励外商投资产业目录

一、农、林、牧、渔业

1. 木本食用油料、调料和工业原料的种植及开发、生产
2. 绿色、有机蔬菜(含食用菌、西甜瓜)、干鲜果品、茶叶栽培技术开发及产品生产
3. 糖料、果树、牧草等农作物栽培新技术开发及产品生产
4. 花卉生产与苗圃基地的建设、经营
5. 橡胶、油棕、剑麻、咖啡种植
6. 中药材种植、养殖
7. 农作物秸秆还田及综合利用、有机肥料资源的开发生产
8. 水产苗种繁育(不含我国特有的珍贵优良品种)
9. 防治荒漠化及水土流失的植树种草等生态环境保护工程建设、经营
10. 水产品养殖、深水网箱养殖、工厂化水产养殖、生态型海洋增养殖

二、采矿业

11. 石油、天然气(含油页岩、油砂、页岩气、煤层气等非常规油气)的勘探、开发和矿井瓦斯利用(限于合资、合作)
12. 提高原油采收率(以工程服务形式)及相关新技术的开发应用
13. 物探、钻井、测井、录井、井下作业等石油勘探开发新技术的开发与应用
14. 提高矿山尾矿利用率的新技术开发和应用及矿山生态恢复技术的综合应用
15. 我国紧缺矿种(如钾盐、铬铁矿等)的勘探、开采和选矿

三、制造业

(一)农副食品加工业

16. 绿色无公害饲料及添加剂开发
17. 水产品加工、贝类净化及加工、海藻保健食品开发
18. 蔬菜、干鲜果品、禽畜产品加工

(二)食品制造业

19. 婴儿、老年食品及保健食品的开发、生产
20. 森林食品的开发、生产
21. 天然食品添加剂、天然香料新技术开发与生产

(三)酒、饮料和精制茶制造业

22. 果蔬饮料、蛋白饮料、茶饮料、咖啡饮料、植物饮料的开发、生产

(四)纺织业

23. 采用非织造、机织、针织及其复合工艺技术的轻质、高强、耐高/低温、耐化学物质、耐光等多功能化的产业用纺织品生产
24. 采用先进节能减排技术和装备的高档织物印染及后整理加工
25. 符合生态、资源综合利用与环保要求的特种天然纤维(包括山羊绒等特种动物纤维、竹纤维、麻纤维、蚕丝、彩色棉花等)产品加工

(五)纺织服装、服饰业

26. 采用计算机集成制造系统的服装生产
27. 功能性特种服装生产

(六)皮革、毛皮、羽毛及其制品和制鞋业

28. 皮革和毛皮清洁化技术加工
29. 皮革后整饰新技术加工
30. 皮革废弃物综合利用

(七)木材加工和木、竹、藤、棕、草制品业

31. 林业三剩物,"次、小、薪"材和竹材的综合利用新技术、新产品开发与生产

(八)文教、工美、体育和娱乐用品制造业

32. 高档地毯、刺绣、抽纱产品生产

(九)石油加工、炼焦和核燃料加工业

33. 酚油加工、洗油加工、煤沥青高端化利用(不含改质

沥青）

（十）化学原料和化学制品制造业

34. 聚氯乙烯和有机硅新型下游产品开发与生产

35. 合成材料的配套原料：过氧化氢氧化丙烯法环氧丙烷、萘二甲酸二甲酯（NDC）、1,4-环己烷二甲醇（CHDM）、5万吨/年及以上丁二烯法己二腈、己二胺生产

36. 合成纤维原料：尼龙66盐、1,3-丙二醇生产

37. 合成橡胶：异戊橡胶、聚氨酯橡胶、丙烯酸酯橡胶、氯醇橡胶，以及氟橡胶、硅橡胶等特种橡胶生产

38. 工程塑料及塑料合金：6万吨/年及以上非光气法聚碳酸酯（PC）、均聚法聚甲醛、聚苯硫醚、聚醚醚酮、聚酰亚胺、聚砜、聚醚砜、聚芳酯（PAR）、聚苯醚及其改性材料、液晶聚合物等产品生产

39. 精细化工：催化剂新产品、新技术，染（颜）料商品化加工技术，电子化学品和造纸化学品，皮革化学品（N-N二甲基甲酰胺除外），油田助剂，表面活性剂，水处理剂，胶粘剂，无机纤维、无机纳米材料生产，颜料包膜处理深加工

40. 环保型印刷油墨、环保型芳烃油生产

41. 天然香料、合成香料、单离香料生产

42. 高性能涂料，高固体份、无溶剂涂料，水性工业涂料及配套水性树脂生产

43. 高性能氟树脂、氟膜材料，医用含氟中间体，环境友好型含氟制冷剂、和清洁剂、发泡剂生产

44. 从磷化工、铝冶炼中回收氟资源生产

45. 林业化学产品新技术、新产品开发与生产

46. 环保用无机、有机和生物膜开发与生产

47. 新型肥料开发与生产：高浓度钾肥、复合型微生物接种剂、复合微生物肥料、秸杆及垃圾腐熟剂、特殊功能微生物制剂

48. 高效、安全、环境友好的农药新品种、新剂型、专用中间体、助剂的开发与生产以及相关清洁生产工艺的开发和应用（甲叉法乙草胺、水相法毒死蜱工艺、草甘膦回收氯甲烷工艺、定向合成法手性和立体结构农药生产、乙基氯化物合成技术）

49. 生物农药及生物防治产品开发与生产：微生物杀虫剂、微生物杀菌剂、农用抗生素、昆虫信息素、天敌昆虫、微生物除草剂

50. 废气、废液、废渣综合利用和处理、处置

51. 有机高分子材料生产：飞机蒙皮涂料、稀土硫化铈红色染料、无铅化电子封装材料、彩色等离子体显示屏专用系列光刻浆料、小直径大比表面积超细纤维、高精度燃油滤纸、锂离子电池隔膜、表面处理自我修复材料、超疏水纳米涂层材料

（十一）医药制造业

52. 新型化合物药物或活性成份药物的生产（包括原料药和制剂）

53. 氨基酸类：发酵法生产色氨酸、组氨酸、蛋氨酸等生产

54. 新型抗癌药物、新型心脑血管药及新型神经系统用药的开发及生产

55. 采用生物工程技术的新型药物生产

56. 艾滋病疫苗、丙肝疫苗、避孕疫苗及宫颈癌、疟疾、手足口病等新型疫苗生产

57. 海洋药物的开发及生产

58. 药品制剂：采用缓释、控释、靶向、透皮吸收等新技术的新剂型、新产品生产

59. 新型药用辅料的开发及生产

60. 动物专用抗菌原料药生产（包括抗生素、化学合成类）

61. 兽用抗菌药、驱虫药、杀虫药、抗球虫药新产品及新剂型生产

62. 新型诊断试剂的开发及生产

（十二）化学纤维制造业

63. 差别化化学纤维及芳纶、碳纤维、高强高模聚乙烯、聚苯硫醚（PPS）等高新技术化纤（粘胶纤维除外）生产

64. 纤维及非纤维用新型聚酯生产：聚对苯二甲酸丙二醇酯（PTT）、聚葵二甲酸乙二醇酯（PEN）、聚对苯二甲酸环己烷二甲醇酯（PCT）、二元醇改性聚对苯二甲酸乙二醇酯（PETG）

65. 利用新型可再生资源和绿色环保工艺生产生物质纤维，包括新溶剂法纤维素纤维（Lyocell）、以竹、麻等为原料的再生纤维素纤维、聚乳酸纤维（PLA）、甲壳素纤维、聚羟基脂肪酸酯纤维（PHA）、动植物蛋白纤维等

66. 尼龙11、尼龙1414、尼龙46、长碳链尼龙、耐高温尼龙等新型聚酰胺开发与生产

67. 子午胎用芳纶纤维及帘线生产

（十三）橡胶和塑料制品业

68. 新型光生态多功能宽幅农用薄膜开发与生产

69. 废旧塑料的回收和再利用

70. 塑料软包装新技术、新产品（高阻隔、多功能膜及原料）开发与生产

（十四）非金属矿物制品业

71. 节能、环保、利废、轻质高强、高性能、多功能建筑材料开发生产

72. 以塑代钢、以塑代木、节能高效的化学建材品生产

73. 年产1000万平方米及以上弹性体、塑性体改性沥青防水卷材，宽幅（2米以上）三元乙丙橡胶防水卷材及配套材料，宽幅（2米以上）聚氯乙烯防水卷材，热塑性聚烯烃（TPO）防水卷材生产

74. 新技术功能玻璃开发生产：屏蔽电磁波玻璃、微电子用玻璃基板、透红外线无铅玻璃、电子级大规格石英玻璃制品（管、板、坩埚、仪器器皿等）、光学性能优异多功能风挡玻璃、信息技术用极端材料及制品（包括波导级高精密光纤预制棒石英玻璃套管和陶瓷基板）、高纯（≥99.998%）超纯（≥99.999%）水晶原料提纯加工

75. 薄膜电池导电玻璃、太阳能集光镜玻璃、建筑用导电玻璃生产

76. 玻璃纤维制品及特种玻璃纤维生产：低介电玻璃纤维、石英玻璃纤维、高硅氧玻璃纤维、高强高弹玻璃纤维、陶瓷纤维等及其制品

77. 光学纤维及制品生产：传像束及激光医疗光纤、超二代和三代微通道板、光学纤维面板、倒像器及玻璃光锥

78. 陶瓷原料的标准化精制、陶瓷用高档装饰材料生产

79. 水泥、电子玻璃、陶瓷、微孔炭砖等窑炉用环保（无铬化）耐火材料生产

80. 氮化铝（AlN）陶瓷基片、多孔陶瓷生产

81. 无机非金属新材料及制品生产：复合材料、特种陶瓷、特种密封材料（含高速油封材料）、特种摩擦材料（含高速摩擦制动制品）、特种胶凝材料、特种乳胶材料、水声橡胶制品、纳米材料

82. 有机 - 无机复合泡沫保温材料生产

83. 高技术复合材料生产：连续纤维增强热塑性复合材料和预浸料、耐温 >300℃树脂基复合材料成型用工艺辅助材料、树脂基复合材料（包括体育用品、轻质高强交通工具部件）、特种功能复合材料及制品（包括深水及潜水复合材料制品、医用及康复用复合材料制品）、碳/碳复合材料、高性能陶瓷基复合材料及制品、金属基和玻璃基复合材料及制品、金属层状复合材料及制品、压力≥320MPa 超高压复合胶管、大型客机航空轮胎

84. 精密高性能陶瓷原料生产：碳化硅（SiC）超细粉体（纯度 >99%，平均粒径 <1μm）、氮化硅（Si_3N_4）超细粉体（纯度 >99%，平均粒径 <1μm）、高纯超细氧化铝微粉（纯度 >99.9%，平均粒径 <0.5μm）、低温烧结氧化锆（ZrO_2）粉体（烧结温度 <1350℃）、高纯氮化铝（AlN）粉体（纯度 >99%，平均粒径 <1μm）、金红石型 TiO_2 粉体（纯度 >98.5%）、白炭黑（粒径 <100nm）、钛酸钡（纯度 >99%，粒径 <1μm）

85. 高品质人工晶体及晶体薄膜制品开发生产：高品质人工合成水晶（压电晶体及透紫外光晶体）、超硬晶体（立方氮化硼晶体）、耐高温高绝缘人工合成绝缘晶体（人工合成云母）、新型电光晶体、大功率激光晶体及大规格闪烁晶体、金刚石膜工具、厚度 0.3mm 及以下超薄人造金刚石锯片

86. 非金属矿精细加工（超细粉碎、高纯、精制、改性）

87. 超高功率石墨电极生产

88. 珠光云母生产（粒径 3～150μm）

89. 多维多向整体编制织物及仿形织物生产

90. 利用新型干法水泥窑无害化处置固体废弃物

91. 建筑垃圾再生利用

92. 工业副产石膏综合利用

93. 非金属矿山尾矿综合利用的新技术开发和应用及矿山生态恢复

（十五）有色金属冶炼和压延加工业

94. 直径 200mm 以上硅单晶及抛光片生产

95. 高新技术有色金属材料生产：化合物半导体材料（砷化镓、磷化镓、磷化铟、氮化镓），高温超导材料，记忆合金材料（钛镍、铜基及铁基记忆合金材料），超细（纳米）碳化钙及超细（纳米）晶硬质合金，超硬复合材料，贵金属复合材料，轻金属复合材料及异种材结合，散热器用铝箔，中高压阴极电容铝箔，特种大型铝合金型材，铝合金精密模锻件，电气化铁路架空导线，超薄铜带，耐蚀热交换器铜合金材，高性能铜镍、铜铁合金带，铍铜带、线、管及棒加工材，耐高温抗衰钨丝，镁合金铸件，无铅焊料，镁合金及其应用产品，泡沫铝，钛合金冶炼及加工，原子能级海绵锆，钨及钼深加工产品

（十六）金属制品业

96. 航空、航天、汽车、摩托车轻量化及环保型新材料研发与制造（专用铝板、铝镁合金材料、摩托车铝合金车架等）

97. 轻金属半固态快速成形材料研发与制造

98. 用于包装各类粮油食品、果蔬、饮料、日化产品等内容物的金属包装制品（厚度 0.3 毫米以下）的制造及加工（包括制品的内外壁印涂加工）

99. 节镍不锈钢制品的制造

（十七）通用设备制造业

100. 高档数控机床及关键零部件制造：五轴联动数控机床、数控坐标镗铣加工中心、数控坐标磨床、五轴联动数控系统及伺服装置、精密数控加工用高速超硬刀具

101. 1000 吨及以上多工位镦锻成型机制造

102. 报废汽车拆解、破碎及后处理分选设备制造

103. FTL 柔性生产线制造

104. 垂直多关节工业机器人、焊接机器人及其焊接装置设备制造

105. 特种加工机械制造：激光切割和拼焊成套设备、激光精密加工设备、数控低速走丝电火花线切割机、亚微米级超细粉碎机

106. 400 吨及以上轮式、履带式起重机械制造

107. 工作压力≥35MPa 高压柱塞泵及马达、工作压力≥35MPa 低速大扭矩马达的设计与制造

108. 工作压力≥25MPa 的整体式液压多路阀，电液比例伺服元件制造

109. 阀岛、功率 0.35W 以下气动电磁阀、200Hz 以上高频电控气阀设计与制造

110. 静液压驱动装置设计与制造

111. 压力 10MPa 以上非接触式气膜密封、压力 10MPa 以上干气密封（包括实验装置）的开发与制造

112. 汽车用高分子材料（摩擦片、改型酚醛活塞、非金属液压总分泵等）设备开发与制造

113. 第三代及以上轿车轮毂轴承、高中档数控机床和加工中心轴承、高速线材和板材轧机轴承、高速铁路轴承、振动值 Z4 以下低噪音轴承、各类轴承的 P4 和 P2 级轴承、风力发电机组轴承、航空轴承制造

114. 高密度、高精度、形状复杂的粉末冶金零件及汽车、工程机械等用链条的制造

115. 风电、高速列车用齿轮变速器，船用可变桨齿轮传动系统，大型、重载齿轮箱的制造

116. 耐高温绝缘材料（绝缘等级为 F、H 级）及绝缘成型件制造

117. 蓄能器胶囊、液压气动用橡塑密封件开发与制造

118. 高精度、高强度（12.9 级以上）、异形、组合类紧固件制造

119. 微型精密传动联结件（离合器）制造

120. 大型轧机连接轴制造

121. 机床、工程机械、铁路机车装备等机械设备再制造及汽车零部件再制造

122. 1000 万像素以上数字照相机制造

123. 办公机械制造：多功能一体化办公设备（复印、打印、传真、扫描），彩色打印设备，精度 2400dpi 及以上高分辨率彩色打印机头，感光鼓

124. 电影机械制造：2K、4K 数字电影放映机，数字电影摄像机，数字影像制作、编辑设备

（十八）专用设备制造业

125. 矿山无轨采、装、运设备制造：200 吨及以上机械传动矿用自卸车，移动式破碎机，5000 立方米/小时及以上斗轮挖掘机，8 立方米及以上矿用装载机，2500 千瓦以上电牵引采煤机设备等

126. 物探(不含重力、磁力测量)、测井设备制造:MEME 地震检波器,数字遥测地震仪,数字成像、数控测井系统,水平井、定向井、钻机装置及器具,MWD 随钻测井仪

127. 石油勘探、钻井、集输设备制造:工作水深大于 1500 米的浮式钻井系统和浮式生产系统及配套海底采油、集输设备

128. 口径 2 米以上深度 30 米以上大口径旋挖钻机、直径 1.2 米以上顶管机、回拖力 300 吨以上大型非开挖铺设地下管线成套设备、地下连续墙施工钻机制造

129. 520 马力及以上大型推土机设计与制造

130. 100 立方米/小时及以上规格的清淤机、1000 吨及以上挖泥船的挖泥装置设计与制造

131. 防汛堤坝用混凝土防渗墙施工装备设计与制造

132. 水下土石方施工机械制造:水深 9 米以下推土机、装载机、挖掘机等

133. 公路桥梁养护、自动检测设备制造

134. 公路隧道营运监控、通风、防灾和救助系统设备制造

135. 铁路大型施工、铁路线路、桥梁、隧道维修养护机械和检查、监测设备及其关键零部件的设计与制造

136.(沥青)油毡瓦设备、镀锌钢板等金属屋顶生产设备制造

137. 环保节能型现场喷涂聚氨酯防水保温系统设备、聚氨酯密封膏配制技术与设备、改性硅酮密封膏配制技术和生产设备制造

138. 高精度带材轧机(厚度精度 10 微米)设计与制造

139. 多元素、细颗粒、难选冶金属矿产的选矿装置制造

140. 100 万吨/年及以上乙烯成套设备中的关键设备制造:年处理能力 40 万吨以上混合造粒机,直径 1000 毫米及以上螺旋卸料离心机,小流量高扬程离心泵

141. 金属制品模具(铜、铝、钛、锆的管、棒、型材挤压模具)设计、制造

142. 汽车车身外覆盖件冲压模具,汽车仪表板、保险杠等大型注塑模具,汽车及摩托车夹具、检具设计与制造

143. 汽车动力电池专用生产设备的设计与制造

144. 精密模具(冲压模具精度高于 0.02 毫米、型腔模具精度高于 0.05 毫米)设计与制造

145. 非金属制品模具设计与制造

146. 6 万瓶/小时及以上啤酒灌装设备、5 万瓶/小时及以上饮料中温及热灌装设备、3.6 万瓶/小时及以上无菌灌装设备制造

147. 氨基酸、酶制剂、食品添加剂等生产技术及关键设备制造

148. 10 吨/小时及以上的饲料加工成套设备及关键部件制造

149. 楞高 0.75 毫米及以下的轻型瓦楞纸板及纸箱设备制造

150. 单张纸多色胶印机(幅宽≥750 毫米,印刷速度:单面多色≥16000 张/小时,双面多色≥13000 张/小时)制造

151. 单幅单纸路卷筒纸平版印刷机印刷速度大于 75000 对开张/小时(787×880 毫米)、双幅单纸路卷筒纸平版印刷机印刷速度大于 170000 对开张/小时(787×880 毫米)、商业卷筒纸平版印刷机印刷速度大于 50000 对开张/小时(787×880 毫米)制造

152. 多色宽幅柔性版印刷机(印刷宽度≥1300 毫米,印刷速度≥350 米/秒),喷墨数字印刷机(出版用:印刷速度≥150 米/分,分辨率≥600dpi;包装用:印刷速度≥30 米/分,分辨率≥1000dpi;可变数据用:印刷速度≥100 米/分,分辨率≥300dpi)制造

153. 计算机墨色预调、墨色遥控、水墨速度跟踪、印品质量自动检测和跟踪系统、无轴传动技术、速度在 75000 张/小时的高速自动接纸机、给纸机和可以自动遥控调节的高速折页机、自动套印系统、冷却装置、加硅系统、调偏装置等制造

154. 电子枪自动镀膜机制造

155. 平板玻璃深加工技术及设备制造

156. 新型造纸机械(含纸浆)等成套设备制造

157. 皮革后整饰新技术设备制造

158. 农产品加工及储藏新设备开发与制造:粮食、油料、蔬菜、干鲜果品、肉食品、水产品等产品的加工储藏、保鲜、分级、包装、干燥等新设备,农产品品质检测仪器设备,农产品品质无损伤检测仪器设备,流变仪,粉质仪,超微粉碎设备,高效脱水设备,五效以上高效果汁浓缩设备,粉体食品物料杀菌设备,固态及半固态食品无菌包装设备,碟片式分离离心机

159. 农业机械制造:农业设施设备(温室自动灌溉设备、营养液自动配置与施肥设备、高效蔬菜育苗设备、土壤养分分析仪器),配套发动机功率 120 千瓦以上拖拉机及配套农具,低油耗低噪音低排放柴油机,大型拖拉机配套的带有残余雾粒回收装置的喷雾机,高性能水稻插秧机,棉花采摘机及棉花采摘台,适应多种行距的自走式玉米联合收割机(液压驱动或机械驱动),花生收获机,油菜籽收获机,甘蔗收割机,甜菜收割机

160. 林业机具新技术设备制造

161. 农作物秸秆收集、打捆及综合利用设备制造

162. 农用废物的资源化利用及规模化畜禽养殖废物的资源化利用设备制造

163. 节肥、节(农)药、节水型农业技术设备制造

164. 机电井清洗设备及清洗药物生产设备制造

165. 电子内窥镜制造

166. 眼底摄影机制造

167. 医用成像设备(高场强超导型磁共振成像设备、X 线计算机断层成像设备、数字化彩色超声诊断设备等)关键部件的制造

168. 医用超声换能器(3D)制造

169. 硼中子俘获治疗设备制造

170. 图像引导适型调强放射治疗系统制造

171. 血液透析机、血液过滤机制造

172. 全自动生化监测设备、五分类血液细胞分析仪、全自动化学发光免疫分析仪、高通量基因测序系统制造

173. 药品质量控制新技术、新设备制造

174. 天然药物有效物质分析的新技术、提取的新工艺、新设备开发与制造

175. 非 PVC 医用输液袋多层共挤水冷式薄膜吹塑装备制造

176. 新型纺织机械、关键零部件及纺织检测、实验仪器开发与制造

177. 电脑提花人造毛皮机制造

178. 太阳能电池生产专用设备制造

179. 大气污染防治设备制造：耐高温及耐腐蚀滤料、低NOx燃烧装置、烟气脱氮催化剂及脱氮成套装置、工业有机废气净化设备、柴油车排气净化装置、含重金属废气处理装置

180. 水污染防治设备制造：卧式螺旋离心脱水机、膜及膜材料、50kg/h以上的臭氧发生器、10kg/h以上的二氧化氯发生器、紫外消毒装置、农村小型生活污水处理设备、含重金属废水处理装置

181. 固体废物处理处置设备制造：污水处理厂污泥处置及资源利用设备、日处理量500吨以上垃圾焚烧成套设备、垃圾填埋渗滤液处理技术装备、垃圾填埋场防渗土工膜、建筑垃圾处理和资源化利用装备、危险废物处理装置、垃圾填埋场沼气发电装置、废钢铁处理设备、污染土壤修复设备

182. 铝工业赤泥综合利用设备开发与制造

183. 尾矿综合利用设备制造

184. 废旧塑料、电器、橡胶、电池回收处理再生利用设备制造

185. 废旧纺织品回收处理设备制造

186. 废旧机电产品再制造设备制造

187. 废旧轮胎综合利用装置制造

188. 水生生态系统的环境保护技术、设备制造

189. 移动式组合净水设备制造

190. 非常规水处理、重复利用设备与水质监测仪器

191. 工业水管网和设备(器具)的检漏设备和仪器

192. 日产10万立方米及以上海水淡化及循环冷却技术和成套设备开发与制造

193. 特种气象观测及分析设备制造

194. 地震台站、台网和流动地震观测技术系统开发及仪器设备制造

195. 四鼓及以上子午线轮胎成型机制造

196. 滚动阻力试验机、轮胎噪音试验室制造

197. 供热计量、温控装置新技术设备制造

198. 氢能制备与储运设备及检查系统制造

199. 新型重渣油气化雾化喷嘴、漏汽率0.5%及以下高效蒸汽疏水阀、1000℃及以上高温陶瓷换热器制造

200. 海上溢油回收装置制造

201. 低浓度煤矿瓦斯和乏风利用设备制造

202. 洁净煤技术产品的开发利用及设备制造(煤炭气化、液化、水煤浆、工业型煤)

203. 大型公共建筑、高层建筑、石油化工设施、森林、山岳、水域和地下设施消防灭火救援技术开发与设备制造

(十九)汽车制造业

204. 汽车发动机制造及发动机研发机构建设：升功率不低于70千瓦的汽油发动机、升功率不低于50千瓦的排量3升以下柴油发动机、升功率不低于40千瓦的排量3升以上柴油发动机、燃料电池和混合燃料等新能源发动机

205. 汽车关键零部件制造及关键技术研发：双离合器变速器(DCT)、无级自动变速器(CVT)、电控机械变速器(AMT)、汽油发动机涡轮增压器、粘性连轴器(四轮驱动用)、自动变速器执行器(电磁阀)、液力缓速器、电涡流缓速器、汽车安全气囊用气体发生器、燃油共轨喷射技术(最大喷射压力大于2000帕)、可变截面涡轮增压技术(VGT)、可变喷嘴涡轮增压技术(VNT)、达到中国Ⅴ阶段污染物排放标准的发动机排放控制装置、智能扭矩管理系统(ITM)及耦合器总成、线控转向系统、柴油机颗粒捕捉器、低地板大型客车专用车桥、吸能式转向系统、大中型客车变频空调系统、汽车用特种橡胶配件，以及上述零部件的关键零件、部件

206. 汽车电子装置制造与研发：发动机和底盘电子控制系统及关键零部件，车载电子技术(汽车信息系统和导航系统)，汽车电子总线网络技术(限于合资)，电子控制系统的输入(传感器和采样系统)输出(执行器)部件，电动助力转向系统电子控制器(限于合资)，嵌入式电子集成系统、电控式空气弹簧，电子控制式悬挂系统，电子气门系统装置，电子组合仪表，ABS/TCS/ESP系统，电路制动系统(BBW)，变速器电控单元(TCU)，轮胎气压监测系统(TPMS)，车载故障诊断仪(OBD)，发动机防盗系统，自动避撞系统，汽车、摩托车型试验及维修用检测系统

207. 新能源汽车关键零部件制造：能量型动力电池(能量密度≥110Wh/kg，循环寿命≥2000次，外资比例不超过50%)，电池正极材料(比容量≥150mAh/g，循环寿命2000次不低于初始放电容量的80%)，电池隔膜(厚度15－40μm，孔隙率40%－60%)；电池管理系统，电机管理系统，电动汽车电控集成；电动汽车驱动电机(峰值功率密度≥2.5kW/kg，高效区：65%工作区效率≥80%)，车用DC/DC(输入电压100V－400V)，大功率电子器件(IGBT，电压等级≥600V，电流≥300A)；插电式混合动力机电耦合驱动系统

(二十)铁路、船舶、航空航天和其他运输设备制造业

208. 达到中国摩托车Ⅲ阶段污染物排放标准的大排量(排量>250ml)摩托车发动机排放控制装置制造

209. 轨道交通运输设备(限于合资、合作)

210. 民用飞机设计、制造与维修：干线、支线飞机(中方控股)，通用飞机(限于合资、合作)

211. 民用飞机零部件制造与维修

212. 民用直升机设计与制造(3吨级及以上需中方控股)

213. 民用直升机零部件制造

214. 地面、水面效应飞机制造及无人机、浮空器设计与制造(中方控股)

215. 航空发动机及零部件、航空辅助动力系统设计、制造与维修

216. 民用航空机载设备设计与制造

217. 航空地面设备制造：民用机场设施、民用机场运行保障设备、飞行试验地面设备、飞行模拟与训练设备、航空测试与计量设备、航空地面试验设备、机载设备综合测试设备、航空制造专用设备、航空材料试制专用设备、民用航空器地面接收及应用设备、运载火箭地面测试设备、运载火箭力学及环境实验设备

218. 航天器光机电产品、航天器温控产品、星上产品检测设备、航天器结构与机构产品制造

219. 轻型燃气轮机制造

220. 豪华邮轮及深水(3000米以上)海洋工程装备的设计

221. 海洋工程装备(含模块)的制造与修理(中方控股)

222. 船舶低、中速柴油机及其零部件的设计

223. 船舶低、中速柴油机及曲轴的制造(中方控股)

224. 船舶舱室机械的设计与制造

225. 船舶通讯导航设备的设计与制造:船舶通信系统设备、船舶电子导航设备、船用雷达、电罗经自动舵、船舶内部公共广播系统等

226. 游艇的设计与制造

(二十一)电气机械和器材制造业

227. 100万千瓦超超临界火电机组用关键辅机设备制造:安全阀、调节阀

228. 燃煤电站、钢铁行业烧结机脱硝技术装备制造

229. 火电设备的密封件设计、制造

230. 燃煤电站、水电站设备用大型铸锻件制造

231. 水电机组用关键辅机设备制造

232. 输变电设备制造

233. 新能源发电成套设备或关键设备制造:光伏发电、地热发电、潮汐发电、波浪发电、垃圾发电、沼气发电、2.5兆瓦及以上风力发电设备

234. 额定功率350MW及以上大型抽水蓄能机组制造:水泵水轮机及调速器、大型变速可逆式水泵水轮机组、发电电动机及励磁、启动装置等附属设备

235. 斯特林发电机组制造

236. 直线和平面电机及其驱动系统开发与制造

237. 高技术绿色电池制造:动力镍氢电池、锌镍蓄电池、锌银蓄电池、锂离子电池、太阳能电池、燃料电池等(新能源汽车能量型动力电池除外)

238. 电动机采用直流调速技术的制冷空调用压缩机、采用CO2自然工质制冷空调压缩机、应用可再生能源(空气源、水源、地源)制冷空调设备制造

239. 太阳能空调、采暖系统、太阳能干燥装置制造

240. 生物质干燥热解系统、生物质气化装置制造

241. 交流调频调压牵引装置制造

(二十二)计算机、通信和其他电子设备制造业

242. 高清数字摄录机、数字放声设备制造

243. TFT-LCD、PDP、OLED等平板显示屏、显示屏材料制造(6代及6代以下TFT-LCD玻璃基板除外)

244. 大屏幕彩色投影显示器用光学引擎、光源、投影屏、高清晰度投影管和微显投影设备模块等关键件制造

245. 数字音、视频编解码设备,数字广播电视演播室设备,数字有线电视系统设备,数字音频广播发射设备,数字电视上下变换器,数字电视地面广播单频网(SFN)设备,卫星数字电视上行站设备制造

246. 集成电路设计,线宽28纳米及以下大规模数字集成电路制造,0.11微米及以下模拟、数模集成电路制造,MEMS和化合物半导体集成电路制造及BGA、PGA、CSP、MCM等先进封装与测试

247. 大中型电子计算机、万万亿次高性能计算机、便携式微型计算机、大型模拟仿真系统、大型工业控制机及控制器制造

248. 计算机数字信号处理系统及板卡制造

249. 图形图像识别和处理系统制造

250. 大容量光、磁盘驱动器及其部件开发与制造

251. 高速、容量100TB及以上存储系统及智能化存储设备制造

252. 计算机辅助设计(三维CAD)、电子设计自动化(EDA)、辅助测试(CAT)、辅助制造(CAM)、辅助工程(CAE)系统及其他计算机应用系统制造

253. 软件产品开发、生产

254. 电子专用材料开发与制造(光纤预制棒开发与制造除外)

255. 电子专用设备、测试仪器、工模具制造

256. 新型电子元器件制造:片式元器件、敏感元器件及传感器、频率控制与选择元件、混合集成电路、电力电子器件、光电子器件、新型机电元件、高分子固体电容器、超级电容器、无源集成元件、高密度互连积层板、多层挠性板、刚挠印刷电路板及封装载板

257. 触控系统(触控屏幕、触控组件等)制造

258. 发光效率140lm/W以上高亮度发光二极管、发光效率140lm/W以上发光二极管外延片(蓝光)、发光效率140lm/W以上且功率200mW以上白色发光管制造

259. 高密度数字光盘机用关键件开发与生产

260. 可录类光盘生产

261. 民用卫星设计与制造、民用卫星有效载荷制造(中方控股)

262. 民用卫星零部件制造

263. 卫星通信系统设备制造

264. 光通信测量仪表、速率40Gb/s及以上光收发器制造

265. 超宽带(UWB)通信设备制造

266. 无线局域网(含支持WAPI)、广域网设备制造

267. 100Gbps及以上速率时分复用设备(TDM)、密集波分复用设备(DWDM)、宽带无源网络设备(包括EPON、GPON、WDM-PON等)、下一代DSL芯片及设备、光交叉连接设备(OXC)、自动光交换网络设备(ASON)、40G/sSDH以上光纤通信传输设备制造

268. 基于IPv6的下一代互联网系统设备、终端设备、检测设备、软件、芯片开发与制造

269. 第三代及后续移动通信系统手机、基站、核心网设备以及网络检测设备开发与制造

270. 高端路由器、千兆比以上网络交换机开发与制造

271. 空中交通管制系统设备制造

272. 基于声、光、电、触控等计算机信息技术的中医药电子辅助教学设备,虚拟病理、生理模型人设备的开发与制造

(二十三)仪器仪表制造业

273. 工业过程自动控制系统与装置制造:现场总线控制系统,大型可编程控制器(PLC),两相流量计,固体流量计,新型传感器及现场测量仪表

274. 大型精密仪器开发与制造

275. 高精度数字电压表、电流表制造(显示量程七位半以上)

276. 无功功率自动补偿装置制造

277. 安全生产新仪器设备制造

278. VXI总线式自动测试系统(符合IEEE1155国际规范)制造

279. 煤矿井下监测及灾害预报系统、煤炭安全检测综合管理系统开发与制造

280. 工程测量和地球物理观测设备制造

281. 环境监测仪器制造

282. 水文数据采集、处理与传输和防洪预警仪器及设备制造

283. 海洋勘探监测仪器和设备制造

(二十四)废弃资源综合利用业

284. 煤炭洗选及粉煤灰(包括脱硫石膏)、煤矸石等综合利用

285. 全生物降解材料的生产

286. 废旧电器电子产品、汽车、机电设备、橡胶、金属、电池回收处理

四、电力、热力、燃气及水生产和供应业

287. 单机60万千瓦及以上超超临界机组电站的建设、经营

288. 采用背压(抽背)型热电联产、热电冷多联产、30万千瓦及以上热电联产机组电站的建设、经营

289. 缺水地区单机60万千瓦及以上大型空冷机组电站的建设、经营

290. 整体煤气化联合循环发电等洁净煤发电项目的建设、经营

291. 单机30万千瓦及以上采用流化床锅炉并利用煤矸石、中煤、煤泥等发电项目的建设、经营

292. 发电为主水电站的建设、经营

293. 核电站的建设、经营(中方控股)

294. 新能源电站(包括太阳能、风能、地热能、潮汐能、潮流能、波浪能、生物质能等)建设、经营

295. 电网的建设、经营(中方控股)

296. 海水利用(海水直接利用、海水淡化)

297. 供水厂建设、经营

298. 再生水厂建设、经营

299. 污水处理厂建设、经营

300. 机动车充电站、电池更换站建设、经营

五、交通运输、仓储和邮政业

301. 铁路干线路网的建设、经营(中方控股)

302. 城际铁路、市域(郊)铁路、资源型开发铁路和支线铁路及其桥梁、隧道、轮渡和站场设施的建设、经营

303. 高速铁路、铁路客运专线、城际铁路基础设施综合维修

304. 公路、独立桥梁和隧道的建设、经营

305. 公路货物运输公司

306. 港口公用码头设施的建设、经营

307. 民用机场的建设、经营(中方相对控股)

308. 航空运输公司(中方控股,且一家外商及其关联企业投资比例不得超过25%)

309. 农、林、渔业通用航空公司(限于合资、合作)

310. 定期、不定期国际海上运输业务(限于合资、合作)

311. 国际集装箱多式联运业务

312. 输油(气)管道、油(气)库的建设、经营

313. 煤炭管道运输设施的建设、经营

314. 自动化高架立体仓储设施,包装、加工、配送业务相关的仓储一体化设施建设、经营

六、批发和零售业

315. 一般商品的共同配送、鲜活农产品和特殊药品低温配送等物流及相关技术服务

316. 农村连锁配送

317. 托盘及集装单元共用系统建设、经营

七、租赁和商务服务业

318. 会计、审计(首席合伙人需具有中国国籍)

319. 国际经济、科技、环保、物流信息咨询服务

320. 以承接服务外包方式从事系统应用管理和维护、信息技术支持管理、银行后台服务、财务结算、软件开发、离岸呼叫中心、数据处理等信息技术和业务流程外包服务

321. 创业投资企业

322. 知识产权服务

323. 家庭服务业

八、科学研究和技术服务业

324. 生物工程与生物医学工程技术、生物质能源开发技术

325. 同位素、辐射及激光技术

326. 海洋开发及海洋能开发技术、海洋化学资源综合利用技术、相关产品开发和精深加工技术、海洋医药与生化制品开发技术

327. 海洋监测技术(海洋浪潮、气象、环境监测)、海底探测与大洋资源勘查评价技术

328. 综合利用海水淡化后的浓海水制盐、提取钾、溴、镁、锂及其深加工等海水化学资源高附加值利用技术

329. 海上石油污染清理与生态修复技术及相关产品开发,海水富营养化防治技术,海洋生物爆发性生长灾害防治技术,海岸带生态环境修复技术

330. 节能环保技术开发与服务

331. 资源再生及综合利用技术、企业生产排放物的再利用技术开发及其应用

332. 环境污染治理及监测技术

333. 化纤生产及印染加工的节能降耗、三废治理新技术

334. 防沙漠化及沙漠治理技术

335. 草畜平衡综合管理技术

336. 民用卫星应用技术

337. 研究开发中心

338. 高新技术、新产品开发与企业孵化中心

339. 物联网技术开发与应用

340. 工业设计、建筑设计、服装设计等创意产业

九、水利、环境和公共设施管理业

341. 综合水利枢纽的建设、经营(中方控股)

342. 城市封闭型道路建设、经营

343. 城市地铁、轻轨等轨道交通的建设、经营

344. 垃圾处理厂,危险废物处理处置厂(焚烧厂、填埋场)及环境污染治理设施的建设、经营

十、教育

345. 非学制类职业培训机构

十一、卫生和社会工作

346. 老年人、残疾人和儿童服务机构

347. 养老机构

十二、文化、体育和娱乐业

348. 演出场所经营

349. 体育场馆经营、健身、竞赛表演及体育培训和中介服务

限制外商投资产业目录

一、农、林、牧、渔业

1. 农作物新品种选育和种子生产(中方控股)

二、采矿业

2. 特殊和稀缺煤类勘查、开采(中方控股)

3. 贵金属(金、银、铂族)勘查、开采

4. 石墨勘查、开采

5. 锂矿开采、选矿

三、制造业

6. 豆油、菜籽油、花生油、棉籽油、茶籽油、葵花籽油、棕榈油等食用油脂加工(中方控股),大米、面粉、原糖加工,玉米深加工

7. 生物液体燃料(燃料乙醇、生物柴油)生产(中方控股)

8. 出版物印刷(中方控股)

9. 钨、钼、锡(锡化合物除外)、锑(含氧化锑和硫化锑)等稀有金属冶炼

10. 稀土冶炼、分离(限于合资、合作)

11. 汽车整车、专用汽车和摩托车制造:中方股比不低于50%,同一家外商可在国内建立两家(含两家)以下生产同类(乘用车类、商用车类、摩托车类)整车产品的合资企业,如与中方合资伙伴联合兼并国内其他汽车生产企业可不受两家的限制

12. 船舶(含分段)的修理、设计与制造(中方控股)

13. 卫星电视广播地面接收设施及关键件生产

四、电力、热力、燃气及水生产和供应业

14. 小电网范围内,单机容量30万千瓦及以下燃煤凝汽火电站、单机容量10万千瓦及以下燃煤凝汽抽汽两用机组热电联产电站的建设、经营

15. 城市人口50万以上的城市燃气、热力和供排水管网的建设、经营(中方控股)

五、交通运输、仓储和邮政业

16. 铁路旅客运输公司(中方控股)

17. 公路旅客运输公司

18. 水上运输公司(中方控股)

19. 公务飞行、空中游览、摄影、探矿、工业等通用航空公司(中方控股)

六、信息传输、软件和信息技术服务业

20. 电信公司:增值电信业务(外资比例不超过50%,电子商务除外),基础电信业务(外资比例不超过49%)

七、批发和零售业

21. 粮食收购,粮食、棉花批发,大型农产品批发市场建设、经营

22. 船舶代理(中方控股)、外轮理货(限于合资、合作)

23. 加油站(同一外国投资者设立超过30家分店、销售来自多个供应商的不同种类和品牌成品油的连锁加油站,由中方控股)建设、经营

八、金融业

24. 银行(单个境外金融机构及被其控制或共同控制的关联方作为发起人或战略投资者向单个中资商业银行投资入股比例不得超过20%,多个境外金融机构及被其控制或共同控制的关联方作为发起人或战略投资者投资入股比例合计不得超过25%,投资农村中小金融机构的境外金融机构必须是银行类金融机构)

25. 保险公司(寿险公司外资比例不超过50%)

26. 证券公司(设立时限于从事人民币普通股、外资股和政府债券、公司债券的承销与保荐,外资股的经纪,政府债券、公司债券的经纪和自营;设立满2年后符合条件的公司可申请扩大业务范围;外资比例不超过49%)、证券投资基金管理公司(外资比例不超过49%)

27. 期货公司(中方控股)

九、租赁和商务服务业

28. 市场调查(限于合资、合作,其中广播电视收听、收视调查要求中方控股)

29. 资信调查与评级服务公司

十、科学研究和技术服务业

30. 测绘公司(中方控股)

十一、教育

31. 高等教育机构(限于合作、中方主导)

中方主导是指校长或者主要行政负责人应当具有中国国籍,中外合作办学机构的理事会、董事会或者联合管理委员会的中方组成人员不得少于1/2(下同)。

32. 普通高中教育机构(限于合作、中方主导)

33. 学前教育机构(限于合作、中方主导)

十二、卫生和社会工作

34. 医疗机构(限于合资、合作)

十三、文化、体育和娱乐业

35. 广播电视节目、电影的制作业务(限于合作)

36. 电影院的建设、经营(中方控股)

37. 大型主题公园的建设、经营

38. 演出经纪机构(中方控股)

十四、国家法律法规和我国缔结或者参加的国际条约规定限制的其他产业

禁止外商投资产业目录

一、农、林、牧、渔业

1. 我国稀有和特有的珍贵优良品种的研发、养殖、种植以及相关繁殖材料的生产(包括种植业、畜牧业、水产业的优良基因)

2. 农作物、种畜禽、水产苗种转基因品种选育及其转基因种子(苗)生产

3. 我国管辖海域及内陆水域水产品捕捞

二、采矿业

4. 钨、钼、锡、锑、萤石勘查、开采

5. 稀土勘查、开采、选矿

6. 放射性矿产的勘查、开采、选矿

三、制造业

(一)医药制造业

7. 列入《野生药材资源保护管理条例》和《中国稀有濒危保护植物名录》的中药材加工

8. 中药饮片的蒸、炒、炙、煅等炮制技术的应用及中成药保密处方产品的生产

(二)石油加工、炼焦和核燃料加工业

9. 放射性矿产冶炼、加工,核燃料生产

(三)专用设备制造业

10. 武器弹药制造

(四)其他制造业

11. 象牙雕刻

12. 虎骨加工

13. 宣纸、墨锭生产

四、电力、热力、燃气及水生产和供应业

14. 大电网范围内,单机容量 30 万千瓦及以下燃煤凝汽火电站、单机容量 20 万千瓦及以下燃煤凝汽抽汽两用热电联产电站的建设、经营

五、交通运输、仓储和邮政业

15. 空中交通管制

16. 邮政公司、信件的国内快递业务

六、批发和零售业

17. 烟叶、卷烟、复烤烟叶及其他烟草制品的批发、零售

七、租赁和商务服务业

18. 社会调查

19. 中国法律事务咨询(提供有关中国法律环境影响的信息除外)

八、科学研究和技术服务业

20. 人体干细胞、基因诊断与治疗技术开发和应用

21. 大地测量、海洋测绘、测绘航空摄影、行政区域界线测绘、地形图、世界政区地图、全国政区地图、省级及以下政区地图、全国性教学地图、地方性教学地图和真三维地图编制、导航电子地图编制,区域性的地质填图、矿产地质、地球物理、地球化学、水文地质、环境地质、地质灾害、遥感地质等调查

九、水利、环境和公共设施管理业

22. 自然保护区和国际重要湿地的建设、经营

23. 国家保护的原产于我国的野生动、植物资源开发

十、教育

24. 义务教育机构,军事、警察、政治和党校等特殊领域教育机构

十一、文化、体育和娱乐业

25. 新闻机构

26. 图书、报纸、期刊的出版业务

27. 音像制品和电子出版物的出版、制作业务

28. 各级广播电台(站)、电视台(站)、广播电视频道(率)、广播电视传输覆盖网(发射台、转播台、广播电视卫星、卫星上行站、卫星收转站、微波站、监测台、有线广播电视传输覆盖网)

29. 广播电视节目制作经营公司

30. 电影制作公司、发行公司、院线公司

31. 新闻网站、网络出版服务、网络视听节目服务、互联网上网服务营业场所、互联网文化经营(音乐除外)

32. 经营文物拍卖的拍卖企业、文物商店

33. 高尔夫球场、别墅的建设

十二、其他行业

34. 危害军事设施安全和使用效能的项目

35. 博彩业(含赌博类跑马场)

36. 色情业

十三、国家法律法规和我国缔结或者参加的国际条约规定禁止的其他产业

注:《内地与香港关于建立更紧密经贸关系的安排》及其补充协议、《内地与澳门关于建立更紧密经贸关系的安排》及其补充协议、《海峡两岸经济合作框架协议》及其后续协议、我国与有关国家签订的自由贸易区协议、投资协定另有规定的,从其规定。

文莱投资贸易指南

一、对外贸易法规和政策规定

(一)贸易主管部门

文莱贸易政策的制定和实施主要由文莱工业与初级资源部负责,财政部、经济发展理事会等其他有关部门参与。

文莱工业与初级资源部主要职责是:鼓励和支持当地企业及外国投资者开展商品生产和服务,保障国家食品安全和就业,推动经济持续、多元化发展。该部下辖 5 个执行局:农业局、森林局、渔业局、工业发展局和旅游局。

(二)贸易法规体系

文莱与贸易相关的主要法律包括海关法、消费法以及一系列涉及食品安全和清真要求的法规。2001 年和 2006 年分别颁布证券法和银行法。

(三)贸易管理相关规定

文莱实行自由贸易政策,除少数商品受许可证、配额等限制外,其余商品均放开经营。

1. 进口管理。出于环境、健康、安全和宗教方面的考虑,文莱海关对少数商品实行进口许可管理。植物、农作物和牲畜须由农业局签发进口许可证(植物不能带土),军火由皇家警察局发证,印刷品由皇家警察局、宗教部和内务部发证,木材由森林局发证,大米、食糖、盐由信息技术和国家仓库发证,二手车由皇家海关发证,电话装置、无线电设备由通讯局发证,药品由卫生部发证,鲜、冷冻的鸡肉和牛肉由宗教部、卫生部和农业局发证。除以上有关部门发放进口许可证外,机动车、农产品、药品及与药品相关的产品进口还须提供相关的原产地证书和检验证明。

文莱与贸易相关的主要法规

法规名称	主要内容
海关法及相关规定(2006)	有关海关规定。包括特别关税、关税返还、对违反规定的处罚等
进口商品估价规定(2001)	根据世贸规则明确海关估价
(1)东盟通用特别关税条例(2005) (2)中国—东盟全面经济合作框架协议下东盟—中国早期收获计划商品关税条例(2005) (3)中国—东盟全面经济合作框架协议下海关货物贸易协议(2006)	实施有关东盟贸易协议
公司法(1957)	公司注册法规等
证券法(2001)	政府间金融往来、为经营商及有关个人在管理和交易证券方面提供建议
银行法(2006)	银行执照
投资促进法(2001)	投资领域
清真肉类法	规范清真肉类产品的进口和市场供应
商标法(2000)	商品
公共卫生(食品)条例(2001)及公共卫生(食品)2002)	食品安全

资料来源:文莱工业与初级资源部

没有商业价值的样品可免税进口,有商业价值的样品进口,需交抵押金,如果样品在3个月内出境,可退还抵押金。

禁止进口商品包括:鸦片、海洛因、吗啡、淫秽品、印有钞票式样的印刷品、烟花爆竹(从2008年起允许指定经营商进口)等。对某些商品实行临时禁止进口,如水泥、锌皮瓦片等。

酒精饮料进口受到严格限制。

2. 出口限制。除了对石油、天然气出口控制,对动物、植物、木材、大米、食糖、食盐、文物、军火等少数物品实行出口许可证管理,其他商品出口管制很少。

(四)进出口商品检验检疫

文莱公共卫生(食品)条例规定所有食品,无论是进口产品还是本地产品,都要安全可靠,具有良好品质,符合伊斯兰教清真食品的要求,尤其对肉类的进口实行严格的清真检验。对于某些动植物产品,如牛肉、家禽,需提交卫生检疫证书,进口食用油不能有异味、不含任何矿物油,动物脂肪须来自在屠宰时身体健康的牲畜并适合人类食用,动物脂肪和食用油须是单一形式,不能将两种或多种脂肪和食用油混合。脂肪和食用油的包装标签上不得有"多不饱和的"字眼或相似字眼。非食用的动物脂肪须出具消毒证明。进口活动物必须有兽医证明。

大豆奶应是从优质大豆中提取的液体食品,可包括糖、无害的植物物质,除了允许的稳定剂、氧化剂和化学防腐剂外,不得含有其他的物质,并且其蛋白质含量不少于2%等。

此外,该条例对食品添加剂、包装以及肉类产品、渔类产品、调味品、动物脂肪和油、奶产品、冰淇淋、糖与干果、水果、茶、咖啡、无酒饮料、香料、粮食等,都规定了相应的技术标准、对食品的生产日期、保质期、食品容器及农药最大残留量、稳定剂、氧化剂、防腐剂等都有明确的规定。

(五)海关管理规章制度

1. 管理制度。2006年新《海关条例》对特别关税、关税返还、处罚方式等做了规定。

2. 关税税率。对东盟成员国产品的关税税率大部分在0~5%之间。对食品类及大部分建筑材料和工业机械免征进口税,电器类商品及香水、化妆品、地毯、珠宝、水晶灯、丝绸、运动器材等征收5%的进口税,汽车征收20%的进口税(目前已改为同等税率的消费税),烟和酒精饮料有特别税率。

自2010年中国—东盟自由贸易区正式建成以来,文莱对中国商品关税逐年下降,部分非敏感产品关税在2012年已降至0,一般敏感产品关税已降至20%以下。文莱总体关税税率很低,对极少商品如香烟等商品的进口关税略高于对东盟成员国的关税。

二、对外国投资的市场准入

(一)投资主管部门

文莱主管国内投资和外国投资的政府部门为工业与初级资源部和经济发展局。招商引资工作主要由经济发展局负责。

(二)投资行业的规定

1. 禁止的行业。包括武器、毒品及与伊斯兰教义相悖的行业等。

2. 限制的行业。林业不对外资开放。

3. 鼓励的行业。包括化工、制药、制铝、建筑材料及金融业等行业。2001年投资促进法将部分产业纳入先锋行业,投资享受税收优惠,以吸引外来投资。

(三)投资方式的规定

文莱对大部分行业外资企业投资没有明确的本地股份占比规定,对外国自然人投资也没有特殊限制,仅要求公司董事至少1人为当地居民。外资在文莱投资可成立有限公司、公众公司或办事处,但文莱本地工程一般仅向本地私人公司发放。文莱经济以油气资源产业为支柱,其他产业尚不发达,因此,外国直接投资以绿地投资为主。

外资并购文莱企业的案例极少,具体操作时应向有关主管部门充分咨询过户手续及审批期限,必要时可寻求中国驻文莱使馆经商处协助。

(四)特殊经济区域的规定

文莱政府在国内共划出10个工业区以吸引外国投资。其中双溪岭工业区(Sungai Liang Industrial Site)是最主要的工业区,规划面积283公顷,主要用于油、气下游和高科技产业。在该区最大的外来投资项目是日本投资的甲醇厂项目,总投资6亿美元,设计产能85万吨,2010年5月第一批产品出口中国。

文莱10个工业区

工业区名称	规划面积(公顷)	主要用途
Serasa	83	制造业及服务
Kampong Salar	40	家具、仓储及冷藏
Lambak Kanan(East)	74	高科技产业
Lambak kanan(West)	45	食品加工
Beribi l & ll	47	制造业及服务
Serambangun	40	制造业及服务
Sungai Liang(双溪岭工业区)	283	石油下游产业、高科技
Sungai Bera	50	制造业及服务
Pekan Belait	38	制造业及服务
Batu Apoi	5	制造业及服务

资料来源:文莱工业与初级资源部

文莱目前并未特别设置经济开发区,仅有工业园区,暂无中国企业入驻。

三、对外国投资的优惠

(一)优惠政策框架

文莱政府于1975年颁布投资促进法,2001年在该法基础上颁布新的投资促进法令,延长了对部分鼓励投资产业的税收优惠期。

(二)行业鼓励政策

根据投资促进法,在以下产业投资享受税收优惠:

1. 先锋产业。即有限责任公司达到以下要求:(1)符合公众利益;(2)该产业文莱未达到饱和程度;(3)具有良好发展前景,产品应具有该产业的领先性,可以获得先锋产业资格证书,并享受以下优惠:免收所得税;免30%的公司税;免公司进口机器、设备、零部件、配件及建筑构件的进口税;免原材料进口税;为生产先锋产品而进口的原材料免征进口税;可以结转亏损和津贴。先锋产品包括:航空食品、搅拌混凝土、制药、铝材板、轧钢设备、化工、造船、纸巾、纺织品、听装、瓶装和其他包装食品、家具、玻璃、陶瓷、胶合板、塑料及合成材料、肥料和杀虫剂、玩具、工业用气体、金属板材、工业电气设备、供水设备、宰杀、加工清真食品、废品处理工业、非金属矿产品制造。

先锋产业的免税期(从生产日开始计算)

注册资本金额	免税期
50万~250万文元	5年
250万文元以上	8年
高科技园区内	11年
免税期延长	每次3年,总共不超过11年
(高新区)免税期延长	每次5年,总共不超过20年

2. 先锋服务公司。即符合公众利益,并从事以下经营活动的公司:涉及实验、顾问和研发的工程技术服务、计算机信息服务和其他相关服务、工业设计的开发和生产、休闲和娱乐的服务、出版、教育产业、医疗服务、有关农业技术的服务、有关提供仓储设备的服务、组织展览和会议的服务、金融服务、商业顾问、管理和职业服务、风险资本基金业务、物流运作和管理、运作管理私人博物馆、部长指定的其他服务和业务,可享受免所得税以及可结转亏损和补贴待遇。免税期8年,可延长,但不超过11年。

3. 出口型生产企业。即从事农业、林业或渔业的企业,若产品出口不低于其销售总额的20%,且年出口额不低于两万文元,文莱工业与初级资源部可认定其为出口型生产企业并颁发证书。出口型企业申请续期每次不超过5年,最长不超过20年。

出口型生产企业中,非先锋企业可免税8年;先锋企业可免税6年;续期总共不超过11年。出口型生产企业如果满足下列条件之一,可获15年免税期:一经或者将要发生不低于5000万文元的固定资产开支;固定资产开支在50万文元以上、5000万文元以下,本地公民或持居留证许可人士占股40%以上,且该企业已经或将要促进文莱经济或科技发展。

出口型生产企业免税范围包括:所得税;机器设备、零部件、配件或建筑结构的进口税;原材料进口税。

4. 服务出口企业。企业出口下列服务,自服务提供日起最长可获得11年的免除所得税及抵扣补贴与亏损的待遇:建筑、分销、设计及工程服务;顾问、管理监督、咨询服务;机械设备装配以及原材料、零部件和设备采购;数据处理、编程、计算机软件开发、电信及其他信息通讯技术服务;会计、法律、医疗、建筑等专业服务;教育、培训;文莱工业与初级资源部认可的其他服务。

5. 国际贸易企业。即从事国际贸易的行业,只要符合下列条件之一,自开始进出口业务之日起可获得8年的免税期。(1)从事河谷制成品或文莱本地产品国际贸易的年出口额超过或有望超过300万文元;(2)从事合格商品转口贸易的年出口额超过或有望超过500万文元。

(三)地区鼓励政策

文莱暂无地区鼓励政策。

四、外国企业在文莱获得土地的规定

(一)文莱土地法的主要内容

按照文莱《土地法》,土地归国王所有,国民可以购买使用。但是土地使用需要经过土地规划管理部门的规划,经过规划的土地方可使用。土地规划的有效期满后,使用者是否可以继续使用该土地,须由法院裁定。

(二)外资企业获得土地的规定

文莱法律规定,外国人在文莱不能获得土地所有权和买卖权,只有文莱公民才享有买卖土地的权利,而外国人和侨民只能租用土地。

五、环境保护的法律规定

(一)环保管理部门

文莱政府主管环境保护的部门是环境、园林及公共娱乐局(Jabatab Alam Sekitar Taman Rekreasi),又称JASTRE,隶属发展部。主要职责是:开展环境管理和保护,以提高民众生活质量,推动国家经济发展和繁荣。主要职能包括:环境保护,风景区、公园及公共娱乐设施建设与管理,垃圾管理以及国际环境领域合作等。

(二)文莱主要环保法律法规名称

文莱环保立法仍处在起草阶段,相关管理文件有环境、园林及公共娱乐局发布的《文莱工业发展污染控制准则》。

(三)环保法律法规基本要点

1. 投资商应在项目计划初期对环境因素予以考虑。包括项目位置、采用清洁技术、污染控制措施、废物监管等。

2. 项目发展商需提供的说明材料。(1)将在项目场地上开展的贸易及加工;(2)申请人将为控制土地、空气、水及噪音污染采取的措施;(3)废料的管理和处理等;(4)全面的环境影响评估报告。

(四)环保评估相关规定

自2010年起,文莱新建工程项目必须通过环境评估。企业需要聘请专门机构进行环境评估,并向文莱发展部环境与公园司提交环境评估报告,评估费用根据项目规模而定。文莱正在考虑针对能源行业实施更高的环保标准。

六、保护知识产权规定

(一)有关知识产权保护的法律规定

文莱知识产权法正在草拟中。文莱的新商标法律《1999年紧急(商标)条规》于2000年6月1日生效。文莱目前是世界贸易组织(WTO)的成员,已加入世界知识产权组织(WIPO),但尚未加入《商标国际注册马德里协定》等有关商标保护的国际条约。

有关知识产权保护的具体规定可与文莱高等法院和总检察署联系。

(二)知识产权侵权的相关处罚规定

文莱法律规定,违反知识产权保护规章的行为,受法律制裁,具体可向文莱总检察长署咨询及购买相关文件。

(三)与投资合作相关的主要法律

与投资相关的法律包括《合同法》《土地法》以及《投资促进法》。文莱工业与初级资源部负责有关投资合作政策的制定和实施。

七、投资合作相关的主要法律及对中国企业投资合作的保护政策

(一)投资合作相关的主要法律

与投资相关的法律包括《合同法》《土地法》以及《投资促进法》。文莱工业与初级资源部负责有关投资合作政策的制定和实施。

(二)文莱对中国企业投资合作的保护政策

1. 中国与文莱签署双边投资保护协定。2000年中国与文莱签订《鼓励和相互保护投资协定》,并于2004年签署《促进贸易、投资和经济合作谅解备忘录》。

2. 中国与文莱签署避免双重征税协定。2004年中国与文莱签订《避免双重征税和防止偷漏税的协定》。

3. 中国与文莱签署的其他协定。包括:《民用航空运输协定》(1993 年)、《卫生合作谅解备忘录》(1996 年)、《文化合作谅解备忘录》(1999 年)、《中国公民自费赴文旅游实施方案的谅解备忘录》(2000 年)、《最高人民检察院和文莱达鲁萨兰国总检察署合作协议》(2002 年)、《高等教育合作谅解备忘录》(2004 年)、《最高法院合作谅解备忘录》(2004 年)、《旅游合作谅解备忘录》(2006 年)。

4. 其他相关保护政策。文莱是《区域全面经济关系协议(RCEP)》成员之一,《区域全面经济关系协议(RCEP)》的成员国之一,该协议计划于 2015 年完成谈判,届时将为成员间的投资提供更多便利和保护。

柬埔寨投资贸易指南

一、对外贸易法规和政策规定

(一)贸易主管部门

柬埔寨商业部为柬埔寨贸易主管部门。

(二)贸易法规体系

柬埔寨与贸易相关的法律法规主要包括《进出口商品关税管理法》《关于制衣行业原产地证书、商业发票、出口许可证核发的规定》《关于商业公司贸易行为的规定》《关于实施装运前检验服务的规定》《加入世界贸易组织法》《关于风险管理的次法令》《关于成立海关与税收署风险管理办公室的规定》等。

(三)贸易管理的相关规定

商业部负责出口审批和免税进口核准手续——在多数情况下,进口货物无需许可证。但部分产品需要获得相关政府部门特别出口授权或许可后方可出口。

1. 作为最不发达国家享受的出口优惠。欧、美、日等 28 个国家给予柬埔寨普惠制待遇。美国给予柬埔寨较宽松的配额和进口关税,欧盟在“除军火外所有商品倡议”下,给予柬埔寨除军火外几乎所有产品零关税的待遇。

2. 出口商品当地含量及原产地原则。柬埔寨目前无当地含量要求,即不限制使用进口原材料、零部件(对健康、环境或社会有害的原材料、零部件除外)。在柬埔寨,出口商应重视普惠制的原产地规则要求。普惠制下出口至美国的产品,原产地规则对当地含量的最低要求为 35%(符合条件的东盟成员国,即柬埔寨、泰国、印尼和菲律宾,在原产地规则要求中视为同一国家)。在“除军火外所有商品倡议”下,原产地规则要求出口产品至少有 40% 的含量出自出口国。

3. 出口优惠、限制。根据投资法修正法,由柬埔寨投资委员会批准的出口型合格投资项目可享受免税期或特别折旧。其出口产品增值税享受退税或贷记出口产品的原材料。禁止或严格限制出口的产品包括文物、麻醉品和有毒物质、原木、贵重金属和宝石、武器等。半成品或成品木材制品、橡胶、生皮或熟皮、鱼类(生鲜、冷冻或切片)及动物活体需交纳 10% 的出口税。服装出口需向商业部缴纳管理费普惠制下服装出口至美国或欧盟的,需获得出口许可证。2013 年年初,柬埔寨政府明令禁止红木的贸易和流通。

4. 免税进口。根据投资法修正法,由柬埔寨投资委员会批准的出口型合格投资项目可免税进口生产设备、建筑材料、原材料和生产设备附件。为取得生产用原材料免税进口批件,进口公司应每年向柬埔寨投资委员会申报拟进口材料的数量和价值。

(四)进出口商品检验检疫

财经部海关与关税署、商业部进出口检验与反欺诈局联合负责进出口商品检验——检验地点为工厂或进出口港口。柬埔寨全部进出口货物均接受检验,政府正计划逐年降低检验比率。价值 5000 美元或以上的进口货物,在出口国进行装运前检验。检验报告和其他装船前检验文件将被递交柬埔寨海关,货物抵达柬埔寨后,货主凭检验单据到海关交纳税款并提出货物。

(五)海关管理规章制度

1. 管理制度。柬埔寨政府近年来不断改进海关管理制度,致力于实现简洁、高效、透明和可预测的海关管理。

2006 年,柬埔寨起草完成并通过《关于通过风险管理实施贸易便利化的次法令》,准备实施基于贸易商档案数据的风险管理系统,即通过利用电脑系统分析贸易商档案数据、商品和/或原产地进行海关监管。为此,柬埔寨政府还采用计算机化海关清关综合系统——自动海关数据系统。

此外,为简化海关程序,政府决定推行使用“海关一站式服务系统”,并计划在西哈努克港安装自动海关数据系统终端。柬埔寨政府希望借此减轻贸易活动的行政负担,并减少腐败滋生的机会。

2. 关税税率。除天然橡胶、宝石、半成品或成品木材、海产品、沙石等 5 类产品外,一般出口货物不需缴纳关税。所有货物在进入柬埔寨时均应缴纳进口税,投资法或其他特殊法规规定享受免税待遇的除外。进口关税主要由四种汇率组成:7%、15%、35% 和 50%。

在东盟自由贸易协定的共同有效关税体制下,从东盟其他成员国进口、满足原产地规则规定的产品可享受较低的关税税率。按照整体关税减让时间表规定,到 2010 年,除少数特例商品外,柬埔寨关税税率降至 0 ~ 5%。

二、外国投资市场准入规定

(一)投资主管部门

柬埔寨发展理事会是唯一负责重建、发展和投资监管事务的一站式服务机构,由柬埔寨重建和发展委员会和柬埔寨投资委员会组成。该机构负责对全部重建、发展工作和投资项目活动进行评估和决策,批准投资人注册申请的合格投资项目,并颁发最终注册证书。

但对于下列条件的投资项目,需提交内阁办公厅批准:(1)投资额超过 5000 万美元;(2)涉及政治敏感问题;(3)矿产及自然资源的勘探与开发;(4)可能对环境产生不利影响;(5)基础设施项目,包括 BOT、BOOT、BOO 和 BLT 项目;(6)长期开发战略。

(二)投资行业的规定

柬埔寨政府视外国直接投资为经济发展的主要动力。柬埔寨无专门的外商投资法,对外资与内资基本给予同等待遇,其政策主要体现在《投资法》(本法于 1994 年 8 月 4 日柬埔寨王国第一届国会特别会议通过,1997 年、1999 年两度修订)及其《修正法》(2003 年 2 月 3 日柬埔寨王国第二届国会通过)等相关法律规定中。

1. 鼓励投资的领域。《投资法》十二条规定,柬埔寨政府鼓励投资的重点领域包括:创新和高科技产业、创造就业机会、出口导向型、旅游业、农工业及加工业、基础设施及能源、各省及农村发展、环境保护等,在依法设立的特别开发区投资。投资优惠包括免征全部或部分关税和赋税。

2. 限制投资领域。《投资法修正法实施细则》(2005 年 9 月 27 日颁布)列出禁止柬埔寨和外籍实体从事的投资活动,包括:神经及麻醉物质生产及加工;使用国际规则或世界卫生组织禁止使用、影响公众健康及环境的化学物质生产有毒化学品、农药、杀虫剂及其他产品;使用外国进口废料加工发电;《森林法》禁止森林开发业务;法律禁止的其他投资活动。

此外,该细则还列出了"不享受投资优惠的投资活动"和"可享受免缴关税,但不享受免缴利润税的特定投资活动"。

3. 对外国公民的限制。《投资法》对土地所有权和使用作出规定:(1)用于投资活动的土地,其所有权须由柬埔寨籍自然人、或柬埔寨籍自然人或法人直接持有 51% 以上股份的法人所有。(2)允许投资人以特许、无限期长期租赁和可续期短期租赁等方式使用土地投资人有权拥有地上不动产和私人财产,并以之作为抵押品。

(三)投资方式的规定

1. 外国直接投资。在柬埔寨进行投资活动比较宽松,不受国籍限制(土地法有关土地产权的规定除外)。除禁止或限制外国人介入的领域外,外国投资人可以个人、合伙、公司等商业组织形式在商业部注册并取得相关营业许可,即可自由实施投资项目。但拟享受投资优惠的项目,需向柬埔寨发展理事会申请投资注册并获得最终注册证书后方可实施。获投资许可的投资项目称为"合格投资项目"。

2. 合资企业。合格投资项目可以合资企业形式设立。合资企业可由柬埔寨实体、柬埔寨及外籍实体或外籍实体组成。柬埔寨王国政府机构亦可作为合资方。股东国籍或持股比例不受限制,但合资企业拥有或拟拥有柬埔寨王国土地或土地权益的除外。在此情况下,非柬埔寨籍实体的自然人或法人合计最高持股比例不得超过 49%。

3. 合格投资项目合并。两个或以上投资人,或投资人与其他自然人或法人约定合并组成新实体,且新实体拟实施投资人合格投资项目,并享受合格投资项目最终注册证书规定投资优惠及投资保障的,新实体需向投资委员会书面申请注册为投资人,并申请将合格投资项目最终注册证书转让新实体。

4. 收购合格投资项目。投资人或其他自然人或法人收购合格投资项目所有权,且拟享受合格投资项目最终注册证书规定投资优惠及投资保障的,应向投资委员会提出收购申请,将合格投资项目最终注册证书转让新实体。收购人为未注册自然人或法人的,需先申请注册为投资人。投资人股份转让造成受让方取得投资人控制权的,投资人须向投资委员会提出转让申请,并提供受让人名称和地址。

(四)特殊经济区域的规定

2005 年 12 月,《关于特别经济区设立和管理的 148 号次法令》颁布,特别经济区体制在柬埔寨开始施行。柬埔寨发展理事会下设的柬埔寨特别经济区委员会是负责特别经济区开发、管理和监督的一站式服务机构,特别经济区管委会是在特别经济区现场执行一站式服务机制的国家行政管理单位,由柬埔寨特别经济区委员会设立,并在各特别经济区常驻。至 2008 年底,斯登豪、曼哈顿、柴柴、欧宁、金边和西哈努克等 6 个特别经济区已获政府正式批准,另有 5 个也已取得特别经济区委员会许可。

特别经济区法令规定特别经济区委员会应向全部特别经济区提供优惠政策;《投资法修正法》规定,位于特别经济区的合格投资项目有权享受与其他合格投资项目相同的法定优惠政策和待遇。

特别经济区享受的优惠政策

受益人	优惠政策
经济区开发商	(1)利润税免税期最长可达 9 年 (2)经济区内基础设施建设使用设备和建材进口免征进口税和其他赋税 (3)经济区开发商可根据《土地法》取得国家土地特许,在边境地区或独立区域设立特别经济区,并将土地租赁给投资企业
区内投资企业	(1)与其他合格投资项目同等享受关税和税收优惠 (2)产品出口国外市场的,免征增值税。产品进入国内市场的,应根据数量缴纳相应增值税
全体	(1)经济区开发商、投资人或外籍雇员有权将税后投资收入和工资转账至境外银行 (2)外国人非歧视性待遇、不实行国有化政策、不设定价格

柬埔寨政府正式批准 25 个经济特区。获批的经济特区主要分布在国公省、西哈努克省、柴帧省、卜迭棉芷省、茶胶省、干拉省、贡布省、磅湛省和金边市。其中,西哈努克省经济特区数量最多,包括中国江苏红豆集团与柬埔寨国际投资开发集团合资建立的西哈努克港经济特区。

西哈努克港经济特区(以下简称特区)是中国商务部首批中标的境外经贸合作区之一,也是首批获中国商务部、财政部验收确认的 6 个境外合作区之一,该合作区建设进展顺利,已吸引服装、摩托车等类人区企业 80 多家。

据柬埔寨发展理事会统计,2014 年,柬埔寨各类经济特区共吸引外资项目 47 个,吸纳就业 2.15 万人次,吸引投资 20 亿美元。在柬经济特区投资,可享受税收、设备和原材料进口、产品出口等方面的优惠政策。近年来,柬埔寨经济特区吸引外资呈增长趋势。在柬经济特区投资的外商主要来自日本、中国、中国台湾、马来西亚和新加坡,行业涉及服装、制鞋、电子、农产品加工等。

三、外国投资优惠政策

(一)优惠政策框架

柬埔寨政府给予外资与内资基本同等的待遇,《投资法》(1994 年 8 月 4 日柬埔寨王国第一届国会特别会议通过)及其修正法(1997 年、1999 年两度修订)为外国投资提供了保障和相对优惠的税收、土地租赁政策。此外,外国投资同样可享受美、欧、日等 28 个国家/地区给予柬埔寨的普惠制待遇。

1. 投资保障。柬埔寨政府对投资者提供的投资保障包括:(1)对外资与内资基本给予同等待遇,所有的投资者,不分国籍和种族,在法律面前一律平等。(2)柬埔寨政府不实行损害投资者财产的国有化政策。(3)已获批准的投资项目,柬埔寨政府不对其产品价格和服务价格进行管制。(4)不实行外汇管制,允许投资者从银行系统购买外汇转往国外,用以清算其与投资活动有关的财政债务。

2. 投资优惠。经柬埔寨发展理事会批准的合格投资项目可取得的投资优惠包括:(1)免征投资生产企业的生产设备、建筑材料、零配件和原材料等的进口关税。(2)企业投资后可享受3~8年的免税期(经济特区最长可达9年),免税期后按税法交纳税率为9%的利润税。(3)利润用于再投资,免征利润税;分配红利不征税。(4)产品出口,免征出口税。

(二)行业鼓励政策

柬埔寨行业鼓励政策主要体现在农业和旅游业。

1. 农业。在吸引外商投资农业产业上,柬埔寨政府依据《投资法》对开发种植1000公顷以上的稻谷、500公顷以上的经济作物、50公顷以上的蔬菜种植项目;对畜牧业存栏在1000头以上、饲养100头以上的乳牛项目、饲养家禽10000只以上项目以及占地5公顷以上的淡水养殖、占地10公顷以上的海水养殖项目均给予支持和优惠待遇。主要鼓励措施:(1)项目在实施后,从第一次获得盈利的年份算起,可免征盈利税的时间最长为8年。如连续亏损则被准许免征税。如果投资者将其盈利用于再投资,可免征其盈利税。(2)政府只征收纯盈利税,税率为9%。(3)分配投资盈利,不管是转移到国外,还是在柬国内分配,均不征税。(4)对投资项目需进口的建筑材料、生产资料、各种物资、半成品、原材料及所需零配件,均可获得100%免征其关税及其他赋税,但该项目必须是产品的80%供出口的投资项目。

2. 旅游业。自第一届王国政府提出优先发展旅游业的战略以来,柬埔寨旅游业的经济功能受到了充分重视,为旅游业的产业化发展奠定了良好基础。十多年来,旅游业成为柬埔寨国民经济的主要增长点和支柱产业。全国大多数省市都把发展旅游业作为首要工作之一,将旅游产业定位于"优先发展行业""支柱产业""特色产业"来加快发展。

四、外国企业在柬埔寨获得土地的规定

(一)土地法的主要内容

柬埔寨《土地法》于1992年颁布,并于2001年8月修正。2001年土地法修正案主要目的是明确不动产所有权体制,以保障不动产所有权及相关权益。该法还旨在建立现代化土地注册体系,以保障人民拥有土地的权利。

《土地法》指定土地管理城市规划和建设部作为不动产权属证明文件的核发部门,并负责国有不动产的地籍管理工作。在所有权规定方面,严禁外籍自然人和法人拥有土地。《宪法》规定:全部自然人或法人均可单独或集体拥有所有权。仅限于柬埔寨籍自然人或法人有权拥有土地(第四十四条)。2001年《土地法》还规定仅限于柬埔寨自然人或法人可拥有土地所有权,外籍人士伪造身份证件已在柬埔寨拥有土地的,应受到惩罚(第八条)。柬埔寨籍法人是指柬埔寨公民或公司持有51%或以上股份的公司。此外,《土地法》规定:除为公共利益外,不得剥夺所有权。需剥夺所有权的,应按法律法规规定的形式和程序进行,并应提前予以公平、公正的补偿。

土地特许　柬埔寨土地特许分为三类:社会特许、经济特许及适用开发或开采特许。社会特许受益人可在国有土地上修建住宅或开垦国有土地谋生。经济特许受益人可整理土地进行工业或农业开发。使用、开发或开采特许包括矿产开采特许、港口特许、机场特许、工业开发特许、渔业特许,不受2001年《土地法》管辖(第四十九条、五十条)。

土地特许仅在特许合同规定的时间内设定权利(第五十二条)。土地特许面积不超过1万公顷,特许期限不超过99年(第五十九、六十一条)。

土地租赁　土地租赁分为两种:无限期租赁和固定期限租赁。固定期限租赁包括短期可续租租赁和15年或以上长期租赁。长期租赁构成对不动产的诉权,该权利可用于等值回报或继承转让。(第一百零六条、一百零八条)。

抵押　不动产所有人可以其不动产作为抵押品,通过抵押或质押方式保证支付债务(第一百九十一条)。

土地使用限制　1994年颁布的《土地使用规划、城市化与建设法》管辖柬埔寨全境范围内的土地使用。本法和很多土地使用规划均极其笼统,投资者在实施投资项目之前应认真核对实际的规划规则。2010年12月,柬埔寨内阁通过法律草案,允许外国人购买柬埔寨业主房屋一楼以上的房产。

(二)外资企业获得土地的规定

根据柬埔寨《土地法》(2001年)规定,禁止任何外国人(包括自然人和外商控制的法人)拥有土地,但合资企业可以拥有土地,其中外方合计持股比例最高不得超过49%。由于近30年的战乱,柬埔寨土地体系遭到严重破坏,许多土地所有权权属证明文件及地块登记资料丢失,造成目前仍有大量与土地所有权相关的纠纷。因此,很重要的一点是投资者在与柬埔寨公司订立土地使用、租赁或按土地所有权分配利益的合同之前,应核实土地所有人的所有权。

柬埔寨政府暂停批准经济特许地。2012年5月7日,柬埔寨首相洪森签发《提高经济特许地管理效率》的政府令,宣布自即日起暂停批准新的经济特许地。该法令要求政府各部门、各有关单位必须认真执行政府关于提供经济特许地的合同规定,不影响社区和当地居民的生活环境;对于已经获得经济特许地,但未按法律原则和合同规定进行开发,或者利用特许地经营权开拓更大土地,转售空闲土地,违背合同,侵犯社区人民土地的公司,政府将收回其经济特许地;对于之前已获政府批准的经济特许地,政府将继续依照法律原则和合同执行。2014年,柬埔寨政府开始对现有经济特许地开发情况进行清查,对不按计划开发的公司,政府将收回经济特许地。

五、环境保护法律规定

(一)柬埔寨环保部门

柬埔寨环境保护主管部门是环境保护部,其主要职责是:通过防止、减少及控制污染,保护并提升环境质量和公共卫生水平;在柬埔寨王国政府决策前,评估项目对环境造成的影响;保障合理及有序的保护、开发、管理及使用柬埔寨王国自然资源;鼓励并为公众提供机会参与环境和自然资源保护;制止影响环境的行为。

(二)主要环保法律法规

柬埔寨国民议会于1996年11月18日通过了柬埔寨第一部《环境保护法》。环境保护部与柬埔寨其他有关部门制定了一系列环保规章,就柬埔寨领空、领水、领地内或地表上进口、生成、运输、再生、处理、储存、处置、排放的污染物、废物和有毒有害物质的来源、类型和数量;噪音、震动的来源、类型和影响范围都进行了明确规定。

(三)环保法律法规基本要点

根据柬埔寨《环境保护法》,任何私人或公共项目均需要进行环境影响评估;在项目提交柬埔寨王国政府审定前,由环境保护部予以检查评估;未经环境影响评估的现有项目及待办项目均需进行评估。环境保护部与有关部门有权要求任何工厂、污染源、工业区或自然资源开发项目所在区域的所有人或负责人安装或使用监测设备,提供样品,编制档案,并提交记录及报告供审核。环境保护部应依据公众建议,提供其相关作为信息,并鼓励公众参与环境保护和自然资源管理。企业不得拒绝或阻止检查人员进入有关场所进行检查,否则将处以罚款,有关责任人还可能被处以监禁。

(四)环保评估的相关规定

柬埔寨日益重视环境问题,并正在努力建立其环评体系。柬埔寨于 1999 年颁布了有关环境影响评价的法令,规定项目须在其环评报告经柬埔寨发展署(CDC)批准后方可实施。柬埔寨环境保护和资源管理法(EPNRM)中规定了环境影响评价的具体适用范围,主要集中在工业、农业、旅游业以及基础设施建设 4 个领域内。环境保护部是环境影响评价的主要管理部门,其他各部门如水利、能源、交通等,为其所负责领域内的项目环境影响评价提供相关意见。同时,各级环境部门须负责同级政府部门之间的协调合作,保证环评的顺利施行。

在环评初期,申请人须将项目方案递交至环境影响管理机构,并公布项目方案中的详细计划。法令还对其公示方式进行了严格规定,公众有权在公示期 30 天内对项目方案提出书面异议并提交环境影响管理机构,同时抄送项目申请人。收到公众的书面异议后,项目申请人须在确定环境影响评价的具体范围时进行公众咨询,并将咨询结果和相关文件连同环评职责书一并交由 EIA(环境影响评价)专门委员会审查。在专委会正式确定职责范围之前,公众还可以通过在专委会中的代表对项目方案提出二次异议。

柬埔寨虽然 1999 年就颁布实施了环评法令,但由于条件所限,直到 2004 年才有部分建设项目开展环评工作。柬埔寨环评人员和法律法规尚处于起步阶段,柬埔寨国家环评法令规定,项目在获得审批和动工之前,必须完成环境影响评估工作,并向环保部送交环评报告书。

六、保护知识产权规定

(一)当地有关知识产权保护的法律法规

柬埔寨已于 1995 年成为世界知识产权组织成员,并于 1999 年加入《巴黎公约》。进入新世纪以来,柬埔寨政府已通过一系列保护知识产权的法律法规,取得长足进步。最新颁布的法律法规包括:《商标、商号与反不正当竞争法》(2002 年)、《版权与相关权利法》(2003 年)、《专利、实用新型与工业设计法》(2003 年)、《育种者权利和植物品种保护法》(2008 年)。此外,柬埔寨政府还准备颁布下列法律:《未披露信息与商业秘密保护法》《集成电路版图设计保护法》《地理标志保护法》。

1. 商标商号。2002 年颁布的《商标、商号与反不正当竞争法》(下文简称《商标法》)是柬埔寨第一部知识产权保护法,该法规定应通过注册取得商标专有权。如申请人在申请材料中能够证明其已在《巴黎公约》任一成员国提交该商标全境或区域注册申请的,可取得商标注册的优先权。该法还对注册程序、失效、集体商标、商标许可、商号、侵权和赔偿、边境保护措施、所有权转让或变更等均做出规定。

柬埔寨《商标法》仅认可"一国用尽原则",因此,权利所有人对分销和进口享有专有权,并可通过委托或分销协议方式转让给独家分销商。

2. 版权。2003 年颁布的《版权与相关权利法》(简称《版权法》)旨在为作家、表演者提供与其作品相关的权利,保护文学作品、文化表演、表演者、唱片制作人、广播机构节目,以保证这些文化产品能够得到公正合法的使用。作品作者对该作品享有可针对任何人行使的专有权,包括精神权利和经济权利——作者的精神权利永久有效,不可剥夺,且不得扣押或设定追溯期限。作者的经济权利是指通过授权复制、公开发表或创作衍生作品等,实现其作品价值的专有权,经济权利保护自作品创作完成之日起开始,至作者去世后 50 年止。

3. 专利、实用新型和工业设计。2003 年颁布的《专利、实用新型与工业设计法》,主要目的为保护在柬埔寨授予的专利、实用新型和注册的工业设计。专利是指为保护发明所授予的权利,有效期为 20 年。实用新型证书主要是为保护具备新颖性及可实现产业化的实用新型,有效期为 7 年,不可延期。具备新颖性的工业设计可申请注册,有效期为 5 年,注册后可连续延期两次,每次 5 年。

(二)知识产权侵权的相关处罚规定

柬埔寨关于知识产权的保护工作尚待进一步完善,主要是商业部负责打击假冒伪劣商品的部门对盗版光碟进行没收和销毁,尚无明确的处罚细则。

七、投资合作相关法律及对中国企业投资合作保护政策

(一)投资合作相关法律

《投资法》制约所有柬埔寨人和外国人在柬埔寨境内的投资活动,对投资主管部门、投资程序、投资保障、鼓励政策、土地所有权及其使用、劳动力使用、纠纷解决等作出明确的规定。

《投资法修正法》是对《投资法》的补充和修正。在投资申请、投资项目购进与合并、合资经营、税收、土地所有权及其使用、劳动力、惩罚等方面给出相关定义,并作出明确规定。

《关于柬埔寨发展理事会组织与运作法令》规定柬埔寨投资主管部门——柬埔寨发展理事会的组织结构、职权任务和运作方式。

《关于特别经济区设立和管理的第 148 号法令》(2005 年 12 月颁布)规定了建立经济特区的法律程序、经济特区的管理框架与任务、对经济特区的鼓励措施、对出口加工生产区的特别措施、劳动力管理与使用、职业培训、侵权与纠纷的解决。

《商业管理与商业注册法》对商业公司的成立、组织、运作、解散、转让和变更做出规定,对公司的类型进行划分。

《商业合同法》规定所有类型合同的成立、履行、解释和执行。它也进一步详细地描述了某些类型的合同,比如销售合同、租赁合同、借贷合同、个人财产抵押和担保。

(二)柬埔寨对中国企业投资合作的保护政策

1. 中国与柬埔寨签署双边投资保护协定。1996 年 7 月,中国与柬埔寨签署《中华人民共和国政府和柬埔等政府关于促进和保护投资协定》。

2010 年 1 月 1 日,中国—东盟自由贸易区的全面建成,进一步为中柬合作开辟更加宽广和畅通的渠道,提供更多的机会。2010 年,中柬双方签署 16 项协议,涉及基础设施建设、水利资源开发通讯技术、能源开发等领域。

2. 中国尚未与柬埔寨签署避免双重征税协定。

3. 中国与柬埔寨签署的其他协定。包括:《中柬贸易协定》(1996 年 7 月)、《中柬文化协定》(1999 年 2 月)、《中柬旅游合作协定》(1999 年 2 月)、《中柬关于成立经济贸易合作委员会协定》(2000 年 11 月)、《中柬农业合作谅解备忘录》(2000 年 11 月)、《中柬关于旅游规划合作的谅解备忘录》(2004 年 4 月)、《中柬领事条约》(2010 年 2 月)、《关于柬埔寨精米输华的植物卫生要求议定书》(2011 年)、《关于柬埔寨木薯干输华的植物检验检疫要求议定书》等。

根据中国—东盟自由贸易区协议,中柬双方于 2009 年 10 月 1 日起正式启动降税程序。中国于 2010 年 1 月 1 日率先对柬埔寨绝大部分产品实现零关税,柬埔寨 2011 年实行降税,并于 2013 年、2015 年进一步实施降税安排,最终于 2015 年对中国 90% 以上产品实现零关税。

印度尼西亚投资贸易指南

一、对外贸易法规和政策规定

(一)贸易主管部门

印尼主管贸易的政府部门是贸易部,其职能包括制定外贸政策,参与外贸法规的制定,划分进出口产品管理类别,进口许可证的申请管理,指定进口商和分派配额等事务。

(二)贸易法规体系

主要包括《贸易法》《海关法》《建立世界贸易组织法》《产业法》等。与贸易相关的其他法律还涉及《国库法》《禁止垄断行为》和《不正当贸易竞争法》等。

(三)贸易管理的相关规定

除少数商品受许可证、配额等限制外,大部分商品均放开经营。2007 年底,印尼贸易部实行进出口单一窗口制度,大大简化了管理程序。

1. 进口管理。印尼政府在实施进口管理时,主要采用配额和许可证两种形式。适用配额管理的主要是酒精饮料及包含酒精的直接原材料,其进口配额只发放给经批准的国内企业。适用许可证管理的产品包括工业用盐、乙烯和丙烯、爆炸物、机动车、废物废品、危险物品,获得上述产品进口许可的企业只能将其用于自己的生产。其中,氟氯化碳、澳化甲烷、危险物品、酒精饮料及包含酒精的直接原材料、工业用盐、乙烯和丙烯、爆炸物及其直接原材料、废物废品、旧衣服等九类进口产品主要适用自动许可管理;丁香、纺织品、钢铁、合成润滑油、糖类、农用手工工具等六类产品主要适用非自动许可管理。为方便进口,印尼贸易部 2009 年大力推行网上办理进口许可证,目前大部分工作已经完成,办理进口许可证过程更加简便,原本手工办理许可证需要 5 ~ 10 天时间,利用网上全国一站式服务只需 8 小时。

2010 年,印尼开始实施新的进口许可制度,将许可证分为两种:即一般进口许可证和制造商进口许可证。印尼关税税目中约 20% 的产品涉及进口许可证要求,涉及对其国内产业的保护,如大米、糖、盐、部分纺织品和服装产品、丁香、动物和动物产品以及园艺产品。印尼的进口许可证要求极其复杂,且缺乏透明度,许多世贸组织成员已对此表示严重关切。印尼政府采用进口数量控制的产品如下:大米、糖、动物及动物产品、盐、酒精饮料和部分臭氧消耗物资。上述产品的进口数量是每年在印尼政府部长级会议上根据国内产量和消费量来决定,并通过印尼进口许可证制度来实施。

2. 出口限制。出口货物必须持有商业企业注册号/商业企业准字或由技术部根据有关法律签发的商业许可以及企业注册证。出口货物分为四类:受管制的出口货物、受监视的出口货物、严禁出口的货物和免检出口货物。受管制的出口货物包括咖啡、藤、林业产品、钻石和棒状铅。受监视的出口货物包括奶牛与水牛、鳄鱼皮(蓝湿皮)、野生动植物、拿破仑幼鱼、拿破仑鱼、棕榈仁、石油与天然气、纯金银、钢铁废料(特指源自巴淡岛的)、不锈钢、铜、黄铜和铝废料。严禁出口的货物包括幼鱼与金龙鱼等,未加工藤以及原料来自天然森林未加工藤的半成品,圆木头,列车铁轨或木轨以及锯木,天然砂、海砂,水泥土、上层土(包括表面土),白铅矿石及其化合物、粉,含有砷、金属或其化合物以及主要含有白铅的残留物,宝石(除钻石),未加工符合质量标准的橡胶,原皮,受国家保护野生动植物,铁制品废料(源自巴淡岛的除外)和古董。除以上受管制、监视和严禁的出口货物外,其余均属免检的出口货物。

从 2014 年 1 月 12 日起,印尼政府禁止矿产公司出口矿物矿石产品。矿产公司只能在境内从事精炼加工活动。禁止出口货物受 2012 年贸易部长条例第 44 条规制。

(四)进出口商品检验检疫

1. 卫生与植物卫生措施。印尼所有进口食品必须注册,进口商必须向印尼药品食品管理局申请注册号,并由其进行检测。检测过程繁琐且费用昂贵,每项检测费用从 5 万印尼盾(约合 6 美元)到 250 万印尼盾(约合 300 美元)不等,每一件产品的检测费用在 100 万印尼盾(约合 120 美元)到 1000 万印尼盾(约合 1200 美元)之间。此外,印尼药品食品管理局在测试过程中要求提供详细的产品配料和加工工艺情况说明,这可能侵害商业秘密。这些规定加重了出口商的负担。

2007 年 11 月,印尼针对新鲜球茎蔬菜采取更为严格的检验检疫措施和技术要求,以提高印尼新鲜植物产品的国际竞争力。此次颁布的植物产品进口检验检疫要求是印尼政府自 2007 年第二次针对进口植物产品的修改规定,重点对以球茎形式进口的新鲜蔬菜的检验检疫和技术两方面提出要求。在检验检疫方面,该规定扩大证书要求范围,除须具备与 2005 年法规相同的原产国权威机构签发的证书外,经转运的产品还须提供被转运国授权的证书。在技术要求方面,该规定加严原产国无虫害地区的调查及对植物性检疫虫害进行风险分析。上述规定在一定程度上提高了中国植物产品的出口门槛。

2. 国家标准。2009 年以来,印尼政府开始在食品、饮料、渔业等诸多行业强制推行国家标准。印尼贸易部出台新规定,要求包括进口产品在内的所有产品必须附有印尼文说明。印尼海洋渔业部规定要求 81 种渔业产品必须符合印尼国家标准,甚至将捕鱼工具、渔产加工程序及微生物学测试程序等也列入印尼国家标准。印尼工业部等政府部门在 2011 年对电线、电子、汽车零部件、家电、五金建材、玩具等几十种产品强制推行国家标准。

印尼贸易部出台新规,要求包括进口产品在内的所有产品必须附有印尼文说明。

(五)海关管理规章制度

1. 管理制度。印尼关税制度的基本法律是 1973 年颁布的《海关法》。现行的进口关税税率由印尼财政部于 1988 年制定。自1988年起，财政部每年以部长令的方式发布一揽子“放松工业和经济管制”计划，其中包括对进口关税税率的调整。印尼进口产品的关税分为一般关税和优惠关税两种。印尼关税制度的执行机构是财政部下属的关税总局。为促进进出口贸易，改善投资环境，印尼财政部关税局2009年宣布，决定在部分港口推行和提供每周7日每日24小时的海关和港口服务。

2. 关税税率。根据世贸组织统计，印尼2009年简单平均约束关税为37.1%，简单平均最惠国适用关税税率为6.8%，其中农产品为8.4%，非农产品为6.6%。印尼对汽车、钢铁以及部分化学产品不征收关税，并将大多数关税约束在40%左右。

根据《中国—东盟全面经济合作框架协议货物贸易协议》，中国和印尼逐步削减货物贸易关税水平。中国—东盟自由贸易区在2010年初建成后，中国和印尼90%以上的进出口产品实现零关税。

二、外国投资市场准入规定

（一）投资主管部门

印尼主管国内投资和外国投资的政府部门分别是：投资协调委员会、财政部、能矿部。他们的职责分工是：印尼投资协调委员会负责促进外商投资，管理工业及服务部门的投资活动，但不包括金融服务部门；财政部负责管理包括银行和保险部门在内的金融服务投资活动；能矿部负责批准能源项目，而与矿业有关的项目则由能矿部的下属机构负责。

（二）投资行业的规定

1. 鼓励、限制、禁止投资的领域。根据2007年第25号《投资法》，国内外投资者可自由投资任何营业部门，除非已为法令所限制与禁止。法令限制与禁止投资的部门包括生产武器、火药、爆炸工具与战争设备的部门。另外，根据该法规定，基于健康、道德、文化、环境、国家安全和其他国家利益的标准，政府可依据总统令对国内与国外投资者规定禁止行业。相关禁止行业或有条件开放行业的标准及必要条件，均由总统令确定。

2007年7月4日，印尼颁布第25号《投资法》的衍生规定，即《2007年关于有条件的封闭式和开放式投资行业的标准与条件的第76号总统决定》和《2007年关于有条件的封闭式和开放式行业名单的第77号总统决定》。根据这两个决定，25个行业被宣布为禁止投资行业，仅能由政府从事经营，禁止外商投资的行业主要包括无线电广播与电视广播、公路设备、经营机动车辆定期检验、含酒精饮料工业、糖精工业和黑锡金属工业等。另外，有43个行业鼓励中小型企业投资，36个行业为有条件开放的投资行业。

此外，外国投资者可以投资绝大部分营业部门。依照印尼《投资法》的规定，外国直接投资可以设立独资企业，但必须参照《禁止类、限制类投资产业目录》规定，属于没有被该目录禁止或限制外资持股比例的企业。

2. 2009年调整的外资政策。2009年初，印尼颁布新的《矿产和煤炭法》。根据该法，外国公司不再被禁止申请和持有矿业许可权，这是印尼矿业领域利用外资政策的重大突破。但新法规定，已在印尼获得矿产经营准字（IUP）和矿产经营协议（PUP）的已生产的企业，需建设矿产冶炼加工厂，而按照原有工作合同生产的企业，最迟在新法实施后5年内建立上述冶炼厂。按照新法规定，企业面临采矿期被缩短，采矿面积也被缩小的局面。在企业缴纳正常的所得税和矿产税之外，新法还增加了一项税率为10%的附加税，中央和地方政府分别得到4%和6%。印尼能矿部颁布的相关实施细则规定，对优先使用本土公司提供的矿业服务、外资公司向当地政府或企业转让股权等问题做出具体规定。

2009年以来，印尼的外资政策调整还包括：根据2009年通过的新电力法，印尼向私营企业开放电力投资领域。政府拟修改《非鼓励投资目录》，放宽医疗、教育、物流、电信等行业的外资准入。与此同时，印尼对外资进入某些领域做出限制：(1)限制外企在基建工程投资。印尼国家计委称，将限制外国企业在政府基础设施工程的投资，以保护国内企业市场份额。外资企业只被允许参加基础设施部门建筑价值在1000亿印尼盾以上，其他部门采购和服务价值在200亿印尼盾以上的投标。此外，外资企业只许参加合同价值在10印尼盾以上的服务咨询投标。(2)限制外国投资者拥有农用地股权。印尼农业部表示，将限制外国投资者对与食品有关的土地如稻田的所有权，其拥有的股份比例不得超过49%。

3. 2010年调整的外资政策。(1)2010年，印尼政府采购须使用国货。为更好地扶植国内工业发展，印尼政府拟修改有关条件，规定今后凡政府单位采购价值超过50亿印尼盾（约合56万美元），必须使用本国的物资与服务。(2)出台绿色建筑法令。印尼于2010年实施首个绿色建筑标准法令，该法令以大城市的酒店、办公楼和公寓等碳排放量较大的建筑为对象，设定符合绿色建筑标准的9项条件，包括环保材料、低碳燃料、水和废物管理以及室内空气质量等。法令要求，绿色建筑所使用的材料应来源于当地且具有绿色证书，该证书由印尼环境部指定的独立机构出具。(3)强力推行投资审批一站式服务制度。(4)促使商业银行合理增加信贷以支持实体经济发展。(5)印尼政府2010年取消大宗商品出口信用证限制，允许外国游客在印尼购物可获10%的退税，并与巴新、香港签订避免双重征税协定。

4. 2011年调整的外资政策。(1)加大政策扶持力度，通过资金奖励和提供辅助设备，吸引投资者发展经济特区基础设施建设。根据147号政府条例，对经济特区投资可享受5年内减免所得税30%的优惠。(2)出台税收的鼓励措施，主要有：①外企自用机械设备、零配件及辅助设备等资本物资免征进口关税和费用；②外企两年自用生产原材料免征进口关税和费用；③生产出口产品的原材料可退还进口关税；④位于印尼东部的外企，65%产品出口，雇用外籍人员不受限制；⑤外企用于研究开发、奖学金、教育和培训以及废物处理的开支可列入成本并从毛收入中提扣；⑥对政府鼓励的重点领域，可提供8～10年亏损结转或提高设备及建筑物折旧率；⑦在印尼东部地区投资，土地和建筑物税在8年内减半征收；⑧在开创性行业的投资，企业所得税可由政府承担10～12年；⑨政府对保税区和设在全国15个地区的综合开发区的外国投资还给予一些优惠待遇。(3)印尼政府暂停颁发矿业经营许可证。(4)印尼国会通过新《园艺业法》。新《园艺业法》规定外国投资最多只能占到30%，并且必须把资金存放在印尼国内的银行。

5. 2012年调整的外资政策。(1)自2011年12月1日起，印尼的投资者可以申请免税优惠，相关的执行准则已经出台。(2)2012年9月出台新的投资批准制度，以提高投资便利化水平和进一步改善投资服务。

6. 2013年调整的外资政策。(1)印尼政府于2013年推出供工程用途的外国贷款限额。在2013~2015年间的最高贷款限额介于60~61亿美元之间。(2)从2014年起，营业执照办理时间从17天缩短为10天。(3)印尼央行颁布新规，要求印尼国内银行贷款总额的20%以上必须贷给中小微型企业。

7. 2014年调整的外资政策。印尼官方投资统筹机构2013年12月24日公布了最新修订的投资负面清单。(1)第一类为对外资更加开始领域，陆路交通客站和车辆常规检验部门的外资可持股比例从零放宽到49%，为此次放宽幅度最大的两个行业。其他两个行业为制药业和金融风险投资业，外资可持股比例分别从原来的75%和80%调整至85%。广告业外资可持股比例亦从零放宽至49%，但仅限东盟国家。(2)第二类为新设定的外资可持股领域，固定通讯、多媒体综合网络电信、多媒体服务供应商的外资可持股比例分别为65%，65%和49%。(3)第三类为公私合营的基础设施项目领域，其中机场、港口和陆路交通客站(含铁路)的经营管理外资可持股权分别为49%、95%和49%，供水95%，收费公路95%，10兆瓦以下发电厂49%，10兆瓦以上的100%，输电和配电分别为100%。此外，此次修订负责清单还收紧了几个外资可持股比例领域，如货物分销业和仓储业从100%缩减至33%。农业领域外资可持股比例因须与2010年颁布的园艺法规定相配套，从95%缩减至30%。(4)负面清单中完全禁止类的产业有部分化学品、特殊交通设施和博彩业等，部分禁止类的产业有制糖、矿业和医药等。

(三)投资方式的规定

1. 合资企业。根据2007年第25号《投资法》及相关规定，在规定范围内，外国投资者可与印尼的个人、公司成立合资企业。

2. 独资企业。依照印尼《投资法》的规定，外国直接投资可以设立独资企业，但须参照《非鼓励投资目录》规定，属于没有被该《目录》禁止或限制外资持股比例的行业。

3. 外资并购。外国投资者可以通过公开市场操作，购买上市公司的股票，但受到投资法律关于对外资开放行业相关规定的限制。印尼市场中多数律师所和咨询公司提供此项服务。

三、外国投资优惠政策

(一)优惠政策框架

东盟旅游部长会议(东盟旅游论坛)于1999年1月在新加坡举行，各国一致同意对外资投资旅游业提供以下优惠措施：兴建观光旅馆、休闲中心、高尔夫球场可免税，外资可持有100%股权；旅游设施进口手续简化并免征关税。印尼考虑将旅游土地使用年限延长为70年(目前为30年)，使旅游业成为吸引外资的火车头。印尼投资部考虑像泰国一样成立投资单一窗口，帮助外商办理各项繁杂事务；投资部还将授权印尼驻外使领馆办理外商投资申请前的协调、咨询事务，以使外商能在入境10天内完成所有行政手续。

1998年12月，东盟各国首脑峰会在越南河内召开，这次会议发表了包括《河内宣言》《河内行动计划》《东南亚自由贸易区》及《共同优惠税率计划》在内的《大胆措施方案》。在该方案中，印尼对外商的优惠措施有：所有制造业均允许外资拥有100%股权(包括经审核的批发零售业)。外商可拥有已登记注册的新银行的100%股权。1亿美元以下的投资案，审核时间将在10天内完成。

1999年1月，印尼政府第7号总统令，公布了恢复鼓励投资的"免税期"政策。对纺织、化工、钢铁、机床、汽车零件等22个行业的新设企业给予3~5年的所得税免征。如投资项目雇用工人超过2000人，或有合作社20%以上的股份，或投资额不少于2亿美元，则增加1年优惠。对于已超过30%的规模进行扩大再生产的项目，减免其资本货物以及两年生产所需材料的进口关税。对于某些行业或一些被视为国家优先出口项目和有利于边远地区开发的项目，政府将提供一些税收优惠。上述行业及项目将由总统令具体决定。对出口加工企业减免其进口原料的关税和增值税及奢侈品销售税。对位于保税区的工业企业，政府还有其他的鼓励措施。

2013年，印尼政府进一步简化企业获得税收优惠手续，降低获得免税期和免税津贴的标准。根据印尼政府现行规定，在基础金属、炼油、天然气、有机基础化学、可再生能源和电信设备等5个工业部门，投资额超过1万亿印尼盾(约合1亿美元)的企业，可获得5~10年的所得税免税期。同时，对在印尼偏远落后地区投资的129个劳动密集型行业的企业，最低投资额500亿印尼盾(约合500万美元)且投资期限超过6年的，可最多按总投资的30%降低应纳税所得。

(二)行业鼓励政策

1. 行业优惠。自2007年1月1日起，印尼政府对6种战略物资豁免增值税，即原装或拆散属机器和工厂工具的资本物资(不包括零部件)，禽畜鱼饲料或制造饲料的原材料，农产品，农业、林业、畜牧业和渔业的苗或种子，通过水管疏导的饮用水，以及电力(供家庭用户6600瓦以上者例外)。

2007年2月，为吸引外商进入印尼，与当地企业合作从事鱼类加工业，印尼政府采取多项税收措施，具体包括免除国内加工鱼产品的出口税，减轻渔业加工机械进口税，减免收入税及增值税，在综合经济开发区和东部地区投资的企业还可获得土地建设税减免优惠。2009年，印尼政府进一步明确对工业发展用机器、货物和原料免征进口税。2010年，对部分行业的投资给予财政奖励或税收优惠。印尼政府对至少10个营业部门提供财政奖励以支持其发展，即食品饮料业、纺织业、电子行业、交通运输业、通讯信息产业、基础金属与机器工业、石化工业、农畜产品加工业、林业和海洋产品加工业、创意产业。此外，印尼政府还拟对环保型企业、大型投资项目、在落后地区投资的基建项目，以及具有较多附加值、提供广泛就业机会和运用先进科技的工业部门提供税收减免等优惠。

2011年以来，推出财政奖励政策，大力支持资本和劳动力密集型产业的发展。针对包括原金属、炼油、天然气、有机基础化学、可再生能源和电信设备等5个工业部门，投资规模在1万亿盾(约合1.17亿美元)以上的，免除其开始商业运行后5~10年的税款，对已投资印尼但经营尚不足一年的企业也可以享受到此项优惠税收政策。同时对符合印尼产业导向和优先发展领域的120个产业和地区提供相应的税收优惠。为了提高本国钢铁产能，印尼政府一直鼓励钢铁工业和炼油厂的投资建设，包括给予长达15年的免税期，并给予两年期的减税50%优惠。

2. 税收优惠。根据2007年印尼《有关所规定的企业或所规定的地区之投资方面所得税优惠的第1号政府条例》，印尼政府对有限公司和合作社形式的新投资或扩充投资提供所得税优惠。提供的所得税优惠包括:(1)企业所得税税率为30%(根据新《所得税法》,2010年后为25%),可以在6年之内付清,即每年支付5%。(2)加速偿还和折旧。(3)在分红利时,外资企业所缴纳的所得税税率是10%,或者根据现行的有关避免双重征税协议,采用较低的税率缴税。(4)给予5年以上的亏损补偿期,但最多不超过10年。上述所得税优惠,由财政部长颁发,并且每年给予评估。

3. 投资便利。2007年8月,印尼中央与地方政府实行投资审批一站式服务。实行一站式服务之后,每个部门都派代表到投资统筹机构办事处,以便加快办理审批手续。依据2007年第25号《投资法》第30条第7款,需要中央政府审批的投资领域包括对环保有高破坏风险的天然资源投资,跨省级地区的投资,与国防战略和国家安全有关的投资。

2013年10月,印尼采取的配套政策重点是为在印尼的投资和经商提供便利。政策主要适用于雅京首都专区。为提高经营便利,该经济政策配套由八个部分组成,涉及经营业务、电力安装、纳税和缴纳保险费、解决合约中的民事诉讼、解决破产案件、土地注册和建筑所有权、房屋建造许可证和贷款便利化。

4. 地区鼓励政策。2009年,印尼通过了经济特区新法律。根据该法,印尼在2010年成立2~3个特别经济区。在特别经济区开展业务的公司,可以享受税收(包括增值税、销售税及进口税等)、土地使用等方面的优惠政策。政府将简化投资人申请设立公司或申办其他事项的手续。

印尼的特殊经济区是《2011~2025年经济发展中长期规划》的重点发展项目,作为印尼"六大经济走廊"战略的重要支撑点,并成为连接印尼主要岛屿的重要经济纽带。2014年2月,印尼政府又新批3个特殊经济区,大力推进经济建设。在原有廖内省巴淡、北苏拉威西省比通、北苏门腊省双溪芒克、万丹省丹戎乐孙4个特殊经济区外,印尼经济统筹部又批准南苏门答腊省丹戎阿比—阿比、北马鲁古省摩罗泰和西努沙登加拉省曼达里卡3个特殊经济区。

四、外国企业在印尼获得土地的规定

(一)土地法的主要变动

2011年,印尼政府拟修订征地法令,通过给被征地人更合理的补偿,来获取基础设施建设用地;对拒绝出让土地的,政府有权强制征地。一直以来,因实行土地私有制、征地补偿不合理等,印尼政府很难从私人手中征取基建用地,这严重制约了该国基础设施建设和投资环境改善。

(二)外资企业获得土地的规定

印尼实行土地私有,外国人或外国公司在印尼都不能拥有土地,但外商直接投资企业可以拥有以下三种受限制的权利:建筑权,允许在土地上建筑并拥有该建筑物30年,并可再延期20年;使用权,允许为特定目的使用土地25年,可以再延期20年;开发权,允许为多种目的开发土地,如农业、渔业和畜牧业等,使用期35年,可再延长25年。

五、环境保护法律法规

印尼主管环境保护的部门是环境国务部,基础环保法律法规是1997年的《环境保护法》。《环境保护法》主要规定了环境保护目标、公民权利与义务、环境保护机构、环境功能维持、环境管理、环境纠纷、调查及惩罚违反该法的行为。

1997年的《环境保护法》是印尼环境保护的基本法,是制定和执行其他单项法律法规的依据,其他环境单项法律法规不得与本法相冲突和抵触。

本法较注重对生态和环境的保护,明确规定:"环境可持续发展是指在经济发展中充分考虑到环境的有限容量和资源,使发展既满足现代人又满足后代人生存需要的发展模式。"这表明,印尼在发展经济的同时,对自然资源的利用采取优化合理的方式,关注到环境的承载能力,力求使人民获得最大利益,形成人与环境之间的平衡和谐关系。

六、保护知识产权规定

(一)印尼当地有关知识产权保护的法律规定

印尼现行的知识产权法主要有2001年《专利法》、2001年《商标法》、2002年《著作权法》、2000年《商业秘密法》、2000年《工业设计法》、2000年《集成电路布图设计法》和2000年《植物品种保护法》。

印尼加入的国际条约包括:《保护工业产权巴黎公约》《专利合作条约》《商标法条约》《伯尔尼公约》以及《WIPO版权条约》和《WIPO表演和录音制品条约》《与贸易有关的知识产权协议》,也是世界知识产权组织的成员国。

《专利法》规定,专利保护期为20年,期满后不得续展。《商标法》规定,商标保护期为10年,保护期可以续展。《著作权法》规定,有效期分别不同情况为作者生前及其死后50年和首次发表后50年。

(二)知识产权侵权的相关处罚规定

印尼法律规定,违反知识产权保护法规的行为,将受到法律制裁,包括经济处罚和刑事处罚。

七、投资合作相关法律及对中国企业投资合作保护政策

(一)印尼与投资合作相关的主要法律

主要法律有:《投资法》《公司法》《所得税法》《劳动法》《知识产权法》《破产法》《贸易法》《海关法》等。

(二)印尼对中国企业投资合作的保护政策

1. 中国与印度尼西亚签署双边投资保护协定。中国与印尼政府在1994年签署《促进和保护投资协定》。

2. 中国与印度尼西亚签署避免双重征税协定。中国与印尼政府在2001年签署《避免双重征税和防止偷漏税协定》。

老挝投资贸易指南

一、对外贸易法规和政策规定

(一)贸易主管部门

老挝贸易主管部门为老挝工业与贸易部(下设省市工业与贸易厅、县工业与贸易办公室),主要职责是制订、实施有关法律法规,发展与各国、地区及世界的经济贸易联系与合作,管理进出口、边贸及过境贸易,管理市场、商品及价格,对商会或经济咨询机构进行指导以及企业与产品原产地证明管理等。

(二)贸易法规体系

老挝与贸易相关的主要法律有《投资促进管理法》《关税法》《企业法》《进出口管理令》《进口关税统一与税率制度商品目录条例》等。

(三)贸易管理的相关规定

老挝所有经济实体享有经营对外经济贸易的同等权利,除少数商品受禁止和许可证限制外,其余商品均可进出口。

1. 禁止进口商品。枪支、弹药、战争用武器及车辆；鸦片、大麻；危险性杀虫剂；不良性游戏；淫秽刊物等5类商品禁止进口。

2. 禁止出口商品。枪支、弹药、战争用武器及车辆；鸦片、大麻；法律禁止出口的动物及其制品；原木、锯材、自然林出产的沉香木；自然采摘的石斛花和龙血树；藤条；硝石；古董、佛像、古代圣物等9类商品禁止出口。

3. 进口许可证管理商品。活动物、鱼、水生物；食用肉及其制品；奶制品；稻谷、大米；食用粮食、蔬菜及其制品；饮料、酒、醋；养殖词料；水泥及其制品；燃油；天然气；损害臭氧层的化学物品及其制品；生物化学制品；药品及医疗器械；化肥；部分化妆品；杀虫剂、毒鼠药、细菌；锯材；原木及树苗；书籍、课本；未加工宝石；银块、金条；钢材；车辆及其配件（自行车及手扶犁田机除外）；游戏机；爆炸物等25类商品进口需许可证。

4. 出口许可证管理商品。活动物（含鱼及水生物）；稻谷、大米；虫胶、树脂、林产品；矿产品；木材及其制品；未加工宝石；金条、银块等7类商品出口需许可证。

（四）进出口商品检验检疫

老挝对各类动植物产品的进口有检疫要求，要求对进口产品的特征及进口商的相关信息进行检查。

1. 动物检疫。根据老挝动物检疫规定，活动物、鲜冻肉及肉罐头等进口商须向农林部动物检疫司申请动物检疫许可证。商品入境时由驻口岸的动物检疫员查验产地国签发的动物检疫证和老挝农林部签发的检疫许可证。

2. 植物检疫。老挝农林部负责植物检疫工作，进口植物及其产品须在老挝的边境口岸接受驻口岸检查员检查，并出示产品原产国有关机构签发的植物检疫证。

（五）海关管理规章制度

1. 管理制度。老挝政府于1994年12月颁布实施《统一制度和进口关税商品目录条令》，2005年5月颁布实施《关税法》及2001年10月颁布实施《商品进出口管理法令》等法律法规，对海关管理作了系列规定。其中《关税法》对进出口商品限制、禁止种类、报关、纳税、仓储、提货、出关、关税文件管理及报关复核等做了相关规定。

2. 关税税率。老挝关税分自主关税、协定关税、优惠关税、减让关税和零关税等5种不同的税率。详情可参看《统一制度和进口关税商品目录条令》及有关关税调整通知等文件。

3. 报关流程。货物进入仓库—过磅—做仓库临时报关单—打货物临时报关单、报海关审核、报海关领导签字、打税单上税、海关检验货物、付仓库费—海关做记录、进关。

4. 报关所需材料。老挝计划投资部批文、企业投资许可证、企业申请报告、企业营业执照（复印件）、企业税务登记（复印件）和货物老文清单（含数量、价格、重量、规格等）。

二、外国投资市场准入规定

（一）投资主管部门

工贸部、计划投资部、政府办公厅分别对老挝投资的一般投资、特许经营投资和经济特区投资负责。

（二）投资行业的规定

除了危及国家稳定，严重影响环境、人民身体健康和民族文化的行业和领域，老挝政府鼓励外国公司及个人对各行业各领域投资。

2014年7月8日，老挝六届国会七次会议表决通过《老挝鼓励外国投资法》。新投资促进法对老挝政府禁止投资的行业、政府专控的行业和专为老挝公民保留的职业做出具体规定。

1. 禁止投资的行业。各种武器的生产和销售；各种毒品的种植、加工及销售；兴奋剂的生产及销售（由卫生部专门规定）；生产及销售腐蚀、破坏良好民族风俗习惯的文化用品；生产及销售对人类和环境有危害的化学品和工业废料；色情服务；为外国人提供导游。

2. 政府专控的行业。石油、能源、自来水、邮电和交通、原木及木材制品、矿藏及矿产、化学品、粮食、药品、食用酒、烟草、建材、交通工具、文化制品、贵重金属、教育。

3. 专为老挝公民保留的职业。（1）工业手工业部门：制陶；金、银、铜及其制品的打制；手工织布和编纺刺绣；工厂的织布、缝纫工作；竹蔑、藤凉席的制作；佛象、木雕制作；玩具的制作；棉或木棉服装和被褥的制作；铁匠；电焊工。（2）金融部门：金、银、铜及其有价物品的销售。（3）商业部门：流动和固定零售；成品油零售。（4）财政部门：财务监督或提供财务服务工作。（5）教育部门：为外国人教授老挝语。（6）文化部门：老挝传统乐器制作；手工字母排版；各种广告牌的设计和制作；各种场所的装修。（7）旅游部门：导游和导游的分配。（8）交通、运输、邮电和建设部门：各种运输车辆的驾驶；建筑行业的各种载重车（推土机、自卸车等）的驾驶；铲土机、平地机、打夯机、挖土机的操作；各种信件、报纸、文件的发送；密码工作；汽车美容。（9）劳动和社会服务部门：普通工人、清洁工、保安；为外国人提供家政服务；美容、烫发和理发；文书和秘书工作。（10）食品部门：米线制品的生产。

老挝对国产水泥、钢筋、洗洁精、PVC管、镀锌瓦、水泥瓦实行保护政策。

（三）投资方式的规定

外国投资者可以按照“协议联合经营”、与老挝投资者成立“混合企业”和“外国独资企业”等3种方式到老挝投资。

“协议联合经营”是指老挝投资法人与外方在不成立新法人的基础上联合经营。

“混合企业”是指由外国投资者和老挝投资者依照老挝法律成立、注册并共同经营、共同拥有所有权的企业。外国投资者所持股份不得低于注册资金的30%。

“外国独资企业”是指由外国投资者独立在老挝成立的企业，形式可以是新法人或者分公司。

矿产、水电行业为老挝外资投资的主要领域。

（四）特殊经济区域的规定

2011年年底，老挝政府颁布《2011年至2020年在老挝开发经济特区和专业经济区战略规划》，规划到2015年建立14个经济特区和专业经济区。即：万象市的东坡喜专区、会山专区、塔銮湖专区、赛萨坛专区；占巴色省的西潘敦专区、巴松菠萝芬高原专区、万道专区；甘蒙省的甘蒙黄金城专区；沙耶武里省的南横口岸专区；波里坎赛省的万坎开发区；华潘省的浓康专区；沙湾拿吉省的老堡边境贸易区；川扩省的石缸平原专区和波乔省的泥公河大桥桥头专区等。

目前，老挝政府批准设立10个经济特区和专业经济区，占地13564公顷，其中2个经济特区、8个专业经济区。即：沙湾—色诺经济特区、金三角经济特区、磨丁丽城专业经济区、万象嫩通工业贸易园、赛色塔综合开发区、东坡西专业经济区、万象隆天专业经济区、普乔专业经济区、塔銮湖专业经济区、他曲专业经济区。

三、老挝对外国投资的政策

(一)优惠政策框架

老挝对外国投资给予税收、制度、措施、提供信息服务及便利方面的优惠政策。

(二)行业鼓励政策

老挝鼓励外国投资的行业有:(1)出口商品生产;(2)农林、农林加工和手工业;(3)加工、使用先进工艺和技术、研究科学和发展、生态环境和生物保护;(4)人力资源开发、劳动者素质提高、医疗保健;(5)基础设施建设;(6)重要工业用原料及设备生产;(7)旅游及过境服务。

(三)税收优惠政策

进口用于在老挝国内销售的原材料、半成品和成品可享受减征或免征进口关税、消费税和营业税。即:进口经有关部门证明并批准的原材料可免征进口关税和营业税;进口老挝国内有但数量不足的半成品5年内可按最高正常税率减半征收进口关税和营业税;进口经有关部门证明并批准的老挝国内有但数量不足或质量不达标的配件可按照东盟统一关税目录中的税率征收配件关税及消费税。

进口的原材料、半成品和成品在加工后销往国外的,可享受免征进口和出口的关税、消费税和营业税。

经老挝计划投资部批准进口的设备、机器配件可免征进口关税、消费税和营业税。

经老挝计划投资部或相关部门批准进口的老挝国内没有或有但不达标的固定资产可免征第一次进口关税、消费税和营业税。

经老挝计划投资部或相关部门批准进口的车辆(如载重车、推土机、货车、35座以上客车及某些专业车辆等)可免征进口关税、消费税和营业税。

(四)地区鼓励政策

老挝政府根据不同地区的实际情况给予投资优惠政策:(1)一类地区,指没有经济基础设施的山区、高原和平原。免征7年利润税,7年后按10%征收利润税。(2)二类地区,指有部分经济基础设施的山区、高原和平原。免征5年利润税,之后3年按7.5%征收利润税,再之后按15%征收利润税。(3)三类地区,指有经济基础设施的山区、高原和平原。免征两年利润税,之后两年按10%征收利润税,再之后按20%征收利润税。免征利润税时间按企业开始投资经营之日起算;如果是林木种植项目,从企业获得利润之日起算。

此外,企业还可以获得如下4项优惠:(1)在免征或减征利润税期间,企业还可以获得免征最低税的优惠。(2)利润用于拓展获批业务者,将获得免征年度利润税。(3)对直接用于生产车辆配件、设备,老挝国内没有或不足的原材料,用于加工出口的半成品等进口可免征进口关税和赋税。(4)出口产品免征关税。

对用来进口替代的加工或组装的进口原料及半成品可以获得减征关税和赋税的优惠;经济特区、工业区、边境贸易区以及某些特殊经济区等按照各区的专门法律法规执行。

四、外国企业在老挝获得土地的规定

(一)土地法的主要内容

老挝实行土地公有制,土地所有权禁止交易。地产市场的交易仅为土地使用权交易。老挝土地法根据老挝宪法的规定将土地国家所有权制度确立为国家唯一的土地所有权制度,即作为土地唯一所有者的国家对于自己所有的土地依法享有的占有、使用、收益和处分的权利。国家按照法律和规划统一管理全部土地,保证有目的和有成效地使用土地。

老挝《土地法》(1997年颁布)规定,全国范围内的土地划分为以下八个类型:农业用地、林业用地、建筑用地、工业用地、交通用地、文化用地、国防、治安用地和水域用地。关于各类土地范围划分权和程序方面,中央一级政府在全国范围内分配和划分各类土地,然后向国会提议以便审议通过。地方政府在自己负责的范围内规定各类土地的范围,使之符合政府制定的土地类型范围的规定,然后向自己的上级政府提议以便审议通过。

老挝《土地法》规定,一旦认为有必要,可以把一种土地类型转向另一种类型,但在用作其他目标前,必须事先征得有关部门的许可并不得对自然环境和社会造成不良影响。

(二)外资企业获得土地的规定

老挝《土地法》对本国人与外国人在土地使用形式上做了区分。本国个人、家庭及组织享有土地使用权和土地租赁权,而外国人、无国籍人仅仅享有土地租赁权。两者区别在于:土地租赁是从土地使用权中分离出来的一项独立财产权利。老挝《土地法》没有对土地使用权的期限做出规定;土地使用权一般要求支付地租,但也可无偿。土地租赁为有偿形式,租金是必要条件:土地使用权具有流通性,可让与作为抵押权的标的,设定权利抵押权。而土地租赁权一般不得让与,转租也受到限制或禁止。

外国人以及其他组织没有土地的使用权,只享有土地租赁权。其如果需要从老挝公民手中租赁已开发的土地,则应由土地所在地的省、市或特区政府向财政部建议审批。至于外国人及上述个人的组织,是由土地所在地的省、市或特区政府向财政部建议决定。根据外国人投资的项目、产业、规模、特性,其租期最高不得超过50年,但可按政府的决定视情形续租。

(三)老挝目前实行土地特许经营的项目

1. 农业项目。老挝实行土地特许经营的农业项目有360个,按项目数量排序主要有:咖啡(59个)、牲畜(58个)、麻风树(49个)、木薯(34个)、水果蔬菜(31个)、大米(12个)、甘蔗(10个);按占地面积排序居前者有:甘蔗(3.4969万公顷)、畜牧(3.1494万公顷)、麻风树(2.5179万公顷)。咖啡种植项目95%位于老挝南部占巴色省,种植总面积1.9105万公顷。甘蔗项目几乎全是泰国投资,多位于老挝南部靠近泰国的地方。中国投资老挝的农业项目占地1.3万公顷,其中5个木薯种植项目覆盖1万公顷土地。

2. 林业项目。老挝实行土地特许经营的林业项目有367个,最常见的是橡胶种植园,共有225个项目,覆盖13万公顷土地。其次是49个桉树项目,覆盖9.5万公顷土地。中国以86个项目占地8.6万公顷名列林业项目第一位,其后是越南和印度。中国企业投资的橡胶园主要在老挝北部,便于采购商运输到云南西双版纳加工。越南主要投资的项目也是橡胶,相较中国每个项目平均只有341公顷土地,越南投资橡胶项目平均占地面积为1477公顷。

3. 采矿项目。采矿业564个项目占地接近55万公顷,即老挝土地特许经营项目总面积的一半。3个最主要的产品类别分别是:锌矿(18.9万公顷),铜矿(8.6万公顷),铁矿

(5.7 万公顷)。项目数量最大类别是沙和碎石开采项目,共165 个项目,但总面积仅为 2987 公顷。就采矿业投资项目数量而言,中国有 69 个项目,越南 32 个项目,泰国 9 个项目。但是从项目面积看,越南在采矿业投资的土地面积为 23.2 万公顷,中国则仅有 9.7 万公顷。

4. 其他项目。电力、制造、加工业特许经营项目共 829 个项目占地 2.2 万公顷。通信、服务、旅游、运输、贸易特许经营项目共 520 个项目占地 7.7 万公顷。

由于老挝土地投资及特许经营项目的规模急剧扩大,无论政府还是民间都对其影响予以关注。2012 年 6 月老挝政府停止橡胶及桉树的特许经营许可,进行全国范围内的土地特许经营情况审查复核,对项目影响进行重新评估,土地特许经营权的审批程序趋于严格。

五、环境保护法律规定

(一)环保管理部门

老挝环保管理部门包括自然资源环境部、部派驻处、省/直辖市自然资源环境厅、县和村委会等 5 级机构。主要职责有:(1)制定和实施环保法律法规;(2)研究、分析和处理项目环保问题;(3)颁发或没收环保许可证;(4)指导环评工作;(5)开展环保国际合作等。

(二)主要环保法律法规

老挝主要环保法律法规有《环境保护法》(1999 年 4 月颁布实施)、《环境保护法实施令》《水和水资源法》《水和水资源法实施令》等。2013 年 3 月,老挝颁布新修订的《环境保护法》。

(三)环保法律法规基本要点

老挝环保法规定,个人或组织在实施项目中必须负责预防和控制水、土地、空气、垃圾、有毒化学物品、辐射性物品、振动、声音、光线、颜色和气味等污染;禁止随意向沟渠、水源等倾倒、排放超标污水和废水;禁止排放超出空气质量指标的烟雾、气体、气味、有毒性化学品和尘土;生产、进口、使用、运输、储藏和处理有毒化学物品或辐射性物品必须按照相关规定执行;禁止随意倒放垃圾,必须在扔弃、燃烧、埋藏或销毁前行划定或区分垃圾倒放区域;禁止进口、运输、移动危险物品通过老挝水源区、境内或领空。个人或组织违反环保法的,情节较轻者处以教育、罚金;情节重者可按相关民事法律和刑事法律进行处罚。

(四)环保评估的相关规定

2010 年 2 月 16 日,老挝对《环境评价条例》进行修订。此次修订严格了环评程序,进一步完善公众参与制度。新修订的《环境评价条例》将所有项目分成两大类,一类包括小规模投资项目和对环境与社会影响小的项目,这类只要求 IEE;一类是大规模投资的项目,包括复杂的和显著影响环境与社会的项目,要求 EIA 环评机构:自然资源和环境部、费用根据项目类型、规模收取,没有统一收费标准,需要双方洽谈;环评报告上交自然资源和环境部环境监察中心后在半年内给予答复,如未通过则需重新评估。

六、保护知识产权规定

(一)老挝当地有关知识产权保护的法律规定

老挝政府于 1995 年颁布实施《商标令》,2008 年 1 月颁布实施《知识产权法》。

《商标令》规定,在老挝的个人或法人可以向老挝科技部提出商标注册申请。商标保护期为 10 年,可延长 10 年/次。连续 5 年不用或者商标注册批准证书过期,则失去效力。

《知识产权法》规定,知识产权包括工业产权、物种和专利 3 大类。工业产权保护期限一般为 10 ~20 年,期间支付费用;物种保护期乔木类为 25 年、灌木类为 15 年,期间支付费用;专利保护期为创作者终生及死后 50 年。

(二)知识产权侵权的相关处罚规定

老挝《知识产权法》规定,违反知识产权保护规章的行为,受法律制裁。

七、投资合作相关法律及对中国企业投资合作保护政策

(一)老挝与投资合作相关的主要法律

1.《投资促进法》。2010 年 3 月,老挝国家主席签署第 75 号主席令,正式颁布实施老挝新版《投资促进法》。新版《投资促进法》由原来的《国内投资促进管理法》和《外国投资股促进管理法》合并而成,并对其中 8 处作了修订和完善,如:投资方式、投资类型、审批程序、一站式投资服务、投资指导目录、优惠政策、专门经济区开发投资以及中央与地方管理职能划分等内容。

2.《民法》。规定老挝的自然人之间、法人之间以及自然人与法人之间的财产关系,为私有财产提供保护。

3.《企业法》。规定企业成立、组织、运作、解散、转让和变更,划分企业类型,规范企业章程。

4.《矿产法》。1997 年 5 月实施,后进行修订。对矿产资源的所有权、保护和开发、环境保护、矿山经营者权益和当地居民权益和保护等做出规定。

(二)老挝对中国企业投资合作的保护政策

1. 中国与老挝签署双边贸易保护协定。中国与老挝于 1988 年 12 月签署了《中老贸易协定》《中老边境贸易的换文》。

2. 中国与老挝签署避免双重征税协定。中国与老挝于 1999 年 1 月签署了《中老避免双重征税协定》。

3. 中国与老挝签署的其他协定。中国与老挝还签署了《中老关于鼓励和相互保护投资协定》(1993 年 1 月)、《中老汽车运输协定》(1993 年 12 月)、《中老澜沧江—湄公河客货运输协定》(1994 年 11 月)、《中老旅游合作协定》(1996 年 10 月)、《中老关于成立两国经贸技术合作委员会协定》(1997 年 5 月)、《中国、老挝、缅甸和泰国四国澜沧江—湄公河商船通航协定》(2000 年 4 月)等协定,在投资、旅游、运输等方面规定了相关保护政策。

4. 其他相关保护政策。中国与老挝签署《中老领事条约》(1989 年 10 月)、《中老民事刑事司法协助条约》(1999 年 1 月)、《中华人民共和国和老挝人民民主共和国引渡条约》(2002 年 2 月)等协定,在司法方面规定相关保护政策。2002 年 11 月,中国与东盟国家签署《中国—东盟全面经济合作框架协议》。2004 年 11 月 29 日,在老挝万象召开的第 8 次中国—东盟领导人会议上,中老签署《货物贸易协议》和《争端解决机制协议》。

马来西亚投资贸易指南

一、对外贸易法规和政策规定

(一)贸易主管部门

马来西亚主管对外贸易的政府部门是国际贸易和工业部,主要职责是负责制订投资、工业发展及外贸等有关政策,拟定工业发展战略,促进多双边贸易合作,规划和协调中小企业发展，促进和提升私人企业界和土著的管理和经营能力。

（二）贸易法规体系

主要对外贸易法律有《海关法》《海关进口管制条例》《海关出口管制条例》《海关估价规定》《植物检疫法》《保护植物新品种法》《反补贴和反倾销法》《反补贴和反倾销实施条例》《2006年保障措施法》《外汇管理法令》等。

（三）贸易管理的相关规定

马来西亚实行自由开放的对外贸易政策，部分商品的进出口会受到许可证或其他限制。

1. 进口管理。1998年马来西亚海关禁止进口令规定了四类不同级别的限制进口。第一类是14种禁止进口品，包括含有冰片、附子成分的中成药，45种植物药以及13种动物及矿物质药。第二类是需要许可证的进口产品，主要涉及卫生、检验检疫、安全、环境保护等领域。包括禽类和牛肉（还必须符合清真认证）、蛋、大米、糖、水泥熟料、烟花、录音录像带、爆炸物、木材、安全头盔、钻石、碾米机、彩色复印机、一些电信设备、武器、军火以及糖精。目前大约有27%的税目产品需要进口许可证。第三类是临时进口限制品，包括牛奶、咖啡、谷类粉、部分电线电缆以及部分钢铁产品。第四类是符合一定特别条件后方可进口的产品，包括动物、动物产品、植物及植物产品、香烟、土壤、动物肥料、防弹背心、电子设备、安全带及仿制武器。

为了保护敏感产业或战略产业，马来西亚对部分商品实施非自动进口许可管理，主要涉及建筑设备、农业、矿业和机动车辆部门。如所有重型建筑设备进口须经国际贸易和工业部批准，且只有在马来西亚当地企业无法生产的情况下方可进口。马来西亚海关负责发放进口许可证，国际贸易及工业部及其他部门负责进口许可证的日常管理工作。

2. 出口管理。马来西亚规定，除以色列外，大部分商品可以自由出口至任何国家。但是，部分商品需获得政府部门出口许可，其中包括：短缺物品、敏感或战略性或危险性产品，以及受国家公约控制或禁止进出口的野生保护物种。此外，马来西亚《1988年海关令（禁止出口）》规定对三类商品的出口管理措施：第一类为绝对禁止出口，包括禁止出口海龟蛋和藤条；禁止向海地出口石油、石油产品和武器及相关产品。第二类为需要出口许可证方可出口；第三类为需要视情况出口。大多数第二和第三类商品为初级产品，如牲畜及其产品、谷类、矿物/有害废弃物；第三类还包括武器、军火及古董等。

国际贸易与工业部及国内贸易与消费者事务部负责大部分商品出口许可证的管理。

3. 进出口商品检验检疫。马来西亚要求所有肉类、加工肉制品、禽肉、蛋和蛋制品必须来自经农业部兽医服务局检验和批准的工厂，所有进口产品必须获得兽医服务局颁发的进口许可证。

所有肉类、加工肉制品、禽肉、蛋和蛋制品必须通过回教中心的清真认证，牛、羊、家禽的屠宰场以及肉蛋加工设备必须获得穆斯林发展部的检验和批准。

4. 海关管理规章制度。（1）管理制度。马来西亚关税有两种归类系统：一种用于东盟内部贸易，税则号为6位数字；另一种用于与其他国家贸易。国际贸易及工业部下属关税特别顾问委员会负责对关税进行评审，每年在政府预算中公布。（2）关税水平。马来西亚关税99.3%是从价税，0.7%是从量税、混合税和选择关税。世界贸易组织《2014世界关税研究》公布数据显示，2013年，马来西亚最惠国关税简单平均关税税率约6%，农产品最惠国平均简单关税为8.9%，非农产品该税率为5.5%。

二、外国投资市场准入规定

（一）投资主管部门

马来西亚主管工业领域投资的政府部门是贸工部下属的马来西亚投资发展局（www.mida.gov.my），主要职责是：制定工业发展规划；促进制造业和服务业领域的国内外投资；审批工业执照、外籍员工职位以及企业税务优惠；协助企业落实和执行投资项目。

马来西亚其他行业投资由马来西亚总理府经济计划署（EPU）及有关政府部门负责，EPU负责审批涉及外资与土著（Bumiputra）持股比例变化的投资申请，而政府部门则负责其他业务有关事宜的审批。

（二）投资行业规定

1. 限制的行业。外商投资下述行业会在股权方面受到严格限制：金融、保险、法律服务、电信、直销及分销等。一般外资持股比例不能超过50%或30%。

2. 新开放领域。2009年4月，马来西亚政府为了进一步吸引外资，刺激本国经济发展，开放了8个服务业领域的27个分支行业，允许外商独资，不设股权限制，包括：（1）计算机相关服务领域。包括电脑硬件咨询服务，软件应用服务（包括软件系统咨询服务、系统分析服务、系统设计服务、电脑程序服务、系统维护服务），资料处理服务（包括资料输入服务、资料处理与制表服务、共享服务等），数据库服务，电脑维修服务，其他（包括资料准备、训练、资料修复、内容开发等服务）。（2）保健与社会服务领域。包括兽医服务，老人院及残疾中心提供的服务，孤儿院服务，育儿服务（包括残疾儿童中心提供的服务），为残疾人士提供的职业培训服务。（3）旅游服务领域。包括主题公园，旅行社（仅限国内旅游部分），酒店与餐馆（仅限4星级及5星级酒店），食品服务（仅限4星级及5星级酒店），饮品服务（仅限4星级及5星级酒店）。（4）运输服务领域。（5）体育及休闲服务领域。（6）商业服务领域。包括区域分销中心，国际采购中心，科学检验与分析服务（包括成分与纯度化验分析服务、固体物检验分析服务、机械与电子系统检验分析服务、科技监督服务等），管理咨询服务（包括常规服务、金融、人力资源、产品与公关服务等）。（7）租赁服务领域。包括船只租赁（不包括沿海及岸外贸易）、国际货轮租赁（光船租赁）。（8）运输救援服务领域。包括海事机构服务、船只救护服务。

为进一步刺激外资流入，马来西亚政府在2012年逐步开放17个服务业分支行业的外资股权限制，包括：电讯领域的服务供应商执照申请、电讯领域的网络设备供应与网络服务供应商执照申请、快递服务、私立大学、国际学校、技工及职业学校、特殊技术与职业教育、技能培训、私立医院、独立医疗门诊、独立牙医门诊、百货商场与专卖店、焚化服务、会计与税务服务、建筑业、工程服务以及法律服务。

马来西亚服务业发展理事会（MSDC）是分支领域开放的监管单位，负责审查服务业限制领域发展的有关规定，监督和协调各部门相关工作。

3. 鼓励的行业。马来西亚政府鼓励外国投资进入其出口导向型的生产企业和高科技领域。

马来西亚比较适合外国投资的产业包括:农业生产、农产品加工、林业、橡胶制品、棕油产品、石油化工、医药、木材、纸浆制品、纺织、非金属矿物制品、钢铁业、有色金属、机械设备及零部件、交通设备及部件、电子电器、专业医学、科学测量仪器制造、相机及光学产品、塑料制品、酒店与旅游业、影视制作以及一些制造业相关的服务业等。

(三)投资方式的规定

1. 直接投资。外商可直接在马来西亚投资设立各类企业,开展业务。直接投资包括现金投入、设备入股、技术合作以及特许权等。

2. 跨国并购。马来西亚允许外资收购本地注册企业股份,并购当地企业。一般而言,在制造业、采矿业、超级多媒体地位公司、伊斯兰银行等领域或鼓励外商投资的五大经济发展走廊,外资可获得100%股份;马来西亚政府还先后撤销了27个服务业分支领域和上市公司30%的股权配额限制,进一步开放了服务业和金融业。

3. 股权收购。马来西亚股票市场向外国投资者开放,允许外国企业或投资者收购本地企业上市,2009年,马来西亚首相纳吉布宣布取消外资公司在马来西亚上市必须分配30%土著股权的限制,变为规定的25%公众认购的股份中,要求有50%分配给土著,即强制分配给土著的股份实际只有12.5%;此外,拥有多媒体超级地位、生物科技公司地位以及主要在海外运营的公司可不受土著股权需占公众股份50%的限制。纳吉布同时废除外资委员会(FIC)的审批权,拟在马上市的外资公司直接将申请递交给马来西亚证券委员会。

(四)特殊经济区域的规定

1. 五大经济特区。近年来,马来西亚政府鼓励外资政策力度逐步加大,为平衡区域发展,陆续推出五大经济发展走廊,基本涵盖了西马半岛大部分区域以及东马的两个州,凡投资该地区的公司,均可申请5~10年免缴所得税,或5年内合格资本支出全额补贴。根据具体区域实际情况,联邦政府制定了不同的重点发展行业。(1)伊斯干达开发区(Iskandar Malaysia)。位于马来半岛南端柔佛州,占地面积约2200平方千米,重点推动服务业成为经济发展的关键动力。鼓励投资行业包括:旅游服务、教育服务、医疗保健、物流运输、创意产业及金融咨询服务等。(2)北部经济走廊(Northern Corridor Economic Region,NCER)。涵盖马来半岛北部玻璃市州、吉打州、槟州及霹雳州北部区域,占地面积约1.8万平方千米,重点鼓励投资行业包括农业、制造业、旅游及保健、教育及人力资本和社会发展等。(3)东海岸经济区(East Coast Economic Region,ECER)。包括东海岸吉兰丹州、登加楼州、彭亨州及柔佛州的丰盛港地区,占地面积约6.7万平方千米,重点鼓励投资行业包括旅游业、油气及石化产业、制造业、农业和教育等。(4)沙巴发展走廊(Sabah Development Corridor,SDC)。涵盖东马沙巴州大部分地区,占地面积约7.4万平方千米,重点鼓励投资行业包括旅游业、物流业、农业及制造业等。(5)沙捞越再生能源走廊(Sarawak Corridor of Renewable Energy,SCORE)。位于东马沙捞越州西北部,占地面积约7.1万平方千米,沙州拥有丰富的能源资源,重点鼓励投资行业包括油气产品、铝业、玻璃、旅游业、棕油、木材、畜牧业、水产养殖、船舶工程和钢铁业等。

自2006年推行经济走廊计划以来,五大经济走廊已吸引投资264.5亿马币,创造13.2万个工作机会。其中伊斯干达发展区吸引投资额最高,达83.4亿马币,创造5.6万个工作机会;北部经济走廊(NCER)吸引投资68.9亿马币,创造2.6万个工作机会;东海岸经济区(ECER)吸引投资51.4亿马币,创造2.7万个工作机会;沙巴发展走廊(SDC)吸引投资54.2亿马币,创造1万个工作机会;砂捞越再生能源走廊(SCORE)吸引投资额8.3亿马币,创造1.3万个工作机会。

2. "大吉隆坡"计划。马来西亚"大吉隆坡"计划全线启动。大吉隆坡地区:经济转型计划中提出的国家关键经济领域之一,位于吉隆坡—巴生河谷流域,涵盖了吉隆坡附近10个城市,占地面积约2800平方千米。概念参考了大伦敦和大多伦多地区,计划从基础设施、人民收入和居住环境三方面着手,将吉隆坡打造成为位居世界前20名的适合居住的国际大都市。

3. 马中关丹产业园(MCKIP)。(1)基本规划。产业园位于彭亨州关丹市格宾(GEBENG)工业区内,面积6.07平方千米,距离关丹港5千米。(2)开发模式。由中国和马来西亚双方牵头企业在马成立合资公司作为产业园开发主体,由马方占股51%,中方占股49%,共同从事土地开发和基础设施建设以及后期招商工作。(3)产业指引。十大重点产业包括:塑料及金属行业设备、汽车零部件、纤维水泥板、不锈钢产品、食品加工、碳纤维、电子电器、信息通讯、消费类商品以及可再生能源。(4)优惠政策。马方对产业园提出的优惠政策主要分为财政优惠和非财政优惠两类。其中,财政优惠包括:自第一笔合法收入起10年内100%免缴所得税,或享受5年合格资本支出全额补贴;工业园开发、农业及旅游项目免缴印花税;机械设备免缴进口税及销售税。

马来西亚鼓励外国投资政策的主要内容是:特区鼓励创意、教育服务、金融咨询、保健、物流和旅游这6个领域,特区首个中心点主要发展休闲、住宅、金融和高端工业园等。

4. 财务优惠措施。对于具有特区地位的公司而言,在2015年前开业的特区地位公司,可免税10年;非国民预扣的服务税和权利金可获10年豁免。对于发展商而言,2015估税年前,在区内第一中心出售土地所获得的法定收入可免税;2020估税年前,商业建筑物租赁或买卖收入免税;非国民的服务税、利息及权利金豁免预扣税直至2015年12月31日。对于产业发展管理人而言,提供管理、监督或行销服务的产业发展管理人,法定收入可免税直至2020年估税年;提供相关服务的非国民,可免预扣税直至2015年12月31日。

5. 非财务优惠措施。豁免遵守外国投资委员会条例。享有宽松的外汇管理,其中包括:向国民支付或收取外币;向境内银行及非国民借贷任何数额的外币;可用外币在境内及境外投资;可将出口收入保留在境内;聘请外国专门人才无限制,境外专业人才可进口或购买免税汽车自用。

三、外国投资优惠政策

(一)优惠政策框架

马来西亚投资政策以《1986年促进投资法》《1967年所得税法》《1967年关税法》《1972年销售税法》《1976年国内税法》以及《1990年自由区法》等为法律基础,这些法律涵盖了对制造业、农业、旅游业等领域投资活动的批准程序和各种鼓励与促进措施。

2010年,马来西亚联邦政府出台一系列新的举措,以促进投资增长。包括设立国家投资委员会,由马贸工部长和首相府绩效管理实施署长作为联席主席,委员由马财政部、首相府经济计划署、央行、绩效管理实施署、贸工部、投资发展局、统计局的官员组成,负责实时审批投资项目;将投资主管机构马投资发展局(原名工业发展局)企业化,授予更多权限,以提高该机构施政灵活性,吸引更多投资;修订了《促进行动及产品列表》(即鼓励外商投资产业目录);关注五大经济发展走廊吸引投资情况,强化各走廊发展局的职能。

鼓励政策和优惠措施主要是以税务减免的形式出现的,分为直接税激励和间接税激励两种。直接税激励是指对一定时期内的所得税进行部分或全部减免;间接税激励则以免除进口税、销售税或国内税的形式出现:

1. 投资税务补贴(Investment Tax Allowance,ITA)。获得新兴工业地位(Pioneer Status,PS)称号的企业可享受为期5年的所得税部分减免,仅需就其法定收入的30%征收所得税。即:获得投资税务补贴的企业,可享受为期5年合格资本支出60%的投资税务补贴。该补贴可用于冲抵其纳税年法定收入的70%,其余30%按规定纳税,未用完的补贴可转至下一年使用,直至用完为止。

享受新兴工业地位或投资税务补贴的资格是以企业具备的某方面优势为基础的,包括较高的产品附加值、先进的技术水平以及产业关联等。符合这些条件的投资被称为"促进行动"(promoted activities)或"促进产品"(promoted products)。马政府专门制订了有关制造业的《促进行动及产品列表》。除制造业外,两项鼓励政策均可适用于其他行业申请,如农业、旅游业及制造业相关的服务业等。

2. 再投资补贴(Reinvestment Allowance,RA)。再投资补贴主要适用于制造业与农业。运营12个月以上的制造类企业因扩充产能需要,进行生产设备现代化或产品多样化升级改造的开销,可申请再投资补贴。合格资本支出额60%的补贴可用于冲抵其纳税年法定收入的70%,其余30%按规定纳税。

3. 加速资本补贴(Accelerated Capital Allowance,ACA)。使用15年的再投资补贴后,再投资在"促进产品"的企业可申请加速资本补贴,为期3年,第一年享受合格资本支出40%的初期补贴,之后两年均为20%。除制造业外,加速资本补贴还适用于其他行业申请,如农业、环境管理及信息通讯技术等。

4. 农业补贴。马来西亚的农业企业与合作社/社团除了农业《促进行动及产品列表》,也可申请新兴工业地位或投资税务补贴的优惠。《1967年所得税法》规定,投资者在土地开垦、农作物种植、农用道路开辟及农用建筑等项目的支出均可申请资本补贴和建筑补贴。考虑到农业投资计划开始到农产品加工的自然时间间隔,大型综合农业投资项目在农产品加工或制造过程中的资本支出还可单独享受为期5年的投资税务补贴。

5. 多媒体超级走廊地位。马政府于1996年推出信息通讯技术计划,即多媒体超级走廊,简称MSC,目标是成为全球信息通讯产业中心。经多媒体发展机构核准的信息通讯企业可在新兴工业地位的基础上,享受免缴全额所得税或合格资本支出全额补贴(首轮有效期为5年),同时在外资股权比例及聘请外籍技术员工上不受限制。

6. 运营总部地位。国际采购中心地位和区域分销中心地位。为进一步加强马来西亚在国际上的区域地位,经核准的运营总部、区域分销中心和国际采购中心除了100%外资股权不受限制以外,还可享受为期10年的免缴全额所得税等其他优惠。

7. 新兴工业地位。获得新兴工业地位称号的企业可享受为期5年的所得税部分减税,仅需就其法定收入的30%征收所得税。

(二)行业鼓励政策

1. 清真食品加工及认证。包括:凡生产清真食品的公司,自符合规定的第一笔资本支出之日起5年内所发生符合规定资本支出的100%可享受投资税赋抵减。

2. 多媒体超级走廊公司。为了成为全球信息与通讯技术产业的中心,马来西亚政府于1996年创建了信息与通讯技术计划,即多媒体超级走廊。所有取得多媒体超级走廊地位的公司都可享受马来西亚政府提供的一系列财税、金融鼓励政策及保障,主要包括:提供世界级的硬体及资讯基础设施;无限制地聘请国内外知识型雇员;公司所有权自由化;长达10年的税收豁免政策或五年的财税津贴等。

3. 鼓励发展生物科技。马来西亚2007年财政预算报告宣布一系列新举措,鼓励在生物科技领域的投资,推动生物科技的发展。投资鼓励政策包括:(1)生物科技公司从首年盈利开始,免交10年所得税;(2)从第11年开始缴纳20%的所得税,优惠期仍为10年;(3)在生物科技领域进行投资的个人和公司,将减去与其原始资本投资相等的税收,并获得前期的融资支持;(4)生物科技公司在进行兼并或收购时,可免征印花税,并免交5年的不动产收益税;(5)用于生物科技研究的建筑物可获得有关的工业建筑物津贴。

4. 在马来西亚2011年政府预算案项下,特别提出几个行业领域的鼓励政策。(1)可再生能源领域:部分企业税务优惠申请期延至2015年底。①以可再生资源为原料产能或提供节能服务的企业;②生产可再生能源以自用或节能以自用产生的资本支出的企业。(2)混合动力车辆生产领域:混合动力汽车、摩托车免缴进口税及国内税的申请期限延长至2011年底。(3)石油天然气产业。①投资税务补贴,合格资本支出的60%~100%的补贴可冲抵其纳税年法定收入,以鼓励资本密集型项目的开发,具体包括提高原油采收率、高含量二氧化碳天然气田、深水和基础设施的石油作业项目等;②为改善开发商的经济收益,边际油田开发项目所得税从38%降至25%;③增强项目可行性,边际油田开发企业可享受的加速资本补贴期增至5~10年;④为改善开发商项目收益,免除边际油田开采及输出的产品出口税。(4)旅游业。酒店的翻新、装修、扩建可获得第三轮投资税务补贴,额度为合格资本支出的60%,为期5年;同时可享受所得税部分减免,最低可仅就其法定收入的30%纳税。(5)其他行业。①联邦政府将为从事电子电器领域高附加值生产经营的本地公司提供8.6亿马币的资金支持;②为内资油脂衍生物公司提供1.3亿马币支持,为棕榈油下游产业拨款2300万;③贷款购买价值35万马币以内首套房的购房者,印花税减半;④为政府与私营领域合作项目提供125亿马币资金支持;⑤取消相机、手表、香水等旅游商品的进口税;⑥投资"最后一英里"(Last Mile)宽带设施项目优惠申请期延长至2012年底。

四、外国企业在马来西亚获得土地的规定

马来西亚宪法规定土地事务属于州务管辖范畴,各州均设有土地局,各州在联邦政府监督下,可制定本州的土地政策。宪法和国家土地法均规定,马来西亚土地可以作为私有财产受法律的保护,可自由买卖。获得土地的方式主要分两种,一种是永久拥有权(Freehold),可以获得永久地契(目前此权限已很难获得),另一种是租赁性拥有权(Leasehold),可获有效期为99年的租契。目前,联邦政府公布了新的修订政策,允许业主在99年地契到期之前支付一定费用,便可再延续新的99年所有权。

(一)土地法的主要内容

1966年1月1日起生效的《1965年国家土地法》是马来西亚最主要的土地法律框架,此外,马来西亚现行的主要土地法律还包括:《1976年地方政府法》(171号法令)、《1960年土地征用法》和《1976年城镇与乡村规划法》(172号法令)及其1995年修正案(993法案)。之后各州又颁布了自己的"马来人保留地法"等法律法规。

《1965年国家土地法》确定了联邦政府与州政府的权限、土地用途的分类、土地所有权转移、土地的买卖、没收、划分及抵押等内容。同时,无论何种用途的土地,必须在地契注明的规定时间内开发,如果违反,将无条件收回土地。《1976年城镇与乡村规划法》及其1995年修正案规定,申请取得土地以及更改土地用途的方案必须呈报审批,只有在不违反地方政府规划原则与目标的情况下,方可获得批准。《1960年土地征用法》规定政府部门、企业或个人不得随意征用土地,只有州政府有权征用州内土地及改变土地使用性质,联邦政府征用土地也要通过州政府进行,并向后者支付费用。凡征用土地,必须公布征用理由和确定补偿标准。"马来人保留地法"将土地总面积约1/4划为"马来人保留地",并规定除非获得州政府批准,否则不能出售、出租或抵押给非马来人。

(二)外资企业获得土地的规定

马来西亚总理府经济计划署(EPU)公布的2010年1月1日生效的《产业购置指南》是马来西亚对外资最主要的产业规定,明确了各机构在外资购置产业申请事宜的审批权限。

需要报EPU审批的产业购置包括:(1)直接购置价值超过2000万马币的非住宅产业,降低当地土著企业或政府机构的股份比例;(2)通过并购控股方式,间接购置土著企业或政府机构的价值超过2000万马币的非住宅产业。这两种购置申请,均有强制的30%土著股权限制,且外资企业缴纳的资本不得低于25万马币。

无需EPU批准,但要报相关部门审核的产业购置包括:(1)购置价值超过50万马币的商业房屋;(2)价值超过50万马币或购置面积为5英亩以上的农业用地,用于农业投资、高新技术的商业投资、农业旅游项目开发或开展出口型农产品加工;(3)购置价值超过50万马币的工业用地;(4)购置价值超过50万马币住宅。

禁止外资购置的产业有:(1)价值50万马币以下的产业;(2)州政府划分的中/低成本住宅;(3)"马来人保留地"上的产业;(4)州政府分给土著企业开发项目的产业。

无需EPU批准的产业购置包括:购置马来西亚"第二家园计划"的住宅;多媒体超级走廊(MSC)区域内具MSC地位的公司,为了企业运营或员工住宿所购置的产业、在马来西亚任一发展走廊由政府相关机构批准的公司购置的产业;获得马来西亚国际伊斯兰金融中心(MIFC)秘书处颁发执照的公司购置的产业;公司的员工宿舍(外资控股的公司需购置10万马币以上的住宅),该业务由州政府批准;遗嘱或法院判决书要求转移给外资的产权;制造业公司购置的产业;联邦州政府、州务大臣/首席部长公司及其他政府关联公司(GLCS)购置的产业;私有化转型机制下的产业;获得财政部、贸工部等相关部门颁发的国际采购中心、运营总部、代表处、区域办事处、纳闽离岸公司以及生物科技公司等特殊地位公司所购置的产业。

五、环境保护法律规定

(一)环保管理部门

马来西亚政府环保主管部门是天然资源和环境部下属的环境局,主要负责环境政策的制定及环境保护措施的监督和执行。环境局下设负责处理空气、河流、水利以及工业废物的部门。

(二)主要环保法律法规名称

马来西亚基础环保法律法规包括《1974年环境素质法》和《1987年环境素质法令》(指定活动的环境影响评估)。涉及投资环境影响评估的法规包括《1990年马来西亚环境影响评估程序》《1994年环境影响评估指南》(海边酒店、石化工业、地产发展、高尔夫球项目发展)。

(三)环保法律法规基本要点

根据《马来西亚环境素质法》,投资者必须在提交投资方案时关注到环境因素,进行投资环境评估,在生产过程中控制污染,尽量减少废物的排放,把预防污染作为生产的一部分。根据《1987年环境素质法令》(指定活动环境影响评估),以下投资须进行环境影响评估:将森林地改为农业生产地,土地面积达500公顷或以上;水库、人工造湖的建造,水面面积达200公顷或以上;涉及面积50公顷以上住宅地开发;石化及钢铁项目;电站项目等。

根据《1974年环境素质法》,马来西亚污染事故处理或赔偿的标准主要根据污染事故的性质、影响以及造成的后果来加以判定。空气污染、噪音污染、土壤污染、内陆水污染,视情况处以不超过10万马币的罚款或5年以下的监禁,或二者兼施;污水排放、油污排放、公开焚烧、使用有毒物质或特定设备进行生产,处以不超过50万马币的罚款或5年以下的监禁,或二者兼施。

(四)环保评估的相关规定

马来西亚环境评估主管机构为环境局。

马来西亚环境评估程序分两种:

1. 初步环境评估。要求初步环境评估的项目主要包括农业、机场、水库及灌溉、土地开垦、渔业、林业、住宅开发、石化、钢铁、纸浆,基础设施、港口、矿产、油气行业、电站、铁路、交通、垃圾废物处理、供水等。

具体申请程序:将符合政府整体规划的初步环评报告提交给环境局(12份报告提交州环境局,3份报告和电子版的摘要提交国家环境局总部)→州环境局召开初期环境评估技术委员会审核、若要求另行提供有关材料,需在两周内提交→若符合《1974年环境素质法》,则批准该项目。

初步环境评估由州环境局牵头审核,审批时间为5周。

2. 详细环境评估。要求详细环境评估的项目主要包括钢铁厂、纸浆厂、水泥厂、煤电站、水坝、土地开垦、垃圾废物处理、伐木、化工产业、炼油、辐射危害行业等。

具体申请程序:将详细环评报告提交给环境局(50份报告和电子版的摘要提交国家环境局总部)→国家环境局将报告公示,征求公众意见→国家环境局召开临时委员会审核→

若要求另行提供有关材料，需在两周内提交、若符合《1974 年环境素质法》，则批准该项目。

详细环境评估由国家环境局总部牵头审核，审批时间为 12 周。

六、保护知识产权规定

（一）马来西亚当地有关知识产权保护的法律法规

马来西亚涉及保护知识产权和工业产权的法律法规包括《专利法》《商标法》《工业设计法》《版权法》和《集成电路设计布局法》。

《专利法》规定，专利保护期限为 20 年，工业创新证书保护期限为 10 年。保护期间应按规定缴纳年费，否则将导致专利失效。

《商标法》规定，商标保护期限为 10 年，之后每次申请可再延长 10 年。

《工业设计法》规定，工业设计最初保护期限为 5 年，之后可申请延长两次，每次 5 年，总保护期限为 15 年。

《版权法》规定，文学、音乐或艺术著作保护期是作者有生之年，加上逝世后的 50 年；录音、广播及电影保护期为作品出版或制作后的 50 年。

《集成电路设计布局法》规定，商业开发的保护期是开发之日起 10 年，未进行商业开发的保护期是从创作完成之日算起 15 年。

（二）知识产权侵权的相关处罚规定

马来西亚法律规定，违反知识产权保护法律法规，将受到法律制裁。

七、投资合作相关法律及对中国企业投资合作保护政策

（一）马来西亚与投资合作相关的主要法律

《合同法》规定了合同的订立、撤销、履行、代理等内容，是马来西亚民商法律的基础。

《公司法》对公司登记成立、股份债券、抵押登记、公司管理、股份公司、公司账目与审计以及公司清盘做出了详细规定，还明确了投资公司、外国公司的概念。

《工业协调法》规定了从事制造业的公司，如果投资超过 250 万马币，或其全职雇员超过 75 人，必须向贸工部（MITT）申请工业执照；工业执照需每年申请更新。

《投资促进法》是马来西亚工业投资促进方面最重要的法律，投资优惠措施以直接或间接税赋减免形式出现，直接税激励指对一定时期内所得税进行部分或全部减免，间接税激励则以免除进口税、销售税或消费税的形式出现。

《劳资关系法》调整资方、劳工和工会之间的关系，预防与解决劳资争端。

（二）马来西亚对中国企业投资合作保护政策

1. 中国与马来西亚签署双边投资保护协定。1988 年 11 月 21 日，中国和马来西亚签署了《中华人民共和国政府和马来西亚政府关于相互鼓励和保护投资的协定》。

2. 中国与马来西亚签署避免双重征税协定。1985 年 11 月 23 日，中马双方签署了《中华人民共和国政府和马来西亚政府关于对所得避免双重征税和防止偷漏税的协定》，协定于 1987 年 1 月 1 日起正式生效。

3. 中国与马来西亚签署的其他协定。中马两国经贸关系由来已久。除上述投资保护和避免双重征税协定外，近年来，两国政府先后签署《海运协定》《贸易协定》《民用航空运输协定》《资讯谅解备忘录》《科学工艺合作协定》《体育协定》《教育谅解备忘录》等 10 余项合作协议。1999 年 5 月 31 日，中马双方签署《中华人民共和国政府和马来西亚政府关于迈向 21 世纪全方位合作的框架文件》。2000 年 4 月 12 日，中马双方签署《中华人民共和国政府和马来西亚政府就中国加入 WTO 的双边协议》。2009 年 2 月 8 日，中马双方签署《中马双边本币互换协议》。2012 年 2 月 8 日，中国人民银行与马来西亚国家银行续签该协议，有效期 3 年。2009 年 6 月 3 日，中马双方签署《中华人民共和国政府和马来西亚政府关于部分互免持外交、公务（官员）护照人员签证的协定》。2011 年 4 月 28 日，中马双方签署了《中华人民共和国政府和马来西亚政府关于扩大和深化经济贸易合作的协定》。2012 年 6 月 15 日，中马双方签署《中华人民共和国和马来西亚政府关于扩大和深化经济贸易合作的协定》。2013 年 10 月 4 日，中马双方签署《中华人民共和国与马来西亚政府经贸合作五年规划（2013～2017 年）》。

4. 其他相关保护政策。2005 年 7 月《中国—东盟全面经济合作框架协议货物贸易协议》正式施行，至 2007 年 1 月，中国和东盟 6 个成员国（泰国、马来西亚、印度尼西亚、菲律宾、新加坡、文莱）的 60% 的商品关税降至 5% 以下；2010 年中国—东盟自由贸易区全面建成，绝大多数产品正常关税降为零。

缅甸投资贸易指南

一、对外贸易法规和政策规定

（一）贸易主管部门

缅甸贸易主管部门为缅甸商务部，负责办理批准颁发进出口营业执照、签发进出口许可证，管理举办国内外展览会、办理边境贸易许可、研究缅甸对外经济贸易问题、制订和颁布各种法令法规等。下设贸易司和边贸司，边贸司在各边境口岸设有边境贸易办公室负责办理边境贸易各种事务。缅甸私商从事对外贸易须向进出口贸易注册办公室领取营业执照，申领进出口许可证，在国家政策许可范围内自由从事对外贸易活动。

2014 年 5 月，投资委员会进行改组，由能源部长泽亚昂任投资委主席，饭店与旅游部长特昂任副主席，投资与公司局局长昂乃乌和国家计划与经济发展部部长，甘佐博士任秘书长，环保林业部长、计划发展部副部长等为投资委员会成员。

为提高外商在缅投资注册效率，缅甸 2013 年在仰光、2014 年在曼德勒开设国内外投资注册等业务的一站式窗口，窗口单位有计划发展部、商务部、税收部门、缅甸央行、海关、移民局、劳工部、工业部、投资与公司管理局、投资委等，为获准的国内外企业提供注册、延期及其他服务。

（二）贸易法规体系

与贸易管理相关的法律和规定有：《缅甸联邦进出口贸易（临时）管理法》（1947 年），《缅甸联邦贸易部关于进出口商必须遵守和了解的有关规定》（1989 年），《缅甸联邦关于边境贸易的规定》（1991 年），《缅甸联邦进出口贸易实施细则》（1992 年），《缅甸联邦进出口贸易修正法》（1992 年）等。

（三）贸易管理相关规定

1988 年以来，缅甸政府实行市场经济，允许私人从事对外贸易，对外贸易实行许可证管理制度。1989 年 3 月 31 日，政府颁布《国营企业法》，宣布实行市场经济，并逐步对外开放，军政府放宽对外贸的限制，允许外商投资，农民可自由经营农产品，私人可经营进出口贸易，并开放边境贸易。

自2006年以来，在中缅边境地区出口的木材及矿产品贸易，需获得缅甸商务部、林业部木材公司出具的证明及中国驻缅使馆经商参处的证明。

2014年4月1日，缅甸停止原木出口，木材必须经加工后方可出口。2012～2016年，缅甸将逐年递减15%的柚木和20%的硬木采伐量，并分别减少75%和22%勃固山脉的柚木和硬木采伐量。

2014年4月，缅甸商务部宣布废除出口许可证取消罚金。

2015年1月1日起，所有汽车进口商须在车辆发运前申请进口许可。2015年3月23日，缅甸商务部通知缅甸工商联，随着外国人进入缅甸增多及根据市场需要，各经营商可以从国外合法进口各类红酒。经营商在申请进口许可证时，需事先与国外供货商签订合同及向相关部门申办酒类销售执照，红酒销售时需每瓶粘贴完税标志。2015年7月，缅甸商务部宣布对鲜花、豆类、水果、咖啡豆、胡椒、玉米、药品、畜牧水产与农村发展部允许出口的鱼类、服装、高价值水产品以及传统食品的出口无需再申请出口许可证。同时还取消化工产业及其相关物资、医用手术器械(需持卫生部证明)教学用具、油墨、相关化妆品的物资、轮胎配件、丝绸等商品的进口许可申请。

(四)进出口商品检验检疫

缅甸进出口检验检疫工作由农业部主管。

《缅甸植物检疫法》(1993年)规定禁止有害生物通过各种方法进入缅甸；切实有效抵制有害生物；对准备运往国外的植物、植物产品，必要时给予消毒、灭菌处理，并发给植物检疫证书。无论是从国外进口的货物，还是旅客自己携带的物品入境时，都必须接受缅甸农业服务公司的检查、检疫。

《缅甸植物细菌防疫法》(1993年)规定不论任何人未取得进口许可证，不准从国外进口植物、植物产品、细菌、有益生物和土壤。必要时对即将运往国外的植物或植物产品进行杀虫和灭菌工作，发给无菌证书。根据接收国的需要，规定进行检验的方法。

《缅甸联邦对从事进出口贸易的最新规定》对进出口需要申报进行植物检疫的商品做了详细规定。

(五)海关管理规章制度

《缅甸海关进出口程序》(1991年)对禁止进出口的物品做了详细规定，《缅甸海关计征制度及通关程序》对进出口关税、通关程序做了详细规定。

与海关管理相关的法规还有：《海洋关税法》(1978年)、《陆地海关法》(1924年)、《关税法》(1953年)、《国家治安建设委员会1989年第4号令》《商业税法》(1990年)、《进出口管制暂行条例》(1947年)、《外汇管制法》(1974年)。中国海关与缅甸海关正在推动输华产品零关税事宜。若协议达成，缅甸95%出口中国的产品将适用零关税。

二、外国投资市场准入规定

(一)投资主管部门

缅甸投资委员会是主管投资的部门。其主要职能是根据《缅甸联邦外国投资法》《缅甸联邦公民投资法》的规定，投资委对申报项目的资信情况、项目核算、工业技术等进行审批、核准并颁发项目许可证，在项目实施过程中提供必要帮助、监督和指导，同时也受理许可证协定时限的延长、缩短或变更的申请等。

缅甸投资委员会由相关经济部门领导组成，畜牧水产部、国家计划与经济发展部、商务部、交通部、建设部的部长或副部长为投资委员会成员。国家计划与经济发展部下属的投资和公司管理局主管公司设立及变更登记、投资建议分析及报批、对投资项目的监督等日常事务。

新《外国投资法》规定：外国公司向外国人或国民全部转让出售股份，需事先征得委员会许可并交回原有许可并按规定对股权转让注册。外国公司向外国人或国民出让部分股份，需重新获得委员会许可并对股份转让登记。

因缅甸金融市场并不完善，尚无正规的证券交易市场，外商无法通过并购上市的方式进行外商投资。

(二)投资行业的规定

1. 缅甸新《外国投资法》明确依据以下原则审批外商投资项目：(1)弥补国家发展规划不足及因国家及国民财力、技术无力实施的项目。(2)增加就业机会。(3)扩大出口。(4)替代进口物资的制造业。(5)需要大量投资的制造业。(6)获取高技术及发展技术型产业。(7)需要巨额投资的制造业及服务业。(8)低能耗项目。(9)发展地方经济。(10)开发新能源及生物能源项目。(11)发展现代工业。(12)保护环境。(13)有助于信息技术产业。(14)不影响国家主权及人民安全。(15)培养国民知识技能。(16)发展国际水准的银行及金融业。(17)国家及国民需要的现代服务业项目。(18)保障能源及资源的短期和长期内需。

2. 限制或禁止的项目。以下项目为限制或禁止外商在缅投资的项目：(1)影响民族传统及习俗的项目。(2)影响民众健康的项目。(3)影响破坏自然环境及生态链的项目。(4)输入有害有毒废弃物的项目。(5)国际公约限制的、生产或使用有害化学品的项目。(6)投资法细则规定的仅国民从事的制造业及服务业。(7)输入国外不成熟或未经授权使用的技术、药品及用具的项目。(8)细则规定的仅国民从事的农业及种植业项目。(9)细则规定的仅国民从事的畜牧业项目。(10)细则规定的仅国民从事的海洋捕鱼项目。(11)除联邦政府批准的经济区外，国界线缅一侧10英里内的外国投资项目。

此外，缅甸政府不允许外国企业从事玉石、宝石相关矿业开采项目。

投资项目需获联邦政府同意，并经投资管理委员会批准。

(三)投资方式的规定

1. 投资方式。根据新《外国投资法》规定，外商投资活动可以通过外商独资形式来实现，也可以与缅甸的个人、私有企业、合作社或者国有企业组成合资公司来完成。在所有的合资公司里，外商至少要占到本公司35%以上的股份。酒店以及房地产项目可以采取BOT(建造、运营和转让体系)方式，而自然资源开发和开采则可以采用PSC(产品分成合同)方式。

2. 外商投资的最低标准。1988年外商投资法规定的外商投资的最低金额是：生产制造业为50万美元，服务业为30万美元，投资可以是货物也可以是现金的形式。由投资委根据投资数额来决定投资时间的长短。新《外国投资法》对此并未予以具体规定，但仍参照此标准，具体由投资委根据投资项目行业和规模来确定。

3. 土地利用。根据现行的缅甸土地法,任何外国的个人和公司不得拥有土地,但可以长期租用土地用于其投资活动。新投资法规定,土地使用期限为50年并视情况延长两个10年。

(四)特殊经济区域的规定

缅甸规划建设的经济特区主要有缅甸南部德林达依省的土瓦经济特区、缅甸西部若开邦的皎漂经济开发区以及仰光南部迪洛瓦工业区。但目前上述经济开发区仅处于规划阶段,尚未开工建设实施。现尚无保税区。

缅甸政府于2011年1月27日颁布了《经济特区法》,于2011年3月颁布了《土瓦经济特区法》。2012年3月1日,缅甸投资委主席兼工业部长梭登对国内媒体表示,由于上届政府颁布的经济特区法在操作过程中存在缺陷并备受非议,目前正聘请日本专家协助起草新的经济特区法。

土瓦经济特区内划分为9个区域,分别是:高技术工业区、信息通讯区、出口产品生产区、港口区、后勤运输区、科技研发区、服务区、二级贸易区、政府临时指定的区域。缅甸国家和平与发展委员会颁布第2011/17号法律《土瓦经济特区法》。该法共分12章58条。投资人在该特区内可从事的行业有:(1)原料加工、机械化深加工、仓储、运输、服务;(2)投资项目所需的原材料、包装材料、机器零配件、机械用油可以从国内外进口;(3)进出口贸易;(4)生产的产品除药品和食品以外,其他未达到质量标准但还可以使用的产品,如果符合特区管委会的规定的可以在国内市场销售;(5)经特区管委会批准,投资人和国外服务商可以在特区内设办事处。

此外,在特区可以开展的行业还有:建深水港、钢铁厂、化肥厂、原油炼油厂、油气厂、火电厂、天然气发电厂等工业项目;在特区还可以开展服务业、修建从项目所在地通往边境地区的公路、铁路,修建输变电线路、铺设油气管道,建立包括住宅、旅游景点和度假设施在内的基础设施以及经管委会批准的不违反现行法律的其他经济项目。

该专项特区法比《缅甸经济特区法》的个别规定更加明确,如第36条规定在特区内开展的项目要向政府或指定组织缴纳土地租赁费、土地使用保险费等。

(五)外国公司承包当地工程的规定

1. 许可制度。缅甸政府对于在缅甸承包工程项目的外国公司资质资格没有成文规定,欢迎有实力、讲信誉的外国企业来缅甸承揽工程项目。

2. 禁止领域。虽无明文规定,但一般来讲,涉及缅甸国防的敏感项目、贵重矿产资源(如金矿、玉矿)的开发、少数民族地区政府的项目一般不允许外国公司介入。

3. 招标方式。工程建设项目一般实行公开招标制度,对于部分工期紧张、前期项目的延续性项目、国家高层领导有明确指示的项目,也可能会采取有限邀标或者议标的方式。由企业带资参与的卖方信贷项目,则一般只采取议标方式。

三、外国投资优惠政策

(一)优惠政策框架

《外国投资法》提供了很多激励和担保措施。如:按照《外国投资法》批准的企业将享受5年免税期,其中包括企业开始商业运营的当年。如果企业申请,而且投资委认为项目符合国家利益,也可将免税期延长。此外,投资委也可能批准以下一项或几项减免措施:(1)制造业及服务业开始经济运行1年起连续5年免所得税。并视项目情况延长减免期限。(2)项目利润作为专项资金在1年内用于追加该项目投资的,减免所得税。(3)项目设备、建筑物及其他资本的折旧,按规定折旧率计算后从利润中扣除。(4)对出口产品减免50%所得税。(5)外国人缴纳所得税税率享受国民待遇。(6)在境内从事项目有关的研发费用,从利润中扣除。(7)项目享受5年减免所得税后,如果连续2年出现亏损,则从亏损年起连续后3年减免所得税。(8)项目建设期间必要的进口设备、配件及其他物资减免关税、国内税或两项并减。(9)项目竣工后头3年进口的生产用原材料减免关税或国内税或两项并减。(10)经投资委员会同意,对投资期限内扩大投资规模所必须的进口设备、零配件及其他物资减免关税或国内税或两项并减。(11)对出口产品减免贸易税。

缅甸联邦政府保证在项目合同期限内包括延期期限内,不会对依法成立的企业实施国有化。如果没有充足的理由,保证不会在许可期限内搁置项目。保证外资投资人在合同期满后,可以用投资时的币种提取收益。

(二)行业鼓励政策

缅甸政府鼓励外商企业投资能够促进当地就业、增加出口、无污染的加工制造型企业。对于符合外商投资领域的加工制造,外商企业可向政府或缅甸私营企业、个人租赁土地,在签订土地租赁协议后,直接去缅甸投资管理委员会(MIC)申请注册外资公司。一般情况下,在填报资料提交后两周,MIC可给外商企业颁发外资企业注册执照。外商投资鼓励政策需根据《外国投资法》中相关规定。

(三)地区鼓励政策

缅甸政府于2011年1月27日颁布《经济特区法》,于2011年3月颁布了《土瓦经济特区法》。《土瓦经济特区法》第12条对投资人应享有的特殊待遇作了明确表述:如投资人在该特区内可从事的行业有:(1)原料加工、机械化深加工、仓储、运输、服务;(2)投资项目所需的原材料、包装材料、机器零配件、机械用油可以从国内外进口;(3)进出口贸易;(4)生产的产品除药品和食品以外,其他未达到质量标准但还可以使用的产品,如果符合特区管委会的规定的可以在国内市场销售;(5)经特区管委会批准,投资人和国外服务商可以在特区内设办事处。

2014年1月23日,缅甸修订出台新的《缅甸经济特区法》。

四、外国企业在缅甸获得土地的规定

(一)土地法的主要内容

缅甸土地为国家所有,1991年11月13日缅甸政府颁布《缅甸关于中央空地、闲地、荒地管理委员会的职责与权力的命令》,同年12月12日,颁布《缅甸空地、闲地、荒地管理实施细则》。细则规定:

1. 土地使用权申请。空地、闲地、荒地中央管理委员会有权为拟从事种植、养殖业的公民审批种植业、养殖业的土地使用权。使用空地、闲地和荒地从事种植业和养殖业投资的申请者必须是缅甸联邦公民,申请的组织,其成员必须全是缅甸联邦公民,该组织必须是依现行法律成立的组织;提出申请的个人或组织,必须出具为拟申请从事的种植/养殖业拥有足够资金的证明;提出申请的个人或组织,必须出具拟申请从事的种植养殖业实施细则。

2. 地税和利润的减免。对投资使用的土地将按以下规定免收地税:(1)种植业。①种植长年果树地,从开始种植之年起,8年内免收地税。②种植园林作物,从开始使用之年起,6年内免收地税。(2)养殖业。①用于养鱼业的土地,从开始使用之年起,3年内免收地税。②用于家禽牲畜饲养业的土地。如用于饲养水牛、黄牛和马,从开始使用之年起,8年内免收地税。饲养绵羊和山羊,从开始使用之年起,4年内免收地税。饲养猪,从开始使用之年起,3年内免收地税。饲养鸡、鸭,从开始使用之年起,4年内免收地税。已投资用于种植业和养殖的土地,其生产或服务性行业的利润税,自生产或服务业创造利润之年起至少3年内免征利润税。

3. 土地使用期限规定。已投资使用土地期限规定:(1)用于长年果树种植和园林作物种植的土地,主要不违犯规定,从批准使用之年起,30年内有效;(2)季节性作物,只要不违犯规定,使用期无限;(3)用于饲养鱼的土地,只要不违犯规定,从批准使用之年起,30年内有效;(4)用于饲养家禽及牲畜的土地,只要不违犯规定,从批准使用之年起,30年内有效。

(二)外资企业获得土地的规定

外资企业在缅投资项目一般以BOT的形式运营,缅甸政府将批给外资企业一定规模项目建设开发用地进行项目建设和经营,经营期满之后,缅甸政府将项目收归国有。1998年9月28日,缅甸荒地空闲地中央管理委员会颁布1998年1号法令,宣布农业部有权批准由本国公民或外国人参与的组织提出的在规定非发展区内进行农业开发的申请,在对批准的农业用地上,只能进行与农业有关的经济发展项目,不得进行地上和地下资源的开采。

根据缅甸最新外国投资法,外资企业可向农业部申请租用缅甸闲置土地进行农作物种植和开发利用项目投资,租用年限一般为50年,可根据项目情况进行协商延长土地租用期。

五、缅甸环境保护法律规定

(一)环保管理部门

缅甸环境保护部隶属于缅甸林业部。根据职能分工,涉及保护环境的相关政府部门还有家畜饲养和渔业部、野生动物保护委员会、林业部、农业服务局等。

(二)主要环保法律法规名称

缅甸关于环境保护方面的法律主要有:《缅甸植物检验检疫法》《缅甸肥料法》《缅甸动物健康和发展法》《缅甸空地、闲地、荒地管理实施细则》《缅甸森林法》和《缅甸野生动植物和自然区域保护法》和《环境保护法》。

缅甸《环境保护法》由联邦议会通过并于2012年3月30日正式颁布。

(三)环保法律法规基本要点

1.《缅甸环境保护法》。该法规定环保部职责,并要求对涉及自然资源开发、工业等领域的项目需提前办理项目许可,在工业区、经济特区企业或环保部指定的企业需履行相应的责任。环保部具体职责如下:(1)落实环保政策。(2)制定全国及地方环境管理工作计划。(3)制定、实施和监管环境保护及改善,防止、控制和减少污染的相关工作措施。(4)为维护和提高环境质量,规定烟雾排放、污水排放、废弃固体、生产环节及产品等环境质量标准。(5)向委员会提出与环境相关的法律法规建议,为实现可持续发展,提出最佳的经济活动环保方案及制约方案等意见。(6)协助调解环境纠纷,并视情成立工作组。(7)负责规定工业、农业、矿业、排污等领域的化学废弃危险品的分级分类。(8)规定对环境具有现实及中长期影响的物品种类。(9)进一步加强包括有毒物质在内的废弃固体、污水、烟雾等处理设施建设。(10)规定工业区、建筑物等地的污水处理工作要求及机器、车辆等排放指标。(11)开展与环境事务相关的国际、地区及国家间协议方案的讨论、合作和落实工作。(12)按照联邦政府及委员会的工作意见,落实被缅甸认可的国际、地区及国家间协议。(13)针对政府部门、组织或个体从事的生产经营活动,制定环境监测制度和社会影响评估规范。(14)为保护臭氧层、生物多样性、海滩环境,减缓全球变暖、气候异常,治理沙漠化及管理持续污染物,制定环境管理、维护工作要求。(15)管理处理环境污染赔付,环境服务机构赢利缴纳及自然资源开采经营企业的部分利润的归口缴纳工作。(16)完成联邦政府交办的其他环保工作。

2.《缅甸动物健康和发展法》。该法规定在单独规范动物健康和发展工作的同时,就促进家畜发展、防止和控制动物传染性疾病、规范兽医行医资格、规范动物及动物产品和饲料的国际贸易、对动物及动物产品和饲料进行进出境检验检疫,以及防止虐待动物等作了综合性规定。

3.《缅甸植物检验检疫法》。该法规定进出境植物检验检疫主要针对植物及植物产品等货物进出口进行检验检疫,同时对进出境旅客携带的物品如水果、花卉等植物进行检验检疫。该法规定,植物及植物产品进口需要获得缅甸农业服务局批准发放的进口许可证和检疫证书,并规定了申领许可和申请检疫的程序。

4.《缅甸空地、闲地、荒地管理实施细则》。该法规定任何组织和个人只要符合条件并履行必要的程序,均可申请投资空地、闲地和荒地,从事种植业和养殖业,并根据相关规定享受一定的地税和利润税减免。

5.《缅甸森林法》。该法规定为了环境保护的需要,保证林产品的产量,经政府批准,林业部可以建立以下类型的储备林:(1)商业采伐储备林;(2)供应当地储备林;(3)分水或集水储备林;(4)保护环境和生物差异储备林;(5)其他类型储备林。同时,为保护水资源和森林资源,保护旱地森林和红树森林,运输林产品应当持有有效的运输通行证,并接受林业局设立的税务站的检查和收费。违反森林法相关规定者,将会受到一定金额的罚款和6~36个月的监禁。

6.《缅甸野生动植物和自然区域保护法》。该法规定,自然区域是指为保护野生动植物、生态系统或者重要的自然风景区以及有代表性的地理、地貌特征而划定并加以保护的专门区域。分为科学研究保护区、自然保护区、国家森林公园、国家海洋公园、鸟兽禁猎区、意义重大的地球物理保护区等。该法律规定:(1)除了科学研究、环境调查和环境改造外,禁止在自然区域开展其他活动;(2)科学研究在自然区得到保护;(3)在不对自然生态造成损害的前提下,允许公众以休闲娱乐为目的参观国家公园;(4)保护区内野生动植物资源及其可持续发展;(5)与国际组织开展交流合作,保障禁猎区内野生动植物的生存和繁衍,保护候鸟栖息地和湿地;(6)在地球物理保护区内,保护并保存独特地理地貌特征和传统风俗习惯;(7)受保护的濒危野生动物分为三类:即完全受保护的野生动物物种、正常受保护的野生动物物种、季节性受保护的野生动物物种,未经林业部长批准和相关部门核准,捕猎、杀死、饲养、保管、销售、运输、转让、出口野生动物,将处以一定金额的罚款和相应时间的监禁。

（四）环保评估的相关规定

2012年3月，缅甸颁布《环境保护法》。缅甸环境保护主管部门为缅甸环保部，其隶属于缅甸林业部。目前，外资企业在缅甸开展投资项目，在报投资管理委员会前，需向缅甸环保部提交《环境评估报告》和《拆迁移民安置方案》，缅环保部根据项目情况进行审核。2012年前，外商投资项目并不需要向环保部门提交环评报告，只需向主管部门提交即可。目前，缅甸新政府和缅甸民众要求外商投资项目必须满足环保要求，环保部的成立和《环境保护法》的颁布对中国企业在缅投资合作提出了更高的要求。因缅甸政府过去并没有开展环评的具体经验，因此对环评涉及的相关内容也并没有明确要求，环评费用、时间也没有明确规定。企业需与环保部加强联系，根据环保部要求提供相关材料，完成具体审批手续。

六、保护知识产权规定

（一）当地有关知识产权保护的法律法规

缅甸知识经济发展落后，知识产权立法和管理还处于较低的水平，颁布的专门法律法规很少，没有专门主管知识产权的机构，如果权益受到侵犯，权利人主要依据民事和刑事的相关规定来保护自己的权益。

作为世界贸易组织（WTO）、世界知识产权组织（WIPO）和东盟的成员之一，缅甸政府正由司法部抓紧起草颁布知识产权方面的法律法规，以符合《与贸易有关的知识产权协议》和《东盟知识产权合作框架协定》的相关规定。

1. 商标。截至2008年年底，缅甸没有商标方面的特别法，有关商标的法律规定散见于《刑法》《商品市场法》《注册法》《特定救济法》等法律中。

2. 专利。缅甸在专利方面仅有《缅甸专利设计法》，该法颁布生效于1945年，尽管目前仍然有效，但它颁布的目的在于应用《印度专利设计法》，而《印度专利设计法》从未在缅甸施行，因此，《缅甸专利设计法》在实际生活中也没有被使用。

3. 著作权。《缅甸著作权法》颁布生效于1914年，目前仍在施行。该法适用于原创文学、戏剧、音乐和艺术作品，对出版物的保护年限为作者终生及死亡后50年。如果著作权受到侵犯，作者可以依据《特定救济法》等其他民事、刑事法律来保护自己的权益。

除了《缅甸著作权法》外，近年来，缅甸先后颁布《电视广播法》（1996年）、《计算机科学发展法》（1996年）、《电子交易法》（2004年）等涉及著作权的相关法律，对新出现的著作权问题做出规定。

（二）知识产权侵权的相关处罚规定

商标保护方面，缅甸《刑法》规定，非法使用他人商标的，将被处以一年监禁，同时处以罚款，或者单独处以罚款；伪造他人商标的，处以两年监禁，同时处以罚款，或者单独处以罚款；伪造公务员使用的、用于表示特定品质物品的标识（商标）的，处以三年监禁，同时处以罚款，或者单独处以罚款。

专利保护方面，由于《缅甸专利设计法》没有真正施行，因此在专利法方面也没有相关处罚规定。

著作权保护方面，1914年颁布的《缅甸著作权法》年代久远，处罚部分的规定已失去意义。例如，制作侵犯他人著作权的复制品的，依据法律规定应当被处以每件20缅币的罚款，但总额不超过500缅币。根据2008年12月的市场汇率，仅分别相当于0.017美元和0.45美元，无法发挥法律的威慑力——在缅甸司法实践中，没有适用《缅甸著作权法》的案例，缅甸的民事法庭也缺乏在著作权案件方面的审判经验。如果发生文学、艺术、音乐等方面的著作权纠纷，通常都通过友好协商的方式解决。作为著作权人，当事人也可以依据《特定救济法》等其他民事、刑事法律来保护自己的权益。

七、投资合作相关法律及对中国企业投资合作保护政策

（一）缅甸与投资合作相关的主要法律

缅甸与投资合作相关的主要法律有：《缅甸联邦外国投资法》《缅甸联邦外国投资法实施细则》《缅甸联邦外国投资委员会1989年第一号令》《缅甸联邦贸易部关于国内外合资企业的规定》《外国对缅甸联邦投资程序及优惠政策》《缅甸联邦公民投资法》《缅甸联邦公民投资法实施细则》《缅甸允许私人投资的经济项目》等。

2012年11月2日缅甸联邦共和国总统登盛签署新的《缅甸外国投资法》。

2013年1月31日，缅甸国家计划和经济发展部颁布《缅甸外国投资法实施细则》。

（二）对中国企业投资合作的保护政策

主要有2001年12月12日，中国和缅甸签订《投资促进和保护协定》和《避免双重征税协定》；1971年，中缅签署贸易协定，双方给予最惠国待遇；1994年，《关于边境贸易的谅解备忘录》；1995年6月29日，《中华人民共和国政府和缅甸联邦政府关于农业合作的协定》；1997年5月28日《中华人民共和国政府和缅甸联邦政府关于成立经济贸易和技术合作联合工作委员会的协定》；2000年2月3日，《中华人民共和国政府和缅甸联邦政府农业合作谅解备忘录》；2001年12月12日，《中华人民共和国政府和缅甸联邦政府渔业合作协定》；2001年7月，《中缅两国关于开展地质矿产合作的谅解备忘录》；2004年3月24日，《中华人民共和国政府和缅甸联邦政府关于促进贸易、投资和经济合作的谅解备忘录》；2004年7月12日，《关于信息通讯领域合作的谅解备忘录》；2006年2月，《中缅航空运输协议》等。

菲律宾投资贸易指南

一、对外贸易的法规和政策规定

（一）菲律宾贸易主管部门

贸工部（DTI）是菲律宾的外贸政策制定及管理部门，成立于1898年6月，其前身为菲律宾商务部。贸工部下设的进口服务署主要负责特定产品进口法规的实施以及发起和指导反倾销、反补贴及保障措施的初步调查。

贸易管理机关还有：海关总署、国家经济发展署、中央银行、贸工部的工业局、投资署、环境管理署、卫生部、技术转让署、食品和医药品局、危险药品局、渔业和水产资源局、国家肉类检疫委员会、计划工业局、能源管理署和服装纺织品出口局等。

（二）菲律宾贸易法规体系

菲律宾是世界贸易组织（WTO）和亚太经合组织（APEC）成员，也是东南亚国家联盟（ASEAN）的成员国，实行多边的、自由的、外向型的贸易政策，同时对国内幼稚产业进行适当保护菲政府对其贸易政策不断进行调整，并出台了一系列出口鼓励措施。

菲律宾管理进出口贸易相关法律主要包括:《海关法》《出口发展法》《反倾销法》《反补贴法》《保障措施法》等。

1. 贸易管理的相关规定。

(1)进口商品管理。菲律宾对进口商品分为三类:自由进口商品、限制进口商品、禁止进口商品。

禁止进口商品包括:枪支弹药;不道德的印刷品、底片、电影、像片、艺术品;用于违法堕胎的物品及宣传广告;用于赌博的装备及用具;含金、银或其他贵重金属或合金制成的物品;假冒劣质的食品或药品;鸦片或其他麻醉品及其合成品;合成盐或成品盐;鸦片吸管及配件;有关菲律宾法律禁止进口的物品及配件。

限制进口产品必须经过菲律宾政府机构如农业部、食品药品局核发的进口许可证才能进口,主要涉及汽车、拖拉机、小汽车、柴油机、汽油机、摩托车、耐用消费品、新闻出版和印刷设备、水泥、与健康及公共安全有关的产品等 130 多种,约占进口商品的 4%。

自由进口商品是指除了上述禁止和限制进口商品以外的商品。

菲律宾政府对出口贸易采取鼓励政策,主要包括简化进口手续并免征出口附加税,进口商品再出口可享受增值税退税、外汇资助和使用出口加工区的低成本设施等。

部分矿产品、动植物产品、海产品、农产品需获批准后方可出口。

(2)进出口商品检验检疫。菲律宾是《关税与贸易总协定》东京回合中《技术贸易壁垒协议》的签约国。该技术协议要求在采用标准程序和建立争端解决审议程序时公开,目的是确保政府机构遵守这些规定。菲律宾产品质量局是负责产品质量标准的机构,它通过质量管理认证的手段来促进产品质量的提高,对进口商品粘贴合格标志来管理进口商品。适用的标准是 ISO9000 和 ISO14000。

工业品　有 28 种产品要在当地进行产品标准检验,包括:照明用品、电线电缆、卫生洁具、家用电器、轮胎和水泥等。至于其他产品,海关通常接受产品质量证明或原产国标准证明。产品生产者应依据本国或普遍国际标准进行生产,其产品上要附有产品标准质量标志。

民生、健康、安全和财产的商品　菲贸工部要求出具产品标准许可和产品标准局的证明。这些产品包括:医用氧气、消费品、电器和防火设备、建筑材料等。非公制的度量衡用品、仪器、仪表的进口由产品标准局事先发放许可。

(3)环保要求和规定。菲律宾环境和自然资源部主要负责实施政府的环境保护政策。进口商要符合环保要求和规定。

(4)食品健康和安全规定。食品方面,如成分、添加剂、非酒精饮料及混合物、糖果类、咖啡、茶、点心、乳制品、蔬菜、水果、肉类等必须符合食品法典委员会和世界动物卫生组织(OIE)制定的标准;新鲜、冷冻鱼类产品必须取得菲律宾农业部 1999 年颁布的《195 号行政法规》中规定的国际健康证和卫生植物检疫证;如果进口来自有害虫区的蔬菜和水果,则应具有消毒证明;化妆品、医药在生产时必须取得生产许可证,并提供国际认证机构的临床试验报告。对于危险品的进口,必须依照菲卫生部标准进行标签、销售和扩散。规定中的危险品包括刺激物和腐蚀性、易燃和放射性物质。

植物及植物产品　植物及植物产品进入菲市场须办理如下检疫手续:出口商将发票和箱单传给菲律宾进口商,进口商凭出口商的发票和箱单向菲农业部农作物局植物检疫处(BPI)申请进口许可证,该证会注明每种产品离岸前的要求。进口商将该证交给出口商,出口商提请出口国检疫部门对产品进行离岸检疫并出具检疫证明。出口商将检疫证明和其他运输单据一起以适当渠道转交菲律宾进口商。在货物到达菲律宾港口后,进口商提供给菲检疫部门进口许可证和出口国的检疫证明。菲检疫部门根据进口许可证和检疫证明进行复验,合格后方可入关。

动物、动物产品及其副产品　菲律宾农业部动物产业局是负责动物、动物产品及其副产品进出口检疫的政府部门。动物产业局对不同动物的进出口有不同的进出口程序和检疫规定。

2. 海关管理规章制度。菲律宾进出口关税的主要法律是《菲律宾关税与海关法》,进口关税税率由菲关税委员会确定公布,出口关税的税率由海关总署确定,并由海关通过有授权的菲中央银行征收。

菲律宾对大部分进口产品征收从价关税,但对酒精饮料、烟花爆竹、烟草制品、手表、矿物燃料、卡通、糖精、扑克等产品征收从量关税。根据《税收法》,海关对汽车、烟草、汽油、酒精以及其他非必要商品征收进口消费税。进口产品还应向菲律宾海关当局缴纳 12% 的增值税,征税基础为海关估价价值加上所征关税和消费税。

菲律宾还对进口货物征收印花税,该税一般用于提货单、接货单、汇票,其他交易单、保险单、抵押契据、委托书及其他文件。从 2010 年 1 月 1 日起,中国与包括菲律宾在内的东盟 6 个老成员国之间,共有 7000 多种,即超过 90% 的产品实行零关税。中国对东盟平均关税将从目前的 9.8% 降到 0.1%,东盟 6 个老成员国对中国的平均关税将从目前的 12.8% 降到 0.6%。2012 年 1 月 1 日起,中国与菲律宾在内的 6 个东盟老成员国对二轨正常产品实施零关税,2012 年 5 月起,菲律宾对一般敏感产品调整关税至 20% 以下。除了货物贸易之外,双方服务部门的开放水平也有进一步的提升,投资政策和环境得到法律制度的保障,更加稳定和透明。随着中国与东盟之间基本实现自由贸易,资金、资源、技术和人才的生产要素的流动效率会显著提高,双方之间经济一体化程度将会达到前所未有的水平。

进口关税　菲律宾关税与海关法将应税进口商品分为 21 类,进口关税税率一般为 3% ~30%。另外,菲律宾对部分农产品实行关税与配额并用措施,对配额内产品征收正常关税,对配额外商品则征收高关税。如活动物及其产品、新鲜蔬菜等。菲律宾对东盟成员国全部产品实行零关税。

菲律宾进口关税表

税率	项　　目
3%	国内缺乏或不能生产的原材料,如天然石墨、黏土、金属矿砂、精矿、煤炭等矿产品及无机化学品等
10%	国内生产的原材料,如大理石、石油、棉花及制品等
20%	零配件如小五金工具、各种方式切割的木材、汽车、摩托车零配件等
30%	制成品如部分农产品、各类服装、烟酒、汽车、摩托车整车等

资料来源:菲律宾海关署

出口关税　菲律宾对以下出口商品征收关税，且关税税率均为20%。圆木、木材、饰面用薄板和胶合板、金属矿砂及其精矿、金、矿渣水泥硅酸盐水泥；船用燃料油、石油沥青、银、香蕉、椰子及椰子产品、菠萝及其成品、糖及糖制品、烟草、小虾和对虾。

出口退税　《菲律宾关税和海关法》规定，用于从事对外贸易或沿海贸易的船舶推进器燃料油，可退还不超过99%已征关税或给予税收折免；用进口原材料生产或制造的产品（包括包装、标签等）出口时，对所用原材料进口时征收的关税将予以退还或给予税收抵免；财政部根据海关总署的建议可发布允许对本法规定的商品实行部分退税的法规规章。退税将由海关总署在收到一套正确、完整的文件后60天内支付。

二、外国投资市场准入规定

（一）投资主管部门

贸工部是负责投资政策实施和协调、促进投资便利化的主要职能部门。贸工部下设的投资署（BOI）、经济特区管理委员会（PEZA）负责投资政策包括外资政策的实施和管理。此外，菲律宾在苏比克、克拉克等地设立了自由港区或经济特区，并成立了相应的政府机构进行管理。

（二）投资行业的规定

菲律宾政府将所有投资领域分为三类，即优先投资领域、限制投资领域和禁止投资领域。

对于优先投资领域，菲律宾政府每年制定一个《投资优先计划》，列出政府鼓励投资的领域和可以享受的优惠条件，引导内外资向国家指定行业投资。优惠条件包括减免所得税、免除进口设备及零部件的进口关税、免除进口码头税、免除出口税费等财政优惠，以及无限制使用托运设备、简化进出口通关程序等非财政优惠。

2013年，“投资优先计划”中鼓励投资的领域包括：出口产业、农业、农业企业、渔业、创意产业、知识型服务产业、造船业、住宅建设、钢铁产业、能源行业、基础设施、研发中心、绿色产业、汽车行业、医疗卫生行业、抗灾、安置和灾后重建项目与研发活动等。此外，菲律宾林业法、矿业法、书籍或教材印刷出版法、解除对石油下游产业管制法、生态固体废物管理法、清洁水法、残疾人权利宪章、可再生能源法与旅游法等法律也规定了对有关投资的优惠措施。对于在棉兰老岛穆斯林自治区投资的企业，“投资优先计划”中专门规定了可享受优惠措施的投资领域。

2014年10月28日，菲律宾投资署发布《2014～2016年投资优先计划》，将制造业、农业和渔业、服务业（集成电路设计、创意产业和知识型服务、船舶修理、电动车、保养维修和飞机大修、工业废物处理）、经济低价房、医疗卫生业、能源、公共基础设施和物流业、公私伙伴合作项目等8大领域列入首选项目。“投资优先计划”规定投资者可能获得的补助政策将根据该企业对经济发展的实际贡献而决定。企业的所得税免税期限基于以下因素：投资项目的净附加收益、创造工作机会、乘数递增效应、实际能力等。鼓励政策中还包括部分特例，如：矿业设备投资，石油产品的精炼、储存和分销、可再生能源和旅游等。此外，菲律宾林业法、矿业法、书籍或教材印刷出版法、解除对石油下游产业管制法、生态固体废物管理法、清洁水法、残疾人权利宪章、可再生能源法与旅游法等法律也规定了对可再生能源、旅游等领域有关投资的优惠措施。对于在棉兰老岛穆斯林自治区投资的企业，“投资优先计划”中专门规定了可享受优惠措施的投资领域。

2015年4月6日，菲律宾投资署发布《2014～2016年投资优先计划（IPP）实施指南》，规定政府鼓励投资政策的具体准则。指南提出，2014～2016IPP计划系3年滚动计划，以确保国内和外国投资者的连续性、一致性和可预测性。

银行业开放。2014年7月，菲律宾国会通过新的外资银行法修正案，对外资银行准入和经营范围实行全面开放。

菲律宾政府每两年更新一次限制外资项目清单。部分领域外国人权益不得超过25%，绝大多数领域外国人权益不得超过40%。迄今仍沿用2012年由总统阿基诺三世签署的第五版限制外资项目清单，详见菲律宾投资署网站：www. boi. gov. ph.

1. 投资方式的规定。对于绝大多数公司，菲律宾公民须拥有至少60%的股份以及表决权，不少于60%的董事会成员是菲律宾公民。如果公司不能满足上述关于菲律宾公民所占比例的要求，则必须满足以下条件：（1）经投资署批准，属于先进项目，菲律宾公民无法承担，且至少70%的产品用于出口。（2）从注册之日起30年内，必须成为菲律宾本国企业，但是产品100%出口的公司无需满足该要求。（3）公司涉及的先进项目领域不属于宪法或其他法律规定应由菲律宾公民所有或控制的领域。

2. 特殊经济区域的规定。菲律宾目前共有各类经济区239个，分为以下几类：（1）工业园区。指为工业发展所设立的专门区域，拥有一定的基础设施，如道路、供水、排水系统、厂房和住宅。（2）出口加工区。区域内企业主要为出口导向型的工业园区。出口加工区的优惠政策包括进口设备、原材料和零部件的税收和关税减免等。（3）自由贸易区。设在交通枢纽附近，如海港或空港周边。进口的货物可以免交进口关税，并在此进行卸货、分类、重新包装等。但如果这些货物进入非自由贸易区，仍需缴纳关税。（4）旅游经济区。指专门为旅游业发展而设立的经济特区，区域适合建立旅游休闲设施，比如体育休闲中心、宾馆、文化和会议设施、餐饮中心等以及相应的基础设施。（5）IT园区或建筑。指专门为IT项目或服务设立的区域。IT园区可以是一片区域或一栋建筑，其整体或部分将具备为IT企业提供相应设施和服务的条件。根据经济特区内的企业从事不同性质的活动，可享受的优惠政策有：①进口固定设备、原材料、零部件、良种牲畜和基因材料等免除关税；②传统项目4年免所得税，先锋项目6年免所得税；③免所得税后的收入，仅需根据5%的税率纳税，以此替代其他各项国家和地方税收；④扣除进口替代品课税；⑤免除码头费用、出口税和进口费；⑥减免国内固定设备、良种牲畜和基因材料的课税；⑦可征税收入中额外减去人工费用；⑧托运设备的非限制使用；⑨外国投资者和家庭的永久居留权；⑩雇用外国公民；⑪可不经菲律宾央行审批汇出收入；⑫免除地方营业税；⑬如果已交纳5%综合所得税，外企在非分支机构免纳利润汇回。

三、外国投资优惠政策

（一）财政优惠政策

1. 免所得税。新注册的优先项目企业将免除6年的所得税，传统企业免交4年所得税。扩建和升级改造项目免税期为3年，如项目位于欠发达地区，免税期为6年。

新注册企业如满足下列其中一个条件,还将多享有1年免税奖励:(1)本地生产的原材料至少占总原材料的50%;(2)进口和本地生产的固定设备价值与工人的比例不超过每人1万美元;(3)营业前3年,年外汇存款或收入达到50万美元以上。

2. 可征税收入中减去人工费用。

3. 减免用于制造、加工或生产出口商品的原材料的赋税。

4. 可征税收入中减去必要和主要的基建费用。

5. 进口设备的相关材料和零部件减免关税。

6. 减免码头费用以及出口关税。

7. 自投资署注册起免除4~6年地方营业税。

(二)非财政优惠措施

菲律宾制定了以下优惠措施:(1)简化海关手续;(2)托运设备的非限制使用:托运到菲的设备贴上可出口的标签;(3)进入保税工厂系统;(4)雇用外国公民:外国公民可在注册企业从事管理、技术和咨询岗位5年时间,经投资署批准,期限还可延长。总裁、总经理、财务主管或者与之相当的职位可居留更长时间。

(三)行业鼓励政策

菲律宾投资署每年制定一部“投资优先计划”,规定政府优先发展的项目领域,该计划经总统批准后发布,计划详情可以查询菲律宾投资署网站:www. boi. gov. ph,需要注意的是,这些领域中有一些是限制或禁止外国投资的领域。

(四)经济特区鼓励政策

菲律宾经济区主要由PEZA所辖的96个各类经济区和独立经营的菲弗德克工业区、苏比克、卡加延、三宝颜、克拉克自由港等组成。这些经济特区的优惠政策包括:(1)企业可获得4年所得税免缴期,最长可延至8年。所得税免缴期结束后,可选择缴纳5%的“毛收入税”(GROSS INCOME TAX),以代替所有国家(中央)和地方税,其中3%上缴中央政府,2%上缴地方财政。(2)进口资本货物(设备)、散件、配件、原材料、种畜或繁殖用基因物质,免征进口关税及其他税费。同类物品如在菲国内采购,可享受税收信贷(TAX CREDIT),即先按规定缴纳各项税费,待产品出口后再返还(包括进口关税部分的折算征收、返还)。(3)经批准,允许企业生产产品的30%在菲律宾国内销售,但须根据国内税法纳税。(4)免缴码头税费和出口税费。(5)给予初始投资在15万美元以上的投资者及其配偶和未成年子女(21岁以下)在经济区内永久居留的身份,他们可以自由出入经济区,而不需向其他部门另行申请。(6)简化进出口程序。(7)允许聘用外籍雇员,为外国经理人员和技术人员办理两年的可延期工作签证,但外籍雇员数量不能超过企业总雇员人数的5%。(8)企业用于员工技术培训和提高管理能力的费用的一半可以从上缴中央政府的3%税收中扣除。此外,是否给予E. O. 226规定的其他优惠待遇,由PEZA自行决定。

(五)地区鼓励政策

菲律宾将棉兰老岛地区专门列入投资优先投资计划。2013年投资优先计划专列《棉兰老岛自治区特别清单》规定该地区以下产业享受优惠政策:出口行业(包括出口商和供应商)、农业、农业企业、渔业、基础工业(包括药业、纺织业、无机和有机肥、矿业勘探和开发以及水泥制造业等)、消费品生产、基础设施及水电供给、工业服务业、工程工业、物流、东盟东部增长区贸易和投资企业、旅游业、卫生和教育行业、穆斯林产业等。

此外,根据2011年投资优先计划,菲律宾对在阿布拉省、阿巴耀省、伊富高省、卡林噶省和高山省等19个欠发达省的郊区从事主要必需基础设施建设的企业,以及在高山省、朗布隆省、保和省、东内格罗斯省和北三宝颜省等30个极贫困省的乡村经营的企业给予鼓励。

四、外国企业在菲律宾获得土地的规定

(一)土地法的主要内容

菲律宾土地归私人所有。菲律宾禁止外国人拥有土地,但可以购买高层住宅,不能购买别墅。具有双重国籍的菲律宾人可以100%拥有地产权,但必须在菲律宾出生后移民到其他国家并取得他国身份的。

土地管理部门除环境与自然资源部、土地管理局外,还有其他部门如房产与城市发展协调委员会和国家经济发展署等直接或间接地控制土地的使用、甚至法院都有权利颁发土地所有权证明。

土地交易法律程序:(1)买卖双方通过律师签订并得到公证的合同;(2)向城市资产评估办公室递交国内收入局出具的土地税申报;(3)买方向市财政局交付地产税;(4)市资产评估员对资产进行评估;(5)买方向市资产评估办公室支付交易税;(6)向国内收入局缴纳资产收益税及印花税;(7)交易资产注册:更换产权所有者名称;(8)新产权所有人获得新产权证的影印件以及向资产评估办公室索取税收申报表。

(二)外资企业获得土地的规定

菲律宾宪法规定,外国人不得在菲律宾购买土地,但外国公民或公司可以先成立一家菲律宾公司。公司的股权外方占40%以下(含40%),菲方占60%以上(含60%),并且公司至少有5人,公司成立后,必须在菲开立主要的公司银行账户。账户的户头可以单独为外国公民,可以由外国公民控制房产收入所获得的资金。该公司在购买菲律宾土地前,须得到菲律宾投资委员会(BOI)的许可,才可进行土地买卖的交易。

投资者租赁法案(第7652号共和国法案)允许外国投资者在菲律宾租用商业用地最长不超过75年(过去规定为50年)。根据该法,任何到菲律宾投资的外国投资者在遵守菲律宾法律和下列条件的情况下,可租赁私人土地:(1)土地租赁合同期限为50年,仅可一次性延长25年;(2)租赁的土地仅做投资用途;(3)租赁合同应符合《综合土地改革法》和《地方政府法案》。

五、外资公司参与当地证券交易的规定

菲律宾允许外国公司参与菲律宾证券交易所的证券投资交易,但所持公司股份会有上限,通常为40%。菲律宾证券交易所每月都会发布外国持有股票情况报告。

六、环境保护法律规定

(一)环保管理部门

菲律宾环保管理部门为菲律宾环境与自然资源部内设的环境管理局,该局在全国13个行政区均设有分局。

(二)主要环保法律法规

主要有:(1)菲律宾宪法关于保护环境的有关条款;(2)984号总统令《污染控制法》;(3)1152号总统令《菲律宾环境法典》,主要内容包括:空气质量管理、水质量管理、土地利用管理、自然资源管理及保护、废弃物管理等;(4)8794号共和国法案《洁净空气法》;(5)9275号共和国法案《洁净水法》;(6)705号总统令《森林法修订案》。

（三）环保法律法规基本要点

如果投资项目或其执行有可能影响到环境质量，菲律宾1586号总统令要求项目内容中要包含“环境影响评估”，以确保项目可能带来的环境影响问题得以解决，使其与国家可持续发展目标协调一致。根据项目地点和性质的不同，项目执行单位要准备一份“环境影响声明”或“初始环境检测报告”。最终报告将递交至菲律宾环境与自然资源部，附带文件还包括其他政府部门的批准文件和地方政府对项目的批准文件。复核后，菲律宾环境与自然资源部决定发放或拒发“环境合格证”。如无此证，项目就不能合法执行。

“环境合格证”包括了所有项目实施应该遵守的环境法律、法规和规章，确保项目连续执行。如果被拒发“环境合格证”，项目方应该递交一份新的“环境影响声明”，选择另外的项目地点或变更设计及执行。

1586号总统令同时列出了项目可能对环境产生影响的领域：一是自然环境，包括土地、水、空气、地上生命、水中生命和生态平衡；二是社会经济，包括人口、生活方式、建筑、少数民族文化、名胜古迹、健康和当地经济。该总统令还举例说明有能对环境造成的负面影响：(1)水和空气污染；(2)历史和考古遗迹的破坏；(3)野生动物栖息地的破坏；(4)城市拥挤程度上升；(5)对健康的威胁；(6)土地的不当使用。

（四）环保评估相关规定

菲律宾负责环保评估的机构为环境管理局。

投资者须向环境管理局提出要求取得“环境合格证”的申请，并随申请附上项目介绍。项目介绍应包括项目将使用的基础材料、项目建设的程序和应用的科技、项目完工后的产量和（废水、废气等）排放量、投资人资产证明、项目所在区域地图、人力资源要求等内容。

环境管理局委员会每月召开两次会议接受申请，并进行讨论。如申请满足所有程序要求，且项目对周边环境无严重影响，将于会上批准申请，并由环境与自然资源部发放“环境合格证”。根据项目不同，整个周期在2～6个月之间。

七、外国公司承包当地工程的规定

菲律宾没有专门适用于国际工程承包的法律规则，其对国际工程承包法律关系的调整，主要是由国内一些相关法律来进行，而且对国际工程承包中的执照、承包商的登记、监督和管理都有专门的部门负责。

（一）许可制度

1. 国际工程承包法律法规。主要有：《合同法》《外国投资法》（共和国第7042号法令）、《承包执照法》（共和国第4566号法令）、《BOT法》（共和国第6957号法令，后经修改为第7718号法令）、《政府采购法》（共和国第9184号法令）、《建筑行业仲裁法》（第1008号行政命令）、《建筑业职业安全与卫生指导方针》（菲律宾劳工部1998年第13号令），菲律宾承包商认证协会的相关规定。

2. 国际工程承包管理机构。菲律宾管理特别事务的专门机构非常多，外国承包商在菲律宾从事工程承包主要由以下机构进行管理和调整：(1)菲律宾证券交易委员会。根据菲律宾法律，外国承包商若要在菲律宾承包建筑工程，从事建筑业活动，首先必须到菲律宾证券交易委员会注册登记。(2)菲律宾有关政府部门。菲律宾政府项目通常需要经过国家经济发展署立项审批，预算部、财政部为出资方或贷款担保人，公造部、农业部等部门作为业主单位负责招标、监督执行等具体实施工作。目前，中国公司在菲律宾承包工程仍以政府项目为主。(3)菲律宾承包商认证协会。该协会负责审查外国承包商的资格，外国承包商在菲律宾承包建筑工程，从事建筑业活动，必须持有菲律宾承包商认证协会颁发的特别执照，否则不能开展业务。(4)菲律宾建筑行业仲裁委员会。该仲裁委员会专门管辖建筑行业因争议和纠纷而提起的调解或仲裁。(5)菲律宾建筑工业局。该工程局有权对工程承包商进行监督和管理，当承包商不遵守相关的建筑行业法律法规时，可以将其列入“黑名单”，限制其经营政府工程承包业务。(6)菲律宾劳动就业部。该部门负责制订建筑行业职业安全与卫生方面的法规，规范建筑行业的职业安全与卫生。(7)菲律宾劳动条件局。该部门负责审核工程承包商递交的建筑施工安全与卫生制度。

（二）禁止领域

菲律宾对外国承包商进入的承包工程领域无限制，但对于菲律宾本国政府出资的项目，外国承包商承揽部分不能超过项目金额的25%。

（三）招投标方式

根据菲律宾承包商认证协会的规定，外国承包商在菲律宾承包工程，必须遵守菲律宾第1594号总统令关于政府工程招投标的规定。

1. 招标。无论国内或国外投资的工程项目，都适用相同的公开招标程序：(1)工程成本超过500万比索的项目，招标广告应在一段合理的期间至少在全国范围内定期发行的两家报纸上公告至少3次，公告期间根据招标项目的规模和复杂性决定，但不能少于两周。(2)工程成本为500万比索或500万比索以下的项目，招标广告必须在两周内在工程所在地区公开发行的一家报纸上至少公告两次。(3)若招标项目需要专业技术，发包方可直接对掌握该专业技能的承包商发出投标邀请。

2. 投标人资格预审。投标人参加资格预审必须提交法定的各种文件，这些文件必须经过投标人宣誓和公证。

法律方面：(1)菲律宾承包商认证协会发放的有效承包商执照。(2)合营企业须提交有效的合营企业协议。(3)授权政府部门、代理机构或公司的领导或其授权代表的与资格审查相关的文件和信件。(4)投标人陈述其没被列入菲律宾建筑行业局“黑名单”的声明。

技术方面：(1)按照资格预审通知里的详细规定填写的、投标人最近3年承包并已完工的、与招标项目性质和复杂性相类似的所有政府或私营工程项目的报表。针对每一个工程，投标人的报表都应包括：工程项目的名称、业主的名称与地址、工程性质、承包商的地位（总承包、分包、或合营企业的一方）、完工的总承包价、决标工期、完工日期和工程期限。报表应由相应的承包商业绩评价等级表，和（或）竣工及业主验收证书加以证实。(2)所有正在进行的政府或私营工程项目的报表，包括已经中标的还未开始建设的项目。报表应列明：工程项目的名称、业主的名称与地址、工程性质、承包商的地位、中标时的总承包价、中标日期、计划和实际完成的比例、未完成的工程的价值、预计的完工时间。报表应由中标通知书和（或）业主的施工通知加以证实。(3)参与建筑施工的主要工作人员的报表，如项目经理、项目工程师、材料工程师和工头等。(4)投标人拥有的、或租用的、或正在购买过程中的可用于建筑施工的设备的清单。财务方面要有投标人最近3个年度的财务审计报表。

3. 投标保证金。需按规定交纳投标保证金。

4. 投标书及其附件。除投标书外,还需提交一系列附件。根据菲律宾法律规定,投标人应把投标书及其附件分装在两个密封的信封里呈给招标人。投标人应在信封上用大写字母写上招标项目和投标人的名字,并写上“在开标时间前请勿启封”。第一个信封里装与工程安排、进度、投标保证有关的各种文件,第二个信封里装投标报价单与财务文件。

5. 承包形式。根据《BOT法》,外国承包商在菲律宾从事工程承包,可选择适用菲律宾BOT法规定的所有承包形式。菲律宾BOT法规定了9种承包形式,即BOT、BT、BOO、BLT、BTO、CAO(承包—增加—经营)、DOT(开发—经营—转让)、ROT(修缮—经营—转让)和ROO(修缮—拥有—经营)。

(四)承揽工程项目的程序

1. 获取信息。在菲律宾可以通过以下几个途径获取工程招标信息:(1)菲政府部门或企业业主在当地媒体上发布招标邀请信息;(2)业主直接邀请;(3)业主通过中国驻菲使馆经商参处、中资企业(菲律宾)协会承包分会发布信息。

2. 招标投标。菲律宾政府工程承包项目根据业务性质分属不同部门管理,如公共工程与公路部负责公路及桥梁等项目,交通部负责铁路、机场、港口等项目,农业部灌溉局主管水利灌溉项目等。使用非政府财政资金的政府项目,只能由本地企业或外资比例不超过25%的合资企业承揽。通讯、电力、房地产等行业多为私企经营,对外资承包商一般没有限制。

工程项目招投标一般需要经历以下程序,业主或融资方还会有各自具体的要求:(1)招标信息发布;(2)企业报名,递交意向书;(3)资格预审;(4)编制发售招标文件;(5)投标预备会;(6)投标;(7)开标、评标、决授标。

3. 许可手续。外资企业在菲承揽工程项目,均需向菲承包商资格评审委员会(PCAB,隶属菲贸工部)申请特别执照。具体步骤根据企业是否在菲注册略有不同。以在证券委员会注册的中资企业为例,需向PCAB递交外国承包商特殊许可申请表、综合信息表、菲证券委员会出具的公司注册证明、公司章程、公司对授权代表的董事会决议、中国政府部门出具的并由所在地的菲律宾使领馆认可的公司资质证明原件及复印件、菲招标企业出具的工程项目是由外国融资的证明、投标邀请函、母公司出具的背对背保证书、自述书、近6个月财务审计报告、资产负债表、银行账户、用于运输及建设的机动车注册证及发票、国内收入局出具的证明、工程技术人员有关证明、历史记录(有关完工的大型工程合同、证明文件以及菲律宾使领馆认证文件)等PCAB要求一个项目一个执照,承包商需每年更新特别执照。

不同行业的项目业主对承包商的资质要求有所不同,有关程序和手续也有差异,但核心是审查承包商(或设备供应商)在财务、技术等各方面的履约能力(或交付能力)。另一方面,公共项目业主和私营项目业主的资质要求也不相同。公共项目业主要求承包商履行的资格认证手续往往比较复杂,私营项目业主则相对简单。以菲律宾公造部主管的路桥项目为例,承包商须先通过公造部资格审查并注册,审核过程中需提供营业执照、税务登记证、SEC登记证、公司章程、财务审计报告、公司业绩等材料。项目招标时,公造部将在投标邀请函中就具体项目提出资质要求。

八、知识产权保护法律法规

菲律宾全面保护外国投资者的知识产权。在亚太地区的其他国家,对于知识产权的保护,有的国家缺少相应法律,有的国家刚刚起步,而菲律宾在未独立的1946年前就有知识产权保护方面的法律措施,这些措施与美国的法律法规相一致。1997年,菲律宾颁布了《知识产权法典》(RA8293),并成立了知识产权办公室。菲律宾是下列国家知识产权条约的签字国:《伯尔尼保护文学和艺术作品公约》(1948年布鲁塞尔版本)、《保护工业产权巴黎公约(里斯本修正案)》《保护表演者、录音制品制作者和广播组织罗马公约》。

菲律宾知识产权的核心法规是《菲律宾知识产权法典》(RA8293),其主要内容包括:第一章知识产权办公室,第二章专利法,第三章商标、商品名、服务商标法,第四章版权法,第五章总则。知识产权的执法单位有菲律宾贸工部、知识产权办公室和音像法规委员会。

在菲律宾侵权处罚规定分两种情况:情节较轻时,可由上述执法单位责令停止侵权行为、罚款(6000~10万比索)、吊销执照等。情节较重时(指损失超过20万比索,约合4166美元),可由当事人提起司法诉讼,由上诉法院或高级法院裁决,给予刑事处罚。菲律宾贸工部负责受理侵权投诉,知识产权办公室负责纠纷调解。

九、投资合作相关法律及菲律宾对中国企业投资合作的保护政策

(一)菲律宾与投资合作相关的主要法律

菲律宾有数个涉及投资的重要法律,目前有关方面正在推动将所有促进投资的法律合并成一部法律,进一步规范各部门出台财政或非财政激励政策。

1.《1987年综合投资法典》共和国第226号法令,共和国第7918号法令进行修正。该法典为国内外企业提供一系列国家优先发展领域的综合激励措施。企业需参与“投资优先计划”所列的领域以享受这些优惠措施。如果企业未参与列入“投资优先计划”的领域,在满足以下任一条件后也能享受这些优惠措施:(1)50%以上的产品出口(菲律宾公民所有的企业);(2)70%以上的产品出口(外商持股40%以上的企业)。

2.《1991年外国投资法》共和国第7042号法令,共和国第8179号法令进行了修正。外国公司被允许在菲律宾从事未列入《外国投资限制清单》的行业。在《外国投资限制清单》中列举了禁止和限制外国投资的领域,主要包括两部分:(1)清单A为宪法或其他法律规定禁止和限制外国投资的领域;(2)清单B为外商所有权受法律限制的领域,包括与国防、执法、公众卫生、道德、保护中小企业等相关的领域。

3.《1995年经济特区法案》共和国第7916号法令,共和国第8748号法令进行了修正。该法案于1995年通过,旨在通过发展经济特区促进经济增长菲律宾经济特区署(PEZA)负责该法的实施和给予经济特区内的合格企业优惠政策。经济特区分为工业园区,出口加工区、自由贸易区、旅游经济区、IT园区、农业经济区等各类经济园区。

每个经济特区都朝着政府干预最小化、独立自由区域的目标发展。经济特区不需政府提供特别帮助,自我管理经济、金融、工业及旅游发展,同时与周边区域建立起相应的联系。

4.《1992年基地转型及发展法案》共和国第7227号法令。根据该法案成立了基地转型发展委员会、苏比克湾管理署(SBMA)以及苏比克经济特区和自由港区(SSEFZ)。在苏比克经济特区和自由港区注册的企业将享受各种投资优惠,包括一流的商业、居住和旅游设施。

5.《地区总部、地区生产总部和地区仓储中心相关法案》共和国第8756号法令。该法案明确了关于在菲律宾设立跨国公司地区总部(RHQS)、地区生产总部(ROHQS)和地区仓储中心(RWS)的规定和指南。地区总部是指跨国公司在菲律宾设立、但并不从菲律宾获取收入的分支机构。地区生产总部指跨国公司在菲律宾设立、可以通过提供服务而获取收入的分支机构。

6.《投资者租赁法案》共和国第7652号法令。该法案允许外国投资者在菲律宾租用商业用地最长不超过75年(过去规定为50年)。根据该法,任何到菲律宾投资的外国投资者在遵守菲律宾法律和下列条件的情况下,可租赁私人土地:(1)土地租赁合同期限为50年,仅可一次性延长25年;(2)租赁的土地仅做投资用途;(3)租赁合同应符合《综合土地改革法》和《地方政府法案》。

7.《1994年出口发展法案》共和第7844号法令。该法案向出口商提供优惠政策,鼓励增加在出口方面的投入,包括:(1)设立出口发展委员会;(2)鼓励私营部门参与出口推介活动,包括建立世界水准的菲律宾贸易中心;(3)设立私营部门为主导的融资中心,直接为促进出口服务;(4)为出口商提供财政激励政策。

8.《BOT法》共和国第7718号法令。明确私营企业参与一般由政府负责的基础设施建设和有关服务的政策和规定。

(二)中国与菲律宾签署双边投资保护协定

1992年7月,中菲两国签署《中华人民共和国政府和菲律宾共和国政府关于鼓励和相互保护投资协定》。

1999年11月,中菲两国签署《中华人民共和国政府和菲律宾共和国政府关于对所得避免双重征税和防止偷漏税的协定》,该协议自2002年1月1日生效。

2007年1月,中菲两国签署《中华人民共和国政府和菲律宾共和国政府关于扩大和深化双边经济贸易合作的框架协定》。

2011年8月,中菲两国签署《中菲经贸合作五年发展规划》。

新加坡投资贸易指南

一、对外贸易法规和政策规定

(一)贸易主管部门

新加坡国际企业发展局(International Enterprise Singapore,简称企发局或IE Singapore),是隶属于新加坡贸易工业部的法定机构,是新加坡对外贸易主管部门,其前身是成立于1983年的新加坡贸易发展局(贸发局)。企发局下设贸易促进部,并分设商务合作伙伴策划署和出口促进署,主要职责是宣传新加坡作为国际企业都会的形象以及提升以新加坡为基地公司的出口能力。

(二)贸易法规体系

新加坡与贸易相关的主要法律有《商品对外贸易法》《进出口管理办法》《商品服务税法》《竞争法》《海关法》《商务争端法》《自由贸易区法》《商船运输法》《禁止化学武器法》《战略物资管制法》等。

(三)贸易管理的相关规定

1. 开展进出口和转运业务的基本条件。(1)必须在新加坡组建一家公司并向会计与企业管理局注册。(2)注册公司后,需向新加坡关税局免费申请中央注册号码。中央注册号码将允许您通过贸易网系统提交进出口和转运准证申请。

贸易交换网系统是新加坡全国范围内的贸易电子信息交换系统,能让公共和私营部门在此平台上交换电子贸易数据和信息。一般情况下,在新加坡开展进出口或转运业务必须在贸易交换网上获得相关业务准证。

2. 货物进口。货物进口到新加坡前,进口商需通过贸易交换网向新加坡关税局提交准证申请。如符合有关规定,新加坡关税局将签发新加坡进口证书和交货确认书给进口商,以保证货物真正进口到新加坡,没有被转移或出口到被禁止的目的地。一般情况下,所有进口货物都要缴纳消费税。如果进口货物是受管制的货物,必须向相关主管部门提交准证申请并获得批准。

3. 货物出口。非受管制货物通过海运或空运出口,必须在出口之后3天内,通过贸易交换网提交准证申请。受管制货物,或非受管制货物通过公路和铁路出口的,需要在出口之前通过贸易交换网提交准证申请。出口受管制货物还必须事先取得相关主管机构的批准或许可。

4. 货物转运。所有从一个自由贸易区转运至另一个自由贸易区的货物,或在同一个自由贸易区内转运受主管部门管制的货物,必须事先通过贸易交换网取得有效的转运准证才能将货物装载到运输工具上。

(四)进出口商品检验检疫

新加坡对进口商品检验检疫的标准和程序十分严格。负责进口食品、动植物检验检疫的部门是农粮兽医局(简称农粮局或AVA),负责进口药品、化妆品等商品检验的部门是卫生科学局(简称HSA)。

1. 农产品和食品检验。农产品和食品的进口商须向AVA申请执照,只有获得AVA进口执照的贸易商才能在新加坡从事农产品和食品进口业务。AVA有完整的一套食品安全计划,对肉、鱼、新鲜水果和蔬菜、蛋、加工食品等商品的进口来源、包装运输、检验程序、检验标准有不同的要求和详尽的规定。

2. 动物检疫。只有获得AVA执照的进口商才可以在新加坡从事商业用途的动物进口。每次进口动物须向AVA申请许可,并提前获得海关清关许可。所有进口动物需符合AVA的兽医标准。

3. 植物检疫。进口植物及植物产品需出示原产国有关机构签发的植物检疫证书并获得AVA的进口许可。所有进口植物及植物产品必须符合AVA规定的健康标准,除另有规定外,植物及植物产品进口后必须接受AVA检查。受华盛顿公约保护的濒临绝种植物,必须备有CITES许可证方可进口。

4. 药品、化妆品检验。根据《药品法》《有毒物质法》《滥用药物法令》,新加坡所有从事药品进口、批发、零售以及出口的经营者需向HSA取得相关许可方可开展业务。进口药品和化妆品前,需向HSA如实申报其成分、疗效等相关信息,获得批准后方可进口。HSA对进口相关产品进行抽检,一旦与申报不符,即取消其经营相关产品的资格。

（五）海关管理规章制度

新加坡海关管理的主要法律法规有：《海关法》《货物和服务税的条例》《进出口管理条例》《自由贸易区条例》《战略物品管制法》《禁止化学物品》等。

新加坡《海关法》规定，进口商品分为应税货物和非应税货物，应税货物包括石油、酒类、烟类和机动车辆等4大类商品，非应税货物为上述4大类商品之外的所有商品。应税货物和非应税货物进口到新加坡都要征收7%消费税，应税货物除征收消费税外，还需征收国内货物税和关税。

2008年10月中新签署自由贸易协议。根据协议，2009年1月1日起新加坡取消全部自中国进口商品的关税；中国于2010年1月1日对97.1%的自新加坡进口产品实现零关税。

新加坡应纳税商品及关税和国内货物税

商品名称	国内货物税
酒类商品	S$48~70/公升
烟草类商品	S$181~352/千克
石油类商品	S$3.7~7.1/十升
机动车	20%
带引擎的摩托车、自行车	12%

资料来源：新加坡海关

二、外国投资市场准入规定

（一）投资主管部门

新加坡负责投资的主管部门是经济发展局（EDB简称经发局），成立于1961年，是隶属新加坡贸工部的法定机构，也是专门负责吸引外资的机构，具体制订和实施各种吸引外资的优惠政策并提供高效的行政服务。其远景目标是将新加坡打造成为具有强烈吸引力的全球商业与投资枢纽。

（二）投资行业的规定

新加坡对外资准入政策宽松，除国防相关行业及个别特殊行业外，对外资的运作基本没有限制。此外，新加坡政府还制定了特许国际贸易计划、区域总部奖励、跨国营业总部奖励、金融与资金管理中心奖励等多项计划以鼓励外资进入。同时，经发局还推出了一些优惠政策和发展计划来推动企业拓展业务，如创新发展计划、企业研究奖励计划、新技能资助计划等。

根据新加坡政府公布的2010年长期战略发展计划，电子、石油化工、生命科学、工程、物流等9个行业被列为奖励投资领域。

（三）投资方式的规定

外资进入新加坡的方式总体上无特殊限制。除金融、保险、证券等特殊领域需向主管部门报备外，绝大多数产业领域对外资的股权比例等无限制性措施。

（四）特殊经济区域的规定

1. 商业园和特殊工业园。新加坡境内的商业园和特殊工业园有：（1）商业园。国际商业园、樟宜商业园、资讯园。（2）特殊工业园。①石油化学工业园：裕廊岛；②晶圆厂房：淡滨尼、巴西立、兀兰；③先进显示器工业园：淡滨尼；④生物医学园区：大士生物医药园、生物科技园；⑤物流园区：樟宜机场物流园、裕廊岛化工物流园；⑥食品工业园：麦波申大士。（3）科技企业家园。裕廊东的企业家园、新加坡科学园的iAxil、红山—新达城科技企业家中心、莱市科技园。新加坡是城市国家，实行全国统一的税收制度，对外资也实行国民待遇，上述园区内无特殊税收优惠政策，各个园区主要根据区内产业发展的特点而建，区内相关产业的配套基础设施比较完备，可发挥产业集群效应。

2. 海外工业区。新加坡临近的主要海外工业区有：（1）巴淡岛工业区。该园区距新加坡20千米，仅1小时船程。土地面积1570平方千米，总人口99.1万。现有外资企业894家。（2）民丹岛工业区。该园区距新加坡50千米，70分钟船程。土地面积1866平方千米，总人口约50万。现有外资企业23家。巴淡岛和民丹岛工业园区都具有完备的基础设施和较低的制造成本，工人最低月工资约118美元。主要适合电子加工业、服装鞋帽、玩具等轻工业以及钢铁、钻油等重工业，还可发展贸易、旅游和转运。属于自由贸易区，无进口税，无销售税与奢侈品税，免增值税；可享有东盟特惠关税，享有与52个国家签署的避免双重征税协议优惠，与33个国家达成普惠制协议，允许100%海外控股，无外汇管制。（3）马来西亚伊斯干达开发区。马来西亚政府于2006年11月推出伊斯干达开发区（Iskandar Development Region，简称IDR），它是马来西亚目前着力打造的境内最庞大的发展计划。马来西亚政府计划将IDR打造成马来西亚半岛南部最发达的地区以及居住、娱乐、环境和商业完美融合的国际化大都市。IDR位于马来半岛南部的柔佛州，包括南柔佛的新山、哥打丁宜和笨珍等数个地区，占地2217平方千米。陆海空交通方便，与新加坡隔柔佛海峡相望，距离亚洲的主要大城市（如班加罗尔、迪拜、香港、首尔、上海、台北、东京）仅6~8小时飞行航程。从IDR通过公路到吉隆坡仅3个小时车程，距新加坡樟宜国际机场仅55分钟车程，IDR人口约135万，人均GDP约1.48万美元。目前新加坡是该地区最大的外资来源地，一些经济学家将IDR与新加坡的关系喻为深圳之于香港。依斯干达开发区的经济支柱为制造业和服务业。根据马来西亚国库有限公司拟订的全面发展计划，除继续加强电子电器、石油化工与油脂化工、食品与农业加工、物流及相关服务业和旅游业5大领域外，依斯干达开发区还将把医疗保健、教育、金融以及信息产业定为新的增长领域。依斯干达开发区的重点规划项目包括物流枢纽、国际教育中心、医疗中心、金融中心等。

由于新加坡土地资源有限，生产成本较高，新加坡政府鼓励企业赴巴淡岛工业区、民丹岛工业区、马来西亚伊斯干达开发区等海外工业区投资。企业如在上述园区投资设厂，可将区域总部、管理中心、研发中心、营销中心等设立在新加坡，既可降低生产成本，也可充分利用新加坡在物流、金融、税收、知识产权保护等各方面的优势条件。

三、外国投资的优惠政策

（一）优惠政策框架

新加坡优惠政策主要依据是《公司所得税法案》和《经济扩展法案》以及每年政府财政预算案中涉及的一些优惠政策。

新加坡采取的优惠政策主要是为了鼓励投资、出口、增加就业机会、鼓励研发和高新技术产品的生产以及使整个经济更具有活力的生产经营活动。如对涉及特殊产业和服务（如高技术、高附加值企业）、大型跨国公司、研发机构、区域总部、国际船运以及出口企业等给予一定期限的减、免税优惠或资金扶持等。政府推出的各项优惠政策，外资企业基本上可以和本土企业一样享受。

新加坡经济发展局为鼓励、引导企业投资先进制造业和高端服务业、提升企业劳动生产力，推出先锋计划、投资加计扣除计划、业务扩展奖励计划、金融与资金管理中心税收优惠、特许权使用费奖励计划、批准的外国贷款计划、收购知识产权的资产减值税计划、研发费用分摊的资产减值税计划等税收优惠措施，以及企业研究奖励计划和新技能资助计划等财政补贴措施。

新加坡国际企业发展局为支持企业开展国际贸易活动、打造环球都市，推出环球贸易商计划。

新加坡标新局为扶持中小企业发展、鼓励创新、提升企业劳动生产力，推出天使投资者税收减免计划、天使基金、孵化器开发计划、标新局起步公司发展计划、技术企业商业化计划、企业家创业行动计划、企业实习计划、管理人才奖学金、高级管理计划、业务咨询计划、人力资源套餐、知识产权管理计划、创意代金券计划、技术创新计划、品牌套餐、企业标准化计划、生产力综合管理计划、本地企业融资计划、微型贷款计划等财税优惠措施。

为了实施新加坡经济战略委员会2010年提出的未来10年——七大经济发展战略，围绕提高劳动生产率、提升企业能力和打造环球都市这三大战略目标，新加坡政府出台一系列优惠措施，比如，推出生产力及创新优惠计划、培训资助计划和特别红利计划，设立了国家生产力基金，通过税收减免鼓励企业并购重组和土地集约化经营，并组建项目融资机构支持企业国际化经营。

特别值得一提的是生产力及创新优惠计划一年共计5.2亿新元。该计划于2010年推出，有效期为2011～2015年。根据该计划，企业在规定的6项经营活动中，首30万新元符合规定的费用可以享受250%的税额抵扣。这6项费用包括：研究与开发费用、认可的设计费用、收购知识产权费用、知识产权注册费用、购买/租赁自动化设备、员工培训费用。政府于2011年预算案中宣布加强计划的各项优惠。在六大项目中，每个项目可享受税额抵扣的上限从首笔30万新元提高到40万新元，可享受的税额抵扣比率从以前的250%提高到400%。也就是说，企业在规定的六项活动中的任一项中，每花费100元即可从政府处收到68元的补贴。2011年预算中还提升了该计划的现金发放额，除了税收抵扣外，企业也可选择在首笔10万新元符合规定的费用中享受现金发放，最高套现额从2010年的2.1万新元提升到3万新元。

（二）行业鼓励政策

1. 先锋企业奖励。享有先锋企业（包括制造业和服务业）称号的公司，自生产之日起，其从事先锋活动取得的所得可享受免征5～10年所得税的优惠待遇。先锋企业由新加坡政府部门界定。通常情况下，从事新加坡目前还未大规模开展而且经济发展需要的生产或服务的企业，或从事良好发展前景的生产或服务的企业可以申请“先锋企业”资格。

2. 发展和扩展奖励。从政府规定之日起，一定基数以上的公司所得可享受最低为5%的公司所得税率，为期10年，最长可延长到20年。此项政策主要是为鼓励企业不断增加在高新技术和高附加值领域的投资并提升设备和营运水平。曾享受过先锋企业奖励的企业以及其他符合条件的企业均可申请享受此项优惠。

3. 服务出口企业奖励。从政府规定之日起，向非新加坡居民或在新加坡没有常设机构的公司或个人提供与海外项目有关的符合条件的服务的公司，其符合条件的服务收入的90%可享受10年的免征所得税待遇，最长可延长到20年。

4. 区域/国际总部计划。将区域总部（RHO）或国际总部（IHO）设在新加坡的跨国公司，可适用较低的企业所得税税率。区域总部为15%，期限为3～5年；国际总部为10%或更低，期限为5～20年。此项政策主要是为鼓励跨国公司将区域或国际总部设立在新加坡。具体优惠企业可与新加坡企业发展局（EBD）进行商谈，企业发展局可根据公司规模和对新加坡贡献为企业量身定做优惠配套。

5. 国际船运企业优惠。拥有或运营新加坡船只或外国船只的国际航运公司，可以申请10年免征企业所得税的优惠，最长期限可延长到30年。申请企业应具备以下条件：是新加坡居民公司；拥有并运营一定规模的船队；在新加坡的运营成本每年超过400万新元；至少10%的船队（或最少一只船）在新加坡注册。此类优惠项目由新加坡海运管理局（MPA）负责评估。

6. 金融和财务中心奖励。此项政策是为鼓励跨国企业在新加坡设立金融和财务中心（FTC），从事财务、融资和其他金融服务业务。金融和财务中心从事符合条件的活动取得的收入可申请享受10%的企业所得税优惠税率，为期10年，最长可延长到20年。

7. 研发业务优惠。为鼓励企业加大研发力度，新加坡政府规定，自2009估税年度起，企业在新加坡发生的研发费用可享受150%的扣除，并对从事研发业务的企业每年给予一定金额的研发资金补助。

8. 国际贸易商优惠。为鼓励全球贸易商在新加坡开展国际贸易业务，对政府批准的“全球贸易商”给予5～10年的企业所得税优惠，税率减低为5%或10%。此项优惠项目由新加坡国际企业发展局（IES）负责评估。

此外，新加坡还对部分金融业务、海外保险业务、风险投资、海事企业等行业给予一定的所得税优惠或资金扶持。

四、外国企业在新加坡获得土地的政策

（一）新加坡土地法的主要内容

新加坡土地主要有国有和私有两种形式，其中国有土地又分为国有土地和公有土地两种。目前国有土地约占53%，公有土地约占27%，私有土地约占20%。

根据《土地征用法》规定，凡为公共目的所需的土地，政府都可强制性征用。为防止该权力被滥用，政府规定了详细的征地程序、操作流程和土地补偿标准。

土地的交易采用拍卖、招标、有价划拨和临时出租等方式，将一定年限的土地使用权出售给使用者。出让后的土地可以自由转让、买卖和租赁，但年限不变。使用期结束后，政府无偿收回土地及其地上附着物；若要继续使用，须经政府批准，再获得一个规定年限的使用期，但须按当时的市价重估地价，第二次买地。

（二）外资企业获得土地的规定

外资企业可以在新加坡参与土地交易，具体程序参考新加坡土地管理局网站（www.sla.gov.sg）。

五、环境保护法律规定

（一）环保管理部门

新加坡环保管理部门是环境及水源部，主要职责是构建和保障清洁、健康的环境以及水源供应。环境和水资源部下设国家环境局和公共事业局(PUB)两个法定机构,分别负责落实环保政策和水务管理。

(二)主要环保法律法规名称

新加坡环保法律法规包括:《环境保护和管理法》《公共环境卫生法》《水源污化管理及排水法令》《制造业排放污染水条例》《公共事业条例》《污染物控制条例》《媒介和农药防治法》《危险废物法》《辐射防护法》《禁烟法案》等。

(三)环保法律法规基本要点

根据新加坡《环境保护和管理法》,所有企业和个人都有责任和义务维护大气、水体、土地以及动植物的洁净和安全。任何企业和个人违反《环境保护和管理法》等法规和规定,都视为犯罪。环保部门有权根据违法的严重程度对责任人处以2万至10万新元的罚款,逮捕责任人并处以1年以内监禁,或逮捕责任人并提起诉讼。2012年8月24日起,新加坡每天3次公布PM2.5浓度,成为东南亚首个每天公布PM2.5的国家。

(四)环保评估的相关规定

根据新加坡政府的要求,企业在新开展投资项目,业主需委托有资质的第三方咨询公司进行污染控制研究分析(Polution Control Studies,PCS),相当于国内的环评。PCS主要是对工厂产生的三废、噪声、危险化学品等情况,识别可能存在的风险以及采取的控制措施。

开展PCS前期,业主需向咨询公司提供相关资料;咨询公司完成分析报告后,由业主提交新加坡国家环境局(NEA)审批,审批周期约为2~3个月,审批过程中,NEA可能提出问题要求进行解释和澄清;评估费用通常为两万新币。

六、保护知识产权规定

(一)新加坡当地有关知识产权保护的法律法规

新加坡政府一直致力于把新加坡建成重要的区域知识产权中枢,因此十分重视知识产权的保护和鼓励,制定了一系列保护知识产权的法律法规,同时通过资金支持等手段积极营造鼓励创新、方便智力成果产业化的科研、政策和商业环境。

新加坡还是众多与知识产权有关的公约和国际组织的成员,包括《巴黎公约》《伯尔尼公约》《马德里协议》《专利合作条约》《布达佩斯条约》《与贸易有关的知识产权协议》和世界知识产权组织等。

在新加坡国内受到保护的知识产权有专利、商标、注册外观设计、版权(著作权)、集成电路设计、地理标识、商业秘密和机密信息以及植物品种。新加坡分别制定了单项法规对这些知识产权进行保护。

1. 专利。在新加坡规范专利权保护的法律是《专利法》(Patents Act)。要获得专利法保护必须向专利登记处(Registry of Patents)提交专利申请,申请中要包含专利的相关信息,包括发明以及操作说明和相关披露。专利法没有明确列出哪些发明是受法律保护的,但规定了不能取得专利的发明,如具有攻击性、不道德以及反社会的行为。而可以获得专利的发明要具有新颖性、创造性和工业应用性。专利有效期是自申请之日起20年。

2. 商标。新加坡保护商标的主要法律是《商标法》(Trademarks Act)。商标注册可以通过新加坡知识产权局的网站或到该局注册。知识产权局会对商标特性进行审查,整个注册过程通常需要1~2年。商标注册后保护期一般为10年,在支付更新费用后可以不断延续。

3. 版权。新加坡规范版权的主要法律是《版权法》(Copyright Act),它的保护范围包括小说、软件程序、剧本、活页乐谱、绘画作品等。在新加坡取得版权需要满足的条件是作品的作者或创作人是新加坡公民或居民,该作品首次在新加坡出版。在新加坡以外的地方取得版权的作品也可以在新加坡得到保护,条件是作品的作者或创作人是加入WTO或《伯尔尼公约》的成员国的国民或居民,该作品首次在WTO或《伯尔尼公约》的成员国出版。版权期限根据受保护对象不同而有所区别,如文学、戏剧、音乐或非摄影艺术作品的版权期限为作者的终生以及之后的70年,录音作品和电影作品的版权期限为作品首次发表后的70年,电视广播、电台广播或有线电视节目的版权期限为节目发表后的50年。有关新加坡知识产权保护的法律法规以及各项优惠政策可查询新加坡知识产权局网站。

(二)知识产权侵权的相关处罚规定

新加坡法律将知识产权侵权行为区分不同情形,可提起民事诉讼,构成犯罪的须承担刑事责任。刑事责任包括罚款和监禁,也可两者并罚。罚款从1000~10万新元不等,监禁根据情形从12个月到5年不等。

七、投资合作相关法律及对中国企业投资合作保护政策

(一)新加坡与投资合作相关的主要法律

与在新加坡投资合作相关的法律主要有:企业注册法、公司法、合伙企业法、合同法、国内货物买卖法、进出口管理法、竞争法等。

(二)新加坡对中国企业投资合作的保护政策

1. 中国与新加坡签署双边投资保护协定。1985年11月,中国与新加坡签署了《关于促进和保护投资协定》。

2. 中国与新加坡签署避免双重征税协定。1986年4月,中国与新加坡签署了《避免双重征税和防止漏税协定》。

3. 中国与新加坡签署的其他协定。1999年10月,中国与新加坡签署《经济合作和促进贸易与投资的谅解备忘录》,建立了两国经贸磋商机制。双方还签署了《海运协定》《邮电和电信合作协议》《成立中新双方投资促进委员会协议》等多项经济合作协议。

2008年10月23日,中国与新加坡签署了《中华人民共和国政府和新加坡共和国政府自由贸易协定》。同时,双方还签署了《中华人民共和国政府和新加坡共和国政府关于双边劳务合作的谅解备忘录》。

2015年5月18日,中国与新加坡签订促进两国商标注册合作的备忘录。根据备忘录,两国将交换商标注册信息以及探讨人员培训事宜。

泰国投资贸易指南

一、对外贸易法规和政策

(一)贸易主管部门

泰国主管贸易的政府部门是商业部,其主要职责分为两部分,对内负责促进企业发展、推动国内商品贸易和服务贸易发展、监管商品价格、维护消费者权益和保护知识产权等;对外负责参与WTO和各类多双边贸易谈判、推动国际贸易良性发展等。泰国商业部主管对外业务的部门有贸易谈判厅、国际贸易促进厅和对外贸易厅等,主管国内业务的部门有商业发展厅、国内贸易厅、知识产权厅等。

（二）贸易法规体系

主要法律有1960年《出口商品促进法》、1979年《出口和进口商品法》、1973年《部分商品出口管理条例》、1979年《出口商品标准法》、1999年《反倾销和反补贴法》、2000年《海关法》和2007年《进口激增保障措施法》等。

（三）贸易管理的相关规定

1. 进口管理。泰国对多数商品实行自由进口政策，任何开具信用证的进口商均可从事进口业务。泰国仅对部分产品实施禁止进口、关税配额和进口许可证等管理措施。禁止进口产品主要是涉及公共安全和健康、国家安全等的产品，如摩托车旧发动机、博彩设备等；关税配额产品包括桂圆等24种农产品，如大米、糖、椰肉、大蒜、饲料用玉米、棕榈油、椰子油、龙眼、茶叶、大豆和豆饼等，但关税配额措施不适用于从东盟成员国的进口；进口许可分为自动进口许可和非自动进口许可，非自动进口许可产品包括关税配额产品和加工品，如鱼肉、生丝、旧柴油发动机等。自动进口许可产品包括部分服装、凹版打印机和彩色复印机。泰国商业部负责制定受进口许可管理的产品清单。

2. 出口管理。泰国除通过出口登记、许可证、配额、出口税、出口禁令或其他限制措施加以控制的产品外，大部分产品可以自由出口，受出口管制的产品目前有45种，其中征收出口税的有大米、皮毛皮革、柚木与其他木材、橡胶、钢渣或铁渣、动物皮革等。

3. 贸易壁垒。泰国对WTO成员方的平均实施关税是11.2%。

关税高峰　泰国现对大量的进口产品征收超过30%的关税，包括农产品、汽车和汽车零部件、酒精饮料、纤维和一些电子产品。如丝织品、羊毛织物、棉纺织品及其他一些纤维织物的进口关税多为60%，摩托车及一些特殊用途车的进口关税达到或超过80%、大米52%、奶制品216%。

关税升级　泰国对绝大多数工业原材料和必需品，如医疗设备征收零关税；对有选择的一些原材料、电子零配件以及用于国际运输的交通工具征收1%的关税；一些化工原料，如氯化钙、氯化镁等氯化物的关税也仅为1%；对初级产品和资本货物大部分征收5%的关税；对中间产品一般征收10%的关税；对成品一般征收20%的关税；对需要保护的特殊产品征收30%的关税。

关税配额　根据WTO《农业协定》，泰国对24种农产品实行关税配额管理，分别是桂圆、椰肉、牛奶、土豆、洋葱、大蒜、椰子、咖啡、茶、干辣椒、玉米、大米、大豆、洋葱籽、豆油、椰子油、速溶咖啡、土烟丝、生丝等。这些产品在配额内实行低关税，在配额外实行高关税，如大蒜进口配额仅64.6吨，配额内关税为27%，配额外关税高达57%。

进口限制　泰国规定42种产品需要进口许可，包括原材料、石油、工业原料、纺织品、医药品及农产品。泰国禁止进口二手摩托车及其零件和游戏机。产品进口必须满足规定的要求，如缴纳特别费用、需要原产地证明等。进口食品、医药产品、矿产品、武器弹药、艺术品，需要相关部长的特别许可。泰国要求在食品进口登记中提供关于食品生产工艺及组成成分的详细产品经营信息。泰国卫生部食品药品管理局规定所有食品、药品及部分医疗设备的进口均须符合进口许可证的管理。食品进口许可证每三年换一次，每次均需要重新认证，文件送达食品药品管理局后还需重新收费、药品进口许可证每年更换一次，同样需要缴纳有关费用。

技术性贸易壁垒　泰国对10个领域的60种产品实行强制性认证，包括农产品、建筑原料、消费品、电子设备及附件、PVC管、医疗设备、LPG气体容器、表层涂料及交通工具等。泰国卫生部食品药品管理局规定，所有进口食品、药品及部分医疗设备要符合标准、检测、标签和认证要求。进口上述产品必须附有泰文说明产品名称、重量或容量、生产和失效日期的标签，并经泰国卫生部食品药品管理局批准。

政府采购　泰国不是WTO《政府采购协定》的签署国。在政府采购招标中，泰国对外国投标企业设置一系列限制，使外国企业无法投标或难以中标。如泰国常在招标文件中规定非泰国产品不得参与投标；政府采购部门对投标资格的规定不确定，有权在任何时候接受或拒绝部分或所有投标，甚至可以在招标过程中修改技术要求；投标者对招标结论没有申诉权利等。根据2000年5月泰国颁布的《对销贸易法》，对金额超过3亿泰铢的政府采购合同，外国中标企业须易货回购价值不低于合同金额50%的泰国产品，该规定大大提高了外国中标企业的经营成本。

（四）进出口商品检验检疫

泰国负责商品质量监督、检验和标准认证的管理部门主要是卫生部下属的食品与药品监督管理局（简称FDA）及农业合作部下属的国家农业食品和食品标准局（简称ACFS）。

FDA行使职责依据的国内法规和国际协议主要有：泰国1967年《药品法》、1975年《精神类物质法》、1979年《食品法》、1979年《麻醉品法》、1988年《医疗器械法》、1990年《防止滥用挥发性物质法》、1992年《化妆品法》、1992年《危险物质法》和1971年《关于精神类物质的国际公约》、1988年联合国《关于反对非法买卖麻醉品和精神类物质的协定》等。FDA根据相关法律法规对商品的市场准入进行控制，审核发放各类商品相应的卫生证明、GMP证明、HACCP证明和自由销售证明等。进口商必须申请进口许可证后才能进口食品，指定的食品储藏室必须经FDA检验后才能使用，进口许可证要每三年更新一次；对于特别控制的食品，进口商必须到FDA注册，获得批准才能进口。

泰国主要进口商品的关税税率统计

商品名称	HS编码	一般关税税率
原油	2709	25%
集成电路	8542	35%
打字机等办公机器的零部件	8473	40%
摩托车零部件	8708	60%
光盘、磁带、记忆卡等未录制内容的固定媒体存储介质（交卷除外）	8523	60%
成品油	2710	税号27101211－20税率为2.91铢/升，其余部分以30%的税率按价计税
天然气和其他气体燃料	2711	采用特定单位税率0.001铢/千克
未加工的精铜和铜合金	7403	6%
自动数据处理设备	8471	40%
未加工的金、金粉	7108	35%

ACFS 的主要职责是制定初级农产品、食品和加工农产品的标准,发放许可证明,对有关产品的认证机构及企业进行认证等,此外,还协助和参与技术问题、非关税措施及国际标准等方面的对外谈判,其主要工作目标是发展泰国农产品和食品标准体系使其适应国际标准,以扩大泰国农产品和食品的出口额。ACFS 自成立以来,共制定公布了 22 项植物食品标准、10 项动物产品标准、3 项鱼类食品标准和 20 项其他标准。

(五)海关管理规章制度

《海关法》是泰国实施海关管理的根本法律制度。目前,泰国海关进出口商品代码和关税管理体系是根据 1987 年修订的海关关税法令制定的。泰国政府根据管理需要会对商品代码分类和海关关税进行不定期调整,有关法令和公告可在泰国海关厅网站上查询。

在泰国,大部分进口商品都需要缴纳两部分税,一是海关关税,二是增值税(VAT)。关税计税方法一般为按价计税,也有部分商品按照特定单位税率的方式征税。一般情况下,进口商品关税额计算公式为商品到岸价(CIF)乘以该项商品的进口税率,绝大部分商品的进口关税在 0 ~ 80% 之间;增值税的计算公式为进口商品缴纳关税和消费税(部分商品需缴纳)后的总价值乘以 7%。

泰国给予东盟成员国和与其签订多双边贸易协定的国家地区不同程度的关税减让,具体商品的关税税率和减让情况均可以通过 HS 税号或商名称在海关网站上查询,网址为:www. Igtf. customs. go. th.

二、外国投资市场准入的规定

(一)投资主管部门

泰国主管投资促进的部门是泰国投资促进委员会(简称 BOI),负责根据 1977 年颁布的《投资促进法》及 1991 年第二次修正和 2001 年第三次修正的版本制定投资政策。投资促进委员会办公厅是隶属于泰国工业部的国家厅局级单位,负责审核和批准享受泰国投资优惠政策的项目、提供投资咨询和服务等。

(二)投资行业的规定

根据《外籍人经商法》,(Alien Business Act,1999 年)有关规定,泰国限制外国人投资的行业有以下三类:

1. 因特殊理由禁止外国人投资的业务。包括(1)报业、广播电台、电视台;(2)水稻种植、旱地种植、果园种植、牧业、林业、原木加工;(3)在泰国领海、经济特区的捕鱼;(4)泰药材炮制;(5)涉及泰国古董或具有历史价值之文物的经营和拍卖;(6)佛像、钵盂制作或铸造;(7)土地交易等。

2. 涉及国家安全稳定或对艺术文化、风俗习惯、民间手工业、自然资源、生态环境造成不良影响的投资业务,须经商业部长根据内阁的决定批准后外国投资者方可从事的行业:(1)涉及国家安全稳定的投资业务,包括生产、销售、修理枪械、子弹、火药、爆炸物及其有关配件,武器、军用船、飞机、车辆,一切占用设备的机件设备或有关配件;国内陆上、水上、空中等运输业,包括国内航空业。(2)对艺术文化、风俗习惯、民间手工业、自然资料、生态环境造成不良影响的投资业务,包括泰国传统工艺品的古董、艺术品买卖,木雕制造,养蚕、泰丝生产、泰绸织造、泰绸花纹印制,泰国民族乐器制造,金器、银器、乌银镶嵌器、镶石金器、漆器制造,涉及泰国传统工艺的盘器、碗器、陶器制造。(3)对自然资源、生态环境造成不良影响的投资业务,包括蔗糖生产,海盐、矿盐生产,石盐生产,采矿业、石头爆破或碎石加工,家具、木材加工等。

3. 本国人对外国人未具竞争能力的投资业务,须经商业部商业注册厅厅长根据外籍人经商营业委员会决定批准后可以从事的行业。包括(1)碾米业、米粉和其他植物粉加工。(2)水产养殖业。(3)营造林木的开发与经营。(4)胶合板、饰面板、刨木板、硬木板制造。(5)石灰生产。(6)会计、法律、建筑、工程服务业。(7)工程建设,但不包含:①外国人投入的最低资本在 5 亿铢以上的公共基本设施建设、运用新型机械设备、特种技术和专业管理的公共设施、交通设施建设;②部级法规规定的其他工程建设。(8)中介或代理业务,但不包含:①证券交易中介或代理、农产品期货交易、有价证券买卖业务;②为联营企业的生产、服务需要提供买卖、采购、寻求服务的中介或代理业务;③为外国人投入最低资本 1 亿铢以上的、行销国内产品或进口产品的国际贸易企业提供买卖、采购、推销、寻求国内外市场的中介或代理业务。(9)拍卖业,但不包含:①国际性拍卖业,其拍卖标的物不涉及具有泰国传统工艺、考古或历史价值的古董、古物、艺术品之拍卖;②部级法规规定的其他拍卖。(10)法律未有明文禁止涉及地方特产或农产品的国际贸易。(11)最低资本总额低于 1 亿铢的百货零售业、最低资本少于 2500 万铢的商店。(12)最低资本少于 100 万的商品批发业。(13)宣传广告业。(14)旅店业,不含旅店管理、旅游业、餐饮业。(15)植物新品种开发和品种改良。(16)除部级法规规定的服务业以外的其他服务业等。

外国人除需经商业部长根据内阁决议批准外,还需满足以下两个条件方可从事上述第二类规定的行业:一是泰籍人或按照本法规定的非外国法人所持的股份不少于外国法人公司资本的 40%(除非有适当原因,商业部长根据内阁的批准可以放宽上述持股比例,但最低不得低于 25%)。二是泰国人所占的董事职位不少于 2/5。

对上述属于外商经营企业法所规定的需得到允许方可进行投资的二、三类行业,外国人在泰国开始商业经营的最低投资额不得少于 300 万泰铢,其他行业最低不少于 200 万泰铢。最低投资额对在泰国注册的法人来说是指注册资本,对未在泰国注册的外国投资者或法人来说是指来泰经商所汇入的外汇。如果外国人属于《投资促进法》《工业园管理条例》或其他有关法律规定可享受投资优惠或得到经营许可的投资者,则可以从事第二、三类中规定的某些行业。

根据泰国投资促进法的有关规定,在泰国获得投资优惠的企业,投资额在 1000 泰铢以上(不包括土地费和流动资金),须获得 ISO9000 国际质量标准或其他相等的国际标准的认证。具体审批标准如下:(1)投资额不超过 5 亿铢(不包括土地费和流动资金)的项目,产品增加值必须不低于销售收入的 20%,但电子产品及其配件、农产品加工和投资促进委员会特别批准的项目除外;新投资项目的负债与注册资本之比不得超过 3:1;投资项目必须使用先进生产技术和新机械设备,若需使用旧机器,其效率必须获得权威机构的验证,并获得投资促进委员会的准许;必须有足够的环境保护措施,对环境有不良影响的项目,投资促进委员会将着重审核其工厂设立地点及其污染处理方法。(2)投资额在 5 亿铢以上(不包括土地费和流动资金)的项目,除按上述规定执行,尚需按投资促进委员会的规定提交项目可行性报告。

以下行业的泰国籍投资者的持股比例不得低于21%：农业、畜牧业、渔业、勘探与采矿业和1999年颁布的《外籍人经商法》附录第一类行业中的服务行业。

（三）投资方式规定

1. 股权投资。外籍人对泰开展投资经营活动的方式可分为以下两类：一是按照泰国法律在泰国注册为某种法人实体，具体形式有合伙企业、有限公司和大众有限公司等；二是成立合资公司，通常指一些自然人或法人根据协议为从事某项商业活动而组建的实体。根据泰国《民商法典》，合资公司不是法人实体，但是根据《税法典》，合资公司在缴纳企业所得税时被视为单一实体。

2. 上市。泰国法律规定，只有大众有限公司才有资格申请登记加入证券交易市场。根据1992年颁布的《大众有限公司法》的有关规定，有限公司可以转为大众有限公司。泰国没有关于外资公司在泰上市的特殊限制，在泰国注册成立的大众有限公司，符合泰国证券交易委员会（简称SEC）和股票交易所（简称SET）的有关规定，即可申请上市。

3. 收购。泰国没有关于跨国并购的专门法律法规，规范收购行为的法律法规是《大众有限公司法》和1992年颁布的《证券交易法》。收购行为通常有股票收购、兼并和资产收购——收购上市公司，必须符合《证券交易法》和泰国证券交易委员会的有关规定，当收购量达到上市公司股份的25%，收购者必须正式提出股权收购。

（四）特殊经济区域的规定

泰国工业部下设有工业园管理局（简称IEA），负责发展工业园区和科技园区等工业地产。2007年，IEA第四次修改《工业园机构条例》，以提高工业园内投资者的竞争能力。

根据《工业园机构条例》，泰国的工业园分为两类：一般工业区和自由经营区（原出口加工区）。在一般工业区投资的外国投资者，不必向BOI提交申请，就可以获得工业园内的土地所有权和引进外国技术人员、专家来泰国工作的权利。此外，IEA还向工业园内的投资者提供便利设施和一条龙服务，如运输服务、仓库、培训中心和医疗服务等。在自由经营区的投资者，还可以享有更多的优惠政策，如无条件向国外出口产品，享受更大的进口物件和原材料便利，除BOI鼓励投资政策提供的优惠条件外，还可以享受更多的税务优惠。

根据IEA统计，截至2009年底，泰国共在14个府建立各类工业园41个，其中IEA下独立开发的工业园11个，IEA下与合作者联合开发的工业园28个，另有2个工业港，各工业园总占地面积14.8万莱（1莱约合1600平方米）。泰国各工业园的优惠政策与BOI的地区鼓励政策基本保持一致，根据所处的府别分别享受当地最高的投资优惠（包括税收、土地、人员引进及进口机械设备或原材料免税等诸多方面优惠），各入园企业无需特别申请即可享受BOI的投资优惠政策。

泰国目前实施的是1992年修订后的《工厂法》，该法明确规定工厂建设、运行、扩建和安全的有关要求。由工业部工业建设厅根据该法负责管理，对于工厂建设项目的管理控制程度通常取决于环境保护的需要，例如对排放造成污染的产业控制就更加严格。根据该法，工厂被分为三类：第一类，不需要政府许可就可以建设运行；第二类，开始建设运行前需要事先告知政府有关部门，业主在收到工业部确认的回执后即可开始建设；第三类，工厂建设前需要向工业部工业建设厅申请许可证。在工厂试运行前和正式开工生产之前，业主要至少提前15天告知有关政府部门。许可证的有效期为自项目运营起至第5年年底结束，如果工厂转让、出租或者停产，则在新业主取得许可证之日原许可证作废，或者在停产之日原许可证作废。业主在许可证到期前可以申请延期。

三、外国投资优惠政策

（一）优惠政策框架

BOI向投资者提供两种形式的优惠政策：一是税务上的优惠权益，主要包括免缴或减免法人所得税及红利税、免缴或减免机器进口税、减免必需的原材料进口税、免缴出口产品所需要的原材料进口税等；二是非税务上的优惠权益，主要包括允许引进专家技术人员、允许获得土地所有权、允许汇出外汇以及其他保障和保护措施等。

非税务优惠适用于所有获BOI批准的项目，税务优惠则根据项目所在地和所属行业等不同情况享受相应的优惠。一般来说，位于受到特别鼓励投资区域的项目、生产出口型的项目或者属于泰国政府鼓励支持产业范畴内的项目均可以获得更大程度的优惠。

此外，为鼓励外商投资，BOI还放宽了对外商持股比例的限制，对于工业企业投资，无论工厂设在何处，允许外商持大部分或全部股份，如果有适当理由，BOI可规定外商在某些受鼓励的行业持股比例的限额。

（二）行业鼓励政策

BOI将鼓励投资的行业分为七大类：农业及农产品加工业，矿业、陶瓷及基础金属工业，轻工业，金属产品，机械设备和运输设备制造业，电子与电器工业，化工产品，造纸及塑胶，服务业及公用事业。

每个大类下还细分为许多小类，BOI对一些重点鼓励投资的行业都规定了特别的优惠条件，其中，农产品加工业、人才及科技发展业、公共事业、基础设施、环境保护等属于特别重视的项目。

（三）地区鼓励政策

BOI对鼓励投资的地区在行业优惠政策基础上给予不同程度的额外优惠政策。泰国重点促进南部边境地区和经济特区的投资。南部边境地区包括南部边境3个府以及宋卡府的4个县。泰国政府经济特区发展委员会首期已确定5个经济特区，分别位于达府、莫拉限府、萨缴府、宋卡府和哒叻府境内。此外，在人均收入较低的20个府投资也可享受到一些额外优惠。这20个府是：胶拉信、猜也奔、那空帕农、南、汝干、武里喃、帕、马哈沙拉堪、莫拉限、夜丰颂、缴、素可泰、素辇、廊磨南蒲、益梭通、黎逸、四色菊、沙功那空、乌汶以及庵纳乍能。

BOI对各级投资区域分别给予不同的投资优惠政策。

（四）外国公司承包当地工程的规定

1. 许可制度。根据《外商经营企业法》的有关规定，建筑业和工程服务业为限制外籍人从事的行业，外籍人只有与泰籍人组成合资公司或联合体才能承揽泰国的工程项目，且合资公司或联合体必须由泰籍人控股，外籍人投资所占比例不得超过49%。

2. 禁止领域。从法律方面看，除关于合资公司或联合体外籍人不得持大股的要求外，泰国未针对外国承包商在工程承包领域做出任何限制规定。但在实际操作层面,泰国几家大的本土工程承包商在一些项目招标中(尤其是政府公共项目)占有天然优势地位。

3. 招标方式。泰国的承包工程项目可分为两类:一是国家投资的公共项目,通常采取国际招标的方式,仅有少数采取邀标的形式;二是私人投资的工程项目,目前通行的国际招标、邀标和议标等招标形式均有采用。

四、外国企业在泰国获得土地的规定

(一)土地法的主要内容

泰国关于土地和房产法律主要基于大陆法系的法律体系而制订,主要内容都参照大陆法系国家的相关法律。《泰国土地法》由泰国内务部颁布,自1954年12月10日起实施。土地法包括土地分配、土地所有权的授予和界定、相关文件的发布等内容,明确对于宗教用地、外国人用地、部分行业法人用地的限制条件、并对土地调查、土地交易和费用及处罚条例都作出明确规定。

内务部又于1999年和2008年颁布对《土地法》的3条的修订案,分别对外国人用地、土地相关费用及处罚条款进行调整。除1954年《土地法》之外,《泰国工商不动产租赁法》《泰国工业区法》等法律都有涉及外国人在泰用地的规定。

(二)外资企业获得土地的规定

1954年《土地法》对外国人拥有土地做出规定:"外国人可根据双边条约关于允许拥有房地产权的规定,并在本土地法管辖下拥有土地。"根据该法,外国人及外籍法人根据内务部法规,经内务部部长批准可拥有土地,以作为居住和从事商业、工业、农业、坟场、慈善、宗教等活动需要之用。并针对不同用途对外国人最多可持有的土地面积做了规定。

为了适应经济与社会发展的需要,内务部于1999年5月19日又颁布《土地法》修订案《Land Code Amendment Act No.8》,对《土地法》中有关外国人及外籍法人产业问题做了修改,允许外国人及外籍法人在符合某种规定条件下可以拥有土地产业。其规定主要内容包括:"凡需在泰持有土地的外国人,必须按内务部规定从国外携入不少于4000万株,并经内务部长批准,可以拥有不超过1莱(泰面积单位,1莱=1600平方米)的土地,作为其居住用地。""上述外国人还必须满足以下条件:(1)其在泰投资必须是有益于泰本国经济社会发展或满足泰投资促进委员会(BOI)规定可予以投资促进的项目;(2)投资持续时间不少于3年;(3)持有的土地应在曼谷市区、芭提雅或其他《城市规划法》规定的居住用地范围内。"

对于在泰投资可观并使泰经济受益的外国企业,其在泰经营期间若适用《泰国投资促进法》第27条、《泰国工业园管理局法》第44条或《泰国石油法》第65条规定,在持有泰国土地方面可享受一定特权和豁免。(1)《泰国投资促进法》第27条:在获得董事会批准的情况下,投资人可拥有超出其他法律规定范围的土地用于进行投资活动;在投资人是外籍人的情况,若其在泰投资活动停止或将土地转让给他人,土地局有权收回土地。(2)《泰国工业园管理局法》第44条:在获得董事会批准的情况,工业经营者可在工业园区内拥有超出其他法律规定范围的土地用于工业活动。在投资人是外籍人的情况,若其在泰商业活动停止或转让给他人,须将所有用土地退还给泰工业园管理局或转让给其企业受让者。(3)《泰国石油法》第65条:委员会有权批准特许权获得者拥有超出其他法律规定范围的土地用于石油经营。

按照泰国法律规定,只允许外国人在符合上述条件情况下拥有用于居住的土地,或满足条件的外国企业有限制的拥有用于企业经营之用的土地。外国企业不得自由开展对泰土地的投资业务。此外,即便泰国人占多数(按股权人和股权计算)的合资企业,泰国政府也出台有关条例防范以此为名义从事土地经营的行为。

五、环境保护法律规定

(一)环保管理部门

泰国负责环境保护的政府部门是自然资源和环境部(简称MNRE),其主要职责是制定政策和规划,提出自然资源和环境管理的措施并协调实施,下设有自然资源和环境政策规划办公室、污染控制厅、环境质量促进厅等部门。

(二)主要环保法律法规名称

泰国关于环保的基本法律是1992年颁布的《国家环境质量促进和保护法》,此外泰国自然资源和环境部还发布了一系列关于大气和噪音、水、土壤等方面的一系列公告。

(三)环保法律法规基本要点

泰国有关环保法律法规对于空气和噪音污染、水污染、土壤污染、废弃物和危险物质排放等标准都有明确的规定,对于违法违规行为有相应的处罚。此外,泰国1975年第一次提出关于环境影响评估(简称EIA)的强制要求,目前,相关规定详见1992年国家环境质量促进和保护法第46条。在泰国自然环境委员会的批准下,泰国自然资源和环境部有权规定必须进行EIA的项目规模和类型。可能对自然环境造成影响的大型项目,必须向自然资源和环境政策规划办公室提交EIAS报告,接受审核和修改。EIAS报告必须由在自然资源和环境政策规划办公室注册认可的咨询公司出具。

(四)环保评估的相关规定

根据泰国《国家环境质量促进和保护法》(1992年)有关规定,为保护和提高环境质量,经自然环境委员会批准,自然资源和环境保护部应对自然环境可能产生影响并需提交环评报告的由政府部门、国有企业和个人进行的投资或工程项目的类型和规模进行分类,并由部长签发后在政府报刊上进行公布。公布的内容还应包括所需提交的其他相关材料。针对特定投资或工程项目的环评报告如具有普遍性,经自然环境委员会批准,自然资源和环境保护部部长可将之作为范本在政府报刊上予以公示,其他类似的投资或工程项目在同意此范本内容基础上,可免除提交环评报告。

根据上述法律规定,需提交环评报告的投资或工程项目,如由政府部门、国有企业实施或者前两者与民营企业联合实施并需报内阁最终批准的,政府部门或国有企业需在项目可研阶段准备环评报告,并征得国家环境委员会同意后报内阁审批。如有必要,内阁可请有关专家或专业机构参与项目评审。

如投资或工程项目根据有关法律规定需于建设或实施前准备环评报告的,负责人需将该报告同时提交给相关的项目审批机构和环境政策和计划办公室。提交的报告可以采用标准范本的形式,项目审批机构需待环境政策和计划办公室审批同意后方可发放投资或项目实施许可。如环境政策和计划办公室发现提交的环评报告不符合相关要求或材料有缺失,需于收到报告15日内反馈提交人。如各方面材料齐备并符合有关要求,应于收到报告30日内出具初步意见并转专家委员会进行进一步审核。专家委员会应自收到报告起45日内出具审核结果,如规定时间内未能出具审核意见,则视为审核通过。

经国家环境委员会批准,自然资源和环境保护部部长可就环评报告编制人的资格条件提出具体要求,根据此项要求,编制人应为该项领域的专家并获得相关的资质认证。资质证书的申请及发放、成为专家的资格条件和证书换发、暂停、吊销以及有关费用标准等,均需按自然资源和环境保护部制定的有关规章执行。

目前,泰国设有很多从事环评咨询和服务工作的专业事务所,可为企业提供有关服务。

六、保护知识产权的规定

(一)泰国有关知识产权保护的法律法规

泰国有关知识产权保护的法律主要涉及三部:《专利法》(1979年)、《商标法》(1991年)和《著作权法》(1994年),三部法律分别针对专利、商标和著作权的定义、类型、申请、使用和保护等有关内容做出了明确规定。

(二)知识产权侵权的相关处罚规定

根据泰国《专利法》(1979年)有关规定,未具备本法规定的权利者,不得在产品容器、产品包装上或在发明、外观设计的宣传上使用"泰国专利权""泰国实用新型专利权",或其他意思、相同的外国文字,或其他意思相同的词语,任何人不得在产品容器、产品包装或发明、外观设计的宣传上使用"正在办理专利"或"正在办理实用新型专利"或其他意思相同的词语(但正在审批中的专利申请或实用新型专利申请不在此限),如有违犯可处1年以下监禁或罚以20万泰铢以下罚金,或两罪并罚;未经专利权人许可擅自使用属于专利权人所有的产品、技术或外观设计(但为教学和研究需要使用该外观设计专利的不在此限)专利的,可处两年以下监禁,或罚以40万泰铢以下罚金,或两者并罚;任何人未经实用新型专利权人许可,侵犯使用实用新型专利权人各项权利的,可处1年以下监禁,或罚以20万泰铢罚金,或两罪并罚;任何人在申请发明专利、外观设计专利或实用新型专利时向执行工作人员提供虚假材料,以期获得专利证书或实用新型证书的,可处6个月以下监禁,或罚以5000泰铢以下罚金,或两者并罚;因触犯本法受罚者为法人的,其法人执行人或法人代表须受到法律相应规定的处罚,除非该法人行为能被证实与本人无关,或并未得到本人认可。

泰国《商标法》(1991年)和《著作权法》(1994年)未规定有关违法处罚的内容。

七、投资合作相关法律及对中国企业投资合作保护政策

(一)泰国与投资合作相关的主要法律

《民商法典(Civil and Commercial Code)》,明确了自然人、团体和法人之间的民事关系,对法人的设立、组织、经营、变更等行为做出了规定。

《外籍人经商法(Alien Business Act)》,规定外籍人在泰经商行为的根本法律。

《税法典(Revenue Code)》,规定泰国税种、税率和计算方式等税务相关问题的根本法律。

《投资促进法门(nvestment Promotion Act)》(以及历次修改公告),明确了外商在泰投资可以享受的各项优惠权益。

《劳动保护法(Labour Protection Act)》,明确了雇主和雇员的权利及义务。

《外籍人工作法(Alien Employment Act)》,规定外籍人在泰工作的根本法律。

《海关法(Customs Acts)》,规定了商品进出泰国关境的原则和方式,明确了进出口经营者和海关管理机构的权益义务等。

(二)泰国对中国企业投资合作的保护政策

1. 中国与泰国签署双边投资保护协定。1985年3月12日,中泰两国政府在曼谷签署了《中华人民共和国政府和泰王国关于促进和保护投资的协定》。

2. 中国与泰国签署避免双重征税协定。1986年10月27日,中泰两国政府签署了《关于避免双重征税和防止偷漏税的协定》。

3. 中国与泰国签署的其他协定。1994年3月16日,中泰两国政府签署了《关于民商事司法协助和仲裁合作的协定》。2000年3月10日,中泰两国政府在北京签署了《中华人民共和国政府和泰王国关于中国加入世界贸易组织的双边协议》,协议附件中列出了中国给予泰国的货物贸易和服务贸易减让表。

2012年4月,中泰两国政府在北京签署《中华人民共和国和泰国经贸合作五年发展规划》。

2013年10月,中泰两国政府签署《中泰关系发展远景规划》,涉及政治、经贸和投资、防务和安全、交通和互联互通等多个领域的合作。其中涉及经贸和投资合作的内容包括:双方同意加强交流与合作,通过中泰贸易、投资与经济合作联委会等机制,推动双边贸易便利化,促进双边贸易与投资的增长;双方同意继续以中泰贸易合作五年发展规划指导两国经贸关系发展,加强经贸联系,实现两国经济可持续发展;双方同意通过加强投资信息交流,创造便利条件,改善双边投资环境;双方同意密切在橡胶产业、生物塑料业和绿色产业的投资合作;双方同意通过在相关机制框架内加强合作社发展、农产品加工与贸易、农业企业投资和粮农政策协调方面的合作,提升两国农业合作水平;双方同意深化金融和银行业合作,推动更多使用两国本币作为两国贸易和投资结算货币,完善相关合作机制,为双方贸易、投资和经济合作提供便利。双方将共同探讨提供更便利的人民币清算服务。

越南投资贸易指南

一、对外贸易法规和政策

(一)贸易主管部门

越南主管贸易的部门是工贸部,设有36个司局和研究院,负责全国工业生产(包括机械、冶金、电力、能源、油气、矿产及食品、日用消费品等行业生产)、国内贸易、对外贸易、WTO事务、自由贸易区谈判等。

(二)贸易法规体系

越南主要贸易法律法规包括:《民法》(2005年)、《贸易法》《电子交易法》(2005年)、《海关法》(2001年)、《进出口税法》《知识产权法》(2005年)、《信息技术法》《反倾销法》

(2004年10月1日起实施)、《反补贴法》(2005年1月1日起实施)、《企业法》(2005年)、《会计法》《统计法》等。外商在越南投资建立独资、合资和合作经营企业,建立贸易公司和分销机构等都有明确法律规定。

(三)贸易管理的相关规定

1. 进口管理。根据加入WTO的承诺,越南逐步取消进口配额限制,基本按照市场原则管理。禁止进口的商品主要包括:武器、弹药、毒品、除工业用以外的易燃易爆物、有毒化学品、军事技术设备、麻醉剂、部分儿童玩具、颓废和反动的文化品、爆竹(交通运输部批准用于安全航海用途的除外)、烟草制品、二手消费品、右舵驾驶机动车、二手物资、低于30马力的二手内燃机、含有石棉的产品和材料、各类专用密码及各种密码软件等。越南工贸部在讨论《贸易法实施细则决议草案》,拟禁止进口二手纺织品和电子商品等。

2. 出口管理。关于出口,越南主要采取出口禁令、出口关税、数量限制等措施进行管理。禁止出口的商品主要包括:武器、弹药、爆炸物和军事装备器材、毒品、有毒化学品、古玩、伐自国内天然林的圆木、锯材、来源为国内天然林的木材、木炭、野生动物和珍稀动物、用于保护国家秘密的专用密码和密码软件等。2012年9月13日起,越南海关总局只允许经由科学技术部确认不属于暂停进口范围的中国生产的二手设备通关。

(四)进出口商品检验检疫

越南进出口商品检验检疫工作根据不同商品种类由不同部门负责,食品和药品检验由卫生部负责,动植物和其他农产品检验由农业与农村发展部负责,具体规定可在网上查询。

(五)海关管理规章制度

1. 管理制度。越南现行关税制度包括4种税率:普通税率、最惠国税率、东盟自由贸易区税率及中国—东盟自由贸易区优惠税率。普通税率比最惠国税率高50%,适用于未与越南建立正常贸易关系国家的进口产品。原产于中国的商品享受中国—东盟自由贸易区优惠税率。根据中国—东盟自由贸易区货物贸易协议,从2011年始,越南将对从中国进口的商品每两年削减一次进口关税。到2015年,除少量敏感产品外,将对95%以上的商品征收零关税。到2018年,越南与东盟成员国所有商品均实现零关税。

2. 关税税率。2014年,越南部分商品进口税率(非中国—东盟自由贸易区优惠税率)见下表:

2014年越南部分商品进口税率

商品名称	关税税率	商品名称	关税税率
香烟原料	30%	纺织原料	5% ~12%
皮革原料	0~10%	成衣	5% ~20%
皮革制品	0~28%	鞋	5% ~32%
木材原料	0% ~5%	玻璃	0% ~40%
面粉	30%	钢材	0% ~32%
纸张	5% ~32%	内燃机	3% ~25%
煤炭	0% ~3%	汽车(5座)	70%

资料来源:越南海关

二、外国投资市场准入规定

(一)投资主管部门

越南主管投资的政府部门是计划投资部,设31个司局和研究院,主要负责全国"计划和投资"管理,为制定全国经济社会发展规划和经济管理政策提供综合参考,负责管理国内外投资,负责管理工业区和出口加工区建设,牵头管理对官方发展援助(ODA)的使用,负责管理部分项目的招投标等。

(二)投资行业规定

1. 禁止投资项目。(1)危害国防、国家安全和公共利益的项目;(2)危害越南文化历史遗迹、道德和风俗的项目;(3)危害人民身体健康、破坏资源和环境的项目;(4)处理从国外输入越南的有毒废弃物、生产有毒化学品或使用国际条约禁用毒素的项目。

2. 限制投资项目。(1)对国防、国家安全、社会秩序有影响的项目;(2)财政、金融项目;(3)影响大众健康的项目;(4)文化、通信、报纸、出版等项目;(5)娱乐项目;(6)房地产项目;(7)自然资源的考察、寻找、勘探、开采及生态环境项目;(8)教育和培训项目;(9)法律规定的其他项目。

3. 特别鼓励投资项目。(1)新材料、新能源的生产,高科技产品的生产,生物技术,信息技术,机械制造,配套工业;(2)种植、养殖,农林水产品加工,制盐,培育新的植物和畜禽种子;(3)应用高科技、现代技术,保护生态环境,研究、发展、创造高技术;(4)使用5000人以上的劳动密集型产业;(5)工业区、出口加工区、高新技术区、经济区及由政府总理批准重要项目的基础设施建设;(6)发展教育、培训、医疗、体育和民族文化事业的项目;(7)其他需鼓励的生产和服务项目:25%以上的纯利润用于研究与发展。

(三)投资方式的规定

根据越南《投资法》,外国投资者可选择投资领域、投资形式、融资渠道、投资地点和规模、投资伙伴及投资项目活动期限。外国投资者可登记注册经营一个或多个行业,根据法律规定成立企业,自主决定已登记注册的投资经营活动。

1. 直接投资。包括外商独资企业,成立与当地投资商合资的企业,按BOO、BOT、BTO和BT合同方式进行投资,通过购买股份或融资方式参与投资活动管理,通过合并、并购当地企业的方式投资,其他直接投资方式。

2. 间接投资。包括购买股份、股票、债券和其他有价证券,通过证券投资基金进行投资,通过其他中介金融机构进行投资,通过对当地企业和个人的股份、股票、债券和其他有价证券进行买卖的方式投资。间接投资的手续根据证券法和其他相关法律的规定办理。

3. 外资并购。越南正在对隶属于70多家集团和总公司的1600多家国企进行改革,包括银行、航空、通信、造船、汽车、电力、水泥、交通等重要行业,鼓励外商参与,允许外商购买股份和参与管理,仅保留554家与国防、安全等有关的国有全资企业。外商可通过购买上市企业的股票,或购买股份制企业的股权等方式进行并购。

(四)特殊经济区域的规定

越南革新开放以来,重视发展工业区和经济区建设,截至2014年6月,全国共有293个工业区(含出口加工区)和15个沿海经济区。截至2014年6月底,各工业区已吸收外资项目5290个,协议外资总额771亿美元,各经济区新增国内外投资项目303个。

越南的工业区、出口加工区对外资企业实行优惠税收政策。2009年,越南新的所得税政策实施以来,园区内企业所得税与园区外一致,优惠政策均以2006年颁布的鼓励与特别鼓励项目以及艰苦和特别艰苦地区为优惠依据，对工业区吸收外资产生很大影响。

1. 工业区。工业区内的外资企业按以下规定缴税：(1)进出口税。①生产性企业和服务性企业均免征出口税。②鼓励投资的生产性企业进口构成企业固定资产的各种机械设备、专用运输车免征进口税；对用于生产出口商品的物资、原料、零配件和其他原料可暂不缴进口税，企业出口成品时，再按进出口税法补缴进口税。③服务性企业按进口税法缴税。(2)企业所得税。①产品出口80%以上的生产性企业从盈利之年起免税4年，接着4年按纯利润的5%缴税，以后每年按纯利润的10%缴税。②出口50%～80%的生产性企业从盈利之年起免税两年，接着3年按纯利润的7.5%缴税，以后每年按纯利润的15%缴税。③50%以下的生产性企业从盈利之年起免税1年，随后两年按纯利润的10%缴税，以后每年按纯利润的20%缴税。④服务性企业从盈利之年起免税1年，随后两年按纯利润的10%缴税，以后每年按纯利润的20%缴税。

2. 出口加工区。出口加工区内的外资企业按以下规定缴税：(1)进出口税。①生产性企业和服务性企业均免征出口税。②生产性企业和服务性企业进口构成企业固定资产的各种机械设备、专用运输车辆和各类物资，原料免征进口税。(2)企业所得税。与工业区享受同等优惠政策。

中资企业在越南共投资建设4个工业园区，即铃中出口加工区(约600公顷)、龙江工业园(600公顷)、深圳—海防经贸合作区(800公顷)、仁会工业区B区(450公顷)，都取得不同进展。其中，铃中出口加工区已实施三期项目，效果较好，成为越南工业区建设典范。龙江工业园和深圳—海防经贸合作区成为中国国家级境外经贸合作区，有利于推动中国企业“集群式”走出去，扩大对越投资合作规模。

3. 口岸经济区。越南鼓励在边境地区建设口岸经济区，目的是促进地方经济社会发展，维护边疆稳定和安全。中央和地方政府在口岸经济区建设过程中提供土地、税收和资金方面的支持。1996年，越南试点在广宁省芒街市建立口岸经济区，随后分别在谅山省同登市和老街省老街市建立口岸经济区。迄今为止，越南25个边境省份(分别与中国、老挝和柬埔寨接壤)中已有21个省份建立口岸经济区。

口岸经济区享受以下优惠政策：政府优先考虑利用外国政府和国际组织提供的官方发展援助促进口岸经济区基础设施建设，同时鼓励外商以BOT、BT和BTO等方式参与基础设施建设；在口岸经济区投资的项目，可享受所得税4免9减半、之后连续10年减10%的优惠；在口岸经济区工作的外国人，可免50%的个人所得税；接壤国家公民持因私护照(按规定应办理签证)可免签进入口岸经济区并停留15天；接壤国家的货车可进入口岸经济区，在区内交接货物。

三、外国投资优惠政策

(一)优惠政策框架

2006年7月1日，越南出台新的《投资法》，对国内和外商投资实行统一管理，取消之前《外国投资法》的诸多限制，进一步开放市场。取消的限制包括：要求优先购买、使用国内商品和服务，或必须购买国内某一生产厂家的产品和服务；要求商品或服务出口必须达到一定比例；限制出口商品和服务的种类、数量和价值；要求商品进口数量和价值与商品出口数量和价值相当或必须通过自身出口来平衡进口所需外汇；要求商品生产要达到一定的国产化比例；要求研发工作要达到一定水平或价值；要求在国内外某一具体地点提供商品及服务；要求总部设在某一具体地点等。

(二)行业鼓励政策

越南鼓励外商直接投资发展高新技术产业，尤其是鼓励到高新技术开发区投资建厂。根据规定，入驻高新技术园区的企业应符合以下条件：高科技产品的销售额占营业收入的70%以上；生产技术需达到先进程度；产品可以出口或替代同类进口产品；产品质量达到ISO9000标准；人均产值达4万美元以上等。为加快人才培养，越南还规定：至少40%的企业员工拥有高等学历，并在国外研究机构或现代化生产一线受过业务培训；100%的中层干部和工人应得到业务和技术培训，其中至少5%的员工需经过国外现代生产线操作培训；科研经费的支出不得低于年营业收入的2%；对于法定资超过1000万美元的项目，科研和培训经费至少每年20万美元，人均营业收入需达到7万美元(法定资金超过3000万美元，员工超过1000人的企业除外)等。

越南对此类投资项目提供以下政策优惠：(1)外商投资高新技术产业，可长期适用10%的企业所得税税率(园区外高科技项目为15%，一般性生产项目为20%～25%)，并从盈利之时起，享受4年免税和随后9年减半征税优惠政策。(2)在高新技术企业工作的越南籍员工与外籍员工在缴纳个人所得税方面适用同等纳税标准。(3)外国投资者和越国内投资者适用统一租地价格；投资者可以土地使用权价值及与该土地使用面积相关联的财产作抵押，依法向在越南经营的金融机构贷款；对高新技术研发和高科技人才培训项目，可根据政府规定免缴土地使用租金。(4)外籍员工及其家属可申请签发与其工作期限相等的多次入境签证；越政府依据有关法律规定为外籍员工在居留、租房购房等方面提供便利条件。(5)高新技术项目：投资者根据其他投资优惠政策法规文件的规定享受最高的优惠政策待遇。

四、外国企业在越南获得土地的政策规定

(一)土地法的主要内容

越南1987年出台首部《土地法》，1993年出台第二部《土地法》，1998年对第二部《土地法》进行修改和补充，2001年继续进行修改和补充，2003年颁布第三部《土地法》。

越南现行土地法规定，土地所有权属于国家，不承认私人拥有土地所有权，但集体和个人可对国有的土地享有使用权。国家统一管理土地，制定土地使用规章制度，规定土地使用者的权利和义务。土地使用期限分为长期稳定使用和有期限使用两种情况。对于有期限使用的土地，其使用期限分为5年、20年、50年、70年、90年不等。

土地使用者的基本权利：获得土地使用权证明；享有土地上的劳动成果、投资结果；享有国家对农用地采取保护、改造措施带来的利益；国家指导帮助改造农用地，增加地力；当合法的土地使用权受侵犯时，国家予以保护；对侵犯合法使用权的行为可进行起诉、控告；在土地出让、转让、出租、再出租、继承、赠送、抵押、担保、投资以及国家收回土地时，享有获得补偿的权利；享有土地分配、租用形式上的选择权。

公民、家庭户的土地使用权是一项重要财产权利，可以和其他财产权利一样进行交换、转让、抵押、租赁和继承等转移。土地使用权的转移必须在国家主管部门办理相关手续。土地使用权的转让主要通过交换、买卖、租赁或抵押等方式进行，按规定须交纳土地使用权转让税。

（二）外资企业获得土地的规定

按照越南现行法律规定，外国投资者不能在越南购买土地，可租赁土地并获得土地使用权，使用期限一般为50年，特殊情况可申请延期，但最长不超过70年。

外国投资者需要租赁土地进行投资时，可与项目所在地的土地管理部门联系，办理土地交接和租用手续。土地交接和租用手续根据土地法的相关规定办理。投资者租用土地，当地政府部门可协助进行征地拆迁，但补偿费用由投资者负责。投资者获得土地使用权后，如在规定期限内未实施项目，或土地使用情况与批准内容不符，国家有权收回土地，并撤销其投资许可证。

五、环境保护法律规定

（一）环保管理部门

越南政府主管环境保护的部门是资源环境部，其主要职责是管理全国土地、环境保护、地质矿产、地图测绘、水资源、水文气象等工作。

（二）主要环保法律法规名称

越南基础环保法规为《环境保护法》（1999年4月颁布，2005年12月修订）、《土地法》等。

（三）环保法律法规基本要点

越南现行《环境保护法》规定，禁止开发和毁坏水源林；禁止采用毁灭性的工具和方式开发生物资源；禁止将有毒物质、放射性物质和废弃物品掩埋在不符合规定的地方；禁止排放未经处理并达标的废弃物品、有毒物质和放射性物质；禁止进口不符合环保标准的机械设备；禁止进口或过境运输废弃物品；禁止进口未经检疫的动植物。

越南政府对环境保护日益重视，其国内工程开工前，都必须经过严格的环保核查，环保部门定期对企业的环保情况进行检查，不达标的企业须马上进行停工整顿并接受处罚。所有生产企业须安装污染控制和处理设备，以确保符合相关的环境标准。此外，越南对部分行业征收环保税，如原油开采需缴纳环保费10万越南盾（约合40元人民币）/吨；天然气开采需缴纳20万越南盾（约合80元人民币）/吨，环保费上缴中央财政，用于环保工作支出。

（四）环保评估的相关规定

越南国家环境标准体系主要包括周边环境质量和废弃物质排放环保标准。周边环境质量标准包括：各种用途的土地环保标准；各种用途的地表水和地下水环保标准；服务于水产养殖和娱乐项目的沿海水域环保标准；城市和农村居民区空气标准；居民区噪音环保标准。废弃物质排放环保标准包括：工农业生产废水排放、工业气体和固定排放及有毒物质排放环保标准。

负责环境评估的机构：对于国家级或跨省的投资和工程项目，环境评估委员会成员由项目审批部门、政府相关部委、有关省份人民委员会的代表以及相关行业的专家组成；对于省级投资和工程项目，环境评估委员会成员由所有省或直辖市人民委员会和环保部门代表及相关行业专家组成。环境评估结果将作为项目审批的依据之一。

越南资源环境部负责组织对国会、政府和政府总理审批的项目进行环境评估；政府相关部委负责组织对本部门审批的项目进行环境评估；省人民委员会负责对本省审批的项目进行环境评估。

需要提供环境报告的投资或工程项目：国家级重点建设项目；使用自然保护区、国家公园、历史文化遗迹和旅游胜地部分土地的项目；有可能对内河流域、沿海地区和生态保护区造成不良影响的项目；工业区、经济区、高新技术区和出口加工区建设项目；新都市和居民聚集区建设项目；地下水和自然资源大规模开发和利用项目；对环境有较大潜在不良影响的项目。

环境报告主要内容包括：列明项目具体建设细节、对项目所在地环境状况总体评价、项目建成后可能对环境造成的影响及具体应对方案，承诺在项目建设和运营过程中采取环保措施，当地乡一级人民委员会和居民代表的意见等。主管部门对环境报告的审批时间为15个工作日。

六、知识产权保护规定

（一）越南当地有关知识产权保护的法律法规

越南主管知识产权的行政部门为隶属于越南科学技术部的知识产权局。目前，越南知识产权立法主要是2005年11月颁布的《知识产权法》和同年颁布的《民法》中关于知识产权的条款。越南是多项知识产权条约和公约的成员国，目前正在完善其国内知识产权保护体系。关于专利保护，越南共有3种专利保护类型，即发明专利、实用专利、外观设计专利。

（二）知识产权侵权的相关处罚规定

在专利侵权诉讼中，专利权人可申请执行初步禁令立即制止专利侵权行为。一旦侵权行为被认定成立，专利权人可获得下列任一救济措施：永久性禁令、损害赔偿、侵权所得利益。目前，越南尚未设立不侵权宣告诉讼和针对无理威胁诉讼的救济措施。

七、投资合作相关法律及对中国企业投资合作保护政策

（一）越南与投资合作相关的主要法律

《民法》规定越南的自然人之间、法人之间以及自然人与法人之间的财产关系，为私有财产提供保护。《投资法》规定外商在越南投资的项目审批、权利、义务、税收、政策优惠等。《海关法》规定商品进出越南的原则和方式，以及海关机构和进行商品外贸活动的人的权利和义务等。

（二）越南对中国企业投资合作的保护政策

1. 中国与越南签署双边投资保护协定。1992年12月，中国与越南签署了《关于鼓励和相互保护投资协定》。

2. 中越签署避免双重征税协定。1995年5月，中国与越南签署《关于对所得避免双重征税和防止偷漏税的协定》。

3. 中国与越南签署的其他协定。1991年中越关系正常化以来，两国政府签署的其他经贸合作协定包括：《贸易协定》（1991年11月）、《经济合作协定》（1992年2月）、《中国人民银行与越南国家银行关于结算与合作协定》（1993年5月）、《关于货物过境的协定》（1994年4月）、《关于保证进出口商品质量和相互认证的合作协定》（1994年11月）、《关于成立经济贸易合作委员会的协定》（1995年11月）、《边贸协定》（1998年10月）、《北部湾渔业合作协定》（2000年12月）、《关于扩大和深化双边经贸合作的协定》（2006年11月）、《中越经贸合作五年发展规划》（2011年12月）、《中越经贸合作五年发展规划重点合作项目清单》（2013年5月）。

（资料来源：中国商务部、外交部、中国驻东盟各国大使馆经济商务参赞处等网站）

统 计 资 料

中国国民经济主要指标

指　　标	单　位	2014 年	2015 年	2015 年比 2014 年增减(%)
一、年末总人口	万人	136782	137462	0.497
二、国内生产总值	亿元	636463	676708	6.9
第一产业增加值	亿元	58332	60863	3.9
第二产业增加值	亿元	271392	274278	6
工业增加值	亿元	227991	228974	5.9
第三产业增加值	亿元	306739	341567	8.3
三、人民币对美元汇价	元人民币/1 美元	6.1428	6.2284	-1.4
四、城镇登记失业率	%	4.09	4.05	-0.04
五、工业				
原煤产量	亿吨	38.7	37.5	-3.3
原油产量	亿吨	2.11	2.15	1.5
发电量	亿千瓦时	56495.8	58105.8	0.3
钢产量	万吨	82269.8	80382.5	-2.2
十种有色金属产量	万吨	4380.1	5155.8	6.8
六、农业				
粮食产量	万吨	60710	62144	2.4
油料产量	万吨	3517	3547	1.1
糖料产量	万吨	13403	12529	-6.2
茶叶产量	万吨	209	224	6.9
棉花产量	万吨	616	561	-9.3
七、交通运输业				
货物周转量	亿吨千米	184619	177401	-1.9
旅客周转量	亿人千米	29994	30047	4.9
港口完成货物吞吐量	亿吨	111.6	—	—
八、旅游业				
国内旅游总收入	亿元	30312	34195	13.1
国际旅游外汇收入	亿美元	569	1137	5.6
入境人数	万人次	12849	13382	4.1
入境过夜人数	万人次	5562	5689	2.3
出境人数	万人次	11659	12786	9.7
因私出境人数	万人次	11003	12172	10.6
十、财政、金融				
财政收入	亿元	140350	152217	5.8
年末各项存款余额	亿元	1174000	1397752	12.4
年末各项贷款余额	亿元	868000	993460	13.4
十一、对外贸易				
年末国家外汇储备	亿美元	38430	33304	-13.34
进出口总额	亿元	264335	245741	-7.0
出口额	亿元	143912	141255	-1.8
进口额	亿元	120423	104485	-13.2
十二、外资直接投资				
实际利用金额	亿美元	1196	1263	6.4
十三、全社会固定资产投资	亿元	512761	562000	9.8

资料来源：中国国家统计局《中国 2015 年国民经济和社会发展统计公报》

文莱国民经济主要指标

指　　标	单　位	2014 年	2015 年	2015 年比 2014 年增减(%)
一、年末总人口	万人	40.6	41.74	2.891
二、国内生产总值	亿美元	170.14	116.36	—
人均国内生产总值	美元	42363	41897	-1.1
三、文莱元对美元汇价	文莱元/1 美元	1.243	1.35	0.11
四、通货膨胀率	%	0.919	—	-0.19
五、失业率	%	1.7	2.7	1
六、工业				
工业总产值	亿美元	—	—	—
石油日产量	万桶	20	—	—
天然气日产量	万立方米	3500	—	—
油气收入	亿文莱元	—	—	—
油气出口总量	亿美元	—	—	—
原油出口	亿文莱元	—	—	—
天然气出口	亿文莱元	—	—	—
七、农业				
农业总产值	亿美元	—	—	—
蔬菜产量	吨	—	—	—
水果产量	吨	—	—	—
大米产量	吨	—	—	—
八、旅游业				
旅游入境人数	万人次	21	21.82	8.6
旅游收入	亿文莱元	—	—	—
九、财政、金融				
财政收入	亿文莱元	65.91	41.17	-37.54
财政支出	亿文莱元	59.8	57	-4.68
外汇储备	亿美元	300	300	持平
十、对外贸易				
进出口总额	亿美元	176.06	110.79	-37.07
出口总额	亿美元	133.2	76.79	-42.35
进口总额	亿美元	42.9	34	-20.75
十一、引进外资总额	亿美元	5.7	—	—

资料来源:文莱首相署经济计划发展局网站,文莱统计公报,中国驻文莱经济商务参赞处网站

柬埔寨国民经济主要指标

指　　标	单　位	2014 年	2015 年	2015 年比 2014 年增减(%)
一、年末总人口	万人	1518	1550	2.11
二、国内生产总值	亿美元	162.7	182.02	6.9
人均国内生产总值	美元	1122	1228	9.4
三、柬埔寨瑞尔对美元汇价	瑞尔/1 美元	4050	4050	持平
四、通货膨胀率	%	3.86	3	-0.86
五、失业率	%	—	0.7	
六、工业				
工业总产值	亿美元	18.31	88.73	8.7
服装业出口额	亿美元	54.8	71.7	18
批准建筑项目量	个	1960	2305	17.6
七、农业				
农业总产值	亿美元	2.49	2.515	1
农产品出口量	万吨	—	415.7	—
稻谷种植面积	万公顷	305.2	305.1	-0.13
稻谷产量	万吨	923.4	933.5	0.12
天然橡胶产量	万吨	9.67	12.68	30.7
渔业产量	万吨	6.76	14.3	19.2
家禽类饲养	万只	2546.2	3450.1	9.3
八、旅游业				
旅游入境人数	万人	450.28	477.52	6.1
旅游收入	亿美元	25	30.1	20.4
九、财政、金融				
财政收入	亿美元	26.3	29.16	12.1
财政支出	亿美元	21.39	38.76	10.8
外汇储备	亿美元	42.92	49.26	14.77
十、对外贸易				
进出口总额	亿美元	181.35	205.34	12.6
出口总额	亿美元	76.96	89.9	16.7
进口总额	亿美元	104.39	115.44	9.6
十一、引进外资总额	亿美元	14.16	39.19	176.77

资料来源：柬埔寨发展理事会，中国驻柬埔寨王国大使馆经济商务参赞处网站，柬埔寨商业部网站，柬华时报

印度尼西亚国民经济主要指标

指　　标	单　位	2014 年	2015 年	2015 年比 2014 年增减(%)
一、年末总人口	万人	25216	25546	1.31
二、国内生产总值	万亿盾	10542.7	11540.8	4.79
人均国内生产总值	美元	3531.5	3377	-4.37
三、印尼盾对美元汇价	盾/1 美元	11878	13392	12.75
四、通货膨胀率	%	8.36	3.1	-8.32
五、公开失业率	%	6.1	6.18	0.08
六、工业				
工业总产值	万亿印尼盾	418.44	436.22	4.25
七、农业				
农业总产值	万亿印尼盾	442.79	460.59	4.02
稻谷产量	万吨	7083	7490	5.8
玉米产量	万吨	1903	1300	-31.69
大豆产量	万吨	95.4	98	2.9
橡胶产量	万吨	316	320	1.27
棕榈油产量	万吨	3350	—	—
咖啡产量	万吨	54	68.5	26.85
可可产量	万吨	150	—	—
八、旅游业				
旅游入境人数	万人次	943	1041	10.39
旅游收入	亿美元	106.9	—	—
九、财政、金融				
财政收入	万亿盾	1537.6	1104.8	-28.15
财政支出	万亿盾	1764.6	1340.7	-24.02
外汇储备	亿美元	1118.63	1045	-6.58
十、对外贸易				
进出口总额	亿美元	3544.72	2929.91	-17.34
出口总额	亿美元	1762.93	1502.52	-14.62
进口总额	亿美元	1781.79	1427.39	-19.89
十一、引进外资				
引进外资实际金额	亿美元	263	282	19.2

资料来源:印尼中央统计局、印尼中央银行、印尼财政部、中国驻棉兰总领馆经商室等网站,印尼《雅加达日报》

老挝国民经济主要指标

指　　标	单　位	2014 年	2015 年	2015 年比 2014 年增减(%)
一、年末总人口	万人	677.1	691	2.05
二、国内生产总值	亿美元	113.77	128	7.5
人均国内生产总值	美元	1672	1970	16.43
三、老挝基普对美元汇价	基普/1 美元	8040	8113.95	73.95
四、通货膨胀率	%	5.16	1.28	-3.88
五、工业				
工业总产值	亿美元	31.01	33.77	8.9
矿产产值	亿美元	16.39	—	—
六、农业				
农林业总产值	亿美元	26.42	27.21	3
耕地面积	万公顷	98.1	—	—
咖啡产量	万吨	9.8	—	—
水稻产量	万吨	320	387.2	21
甜玉米产量	万吨	25.6	—	—
薯类产量	万吨	25.9	—	—
蔬菜产量	万吨	136.3	—	—
水果产量	万吨	75.8	—	—
七、服务业产值	亿美元	44.71	48.78	9.1
八、交通运输业				
公路总长	千米	43604	—	—
铁路总长	千米	3.5	—	—
公路客运量	万人次	—	—	—
公路货运量	万吨	—	—	—
水运总长	千米	3000	—	—
水运货运量	万吨	—	—	—
空运客运量	万人次	44	—	—
空运货运量	万吨	2	—	—
九、旅游业				
旅游入境人数	万人次	400	430	7.5
旅游收入	亿美元	—	6.72	—
十、财政、金融				
财政收入	万亿基普	19.229	25.82	33.79
财政支出	万亿基普	28.438	31.00	10.93
外汇储备	亿美元	8.35	9.94	19.04
十一、对外贸易				
进出口贸易总额	亿美元	81.3	80.05	-1.54
出口总额	亿美元	35.8	33.05	-7.68
进口总额	亿美元	45.5	47	3.297
十二、引进外资总额	亿美元	33.83	—	—

资料来源:《东南亚纵横》,新加坡东南亚研究所《东南亚 2014～2015》

马来西亚国民经济主要指标

指　　标	单　位	2014 年	2015 年	2015 年比 2014 年增减(%)
一、年末总人口	万人	3026	3065.12	1.29
二、国内生产总值	亿美元	3356	11568.81 亿林吉特	5
人均国内生产总值	美元	10802.9	11581	7.2
三、马来西亚林吉特对美元汇价	林吉特/1 美元	3.49	4.29	0.8
四、通货膨胀率	%	3.2	2.1	-1.1
五、失业率	%	2.9	3.2	0.3
六、工业				
工业总产值	亿林吉特	382.82	—	4.5
建筑业产值	亿林吉特	329.84	—	8.2
制造业产值	亿林吉特	2052	—	4.9
采矿业产值	亿林吉特	656.5	—	4.7
七、农业				
农业总产值	亿林吉特	2893.71	—	1
水稻产量	万吨	—	—	—
橡胶产量	万吨	66.9	72	7.62
棕榈油产量	万吨	1967	1996	1.47
渔业产量	万吨	—	—	—
八、服务业产值	亿林吉特	4617.76	—	5.1
九、旅游业				
旅游入境人数	万人次	2743.73	2570	-6.33
旅游收入	亿林吉特	720	781.54	8.55
十、财政、金融				
财政收入	亿林吉特	2151	1654	0.8
财政支出	亿美元	470.8	638.46	35.61
外汇储备	亿美元	1159	953	-17.77
外债	亿林吉特	7475	8337	2
十一、对外贸易				
进出口总额	亿美元	4431.65	3416	1.9
进口总额	亿美元	2088.75	1598	1.19
出口总额	亿美元	2342.9	1818	0.4
十二、引进外资总额	亿林吉特	353	361	2.27

资料来源：马来西亚财政部、马来西亚统计局、国际货币基金组织网站

缅甸国民经济主要指标

指　　标	单　位	2014 年	2015 年	2015 年比 2014 年增减(%)
一、年末总人口	万人	5141.9	5150	0.16
二、国内生产总值	亿美元	607.2	657.6	8.3
人均国内生产总值	美元	1269	—	—
三、缅甸元对美元汇价				
市场汇价	缅元/1 美元	1075	1300	20.93
四、通货膨胀率	%	6.6	7.5	0.9
五、工业				
工业总产值	亿美元	181.96	—	8.8
从业人数	万人	—	—	—
六、农业				
农业总产值	亿美元	186.55	—	—
从业人数	万人	—	—	—
水稻耕种面积	万公顷	806.89	—	—
稻谷产量	万吨	1270	1220	-3.94
橡胶种植面积	万英亩	150	—	—
肉类产量	缅斤	—	11.94	—
七、交通运输业				
公路总长	千米	34177.6	34177.6	—
铁路总长	千米	5762.2	5762.2	—
内河航道	千米	14842.6	14842.6	—
陆上输油管道	千米	110	—	—
天然气管道	千米	2200	—	—
八、旅游业				
旅游入境人数	万人次	350	468	33.71
旅游收入	亿美元	11.35	—	—
九、财政金融				
财政收入	万亿缅元	16.9	—	—
财政支出	万亿缅元	15.99	—	—
外汇储备	亿美元	—	—	—
十、对外贸易				
进出口总额	亿美元	224.55	272.6	17.1
出口总额	亿美元	92.42	110.3	19.35
进口总额	亿美元	132.12	162.3	34.7
十一、吸引外资总额	亿美元	85.7	94.82	10.64

资料来源：缅甸农业与灌溉部网站，缅甸政府统计网站，《经济学家国别报告——缅甸》，中国驻缅甸经济参赞处网站，缅甸《新闻周刊》

菲律宾国民经济主要指标

指　　标	单　位	2014 年	2015 年	2015 年比 2014 年增减(%)
一、年末总人口	万人	9988	10180	1.8
二、国内生产总值	亿美元	2845.82	2919.7	5.8
人均国内生产总值	美元	2849	2875	0.91
三、菲律宾比索对美元汇价	比索/1 美元	44.69	47.2	5.62
四、通货膨胀率	%	4.1	1.4	-2.8
五、失业率	%	6	6.3	0.3
六、工业				
工业总产值	亿比索	37599.2	41038	6
采矿业产值	亿比索	1027.76	1038	0.996
制造业产值	亿美元	598.55	586.24	2.5
建筑业产值	亿美元	190.50	201.12	10.3
七、农业				
农林渔业总产值	亿比索	16000	299.7 亿美元	0.2
稻谷产量	万吨	1860	1815	-4.3
玉米产量	万吨	770	752	-3.2
林业产值	亿比索	47.9	41.9	-12.7
渔业产值	亿比索	2420	2374.02	-1.9
家禽肉类产值	亿比索	1877	1983.99	5.7
牲畜肉类产值	亿比索	1768	1799	1.8
八、服务业				
服务业总产值	亿比索	70765.15	1718 亿美元	6.7
九、旅游业				
旅游入境人数	万人次	483	536	10.91
旅游总收入	亿比索	5330	50 亿美元	5.9
十、财政、金融				
财政收入	亿美元	432	463	11
财政支出	亿美元	450	490	12.6
外债总额	亿美元	777	774	-0.3
外汇储备	亿美元	798	806.7	1.4
十一、对外贸易				
进出口贸易总额	亿美元	1257	1253.34	1.4
进口总额	亿美元	639	666.86	-0.28
出口总额	亿美元	618	586.48	-5.6
十二、引进外资总额	亿美元	62.01	53.9	31.2

资料来源：菲律宾国家统计局网站，《2015 年菲律宾统计数字》，中国驻菲律宾大使馆经济商务参赞处网站

新加坡国民经济主要指标

指　　标	单　位	2014 年	2015 年	2015 年比 2014 年增减(%)
一、年末总人口	万人	547	553.5	1.2
非居民	万人	159.9	163.23	2.08
新加坡公民	万人	334.3	337.5	0.96
永久居民	万人	52.7	52.7	0
二、国内生产总值	亿美元	3078.6	3143.25	2.1
人均国内生产总值	美元	56284	49001	2
三、新加坡元对美元汇价	新元/1 美元	1.267	1.42	0.15
四、通货膨胀率	%	1	0.5	-0.5
五、失业率	%	1.9	2.8	0.9
六、工业总产值	亿新元	900	—	—
制造业产值	亿新元	—	—	-2.5
建筑业产值	亿新元	265.37	272	-5.2
七、农业总产值	亿新元	—	—	2.5
八、服务业总产值	亿新元	3018.85	3121.49	3.4
九、旅游业				
旅客入境人数(不含从陆地入境的马来公民)	万人次	1508.6	1520	0.9
旅游收入	亿新元	235	220	-6.8
十、交通运输业				
公路总长	千米	3297	3452	4.7
港口处理货物总量	亿吨	5.81	—	—
空运客运量	万人次	5409	—	—
空运货物量	万吨	221.63	—	—
十一、财政金融				
财政收入	亿新元	606	—	—
财政支出	亿美元	548	—	—
外汇储备	亿美元	2568.6	2477.47	-3.55
十二、对外贸易				
进出口总额	亿美元	9872 (亿新元)	6435	17.1
出口总额	亿美元	5189 (亿新元)	3467	-15.4
进口总额	亿美元	4638 (亿新元)	2968	-19
十三、外资净流入	亿美元	675.2	7149.90	5.88

资料来源:新加坡统计局网站,《新加坡 2015 年统计年鉴》《星报》、中新经贸合作网

泰国国民经济主要指标

指　　标	单　位	2014 年	2015 年	2015 年比 2014 年增减(%)
一、年末总人口	万人	6700	6830	1.94
二、国内生产总值	亿美元	3690	3793.32	2.8
人均国内生产总值	美元	5379	5780	7.45
三、泰铢对美元汇价	铢/1 美元	32.48	36.25	3.77
四、通货膨胀率	%	1.89	0.9	-0.99
五、失业率	%	0.7	0.65	-0.05
六、工业总产值	亿美元	1549.8	1611.79	4
七、农业				
农业总产值	亿美元	441.5	—	-4.2
木薯产量	万吨	3120	3181	—
棕榈油产量	万吨	200	—	—
橡胶产量	万吨	403	—	—
稻谷产量	万吨	3380	—	—
荔枝产量	万吨	62.52	—	—
龙眼产量	万吨	102.29	—	—
榴莲产量	万吨	62.52	65.16	—
红毛丹产量	万吨	32.58	32.63	—
蔗糖产量	万吨	—	1660	—
八、交通运输业				
公路总长	万千米	16	—	—
铁路总长	千米	4451	—	—
九、旅游业				
旅游入境人数	万人次	2477	2990	20.4
旅游收入	亿铢	9867	22300	22
十、财政、金融				
财政收入	亿铢	23060	—	—
财政支出	亿铢	24431	25750	4.7
外汇储备	亿美元	1571	1565	-0.38
十一、对外贸易				
对外贸易总额	亿美元	4555.26	4170.29	-8.45
出口总额	亿美元	2275.74	2143.75	-5.78
进口总额	亿美元	2279.52	2026.54	-11.02
十二、引进外资				
引进外资总额	亿铢	48.35	—	—
日本投资总额	亿铢	55.55 亿美元	—	—

资料来源：泰国央行、泰国投资局、亚洲开发银行等网站

越南国民经济主要指标

指　　标	单　位	2014 年	2015 年	2015 年比 2014 年增减(%)
一、年末总人口	万人	9073	9170	1.07
二、国内生产总值	亿美元	1840	1988.05	6.68
人均国内生产总值	美元	2063	2109	2.23
三、越南盾对美元汇价	越盾/1 美元	21373	21882	—
四、通货膨胀率	%	—	0.63	—
五、失业率	%	—	2.45	—
六、工业				
工业总产值	万亿越盾	703.47	772.41	9.8
原油产量	万吨	—	—	—
发电量	亿千瓦时	1422.5	1584.67	11.4
七、农业				
农业渔业总产值	万亿越盾	324.75	—	2.41
林业产值	万亿越盾	25	—	—
渔业产值	亿美元	89	—	—
稻谷产量	万吨	4500	4520	0.44
玉米产量	万吨	545	—	—
家禽产量	亿只	3.28	3.419	4.3
咖啡产量	万吨	136	—	—
橡胶产量	万吨	95.4	—	—
生肉产量	万吨	447	—	—
蔗糖产量	万吨	139	—	—
水产产量	万吨	633.25	654.97	3.4
八、商业和服务业总收入	万亿越盾	2945.2	32429	9.5
九、交通运输业				
公路客运量	亿人次	28.7	—	—
铁路总里程	千米	2600	—	—
航空客运量	万人次	1827	—	—
十、旅游业				
旅游入境人数	万人次	787.4	794.37	0.89
旅游收入	万亿越盾	230	279.28	1
十一、财政、金融				
财政收入	万亿越盾	814.1	884.8	21.43
财政支出	万亿越盾	968.5	1064.5	8.68
外汇储备	亿美元	360	380	9.91
十二、对外贸易				
进出口总额	亿美元	2982.4	3280	9.98
出口总额	亿美元	1501.9	1624	8.1
进口总额	亿美元	1480.5	1656	12
十二、引进外资				
实际利用外资	亿美元	126.38	155.8	23.28

资料来源：越南国家统计总局、越南海关总局、越南外国投资局、越南之声等网站

文莱部分经济指标(2011~2015年)

指　标	单　位	2011年	2012年(E)	2013年	2014年	2015年
GDP(不变价格)	10亿文莱元	12.174	12.369	21.19	20.16	—
GDP(增长率)	%	2.768	1.5	-1.8	9.1	—
GDP(当年价)	10亿文莱元	19.311	20.7	20.16	—	—
GDP(当年价)	10亿美元	15.599	16.6	-1.8	—	—
人均GDP(不变价格)	文莱元	28502.46	22748.03	24026.25	—	—
人均GDP(当年价格)	文莱元	45211.32	37721.34	41159.54	42363	—
通货膨胀率(平均消费价格)	指数	106.675	—	—	—	—
通货膨胀率(平均消费价格)	%	1.838	0.5	1.419	1.229	—
失业率	%	3.7	—	3.7	—	2.7
人口	百万	0.427	0.4	0.42	0.41	0.42
财政收入	亿文莱元	117.75	—	144.45	65.91	41.17
财政收入(占GDP比重)	%	60.974	—	—	—	—
财政支出	10亿文莱元	7.069	—	75.54	59.8	57
财政支出(占GDP比重)	%	36.606	—	—	—	—
当前账户平衡	10亿美元	7.56	—	—	—	—
当前账户平衡(占GDP比重)	%	48.467	—	—	—	—

资料来源:新加坡东南亚研究所《东南亚2014~2015》,《经济学家国别报告——文莱》
注:E表示估计数据,F表示预测数据(下同)

柬埔寨部分经济指标(2011~2015年)

指　标	单　位	2011年	2012年	2013年	2014年	2015年
GDP增长率(IMF)	%	6.7	7.3	7.6	7.1	6.9
农业部门增长率	%	5	4.3	4.2	2.58	1
工业部门增长率	%	7.5	9.2	—	9.56	8.7
服务部门增长率	%	6.9	8.1	—	7.48	9
出口额	百万美元	6541	5490	6900	7690	8990
进口额	百万美元	-9136	8140	8980	10430	11544
贸易差额	百万美元	-2595	-2650	-2080	-2740	-2554
财政收支差额占GDP比重	%	-5.7	-3.0	—	—	5.19
通货膨胀率(IMF)	%	6.4	2.9	2.94	3.86	3
债务总额	百万美元	4787	—	—	—	1063.3
外汇储备	百万美元	4121	3700	4100	4292	4926
汇率	瑞尔/美元	4146	4040	4027	4050	4050

资料来源:新加坡东南亚研究所《东南亚2014~2015》,《经济学家国别报告——柬埔寨》

印度尼西亚部分经济指标（2011～2015年）

指　标	单　位	2011年(F)	2012年	2013年	2014年	2015年
出口额	10亿美元	198.9	190.04	182.6	176.29	150.25
进口额	10亿美元	157.3	191.67	186.6	178.18	142.74
偿债率	%	0.2	—	—	—	—
通货膨胀率	%	4.0	4.3	8.38	8.36	3.1
财政收支差额占GDP比重	%	-1.4	-2.2	—	—	2.8
外债占GDP比重	%	25.0	33.22	—	—	36.84
外汇储备	10亿美元	130.0	112.8	99.4	111.86	104.5
汇率	印尼盾/1美元	8700	9387	10425	11878	13392

资料来源：新加坡东南亚研究所《东南亚2014～2015》,《经济学家国别报告——印度尼西亚》

注：F表示预测数据

老挝部分经济指标（2011～2015年）

指　标	单　位	2011年	2012年	2013年	2014年	2015年
国土总面积	万平方千米	23.68	23.68	23.68	23.68	23.68
年末总人口	万人	643.6	664.6	677.6	677.1	691
GDP增长率	%	8.1	8.3	8	7.6	7.5
人均国内生产总值	美元	1203	1260	1534	1692	1970
对美元汇价	基普/1美元	8100	8013	—	8040	8113.95
通货膨胀率	%	7.58	6.74	5.64	5.16	1.28
工业总产值	万亿基普	27.5	31.21	—	31.01	33.77
农业总产值	万亿基普	28.1	29.08	—	26.42	27.21
旅游入境人数	万人次	—	310	378	400	430
旅游收入	亿美元	—	5.14	5.96	—	6.72
财政收支差额占GDP比重	%	-2.4	—	5.47	—	—
外汇储备	亿美元	5.95	—	5.82	8.35	9.94
进出口总额	亿美元	24.7886	42.63	47.12	81.3	80.05
出口总额	亿美元	12.2973	16.96	18.98	35.8	33.05
进口总额	亿美元	12.2913	25.67	28.14	45.5	47
引进外资总额	亿美元	19.2	30.21	17	33.83	—

资料来源：新加坡东南亚研究所《东南亚2014～2015》,《经济学家国别报告——老挝》

马来西亚部分经济指标（2011～2015年）

指　标	单　位	2011年	2012年	2013年	2014年	2015年
国土总面积	万平方千米	33.0434	33.0252	33.0252	33.080	33.080
年末总人口	万人	2934	2924	2953.2	3044.83	3033.3
国内生产总值	亿林吉特	8527.34	9375.32	9844.53	33356亿美元	1062
人均国内生产总值	林吉特	29541	32287	10432美元	10802.9美元	11581美元
对美元汇价	林吉特	3.02	3.09	3.15	3.5	3.9
通货膨胀率	%	3.2	1.7	2.4	3.2	2.1
失业率	%	3.1	3.0	3.2	2.9	3.2
工业总产值	亿林吉特	—	—	364.25	382.82	—
农业总产值	亿林吉特	—	—	2820.38	2893.71	—
旅游入境人数	万人次	2470	2503	2572	2743.73	2570
旅游收入	亿林吉特	583	—	654.4	720	695
财政收入	亿林吉特	1870	1507.37（前三季度）	245.86亿美元	2151	1654
外汇储备	亿美元	1202.21	1500	4419亿林吉特	1159	953
进出口总额	亿林吉特	12690	12040	4345.2亿美元	14491.5	—
出口总额	亿林吉特	6945.5	6454.6	2284.0亿美元	7661.3	—
进口总额	亿林吉特	5742.3	5583.4	4345.2亿美元	6830.2	—
引进外资总额	亿林吉特	264.5	100.1（亿美元）	387.7	353	361

资料来源：新加坡东南亚研究所《东南亚2014～2015》，《经济学家国别报告——马来西亚》

缅甸部分经济指标（2011～2015年）

指　标	单　位	2010/2011财年	2011/2012财年	2012/2013财年	2013/2014财年	2014/2015财年
国土总面积	万平方千米	67.65	67.65	67.65	67.659	67.659
年末总人口	万人	6038	6120	6495.2	5141.9	5150
GDP增长率	%	8.8	6.3	7.5	7.8	8.3
人均国内生产总值	美元	877	934	1113	1269	—
对美元汇价	缅元	5.3	—	—	—	1300
通货膨胀率	%	8.3	1.5	6.3	6.6	7.5
失业率	%	—	3.7	3.5	—	4.0
农业总产值	亿美元	—	—	—	—	—
旅游入境人数	万人次	81.6	100	204	350	468
财政赤字占GDP比重	%	-5.2	-4.8	—	—	2.9
外汇储备	亿美元	39	—	—	66	112
进出口总额	亿美元	181.7	182.42	229	224.55	272.6
出口总额	亿美元	90.9	89.22	110.5	92.42	110.3
进口总额	亿美元	90.53	93.2	118.5	132.12	162.3
引进外资总额	亿美元	46.44	13.96	41	81	94.82

资料来源：新加坡东南亚研究所《东南亚2014～2015》，《经济学家国别报告——缅甸》

菲律宾部分经济指标（2011～2015年）

指　标	单　位	2011年	2012年	2013年	2014年	2015年
国土总面积	万平方千米	30.00	43	29.97	30.00	30.00
年末总人口	万人	9234	9727.9	9770	9988	10180
GDP增长率	%	3.7	6.6	7.3	6.1	5.8
人均GDP	美元	1887.19	2470	2794	2849	2919.7
汇率	比索/1美元	42.9	40.70	42.41	44.69	47.2
通货膨胀率	%	4.5	—	2.8	4.1	1.4
失业率	%	7.2	7.0	7.3	6	6.3
工业总产值	亿美元	—	—	34976（亿比索）	37599.2（亿比索）	909.1
农业总产值	亿美元	—	—	14446.4	16000	299.7（亿美元）
旅游入境人数	万人次	391.7	427	470	483	536
旅游收入	亿美元	583（亿比索）	—	1861.5（亿比索）	5330（亿比索）	50
财政收支差额占GDP比重	%	-2.6	—	—	0.6	1.6
外汇储备	亿美元	549	839	837.5	798	806.7
进出口总额	亿美元	1088.01	1136.6	1157	1257	1253.34
出口总额	亿美元	483.05	519.94	540	618	586.48
进口总额	亿美元	604.96	616.6	617	639	666.86
引进外资总额	亿美元	12.987	32	38.6	62.01	53.9

资料来源：新加坡东南亚研究所《东南亚2014～2015》，《经济学家国别报告——菲律宾》

新加坡部分经济指标（2011～2015年）

指　标	单　位	2011年	2012年	2013年	2014年	2015年
国土总面积	万平方千米	0.0712	0.07102	0.0716	0.07183	0.072
年末总人口	万人	518	531.24	543	547	553.5
GDP增长率	%	4.9	1.3	4.1	2.9	2.1
人均国内生产总值	美元	50123	47606	55000	56284	49001
汇率	新元/美元	1.239	1.25	1.2513	1.267	1.42
通货膨胀率	%	5.2	3.6	—	1	0.5
失业率	%	2.0	1.8	3.1	1.9	2.8
工业总产值	亿新元	2854.54	3007.03	—	900	—
服务业增长率	%	14.4	—	—	3.1	3.4
旅游入境人数	万人次	1320	1442.28	1556.78	1508.6	1520
旅游收入	亿新元	222	—	235	235	220
财政收入	亿新元	510	542.8	570.5	606	—
外汇储备	亿美元	3084	3167	2730.7	2568.6	2477.47
进出口总额	亿新元	9744	9849	7834.9（亿美元）	9827	6435（亿美元）
出口总额	亿新元	5147	5103.29	4103.7（亿美元）	5189	3467（亿美元）
进口总额	亿新元	4597	4745.71	3731.2（亿美元）	4638	2968（亿美元）
外资净流入	亿美元	118.6	141.703	637.7	675.2	—

资料来源：新加坡东南亚研究所《东南亚2014～2015》，《经济学家国别报告——新加坡》

泰国部分经济指标（2011～2015年）

指　标	单　位	2011年	2012年	2013年	2014年	2015年
国土总面积	万平方千米	—	51.3115	51.31	51.312	51.312
年末总人口	万人	6813.9	6446	6479	6700	6830
GDP增长率	%	0.1	6.4	2.9	0.8	2.8
人均国内生产总值	美元	3655.64	5383	5676	5379	5780
对美元汇价	铢	30.5	30.63	30.73	32.48	36.25
通货膨胀率	%	3.8	3.02	2.18	1.9	0.9
失业率	%	—	0.7	0.8	0.7	0.65
旅游入境人数	万人次	1923	2230	2673.56	2477	2990
旅游收入	亿铢	7345.9	9650	9380.56	9867	22300
财政收入	亿铢	28227	19770	25151.7	23060	—
外汇储备	亿美元	1912	1816	1672	1571	1565
进出口总额	亿美元	4573.16	4473.19	4734.2	4555.26	4170.29
出口总额	亿美元	2288.25	2295.19	2251.8	2275.74	2143.75
进口总额	亿美元	2284.91	2178	2481.40	2279.74	2026.54

资料来源：新加坡东南亚研究所《东南亚2014～2015》，《经济学家国别报告——泰国》，亚洲开发银行“Basil Statistics2015”

越南部分经济指标（2011～2015年）

指　标	单　位	2011年	2012年	2013年	2014年	2015年
国土总面积	万平方千米	32.9	32.9	33.12	33.095	33.095
年末总人口	万人	8784	9018.6	8970.89	9073	9170
国内生产总值	亿美元	1023.28	1417	1711.97	1840	1988.05
GDP增长率	%	5.89	5.03	5.42	5.98	6.68
人均国内生产总值	美元	1374	1400	1902	2063	2109
对美元汇价	越盾	21000	20890	21036	21373	21882
通货膨胀率	%	18.58	6.8	—	—	0.63
失业率	%	2.27	—	1.9	—	2.45
工业总产值	万亿越盾	6.8	—	653.78	703.47	772.41
农业总产值	万亿越盾	244.8	255	313.8	324.75	—
旅游入境人数	万人次	601.4	644.77	757.24	787.4	794.37
旅游收入	万亿越盾	—	—	—	230	279.28
财政收入	万亿越盾	674.5	658.6	790	814.1	884.8
外汇储备	亿美元	150	230	300	360	380
进出口总额	亿美元	2036.6	2289	2642.26	2982.4	3280
出口总额	亿美元	969.1	1146.31	1321.35	1501.9	1620
进口总额	亿美元	1067.5	1143.47	1321.25	1480.5	1656
引进外资总额	亿美元	146.96	163	115	126.38	155.8

资料来源：新加坡东南亚研究所《东南亚2014～2015》，《经济学家国别报告——越南》，亚洲开发银行“Basil Statistics2015”

广西与东盟国家贸易统计（2013～2015年）

金额单位：万美元

国家	双边进出口总额			广西出口额			广西进口额		
	2013年	2014年	2015年	2013年	2014年	2015年	2013年	2014年	2015年
文莱	179358	193653		170378	174681		8980	18972	
缅甸	1019556	2496893		733869	936765		285687	1560128	
柬埔寨	377314	375765		340951	327474		36364	48291	
印度尼西亚	6835475	6354485	51527	3693049	3905961	14757	3142426	2448525	36770
马来西亚	10608338	10200563	67231	4593059	4635339	13887	6015279	5565224	53344
老挝	273266	361736		172258	183948		101008	177788	
菲律宾	3804994	4445771	57934	1986813	2347358	21468	1818181	2098413	36466
新加坡	7589638	7973991	82282	4583187	4891117	70921	3006452	3082873	11361
泰国	7124055	7262116	159315	3271790	3428923	25326	3852265	3833193	133989
越南	6547819	8363641	2464000	4858630	6373001	1792032	1689189	1990640	671968
合计	44359813	48028560		24403984	27204567		19955831	20824011	

数据来源：《广西统计年鉴》2015卷

印度尼西亚与主要贸易伙伴进出口情况（2015年）

出口				进口			
国家和地区	金额（百万美元）	比上年增减（%）	占比重（%）	国家和地区	金额（百万美元）	比上年增减（%）	占比重（%）
总值	150393	-14.7	100.0	总值	142695	-19.9	100.0
日本	18014	-22.2	13.1	中国	29411	-4.0	20.6
美国	16239	-1.8	9.4	新加坡	18022	-28.4	12.6
中国	15045	-14.6	10.0	日本	13264	-22.0	9.3
新加坡	12650	-24.7	9.5	马来西亚	8531	-21.4	6.0
印度	11713	-4.4	7.0	韩国	8427	-28.9	5.9
马来西亚	7662	-21.5	5.5	泰国	8083	-17.4	5.7
韩国	7650	-28.0	6.0	美国	7593	-7.1	5.3
泰国	5530	-5.1	3.3	澳大利亚	4816	-14.7	3.4
台湾	5037	-21.6	3.7	德国	3472	-15.1	2.4
菲律宾	3921	0.9	2.2	沙特	3422	-47.5	2.4
澳大利亚	3717	-26.2	2.9	台湾	3172	-15.6	2.2
荷兰	3442	-13.6	2.3	越南	3162	-7.5	2.2
越南	2740	11.8	1.4	印度	2741	-30.6	1.9
德国	2664	-5.6	1.6	巴西	2425	-5.0	1.7
沙特	2061	-4.4	1.2	香港	1817	-1.7	1.3

资料来源：中国商务部网站

马来西亚与主要贸易伙伴进出口情况（2015 年）

出口				进口			
国家和地区	金额（百万美元）	比上年增减（%）	占比重（%）	国家和地区	金额（百万美元）	比上年增减（%）	占比重（%）
总值	199959	-14.6	100.0	总值	175978	-15.8	100.0
新加坡	27808	-16.4	13.9	中国	33155	-6.2	18.8
中国	25987	-7.8	13.0	新加坡	21052	-19.9	12.0
日本	18999	-24.7	9.5	美国	14185	-11.4	8.1
美国	18862	-4.2	9.4	日本	13785	-17.7	7.8
泰国	11403	-7.3	5.7	泰国	10691	-11.7	6.1
香港	9482	-16.3	4.7	台湾	9373	-10.9	5.3
印度	8128	-16.8	4.1	韩国	7968	-17.9	4.5
印度尼西亚	7473	-23.1	3.7	印度尼西亚	7950	-6.3	4.5
澳大利亚	7214	-28.5	3.6	德国	6009	-15.2	3.4
韩国	6475	-24.0	3.2	越南	4823	3.4	2.7
台湾	6075	-19.4	3.0	澳大利亚	4501	-27.3	2.6
荷兰	6013	-16.0	3.0	印度	3901	-4.3	2.2
德国	5022	-8.1	2.5	阿联酋	3102	-34.8	1.8
越南	4452	1.7	2.2	香港	2965	-10.0	1.7
菲律宾	3369	-8.7	1.7	荷兰	2329	-7.1	1.3

资料来源：中国商务部网站

新加坡与主要贸易伙伴进出口情况（2015 年）

出口				进口			
国家和地区	金额（百万美元）	比上年增减（%）	占比重（%）	国家和地区	金额（百万美元）	比上年增减（%）	占比重（%）
总值	346701	-15.4	100.0	总值	296799	-19.0	100.0
中国	47709	-7.3	13.8	中国	42112	-5.1	14.2
香港	39666	-12.0	11.4	美国	33198	-12.0	11.2
马来西亚	37770	-23.0	10.9	马来西亚	33062	-15.3	11.1
印度尼西亚	28367	-26.1	8.2	台湾省	24673	-17.8	8.3
美国	21708	-4.8	6.3	日本	18593	-7.5	6.3
日本	15219	-9.1	4.4	韩国	18192	-15.8	6.1
韩国	14499	-13.2	4.2	印度尼西亚	14379	-23.5	4.9
台湾省	14446	-10.5	4.2	德国	8950	-15.9	3.0
泰国	13764	-8.5	4.0	阿联酋	8175	-46.9	2.8
越南	12127	-6.0	3.5	沙特阿拉伯	7941	-45.8	2.7
澳大利亚	11486	-25.9	3.3	泰国	7784	-11.2	2.6
印度	10619	-4.6	3.1	法国	7294	-10.0	2.5
菲律宾	6411	-6.7	1.9	印度	5784	-30.1	2.0
荷兰	6187	-15.2	1.8	英国	5578	-9.8	1.9
德国	5546	3.0	1.6	俄罗斯	5175	-34.7	1.7

资料来源：中国商务部网站

泰国与主要贸易伙伴进出口情况(2015 年)

出口				进口			
国家和地区	金额(百万美元)	比上年增减(%)	占比重(%)	国家和地区	金额(百万美元)	比上年增减(%)	占比重(%)
总值	210865	-6.3	100.0	总值	201938	-11.5	100.0
美国	23681	0.2	11.2	中国	40912	6.2	20.3
中国	23311	-6.1	11.1	日本	31133	-12.5	15.4
日本	19757	-8.2	9.4	美国	13818	-5.4	6.8
香港	11642	-6.6	5.5	马来西亚	11875	-7.0	5.9
马来西亚	10020	-20.6	4.8	阿联酋	8135	-36.1	4.0
澳大利亚	9612	4.5	4.6	台湾省	7504	-0.6	3.7
越南	8758	12.4	4.2	新加坡	7143	-9.5	3.5
新加坡	8587	-16.7	4.1	韩国	7015	-18.1	3.5
印度尼西亚	7706	-18.1	3.7	印度尼西亚	6537	-10.4	3.2
菲律宾	5900	1.6	2.8	德国	5525	-6.8	2.7
印度	5210	-6.2	2.5	沙特阿拉伯	4916	-37.2	2.4
柬埔寨	4882	9.1	2.3	瑞士	4639	10.5	2.3
德国	4219	-5.9	2.0	澳大利亚	4199	-22.6	2.1
荷兰	4203	-7.9	2.0	越南	4034	2.4	2.0
老挝	4168	4.9	2.0	缅甸	3557	-9.2	1.8

资料来源:中国商务部网站

印度尼西亚对中国出口主要商品构成(2014 ~ 2015 年)

金额单位:百万美元

商品类别	2014 年	2015 年	2015 年比上年增减(%)	2015 年占比重(%)
总值	17606	15045	-14.6	100.0
矿物燃料、矿物油及其产品;沥青等	5880	4505	-23.4	29.9
动、植物油、脂、蜡;精制食用油脂	2698	2938	8.9	19.5
木浆等纤维状纤维素浆;废纸及纸板	1087	1087	0.0	7.2
木及木制品;木炭	878	859	-2.2	5.7
杂项化学产品	1388	567	-59.1	3.8
橡胶及其制品	803	507	-36.8	3.4
矿砂、矿渣及矿灰	609	462	-24.1	3.1
有机化学品	773	346	-55.3	2.3
电机、电气、音像设备及其零附件	359	337	-6.2	2.2
棉花	294	312	6.4	2.1
鞋靴、护腿和类似品及其零件	220	311	41.2	2.1
钢铁	52	301	483.6	2.0
铜及其制品	356	267	-25.2	1.8
鱼及其他水生无脊椎动物	233	223	-4.6	1.5
塑料及其制品	300	218	-27.4	1.5
纸及纸板;纸浆、纸或纸板制品	114	159	39.6	1.1
谷物粉、淀粉等或乳的制品;糕饼	97	146	49.6	1.0
油籽;子仁;工业或药用植物;饲料	175	119	-31.9	0.8
无机化学品;贵金属等的化合物	47	113	140.9	0.8
核反应堆、锅炉、机械器具及零件	111	111	-0.1	0.7

续表

商品类别	2014 年	2015 年	2015 年比上年增减(%)	2015 年占比重(%)
非针织或非钩编的服装及衣着附件	72	96	32.4	0.6
化学纤维短纤	90	96	7.0	0.6
洗涤剂、润滑剂、人造蜡、塑型膏等	88	90	2.9	0.6
可可及可可制品	64	81	25.0	0.5
针织或钩编的服装及衣着附件	62	76	21.0	0.5
乐器及其零件、附件	62	73	18.3	0.5
咖啡、茶、马黛茶及调味香料	32	58	80.3	0.4
食用水果及坚果;甜瓜等水果的果皮	54	58	6.4	0.4
车辆及其零附件,但铁道车辆除外	48	56	15.3	0.4
食品工业的残渣及废料;配制的饲料	77	44	-43.6	0.3
以上合计	17126	14614	-14.7	97.1

资料来源:中国商务部网站

印度尼西亚自中国进口主要商品构成(2014 ~ 2015 年)

金额单位:百万美元

商品类别	2014 年	2015 年	2015 年比上年增减(%)	2015 年占比重(%)
总值	30624	29411	-4.0	100.0
核反应堆、锅炉、机械器具及零件	7134	7193	0.8	24.5
电机、电气、音像设备及其零附件	6831	6318	-7.5	21.5
钢铁	1809	1984	9.7	6.8
钢铁制品	1247	1105	-11.4	3.8
有机化学品	1137	1021	-10.2	3.5
塑料及其制品	1015	993	-2.1	3.4
肥料	445	606	36.1	2.1
化学纤维长丝	551	545	-1.1	1.9
无机化学品;贵金属等的化合物	583	537	-7.9	1.8
棉花	525	527	0.3	1.8
车辆及其零附件,但铁道车辆除外	526	460	-12.5	1.6
食用蔬菜、根及块茎	425	426	0.3	1.5
针织物及钩编织物	368	426	15.5	1.5
杂项化学产品	446	424	-4.9	1.4
铝及其制品	530	411	-22.5	1.4
化学纤维短纤	407	402	-1.4	1.4
鞣料;着色料;涂料;油灰;墨水等	415	383	-7.7	1.3
家具;寝具等;灯具;活动房	355	369	4.0	1.3
光学、照相、医疗等设备及零附件	297	290	-2.3	1.0
食用水果及坚果;甜瓜等水果的果皮	345	279	-19.0	1.0
陶瓷产品	268	249	-7.3	0.9
矿物燃料、矿物油及其产品;沥青等	253	247	-2.3	0.8
贱金属杂项制品	238	231	-3.3	0.8
橡胶及其制品	219	214	-2.2	0.7
纸及纸板;纸浆、纸或纸板制品	222	209	-6.0	0.7
浸、包或层压织物;工业用纺织制品	221	207	-6.6	0.7
烟草、烟草及烟草代用品的制品	265	199	-24.9	0.7
鞋靴、护腿和类似品及其零件	198	187	-5.4	0.6
船舶及浮动结构体	320	182	-42.9	0.6
杂项制品	167	169	1.1	0.6
以上合计	27765	26794	-3.5	91.1

资料来源:中国商务部网站

马来西亚对中国出口主要商品构成（2014～2015年）

金额单位：百万美元

商品类别	2014年	2015年	2015年比上年增减(%)	2015年占比重(%)
总值	28185	25987	-7.8	100.0
电机、电气、音像设备及其零附件	11139	9405	-15.6	36.2
矿物燃料、矿物油及其产品；沥青等	3212	3738	16.4	14.4
核反应堆、锅炉、机械器具及零件	2683	2373	-11.6	9.1
动、植物油、脂、蜡；精制食用油脂	2446	1620	-33.8	6.2
橡胶及其制品	1781	1346	-24.4	5.2
矿砂、矿渣及矿灰	674	1301	93.1	5.0
塑料及其制品	1216	1227	0.9	4.7
有机化学品	1072	825	-23.0	3.2
光学、照相、医疗等设备及零附件	607	630	3.8	2.4
铜及其制品	751	525	-30.1	2.0
杂项化学产品	531	466	-12.4	1.8
镍及其制品	57	383	568.6	1.5
车辆及其零附件，但铁道车辆除外	170	211	24.0	0.8
木及木制品；木炭	252	194	-23.0	0.8
无机化学品；贵金属等的化合物	63	177	179.7	0.7
杂项食品	116	140	20.5	0.5
可可及可可制品	110	109	-1.0	0.4
玻璃及其制品	113	99	-12.9	0.4
铝及其制品	85	98	14.8	0.4
谷物粉、淀粉等或乳的制品；糕饼	85	94	10.3	0.4
棉花	62	75	21.5	0.3
锌及其制品	5	65	1198.2	0.3
洗涤剂、润滑剂、人造蜡、塑型膏等	93	63	-31.7	0.2
钢铁制品	56	49	-12.5	0.2
特殊产品	56	48	-13.9	0.2
编结用植物材料；其他植物产品	58	45	-21.4	0.2
鞣料；着色料；涂料；油灰；墨水等	45	43	-4.9	0.2
家具；寝具等；灯具；活动房	53	43	-19.9	0.2
鱼及其他水生无脊椎动物	25	39	60.8	0.2
航空器、航天器及其零件	25	38	52.7	0.2
以上合计	27641	25468	-7.9	98.0

资料来源：中国商务部网站

马来西亚自中国进口主要商品构成（2014～2015年）

金额单位：百万美元

商品类别	2014年	2015年	2015年比上年增减(%)	2015年占比重(%)
总值	35331	33155	-6.2	100.0
电机、电气、音像设备及其零附件	12734	10689	-16.1	32.2
核反应堆、锅炉、机械器具及零件	5899	5500	-6.8	16.6
钢铁	1691	1647	-2.6	5.0
塑料及其制品	1069	1098	2.7	3.3
铝及其制品	1288	1005	-22.0	3.0
光学、照相、医疗等设备及零附件	1350	970	-28.1	2.9
钢铁制品	1000	937	-6.3	2.8
车辆及其零附件，但铁道车辆除外	715	684	-4.4	2.1
矿物燃料、矿物油及其产品；沥青等	738	624	-15.6	1.9
针织或钩编的服装及衣着附件	151	580	282.8	1.8
有机化学品	685	555	-19.0	1.7
家具；寝具等；灯具；活动房	357	501	40.3	1.5
食用蔬菜、根及块茎	393	470	19.8	1.4
无机化学品；贵金属等的化合物	371	440	18.6	1.3

续表

商品类别	2014年	2015年	2015年比上年增减(%)	2015年占比重(%)
铜及其制品	377	431	14.2	1.3
非针织或非钩编的服装及衣着附件	134	397	195.1	1.2
杂项化学产品	383	390	2.0	1.2
纸及纸板;纸浆、纸或纸板制品	352	349	-0.9	1.1
铁道车辆;轨道装置;信号设备	43	289	573.6	0.9
鞋靴、护腿和类似品及其零件	137	280	104.6	0.8
玻璃及其制品	215	273	26.9	0.8
皮革制品;旅行箱包;动物肠线制品	164	259	57.8	0.8
肥料	276	252	-8.6	0.8
玩具、游戏或运动用品及其零附件	224	218	-2.8	0.7
陶瓷产品	181	211	16.2	0.6
贱金属杂项制品	130	196	51.3	0.6
化学纤维长丝	89	193	116.3	0.6
鱼及其他水生无脊椎动物	319	188	-41.1	0.6
橡胶及其制品	181	184	1.7	0.6
其他纺织制品;成套物品;旧纺织品	88	157	78.1	0.5
以上合计	31737	29967	-5.6	90.4

资料来源:中国商务部网站

新加坡对中国出口主要商品构成(2014～2015年)

金额单位:百万美元

商品类别	2014年	2015年	2015年比上年增减(%)	2015年占比重(%)
总值	51471	47709	-7.3	100.0
电机、电气、音像设备及其零附件	22834	22009	-3.6	46.1
核反应堆、锅炉、机械器具及零件	5542	5578	0.7	11.7
塑料及其制品	5112	4248	-16.9	8.9
矿物燃料、矿物油及其产品;沥青等	5211	3760	-27.8	7.9
光学、照相、医疗等设备及零附件	2425	2468	1.7	5.2
有机化学品	3526	2239	-36.5	4.7
杂项化学产品	1052	1126	7.0	2.4
航空器、航天器及其零件	840	883	5.2	1.9
镍及其制品	12	708	5839.7	1.5
精油及香膏;香料制品及化妆盥洗品	453	528	16.5	1.1
橡胶及其制品	327	429	31.5	0.9
车辆及其零附件,但铁道车辆除外	380	416	9.6	0.9
药品	50	354	604.2	0.7
谷物粉、淀粉等或乳的制品;糕饼	298	262	-12.0	0.6
铜及其制品	141	231	63.3	0.5
珠宝、贵金属及制品;仿首饰;硬币	189	196	3.9	0.4
饮料、酒及醋	304	186	-38.9	0.4
鞣料;着色料;涂料;油灰;墨水等	138	143	3.7	0.3
印刷品;手稿、打字稿及设计图纸	52	133	157.8	0.3
木浆等纤维状纤维素浆;废纸及纸板	115	132	14.4	0.3
钢铁	199	129	-35.0	0.3
洗涤剂、润滑剂、人造蜡、塑型膏等	105	114	8.5	0.2
钢铁制品	269	108	-59.9	0.2
贱金属器具、利口器、餐具及零件	82	80	-1.9	0.2
可可及可可制品	67	50	-26.5	0.1
钟表及其零件	40	42	3.1	0.1
铝及其制品	52	41	-20.3	0.1
贱金属杂项制品	35	37	5.3	0.1
化学纤维长丝	26	37	41.1	0.1
杂项食品	39	34	-12.0	0.1
以上合计	49917	46702	-6.4	97.9

资料来源:中国商务部网站

新加坡自中国进口主要商品构成（2014～2015年）

金额单位：百万美元

商品类别	2014年	2015年	2015年比上年增减(%)	2015年占比重(%)
总值	44376	42112	-5.1	100.0
电机、电气、音像设备及其零附件	16601	16277	-2.0	38.7
核反应堆、锅炉、机械器具及零件	9527	9560	0.4	22.7
矿物燃料、矿物油及其产品；沥青等	4745	3505	-26.1	8.3
钢铁	1628	1357	-16.6	3.2
光学、照相、医疗等设备及零附件	966	1031	6.8	2.5
钢铁制品	1170	970	-17.1	2.3
有机化学品	980	706	-28.0	1.7
塑料及其制品	592	578	-2.3	1.4
家具；寝具等；灯具；活动房	526	459	-12.8	1.1
铝及其制品	404	431	6.7	1.0
非针织或非钩编的服装及衣着附件	426	368	-13.7	0.9
珠宝、贵金属及制品；仿首饰；硬币	363	322	-11.2	0.8
针织或钩编的服装及衣着附件	346	316	-8.7	0.8
皮革制品；旅行箱包；动物肠线制品	323	308	-4.8	0.7
杂项化学产品	369	280	-24.1	0.7
玩具、游戏或运动用品及其零附件	297	271	-9.0	0.6
鞋靴、护腿和类似品及其零件	256	259	1.1	0.6
纸及纸板；纸浆、纸或纸板制品	232	228	-2.0	0.5
航空器、航天器及其零件	178	215	20.8	0.5
烟草、烟草及烟草代用品的制品	185	215	16.0	0.5
车辆及其零附件，但铁道车辆除外	206	196	-5.1	0.5
玻璃及其制品	159	170	6.5	0.4
铁道车辆；轨道装置；信号设备	149	169	13.6	0.4
船舶及浮动结构体	29	165	472.8	0.4
盐；硫磺；土及石料；石灰及水泥等	102	157	53.3	0.4
食用蔬菜、根及块茎	143	153	6.9	0.4
精油及香膏；香料制品及化妆盥洗品	144	149	3.3	0.4
陶瓷产品	144	142	-1.6	0.3
钟表及其零件	139	140	0.7	0.3
木及木制品；木炭	162	137	-15.4	0.3
以上合计	41492	39232	-5.4	93.1

资料来源：中国商务部网站

泰国对中国出口主要商品构成（2014～2015年）

金额单位：百万美元

商品类别	2014年	2015年	2015年比上年增减(%)	2015年占比重(%)
总值	24825	23311	-6.1	100.0
橡胶及其制品	4573	3766	-17.7	16.2
电机、电气、音像设备及其零附件	2598	3001	15.5	12.9
塑料及其制品	3201	2875	-10.2	12.3
核反应堆、锅炉、机械器具及零件	2915	2717	-6.8	11.7
食用蔬菜、根及块茎	1514	1549	2.3	6.6
有机化学品	2334	1412	-39.5	6.1
光学、照相、医疗等设备及零附件	630	1248	98.1	5.4
木及木制品；木炭	1089	1015	-6.8	4.4
矿物燃料、矿物油及其产品；沥青等	1322	913	-30.9	3.9
制粉工业产品；麦芽；淀粉等；面筋	659	561	-14.8	2.4
谷物	440	472	7.2	2.0
食用水果及坚果；甜瓜等水果的果皮	390	470	20.7	2.0
车辆及其零附件，但铁道车辆除外	214	363	69.3	1.6
糖及糖食	247	341	38.1	1.5
钢铁制品	116	226	95.1	1.0

续表

商品类别	2014年	2015年	2015年比上年增减(%)	2015年占比重(%)
珠宝、贵金属及制品;仿首饰;硬币	110	147	33.6	0.6
蛋白类物质;改性淀粉;胶;酶	177	136	-23.6	0.6
杂项食品	112	132	18.2	0.6
鱼及其他水生无脊椎动物	133	122	-7.9	0.5
食品工业的残渣及废料;配制的饲料	108	116	7.9	0.5
化学纤维长丝	116	108	-6.8	0.5
生皮(毛皮除外)及皮革	106	101	-4.7	0.4
杂项化学产品	126	100	-20.3	0.4
木浆等纤维状纤维素浆;废纸及纸板	106	97	-8.6	0.4
铜及其制品	128	95	-25.7	0.4
化学纤维短纤	88	88	-0.4	0.4
棉花	108	70	-35.2	0.3
鞣料;着色料;涂料;油灰;墨水等	67	68	2.6	0.3
纸及纸板;纸浆、纸或纸板制品	73	64	-11.2	0.3
家具;寝具等;灯具;活动房	60	63	5.5	0.3
以上合计	23859	22438	-6.0	96.3

资料来源:中国商务部网站

泰国自中国进口主要商品构成(2014～2015年)

金额单位:百万美元

商品类别	2014年	2015年	2015年比上年增减(%)	2015年占比重(%)
总值	38540	40912	6.2	100.0
电机、电气、音像设备及其零附件	11440	12665	10.7	31.0
核反应堆、锅炉、机械器具及零件	7524	7561	0.5	18.5
钢铁制品	1823	2703	48.3	6.6
钢铁	2176	2079	-4.5	5.1
塑料及其制品	1588	1754	10.5	4.3
车辆及其零附件,但铁道车辆除外	867	1035	19.4	2.5
光学、照相、医疗等设备及零附件	896	993	10.8	2.4
有机化学品	904	941	4.0	2.3
铝及其制品	632	719	13.6	1.8
无机化学品;贵金属等的化合物	705	660	-6.3	1.6
杂项化学产品	752	641	-14.8	1.6
家具;寝具等;灯具;活动房	480	562	17.1	1.4
珠宝、贵金属及制品;仿首饰;硬币	427	477	11.7	1.2
铜及其制品	432	464	7.3	1.1
食用水果及坚果;甜瓜等水果的果皮	352	436	23.7	1.1
纸及纸板;纸浆、纸或纸板制品	327	332	1.5	0.8
陶瓷产品	326	314	-3.7	0.8
肥料	294	310	5.7	0.8
玻璃及其制品	278	302	8.7	0.7
鱼及其他水生无脊椎动物	287	297	3.6	0.7
鞣料;着色料;涂料;油灰;墨水等	298	276	-7.4	0.7
食用蔬菜、根及块茎	229	263	14.9	0.6
橡胶及其制品	270	253	-6.3	0.6
皮革制品;旅行箱包;动物肠线制品	250	241	-3.3	0.6
非针织或非钩编的服装及衣着附件	221	234	5.8	0.6
贱金属杂项制品	232	233	0.2	0.6
浸、包或层压织物;工业用纺织制品	221	229	3.6	0.6
化学纤维长丝	224	226	0.9	0.6
针织或钩编的服装及衣着附件	192	217	12.9	0.5
贱金属器具、利口器、餐具及零件	207	197	-4.9	0.5
以上合计	34855	37615	7.9	92.0

资料来源:中国商务部网站

附　　录

中国驻东南亚各国大使馆

（名称/大使/地址/电话/电子邮箱）

驻文莱达鲁萨兰国大使馆/杨健（女）（Yang Jian）/NO. 1,3,5 Simpang 462, Kampung Sungai Hanching Baru, Jalan Muara, BC2115, Bandar Seri Begawan, Brunei Darussalam/（00673）8960711（领事保护手机），2334163，2335710（传真）/consulate_brn@ mfa. gov. cn

驻柬埔寨王国大使馆/布建国（Bu Jianguo）/金边毛泽东大道156号（No. 156, Blvd Mao Tsetung, Phnom Penh, Cambodia）/（00855）12901923（领事保护手机），12810928，00855－23－720922（传真）/chinaemb_kh@ mfa. gov. cn

驻印度尼西亚共和国大使馆/谢锋（Xie Feng）/JL. Mega Kuningan No. 2 Jakarta Selatan 12950 Indonesia/8179838410（领事保护手机），（0062－21）5761037，5761038（传真）/administrative@ chnemb. or. id

驻老挝人民民主共和国大使馆/关华兵（Guan Huabing）/Wat Nak Road, Sisattanak, Vientiane, Lao P. D. R. /（00856－21）315100，315104（传真）/chinaemb_la@ mfa. gov. cn

驻马来西亚大使馆/黄惠康（Huang Huikang）/229, Jalan Ampang, 50450 Kuala Lumpur, Malaysia/0086－10－59913991（领事保护电话）（00603）21428495，21416732，21414552（传真）/CHINAEMBMY@ MFA. GOV. CN

驻缅甸联邦大使馆/洪亮（Hong Liang）/No. 1 Pyidaungsu Yeiktha Road, Yangon, Union of Myanmar/（0095）943209657（领事保护手机），（0095－1）221280，221281，227019（传真）/chinaemb_mm@ mfa. gov. cn

驻菲律宾共和国大使馆/赵鉴华（Zhao Jianhua）/4896 Pasay Road, Dasmarinas Village, Makati, Metro Manila, the Philippines/0063－9178972695（领事保护手机），（0063－2）8443148，8452465（传真）/chinaemb_ph@ mfa. gov. cn

驻新加坡共和国大使馆/陈晓东（Chen Xiaodong）/东陵路150号新加坡247969邮区（Embassy of the P. R. China in Singapore 150 Tanglin Road Singapore 247969）/（0065）92971517（领事保护电话），64180252，67344737，64793250（传真）/chinaemb_sg@ mfa. gov. cn

驻泰王国大使馆/宁赋魁（Ning Fukui）/57 Rachadapisake Road Huay Kwang, Bangkok 10310, Thailand/（0066－2）2457044，2468247（传真）/chinaemb_th@ mfa. gov. cn

驻越南社会主义共和国大使馆/洪小勇（Hong Xiaoyong）/46 Hoang Dieu Road, Hanoi, Vietnam/（0084－4）38453736，38232826（传真）/chinaemb_vn@ mfa. gov. cn

驻东帝汶民主共和国大使馆/刘洪洋（Liu Hongyang）/东帝汶帝力市灯塔区塞尔帕·罗莎总督路（Rua Governador Serpa Rosa, Farol, Dili, East Timor）/（00670）3325163，77231718（手机），3325166（传真）/chinaemb_tp@ mfa. gov. cn

东南亚各国驻中国外交机构

（名称/大使/地址/电话/电子邮箱）

文莱达鲁萨兰国大使馆/张慈祥（H. E Mr. Magdalene Teo）/北京市朝阳区亮马桥北街1号/（010）65329773，65329776，65324093，65324097（传真）

柬埔寨王国大使馆/凯·西索达（Khek Sysoda）/北京市朝阳区东直门外大街9号/（010）65321889，65323507（传真）/cambassy@ public2. bta. net. cn

印度尼西亚共和国大使馆/易慕龙（Imron Cotan）/北京市朝阳区东直门外大街4号/（010）65325485－88，65325368（传真）/set. indonesia. kbri@ deplu. go. id

老挝人民民主共和国大使馆/宋迪·本库（Somdy Bounkhoum)/北京市朝阳区三里屯东四街 11 号/(010)65321224，65326748(传真)

马来西亚大使馆/伊斯甘达·萨鲁丁(Iskandar Sarndin)/北京市朝阳区亮马桥北街 2 号/(010)65322531,65325032(传真)/mwbjing@95777.com

缅甸联邦大使馆/吴丁乌(Tin Oo)/北京市朝阳区东直门外大街 6 号/(010)65320359,65320408(传真)/info@myanmarembassy.com

菲律宾共和国大使馆/艾尔琳达·巴西里奥(Erlinda F.Basilio)/北京市朝阳区建国门外秀水北街 23 号/(010)65321872，65323761(传真)/Philemb_beijing@yahoo.com

新加坡共和国大使馆/罗家良(Loh Ka Lanng)/北京市朝阳区建国门外秀水北街 1 号/(010)65321115，65329405(传真)

泰王国大使馆/伟文·丘氏君(Wiboon Khusakul)/北京市朝阳区光华路 40 号/(010)65321749,65321748(传真)/thaibej@eastnet.com.cn

越南社会主义共和国大使馆/邓明魁/北京市朝阳区建国门外光华路 32 号/(010)65321125,65321155,65326521(传真)

东帝汶民主共和国大使馆/张芬霞(女)(Vicky Fun Ha Tchong)/北京市朝阳区霄云路 18 号京润水上花园别墅雅趣园 D 区 15 号/(010)64681316,64684360(传真)/rdtlemb_beijing04@yahoo.com

中国驻东南亚各国总领事馆

(名称/总领事/地址/电话/电子邮箱)

驻棉兰总领事馆(印度尼西亚)/朱洪海(Zhu Honghai)/Jalan Walikota No. 9，Medan 20152/0062 - 82165631079(值班电话),(0062 - 61)4571232,4571261(传真)/chinaconsul_mdn_id@mfa.gov.cn

驻泗水总领事馆(印度尼西亚)/于红(Yu Hong)/Jalan Mayjend. Sungkono Kav. B1/105，Surabaya，Jalan Paris Argosari V D - 3，Surabaya(签证厅)/(0062 - 31)5687225，5674667(传真)/chinaconsul_sur@mfa.gov.cn

驻登巴萨总领事馆(印度尼西亚)/胡银全(Hu Yinquan)/No.9，Block C，Perumahan Sunset Garden，Kuta，Bali 80361/(0062 - 361)8477295,8477280(传真)/chinaconsul_dps_id@mfa.gov.cn

驻琅勃拉邦总领事馆(老挝)/黎宝光(Li Baoguang)/琅勃拉邦省琅勃拉邦县邦康村(PhongKham Village，Luang Prabang District，Luang Prabang Provice，Lao PDR)/(00856 - 71)252437,213330(传真)/consulate_lp@mfa.gov.cn

驻古晋总领事馆(马来西亚)/付吉军(Fu Jijun)/马来西亚沙捞越州古晋市王长水路 10 段 276 号/(0060 - 82)240344，232344(传真)/ZHICUN@TM.NET.MY

驻哥拉基纳巴卢总领事馆(马来西亚)/陈佩洁(Chen Peijie)/马来西亚沙巴州哥打基纳巴卢/Palm Court，Lot 7，No 3，VIP Lot，Lorong Pokok Palma Rajah，Jalan Lintas，88000 Kota Kinabalu，Sabah，Malaysia/(0060)88385481,88385491(传真)/chinaconsul_kk_my@mfa.gov.cn，chinese_consulate_kk@yahoo.com

驻槟城总领事馆(马来西亚)/吴骏(Wu Jun)/马来西亚玻璃池滑区的东姑阿都拉曼路 28 号 B&C(28 B&C，Jalan Tunku Abdul Rahman，10350 George Town，Penang，Malaysia)/(0060)42189795，(0060)42189798(传真)/consulate_penang@mfa.gov.cn

驻曼德勒总领事馆(缅甸)/王 愚(Wang Yu)/Yadanar Lnae，Yangyi Aung Road/(00952)34457,34458,35937,35944(传真)/ chinaconsul_man_mm@mfa.gov.cn

驻宿务总领事馆(菲律宾)/张卫国(Zhang Weiguo)/Cebu Fil - Chinese Volunteers Fire Brigade Building，Don Julio Llorente Street，Barangay Capitol Site，Cebu City 6000，Philippines/(0063 - 32)2563422,2563455,2563499(传真)/chinaconsul_cb_ph@mail.mfa.gov.cn

驻拉瓦格总领事馆(菲律宾)/赵桥梁(Zhao Qiaoliang)/菲律宾北伊罗戈省圣尼古拉斯县三蕃镇一区国道 216 号(No 216 National Highway，Brgy. 1，San Francisco San Nicolas，Ilocos Norte 2901，Philippines)/(0063 - 77)6706600,6706338(传真)/Chinaconsul_lg_ph@mfa.gov.cn

驻清迈总领事馆(泰国)/巢小良(Chao Xiaoliang)/泰国清迈昌罗路111号(111 Changloh Road，Haiya District，Chiang Mai，Thailand 50100)/(6653) 280380，276125，274614(传真)/http://chiangmai.chineseconsulate.org/chn

驻宋卡总领事馆(泰国)/周海成(Zhou Haicheng)/No. 9，Sadao Road，Ampur Muang，Songkhla/(0066 - 74)322034，323772(传真)/chinaconsul_skh_th@mfa.gov.cn

驻孔敬总领事馆(泰国)/李名刚(Li Minggang)/孔敬府直辖县环湖路 2 组 142/44 号(142/44 Moo 2，Rob - Bueng Rd.，Nai - Muang，Muang，Khon Kaen，Thailand 40000) /(043)226873,227037(传真)/http://khonkaen.china - consulate.org

驻胡志明市总领事馆(越南)/陈德海(Chen Dehai)/胡志明市第三郡二征夫人路175号175 Hai Ba Trung Road, District 3, Ho Chi Minh City/(00848)38292457,(00848)38295009(传真)/chinaconsul_hcm_vn@mfa.gov.cn

(据中华人民共和国外交部网站)

东盟各国驻中国总领事馆

(名称/总领事/地址/电话/领区)

柬埔寨王国驻重庆总领事馆/凯达拉(Khel Dara)/重庆市渝中区筷子街2号中国人寿大厦第10层/(023)63113666(传真)/重庆、湖北、湖南、陕西

柬埔寨王国驻昆明总领事馆/索科拉丁(Sao Khoradin)/云南省昆明市白云路258号官房大厦14楼/(0871)63317320,63316220(传真)/云南、四川、贵州

柬埔寨王国驻广州总领事馆/霍所帕拉(Hour Sophara)/广东省广州市环市东路368号花园酒店东楼804-808室/(020)83338999-808,83879006(传真)/广东、福建、海南

柬埔寨王国驻南宁总领事馆/尹索飞(Im Sophy)/广西壮族自治区南宁市中国—东盟商务区桂花路16-6号/(0771)5672358,5672352,5672358(传真)/广西

柬埔寨王国驻上海总领事馆/宾·维切瓦德那(Phin Vichea-wadhana)/上海市闸北区天目中路267号蓝宝石大厦12楼A座/(021)51015850,51015866(传真)/上海、浙江、江苏、安徽

印度尼西亚共和国驻广州总领事馆/琇翡(女)(Ratu Silvy Gayatri)/广东省广州市越秀区流花路120号东方宾馆西座2楼1201-1223室/510016(邮编)/(020)86018772,86018773(传真),/广东、广西、福建、海南

印度尼西亚共和国驻上海总领事馆//艾克茜(女)(Kenssy D. Ekaningsih)/上海市长宁区延安西路2299号上海世贸商城1607-1608室/(021)52402321,32565627(传真)/上海、浙江、江苏、安徽、江西

老挝人民民主共和国驻上海总领事馆/西沙美·銮珍达翁(女)(Sisamay Luangchandavong)/上海市静安区武定路355号静安紫苑9楼/(021)62886314,62888679(传真)/上海、浙江、江苏、安徽

老挝人民民主共和国驻南宁总领事馆/习彭·班忠帕妮(女)(Siphone Banchongphanith)/广西壮族自治区南宁市中国—东盟商务区桂花路16-1号/(0771)5672544,5672502,5672503(传真)/广西、广东

老挝人民民主共和国驻昆明总领事馆/本廉·洪翁孙(Bounliep Houngvongsone)/云南省昆明市彩云北路6800/(0871)67334522,67334511,67335489,67334533(传真)/云南

老挝人民民主共和国驻昆明总领事馆驻景洪办公室/鸿萨·因提腊(Inthtlath Hongsa)/云南省西双版纳州景洪市沧江新区宣慰大道江北段,告庄西双景项目,告庄西双景公建区综合楼/(0691)2219155,2219355(传真)/西双版纳州

老挝人民民主共和国驻广州总领事馆/本班·巩银赛亚星(Bounpan Kongnhinsayaseng)广东省广州市越秀区环市东路339号广东国际大厦主楼9楼905-906室(待审批)/(020)83340710/广东、海南、江西、福建

马来西亚驻昆明总领事馆/穆罕默德·纳斯里·宾·阿卜杜·若曼(Mohamad Nasri Bin Abdul Rahman)/云南省昆明市西山区滇池路南亚风情第一城B座写字楼4楼403/(0871)63165088,63113503(传真)/云南、广西、贵州、四川、重庆

马来西亚驻广州总领事馆/木山利(Muzambli Bin Markam)/广东省广州市天河区天河北路233号中信广场商业大楼19楼15-18室/(020)87395660,87395661,38772320(传真)/广东、江西、福建、海南、湖南

马来西亚驻上海总领事馆/陈扬泰(Tan Yang Thai)/上海市红宝石路500号东银大厦B栋9层01、04室/(021)60900360,60900371(传真)/上海、浙江、江苏、安徽

缅甸联邦共和国驻南宁总领事馆/吴敏吞(Myint Htun)/广西壮族自治区南宁市中国—东盟商务区桂花路16-7号/(0771)5672845,5672391,5672192(传真)/广西、广东、湖南

缅甸联邦共和国驻昆明总领事馆/吴昂觉悟(U Aung Kyaw Oo)/昆明市迎宾路99号/(0871)68162804,68162808(传真)/云南、四川、贵州、重庆

菲律宾共和国驻重庆总领事馆/莲丽(女)(Olivia V. Palala)/重庆市渝中区邹容路68号大都会商厦29楼2903-2905单位/(023)63810832,63729809(传真)/重庆、云南、贵州

菲律宾共和国驻广州总领事馆/唐芷林(女)(Marie Charlotte G. Tang)/广东省广州市环市东路339号广东国际大厦主楼706-712室/(020)83311461,83310996,83330573(传真)/广东、广西、海南、湖南

菲律宾共和国驻厦门总领事馆/付昕伟(Julius Caesar Aragon Flores)/福建省厦门市思明区莲花新村凌香里2号/(0592)5130355,5130366,5530803(传真)/福建省、江西省

菲律宾共和国驻上海总领事馆/库玉甘(Wilfredo Ramon Cuyugan)/上海市长宁区延安西路1168号首信银都广场301室/(021)62818020,62818023(传真)/上海、浙江、江苏、安徽、湖北

新加坡共和国驻成都总领事馆/颜呈吉(Gan Teng Kiat)/四川省成都市锦江区人民南路二段1号恒置地广场30楼1号/(028)86527222,86528005(传真)/四川,陕西,重庆

新加坡共和国驻广州总领事馆/罗德伟(Loh Tuck Wai)/广东省广州市天河区天河北路233号中信广场办公楼2418室/(020)38912345,38912933(传真)/广东、海南、广西、湖南、贵州、云南

新加坡共和国驻上海总领事馆/王首毅(Ong Siew Gay)/上海市万山路89号/(021)62785566,62086544(传真)/上海、浙江、江苏、安徽

新加坡共和国驻厦门总领事馆/池兆森(Chi Chiew Sum)/福建省厦门市厦禾路189号银行中心5楼07、08单元/(0592)2684691,2684694(传真)/福建、江西

泰王国驻成都总领事馆/格枚·卡蒙纳温(LT. JG. Komate Kamalanavin RTN)/四川省成都市航空路6号丰德国际广场C座12楼/(028)66897861,66897863(传真)/四川、重庆

泰王国驻昆明总领事馆/素查·亮桑彤(Suchart Liengsaengthong)/云南省昆明市东风东路52号昆明饭店南楼1楼/(0871)63168916, 63149296, 63166891(传真)/云南、贵州、湖南

泰王国驻广州总领事馆/梅碧珍(女)(Suphatra Seemaitreephitak)/广东省广州市环市东路368号花园酒店2楼/(020)83858988,83801043(传真),83889567(传真)/广东、海南

泰王国驻上海总领事馆/巴丽彩(女)(Parichat Luepaiboolphan)/上海市南京西路1515号嘉里中心1809室/(021)62883030,62889072(传真)/上海、浙江、江苏、安徽

泰王国驻厦门总领事馆/邱塔泰(Tajtai Tmangraksat)/福建省厦门市思明区虎园路16号厦门宾馆3号楼/(0592)2027980,2027982,2058816(传真)/福建、江西

泰王国驻南宁总领事馆/琶姹妮(女)(Patchanee Kithavorn)/广西壮族自治区南宁市金湖北路52-1号东方曼哈顿大厦一层/(0771)5526945,5526946,5526949(传真)/广西

泰王国驻西安总领事馆/陕西省西安市曲江新区雁南三路钻石半岛11号楼一至二层/(029)89312831, 89312863, 89312935(传真)/陕西,甘肃,宁夏

泰王国驻青岛总领事馆/宋伟(Songwit Nipasuwan)/青岛市香港中路9号香格里拉中心1504-1505单元/(0532)68877038,68877039,68877036(传真)/山东

越南社会主义共和国驻昆明总领事馆/阮士洪(Nguyen Si Hong)/云南省昆明市北京路155号附1号红塔大厦507室/(0871)63522669,63516667(传真)/云南

越南社会主义共和国驻广州总领事馆/阮进洪(Nguyen Tien Hong)/广东省广州市侨光路华厦大酒店B座二楼北部/510115(邮编)/(020)83305911,83305915(传真)/广东

越南社会主义共和国驻上海总领事馆/阮青梅(女)(Nguyen Thanh Mai)/上海市浦东新区浦东大道900号华辰金融大厦304室/(021)68555871,68555872,68555873(传真)/上海

越南社会主义共和国驻南宁总领事馆/范清平(Pham Sao Mai)/广西壮族自治区南宁市金湖路55号亚航财富中心27楼/(0771)5510560,5510562,5534738(传真)/广西

中国和东南亚各国简况

国　家	国名全称	首　都	主要语言	主要宗教	货币	省级行政区(个)	人口(万人)	民族(个)
中国	中华人民共和国	北京	汉语	佛教	人民币	34	137462	56
文莱	文莱达鲁萨兰国	斯里巴加湾	马来语	伊斯兰教	文莱元	4	41.5(2016年)	20
柬埔寨	柬埔寨王国	金边	高棉语	佛教	瑞尔	24	1550(2014年)	20多
印度尼西亚	印度尼西亚共和国	雅加达	印尼语	伊斯兰教	卢比(印尼盾)	30	25550	100多
老挝	老挝人民民主共和国	万象	老挝语	佛教	基普	18	647	49
马来西亚	马来西亚联邦	吉隆坡	马来语	伊斯兰教	林吉特	16	3065	30多
缅甸	缅甸联邦共和国	内比都	缅甸语	佛教	缅元	15	5150	135
菲律宾	菲律宾共和国	大马尼拉	菲律宾语	天主教	比索	17	11000	约90
新加坡	新加坡共和国	新加坡	马来语		新加坡元	6	547(2014年)	
泰国	泰王国	曼谷	泰语	佛教	铢	76	6796	30多
越南	越南社会主义共和国	河内	越南语		越南盾	64	9170	54
东帝汶	东帝汶民主共和国	帝力	德顿语	天主教	美元	13	117.8(2013年)	

注:根据《中国—东盟自由贸易区与广西》(广西社会科学院编)有关资料编制

中国和东南亚各国自然状况简表

国　家	陆地国土总面积（万平方千米）	气　候	年平均气温(℃)	海岸线长度(千米)	主　要　资　源
中国	960	热带、亚热带、温带季风		32000	石油、天然气、煤炭、铁矿、锰矿、铬矿、铜矿、铅锌矿、铝矿、镍矿、钨矿、锡矿、金矿、银矿、森林、水力、动植物等
文莱	0.5765	热带雨林	28	约 161	石油、天然气、金矿、煤炭、锑矿、铝矿、矾土等
柬埔寨	18.1035	热带季风	27	460	金矿、磷酸盐、宝石、石油、铁矿、煤炭、森林、渔业等
印度尼西亚	190.44	热带雨林	25～27	54716	石油、天然气、煤炭、锡矿、铝矾土、镍矿、金矿、银矿、森林等
老挝	23.6800	热带、亚热带季风	20～30		锡矿、铅矿、钾矿、铜矿、铁矿、金矿、石膏、煤炭、盐、森林等
马来西亚	33.0257	热带海洋	25～30	4192	石油、天然气、锡矿、铁矿、金矿、钨矿、铝土、锰矿、森林等
缅甸	67.6578	热带季风	27	3200	石油、天然气、锡矿、钨矿、锌矿、铝矿、锑矿、锰矿、金矿、银矿、宝石、玉石、森林、水力等
菲律宾	29.9700	热带海洋	26.6	18533	铜矿、金矿、银矿、铁矿、铬矿、镍矿、地热、石油、渔业等
新加坡	0.07143	热带海洋	24～27	193	植物
泰国	51.3115	热带季风	27	2616.4	钾盐、锡矿、褐煤、油页岩、天然气、锌矿、铝矿、钨矿、铁矿、铬矿、重晶石、宝石、石油、森林等
越南	32.9556	热带季风	23～25	3260	煤炭、铁矿、锰矿、铬矿、铝矿、锡矿、磷矿、水产、森林等
东帝汶	1.4874	热带雨林	26	735	石油、天然气、金矿、锰矿、铬矿、锡矿、铜矿、咖啡、橡胶、紫檀木等

注：根据《中国—东盟自由贸易区与广西》（广西社会科学院编），外交部网站等有关资料编制

中国与东南亚各国货币名称

国家、地区	货币名称		货币符号		辅币进位制
	中文	英文	原有旧符号	标准符号	
中国	人民币	Renminbi	RMB ¥	CNY	1CNY = 10 jiao(角)　1jiao = 10 fen(分)
文莱	文莱元	Brunei Dollar	B $	BND	1BND = 100cents(分)
柬埔寨	瑞尔	Camboddian Riel	CR.；J Ri.	KHR	1KHR = 100 sen(仙)
印度尼西亚	印尼盾	Indonesian Rupiah	Rps.	IDR	1IDR = 100 cents(分)
老挝	基普	Laotian Kip	K.	LAK	1LAK 1LAK = 100 ats(阿特)
马来西亚	林吉特	Malaysian Dollar	M. $；Mal. $	MYR	1MYR = 100 cents(分)
缅甸	缅元	Burmese Kyat	K.	BUK	1BUK = 100 pyas
菲律宾	比索	Philippine Peso	Ph. Pes.；Phil. P.	PHP	1PHP = 100 centavos(分)
新加坡	新加坡元	Singapore Dollar	S. $	SGD	1SGD = 100 cents(分)
泰国	铢	Thai Baht (Thai Tical)	BT.；Tc.	THP	1THP = 100 satang(萨当)
越南	越南盾	Vietnamese Dong	D.	VND	1VND = 10 角 = 100 分

中国—东盟领导人特别会议

会议名称	时　间	地　点	出席会议的中国领导人
中国—东盟领导人非典问题特别会议	2003 年 4 月 29 日	泰国曼谷	温家宝总理
东盟地震和海啸灾后问题领导人特别会议	2005 年 1 月 6 日	印尼雅加达	温家宝总理

注：资料来自中华人民共和国外交部

中国和东南亚各国首都简况

国　家	首　都	面　积（平方千米）	人口（万）	年平均气温（°C）	行政区划	主　要　景　点
中国	北京	16410.54	2018.6（2011年初）	13	辖 14 个区和 2 个县	故宫、天坛、北海公园、颐和园、长城、登封少林寺、苏州古典园林、西藏布达拉宫、河南洛阳龙门石窟和白马寺、甘肃敦煌莫高窟、山东曲阜孔庙、孔府、孔林、陕西秦始皇陵、兵马俑等
文莱	斯里巴加湾	15.8	约 6	28		努鲁尔·阿里·赛义夫汀清真寺、水上村落——艾尔村、丘吉尔纪念馆、腾云殿、文莱博物馆等
柬埔寨	金边	290	约 150	27	辖 7 个区和 76 个社区	皇宫、银寺、国家博物馆、塔山、杀人场等
印度尼西亚	雅加达	650.4	996.9（2015 年）	27		独立广场公园、印度尼西亚缩影公园、安佐尔梦幻公园、千岛群岛、伊斯蒂赫拉尔清真寺、中央博物馆等
老挝	万象	3920	85（2012年）	22.6～31.7		塔銮、瓦帕娇寺、瓦细刹吉寺、瓦翁第寺、凯旋门、塔当塔、尤鲁纪念碑等
马来西亚	吉隆坡	243.65	172.25	27.5	辖 13 个州	王宫、国会大厦、国立博物馆、国家回教堂、黑风洞、云顶高原等
缅甸	内比都	725	92.36	26.9	3 个镇区	彬马那、累韦、德光
菲律宾	大马尼拉	626.58	2000	28	辖 4 个市和 13个自治市	千岛缩影、黎刹公园、国立博物馆、西班牙古城、唐人街、马拉坎阑宫、柯里基多岛、美军纪念公墓等
新加坡	新加坡	714.3（2013 年）	547（2014 年）	24～27	辖 6 个地区	圣淘沙、鱼尾狮公园、知新馆、苏丹回教堂、裕廊飞禽公园等
泰国	曼谷	1568	800	24～30	24 个县、150 个区	大皇宫、金佛寺、云石寺、四面佛、玉佛寺、郑皇庙、水上市场等
越南	河内	3324.5（2014年）	709.59（2015 年）	23.4	7 个郡 5 个县	巴亭广场、胡志明陵墓、独柱寺、文庙、还剑湖、西湖等
东帝汶	帝力		23.4	26	辖13个地区	联合国沙滩等

中国与东南亚国家或地区通信代码与区号

Countries and Regions	国家或地区	国际域名缩写	电话代码	与中国北京时间时差
China	中　国	CN	86	0
Brunei	文　莱	BN	673	0
Burma	缅　甸	MM	95	-1.3
Philippines	菲律宾	PH	63	0
Malaysia	马来西亚	MY	60	-0.5
Singapore	新加坡	SG	65	+0.3
Thailand	泰　国	TH	66	-1
Laos	老　挝	LA	856	-1
Vietnam	越　南	VN	84	-1
Kampuchea（Cambodia）	柬埔寨	KH	855	-1
Indonesia	印度尼西亚	ID	62	-0.3
Hongkong	中国香港	HK	852	0
Taiwan	中国台湾	TW	886	0

东南亚国家独立时间及与中国建立外交关系时间

国　家	独立前的宗主国	独立时间	与中国建交时间
文莱	英国	1984 年 1 月 1 日	1991 年 9 月 30 日
柬埔寨	法国	1953 年 11 月 9 日	1958 年 7 月 19 日
印度尼西亚	荷兰	1945 年 8 月 17 日	1950 年 4 月 13 日
老挝	法国	1945 年10月 12 日	1961 年 4 月 25 日
马来西亚	英国	1957 年 8 月 31 日	1974 年 5 月 31 日
缅甸	英国	1948 年 1 月 4 日	1950 年 6 月 8 日
菲律宾	美国	1946 年 7 月 4 日	1975 年 6 月 9 日
新加坡	英国	1965 年 8 月 9 日	1990 年 10 月 3 日
泰国			1975 年 7 月 1 日
越南	法国	1945 年 9 月 2 日	1950 年 1 月 18 日
东帝汶	印度尼西亚	1999 年 8 月 30 日	2002 年 5 月 20 日

注：根据《中国—东盟自由贸易区与广西》(广西社会科学院编)有关资料编制

历次中国—东盟领导人会议简况

会议名称	时　间	地　点	出席会议的中国领导人
第 1 次领导人非正式会晤	1997 年 12 月 16 日	马来西亚吉隆坡	江泽民主席
第 2 次领导人非正式会晤	1998 年 12 月 16 日	越南河内	胡锦涛副主席
第 3 次领导人非正式会晤	1999 年 11 月 28 日	菲律宾马尼拉	朱镕基总理
第 4 次领导人会议	2000 年 11 月 25 日	新加坡	朱镕基总理
第 5 次领导人会议	2001 年 11 月 5 日	文莱斯里巴加湾	朱镕基总理
第 6 次领导人会议	2002 年 11 月 4 日	柬埔寨金边	朱镕基总理
第 7 次领导人会议	2003 年 10 月 8 日	印尼巴厘岛	温家宝总理
第 8 次领导人会议	2004 年 11 月 29 日	老挝万象	温家宝总理
第 9 次领导人会议	2005 年 12 月 12 日	马来西亚吉隆坡	温家宝总理
第 10 次领导人会议	2007 年 1 月 14 日	菲律宾宿务	温家宝总理
第 11 次领导人会议	2007 年 11 月 20 日	新加坡	温家宝总理
第 12 次领导人会议	2009 年 10 月 24 日	泰国华欣	温家宝总理
第 13 次领导人会议	2010 年 10 月 29 日	越南河内	温家宝总理
第 14 次领导人会议	2011 年 11 月 18 日	印尼巴厘岛	温家宝总理
第 15 次领导人会议	2012 年 11 月 19 日	柬埔寨金边	温家宝总理
第 16 次领导人会议	2013 年 10 月 9 日	文莱斯里巴加湾	李克强总理
第 17 次领导人会议	2014 年 11 月 13 日	缅甸内比都	李克强总理
第 18 次领导人会议	2015 年 11 月 21 日	马来西亚吉隆坡	李克强总理

中国—东盟自由贸易区部分关税削减时间表

起始时间	关　税　税　率	覆盖关税条目	参与的国家
2000 年	对所有东盟成员国 0～5%	85% 的 CEPT 条目	原东盟 6 国
2002 年 1 月 1 日	对所有东盟成员国 0～5%	全部 CEPT 条目	原东盟 6 国
2003 年 7 月 1 日	WTO 最惠国关税税率	全部	中国与东盟 10 国
2003 年 10 月 1 日	中国与泰国果蔬关税降至 0	中泰水果蔬菜	中国、泰国
2004 年 1 月 1 日	农产品关税开始下调	农产品	中国与东盟 10 国
2005 年 1 月	对所有成员开始削减关税	全部	中国与东盟 10 国
2006 年	农产品关税降至 0	农产品	中国与东盟 10 国
2010 年	对所有东盟成员国 0	全部减税产品	原东盟 6 国
2010 年	关税降至 0	全部产品(部分敏感产品除外)	中国与原东盟 6 国
2015 年	对所有东盟成员国 0	全部产品(部分敏感产品除外)	东盟新成员国
2015 年	对中国—东盟自由贸易区成员国关税降至 0	全部产品(部分敏感产品除外)	东盟新成员国
2018 年	对东盟自由贸易区和中国—东盟自由贸易区所有成员国 0	剩余的部分敏感产品	东盟新成员国

注：资料来自 2002 年 11 月签署的《中国与东盟全面经济合作框架协议》

东盟、欧盟、非盟、阿盟、北美自由贸易区简况

名称	成立时间	成立文件	成员国	人口和面积	生产总值和贸易额	宗旨和特点	组织机构
东盟（东南亚国家联盟）	1967年8月8日	《东南亚国家联盟成立宣言》（也称《曼谷宣言》）	印度尼西亚、马来西亚、菲律宾、泰国、新加坡、文莱、越南、老挝、缅甸、柬埔寨	人口6.18亿，面积450万平方千米	国民生产总值2万亿美元（2013年），对外贸易总额达到近1万亿美元（2008年）	宗旨是以平等协作精神，共同努力促进本地区的经济增长、社会进步和文化发展；遵循正义、国家关系准则和《联合国宪章》，促进本地区的和平与稳定；同国际和地区组织进行紧密和互利的合作。特点是以经济合作为基础的政治、经济、安全一体化合作组织	首脑会议、东盟协调理事会、东盟共同体理事会、东盟领域部长机制、东盟秘书长和东盟秘书处常驻东盟代表委员会、东盟国家秘书处、东盟人权机构、东盟基金会、与东盟相关的实体。现任东盟秘书长黎良明
欧盟（欧洲联盟）	1993年11月1日	《欧洲联盟条约》（又称《马斯特里赫特条约》）	德国、法国、意大利、荷兰、比利时、卢森堡、英国、丹麦、爱尔兰、希腊、西班牙、葡萄牙、奥地利、芬兰、瑞典、波兰、匈牙利、捷克、斯洛伐克、斯洛文尼亚、马耳他、塞浦路斯、爱沙尼亚、拉脱维亚、立陶宛、罗马尼亚、保加利亚、克罗地亚	人口5亿（2011年），面积437多万平方千米	国民生产总值18.49万亿美元（2014年）	促进和平，追求公民富裕生活，实现社会经济可持续发展，确保基本价值观，加强国际合作	理事会、委员会、欧洲议会、欧洲法院、外围组织、欧洲统计局、欧洲审计院、欧洲中央银行、欧洲投资银行等。现任欧盟委员会主席容克
非盟（非洲联盟）	1963年5月22日	《苏尔特宣言》	阿尔及利亚民主人民共和国、利比亚国、苏丹共和国、突尼斯共和国、西撒哈拉民主共和国（西撒哈拉）、贝宁共和国、布基纳法索、乍得共和国、科特迪瓦共和国、冈比亚共和国、加纳共和国、几内亚共和国、利比里亚共和国、马里共和国、尼日尔共和国、毛里塔尼亚伊斯兰共和国、尼日利亚联邦共和国、塞内加尔共和国、塞拉利昂共和国、多哥共和国、佛得角共和国、喀麦隆共和国、中非共和国、赤道几内亚共和国、加蓬共和国、刚果共和国、刚果民主共和国（前扎伊尔）、圣多美及普林西比民主共和国、安哥拉共和国、博茨瓦纳共和国、科摩罗联盟、莱索托王国、马拉维共和国、毛里求斯共和国、莫桑比克共和国、纳米比亚共和国、斯威士兰王国、南非共和国、坦桑尼亚联合共和国、赞比亚共和国、津巴布韦共和国、布隆迪共和国、吉布提共和国、厄立特里亚国、埃塞俄比亚联邦民主共和国、肯尼亚共和国、卢旺达共和国、塞舌尔共和国、索马里共和国、乌干达共和国、南苏丹共和国、埃及① 中非共和国② 几内亚比绍共和国③ 马达加斯加民主共和国④ 摩洛哥⑤	人口11亿，面积3000万平方千米	国民生产总值2.4万亿美元（2013年）	主要任务是维护和促进非洲大陆的和平与稳定，推行改革和减贫战略，实现非洲的发展与复兴。非盟致力于建设一个团结合作的非洲，力争各成员国在重大国际事务中能够用一个声音说话。该组织还积极落实2001年发起的非洲发展新伙伴计划，推动各成员国加强基础设施建设、吸引和争取外资及援助，以促进非洲大陆经济一体化。 非盟在维护地区安全、调解地区战乱和冲突方面采取积极行动。非盟参与调解布隆迪、刚果（金）、利比里亚、索马里、科特迪瓦和苏丹等国的冲突，有效地避免这些国家安全局势进一步恶化	首脑会议是非盟最高权力机构，每年举行国家元首和政府首脑级会议。在成员国提出要求并经2/3成员国同意，可召开特别首脑会议。非盟的官方机构有9个：首脑会议，行政当局，执行理事会，泛非议会，非洲法院，和平与安全理事会，常驻代表委员会，特别技术委员会，经济、社会和文化理事会（经社文理事会）
阿盟（阿拉伯国家联盟）	1945年3月22日	《阿拉伯联盟宪章》	（2008年）阿尔及利亚、阿联酋、阿曼、埃及、巴勒斯坦、巴林、吉布提、卡塔尔、科威特、黎巴嫩、利比亚、毛里塔尼亚、摩洛哥、沙特、苏丹、索马里、突尼斯、叙利亚、也门、伊拉克、约旦、科摩罗	人口约3.39亿，面积1300多万平方千米	国民生产总值2.86万亿美元（2014年）	密切成员国间的合作关系，协调彼此间的政治活动，捍卫阿拉伯国家的独立和主权，全面考虑阿拉伯国家的事务和利益，各成员国在经济、财政、交通、文化、卫生、社会福利、国籍、护照、签证、判决的执行以及引渡等方面进行密切合作。成员国相互尊重国家的政治制度，彼此之间的争端不得诉诸武力解决，成员国与其他国家缔结的条约和协定对其他国无约束力	首脑级理事会、部长级（外长）理事会、联合防御理事会、经社理事会、秘书处
北美自由贸易区	1994年1月1日	《北美自由贸易协定》	美国、墨西哥、加拿大	人口4.2亿，面积2130多万平方千米	国民生产总值11.4万亿美元（2006年），年贸易总额1.37亿美元	宗旨是取消贸易壁垒，创造公平竞争的条件，增加投资机会，对知识产权提供适当的保护，建立执行协定和解决争端的有效程序，促进三边的、地区的以及多边的合作。特点是大国主导型、经济互补型、战略过渡型	贸易委员会（秘书处、辅助组织等）、环境合作委员会（理事会、秘书处、联合咨询委员会）、劳工委员会（理事会、秘书处、国别行政办公室）

暂停资格/退出成员国：①、②2013年被暂停成员国资格；③2012年被暂停成员国资格；④2009年被暂停成员国资格；⑤1986年退出

中国和东南亚各国主要港口及国际航空港名录

国　家	主　要　港　口	国际航空港(机场)
中国	海港:大连、营口、秦皇岛、天津、烟台、青岛、日照、连云港、上海、宁波、厦门、汕头、广州、湛江、北海、钦州、防城港、海口、香港、澳门、基隆、高雄 河港:重庆、万州、武汉、芜湖、南京、扬州、常州、张家港、南通、广州、梧州、贵港	北京首都、广州白云、上海浦东、上海虹桥、深圳宝安、昆明巫家坝、成都双流、西安咸阳、厦门高崎、重庆江北、天津滨海、大连周水子、杭州萧山、福州长乐、南京禄口、沈阳桃仙、桂林两江、南宁吴圩、哈尔滨阎家岗、台北桃园、高雄、香港、澳门
文莱	海港:穆阿拉、斯里巴加湾、马来亦、卢穆	斯里巴加湾
柬埔寨	海港:西哈努克	金边、暹粒
印度尼西亚	海港:丹戎不碌、泗水(丹戎佩拉)、三宝垄、勿拉湾	巴厘岛登帕萨、雅加达苏加诺—哈达、诗都阿佐、朱安达
老挝	河港:沙湾拿吉	琅勃拉邦、万象瓦岱、巴色
马来西亚	海港:巴生港、槟城、关丹、新山、纳闽(拉布安)、哥打基纳巴卢。河港:古晋	吉隆坡、槟城、兰卡威、哥打基纳巴卢、古晋
缅甸	海港:仰光。河港:勃生	仰光敏加拉洞、曼德勒、内比都
菲律宾	海港:宿务、马尼拉、怡朗、三宝颜	马尼拉阿基诺、宿务马克丹、达沃、苏比克、克拉克、拉瓦格
新加坡	海港:新加坡	新加坡樟宜
泰国	海港:宋卡、普吉。河港:曼谷	曼谷素旺那普、清迈、普吉、合艾
越南	海港:海防、岘港、金兰湾、广宁、炉门、归仁、义安、芽庄、西贡	河内内排、岘港、胡志明市新山一
东帝汶	海港:帝力、欧库西、潘特马卡萨	帝力

注:根据《中国—东盟自由贸易区与广西》(广西社会科学院编)、新华网、凤凰网有关资料编制

中国和东南亚各国重点风景名胜区名录

国　家	景　区　名　称
中国	八达岭—十三陵、承德避暑山庄、外八庙、秦皇岛北戴河、五台山、恒山、鞍山千山、镜泊湖、五大连池、太湖、南京钟山、杭州西湖、富春江—新安江、雁荡山、普陀山、黄山、九华山、天柱山、武夷山、庐山、井冈山、泰山、青岛崂山、鸡公山、洛阳龙门、嵩山、武汉东湖、武当山、衡山、肇庆星湖、桂林漓江、峨眉山、长江三峡、黄龙寺、九寨沟、重庆缙云山、青城山—都江堰、剑门蜀道、黄果树瀑布、云南石林、大理、西双版纳、华山、临潼骊山、麦积山、天山天池、野三坡、苍岩山、黄河壶口瀑布、鸭绿江、金石滩、兴城海滨、大连海滨—旅顺口、松花湖、八大部—净月潭、云台山、蜀岗瘦西湖、楠溪江、琅邪山、清源山、鼓浪屿—万石山、太姥山、三清山、龙虎山、胶东半岛海滨、大洪山、武陵源、岳阳楼—洞庭湖、西樵山、丹霞山、桂平西山、花山、贡嘎山、金佛山、蜀南竹海、织金洞、红枫湖、龙宫、三江并流、昆明滇池、丽江玉龙雪山、雅隆江、西夏王陵等
文莱	水村、王室陈列馆、赛福鼎清真寺、杰鲁东公园等
柬埔寨	吴哥古迹、金边、西哈努克港、马德望、荔枝山等
印度尼西亚	巴厘岛、婆罗浮屠佛塔、普兰班南寺庙群、"美丽的印度尼西亚"缩影公园、日惹苏丹王宫、多巴湖等
老挝	琅勃拉邦古城、巴色瓦普寺、万象塔銮、玉佛寺、占巴色孔埠瀑布、琅勃拉邦光西瀑布、万荣、石缸平原、沙湾拿吉的伊准塔等
马来西亚	吉隆坡、云顶、槟城、马六甲、兰卡威岛、刁曼岛、乐浪岛、邦咯岛、国家清真寺、大汉山国家公园等
缅甸	仰光大金塔、文化古都曼德勒、万塔之城蒲甘、额不里海滩等
菲律宾	百胜滩、蓝色港湾、碧瑶市、马荣火山、伊富高省巴纳韦高山梯田等
新加坡	圣淘沙岛、植物园、夜间动物园、天福宫、虎豹别墅等
泰国	曼谷、普吉、清迈、巴堤雅、清莱、华欣、苏梅岛等
越南	还剑湖、胡志明陵墓、文庙、巴亭广场、统一宫、古芝地道、下龙湾、芽庄等

注:中国的重点风景名胜区为 1982 年 11 月 8 日和 1988 年 8 月 1 日公布的第一、第二批名单

中国和东南亚国家世界文化遗产、世界自然遗产、世界文化和自然双重遗产名录

国　家	世　界　文　化　遗　产	世界自然遗产、世界文化和自然双重遗产
中国	北京故宫(1987),长城(1987),周口店北京猿人遗址(1987),陕西秦始皇陵及兵马俑(1987),甘肃敦煌莫高窟(1987),西藏布达拉宫(1994),河北承德避暑山庄及周围寺庙(1994),山东曲阜孔庙、孔府、孔林(1994),湖北武当山古建筑群(1994),江西庐山风景名胜区(1996),山西平遥古城(1997),江苏苏州古典园林(1997),云南丽江古城(1997),北京天坛(1998),北京颐和园(1998),重庆大足石刻(1999),皖南古村落—西递、宏村(2000),明清皇室陵寝(2000),河南龙门石窟(2000),四川青城山—都江堰(2000),山西云冈石窟(2000),中国高句丽王城、王陵及贵族墓葬(2004),沈阳故宫、盛京二陵(2004),澳门历史城区(2005),安阳殷墟(2006),广东开平碉楼与村落(2007),福建土楼(2008),登封"天地之中"历史建筑群(2010),元上都遗址(2012),大运河(2014),丝绸之路(2014)、中国土司遗址[湖南永顺老司城遗址、湖北唐崖土司城遗址、贵州播州海龙屯遗址](2015)	世界自然遗产:四川九寨沟风景名胜区(1992),四川黄龙风景名胜区(1992),湖南武陵源风景名胜区(1992),云南三江并流保护区(2003),四川大熊猫栖息地(2006),中国南方喀斯特(2007),江西三清山(2008),中国丹霞[贵州赤水、福建泰宁、湖南崀山、广东丹霞山、江西龙虎山(包含龟峰)、浙江江郎山](2010),云南澄江化石地(2012),新疆天山(2013) 世界文化和自然双重遗产:山东泰山风景名胜区(1987),安徽黄山风景名胜区(1990),四川峨眉山—乐山风景名胜区(1996),福建武夷山风景名胜区(1999) 文化景观:庐山(1996),山西五台山(2009),杭州西湖(2011),云南红河哈尼梯田(2013)
柬埔寨	吴哥窟区(1992),柏威夏古庙(2007)	
印度尼西亚	婆罗浮屠寺庙群(1991),普兰班南寺庙群(1991),桑义兰早期人类遗址(1996),巴厘文化景观:体现"幸福三要素"哲学的苏巴克灌溉系统	世界自然遗产:乌绒库伦国家公园(1991),科莫多国家公园(1991),洛伦茨国家公园(1999),苏门答腊热带雨林(2004 年,2011 年列为《世界濒危遗产名录》)
老挝	琅勃拉邦古城(1995),占巴塞文化风景区(2001)	
马来西亚	马六甲市,槟城乔治市(2008),玲珑谷地考古遗址	世界自然遗产:基纳巴卢山公园(2000),穆鲁山国家公园(2000)
缅甸	骠国古城(2014)	
菲律宾	菲律宾巴洛克教堂(1993),菲律宾巴纳韦高山梯田(1995),维甘历史古城(1999)	世界自然遗产:图巴塔哈礁群公园(1993),普林塞萨港地下河国家公园(1999),延伸扩充 Tubbataha Reef National Park(2009),汉密吉伊坦山野生动物保护区(2014)
泰国	素可泰历史城镇及相关历史城镇(1991),阿育他亚(大城)历史城镇及相关城镇(1991),班清阿考古遗址(1992)	世界自然遗产:童·艾·纳雷松野生生物保护区(1991)
越南	顺化历史建筑群(1993),美山遗址(1999),会安古镇(1999),升龙皇城中心区(2010),胡朝时期的城堡(2011)	世界自然遗产:下龙湾(1994),丰芽格邦国家公园(2003), 世界文化和自然双重遗产:长安名胜群(2014)

注:括号中数字为列入《世界遗产名录》的年份

东盟10国全球竞争力指数排行

国家	2014~2015年全球竞争力指数排行	2013~2014年全球竞争力指数排行	2014~2015年十二项竞争力因素排行											
			制度	基础设施	宏观经济环境	健康与初等教育	高等教育与培训	商品市场效率	劳动市场效率	金融市场成熟性	技术设备	市场规模	商务成熟性	创新
文莱	—	—	—	—	—	—	—	—	—	—	—	—	—	—
印度尼西亚	34	38	53	56	34	74	61	48	110	42	77	15	34	31
柬埔寨	95	88	119	107	80	91	123	90	29	84	102	87	111	116
老挝	93	81	63	94	124	90	110	59	34	101	115	121	79	84
缅甸	134	139	136	137	116	117	135	130	172	139	144	70	140	138
马来西亚	20	24	20	25	44	33	46	7	19	4	60	26	15	21
菲律宾	52	59	67	91	26	92	64	70	91	49	69	35	46	52
新加坡	2	2	3	2	15	3	2	1	2	2	7	31	19	9
泰国	31	37	84	48	19	66	59	30	66	34	65	22	41	67
越南	68	70	92	81	75	61	96	78	49	90	99	34	106	87

东南亚国家主要报纸

国家	本国文报纸	华文报纸	英文(其他语文)报纸
文莱	《婆罗洲公报》、《文莱灯塔》	《文莱美里日报》、《文莱诗华日报》	《婆罗洲公报》
柬埔寨	《柬埔寨之光报》、《人民报》、《和平岛报》、《柬埔寨日报》、《柬埔寨时报》	《华商日报》、《柬华日报》、《星洲日报》、《大众日报》、《新时代日报》	《柬埔寨日报》、《金边邮报》、《柬埔寨时报》
印度尼西亚	《罗盘报》、《专业之声报》、《印尼媒体报》、《共和国日报》、《革新之声报》、《印尼商报》、《华文邮报》	《印度尼西亚日报》、《华文邮报》、《国际日报》、《世界日报》、《商报》、《新生日报》、《和平日报》、《龙阳日报》、《广告日报》、《千岛日报》	《雅加达邮报》、《印尼观察家报》
老挝	《人民报》、《新万象报》、《人民军报》、《青年报》		《VINTIANETIMES》(英文报)、《LE RENOVATEUR》(法文报)
马来西亚	《马来西亚使者报》、《每日新闻》、《祖国报》	《南洋商报》、《星洲日报》、《中国报》等	《新海峡时报》、《星报》、《马来邮报》
缅甸	《缅甸之光》、《镜报》、《首都报》、《曼德勒报》、《雅德那崩报》	《缅甸华报》	《缅甸新光》
菲律宾	《消息报》、《菲律宾快报》	《世界日报》、《商报》、《菲华时报》、《联合日报》、《环球日报》	《马尼拉公报》、《菲律宾星报》、《菲律宾每日询问日报》、《自由报》、《马尼拉时报》、《马尼拉纪事报》
新加坡	《每日新闻》、《泰米尔日报》	《联合早报》、《联合晚报》、《新明日报》	《海峡时报》、《商业时报》、《新报》
泰国	《泰叻报》、《民意报》、《每日新闻》、《国家报》、《沙炎叻报》、《经理报》等	《新中原报》、《中华日报》、《星暹日报》、《亚洲日报》、《京华中原日报》、《世界日报》等	《曼谷邮报》、《民族报》等
越南	《人民报》、《人民军队报》、《大团结报》、《西贡解放日报》	《西贡解放日报》	《西贡时报》
东帝汶	《国家日报》、《帝汶邮报》、《东帝汶之声》		

中国和东南亚各国主要通讯社、电台、电视台

国　家	通　讯　社	电　　台	电　视　台
中国	新华通讯社、中国新闻社	中央人民广播电台、中国国家广播电台(1949年12月5日正式开播)、中国国际广播电台(中国唯一以外国语言向全世界广播的电台)	中国中央电视台(1958年9月2日正式开播)
文莱	文莱新闻社	文莱广播电视台(创建于1957年5月)	文莱广播电视台(从1975年起开设彩色电视频道)
柬埔寨	柬新社(成立于1980年)	FM96(国家台)	国家电视台(以柬语广播为主)、仙女11台(人民党资产)、第9台(私人台)、第5台(军队台)、首都第3台(官方台)、巴戎台(私人台)
印度尼西亚	安塔拉通讯社(官方)、印尼民族通讯社(私营)、武装部队新闻社(国防安全部)	印尼共和国广播电台(成立于1945年9月)	印尼共和国电视台、印尼鹰记电视台、太阳电视台、教育电视台、美都电视台等11家电视台
老挝	巴特寮通讯社(1968年1月成立,国营)	老挝国家广播电台、老挝人民军广播电台	老挝国家电视台(建于1983年12月)
马来西亚	马来西亚国家新闻社(简称马新社,半官方)	马来西亚广播电台(建于1946年)、马来西亚之声电台(建于1963年)	马来西亚电视台(建于1963年)、第三电视台(TV3)、城市电视台(Metro Vision)、国民电视台(NTV)、Astro卫星有线电视频道
缅甸	缅甸通讯社	缅甸之声(建于1937年)	缅甸电视台(建于1980年)、妙瓦底电视台(创办于1995年3月27日)
菲律宾	菲律宾通讯社(成立于1973年)	菲律宾广播台	人民电视台
新加坡		新加坡广播电台(于1936年开播)	新加坡电视台
泰国	泰国通讯社	泰国国家广播电台	泰国国家电视台
越南	越南通讯社(1945年成立,1976年越南南方解放通讯社与之合并)	越南之声广播电台(成立于1954年)	越南中央电视台(成立于1971年)
东帝汶	尚未成立通讯社,主要葡语新闻来源于葡萄牙卢萨社(LUSA,又名葡通社)	东帝汶国家电台(RNTL)、东帝汶民族解放军电台—希望之声(Radio Falintil – Voz Daesperanca)	东帝汶电视台(TVTL)

注:根据中国网、新华网有关资料编制

东南亚国家贸促机构与商协会通讯录

国家	机构名称	地　　址	电话、传真
文莱	文莱国际工会	Post Box 2246,1922 Bandar Seri Beganoan	Tel:00673 -2 -2236601
	中华商会	Dowan Pernigaan Tionghua,P. O. 1. Box 281,B. S. Begawan 1902,Negara	
柬埔寨	商业部	20A,borlevard Norodom	Tel:00855-23-210365 Fax:00855-23-217353
	柬埔寨总商会 金边总商会	Building No. 7B, the corner of Road No. 81&109, Sangkat Boeung Raing, Khan Daun Penh, Phnom Penh,Kingdom of Cambodia	Tel:00855 -23 -212265 Fax:00855 -23 -212270
印度尼西亚	工贸部国家出口发展局	8,JI. Gajah Mada,P. O. Box 443/JKT	Tel:0062-21-6341082 Fax:0062-21-6338360
	中华工业委员会	20,M. H. Thamrin,Jakarta	
	印度尼西亚商工会	Chandra Builoling,20 Jalan M. N. Thamrin, Jakarta 10350	
老挝	老挝商工会	Rue Ponexay Post Box 4596 Vieentiane	Tel:00856-21-414383 Fax:00856-21-414383
马来西亚	国际贸易工业部	Blick 10, Gov. Building Complex, Jalan Data 50622	Tel:0060 -3 -6200033 Fax:0060 -3 -62031303
	马来西亚中华商工会	Office Tower, 8th floor,Plaza Berjaya -12, Jalan Imb, 55100 Kuala Lumpur	Tel:0060 -3 -2452503 Fax:0060 -3 -2452562
	马来西亚商会	Plaza Pekeliling, 17th Floor 2, Jalan Tun Razak, 50400 Kuala Lumpar	Tel:0060 -3 -4427664 Fax:0060 -3 -4414502
缅甸	缅甸工商联合会	No. 29, Min Ye Kyawswa Road, Lanmadaw Township, Yangon, Myanmar.	Tel:0095 -1 -214344/214345 Fax:0095 -1 -214484
菲律宾	菲律宾商工会	14th floor, 6805 Ayala Avenue Makati City	Tel:0063-2-8433374 Fax:0063-2-8434102
	菲华商联总会	6th Floor, Federation Center, Muelle De Binondo St. Manila, Philippines.	Tel:0063 -2 -2419201 Fax:0063 -2 -2422361
新加坡	贸易工业部	Znfo Centre 100, High Street No. 04 -01 The Treasary	Tel 0065 -3327258 Fax:0065 -3327634
	中小企业协会	Information and Doc. Centre 141, Market Street, Internat. Factor Buliding 04 -03/04	Tel:0065 -2240868 Fax:0065 -2241507
	太平洋经济合作委员会	4,Nassim Road	Tel:0065 -7379823 Fax:0065 -7379824
	新加坡工业联合会	20,Orchard Rock 23883 Singapore	Tel:0065 -3388787 Fax:0065 -3383358
	新加坡商业工业联合会	47 Hill Street # 03 -1,Chimese Chamber of Commerce Bulidtng 179365 Singapore	Tel:0065 -3389761 Fax:0065 -3395630
	新加坡中华机械进出口商协会	6001 Beach Road, No. 1101, Golden Mile Tower, Songapore 0719	
	新加坡中华总商会	47 Hill Street #09 -00, Singapore 179365	Tel:(65)63378381 Fax:(65)63390605
	新加坡工商联合总会	19 Tanglin Shopping Centre, Singapore 247909	Tel:(65)68276828 Fax:(65)68276807
泰国	泰国贸易局	150, Rajorpit Road, 10200 Bang KoK Thailand	Tel:0066 -22211827 Fax:0066 -22219350
	泰国商会	150 Rajopit Road, BangKoK 10200	Tel:0066 -26221860 Fax:0066 -22253372
	国际贸易经济合作处	1.22 Ac. Pilyuain St. ,2,2 Vnited Natians Buliding, Rajadnmnern Avenue, Bangkok 10i	
	泰国中华总商会	No. 889 Thai C. C. Tower, 9th Floor, Sathorn Road. Bangkok 10120, Thailand	Tel:0066 -26758574 -84 Fax:0066 -22123917
	泰国投资促进委员会	555 Vibhavadi -Rangsit RD,Chatuchak, Bangkok, 10900, Thailand	Tel:0066 -25378111 Fax:0066 -25378177
越南	越南商工会	9 Dao Duy Anh Street 10000 Dong Da Hanoi	Tel:0084-4-5742162 Fax:0084-4-5742020
	越南计划投资部外国投资局	河内市(Hoang Van Thu -Ha Noi)	Tel:0084 -4 -7343759 Fax:0084 -4 -7343769
	越南计划投资部南方外国投资中心	胡志明市(178,Nguyen Dinh Trieu,Tp. Ho Chi Minh)	Tel:0084 -8 -9303287 Fax:0084 -4 -9305413
	胡志明市企业家协会	胡志明市第一郡边章阳路51号(51 Ben Chuong Duong st. ,Dist. 1, Ho Chi Minh City,Vietnam)	Tel:0084 -8 -8293389 Fax:0084 -8 -8215448

索　　引

说　　明

一、本索引是《中国—东盟年鉴·2016》的内容分析索引。正文（包括条目、文献、资料、图片和表格）中凡具有独立检索意义的完整资料，都可以通过本索引检索。

二、索引按汉语拼音字母（同音字声调）顺序排列。类目、分目作索引款目的，用黑体字排印，其余款目用宋体字排印。表格、图片、论文摘要款目后，分别注明“图”“表”或“摘要”。

三、索引款目后的数字表示内容所在的页码，数字后的拉丁字母（a、b）表示栏别（即版面的1、2栏），数字前后的“附图”“图”，分别表示款目在访该页的资料形式（即附有图片或是图片资料）。

四、空两字超排的款目为上一主题的“附见”。同一主题的“参见”，只标页码。内容有交叉的款目，为便于读者检索，在本索引中重复出现。

五、阿拉伯数字起头或英文字母起头的款目，放置在拼音检索索引之后。

A

B

C

D

E

F

G

H

J

K

L

M

N

O

P

Q

R

S

T

W

X

Y

Z

广西壮族自治区地图

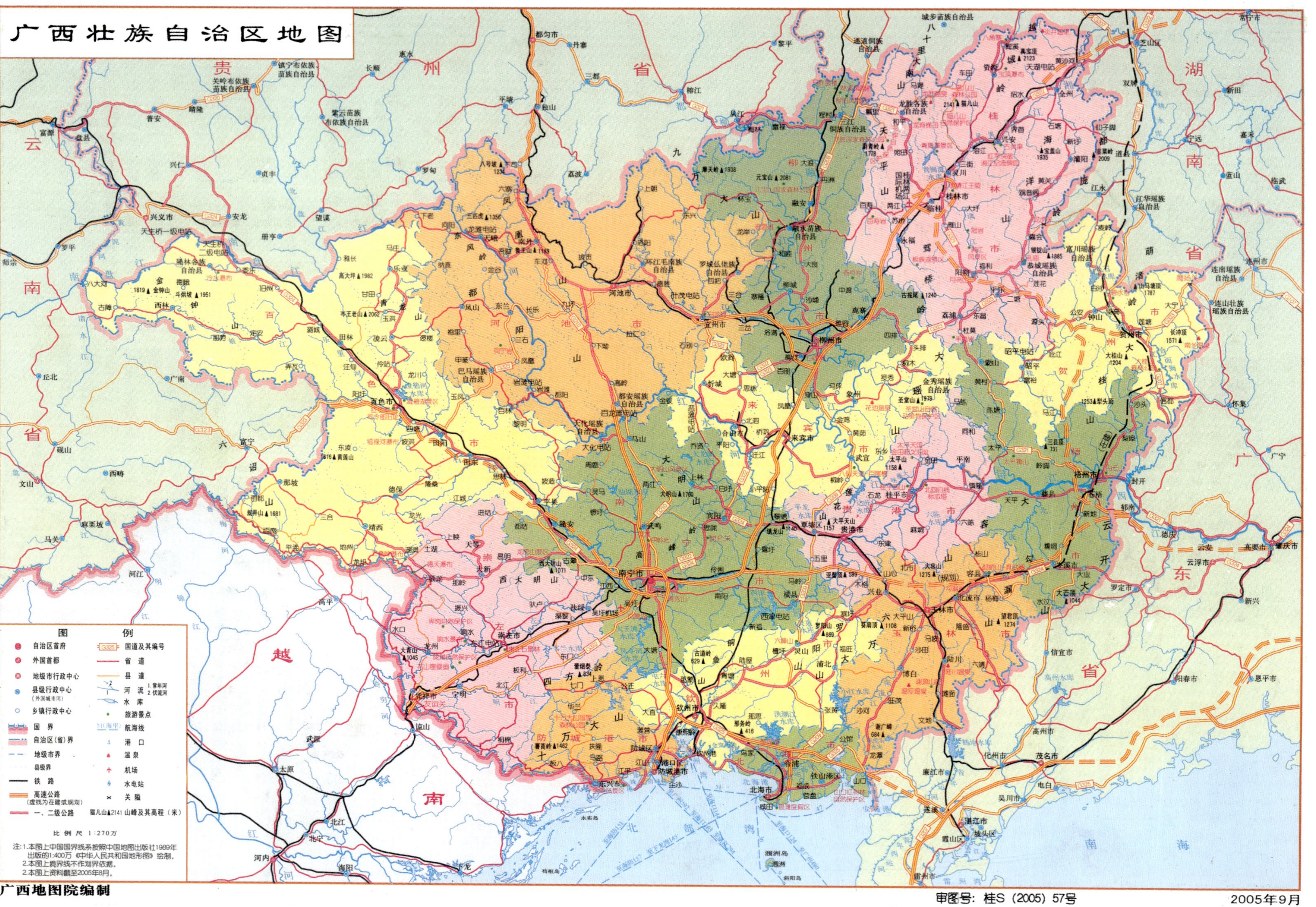

广西地图院编制

审图号：桂S（2005）57号

2005年9月